CAMBRIDGE L

Books of e...........................

Religion

For centuries, scripture and theology were the focus of prodigious amounts of scholarship and publishing, dominated in the English-speaking world by the work of Protestant Christians. Enlightenment philosophy and science, anthropology, ethnology and the colonial experience all brought new perspectives, lively debates and heated controversies to the study of religion and its role in the world, many of which continue to this day. This series explores the editing and interpretation of religious texts, the history of religious ideas and institutions, and not least the encounter between religion and science.

The New Testament in Greek

F.H.A. Scrivener (1813–91) was educated at Trinity College, Cambridge, and published a variety of works of New Testament scholarship while working as a clergyman and headmaster. In an age when previously unknown manuscript fragments of New Testament texts were being discovered, his skills as a transcriber and collator of these texts were greatly respected. This volume, first published in 1881, is an edition of the Greek text underlying the Revised Version of the New Testament, also published in 1881. It seeks to provide scholars with both a faithful version of the text as it was used by the translators of the Authorized Version, and also extensive notes listing the changes in readings made for the Revised Version, giving the reader a fuller picture of the evolution of the translation. A valuable resource for understanding the version of the Bible used for four centuries in the English-speaking world.

The New Testament in Greek

*According to the Text Followed in the
Authorised Version Together With the
Variations Adopted in the Revised Version*

EDITED BY F.H.A. SCRIVENER

CAMBRIDGE
UNIVERSITY PRESS

CAMBRIDGE UNIVERSITY PRESS

Cambridge, New York, Melbourne, Madrid, Cape Town, Singapore,
São Paolo, Delhi, Dubai, Tokyo, Mexico City

Published in the United States of America by Cambridge University Press, New York

www.cambridge.org
Information on this title: www.cambridge.org/9781108024723

© in this compilation Cambridge University Press 2010

This edition first published 1949
This digitally printed version 2010

ISBN 978-1-108-02472-3 Paperback

THE NEW TESTAMENT

IN GREEK

THE NEW TESTAMENT

IN GREEK

ACCORDING TO THE TEXT FOLLOWED IN
THE AUTHORISED VERSION TOGETHER
WITH THE VARIATIONS ADOPTED IN
THE REVISED VERSION

EDITED BY

F. H. A. SCRIVENER, M.A., D.C.L., LL.D.

CAMBRIDGE:

AT THE UNIVERSITY PRESS

1949

PUBLISHED BY
THE SYNDICS OF THE CAMBRIDGE UNIVERSITY PRESS

London Office: Bentley House, N.W. I
American Branch: New York
Agents for Canada, India, and Pakistan: Macmillan

First printed in Great Britain at the University Press, Cambridge
Reprinted by offset-litho
by Percy Lund Humphries & Co. Ltd

First edition 1881
Reprinted 1881 (*twice*
1883
1884
1886
1890
1908
1949

PREFACE.

THE special design of this volume is to place clearly before the reader the variations from the Greek text represented by the Authorised Version of the New Testament which have been embodied in the Revised Version. One of the Rules laid down for the guidance of the Revisers by a Committee appointed by the Convocation of Canterbury was to the effect "that, when the Text adopted "differs from that from which the Authorised "Version was made, the alteration be indicated "in the margin." As it was found that a literal observance of this direction would often crowd and obscure the margin of the Revised Version, the Revisers judged that its purpose might be better carried out in another manner. They therefore communicated to the Oxford and Cambridge University Presses a full and carefully corrected list of the readings adopted which are at variance with the readings "presumed to underlie the Authorised "Version," in order that they might be published independently in some shape or other. The University Presses have accordingly undertaken to print them in connexion with complete Greek texts of the New Testament. The responsibility of the Revisers does not of course extend beyond the list which they have furnished.

The form here chosen has been thought by the Syndics of the Cambridge University Press to be at once the most convenient in itself, and the best fitted for giving a true representation of the Revisers' work. In their Preface the Revisers explain that it did not fall within their province to construct a continuous and complete Greek text. Wherever a variation in the Greek was of such a nature that it could properly affect the English rendering, they had to decide between the competing readings : but in most other cases they refrained from spending time on work not needed for the purposes of an English translation. It was therefore impossible to print a continuous Greek text which should include the readings certified as adopted by the Revisers, without borrowing all the intervening portions from some printed text which had not undergone their revision, and in which, to judge by analogy, they would doubtless have found many readings to disapprove. It is true that all variations in this unrevised part of the text must from the nature of the case be comparatively unimportant : but they include many differences of order and grammatical form expressive of shades and modifications of meaning which no careful reader would neglect in studying the Greek original. The Cambridge Press has therefore judged it best to set the readings actually adopted by the Revisers at the foot of the page, and to keep the continuous text consistent throughout by making it so far as was possible uniformly representative of the Authorised Version. The publication of an edition formed on this plan appeared to be all the more desirable, inasmuch as the Authorised Version was not a translation of any one Greek text then in existence, and no Greek text intended to reproduce in any way the original of the Authorised Version has ever been printed.

In considering what text had the best right to be regarded as "the text presumed to underlie the "Authorised Version," it was necessary to take into account the composite nature of the Authorised Version, as due to successive revisions of Tyndale's translation. Tyndale himself followed the second and third editions of Erasmus's Greek text (1519, 1522). In the revisions of his translation previous to 1611 a partial use was made of other texts; of which ultimately the most influential were the various editions of Beza from 1560 to 1598, if indeed his Latin version of 1556 should not be included. Between 1598 and 1611 no important edition appeared; so that Beza's fifth and last text of 1598 was more likely than any other to be in the hands of King James's revisers, and to be accepted by them as the best standard within their reach. It is moreover found on comparison to agree more closely with the Authorised Version than any other Greek text; and accordingly it has been adopted by the Cambridge Press as the primary authority. There are however many places in which the Authorised Version is at variance with Beza's text; chiefly because it retains language inherited from Tyndale or his successors, which had been founded on the text of other Greek editions. In these cases it is often doubtful how far the revisers of 1611 deliberately preferred a different Greek reading; for their attention was not specially directed to textual variations, and they might not have thought it necessary to weed out every rendering inconsistent with Beza's text, which might linger among the older and unchanged portions of the version. On the other hand some of the readings followed, though discrepant from Beza's text, may have seemed to be in a manner sanctioned by him, as he had spoken favourably of them in his notes; and others may have been adopted on independent grounds. These uncertainties do not however affect the present edition, in which the different elements that actually make up the Greek basis of the Authorised Version have an equal right to find a place. Wherever therefore the Authorised renderings agree with other Greek readings which might naturally be known through printed editions to the revisers of 1611 or their predecessors, Beza's reading has been displaced from the text in favour of the more truly representative reading, the variation from Beza being indicated by *. It was manifestly necessary to accept only Greek authority, though in some places the Authorised Version corresponds but loosely with any form of the Greek original, while it exactly follows the Latin Vulgate. All variations from Beza's text of 1598, in number about 190, are set down in an Appendix at the end of the volume, together with the authorities on which they respectively rest.

Wherever a Greek reading adopted for the Revised Version differs from the presumed Greek original of the Authorised Version, the reading which it is intended to displace is printed in the text in a thicker type, with a numerical reference to the reading substituted by the Revisers, which bears the same numeral at the foot of the pages. Alternative readings are given in the margin by the Revisers in places "in which, for the present, it "would not" in their judgement "be safe to accept "one reading to the absolute exclusion of others," provided that the differences seemed to be of sufficient interest or importance to deserve notice. These alternative readings, which are more than 400 in number, are distinguished by the notation *Marg.* or *marg.* In the Revised Version itself the marginal notes in which a secondary authority is thus given to readings not adopted in the text almost always take the form of statements of evidence, and the amount of evidence in each instance is to a certain extent specified in general terms. No attempt however has in most cases been made to express differences in the nature or the amount of this authority in the record of marginal readings at the foot of the page. For such details the reader will naturally turn to the margin of the Revised Version itself.

The punctuation has proved a source of much anxiety. The Authorised Version as it was originally printed in 1611, rather than as it appears in any later edition, has been taken as a primary guide. Exact reproduction of the English punctuation in the Greek text was however precluded by the differences of grammatical structure between the two languages. It was moreover desirable to punctuate in a manner not inconsistent with the punctuation of the Revised Version, wherever this could be done without inconvenience, as punctuation does not strictly belong to textual variation. Where however the difference of punctuation between the two Versions is incompatible with identical punctuation in the Greek, the stops proper for the Authorised Version are given in the text, with a numerical reference, without change of type, to the other method set forth in the foot-notes. Mere changes in punctuation, not consequent on change of reading, are discriminated from the rest by being set within marks of parenthesis ( ) at the foot of the page. The notes that thus refer exclusively to stops are about 157.

The paragraphs into which the body of the Greek text is here divided are those of the Revised Version, the numerals relating to chapters and

verses being banished to the margin. The marks
which indicate the beginning of paragraphs in the
Authorised Version do not seem to have been
inserted with much care, and cease altogether
after Acts xx. 36 : nor would it have been expe-
dient to create paragraphs in accordance with the
traditional chapters. Manifest errors of the press,
which often occur in Beza's New Testament of
1598, have been silently corrected. In all other
respects not mentioned already that standard has
been closely abided by, save only that, in accord-
ance with modern usage, the recitative ὅτι has
not been represented as part of the speech or
quotation which it introduces, and the aspirated
forms αὑτοῦ, αὑτῷ, αὑτόν, &c. have been discarded.
In a very few words (e.g. μαργαρῖται) the more
recent and proper accentuation has been followed.
Lastly, where Beza has been inconsistent, the form
which appeared the better of the two has been
retained consistently : as νηφάλιος not νηφάλεος,
οὐκέτι not οὐκ ἔτι, ἐξαυτῆς not ἐξ αὐτῆς, ἵνα τί not
ἱνατί, but τὰ νῦν not τανῦν, διὰ παντὸς not δια-
παντός, τοῦτ᾽ ἔστι not τουτέστι.

ΠΑϹΑΓΡΑΦΗΘΕΟΠΝΕΥϹΤΟϹΚΑΙΩΦΕΛΙΜΟϹ.

F. H. A. S.

Christmas, 1880.

ΕΥΑΓΓΕΛΙΟΝ

ΤΟ ΚΑΤΑ ΜΑΤΘΑΙΟΝ.

Βίβλος γενέσεως Ἰησοῦ Χριστοῦ, υἱοῦ Δαβίδ, 1. υἱοῦ Ἀβραάμ.

Ἀβραὰμ ἐγέννησε τὸν Ἰσαάκ· Ἰσαὰκ δὲ ἐγέν- 2 νησε τὸν Ἰακώβ· Ἰακὼβ δὲ ἐγέννησε τὸν Ἰούδαν καὶ τοὺς ἀδελφοὺς αὐτοῦ· Ἰούδας δὲ ἐγέννησε τὸν 3 Φαρὲς καὶ τὸν Ζαρὰ ἐκ τῆς Θάμαρ· Φαρὲς δὲ ἐγέν- νησε τὸν Ἐσρώμ· Ἐσρὼμ δὲ ἐγέννησε τὸν Ἀράμ· Ἀρὰμ δὲ ἐγέννησε τὸν Ἀμιναδάβ· Ἀμιναδὰβ δὲ 4 ἐγέννησε τὸν Ναασσών· Ναασσὼν δὲ ἐγέννησε τὸν Σαλμών· Σαλμὼν δὲ ἐγέννησε τὸν Βοὸζ ἐκ τῆς 5 Ῥαχάβ· Βοὸζ δὲ ἐγέννησε τὸν Ὠβὴδ ἐκ τῆς Ῥούθ· Ὠβὴδ δὲ ἐγέννησε τὸν Ἰεσσαί· Ἰεσσαὶ δὲ ἐγέν- 6 νησε τὸν Δαβὶδ τὸν βασιλέα.

Δαβὶδ δὲ ὁ βασιλεὺς[1] ἐγέννησε τὸν Σολομῶντα ἐκ τῆς τοῦ Οὐρίου· Σολομὼν δὲ ἐγέννησε τὸν Ῥο- 7 βοάμ· Ῥοβοὰμ δὲ ἐγέννησε τὸν Ἀβιά· Ἀβιὰ δὲ ἐγέννησε τὸν Ἀσά· Ἀσὰ[2] δὲ ἐγέννησε τὸν Ἰωσα- 8 φάτ· Ἰωσαφὰτ δὲ ἐγέννησε τὸν Ἰωράμ· Ἰωρὰμ δὲ ἐγέννησε τὸν Ὀζίαν· Ὀζίας* δὲ ἐγέννησε τὸν 9

[1] om. ὁ βασιλεὺς   [2] Ἀσάφ· Ἀσάφ

R. G. T.   1

Ἰωάθαμ· Ἰωάθαμ δὲ ἐγέννησε τὸν Ἀχαζ· Ἀχαζ
10 δὲ ἐγέννησε τὸν Ἐζεκίαν· Ἐζεκίας δὲ ἐγέννησε
τὸν Μανασσῆ· Μανασσῆς δὲ ἐγέννησε τὸν Ἀμών·
11 Ἀμὼν³ δὲ ἐγέννησε τὸν Ἰωσίαν· Ἰωσίας δὲ ἐγέν-
νησε τὸν Ἰεχονίαν καὶ τοὺς ἀδελφοὺς αὐτοῦ, ἐπὶ
τῆς μετοικεσίας Βαβυλῶνος.
12 Μετὰ δὲ τὴν μετοικεσίαν Βαβυλῶνος, Ἰεχονίας
ἐγέννησε τὸν Σαλαθιήλ· Σαλαθιὴλ δὲ ἐγέννησε τὸν
13 Ζοροβάβελ· Ζοροβάβελ δὲ ἐγέννησε τὸν Ἀβιούδ·
Ἀβιοὺδ δὲ ἐγέννησε τὸν Ἐλιακείμ· Ἐλιακεὶμ δὲ
14 ἐγέννησε τὸν Ἀζώρ· Ἀζὼρ δὲ ἐγέννησε τὸν Σαδώκ·
Σαδὼκ δὲ ἐγέννησε τὸν Ἀχείμ· Ἀχεὶμ δὲ ἐγέν-
15 νησε τὸν Ἐλιούδ· Ἐλιοὺδ δὲ ἐγέννησε τὸν Ἐλεά-
ζαρ· Ἐλεάζαρ δὲ ἐγέννησε τὸν Ματθάν· Ματθὰν
16 δὲ ἐγέννησε τὸν Ἰακώβ· Ἰακὼβ δὲ ἐγέννησε τὸν
Ἰωσὴφ τὸν ἄνδρα Μαρίας, ἐξ ἧς ἐγεννήθη Ἰησοῦς
ὁ λεγόμενος Χριστός.
17 Πᾶσαι οὖν αἱ γενεαὶ ἀπὸ Ἀβραὰμ ἕως Δαβὶδ
γενεαὶ δεκατέσσαρες· καὶ ἀπὸ Δαβὶδ ἕως τῆς μετοι-
κεσίας Βαβυλῶνος γενεαὶ δεκατέσσαρες· καὶ ἀπὸ
τῆς μετοικεσίας Βαβυλῶνος ἕως τοῦ Χριστοῦ γενεαὶ
δεκατέσσαρες.
18 Τοῦ δὲ Ἰησοῦ⁴ Χριστοῦ ἡ γέννησις⁵ οὕτως ἦν.
μνηστευθείσης γὰρ⁶ τῆς μητρὸς αὐτοῦ Μαρίας τῷ
Ἰωσήφ, πρὶν ἢ συνελθεῖν αὐτούς, εὑρέθη ἐν γαστρὶ
19 ἔχουσα ἐκ Πνεύματος Ἁγίου. Ἰωσὴφ δὲ ὁ ἀνὴρ
αὐτῆς, δίκαιος ὤν, καὶ μὴ θέλων αὐτὴν παραδειγμα-
20 τίσαι, ἐβουλήθη λάθρα ἀπολῦσαι αὐτήν. ταῦτα
δὲ αὐτοῦ ἐνθυμηθέντος, ἰδού, ἄγγελος Κυρίου κατ'
ὄναρ ἐφάνη αὐτῷ, λέγων, Ἰωσήφ, υἱὸς Δαβίδ, μὴ
φοβηθῇς παραλαβεῖν Μαριὰμ τὴν γυναῖκά σου· τὸ

---

³ Ἀμώς· Ἀμὼς   ⁴ Marg. om. Ἰησοῦ
⁵ γένεσις   ⁶ om. γὰρ

γὰρ ἐν αὐτῇ γεννηθὲν ἐκ Πνεύματός ἐστιν Ἁγίου. τέξεται δὲ υἱόν, καὶ καλέσεις τὸ ὄνομα αὐτοῦ Ἰη- 21 σοῦν· αὐτὸς γὰρ σώσει τὸν λαὸν αὐτοῦ ἀπὸ τῶν ἁμαρτιῶν αὐτῶν. τοῦτο δὲ ὅλον γέγονεν, ἵνα πλη- 22 ρωθῇ τὸ ῥηθὲν ὑπὸ τοῦ Κυρίου διὰ τοῦ προφήτου, λέγοντος, Ἰδού, ἡ παρθένος ἐν γαστρὶ ἕξει καὶ τέ- 23 ξεται υἱόν, καὶ καλέσουσι* τὸ ὄνομα αὐτοῦ Ἐμμα- νουήλ, ὅ ἐστι μεθερμηνευόμενον, Μεθ᾽ ἡμῶν ὁ Θεός. διεγερθεὶς⁷ δὲ ὁ Ἰωσὴφ ἀπὸ τοῦ ὕπνου ἐποί- 24 ησεν ὡς προσέταξεν αὐτῷ ὁ ἄγγελος Κυρίου· καὶ παρέλαβε τὴν γυναῖκα αὐτοῦ, καὶ οὐκ ἐγίνωσκεν 25 αὐτὴν ἕως οὗ ἔτεκε τὸν⁸ υἱὸν αὐτῆς τὸν πρωτότοκον⁹· καὶ ἐκάλεσε τὸ ὄνομα αὐτοῦ ΙΗΣΟΥΝ.

Τοῦ δὲ Ἰησοῦ γεννηθέντος ἐν Βηθλεὲμ τῆς Ἰου- II. δαίας, ἐν ἡμέραις Ἡρώδου τοῦ βασιλέως, ἰδού, μάγοι ἀπὸ ἀνατολῶν παρεγένοντο εἰς Ἱεροσόλυμα, λέγον- 2 τες, Ποῦ ἐστὶν ὁ τεχθεὶς βασιλεὺς τῶν Ἰουδαίων; εἴδομεν γὰρ αὐτοῦ τὸν ἀστέρα ἐν τῇ ἀνατολῇ, καὶ ἤλθομεν προσκυνῆσαι αὐτῷ. ἀκούσας δὲ Ἡρώδης 3 ὁ βασιλεὺς ἐταράχθη, καὶ πᾶσα Ἱεροσόλυμα μετ᾽ αὐτοῦ. καὶ συναγαγὼν πάντας τοὺς ἀρχιερεῖς καὶ 4 γραμματεῖς τοῦ λαοῦ, ἐπυνθάνετο παρ᾽ αὐτῶν ποῦ ὁ Χριστὸς γεννᾶται. οἱ δὲ εἶπον αὐτῷ, Ἐν Βηθ- 5 λεὲμ τῆς Ἰουδαίας· οὕτω γὰρ γέγραπται διὰ τοῦ προφήτου, Καὶ σὺ Βηθλεέμ, γῆ Ἰούδα, οὐδαμῶς 6 ἐλαχίστη εἶ ἐν τοῖς ἡγεμόσιν Ἰούδα· ἐκ σοῦ γὰρ ἐξελεύσεται ἡγούμενος, ὅστις ποιμανεῖ τὸν λαόν μου τὸν Ἰσραήλ. τότε Ἡρώδης, λάθρα καλέσας τοὺς 7 μάγους, ἠκρίβωσε παρ᾽ αὐτῶν τὸν χρόνον τοῦ φαινο- μένου ἀστέρος. καὶ πέμψας αὐτοὺς εἰς Βηθλεὲμ εἶπε, 8 Πορευθέντες ἀκριβῶς ἐξετάσατε περὶ τοῦ παιδίου·

---

⁷ ἐγερθεὶς   ⁸ om. τὸν   ⁹ om. αὐτῆς τὸν πρωτότοκον

ἐπὰν δὲ εὕρητε, ἀπαγγείλατέ μοι, ὅπως κἀγὼ ἐλθὼν
9 προσκυνήσω αὐτῷ. οἱ δὲ ἀκούσαντες τοῦ βασι-
λέως ἐπορεύθησαν· καὶ ἰδού, ὁ ἀστήρ, ὃν εἶδον ἐν τῇ
ἀνατολῇ, προῆγεν αὐτούς, ἕως ἐλθὼν ἔστη ἐπάνω οὗ
10 ἦν τὸ παιδίον. ἰδόντες δὲ τὸν ἀστέρα, ἐχάρησαν
11 χαρὰν μεγάλην σφόδρα. καὶ ἐλθόντες εἰς τὴν οἰκίαν,
εἶδον* τὸ παιδίον μετὰ Μαρίας τῆς μητρὸς αὐτοῦ,
καὶ πεσόντες προσεκύνησαν αὐτῷ, καὶ ἀνοίξαντες
τοὺς θησαυροὺς αὐτῶν προσήνεγκαν αὐτῷ δῶρα,
12 χρυσὸν καὶ λίβανον καὶ σμύρναν. καὶ χρηματισ-
θέντες κατ᾽ ὄναρ μὴ ἀνακάμψαι πρὸς Ἡρώδην, δι᾽
ἄλλης ὁδοῦ ἀνεχώρησαν εἰς τὴν χώραν αὐτῶν.
13 Ἀναχωρησάντων δὲ αὐτῶν, ἰδού, ἄγγελος Κυ-
ρίου φαίνεται κατ᾽ ὄναρ τῷ Ἰωσήφ, λέγων, Ἐγερ-
θεὶς παράλαβε τὸ παιδίον καὶ τὴν μητέρα αὐτοῦ, καὶ
φεῦγε εἰς Αἴγυπτον, καὶ ἴσθι ἐκεῖ ἕως ἂν εἴπω σοί·
μέλλει γὰρ Ἡρώδης ζητεῖν τὸ παιδίον, τοῦ ἀπολέσαι
14 αὐτό. ὁ δὲ ἐγερθεὶς παρέλαβε τὸ παιδίον καὶ τὴν
μητέρα αὐτοῦ νυκτός, καὶ ἀνεχώρησεν εἰς Αἴγυπτον,
15 καὶ ἦν ἐκεῖ ἕως τῆς τελευτῆς Ἡρώδου· ἵνα πληρωθῇ
τὸ ῥηθὲν ὑπὸ τοῦ Κυρίου διὰ τοῦ προφήτου, λέγον-
16 τος, Ἐξ Αἰγύπτου ἐκάλεσα τὸν υἱόν μου. τότε
Ἡρώδης, ἰδὼν ὅτι ἐνεπαίχθη ὑπὸ τῶν μάγων, ἐθυ-
μώθη λίαν, καὶ ἀποστείλας ἀνεῖλε πάντας τοὺς
παῖδας τοὺς ἐν Βηθλεὲμ καὶ ἐν πᾶσι τοῖς ὁρίοις αὐ-
τῆς, ἀπὸ διετοῦς καὶ κατωτέρω, κατὰ τὸν χρόνον ὃν
17 ἠκρίβωσε παρὰ τῶν μάγων. τότε ἐπληρώθη τὸ
18 ῥηθὲν ὑπὸ¹ Ἱερεμίου* τοῦ προφήτου, λέγοντος, Φωνὴ
ἐν Ῥαμᾶ ἠκούσθη, θρῆνος καὶ² κλαυθμὸς καὶ ὀδυρμὸς
πολύς, Ῥαχὴλ κλαίουσα τὰ τέκνα αὐτῆς, καὶ οὐκ
19 ἤθελε παρακληθῆναι, ὅτι οὐκ εἰσί. τελευτήσαντος

---

¹ διὰ   ² om. θρῆνος καὶ

δὲ τοῦ Ἡρώδου, ἰδού, ἄγγελος Κυρίου κατ' ὄναρ
φαίνεται τῷ Ἰωσὴφ ἐν Αἰγύπτῳ, λέγων, Ἐγερθεὶς 20
παράλαβε τὸ παιδίον καὶ τὴν μητέρα αὐτοῦ, καὶ
πορεύου εἰς γῆν Ἰσραήλ· τεθνήκασι γὰρ οἱ ζητοῦν-
τες τὴν ψυχὴν τοῦ παιδίου. ὁ δὲ ἐγερθεὶς παρέ- 21
λαβε τὸ παιδίον καὶ τὴν μητέρα αὐτοῦ, καὶ ἦλθεν
εἰς γῆν Ἰσραήλ. ἀκούσας δὲ ὅτι Ἀρχέλαος βασι- 22
λεύει ἐπὶ τῆς Ἰουδαίας ἀντὶ Ἡρώδου τοῦ πατρὸς
αὐτοῦ, ἐφοβήθη ἐκεῖ ἀπελθεῖν· χρηματισθεὶς δὲ κατ'
ὄναρ, ἀνεχώρησεν εἰς τὰ μέρη τῆς Γαλιλαίας, καὶ 23
ἐλθὼν κατῴκησεν εἰς πόλιν λεγομένην Ναζαρέθ·
ὅπως πληρωθῇ τὸ ῥηθὲν διὰ τῶν προφητῶν ὅτι
Ναζωραῖος κληθήσεται.
Ἐν δὲ ταῖς ἡμέραις ἐκείναις παραγίνεται Ἰωάν- III.
νης ὁ βαπτιστής, κηρύσσων ἐν τῇ ἐρήμῳ τῆς Ἰου-
δαίας, καὶ[1] λέγων, Μετανοεῖτε· ἤγγικε γὰρ ἡ βασι- 2
λεία τῶν οὐρανῶν. οὗτος γάρ ἐστιν ὁ ῥηθεὶς ὑπὸ[2] 3
Ἡσαΐου* τοῦ προφήτου, λέγοντος, Φωνὴ βοῶντος
ἐν τῇ ἐρήμῳ, Ἑτοιμάσατε τὴν ὁδὸν Κυρίου· εὐθείας
ποιεῖτε τὰς τρίβους αὐτοῦ. αὐτὸς δὲ ὁ Ἰωάννης 4
εἶχε τὸ ἔνδυμα αὐτοῦ ἀπὸ τριχῶν καμήλου, καὶ
ζώνην δερματίνην περὶ τὴν ὀσφὺν αὐτοῦ· ἡ δὲ
τροφὴ αὐτοῦ ἦν ἀκρίδες καὶ μέλι ἄγριον. τότε 5
ἐξεπορεύετο πρὸς αὐτὸν Ἱεροσόλυμα καὶ πᾶσα ἡ
Ἰουδαία καὶ πᾶσα ἡ περίχωρος τοῦ Ἰορδάνου·
καὶ ἐβαπτίζοντο ἐν τῷ Ἰορδάνῃ[3] ὑπ' αὐτοῦ, ἐξομο- 6
λογούμενοι τὰς ἁμαρτίας αὐτῶν. ἰδὼν δὲ πολλοὺς 7
τῶν Φαρισαίων καὶ Σαδδουκαίων ἐρχομένους ἐπὶ τὸ
βάπτισμα αὐτοῦ, εἶπεν αὐτοῖς, Γεννήματα ἐχιδνῶν,
τίς ὑπέδειξεν ὑμῖν φυγεῖν ἀπὸ τῆς μελλούσης ὀργῆς;
ποιήσατε οὖν καρποὺς ἀξίους[4] τῆς μετανοίας· καὶ μὴ 8,9

---

[1] om. καὶ   [2] διὰ   [3] add ποταμῷ   [4] καρπὸν ἄξιον

δόξητε λέγειν ἐν ἑαυτοῖς, Πατέρα ἔχομεν τὸν
Ἀβραάμ· λέγω γὰρ ὑμῖν ὅτι δύναται ὁ Θεὸς ἐκ
10 τῶν λίθων τούτων ἐγεῖραι τέκνα τῷ Ἀβραάμ. ἤδη
δὲ καὶ⁵ ἡ ἀξίνη πρὸς τὴν ῥίζαν τῶν δένδρων κεῖται·
πᾶν οὖν δένδρον μὴ ποιοῦν καρπὸν καλὸν ἐκκόπτε-
11 ται καὶ εἰς πῦρ βάλλεται. ἐγὼ μὲν βαπτίζω
ὑμᾶς ἐν ὕδατι εἰς μετάνοιαν· ὁ δὲ ὀπίσω μου ἐρ-
χόμενος ἰσχυρότερός μου ἐστίν, οὗ οὐκ εἰμὶ ἱκανὸς
τὰ ὑποδήματα βαστάσαι· αὐτὸς ὑμᾶς βαπτίσει ἐν
12 Πνεύματι Ἁγίῳ καὶ πυρί. οὗ τὸ πτύον ἐν τῇ χειρὶ
αὐτοῦ, καὶ διακαθαριεῖ τὴν ἅλωνα αὐτοῦ, καὶ συνάξει
τὸν σῖτον αὐτοῦ εἰς τὴν ἀποθήκην, τὸ δὲ ἄχυρον
κατακαύσει πυρὶ ἀσβέστῳ.
13 Τότε παραγίνεται ὁ Ἰησοῦς ἀπὸ τῆς Γαλιλαίας
ἐπὶ τὸν Ἰορδάνην πρὸς τὸν Ἰωάννην, τοῦ βαπτισθῆ-
14 ναι ὑπ᾽ αὐτοῦ. ὁ δὲ Ἰωάννης διεκώλυεν αὐτόν,
λέγων, Ἐγὼ χρείαν ἔχω ὑπὸ σοῦ βαπτισθῆναι,
15 καὶ σὺ ἔρχῃ πρός με; ἀποκριθεὶς δὲ ὁ Ἰησοῦς
εἶπε πρὸς αὐτόν, Ἄφες ἄρτι· οὕτω γὰρ πρέπον
ἐστὶν ἡμῖν πληρῶσαι πᾶσαν δικαιοσύνην. τότε
16 ἀφίησιν αὐτόν. καὶ βαπτισθεὶς ὁ Ἰησοῦς ἀνέβη
εὐθὺς ἀπὸ τοῦ ὕδατος· καὶ ἰδού, ἀνεῴχθησαν αὐτῷ⁶
οἱ οὐρανοί, καὶ εἶδε τὸ Πνεῦμα τοῦ Θεοῦ καταβαῖ-
17 νον ὡσεὶ περιστερὰν καὶ ἐρχόμενον ἐπ᾽ αὐτόν. καὶ
ἰδού, φωνὴ ἐκ τῶν οὐρανῶν, λέγουσα, Οὗτός ἐστιν
ὁ υἱός μου ὁ ἀγαπητός, ἐν ᾧ εὐδόκησα.
IV.　Τότε ὁ Ἰησοῦς ἀνήχθη εἰς τὴν ἔρημον ὑπὸ τοῦ
2 Πνεύματος, πειρασθῆναι ὑπὸ τοῦ διαβόλου. καὶ
νηστεύσας ἡμέρας τεσσαράκοντα καὶ νύκτας τεσ-
3 σαράκοντα, ὕστερον ἐπείνασε. καὶ προσελθὼν αὐτῷ¹
ὁ πειράζων εἶπεν², Εἰ υἱὸς εἶ τοῦ Θεοῦ, εἰπὲ ἵνα οἱ

---

⁵ om. καὶ　　⁶ Marg. om. αὐτῷ　　¹ om. αὐτῷ
² add αὐτῷ

λίθοι οὗτοι ἄρτοι γένωνται. ὁ δὲ ἀποκριθεὶς εἶπε, 4
Γέγραπται, Οὐκ ἐπ' ἄρτῳ μόνῳ ζήσεται³ ἄνθρωπος,
ἀλλ' ἐπὶ παντὶ ῥήματι ἐκπορευομένῳ διὰ στόματος
Θεοῦ. τότε παραλαμβάνει αὐτὸν ὁ διάβολος εἰς 5
τὴν ἁγίαν πόλιν, καὶ ἵστησιν⁴ αὐτὸν ἐπὶ τὸ πτερύγιον
τοῦ ἱεροῦ, καὶ λέγει αὐτῷ, Εἰ υἱὸς εἶ τοῦ Θεοῦ, 6
βάλε σεαυτὸν κάτω· γέγραπται γὰρ ὅτι Τοῖς ἀγ-
γέλοις αὐτοῦ ἐντελεῖται περὶ σοῦ, καὶ ἐπὶ χειρῶν
ἀροῦσί σε, μήποτε προσκόψῃς πρὸς λίθον τὸν
πόδα σοῦ. ἔφη αὐτῷ ὁ Ἰησοῦς, Πάλιν γέγραπται, 7
Οὐκ ἐκπειράσεις Κύριον τὸν Θεόν σου. πάλιν 8
παραλαμβάνει αὐτὸν ὁ διάβολος εἰς ὄρος ὑψηλὸν
λίαν, καὶ δείκνυσιν αὐτῷ πάσας τὰς βασιλείας τοῦ
κόσμου καὶ τὴν δόξαν αὐτῶν, καὶ λέγει⁵ αὐτῷ, Ταῦτα 9
πάντα σοι δώσω, ἐὰν πεσὼν προσκυνήσῃς μοι.
τότε λέγει αὐτῷ ὁ Ἰησοῦς, Ὕπαγε, Σατανᾶ· γέ- 10
γραπται γάρ, Κύριον τὸν Θεόν σου προσκυνήσεις,
καὶ αὐτῷ μόνῳ λατρεύσεις. τότε ἀφίησιν αὐτὸν 11
ὁ διάβολος· καὶ ἰδού, ἄγγελοι προσῆλθον καὶ διηκό-
νουν αὐτῷ.

Ἀκούσας δὲ ὁ Ἰησοῦς⁶ ὅτι Ἰωάννης παρεδόθη, 12
ἀνεχώρησεν εἰς τὴν Γαλιλαίαν· καὶ καταλιπὼν τὴν 13
Ναζαρέθ, ἐλθὼν κατῴκησεν εἰς Καπερναοὺμ τὴν πα-
ραθαλασσίαν, ἐν ὁρίοις Ζαβουλὼν καὶ Νεφθαλείμ·
ἵνα πληρωθῇ τὸ ῥηθὲν διὰ Ἡσαΐου* τοῦ προφήτου, 14
λέγοντος, Γῆ Ζαβουλὼν καὶ γῆ Νεφθαλείμ, ὁδὸν 15
θαλάσσης, πέραν τοῦ Ἰορδάνου, Γαλιλαία τῶν ἐθ-
νῶν, ὁ λαὸς ὁ καθήμενος ἐν σκότει εἶδε φῶς μέγα, 16
καὶ τοῖς καθημένοις ἐν χώρᾳ καὶ σκιᾷ θανάτου, φῶς
ἀνέτειλεν αὐτοῖς.

Ἀπὸ τότε ἤρξατο ὁ Ἰησοῦς κηρύσσειν καὶ 17

³ add ὁ   ⁴ ἔστησεν   ⁵ εἶπεν   ⁶ om. ὁ Ἰησοῦς

λέγειν, Μετανοεῖτε· ἤγγικε γὰρ ἡ βασιλεία τῶν
οὐρανῶν.

18 Περιπατῶν δὲ ὁ Ἰησοῦς⁷ παρὰ τὴν θάλασσαν
τῆς Γαλιλαίας εἶδε δύο ἀδελφούς, Σίμωνα τὸν
λεγόμενον Πέτρον, καὶ Ἀνδρέαν τὸν ἀδελφὸν
αὐτοῦ, βάλλοντας ἀμφίβληστρον εἰς τὴν θάλασ-
19 σαν· ἦσαν γὰρ ἁλιεῖς. καὶ λέγει αὐτοῖς, Δεῦτε
ὀπίσω μου, καὶ ποιήσω ὑμᾶς ἁλιεῖς ἀνθρώπων.
20 οἱ δὲ εὐθέως ἀφέντες τὰ δίκτυα ἠκολούθησαν αὐτῷ.
21 καὶ προβὰς ἐκεῖθεν, εἶδεν ἄλλους δύο ἀδελφούς,
Ἰάκωβον τὸν τοῦ Ζεβεδαίου καὶ Ἰωάννην τὸν
ἀδελφὸν αὐτοῦ, ἐν τῷ πλοίῳ μετὰ Ζεβεδαίου τοῦ
πατρὸς αὐτῶν, καταρτίζοντας τὰ δίκτυα αὐτῶν·
22 καὶ ἐκάλεσεν αὐτούς. οἱ δὲ εὐθέως ἀφέντες τὸ
πλοῖον καὶ τὸν πατέρα αὐτῶν ἠκολούθησαν αὐτῷ.
23 Καὶ περιῆγεν ὅλην τὴν Γαλιλαίαν⁸ ὁ Ἰησοῦς⁹, διδά-
σκων ἐν ταῖς συναγωγαῖς αὐτῶν, καὶ κηρύσσων τὸ
εὐαγγέλιον τῆς βασιλείας, καὶ θεραπεύων πᾶσαν
24 νόσον καὶ πᾶσαν μαλακίαν ἐν τῷ λαῷ. καὶ ἀπῆλθεν
ἡ ἀκοὴ αὐτοῦ εἰς ὅλην τὴν Συρίαν· καὶ προσήνεγκαν
αὐτῷ πάντας τοὺς κακῶς ἔχοντας, ποικίλαις νόσοις
καὶ βασάνοις συνεχομένους, καὶ¹⁰ δαιμονιζομένους,
καὶ σεληνιαζομένους, καὶ παραλυτικούς· καὶ ἐθε-
25 ράπευσεν αὐτούς. καὶ ἠκολούθησαν αὐτῷ ὄχλοι
πολλοὶ ἀπὸ τῆς Γαλιλαίας καὶ Δεκαπόλεως
καὶ Ἱεροσολύμων καὶ Ἰουδαίας καὶ πέραν τοῦ
Ἰορδάνου.

V. Ἰδὼν δὲ τοὺς ὄχλους ἀνέβη εἰς τὸ ὄρος· καὶ
καθίσαντος αὐτοῦ, προσῆλθον αὐτῷ οἱ μαθηταὶ αὐ-
2 τοῦ· καὶ ἀνοίξας τὸ στόμα αὐτοῦ, ἐδίδασκεν αὐτούς,
λέγων,

---

⁷ om. ὁ Ἰησοῦς   ⁸ ἐν ὅλῃ τῇ Γαλιλαίᾳ
⁹ Marg. om. ὁ Ἰησοῦς   ¹⁰ om. καὶ

Μακάριοι οἱ πτωχοὶ τῷ πνεύματι· ὅτι αὐτῶν 3
ἐστιν ἡ βασιλεία τῶν οὐρανῶν.
¹Μακάριοι οἱ πενθοῦντες· ὅτι αὐτοὶ παρακλη- 4
θήσονται.
Μακάριοι οἱ πρᾳεῖς· ὅτι αὐτοὶ κληρονομήσουσι 5
τὴν γῆν.
Μακάριοι οἱ πεινῶντες καὶ διψῶντες τὴν δι- 6
καιοσύνην· ὅτι αὐτοὶ χορτασθήσονται.
Μακάριοι οἱ ἐλεήμονες· ὅτι αὐτοὶ ἐλεηθήσονται. 7
Μακάριοι οἱ καθαροὶ τῇ καρδίᾳ· ὅτι αὐτοὶ τὸν 8
Θεὸν ὄψονται.
Μακάριοι οἱ εἰρηνοποιοί· ὅτι αὐτοὶ υἱοὶ Θεοῦ 9
κληθήσονται.
Μακάριοι οἱ δεδιωγμένοι ἕνεκεν δικαιοσύνης· 10
ὅτι αὐτῶν ἐστιν ἡ βασιλεία τῶν οὐρανῶν.
Μακάριοί ἐστε, ὅταν ὀνειδίσωσιν ὑμᾶς καὶ 11
διώξωσι, καὶ εἴπωσι πᾶν πονηρὸν ῥῆμα² καθ᾽ ὑμῶν
ψευδόμενοι, ἕνεκεν ἐμοῦ. χαίρετε καὶ ἀγαλλιᾶσθε, 12
ὅτι ὁ μισθὸς ὑμῶν πολὺς ἐν τοῖς οὐρανοῖς· οὕτω
γὰρ ἐδίωξαν τοὺς προφήτας τοὺς πρὸ ὑμῶν.
Ὑμεῖς ἐστε τὸ ἅλας τῆς γῆς· ἐὰν δὲ τὸ ἅλας 13
μωρανθῇ, ἐν τίνι ἁλισθήσεται; εἰς οὐδὲν ἰσχύει
ἔτι, εἰ μὴ βληθῆναι³ ἔξω καὶ⁴ καταπατεῖσθαι ὑπὸ
τῶν ἀνθρώπων. ὑμεῖς ἐστε τὸ φῶς τοῦ κόσμου· 14
οὐ δύναται πόλις κρυβῆναι ἐπάνω ὄρους κειμένη·
οὐδὲ καίουσι λύχνον καὶ τιθέασιν αὐτὸν ὑπὸ τὸν 15
μόδιον, ἀλλ᾽ ἐπὶ τὴν λυχνίαν, καὶ λάμπει πᾶσι τοῖς
ἐν τῇ οἰκίᾳ. οὕτω λαμψάτω τὸ φῶς ὑμῶν ἔμπρο- 16
σθεν τῶν ἀνθρώπων, ὅπως ἴδωσιν ὑμῶν τὰ καλὰ
ἔργα, καὶ δοξάσωσι τὸν πατέρα ὑμῶν τὸν ἐν τοῖς
οὐρανοῖς.

¹ *Marg. transposes verses* 4, 5   ² *om.* ῥῆμα
³ βληθὲν   ⁴ *om.* καὶ

17 Μὴ νομίσητε ὅτι ἦλθον καταλῦσαι τὸν νόμον ἢ
τοὺς προφήτας· οὐκ ἦλθον καταλῦσαι ἀλλὰ πληρῶ-
18 σαι. ἀμὴν γὰρ λέγω ὑμῖν, ἕως ἂν παρέλθῃ ὁ οὐρα-
νὸς καὶ ἡ γῆ, ἰῶτα ἓν ἢ μία κεραία οὐ μὴ παρέλθῃ
19 ἀπὸ τοῦ νόμου, ἕως ἂν πάντα γένηται. ὃς ἐὰν οὖν
λύσῃ μίαν τῶν ἐντολῶν τούτων τῶν ἐλαχίστων, καὶ
διδάξῃ οὕτω τοὺς ἀνθρώπους, ἐλάχιστος κληθήσε-
ται ἐν τῇ βασιλείᾳ τῶν οὐρανῶν· ὃς δ᾽ ἂν ποιήσῃ
καὶ διδάξῃ, οὗτος μέγας κληθήσεται ἐν τῇ βασι-
20 λείᾳ τῶν οὐρανῶν. λέγω γὰρ ὑμῖν ὅτι ἐὰν μὴ
περισσεύσῃ ἡ δικαιοσύνη ὑμῶν πλεῖον τῶν γραμ-
ματέων καὶ Φαρισαίων, οὐ μὴ εἰσέλθητε εἰς τὴν
βασιλείαν τῶν οὐρανῶν.
21 Ἠκούσατε ὅτι ἐρρέθη τοῖς ἀρχαίοις, Οὐ φονεύ-
22 σεις· ὃς δ᾽ ἂν φονεύσῃ, ἔνοχος ἔσται τῇ κρίσει· ἐγὼ
δὲ λέγω ὑμῖν ὅτι πᾶς ὁ ὀργιζόμενος τῷ ἀδελφῷ
αὐτοῦ εἰκῇ⁵ ἔνοχος ἔσται τῇ κρίσει· ὃς δ᾽ ἂν εἴπῃ τῷ
ἀδελφῷ αὐτοῦ, Ῥακά, ἔνοχος ἔσται τῷ συνεδρίῳ·
ὃς δ᾽ ἂν εἴπῃ, Μωρέ, ἔνοχος ἔσται εἰς τὴν γέενναν
23 τοῦ πυρός. ἐὰν οὖν προσφέρῃς τὸ δῶρόν σου
ἐπὶ τὸ θυσιαστήριον, κἀκεῖ μνησθῇς ὅτι ὁ ἀδελφός
24 σου ἔχει τι κατὰ σοῦ, ἄφες ἐκεῖ τὸ δῶρόν σου
ἔμπροσθεν τοῦ θυσιαστηρίου, καὶ ὕπαγε, πρῶτον
διαλλάγηθι τῷ ἀδελφῷ σου, καὶ τότε ἐλθὼν πρόσ-
25 φερε τὸ δῶρόν σου. ἴσθι εὐνοῶν τῷ ἀντιδίκῳ σου
ταχύ, ἕως ὅτου εἶ ἐν τῇ ὁδῷ μετ᾽ αὐτοῦ⁶, μήποτέ σε
παραδῷ ὁ ἀντίδικος τῷ κριτῇ, καὶ ὁ κριτής σε παρα-
26 δῷ⁷ τῷ ὑπηρέτῃ, καὶ εἰς φυλακὴν βληθήσῃ. ἀμὴν
λέγω σοι, οὐ μὴ ἐξέλθῃς ἐκεῖθεν, ἕως ἂν ἀποδῷς τὸν
ἔσχατον κοδράντην.

---

⁵ om. εἰκῇ text, not marg.   ⁶ μετ᾽ αὐτοῦ ἐν τῇ ὁδῷ
⁷ Marg. om. σε παραδῷ

Ἠκούσατε ὅτι ἐρρέθη τοῖς ἀρχαίοις⁸, Οὐ μοι- 27
χεύσεις· ἐγὼ δὲ λέγω ὑμῖν, ὅτι πᾶς ὁ βλέπων γυ- 28
ναῖκα πρὸς τὸ ἐπιθυμῆσαι αὐτῆς ἤδη ἐμοίχευσεν
αὐτὴν ἐν τῇ καρδίᾳ αὐτοῦ. εἰ δὲ ὁ ὀφθαλμός σου 29
ὁ δεξιὸς σκανδαλίζει σε, ἔξελε αὐτὸν καὶ βάλε
ἀπὸ σοῦ· συμφέρει γάρ σοι ἵνα ἀπόληται ἓν τῶν
μελῶν σου, καὶ μὴ ὅλον τὸ σῶμά σου βληθῇ εἰς
γέενναν. καὶ εἰ ἡ δεξιά σου χεὶρ σκανδαλίζει 30
σε, ἔκκοψον αὐτὴν καὶ βάλε ἀπὸ σοῦ· συμφέρει
γάρ σοι ἵνα ἀπόληται ἓν τῶν μελῶν σου, καὶ μὴ
ὅλον τὸ σῶμά σου βληθῇ εἰς γέενναν⁹. ἐρρέθη δὲ ὅτι 31
Ὃς ἂν ἀπολύσῃ τὴν γυναῖκα αὐτοῦ, δότω αὐτῇ ἀπο-
στάσιον· ἐγὼ δὲ λέγω ὑμῖν, ὅτι ὃς ἂν ἀπολύσῃ¹⁰ τὴν 32
γυναῖκα αὐτοῦ, παρεκτὸς λόγου πορνείας, ποιεῖ αὐ-
τὴν μοιχᾶσθαι¹¹· καὶ ὃς ἐὰν ἀπολελυμένην γαμήσῃ
μοιχᾶται.

Πάλιν ἠκούσατε ὅτι ἐρρέθη τοῖς ἀρχαίοις, Οὐκ 33
ἐπιορκήσεις, ἀποδώσεις δὲ τῷ Κυρίῳ τοὺς ὅρκους
σου· ἐγὼ δὲ λέγω ὑμῖν μὴ ὀμόσαι ὅλως· μήτε ἐν 34
τῷ οὐρανῷ, ὅτι θρόνος ἐστὶ τοῦ Θεοῦ· μήτε ἐν τῇ 35
γῇ, ὅτι ὑποπόδιόν ἐστι τῶν ποδῶν αὐτοῦ· μήτε
εἰς Ἰεροσόλυμα, ὅτι πόλις ἐστὶ τοῦ μεγάλου βα-
σιλέως· μήτε ἐν τῇ κεφαλῇ σου ὀμόσῃς, ὅτι οὐ 36
δύνασαι μίαν τρίχα λευκὴν ἢ μέλαιναν ποιῆσαι.
ἔστω¹² δὲ ὁ λόγος ὑμῶν, ναὶ ναί, οὒ οὔ· τὸ δὲ περισ- 37
σὸν τούτων ἐκ τοῦ πονηροῦ ἐστιν.

Ἠκούσατε ὅτι ἐρρέθη, Ὀφθαλμὸν ἀντὶ ὀφθαλ- 38
μοῦ, καὶ ὀδόντα ἀντὶ ὀδόντος· ἐγὼ δὲ λέγω ὑμῖν 39
μὴ ἀντιστῆναι τῷ πονηρῷ· ἀλλ' ὅστις σε ῥαπίσει
ἐπὶ¹³ τὴν δεξιάν σου σιαγόνα, στρέψον αὐτῷ καὶ

---

⁸ om. τοῖς ἀρχαίοις   ⁹ εἰς γέενναν ἀπέλθῃ   ¹⁰ πᾶς ὁ ἀπολύων
¹¹ μοιχευθῆναι   ¹² Marg. ἔσται   ¹³ ῥαπίζει εἰς

40 τὴν ἄλλην· καὶ τῷ θέλοντί σοι κριθῆναι καὶ τὸν
χιτῶνά σου λαβεῖν, ἄφες αὐτῷ καὶ τὸ ἱμάτιον·
41 καὶ ὅστις σε ἀγγαρεύσει μίλιον ἕν, ὕπαγε μετ'
42 αὐτοῦ δύο. τῷ αἰτοῦντί σε δίδου· καὶ τὸν θέλοντα
ἀπὸ σοῦ δανείσασθαι μὴ ἀποστραφῇς.

43 Ἠκούσατε ὅτι ἐρρέθη, Ἀγαπήσεις τὸν πλησίον
44 σου, καὶ μισήσεις τὸν ἐχθρόν σου· ἐγὼ δὲ λέγω
ὑμῖν, ἀγαπᾶτε τοὺς ἐχθροὺς ὑμῶν, εὐλογεῖτε τοὺς
καταρωμένους ὑμᾶς, καλῶς ποιεῖτε τοὺς μισοῦντας ὑμᾶς[14],
καὶ προσεύχεσθε ὑπὲρ τῶν ἐπηρεαζόντων ὑμᾶς, καὶ[15]
45 διωκόντων ὑμᾶς· ὅπως γένησθε υἱοὶ τοῦ πατρὸς
ὑμῶν τοῦ ἐν οὐρανοῖς, ὅτι τὸν ἥλιον αὐτοῦ ἀνα-
τέλλει ἐπὶ πονηροὺς καὶ ἀγαθούς, καὶ βρέχει ἐπὶ
46 δικαίους καὶ ἀδίκους. ἐὰν γὰρ ἀγαπήσητε τοὺς
ἀγαπῶντας ὑμᾶς, τίνα μισθὸν ἔχετε; οὐχὶ καὶ
47 οἱ τελῶναι τὸ αὐτὸ ποιοῦσι; καὶ ἐὰν ἀσπάσησθε
τοὺς ἀδελφοὺς ὑμῶν μόνον, τί περισσὸν ποιεῖτε;
48 οὐχὶ καὶ οἱ τελῶναι οὕτω[16] ποιοῦσιν; ἔσεσθε οὖν
ὑμεῖς τέλειοι, ὥσπερ[17] ὁ πατὴρ ὑμῶν ὁ ἐν τοῖς οὐρα-
νοῖς[18] τέλειός ἐστι.

VI. Προσέχετε τὴν ἐλεημοσύνην[1] ὑμῶν μὴ ποιεῖν ἔμ-
προσθεν τῶν ἀνθρώπων, πρὸς τὸ θεαθῆναι αὐτοῖς·
εἰ δὲ μήγε, μισθὸν οὐκ ἔχετε παρὰ τῷ πατρὶ ὑμῶν
τῷ ἐν τοῖς οὐρανοῖς.

2 Ὅταν οὖν ποιῇς ἐλεημοσύνην, μὴ σαλπίσῃς
ἔμπροσθέν σου, ὥσπερ οἱ ὑποκριταὶ ποιοῦσιν ἐν
ταῖς συναγωγαῖς καὶ ἐν ταῖς ῥύμαις, ὅπως δο-
ξασθῶσιν ὑπὸ τῶν ἀνθρώπων· ἀμὴν λέγω ὑμῖν,
3 ἀπέχουσι τὸν μισθὸν αὐτῶν. σοῦ δὲ ποιοῦντος
ἐλεημοσύνην, μὴ γνώτω ἡ ἀριστερά σου τί ποιεῖ ἡ

14 om. εὐλογεῖτε τοὺς καταρωμένους ὑμᾶς, καλῶς ποιεῖτε τοὺς μι-
σοῦντας ὑμᾶς,   15 om. ἐπηρεαζόντων ὑμᾶς, καὶ   16 ἐθνικοὶ τὸ αὐτὸ
17 ὡς   18 οὐράνιος   1 δικαιοσύνην

δεξιά σου, ὅπως ᾖ σου ἡ ἐλεημοσύνη ἐν τῷ κρυπ- 4
τῷ· καὶ ὁ πατήρ σου ὁ βλέπων ἐν τῷ κρυπτῷ
αὐτὸς ἀποδώσει σοι ἐν τῷ φανερῷ³.

Καὶ ὅταν προσεύχῃ, οὐκ ἔσῃ⁴ ὥσπερ⁵ οἱ ὑποκριταί, 5
ὅτι φιλοῦσιν ἐν ταῖς συναγωγαῖς καὶ ἐν ταῖς
γωνίαις τῶν πλατειῶν ἑστῶτες προσεύχεσθαι,
ὅπως ἂν φανῶσι τοῖς ἀνθρώποις· ἀμὴν λέγω
ὑμῖν ὅτι ἀπέχουσι τὸν μισθὸν αὐτῶν. σὺ δέ, 6
ὅταν προσεύχῃ, εἴσελθε εἰς τὸ ταμιεῖόν σου, καὶ
κλείσας τὴν θύραν σου, πρόσευξαι τῷ πατρί σου
τῷ ἐν τῷ κρυπτῷ· καὶ ὁ πατήρ σου ὁ βλέπων
ἐν τῷ κρυπτῷ ἀποδώσει σοι ἐν τῷ φανερῷ⁶. προσ- 7
ευχόμενοι δὲ μὴ βαττολογήσητε, ὥσπερ οἱ ἐθνι-
κοί· δοκοῦσι γὰρ ὅτι ἐν τῇ πολυλογίᾳ αὐτῶν εἰσα-
κουσθήσονται. μὴ οὖν ὁμοιωθῆτε αὐτοῖς· οἶδε 8
γὰρ⁷ ὁ πατὴρ ὑμῶν ὧν χρείαν ἔχετε, πρὸ τοῦ ὑμᾶς
αἰτῆσαι αὐτόν. οὕτως οὖν προσεύχεσθε ὑμεῖς· 9
Πάτερ ἡμῶν ὁ ἐν τοῖς οὐρανοῖς, ἁγιασθήτω τὸ
ὄνομά σου· ἐλθέτω ἡ βασιλεία σου· γενηθήτω τὸ 10
θέλημά σου, ὡς ἐν οὐρανῷ, καὶ ἐπὶ τῆς⁸ γῆς· τὸν 11
ἄρτον ἡμῶν τὸν ἐπιούσιον δὸς ἡμῖν σήμερον· καὶ 12
ἄφες ἡμῖν τὰ ὀφειλήματα ἡμῶν, ὡς καὶ ἡμεῖς ἀφίε-
μεν⁹ τοῖς ὀφειλέταις ἡμῶν· καὶ μὴ εἰσενέγκῃς ἡμᾶς 13
εἰς πειρασμόν, ἀλλὰ ῥῦσαι ἡμᾶς ἀπὸ τοῦ πονηροῦ.
ὅτι σοῦ ἐστιν ἡ βασιλεία καὶ ἡ δύναμις καὶ ἡ δόξα εἰς τοὺς
αἰῶνας. ἀμήν¹⁰. ἐὰν γὰρ ἀφῆτε τοῖς ἀνθρώποις τὰ 14
παραπτώματα αὐτῶν, ἀφήσει καὶ ὑμῖν ὁ πατὴρ
ὑμῶν ὁ οὐράνιος· ἐὰν δὲ μὴ ἀφῆτε τοῖς ἀνθρώποις 15

---

² om. αὐτὸς
⁴ προσεύχησθε, οὐκ ἔσεσθε
⁶ om. ἐν τῷ φανερῷ
⁸ om. τῆς
³ om. ἐν τῷ φανερῷ
⁵ ὡς
⁷ Marg. adds ὁ Θεὸς
⁹ ἀφήκαμεν
¹⁰ om. ὅτι σοῦ ἐστιν to end of verse, text, not marg.

τὰ παραπτώματα αὐτῶν, οὐδὲ ὁ πατὴρ ὑμῶν ἀφή-
σει τὰ παραπτώματα ὑμῶν.

16 Ὅταν δὲ νηστεύητε, μὴ γίνεσθε ὥσπερ[11] οἱ ὑπο-
κριταὶ σκυθρωποί· ἀφανίζουσι γὰρ τὰ πρόσωπα
αὐτῶν, ὅπως φανῶσι τοῖς ἀνθρώποις νηστεύοντες·
ἀμὴν λέγω ὑμῖν ὅτι ἀπέχουσι τὸν μισθὸν αὐτῶν
17 σὺ δὲ νηστεύων ἄλειψαί σου τὴν κεφαλήν, καὶ
18 τὸ πρόσωπόν σου νίψαι, ὅπως μὴ φανῇς τοῖς
ἀνθρώποις νηστεύων, ἀλλὰ τῷ πατρί σου τῷ ἐν τῷ
κρυπτῷ· καὶ ὁ πατήρ σου ὁ βλέπων ἐν τῷ κρυπτῷ
ἀποδώσει σοι ἐν τῷ φανερῷ[12].

19 Μὴ θησαυρίζετε ὑμῖν θησαυροὺς ἐπὶ τῆς γῆς,
ὅπου σὴς καὶ βρῶσις ἀφανίζει, καὶ ὅπου κλέπται
20 διορύσσουσι καὶ κλέπτουσι· θησαυρίζετε δὲ ὑμῖν
θησαυροὺς ἐν οὐρανῷ, ὅπου οὔτε σὴς οὔτε βρῶσις
ἀφανίζει, καὶ ὅπου κλέπται οὐ διορύσσουσιν οὐδὲ
21 κλέπτουσιν. ὅπου γάρ ἐστιν ὁ θησαυρὸς ὑμῶν[13],
22 ἐκεῖ ἔσται καὶ ἡ καρδία ὑμῶν[13]. ὁ λύχνος τοῦ σώ-
ματός ἐστιν ὁ ὀφθαλμός· ἐὰν οὖν ὁ ὀφθαλμός σου
23 ἁπλοῦς ᾖ, ὅλον τὸ σῶμά σου φωτεινὸν ἔσται· ἐὰν
δὲ ὁ ὀφθαλμός σου πονηρὸς ᾖ, ὅλον τὸ σῶμά σου
σκοτεινὸν ἔσται. εἰ οὖν τὸ φῶς τὸ ἐν σοὶ σκότος
24 ἐστί, τὸ σκότος πόσον; οὐδεὶς δύναται δυσὶ κυ-
ρίοις δουλεύειν· ἢ γὰρ τὸν ἕνα μισήσει, καὶ τὸν
ἕτερον ἀγαπήσει· ἢ ἑνὸς ἀνθέξεται, καὶ τοῦ ἑτέρου
καταφρονήσει. οὐ δύνασθε Θεῷ δουλεύειν καὶ
25 μαμμωνᾷ. διὰ τοῦτο λέγω ὑμῖν, μὴ μεριμνᾶτε τῇ
ψυχῇ ὑμῶν, τί φάγητε καὶ[14] τί πίητε· μηδὲ τῷ σώ-
ματι ὑμῶν, τί ἐνδύσησθε. οὐχὶ ἡ ψυχὴ πλεῖόν
26 ἐστι τῆς τροφῆς, καὶ τὸ σῶμα τοῦ ἐνδύματος; ἐμ-
βλέψατε εἰς τὰ πετεινὰ τοῦ οὐρανοῦ, ὅτι οὐ σπεί-

[11] ὡς   [12] om. ἐν τῷ φανερῷ   [13] σου   [14] ἢ

ρουσιν, οὐδὲ θερίζουσιν, οὐδὲ συνάγουσιν εἰς ἀπο-
θήκας, καὶ ὁ πατὴρ ὑμῶν ὁ οὐράνιος τρέφει αὐτά·
οὐχ ὑμεῖς μᾶλλον διαφέρετε αὐτῶν; τίς δὲ ἐξ ὑμῶν 27
μεριμνῶν δύναται προσθεῖναι ἐπὶ τὴν ἡλικίαν αὐ-
τοῦ πῆχυν ἕνα; καὶ περὶ ἐνδύματος τί μεριμνᾶτε; 28
καταμάθετε τὰ κρίνα τοῦ ἀγροῦ, πῶς αὐξάνει· οὐ
κοπιᾷ, οὐδὲ νήθει· λέγω δὲ ὑμῖν ὅτι οὐδὲ Σολομὼν 29
ἐν πάσῃ τῇ δόξῃ αὐτοῦ περιεβάλετο ὡς ἐν τούτων.
εἰ δὲ τὸν χόρτον τοῦ ἀγροῦ, σήμερον ὄντα, καὶ αὔ- 30
ριον εἰς κλίβανον βαλλόμενον, ὁ Θεὸς οὕτως ἀμ-
φιέννυσιν, οὐ πολλῷ μᾶλλον ὑμᾶς, ὀλιγόπιστοι;
μὴ οὖν μεριμνήσητε, λέγοντες, Τί φάγωμεν, ἢ τί 31
πίωμεν, ἢ τί περιβαλώμεθα; πάντα γὰρ ταῦτα τὰ 32
ἔθνη ἐπιζητεῖ· οἶδε γὰρ ὁ πατὴρ ὑμῶν ὁ οὐράνιος ὅτι
χρῄζετε τούτων ἁπάντων. ζητεῖτε δὲ πρῶτον τὴν 33
βασιλείαν τοῦ Θεοῦ[15] καὶ τὴν δικαιοσύνην αὐτοῦ, καὶ
ταῦτα πάντα προστεθήσεται ὑμῖν. μὴ οὖν μεριμ- 34
νήσητε εἰς τὴν αὔριον· ἡ γὰρ αὔριον μεριμνήσει τὰ[16]
ἑαυτῆς. ἀρκετὸν τῇ ἡμέρᾳ ἡ κακία αὐτῆς.
   Μὴ κρίνετε, ἵνα μὴ κριθῆτε· ἐν ᾧ γὰρ κρίματι VII. 2
κρίνετε, κριθήσεσθε· καὶ ἐν ᾧ μέτρῳ μετρεῖτε, ἀντι-
μετρηθήσεται[1] ὑμῖν. τί δὲ βλέπεις τὸ κάρφος τὸ ἐν 3
τῷ ὀφθαλμῷ τοῦ ἀδελφοῦ σου, τὴν δὲ ἐν τῷ σῷ
ὀφθαλμῷ δοκὸν οὐ κατανοεῖς; ἢ πῶς ἐρεῖς τῷ ἀδελ- 4
φῷ σου, Ἄφες ἐκβάλω τὸ κάρφος ἀπὸ[2] τοῦ ὀφθαλ-
μοῦ σου· καὶ ἰδού, ἡ δοκὸς ἐν τῷ ὀφθαλμῷ σου;
ὑποκριτά, ἔκβαλε πρῶτον τὴν δοκὸν ἐκ τοῦ ὀφθαλ- 5
μοῦ σου, καὶ τότε διαβλέψεις ἐκβαλεῖν τὸ κάρφος
ἐκ τοῦ ὀφθαλμοῦ τοῦ ἀδελφοῦ σου.
   Μὴ δῶτε τὸ ἅγιον τοῖς κυσί· μηδὲ βάλητε τοὺς 6
μαργαρίτας ὑμῶν ἔμπροσθεν τῶν χοίρων, μήποτε

καταπατήσωσιν αὐτοὺς ἐν τοῖς ποσὶν αὐτῶν, καὶ
στραφέντες ῥήξωσιν ὑμᾶς.

7 Αἰτεῖτε, καὶ δοθήσεται ὑμῖν· ζητεῖτε, καὶ εὑ-
8 ρήσετε· κρούετε, καὶ ἀνοιγήσεται ὑμῖν. πᾶς γὰρ
ὁ αἰτῶν λαμβάνει, καὶ ὁ ζητῶν εὑρίσκει, καὶ τῷ
9 κρούοντι ἀνοιγήσεται. ἢ τίς ἐστιν ἐξ ὑμῶν ἄν-
θρωπος, ὃν ἐὰν³ αἰτήσῃ⁴ ὁ υἱὸς αὐτοῦ ἄρτον, μὴ
10 λίθον ἐπιδώσει αὐτῷ; καὶ ἐὰν ἰχθὺν αἰτήσῃ⁵, μὴ
11 ὄφιν ἐπιδώσει αὐτῷ; εἰ οὖν ὑμεῖς, πονηροὶ ὄντες,
οἴδατε δόματα ἀγαθὰ διδόναι τοῖς τέκνοις ὑμῶν,
πόσῳ μᾶλλον ὁ πατὴρ ὑμῶν ὁ ἐν τοῖς οὐρανοῖς
12 δώσει ἀγαθὰ τοῖς αἰτοῦσιν αὐτόν; πάντα οὖν ὅσα
ἂν θέλητε ἵνα ποιῶσιν ὑμῖν οἱ ἄνθρωποι, οὕτω καὶ
ὑμεῖς ποιεῖτε αὐτοῖς· οὗτος γάρ ἐστιν ὁ νόμος καὶ
οἱ προφῆται.

13 Εἰσέλθετε διὰ τῆς στενῆς πύλης· ὅτι πλατεῖα
ἡ πύλη⁶, καὶ εὐρύχωρος ἡ ὁδὸς ἡ ἀπάγουσα εἰς τὴν
ἀπώλειαν, καὶ πολλοί εἰσιν οἱ εἰσερχόμενοι δι᾽ αὐ-
14 τῆς· ὅτι⁷ στενὴ ἡ πύλη, καὶ τεθλιμμένη ἡ ὁδὸς ἡ
ἀπάγουσα εἰς τὴν ζωήν, καὶ ὀλίγοι εἰσὶν οἱ εὑρί-
σκοντες αὐτήν.

15 Προσέχετε δὲ⁸ ἀπὸ τῶν ψευδοπροφητῶν, οἵ-
τινες ἔρχονται πρὸς ὑμᾶς ἐν ἐνδύμασι προβάτων,
16 ἔσωθεν δέ εἰσι λύκοι ἅρπαγες. ἀπὸ τῶν καρπῶν
αὐτῶν ἐπιγνώσεσθε αὐτούς· μήτι συλλέγουσιν
ἀπὸ ἀκανθῶν σταφυλήν, ἢ ἀπὸ τριβόλων σῦκα;
17 οὕτω πᾶν δένδρον ἀγαθὸν καρποὺς καλοὺς ποιεῖ·
18 τὸ δὲ σαπρὸν δένδρον καρποὺς πονηροὺς ποιεῖ. οὐ
δύναται δένδρον ἀγαθὸν καρποὺς πονηροὺς ποιεῖν,
19 οὐδὲ δένδρον σαπρὸν καρποὺς καλοὺς ποιεῖν. πᾶν
δένδρον μὴ ποιοῦν καρπὸν καλὸν ἐκκόπτεται καὶ

---

³ om. ἐὰν ⁴ αἰτήσει ⁵ ἢ καὶ ἰχθὺν αἰτήσει
⁶ Marg. om. ἡ πύλη ⁷ Marg. τί ⁸ om. δὲ

εἰς πῦρ βάλλεται. ἄραγε ἀπὸ τῶν καρπῶν αὐ- 20
τῶν ἐπιγνώσεσθε αὐτούς. οὐ πᾶς ὁ λέγων μοι, 21
Κύριε, Κύριε, εἰσελεύσεται εἰς τὴν βασιλείαν
τῶν οὐρανῶν· ἀλλ' ὁ ποιῶν τὸ θέλημα τοῦ πα-
τρός μου τοῦ ἐν οὐρανοῖς. πολλοὶ ἐροῦσί μοι 22
ἐν ἐκείνῃ τῇ ἡμέρᾳ, Κύριε, Κύριε, οὐ τῷ σῷ ὀνό-
ματι προεφητεύσαμεν, καὶ τῷ σῷ ὀνόματι δαι-
μόνια ἐξεβάλομεν, καὶ τῷ σῷ ὀνόματι δυνάμεις
πολλὰς ἐποιήσαμεν; καὶ τότε ὁμολογήσω αὐτοῖς, 23
ὅτι οὐδέποτε ἔγνων ὑμᾶς· ἀποχωρεῖτε ἀπ' ἐμοῦ οἱ
ἐργαζόμενοι τὴν ἀνομίαν. πᾶς οὖν ὅστις ἀκούει 24
μου τοὺς λόγους τούτους καὶ ποιεῖ αὐτούς, ὁμοιώσω
αὐτὸν⁹ ἀνδρὶ φρονίμῳ, ὅστις ᾠκοδόμησε τὴν οἰκίαν
αὐτοῦ ἐπὶ τὴν πέτραν· καὶ κατέβη ἡ βροχὴ καὶ 25
ἦλθον οἱ ποταμοὶ καὶ ἔπνευσαν οἱ ἄνεμοι, καὶ προσ-
έπεσον τῇ οἰκίᾳ ἐκείνῃ, καὶ οὐκ ἔπεσε· τεθεμελίωτο
γὰρ ἐπὶ τὴν πέτραν. καὶ πᾶς ὁ ἀκούων μου τοὺς 26
λόγους τούτους καὶ μὴ ποιῶν αὐτούς, ὁμοιωθήσεται
ἀνδρὶ μωρῷ, ὅστις ᾠκοδόμησε τὴν οἰκίαν αὐτοῦ
ἐπὶ τὴν ἄμμον· καὶ κατέβη ἡ βροχὴ καὶ ἦλθον οἱ 27
ποταμοὶ καὶ ἔπνευσαν οἱ ἄνεμοι, καὶ προσέκοψαν
τῇ οἰκίᾳ ἐκείνῃ, καὶ ἔπεσε· καὶ ἦν ἡ πτῶσις αὐτῆς
μεγάλη.

Καὶ ἐγένετο ὅτε συνετέλεσεν¹⁰ ὁ Ἰησοῦς τοὺς 28
λόγους τούτους, ἐξεπλήσσοντο οἱ ὄχλοι ἐπὶ τῇ δι-
δαχῇ αὐτοῦ· ἦν γὰρ διδάσκων αὐτοὺς ὡς ἐξουσίαν 29
ἔχων, καὶ οὐχ ὡς οἱ γραμματεῖς¹¹.

Καταβάντι δὲ αὐτῷ ἀπὸ τοῦ ὄρους, ἠκολούθη- VIII.
σαν αὐτῷ ὄχλοι πολλοί· καὶ ἰδού, λεπρὸς ἐλθὼν¹ 2
προσεκύνει αὐτῷ, λέγων, Κύριε, ἐὰν θέλῃς, δύνα-
σαί με καθαρίσαι. καὶ ἐκτείνας τὴν χεῖρα, ἥψατο 3

---

⁹ ὁμοιωθήσεται   ¹⁰ ἐτέλεσεν
¹¹ add αὐτῶν   ¹ προσελθὼν

αὐτοῦ ὁ Ἰησοῦς², λέγων, Θέλω, καθαρίσθητι. καὶ
4 εὐθέως ἐκαθαρίσθη αὐτοῦ ἡ λέπρα. καὶ λέγει αὐτῷ
ὁ Ἰησοῦς, Ὅρα μηδενὶ εἴπῃς· ἀλλ' ὕπαγε, σεαυτὸν
δεῖξον τῷ ἱερεῖ, καὶ προσένεγκε τὸ δῶρον ὃ προσέ-
ταξε Μωσῆς, εἰς μαρτύριον αὐτοῖς.

5 Εἰσελθόντι δὲ τῷ Ἰησοῦ³ εἰς Καπερναούμ, προσ-
6 ῆλθεν αὐτῷ ἑκατόνταρχος παρακαλῶν αὐτόν, καὶ
λέγων, Κύριε, ὁ παῖς μου βέβληται ἐν τῇ οἰκίᾳ
7 παραλυτικός, δεινῶς βασανιζόμενος. καὶ λέγει
8 αὐτῷ ὁ Ἰησοῦς⁴, Ἐγὼ ἐλθὼν θεραπεύσω αὐτόν. καὶ
ἀποκριθεὶς ὁ ἑκατόνταρχος ἔφη, Κύριε, οὐκ εἰμὶ
ἱκανὸς ἵνα μου ὑπὸ τὴν στέγην εἰσέλθῃς· ἀλλὰ
9 μόνον εἰπὲ λόγον⁵, καὶ ἰαθήσεται ὁ παῖς μου. καὶ
γὰρ ἐγὼ ἄνθρωπός εἰμι ὑπὸ ἐξουσίαν⁶, ἔχων ὑπ'
ἐμαυτὸν στρατιώτας· καὶ λέγω τούτῳ, Πορεύθητι,
καὶ πορεύεται· καὶ ἄλλῳ, Ἔρχου, καὶ ἔρχεται· καὶ
10 τῷ δούλῳ μου, Ποίησον τοῦτο, καὶ ποιεῖ. ἀκούσας
δὲ ὁ Ἰησοῦς ἐθαύμασε, καὶ εἶπε τοῖς ἀκολουθοῦσιν,
Ἀμὴν λέγω ὑμῖν, οὐδὲ ἐν τῷ Ἰσραὴλ τοσαύτην πίστιν⁷
11 εὗρον. λέγω δὲ ὑμῖν, ὅτι πολλοὶ ἀπὸ ἀνατολῶν
καὶ δυσμῶν ἥξουσι, καὶ ἀνακλιθήσονται μετὰ
Ἀβραὰμ καὶ Ἰσαὰκ καὶ Ἰακὼβ ἐν τῇ βασιλείᾳ
12 τῶν οὐρανῶν· οἱ δὲ υἱοὶ τῆς βασιλείας ἐκβληθή-
σονται εἰς τὸ σκότος τὸ ἐξώτερον· ἐκεῖ ἔσται ὁ
13 κλαυθμὸς καὶ ὁ βρυγμὸς τῶν ὀδόντων. καὶ εἶπεν ὁ
Ἰησοῦς τῷ ἑκατοντάρχῳ. Ὕπαγε, καὶ⁸ ὡς ἐπίστευ-
σας γενηθήτω σοι. καὶ ἰάθη ὁ παῖς αὐτοῦ⁹ ἐν τῇ
ὥρᾳ ἐκείνῃ.

14 Καὶ ἐλθὼν ὁ Ἰησοῦς εἰς τὴν οἰκίαν Πέτρου, εἶδε
τὴν πενθερὰν αὐτοῦ βεβλημένην καὶ πυρέσσουσαν,

² om. ὁ Ἰησοῦς ³ Εἰσελθόντος δὲ αὐτοῦ ⁴ om. ὁ Ἰησοῦς
⁵ λόγῳ ⁶ Marg. adds τασσόμενος ⁷ Marg. παρ' οὐδενὶ
τοσαύτην πίστιν ἐν τῷ Ἰσραὴλ ⁸ om. καὶ ⁹ om. αὐτοῦ

καὶ ἥψατο τῆς χειρὸς αὐτῆς, καὶ ἀφῆκεν αὐτὴν ὁ 15
πυρετός· καὶ ἠγέρθη, καὶ διηκόνει αὐτοῖς[10]. ὀψίας 16
δὲ γενομένης προσήνεγκαν αὐτῷ δαιμονιζομένους
πολλούς· καὶ ἐξέβαλε τὰ πνεύματα λόγῳ, καὶ
πάντας τοὺς κακῶς ἔχοντας ἐθεράπευσεν· ὅπως 17
πληρωθῇ τὸ ῥηθὲν διὰ Ἠσαΐου τοῦ προφήτου,
λέγοντος, Αὐτὸς τὰς ἀσθενείας ἡμῶν ἔλαβε, καὶ
τὰς νόσους ἐβάστασεν.
Ἰδὼν δὲ ὁ Ἰησοῦς πολλοὺς ὄχλους περὶ αὐτόν, 18
ἐκέλευσεν ἀπελθεῖν εἰς τὸ πέραν. καὶ προσελθὼν 19
εἰς γραμματεὺς εἶπεν αὐτῷ, Διδάσκαλε, ἀκολου-
θήσω σοι ὅπου ἐὰν ἀπέρχῃ. καὶ λέγει αὐτῷ ὁ 20
Ἰησοῦς, Αἱ ἀλώπεκες φωλεοὺς ἔχουσι, καὶ τὰ πε-
τεινὰ τοῦ οὐρανοῦ κατασκηνώσεις· ὁ δὲ υἱὸς τοῦ
ἀνθρώπου οὐκ ἔχει ποῦ τὴν κεφαλὴν κλίνῃ. ἕτε- 21
ρος δὲ τῶν μαθητῶν αὐτοῦ[11] εἶπεν αὐτῷ, Κύριε,
ἐπίτρεψόν μοι πρῶτον ἀπελθεῖν καὶ θάψαι τὸν
πατέρα μου. ὁ δὲ Ἰησοῦς εἶπεν[12] αὐτῷ, Ἀκολούθει 22
μοι, καὶ ἄφες τοὺς νεκροὺς θάψαι τοὺς ἑαυτῶν
νεκρούς.
Καὶ ἐμβάντι αὐτῷ εἰς τὸ[13] πλοῖον, ἠκολούθησαν 23
αὐτῷ οἱ μαθηταὶ αὐτοῦ. καὶ ἰδού, σεισμὸς μέγας 24
ἐγένετο ἐν τῇ θαλάσσῃ, ὥστε τὸ πλοῖον καλύ-
πτεσθαι ὑπὸ τῶν κυμάτων· αὐτὸς δὲ ἐκάθευδε.
καὶ προσελθόντες οἱ μαθηταὶ αὐτοῦ[14] ἤγειραν αὐτόν, 25
λέγοντες, Κύριε, σῶσον ἡμᾶς[15], ἀπολλύμεθα. καὶ 26
λέγει αὐτοῖς, Τί δειλοί ἐστε, ὀλιγόπιστοι; τότε
ἐγερθεὶς ἐπετίμησε τοῖς ἀνέμοις καὶ τῇ θαλάσσῃ,
καὶ ἐγένετο γαλήνη μεγάλη. οἱ δὲ ἄνθρωποι ἐθαύ- 27
μασαν, λέγοντες, Ποταπός ἐστιν οὗτος, ὅτι καὶ οἱ
ἄνεμοι καὶ ἡ θάλασσα ὑπακούουσιν αὐτῷ;

[10] αὐτῷ   [11] *om.* αὐτοῦ   [12] λέγει
[13] *om.* τὸ   [14] *om.* οἱ μαθηταὶ αὐτοῦ   [15] *om.* ἡμᾶς

2—2

28 Καὶ ἐλθόντι αὐτῷ εἰς τὸ πέραν εἰς τὴν χώραν
τῶν Γεργεσηνῶν[16], ὑπήντησαν αὐτῷ δύο δαιμονιζόμενοι
ἐκ τῶν μνημείων ἐξερχόμενοι, χαλεποὶ λίαν, ὥστε
μὴ ἰσχύειν τινὰ παρελθεῖν διὰ τῆς ὁδοῦ ἐκείνης·
29 καὶ ἰδού, ἔκραξαν λέγοντες, Τί ἡμῖν καὶ σοί,
Ἰησοῦ[17], υἱὲ τοῦ Θεοῦ; ἦλθες ὧδε πρὸ καιροῦ βασα-
30 νίσαι ἡμᾶς; ἦν δὲ μακρὰν ἀπ᾽ αὐτῶν ἀγέλη χοίρων
31 πολλῶν βοσκομένη. οἱ δὲ δαίμονες παρεκάλουν
αὐτόν, λέγοντες, Εἰ ἐκβάλλεις ἡμᾶς, ἐπίτρεψον ἡμῖν
32 ἀπελθεῖν[18] εἰς τὴν ἀγέλην τῶν χοίρων. καὶ εἶπεν
αὐτοῖς, Ὑπάγετε. οἱ δὲ ἐξελθόντες ἀπῆλθον εἰς
τὴν ἀγέλην τῶν χοίρων[19]· καὶ ἰδού, ὥρμησε πᾶσα ἡ
ἀγέλη τῶν χοίρων[20] κατὰ τοῦ κρημνοῦ εἰς τὴν θά-
33 λασσαν, καὶ ἀπέθανον ἐν τοῖς ὕδασιν. οἱ δὲ βόσ-
κοντες ἔφυγον, καὶ ἀπελθόντες εἰς τὴν πόλιν ἀπήγ-
34 γειλαν πάντα, καὶ τὰ τῶν δαιμονιζομένων. καὶ ἰδού,
πᾶσα ἡ πόλις ἐξῆλθεν εἰς συνάντησιν τῷ Ἰησοῦ·
καὶ ἰδόντες αὐτόν, παρεκάλεσαν ὅπως μεταβῇ ἀπὸ
τῶν ὁρίων αὐτῶν.

IX. Καὶ ἐμβὰς εἰς τὸ[1] πλοῖον διεπέρασε καὶ ἦλθεν
2 εἰς τὴν ἰδίαν πόλιν. καὶ ἰδού, προσέφερον αὐτῷ
παραλυτικὸν ἐπὶ κλίνης βεβλημένον· καὶ ἰδὼν ὁ
Ἰησοῦς τὴν πίστιν αὐτῶν εἶπε τῷ παραλυτικῷ,
3 Θάρσει, τέκνον· ἀφέωνταί σοι αἱ ἁμαρτίαι σου[2]. καὶ
ἰδού, τινὲς τῶν γραμματέων εἶπον ἐν ἑαυτοῖς, Οὗτος
4 βλασφημεῖ. καὶ ἰδὼν[3] ὁ Ἰησοῦς τὰς ἐνθυμήσεις
αὐτῶν εἶπεν, Ἱνατί ὑμεῖς[4] ἐνθυμεῖσθε πονηρὰ ἐν ταῖς
5 καρδίαις ὑμῶν; τί γάρ ἐστιν εὐκοπώτερον, εἰπεῖν,
Ἀφέωνταί σοι[5] αἱ ἁμαρτίαι· ἢ εἰπεῖν, Ἔγειραι καὶ
6 περιπάτει; ἵνα δὲ εἰδῆτε, ὅτι ἐξουσίαν ἔχει ὁ υἱὸς

---

[16] Γαδαρηνῶν   [17] om. Ἰησοῦ   [18] ἀπόστειλον ἡμᾶς
[19] τοὺς χοίρους   [20] om. τῶν χοίρων   [1] om. τὸ   [2] σου αἱ
ἁμαρτίαι (om. σοι)   [3] εἰδὼς text, not marg.   [4] om. ὑμεῖς   [5] σου

τοῦ ἀνθρώπου ἐπὶ τῆς γῆς ἀφιέναι ἁμαρτίας (τότε
λέγει τῷ παραλυτικῷ), Ἐγερθεὶς ἀρόν σου τὴν
κλίνην, καὶ ὕπαγε εἰς τὸν οἶκόν σου. καὶ ἐγερθεὶς 7
ἀπῆλθεν εἰς τὸν οἶκον αὐτοῦ. ἰδόντες δὲ οἱ ὄχλοι 8
ἐθαύμασαν⁶, καὶ ἐδόξασαν τὸν Θεόν, τὸν δόντα ἐξουσίαν
τοιαύτην τοῖς ἀνθρώποις.

Καὶ παράγων ὁ Ἰησοῦς ἐκεῖθεν εἶδεν ἄνθρωπον 9
καθήμενον ἐπὶ τὸ τελώνιον, Ματθαῖον λεγόμενον,
καὶ λέγει αὐτῷ, Ἀκολούθει μοι. καὶ ἀναστὰς ἠκο-
λούθησεν αὐτῷ.

Καὶ ἐγένετο αὐτοῦ ἀνακειμένου ἐν τῇ οἰκίᾳ, καὶ 10
ἰδού, πολλοὶ τελῶναι καὶ ἁμαρτωλοὶ ἐλθόντες συν-
ανέκειντο τῷ Ἰησοῦ καὶ τοῖς μαθηταῖς αὐτοῦ. καὶ 11
ἰδόντες οἱ Φαρισαῖοι εἶπον τοῖς μαθηταῖς αὐτοῦ,
Διατί μετὰ τῶν τελῶνων καὶ ἁμαρτωλῶν ἐσθίει
ὁ διδάσκαλος ὑμῶν; ὁ δὲ Ἰησοῦς⁷ ἀκούσας εἶπεν 12
αὐτοῖς⁸, Οὐ χρείαν ἔχουσιν οἱ ἰσχύοντες ἰατροῦ,
ἀλλ᾽ οἱ κακῶς ἔχοντες. πορευθέντες δὲ μάθετε τί 13
ἐστιν, Ἔλεον θέλω, καὶ οὐ θυσίαν· οὐ γὰρ ἦλθον
καλέσαι δικαίους, ἀλλ᾽ ἁμαρτωλοὺς εἰς μετάνοιαν⁹.

Τότε προσέρχονται αὐτῷ οἱ μαθηταὶ Ἰωάννου, 14
λέγοντες, Διατί ἡμεῖς καὶ οἱ Φαρισαῖοι νηστεύομεν
πολλά¹⁰, οἱ δὲ μαθηταί σου οὐ νηστεύουσι; καὶ εἶπεν 15
αὐτοῖς ὁ Ἰησοῦς, Μὴ δύνανται οἱ υἱοὶ τοῦ νυμ-
φῶνος πενθεῖν, ἐφ᾽ ὅσον μετ᾽ αὐτῶν ἐστιν ὁ νυμ-
φίος; ἐλεύσονται δὲ ἡμέραι ὅταν ἀπαρθῇ ἀπ᾽ αὐτῶν
ὁ νυμφίος, καὶ τότε νηστεύσουσιν. οὐδεὶς δὲ ἐπιβάλ- 16
λει ἐπίβλημα ῥάκους ἀγνάφου ἐπὶ ἱματίῳ παλαιῷ·
αἴρει γὰρ τὸ πλήρωμα αὐτοῦ ἀπὸ τοῦ ἱματίου, καὶ
χεῖρον σχίσμα γίνεται. οὐδὲ βάλλουσιν οἶνον νέον 17
εἰς ἀσκοὺς παλαιούς· εἰ δὲ μήγε, ῥήγνυνται οἱ ἀσκοί,

---

⁶ ἐφοβήθησαν   ⁷ om. Ἰησοῦς   ⁸ om. αὐτοῖς
⁹ om. εἰς μετάνοιαν   ¹⁰ Marg. om. πολλά

καὶ ὁ οἶνος ἐκχεῖται, καὶ οἱ ἀσκοὶ ἀπολοῦνται¹¹· ἀλλὰ
βάλλουσιν οἶνον νέον εἰς ἀσκοὺς καινούς, καὶ ἀμφό-
τερα συντηροῦνται.

18 Ταῦτα αὐτοῦ λαλοῦντος αὐτοῖς, ἰδού, ἄρχων
εἷς* ἐλθὼν προσεκύνει αὐτῷ, λέγων ὅτι Ἡ θυγά-
τηρ μου ἄρτι ἐτελεύτησεν· ἀλλὰ ἐλθὼν ἐπίθες τὴν
19 χεῖρά σου ἐπ᾽ αὐτήν, καὶ ζήσεται. καὶ ἐγερθεὶς
ὁ Ἰησοῦς ἠκολούθησεν αὐτῷ καὶ οἱ μαθηταὶ αὐτοῦ.
20 καὶ ἰδού, γυνὴ αἱμορροοῦσα δώδεκα ἔτη, προσελ-
θοῦσα ὄπισθεν, ἥψατο τοῦ κρασπέδου τοῦ ἱματίου
21 αὐτοῦ. ἔλεγε γὰρ ἐν ἑαυτῇ, Ἐὰν μόνον ἅψωμαι
22 τοῦ ἱματίου αὐτοῦ, σωθήσομαι. ὁ δὲ Ἰησοῦς ἐπι-
στραφεὶς¹² καὶ ἰδὼν αὐτὴν εἶπε, Θάρσει, θύγατερ· ἡ
πίστις σου σέσωκέ σε. καὶ ἐσώθη ἡ γυνὴ ἀπὸ
23 τῆς ὥρας ἐκείνης. καὶ ἐλθὼν ὁ Ἰησοῦς εἰς τὴν
οἰκίαν τοῦ ἄρχοντος, καὶ ἰδὼν τοὺς αὐλητὰς καὶ τὸν
24 ὄχλον θορυβούμενον, λέγει αὐτοῖς¹³, Ἀναχωρεῖτε· οὐ
γὰρ ἀπέθανε τὸ κοράσιον, ἀλλὰ καθεύδει. καὶ
25 κατεγέλων αὐτοῦ. ὅτε δὲ ἐξεβλήθη ὁ ὄχλος, εἰσ-
ελθὼν ἐκράτησε τῆς χειρὸς αὐτῆς, καὶ ἠγέρθη τὸ
26 κοράσιον. καὶ ἐξῆλθεν ἡ φήμη αὕτη εἰς ὅλην τὴν
γῆν ἐκείνην.

27 Καὶ παράγοντι ἐκεῖθεν τῷ Ἰησοῦ, ἠκολούθησαν
αὐτῷ δύο τυφλοί, κράζοντες καὶ λέγοντες, Ἐλέη-
28 σον ἡμᾶς, υἱὲ Δαβίδ. ἐλθόντι δὲ εἰς τὴν οἰκίαν,
προσῆλθον αὐτῷ οἱ τυφλοί, καὶ λέγει αὐτοῖς ὁ
Ἰησοῦς, Πιστεύετε ὅτι δύναμαι τοῦτο ποιῆσαι;
29 λέγουσιν αὐτῷ, Ναί, Κύριε. τότε ἥψατο τῶν ὀφ-
θαλμῶν αὐτῶν, λέγων, Κατὰ τὴν πίστιν ὑμῶν γενη-
30 θήτω ὑμῖν. καὶ ἀνεῴχθησαν αὐτῶν οἱ ὀφθαλμοί·
καὶ ἐνεβριμήσατο αὐτοῖς ὁ Ἰησοῦς, λέγων, Ὁρᾶτε

____

¹¹ ἀπόλλυνται   ¹² στραφεὶς   ¹³ ἔλεγεν (om. αὐτοῖς)

μηδεὶς γινωσκέτω. οἱ δὲ ἐξελθόντες διεφήμισαν 31 αὐτὸν ἐν ὅλῃ τῇ γῇ ἐκείνῃ. Αὐτῶν δὲ ἐξερχομένων, ἰδού, προσήνεγκαν αὐτῷ 32 ἄνθρωπον[14] κωφὸν δαιμονιζόμενον. καὶ ἐκβληθέντος 33 τοῦ δαιμονίου, ἐλάλησεν ὁ κωφός· καὶ ἐθαύμασαν οἱ ὄχλοι, λέγοντες, Οὐδέποτε ἐφάνη οὕτως ἐν τῷ Ἰσραήλ. οἱ δὲ Φαρισαῖοι ἔλεγον, Ἐν τῷ ἄρχοντι 34 τῶν δαιμονίων ἐκβάλλει τὰ δαιμόνια.

Καὶ περιῆγεν ὁ Ἰησοῦς τὰς πόλεις πάσας καὶ 35 τὰς κώμας, διδάσκων ἐν ταῖς συναγωγαῖς αὐτῶν, καὶ κηρύσσων τὸ εὐαγγέλιον τῆς βασιλείας, καὶ θεραπεύων πᾶσαν νόσον καὶ πᾶσαν μαλακίαν ἐν τῷ λαῷ[15]. ἰδὼν δὲ τοὺς ὄχλους, ἐσπλαγχνίσθη περὶ αὐτῶν, ὅτι 36 ἦσαν ἐκλελυμένοι[16] καὶ ἐρριμμένοι ὡσεὶ πρόβατα μὴ ἔχοντα ποιμένα. τότε λέγει τοῖς μαθηταῖς αὐτοῦ, 37 Ὁ μεν θερισμὸς πολύς, οἱ δὲ ἐργάται ὀλίγοι· δεήθητε 38 οὖν τοῦ Κυρίου τοῦ θερισμοῦ, ὅπως ἐκβάλῃ ἐργάτας εἰς τὸν θερισμὸν αὐτοῦ. καὶ προσκαλεσάμενος τοὺς X. δώδεκα μαθητὰς αὐτοῦ, ἔδωκεν αὐτοῖς ἐξουσίαν πνευμάτων ἀκαθάρτων, ὥστε ἐκβάλλειν αὐτά, καὶ θεραπεύειν πᾶσαν νόσον καὶ πᾶσαν μαλακίαν.

Τῶν δὲ δώδεκα ἀποστόλων τὰ ὀνόματά ἐστι 2 ταῦτα· πρῶτος Σίμων ὁ λεγόμενος Πέτρος, καὶ Ἀνδρέας ὁ ἀδελφὸς αὐτοῦ· Ἰάκωβος ὁ τοῦ Ζεβεδαίου, καὶ Ἰωάννης ὁ ἀδελφὸς αὐτοῦ· Φίλιππος, 3 καὶ Βαρθολομαῖος· Θωμᾶς, καὶ Ματθαῖος ὁ τελώνης· Ἰάκωβος ὁ τοῦ Ἀλφαίου, καὶ Λεββαῖος ὁ ἐπικληθεὶς[1] Θαδδαῖος· Σίμων ὁ Κανανίτης[2], καὶ Ἰούδας 4 Ἰσκαριώτης ὁ καὶ παραδοὺς αὐτόν. τούτους τοὺς 5 δώδεκα ἀπέστειλεν ὁ Ἰησοῦς, παραγγείλας αὐτοῖς, λέγων,

[14] om. ἄνθρωπον   [15] om. ἐν τῷ λαῷ   [16] ἐσκυλμένοι
[1] om. Λεββαῖος ὁ ἐπικληθεὶς   [2] Καναναῖος

Εἰς ὁδὸν ἐθνῶν μὴ ἀπέλθητε, καὶ εἰς πόλιν
6 Σαμαρειτῶν μὴ εἰσέλθητε· πορεύεσθε δὲ μᾶλλον
πρὸς τὰ πρόβατα τὰ ἀπολωλότα οἴκου Ἰσραήλ.
7 πορευόμενοι δὲ κηρύσσετε, λέγοντες ὅτι Ἤγ-
8 γικεν ἡ βασιλεία τῶν οὐρανῶν. ἀσθενοῦντας θε-
ραπεύετε, λεπροὺς καθαρίζετε, νεκροὺς ἐγείρετε³, δαιμόνια
9 ἐκβάλλετε. δωρεὰν ἐλάβετε, δωρεὰν δότε. μὴ
κτήσησθε χρυσόν, μηδὲ ἄργυρον, μηδὲ χαλκὸν εἰς
10 τὰς ζώνας ὑμῶν, μὴ πήραν εἰς ὁδόν, μηδὲ δύο
χιτῶνας, μηδὲ ὑποδήματα, μηδὲ ῥάβδους⁴· ἄξιος γὰρ
11 ὁ ἐργάτης τῆς τροφῆς αὐτοῦ ἐστιν. εἰς ἣν δ᾽ ἂν
πόλιν ἢ κώμην εἰσέλθητε, ἐξετάσατε τίς ἐν αὐτῇ
12 ἄξιός ἐστι· κἀκεῖ μείνατε, ἕως ἂν ἐξέλθητε. εἰσερχό-
13 μενοι δὲ εἰς τὴν οἰκίαν, ἀσπάσασθε αὐτήν. καὶ ἐὰν
μὲν ᾖ ἡ οἰκία ἀξία, ἐλθέτω ἡ εἰρήνη ὑμῶν ἐπ᾽ αὐ-
τήν· ἐὰν δὲ μὴ ᾖ ἀξία, ἡ εἰρήνη ὑμῶν πρὸς ὑμᾶς
14 ἐπιστραφήτω. καὶ ὃς ἐὰν μὴ δέξηται ὑμᾶς μηδὲ
ἀκούσῃ τοὺς λόγους ὑμῶν, ἐξερχόμενοι⁵ τῆς οἰκίας ἢ
τῆς πόλεως ἐκείνης, ἐκτινάξατε τὸν κονιορτὸν τῶν
15 ποδῶν ὑμῶν. ἀμὴν λέγω ὑμῖν, ἀνεκτότερον ἔσται
γῇ Σοδόμων καὶ Γομόρρων ἐν ἡμέρᾳ κρίσεως, ἢ τῇ
πόλει ἐκείνῃ.
16 Ἰδού, ἐγὼ ἀποστέλλω ὑμᾶς ὡς πρόβατα ἐν μέσῳ
λύκων· γίνεσθε οὖν φρόνιμοι ὡς οἱ ὄφεις, καὶ ἀκέ-
17 ραιοι ὡς αἱ περιστεραί. προσέχετε δὲ ἀπὸ τῶν ἀν-
θρώπων· παραδώσουσι γὰρ ὑμᾶς εἰς συνέδρια, καὶ
18 ἐν ταῖς συναγωγαῖς αὐτῶν μαστιγώσουσιν ὑμᾶς· καὶ
ἐπὶ ἡγεμόνας δὲ καὶ βασιλεῖς ἀχθήσεσθε ἕνεκεν
19 ἐμοῦ, εἰς μαρτύριον αὐτοῖς καὶ τοῖς ἔθνεσιν. ὅταν
δὲ παραδιδῶσιν ὑμᾶς, μὴ μεριμνήσητε πῶς ἢ τί
λαλήσητε· δοθήσεται γὰρ ὑμῖν ἐν ἐκείνῃ τῇ ὥρᾳ τί

³ νεκροὺς ἐγείρετε, λεπροὺς καθαρίζετε   ⁴ ῥάβδον
⁵ add ἔξω

λαλήσετε· οὐ γὰρ ὑμεῖς ἐστε οἱ λαλοῦντες, ἀλλὰ 20
τὸ Πνεῦμα τοῦ πατρὸς ὑμῶν τὸ λαλοῦν ἐν ὑμῖν.
παραδώσει δὲ ἀδελφὸς ἀδελφὸν εἰς θάνατον, καὶ 21
πατὴρ τέκνον· καὶ ἐπαναστήσονται τέκνα ἐπὶ γονεῖς,
καὶ θανατώσουσιν αὐτούς. καὶ ἔσεσθε μισούμενοι 22
ὑπὸ πάντων διὰ τὸ ὄνομά μου· ὁ δὲ ὑπομείνας εἰς
τέλος, οὗτος σωθήσεται. ὅταν δὲ διώκωσιν ὑμᾶς ἐν 23
τῇ πόλει ταύτῃ, φεύγετε εἰς τὴν ἄλλην[6]· ἀμὴν γὰρ
λέγω ὑμῖν, οὐ μὴ τελέσητε τὰς πόλεις τοῦ Ἰσραήλ,
ἕως ἂν ἔλθῃ ὁ υἱὸς τοῦ ἀνθρώπου.
Οὐκ ἔστι μαθητὴς ὑπὲρ τὸν διδάσκαλον, οὐδὲ 24
δοῦλος ὑπὲρ τὸν κύριον αὐτοῦ. ἀρκετὸν τῷ μα- 25
θητῇ ἵνα γένηται ὡς ὁ διδάσκαλος αὐτοῦ, καὶ ὁ
δοῦλος ὡς ὁ κύριος αὐτοῦ. εἰ τὸν οἰκοδεσπότην
Βεελζεβοὺβ* ἐκάλεσαν[7], πόσῳ μᾶλλον τοὺς οἰκια-
κοὺς αὐτοῦ; μὴ οὖν φοβηθῆτε αὐτούς· οὐδὲν γάρ 26
ἐστι κεκαλυμμένον ὃ οὐκ ἀποκαλυφθήσεται· καὶ
κρυπτὸν ὃ οὐ γνωσθήσεται. ὃ λέγω ὑμῖν ἐν τῇ 27
σκοτίᾳ, εἴπατε ἐν τῷ φωτί· καὶ ὃ εἰς τὸ οὖς
ἀκούετε, κηρύξατε ἐπὶ τῶν δωμάτων. καὶ μὴ φο- 28
βηθῆτε ἀπὸ τῶν ἀποκτεινόντων τὸ σῶμα, τὴν
δὲ ψυχὴν μὴ δυναμένων ἀποκτεῖναι· φοβήθητε
δὲ μᾶλλον τὸν δυνάμενον καὶ ψυχὴν καὶ σῶμα
ἀπολέσαι ἐν γεέννῃ. οὐχὶ δύο στρουθία ἀσσαρίου 29
πωλεῖται; καὶ ἓν ἐξ αὐτῶν οὐ πεσεῖται ἐπὶ τὴν γῆν
ἄνευ τοῦ πατρὸς ὑμῶν· ὑμῶν δὲ καὶ αἱ τρίχες τῆς 30
κεφαλῆς πᾶσαι ἠριθμημέναι εἰσί. μὴ οὖν φοβη- 31
θῆτε· πολλῶν στρουθίων διαφέρετε ὑμεῖς. πᾶς οὖν 32
ὅστις ὁμολογήσει ἐν ἐμοὶ ἔμπροσθεν τῶν ἀνθρώπων,
ὁμολογήσω κἀγὼ ἐν αὐτῷ ἔμπροσθεν τοῦ πατρός
μου τοῦ ἐν οὐρανοῖς. ὅστις δ᾽ ἂν ἀρνήσηταί με 33

[6] ἑτέραν   [7] -λ ἐπεκάλεσαν

ἔμπροσθεν τῶν ἀνθρώπων, ἀρνήσομαι αὐτὸν κἀγὼ
ἔμπροσθεν τοῦ πατρός μου τοῦ ἐν οὐρανοῖς.
34 Μὴ νομίσητε ὅτι ἦλθον βαλεῖν εἰρήνην ἐπὶ τὴν
γῆν· οὐκ ἦλθον βαλεῖν εἰρήνην, ἀλλὰ μάχαιραν.
35 ἦλθον γὰρ διχάσαι ἄνθρωπον κατὰ τοῦ πατρὸς
αὐτοῦ, καὶ θυγατέρα κατὰ τῆς μητρὸς αὐτῆς, καὶ
36 νύμφην κατὰ τῆς πενθερᾶς αὐτῆς· καὶ ἐχθροὶ τοῦ
37 ἀνθρώπου οἱ οἰκιακοὶ αὐτοῦ. ὁ φιλῶν πατέρα ἢ
μητέρα ὑπὲρ ἐμέ, οὐκ ἔστι μου ἄξιος· καὶ ὁ φιλῶν
38 υἱὸν ἢ θυγατέρα ὑπὲρ ἐμέ, οὐκ ἔστι μου ἄξιος· καὶ
ὃς οὐ λαμβάνει τὸν σταυρὸν αὐτοῦ καὶ ἀκολουθεῖ
39 ὀπίσω μου, οὐκ ἔστι μου ἄξιος. ὁ εὑρὼν τὴν
ψυχὴν αὐτοῦ ἀπολέσει αὐτήν· καὶ ὁ ἀπολέσας τὴν
ψυχὴν αὐτοῦ ἕνεκεν ἐμοῦ εὑρήσει αὐτήν.
40 Ὁ δεχόμενος ὑμᾶς ἐμὲ δέχεται· καὶ ὁ ἐμὲ
41 δεχόμενος δέχεται τὸν ἀποστείλαντά με. ὁ δε-
χόμενος προφήτην εἰς ὄνομα προφήτου μισθὸν
προφήτου λήψεται· καὶ ὁ δεχόμενος δίκαιον εἰς
42 ὄνομα δικαίου μισθὸν δικαίου λήψεται. καὶ ὃς ἐὰν
ποτίσῃ ἕνα τῶν μικρῶν τούτων ποτήριον ψυχροῦ
μόνον εἰς ὄνομα μαθητοῦ, ἀμὴν λέγω ὑμῖν, οὐ μὴ
ἀπολέσῃ τὸν μισθὸν αὐτοῦ.
XI. Καὶ ἐγένετο ὅτε ἐτέλεσεν ὁ Ἰησοῦς διατάσσων
τοῖς δώδεκα μαθηταῖς αὐτοῦ, μετέβη ἐκεῖθεν τοῦ δι-
δάσκειν καὶ κηρύσσειν ἐν ταῖς πόλεσιν αὐτῶν.
2 Ὁ δὲ Ἰωάννης ἀκούσας ἐν τῷ δεσμωτηρίῳ τὰ
ἔργα τοῦ Χριστοῦ, πέμψας δύο[1] τῶν μαθητῶν αὐτοῦ,
3 εἶπεν αὐτῷ, Σὺ εἶ ὁ ἐρχόμενος, ἢ ἕτερον προσδοκῶ-
4 μεν; καὶ ἀποκριθεὶς ὁ Ἰησοῦς εἶπεν αὐτοῖς, Πορευ-
θέντες ἀπαγγείλατε Ἰωάννῃ ἃ ἀκούετε καὶ βλέ-
5 πετε· τυφλοὶ ἀναβλέπουσι, καὶ χωλοὶ περιπατοῦσι,

---

[1] διὰ

λεπροὶ καθαρίζονται, καὶ κωφοὶ ἀκούουσι, ²νεκροὶ
ἐγείρονται, καὶ πτωχοὶ εὐαγγελίζονται· καὶ μακά- 6
ριός ἐστιν, ὃς ἐὰν μὴ σκανδαλισθῇ ἐν ἐμοί. τούτων 7
δὲ πορευομένων, ἤρξατο ὁ Ἰησοῦς λέγειν τοῖς ὄχ-
λοις περὶ Ἰωάννου, Τί ἐξήλθετε εἰς τὴν ἔρημον θεά-
σασθαι; κάλαμον ὑπὸ ἀνέμου σαλευόμενον; ἀλλὰ 8
τί ἐξήλθετε ἰδεῖν; ἄνθρωπον ἐν μαλακοῖς ἱματίοις³
ἠμφιεσμένον; ἰδού, οἱ τὰ μαλακὰ φοροῦντες ἐν τοῖς
οἴκοις τῶν βασιλέων εἰσίν. ἀλλὰ τί ἐξήλθετε ἰδεῖν; 9
προφήτην⁴; ναί, λέγω ὑμῖν, καὶ περισσότερον προ-
φήτου· οὗτος γάρ⁵ ἐστι περὶ οὗ γέγραπται, Ἰδού, 10
ἐγὼ ἀποστέλλω τὸν ἄγγελόν μου πρὸ προσώπου
σου, ὃς κατασκευάσει τὴν ὁδόν σου ἔμπροσθέν σου.
ἀμὴν λέγω ὑμῖν, οὐκ ἐγήγερται ἐν γεννητοῖς γυναι- 11
κῶν μείζων Ἰωάννου τοῦ βαπτιστοῦ· ὁ δὲ μικρό-
τερος ἐν τῇ βασιλείᾳ τῶν οὐρανῶν μείζων αὐτοῦ
ἐστιν. ἀπὸ δὲ τῶν ἡμερῶν Ἰωάννου τοῦ βαπτιστοῦ 12
ἕως ἄρτι ἡ βασιλεία τῶν οὐρανῶν βιάζεται, καὶ
βιασταὶ ἁρπάζουσιν αὐτήν. πάντες γὰρ οἱ προ- 13
φῆται καὶ ὁ νόμος ἕως Ἰωάννου προεφήτευσαν· καὶ 14
εἰ θέλετε δέξασθαι, αὐτός ἐστιν Ἠλίας ὁ μέλλων
ἔρχεσθαι. ὁ ἔχων ὦτα ἀκούειν⁶ ἀκουέτω. τίνι δὲ 15, 16
ὁμοιώσω τὴν γενεὰν ταύτην; ὁμοία ἐστὶ παιδαρίοις⁷
ἐν ἀγοραῖς καθημένοις, καὶ προσφωνοῦσι τοῖς ἑταίροις
αὐτῶν, καὶ λέγουσιν⁸, Ηὐλήσαμεν ὑμῖν, καὶ οὐκ ὠρ- 17
χήσασθε· ἐθρηνήσαμεν ὑμῖν⁹, καὶ οὐκ ἐκόψασθε.
ἦλθε γὰρ Ἰωάννης μήτε ἐσθίων μήτε πίνων, καὶ 18
λέγουσι, Δαιμόνιον ἔχει. ἦλθεν ὁ υἱὸς τοῦ ἀν- 19
θρώπου ἐσθίων καὶ πίνων, καὶ λέγουσιν, Ἰδού,
ἄνθρωπος φάγος καὶ οἰνοπότης, τελωνῶν φίλος

---

² add καὶ   ³ om. ἱματίοις   ⁴ (ἐξήλθετε; ἰδεῖν προφήτην; text,
not marg.)   ⁵ om. γάρ   ⁶ Marg. om. ἀκούειν   ⁷ παιδίοις
⁸ ἃ προσφωνοῦντα τοῖς ἑταίροις λέγουσιν   ⁹ om. ὑμῖν

καὶ ἁμαρτωλῶν. καὶ ἐδικαιώθη ἡ σοφία ἀπὸ
τῶν τέκνων[10] αὐτῆς.

20 Τότε ἤρξατο ὀνειδίζειν τὰς πόλεις ἐν αἷς ἐγέ-
νοντο αἱ πλεῖσται δυνάμεις αὐτοῦ, ὅτι οὐ μετε-
21 νόησαν. Οὐαί σοι, Χοραζίν, οὐαί σοι, Βηθσαϊδά*,
ὅτι εἰ ἐν Τύρῳ καὶ Σιδῶνι ἐγένοντο αἱ δυνάμεις
αἱ γενόμεναι ἐν ὑμῖν, πάλαι ἂν ἐν σάκκῳ καὶ
22 σποδῷ μετενόησαν. πλὴν λέγω ὑμῖν, Τύρῳ καὶ
Σιδῶνι ἀνεκτότερον ἔσται ἐν ἡμέρᾳ κρίσεως, ἢ ὑμῖν.
23 καὶ σύ, Καπερναούμ, ἡ[11] ἕως τοῦ οὐρανοῦ ὑψωθεῖσα[12],
ἕως ᾅδου καταβιβασθήσῃ[13]· ὅτι εἰ ἐν Σοδόμοις ἐγένοντο
αἱ δυνάμεις αἱ γενόμεναι ἐν σοί, ἔμειναν ἂν μέχρι
24 τῆς σήμερον. πλὴν λέγω ὑμῖν, ὅτι γῇ Σοδόμων
ἀνεκτότερον ἔσται ἐν ἡμέρᾳ κρίσεως, ἢ σοί.

25 Ἐν ἐκείνῳ τῷ καιρῷ ἀποκριθεὶς ὁ Ἰησοῦς εἶπεν,
Ἐξομολογοῦμαί σοι, πάτερ, Κύριε τοῦ οὐρανοῦ καὶ
τῆς γῆς, ὅτι ἀπέκρυψας ταῦτα ἀπὸ σοφῶν καὶ
26 συνετῶν, καὶ ἀπεκάλυψας αὐτὰ νηπίοις. ναὶ ὁ
πατήρ, ὅτι οὕτως ἐγένετο εὐδοκία ἔμπροσθέν σου.
27 πάντα μοι παρεδόθη ὑπὸ τοῦ πατρός μου· καὶ
οὐδεὶς ἐπιγινώσκει τὸν υἱόν, εἰ μὴ ὁ πατήρ· οὐδὲ
τὸν πατέρα τις ἐπιγινώσκει, εἰ μὴ ὁ υἱός, καὶ ᾧ
28 ἐὰν βούληται ὁ υἱὸς ἀποκαλύψαι. δεῦτε πρός
με πάντες οἱ κοπιῶντες καὶ πεφορτισμένοι, κἀγὼ
29 ἀναπαύσω ὑμᾶς. ἄρατε τὸν ζυγόν μου ἐφ᾽ ὑμᾶς
καὶ μάθετε ἀπ᾽ ἐμοῦ, ὅτι πρᾶός εἰμι καὶ ταπεινὸς
τῇ καρδίᾳ· καὶ εὑρήσετε ἀνάπαυσιν ταῖς ψυχαῖς
30 ὑμῶν. ὁ γὰρ ζυγός μου χρηστός, καὶ τὸ φορτίον
μου ἐλαφρόν ἐστιν.

XII. Ἐν ἐκείνῳ τῷ καιρῷ ἐπορεύθη ὁ Ἰησοῦς τοῖς
σάββασι διὰ τῶν σπορίμων· οἱ δὲ μαθηταὶ αὐτοῦ

[10] ἔργων text, not marg. [11] μὴ [12] ὑψωθήσῃ;
[13] καταβήσῃ text, not marg.

ἐπείνασαν, καὶ ἤρξαντο τίλλειν στάχυας καὶ ἐσ-
θίειν. οἱ δὲ Φαρισαῖοι ἰδόντες εἶπον αὐτῷ, Ἰδού, 2
οἱ μαθηταί σου ποιοῦσιν ὃ οὐκ ἔξεστι ποιεῖν ἐν
σαββάτῳ. ὁ δὲ εἶπεν αὐτοῖς, Οὐκ ἀνέγνωτε τί 3
ἐποίησε Δαβίδ, ὅτε ἐπείνασεν αὐτὸς¹ καὶ οἱ μετ᾽
αὐτοῦ· πῶς εἰσῆλθεν εἰς τὸν οἶκον τοῦ Θεοῦ, καὶ 4
τοὺς ἄρτους τῆς προθέσεως ἔφαγεν², οὓς οὐκ ἐξὸν
ἦν αὐτῷ φαγεῖν, οὐδὲ τοῖς μετ᾽ αὐτοῦ, εἰ μὴ τοῖς
ἱερεῦσι μόνοις; ἢ οὐκ ἀνέγνωτε ἐν τῷ νόμῳ, ὅτι 5
τοῖς σάββασιν οἱ ἱερεῖς ἐν τῷ ἱερῷ τὸ σάββατον
βεβηλοῦσι, καὶ ἀναίτιοί εἰσι; λέγω δὲ ὑμῖν ὅτι 6
τοῦ ἱεροῦ μείζων³ ἐστὶν ὧδε. εἰ δὲ ἐγνώκειτε τί 7
ἐστιν, Ἔλεον θέλω καὶ οὐ θυσίαν, οὐκ ἂν κατεδι-
κάσατε τοὺς ἀναιτίους. κύριος γάρ ἐστι καὶ⁴ τοῦ 8
σαββάτου ὁ υἱὸς τοῦ ἀνθρώπου.

Καὶ μεταβὰς ἐκεῖθεν ἦλθεν εἰς τὴν συναγωγὴν 9
αὐτῶν. καὶ ἰδού, ἄνθρωπος ἦν τὴν⁵ χεῖρα ἔχων 10
ξηράν· καὶ ἐπηρώτησαν αὐτόν, λέγοντες, Εἰ ἔξεστι
τοῖς σάββασι θεραπεύειν; ἵνα κατηγορήσωσιν
αὐτοῦ. ὁ δὲ εἶπεν αὐτοῖς, Τίς ἔσται ἐξ ὑμῶν 11
ἄνθρωπος, ὃς ἕξει πρόβατον ἕν, καὶ ἐὰν ἐμπέσῃ
τοῦτο τοῖς σάββασιν εἰς βόθυνον, οὐχὶ κρατήσει
αὐτὸ καὶ ἐγερεῖ; πόσῳ οὖν διαφέρει ἄνθρωπος προ- 12
βάτου. ὥστε ἔξεστι τοῖς σάββασι καλῶς ποιεῖν.
τότε λέγει τῷ ἀνθρώπῳ, Ἔκτεινον τὴν χεῖρά σου. 13
καὶ ἐξέτεινε, καὶ ἀποκατεστάθη ὑγιὴς ὡς ἡ ἄλλη.
οἱ δὲ Φαρισαῖοι συμβούλιον ἔλαβον κατ᾽ αὐτοῦ ἐξελθόντες⁶, 14
ὅπως αὐτὸν ἀπολέσωσιν. ὁ δὲ Ἰησοῦς γνοὺς ἀνε- 15
χώρησεν ἐκεῖθεν· καὶ ἠκολούθησαν αὐτῷ ὄχλοι⁷
πολλοί, καὶ ἐθεράπευσεν αὐτοὺς πάντας, καὶ ἐπετί- 16

---

¹ om. αὐτὸς   ² Marg. ἔφαγον   ³ μεῖζον
⁴ om. καὶ   ⁵ om. ἦν τὴν   ⁶ ἐξελθόντες δὲ οἱ Φαρισαῖοι
συμβούλιον ἔλαβον κατ᾽ αὐτοῦ   ⁷ om. ὄχλοι

μησεν αὐτοῖς, ἵνα μὴ φανερὸν αὐτὸν ποιήσωσιν·
17 ὅπως πληρωθῇ τὸ ῥηθὲν διὰ Ἠσαΐου* τοῦ προφή-
18 του, λέγοντος, Ἰδού, ὁ παῖς μου ὃν ἡρέτισα· ὁ
ἀγαπητός μου εἰς ὃν εὐδόκησεν ἡ ψυχή μου· θήσω
τὸ πνεῦμά μου ἐπ᾽ αὐτόν, καὶ κρίσιν τοῖς ἔθνεσιν
19 ἀπαγγελεῖ. οὐκ ἐρίσει, οὐδὲ κραυγάσει· οὐδὲ ἀκούσει
20 τις ἐν ταῖς πλατείαις τὴν φωνὴν αὐτοῦ. κάλαμον
συντετριμμένον οὐ κατεάξει, καὶ λίνον τυφόμενον
οὐ σβέσει· ἕως ἂν ἐκβάλῃ εἰς νῖκος τὴν κρίσιν.
21 καὶ ἐν⁸ τῷ ὀνόματι αὐτοῦ ἔθνη ἐλπιοῦσι.
22 Τότε προσηνέχθη αὐτῷ δαιμονιζόμενος, τυφλὸς
καὶ κωφός· καὶ ἐθεράπευσεν αὐτόν, ὥστε τὸν τυφλὸν
23 καὶ⁹ κωφὸν καὶ¹⁰ λαλεῖν καὶ βλέπειν. καὶ ἐξίσταντο
πάντες οἱ ὄχλοι καὶ ἔλεγον, Μήτι οὗτός ἐστιν ὁ
24 υἱὸς Δαβίδ; οἱ δὲ Φαρισαῖοι ἀκούσαντες εἶπον,
Οὗτος οὐκ ἐκβάλλει τὰ δαιμόνια, εἰ μὴ ἐν τῷ Βεελ-
25 ζεβοὺλ ἄρχοντι τῶν δαιμονίων. εἰδὼς δὲ ὁ Ἰησοῦς¹¹
τὰς ἐνθυμήσεις αὐτῶν εἶπεν αὐτοῖς, Πᾶσα βασι-
λεία μερισθεῖσα καθ᾽ ἑαυτῆς ἐρημοῦται· καὶ πᾶσα
πόλις ἢ οἰκία μερισθεῖσα καθ᾽ ἑαυτῆς οὐ στα-
26 θήσεται. καὶ εἰ ὁ Σατανᾶς τὸν Σατανᾶν ἐκβάλλει,
ἐφ᾽ ἑαυτὸν ἐμερίσθη· πῶς οὖν σταθήσεται ἡ βασι-
27 λεία αὐτοῦ; καὶ εἰ ἐγὼ ἐν Βεελζεβοὺλ ἐκβάλλω τὰ
δαιμόνια, οἱ υἱοὶ ὑμῶν ἐν τίνι ἐκβάλλουσι; διὰ
28 τοῦτο αὐτοὶ ὑμῶν ἔσονται κριταί. εἰ δὲ ἐγὼ ἐν
Πνεύματι Θεοῦ ἐκβάλλω τὰ δαιμόνια, ἄρα ἔφθασεν
29 ἐφ᾽ ὑμᾶς ἡ βασιλεία τοῦ Θεοῦ. ἢ πῶς δύναταί
τις εἰσελθεῖν εἰς τὴν οἰκίαν τοῦ ἰσχυροῦ καὶ τὰ
σκεύη αὐτοῦ διαρπάσαι, ἐὰν μὴ πρῶτον δήσῃ τὸν
30 ἰσχυρόν; καὶ τότε τὴν οἰκίαν αὐτοῦ διαρπάσει. ὁ
μὴ ὢν μετ᾽ ἐμοῦ, κατ᾽ ἐμοῦ ἐστι, καὶ ὁ μὴ συνά-

⁸ om. ἐν   ⁹ om. τυφλὸν καὶ   ¹⁰ om. καὶ   ¹¹ om. ὁ Ἰησοῦς

γων μετ᾽ ἐμοῦ, σκορπίζει. διὰ τοῦτο λέγω ὑμῖν, 31
Πᾶσα ἁμαρτία καὶ βλασφημία ἀφεθήσεται[12] τοῖς
ἀνθρώποις· ἡ δὲ τοῦ Πνεύματος βλασφημία οὐκ
ἀφεθήσεται **τοῖς ἀνθρώποις**[13]. καὶ ὃς ἂν εἴπῃ λόγον 32
κατὰ τοῦ υἱοῦ τοῦ ἀνθρώπου, ἀφεθήσεται αὐτῷ· ὃς
δ᾽ ἂν εἴπῃ κατὰ τοῦ Πνεύματος τοῦ Ἁγίου, οὐκ
ἀφεθήσεται αὐτῷ, οὔτε ἐν τούτῳ τῷ αἰῶνι οὔτε ἐν
τῷ μέλλοντι. ἢ ποιήσατε τὸ δένδρον καλόν, καὶ 33
τὸν καρπὸν αὐτοῦ καλόν, ἢ ποιήσατε τὸ δένδρον
σαπρόν, καὶ τὸν καρπὸν αὐτοῦ σαπρόν· ἐκ γὰρ
τοῦ καρποῦ τὸ δένδρον γινώσκεται. γεννήματα 34
ἐχιδνῶν, πῶς δύνασθε ἀγαθὰ λαλεῖν, πονηροὶ ὄντες;
ἐκ γὰρ τοῦ περισσεύματος τῆς καρδίας τὸ στόμα
λαλεῖ. ὁ ἀγαθὸς ἄνθρωπος ἐκ τοῦ ἀγαθοῦ θησαυροῦ 35
τῆς καρδίας[14] ἐκβάλλει **τὰ**[15] ἀγαθά· καὶ ὁ πονηρὸς
ἄνθρωπος ἐκ τοῦ πονηροῦ θησαυροῦ ἐκβάλλει πο-
νηρά. λέγω δὲ ὑμῖν, ὅτι πᾶν ῥῆμα ἀργόν, ὃ ἐὰν 36
λαλήσωσιν οἱ ἄνθρωποι, ἀποδώσουσι περὶ αὐτοῦ
λόγον ἐν ἡμέρᾳ κρίσεως. ἐκ γὰρ τῶν λόγων σου 37
δικαιωθήσῃ, καὶ ἐκ τῶν λόγων σου καταδικασ-
θήσῃ.
Τότε ἀπεκρίθησάν[16] τινες τῶν γραμματέων καὶ 38
Φαρισαίων, λέγοντες, Διδάσκαλε, θέλομεν ἀπὸ σοῦ
σημεῖον ἰδεῖν. ὁ δὲ ἀποκριθεὶς εἶπεν αὐτοῖς, Γενεὰ 39
πονηρὰ καὶ μοιχαλὶς σημεῖον ἐπιζητεῖ· καὶ σημεῖον
οὐ δοθήσεται αὐτῇ, εἰ μὴ τὸ σημεῖον Ἰωνᾶ τοῦ
προφήτου. ὥσπερ γὰρ ἦν Ἰωνᾶς ἐν τῇ κοιλίᾳ 40
τοῦ κήτους τρεῖς ἡμέρας καὶ τρεῖς νύκτας, οὕτως
ἔσται ὁ υἱὸς τοῦ ἀνθρώπου ἐν τῇ καρδίᾳ τῆς γῆς
τρεῖς ἡμέρας καὶ τρεῖς νύκτας. ἄνδρες Νινευῖται 41
ἀναστήσονται ἐν τῇ κρίσει μετὰ τῆς γενεᾶς ταύ-

12 *Marg. adds* ὑμῖν 13 *om.* τοῖς ἀνθρώποις 14 *om.* τῆς
καρδίας 15 *om.* τὰ 16 (-σαν) *add* αὐτῷ

της καὶ κατακρινοῦσιν αὐτήν· ὅτι μετενόησαν εἰς
42 τὸ κήρυγμα Ἰωνᾶ· καὶ ἰδού, πλεῖον Ἰωνᾶ ὧδε. βα-
σίλισσα νότου ἐγερθήσεται ἐν τῇ κρίσει μετὰ τῆς
γενεᾶς ταύτης καὶ κατακρινεῖ αὐτήν· ὅτι ἦλθεν ἐκ
τῶν περάτων τῆς γῆς ἀκοῦσαι τὴν σοφίαν Σολο-
43 μῶντος· καὶ ἰδού, πλεῖον Σολομῶντος ὧδε. ὅταν δὲ
τὸ ἀκάθαρτον πνεῦμα ἐξέλθῃ ἀπὸ τοῦ ἀνθρώπου,
διέρχεται δι' ἀνύδρων τόπων, ζητοῦν ἀνάπαυσιν,
44 καὶ οὐχ εὑρίσκει. τότε λέγει, Ἐπιστρέψω εἰς τὸν
οἶκόν μου ὅθεν ἐξῆλθον· καὶ ἐλθὸν εὑρίσκει σχολά-
45 ζοντα, σεσαρωμένον, καὶ κεκοσμημένον. τότε πο-
ρεύεται καὶ παραλαμβάνει μεθ' ἑαυτοῦ ἑπτὰ ἕτερα
πνεύματα πονηρότερα ἑαυτοῦ, καὶ εἰσελθόντα κα-
τοικεῖ ἐκεῖ· καὶ γίνεται τὰ ἔσχατα τοῦ ἀνθρώπου
ἐκείνου χείρονα τῶν πρώτων. οὕτως ἔσται καὶ τῇ
γενεᾷ ταύτῃ τῇ πονηρᾷ.
46 Ἔτι δὲ[17] αὐτοῦ λαλοῦντος τοῖς ὄχλοις, ἰδού, ἡ
μήτηρ καὶ οἱ ἀδελφοὶ αὐτοῦ[18] εἱστήκεισαν ἔξω,
47 ζητοῦντες αὐτῷ λαλῆσαι. [19]εἶπε δέ τις αὐτῷ, Ἰδού,
ἡ μήτηρ σου καὶ οἱ ἀδελφοί σου ἔξω ἑστήκασι, ζητοῦντές
48 σοι λαλῆσαι. ὁ δὲ ἀποκριθεὶς εἶπε τῷ εἰπόντι
αὐτῷ, Τίς ἐστιν ἡ μήτηρ μου; καὶ τίνες εἰσὶν
49 οἱ ἀδελφοί μου; καὶ ἐκτείνας τὴν χεῖρα αὐτοῦ
ἐπὶ τοὺς μαθητὰς αὐτοῦ εἶπεν, Ἰδού, ἡ μήτηρ μου
50 καὶ οἱ ἀδελφοί μου. ὅστις γὰρ ἂν ποιήσῃ τὸ
θέλημα τοῦ πατρός μου τοῦ ἐν οὐρανοῖς, αὐτός μου
ἀδελφὸς καὶ ἀδελφὴ καὶ μήτηρ ἐστίν.

XIII. Ἐν δὲ[1] τῇ ἡμέρᾳ ἐκείνῃ ἐξελθὼν ὁ Ἰησοῦς ἀπὸ
2 τῆς οἰκίας ἐκάθητο παρὰ τὴν θάλασσαν. καὶ συν-
ήχθησαν πρὸς αὐτὸν ὄχλοι πολλοί, ὥστε αὐτὸν
εἰς τὸ[2] πλοῖον ἐμβάντα καθῆσθαι· καὶ πᾶς ὁ ὄχλος

___
17 om. δὲ   18 om. αὐτοῦ   19 Marg. om. ver. 47
1 om. δὲ   2 om. τὸ

ἐπὶ τὸν αἰγιαλὸν εἰστήκει. καὶ ἐλάλησεν αὐτοῖς 3
πολλὰ ἐν παραβολαῖς, λέγων, Ἰδού, ἐξῆλθεν ὁ
σπείρων τοῦ σπείρειν. καὶ ἐν τῷ σπείρειν αὐτόν, 4
ἃ μὲν ἔπεσε παρὰ τὴν ὁδόν· καὶ ἦλθε τὰ πετεινὰ
καὶ κατέφαγεν αὐτά. ἄλλα δὲ ἔπεσεν ἐπὶ τὰ 5
πετρώδη, ὅπου οὐκ εἶχε γῆν πολλήν· καὶ εὐθέως
ἐξανέτειλε, διὰ τὸ μὴ ἔχειν βάθος γῆς· ἡλίου δὲ 6
ἀνατείλαντος ἐκαυματίσθη, καὶ διὰ τὸ μὴ ἔχειν
ῥίζαν, ἐξηράνθη. ἄλλα δὲ ἔπεσεν ἐπὶ τὰς ἀκάνθας, 7
καὶ ἀνέβησαν αἱ ἄκανθαι καὶ ἀπέπνιξαν αὐτά.
ἄλλα δὲ ἔπεσεν ἐπὶ τὴν γῆν τὴν καλήν, καὶ 8
ἐδίδου καρπόν, ὃ μὲν ἑκατόν, ὃ δὲ ἑξήκοντα, ὃ
δὲ τριάκοντα. ὁ ἔχων ὦτα ἀκούειν³ ἀκουέτω. 9
Καὶ προσελθόντες οἱ μαθηταὶ εἶπον αὐτῷ, Διατί 10
ἐν παραβολαῖς λαλεῖς αὐτοῖς; ὁ δὲ ἀποκριθεὶς 11
εἶπεν αὐτοῖς ὅτι Ὑμῖν δέδοται γνῶναι τὰ μυσ-
τήρια τῆς βασιλείας τῶν οὐρανῶν, ἐκείνοις δὲ οὐ
δέδοται. ὅστις γὰρ ἔχει, δοθήσεται αὐτῷ καὶ 12
περισσευθήσεται· ὅστις δὲ οὐκ ἔχει, καὶ ὃ ἔχει,
ἀρθήσεται ἀπ' αὐτοῦ. διὰ τοῦτο ἐν παραβολαῖς 13
αὐτοῖς λαλῶ, ὅτι βλέποντες οὐ βλέπουσι, καὶ
ἀκούοντες οὐκ ἀκούουσιν, οὐδὲ συνιοῦσι. καὶ ἀνα- 14
πληροῦται ἐπ'⁴ αὐτοῖς ἡ προφητεία Ἡσαΐου, ἡ λέ-
γουσα, Ἀκοῇ ἀκούσετε, καὶ οὐ μὴ συνῆτε· καὶ
βλέποντες βλέψετε, καὶ οὐ μὴ ἴδητε. ἐπαχύνθη 15
γὰρ ἡ καρδία τοῦ λαοῦ τούτου, καὶ τοῖς ὠσὶ βα-
ρέως ἤκουσαν, καὶ τοὺς ὀφθαλμοὺς αὐτῶν ἐκάμ-
μυσαν· μήποτε ἴδωσι τοῖς ὀφθαλμοῖς, καὶ τοῖς
ὠσὶν ἀκούσωσι, καὶ τῇ καρδίᾳ συνῶσι, καὶ ἐπι-
στρέψωσι, καὶ ἰάσωμαι⁵ αὐτούς. ὑμῶν δὲ μακάριοι 16
οἱ ὀφθαλμοί, ὅτι βλέπουσι· καὶ τὰ ὦτα ὑμῶν, ὅτι

---

³ om. ἀκούειν text, not marg.   ⁴ om. ἐπ'   ⁵ ἰάσομαι

17 ἀκούει. ἀμὴν γὰρ λέγω ὑμῖν ὅτι πολλοὶ προ-
φῆται καὶ δίκαιοι ἐπεθύμησαν ἰδεῖν ἃ βλέπετε, καὶ
οὐκ εἶδον· καὶ ἀκοῦσαι ἃ ἀκούετε, καὶ οὐκ ἤκου-
18 σαν. ὑμεῖς οὖν ἀκούσατε τὴν παραβολὴν τοῦ
19 σπείροντος. παντὸς ἀκούοντος τὸν λόγον τῆς βα-
σιλείας, καὶ μὴ συνιέντος, ἔρχεται ὁ πονηρός, καὶ
ἁρπάζει τὸ ἐσπαρμένον ἐν τῇ καρδίᾳ αὐτοῦ· οὗτός
20 ἐστιν ὁ παρὰ τὴν ὁδὸν σπαρείς. ὁ δὲ ἐπὶ τὰ πε-
τρώδη σπαρείς, οὗτός ἐστιν ὁ τὸν λόγον ἀκούων,
21 καὶ εὐθὺς μετὰ χαρᾶς λαμβάνων αὐτόν· οὐκ ἔχει
δὲ ῥίζαν ἐν ἑαυτῷ, ἀλλὰ πρόσκαιρός ἐστι· γε-
νομένης δὲ θλίψεως ἢ διωγμοῦ διὰ τὸν λόγον,
22 εὐθὺς σκανδαλίζεται. ὁ δὲ εἰς τὰς ἀκάνθας σπα-
ρείς, οὗτός ἐστιν ὁ τὸν λόγον ἀκούων, καὶ ἡ μέ-
ριμνα τοῦ αἰῶνος τούτου⁶ καὶ ἡ ἀπάτη τοῦ πλούτου
23 συμπνίγει τὸν λόγον, καὶ ἄκαρπος γίνεται. ὁ δὲ
ἐπὶ τὴν γῆν τὴν καλὴν σπαρείς, οὗτός ἐστιν ὁ τὸν
λόγον ἀκούων καὶ συνιών· ὃς δὴ καρποφορεῖ, καὶ
ποιεῖ ὁ μὲν ἑκατόν, ὁ δὲ ἑξήκοντα, ὁ δὲ τριάκοντα.
24 Ἄλλην παραβολὴν παρέθηκεν αὐτοῖς, λέγων,
Ὡμοιώθη ἡ βασιλεία τῶν οὐρανῶν ἀνθρώπῳ σπεί-
25 ραντι* καλὸν σπέρμα ἐν τῷ ἀγρῷ αὐτοῦ· ἐν δὲ τῷ
καθεύδειν τοὺς ἀνθρώπους, ἦλθεν αὐτοῦ ὁ ἐχθρὸς καὶ
ἔσπειρε⁷ ζιζάνια ἀνὰ μέσον τοῦ σίτου, καὶ ἀπῆλθεν.
26 ὅτε δὲ ἐβλάστησεν ὁ χόρτος καὶ καρπὸν ἐποίησε,
27 τότε ἐφάνη καὶ τὰ ζιζάνια. προσελθόντες δὲ οἱ
δοῦλοι τοῦ οἰκοδεσπότου εἶπον αὐτῷ, Κύριε, οὐχὶ
καλὸν σπέρμα ἔσπειρας ἐν τῷ σῷ ἀγρῷ; πόθεν οὖν
28 ἔχει τὰ⁸ ζιζάνια ; ὁ δὲ ἔφη αὐτοῖς, Ἐχθρὸς ἄνθρω-
πος τοῦτο ἐποίησεν. οἱ δὲ δοῦλοι εἶπον αὐτῷ⁹, Θέ-
29 λεις οὖν ἀπελθόντες συλλέξωμεν αὐτά ; ὁ δὲ ἔφη¹⁰,

6 om. τούτου   7 ἐπέσπειρε   8 om. τὰ
9 αὐτῷ λέγουσι   10 φησίν

Οὔ· μήποτε, συλλέγοντες τὰ ζιζάνια, ἐκριζώσητε ἅμα
αὐτοῖς τὸν σῖτον. ἄφετε συναυξάνεσθαι ἀμφότερα 30
μέχρι τοῦ θερισμοῦ· καὶ ἐν τῷ καιρῷ τοῦ θερισμοῦ
ἐρῶ τοῖς θερισταῖς, Συλλέξατε πρῶτον τὰ ζιζάνια,
καὶ δήσατε αὐτὰ εἰς δέσμας πρὸς τὸ κατακαῦσαι
αὐτά· τὸν δὲ σῖτον συναγάγετε εἰς τὴν ἀποθήκην
μου.

Ἄλλην παραβολὴν παρέθηκεν αὐτοῖς, λέγων, 31
Ὁμοία ἐστὶν ἡ βασιλεία τῶν οὐρανῶν κόκκῳ σινά-
πεως, ὃν λαβὼν ἄνθρωπος ἔσπειρεν ἐν τῷ ἀγρῷ
αὐτοῦ· ὃ μικρότερον μέν ἐστι πάντων τῶν σπερμά- 32
των· ὅταν δὲ αὐξηθῇ, μεῖζον τῶν λαχάνων ἐστί, καὶ
γίνεται δένδρον, ὥστε ἐλθεῖν τὰ πετεινὰ τοῦ οὐ-
ρανοῦ καὶ κατασκηνοῦν ἐν τοῖς κλάδοις αὐτοῦ.

Ἄλλην παραβολὴν ἐλάλησεν αὐτοῖς, Ὁμοία 33
ἐστὶν ἡ βασιλεία τῶν οὐρανῶν ζύμῃ, ἣν λαβοῦσα
γυνὴ ἐνέκρυψεν εἰς ἀλεύρου σάτα τρία, ἕως οὗ
ἐζυμώθη ὅλον.

Ταῦτα πάντα ἐλάλησεν ὁ Ἰησοῦς ἐν παραβολαῖς 34
τοῖς ὄχλοις, καὶ χωρὶς παραβολῆς οὐκ¹¹ ἐλάλει αὐ-
τοῖς· ὅπως πληρωθῇ τὸ ῥηθὲν διὰ τοῦ προφήτου, 35
λέγοντος, Ἀνοίξω ἐν παραβολαῖς τὸ στόμα μου,
ἐρεύξομαι κεκρυμμένα ἀπὸ καταβολῆς κόσμου¹².

Τότε ἀφεὶς τοὺς ὄχλους ἦλθεν εἰς τὴν οἰκίαν ὁ 36
Ἰησοῦς¹³· καὶ προσῆλθον αὐτῷ οἱ μαθηταὶ αὐτοῦ,
λέγοντες, Φράσον¹⁴ ἡμῖν τὴν παραβολὴν τῶν ζιζα-
νίων τοῦ ἀγροῦ. ὁ δὲ ἀποκριθεὶς εἶπεν αὐτοῖς¹⁵, Ὁ 37
σπείρων τὸ καλὸν σπέρμα ἐστὶν ὁ υἱὸς τοῦ ἀνθρώ-
που· ὁ δὲ ἀγρός ἐστιν ὁ κόσμος· τὸ δὲ καλὸν 38
σπέρμα, οὗτοί εἰσιν οἱ υἱοὶ τῆς βασιλείας· τὰ δὲ
ζιζάνιά εἰσιν οἱ υἱοὶ τοῦ πονηροῦ· ὁ δὲ ἐχθρὸς ὁ 39

¹¹ οὐδὲν   ¹² Marg. om. κόσμου   ¹³ om. ὁ Ἰησοῦς
¹⁴ Διασάφησον   ¹⁵ om. αὐτοῖς

σπείρας αὐτά ἐστιν ὁ διάβολος· ὁ δὲ θερισμὸς συν-
τέλεια τοῦ¹⁶ αἰῶνός ἐστιν· οἱ δὲ θερισταὶ ἄγγελοί
40 εἰσιν. ὥσπερ οὖν συλλέγεται τὰ ζιζάνια καὶ πυρὶ
κατακαίεται, οὕτως ἔσται ἐν τῇ συντελείᾳ τοῦ αἰῶνος
41 τούτου¹⁷. ἀποστελεῖ ὁ υἱὸς τοῦ ἀνθρώπου τοὺς ἀγ-
γέλους αὐτοῦ, καὶ συλλέξουσιν ἐκ τῆς βασιλείας
αὐτοῦ πάντα τὰ σκάνδαλα καὶ τοὺς ποιοῦντας τὴν
42 ἀνομίαν, καὶ βαλοῦσιν αὐτοὺς εἰς τὴν κάμινον τοῦ
πυρός· ἐκεῖ ἔσται ὁ κλαυθμὸς καὶ ὁ βρυγμὸς τῶν
43 ὀδόντων. τότε οἱ δίκαιοι ἐκλάμψουσιν ὡς ὁ ἥλιος
ἐν τῇ βασιλείᾳ τοῦ πατρὸς αὐτῶν. ὁ ἔχων ὦτα
ἀκούειν¹⁸ ἀκουέτω.

44 Πάλιν¹⁹ ὁμοία ἐστὶν ἡ βασιλεία τῶν οὐρανῶν θη-
σαυρῷ κεκρυμμένῳ ἐν τῷ ἀγρῷ, ὃν εὑρὼν ἄνθρωπος
ἔκρυψε· καὶ ἀπὸ τῆς χαρᾶς αὐτοῦ ὑπάγει, καὶ πάντα
ὅσα ἔχει πωλεῖ, καὶ ἀγοράζει τὸν ἀγρὸν ἐκεῖνον.
45 Πάλιν ὁμοία ἐστὶν ἡ βασιλεία τῶν οὐρανῶν
46 ἀνθρώπῳ ἐμπόρῳ ζητοῦντι καλοὺς μαργαρίτας· ὃς
εὑρὼν²⁰ ἕνα πολύτιμον μαργαρίτην, ἀπελθὼν πέπρακε
πάντα ὅσα εἶχε, καὶ ἠγόρασεν αὐτόν.
47 Πάλιν ὁμοία ἐστὶν ἡ βασιλεία τῶν οὐρανῶν
σαγήνῃ βληθείσῃ εἰς τὴν θάλασσαν, καὶ ἐκ παντὸς
48 γένους συναγαγούσῃ· ἥν, ὅτε ἐπληρώθη, ἀναβιβά-
σαντες ἐπὶ τὸν αἰγιαλόν, καὶ καθίσαντες, συνέλεξαν
49 τὰ καλὰ εἰς ἀγγεῖα, τὰ δὲ σαπρὰ ἔξω ἔβαλον. οὕτως
ἔσται ἐν τῇ συντελείᾳ τοῦ αἰῶνος· ἐξελεύσονται οἱ
ἄγγελοι, καὶ ἀφοριοῦσι τοὺς πονηροὺς ἐκ μέσου τῶν
50 δικαίων, καὶ βαλοῦσιν αὐτοὺς εἰς τὴν κάμινον τοῦ
πυρός· ἐκεῖ ἔσται ὁ κλαυθμὸς καὶ ὁ βρυγμὸς τῶν
ὀδόντων.
51 Λέγει αὐτοῖς ὁ Ἰησοῦς²¹, Συνήκατε ταῦτα πάντα;

16 om. τοῦ   17 om. τούτου   18 om. ἀκούειν text, not marg.
19 om. Παλιν   20 εὑρὼν δὲ   21 om. Λέγει αὐτοῖς ὁ Ἰησοῦς,

λέγουσιν αὐτῷ, Ναί, Κύριε²². ὁ δὲ εἶπεν αὐτοῖς, 52
Διὰ τοῦτο πᾶς γραμματεὺς μαθητευθεὶς εἰς²³ τὴν βα-
σιλείαν²⁴ τῶν οὐρανῶν ὅμοιός ἐστιν ἀνθρώπῳ οἰκο-
δεσπότῃ, ὅστις ἐκβάλλει ἐκ τοῦ θησαυροῦ αὐτοῦ
καινὰ καὶ παλαιά.

Καὶ ἐγένετο ὅτε ἐτέλεσεν ὁ Ἰησοῦς τὰς παρα- 53
βολὰς ταύτας, μετῆρεν ἐκεῖθεν· καὶ ἐλθὼν εἰς τὴν 54
πατρίδα αὐτοῦ ἐδίδασκεν αὐτοὺς ἐν τῇ συναγωγῇ
αὐτῶν, ὥστε ἐκπλήττεσθαι αὐτοὺς καὶ λέγειν, Πόθεν
τούτῳ ἡ σοφία αὕτη καὶ αἱ δυνάμεις; οὐχ οὗτός 55
ἐστιν ὁ τοῦ τέκτονος υἱός; οὐχὶ ἡ μήτηρ αὐτοῦ
λέγεται Μαριάμ, καὶ οἱ ἀδελφοὶ αὐτοῦ Ἰάκωβος
καὶ Ἰωσῆς²⁵ καὶ Σίμων καὶ Ἰούδας; καὶ αἱ ἀδελφαὶ 56
αὐτοῦ οὐχὶ πᾶσαι πρὸς ἡμᾶς εἰσί; πόθεν οὖν τούτῳ
ταῦτα πάντα; καὶ ἐσκανδαλίζοντο ἐν αὐτῷ. ὁ δὲ 57
Ἰησοῦς εἶπεν αὐτοῖς, Οὐκ ἔστι προφήτης ἄτιμος, εἰ
μὴ ἐν τῇ πατρίδι αὐτοῦ καὶ ἐν τῇ οἰκίᾳ αὐτοῦ. καὶ 58
οὐκ ἐποίησεν ἐκεῖ δυνάμεις πολλάς, διὰ τὴν ἀπι-
στίαν αὐτῶν.

Ἐν ἐκείνῳ τῷ καιρῷ ἤκουσεν Ἡρώδης ὁ τετράρ- XIV.
χης τὴν ἀκοὴν Ἰησοῦ, καὶ εἶπε τοῖς παισὶν αὐτοῦ, 2
Οὗτός ἐστιν Ἰωάννης ὁ Βαπτιστής· αὐτὸς ἠγέρθη
ἀπὸ τῶν νεκρῶν, καὶ διὰ τοῦτο αἱ δυνάμεις ἐνερ-
γοῦσιν ἐν αὐτῷ. ὁ γὰρ Ἡρώδης κρατήσας τὸν 3
Ἰωάννην ἔδησεν αὐτὸν¹ καὶ ἔθετο ἐν φυλακῇ, διὰ
Ἡρωδιάδα τὴν γυναῖκα Φιλίππου τοῦ ἀδελφοῦ
αὐτοῦ. ἔλεγε γὰρ αὐτῷ ὁ Ἰωάννης, Οὐκ ἔξεστί σοι 4
ἔχειν αὐτήν. καὶ θέλων αὐτὸν ἀποκτεῖναι, ἐφοβήθη 5
τὸν ὄχλον, ὅτι ὡς προφήτην αὐτὸν εἶχον. γενεσίων 6
δὲ ἀγομένων² τοῦ Ἡρώδου, ὠρχήσατο ἡ θυγάτηρ τῆς
Ἡρωδιάδος ἐν τῷ μέσῳ, καὶ ἤρεσε τῷ Ἡρώδῃ. ὅθεν 7

---

²² om. Κύριε   ²³ om. εἰς   ²⁴ τῇ βασιλείᾳ
²⁵ Ἰωσήφ   ¹ om. αὐτὸν   ² γενεσίοις δὲ γενομένοις

μεθ᾽ ὅρκου ὡμολόγησεν αὐτῇ δοῦναι ὃ ἐὰν αἰτήσηται.
8 ἡ δέ, προβιβασθεῖσα ὑπὸ τῆς μητρὸς αὐτῆς, Δός
μοι, φησίν, ὧδε ἐπὶ πίνακι τὴν κεφαλὴν Ἰωάννου
9 τοῦ Βαπτιστοῦ. καὶ ἐλυπήθη ὁ βασιλεύς, διὰ δὲ
τοὺς ὅρκους καὶ τοὺς συνανακειμένους ἐκέλευσε
10 δοθῆναι· καὶ πέμψας ἀπεκεφάλισε τὸν Ἰωάννην ἐν
11 τῇ φυλακῇ. καὶ ἠνέχθη ἡ κεφαλὴ αὐτοῦ ἐπὶ πίνακι,
καὶ ἐδόθη τῷ κορασίῳ· καὶ ἤνεγκε τῇ μητρὶ αὐτῆς.
12 καὶ προσελθόντες οἱ μαθηταὶ αὐτοῦ ἦραν τὸ σῶμα[3],
καὶ ἔθαψαν αὐτό[4]· καὶ ἐλθόντες ἀπήγγειλαν τῷ
Ἰησοῦ.
13 Καὶ ἀκούσας[5] ὁ Ἰησοῦς ἀνεχώρησεν ἐκεῖθεν ἐν
πλοίῳ εἰς ἔρημον τόπον κατ᾽ ἰδίαν· καὶ ἀκού-
σαντες οἱ ὄχλοι ἠκολούθησαν αὐτῷ πεζῇ ἀπὸ
14 τῶν πόλεων. καὶ ἐξελθὼν ὁ Ἰησοῦς[6] εἶδε πολὺν
ὄχλον, καὶ ἐσπλαγχνίσθη ἐπ᾽ αὐτούς, καὶ ἐθεράπευσε
15 τοὺς ἀρρώστους αὐτῶν. ὀψίας δὲ γενομένης, προσ-
ῆλθον αὐτῷ οἱ μαθηταὶ αὐτοῦ[7], λέγοντες, Ἔρημός
ἐστιν ὁ τόπος, καὶ ἡ ὥρα ἤδη παρῆλθεν· ἀπόλυσον
τοὺς ὄχλους, ἵνα ἀπελθόντες εἰς τὰς κώμας ἀγορά-
16 σωσιν ἑαυτοῖς βρώματα. ὁ δὲ Ἰησοῦς εἶπεν αὐτοῖς,
Οὐ χρείαν ἔχουσιν ἀπελθεῖν· δότε αὐτοῖς ὑμεῖς
17 φαγεῖν. οἱ δὲ λέγουσιν αὐτῷ, Οὐκ ἔχομεν ὧδε εἰ
18 μὴ πέντε ἄρτους καὶ δύο ἰχθύας. ὁ δὲ εἶπε, Φέρετέ
19 μοι αὐτοὺς ὧδε. καὶ κελεύσας τοὺς ὄχλους ἀνακλιθῆ-
ναι ἐπὶ τοὺς χόρτους, καὶ λαβὼν τοὺς πέντε ἄρτους
καὶ τοὺς δύο ἰχθύας, ἀναβλέψας εἰς τὸν οὐρανόν,
εὐλόγησε, καὶ κλάσας ἔδωκε τοῖς μαθηταῖς τοὺς
20 ἄρτους, οἱ δὲ μαθηταὶ τοῖς ὄχλοις. καὶ ἔφαγον
πάντες, καὶ ἐχορτάσθησαν· καὶ ἦραν τὸ περισσεῦον
21 τῶν κλασμάτων, δώδεκα κοφίνους πλήρεις. οἱ δὲ

---

[3] πτῶμα   [4] αὐτόν   [5] Ἀκούσας δὲ

[6] om. ὁ Ἰησοῦς   [7] om. αὐτοῦ

ἐσθίοντες ἦσαν ἄνδρες ὡσεὶ πεντακισχίλιοι, χωρὶς
γυναικῶν καὶ παιδίων.

Καὶ εὐθέως ἠνάγκασεν ὁ Ἰησοῦς[8] τοὺς μαθητὰς 22
αὐτοῦ[9] ἐμβῆναι εἰς τὸ πλοῖον, καὶ προάγειν αὐτὸν
εἰς τὸ πέραν, ἕως οὗ ἀπολύσῃ τοὺς ὄχλους. καὶ 23
ἀπολύσας τοὺς ὄχλους, ἀνέβη εἰς τὸ ὄρος κατ᾽
ἰδίαν προσεύξασθαι· ὀψίας δὲ γενομένης, μόνος ἦν
ἐκεῖ. τὸ δὲ πλοῖον ἤδη μέσον τῆς θαλάσσης ἦν[10], βα- 24
σανιζόμενον ὑπὸ τῶν κυμάτων· ἦν γὰρ ἐναντίος
ὁ ἄνεμος. τετάρτῃ δὲ φυλακῇ τῆς νυκτὸς ἀπῆλθε[11] 25
πρὸς αὐτοὺς ὁ Ἰησοῦς[12], περιπατῶν ἐπὶ τῆς θαλάσσης[13].
καὶ ἰδόντες αὐτὸν οἱ μαθηταὶ ἐπὶ τὴν θάλασσαν[14] περι- 26
πατοῦντα ἐταράχθησαν, λέγοντες ὅτι Φάντασμά
ἐστι· καὶ ἀπὸ τοῦ φόβου ἔκραξαν. εὐθέως δὲ 27
ἐλάλησεν αὐτοῖς ὁ Ἰησοῦς, λέγων, Θαρσεῖτε· ἐγώ
εἰμι· μὴ φοβεῖσθε. ἀποκριθεὶς δὲ αὐτῷ ὁ Πέτρος 28
εἶπε, Κύριε, εἰ σὺ εἶ, κέλευσόν με πρός σε ἐλθεῖν
ἐπὶ τὰ ὕδατα· ὁ δὲ εἶπεν, Ἐλθέ. καὶ καταβὰς 29
ἀπὸ τοῦ πλοίου ὁ Πέτρος περιεπάτησεν ἐπὶ τὰ
ὕδατα, ἐλθεῖν[15] πρὸς τὸν Ἰησοῦν. βλέπων δὲ τὸν 30
ἄνεμον ἰσχυρὸν[16] ἐφοβήθη καὶ ἀρξάμενος καταποντί-
ζεσθαι ἔκραξε, λέγων, Κύριε, σῶσόν με. εὐθέως δὲ 31
ὁ Ἰησοῦς ἐκτείνας τὴν χεῖρα ἐπελάβετο αὐτοῦ, καὶ
λέγει αὐτῷ, Ὀλιγόπιστε, εἰς τί ἐδίστασας; καὶ 32
ἐμβάντων[17] αὐτῶν εἰς τὸ πλοῖον, ἐκόπασεν ὁ ἄνεμος·
οἱ δὲ ἐν τῷ πλοίῳ ἐλθόντες[18] προσεκύνησαν αὐτῷ, 33
λέγοντες, Ἀληθῶς Θεοῦ υἱὸς εἶ.

Καὶ διαπεράσαντες ἦλθον εἰς[19] τὴν γῆν[20] Γεννη- 34

[8] om. ὁ Ἰησοῦς   [9] om. αὐτοῦ   [10] Marg. σταδίους
πολλοὺς ἀπὸ τῆς γῆς ἀπεῖχε   [11] ἦλθε   [12] om. ὁ Ἰησοῦς
[13] τὴν θάλασσαν   [14] τῆς θαλάσσης   [15] Marg. καὶ ἦλθε
[16] om. ἰσχυρὸν text, not marg.   [17] ἀναβάντων   [18] om.
ἐλθόντες   [19] ἐπὶ   [20] add εἰς

35 σαρέτ. καὶ ἐπιγνόντες αὐτὸν οἱ ἄνδρες τοῦ τόπου
ἐκείνου ἀπέστειλαν εἰς ὅλην τὴν περίχωρον ἐκείνην,
καὶ προσήνεγκαν αὐτῷ πάντας τοὺς κακῶς ἔχοντας·
36 καὶ παρεκάλουν αὐτόν, ἵνα μόνον ἅψωνται τοῦ
κρασπέδου τοῦ ἱματίου αὐτοῦ· καὶ ὅσοι ἥψαντο
διεσώθησαν.

XV. Τότε προσέρχονται τῷ Ἰησοῦ οἱ¹ ἀπὸ Ἱεροσολύ-
2 μων γραμματεῖς καὶ Φαρισαῖοι², λέγοντες, Διατί οἱ μαθη-
ταί σου παραβαίνουσι τὴν παράδοσιν τῶν πρεσβυ-
τέρων; οὐ γὰρ νίπτονται τὰς χεῖρας αὐτῶν³, ὅταν
3 ἄρτον ἐσθίωσιν. ὁ δὲ ἀποκριθεὶς εἶπεν αὐτοῖς,
Διατί καὶ ὑμεῖς παραβαίνετε τὴν ἐντολὴν τοῦ Θεοῦ
4 διὰ τὴν παράδοσιν ὑμῶν; ὁ γὰρ Θεὸς ἐνετείλατο,
λέγων⁴, Τίμα τὸν πατέρα σοῦ⁵, καὶ τὴν μητέρα· καί,
Ὁ κακολογῶν πατέρα ἢ μητέρα θανάτῳ τελευτάτω·
5 ὑμεῖς δὲ λέγετε, Ὃς ἂν εἴπῃ τῷ πατρὶ ἢ τῇ μητρί,
6 Δῶρον, ὃ ἐὰν ἐξ ἐμοῦ ὠφεληθῇς, καὶ⁶ οὐ μὴ τιμήσῃ⁷
τὸν πατέρα αὐτοῦ ἢ τὴν μητέρα αὐτοῦ⁸· καὶ ἠκυρώσατε
τὴν ἐντολὴν⁹ τοῦ Θεοῦ διὰ τὴν παράδοσιν ὑμῶν.
7 ὑποκριταί, καλῶς προεφήτευσε περὶ ὑμῶν Ἡσαΐας,
8 λέγων, Ἐγγίζει μοι¹⁰ ὁ λαὸς οὗτος τῷ στόματι αὐτῶν,
καὶ¹¹ τοῖς χείλεσί με τιμᾷ· ἡ δὲ καρδία αὐτῶν πόρρω
9 ἀπέχει ἀπ᾽ ἐμοῦ. μάτην δὲ σέβονταί με, διδάσκοντες
10 διδασκαλίας ἐντάλματα ἀνθρώπων. καὶ προσκα-
λεσάμενος τὸν ὄχλον, εἶπεν αὐτοῖς, Ἀκούετε καὶ
11 συνίετε. οὐ τὸ εἰσερχόμενον εἰς τὸ στόμα κοινοῖ
τὸν ἄνθρωπον· ἀλλὰ τὸ ἐκπορευόμενον ἐκ τοῦ στό-
12 ματος, τοῦτο κοινοῖ τὸν ἄνθρωπον. τότε προσελ-
θόντες οἱ μαθηταὶ αὐτοῦ¹² εἶπον αὐτῷ, Οἶδας ὅτι

¹ om. οἱ   ² Φαρισαῖοι καὶ γραμματεῖς   ³ om. αὐτῶν   ⁴ εἶπε
⁵ om. σοῦ   ⁶ om. καὶ   ⁷ τιμήσει   ⁸ om. ἢ τὴν μητέρα αὐτοῦ
text, not marg.   ⁹ τὸν λόγον text, τὸν νόμον Marg.   ¹⁰ om.
Ἐγγίζει μοι   ¹¹ om. τῷ στόματι αὐτῶν. καὶ   ¹² om. αὐτοῦ

οἱ Φαρισαῖοι ἀκούσαντες τὸν λόγον ἐσκανδαλίσθη-
σαν; ὁ δὲ ἀποκριθεὶς εἶπε, Πᾶσα φυτεία, ἣν οὐκ 13
ἐφύτευσεν ὁ πατήρ μου ὁ οὐράνιος, ἐκριζωθήσεται.
ἄφετε αὐτούς· ὁδηγοί εἰσι τυφλοὶ τυφλῶν¹³· τυφλὸς δὲ 14
τυφλὸν ἐὰν ὁδηγῇ, ἀμφότεροι εἰς βόθυνον πεσοῦν-
ται. ἀποκριθεὶς δὲ ὁ Πέτρος εἶπεν αὐτῷ, Φράσον 15
ἡμῖν τὴν παραβολὴν ταύτην¹⁴. ὁ δὲ Ἰησοῦς¹⁵ εἶπεν, 16
Ἀκμὴν καὶ ὑμεῖς ἀσύνετοί ἐστε; οὔπω¹⁶ νοεῖτε, ὅτι 17
πᾶν τὸ εἰσπορευόμενον εἰς τὸ στόμα εἰς τὴν κοιλίαν
χωρεῖ, καὶ εἰς ἀφεδρῶνα ἐκβάλλεται; τὰ δὲ ἐκπο- 18
ρευόμενα ἐκ τοῦ στόματος ἐκ τῆς καρδίας ἐξέρχεται,
κἀκεῖνα κοινοῖ τὸν ἄνθρωπον. ἐκ γὰρ τῆς καρδίας 19
ἐξέρχονται διαλογισμοὶ πονηροί, φόνοι, μοιχεῖαι,
πορνεῖαι, κλοπαί, ψευδομαρτυρίαι, βλασφημίαι·
ταῦτά ἐστι τὰ κοινοῦντα τὸν ἄνθρωπον· τὸ δὲ 20
ἀνίπτοις χερσὶ φαγεῖν οὐ κοινοῖ τὸν ἄνθρωπον.
Καὶ ἐξελθὼν ἐκεῖθεν ὁ Ἰησοῦς ἀνεχώρησεν εἰς τὰ 21
μέρη Τύρου καὶ Σιδῶνος. καὶ ἰδού, γυνὴ Χαναναία 22
ἀπὸ τῶν ὁρίων ἐκείνων ἐξελθοῦσα ἐκραύγασεν αὐτῷ¹⁷,
λέγουσα, Ἐλέησόν με, Κύριε, υἱὲ Δαβίδ· ἡ θυγάτηρ
μου κακῶς δαιμονίζεται. ὁ δὲ οὐκ ἀπεκρίθη αὐτῇ 23
λόγον. καὶ προσελθόντες οἱ μαθηταὶ αὐτοῦ ἠρώ-
των αὐτόν, λέγοντες, Ἀπόλυσον αὐτήν, ὅτι κράζει
ὄπισθεν ἡμῶν. ὁ δὲ ἀποκριθεὶς εἶπεν, Οὐκ ἀπε- 24
στάλην εἰ μὴ εἰς τὰ πρόβατα τὰ ἀπολωλότα οἴκου
Ἰσραήλ. ἡ δὲ ἐλθοῦσα προσεκύνει αὐτῷ, λέγουσα, 25
Κύριε, βοήθει μοι. ὁ δὲ ἀποκριθεὶς εἶπεν, Οὐκ 26
ἔστι καλὸν λαβεῖν τὸν ἄρτον τῶν τέκνων, καὶ βαλεῖν
τοῖς κυναρίοις. ἡ δὲ εἶπε, Ναί, Κύριε· καὶ γὰρ τὰ 27
κυνάρια ἐσθίει ἀπὸ τῶν ψιχίων τῶν πιπτόντων
ἀπὸ τῆς τραπέζης τῶν κυρίων αὐτῶν. τότε ἀπο- 28

---

¹³ om. τυφλῶν   ¹⁴ om. ταύτην   ¹⁵ om. Ἰησοῦς
¹⁶ οὐ   ¹⁷ om. αὐτῷ

κριθεὶς ὁ Ἰησοῦς εἶπεν αὐτῇ, Ὦ γύναι, μεγάλη σου
ἡ πίστις· γενηθήτω σοι ὡς θέλεις. καὶ ἰάθη ἡ
θυγάτηρ αὐτῆς ἀπὸ τῆς ὥρας ἐκείνης.

29 Καὶ μεταβὰς ἐκεῖθεν ὁ Ἰησοῦς ἦλθε παρὰ τὴν
θάλασσαν τῆς Γαλιλαίας· καὶ ἀναβὰς εἰς τὸ ὄρος
30 ἐκάθητο ἐκεῖ. καὶ προσῆλθον αὐτῷ ὄχλοι πολλοί,
ἔχοντες μεθ᾽ ἑαυτῶν χωλούς, τυφλούς, κωφούς,
κυλλούς, καὶ ἑτέρους πολλούς, καὶ ἔρριψαν αὐτοὺς
παρὰ τοὺς πόδας τοῦ Ἰησοῦ[18] καὶ ἐθεράπευσεν
31 αὐτούς· ὥστε τοὺς ὄχλους[19] θαυμάσαι, βλέποντας
κωφοὺς λαλοῦντας, κυλλοὺς ὑγιεῖς,[20] χωλοὺς περι-
πατοῦντας, καὶ τυφλοὺς βλέποντας· καὶ ἐδόξασαν
τὸν Θεὸν Ἰσραήλ.

32 Ὁ δὲ Ἰησοῦς προσκαλεσάμενος τοὺς μαθητὰς
αὐτοῦ εἶπε, Σπλαγχνίζομαι ἐπὶ τὸν ὄχλον, ὅτι ἤδη
ἡμέρας[21] τρεῖς προσμένουσί μοι, καὶ οὐκ ἔχουσι τί
φάγωσι· καὶ ἀπολῦσαι αὐτοὺς νήστεις οὐ θέλω,
33 μήποτε ἐκλυθῶσιν ἐν τῇ ὁδῷ. καὶ λέγουσιν αὐτῷ
οἱ μαθηταὶ αὐτοῦ[22], Πόθεν ἡμῖν ἐν ἐρημίᾳ ἄρτοι τοσ-
34 οῦτοι, ὥστε χορτάσαι ὄχλον τοσοῦτον; καὶ λέγει
αὐτοῖς ὁ Ἰησοῦς, Πόσους ἄρτους ἔχετε; οἱ δὲ εἶπον,
35 Ἑπτά, καὶ ὀλίγα ἰχθύδια. καὶ ἐκέλευσε τοῖς ὄχλοις[23]
36 ἀναπεσεῖν ἐπὶ τὴν γῆν· καὶ λαβὼν[24] τοὺς ἑπτὰ ἄρτους
καὶ τοὺς ἰχθύας,[25] εὐχαριστήσας ἔκλασε. καὶ ἔδωκε[26]
37 τοῖς μαθηταῖς αὐτοῦ[27], οἱ δὲ μαθηταὶ τῷ ὄχλῳ[28]. καὶ
ἔφαγον πάντες καὶ ἐχορτάσθησαν· καὶ ἦραν τὸ πε-
ρισσεῦον τῶν κλασμάτων, ἑπτὰ σπυρίδας πλήρεις.
38 οἱ δὲ ἐσθίοντες ἦσαν τετρακισχίλιοι ἄνδρες, χωρὶς
39 γυναικῶν καὶ παιδίων. καὶ ἀπολύσας τοὺς ὄχλους
ἐνέβη εἰς τὸ πλοῖον, καὶ ἦλθεν εἰς τὰ ὅρια Μαγδαλά[29].

18 αὐτοῦ 19 τὸν ὄχλον 20 add καὶ 21 ἡμέραι 22 om.
αὐτοῦ 23 παραγγείλας τῷ ὄχλῳ 24, ἔλαβε 25 add καὶ
26 ἐδίδου 27 om. αὐτοῦ 28 τοῖς ὄχλοις 29 Μαγαδάν

Καὶ προσελθόντες οἱ Φαρισαῖοι καὶ Σαδδου- XVI.
καῖοι πειράζοντες ἐπηρώτησαν αὐτὸν σημεῖον ἐκ
τοῦ οὐρανοῦ ἐπιδεῖξαι αὐτοῖς. ὁ δὲ ἀποκριθεὶς 2
εἶπεν αὐτοῖς, ¹Ὀψίας γενομένης λέγετε, Εὐδία·
πυρράζει γὰρ ὁ οὐρανός. καὶ πρωΐ, Σήμερον χει- 3
μών· πυρράζει γὰρ στυγνάζων ὁ οὐρανός. ὑπο-
κριταί², τὸ μὲν πρόσωπον τοῦ οὐρανοῦ γινώσκετε
διακρίνειν, τὰ δὲ σημεῖα τῶν καιρῶν οὐ δύνασθε;
γενεὰ πονηρὰ καὶ μοιχαλὶς σημεῖον ἐπιζητεῖ· καὶ 4
σημεῖον οὐ δοθήσεται αὐτῇ, εἰ μὴ τὸ σημεῖον Ἰωνᾶ
τοῦ προφήτου³. καὶ καταλιπὼν αὐτούς, ἀπῆλθε.
Καὶ ἐλθόντες οἱ μαθηταὶ αὐτοῦ⁴ εἰς τὸ πέραν 5
ἐπελάθοντο ἄρτους λαβεῖν. ὁ δὲ Ἰησοῦς εἶπεν 6
αὐτοῖς, Ὁρᾶτε καὶ προσέχετε ἀπὸ τῆς ζύμης τῶν
Φαρισαίων καὶ Σαδδουκαίων. οἱ δὲ διελογίζοντο 7
ἐν ἑαυτοῖς, λέγοντες ὅτι Ἄρτους οὐκ ἐλάβομεν.
γνοὺς δὲ ὁ Ἰησοῦς εἶπεν αὐτοῖς⁵, Τί διαλογίζεσθε 8
ἐν ἑαυτοῖς, ὀλιγόπιστοι, ὅτι ἄρτους οὐκ ἐλάβετε⁶;
οὔπω νοεῖτε, οὐδὲ μνημονεύετε τοὺς πέντε ἄρτους 9
τῶν πεντακισχιλίων, καὶ πόσους κοφίνους ἐλάβετε;
οὐδὲ τοὺς ἑπτὰ ἄρτους τῶν τετρακισχιλίων, καὶ 10
πόσας σπυρίδας ἐλάβετε; πῶς οὐ νοεῖτε, ὅτι οὐ 11
περὶ ἄρτου⁷ εἶπον ὑμῖν προσέχειν⁸ ἀπὸ τῆς ζύμης τῶν
Φαρισαίων καὶ Σαδδουκαίων;⁹ τότε συνῆκαν ὅτι 12
οὐκ εἶπε προσέχειν ἀπὸ τῆς ζύμης τοῦ ἄρτου¹⁰, ἀλλ᾽
ἀπὸ τῆς διδαχῆς τῶν Φαρισαίων καὶ Σαδδουκαίων.
Ἐλθὼν δὲ ὁ Ἰησοῦς εἰς τὰ μέρη Καισαρείας τῆς 13
Φιλίππου ἠρώτα τοὺς μαθητὰς αὐτοῦ, λέγων, Τίνα
με¹¹ λέγουσιν οἱ ἄνθρωποι εἶναι, τὸν υἱὸν τοῦ ἀνθρώ-

---

¹ *Marg. om. from* Ὀψίας *to end of ver.* 3   ² *om.* ὑποκριταί,
³ *om.* τοῦ προφήτου   ⁴ *om.* αὐτοῦ   ⁵ *om.* (ν) αὐτοῖς
⁶ ἔχετε   ⁷ ἄρτων   ⁸ ; προσέχετε δὲ   ⁹ (. *for* ;)
¹⁰ τῶν ἄρτων   ¹¹ *om.* με *text, not marg.*

14 που ; οἱ δὲ εἶπον, Οἱ μὲν Ἰωάννην τὸν Βαπτιστήν·
ἄλλοι δὲ Ἠλίαν· ἕτεροι δὲ Ἰερεμίαν, ἢ ἕνα τῶν
15 προφητῶν. λέγει αὐτοῖς, Ὑμεῖς δὲ τίνα με λέγετε
16 εἶναι ; ἀποκριθεὶς δὲ Σίμων Πέτρος εἶπε, Σὺ εἶ ὁ
17 Χριστός, ὁ υἱὸς τοῦ Θεοῦ τοῦ ζῶντος. καὶ ἀποκρι-
θεὶς¹² ὁ Ἰησοῦς εἶπεν αὐτῷ, Μακάριος εἶ, Σίμων
Βὰρ Ἰωνᾶ, ὅτι σὰρξ καὶ αἷμα οὐκ ἀπεκάλυψέ
18 σοι, ἀλλ᾽ ὁ πατήρ μου ὁ ἐν τοῖς οὐρανοῖς. κἀγὼ
δέ σοι λέγω, ὅτι σὺ εἶ Πέτρος, καὶ ἐπὶ ταύτῃ τῇ
πέτρᾳ οἰκοδομήσω μου τὴν ἐκκλησίαν, καὶ πύλαι
19 ᾅδου οὐ κατισχύσουσιν αὐτῆς. καὶ¹³ δώσω σοὶ τὰς
κλεῖς τῆς βασιλείας τῶν οὐρανῶν· καὶ ὃ ἐὰν δήσῃς
ἐπὶ τῆς γῆς, ἔσται δεδεμένον ἐν τοῖς οὐρανοῖς· καὶ
ὃ ἐὰν λύσῃς ἐπὶ τῆς γῆς, ἔσται λελυμένον ἐν τοῖς
20 οὐρανοῖς. τότε διεστείλατο τοῖς μαθηταῖς αὐτοῦ¹⁴
ἵνα μηδενὶ εἴπωσιν ὅτι αὐτός ἐστιν Ἰησοῦς¹⁵ ὁ
Χριστός.
21 Ἀπὸ τότε ἤρξατο ὁ Ἰησοῦς¹⁶ δεικνύειν τοῖς
μαθηταῖς αὐτοῦ ὅτι δεῖ αὐτὸν ἀπελθεῖν εἰς Ἱερο-
σόλυμα, καὶ πολλὰ παθεῖν ἀπὸ τῶν πρεσβυτέρων
καὶ ἀρχιερέων καὶ γραμματέων, καὶ ἀποκτανθῆναι,
22 καὶ τῇ τρίτῃ ἡμέρᾳ ἐγερθῆναι. καὶ προσλαβόμενος
αὐτὸν ὁ Πέτρος ἤρξατο ἐπιτιμᾷν αὐτῷ λέγων,
23 Ἵλεώς σοι, Κύριε· οὐ μὴ ἔσται σοι τοῦτο. ὁ δὲ
στραφεὶς εἶπε τῷ Πέτρῳ, Ὕπαγε ὀπίσω μου,
Σατανᾶ, σκάνδαλόν μου εἶ¹⁷· ὅτι οὐ φρονεῖς τὰ τοῦ
24 Θεοῦ, ἀλλὰ τὰ τῶν ἀνθρώπων. τότε ὁ Ἰησοῦς
εἶπε τοῖς μαθηταῖς αὐτοῦ, Εἴ τις θέλει ὀπίσω
μου ἐλθεῖν, ἀπαρνησάσθω ἑαυτόν, καὶ ἀράτω τὸν
25 σταυρὸν αὐτοῦ, καὶ ἀκολουθείτω μοι. ὃς γὰρ ἂν
θέλῃ τὴν ψυχὴν αὐτοῦ σῶσαι ἀπολέσει αὐτήν·

¹² ἀποκριθεὶς δὲ　　　¹³ om. καὶ　　　¹⁴ om. αὐτοῦ
¹⁵ om. Ἰησοῦς　　¹⁶ Marg. Ἰησοῦς Χριστὸς　　¹⁷ εἰ ἐμοῦ

ὃς δ' ἂν ἀπολέσῃ τὴν ψυχὴν αὐτοῦ ἕνεκεν ἐμοῦ
εὑρήσει αὐτήν· τί γὰρ ὠφελεῖται[18] ἄνθρωπος ἐὰν 26
τὸν κόσμον ὅλον κερδήσῃ, τὴν δὲ ψυχὴν αὐτοῦ
ζημιωθῇ; ἢ τί δώσει ἄνθρωπος ἀντάλλαγμα τῆς
ψυχῆς αὐτοῦ; μέλλει γὰρ ὁ υἱὸς τοῦ ἀνθρώπου 27
ἔρχεσθαι ἐν τῇ δόξῃ τοῦ πατρὸς αὐτοῦ μετὰ τῶν
ἀγγέλων αὐτοῦ, καὶ τότε ἀποδώσει ἑκάστῳ κατὰ
τὴν πρᾶξιν αὐτοῦ. ἀμὴν λέγω ὑμῖν, εἰσί τινες τῶν 28
ὧδε ἑστηκότων, οἵτινες οὐ μὴ γεύσωνται θανάτου,
ἕως ἂν ἴδωσι τὸν υἱὸν τοῦ ἀνθρώπου ἐρχόμενον ἐν
τῇ βασιλείᾳ αὐτοῦ.

Καὶ μεθ' ἡμέρας ἓξ παραλαμβάνει ὁ Ἰησοῦς τὸν XVII.
Πέτρον καὶ Ἰάκωβον καὶ Ἰωάννην τὸν ἀδελφὸν
αὐτοῦ, καὶ ἀναφέρει αὐτοὺς εἰς ὄρος ὑψηλὸν κατ'
ἰδίαν. καὶ μετεμορφώθη ἔμπροσθεν αὐτῶν, καὶ 2
ἔλαμψε τὸ πρόσωπον αὐτοῦ ὡς ὁ ἥλιος, τὰ δὲ
ἱμάτια αὐτοῦ ἐγένετο λευκὰ ὡς τὸ φῶς. καὶ ἰδού, 3
ὤφθησαν αὐτοῖς Μωσῆς καὶ Ἠλίας, μετ' αὐτοῦ
συλλαλοῦντες. ἀποκριθεὶς δὲ ὁ Πέτρος εἶπε τῷ 4
Ἰησοῦ, Κύριε, καλόν ἐστιν ἡμᾶς ὧδε εἶναι· εἰ θέλεις,
ποιήσωμεν[1] ὧδε τρεῖς σκηνάς, σοὶ μίαν, καὶ Μωσῇ
μίαν, καὶ μίαν Ἠλίᾳ[2]. ἔτι αὐτοῦ λαλοῦντος, ἰδού, 5
νεφέλη φωτεινὴ ἐπεσκίασεν αὐτούς· καὶ ἰδού, φωνὴ
ἐκ τῆς νεφέλης, λέγουσα, Οὗτός ἐστιν ὁ υἱός μου
ὁ ἀγαπητός, ἐν ᾧ εὐδόκησα· αὐτοῦ ἀκούετε. καὶ 6
ἀκούσαντες οἱ μαθηταὶ ἔπεσον ἐπὶ πρόσωπον αὐ-
τῶν, καὶ ἐφοβήθησαν σφόδρα. καὶ προσελθὼν ὁ 7
Ἰησοῦς ἥψατο αὐτῶν καὶ εἶπεν, Ἐγέρθητε καὶ μὴ
φοβεῖσθε. ἐπάραντες δὲ τοὺς ὀφθαλμοὺς αὐτῶν, 8
οὐδένα εἶδον, εἰ μὴ τὸν Ἰησοῦν μόνον.

Καὶ καταβαινόντων αὐτῶν ἀπὸ[3] τοῦ ὄρους, 9

---

[18] ὠφεληθήσεται   [1] ποιήσω   [2] Ἠλίᾳ μίαν   [3] ἐκ

ἐνετείλατο αὐτοῖς ὁ Ἰησοῦς, λέγων, Μηδενὶ εἴπητε
τὸ ὅραμα, ἕως οὗ ὁ υἱὸς τοῦ ἀνθρώπου ἐκ νεκρῶν
10 ἀναστῇ. καὶ ἐπηρώτησαν αὐτὸν οἱ μαθηταὶ αὐτοῦ
λέγοντες, Τί οὖν οἱ γραμματεῖς λέγουσιν ὅτι Ἠλίαν
11 δεῖ ἐλθεῖν πρῶτον; ὁ δὲ Ἰησοῦς⁴ ἀποκριθεὶς εἶπεν
αὐτοῖς⁵, Ἠλίας μὲν ἔρχεται πρῶτον⁶, καὶ ἀποκατα-
12 στήσει πάντα· λέγω δὲ ὑμῖν ὅτι Ἠλίας ἤδη ἦλθε,
καὶ οὐκ ἐπέγνωσαν αὐτόν, ἀλλ᾽ ἐποίησαν ἐν αὐτῷ
ὅσα ἠθέλησαν· οὕτω καὶ ὁ υἱὸς τοῦ ἀνθρώπου μέλ-
13 λει πάσχειν ὑπ᾽ αὐτῶν. τότε συνῆκαν οἱ μαθηταὶ
ὅτι περὶ Ἰωάννου τοῦ Βαπτιστοῦ εἶπεν αὐτοῖς.
14 Καὶ ἐλθόντων αὐτῶν⁷ πρὸς τὸν ὄχλον, προσ-
ῆλθεν αὐτῷ ἄνθρωπος γονυπετῶν αὐτῷ⁸ καὶ λέ-
15 γων, Κύριε, ἐλέησόν μου τὸν υἱόν, ὅτι σεληνιάζεται
καὶ κακῶς πάσχει· πολλάκις γὰρ πίπτει εἰς τὸ
16 πῦρ, καὶ πολλάκις εἰς τὸ ὕδωρ. καὶ προσήνεγκα
αὐτὸν τοῖς μαθηταῖς σου, καὶ οὐκ ἠδυνήθησαν
17 αὐτὸν θεραπεῦσαι. ἀποκριθεὶς δὲ ὁ Ἰησοῦς εἶπεν,
Ὦ γενεὰ ἄπιστος καὶ διεστραμμένη, ἕως πότε
ἔσομαι μεθ᾽ ὑμῶν; ἕως πότε ἀνέξομαι ὑμῶν; φέ-
18 ρετέ μοι αὐτὸν ὧδε. καὶ ἐπετίμησεν αὐτῷ ὁ
Ἰησοῦς, καὶ ἐξῆλθεν ἀπ᾽ αὐτοῦ τὸ δαιμόνιον, καὶ
19 ἐθεραπεύθη ὁ παῖς ἀπὸ τῆς ὥρας ἐκείνης. τότε
προσελθόντες οἱ μαθηταὶ τῷ Ἰησοῦ κατ᾽ ἰδίαν
εἶπον, Διατί ἡμεῖς οὐκ ἠδυνήθημεν ἐκβαλεῖν αὐτό;
20 ὁ δὲ Ἰησοῦς⁹ εἶπεν¹⁰ αὐτοῖς, Διὰ τὴν ἀπιστίαν¹¹ ὑμῶν.
ἀμὴν γὰρ λέγω ὑμῖν, ἐὰν ἔχητε πίστιν ὡς κόκκον
σινάπεως, ἐρεῖτε τῷ ὄρει τούτῳ, Μετάβηθι ἐντεῦ-
θεν ἐκεῖ, καὶ μεταβήσεται· καὶ οὐδὲν ἀδυνατήσει

---

⁴ om. Ἰησοῦς   ⁵ om. αὐτοῖς   ⁶ om. πρῶτον
⁷ om. αὐτῶν   ⁸ αὐτὸν   ⁹ om. Ἰησοῦς
¹⁰ λέγει   ¹¹ ὀλιγοπιστίαν

ὑμῖν. ¹²τοῦτο δὲ τὸ γένος οὐκ ἐκπορεύεται εἰ μὴ ἐν προσευχῇ 21
καὶ νηστείᾳ.

'Αναστρεφομένων ¹³ δὲ αὐτῶν ἐν τῇ Γαλιλαίᾳ, εἶπεν 22
αὐτοῖς ὁ Ἰησοῦς, Μέλλει ὁ υἱὸς τοῦ ἀνθρώπου
παραδίδοσθαι εἰς χεῖρας ἀνθρώπων, καὶ ἀποκτε- 23
νοῦσιν αὐτόν, καὶ τῇ τρίτῃ ἡμέρᾳ ἐγερθήσεται. καὶ
ἐλυπήθησαν σφόδρα.

Ἐλθόντων δὲ αὐτῶν εἰς Καπερναούμ, προσῆλ- 24
θον οἱ τὰ δίδραχμα λαμβάνοντες τῷ Πέτρῳ καὶ
εἶπον, Ὁ διδάσκαλος ὑμῶν οὐ τελεῖ τὰ δίδραχμα;
λέγει, Ναί. καὶ ὅτε εἰσῆλθεν εἰς τὴν οἰκίαν, 25
προέφθασεν αὐτὸν ὁ Ἰησοῦς, λέγων, Τί σοι δοκεῖ,
Σίμων; οἱ βασιλεῖς τῆς γῆς ἀπὸ τίνων λαμβά-
νουσι τέλη ἢ κῆνσον; ἀπὸ τῶν υἱῶν αὐτῶν, ἢ ἀπὸ
τῶν ἀλλοτρίων; λέγει αὐτῷ ὁ Πέτρος ¹⁴, Ἀπὸ τῶν 26
ἀλλοτρίων. ἔφη αὐτῷ ὁ Ἰησοῦς, Ἄραγε ἐλεύθεροί
εἰσιν οἱ υἱοί. ἵνα δὲ μὴ σκανδαλίσωμεν αὐτούς, 27
πορευθεὶς εἰς τὴν θάλασσαν βάλε ἄγκιστρον, καὶ
τὸν ἀναβάντα πρῶτον ἰχθὺν ἆρον· καὶ ἀνοίξας τὸ
στόμα αὐτοῦ, εὑρήσεις στατῆρα· ἐκεῖνον λαβὼν δὸς
αὐτοῖς ἀντὶ ἐμοῦ καὶ σοῦ.

Ἐν ἐκείνῃ τῇ ὥρᾳ προσῆλθον οἱ μαθηταὶ τῷ XVIII.
Ἰησοῦ, λέγοντες, Τίς ἄρα μείζων ἐστὶν ἐν τῇ
βασιλείᾳ τῶν οὐρανῶν; καὶ προσκαλεσάμενος ὁ 2
Ἰησοῦς ¹ παιδίον ἔστησεν αὐτὸ ἐν μέσῳ αὐτῶν, καὶ 3
εἶπεν, Ἀμὴν λέγω ὑμῖν, ἐὰν μὴ στραφῆτε καὶ
γένησθε ὡς τὰ παιδία, οὐ μὴ εἰσέλθητε εἰς τὴν
βασιλείαν τῶν οὐρανῶν. ὅστις οὖν ταπεινώσῃ 4
ἑαυτὸν ὡς τὸ παιδίον τοῦτο, οὗτός ἐστιν ὁ μείζων
ἐν τῇ βασιλείᾳ τῶν οὐρανῶν. καὶ ὃς ἐὰν δέξηται 5
παιδίον τοιοῦτον ἓν ἐπὶ τῷ ὀνόματί μου, ἐμὲ δέχεται·

---

¹² om. ver. 21 text, not marg.　　¹³ Marg. Συστρεφομένων
¹⁴ εἰπόντος δὲ (ἀλλοτρίων,)　　¹ om. ὁ Ἰησοῦς

6 ὃς δ' ἂν σκανδαλίσῃ ἕνα τῶν μικρῶν τούτων τῶν
πιστευόντων εἰς ἐμέ, συμφέρει αὐτῷ ἵνα κρεμασθῇ
μύλος ὀνικὸς ἐπὶ² τὸν τράχηλον αὐτοῦ, καὶ κατα-
7 ποντισθῇ ἐν τῷ πελάγει τῆς θαλάσσης. οὐαὶ τῷ
κόσμῳ ἀπὸ τῶν σκανδάλων· ἀνάγκη γάρ ἐστιν
ἐλθεῖν τὰ σκάνδαλα· πλὴν οὐαὶ τῷ ἀνθρώπῳ
8 ἐκείνῳ, δι' οὗ τὸ σκάνδαλον ἔρχεται. εἰ δὲ ἡ χείρ
σου ἢ ὁ πούς σου σκανδαλίζει σε, ἔκκοψον αὐτὰ³
καὶ βάλε ἀπὸ σοῦ· καλόν σοι ἐστὶν εἰσελθεῖν εἰς
τὴν ζωὴν χωλὸν ἢ κυλλόν⁴, ἢ δύο χεῖρας ἢ δύο πόδας
9 ἔχοντα βληθῆναι εἰς τὸ πῦρ τὸ αἰώνιον. καὶ εἰ ὁ
ὀφθαλμός σου σκανδαλίζει σε, ἔξελε αὐτὸν καὶ βάλε
ἀπὸ σοῦ· καλόν σοι ἐστὶ μονόφθαλμον εἰς τὴν
ζωὴν εἰσελθεῖν, ἢ δύο ὀφθαλμοὺς ἔχοντα βληθῆναι
10 εἰς τὴν γέενναν τοῦ πυρός. ὁρᾶτε μὴ καταφρονή-
σητε ἑνὸς τῶν μικρῶν τούτων, λέγω γὰρ ὑμῖν ὅτι
οἱ ἄγγελοι αὐτῶν ἐν οὐρανοῖς διὰ παντὸς βλέ-
πουσι τὸ πρόσωπον τοῦ πατρός μου τοῦ ἐν οὐρα-
11 νοῖς. ⁵ἦλθε γὰρ ὁ υἱὸς τοῦ ἀνθρώπου σῶσαι τὸ ἀπολωλός.
12 τί ὑμῖν δοκεῖ; ἐὰν γένηταί τινι ἀνθρώπῳ ἑκατὸν
πρόβατα, καὶ πλανηθῇ ἓν ἐξ αὐτῶν· οὐχὶ ἀφεὶς τὰ
ἐννενηκονταεννέα, ἐπὶ τὰ ὄρη πορευθεὶς ζητεῖ τὸ
13 πλανώμενον; καὶ ἐὰν γένηται εὑρεῖν αὐτό, ἀμὴν
λέγω ὑμῖν ὅτι χαίρει ἐπ' αὐτῷ μᾶλλον, ἢ ἐπὶ τοῖς
14 ἐννενηκονταεννέα τοῖς μὴ πεπλανημένοις. οὕτως
οὐκ ἔστι θέλημα ἔμπροσθεν τοῦ πατρὸς ὑμῶν⁶ τοῦ
ἐν οὐρανοῖς, ἵνα ἀπόληται εἷς τῶν μικρῶν τούτων.
15 Ἐὰν δὲ ἁμαρτήσῃ εἰς σὲ⁷ ὁ ἀδελφός σου, ὕπαγε
καὶ⁸ ἔλεγξον αὐτὸν μεταξὺ σοῦ καὶ αὐτοῦ μόνου.
16 ἐάν σου ἀκούσῃ, ἐκέρδησας τὸν ἀδελφόν σου· ἐὰν

---

² περὶ   ³ αὐτὸν   ⁴ κυλλὸν ἢ χωλόν
⁵ om. ver. 11 text, not marg.   ⁶ Marg. μου   ⁷ Marg
om. εἰς σὲ   ⁸ om. καὶ

δὲ μὴ ἀκούσῃ, παράλαβε μετὰ σοῦ ἔτι ἕνα ἢ
δύο, ἵνα ἐπὶ στόματος δύο μαρτύρων ἢ τριῶν
σταθῇ πᾶν ῥῆμα. ἐὰν δὲ παρακούσῃ αὐτῶν, 17
εἰπὲ τῇ ἐκκλησίᾳ· ἐὰν δὲ καὶ τῆς ἐκκλησίας
παρακούσῃ, ἔστω σοι ὥσπερ ὁ ἐθνικὸς καὶ ὁ τε-
λώνης. ἀμὴν λέγω ὑμῖν, ὅσα ἐὰν δήσητε ἐπὶ 18
τῆς γῆς, ἔσται δεδεμένα ἐν τῷ οὐρανῷ· καὶ
ὅσα ἐὰν λύσητε ἐπὶ τῆς γῆς, ἔσται λελυμένα
ἐν τῷ οὐρανῷ. πάλιν λέγω ὑμῖν, ὅτι ἐὰν δύο ὑμῶν 19
συμφωνήσωσιν ἐπὶ τῆς γῆς περὶ παντὸς πράγ-
ματος οὗ ἐὰν αἰτήσωνται, γενήσεται αὐτοῖς παρὰ
τοῦ πατρός μου τοῦ ἐν οὐρανοῖς. οὐ γάρ εἰσι δύο 20
ἢ τρεῖς συνηγμένοι εἰς τὸ ἐμὸν ὄνομα, ἐκεῖ εἰμὶ ἐν
μέσῳ αὐτῶν.
Τότε προσελθὼν αὐτῷ ὁ Πέτρος εἶπε[9], Κύριε, 21
ποσάκις ἁμαρτήσει εἰς ἐμὲ ὁ ἀδελφός μου, καὶ
ἀφήσω αὐτῷ; ἕως ἑπτάκις; λέγει αὐτῷ ὁ Ἰησοῦς, 22
Οὐ λέγω σοι ἕως ἑπτάκις, ἀλλ᾽ ἕως ἑβδομηκοντάκις
ἑπτά. διὰ τοῦτο ὡμοιώθη ἡ βασιλεία τῶν οὐρανῶν 23
ἀνθρώπῳ βασιλεῖ, ὃς ἠθέλησε συνᾶραι λόγον μετὰ
τῶν δούλων αὐτοῦ. ἀρξαμένου δὲ αὐτοῦ συναίρειν, 24
προσηνέχθη αὐτῷ εἷς ὀφειλέτης μυρίων ταλάντων.
μὴ ἔχοντος δὲ αὐτοῦ ἀποδοῦναι, ἐκέλευσεν αὐτὸν ὁ 25
κύριος αὐτοῦ πραθῆναι, καὶ τὴν γυναῖκα αὐτοῦ καὶ
τὰ τέκνα, καὶ πάντα ὅσα εἶχε, καὶ ἀποδοθῆναι. πε- 26
σὼν οὖν ὁ δοῦλος προσεκύνει αὐτῷ, λέγων, Κύριε.
μακροθύμησον ἐπ᾽ ἐμοί, καὶ πάντα σοι ἀποδώσω.
σπλαγχνισθεὶς δὲ ὁ κύριος τοῦ δούλου ἐκείνου 27
ἀπέλυσεν αὐτόν, καὶ τὸ δάνειον ἀφῆκεν αὐτῷ. ἐξελ- 28
θὼν δὲ ὁ δοῦλος ἐκεῖνος εὗρεν ἕνα τῶν συνδούλων
αὐτοῦ, ὃς ὤφειλεν αὐτῷ ἑκατὸν δηνάρια, καὶ κρατή-

---

[9] ὁ Πέτρος εἶπεν αὐτῷ

σας αὐτὸν ἔπνιγε, λέγων, Ἀπόδος μοι[10] ὅ τι[11] ὀφεί-
29 λεις. πεσὼν οὖν ὁ σύνδουλος αὐτοῦ εἰς τοὺς πόδας
αὐτοῦ[12] παρεκάλει αὐτόν, λέγων, Μακροθύμησον
30 ἐπ᾽ ἐμοί, καὶ πάντα[13] ἀποδώσω σοι. ὁ δὲ οὐκ ἤθελεν,
ἀλλ᾽ ἀπελθὼν ἔβαλεν αὐτὸν εἰς φυλακήν, ἕως οὗ
31 ἀποδῷ τὸ ὀφειλόμενον. ἰδόντες δὲ[14] οἱ σύνδουλοι
αὐτοῦ τὰ γενόμενα ἐλυπήθησαν σφόδρα· καὶ ἐλθόν-
τες διεσάφησαν τῷ κυρίῳ αὐτῶν πάντα τὰ γενό-
32 μενα. τότε προσκαλεσάμενος αὐτὸν ὁ κύριος αὐτοῦ
λέγει αὐτῷ, Δοῦλε πονηρέ, πᾶσαν τὴν ὀφειλὴν
33 ἐκείνην ἀφῆκά σοι, ἐπεὶ παρεκάλεσάς με· οὐκ ἔδει
καὶ σὲ ἐλεῆσαι τὸν σύνδουλόν σου, ὡς καὶ ἐγώ σε
34 ἠλέησα; καὶ ὀργισθεὶς ὁ κύριος αὐτοῦ παρέδωκεν
αὐτὸν τοῖς βασανισταῖς, ἕως οὗ ἀποδῷ πᾶν τὸ
35 ὀφειλόμενον αὐτῷ[15]. οὕτω καὶ ὁ πατήρ μου ὁ
ἐπουράνιος ποιήσει ὑμῖν, ἐὰν μὴ ἀφῆτε ἕκαστος τῷ
ἀδελφῷ αὐτοῦ ἀπὸ τῶν καρδιῶν ὑμῶν τὰ παραπτώματα
αὐτῶν[16].

XIX. Καὶ ἐγένετο ὅτε ἐτέλεσεν ὁ Ἰησοῦς τοὺς λόγους
τούτους, μετῆρεν ἀπὸ τῆς Γαλιλαίας, καὶ ἦλθεν εἰς
2 τὰ ὅρια τῆς Ἰουδαίας πέραν τοῦ Ἰορδάνου. καὶ
ἠκολούθησαν αὐτῷ ὄχλοι πολλοί, καὶ ἐθεράπευσεν
αὐτοὺς ἐκεῖ.

3 Καὶ προσῆλθον αὐτῷ οἱ[1] Φαρισαῖοι πειράζοντες
αὐτόν, καὶ λέγοντες αὐτῷ[2], Εἰ ἔξεστιν ἀνθρώπῳ[3]
ἀπολῦσαι τὴν γυναῖκα αὐτοῦ κατὰ πᾶσαν αἰτίαν;
4 ὁ δὲ ἀποκριθεὶς εἶπεν αὐτοῖς[4], Οὐκ ἀνέγνωτε ὅτι
ὁ ποιήσας[5] ἀπ᾽ ἀρχῆς ἄρσεν καὶ θῆλυ ἐποίησεν
5 αὐτούς, καὶ εἶπεν, Ἕνεκεν τούτου καταλείψει

---

[10] om. μοι   [11] εἴ τι   [12] om. εἰς τοὺς πόδας αὐτοῦ
[13] om. πάντα   [14] οὖν   [15] om. αὐτῷ   [16] om. τὰ
παραπτώματα αὐτῶν   [1] om. οἱ text, not marg.   [2] om.
αὐτῷ   [3] om. ἀνθρώπῳ   [4] om. αὐτοῖς   [5] Marg. κτίσας

ἄνθρωπος τὸν πατέρα καὶ τὴν μητέρα, καὶ προσ-
κολληθήσεται τῇ γυναικὶ αὐτοῦ, καὶ ἔσονται οἱ
δύο εἰς σαρκα μίαν; ὥστε οὐκέτι εἰσὶ δύο, ἀλλὰ 6
σὰρξ μία· ὃ οὖν ὁ Θεὸς συνέζευξεν, ἄνθρωπος μὴ
χωριζέτω. λέγουσιν αὐτῷ, Τί οὖν Μωσῆς ἐνετεί- 7
λατο δοῦναι βιβλίον ἀποστασίου, καὶ ἀπολῦσαι
αὐτήν; λέγει αὐτοῖς ὅτι Μωσῆς πρὸς τὴν σκληρο- 8
καρδίαν ὑμῶν ἐπέτρεψεν ὑμῖν ἀπολῦσαι τὰς γυναῖ-
κας ὑμῶν· ἀπ᾽ ἀρχῆς δὲ οὐ γέγονεν οὕτω. λέγω 9
δὲ ὑμῖν ὅτι ὃς ἂν ἀπολύσῃ τὴν γυναῖκα αὐτοῦ, εἰ
μὴ ἐπὶ πορνείᾳ⁶, καὶ γαμήσῃ ἄλλην, μοιχᾶται⁷· καὶ ὁ ἀπολελυ-
μένην γαμήσας μοιχᾶται⁸. λέγουσιν αὐτῷ οἱ μαθηταὶ 10
αὐτοῦ⁹, Εἰ οὕτως ἐστὶν ἡ αἰτία τοῦ ἀνθρώπου μετὰ
τῆς γυναικός, οὐ συμφέρει γαμῆσαι. ὁ δὲ εἶπεν 11
αὐτοῖς, Οὐ πάντες χωροῦσι τὸν λόγον τοῦτον, ἀλλ᾽
οἷς δέδοται. εἰσὶ γὰρ εὐνοῦχοι, οἵτινες ἐκ κοιλίας 12
μητρὸς ἐγεννήθησαν οὕτω· καί εἰσιν εὐνοῦχοι, οἵτινες
εὐνουχίσθησαν ὑπὸ τῶν ἀνθρώπων· καί εἰσιν εὐ-
νοῦχοι, οἵτινες εὐνούχισαν ἑαυτοὺς διὰ τὴν βασι-
λείαν τῶν οὐρανῶν. ὁ δυνάμενος χωρεῖν χωρείτω.
Τότε προσηνέχθη αὐτῷ παιδία, ἵνα τὰς χεῖρας 13
ἐπιθῇ αὐτοῖς, καὶ προσεύξηται· οἱ δὲ μαθηταὶ ἐπετί-
μησαν αὐτοῖς. ὁ δὲ Ἰησοῦς εἶπεν, Ἄφετε τὰ παιδία, 14
καὶ μὴ κωλύετε αὐτὰ ἐλθεῖν πρός με· τῶν γὰρ τοιού-
των ἐστὶν ἡ βασιλεία τῶν οὐρανῶν. καὶ ἐπιθεὶς 15
αὐτοῖς τὰς χεῖρας, ἐπορεύθη ἐκεῖθεν.
Καὶ ἰδού, εἷς προσελθὼν εἶπεν αὐτῷ¹⁰, Διδάσκαλε 16
ἀγαθέ¹¹, τί ἀγαθὸν ποιήσω, ἵνα ἔχω ζωὴν αἰώνιον;
ὁ δὲ εἶπεν αὐτῷ, Τί με λέγεις ἀγαθόν; οὐδεὶς ἀγαθός, εἰ 17

---

⁶ *Marg.* παρεκτὸς λόγου πορνείας   ⁷ *Marg.* ποιεῖ αὐτὴν
μοιχευθῆναι   ⁸ *Marg. om.* καὶ ὁ ἀπολελυμένην γαμήσας μοι-
χᾶται   ⁹ *om.* αὐτοῦ   ¹⁰ αὐτῷ εἶπε   ¹¹ *om.*
ἀγαθέ *text, not marg.*

μὴ εἶς, ὁ Θεός¹². εἰ δὲ θέλεις εἰσελθεῖν εἰς τὴν ζωήν,
18 τήρησον τὰς ἐντολάς. λέγει αὐτῷ, Ποίας; ὁ δὲ
Ἰησοῦς εἶπε, Τὸ οὐ φονεύσεις· οὐ μοιχεύσεις· οὐ
19 κλέψεις· οὐ ψευδομαρτυρήσεις· τίμα τὸν πατέρα
σου καὶ τὴν μητέρα· καί, ἀγαπήσεις τὸν πλησίον
20 σου ὡς σεαυτόν. λέγει αὐτῷ ὁ νεανίσκος, Πάντα
ταῦτα ἐφυλαξάμην ἐκ νεότητός μου¹³· τί ἔτι ὑστε-
21 ρῶ; ἔφη αὐτῷ ὁ Ἰησοῦς, Εἰ θέλεις τέλειος εἶναι,
ὕπαγε, πώλησόν σου τὰ ὑπάρχοντα καὶ δὸς¹⁴ πτω-
χοῖς, καὶ ἕξεις θησαυρὸν ἐν οὐρανῷ· καὶ δεῦρο,
22 ἀκολούθει μοι. ἀκούσας δὲ ὁ νεανίσκος τὸν λό-
γον ἀπῆλθε λυπούμενος· ἦν γὰρ ἔχων κτήματα
πολλά.
23   Ὁ δὲ Ἰησοῦς εἶπε τοῖς μαθηταῖς αὐτοῦ, Ἀμὴν
λέγω ὑμῖν ὅτι δυσκόλως πλούσιος εἰσελεύσεται εἰς
24 τὴν βασιλείαν τῶν οὐρανῶν. πάλιν δὲ λέγω ὑμῖν,
εὐκοπώτερόν ἐστι κάμηλον διὰ τρυπήματος ῥαφίδος
διελθεῖν, ἢ πλούσιον εἰς τὴν βασιλείαν τοῦ Θεοῦ
25 εἰσελθεῖν. ἀκούσαντες δὲ οἱ μαθηταὶ αὐτοῦ¹⁵ ἐξε-
πλήσσοντο σφόδρα, λέγοντες, Τίς ἄρα δύναται
26 σωθῆναι; ἐμβλέψας δὲ ὁ Ἰησοῦς εἶπεν αὐτοῖς,
Παρὰ ἀνθρώποις τοῦτο ἀδύνατόν ἐστι, παρὰ δὲ
27 Θεῷ πάντα δυνατά ἐστι. τότε ἀποκριθεὶς ὁ Πέ-
τρος εἶπεν αὐτῷ, Ἰδού, ἡμεῖς ἀφήκαμεν πάντα καὶ
28 ἠκολουθήσαμέν σοι· τί ἄρα ἔσται ἡμῖν; ὁ δὲ Ἰη-
σοῦς εἶπεν αὐτοῖς, Ἀμὴν λέγω ὑμῖν ὅτι ὑμεῖς οἱ
ἀκολουθήσαντές μοι, ἐν τῇ παλιγγενεσίᾳ ὅταν
καθίσῃ ὁ υἱὸς τοῦ ἀνθρώπου ἐπὶ θρόνου δόξης
αὐτοῦ, καθίσεσθε καὶ ὑμεῖς ἐπὶ δώδεκα θρόνους,
29 κρίνοντες τὰς δώδεκα φυλὰς τοῦ Ἰσραήλ. καὶ πᾶς

---

¹² Τί με ἐρωτᾷς περὶ τοῦ ἀγαθοῦ; εἷς ἐστιν ὁ ἀγαθός· text,
not marg.   ¹³ om. ἐκ νεότητός μου   ¹⁴ add τοῖς
¹⁵ om. αὐτοῦ

ὃς ἀφῆκεν οἰκίας, ἢ ἀδελφούς, ἢ ἀδελφάς, ἢ πατέρα,
ἢ μητέρα, ἢ γυναῖκα¹⁶, ἢ τέκνα, ἢ ἀγρούς, ἔνεκεν
τοῦ ὀνόματός μου, ἑκατονταπλασίονα¹⁷ λήψεται, καὶ
ζωὴν αἰώνιον κληρονομήσει. πολλοὶ δὲ ἔσονται 30
πρῶτοι ἔσχατοι, καὶ ἔσχατοι πρῶτοι. ὁμοία γάρ XX.
ἐστιν ἡ βασιλεία τῶν οὐρανῶν ἀνθρώπῳ οἰκοδεσ-
πότῃ, ὅστις ἐξῆλθεν ἅμα πρωῒ μισθώσασθαι ἐργά-
τας εἰς τὸν ἀμπελῶνα αὐτοῦ. συμφωνήσας δὲ μετὰ 2
τῶν ἐργατῶν ἐκ δηναρίου τὴν ἡμέραν, ἀπέστειλεν
αὐτοὺς εἰς τὸν ἀμπελῶνα αὐτοῦ. καὶ ἐξελθὼν περὶ 3
τὴν τρίτην ὥραν, εἶδεν ἄλλους ἑστῶτας ἐν τῇ
ἀγορᾷ ἀργούς· κἀκείνοις εἶπεν, Ὑπάγετε καὶ ὑμεῖς 4
εἰς τὸν ἀμπελῶνα, καὶ ὃ ἐὰν ᾖ δίκαιον δώσω ὑμῖν.
οἱ δὲ ἀπῆλθον. πάλιν ἐξελθὼν περὶ ἕκτην καὶ 5
ἐννάτην ὥραν, ἐποίησεν ὡσαύτως. περὶ δὲ τὴν 6
ἑνδεκάτην ὥραν¹ ἐξελθών, εὗρεν ἄλλους ἑστῶτας
ἀργούς², καὶ λέγει αὐτοῖς, Τί ὧδε ἑστήκατε ὅλην τὴν
ἡμέραν ἀργοί; λέγουσιν αὐτῷ, Ὅτι οὐδεὶς ἡμᾶς 7
ἐμισθώσατο. λέγει αὐτοῖς, Ὑπάγετε καὶ ὑμεῖς εἰς
τὸν ἀμπελῶνα, καὶ ὃ ἐὰν ᾖ δίκαιον λήψεσθε³. ὀψίας δὲ 8
γενομένης λέγει ὁ κύριος τοῦ ἀμπελῶνος τῷ ἐπι-
τρόπῳ αὐτοῦ, Κάλεσον τοὺς ἐργάτας, καὶ ἀπόδος
αὐτοῖς τὸν μισθόν, ἀρξάμενος ἀπὸ τῶν ἐσχάτων ἕως
τῶν πρώτων. καὶ ἐλθόντες οἱ περὶ τὴν ἑνδεκάτην 9
ὥραν ἔλαβον ἀνὰ δηνάριον. ἐλθόντες δὲ⁴ οἱ πρῶτοι 10
ἐνόμισαν ὅτι πλείονα λήψονται· καὶ ἔλαβον καὶ
αὐτοὶ ἀνὰ δηνάριον. λαβόντες δὲ ἐγόγγυζον κατὰ 11
τοῦ οἰκοδεσπότου, λέγοντες ὅτι Οὗτοι οἱ ἔσχατοι 12
μίαν ὥραν ἐποίησαν, καὶ ἴσους ἡμῖν αὐτοὺς ἐποίη-
σας, τοῖς βαστάσασι τὸ βάρος τῆς ἡμέρας καὶ τὸν

---

¹⁶ om. ἢ γυναῖκα text, not marg.   ¹⁷ Marg. πολλαπλασίονα
¹ om. ὥραν   ² om. ἀργούς   ³ om. καὶ ὃ ἐὰν ᾖ δίκαιον
λήψεσθε   ⁴ καὶ ἐλθόντες

13 καύσωνα. ὁ δὲ ἀποκριθεὶς εἶπεν ἑνὶ αὐτῶν, Ἑταῖρε,
οὐκ ἀδικῶ σε· οὐχὶ δηναρίου συνεφώνησάς μοι;
14 ἆρον τὸ σὸν καὶ ὕπαγε· θέλω δὲ τούτῳ τῷ ἐσχάτῳ
15 δοῦναι ὡς καὶ σοί. ἢ⁵ οὐκ ἔξεστί μοι ποιῆσαι ὃ θέλω
ἐν τοῖς ἐμοῖς; εἰ*⁶ ὁ ὀφθαλμός σου πονηρός ἐστιν,
16 ὅτι ἐγὼ ἀγαθός εἰμι; οὕτως ἔσονται οἱ ἔσχατοι
πρῶτοι, καὶ οἱ πρῶτοι ἔσχατοι· πολλοὶ γάρ εἰσι κλητοί,
ὀλίγοι δὲ ἐκλεκτοί⁷.

17 Καὶ ἀναβαίνων ὁ Ἰησοῦς εἰς Ἱεροσόλυμα παρέ-
λαβε τοὺς δώδεκα μαθητὰς κατ᾽ ἰδίαν ἐν τῇ ὁδῷ, καὶ⁸
18 εἶπεν αὐτοῖς, Ἰδού, ἀναβαίνομεν εἰς Ἱεροσόλυμα,
καὶ ὁ υἱὸς τοῦ ἀνθρώπου παραδοθήσεται τοῖς ἀρχιε-
ρεῦσι καὶ γραμματεῦσι· καὶ κατακρινοῦσιν αὐ-
19 τὸν θανάτῳ, καὶ παραδώσουσιν αὐτὸν τοῖς ἔθνεσιν
εἰς τὸ ἐμπαῖξαι καὶ μαστιγῶσαι καὶ σταυρῶσαι·
καὶ τῇ τρίτῃ ἡμέρᾳ ἀναστήσεται⁹
20 Τότε προσῆλθεν αὐτῷ ἡ μήτηρ τῶν υἱῶν Ζεβε-
δαίου μετὰ τῶν υἱῶν αὐτῆς, προσκυνοῦσα καὶ αἰτοῦ-
21 σά τι παρ᾽ αὐτοῦ. ὁ δὲ εἶπεν αὐτῇ, Τί θέλεις;
λέγει αὐτῷ, Εἰπὲ ἵνα καθίσωσιν οὗτοι οἱ δύο υἱοί
μου, εἷς ἐκ δεξιῶν σου, καὶ εἷς ἐξ εὐωνύμων¹⁰, ἐν
22 τῇ βασιλείᾳ σου. ἀποκριθεὶς δὲ ὁ Ἰησοῦς εἶπεν,
Οὐκ οἴδατε τί αἰτεῖσθε. δύνασθε πιεῖν τὸ ποτήριον
ὃ ἐγὼ μέλλω πίνειν, καὶ τὸ βάπτισμα ὃ ἐγὼ βαπτίζομαι
23 βαπτισθῆναι¹¹; λέγουσιν αὐτῷ, Δυνάμεθα. καὶ¹² λέ-
γει αὐτοῖς, Τὸ μὲν ποτήριόν μου πίεσθε, καὶ τὸ
βάπτισμα ὃ ἐγὼ βαπτίζομαι βαπτισθήσεσθε¹³· τὸ δὲ κα-
θίσαι ἐκ δεξιῶν μου καὶ ἐξ εὐωνύμων μου¹⁴, οὐκ

⁵ om. ἢ   ⁶ ἢ   ⁷ om. · πολλοὶ γάρ εἰσι κλητοί,
ὀλίγοι δὲ ἐκλεκτοί   ⁸ καὶ ἐν τῇ ὁδῷ   ⁹ ἐγερθήσεται
¹⁰ add σου   ¹¹ om., καὶ τὸ βάπτισμα ὃ ἐγὼ βαπτίζομαι
βαπτισθῆναι   ¹² om. καὶ   ¹³ om. καὶ τὸ βάπτισμα ὃ ἐγὼ
βαπτίζομαι βαπτισθήσεσθε   ¹⁴ om. μου

ἔστιν ἐμὸν δοῦναι, ἀλλ᾽ οἷς ἡτοίμασται ὑπὸ τοῦ
πατρός μου. καὶ ἀκούσαντες οἱ δέκα ἠγανάκτη- 24
σαν περὶ τῶν δύο ἀδελφῶν. ὁ δὲ Ἰησοῦς προσκαλε- 25
σάμενος αὐτοὺς εἶπεν, Οἴδατε ὅτι οἱ ἄρχοντες τῶν
ἐθνῶν κατακυριεύουσιν αὐτῶν, καὶ οἱ μεγάλοι κατ-
εξουσιάζουσιν αὐτῶν. οὐχ οὕτως δὲ[15] ἔσται ἐν 26
ὑμῖν· ἀλλ᾽ ὃς ἐὰν θέλῃ ἐν ὑμῖν μέγας γενέσθαι
ἔστω[16] ὑμῶν διάκονος· καὶ ὃς ἐὰν θέλῃ ἐν ὑμῖν εἶναι 27
πρῶτος ἔστω[16] ὑμῶν δοῦλος· ὥσπερ ὁ υἱὸς τοῦ ἀν- 28
θρώπου οὐκ ἦλθε διακονηθῆναι, ἀλλὰ διακονῆσαι,
καὶ δοῦναι τὴν ψυχὴν αὐτοῦ λύτρον ἀντὶ πολλῶν.
Καὶ ἐκπορευομένων αὐτῶν ἀπὸ Ἰεριχώ, ἠκολού- 29
θησεν· αὐτῷ ὄχλος πολύς. καὶ ἰδού, δύο τυφλοὶ 30
καθήμενοι παρὰ τὴν ὁδόν, ἀκούσαντες ὅτι Ἰησοῦς
παράγει, ἔκραξαν, λέγοντες, Ἐλέησον ἡμᾶς, Κύριε[17],
υἱὸς Δαβίδ. ὁ δὲ ὄχλος ἐπετίμησεν αὐτοῖς ἵνα 31
σιωπήσωσιν. οἱ δὲ μεῖζον ἔκραζον, λέγοντες, Ἐλέ-
ησον ἡμᾶς, Κύριε[17], υἱὸς Δαβίδ. καὶ στὰς ὁ Ἰησοῦς 32
ἐφώνησεν αὐτούς, καὶ εἶπε, Τί θέλετε ποιήσω ὑμῖν;
λέγουσιν αὐτῷ, Κύριε, ἵνα ἀνοιχθῶσιν ἡμῶν οἱ 33
ὀφθαλμοί. σπλαγχνισθεὶς δὲ ὁ Ἰησοῦς ἥψατο τῶν 34
ὀφθαλμῶν αὐτῶν· καὶ εὐθέως ἀνέβλεψαν αὐτῶν οἱ
ὀφθαλμοί[18], καὶ ἠκολούθησαν αὐτῷ.
Καὶ ὅτε ἤγγισαν εἰς Ἱεροσόλυμα, καὶ ἦλθον εἰς XXI.
Βηθφαγῆ πρὸς[1] τὸ ὄρος τῶν ἐλαιῶν, τότε ὁ Ἰησοῦς
ἀπέστειλε δύο μαθητάς, λέγων αὐτοῖς, Πορεύθητε 2
εἰς τὴν κώμην τὴν ἀπέναντι ὑμῶν, καὶ εὐθέως εὑρή-
σετε ὄνον δεδεμένην, καὶ πῶλον μετ᾽ αὐτῆς· λύσαντες
ἀγάγετέ μοι. καὶ ἐάν τις ὑμῖν εἴπῃ τι, ἐρεῖτε ὅτι 3
Ὁ Κύριος αὐτῶν χρείαν ἔχει· εὐθέως δὲ ἀποστελεῖ
αὐτούς. τοῦτο δὲ ὅλον[2] γέγονεν, ἵνα πληρωθῇ τὸ 4

---

[15] om. δὲ   [16] ἔσται   [17] Κύριε, ἐλέησον ἡμᾶς   [18] om.
αὐτῶν οἱ ὀφθαλμοί   [1] εἰς   [2] om. ὅλον

5 ῥηθὲν διὰ τοῦ προφήτου, λέγοντος, Εἴπατε τῇ θυ-
γατρὶ Σιών, Ἰδού, ὁ βασιλεύς σου ἔρχεταί σοι,
πραὺς καὶ ἐπιβεβηκὼς ἐπὶ ὄνον καὶ³ πῶλον υἱὸν
6 ὑποζυγίου. πορευθέντες δὲ οἱ μαθηταί, καὶ ποιή-
7 σαντες καθὼς προσέταξεν⁴ αὐτοῖς ὁ Ἰησοῦς, ἤγαγον
τὴν ὄνον καὶ τὸν πῶλον, καὶ ἐπέθηκαν ἐπάνω αὐ-
τῶν τὰ ἱμάτια αὐτῶν, καὶ ἐπεκάθισαν⁵ ἐπάνω αὐτῶν.
8 ὁ δὲ πλεῖστος ὄχλος ἔστρωσαν ἑαυτῶν τὰ ἱμάτια
ἐν τῇ ὁδῷ· ἄλλοι δὲ ἔκοπτον κλάδους ἀπὸ τῶν
9 δένδρων, καὶ ἐστρώννυον ἐν τῇ ὁδῷ. οἱ δὲ ὄχλοι
οἱ προάγοντες⁶ καὶ οἱ ἀκολουθοῦντες ἔκραζον, λέ-
γοντες, Ὡσαννὰ τῷ υἱῷ Δαβίδ· εὐλογημένος ὁ
ἐρχόμενος ἐν ὀνόματι Κυρίου· Ὡσαννὰ ἐν τοῖς
10 ὑψίστοις. καὶ εἰσελθόντος αὐτοῦ εἰς Ἱεροσόλυμα,
ἐσείσθη πᾶσα ἡ πόλις, λέγουσα, Τίς ἐστιν οὗτος;
11 οἱ δὲ ὄχλοι ἔλεγον, Οὗτός ἐστιν Ἰησοῦς ὁ προφήτης⁷,
ὁ ἀπὸ Ναζαρὲθ τῆς Γαλιλαίας.
12 Καὶ εἰσῆλθεν ὁ Ἰησοῦς εἰς τὸ ἱερὸν τοῦ Θεοῦ⁸,
καὶ ἐξέβαλε πάντας τοὺς πωλοῦντας καὶ ἀγορά-
ζοντας ἐν τῷ ἱερῷ, καὶ τὰς τραπέζας τῶν κολλυ-
βιστῶν κατέστρεψε, καὶ τὰς καθέδρας τῶν πωλούν-
13 των τὰς περιστεράς. καὶ λέγει αὐτοῖς, Γέγραπται,
Ὁ οἶκός μου οἶκος προσευχῆς κληθήσεται· ὑμεῖς δὲ
14 αὐτὸν ἐποιήσατε⁹ σπήλαιον λῃστῶν. καὶ προσῆλθον
αὐτῷ τυφλοὶ καὶ χωλοὶ ἐν τῷ ἱερῷ· καὶ ἐθεράπευσεν
15 αὐτούς. ἰδόντες δὲ οἱ ἀρχιερεῖς καὶ οἱ γραμματεῖς
τὰ θαυμάσια ἃ ἐποίησε, καὶ τοὺς παῖδας¹⁰ κράζοντας
ἐν τῷ ἱερῷ, καὶ λέγοντας, Ὡσαννὰ τῷ υἱῷ Δαβίδ,
16 ἠγανάκτησαν, καὶ εἶπον αὐτῷ, Ἀκούεις τί οὗτοι
λέγουσιν; ὁ δὲ Ἰησοῦς λέγει αὐτοῖς, Ναί· οὐδέ-

³ add ἐπὶ   ⁴ συνέταξεν   ⁵ ἐπεκάθισεν   ⁶ add
αὐτὸν   ⁷ ὁ προφήτης Ἰησοῦς   ⁸ Marg. om. τοῦ Θεοῦ
⁹ ποιεῖτε   ¹⁰ add τοὺς

ποτε ἀνέγνωτε ὅτι Ἐκ στόματος νηπίων καὶ θηλα-
ζόντων κατηρτίσω αἶνον; καὶ καταλιπὼν αὐτοὺς 17
ἐξῆλθεν ἔξω τῆς πόλεως εἰς Βηθανίαν, καὶ ηὐλίσθη
ἐκεῖ.

Πρωίας δὲ ἐπανάγων εἰς τὴν πόλιν, ἐπείνασε· 18
καὶ ἰδὼν συκῆν μίαν ἐπὶ τῆς ὁδοῦ, ἦλθεν ἐπ᾽ αὐτήν, 19
καὶ οὐδὲν εὗρεν ἐν αὐτῇ εἰ μὴ φύλλα μόνον· καὶ
λέγει αὐτῇ, Μηκέτι ἐκ σοῦ καρπὸς γένηται εἰς
τὸν αἰῶνα. καὶ ἐξηράνθη παραχρῆμα ἡ συκῆ.
καὶ ἰδόντες οἱ μαθηταὶ ἐθαύμασαν, λέγοντες, Πῶς 20
παραχρῆμα ἐξηράνθη ἡ συκῆ; ἀποκριθεὶς δὲ ὁ 21
Ἰησοῦς εἶπεν αὐτοῖς, Ἀμὴν λέγω ὑμῖν, ἐὰν ἔχητε
πίστιν, καὶ μὴ διακριθῆτε, οὐ μόνον τὸ τῆς συκῆς
ποιήσετε, ἀλλὰ κἂν τῷ ὄρει τούτῳ εἴπητε, Ἄρθητι
καὶ βλήθητι εἰς τὴν θάλασσαν, γενήσεται. καὶ 22
πάντα ὅσα ἂν αἰτήσητε ἐν τῇ προσευχῇ, πιστεύ-
οντες, λήψεσθε.

Καὶ ἐλθόντι αὐτῷ[11] εἰς τὸ ἱερόν, προσῆλθον αὐτῷ 23
διδάσκοντι οἱ ἀρχιερεῖς καὶ οἱ πρεσβύτεροι τοῦ
λαοῦ, λέγοντες, Ἐν ποίᾳ ἐξουσίᾳ ταῦτα ποιεῖς;
καὶ τίς σοι ἔδωκε τὴν ἐξουσίαν ταύτην; ἀποκριθεὶς 24
δὲ ὁ Ἰησοῦς εἶπεν αὐτοῖς, Ἐρωτήσω ὑμᾶς κἀγὼ
λόγον ἕνα, ὃν ἐὰν εἴπητέ μοι, κἀγὼ ὑμῖν ἐρῶ ἐν
ποίᾳ ἐξουσίᾳ ταῦτα ποιῶ. τὸ βάπτισμα Ἰωάννου 25
πόθεν ἦν; ἐξ οὐρανοῦ ἢ ἐξ ἀνθρώπων; οἱ δὲ διε-
λογίζοντο παρ᾽ ἑαυτοῖς, λέγοντες, Ἐὰν εἴπωμεν, ἐξ
οὐρανοῦ, ἐρεῖ ἡμῖν, Διατί οὖν οὐκ ἐπιστεύσατε αὐτῷ;
ἐὰν δὲ εἴπωμεν, ἐξ ἀνθρώπων, φοβούμεθα τὸν ὄχλον· 26
πάντες γὰρ ἔχουσι τὸν Ἰωάννην ὡς προφήτην. καὶ 27
ἀποκριθέντες τῷ Ἰησοῦ εἶπον, Οὐκ οἴδαμεν. ἔφη
αὐτοῖς καὶ αὐτός, Οὐδὲ ἐγὼ λέγω ὑμῖν ἐν ποίᾳ

---

11 ἐλθόντος αὐτοῦ

28 ἐξουσίᾳ ταῦτα ποιῶ. τί δὲ ὑμῖν δοκεῖ; ἄνθρωπος εἶχε τέκνα δύο, καὶ προσελθὼν τῷ πρώτῳ εἶπε, Τέκνον, ὕπαγε, σήμερον ἐργάζου ἐν τῷ ἀμπελῶνί 29 μου¹². ὁ δὲ ἀποκριθεὶς εἶπεν, Οὐ θέλω· ὕστερον 30 δὲ μεταμεληθείς, ἀπῆλθε. καὶ προσελθὼν τῷ δευτέρῳ εἶπεν ὡσαύτως. ὁ δὲ ἀποκριθεὶς εἶπεν, Ἐγώ, 31 κύριε· καὶ οὐκ ἀπῆλθε. τίς ἐκ τῶν δύο ἐποίησε τὸ θέλημα τοῦ πατρός; λέγουσιν αὐτῷ¹³, Ὁ πρῶτος. λέγει αὐτοῖς ὁ Ἰησοῦς, Ἀμὴν λέγω ὑμῖν, ὅτι οἱ τελῶναι καὶ αἱ πόρναι προάγουσιν ὑμᾶς εἰς τὴν 32 βασιλείαν τοῦ Θεοῦ. ἦλθε γὰρ πρὸς ὑμᾶς Ἰωάννης ἐν ὁδῷ δικαιοσύνης, καὶ οὐκ ἐπιστεύσατε αὐτῷ· οἱ δὲ τελῶναι καὶ αἱ πόρναι ἐπίστευσαν αὐτῷ· ὑμεῖς δὲ ἰδόντες οὐ¹⁴ μετεμελήθητε ὕστερον τοῦ πιστεῦσαι αὐτῷ.

33 Ἄλλην παραβολὴν ἀκούσατε. ἄνθρωπός τις¹⁵ ἦν οἰκοδεσπότης, ὅστις ἐφύτευσεν ἀμπελῶνα, καὶ φραγμὸν αὐτῷ περιέθηκε, καὶ ὤρυξεν ἐν αὐτῷ ληνόν, καὶ ᾠκοδόμησε πύργον, καὶ ἐξέδοτο αὐτὸν 34 γεωργοῖς, καὶ ἀπεδήμησεν. ὅτε δὲ ἤγγισεν ὁ καιρὸς τῶν καρπῶν, ἀπέστειλε τοὺς δούλους αὐτοῦ πρὸς 35 τοὺς γεωργούς, λαβεῖν τοὺς καρποὺς αὐτοῦ· καὶ λαβόντες οἱ γεωργοὶ τοὺς δούλους αὐτοῦ, ὃν μὲν ἔδειραν, ὃν δὲ ἀπέκτειναν, ὃν δὲ ἐλιθοβόλησαν. 36 πάλιν ἀπέστειλεν ἄλλους δούλους πλείονας τῶν 37 πρώτων· καὶ ἐποίησαν αὐτοῖς ὡσαύτως. ὕστερον δὲ ἀπέστειλε πρὸς αὐτοὺς τὸν υἱὸν αὐτοῦ, λέγων, 38 Ἐντραπήσονται τὸν υἱόν μου. οἱ δὲ γεωργοὶ ἰδόντες τὸν υἱὸν εἶπον ἐν ἑαυτοῖς, Οὗτός ἐστιν ὁ κληρονόμος· δεῦτε, ἀποκτείνωμεν αὐτόν, καὶ κατάσχωμεν¹⁶ τὴν 39 κληρονομίαν αὐτοῦ. καὶ λαβόντες αὐτὸν ἐξέβαλον

¹² om. μου   ¹³ om. αὐτῷ   ¹⁴ οὐδὲ
¹⁵ (-πος) om. τις   ¹⁶ σχῶμεν

ἔξω τοῦ ἀμπελῶνος καὶ ἀπέκτειναν. ὅταν οὖν ἔλθῃ 40
ὁ κύριος τοῦ ἀμπελῶνος, τί ποιήσει τοῖς γεωργοῖς
ἐκείνοις; λέγουσιν αὐτῷ, Κακοὺς κακῶς ἀπολέσει 41
αὐτούς, καὶ τὸν ἀμπελῶνα ἐκδόσεται ἄλλοις γεωρ-
γοῖς, οἵτινες ἀποδώσουσιν αὐτῷ τοὺς καρποὺς ἐν
τοῖς καιροῖς αὐτῶν. λέγει αὐτοῖς ὁ Ἰησοῦς, Οὐδέ- 42
ποτε ἀνέγνωτε ἐν ταῖς γραφαῖς, Λίθον ὃν ἀπεδοκί-
μασαν οἱ οἰκοδομοῦντες, οὗτος ἐγενήθη εἰς κεφαλὴν
γωνίας· παρὰ Κυρίου ἐγένετο αὕτη, καὶ ἔστι θαυ-
μαστὴ ἐν ὀφθαλμοῖς ἡμῶν; διὰ τοῦτο λέγω ὑμῖν 43
ὅτι ἀρθήσεται ἀφ᾽ ὑμῶν ἡ βασιλεία τοῦ Θεοῦ, καὶ
δοθήσεται ἔθνει ποιοῦντι τοὺς καρποὺς αὐτῆς. ¹⁷καὶ 44
ὁ πεσὼν ἐπὶ τὸν λίθον τοῦτον συνθλασθήσεται· ἐφ᾽ ὃν δ᾽ ἂν
πέσῃ, λικμήσει αὐτόν. καὶ ἀκούσαντες οἱ ἀρχιερεῖς 45
καὶ οἱ Φαρισαῖοι τὰς παραβολὰς αὐτοῦ ἔγνωσαν ὅτι
περὶ αὐτῶν λέγει. καὶ ζητοῦντες αὐτὸν κρατῆσαι, 46
ἐφοβήθησαν τοὺς ὄχλους, ἐπειδὴ ὡς¹⁸ προφήτην
αὐτὸν εἶχον.

Καὶ ἀποκριθεὶς ὁ Ἰησοῦς πάλιν εἶπεν αὐτοῖς ἐν XXII.
παραβολαῖς¹, λέγων, Ὡμοιώθη ἡ βασιλεία τῶν οὐ- 2
ρανῶν ἀνθρώπῳ βασιλεῖ, ὅστις ἐποίησε γάμους τῷ
υἱῷ αὐτοῦ· καὶ ἀπέστειλε τοὺς δούλους αὐτοῦ κα- 3
λέσαι τοὺς κεκλημένους εἰς τοὺς γάμους, καὶ οὐκ
ἤθελον ἐλθεῖν. πάλιν ἀπέστειλεν ἄλλους δούλους, 4
λέγων, Εἴπατε τοῖς κεκλημένοις, Ἰδού, τὸ ἄριστόν
μου ἡτοίμασα², οἱ ταῦροί μου καὶ τὰ σιτιστὰ τεθυ-
μένα, καὶ πάντα ἕτοιμα· δεῦτε εἰς τοὺς γάμους. οἱ 5
δὲ ἀμελήσαντες ἀπῆλθον, ὁ μὲν εἰς τὸν ἴδιον ἀγρόν,
ὁ δὲ εἰς³ τὴν ἐμπορίαν αὐτοῦ· οἱ δὲ λοιποὶ κρατή- 6
σαντες τοὺς δούλους αὐτοῦ ὕβρισαν καὶ ἀπέκτειναν.
ἀκούσας δὲ ὁ βασιλεὺς⁴ ὠργίσθη, καὶ πέμψας τὰ στρα- 7

¹⁷ Marg. om. ver. 44   ¹⁸ εἰς   ¹ ἐν παραβολαῖς αὐτοῖς
² ἡτοίμακα   ³ ἐπὶ   ⁴ ὁ δὲ βασιλεὺς (om. ἀκούσας)

τεύματα αὐτοῦ ἀπώλεσε τοὺς φονεῖς ἐκείνους, καὶ
8 τὴν πόλιν αὐτῶν ἐνέπρησε. τότε λέγει τοῖς δούλοις
αὐτοῦ, Ὁ μὲν γάμος ἕτοιμός ἐστιν, οἱ δὲ κεκλημένοι
9 οὐκ ἦσαν ἄξιοι. πορεύεσθε οὖν ἐπὶ τὰς διεξόδους
τῶν ὁδῶν, καὶ ὅσους ἂν εὕρητε, καλέσατε εἰς τοὺς
10 γάμους. καὶ ἐξελθόντες οἱ δοῦλοι ἐκεῖνοι εἰς τὰς
ὁδοὺς συνήγαγον πάντας ὅσους εὗρον, πονηρούς τε
καὶ ἀγαθούς· καὶ ἐπλήσθη ὁ γάμος ἀνακειμένων.
11 εἰσελθὼν δὲ ὁ βασιλεὺς θεάσασθαι τοὺς ἀνακει-
μένους εἶδεν ἐκεῖ ἄνθρωπον οὐκ ἐνδεδυμένον ἔνδυμα
12 γάμου· καὶ λέγει αὐτῷ, Ἑταῖρε, πῶς εἰσῆλθες ὧδε
13 μὴ ἔχων ἔνδυμα γάμου; ὁ δὲ ἐφιμώθη. τότε εἶπεν ὁ
βασιλεὺς[5] τοῖς διακόνοις, Δήσαντες αὐτοῦ πόδας καὶ
χεῖρας, ἄρατε αὐτὸν καὶ[6] ἐκβάλετε[7] εἰς τὸ σκότος τὸ
ἐξώτερον· ἐκεῖ ἔσται ὁ κλαυθμὸς καὶ ὁ βρυγμὸς
14 τῶν ὀδόντων. πολλοὶ γάρ εἰσι κλητοί, ὀλίγοι δὲ
ἐκλεκτοί.
15 Τότε πορευθέντες οἱ Φαρισαῖοι συμβούλιον
16 ἔλαβον ὅπως αὐτὸν παγιδεύσωσιν ἐν λόγῳ. καὶ
ἀποστέλλουσιν αὐτῷ τοὺς μαθητὰς αὐτῶν μετὰ
τῶν Ἡρωδιανῶν, λέγοντες[8], Διδάσκαλε, οἴδαμεν ὅτι
ἀληθὴς εἶ, καὶ τὴν ὁδὸν τοῦ Θεοῦ ἐν ἀληθείᾳ διδά-
σκεις, καὶ οὐ μέλει σοι περὶ οὐδενός, οὐ γὰρ βλέπεις
17 εἰς προσωπον ἀνθρώπων. εἰπὲ οὖν ἡμῖν, τί σοι
18 δοκεῖ; ἔξεστι δοῦναι κῆνσον Καίσαρι, ἢ οὔ; γνοὺς
δὲ ὁ Ἰησοῦς τὴν πονηρίαν αὐτῶν εἶπε, Τί με πει-
19 ράζετε, ὑποκριταί; ἐπιδείξατέ μοι τὸ νόμισμα τοῦ
20 κήνσου. οἱ δὲ προσήνεγκαν αὐτῷ δηνάριον. καὶ
λέγει αὐτοῖς, Τίνος ἡ εἰκὼν αὕτη καὶ ἡ ἐπιγραφή;
21 λέγουσιν αὐτῷ, Καίσαρος. τότε λέγει αὐτοῖς, Ἀπό-
δοτε οὖν τὰ Καίσαρος Καίσαρι· καὶ τὰ τοῦ Θεοῦ

[5] ὁ βασιλεὺς εἶπε   [6] om. ἄρατε αὐτὸν καὶ
[7] add αὐτὸν   [8] λέγοντας

τῷ Θεῷ. καὶ ἀκούσαντες ἐθαύμασαν· καὶ ἀφέντες 22
αὐτὸν ἀπῆλθον.

Ἐν ἐκείνῃ τῇ ἡμέρᾳ προσῆλθον αὐτῷ Σαδδου- 23
καῖοι, οἱ⁹ λέγοντες μὴ εἶναι ἀνάστασιν, καὶ ἐπηρώ-
τησαν αὐτόν, λέγοντες, Διδάσκαλε, Μωσῆς εἶπεν, 24
Ἐάν τις ἀποθάνῃ μὴ ἔχων τέκνα, ἐπιγαμβρεύσει ὁ
ἀδελφὸς αὐτοῦ τὴν γυναῖκα αὐτοῦ, καὶ ἀναστήσει
σπέρμα τῷ ἀδελφῷ αὐτοῦ. ἦσαν δὲ παρ' ἡμῖν 25
ἑπτὰ ἀδελφοί· καὶ ὁ πρῶτος γαμήσας ἐτελεύτησε·
καὶ μὴ ἔχων σπέρμα, ἀφῆκε τὴν γυναῖκα αὐτοῦ τῷ
ἀδελφῷ αὐτοῦ. ὁμοίως καὶ ὁ δεύτερος, καὶ ὁ τρίτος, 26
ἕως τῶν ἑπτά. ὕστερον δὲ πάντων ἀπέθανε καὶ¹⁰ ἡ 27
γυνή. ἐν τῇ οὖν ἀναστάσει¹¹, τίνος τῶν ἑπτὰ ἔσται 28
γυνή; πάντες γὰρ ἔσχον αὐτήν. ἀποκριθεὶς δὲ ὁ 29
Ἰησοῦς εἶπεν αὐτοῖς, Πλανᾶσθε, μὴ εἰδότες τὰς
γραφάς, μηδὲ τὴν δύναμιν τοῦ Θεοῦ. ἐν γὰρ τῇ 30
ἀναστάσει οὔτε γαμοῦσιν, οὔτε ἐκγαμίζονται, ἀλλ'
ὡς ἄγγελοι τοῦ Θεοῦ¹² ἐν οὐρανῷ εἰσι. περὶ δὲ τῆς 31
ἀναστάσεως τῶν νεκρῶν, οὐκ ἀνέγνωτε τὸ ῥηθὲν
ὑμῖν ὑπὸ τοῦ Θεοῦ, λέγοντος, Ἐγώ εἰμι ὁ Θεὸς 32
Ἀβραάμ, καὶ ὁ Θεὸς Ἰσαάκ, καὶ ὁ Θεὸς Ἰακώβ; οὐκ
ἔστιν ὁ Θεὸς Θεὸς¹³ νεκρῶν, ἀλλὰ ζώντων. καὶ ἀκού- 33
σαντες οἱ ὄχλοι ἐξεπλήσσοντο ἐπὶ τῇ διδαχῇ
αὐτοῦ.

Οἱ δὲ Φαρισαῖοι, ἀκούσαντες ὅτι ἐφίμωσε τοὺς 34
Σαδδουκαίους, συνήχθησαν ἐπὶ τὸ αὐτό. καὶ ἐπη- 35
ρώτησεν εἷς ἐξ αὐτῶν νομικός, πειράζων αὐτόν, καὶ
λέγων¹⁴, Διδάσκαλε, ποία ἐντολὴ μεγάλη ἐν τῷ νόμῳ; 36
ὁ δὲ Ἰησοῦς¹⁵ εἶπεν αὐτῷ, Ἀγαπήσεις Κύριον τὸν 37
Θεόν σου, ἐν ὅλῃ τῇ καρδίᾳ σου, καὶ ἐν ὅλῃ τῇ

⁹ om. οἱ   ¹⁰ om. καὶ   ¹¹ ἀναστάσει οὖν   ¹² om. τοῦ
Θεοῦ text, not marg.   ¹³ om. Θεὸς   ¹⁴ om. καὶ λέγων,
¹⁵ om. Ἰησοῦς

38 ψυχῇ σου, καὶ ἐν ὅλῃ τῇ διανοίᾳ σου. αὕτη ἐστὶ πρώτη
39 καὶ μεγάλη [16] ἐντολή. δευτέρα δὲ ὁμοία αὐτῇ [17], Ἀγαπή-
40 σεις τὸν πλησίον σου ὡς σεαυτόν. ἐν ταύταις ταῖς
δυσὶν ἐντολαῖς ὅλος ὁ νόμος καὶ οἱ προφῆται κρέμανται [18].
41 Συνηγμένων δὲ τῶν Φαρισαίων, ἐπηρώτησεν αὐ-
42 τοὺς ὁ Ἰησοῦς, λέγων, Τί ὑμῖν δοκεῖ περὶ τοῦ Χρι-
στοῦ; τίνος υἱός ἐστι; λέγουσιν αὐτῷ, Τοῦ Δαβίδ.
43 λέγει αὐτοῖς, Πῶς οὖν Δαβὶδ ἐν πνεύματι Κύριον
44 αὐτὸν καλεῖ, λέγων, Εἶπεν ὁ Κύριος τῷ Κυρίῳ
μου, Κάθου ἐκ δεξιῶν μου, ἕως ἂν θῶ τοὺς ἐχθρούς
45 σου ὑποπόδιον [19] τῶν ποδῶν σου; εἰ οὖν Δαβὶδ καλεῖ
46 αὐτὸν Κύριον, πῶς υἱὸς αὐτοῦ ἐστι; καὶ οὐδεὶς
ἐδύνατο αὐτῷ ἀποκριθῆναι λόγον· οὐδὲ ἐτόλμησέ
τις ἀπ᾽ ἐκείνης τῆς ἡμέρας ἐπερωτῆσαι αὐτὸν
οὐκέτι.

XXIII. Τότε ὁ Ἰησοῦς ἐλάλησε τοῖς ὄχλοις καὶ τοῖς
2 μαθηταῖς αὐτοῦ, λέγων, Ἐπὶ τῆς Μωσέως κα-
θέδρας ἐκάθισαν οἱ γραμματεῖς καὶ οἱ Φαρισαῖοι·
3 πάντα οὖν ὅσα ἂν εἴπωσιν ὑμῖν τηρεῖν [1], τηρεῖτε καὶ
ποιεῖτε [2]· κατὰ δὲ τὰ ἔργα αὐτῶν μὴ ποιεῖτε, λέγουσι
4 γὰρ καὶ οὐ ποιοῦσι. δεσμεύουσι γὰρ [3] φορτία βαρέα
καὶ δυσβάστακτα [4], καὶ ἐπιτιθέασιν ἐπὶ τοὺς ὤμους
τῶν ἀνθρώπων, τῷ δὲ [5] δακτύλῳ αὐτῶν οὐ θέλουσι
5 κινῆσαι αὐτά. πάντα δὲ τὰ ἔργα αὐτῶν ποιοῦσι
πρὸς τὸ θεαθῆναι τοῖς ἀνθρώποις· πλατύνουσι δὲ [6]
τὰ φυλακτήρια αὐτῶν, καὶ μεγαλύνουσι τὰ κράσ-
6 πεδα τῶν ἱματίων αὐτῶν [7]· φιλοῦσί τε [8] τὴν πρωτοκλι-
σίαν ἐν τοῖς δείπνοις, καὶ τὰς πρωτοκαθεδρίας ἐν

16 ἐστὶν ἡ μεγάλη καὶ πρώτη   17 αὕτη text, not marg.
18 κρέμαται, καὶ οἱ προφῆται   19 ὑποκάτω   1 om. τηρεῖν
2 ποιήσατε καὶ τηρεῖτε   3 δὲ   4 Marg. om. καὶ
δυσβάστακτα   5 αὐτοὶ δὲ τῷ   6 γὰρ   7 om. τῶν
ἱματίων αὐτῶν   8 δὲ

ταῖς συναγωγαῖς, καὶ τοὺς ἀσπασμοὺς ἐν ταῖς 7
ἀγοραῖς, καὶ καλεῖσθαι ὑπὸ τῶν ἀνθρώπων, ῥαββί,
ῥαββί⁹· ὑμεῖς δὲ μὴ κληθῆτε ῥαββί· εἷς γάρ ἐστιν 8
ὑμῶν ὁ καθηγητής¹⁰, ὁ Χριστός¹¹· πάντες δὲ ὑμεῖς
ἀδελφοί ἐστε. καὶ πατέρα μὴ καλέσητε ὑμῶν ἐπὶ 9
τῆς γῆς· εἷς γάρ ἐστιν ὁ πατὴρ ὑμῶν, ὁ ἐν τοῖς οὐ-
ρανοῖς¹². μηδὲ κληθῆτε καθηγηταί· εἷς γὰρ ὑμῶν ἐστιν 10
ὁ καθηγητής, ὁ Χριστός. ὁ δὲ μείζων ὑμῶν ἔσται 11
ὑμῶν διάκονος. ὅστις δὲ ὑψώσει ἑαυτόν, ταπεινωθή- 12
σεται· καὶ ὅστις ταπεινώσει ἑαυτόν, ὑψωθήσεται.

Οὐαὶ δὲ ὑμῖν, γραμματεῖς καὶ Φαρισαῖοι, ὑπο- 13
κριταί, ὅτι κλείετε τὴν βασιλείαν τῶν οὐρανῶν ἔμ-
προσθεν τῶν ἀνθρώπων· ὑμεῖς γὰρ οὐκ εἰσέρχεσθε,
οὐδὲ τοὺς εἰσερχομένους ἀφίετε εἰσελθεῖν.
¹³Οὐαὶ ὑμῖν, γραμματεῖς καὶ Φαρισαῖοι, ὑποκριταί, ὅτι 14
κατεσθίετε τὰς οἰκίας τῶν χηρῶν, καὶ προφάσει μακρὰ προσ-
ευχόμενοι· διὰ τοῦτο λήψεσθε περισσότερον κρίμα.

Οὐαὶ ὑμῖν, γραμματεῖς καὶ Φαρισαῖοι, ὑπο- 15
κριταί, ὅτι περιάγετε τὴν θάλασσαν καὶ τὴν ξηρὰν
ποιῆσαι ἕνα προσήλυτον, καὶ ὅταν γένηται, ποιεῖτε
αὐτὸν υἱὸν γεέννης διπλότερον ὑμῶν.

Οὐαὶ ὑμῖν, ὁδηγοὶ τυφλοί, οἱ λέγοντες, Ὃς ἂν 16
ὀμόσῃ ἐν τῷ ναῷ, οὐδέν ἐστιν· ὃς δ' ἂν ὀμόσῃ ἐν τῷ
χρυσῷ τοῦ ναοῦ, ὀφείλει. μωροὶ καὶ τυφλοί· τίς 17
γὰρ μείζων ἐστίν, ὁ χρυσός, ἢ ὁ ναὸς ὁ ἁγιάζων¹⁴ τὸν
χρυσόν; καί, Ὃς ἐὰν ὀμόσῃ ἐν τῷ θυσιαστηρίῳ, 18
οὐδέν ἐστιν· ὃς δ' ἂν ὀμόσῃ ἐν τῷ δώρῳ τῷ ἐπάνω
αὐτοῦ, ὀφείλει. μωροὶ καὶ¹⁵ τυφλοί· τί γὰρ μεῖζον, 19
τὸ δῶρον, ἢ τὸ θυσιαστήριον τὸ ἁγιάζον τὸ δῶρον;
ὁ οὖν ὀμόσας ἐν τῷ θυσιαστηρίῳ ὀμνύει ἐν αὐτῷ 20

---

⁹ om. ῥαββί   ¹⁰ διδάσκαλος   ¹¹ om. ὁ Χριστός
¹² οὐράνιος   ¹³ om. ver. 14 text, not marg.   ¹⁴ ἀγιάσας
¹⁵ om. μωροὶ καὶ

21 καὶ ἐν πᾶσι τοῖς ἐπάνω αὐτοῦ· καὶ ὁ ὀμόσας ἐν τῷ
ναῷ ὀμνύει ἐν αὐτῷ καὶ ἐν τῷ κατοικοῦντι αὐτόν·
22 καὶ ὁ ὀμόσας ἐν τῷ οὐρανῷ ὀμνύει ἐν τῷ θρόνῳ τοῦ
Θεοῦ καὶ ἐν τῷ καθημένῳ ἐπάνω αὐτοῦ.

23 Οὐαὶ ὑμῖν, γραμματεῖς καὶ Φαρισαῖοι, ὑποκρι-
ταί, ὅτι ἀποδεκατοῦτε τὸ ἡδύοσμον καὶ τὸ ἄνηθον
καὶ τὸ κύμινον, καὶ ἀφήκατε τὰ βαρύτερα τοῦ νό-
μου, τὴν κρίσιν καὶ τὸν ἔλεον καὶ τὴν πίστιν· ταῦτα[16]
24 ἔδει ποιῆσαι, κἀκεῖνα μὴ ἀφιέναι[17]. ὁδηγοὶ τυφλοί,
οἱ διϋλίζοντες τὸν κώνωπα, τὴν δὲ κάμηλον κατα-
πίνοντες.

25 Οὐαὶ ὑμῖν, γραμματεῖς καὶ Φαρισαῖοι, ὑποκρι-
ταί, ὅτι καθαρίζετε τὸ ἔξωθεν τοῦ ποτηρίου καὶ τῆς
παροψίδος, ἔσωθεν δὲ γέμουσιν ἐξ ἁρπαγῆς καὶ
26 ἀκρασίας. Φαρισαῖε τυφλέ, καθάρισον πρῶτον τὸ
ἐντὸς τοῦ ποτηρίου καὶ τῆς παροψίδος, ἵνα γένηται
καὶ τὸ ἐκτὸς αὐτῶν[18] καθαρόν.

27 Οὐαὶ ὑμῖν, γραμματεῖς καὶ Φαρισαῖοι, ὑποκρι-
ταί, ὅτι παρομοιάζετε τάφοις κεκονιαμένοις, οἵτινες
ἔξωθεν μὲν φαίνονται ὡραῖοι, ἔσωθεν δὲ γέμουσιν
28 ὀστέων νεκρῶν καὶ πάσης ἀκαθαρσίας. οὕτω καὶ
ὑμεῖς ἔξωθεν μὲν φαίνεσθε τοῖς ἀνθρώποις δίκαιοι,
ἔσωθεν δὲ μεστοί ἐστε ὑποκρίσεως καὶ ἀνομίας.

29 Οὐαὶ ὑμῖν, γραμματεῖς καὶ Φαρισαῖοι, ὑποκρι-
ταί, ὅτι οἰκοδομεῖτε τοὺς τάφους τῶν προφητῶν, καὶ
30 κοσμεῖτε τὰ μνημεῖα τῶν δικαίων, καὶ λέγετε, Εἰ
ἦμεν ἐν ταῖς ἡμέραις τῶν πατέρων ἡμῶν, οὐκ ἂν
ἦμεν κοινωνοὶ αὐτῶν ἐν τῷ αἵματι τῶν προφητῶν.
31 ὥστε μαρτυρεῖτε ἑαυτοῖς ὅτι υἱοί ἐστε τῶν φονευ-
32 σάντων τοὺς προφήτας· καὶ ὑμεῖς πληρώσατε τὸ
33 μέτρον τῶν πατέρων ὑμῶν. ὄφεις, γεννήματα ἐχιδ-

---

[16] add δὲ   [17] ἀφεῖναι   [18] αὐτοῦ

νῶν, πῶς φύγητε ἀπὸ τῆς κρίσεως τῆς γεέννης;
διὰ τοῦτο, ἰδού, ἐγὼ ἀποστέλλω πρὸς ὑμᾶς προ- 34
φήτας καὶ σοφοὺς καὶ γραμματεῖς· καὶ[19] ἐξ αὐτῶν
ἀποκτενεῖτε καὶ σταυρώσετε, καὶ ἐξ αὐτῶν μαστι-
γώσετε ἐν ταῖς συναγωγαῖς ὑμῶν καὶ διώξετε ἀπὸ
πόλεως εἰς πόλιν· ὅπως ἔλθῃ ἐφ' ὑμᾶς πᾶν αἷμα 35
δίκαιον ἐκχυνόμενον ἐπὶ τῆς γῆς, ἀπὸ τοῦ αἵματος
Ἄβελ τοῦ δικαίου, ἕως τοῦ αἵματος Ζαχαρίου υἱοῦ
Βαραχίου, ὃν ἐφονεύσατε μεταξὺ τοῦ ναοῦ καὶ τοῦ
θυσιαστηρίου. ἀμὴν λέγω ὑμῖν, ἥξει ταῦτα πάντα 36
ἐπὶ τὴν γενεὰν ταύτην.

Ἱερουσαλήμ, Ἱερουσαλήμ, ἡ ἀποκτείνουσα τοὺς 37
προφήτας καὶ λιθοβολοῦσα τοὺς ἀπεσταλμένους
πρὸς αὐτήν, ποσάκις ἠθέλησα ἐπισυναγαγεῖν τὰ
τέκνα σου, ὃν τρόπον ἐπισυνάγει ὄρνις τὰ νοσσία
ἑαυτῆς ὑπὸ τὰς πτέρυγας, καὶ οὐκ ἠθελήσατε. ἰδού, 38
ἀφίεται ὑμῖν ὁ οἶκος ὑμῶν ἔρημος[20]. λέγω γὰρ ὑμῖν, 39
Οὐ μή με ἴδητε ἀπ' ἄρτι, ἕως ἂν εἴπητε, Εὐλογη-
μένος ὁ ἐρχόμενος ἐν ὀνόματι Κυρίου.

Καὶ ἐξελθὼν ὁ Ἰησοῦς ἐπορεύετο ἀπὸ τοῦ ἱεροῦ[1]· XXIV.
καὶ προσῆλθον οἱ μαθηταὶ αὐτοῦ ἐπιδεῖξαι αὐτῷ
τὰς οἰκοδομὰς τοῦ ἱεροῦ. ὁ δὲ Ἰησοῦς[2] εἶπεν αὐτοῖς, 2
Οὐ βλέπετε πάντα ταῦτα; ἀμὴν λέγω ὑμῖν, οὐ μὴ
ἀφεθῇ ὧδε λίθος ἐπὶ λίθον, ὃς οὐ μὴ[3] καταλυθή-
σεται.

Καθημένου δὲ αὐτοῦ ἐπὶ τοῦ ὄρους τῶν ἐλαιῶν, 3
προσῆλθον αὐτῷ οἱ μαθηταὶ κατ' ἰδίαν, λέγοντες,
Εἰπὲ ἡμῖν, πότε ταῦτα ἔσται; καὶ τί τὸ σημεῖον
τῆς σῆς παρουσίας, καὶ τῆς συντελείας τοῦ αἰῶνος;
καὶ ἀποκριθεὶς ὁ Ἰησοῦς εἶπεν αὐτοῖς, Βλέπετε, 4
μή τις ὑμᾶς πλανήσῃ. πολλοὶ γὰρ ἐλεύσονται ἐπὶ 5

[19] om. καὶ   [20] Marg. om. ἔρημος   [1] ἀπὸ τοῦ ἱεροῦ
ἐπορεύετο   [2] ἀποκριθεὶς   [3] om. μὴ

τῷ ὀνόματί μου, λέγοντες, Ἐγώ εἰμι ὁ Χριστός·
6 καὶ πολλοὺς πλανήσουσι. μελλήσετε δὲ ἀκούειν
πολέμους καὶ ἀκοὰς πολέμων· ὁρᾶτε, μὴ θροεῖσθε·
δεῖ γὰρ πάντα γενέσθαι· ἀλλ' οὔπω ἐστὶ τὸ τέλος.
7 ἐγερθήσεται γὰρ ἔθνος ἐπὶ ἔθνος, καὶ βασιλεία ἐπὶ
βασιλείαν· καὶ ἔσονται λιμοὶ καὶ λοιμοὶ[5] καὶ σεισ-
8 μοὶ κατὰ τόπους. πάντα δὲ ταῦτα ἀρχὴ ὠδίνων.
9 τότε παραδώσουσιν ὑμᾶς εἰς θλίψιν, καὶ ἀποκτε-
νοῦσιν ὑμᾶς· καὶ ἔσεσθε μισούμενοι ὑπὸ πάντων
10 τῶν ἐθνῶν διὰ τὸ ὄνομά μου. καὶ τότε σκανδα-
λισθήσονται πολλοί, καὶ ἀλλήλους παραδώσουσι,
11 καὶ μισήσουσιν ἀλλήλους. καὶ πολλοὶ ψευδοπρο-
12 φῆται ἐγερθήσονται, καὶ πλανήσουσι πολλούς. καὶ
διὰ τὸ πληθυνθῆναι τὴν ἀνομίαν, ψυγήσεται ἡ
13 ἀγάπη τῶν πολλῶν· ὁ δὲ ὑπομείνας εἰς τέλος,
14 οὗτος σωθήσεται. καὶ κηρυχθήσεται τοῦτο τὸ
εὐαγγέλιον τῆς βασιλείας ἐν ὅλῃ τῇ οἰκουμένῃ
εἰς μαρτύριον πᾶσι τοῖς ἔθνεσι· καὶ τότε ἥξει τὸ
τέλος.
15   Ὅταν οὖν ἴδητε τὸ βδέλυγμα τῆς ἐρημώσεως,
τὸ ῥηθὲν διὰ Δανιὴλ τοῦ προφήτου, ἑστὼς ἐν
16 τόπῳ ἁγίῳ (ὁ ἀναγινώσκων νοείτω), τότε οἱ ἐν
17 τῇ Ἰουδαίᾳ φευγέτωσαν ἐπὶ τὰ ὄρη· ὁ ἐπὶ τοῦ
δώματος μὴ καταβαινέτω ἆραί τι[6] ἐκ τῆς οἰκίας
18 αὐτοῦ· καὶ ὁ ἐν τῷ ἀγρῷ μὴ ἐπιστρεψάτω ὀπίσω
19 ἆραι τὰ ἱμάτια[7] αὐτοῦ. οὐαὶ δὲ ταῖς ἐν γαστρὶ ἐχού-
σαις καὶ ταῖς θηλαζούσαις ἐν ἐκείναις ταῖς ἡμέραις.
20 προσεύχεσθε δὲ ἵνα μὴ γένηται ἡ φυγὴ ὑμῶν χει-
21 μῶνος, μηδὲ ἐν[8] σαββάτῳ. ἔσται γὰρ τότε θλίψις
μεγάλη, οἵα οὐ γέγονεν ἀπ' ἀρχῆς κόσμου ἕως τοῦ
22 νῦν, οὐδ' οὐ μὴ γένηται. καὶ εἰ μὴ ἐκολοβώθησάν

---

[4] om. πάντα   [5] om. καὶ λοιμοὶ   [6] (ἆραι) τὰ
[7] τὸ ἱμάτιον   [8] om. ἐν

αἱ ἡμέραι ἐκεῖναι, οὐκ ἂν ἐσώθη πᾶσα σάρξ· διὰ δὲ
τοὺς ἐκλεκτοὺς κολοβωθήσονται αἱ ἡμέραι ἐκεῖναι.
τότε ἐάν τις ὑμῖν εἴπῃ, Ἰδού, ὧδε ὁ Χριστός, ἢ ὧδε, 23
μὴ πιστεύσητε. ἐγερθήσονται γὰρ ψευδόχριστοι 24
καὶ ψευδοπροφῆται, καὶ δώσουσι σημεῖα μεγάλα
καὶ τέρατα, ὥστε πλανῆσαι, εἰ δυνατόν, καὶ τοὺς
ἐκλεκτούς. ἰδού, προείρηκα ὑμῖν. ἐὰν οὖν εἴπωσιν 25, 26
ὑμῖν, Ἰδού, ἐν τῇ ἐρήμῳ ἐστί, μὴ ἐξέλθητε· Ἰδού,
ἐν τοῖς ταμείοις, μὴ πιστεύσητε. ὥσπερ γὰρ ἡ 27
ἀστραπὴ ἐξέρχεται ἀπὸ ἀνατολῶν καὶ φαίνεται
ἕως δυσμῶν, οὕτως ἔσται καὶ⁹ ἡ παρουσία τοῦ υἱοῦ
τοῦ ἀνθρώπου. ὅπου γὰρ¹⁰ ἐὰν ᾖ τὸ πτῶμα, ἐκεῖ 28
συναχθήσονται οἱ ἀετοί.

Εὐθέως δὲ μετὰ τὴν θλίψιν τῶν ἡμερῶν ἐκεί- 29
νων, ὁ ἥλιος σκοτισθήσεται, καὶ ἡ σελήνη οὐ δώσει
τὸ φέγγος αὐτῆς, καὶ οἱ ἀστέρες πεσοῦνται ἀπὸ
τοῦ οὐρανοῦ, καὶ αἱ δυνάμεις τῶν οὐρανῶν σαλευ-
θήσονται. καὶ τότε φανήσεται τὸ σημεῖον τοῦ υἱοῦ 30
τοῦ ἀνθρώπου ἐν τῷ οὐρανῷ· καὶ τότε κόψονται
πᾶσαι αἱ φυλαὶ τῆς γῆς, καὶ ὄψονται τὸν υἱὸν τοῦ
ἀνθρώπου ἐρχόμενον ἐπὶ τῶν νεφελῶν τοῦ οὐρανοῦ
μετὰ δυνάμεως καὶ δόξης πολλῆς. καὶ ἀποστελεῖ 31
τοὺς ἀγγέλους αὐτοῦ μετὰ σάλπιγγος φωνῆς¹¹
μεγάλης, καὶ ἐπισυνάξουσι τοὺς ἐκλεκτοὺς αὐτοῦ
ἐκ τῶν τεσσάρων ἀνέμων, ἀπ' ἄκρων οὐρανῶν ἕως
ἄκρων αὐτῶν.

Ἀπὸ δὲ τῆς συκῆς μάθετε τὴν παραβολήν· 32
ὅταν ἤδη ὁ κλάδος αὐτῆς γένηται ἁπαλός, καὶ τὰ
φύλλα ἐκφύῃ, γινώσκετε ὅτι ἐγγὺς τὸ θέρος· οὕτω 33
καὶ ὑμεῖς, ὅταν ἴδητε πάντα ταῦτα, γινώσκετε ὅτι
ἐγγύς ἐστιν ἐπὶ θύραις. ἀμὴν λέγω ὑμῖν, οὐ μὴ 34

⁹ om. καὶ   ¹⁰ om. γὰρ   ¹¹ Marg. om. φωνῆς

παρέλθη ἡ γενεὰ αὕτη, ἕως ἂν πάντα ταῦτα γένη-
35 ται. ὁ οὐρανὸς καὶ ἡ γῆ παρελεύσονται, οἱ δὲ λόγοι
36 μου οὐ μὴ παρέλθωσι. περὶ δὲ τῆς ἡμέρας ἐκείνης
καὶ τῆς¹² ὥρας οὐδεὶς οἶδεν, οὐδὲ οἱ ἄγγελοι τῶν
37 οὐρανῶν, ¹³ εἰ μὴ ὁ πατήρ μου¹⁴ μόνος. ὥσπερ δὲ
αἱ ἡμέραι τοῦ Νῶε, οὕτως ἔσται καὶ¹⁵ ἡ παρουσία
38 τοῦ υἱοῦ τοῦ ἀνθρώπου. ὥσπερ γὰρ ἦσαν ἐν ταῖς
ἡμέραις¹⁶ ταῖς πρὸ τοῦ κατακλυσμοῦ τρώγοντες
καὶ πίνοντες, γαμοῦντες καὶ ἐκγαμίζοντες, ἄχρι ἧς
39 ἡμέρας εἰσῆλθε Νῶε εἰς τὴν κιβωτόν, καὶ οὐκ
ἔγνωσαν, ἕως ἦλθεν ὁ κατακλυσμὸς καὶ ἦρεν ἅπαν-
τας, οὕτως ἔσται καὶ¹⁷ ἡ παρουσία τοῦ υἱοῦ τοῦ
40 ἀνθρώπου. τότε δύο ἔσονται ἐν τῷ ἀγρῷ ὁ¹⁸ εἷς
41 παραλαμβάνεται, καὶ ὁ¹⁸ εἷς ἀφίεται. δύο ἀλή-
θουσαι ἐν τῷ μύλωνι¹⁹· μία παραλαμβάνεται, καὶ
42 μία ἀφίεται. γρηγορεῖτε οὖν, ὅ οὐκ οἴδατε ποίᾳ
43 ὥρᾳ²⁰ ὁ Κύριος ὑμῶν ἔρχεται. ἐκεῖνο δὲ γινώσκετε,
ὅτι εἰ ᾔδει ὁ οἰκοδεσπότης ποίᾳ φυλακῇ ὁ κλέπτης
ἔρχεται, ἐγρηγόρησεν ἄν, καὶ οὐκ ἂν εἴασε διο-
44 ρυγῆναι τὴν οἰκίαν αὐτοῦ. διὰ τοῦτο καὶ ὑμεῖς
γίνεσθε ἕτοιμοι· ὅτι ᾗ ὥρᾳ οὐ δοκεῖτε, ὁ υἱὸς τοῦ
45 ἀνθρώπου ἔρχεται. τίς ἄρα ἐστὶν ὁ πιστὸς δοῦλος
καὶ φρόνιμος, ὃν κατέστησεν ὁ κύριος αὐτοῦ²¹ ἐπὶ
τῆς θεραπείας²² αὐτοῦ, τοῦ διδόναι αὐτοῖς τὴν τρο-
46 φὴν ἐν καιρῷ; μακάριος ὁ δοῦλος ἐκεῖνος, ὃν
ἐλθὼν ὁ κύριος αὐτοῦ εὑρήσει ποιοῦντα οὕτως.
47 ἀμὴν λέγω ὑμῖν, ὅτι ἐπὶ πᾶσι τοῖς ὑπάρχουσιν
48 αὐτοῦ καταστήσει αὐτόν. ἐὰν δὲ εἴπῃ ὁ κακὸς
δοῦλος ἐκεῖνος ἐν τῇ καρδίᾳ αὐτοῦ, Χρονίζει ὁ
49 κύριός μου ἐλθεῖν²³, καὶ ἄρξηται τύπτειν τοὺς συν-

---

¹² om. τῆς   ¹³ add οὐδὲ ὁ υἱός, text, not marg.   ¹⁴ om. μου
¹⁵ om. καὶ   ¹⁶ add ἐκείναις   ¹⁷ om. καὶ   ¹⁸ om. ὁ   ¹⁹ μύλῳ
²⁰ ἡμέρᾳ   ²¹ om. αὐτοῦ   ²² οἰκετείας   ²³ om. ἐλθεῖν

δούλους[24], ἐσθίειν[25] δὲ καὶ πίνειν[26] μετὰ τῶν μεθυ-
όντων, ἥξει ὁ κύριος τοῦ δούλου ἐκείνου ἐν ἡμέρᾳ 50
ᾗ οὐ προσδοκᾷ, καὶ ἐν ὥρᾳ ᾗ οὐ γινώσκει, καὶ διχ- 51
οτομήσει αὐτόν, καὶ τὸ μέρος αὐτοῦ μετὰ τῶν
ὑποκριτῶν θήσει· ἐκεῖ ἔσται ὁ κλαυθμὸς καὶ ὁ
βρυγμὸς τῶν ὀδόντων.

Τότε ὁμοιωθήσεται ἡ βασιλεία τῶν οὐρανῶν XXV
δέκα παρθένοις, αἵτινες λαβοῦσαι τὰς λαμπάδας
αὐτῶν ἐξῆλθον εἰς ἀπάντησιν τοῦ νυμφίου. πέντε 2
δὲ ἦσαν ἐξ αὐτῶν φρόνιμοι[1], καὶ αἱ[2] πέντε μωραί[3].
αἵτινες[4] μωραί, λαβοῦσαι τὰς λαμπάδας ἑαυτῶν, οὐκ 3
ἔλαβον μεθ' ἑαυτῶν ἔλαιον· αἱ δὲ φρόνιμοι ἔλαβον 4
ἔλαιον ἐν τοῖς ἀγγείοις αὐτῶν μετὰ τῶν λαμπάδων
αὐτῶν. χρονίζοντος δὲ τοῦ νυμφίου, ἐνύσταξαν 5
πᾶσαι καὶ ἐκάθευδον. μέσης δὲ νυκτὸς κραυγὴ 6
γέγονεν, Ἰδού, ὁ νυμφίος ἔρχεται[5], ἐξέρχεσθε εἰς
ἀπάντησιν αὐτοῦ. τότε ἠγέρθησαν πᾶσαι αἱ παρ- 7
θένοι ἐκεῖναι, καὶ ἐκόσμησαν τὰς λαμπάδας αὐτῶν.
αἱ δὲ μωραὶ ταῖς φρονίμοις εἶπον, Δότε ἡμῖν ἐκ τοῦ 8
ἐλαίου ὑμῶν, ὅτι αἱ λαμπάδες ἡμῶν σβέννυνται.
ἀπεκρίθησαν δὲ αἱ φρόνιμοι, λέγουσαι, Μήποτε 9
οὐκ[6] ἀρκέσῃ ἡμῖν καὶ ὑμῖν· πορεύεσθε δὲ[7] μᾶλλον
πρὸς τοὺς πωλοῦντας καὶ ἀγοράσατε ἑαυταῖς.
ἀπερχομένων δὲ αὐτῶν ἀγοράσαι, ἦλθεν ὁ νυμφίος· 10
καὶ αἱ ἕτοιμοι εἰσῆλθον μετ' αὐτοῦ εἰς τοὺς γάμους,
καὶ ἐκλείσθη ἡ θύρα. ὕστερον δὲ ἔρχονται καὶ αἱ 11
λοιπαὶ παρθένοι, λέγουσαι, Κύριε, κύριε, ἄνοιξον
ἡμῖν. ὁ δὲ ἀποκριθεὶς εἶπεν, Ἀμὴν λέγω ὑμῖν, 12
οὐκ οἶδα ὑμᾶς. γρηγορεῖτε οὖν, ὅτι οὐκ οἴδατε τὴν 13
ἡμέραν οὐδὲ τὴν ὥραν, ἐν ᾗ ὁ υἱὸς τοῦ ἀνθρώπου ἔρχεται[8].

[24] add αὐτοῦ   [25] ἐσθίῃ   [26] πίνῃ   [1] μωραί   [2] om. αἱ
[3] φρόνιμοι   [4] αἱ γὰρ   [5] om. ἔρχεται   [6] οὐ μὴ   [7] om. δὲ
[8] om. , ἐν ᾗ ὁ υἱὸς τοῦ ἀνθρώπου ἔρχεται

14 Ὥσπερ γὰρ ἄνθρωπος ἀποδημῶν ἐκάλεσε τοὺς
ἰδίους δούλους, καὶ παρέδωκεν αὐτοῖς τὰ ὑπάρχοντα
15 αὐτοῦ· καὶ ᾧ μὲν ἔδωκε πέντε τάλαντα, ᾧ δὲ δύο, ᾧ
δὲ ἕν, ἑκάστῳ κατὰ τὴν ἰδίαν δύναμιν· καὶ ἀπεδή-
16 μησεν εὐθέως. πορευθεὶς⁹ δὲ¹⁰ ὁ τὰ πέντε τάλαντα
λαβὼν εἰργάσατο ἐν αὐτοῖς, καὶ ἐποίησεν ἄλλα
17 πέντε τάλαντα. ὡσαύτως καὶ ὁ τὰ δύο ἐκέρδησε
18 καὶ αὐτὸς¹¹ ἄλλα δύο. ὁ δὲ τὸ ἓν λαβὼν ἀπελθὼν
ὤρυξεν ἐν τῇ γῇ¹², καὶ ἀπέκρυψε τὸ ἀργύριον τοῦ
19 κυρίου αὐτοῦ. μετὰ δὲ χρόνον πολὺν ἔρχεται ὁ
κύριος τῶν δούλων ἐκείνων, καὶ συναίρει μετ᾽ αὐ-
20 τῶν λόγον. καὶ προσελθὼν ὁ τὰ πέντε τάλαντα
λαβὼν προσήνεγκεν ἄλλα πέντε τάλαντα, λέγων,
Κύριε, πέντε τάλαντά μοι παρέδωκας· ἴδε, ἄλλα
21 πέντε τάλαντα ἐκέρδησα ἐπ᾽ αὐτοῖς¹³. ἔφη δὲ¹⁴ αὐτῷ
ὁ κύριος αὐτοῦ, Εὖ, δοῦλε ἀγαθὲ καὶ πιστέ, ἐπὶ
ὀλίγα ἦς πιστός, ἐπὶ πολλῶν σε καταστήσω·
22 εἴσελθε εἰς τὴν χαρὰν τοῦ κυρίου σου. προσελθὼν
δὲ καὶ ὁ τὰ δύο τάλαντα λαβὼν¹⁵ εἶπε, Κύριε, δύο
τάλαντά μοι παρέδωκας· ἴδε, ἄλλα δύο τάλαντα
23 ἐκέρδησα ἐπ᾽ αὐτοῖς¹⁶. ἔφη αὐτῷ ὁ κύριος αὐτοῦ,
Εὖ, δοῦλε ἀγαθὲ καὶ πιστέ, ἐπὶ ὀλίγα ἦς πιστός, ἐπὶ
πολλῶν σε καταστήσω· εἴσελθε εἰς τὴν χαρὰν τοῦ
24 κυρίου σου. προσελθὼν δὲ καὶ ὁ τὸ ἓν τάλαντον
εἰληφὼς εἶπε, Κύριε, ἔγνων σε ὅτι σκληρὸς εἶ ἄν-
θρωπος, θερίζων ὅπου οὐκ ἔσπειρας, καὶ συνάγων
25 ὅθεν οὐ διεσκόρπισας· καὶ φοβηθείς, ἀπελθὼν
ἔκρυψα τὸ τάλαντόν σου ἐν τῇ γῇ· ἴδε, ἔχεις τὸ
26 σόν. ἀποκριθεὶς δὲ ὁ κύριος αὐτοῦ εἶπεν αὐτῷ,
Πονηρὲ δοῦλε καὶ ὀκνηρέ, ᾔδεις ὅτι θερίζω ὅπου

---

⁹ (ἀπεδήμησεν. εὐθέως πορευθεὶς)   ¹⁰ om. δὲ   ¹¹ om.
καὶ αὐτὸς   ¹² (om. ν) γῆν   ¹³ om. ἐπ᾽ αὐτοῖς   ¹⁴ om. δὲ
¹⁵ om. λαβὼν   ¹⁶ om. ἐπ᾽ αὐτοῖς

οὐκ ἔσπειρα, καὶ συνάγω ὅθεν οὐ διεσκόρπισα·
ἔδει οὖν σε βαλεῖν τὸ ἀργύριόν μου τοῖς τραπεζί- 27
ταις, καὶ ἐλθὼν ἐγὼ ἐκομισάμην ἂν τὸ ἐμὸν σὺν
τόκῳ. ἄρατε οὖν ἀπ᾿ αὐτοῦ τὸ τάλαντον, καὶ δότε 28
τῷ ἔχοντι τὰ δέκα τάλαντα. τῷ γὰρ ἔχοντι παντὶ 29
δοθήσεται, καὶ περισσευθήσεται· ἀπὸ δὲ τοῦ[17] μὴ
ἔχοντος, καὶ ὃ ἔχει, ἀρθήσεται ἀπ᾿ αὐτοῦ. καὶ τὸν 30
ἀχρεῖον δοῦλον ἐκβάλλετε εἰς τὸ σκότος τὸ ἐξώ-
τερον. ἐκεῖ ἔσται ὁ κλαυθμὸς καὶ ὁ βρυγμὸς τῶν
ὀδόντων.

Ὅταν δὲ ἔλθῃ ὁ υἱὸς τοῦ ἀνθρώπου ἐν τῇ δόξῃ 31
αὐτοῦ, καὶ πάντες οἱ ἅγιοι[18] ἄγγελοι μετ᾿ αὐτοῦ,
τότε καθίσει ἐπὶ θρόνου δόξης αὐτοῦ, καὶ συναχθή- 32
σεται ἔμπροσθεν αὐτοῦ πάντα τὰ ἔθνη, καὶ ἀφοριεῖ
αὐτοὺς ἀπ᾿ ἀλλήλων, ὥσπερ ὁ ποιμὴν ἀφορίζει τὰ
πρόβατα ἀπὸ τῶν ἐρίφων· καὶ στήσει τὰ μὲν πρό- 33
βατα ἐκ δεξιῶν αὐτοῦ, τὰ δὲ ἐρίφια ἐξ εὐωνύμων.
τότε ἐρεῖ ὁ βασιλεὺς τοῖς ἐκ δεξιῶν αὐτοῦ, Δεῦτε, 34
οἱ εὐλογημένοι τοῦ πατρός μου, κληρονομήσατε τὴν
ἡτοιμασμένην ὑμῖν βασιλείαν ἀπὸ καταβολῆς
κόσμου. ἐπείνασα γάρ, καὶ ἐδώκατέ μοι φαγεῖν· 35
ἐδίψησα, καὶ ἐποτίσατέ με· ξένος ἤμην, καὶ συνη-
γάγετέ με· γυμνός, καὶ περιεβάλετέ με· ἠσθένησα, 36
καὶ ἐπεσκέψασθέ με· ἐν φυλακῇ ἤμην, καὶ ἤλθετε
πρός με. τότε ἀποκριθήσονται αὐτῷ οἱ δίκαιοι, 37
λέγοντες, Κύριε, πότε σὲ εἴδομεν πεινῶντα, καὶ
ἐθρέψαμεν; ἢ διψῶντα, καὶ ἐποτίσαμεν; πότε δέ 38
σε εἴδομεν ξένον, καὶ συνηγάγομεν; ἢ γυμνόν, καὶ
περιεβάλομεν; πότε δέ σε εἴδομεν ἀσθενῆ, ἢ ἐν 39
φυλακῇ, καὶ ἤλθομεν πρός σε; καὶ ἀποκριθεὶς ὁ 40
βασιλεὺς ἐρεῖ αὐτοῖς, Ἀμὴν λέγω ὑμῖν, ἐφ᾿ ὅσον

[17] τοῦ δὲ   [18] om. ἅγιοι

ἐποιήσατε ἑνὶ τούτων τῶν ἀδελφῶν μου τῶν ἐλαχί-
41 στων, ἐμοὶ ἐποιήσατε. τότε ἐρεῖ καὶ τοῖς ἐξ εὐωνύ-
μων, Πορεύεσθε ἀπ᾽ ἐμοῦ, οἱ[19] κατηραμένοι, εἰς τὸ
πῦρ τὸ αἰώνιον, τὸ ἡτοιμασμένον τῷ διαβόλῳ καὶ
42 τοῖς ἀγγέλοις αὐτοῦ. ἐπείνασα γάρ, καὶ οὐκ ἐδώ-
κατέ μοι φαγεῖν· ἐδίψησα, καὶ οὐκ ἐποτίσατέ με·
43 ξένος ἤμην, καὶ οὐ συνηγάγετέ με· γυμνός, καὶ οὐ
περιεβάλετέ με· ἀσθενής, καὶ ἐν φυλακῇ, καὶ οὐκ
44 ἐπεσκέψασθέ με. τότε ἀποκριθήσονται αὐτῷ[20] καὶ
αὐτοί, λέγοντες, Κύριε, πότε σὲ εἴδομεν πεινῶντα,
ἢ διψῶντα, ἢ ξένον, ἢ γυμνόν, ἢ ἀσθενῆ, ἢ ἐν
45 φυλακῇ, καὶ οὐ διηκονήσαμέν σοι; τότε ἀποκρι-
θήσεται αὐτοῖς, λέγων, Ἀμὴν λέγω ὑμῖν, ἐφ᾽ ὅσον
οὐκ ἐποιήσατε ἑνὶ τούτων τῶν ἐλαχίστων, οὐδὲ
46 ἐμοὶ ἐποιήσατε. καὶ ἀπελεύσονται οὗτοι εἰς κό-
λασιν αἰώνιον· οἱ δὲ δίκαιοι εἰς ζωὴν αἰώνιον.

XXVI. Καὶ ἐγένετο ὅτε ἐτέλεσεν ὁ Ἰησοῦς πάντας τοὺς
2 λόγους τούτους, εἶπε τοῖς μαθηταῖς αὐτοῦ, Οἴδατε
ὅτι μετὰ δύο ἡμέρας τὸ πάσχα γίνεται, καὶ ὁ υἱὸς
τοῦ ἀνθρώπου παραδίδοται εἰς τὸ σταυρωθῆναι.
3 τότε συνήχθησαν οἱ ἀρχιερεῖς καὶ οἱ γραμματεῖς[1] καὶ
οἱ πρεσβύτεροι τοῦ λαοῦ εἰς τὴν αὐλὴν τοῦ ἀρχιε-
4 ρέως τοῦ λεγομένου Καϊάφα, καὶ συνεβουλεύσαντο
ἵνα τὸν Ἰησοῦν κρατήσωσι δόλῳ καὶ ἀποκτείνωσιν.
5 ἔλεγον δέ, Μὴ ἐν τῇ ἑορτῇ, ἵνα μὴ θόρυβος γένηται
ἐν τῷ λαῷ.

6 Τοῦ δὲ Ἰησοῦ γενομένου ἐν Βηθανίᾳ ἐν οἰκίᾳ
7 Σίμωνος τοῦ λεπροῦ, προσῆλθεν αὐτῷ γυνὴ ἀλά-
βαστρον μύρου ἔχουσα βαρυτίμου, καὶ κατέχεεν ἐπὶ
8 τὴν κεφαλὴν[2] αὐτοῦ ἀνακειμένου. ἰδόντες δὲ οἱ μαθη-
ταὶ αὐτοῦ[3] ἠγανάκτησαν, λέγοντες, Εἰς τί ἡ ἀπώ-

---

[19] om. οἱ   [20] om. αὐτῷ   [1] om. καὶ οἱ γραμματεῖς
[2] τῆς κεφαλῆς   [3] om. αὐτοῦ

λεια αὕτη· ἠδύνατο γὰρ τοῦτο τὸ μύρον⁴ πραθῆναι 9
πολλοῦ, καὶ δοθῆναι πτωχοῖς. γνοὺς δὲ ὁ Ἰησοῦς 10
εἶπεν αὐτοῖς, Τί κόπους παρέχετε τῇ γυναικί;
ἔργον γὰρ καλὸν εἰργάσατο εἰς ἐμέ. πάντοτε γὰρ 11
τοὺς πτωχοὺς ἔχετε μεθ’ ἑαυτῶν, ἐμὲ δὲ οὐ πάντοτε
ἔχετε. βαλοῦσα γὰρ αὕτη τὸ μύρον τοῦτο ἐπὶ τοῦ 12
σώματός μου, πρὸς τὸ ἐνταφιάσαι με ἐποίησεν.
ἀμὴν λέγω ὑμῖν, ὅπου ἐὰν κηρυχθῇ τὸ εὐαγγέλιον 13
τοῦτο ἐν ὅλῳ τῷ κόσμῳ, λαληθήσεται καὶ ὃ ἐποίησεν
αὕτη, εἰς μνημόσυνον αὐτῆς.

Τότε πορευθεὶς εἷς τῶν δώδεκα, ὁ λεγόμενος 14
Ἰούδας Ἰσκαριώτης, πρὸς τοὺς ἀρχιερεῖς, εἶπε, Τί 15
θέλετέ μοι δοῦναι, κἀγὼ ὑμῖν παραδώσω αὐτόν;
οἱ δὲ ἔστησαν αὐτῷ τριάκοντα ἀργύρια. καὶ ἀπὸ 16
τότε ἐζήτει εὐκαιρίαν ἵνα αὐτὸν παραδῷ.

Τῇ δὲ πρώτῃ τῶν ἀζύμων προσῆλθον οἱ μαθηταὶ 17
τῷ Ἰησοῦ, λέγοντες αὐτῷ⁵, Ποῦ θέλεις ἑτοιμάσωμέν
σοι φαγεῖν τὸ πάσχα; ὁ δὲ εἶπεν, Ὑπάγετε εἰς 18
τὴν πόλιν πρὸς τὸν δεῖνα, καὶ εἴπατε αὐτῷ, Ὁ
διδάσκαλος λέγει, Ὁ καιρός μου ἐγγύς ἐστι· πρὸς
σὲ ποιῶ τὸ πάσχα μετὰ τῶν μαθητῶν μου. καὶ 19
ἐποίησαν οἱ μαθηταὶ ὡς συνέταξεν αὐτοῖς ὁ Ἰησοῦς,
καὶ ἡτοίμασαν τὸ πάσχα. ὀψίας δὲ γενομένης 20
ἀνέκειτο μετὰ τῶν δώδεκα⁶. καὶ ἐσθιόντων αὐτῶν 21
εἶπεν, Ἀμὴν λέγω ὑμῖν ὅτι εἷς ἐξ ὑμῶν παρα-
δώσει με. καὶ λυπούμενοι σφόδρα ἤρξαντο λέγειν 22
αὐτῷ ἕκαστος αὐτῶν⁷, Μήτι ἐγώ εἰμι, Κύριε; ὁ δὲ 23
ἀποκριθεὶς εἶπεν, Ὁ ἐμβάψας μετ’ ἐμοῦ ἐν τῷ
τρυβλίῳ τὴν χεῖρα⁸, οὗτός με παραδώσει. ὁ μὲν υἱὸς 24
τοῦ ἀνθρώπου ὑπάγει, καθὼς γέγραπται περὶ
αὐτοῦ· οὐαὶ δὲ τῷ ἀνθρώπῳ ἐκείνῳ, δι’ οὗ ὁ υἱὸς

τοῦ ἀνθρώπου παραδίδοται· καλὸν ἦν αὐτῷ εἰ
25 οὐκ ἐγεννήθη ὁ ἄνθρωπος ἐκεῖνος. ἀποκριθεὶς δὲ
Ἰούδας ὁ παραδιδοὺς αὐτὸν εἶπε, Μήτι ἐγώ εἰμι,
26 ῥαββί; λέγει αὐτῷ, Σὺ εἶπας. ἐσθιόντων δὲ αὐ-
τῶν, λαβὼν ὁ Ἰησοῦς τὸν⁹ ἄρτον, καὶ εὐλογήσας,
ἔκλασε καὶ ἐδίδου¹⁰ τοῖς μαθηταῖς, καὶ¹¹ εἶπε, Λά-
27 βετε, φάγετε· τοῦτό ἐστι τὸ σῶμά μου. καὶ λαβὼν
τὸ¹² ποτήριον, καὶ εὐχαριστήσας, ἔδωκεν αὐτοῖς,
28 λέγων, Πίετε ἐξ αὐτοῦ πάντες· τοῦτο γάρ ἐστι
τὸ αἷμά μου, τὸ τῆς καινῆς¹³ διαθήκης, τὸ περὶ
29 πολλῶν ἐκχυνόμενον εἰς ἄφεσιν ἁμαρτιῶν. λέγω
δὲ ὑμῖν ὅτι οὐ μὴ πίω ἀπ᾽ ἄρτι ἐκ τούτου τοῦ
γεννήματος τῆς ἀμπέλου, ἕως τῆς ἡμέρας ἐκείνης
ὅταν αὐτὸ πίνω μεθ᾽ ὑμῶν καινὸν ἐν τῇ βασιλείᾳ
τοῦ πατρός μου.
30 Καὶ ὑμνήσαντες ἐξῆλθον εἰς τὸ ὄρος τῶν ἐλαιῶν.
31 Τότε λέγει αὐτοῖς ὁ Ἰησοῦς, Πάντες ὑμεῖς σκαν-
δαλισθήσεσθε ἐν ἐμοὶ ἐν τῇ νυκτὶ ταύτῃ· γέγραπται
γάρ, Πατάξω τὸν ποιμένα, καὶ διασκορπισθήσεται
32 τὰ πρόβατα τῆς ποίμνης. μετὰ δὲ τὸ ἐγερθῆναί με,
33 προάξω ὑμᾶς εἰς τὴν Γαλιλαίαν. ἀποκριθεὶς δὲ
ὁ Πέτρος εἶπεν αὐτῷ, Εἰ καὶ¹⁴ πάντες σκανδαλι-
σθήσονται ἐν σοί, ἐγὼ οὐδέποτε σκανδαλισθήσομαι.
34 ἔφη αὐτῷ ὁ Ἰησοῦς, Ἀμὴν λέγω σοι ὅτι ἐν ταύτῃ
τῇ νυκτί, πρὶν ἀλέκτορα φωνῆσαι, τρὶς ἀπαρνήσῃ
35 με. λέγει αὐτῷ ὁ Πέτρος, Κἂν δέῃ με σὺν σοὶ
ἀποθανεῖν, οὐ μή σε ἀπαρνήσομαι. ὁμοίως καὶ
πάντες οἱ μαθηταὶ εἶπον.
36 Τότε ἔρχεται μετ᾽ αὐτῶν ὁ Ἰησοῦς εἰς χωρίον
λεγόμενον Γεθσημανῆ, καὶ λέγει τοῖς μαθηταῖς¹⁵,

---

⁹ om. τὸν   ¹⁰ δοὺς   ¹¹ om. καὶ   ¹² om. τὸ text,
not marg.   ¹³ om. καινῆς text, not marg.   ¹⁴ om. καὶ
¹⁵ add αὐτοῦ

Καθίσατε αὐτοῦ, ἕως οὗ ἀπελθὼν προσεύξωμαι ἐκεῖ[16].
καὶ παραλαβὼν τὸν Πέτρον καὶ τοὺς δύο υἱοὺς 37
Ζεβεδαίου, ἤρξατο λυπεῖσθαι καὶ ἀδημονεῖν. τότε 38
λέγει αὐτοῖς, Περίλυπός ἐστιν ἡ ψυχή μου ἕως
θανάτου· μείνατε ὧδε καὶ γρηγορεῖτε μετ᾽ ἐμοῦ.
καὶ προελθὼν μικρόν, ἔπεσεν ἐπὶ πρόσωπον αὐτοῦ 39
προσευχόμενος καὶ λέγων, Πάτερ μου, εἰ δυνατόν
ἐστι, παρελθέτω ἀπ᾽ ἐμοῦ τὸ ποτήριον τοῦτο· πλὴν
οὐχ ὡς ἐγὼ θέλω, ἀλλ᾽ ὡς σύ. καὶ ἔρχεται πρὸς 40
τοὺς μαθητάς, καὶ εὑρίσκει αὐτοὺς καθεύδοντας, καὶ
λέγει τῷ Πέτρῳ, Οὕτως οὐκ ἰσχύσατε μίαν ὥραν
γρηγορῆσαι μετ᾽ ἐμοῦ; γρηγορεῖτε καὶ προσεύ- 41
χεσθε, ἵνα[a] μὴ εἰσέλθητε εἰς πειρασμόν· τὸ μὲν
πνεῦμα πρόθυμον, ἡ δὲ σὰρξ ἀσθενής. πάλιν ἐκ 42
δευτέρου ἀπελθὼν προσηύξατο, λέγων, Πάτερ μου,
εἰ οὐ δύναται τοῦτο τὸ ποτήριον[17] παρελθεῖν ἀπ᾽ ἐμοῦ[18],
ἐὰν μὴ αὐτὸ πίω, γενηθήτω τὸ θέλημά σου. καὶ 43
ἐλθὼν εὑρίσκει αὐτοὺς πάλιν[19] καθεύδοντας, ἦσαν γὰρ
αὐτῶν οἱ ὀφθαλμοὶ βεβαρημένοι καὶ ἀφεὶς αὐτοὺς 44
ἀπελθὼν πάλιν[20] προσηύξατο ἐκ τρίτου, τὸν αὐτὸν
λόγον εἰπών[21]. τότε ἔρχεται πρὸς τοὺς μαθητὰς 45
αὐτοῦ[22], καὶ λέγει αὐτοῖς, Καθεύδετε τὸ λοιπὸν καὶ
ἀναπαύεσθε· ἰδού, ἤγγικεν ἡ ὥρα, καὶ ὁ υἱὸς τοῦ
ἀνθρώπου παραδίδοται εἰς χεῖρας ἁμαρτωλῶν. ἐγεί- 46
ρεσθε, ἄγωμεν. ἰδού, ἤγγικεν ὁ παραδιδούς με.
    Καὶ ἔτι αὐτοῦ λαλοῦντος, ἰδού, Ἰούδας εἷς τῶν 47
δώδεκα ἦλθε, καὶ μετ᾽ αὐτοῦ ὄχλος πολὺς μετὰ
μαχαιρῶν καὶ ξύλων, ἀπὸ τῶν ἀρχιερέων καὶ πρεσ-
βυτέρων τοῦ λαοῦ. ὁ δὲ παραδιδοὺς αὐτὸν ἔδωκεν 48
αὐτοῖς σημεῖον, λέγων, Ὃν ἂν φιλήσω, αὐτός ἐστι·

---

[16] ἐκεῖ προσεύξωμαι   [a] (Marg. γρηγορεῖτε, καὶ προσεύχεσθε
ἵνα)   [17] om. τὸ ποτήριον   [18] om. ἀπ᾽ ἐμοῦ
[19] πάλιν εὗρεν αὐτοὺς   [20] πάλιν, ἀπελθὼν   [21] add πάλιν
[22] om. αὐτοῦ

49 κρατήσατε αὐτόν. καὶ εὐθέως προσελθὼν τῷ Ἰη-
σοῦ εἶπε, Χαῖρε, ῥαββί· καὶ κατεφίλησεν αὐτόν.
50 ὁ δὲ Ἰησοῦς εἶπεν αὐτῷ, Ἑταῖρε, ἐφ᾽ ᾧ²³ πάρει;
τότε προσελθόντες ἐπέβαλον τὰς χεῖρας ἐπὶ τὸν
51 Ἰησοῦν, καὶ ἐκράτησαν αὐτόν. καὶ ἰδού, εἷς τῶν
μετὰ Ἰησοῦ, ἐκτείνας τὴν χεῖρα, ἀπέσπασε τὴν
μάχαιραν αὐτοῦ, καὶ πατάξας τὸν δοῦλον τοῦ
52 ἀρχιερέως ἀφεῖλεν αὐτοῦ τὸ ὠτίον. τότε λέγει
αὐτῷ ὁ Ἰησοῦς, Ἀπόστρεψόν σου τὴν μάχαιραν
εἰς τὸν τόπον αὐτῆς· πάντες γὰρ οἱ λαβόντες μά-
53 χαιραν ἐν μαχαίρᾳ ἀπολοῦνται. ἢ δοκεῖς ὅτι οὐ
δύναμαι ἄρτι²⁴ παρακαλέσαι τὸν πατέρα μου, καὶ
παραστήσει μοι²⁵ πλείους ἢ δώδεκα λεγεῶνας ἀγ-
54 γέλων; πῶς οὖν πληρωθῶσιν αἱ γραφαί, ὅτι οὕτω
55 δεῖ γενέσθαι; ἐν ἐκείνῃ τῇ ὥρᾳ εἶπεν ὁ Ἰησοῦς τοῖς
ὄχλοις, Ὡς ἐπὶ λῃστὴν ἐξήλθετε μετὰ μαχαιρῶν
καὶ ξύλων συλλαβεῖν με; καθ᾽ ἡμέραν πρὸς ὑμᾶς²⁶
ἐκαθεζόμην διδάσκων ἐν τῷ ἱερῷ²⁷, καὶ οὐκ ἐκρατήσατέ
56 με. τοῦτο δὲ ὅλον γέγονεν, ἵνα πληρωθῶσιν αἱ
γραφαὶ τῶν προφητῶν. τότε οἱ μαθηταὶ πάντες
ἀφέντες αὐτὸν ἔφυγον.

57 Οἱ δὲ κρατήσαντες τὸν Ἰησοῦν ἀπήγαγον πρὸς
Καϊάφαν τὸν ἀρχιερέα, ὅπου οἱ γραμματεῖς καὶ οἱ
58 πρεσβύτεροι συνήχθησαν. ὁ δὲ Πέτρος ἠκολούθει
αὐτῷ ἀπὸ μακρόθεν, ἕως τῆς αὐλῆς τοῦ ἀρχιερέως,
καὶ εἰσελθὼν ἔσω ἐκάθητο μετὰ τῶν ὑπηρετῶν,
59 ἰδεῖν τὸ τέλος. οἱ δὲ ἀρχιερεῖς καὶ οἱ πρεσβύτεροι²⁸
καὶ τὸ συνέδριον ὅλον ἐζήτουν ψευδομαρτυρίαν
60 κατὰ τοῦ Ἰησοῦ, ὅπως αὐτὸν θανατώσωσι. καὶ
οὐχ εὗρον· καὶ²⁹ πολλῶν ψευδομαρτύρων προσελθόντων³⁰,

²³ ὃ (πάρει.)   ²⁴ om. ἄρτι   ²⁵ add ἄρτι   ²⁶ om.
πρὸς ὑμᾶς   ²⁷ ἐν τῷ ἱερῷ ἐκαθεζόμην διδάσκων   ²⁸ om. καὶ οἱ
πρεσβύτεροι   ²⁹ (εὗρον,) om. καὶ   ³⁰ προσελθόντων ψευδομαρτύρων.

οὐχ εὗρον³¹. ὕστερον δὲ προσελθόντες δύο ψευδο-
μάρτυρες³² εἶπον, Οὗτος ἔφη, Δύναμαι καταλῦσαι 61
τὸν ναὸν τοῦ Θεοῦ, καὶ διὰ τριῶν ἡμερῶν οἰκοδο-
μῆσαι αὐτόν. καὶ ἀναστὰς ὁ ἀρχιερεὺς εἶπεν αὐτῷ, 62
Οὐδὲν ἀποκρίνῃ; τί οὗτοί σου καταμαρτυροῦσιν;
ὁ δὲ Ἰησοῦς ἐσιώπα. καὶ ἀποκριθεὶς³³ ὁ ἀρχιερεὺς 63
εἶπεν αὐτῷ, Ἐξορκίζω σε κατὰ τοῦ Θεοῦ τοῦ ζῶντος,
ἵνα ἡμῖν εἴπῃς εἰ σὺ εἶ ὁ Χριστός, ὁ υἱὸς τοῦ Θεοῦ.
λέγει αὐτῷ ὁ Ἰησοῦς, Σὺ εἶπας. πλὴν λέγω ὑμῖν, 64
ἀπ᾿ ἄρτι ὄψεσθε τὸν υἱὸν τοῦ ἀνθρώπου καθήμενον
ἐκ δεξιῶν τῆς δυνάμεως καὶ ἐρχόμενον ἐπὶ τῶν
νεφελῶν τοῦ οὐρανοῦ. τότε ὁ ἀρχιερεὺς διέρρηξε 65
τὰ ἱμάτια αὐτοῦ, λέγων ὅτι Ἐβλασφήμησε· τί ἔτι
χρείαν ἔχομεν μαρτύρων; ἴδε, νῦν ἠκούσατε τὴν
βλασφημίαν αὐτοῦ³⁴. τί ὑμῖν δοκεῖ; οἱ δὲ ἀπο- 66
κριθέντες εἶπον, Ἔνοχος θανάτου ἐστί. τότε ἐνέ- 67
πτυσαν εἰς τὸ πρόσωπον αὐτοῦ καὶ ἐκολάφισαν
αὐτόν· οἱ δὲ ἐρράπισαν, λέγοντες, Προφήτευσον 68
ἡμῖν, Χριστέ, τίς ἐστιν ὁ παίσας σε;
Ὁ δὲ Πέτρος ἔξω ἐκάθητο ἐν τῇ αὐλῇ· καὶ 69
προσῆλθεν αὐτῷ μία παιδίσκη, λέγουσα, Καὶ σὺ
ἦσθα μετὰ Ἰησοῦ τοῦ Γαλιλαίου. ὁ δὲ ἠρνήσατο 70
ἔμπροσθεν πάντων, λέγων, Οὐκ οἶδα τί λέγεις.
ἐξελθόντα δὲ αὐτὸν εἰς τὸν πυλῶνα, εἶδεν αὐτὸν 71
ἄλλη, καὶ λέγει τοῖς ἐκεῖ, Καὶ οὗτος ἦν μετὰ
Ἰησοῦ τοῦ Ναζωραίου. καὶ πάλιν ἠρνήσατο μεθ᾿ 72
ὅρκου ὅτι Οὐκ οἶδα τὸν ἄνθρωπον. μετὰ μικρὸν 73
δὲ προσελθόντες οἱ ἑστῶτες εἶπον τῷ Πέτρῳ, Ἀλη-
θῶς καὶ σὺ ἐξ αὐτῶν εἶ· καὶ γὰρ ἡ λαλιά σου
δῆλόν σε ποιεῖ. τότε ἤρξατο καταναθεματίζειν³⁵ καὶ 74

³¹ om. οὐχ εὗρον   ³² om. ψευδομάρτυρες   ³³ om. ἀποκριθεὶς
³⁴ om. αὐτοῦ   ³⁵ καταθεματίζειν

ὀμνύειν ὅτι Οὐκ οἶδα τὸν ἄνθρωπον. καὶ εὐθέως
75 ἀλέκτωρ ἐφώνησε. καὶ ἐμνήσθη ὁ Πέτρος τοῦ
ῥήματος τοῦ Ἰησοῦ εἰρηκότος αὐτῷ³⁶ ὅτι Πρὶν
ἀλέκτορα φωνῆσαι, τρὶς ἀπαρνήσῃ με. καὶ ἐξελ-
θὼν ἔξω ἔκλαυσε πικρῶς.

XXVII. Πρωΐας δὲ γενομένης, συμβούλιον ἔλαβον πάν-
τες οἱ ἀρχιερεῖς καὶ οἱ πρεσβύτεροι τοῦ λαοῦ κατὰ
2 τοῦ Ἰησοῦ, ὥστε θανατῶσαι αὐτόν· καὶ δήσαντες
αὐτὸν ἀπήγαγον καὶ παρέδωκαν αὐτὸν¹ Ποντίῳ² Πι-
λάτῳ τῷ ἡγεμόνι.

3 Τότε ἰδὼν Ἰούδας ὁ παραδιδοὺς αὐτὸν ὅτι
κατεκρίθη, μεταμεληθεὶς ἀπέστρεψε³ τὰ τριάκοντα
ἀργύρια τοῖς ἀρχιερεῦσι καὶ τοῖς⁴ πρεσβυτέροις,
4 λέγων, Ἥμαρτον παραδοὺς αἷμα ἀθῶον⁵. οἱ δὲ
5 εἶπον, Τί πρὸς ἡμᾶς; σὺ ὄψει. καὶ ῥίψας τὰ
ἀργύρια ἐν τῷ ναῷ⁶, ἀνεχώρησε· καὶ ἀπελθὼν
6 ἀπήγξατο. οἱ δὲ ἀρχιερεῖς λαβόντες τὰ ἀργύρια
εἶπον, Οὐκ ἔξεστι βαλεῖν αὐτὰ εἰς τὸν κορβανᾶν,
7 ἐπεὶ τιμὴ αἵματός ἐστι. συμβούλιον δὲ λαβόντες
ἠγόρασαν ἐξ αὐτῶν τὸν ἀγρὸν τοῦ κεραμέως, εἰς
8 ταφὴν τοῖς ξένοις. διὸ ἐκλήθη ὁ ἀγρὸς ἐκεῖνος
9 ἀγρὸς αἵματος, ἕως τῆς σήμερον. τότε ἐπληρώθη
τὸ ῥηθὲν διὰ Ἰερεμίου τοῦ προφήτου, λέγοντος,
Καὶ ἔλαβον τὰ τριάκοντα ἀργύρια, τὴν τιμὴν τοῦ
10 τετιμημένου, ὃν ἐτιμήσαντο ἀπὸ υἱῶν Ἰσραήλ· καὶ
ἔδωκαν⁷ αὐτὰ εἰς τὸν ἀγρὸν τοῦ κεραμέως, καθὰ
συνέταξέ μοι Κύριος.

11 Ὁ δὲ Ἰησοῦς ἔστη ἔμπροσθεν τοῦ ἡγεμόνος·
καὶ ἐπηρώτησεν αὐτὸν ὁ ἡγεμών, λέγων, Σὺ εἶ ὁ
βασιλεὺς τῶν Ἰουδαίων; ὁ δὲ Ἰησοῦς ἔφη αὐτῷ,

³⁶ om. αὐτῷ   ¹ om. αὐτὸν   ² om. Ποντίῳ   ³ ἔστρεψε
⁴ om. τοῖς   ⁵ Marg. δίκαιον   ⁶ εἰς τὸν ναόν
⁷ Marg. ἔδωκα

Σὺ λέγεις. καὶ ἐν τῷ κατηγορεῖσθαι αὐτὸν ὑπὸ 12
τῶν ἀρχιερέων καὶ τῶν⁸ πρεσβυτέρων, οὐδὲν ἀπε-
κρίνατο. τότε λέγει αὐτῷ ὁ Πιλάτος, Οὐκ ἀκούεις 13
πόσα σοῦ καταμαρτυροῦσι; καὶ οὐκ ἀπεκρίθη αὐτῷ 14
πρὸς οὐδὲ ἓν ῥῆμα, ὥστε θαυμάζειν τὸν ἡγεμόνα
λίαν. κατὰ δὲ ἑορτὴν εἰώθει ὁ ἡγεμὼν ἀπολύειν 15
ἕνα τῷ ὄχλῳ δέσμιον, ὃν ἤθελον. εἶχον δὲ τότε δέσ- 16
μιον ἐπίσημον, λεγόμενον Βαραββᾶν. συνηγμένων 17
οὖν αὐτῶν, εἶπεν αὐτοῖς ὁ Πιλάτος, Τίνα θέλετε
ἀπολύσω ὑμῖν; Βαραββᾶν, ἢ Ἰησοῦν τὸν λεγόμε-
νον Χριστόν; ᾔδει γὰρ ὅτι διὰ φθόνον παρέδωκαν 18
αὐτόν. καθημένου δὲ αὐτοῦ ἐπὶ τοῦ βήματος, 19
ἀπέστειλε πρὸς αὐτὸν ἡ γυνὴ αὐτοῦ, λέγουσα,
Μηδέν σοι καὶ τῷ δικαίῳ ἐκείνῳ· πολλὰ γὰρ
ἔπαθον σήμερον κατ᾽ ὄναρ δι᾽ αὐτόν. οἱ δὲ ἀρχ- 20
ιερεῖς καὶ οἱ πρεσβύτεροι ἔπεισαν τοὺς ὄχλους
ἵνα αἰτήσωνται τὸν Βαραββᾶν, τὸν δὲ Ἰησοῦν
ἀπολέσωσιν. ἀποκριθεὶς δὲ ὁ ἡγεμὼν εἶπεν αὐ- 21
τοῖς, Τίνα θέλετε ἀπὸ τῶν δύο ἀπολύσω ὑμῖν; οἱ
δὲ εἶπον, Βαραββᾶν. λέγει αὐτοῖς ὁ Πιλάτος, Τί 22
οὖν ποιήσω Ἰησοῦν τὸν λεγόμενον Χριστόν; λέ-
γουσιν αὐτῷ⁹ πάντες, Σταυρωθήτω. ὁ δὲ ἡγεμὼν¹⁰ 23
ἔφη, Τί γὰρ κακὸν ἐποίησεν; οἱ δὲ περισσῶς ἔ-
κραζον, λέγοντες, Σταυρωθήτω. ἰδὼν δὲ ὁ Πιλάτος 24
ὅτι οὐδὲν ὠφελεῖ, ἀλλὰ μᾶλλον θόρυβος γίνεται,
λαβὼν ὕδωρ, ἀπενίψατο τὰς χεῖρας ἀπέναντι τοῦ
ὄχλου, λέγων, Ἀθῶός εἰμι ἀπὸ τοῦ αἵματος τοῦ
δικαίου¹¹ τούτου· ὑμεῖς ὄψεσθε. καὶ ἀποκριθεὶς πᾶς 25
ὁ λαὸς εἶπε, Τὸ αἷμα αὐτοῦ ἐφ᾽ ἡμᾶς καὶ ἐπὶ τὰ
τέκνα ἡμῶν. τότε ἀπέλυσεν αὐτοῖς τὸν Βαραβ- 26

---

⁸ *om.* τῶν   ⁹ *om.* (ν) αὐτῷ   ¹⁰ *om.* ἡγεμὼν
¹¹ *Marg. om.* τοῦ δικαίου

βᾶν τὸν δὲ Ἰησοῦν φραγελλώσας παρέδωκεν ἵνα
σταυρωθῇ.

27 Τότε οἱ στρατιῶται τοῦ ἡγεμόνος, παραλα-
βόντες τὸν Ἰησοῦν εἰς τὸ πραιτώριον, συνήγαγον
28 ἐπ᾽ αὐτὸν ὅλην τὴν σπεῖραν· καὶ ἐκδύσαντες[12] αὐτόν,
29 περιέθηκαν αὐτῷ χλαμύδα κοκκίνην. καὶ πλέξαντες
στέφανον ἐξ ἀκανθῶν, ἐπέθηκαν ἐπὶ τὴν κεφαλὴν[13]
αὐτοῦ, καὶ κάλαμον ἐπὶ τὴν δεξιὰν[14] αὐτοῦ· καὶ γονυ-
πετήσαντες ἔμπροσθεν αὐτοῦ ἐνέπαιζον αὐτῷ,
30 λέγοντες, Χαῖρε, ὁ βασιλεὺς τῶν Ἰουδαίων· καὶ
ἐμπτύσαντες εἰς αὐτόν, ἔλαβον τὸν κάλαμον, καὶ
31 ἔτυπτον εἰς τὴν κεφαλὴν αὐτοῦ. καὶ ὅτε ἐνέπαιξαν
αὐτῷ, ἐξέδυσαν αὐτὸν τὴν χλαμύδα, καὶ ἐνέδυσαν
αὐτὸν τὰ ἱμάτια αὐτοῦ, καὶ ἀπήγαγον αὐτὸν εἰς τὸ
σταυρῶσαι.

32 Ἐξερχόμενοι δὲ εὗρον ἄνθρωπον Κυρηναῖον,
ὀνόματι Σίμωνα· τοῦτον ἠγγάρευσαν ἵνα ἄρῃ τὸν
33 σταυρὸν αὐτοῦ. καὶ ἐλθόντες εἰς τόπον λεγόμενον
34 Γολγοθᾶ, ὅς ἐστι λεγόμενος κρανίου τόπος, ἔδωκαν
αὐτῷ πιεῖν ὄξος[15] μετὰ χολῆς μεμιγμένον· καὶ γευ-
35 σάμενος οὐκ ἤθελε πιεῖν. σταυρώσαντες δὲ αὐτόν,
διεμερίσαντο τὰ ἱμάτια αὐτοῦ, βάλλοντες κλῆρον·
[16]ἵνα πληρωθῇ τὸ ῥηθὲν ὑπὸ τοῦ προφήτου, Διεμερίσαντο τὰ
ἱμάτιά μου ἑαυτοῖς, καὶ ἐπὶ τὸν ἱματισμόν μου ἔβαλον κλῆρον.
36, 37 καὶ καθήμενοι ἐτήρουν αὐτὸν ἐκεῖ. καὶ ἐπέθηκαν
ἐπάνω τῆς κεφαλῆς αὐτοῦ τὴν αἰτίαν αὐτοῦ γε-
γραμμένην, Οὗτός ἐστιν Ἰησοῦς ὁ βασιλεὺς τῶν
38 Ἰουδαίων. τότε σταυροῦνται σὺν αὐτῷ δύο λῃσταί,
39 εἷς ἐκ δεξιῶν καὶ εἷς ἐξ εὐωνύμων. οἱ δὲ παρα-
πορευόμενοι ἐβλασφήμουν αὐτόν, κινοῦντες τὰς
40 κεφαλὰς αὐτῶν, καὶ λέγοντες, Ὁ καταλύων τὸν

---

[12] *Marg.* ἐνδύσαντες   [13] τῆς κεφαλῆς   [14] ἐν τῇ δεξιᾷ
[15] οἶνον   [16] *om.* ἵνα πληρωθῇ *to end of ver.* 35

ναὸν καὶ ἐν τρισὶν ἡμέραις οἰκοδομῶν, σῶσον
σεαυτόν· εἰ υἱὸς εἶ τοῦ Θεοῦ, κατάβηθι ἀπὸ τοῦ
σταυροῦ. ὁμοίως δὲ[17] καὶ οἱ ἀρχιερεῖς ἐμπαίζοντες 41
μετὰ τῶν γραμματέων καὶ πρεσβυτέρων ἔλεγον.
Ἄλλους ἔσωσεν, ἑαυτὸν οὐ δύναται σῶσαι.[18] εἰ[19] 42
βασιλεὺς Ἰσραήλ ἐστι, καταβάτω νῦν ἀπὸ τοῦ
σταυροῦ, καὶ πιστεύσομεν αὐτῷ[20]. πέποιθεν ἐπὶ 43
τὸν Θεόν· ῥυσάσθω νῦν αὐτόν, εἰ θέλει αὐτόν. εἶπε
γὰρ ὅτι Θεοῦ εἰμι υἱός. τὸ δ᾽ αὐτὸ καὶ οἱ λῃσταὶ 44
οἱ συσταυρωθέντες αὐτῷ ὠνείδιζον αὐτῷ.
Ἀπὸ δὲ ἕκτης ὥρας σκότος ἐγένετο ἐπὶ πᾶσαν 45
τὴν γῆν ἕως ὥρας ἐννάτης· περὶ δὲ τὴν ἐννάτην 46
ὥραν ἀνεβόησεν ὁ Ἰησοῦς φωνῇ μεγάλῃ, λέγων.
Ἠλί, Ἠλί, λαμὰ σαβαχθανί; τοῦτ᾽ ἔστι, Θεέ μου,
Θεέ μου, ἱνατί με ἐγκατέλιπες; τινὲς δὲ τῶν ἐκεῖ 47
ἑστώτων ἀκούσαντες ἔλεγον ὅτι Ἠλίαν φωνεῖ
οὗτος. καὶ εὐθέως δραμὼν εἷς ἐξ αὐτῶν, καὶ λα- 48
βὼν σπόγγον, πλήσας τε ὄξους, καὶ περιθεὶς κα-
λάμῳ, ἐπότιζεν αὐτόν. οἱ δὲ λοιποὶ ἔλεγον, Ἄφες, 49
ἴδωμεν εἰ ἔρχεται Ἠλίας σώσων αὐτόν.[21] ὁ δὲ 50
Ἰησοῦς πάλιν κράξας φωνῇ μεγάλῃ ἀφῆκε τὸ
πνεῦμα. καὶ ἰδού, τὸ καταπέτασμα τοῦ ναοῦ 51
ἐσχίσθη εἰς δύο ἀπὸ ἄνωθεν ἕως κάτω· καὶ ἡ γῆ
ἐσείσθη· καὶ αἱ πέτραι ἐσχίσθησαν· καὶ τὰ μνημεῖα 52
ἀνεῴχθησαν· καὶ πολλὰ σώματα τῶν κεκοιμημένων
ἁγίων ἠγέρθη· καὶ ἐξελθόντες ἐκ τῶν μνημείων 53
μετὰ τὴν ἔγερσιν αὐτοῦ εἰσῆλθον εἰς τὴν ἁγίαν
πόλιν, καὶ ἐνεφανίσθησαν πολλοῖς. ὁ δὲ ἑκατον- 54
ταρχος καὶ οἱ μετ᾽ αὐτοῦ τηροῦντες τὸν Ἰησοῦν,
ἰδόντες τὸν σεισμὸν καὶ τὰ γενόμενα, ἐφοβήθησαν

---

[17] om. δὲ   [18] (Marg. σῶσαι;)   [19] om. εἰ   [20] ἐπ᾽
αὐτόν   [21] Marg. adds ἄλλος δὲ λαβὼν λόγχην ἔνυξεν αὐτοῦ τὴν
πλευράν, καὶ ἐξῆλθεν ὕδωρ καὶ αἷμα.

σφόδρα, λέγοντες, Ἀληθῶς Θεοῦ υἱὸς ἦν οὗτος.

55 ἦσαν δὲ ἐκεῖ γυναῖκες πολλαὶ ἀπὸ μακρόθεν θεω-
ροῦσαι, αἵτινες ἠκολούθησαν τῷ Ἰησοῦ ἀπὸ τῆς
56 Γαλιλαίας, διακονοῦσαι αὐτῷ· ἐν αἷς ἦν Μαρία ἡ
Μαγδαληνή, καὶ Μαρία ἡ τοῦ Ἰακώβου καὶ Ἰωσῆ
μήτηρ, καὶ ἡ μήτηρ τῶν υἱῶν Ζεβεδαίου.

57 Ὀψίας δὲ γενομένης, ἦλθεν ἄνθρωπος πλούσιος
ἀπὸ Ἀριμαθαίας, τοὔνομα Ἰωσήφ, ὃς καὶ αὐτὸς
58 ἐμαθήτευσε τῷ Ἰησοῦ· οὗτος προσελθὼν τῷ Πιλά-
τῳ, ἠτήσατο τὸ σῶμα τοῦ Ἰησοῦ. τότε ὁ Πιλάτος
59 ἐκέλευσεν ἀποδοθῆναι τὸ σῶμα²². καὶ λαβὼν τὸ
σῶμα ὁ Ἰωσὴφ ἐνετύλιξεν αὐτὸ σινδόνι καθαρᾷ,
60 καὶ ἔθηκεν αὐτὸ ἐν τῷ καινῷ αὐτοῦ μνημείῳ, ὃ ἐλα-
τόμησεν ἐν τῇ πέτρα· καὶ προσκυλίσας λίθον μέ-
61 γαν τῇ θύρᾳ τοῦ μνημείου, ἀπῆλθεν. ἦν δὲ ἐκεῖ
Μαρία ἡ Μαγδαληνή, καὶ ἡ ἄλλη Μαρία, καθήμεναι
ἀπέναντι τοῦ τάφου.

62 Τῇ δὲ ἐπαύριον, ἥτις ἐστὶ μετὰ τὴν Παρασκευήν,
συνήχθησαν οἱ ἀρχιερεῖς καὶ οἱ Φαρισαῖοι πρὸς
63 Πιλάτον, λέγοντες, Κύριε, ἐμνήσθημεν ὅτι ἐκεῖνος ὁ
πλάνος εἶπεν ἔτι ζῶν, Μετὰ τρεῖς ἡμέρας ἐγείρομαι.
64 κέλευσον οὖν ἀσφαλισθῆναι τὸν τάφον ἕως τῆς
τρίτης ἡμέρας· μήποτε ἐλθόντες οἱ μαθηταὶ αὐτοῦ
νυκτὸς²³ κλέψωσιν αὐτόν, καὶ εἴπωσι τῷ λαῷ, Ἠγέρ-
θη ἀπὸ τῶν νεκρῶν· καὶ ἔσται ἡ ἐσχάτη πλάνη
65 χείρων τῆς πρώτης. ἔφη δὲ²⁴ αὐτοῖς ὁ Πιλάτος,
Ἔχετε κουστωδίαν· ὑπάγετε, ἀσφαλίσασθε ὡς οἴ-
66 δατε. οἱ δὲ πορευθέντες ἠσφαλίσαντο τὸν τάφον,
σφραγίσαντες τὸν λίθον, μετὰ τῆς κουστωδίας.

XVIII. Ὀψὲ δὲ σαββάτων, τῇ ἐπιφωσκούσῃ εἰς μίαν
σαββάτων, ἦλθε Μαρία ἡ Μαγδαληνή, καὶ ἡ ἄλλη

---

²² om. τὸ σῶμα   ²³ om. νυκτὸς   ²⁴ om. δὲ

Μαρία, θεωρῆσαι τὸν τάφον. καὶ ἰδού, σεισμὸς 2
ἐγένετο μέγας· ἄγγελος γὰρ Κυρίου καταβὰς ἐξ
οὐρανοῦ, ¹ προσελθὼν ἀπεκύλισε τὸν λίθον ἀπὸ τῆς
θύρας², καὶ ἐκάθητο ἐπάνω αὐτοῦ. ἦν δὲ ἡ ἰδέα 3
αὐτοῦ ὡς ἀστραπή, καὶ τὸ ἔνδυμα αὐτοῦ λευκὸν
ὡσεὶ χιών. ἀπὸ δὲ τοῦ φόβου αὐτοῦ ἐσείσθησαν 4
οἱ τηροῦντες καὶ ἐγένοντο ὡσεὶ νεκροί. ἀποκριθεὶς 5
δὲ ὁ ἄγγελος εἶπε ταῖς γυναιξί, Μὴ φοβεῖσθε ὑμεῖς·
οἶδα γὰρ ὅτι Ἰησοῦν τὸν ἐσταυρωμένον ζητεῖτε.
οὐκ ἔστιν ὧδε· ἠγέρθη γάρ, καθὼς εἶπε. δεῦτε, 6
ἴδετε τὸν τόπον ὅπου ἔκειτο ὁ Κύριος³. καὶ ταχὺ 7
πορευθεῖσαι εἴπατε τοῖς μαθηταῖς αὐτοῦ ὅτι Ἠγέρ-
θη ἀπὸ τῶν νεκρῶν· καὶ ἰδού, προάγει ὑμᾶς εἰς τὴν
Γαλιλαίαν· ἐκεῖ αὐτὸν ὄψεσθε· ἰδού, εἶπον ὑμῖν.
καὶ ἐξελθοῦσαι⁴ ταχὺ ἀπὸ τοῦ μνημείου μετὰ φόβου 8
καὶ χαρᾶς μεγάλης, ἔδραμον ἀπαγγεῖλαι τοῖς μα-
θηταῖς αὐτοῦ. ὡς δὲ ἐπορεύοντο ἀπαγγεῖλαι τοῖς μαθηταῖς 9
αὐτοῦ,⁵ καὶ ἰδού, ὁ Ἰησοῦς ἀπήντησεν αὐταῖς, λέγων,
Χαίρετε. αἱ δὲ προσελθοῦσαι ἐκράτησαν αὐτοῦ
τοὺς πόδας, καὶ προσεκύνησαν αὐτῷ. τότε λέγει 10
αὐταῖς ὁ Ἰησοῦς· Μὴ φοβεῖσθε· ὑπάγετε, ἀπαγ-
γείλατε τοῖς ἀδελφοῖς μου ἵνα ἀπέλθωσιν εἰς τὴν
Γαλιλαίαν, κἀκεῖ με ὄψονται.
Πορευομένων δὲ αὐτῶν, ἰδού, τινὲς τῆς κουστω- 11
δίας ἐλθόντες εἰς τὴν πόλιν ἀπήγγειλαν τοῖς ἀρχιε-
ρεῦσιν ἅπαντα τὰ γενόμενα. καὶ συναχθέντες μετὰ 12
τῶν πρεσβυτέρων, συμβούλιόν τε λαβόντες, ἀργύρια
ἱκανὰ ἔδωκαν τοῖς στρατιώταις, λέγοντες, Εἴπατε 13
ὅτι Οἱ μαθηταὶ αὐτοῦ νυκτὸς ἐλθόντες ἔκλεψαν
αὐτὸν ἡμῶν κοιμωμένων. καὶ ἐὰν ἀκουσθῇ τοῦτο 14

¹ add καί   ² om. ἀπὸ τῆς θύρας   ³ Marg. om. ὁ
Κύριος   ⁴ ἀπελθοῦσαι   ⁵ om. ὡς δὲ ἐπορεύοντο ἀπαγ-
γεῖλαι τοῖς μαθηταῖς αὐτοῦ,

ἐπὶ τοῦ ἡγεμόνος, ἡμεῖς πείσομεν αὐτόν, καὶ ὑμᾶς
15 ἀμερίμνους ποιήσομεν. οἱ δὲ λαβόντες τὰ ἀργύρια
ἐποίησαν ὡς ἐδιδάχθησαν. καὶ διεφημίσθη ὁ λόγος
οὗτος παρὰ Ἰουδαίοις μέχρι τῆς σήμερον.
16 Οἱ δὲ ἕνδεκα μαθηταὶ ἐπορεύθησαν εἰς τὴν
Γαλιλαίαν, εἰς τὸ ὄρος οὗ ἐτάξατο αὐτοῖς ὁ Ἰησοῦς.
17 καὶ ἰδόντες αὐτὸν προσεκύνησαν αὐτῷ[6]· οἱ δὲ ἐδί-
18 στασαν. καὶ προσελθὼν ὁ Ἰησοῦς ἐλάλησεν αὐτοῖς,
λέγων, Ἐδόθη μοι πᾶσα ἐξουσία ἐν οὐρανῷ καὶ
19 ἐπὶ γῆς. πορευθέντες οὖν μαθητεύσατε πάντα τὰ
ἔθνη, βαπτίζοντες αὐτοὺς εἰς τὸ ὄνομα τοῦ Πατρὸς
20 καὶ τοῦ Υἱοῦ καὶ τοῦ Ἁγίου Πνεύματος· διδάσκοντες
αὐτοὺς τηρεῖν πάντα ὅσα ἐνετειλάμην ὑμῖν· καὶ
ἰδού, ἐγὼ μεθ᾽ ὑμῶν εἰμι πάσας τὰς ἡμέρας ἕως τῆς
συντελείας τοῦ αἰῶνος. Ἀμήν.[7]

ΕΥΑΓΓΕΛΙΟΝ
ΤΟ ΚΑΤΑ ΜΑΡΚΟΝ.

I. Ἀρχὴ τοῦ εὐαγγελίου Ἰησοῦ Χριστοῦ, υἱοῦ τοῦ
Θεοῦ[1]·
2 Ὡς[2] γέγραπται ἐν τοῖς προφήταις[3], Ἰδού, ἐγὼ
ἀποστέλλω τὸν ἄγγελόν μου πρὸ προσώπου σου,
ὃς κατασκευάσει τὴν ὁδόν σου ἔμπροσθέν σου[4].
3 φωνὴ βοῶντος ἐν τῇ ἐρήμῳ, Ἑτοιμάσατε τὴν ὁδὸν
4 Κυρίου· εὐθείας ποιεῖτε τὰς τρίβους αὐτοῦ. ἐγένετο
Ἰωάννης [5]βαπτίζων ἐν τῇ ἐρήμῳ, καὶ κηρύσσων

---

[6] *om.* αὐτῷ   [7] *om.* Ἀμήν.   [1] *Marg. om.*, υἱοῦ τοῦ Θεοῦ
[2] Καθὼς   [3] τῷ Ἡσαΐᾳ τῷ προφήτῃ *text, not marg.*   [4] *om.*
ἔμπροσθέν σου   [5] *add* ὁ

βάπτισμα μετανοίας εἰς ἄφεσιν ἁμαρτιῶν. καὶ 5
ἐξεπορεύετο πρὸς αὐτὸν πᾶσα ἡ Ἰουδαία χώρα,
καὶ οἱ Ἱεροσολυμῖται, καὶ ἐβαπτίζοντο πάντες⁶ ἐν τῷ
Ἰορδάνῃ ποταμῷ ὑπ᾽ αὐτοῦ, ἐξομολογούμενοι τὰς
ἁμαρτίας αὐτῶν. ἦν δὲ Ἰωάννης ἐνδεδυμένος 6
τρίχας καμήλου, καὶ ζώνην δερματίνην περὶ τὴν
ὀσφὺν αὐτοῦ, καὶ ἐσθίων ἀκρίδας καὶ μέλι ἄγριον.
καὶ ἐκήρυσσε, λέγων, Ἔρχεται ὁ ἰσχυρότερός μου 7
ὀπίσω μου, οὗ οὐκ εἰμὶ ἱκανὸς κύψας λῦσαι τὸν
ἱμάντα τῶν ὑποδημάτων αὐτοῦ. ἐγὼ μὲν⁷ ἐβάπ- 8
τισα ὑμᾶς ἐν ὕδατι· αὐτὸς δὲ βαπτίσει ὑμᾶς ἐν
Πνεύματι Ἁγίῳ.

Καὶ ἐγένετο ἐν ἐκείναις ταῖς ἡμέραις, ἦλθεν 9
Ἰησοῦς ἀπὸ Ναζαρὲθ τῆς Γαλιλαίας, καὶ ἐβαπ-
τίσθη ὑπὸ Ἰωάννου εἰς τὸν Ἰορδάνην. καὶ εὐθέως 10
ἀναβαίνων ἀπὸ⁸ τοῦ ὕδατος, εἶδε σχιζομένους τοὺς
οὐρανούς, καὶ τὸ Πνεῦμα ὡσεὶ⁹ περιστερὰν κατα-
βαῖνον ἐπ᾽ αὐτόν· καὶ φωνὴ ἐγένετο ἐκ τῶν οὐρα- 11
νῶν, Σὺ εἶ ὁ υἱός μου ὁ ἀγαπητός, ἐν ᾧ¹⁰ εὐδόκησα.

Καὶ εὐθὺς τὸ Πνεῦμα αὐτὸν ἐκβάλλει εἰς τὴν 12
ἔρημον. καὶ ἦν ἐκεῖ¹¹ ἐν τῇ ἐρήμῳ ἡμέρας τεσ- 13
σαράκοντα πειραζόμενος ὑπὸ τοῦ Σατανᾶ, καὶ ἦν
μετὰ τῶν θηρίων, καὶ οἱ ἄγγελοι διηκόνουν αὐτῷ.

Μετὰ δὲ τὸ παραδοθῆναι τὸν Ἰωάννην, ἦλθεν 14
ὁ Ἰησοῦς εἰς τὴν Γαλιλαίαν, κηρύσσων τὸ εὐαγ-
γέλιον τῆς βασιλείας¹² τοῦ Θεοῦ, καὶ λέγων ὅτι 15
Πεπλήρωται ὁ καιρός, καὶ ἤγγικεν ἡ βασιλεία τοῦ
Θεοῦ· μετανοεῖτε, καὶ πιστεύετε ἐν τῷ εὐαγγελίῳ.

Περιπατῶν δὲ¹³ παρὰ τὴν θάλασσαν τῆς Γαλι- 16
λαίας εἶδε Σίμωνα καὶ Ἀνδρέαν τὸν ἀδελφὸν αὐτοῦ¹⁴,

---

⁶ πάντες· καὶ ἐβαπτίζοντο   ⁷ om. μὲν   ⁸ ἐκ   ⁹ ὡς
¹⁰ σοὶ   ¹¹ om. ἐκεῖ   ¹² om. τῆς βασιλείας   ¹³ Καὶ
παράγων   ¹⁴ τοῦ Σίμωνος

βάλλοντας¹⁵ ἀμφίβληστρον¹⁶ ἐν τῇ θαλάσσῃ· ἦσαν γὰρ
17 ἁλιεῖς. καὶ εἶπεν αὐτοῖς ὁ Ἰησοῦς, Δεῦτε ὀπίσω
μου, καὶ ποιήσω ὑμᾶς γενέσθαι ἁλιεῖς ἀνθρώπων.
18 καὶ εὐθέως ἀφέντες τὰ δίκτυα αὐτῶν¹⁷, ἠκολούθησαν
19 αὐτῷ. καὶ προβὰς ἐκεῖθεν¹⁸ ὀλίγον, εἶδεν Ἰάκωβον
τὸν τοῦ Ζεβεδαίου, καὶ Ἰωάννην τὸν ἀδελφὸν
αὐτοῦ, καὶ αὐτοὺς ἐν τῷ πλοίῳ καταρτίζοντας τὰ
20 δίκτυα. καὶ εὐθέως ἐκάλεσεν αὐτούς· καὶ ἀφέντες
τὸν πατέρα αὐτῶν Ζεβεδαῖον ἐν τῷ πλοίῳ μετὰ τῶν
μισθωτῶν ἀπῆλθον ὀπίσω αὐτοῦ.
21 Καὶ εἰσπορεύονται εἰς Καπερναούμ· καὶ εὐθέως
τοῖς σάββασιν εἰσελθὼν εἰς τὴν* συναγωγήν, ἐδί-
22 δασκε. καὶ ἐξεπλήσσοντο ἐπὶ τῇ διδαχῇ αὐτοῦ· ἦν
γὰρ διδάσκων αὐτοὺς ὡς ἐξουσίαν ἔχων, καὶ οὐχ ὡς
23 οἱ γραμματεῖς. καὶ¹⁹ ἦν ἐν τῇ συναγωγῇ αὐτῶν
ἄνθρωπος ἐν πνεύματι ἀκαθάρτῳ, καὶ ἀνέκραξε,
24 λέγων, Ἔα²⁰, τί ἡμῖν καὶ σοί, Ἰησοῦ Ναζαρηνέ;
ἦλθες ἀπολέσαι ἡμᾶς; οἶδά σε τίς εἶ, ὁ ἅγιος τοῦ
25 Θεοῦ. καὶ ἐπετίμησεν αὐτῷ ὁ Ἰησοῦς, λέγων,
26 Φιμώθητι, καὶ ἔξελθε ἐξ αὐτοῦ. καὶ σπαράξαν
αὐτὸν τὸ πνεῦμα τὸ ἀκάθαρτον καὶ κράξαν²¹ φωνῇ
27 μεγάλῃ, ἐξῆλθεν ἐξ αὐτοῦ. καὶ ἐθαμβήθησαν πάντες,
ὥστε συζητεῖν πρὸς αὐτούς²², λέγοντας, Τί ἐστι
τοῦτο; τίς ἡ διδαχὴ ἡ καινὴ αὕτη, ὅτι²³ κατ᾽ ἐξουσίαν
καὶ τοῖς πνεύμασι τοῖς ἀκαθάρτοις ἐπιτάσσει, καὶ
28 ὑπακούουσιν αὐτῷ; ἐξῆλθε δὲ ἡ ἀκοὴ αὐτοῦ εὐθὺς
²⁴εἰς ὅλην τὴν περίχωρον τῆς Γαλιλαίας.
29 Καὶ εὐθέως ἐκ τῆς συναγωγῆς ἐξελθόντες, ἦλθον²⁵
εἰς τὴν οἰκίαν Σίμωνος καὶ Ἀνδρέου, μετὰ Ἰακώβου

---

¹⁵ ἀμφιβάλλοντας   ¹⁶ om. ἀμφίβληστρον   ¹⁷ om. αὐτῶν
¹⁸ om. ἐκεῖθεν   ¹⁹ add εὐθὺς   ²⁰ om. Ἔα, (Τί)   ²¹ φωνῆσαν
²² ἑαυτούς   ²³ διδαχὴ καινή·   ²⁴ add πανταχοῦ   ²⁵ Marg.
ἐξελθών, ἦλθεν

καὶ Ἰωάννου. ἡ δὲ πενθερὰ Σίμωνος κατέκειτο 30
πυρέσσουσα, καὶ εὐθέως λέγουσιν αὐτῷ περὶ
αὐτῆς· καὶ προσελθὼν ἤγειρεν αὐτήν, κρατήσας 31
τῆς χειρὸς αὐτῆς· καὶ ἀφῆκεν αὐτὴν ὁ πυρετός·
εὐθέως²⁶, καὶ διηκόνει αὐτοῖς.

Ὀψίας δὲ γενομένης, ὅτε ἔδυ ὁ ἥλιος, ἔφερον 32
πρὸς αὐτὸν πάντας τοὺς κακῶς ἔχοντας καὶ τοὺς
δαιμονιζομένους· καὶ ἡ πόλις ὅλη ἐπισυνηγμένη 33
ἦν πρὸς τὴν θύραν. καὶ ἐθεράπευσε πολλοὺς 34
κακῶς ἔχοντας ποικίλαις νόσοις, καὶ δαιμόνια
πολλὰ ἐξέβαλε, καὶ οὐκ ἤφιε λαλεῖν τὰ δαιμόνια,
ὅτι ᾔδεισαν αὐτόν²⁷.

Καὶ πρωῒ ἔννυχον²⁸ λίαν ἀναστὰς ἐξῆλθε, καὶ 35
ἀπῆλθεν εἰς ἔρημον τόπον, κἀκεῖ προσηύχετο.
καὶ κατεδίωξαν αὐτὸν ὁ Σίμων καὶ οἱ μετ' αὐτοῦ· 36
καὶ εὑρόντες αὐτόν²⁹ λέγουσιν αὐτῷ ὅτι Πάντες 37
ζητοῦσί σε. καὶ λέγει αὐτοῖς, Ἄγωμεν³⁰ εἰς τὰς 38
ἐχομένας κωμοπόλεις, ἵνα κἀκεῖ κηρύξω· εἰς τοῦτο
γὰρ ἐξελήλυθα³¹. καὶ ἦν³² κηρύσσων ἐν ταῖς συνα- 39
γωγαῖς³³ αὐτῶν εἰς ὅλην τὴν Γαλιλαίαν, καὶ τὰ
δαιμόνια ἐκβάλλων.

Καὶ ἔρχεται πρὸς αὐτὸν λεπρός, παρακαλῶν 40
αὐτὸν καὶ γονυπετῶν αὐτόν³⁴, καὶ λέγων αὐτῷ ὅτι
Ἐὰν θέλῃς, δύνασαί με καθαρίσαι. ὁ δὲ Ἰησοῦς³⁵ 41
σπλαγχνισθείς, ἐκτείνας τὴν χεῖρα, ἥψατο αὐτοῦ,
καὶ λέγει αὐτῷ, Θέλω, καθαρίσθητι. καὶ εἰπόν- 42
τος αὐτοῦ³⁶ εὐθέως ἀπῆλθεν ἀπ' αὐτοῦ ἡ λέπρα,
καὶ ἐκαθαρίσθη. καὶ ἐμβριμησάμενος αὐτῷ, εὐθέως 43
ἐξέβαλεν αὐτόν, καὶ λέγει αὐτῷ, Ὅρα, μηδενὶ 44

---

²⁶ om. εὐθέως   ²⁷ Marg. adds Χριστὸν εἶναι   ²⁸ ἔννυχα
²⁹ εὗρον αὐτόν, καὶ   ³⁰ add ἀλλαχοῦ   ³¹ ἐξῆλθον   ³² ἦλθε
³³ εἰς τὰς συναγωγὰς   ³⁴ Marg. om. καὶ γονυπετῶν αὐτόν
³⁵ καὶ   ³⁶ om. εἰπόντος αὐτοῦ

μηδὲν εἴπῃς· ἀλλ' ὕπαγε, σεαυτὸν δεῖξον τῷ ἱερεῖ,
καὶ προσένεγκε περὶ τοῦ καθαρισμοῦ σου ἃ προσέ-
45 ταξε Μωσῆς, εἰς μαρτύριον αὐτοῖς. ὁ δὲ ἐξελθὼν
ἤρξατο κηρύσσειν πολλὰ καὶ διαφημίζειν τὸν
λόγον, ὥστε μηκέτι αὐτὸν δύνασθαι φανερῶς εἰς
πόλιν εἰσελθεῖν, ἀλλ' ἔξω ἐν ἐρήμοις τόποις ἦν·
καὶ ἤρχοντο πρὸς αὐτὸν **πανταχόθεν** [37].

II. Καὶ **πάλιν εἰσῆλθεν** [1] εἰς Καπερναοὺμ δι' ἡμερῶν·
2 **καὶ** [2] ἠκούσθη ὅτι εἰς οἰκόν ἐστι. καὶ **εὐθέως** [3] συνή-
χθησαν πολλοί, ὥστε μηκέτι χωρεῖν μηδὲ τὰ πρὸς
3 τὴν θύραν· καὶ ἐλάλει αὐτοῖς τὸν λόγον. καὶ
ἔρχονται **πρὸς αὐτόν, παραλυτικὸν φέροντες** [4], αἰρόμενον
4 ὑπὸ τεσσάρων. καὶ μὴ δυνάμενοι **προσεγγίσαι** [5] αὐτῷ
διὰ τὸν ὄχλον, ἀπεστέγασαν τὴν στέγην ὅπου ἦν,
καὶ ἐξορύξαντες χαλῶσι τὸν κράββατον ἐφ' ᾧ ὁ
5 παραλυτικὸς κατέκειτο. ἰδὼν δὲ [6] ὁ Ἰησοῦς τὴν
πίστιν αὐτῶν λέγει τῷ παραλυτικῷ, Τέκνον, ἀφέ-
6 ωνταί σοι αἱ ἁμαρτίαι σου [7]. ἦσαν δέ τινες τῶν
γραμματέων ἐκεῖ καθήμενοι, καὶ διαλογιζόμενοι ἐν
7 ταῖς καρδίαις αὐτῶν, Τί οὗτος οὕτω λαλεῖ **βλασ-
φημίας** ; [8] τίς δύναται ἀφιέναι ἁμαρτίας εἰ μὴ εἷς,
8 ὁ Θεός ; καὶ εὐθέως ἐπιγνοὺς ὁ Ἰησοῦς τῷ πνεύ-
ματι αὐτοῦ ὅτι οὕτως διαλογίζονται ἐν ἑαυτοῖς,
εἶπεν [9] αὐτοῖς, Τί ταῦτα διαλογίζεσθε ἐν ταῖς καρδίαις
9 ὑμῶν; τί ἐστιν εὐκοπώτερον, εἰπεῖν τῷ παραλυτικῷ,
Ἀφέωνταί σοι [10] αἱ ἁμαρτίαι, ἢ εἰπεῖν, Ἔγειραι,
10 καὶ ἆρόν σου τὸν κράββατον, καὶ περιπάτει ; ἵνα
δὲ εἰδῆτε ὅτι ἐξουσίαν ἔχει ὁ υἱὸς τοῦ ἀνθρώπου
ἀφιέναι ἐπὶ τῆς γῆς [11] ἁμαρτίας (λέγει τῷ παραλυτικῷ ,

---

[37] πάντοθεν   [1] εἰσελθὼν πάλιν   [2] om. · καὶ   [3] om.
εὐθέως   [4] φέροντες πρὸς αὐτὸν παραλυτικόν   [5] Marg.
προσενέγκαι   [6] καὶ ἰδὼν   [7] σου αἱ ἁμαρτίαι   [8] ; βλασφημεῖ·
[9] λέγει   [10] σου   [11] ἐπὶ τῆς γῆς ἀφιέναι

Σοὶ λέγω, ἔγειραι, καὶ¹² ἆρον τὸν κράββατόν σου, 11
καὶ ὕπαγε εἰς τὸν οἶκόν σου. καὶ ἠγέρθη εὐθέως, 12
καὶ¹³ ἄρας τὸν κράββατον, ἐξῆλθεν ἐναντίον πάντων·
ὥστε ἐξίστασθαι πάντας, καὶ δοξάζειν τὸν Θεόν,
λέγοντας ὅτι Οὐδέποτε οὕτως εἴδομεν.

Καὶ ἐξῆλθε πάλιν παρὰ τὴν θάλασσαν· καὶ 13
πᾶς ὁ ὄχλος ἤρχετο πρὸς αὐτόν, καὶ ἐδίδασκεν
αὐτούς. καὶ παράγων εἶδε Λευῒν τὸν τοῦ Ἀλφαίου 14
καθήμενον ἐπὶ τὸ τελώνιον, καὶ λέγει αὐτῷ, Ἀκο-
λούθει μοι. καὶ ἀναστὰς ἠκολούθησεν αὐτῷ. καὶ 15
ἐγένετο ἐν τῷ¹⁴ κατακεῖσθαι αὐτὸν ἐν τῇ οἰκίᾳ αὐτοῦ,
καὶ πολλοὶ τελῶναι καὶ ἁμαρτωλοὶ συνανέκειντο τῷ
Ἰησοῦ καὶ τοῖς μαθηταῖς αὐτοῦ· ἦσαν γὰρ πολλοί,
καὶ ἠκολούθησαν¹⁵ αὐτῷ. καὶ οἱ γραμματεῖς καὶ οἱ 16
Φαρισαῖοι¹⁶, ἰδόντες αὐτὸν ἐσθίοντα¹⁷ μετὰ τῶν τελωνῶν
καὶ ἁμαρτωλῶν¹⁸, ἔλεγον τοῖς μαθηταῖς αὐτοῦ, Τί¹⁹
ὅτι μετὰ τῶν τελωνῶν καὶ ἁμαρτωλῶν ἐσθίει καὶ
πίνει²⁰; καὶ ἀκούσας ὁ Ἰησοῦς λέγει αὐτοῖς, Οὐ 17
χρείαν ἔχουσιν οἱ ἰσχύοντες ἰατροῦ, ἀλλ᾽ οἱ κακῶς
ἔχοντες. οὐκ ἦλθον καλέσαι δικαίους, ἀλλὰ ἁμαρ-
τωλοὺς εἰς μετάνοιαν²¹.

Καὶ ἦσαν οἱ μαθηταὶ Ἰωάννου καὶ οἱ τῶν Φαρι- 18
σαίων²² νηστεύοντες· καὶ ἔρχονται καὶ λέγουσιν αὐτῷ,
Διατί οἱ μαθηταὶ Ἰωάννου καὶ οἱ²³ τῶν Φαρισαίων
νηστεύουσιν, οἱ δὲ σοὶ μαθηταὶ οὐ νηστεύουσι;
καὶ εἶπεν αὐτοῖς ὁ Ἰησοῦς, Μὴ δύνανται οἱ υἱοὶ 19
τοῦ νυμφῶνος, ἐν ᾧ ὁ νυμφίος μετ᾽ αὐτῶν ἐστι,
νηστεύειν; ὅσον χρόνον μεθ᾽ ἑαυτῶν ἔχουσι τὸν

¹² om. καὶ   ¹³ , καὶ εὐθὺς   ¹⁴ om. ἐν τῷ   ¹⁵ ἠκο-
λούθουν   ¹⁶ τῶν Φαρισαίων text, not marg.   ¹⁷ ὅτι ἐσθίει
¹⁸ ἁμαρτωλῶν καὶ τελωνῶν   ¹⁹ om. Τί (Marg."Ότι)   ²⁰ Marg. om.
καὶ πίνει   ²¹ om. εἰς μετάνοιαν   ²² Φαρισαῖοι   ²³ a.id
μαθηταὶ

20 νυμφίον, οὐ δύνανται νηστεύειν· ἐλεύσονται δὲ
ἡμέραι ὅταν ἀπαρθῇ ἀπ᾿ αὐτῶν ὁ νυμφίος, καὶ τότε
21 νηστεύσουσιν ἐν ἐκείναις ταῖς ἡμέραις²⁴. καὶ²⁵ οὐδεὶς
ἐπίβλημα ῥάκους ἀγνάφου ἐπιρράπτει ἐπὶ ἱματίῳ
παλαιῷ²⁶· εἰ δὲ μή, αἴρει τὸ πλήρωμα²⁷ αὐτοῦ τὸ
καινὸν τοῦ παλαιοῦ, καὶ χεῖρον σχίσμα γίνεται.
22 καὶ οὐδεὶς βάλλει οἶνον νέον εἰς ἀσκοὺς παλαιούς·
εἰ δὲ μή, ῥήσσει²⁸ ὁ οἶνος ὁ νέος²⁹ τοὺς ἀσκούς, καὶ
ὁ οἶνος ἐκχεῖται καὶ οἱ ἀσκοὶ ἀπολοῦνται³⁰· ἀλλὰ οἶνον
νέον εἰς ἀσκοὺς καινοὺς βλητέον³¹.
23 Καὶ ἐγένετο παραπορεύεσθαι αὐτὸν ἐν τοῖς σάββασι³²
διὰ τῶν σπορίμων, καὶ ἤρξαντο οἱ μαθηταὶ αὐτοῦ
24 ὁδὸν ποιεῖν τίλλοντες τοὺς στάχυας. καὶ οἱ Φα-
ρισαῖοι ἔλεγον αὐτῷ, Ἴδε, τί ποιοῦσιν ἐν³³ τοῖς
25 σάββασιν ὃ οὐκ ἔξεστι; καὶ αὐτὸς³⁴ ἔλεγεν αὐτοῖς,
Οὐδέποτε ἀνέγνωτε τί ἐποίησε Δαβίδ, ὅτε χρείαν
26 ἔσχε καὶ ἐπείνασεν αὐτὸς καὶ οἱ μετ᾿ αὐτοῦ; πῶς
εἰσῆλθεν εἰς τὸν οἶκον τοῦ Θεοῦ ἐπὶ ᾿Αβιάθαρ τοῦ³⁵
ἀρχιερέως, καὶ τοὺς ἄρτους τῆς προθέσεως ἔφαγεν,
οὓς οὐκ ἔξεστι φαγεῖν εἰ μὴ τοῖς ἱερεῦσι, καὶ ἔδωκε
27 καὶ τοῖς σὺν αὐτῷ οὖσι; καὶ ἔλεγεν αὐτοῖς, Τὸ
σάββατον διὰ τὸν ἄνθρωπον ἐγένετο, ³⁶ οὐχ ὁ ἄν-
28 θρωπος διὰ τὸ σάββατον ὥστε Κύριός ἐστιν ὁ
υἱὸς τοῦ ἀνθρώπου καὶ τοῦ σαββάτου.
III. Καὶ εἰσῆλθε πάλιν εἰς τὴν συναγωγήν, καὶ ἦν
2 ἐκεῖ ἄνθρωπος ἐξηραμμένην ἔχων τὴν χεῖρα. καὶ
παρετήρουν αὐτὸν εἰ τοῖς σάββασι θεραπεύσει
3 αὐτόν, ἵνα κατηγορήσωσιν αὐτοῦ. καὶ λέγει τῷ

---

²⁴ ἐκείνῃ τῇ ἡμέρᾳ   ²⁵ om. καὶ   ²⁶ ἱμάτιον παλαιόν
²⁷ add ἀπ᾿ (αὐτοῦ,)   ²⁸ ῥήξει   ²⁹ om. ὁ νέος   ³⁰ ἀπόλλυται,
καὶ οἱ ἀσκοί   ³¹ om. βλητέον   ³² αὐτὸν ἐν τοῖς σάββασι
διαπορεύεσθαι   ³³ om. ἐν   ³⁴ om. αὐτὸς   ³⁵ om. τοῦ
text, not marg.   ³⁶ add καὶ

ἀνθρώπῳ τῷ **ἐξηραμμένην** ἔχοντι τὴν χεῖρα¹, Ἔγειραι εἰς
τὸ μέσον. καὶ λέγει αὐτοῖς, Ἔξεστι τοῖς σάββασιν 4
ἀγαθοποιῆσαι, ἢ κακοποιῆσαι; ψυχὴν σῶσαι, ἢ
ἀποκτεῖναι; οἱ δὲ ἐσιώπων. καὶ περιβλεψάμενος 5
αὐτοὺς μετ᾽ ὀργῆς, συλλυπούμενος ἐπὶ τῇ πωρωσει
τῆς καρδίας αὐτῶν, λέγει τῷ ἀνθρώπῳ, Ἔκτεινον
τὴν χεῖρά σου. καὶ ἐξέτεινε, καὶ ἀποκατεστάθη
ἡ χεὶρ αὐτοῦ **ὑγιὴς ὡς ἡ ἄλλη²**. καὶ ἐξελθόντες οἱ 6
Φαρισαῖοι εὐθέως μετὰ τῶν Ἡρωδιανῶν συμβού-
λιον ἐποίουν κατ᾽ αὐτοῦ, ὅπως αὐτὸν ἀπολέσωσι.

Καὶ ὁ Ἰησοῦς **ἀνεχώρησε μετὰ τῶν μαθητῶν αὐτοῦ**³ 7
πρὸς τὴν θάλασσαν· καὶ πολὺ πλῆθος ἀπὸ τῆς
Γαλιλαίας ἠκολούθησαν **αὐτῷ**⁴, καὶ ἀπὸ τῆς Ἰου-
δαίας, καὶ ἀπὸ Ἱεροσολύμων, καὶ ἀπὸ τῆς Ἰδου- 8
μαίας, καὶ πέραν τοῦ Ἰορδάνου, καὶ **οἱ**⁵ περὶ Τύρον
καὶ Σιδῶνα, πλῆθος πολύ, **ἀκούσαντες**⁶ ὅσα ἐποίει,
ἦλθον πρὸς αὐτόν. καὶ εἶπε τοῖς μαθηταῖς αὐτοῦ 9
ἵνα πλοιάριον προσκαρτερῇ αὐτῷ διὰ τὸν ὄχλον,
ἵνα μὴ θλίβωσιν αὐτόν. πολλοὺς γὰρ ἐθεράπευσεν, 10
ὥστε ἐπιπίπτειν αὐτῷ, ἵνα αὐτοῦ ἅψωνται, ὅσοι
εἶχον μάστιγας. καὶ τὰ πνεύματα τὰ ἀκάθαρτα, 11
ὅταν αὐτὸν ἐθεώρει, προσέπιπτεν αὐτῷ, καὶ ἔκραζε,
λέγοντα ὅτι Σὺ εἶ ὁ υἱὸς τοῦ Θεοῦ. καὶ πολλὰ 12
ἐπετίμα αὐτοῖς ἵνα μὴ αὐτὸν φανερὸν ποιήσωσι.

Καὶ ἀναβαίνει εἰς τὸ ὄρος, καὶ προσκαλεῖται 13
οὓς ἤθελεν αὐτός· καὶ ἀπῆλθον πρὸς αὐτόν. καὶ 14
ἐποίησε δώδεκα⁷, ἵνα ὦσι μετ᾽ αὐτοῦ, καὶ ἵνα
ἀποστέλλῃ αὐτοὺς κηρύσσειν καὶ ἔχειν ἐξουσίαν 15
θεραπεύειν τὰς νόσους, καὶ⁸ ἐκβάλλειν τὰ δαιμόνια·

---

¹ τὴν χεῖρα ἔχοντι ξηράν   ² *om.* ὑγιὴς ὡς ἡ ἄλλη   ³ μετὰ
τῶν μαθητῶν αὐτοῦ ἀνεχώρησε   ⁴ *om.* αὐτῷ   ⁵ *om.* οἱ
⁶ ἀκούοντες   ⁷ *Marg. adds* οὓς καὶ ἀποστόλους ὠνόμασεν
⁸ *om.* θεραπεύειν τὰς νόσους, καὶ

16, 17 "καὶ ἐπέθηκε τῷ Σίμωνι ὄνομα Πέτρον· καὶ Ἰά-
κωβον τὸν τοῦ Ζεβεδαίου, καὶ Ἰωάννην τὸν ἀδελ-
φὸν τοῦ Ἰακώβου· καὶ ἐπέθηκεν αὐτοῖς ὀνόματα
18 Βοανεργές, ὅ ἐστιν, Υἱοὶ βροντῆς· καὶ Ἀνδρέαν,
καὶ Φίλιππον, καὶ Βαρθολομαῖον, καὶ Ματθαῖον,
καὶ Θωμᾶν, καὶ Ἰάκωβον τὸν τοῦ Ἀλφαίου, καὶ
19 Θαδδαῖον, καὶ Σίμωνα τὸν Κανανίτην[10], καὶ Ἰούδαν
Ἰσκαριώτην, ὃς καὶ παρέδωκεν αὐτόν.
20   Καὶ ἔρχονται[11] εἰς οἶκον· καὶ συνέρχεται πάλιν
[12] ὄχλος, ὥστε μὴ δύνασθαι αὐτοὺς μήτε[13] ἄρτον
21 φαγεῖν. καὶ ἀκούσαντες οἱ παρ᾽ αὐτοῦ ἐξῆλθον
22 κρατῆσαι αὐτόν· ἔλεγον γὰρ ὅτι Ἐξέστη. καὶ οἱ
γραμματεῖς οἱ ἀπὸ Ἱεροσολύμων καταβάντες ἔλε-
γον ὅτι Βεελζεβοὺλ ἔχει, καὶ ὅτι Ἐν τῷ ἄρχοντι
23 τῶν δαιμονίων ἐκβάλλει τὰ δαιμόνια. καὶ προσ-
καλεσάμενος αὐτούς, ἐν παραβολαῖς ἔλεγεν αὐτοῖς,
24 Πῶς δύναται Σατανᾶς Σατανᾶν ἐκβάλλειν; καὶ
ἐὰν βασιλεία ἐφ᾽ ἑαυτὴν μερισθῇ, οὐ δύναται στα-
25 θῆναι ἡ βασιλεία ἐκείνη. καὶ ἐὰν οἰκία ἐφ᾽ ἑαυτὴν
26 μερισθῇ, οὐ δύναται[14] σταθῆναι ἡ οἰκία ἐκείνη. καὶ εἰ
ὁ Σατανᾶς ἀνέστη ἐφ᾽ ἑαυτὸν καὶ μεμέρισται[15], οὐ
27 δύναται σταθῆναι, ἀλλὰ τέλος ἔχει.   16 οὐ δύναται
οὐδεὶς τὸ σκεύη τοῦ ἰσχυροῦ, εἰσελθὼν εἰς τὴν οἰκίαν[17] αὐ-
τοῦ, διαρπάσαι, ἐὰν μὴ πρῶτον τὸν ἰσχυρὸν δήσῃ,
28 καὶ τότε τὴν οἰκίαν αὐτοῦ διαρπάσει. ἀμὴν λέγω
ὑμῖν, ὅτι πάντα ἀφεθήσεται τὰ ἁμαρτήματα τοῖς υἱοῖς
τῶν ἀνθρώπων[18], καὶ [19] βλασφημίαι ὅσας[20] ἂν βλασφη-
29 μήσωσιν· ὃς δ᾽ ἂν βλασφημήσῃ εἰς τὸ Πνεῦμα τὸ
Ἅγιον, οὐκ ἔχει ἄφεσιν εἰς τὸν αἰῶνα, ἀλλ᾽ ἔνοχός

---

9 *Marg.* adds καὶ ἐποίησε τοὺς δώδεκα·   10 Καναναῖον
11 ἔρχεται   12 add ὁ   13 μηδὲ   14 δυνήσεται   15 ἐμερίσθη
16 add ἀλλ᾽   17 εἰς τὴν οἰκίαν τοῦ ἰσχυροῦ εἰσελθών, τὰ σκεύη
18 τοῖς υἱοῖς τῶν ἀνθρώπων τὰ ἁμαρτήματα   19 add αἱ   20 ὅσα

ἐστιν αἰωνίου κρίσεως²¹. ὅτι ἔλεγον, Πνεῦμα ἀκά- 30
θαρτον ἔχει.

Ἔρχονται οὖν²² οἱ ἀδελφοὶ καὶ ἡ μήτηρ αὐτοῦ , καὶ 31
ἔξω ἑστῶτες ἀπέστειλαν πρὸς αὐτον, φωνοῦντες
αὐτόν. καὶ ἐκάθητο ὄχλος περὶ αὐτόν· εἶπον δὲ²⁴ 32
αὐτῷ, Ἰδού, ἡ μήτηρ σου καὶ οἱ ἀδελφοί σου ἔξω
ζητοῦσί σε. καὶ ἀπεκρίθη αὐτοῖς λέγων²⁵, Τίς ἐστιν 33
ἡ μήτηρ μου ἢ²⁶ οἱ ἀδελφοί μου ; καὶ περιβλεψά- 34
μενος κύκλῳ τοὺς περὶ αὐτὸν²⁷ καθημένους, λέγει, Ἴδε,
ἡ μήτηρ μου καὶ οἱ ἀδελφοί μου. ὃς γὰρ ἂν 35
ποιήσῃ τὸ θέλημα τοῦ Θεοῦ, οὗτος ἀδελφός μου
καὶ ἀδελφή μου²⁸ καὶ μήτηρ ἐστί.

Καὶ πάλιν ἤρξατο διδάσκειν παρὰ τὴν θάλασ- IV.
σαν. καὶ συνήχθη¹ πρὸς αὐτὸν ὄχλος πολύς², ὥστε
αὐτὸν ἐμβάντα εἰς τὸ πλοῖον³ καθῆσθαι ἐν τῇ θαλάσσῃ·
καὶ πᾶς ὁ ὄχλος πρὸς τὴν θάλασσαν ἐπὶ τῆς γῆς
ἦν⁴. καὶ ἐδίδασκεν αὐτοὺς ἐν παραβολαῖς πολλά, 2
καὶ ἔλεγεν αὐτοῖς ἐν τῇ διδαχῇ αὐτοῦ, Ἀκούετε 3
ἰδού, ἐξῆλθεν ὁ σπείρων τοῦ σπεῖραι· καὶ ἐγένετο 4
ἐν τῷ σπείρειν, ὃ μὲν ἔπεσε παρὰ τὴν ὁδόν, καὶ
ἦλθε τὰ πετεινὰ τοῦ οὐρανοῦ⁵ καὶ κατέφαγεν αὐτό
ἄλλο δὲ⁶ ἔπεσεν ἐπὶ τὸ πετρῶδες, ὅπου οὐκ εἶχε γῆν 5
πολλήν· καὶ εὐθέως ἐξανέτειλε, διὰ τὸ μὴ ἔχειν
βάθος γῆς· ἡλίου δὲ ἀνατείλαντος⁷ ἐκαυματίσθη, καὶ 6
διὰ τὸ μὴ ἔχειν ῥίζαν ἐξηράνθη. καὶ ἄλλο ἔπεσεν 7
εἰς τὰς ἀκάνθας, καὶ ἀνέβησαν αἱ ἄκανθαι, καὶ
συνέπνιξαν αὐτό, καὶ καρπὸν οὐκ ἔδωκε. καὶ ἄλλο⁸ 8

²¹ ἁμαρτήματος ²² Καὶ ἔρχονται ²³ ἡ μήτηρ αὐτοῦ
καὶ οἱ ἀδελφοὶ αὐτοῦ ²⁴ καὶ λέγουσιν ²⁵ ἀποκριθεὶς
αὐτοῖς λέγει ²⁶ καὶ ²⁷ τοὺς περὶ αὐτὸν κύκλῳ ²⁸ om.
μου ¹ συνάγεται ² πλεῖστος ³ εἰς πλοῖον ἐμβάντα
⁴ ἦσαν ⁵ om. τοῦ οὐρανοῦ ⁶ καὶ ἄλλο ⁷ καὶ ὅτε
ἀνέτειλεν ὁ ἥλιος ⁸ ἄλλα

ἔπεσεν εἰς τὴν γῆν τὴν καλήν· καὶ ἐδίδου καρπὸν
ἀναβαίνοντα καὶ αὐξάνοντα[9], καὶ ἔφερεν ἓν[10] τριά-
9 κοντα, καὶ ἓν[10] ἑξήκοντα, καὶ ἓν[10] ἑκατόν. καὶ ἔλεγεν
αὐτοῖς[11], Ὁ ἔχων[12] ὦτα ἀκούειν ἀκουέτω.
10 Ὅτε δὲ[13] ἐγένετο καταμόνας, ἠρώτησαν[14] αὐτὸν οἱ
11 περὶ αὐτὸν σὺν τοῖς δώδεκα τὴν παραβολήν[15]. καὶ
ἔλεγεν αὐτοῖς, Ὑμῖν δέδοται γνῶναι τὸ μυστήριον[16] τῆς
βασιλείας τοῦ Θεοῦ· ἐκείνοις δὲ τοῖς ἔξω, ἐν παρα-
12 βολαῖς τὰ πάντα γίνεται· ἵνα βλέποντες βλέπωσι,
καὶ μὴ ἴδωσι· καὶ ἀκούοντες ἀκούωσι, καὶ μὴ συν-
ιῶσι· μήποτε ἐπιστρέψωσι, καὶ ἀφεθῇ αὐτοῖς τὰ
13 ἁμαρτήματα[17]. καὶ λέγει αὐτοῖς, Οὐκ οἴδατε τὴν
παραβολὴν ταύτην; καὶ πῶς πάσας τὰς παραβο-
14 λὰς γνώσεσθε; ὁ σπείρων τὸν λόγον σπείρει.
15 οὗτοι δέ εἰσιν οἱ παρὰ τὴν ὁδόν, ὅπου σπείρεται
ὁ λόγος, καὶ ὅταν ἀκούσωσιν, εὐθέως· ἔρχεται ὁ
Σατανᾶς καὶ αἴρει τὸν λόγον τὸν ἐσπαρμένον ἐν
16 ταῖς καρδίαις αὐτῶν[18]. καὶ οὗτοί εἰσιν ὁμοίως οἱ ἐπὶ
τὰ πετρώδη σπειρόμενοι, οἵ, ὅταν ἀκούσωσι τὸν
17 λόγον, εὐθέως μετὰ χαρᾶς λαμβάνουσιν αὐτόν, καὶ
οὐκ ἔχουσι ῥίζαν ἐν ἑαυτοῖς, ἀλλὰ πρόσκαιροί
εἰσιν· εἶτα γενομένης θλίψεως ἢ διωγμοῦ διὰ τὸν
18 λόγον, εὐθέως σκανδαλίζονται. καὶ οὗτοί[19] εἰσιν οἱ
εἰς τὰς ἀκάνθας σπειρόμενοι*, [20] οἱ τὸν λόγον ἀκούον-
19 τες[21], καὶ αἱ μέριμναι τοῦ αἰῶνος τούτου[22], καὶ ἡ
ἀπάτη τοῦ πλούτου, καὶ αἱ περὶ τὰ λοιπὰ ἐπιθυ-
μίαι εἰσπορευόμεναι συμπνίγουσι τὸν λόγον, καὶ
20 ἄκαρπος γίνεται. καὶ οὗτοί[23] εἰσιν οἱ ἐπὶ τὴν γῆν

---

[9] αὐξανόμενα   [10] εἰς   [11] om. αὐτοῖς   [12] Ὃς ἔχει
[13] Καὶ ὅτε   [14] ἠρώτων   [15] τὰς παραβολάς   [16] τὸ
μυστήριον δέδοται   [17] om. τὰ ἁμαρτήματα   [18] εἰς αὐτούς
[19] ἄλλοι   [20] add οὗτοί εἰσιν   [21] ἀκούσαντες   [22] om: τούτου
[23] ἐκεῖνοι

τὴν καλὴν σπαρέντες, οἵτινες ἀκούουσι τὸν λόγον,
καὶ παραδέχονται, καὶ καρποφοροῦσιν, ἓν²⁴ τριά-
κοντα, καὶ ἓν ἑξήκοντα, καὶ ἓν ἑκατόν.

Καὶ ἔλεγεν αὐτοῖς, Μήτι ὁ λύχνος ἔρχεται ἵνα ²¹
ὑπὸ τὸν μόδιον τεθῇ ἢ ὑπὸ τὴν κλίνην, οὐχ ἵνα
ἐπὶ τὴν λυχνίαν ἐπιτεθῇ²⁵; οὐ γάρ ἐστί τι κρυπτόν, ²²
ὃ²⁶ ἐὰν μὴ²⁷ φανερωθῇ· οὐδὲ ἐγένετο ἀπόκρυφον,
ἀλλ᾽ ἵνα εἰς φανερὸν ἔλθῃ. εἴ τις ἔχει ὦτα ἀκούειν ²³
ἀκουέτω. καὶ ἔλεγεν αὐτοῖς, Βλέπετε τί ἀκούετε. ²⁴
ἐν ᾧ μέτρῳ μετρεῖτε μετρηθήσεται ὑμῖν, καὶ προσ-
τεθήσεται ὑμῖν τοῖς ἀκούουσιν²⁸. ὃς γὰρ ἂν ἔχῃ²⁹, ²⁵
δοθήσεται αὐτῷ· καὶ ὃς οὐκ ἔχει, καὶ ὃ ἔχει ἀρθή-
σεται ἀπ᾽ αὐτοῦ.

Καὶ ἔλεγεν, Οὕτως ἐστὶν ἡ βασιλεία τοῦ Θεοῦ, ²⁶
ὡς ἐὰν³⁰ ἄνθρωπος βάλῃ τὸν σπόρον ἐπὶ τῆς γῆς,
καὶ καθεύδῃ καὶ ἐγείρηται νύκτα καὶ ἡμέραν, καὶ ²⁷
ὁ σπόρος βλαστάνῃ καὶ μηκύνηται ὡς οὐκ οἶδεν
αὐτός. αὐτομάτη γὰρ³¹ ἡ γῆ καρποφορεῖ, πρῶτον ²⁸
χόρτον, εἶτα στάχυν, εἶτα πλήρη σῖτον ἐν τῷ
στάχυϊ. ὅταν δὲ παραδῷ ὁ καρπός, εὐθέως ἀπο- ²⁹
στέλλει τὸ δρέπανον, ὅτι παρέστηκεν ὁ θερισμός.

Καὶ ἔλεγε, Τίνι³² ὁμοιώσωμεν τὴν βασιλείαν ³⁰
τοῦ Θεοῦ; ἢ ἐν ποίᾳ παραβολῇ παραβάλωμεν αὐτήν³³; ὡς ³¹
κόκκῳ σινάπεως, ὅς, ὅταν σπαρῇ ἐπὶ τῆς γῆς,
μικρότερος³⁴ πάντων τῶν σπερμάτων ἐστὶ³⁵ τῶν ἐπὶ
τῆς γῆς· καὶ ὅταν σπαρῇ, ἀναβαίνει, καὶ γίνεται ³²
πάντων τῶν λαχάνων μείζων³⁶, καὶ ποιεῖ κλάδους μεγά-
λους, ὥστε δύνασθαι ὑπὸ τὴν σκιὰν αὐτοῦ τὰ πε-
τεινὰ τοῦ οὐρανοῦ κατασκηνοῦν.

---

²⁴ ἐν   ²⁵ τεθῇ   ²⁶ om. ὃ   ²⁷ add ἵνα   ²⁸ om.
τοῖς ἀκούουσιν   ²⁹ ἔχει   ³⁰ om. ἐὰν   ³¹ om. γὰρ   ³² Πῶς
³³ τίνι αὐτὴν παραβολῇ θῶμεν   ³⁴ μικρότερον ὂν   ³⁵ om.
ἐστὶ (...γῆς.)   ³⁶ μεῖζον πάντων τῶν λαχάνων

33 Καὶ τοιαύταις παραβολαῖς πολλαῖς ἐλάλει
34 αὐτοῖς τὸν λόγον, καθὼς ἠδύναντο ἀκούειν· χωρὶς
δὲ παραβολῆς οὐκ ἐλάλει αὐτοῖς· κατ᾽ ἰδίαν δὲ
τοῖς μαθηταῖς αὐτοῦ³⁷ ἐπέλυε πάντα.
35 Καὶ λέγει αὐτοῖς ἐν ἐκείνῃ τῇ ἡμέρᾳ, ὀψίας
36 γενομένης, Διέλθωμεν εἰς τὸ πέραν. καὶ ἀφέντες
τὸν ὄχλον, παραλαμβάνουσιν αὐτὸν ὡς ἦν ἐν τῷ
37 πλοίῳ. καὶ ἄλλα δὲ³⁸ πλοιάρια³⁹ ἦν μετ᾽ αὐτοῦ. καὶ
γίνεται λαῖλαψ ἀνέμου μεγάλη· τὰ δὲ⁴⁰ κύματα
ἐπέβαλλεν εἰς τὸ πλοῖον, ὥστε αὐτὸ ἤδη γεμίζεσθαι⁴¹.
38 καὶ ἦν αὐτὸς⁴² ἐπὶ⁴³ τῇ πρύμνῃ ἐπὶ τὸ προσκεφά-
λαιον καθεύδων· καὶ διεγείρουσιν⁴⁴ αὐτόν, καὶ λέγου-
σιν αὐτῷ, Διδάσκαλε, οὐ μέλει σοι ὅτι ἀπολλύ-
39 μεθα; καὶ διεγερθεὶς ἐπετίμησε τῷ ἀνέμῳ, καὶ
εἶπε τῇ θαλάσσῃ, Σιώπα, πεφίμωσο. καὶ ἐκόπα-
40 σεν ὁ ἄνεμος, καὶ ἐγένετο γαλήνη μεγάλη. καὶ
εἶπεν αὐτοῖς, Τί δειλοί ἐστε οὕτω; πῶς οὐκ⁴⁵ ἔχετε
41 πίστιν; καὶ ἐφοβήθησαν φόβον μέγαν, καὶ ἔλεγον
πρὸς ἀλλήλους, Τίς ἄρα οὗτός ἐστιν, ὅτι καὶ ὁ
ἄνεμος καὶ ἡ θάλασσα ὑπακούουσιν αὐτῷ;
V. Καὶ ἦλθον εἰς τὸ πέραν τῆς θαλάσσης, εἰς τὴν
2 χώραν τῶν Γαδαρηνῶν¹. καὶ ἐξελθόντι αὐτῷ² ἐκ τοῦ
πλοίου, εὐθέως ἀπήντησεν αὐτῷ ἐκ τῶν μνημείων
3 ἄνθρωπος ἐν πνεύματι ἀκαθάρτῳ, ὃς τὴν κατοίκησιν
εἶχεν ἐν τοῖς μνημείοις³· καὶ οὔτε⁴ ἁλύσεσιν⁵ οὐδεὶς
4 ἠδύνατο αὐτὸν δῆσαι, διὰ τὸ αὐτὸν πολλάκις πέδαις
καὶ ἁλύσεσι δεδέσθαι, καὶ διεσπᾶσθαι ὑπ᾽ αὐτοῦ
τὰς ἁλύσεις, καὶ τὰς πέδας συντετρίφθαι· καὶ οὐδεὶς

³⁷ ἰδίοις μαθηταῖς   ³⁸ om. δὲ   ³⁹ πλοῖα   ⁴⁰ καὶ τὰ
⁴¹ ἤδη γεμίζεσθαι το πλοῖον   ⁴² αὐτὸς ἦν   ⁴³ ἐν
⁴⁴ ἐγείρουσιν   ⁴⁵ ; οὔπω   ¹ Γερασηνῶν   ² ἐξελθόντος
αὐτοῦ   ³ μνήμασι   ⁴ οὐδὲ   ⁵ ἁλύσει
⁶ add οὐκέτι

αὐτὸν ἴσχυε δαμάσαι· καὶ διὰ παντός, νυκτὸς καὶ 5
ἡμέρας, ἐν τοῖς ὄρεσι καὶ ἐν τοῖς μνήμασιν⁷ ἦν κράζων
καὶ κατακόπτων ἑαυτὸν λίθοις. ἰδὼν δὲ⁸ τὸν Ἰησοῦν 6
ἀπὸ μακρόθεν, ἔδραμε καὶ προσεκύνησεν αὐτῷ, καὶ 7
κράξας φωνῇ μεγάλῃ εἶπε⁹, Τί ἐμοὶ καὶ σοί, Ἰησοῦ,
υἱὲ τοῦ Θεοῦ τοῦ ὑψίστου; ὁρκίζω σε τὸν Θεόν,
μή με βασανίσῃς. ἔλεγε γὰρ αὐτῷ, Ἔξελθε, τὸ 8
πνεῦμα τὸ ἀκάθαρτον, ἐκ τοῦ ἀνθρώπου. καὶ 9
ἐπηρώτα αὐτόν, Τί σοι ὄνομα; καὶ ἀπεκρίθη, λέγων¹⁰,
Λεγεὼν ὄνομά μοι, ὅτι πολλοί ἐσμεν. καὶ παρε- 10
κάλει αὐτὸν πολλά, ἵνα μὴ αὐτοὺς ἀποστείλῃ ἔξω
τῆς χώρας. ἦν δὲ ἐκεῖ πρὸς τὰ ὄρη¹¹ ἀγέλη χοίρων 11
μεγάλη βοσκομένη· καὶ παρεκάλεσαν αὐτὸν πάντες 12
οἱ δαίμονες¹², λέγοντες, Πέμψον ἡμᾶς εἰς τοὺς χοί-
ρους, ἵνα εἰς αὐτοὺς εἰσέλθωμεν. καὶ ἐπέτρεψεν 13
αὐτοῖς εὐθέως ὁ Ἰησοῦς¹³. καὶ ἐξελθόντα τὰ πνεύ-
ματα τὰ ἀκάθαρτα εἰσῆλθον εἰς τοὺς χοίρους· καὶ
ὥρμησεν ἡ ἀγέλη κατὰ τοῦ κρημνοῦ εἰς τὴν θά-
λασσαν· ἦσαν δὲ¹⁴ ὡς δισχίλιοι· καὶ ἐπνίγοντο ἐν τῇ
θαλάσσῃ. οἱ δὲ¹⁵ βόσκοντες τοὺς χοίρους¹⁶ ἔφυγον, 14
καὶ ἀνήγγειλαν¹⁷ εἰς τὴν πόλιν καὶ εἰς τοὺς ἀγρούς.
καὶ ἐξῆλθον¹⁸ ἰδεῖν τί ἐστι τὸ γεγονός· καὶ ἔρχονται 15
πρὸς τὸν Ἰησοῦν, καὶ θεωροῦσι τὸν δαιμονιζόμε-
νον καθήμενον καὶ¹⁹ ἱματισμένον καὶ σωφρονοῦντα,
τὸν ἐσχηκότα τὸν λεγεῶνα· καὶ ἐφοβήθησαν. καὶ 16
διηγήσαντο αὐτοῖς οἱ ἰδόντες πῶς ἐγένετο τῷ
δαιμονιζομένῳ, καὶ περὶ τῶν χοίρων. καὶ ἤρξαντο 17
παρακαλεῖν αὐτὸν ἀπελθεῖν ἀπὸ τῶν ὁρίων αὐτῶν.
καὶ ἐμβάντος²⁰ αὐτοῦ εἰς τὸ πλοῖον, παρεκάλει αὐτὸν 18

---

⁷ μνήμασι καὶ ἐν τοῖς ὄρεσιν.   ⁸ καὶ ἰδὼν   ⁹ λέγει
¹⁰ λέγει αὐτῷ   ¹¹ τῷ ὄρει   ¹² om. πάντες οἱ δαίμονες
¹³ om. εὐθέως ὁ Ἰησοῦς   ¹⁴ (,) om. ἦσαν δὲ   ¹⁵ καὶ οἱ   ¹⁶ αὐτοὺς
¹⁷ ἀπήγγειλαν   ¹⁸ ἦλθον   ¹⁹ om. καὶ   ²⁰ ἐμβαίνοντος

19 ὁ δαιμονισθείς, ἵνα ᾖ μετ᾽ αὐτοῦ. ὁ δὲ²¹ Ἰησοῦς²²
οὐκ ἀφῆκεν αὐτόν, ἀλλὰ λέγει αὐτῷ, Ὕπαγε εἰς
τὸν οἶκόν σου πρὸς τοὺς σούς, καὶ ἀνάγγειλον²³ αὐτοῖς
20 ὅσα σοι ὁ Κύριος ἐποίησε²⁴, καὶ ἠλέησέ σε. καὶ
ἀπῆλθε καὶ ἤρξατο κηρύσσειν ἐν τῇ Δεκαπόλει
ὅσα ἐποίησεν αὐτῷ ὁ Ἰησοῦς· καὶ πάντες ἐθαύ-
μαζον.
21 Καὶ διαπεράσαντος τοῦ Ἰησοῦ ἐν τῷ πλοίῳ
πάλιν εἰς τὸ πέραν, συνήχθη ὄχλος πολὺς ἐπ᾽
22 αὐτόν, καὶ ἦν παρὰ τὴν θάλασσαν. καὶ ἰδού²⁵,
ἔρχεται εἷς τῶν ἀρχισυναγώγων, ὀνόματι Ἰάειρος,
23 καὶ ἰδὼν αὐτόν, πίπτει πρὸς τοὺς πόδας αὐτοῦ, καὶ
παρεκάλει²⁶ αὐτὸν πολλά, λέγων ὅτι Τὸ θυγάτριόν
μου ἐσχάτως ἔχει· ἵνα ἐλθὼν ἐπιθῇς αὐτῇ τὰς
24 χεῖρας, ὅπως²⁷ σωθῇ καὶ ζήσεται²⁸. καὶ ἀπῆλθε μετ᾽
αὐτοῦ· καὶ ἠκολούθει αὐτῷ ὄχλος πολύς, καὶ συνέ-
θλιβον αὐτόν.
25 Καὶ γυνή τις²⁹ οὖσα ἐν ῥύσει αἵματος ἔτη δώ-
26 δεκα, καὶ πολλὰ παθοῦσα ὑπὸ πολλῶν ἰατρῶν, καὶ
δαπανήσασα τὰ παρ᾽ ἑαυτῆς πάντα, καὶ μηδὲν
ὠφεληθεῖσα, ἀλλὰ μᾶλλον εἰς τὸ χεῖρον ἐλθοῦσα,
27 ἀκούσασα³⁰ περὶ τοῦ Ἰησοῦ, ἐλθοῦσα ἐν τῷ ὄχλῳ
28 ὄπισθεν, ἥψατο τοῦ ἱματίου αὐτοῦ· ἔλεγε γὰρ
29 ὅτι Κἂν τῶν ἱματίων αὐτοῦ ἅψωμαι³¹, σωθήσομαι. καὶ
εὐθέως ἐξηράνθη ἡ πηγὴ τοῦ αἵματος αὐτῆς, καὶ
30 ἔγνω τῷ σώματι ὅτι ἴαται ἀπὸ τῆς μάστιγος· καὶ
εὐθέως ὁ Ἰησοῦς ἐπιγνοὺς ἐν ἑαυτῷ τὴν ἐξ αὐτοῦ
δύναμιν ἐξελθοῦσαν, ἐπιστραφεὶς ἐν τῷ ὄχλῳ, ἔλεγε,
31 Τίς μου ἥψατο τῶν ἱματίων; καὶ ἔλεγον αὐτῷ οἱ
μαθηταὶ αὐτοῦ, Βλέπεις τὸν ὄχλον συνθλίβοντά

---

²¹ καὶ   ²² om. Ἰησοῦς   ²³ ἀπάγγειλον   ²⁴ πεποίηκε
²⁵ om. ἰδού   ²⁶ παρακαλεῖ   ²⁷ ἵνα   ²⁸ ζήσῃ   ²⁹ (-νὴ) om.
τις   ³⁰ add τὰ   ³¹ Ἐὰν ἅψωμαι κἂν τῶν ἱματίων αὐτοῦ

σε, καὶ λέγεις, Τίς μου ἥψατο ; καὶ περιεβλέπετο 32
ἰδεῖν τὴν τοῦτο ποιήσασαν. ἡ δὲ γυνὴ φοβηθεῖσα 33
καὶ τρέμουσα, εἰδυῖα ὃ γέγονεν ἐπ᾽³² αὐτῇ, ἦλθε καὶ
προσέπεσεν αὐτῷ, καὶ εἶπεν αὐτῷ πᾶσαν τὴν ἀλή-
θειαν. ὁ δὲ εἶπεν αὐτῇ, Θύγατερ, ἡ πίστις σου 34
σέσωκέ σε· ὕπαγε εἰς εἰρήνην, καὶ ἴσθι ὑγιὴς ἀπὸ
τῆς μάστιγός σου.

Ἔτι αὐτοῦ λαλοῦντος, ἔρχονται ἀπὸ τοῦ ἀρχι- 35
συναγώγου, λέγοντες ὅτι Ἡ θυγάτηρ σου ἀπέθανε·
τί ἔτι σκύλλεις τὸν διδάσκαλον; ὁ δὲ Ἰησοῦς εὐθέως³³ 36
ἀκούσας³⁴ τὸν λόγον λαλούμενον λέγει τῷ ἀρχισυνα-
γώγῳ, Μὴ φοβοῦ, μόνον πίστευε. καὶ οὐκ ἀφῆκεν 37
οὐδένα αὐτῷ³⁵ συνακολουθῆσαι, εἰ μὴ Πέτρον καὶ
Ἰάκωβον καὶ Ἰωάννην τὸν ἀδελφὸν Ἰακώβου. καὶ 38
ἔρχεται³⁶ εἰς τὸν οἶκον τοῦ ἀρχισυναγώγου, καὶ θεωρεῖ
θόρυβον, καὶ * κλαίοντας καὶ ἀλαλάζοντας πολλά.
καὶ εἰσελθὼν λέγει αὐτοῖς, Τί θορυβεῖσθε καὶ 39
κλαίετε ; τὸ παιδίον οὐκ ἀπέθανεν, ἀλλὰ καθεύδει.
καὶ κατεγέλων αὐτοῦ. ὁ δὲ³⁷, ἐκβαλὼν ἅπαντας³⁸, 40
παραλαμβάνει τὸν πατέρα τοῦ παιδίου καὶ τὴν
μητέρα καὶ τοὺς μετ᾽ αὐτοῦ, καὶ εἰσπορεύεται ὅπου
ἦν τὸ παιδίον ἀνακείμενον³⁹. καὶ κρατήσας τῆς χειρὸς 41
τοῦ παιδίου, λέγει αὐτῇ, Ταλιθά, κοῦμι· ὅ ἐστι
μεθερμηνευόμενον, Τὸ κοράσιον, σοὶ λέγω, ἔγειραι.
καὶ εὐθέως ἀνέστη τὸ κοράσιον καὶ περιεπάτει, ἦν 42
γὰρ ἐτῶν δώδεκα· καὶ ἐξέστησαν⁴⁰ ἐκστάσει μεγά-
λῃ. καὶ διεστείλατο αὐτοῖς πολλὰ ἵνα μηδεὶς γνῷ 43
τοῦτο· καὶ εἶπε δοθῆναι αὐτῇ φαγεῖν.

Καὶ ἐξῆλθεν ἐκεῖθεν, καὶ ἦλθεν¹ εἰς τὴν πατρίδα VI.
αὐτοῦ· καὶ ἀκολουθοῦσιν αὐτῷ οἱ μαθηταὶ αὐτοῦ.

³² om. ἐπ᾽   ³³ om. εὐθέως   ³⁴ παρακούσας   ³⁵ μετ᾽
αὐτοῦ   ³⁶ ἔρχονται   ³⁷ αὐτὸς δέ   ³⁸ πάντας   ³⁹ om.
ἀνακείμενον   ⁴⁰ add εὐθὺς   ¹ ἔρχεται

2 καὶ γενομένου σαββάτου, ἤρξατο ἐν τῇ σιναγωγῇ
διδάσκειν· καὶ ²πολλοὶ ἀκούοντες ἐξεπλήσσοντο,
λέγοντες, Πόθεν τούτῳ ταῦτα; καὶ τίς ἡ σοφία ἡ
δοθεῖσα αὐτῷ³, ὅτι⁴ καὶ⁵ δυνάμεις τοιαῦται διὰ τῶν
3 χειρῶν αὐτοῦ γίνονται⁶; οὐκ οὗτός ἐστιν ὁ τέκτων,
ὁ υἱὸς Μαρίας, ἀδελφὸς δὲ⁷ Ἰακώβου καὶ Ἰωσῆ καὶ
Ἰούδα καὶ Σίμωνος; καὶ οὐκ εἰσὶν αἱ ἀδελφαὶ
αὐτοῦ ὧδε πρὸς ἡμᾶς; καὶ ἐσκανδαλίζοντο ἐν αὐτῷ.
4 ἔλεγε δὲ⁸ αὐτοῖς ὁ Ἰησοῦς ὅτι Οὐκ ἔστι προφήτης
ἄτιμος, εἰ μὴ ἐν τῇ πατρίδι αὐτοῦ, καὶ ἐν τοῖς
5 συγγενέσι⁹ καὶ ἐν τῇ οἰκίᾳ αὐτοῦ. καὶ οὐκ ἠδύνατο
ἐκεῖ οὐδεμίαν δύναμιν ποιῆσαι, εἰ μὴ ὀλίγοις ἀρρώ-
6 στοις ἐπιθεὶς τὰς χεῖρας, ἐθεράπευσε. καὶ ἐθαύμαζε
διὰ τὴν ἀπιστίαν αὐτῶν.
Καὶ περιῆγε τὰς κώμας κύκλῳ διδάσκων.
7 Καὶ προσκαλεῖται τοὺς δώδεκα, καὶ ἤρξατο
αὐτοὺς ἀποστέλλειν δύο δύο, καὶ ἐδίδου αὐτοῖς
8 ἐξουσίαν τῶν πνευμάτων τῶν ἀκαθάρτων. καὶ
παρήγγειλεν αὐτοῖς ἵνα μηδὲν αἴρωσιν εἰς ὁδόν,
εἰ μὴ ῥάβδον μόνον· μὴ πήραν, μὴ ἄρτον¹⁰, μὴ εἰς
9 τὴν ζώνην χαλκόν· ἀλλ᾽ ὑποδεδεμένους σανδάλια·
10 καὶ μὴ ἐνδύσασθαι¹¹ δύο χιτῶνας. καὶ ἔλεγεν αὐτοῖς,
Ὅπου ἐὰν εἰσέλθητε εἰς οἰκίαν, ἐκεῖ μένετε ἕως ἂν
11 ἐξέλθητε ἐκεῖθεν. καὶ ὅσοι ἂν μὴ δέξωνται¹² ὑμᾶς,
μηδὲ ἀκούσωσιν ὑμῶν, ἐκπορευόμενοι ἐκεῖθεν, ἐκτι-
νάξατε τὸν χοῦν τὸν ὑποκάτω τῶν ποδῶν ὑμῶν
εἰς μαρτύριον αὐτοῖς. ἀμὴν λέγω ὑμῖν, ἀνεκτότερον ἔσται
Σοδόμοις ἢ Γομόρροις ἐν ἡμέρᾳ κρίσεως, ἢ τῇ πόλει ἐκείνῃ¹³.
12, 13 καὶ ἐξελθόντες ἐκήρυσσον¹⁴ ἵνα μετανοήσωσι· καὶ

---

² *Marg. adds* οἱ   ³ τούτῳ   ⁴ *om.* ὅτι   ⁵ *add* αἱ
⁶ γινόμεναι   ⁷ καὶ ἀδελφὸς   ⁸ καὶ ἔλεγεν   ⁹ *add* (ν) αὐτοῦ
¹⁰ ἄρτον, μὴ πήραν   ¹¹ ἐνδύσησθε   ¹² ὃς ἂν τόπος μὴ
δέξηται   ¹³ *om.* ἀμὴν λέγω *to end of ver.* 11   ¹⁴ ἐκήρυξαν

δαιμόνια πολλὰ ἐξέβαλλον, καὶ ἤλειφον ἐλαίῳ
πολλοὺς ἀρρώστους καὶ ἐθεράπευον.

Καὶ ἤκουσεν ὁ βασιλεὺς Ἡρώδης, φανερὸν γὰρ 14
ἐγένετο τὸ ὄνομα αὐτοῦ, καὶ ἔλεγεν[15] ὅτι Ἰωάννης
ὁ βαπτίζων ἐκ νεκρῶν ἠγέρθη[16], καὶ διὰ τοῦτο ἐνερ-
γοῦσιν αἱ δυνάμεις ἐν αὐτῷ. ἄλλοι[17] ἔλεγον ὅτι 15
Ἠλίας ἐστίν· ἄλλοι δὲ ἔλεγον ὅτι Προφήτης
ἐστίν[18], ἢ[19] ὡς εἷς τῶν προφητῶν. ἀκούσας δὲ ὁ 16
Ἡρώδης εἶπεν[20] ὅτι[21] Ὃν ἐγὼ ἀπεκεφάλισα Ἰωάννην,
οὗτός ἐστιν· αὐτὸς[22] ἠγέρθη ἐκ νεκρῶν[23]. αὐτὸς γὰρ ὁ 17
Ἡρώδης ἀποστείλας ἐκράτησε τὸν Ἰωάννην, καὶ
ἔδησεν αὐτὸν ἐν τῇ[24] φυλακῇ, διὰ Ἡρωδιάδα τὴν
γυναῖκα Φιλίππου τοῦ ἀδελφοῦ αὐτοῦ, ὅτι αὐτὴν
ἐγάμησεν. ἔλεγε γὰρ ὁ Ἰωάννης τῷ Ἡρώδῃ ὅτι 18
Οὐκ ἔξεστί σοι ἔχειν τὴν γυναῖκα τοῦ ἀδελφοῦ σου.
ἡ δὲ Ἡρωδιὰς ἐνεῖχεν αὐτῷ, καὶ ἤθελεν αὐτὸν 19
ἀποκτεῖναι· καὶ οὐκ ἠδύνατο· ὁ γὰρ Ἡρώδης ἐφο- 20
βεῖτο τὸν Ἰωάννην, εἰδὼς αὐτὸν ἄνδρα δίκαιον καὶ
ἅγιον, καὶ συνετήρει αὐτόν· καὶ ἀκούσας αὐτοῦ,
πολλὰ ἐποίει[25], καὶ ἡδέως αὐτοῦ ἤκουε. καὶ γενο- 21
μένης ἡμέρας εὐκαίρου, ὅτε Ἡρώδης τοῖς γενεσίοις
αὐτοῦ δεῖπνον ἐποίει[26] τοῖς μεγιστᾶσιν αὐτοῦ καὶ
τοῖς χιλιάρχοις καὶ τοῖς πρώτοις τῆς Γαλιλαίας,
καὶ εἰσελθούσης τῆς θυγατρὸς αὐτῆς τῆς[27] Ἡρω- 22
διάδος καὶ ὀρχησαμένης, καὶ ἀρεσάσης[28] τῷ Ἡρώδῃ
καὶ τοῖς συνανακειμένοις, εἶπεν ὁ βασιλεὺς[29] τῷ
κορασίῳ, Αἴτησόν με ὃ ἐὰν θέλῃς, καὶ δώσω σοί·
καὶ ὤμοσεν αὐτῇ ὅτι Ὃ ἐάν με αἰτήσῃς, δώσω σοί, 23

---

[15] Marg. ἔλεγον   [16] ἐγήγερται ἐκ νεκρῶν   [17] add δὲ
[18] om. ἐστίν   [19] om. ἢ   [20] ἔλεγεν   [21] om. ὅτι
[22] om. ἐστιν· αὐτὸς   [23] om. ἐκ νεκρῶν   [24] om. τῇ   [25] ἠπόρει
text, not marg.   [26] ἐποίησε   [27] Marg. αὐτοῦ   [28] ἤρεσε
[29] · ὁ δὲ βασιλεὺς εἶπε

24 ἕως ἡμίσους τῆς βασιλείας μου. ἡ δὲ[30] ἐξελθοῦσα
εἶπε τῇ μητρὶ αὐτῆς, Τί αἰτήσομαι[31]; ἡ δὲ εἶπε,
25 Τὴν κεφαλὴν Ἰωάννου τοῦ Βαπτιστοῦ[32]. καὶ εἰσελ-
θοῦσα εὐθέως μετὰ σπουδῆς πρὸς τὸν βασιλέα,
ᾐτήσατο, λέγουσα, Θέλω ἵνα μοι δῷς ἐξαυτῆς[33] ἐπὶ
26 πίνακι τὴν κεφαλὴν Ἰωάννου τοῦ Βαπτιστοῦ. καὶ
περίλυπος γενόμενος ὁ βασιλεύς, διὰ τοὺς ὅρκους
καὶ τοὺς συνανακειμένους[34] οὐκ ἠθέλησεν αὐτὴν ἀθε-
27 τῆσαι. καὶ εὐθέως ἀποστείλας ὁ βασιλεὺς σπεκου-
λάτωρα ἐπέταξεν ἐνεχθῆναι[35] τὴν κεφαλὴν αὐτοῦ. ὁ
δὲ[36] ἀπελθὼν ἀπεκεφάλισεν αὐτὸν ἐν τῇ φυλακῇ,
28 καὶ ἤνεγκε τὴν κεφαλὴν αὐτοῦ ἐπὶ πίνακι, καὶ
ἔδωκεν αὐτὴν τῷ κορασίῳ· καὶ τὸ κοράσιον ἔδωκεν
29 αὐτὴν τῇ μητρὶ αὐτῆς. καὶ ἀκούσαντες οἱ μαθηταὶ
αὐτοῦ ἦλθον, καὶ ἦραν τὸ πτῶμα αὐτοῦ, καὶ ἔθηκαν
αὐτὸ ἐν μνημείῳ.
30 Καὶ συνάγονται οἱ ἀπόστολοι πρὸς τὸν Ἰησοῦν,
καὶ ἀπήγγειλαν αὐτῷ πάντα, καὶ[37] ὅσα ἐποίησαν
31 καὶ ὅσα ἐδίδαξαν. καὶ εἶπεν[38] αὐτοῖς, Δεῦτε ὑμεῖς
αὐτοὶ κατ᾽ ἰδίαν εἰς ἔρημον τόπον, καὶ ἀναπαύεσθε[39]
ὀλίγον. ἦσαν γὰρ οἱ ἐρχόμενοι καὶ οἱ ὑπάγοντες
32 πολλοί, καὶ οὐδὲ φαγεῖν ηὐκαίρουν. καὶ ἀπῆλθον
33 εἰς ἔρημον τόπον τῷ πλοίῳ[40] κατ᾽ ἰδίαν. καὶ εἶδον
αὐτοὺς ὑπάγοντας οἱ ὄχλοι[41], καὶ ἐπέγνωσαν αὐτὸν[42]
πολλοί, καὶ πεζῇ ἀπὸ πασῶν τῶν πόλεων συνέ-
δραμον ἐκεῖ, καὶ προῆλθον αὐτούς, καὶ συνῆλθον πρὸς
34 αὐτόν[43]. καὶ ἐξελθὼν εἶδεν ὁ Ἰησοῦς[44] πολὺν ὄχλον,
καὶ ἐσπλαγχνίσθη ἐπ᾽ αὐτοῖς[45], ὅτι ἦσαν ὡς πρό-

---

30 καὶ　　31 αἰτήσωμαι　　32 βαπτίζοντος　　33 ἐξαυτῆς
δῷς μοι　　34 ἀνακειμένους　　35 ἐνέγκαι　　36 καὶ　　37 om.
καὶ　　38 λέγει　　39 ἀναπαύσασθε　　40 ἐν τῷ πλοίῳ εἰς
ἔρημον τόπον　　41 om. οἱ ὄχλοι　　42 om. αὐτὸν　　43 om.
, καὶ συνῆλθον πρὸς αὐτόν　　44 om. (ν) ὁ Ἰησοῦς　　45 αὐτούς

βατα μὴ ἔχοντα ποιμένα· καὶ ἤρξατο διδάσκειν
αὐτοὺς πολλά. καὶ ἤδη ὥρας πολλῆς γενομένης, 35
προσελθόντες αὐτῷ οἱ μαθηταὶ αὐτοῦ λέγουσιν[46]
ὅτι Ἔρημός ἐστιν ὁ τόπος, καὶ ἤδη ὥρα πολλή·
ἀπόλυσον αὐτούς, ἵνα ἀπελθόντες εἰς τοὺς κύκλῳ 36
ἀγροὺς καὶ κώμας ἀγοράσωσιν ἑαυτοῖς ἄρτους.[47] τί
γὰρ[48] φάγωσιν οὐκ ἔχουσιν[49]. ὁ δὲ ἀποκριθεὶς εἶπεν 37
αὐτοῖς, Δότε αὐτοῖς ὑμεῖς φαγεῖν. καὶ λέγουσιν
αὐτῷ, Ἀπελθόντες ἀγοράσωμεν διακοσίων δηνα-
ρίων ἄρτους, καὶ δῶμεν[50] αὐτοῖς φαγεῖν; ὁ δὲ 38
λέγει αὐτοῖς, Πόσους ἄρτους ἔχετε; ὑπάγετε καὶ[51]
ἴδετε. καὶ γνόντες λέγουσι, Πέντε, καὶ δύο ἰχθύας.
καὶ ἐπέταξεν αὐτοῖς ἀνακλῖναι[52] πάντας συμπόσια 39
συμπόσια ἐπὶ τῷ χλωρῷ χόρτῳ. καὶ ἀνέπεσον 40
πρασιαὶ πρασιαί, ἀνὰ ἑκατὸν καὶ ἀνὰ πεντήκοντα.
καὶ λαβὼν τοὺς πέντε ἄρτους καὶ τοὺς δύο ἰχθύας, 41
ἀναβλέψας εἰς τὸν οὐρανόν, εὐλόγησε, καὶ κατέ-
κλασε τοὺς ἄρτους, καὶ ἐδίδου τοῖς μαθηταῖς αὐτοῦ[53]
ἵνα παραθῶσιν αὐτοῖς· καὶ τοὺς δύο ἰχθύας ἐμέ-
ρισε πᾶσι. καὶ ἔφαγον πάντες, καὶ ἐχορτάσθησαν· 42
καὶ ἦραν κλασμάτων[54] δώδεκα κοφίνους[55] πλήρεις[56], καὶ 43
ἀπὸ τῶν ἰχθύων. καὶ ἦσαν οἱ φαγόντες τοὺς 44
ἄρτους ὡσεὶ[57] πεντακισχίλιοι ἄνδρες.

Καὶ εὐθέως ἠνάγκασε τοὺς μαθητὰς αὐτοῦ ἐμ- 45
βῆναι εἰς τὸ πλοῖον, καὶ προάγειν εἰς τὸ πέραν
πρὸς Βηθσαϊδά*, ἕως αὐτὸς ἀπολύσῃ[58] τὸν ὄχλον.
καὶ ἀποταξάμενος αὐτοῖς, ἀπῆλθεν εἰς τὸ ὄρος 46
προσεύξασθαι. καὶ ὀψίας γενομένης, ἦν τὸ πλοῖον 47
ἐν μέσῳ τῆς θαλάσσης, καὶ αὐτὸς μόνος ἐπὶ τῆς

---

[46] ἔλεγον   [47] om. ἄρτους.   [48] om. γὰρ   [49] om. οὐκ
ἔχουσιν   [50] δώσομεν   [51] om. καὶ   [52] ἀνακλιθῆναι
[53] om. αὐτοῦ   [54] κλάσματα   [55] κοφίνων   [56] πληρώματα
[57] om. ὡσεὶ   [58] ἀπολύει

48 γῆς. καὶ εἶδεν αὐτοὺς βασανιζομένους ἐν τῷ
ἐλαύνειν, ἦν γὰρ ὁ ἄνεμος ἐναντίος αὐτοῖς, καὶ⁶⁰.
περὶ τετάρτην φυλακὴν τῆς νυκτὸς ἔρχεται πρὸς
αὐτούς, περιπατῶν ἐπὶ τῆς θαλάσσης· καὶ ἤθελε
49 παρελθεῖν αὐτούς. οἱ δέ, ἰδόντες αὐτὸν περιπατοῦντα
ἐπὶ τῆς θαλάσσης⁶¹, ἔδοξαν φάντασμα εἶναι καὶ ἀνέ-
50 κραξαν· πάντες γὰρ αὐτὸν εἶδον, καὶ ἐταράχθησαν.
καὶ εὐθέως⁶³ ἐλάλησε μετ᾽ αὐτῶν, καὶ λέγει αὐτοῖς,
51 Θαρσεῖτε· ἐγώ εἰμι, μὴ φοβεῖσθε. καὶ ἀνέβη πρὸς
αὐτοὺς εἰς τὸ πλοῖον. καὶ ἐκόπασεν ὁ ἄνεμος· καὶ
λίαν ἐκ περισσοῦ⁶⁴ ἐν ἑαυτοῖς ἐξίσταντο, καὶ ἐθαύμα-
52 ζον⁶⁵. οὐ γὰρ συνῆκαν ἐπὶ τοῖς ἄρτοις· ἦν γὰρ⁶⁶
ἡ καρδία αὐτῶν πεπωρωμένη.
53 Καὶ διαπεράσαντες ἦλθον ἐπὶ τὴν γῆν⁶⁷ Γεννησα-
54 ρέτ*, καὶ προσωρμίσθησαν. καὶ ἐξελθόντων αὐ-
55 τῶν ἐκ τοῦ πλοίου, εὐθέως ἐπιγνόντες αὐτόν, περι-
δραμόντες⁶⁸ ὅλην τὴν περίχωρον⁶⁹ ἐκείνην,⁷⁰ ἤρξαντο ἐπὶ
τοῖς κραββάτοις τοὺς κακῶς ἔχοντας περιφέρειν,
56 ὅπου ἤκουον ὅτι ἐκεῖ⁷¹ ἐστι. καὶ ὅπου ἂν εἰσεπο-
ρεύετο εἰς κώμας ἢ⁷² πόλεις ἢ⁷² ἀγρούς, ἐν ταῖς
ἀγοραῖς ἐτίθουν τοὺς ἀσθενοῦντας, καὶ παρεκάλουν
αὐτὸν ἵνα κἂν τοῦ κρασπέδου τοῦ ἱματίου αὐτοῦ
ἅψωνται· καὶ ὅσοι ἂν ἥπτοντο αὐτοῦ ἐσώζοντο.

VII. Καὶ συνάγονται πρὸς αὐτὸν οἱ Φαρισαῖοι, καὶ
τινες τῶν γραμματέων, ἐλθόντες ἀπὸ Ἱεροσολύμων·
2 καὶ ἰδόντες τινὰς τῶν μαθητῶν αὐτοῦ¹ κοιναῖς
χερσί, τοῦτ᾽ ἔστιν ἀνίπτοις, ἐσθίοντας² ³ἄρτους ἐμέμ-
3 ψαντο⁴. οἱ γὰρ Φαρισαῖοι καὶ πάντες οἱ Ἰουδαῖοι,

---

⁵⁹ ἰδὼν   ⁶⁰ om. καὶ   ⁶¹ ἐπὶ τῆς θαλάσσης περιπατοῦντα
⁶² ὅτι φάντασμά ἐστι   ⁶³ ὁ δὲ εὐθὺς   ⁶⁴ om. ἐκ περισσοῦ
⁶⁵ om. καὶ ἐθαύμαζον   ⁶⁶ ἀλλ᾽ ἦν   ⁶⁷ ἐπὶ τὴν γῆν ἦλθον εἰς
⁶⁸ περιέδραμον   ⁶⁹ χώραν   ⁷⁰ add καὶ   ⁷¹ om. ἐκεῖ
⁷² add εἰς   ⁷³ ἥψαντο   ¹ add ὅτι   ² ἐσθίουσι
³ add τοὺς   ⁴ om. ἐμέμψαντο (with, for · at end of ver. 1).

ἐὰν μὴ πυγμῇ νίψωνται τὰς χεῖρας, οὐκ ἐσθίουσι,
κρατοῦντες τὴν παράδοσιν τῶν πρεσβυτέρων· καὶ 4
ἀπὸ ἀγορᾶς, ἐὰν μὴ βαπτίσωνται⁵, οὐκ ἐσθίουσι· καὶ
ἄλλα πολλά ἐστιν ἃ παρέλαβον κρατεῖν, βαπτισ-
μοὺς ποτηρίων καὶ ξεστῶν καὶ χαλκίων καὶ κλινῶν⁶.
ἔπειτα⁷ ἐπερωτῶσιν αὐτὸν οἱ Φαρισαῖοι καὶ οἱ γραμ- 5
ματεῖς, Διατί οἱ μαθηταί σου οὐ περιπατοῦσι κατὰ
τὴν παράδοσιν τῶν πρεσβυτέρων, ἀλλὰ ἀνίπτοις⁸
χερσὶν ἐσθίουσι τὸν ἄρτον; ὁ δὲ ἀποκριθεὶς⁹ εἶπεν 6
αὐτοῖς ὅτι Καλῶς προεφήτευσεν Ἡσαΐας περὶ
ὑμῶν τῶν ὑποκριτῶν, ὡς γέγραπται, Οὗτος ὁ λαὸς
τοῖς χείλεσί με τιμᾷ, ἡ δὲ καρδία αὐτῶν πόρρω
ἀπέχει ἀπ' ἐμοῦ. μάτην δὲ σέβονταί με, διδάσ- 7
κοντες διδασκαλίας ἐντάλματα ἀνθρώπων. ἀφέν- 8
τες γὰρ¹⁰ τὴν ἐντολὴν τοῦ Θεοῦ, κρατεῖτε τὴν παρά-
δοσιν τῶν ἀνθρώπων, βαπτισμοὺς ξεστῶν καὶ ποτηρίων·
καὶ ἄλλα παρόμοια τοιαῦτα πολλὰ ποιεῖτε¹¹ καὶ ἔλεγεν 9
αὐτοῖς, Καλῶς ἀθετεῖτε τὴν ἐντολὴν τοῦ Θεοῦ, ἵνα
τὴν παράδοσιν ὑμῶν τηρήσητε. Μωσῆς γὰρ εἶπε, 10
Τίμα τὸν πατέρα σου καὶ τὴν μητέρα σου· καί,
Ὁ κακολογῶν πατέρα ἢ μητέρα θανάτῳ τελευτάτω·
ὑμεῖς δὲ λέγετε, Ἐὰν εἴπῃ ἄνθρωπος τῷ πατρὶ ἢ 11
τῇ μητρί, Κορβᾶν, ὅ ἐστι, δῶρον, ὃ ἐὰν ἐξ ἐμοῦ
ὠφεληθῇς· καὶ¹² οὐκέτι ἀφίετε αὐτὸν οὐδὲν ποιῆσαι 12
τῷ πατρὶ αὐτοῦ ἢ τῇ μητρὶ αὐτοῦ, ἀκυροῦντες τὸν 13
λόγον τοῦ Θεοῦ τῇ παραδόσει ὑμῶν ᾗ παρεδώ-
κατε· καὶ παρόμοια τοιαῦτα πολλὰ ποιεῖτε. καὶ 14
προσκαλεσάμενος πάντα¹³ τὸν ὄχλον, ἔλεγεν αὐτοῖς,
Ἀκούετέ μου πάντες, καὶ συνίετε. οὐδέν ἐστιν 15

---

⁵ *Marg.* ῥαντίσωνται   ⁶ *om.* καὶ κλινῶν *text, not marg.*
⁷ καὶ   ⁸ κοιναῖς   ⁹ *om.* ἀποκριθεὶς   ¹⁰ *om.* γὰρ
¹¹ *om.* βαπτισμοὺς ξεστῶν *to end of ver.* 8   ¹² (, *for* ·)
om. καὶ   ¹³ πάλιν

ἔξωθεν τοῦ ἀνθρώπου εἰσπορευόμενον εἰς αὐτόν,
ὃ δύναται αὐτὸν κοινῶσαι· ἀλλὰ τὰ ἐκπορευόμενα ἀπ'
16 αὐτοῦ[14], ἐκεῖνά[15] ἐστι τὰ κοινοῦντα τὸν ἄνθρωπον. [16] εἴ
17 τις ἔχει ὦτα ἀκούειν ἀκουέτω. καὶ ὅτε εἰσῆλθεν εἰς
οἶκον ἀπὸ τοῦ ὄχλου, ἐπηρώτων αὐτὸν οἱ μαθηταὶ
18 αὐτοῦ περὶ τῆς παραβολῆς[17]. καὶ λέγει αὐτοῖς, Οὕτω
καὶ ὑμεῖς ἀσύνετοί ἐστε; οὐ νοεῖτε ὅτι πᾶν τὸ ἔξω-
θεν εἰσπορευόμενον εἰς τὸν ἄνθρωπον οὐ δύναται
19 αὐτὸν κοινῶσαι, ὅτι οὐκ εἰσπορεύεται αὐτοῦ εἰς
τὴν καρδίαν, ἀλλ' εἰς τὴν κοιλίαν· καὶ εἰς τὸν
ἀφεδρῶνα ἐκπορεύεται, καθαρίζον[18] πάντα τὰ βρώ-
20 ματα. ἔλεγε δὲ ὅτι Τὸ ἐκ τοῦ ἀνθρώπου ἐκπο-
21 ρευόμενον, ἐκεῖνο κοινοῖ τὸν ἄνθρωπον. ἔσωθεν
γάρ, ἐκ τῆς καρδίας τῶν ἀνθρώπων, οἱ διαλογισμοὶ
22 οἱ κακοὶ ἐκπορεύονται, μοιχεῖαι, πορνεῖαι, φόνοι, κλοπαί[19],
πλεονεξίαι, πονηρίαι, δόλος, ἀσέλγεια, ὀφθαλμὸς
23 πονηρός, βλασφημία, ὑπερηφανία, ἀφροσύνη· πάν-
τα ταῦτα τὰ πονηρὰ ἔσωθεν ἐκπορεύεται, καὶ κοινοῖ
τὸν ἄνθρωπον.
24 Καὶ ἐκεῖθεν[20] ἀναστὰς ἀπῆλθεν εἰς τὰ μεθόρια
Τύρου καὶ Σιδῶνος[21]. καὶ εἰσελθὼν εἰς τὴν[22] οἰκίαν,
οὐδένα ἤθελε γνῶναι, καὶ οὐκ ἠδυνήθη λαθεῖν.
25 ἀκούσασα γὰρ[23] γυνὴ περὶ αὐτοῦ, ἧς εἶχε τὸ θυγά-
τριον αὐτῆς πνεῦμα ἀκάθαρτον, ἐλθοῦσα προσέπεσε
26 πρὸς τοὺς πόδας αὐτοῦ· ἦν δὲ ἡ γυνὴ Ἑλληνίς,
Συροφοίνισσα τῷ γένει· καὶ ἠρώτα αὐτὸν ἵνα τὸ
27 δαιμόνιον ἐκβάλλῃ ἐκ τῆς θυγατρὸς αὐτῆς. ὁ δὲ
Ἰησοῦς εἶπεν[24] αὐτῇ, Ἄφες πρῶτον χορτασθῆναι τὰ

---

[14] ἐκ τοῦ ἀνθρώπου ἐκπορευόμενα   [15] om. ἐκεῖνά   [16] om.
ver. 16 text, not marg.   [17] τὴν παραβολὴν   [18] (;) καθαρίζων
[19] πορνεῖαι, κλοπαί, φόνοι, μοιχεῖαι   [20] Ἐκεῖθεν δὲ   [21] Marg.
om. καὶ Σιδῶνος   [22] om. τὴν   [23] ἀλλ' εὐθὺς ἀκούσασα
[24] καὶ ἔλεγεν

τέκνα· οὐ γὰρ καλόν ἐστι λαβεῖν τὸν ἄρτον τῶν
τέκνων καὶ βαλεῖν τοῖς κυναρίοις. ἡ δὲ ἀπεκρίθη 28
καὶ λέγει αὐτῷ, Ναί, Κύριε· καὶ γὰρ²⁵ τὰ κυναρια
ὑποκάτω τῆς τραπέζης ἐσθίει ἀπὸ τῶν ψιχίων τῶν
παιδίων. καὶ εἶπεν αὐτῇ, Διὰ τοῦτον τὸν λόγον 29
ὕπαγε· ἐξελήλυθε τὸ δαιμόνιον ἐκ τῆς θυγατρός
σου. καὶ ἀπελθοῦσα εἰς τὸν οἶκον αὐτῆς, εὗρε τὸ 30
δαιμόνιον ἐξεληλυθός, καὶ τὴν θυγατέρα βεβλημένην ἐπὶ τῆς
κλίνης²⁶.

Καὶ πάλιν ἐξελθὼν ἐκ τῶν ὁρίων Τύρου καὶ 31
Σιδῶνος, ἦλθε πρὸς²⁷ τὴν θάλασσαν τῆς Γαλιλαίας,
ἀνὰ μέσον τῶν ὁρίων Δεκαπόλεως. καὶ φέρουσιν 32
αὐτῷ κωφὸν²⁸ μογιλάλον, καὶ παρακαλοῦσιν αὐτὸν
ἵνα ἐπιθῇ αὐτῷ τὴν χεῖρα. καὶ ἀπολαβόμενος 33
αὐτὸν ἀπὸ τοῦ ὄχλου κατ᾽ ἰδίαν, ἔβαλε τοὺς δακ-
τύλους αὐτοῦ εἰς τὰ ὦτα αὐτοῦ, καὶ πτύσας ἥψατο
τῆς γλώσσης αὐτοῦ, καὶ ἀναβλέψας εἰς τὸν οὐρα- 34
νόν, ἐστέναξε, καὶ λέγει αὐτῷ, Ἐφφαθά, ὅ ἐστι,
Διανοίχθητι. καὶ εὐθέως²⁹ διηνοίχθησαν αὐτοῦ αἱ 35
ἀκοαί· καὶ ἐλύθη ὁ δεσμὸς τῆς γλώσσης αὐτοῦ, καὶ
ἐλάλει ὀρθῶς. καὶ διεστείλατο αὐτοῖς ἵνα μηδενὶ 36
εἴπωσιν· ὅσον δὲ αὐτὸς αὐτοῖς διεστέλλετο, μᾶλλον
περισσότερον ἐκήρυσσον. καὶ ὑπερπερισσῶς ἐξε- 37
πλήσσοντο, λέγοντες, Καλῶς πάντα πεποίηκε· καὶ
τοὺς κωφοὺς ποιεῖ ἀκούειν, καὶ τοὺς³⁰ ἀλάλους
λαλεῖν.

Ἐν ἐκείναις ταῖς ἡμέραις, παμπόλλου¹ ὄχλου ὄν- VIII.
τος, καὶ μὴ ἐχόντων τί φάγωσι, προσκαλεσάμενος
ὁ Ἰησοῦς² τοὺς μαθητὰς αὐτοῦ λέγει αὐτοῖς, Σπλαγ- 2

---

²⁵ om. γὰρ   ²⁶ τὸ παιδίον βεβλημένον ἐπὶ τὴν κλίνην, καὶ
τὸ δαιμόνιον ἐξεληλυθός   ²⁷ ἦλθε διὰ Σιδῶνος εἰς   ²⁸ add
καὶ   ²⁹ om. εὐθέως   ³⁰ om. τοὺς   ¹ πάλιν πολλοῦ
² om. ὁ Ἰησοῦς

χνίζομαι ἐπὶ τὸν ὄχλον· ὅτι ἤδη ἡμέρας τρεῖς
3 προσμένουσί μοι, καὶ οὐκ ἔχουσι τί φάγωσι· καὶ
ἐὰν ἀπολύσω αὐτοὺς νήστεις εἰς οἶκον αὐτῶν, ἐκλυ-
θήσονται ἐν τῇ ὁδῷ· τινὲς γὰρ⁴ αὐτῶν⁵ μακρόθεν
4 ἥκασι. καὶ ἀπεκρίθησαν αὐτῷ οἱ μαθηταὶ αὐτοῦ,
Πόθεν τούτους δυνήσεταί τις ὧδε χορτάσαι ἄρτων
5 ἐπ᾽ ἐρημίας; καὶ ἐπηρώτα αὐτούς, Πόσους ἔχετε
6 ἄρτους; οἱ δὲ εἶπον, Ἑπτά. καὶ παρήγγειλε⁶ τῷ
ὄχλῳ ἀναπεσεῖν ἐπὶ τῆς γῆς· καὶ λαβὼν τοὺς ἑπτὰ
ἄρτους, εὐχαριστήσας ἔκλασε καὶ ἐδίδου τοῖς μα-
θηταῖς αὐτοῦ, ἵνα παραθῶσι· καὶ παρέθηκαν τῷ
7 ὄχλῳ. καὶ εἶχον ἰχθύδια ὀλίγα· καὶ εὐλογήσας⁷
8 εἶπε παραθεῖναι καὶ αὐτά᾽. ἔφαγον δέ⁹, καὶ ἐχορ-
τάσθησαν· καὶ ἦραν περισσεύματα κλασμάτων
9 ἑπτὰ σπυρίδας. ἦσαν δὲ οἱ φαγόντες¹⁰ ὡς τετρακισ-
10 χίλιοι· καὶ ἀπέλυσεν αὐτούς. καὶ εὐθέως ἐμβὰς
εἰς τὸ πλοῖον μετὰ τῶν μαθητῶν αὐτοῦ, ἦλθεν εἰς
τὰ μέρη Δαλμανουθά.
11 Καὶ ἐξῆλθον οἱ Φαρισαῖοι, καὶ ἤρξαντο συζη-
τεῖν αὐτῷ, ζητοῦντες παρ᾽ αὐτοῦ σημεῖον ἀπὸ τοῦ
12 οὐρανοῦ, πειράζοντες αὐτόν. καὶ ἀναστενάξας τῷ
πνεύματι αὐτοῦ λέγει, Τί ἡ γενεὰ αὕτη σημεῖον ἐπιζη-
τεῖ¹¹; ἀμὴν λέγω ὑμῖν, εἰ δοθήσεται τῇ γενεᾷ ταύτῃ
13 σημεῖον. καὶ ἀφεὶς αὐτούς, ἐμβὰς πάλιν¹² εἰς τὸ
πλοῖον¹³, ἀπῆλθεν εἰς τὸ πέραν.
14 Καὶ ἐπελάθοντο οἱ μαθηταὶ¹⁴ λαβεῖν ἄρτους, καὶ
εἰ μὴ ἕνα ἄρτον οὐκ εἶχον μεθ᾽ ἑαυτῶν ἐν τῷ πλοίῳ.
15 καὶ διεστέλλετο αὐτοῖς, λέγων, Ὁρᾶτε, βλέπετε
ἀπὸ τῆς ζύμης τῶν Φαρισαίων καὶ τῆς ζύμης

---

³ ἡμέραι   ⁴ καί τινες   ⁵ add ἀπὸ   ⁶ παραγγέλλει
⁷ add αὐτὰ   ⁸ καὶ ταῦτα παρατιθέναι   ⁹ καὶ ἔφαγον
¹⁰ om. οἱ φαγόντες   ¹¹ ζητεῖ σημεῖον   ¹² πάλιν ἐμβὰς
¹³ om. εἰς τὸ πλοῖον   ¹⁴ om. οἱ μαθηταί

Ἡρώδου. καὶ διελογίζοντο πρὸς ἀλλήλους, λέγον- 16
τες ὅτι Ἄρτους οὐκ ἔχομεν¹⁵. καὶ γνοὺς ὁ Ἰησοῦς 17
λέγει αὐτοῖς, Τί διαλογίζεσθε ὅτι ἄρτους οὐκ
ἔχετε; οὔπω νοεῖτε, οὐδὲ συνίετε; ἔτι¹⁶ πεπωρω-
μένην ἔχετε τὴν καρδίαν ὑμῶν; ὀφθαλμοὺς ἔχοντες 18
οὐ βλέπετε; καὶ ὦτα ἔχοντες οὐκ ἀκούετε; καὶ οὐ
μνημονεύετε; ὅτε τοὺς πέντε ἄρτους ἔκλασα εἰς 19
τοὺς πεντακισχιλίους, πόσους κοφίνους πλήρεις
κλασμάτων ἤρατε; λέγουσιν αὐτῷ, Δώδεκα. Ὅτε 20
δὲ τοὺς ἑπτὰ εἰς τοὺς τετρακισχιλίους, πόσων σπυ-
ρίδων πληρώματα κλασμάτων ἤρατε; οἱ δὲ εἶπον¹⁷,
Ἑπτά. καὶ ἔλεγεν αὐτοῖς, Πῶς¹⁸ οὐ¹⁹ συνίετε; 21
Καὶ ἔρχεται²⁰ εἰς Βηθσαϊδά*. καὶ φέρουσιν αὐτῷ 22
τυφλόν, καὶ παρακαλοῦσιν αὐτὸν ἵνα αὐτοῦ ἅψηται.
καὶ ἐπιλαβόμενος τῆς χειρὸς τοῦ τυφλοῦ, ἐξήγαγεν²¹ 23
αὐτὸν ἔξω τῆς κώμης· καὶ πτύσας εἰς τὰ ὄμματα
αὐτοῦ, ἐπιθεὶς τὰς χεῖρας αὐτῷ, ἐπηρώτα αὐτὸν εἴ
τι βλέπει.²² καὶ ἀναβλέψας ἔλεγε, Βλέπω τοὺς ἀν- 24
θρώπους²³ ὡς δένδρα²⁴ περιπατοῦντας. εἶτα πάλιν 25
ἐπέθηκε τὰς χεῖρας ἐπὶ τοὺς ὀφθαλμοὺς αὐτοῦ, καὶ
ἐποίησεν αὐτὸν ἀναβλέψαι.²⁵ καὶ ἀποκατεστάθη, καὶ
ἐνέβλεψε²⁶ τηλαυγῶς ἅπαντας²⁷. καὶ ἀπέστειλεν αὐτὸν 26
εἰς τὸν²⁸ οἶκον αὐτοῦ, λέγων, Μηδὲ εἰς τὴν κώμην
εἰσέλθῃς, μηδὲ εἴπῃς τινὶ ἐν τῇ κώμῃ²⁹.

Καὶ ἐξῆλθεν ὁ Ἰησοῦς καὶ οἱ μαθηταὶ αὐτοῦ εἰς 27
τὰς κώμας Καισαρείας τῆς Φιλίππου· καὶ ἐν τῇ
ὁδῷ ἐπηρώτα τοὺς μαθητὰς αὐτοῦ, λέγων αὐτοῖς,
Τίνα με λέγουσιν οἱ ἄνθρωποι εἶναι; οἱ δὲ ἀπεκρί- 28

¹⁵ Marg. ἔχουσι   ¹⁶ om. ἔτι   ¹⁷ καὶ λέγουσιν αὐτῷ
¹⁸ om. Πῶς   ¹⁹ Οὔπω   ²⁰ ἔρχονται   ²¹ ἐξήνεγκεν
²² βλέπεις;   ²³ add , ὅτι   ²⁴ add ὁρῶ   ²⁵ διέβλεψε,
²⁶ ἐνέβλεπε   ²⁷ ἅπαντα   ²⁸ om. τὸν   ²⁹ om. , μηδὲ
εἴπῃς to end of verse

θησαν[30], Ἰωάννην τὸν Βαπτιστὴν καὶ ἄλλοι Ἡλίαν,
29 ἄλλοι δὲ ἕνα[31] τῶν προφητῶν. καὶ αὐτὸς λέγει αὐ-
τοῖς[32], Ὑμεῖς δὲ τίνα με λέγετε εἶναι; ἀποκριθεὶς
30 δὲ[33] ὁ Πέτρος λέγει αὐτῷ, Σὺ εἶ ὁ Χριστός. καὶ
ἐπετίμησεν αὐτοῖς, ἵνα μηδενὶ λέγωσι περὶ αὐτοῦ.
31 καὶ ἤρξατο διδάσκειν αὐτούς, ὅτι δεῖ τὸν υἱὸν
τοῦ ἀνθρώπου πολλὰ παθεῖν, καὶ ἀποδοκιμασθῆναι
ἀπὸ[34] τῶν πρεσβυτέρων καὶ[35] ἀρχιερέων καὶ[35] γραμ-
ματέων, καὶ ἀποκτανθῆναι, καὶ μετὰ τρεῖς ἡμέρας
32 ἀναστῆναι· καὶ παρρησίᾳ τὸν λόγον ἐλάλει. καὶ
προσλαβόμενος αὐτὸν ὁ Πέτρος ἤρξατο ἐπιτιμᾶν
33 αὐτῷ. ὁ δὲ ἐπιστραφείς, καὶ ἰδὼν τοὺς μαθητὰς
αὐτοῦ, ἐπετίμησε τῷ Πέτρῳ, λέγων[36], Ὕπαγε ὀπίσω
μου, Σατανᾶ· ὅτι οὐ φρονεῖς τὰ τοῦ Θεοῦ, ἀλλὰ τὰ
34 τῶν ἀνθρώπων. καὶ προσκαλεσάμενος τὸν ὄχλον
σὺν τοῖς μαθηταῖς αὐτοῦ, εἶπεν αὐτοῖς, Ὅστις[37]
θέλει ὀπίσω μου ἐλθεῖν, ἀπαρνησάσθω ἑαυτόν,
καὶ ἀράτω τὸν σταυρὸν αὐτοῦ, καὶ ἀκολουθείτω
35 μοι. ὃς γὰρ ἂν θέλῃ τὴν ψυχὴν αὐτοῦ σῶσαι,
ἀπολέσει αὐτήν· ὃς δ᾽ ἂν ἀπολέσῃ τὴν ψυχὴν
αὐτοῦ ἕνεκεν ἐμοῦ καὶ τοῦ εὐαγγελίου, οὗτος[38]
36 σώσει αὐτήν. τί γὰρ ὠφελήσει[39] ἄνθρωπον, ἐὰν
κερδήσῃ[40] τὸν κόσμον ὅλον, καὶ ζημιωθῇ[41] τὴν ψυχὴν
37 αὐτοῦ; ἢ τί δώσει[42] ἄνθρωπος ἀντάλλαγμα τῆς
38 ψυχῆς αὐτοῦ; ὃς γὰρ ἂν ἐπαισχυνθῇ με καὶ
τοὺς ἐμοὺς λόγους ἐν τῇ γενεᾷ ταύτῃ τῇ μοι-
χαλίδι καὶ ἁμαρτωλῷ, καὶ ὁ υἱὸς τοῦ ἀνθρώπου
ἐπαισχυνθήσεται αὐτόν, ὅταν ἔλθῃ ἐν τῇ δόξῃ
τοῦ πατρὸς αὐτοῦ μετὰ τῶν ἀγγέλων τῶν ἁγίων.

---

30 εἶπον αὐτῷ λέγοντες   31 ὅτι Εἶς   32 ἐπηρώτα αὐτούς
33 om. δὲ   34 ὑπὸ   35 add τῶν   36 καὶ λέγει
37 Εἴ τις   38 om. οὗτος   39 ὠφελεῖ   40 κερδῆσαι
41 ζημιωθῆναι   42 τί γὰρ δοῖ

καὶ ἔλεγεν αὐτοῖς, Ἀμὴν λέγω ὑμῖν, ὅτι εἰσί τινες IX.
τῶν ὧδε¹ ἑστηκότων, οἵτινες οὐ μὴ γεύσωνται θανά-
του, ἕως ἂν ἴδωσι τὴν βασιλείαν τοῦ Θεοῦ ἐληλυ-
θυῖαν ἐν δυνάμει.

Καὶ μεθ' ἡμέρας ἓξ παραλαμβάνει ὁ Ἰησοῦς 2
τὸν Πέτρον καὶ τὸν Ἰάκωβον καὶ τὸν Ἰωάννην,
καὶ ἀναφέρει αὐτοὺς εἰς ὄρος ὑψηλὸν κατ' ἰδίαν
μόνους· καὶ μετεμορφώθη ἔμπροσθεν αὐτῶν· καὶ 3
τὰ ἱμάτια αὐτοῦ ἐγένετο στίλβοντα, λευκὰ λίαν ὡς
χιών², οἷα γναφεὺς ἐπὶ τῆς γῆς οὐ δύναται³ λευκᾶ-
ναι. καὶ ὤφθη αὐτοῖς Ἠλίας σὺν Μωσεῖ, καὶ 4
ἦσαν συλλαλοῦντες τῷ Ἰησοῦ. καὶ ἀποκριθεὶς ὁ 5
Πέτρος λέγει τῷ Ἰησοῦ, Ῥαββί, καλόν ἐστιν ἡμᾶς
ὧδε εἶναι· καὶ ποιήσωμεν σκηνὰς τρεῖς, σοὶ μίαν,
καὶ Μωσεῖ μίαν, καὶ Ἠλίᾳ μίαν. οὐ γὰρ ᾔδει τί 6
λαλήσῃ⁴· ἦσαν γὰρ ἔκφοβοι⁵. καὶ ἐγένετο νεφέλη ἐπι- 7
σκιάζουσα αὐτοῖς· καὶ ἦλθε⁶ φωνὴ ἐκ τῆς νεφέλης,
λέγουσα⁷, Οὗτός ἐστιν ὁ υἱός μου ὁ ἀγαπητός· αὐτοῦ
ἀκούετε. καὶ ἐξάπινα περιβλεψάμενοι, οὐκέτι οὐ- 8
δένα εἶδον, ἀλλὰ⁸ τὸν Ἰησοῦν μόνον μεθ' ἑαυτῶν.

Καταβαινόντων δὲ⁹ αὐτῶν ἀπὸ τοῦ ὄρους, διεστεί- 9
λατο αὐτοῖς ἵνα μηδενὶ διηγήσωνται ἃ εἶδον, εἰ μὴ
ὅταν ὁ υἱὸς τοῦ ἀνθρώπου ἐκ νεκρῶν ἀναστῇ. καὶ 10
τὸν λόγον ἐκράτησαν, πρὸς ἑαυτοὺς συζητοῦντες τί
ἐστι τὸ ἐκ νεκρῶν ἀναστῆναι. καὶ ἐπηρώτων αὐ- 11
τόν, λέγοντες ὅτι Λέγουσιν¹⁰ οἱ γραμματεῖς ὅτι
Ἠλίαν δεῖ ἐλθεῖν πρῶτον; ὁ δὲ ἀποκριθείς, εἶπεν¹¹ 12
αὐτοῖς, Ἠλίας μὲν ἐλθὼν πρῶτον, ἀποκαθιστᾷ
πάντα· καὶ πῶς γέγραπται ἐπὶ τὸν υἱὸν τοῦ ἀν-
θρώπου, ἵνα πολλὰ πάθῃ καὶ ἐξουδενωθῇ.† ἀλλὰ 13

---

¹ ὧδε τῶν ² om. ὡς χιών ³ add οὕτω ⁴ ἀποκριθῇ
⁵ ἔκφοβοι γὰρ ἐγένοντο ⁶ ἐγένετο ⁷ om. λέγουσα ⁸ εἰ μὴ
⁹ Καὶ καταβαινόντων ¹⁰ (Marg. ,Ὅτι λέγουσιν) ¹¹ ἔφη † (;)

λέγω ὑμῖν ὅτι καὶ Ἠλίας ἐλήλυθε, καὶ ἐποίησαν αὐτῷ ὅσα ἠθέλησαν, καθὼς γέγραπται ἐπ᾽ αὐτόν.

14 Καὶ ἐλθὼν[12] πρὸς τοὺς μαθητάς, εἶδεν[12] ὄχλον πολὺν περὶ αὐτούς, καὶ γραμματεῖς συζητοῦντας 15 αὐτοῖς[13]. καὶ εὐθέως πᾶς ὁ ὄχλος ἰδὼν αὐτὸν ἐξεθαμβήθη, καὶ προστρέχοντες ἠσπάζοντο αὐτόν.

16 καὶ ἐπηρώτησε τοὺς γραμματεῖς[14], Τί συζητεῖτε πρὸς 17 αὐτούς; καὶ ἀποκριθεὶς[15] εἷς ἐκ τοῦ ὄχλου εἶπε[16], Διδάσκαλε, ἤνεγκα τὸν υἱόν μου πρός σε, ἔχοντα 18 πνεῦμα ἄλαλον. καὶ ὅπου ἂν αὐτὸν καταλάβῃ, ῥήσσει αὐτόν· καὶ ἀφρίζει, καὶ τρίζει τοὺς ὀδόντας αὐτοῦ[17], καὶ ξηραίνεται· καὶ εἶπον τοῖς μαθηταῖς 19 σου ἵνα αὐτὸ ἐκβάλωσι, καὶ οὐκ ἴσχυσαν. ὁ δὲ ἀποκριθεὶς αὐτῷ[18] λέγει, Ὦ γενεὰ ἄπιστος, ἕως πότε πρὸς ὑμᾶς ἔσομαι; ἕως πότε ἀνέξομαι ὑμῶν; 20 φέρετε αὐτὸν πρός με. καὶ ἤνεγκαν αὐτὸν πρὸς αὐτόν· καὶ ἰδὼν αὐτόν, εὐθέως τὸ πνεῦμα ἐσπάραξεν[19] αὐτόν· καὶ πεσὼν ἐπὶ τῆς γῆς, ἐκυλίετο ἀφρίζων.

21 καὶ ἐπηρώτησε τὸν πατέρα αὐτοῦ, Πόσος χρόνος ἐστίν, ὡς τοῦτο γέγονεν αὐτῷ; ὁ δὲ εἶπε, [20]Παι-22 διόθεν. καὶ πολλάκις αὐτὸν καὶ εἰς πῦρ[21] ἔβαλε καὶ εἰς ὕδατα, ἵνα ἀπολέσῃ αὐτόν· ἀλλ᾽ εἴ τι δύνασαι, 23 βοήθησον ἡμῖν, σπλαγχνισθεὶς ἐφ᾽ ἡμᾶς. ὁ δὲ Ἰησοῦς εἶπεν αὐτῷ τό, Εἰ δύνασαι πιστεῦσαι[22], πάντα 24 δυνατὰ τῷ πιστεύοντι. καὶ[23] εὐθέως κράξας ὁ πατὴρ τοῦ παιδίου, μετὰ δακρύων[24] ἔλεγε, Πιστεύω, 25 Κύριε[25], βοήθει μου τῇ ἀπιστίᾳ. ἰδὼν δὲ ὁ Ἰησοῦς ὅτι ἐπισυντρέχει ὄχλος, ἐπετίμησε τῷ πνεύματι τῷ

---

12 ἐλθόντες...εἶδον   13 πρὸς αὐτούς   14 (ν) αὐτούς
15 ἀπεκρίθη αὐτῷ   16 om. εἶπε   17 om. αὐτοῦ   18 αὐτοῖς
19 τὸ πνεῦμα εὐθὺς συνεσπάραξεν   20 add Ἐκ (παιδ-)   21 καὶ εἰς πῦρ αὐτὸν   22 om. πιστεῦσαι   23 om. καὶ   24 om. μετὰ δακρύων text, not marg.   25 om. Κύριε

ἀκαθάρτῳ, λέγων αὐτῷ, Τὸ πνεῦμα τὸ ἄλαλον καὶ
κωφόν, ἐγώ σοι ἐπιτάσσω, ἔξελθε ἐξ αὐτοῦ, καὶ
μηκέτι εἰσέλθῃς εἰς αὐτόν. καὶ κράξαν²⁶, καὶ πολλὰ 26
σπαράξαν αὐτόν²⁷, ἐξῆλθε· καὶ ἐγένετο ὡσεὶ νεκρός,
ὥστε²⁸ πολλοὺς λέγειν ὅτι ἀπέθανεν. ὁ δὲ Ἰησοῦς 27
κρατήσας αὐτὸν τῆς χειρός²⁹, ἤγειρεν αὐτόν· καὶ ἀνέ-
στη. καὶ εἰσελθόντα αὐτὸν²⁰ εἰς οἶκον, οἱ μαθηταὶ 28
αὐτοῦ ἐπηρώτων αὐτὸν κατ᾽ ἰδίαν³¹ ὅτι Ἡμεῖς³² οὐκ ἠδυ-
νήθημεν ἐκβαλεῖν αὐτό; καὶ εἶπεν αὐτοῖς, Τοῦτο 29
τὸ γένος ἐν οὐδενὶ δύναται ἐξελθεῖν, εἰ μὴ ἐν προσ-
ευχῇ καὶ νηστείᾳ³³.

Καὶ ἐκεῖθεν ἐξελθόντες παρεπορεύοντο διὰ τῆς 30
Γαλιλαίας· καὶ οὐκ ἤθελεν ἵνα τις γνῷ. ἐδίδασκε 31
γὰρ τοὺς μαθητὰς αὐτοῦ, καὶ ἔλεγεν αὐτοῖς ὅτι Ὁ
υἱὸς τοῦ ἀνθρώπου παραδίδοται εἰς χεῖρας ἀνθρώ-
πων, καὶ ἀποκτενοῦσιν αὐτόν· καὶ ἀποκτανθείς, τῇ
τρίτῃ ἡμέρᾳ³⁴ ἀναστήσεται. οἱ δὲ ἠγνόουν τὸ ῥῆμα, 32
καὶ ἐφοβοῦντο αὐτὸν ἐπερωτῆσαι.

Καὶ ἦλθεν²⁵ εἰς Καπερναούμ· καὶ ἐν τῇ οἰκίᾳ 33
γενόμενος ἐπηρώτα αὐτούς, Τί ἐν τῇ ὁδῷ πρὸς ἑαυ-
τοὺς³⁶ διελογίζεσθε; οἱ δὲ ἐσιώπων· πρὸς ἀλλήλους 34
γὰρ διελέχθησαν ἐν τῇ ὁδῷ, τίς μείζων. καὶ καθίσας 35
ἐφώνησε τοὺς δώδεκα, καὶ λέγει αὐτοῖς, Εἴ τις θέλει
πρῶτος εἶναι, ἔσται πάντων ἔσχατος, καὶ πάντων
διάκονος. καὶ λαβὼν παιδίον, ἔστησεν αὐτὸ ἐν μέσῳ 36
αὐτῶν· καὶ ἐναγκαλισάμενος αὐτό, εἶπεν αὐτοῖς·
Ὃς ἐὰν ἕν τῶν τοιούτων παιδίων δέξηται ἐπὶ τῷ 37
ὀνόματί μου, ἐμὲ δέχεται· καὶ ὃς ἐὰν ἐμὲ δέξηται³⁷,
οὐκ ἐμὲ δέχεται, ἀλλὰ τὸν ἀποστείλαντά με.

²⁶ κράξας   ²⁷ σπαράξας (om. αὐτόν)   ²⁸ add τοὺς   ²⁹ τῆς
χειρὸς αὐτοῦ   ³⁰ εἰσελθόντος αὐτοῦ   ³¹ κατ᾽ ἰδίαν ἐπηρώτων αὐτόν
³² (Marg. "Ὅτι ἡμεῖς)   ³³ om. καὶ νηστείᾳ text, not marg.   ³⁴ μετὰ
τρεῖς ἡμέρας   ³⁵ ἦλθον   ³⁶ om. πρὸς ἑαυτοὺς   ³⁷ δέχηται

38 Ἀπεκρίθη δὲ[38] αὐτῷ ὁ Ἰωάννης, λέγων[39], Διδάσ-
καλε, εἴδομέν τινα ἐν* τῷ ὀνόματί σου ἐκβάλλοντα
δαιμόνια, ὃς οὐκ ἀκολουθεῖ ἡμῖν[40]· καὶ ἐκωλύσαμεν[41] αὐ-
39 τόν, ὅτι οὐκ ἀκολουθεῖ[42] ἡμῖν. ὁ δὲ Ἰησοῦς εἶπε, Μὴ
κωλύετε αὐτόν· οὐδεὶς γάρ ἐστιν ὃς ποιήσει δύνα-
μιν ἐπὶ τῷ ὀνόματί μου, καὶ δυνήσεται ταχὺ κακο-
40 λογῆσαί με. ὃς γὰρ οὐκ ἔστι καθ᾽ ἡμῶν, ὑπὲρ
41 ἡμῶν ἐστιν. ὃς γὰρ ἂν ποτίσῃ ὑμᾶς ποτήριον
ὕδατος ἐν τῷ[43] ὀνόματί μου[44], ὅτι Χριστοῦ ἐστέ,
ἀμὴν λέγω ὑμῖν, [45]οὐ μὴ ἀπολέσῃ τὸν μισθὸν αὐ-
42 τοῦ. καὶ ὃς ἂν σκανδαλίσῃ ἕνα τῶν μικρῶν τού-
των* τῶν πιστευόντων εἰς ἐμέ[46], καλόν ἐστιν αὐτῷ
μᾶλλον εἰ περίκειται λίθος μυλικὸς[47] περὶ τὸν τρά-
χηλον αὐτοῦ, καὶ βέβληται εἰς τὴν θάλασσαν.
43 καὶ ἐὰν σκανδαλίζῃ[48] σε ἡ χείρ σου, ἀπόκοψον αὐτήν·
καλόν σοι ἐστὶ[49] κυλλὸν εἰς τὴν ζωὴν εἰσελθεῖν, ἢ
τὰς δύο χεῖρας ἔχοντα ἀπελθεῖν εἰς τὴν γέενναν,
44 εἰς τὸ πῦρ τὸ ἄσβεστον, [50]ὅπου ὁ σκώληξ αὐτῶν οὐ
45 τελευτᾷ, καὶ τὸ πῦρ οὐ σβέννυται. καὶ ἐὰν ὁ πούς σου
σκανδαλίζῃ σε, ἀπόκοψον αὐτόν· καλόν ἐστί σοι[51]
εἰσελθεῖν εἰς τὴν ζωὴν χωλόν, ἢ τοὺς δύο πόδας
ἔχοντα βληθῆναι εἰς τὴν γέενναν, εἰς τὸ πῦρ τὸ
46 ἄσβεστον[52], [50]ὅπου ὁ σκώληξ αὐτῶν οὐ τελευτᾷ, καὶ τὸ πῦρ οὐ
47 σβέννυται. καὶ ἐὰν ὁ ὀφθαλμός σου σκανδαλίζῃ
σε, ἔκβαλε αὐτόν· καλόν σοι[53] ἐστὶ μονόφθαλμον
εἰσελθεῖν εἰς τὴν βασιλείαν τοῦ Θεοῦ, ἢ δύο ὀφ-
θαλμοὺς ἔχοντα βληθῆναι εἰς τὴν γέενναν τοῦ
48 πυρός[54], ὅπου ὁ σκώληξ αὐτῶν οὐ τελευτᾷ, καὶ τὸ

[38] Ἔφη   [39] om. , λέγων   [40] om. , ὃς οὐκ ἀκολουθεῖ
ἡμῖν   [41] ἐκωλύομεν   [42] ἠκολούθει   [43] om. τῷ
[44] om. μου   [45] add ὅτι   [46] Marg. om. εἰς ἐμέ   [47] μύλος
ὀνικὸς   [48] σκανδαλίσῃ   [49] ἐστί σε.   [50] om. verses 44
and 46 in both text and marg.   [51] σε   [52] om. εἰς τὸ
πυρ τὸ ἄσβεστον,   [53] σε   [54] om. τοῦ πυρός

πῦρ οὐ σβέννυται. πᾶς γὰρ πυρὶ ἁλισθήσεται, 49
καὶ πᾶσα θυσία ἀλὶ ἁλισθήσεται⁵⁵. καλὸν τὸ ἅλας· ἐὰν 50
δὲ τὸ ἅλας ἄναλον γένηται, ἐν τίνι αὐτὸ ἀρτύ-
σετε; ἔχετε ἐν ἑαυτοῖς ἅλας, καὶ εἰρηνεύετε ἐν
ἀλλήλοις.
    Κἀκεῖθεν ἀναστὰς ἔρχεται εἰς τὰ ὅρια τῆς X.
Ἰουδαίας διὰ τοῦ¹ πέραν τοῦ Ἰορδάνου· καὶ συμπο-
ρεύονται πάλιν ὄχλοι πρὸς αὐτόν· καί, ὡς εἰώθει,
πάλιν ἐδίδασκεν αὐτούς. καὶ προσελθόντες οἱ² 2
Φαρισαῖοι ἐπηρώτησαν³ αὐτόν, Εἰ ἔξεστιν ἀνδρὶ γυ-
ναῖκα ἀπολῦσαι, πειράζοντες αὐτόν. ὁ δὲ ἀποκρι- 3
θεὶς εἶπεν αὐτοῖς, Τί ὑμῖν ἐνετείλατο Μωσῆς; οἱ 4
δὲ εἶπον, Μωσῆς ἐπέτρεψε βιβλίον ἀποστασίου
γράψαι, καὶ ἀπολῦσαι. καὶ ἀποκριθεὶς ὁ¹ Ἰησοῦς 5
εἶπεν αὐτοῖς, Πρὸς τὴν σκληροκαρδίαν ὑμῶν ἔγρα-
ψεν ὑμῖν τὴν ἐντολὴν ταύτην· ἀπὸ δὲ ἀρχῆς κτί- 6
σεως, ἄρσεν καὶ θῆλυ ἐποίησεν αὐτοὺς ὁ Θεός⁵.
ἕνεκεν τούτου καταλείψει ἄνθρωπος τὸν πατέρα 7
αὐτοῦ καὶ τὴν μητέρα· καὶ προσκολληθήσεται πρὸς τὴν
γυναῖκα αὐτοῦ⁶, καὶ ἔσονται οἱ δύο εἰς σαρκα μίαν. 8
ὥστε οὐκέτι εἰσὶ δύο, ἀλλὰ μία σάρξ. ὃ οὖν ὁ 9
Θεὸς συνέζευξεν, ἄνθρωπος μὴ χωριζέτω. καὶ ἐν 10
τῇ οἰκίᾳ⁷ πάλιν οἱ μαθηταὶ αὐτοῦ⁸ περὶ τοῦ αὐτοῦ⁹
ἐπηρώτησαν¹⁰ αὐτόν. καὶ λέγει αὐτοῖς, Ὃς ἐὰν ἀπο- 11
λύσῃ τὴν γυναῖκα αὐτοῦ καὶ γαμήσῃ ἄλλην, μοι-
χᾶται ἐπ᾽ αὐτήν· καὶ ἐὰν γυνὴ ἀπολύσῃ¹¹ τὸν ἄνδρα 12
αὐτῆς καὶ¹² γαμηθῇ ἄλλῳ¹³, μοιχᾶται.
    Καὶ προσέφερον αὐτῷ παιδία ἵνα ἅψηται αὐ- 13

---

⁵⁵ om.,καὶ πᾶσα θυσία ἀλὶ ἁλισθήσεται text, ot marg.   ¹ καὶ
² om. οἱ   ³ ἐπηρώτων   ⁴ ὁ δὲ   ⁵ om. ὁ Θεός   ⁶ Marg.
om. καὶ προσκολληθήσεται πρὸς τὴν γυναῖκα αὐτοῦ,   ⁷ εἰς τὴν
οἰκίαν   ⁸ om. αὐτοῦ   ⁹ τούτου   ¹⁰ ἐπηρωτων   ¹¹ αὐτὴ
ἀπολύσασα.   ¹² om. καὶ   ¹³ γαμήσῃ ἄλλον

τῶν· οἱ δὲ μαθηταὶ ἐπετίμων τοῖς προσφέρουσιν[14]

14 ἰδὼν δὲ ὁ Ἰησοῦς ἠγανάκτησε, καὶ εἶπεν αὐτοῖς,
Ἄφετε τὰ παιδία ἔρχεσθαι πρός με, καὶ[15] μὴ κω-
λύετε αὐτά· τῶν γὰρ τοιούτων ἐστὶν ἡ βασιλεία

15 τοῦ Θεοῦ. ἀμὴν λέγω ὑμῖν, ὃς ἐὰν μὴ δέξηται τὴν
βασιλείαν τοῦ Θεοῦ ὡς παιδίον, οὐ μὴ εἰσέλθῃ εἰς

16 αὐτήν. καὶ ἐναγκαλισάμενος αὐτά, τιθεὶς τὰς χεῖρας
ἐπ' αὐτά, ηὐλόγει αὐτά[16].

17   Καὶ ἐκπορευομένου αὐτοῦ εἰς ὁδόν, προσδραμὼν
εἷς καὶ γονυπετήσας αὐτὸν ἐπηρώτα αὐτόν, Διδάσ-
καλε ἀγαθέ, τί ποιήσω ἵνα ζωὴν αἰώνιον κληρονο-

18 μήσω; ὁ δὲ Ἰησοῦς εἶπεν αὐτῷ, Τί με λέγεις

19 ἀγαθόν; οὐδεὶς ἀγαθός, εἰ μὴ εἷς, ὁ Θεός. τὰς
ἐντολὰς οἶδας, Μὴ μοιχεύσῃς, μὴ φονεύσῃς[17], μὴ κλέ-
ψῃς, μὴ ψευδομαρτυρήσῃς, μὴ ἀποστερήσῃς, τίμα

20 τὸν πατέρα σου καὶ τὴν μητέρα. ὁ δὲ ἀποκριθεὶς[18]
εἶπεν[19] αὐτῷ, Διδάσκαλε, ταῦτα πάντα ἐφυλαξάμην

21 ἐκ νεότητος μου. ὁ δὲ Ἰησοῦς ἐμβλέψας αὐτῷ
ἠγάπησεν αὐτόν, καὶ εἶπεν αὐτῷ, Ἕν σοι[20] ὑστερεῖ·
ὕπαγε, ὅσα ἔχεις πώλησον, καὶ δὸς τοῖς[21] πτωχοῖς,
καὶ ἕξεις θησαυρὸν ἐν οὐρανῷ· καὶ δεῦρο, ἀκολούθει

22 μοι, ἄρας τὸν σταυρόν[22]. ὁ δὲ στυγνάσας ἐπὶ τῷ
λόγῳ ἀπῆλθε λυπούμενος· ἦν γὰρ ἔχων κτήματα
πολλά.

23   Καὶ περιβλεψάμενος ὁ Ἰησοῦς λέγει τοῖς μα-
θηταῖς αὐτοῦ, Πῶς δυσκόλως οἱ τὰ χρήματα ἔχον-

24 τες εἰς τὴν βασιλείαν τοῦ Θεοῦ εἰσελεύσονται. οἱ
δὲ μαθηταὶ ἐθαμβοῦντο ἐπὶ τοῖς λόγοις αὐτοῦ. ὁ δὲ
Ἰησοῦς πάλιν ἀποκριθεὶς λέγει αὐτοῖς, Τέκνα, πῶς

---

[14] αὐτοῖς   [15] om. καί   [16] κατηυλόγει, τιθεὶς τὰς
χεῖρας ἐπ' αὐτά   [17] Μὴ φονεύσῃς, μὴ μοιχεύσῃς   [18] om.
ἀποκριθεὶς   [19] ἔφη   [20] σε   [21] om. τοῖς   [22] om.
ἄρας τὸν σταυρόν

δύσκολόν ἐστι τοὺς πεποιθότας ἐπὶ τοῖς²³ χρήμασιν²⁴ εἰς τὴν βασιλείαν τοῦ Θεοῦ εἰσελθεῖν. εὐκοπώτερον 25 ἐστι κάμηλον διὰ τῆς²⁵ τρυμαλιᾶς τῆς²⁵ ῥαφίδος διελθεῖν, ἢ πλούσιον εἰς τὴν βασιλείαν τοῦ Θεοῦ εἰσελθεῖν. οἱ δὲ περισσῶς ἐξεπλήσσοντο, λέγοντες 26 πρὸς ἑαυτούς²⁶, Καὶ τίς δύναται σωθῆναι; ἐμβλέ- 27 ψας δὲ²⁷ αὐτοῖς ὁ Ἰησοῦς λέγει, Παρὰ ἀνθρώποις ἀδύνατον, ἀλλ᾽ οὐ παρὰ τῷ Θεῷ· πάντα γὰρ δυνατά ἐστι παρὰ τῷ Θεῷ. καὶ²⁸ ἤρξατο ὁ Πέτρος 28 λέγειν αὐτῷ, Ἰδού, ἡμεῖς ἀφήκαμεν πάντα, καὶ ἠκολουθήσαμέν²⁹ σοι. ἀποκριθεὶς δὲ ὁ Ἰησοῦς εἶπεν³⁰, Ἀμὴν 29 λεγω ὑμῖν, οὐδείς ἐστιν ὃς ἀφῆκεν οἰκίαν, ἢ ἀδελφούς, ἢ ἀδελφάς, ἢ πατέρα, ἢ μητέρα³¹, ἢ γυναῖκα³², ἢ τέκνα, ἢ ἀγρούς, ἕνεκεν ἐμοῦ καὶ³³ τοῦ εὐαγγελίου, ἐὰν 30 μὴ λάβῃ ἑκατονταπλασίονα νῦν ἐν τῷ καιρῷ τούτῳ, οἰκίας καὶ ἀδελφοὺς καὶ ἀδελφὰς καὶ μητέρας καὶ τέκνα καὶ ἀγρους, μετὰ διωγμῶν, καὶ ἐν τῷ αἰῶνι τῷ ἐρχομένῳ ζωὴν αἰώνιον. πολλοὶ δὲ ἔσονται 31 πρῶτοι ἔσχατοι, καὶ οἱ ἔσχατοι πρῶτοι.

Ἦσαν δὲ ἐν τῇ ὁδῷ ἀναβαίνοντες εἰς Ἱεροσό- 32 λυμα καὶ ἦν προάγων αὐτοὺς ὁ Ἰησοῦς, καὶ ἐθαμβοῦντο, καὶ³⁴ ἀκολουθοῦντες ἐφοβοῦντο. καὶ παραλαβὼν πάλιν τοὺς δώδεκα, ἤρξατο αὐτοῖς λέγειν τὰ μέλλοντα αὐτῷ συμβαίνειν ὅτι Ἰδού, 33 ἀναβαίνομεν εἰς Ἱεροσόλυμα, καὶ ὁ υἱὸς τοῦ ἀνθρώπου παραδοθήσεται τοῖς ἀρχιερεῦσι καὶ τοῖς γραμματεῦσι, καὶ κατακρινοῦσιν αὐτὸν θανάτῳ, καὶ παραδώσουσιν αὐτὸν τοῖς ἔθνεσι, καὶ ἐμπαίξουσιν 34

---

²³ om. τοῖς   ²⁴ Marg. om. τοὺς πεποιθότας ἐπὶ τοῖς χρήμασιν   ²⁵ om. τῆς   ²⁶ αὐτόν text, not marg.   ²⁷ om. δὲ   ²⁸ om. καὶ   ²⁹ ἠκολουθήκαμέν   ³⁰ ἔφη ὁ Ἰησοῦς   ³¹ ἢ μητέρα, ἢ πατέρα   ³² om. ἢ γυναῖκα   ³³ add ἕνεκεν   ³⁴ οἱ δὲ

αὐτῷ, καὶ μαστιγώσουσιν αὐτόν, καὶ ἐμπτύσουσιν αὐτῷ³⁵,
καὶ ἀποκτενοῦσιν αὐτόν³⁶· καὶ τῇ τρίτῃ ἡμέρᾳ³⁷ ἀνα-
στήσεται.

35 Καὶ προσπορεύονται αὐτῷ Ἰάκωβος καὶ Ἰωάν-
νης οἱ υἱοὶ Ζεβεδαίου, λέγοντες³⁸, Διδάσκαλε, θέλο-
36 μεν ἵνα ὃ ἐὰν αἰτήσωμεν³⁹, ποιήσῃς ἡμῖν. ὁ δὲ
37 εἶπεν αὐτοῖς, Τί θέλετε ποιῆσαί με ὑμῖν; οἱ δὲ
εἶπον αὐτῷ, Δὸς ἡμῖν, ἵνα εἷς ἐκ δεξιῶν σου καὶ εἷς
38 ἐξ εὐωνύμων σου⁴⁰ καθίσωμεν ἐν τῇ δόξῃ σου. ὁ
δὲ Ἰησοῦς εἶπεν αὐτοῖς, Οὐκ οἴδατε τί αἰτεῖσθε.
δύνασθε πιεῖν τὸ ποτήριον ὃ ἐγὼ πίνω, καὶ⁴¹ τὸ
39 βάπτισμα ὃ ἐγὼ βαπτίζομαι βαπτισθῆναι; οἱ δὲ
εἶπον αὐτῷ, Δυνάμεθα. ὁ δὲ Ἰησοῦς εἶπεν αὐτοῖς,
Τὸ μὲν⁴² ποτήριον ὃ ἐγὼ πίνω πίεσθε· καὶ τὸ βαπ-
40 τισμα ὃ ἐγὼ βαπτίζομαι βαπτισθήσεσθε· τὸ δὲ
καθίσαι ἐκ δεξιῶν μου καὶ⁴³ ἐξ εὐωνύμων μου⁴⁴ οὐκ
41 ἔστιν ἐμὸν δοῦναι, ἀλλ᾽ οἷς ἡτοίμασται. καὶ ἀκού-
σαντες οἱ δέκα ἤρξαντο ἀγανακτεῖν περὶ Ἰακώβου
42 καὶ Ἰωάννου. ὁ δὲ Ἰησοῦς προσκαλεσάμενος αὐτοὺς⁴⁵
λέγει αὐτοῖς, Οἴδατε ὅτι οἱ δοκοῦντες ἄρχειν τῶν
ἐθνῶν κατακυριεύουσιν αὐτῶν· καὶ οἱ μεγάλοι αὐ-
43 τῶν κατεξουσιάζουσιν αὐτῶν. οὐχ οὕτω δὲ ἔσται⁴⁶
ἐν ὑμῖν· ἀλλ᾽ ὃς ἐὰν θέλῃ γενέσθαι μέγας ἐν ὑμῖν,
44 ἔσται διάκονος ὑμῶν· καὶ ὃς ἂν θέλῃ ὑμῶν⁴⁷ γενέσθαι⁴⁸
45 πρῶτος, ἔσται πάντων δοῦλος. καὶ γὰρ ὁ υἱὸς τοῦ
ἀνθρώπου οὐκ ἦλθε διακονηθῆναι, ἀλλὰ διακονῆ-
σαι, καὶ δοῦναι τὴν ψυχὴν αὐτοῦ λύτρον ἀντὶ
πολλῶν.

³⁵ καὶ ἐμπτύσουσιν αὐτῷ, καὶ μαστιγώσουσιν αὐτόν   ³⁶ om.
αὐτόν   ³⁷ μετὰ τρεῖς ἡμέρας   ³⁸ add αὐτῷ   ³⁹ (-μέν) add σε
⁴⁰ om. σου   ⁴¹ ἤ   ⁴² om. μὲν   ⁴³ ἤ   ⁴⁴ om. μου
⁴⁵ καὶ προσκαλεσάμενος αὐτοὺς ὁ Ἰησοῦς   ⁴⁶ (δέ) ἐστιν   ⁴⁷ ἐν
ὑμῖν   ⁴⁸ εἶναι

Καὶ ἔρχονται εἰς Ἰεριχώ*· καὶ ἐκπορευομένου 46
αὐτοῦ ἀπὸ Ἰεριχώ*, καὶ τῶν μαθητῶν αὐτοῦ, καὶ
ὄχλου ἱκανοῦ, ⁴⁰υἱὸς Τιμαίου Βαρτίμαιος ὁ⁵⁰ τυφ-
λὸς⁵¹ ἐκάθητο παρὰ τὴν ὁδὸν προσαιτῶν⁵². καὶ 47
ἀκούσας ὅτι Ἰησοῦς ὁ Ναζωραῖος⁵³ ἐστιν, ἤρξατο
κράζειν καὶ λέγειν, Ὁ υἱὸς Δαβίδ, Ἰησοῦ, ἐλέησόν
με. καὶ ἐπετίμων αὐτῷ πολλοί, ἵνα σιωπήσῃ· ὁ δὲ 48
πολλῷ μᾶλλον ἔκραζεν, Υἱὲ Δαβίδ, ἐλέησόν με.
καὶ στὰς ὁ Ἰησοῦς εἶπεν αὐτὸν φωνηθῆναι⁵⁴· καὶ φω- 49
νοῦσι τὸν τυφλόν, λέγοντες αὐτῷ, Θάρσει· ἔγειραι,
φωνεῖ σε. ὁ δὲ ἀποβαλὼν τὸ ἱμάτιον αὐτοῦ ἀνα- 50
στὰς ἦλθε πρὸς τὸν Ἰησοῦν καὶ ἀποκριθεὶς λέγει 51
αὐτῷ ὁ Ἰησοῦς, Τί θέλεις ποιήσω σοί: ὁ δὲ τυφλὸς
εἶπεν αὐτῷ, Ῥαββουνί, ἵνα ἀναβλέψω. ὁ δὲ Ἰησοῦς 52
εἶπεν αὐτῷ, Ὕπαγε· ἡ πίστις σου σέσωκέ σε. καὶ
εὐθέως ἀνέβλεψε, καὶ ἠκολούθει τῷ Ἰησοῦ⁵⁷ ἐν τῇ
ὁδῷ.

Καὶ ὅτε ἐγγίζουσιν εἰς Ἰερουσαλημ, εἰς Βηθ- XI.
φαγὴ καὶ Βηθανίαν, πρὸς τὸ ὄρος τῶν ἐλαιῶν,
ἀποστέλλει δύο τῶν μαθητῶν αὐτοῦ, καὶ λέγει αὐ- 2
τοῖς, Ὑπάγετε εἰς τὴν κώμην τὴν κατέναντι ὑμῶν·
καὶ εὐθέως εἰσπορευόμενοι εἰς αὐτὴν εὑρήσετε πῶ-
λον δεδεμένον, ἐφ᾽ ὃν οὐδεὶς¹ ἀνθρώπων κεκάθικε²
λύσαντες αὐτὸν³ ἀγάγετε⁴. καὶ ἐάν τις ὑμῖν εἴπῃ, Τί 3
ποιεῖτε τοῦτο ; εἴπατε ὅτι⁵ Ὁ Κύριος αὐτοῦ χρείαν
ἔχει· καὶ εὐθέως αὐτὸν ἀποστελεῖ⁶ ὧδε. ἀπῆλθον δὲ⁷ καὶ 4
εὗρον τὸν⁸ πῶλον δεδεμένον πρὸς τὴν θύραν ἔξω
ἐπὶ τοῦ ἀμφόδου, καὶ λύουσιν αὐτόν. καί τινες τῶν 5

⁴⁹ add ὁ   ⁵⁰ om. ὁ   ⁵¹ add προσαίτης   ⁵² om. προσαιτῶν
⁵³ Ναζαρηνός   ⁵⁴ Φωνήσατε αὐτόν.   ⁵⁵ ἀναπηδήσας
⁵⁶ αὐτῷ ὁ Ἰησοῦς εἶπε   ⁵⁷ αὐτῷ   ¹ add οὔπω   ² ἐκάθισε
³ λύσατε αὐτὸν καὶ   ⁴ φέρετε   ⁵ om. ὅτι   ⁶ ἀποστέλλει
πάλιν   ⁷ καὶ ἀπῆλθον   ⁸ om. τὸν

ἐκεῖ ἑστηκότων ἔλεγον αὐτοῖς, Τί ποιεῖτε λύοντες
6 τὸν πῶλον; οἱ δὲ εἶπον αὐτοῖς καθὼς ἐνετείλατο⁹ ὁ
7 Ἰησοῦς· καὶ ἀφῆκαν αὐτούς. καὶ ἤγαγον¹⁰ τὸν
πῶλον πρὸς τὸν Ἰησοῦν, καὶ ἐπέβαλον¹¹ αὐτῷ τὰ
8 ἱμάτια αὐτῶν, καὶ ἐκάθισεν ἐπ᾽ αὐτῷ¹². πολλοὶ δὲ
τὰ ἱμάτια αὐτῶν ἔστρωσαν εἰς τὴν ὁδόν· ἄλλοι δὲ
στοιβάδας¹³ ἔκοπτον¹⁴ ἐκ τῶν δένδρων¹⁵, καὶ ἐστρώννυον εἰς
9 τὴν ὁδόν¹⁶. καὶ οἱ προαγοντες καὶ οἱ ἀκολουθοῦντες
ἔκραζον, λέγοντες¹⁷, Ὡσαννά· εὐλογημένος ὁ ἐρχόμε-
10 νος ἐν ὀνόματι Κυρίου· εὐλογημένη ἡ ἐρχομένη
βασιλεία ἐν ὀνόματι Κυρίου¹⁸ τοῦ πατρὸς ἡμῶν Δαβίδ·
Ὡσαννὰ ἐν τοῖς ὑψίστοις.
11 Καὶ εἰσῆλθεν εἰς Ἱεροσόλυμα ὁ Ἰησοῦς, καὶ¹⁹ εἰς
τὸ ἱερον· καὶ περιβλεψάμενος πάντα, ὀψίας ἤδη
οὔσης τῆς ὥρας, ἐξῆλθεν εἰς Βηθανίαν μετὰ τῶν
δώδεκα.
12 Καὶ τῇ ἐπαύριον ἐξελθόντων αὐτῶν ἀπὸ Βηθα-
13 νίας, ἐπείνασε. καὶ ἰδὼν συκῆν²⁰ μακρόθεν, ἔχουσαν
φύλλα, ἦλθεν εἰ ἄρα εὑρήσει τι ἐν αὐτῇ· καὶ ἐλθὼν
ἐπ᾽ αὐτήν, οὐδὲν εὗρεν εἰ μὴ φύλλα· οὐ γὰρ ἦν και-
14 ρὸς²¹ σύκων. καὶ ἀποκριθεὶς ὁ Ἰησοῦς²² εἶπεν αὐτῇ,
Μηκέτι ἐκ σοῦ εἰς τὸν αἰῶνα μηδεὶς καρπὸν φάγοι.
καὶ ἤκουον οἱ μαθηταὶ αὐτοῦ.
15 Καὶ ἔρχονται εἰς Ἱεροσόλυμα· καὶ εἰσελθὼν ὁ
Ἰησοῦς²³ εἰς τὸ ἱερον ἤρξατο ἐκβάλλειν τοὺς πω-
λοῦντας καὶ²⁴ ἀγοράζοντας ἐν τῷ ἱερῷ· καὶ τὰς
τραπεζας τῶν κολλυβιστῶν, καὶ τὰς καθέδρας τῶν
16 πωλούντων τὰς περιστερὰς κατέστρεψε· καὶ οὐκ

---

⁹ εἶπεν   ¹⁰ φέρουσι   ¹¹ ἐπιβάλλουσιν   ¹² αὐτόν
¹³ στιβάδας   ¹⁴ κόψαντες   ¹⁵ ἀγρῶν   ¹⁶ om., καὶ
ἐστρώννυον εἰς τὴν ὁδόν   ¹⁷ om. λέγοντες   ¹⁸ om. ἐν
ὀνόματι Κυρίου   ¹⁹ om. ὁ Ἰησοῦς, καὶ   ²⁰ add ἀπὸ
²¹ ὁ γὰρ καιρὸς οὐκ ἦν   ²² om. ὁ Ἰησοῦς   ²³ om. ὁ Ἰησοῦς
²⁴ add τούς

ἤφιεν ἵνα τις διενέγκῃ σκεῦος διὰ τοῦ ἱεροῦ. καὶ 17
ἐδίδασκε, λέγων²⁵ αὐτοῖς, Οὐ γέγραπται ὅτι Ὁ οἶκός
μου οἶκος προσευχῆς κληθήσεται πᾶσι τοῖς ἔθνε-
σιν; ὑμεῖς δὲ ἐποιήσατε²⁶ αὐτὸν σπήλαιον λῃστῶν.
καὶ ἤκουσαν οἱ γραμματεῖς καὶ οἱ ἀρχιερεῖς²⁷, καὶ ἐζή- 18
τουν πῶς αὐτὸν ἀπολέσουσιν· ἐφοβοῦντο γὰρ
αὐτόν, ὅτι πᾶς²⁸ ὁ ὄχλος ἐξεπλήσσετο ἐπὶ τῇ διδαχῇ
αὐτοῦ.
Καὶ ὅτε²⁹ ὀψὲ ἐγένετο, ἐξεπορεύετο³⁰ ἔξω τῆς πό- 19
λεως.
Καὶ πρωῒ παραπορευόμενοι³¹, εἶδον τὴν συκῆν ἐξη- 20
ραμμένην ἐκ ῥιζῶν. καὶ ἀναμνησθεὶς ὁ Πέτρος 21
λέγει αὐτῷ, Ῥαββί, ἴδε, ἡ συκῆ ἣν κατηράσω ἐξή-
ρανται. καὶ ἀποκριθεὶς Ἰησοῦς λέγει αὐτοῖς, 22
Ἔχετε πίστιν Θεοῦ. ἀμὴν γὰρ³² λέγω ὑμῖν ὅτι ὃς 23
ἂν εἴπῃ τῷ ὄρει τούτῳ, Ἄρθητι, καὶ βλήθητι εἰς
τὴν θάλασσαν, καὶ μὴ διακριθῇ ἐν τῇ καρδίᾳ αὐ-
τοῦ, ἀλλὰ πιστεύσῃ³³ ὅτι ἃ λέγει³⁴ γίνεται· ἔσται αὐ-
τῷ ὃ ἐὰν εἴπῃ³⁵. διὰ τοῦτο λέγω ὑμῖν, Πάντα ὅσα 24
ἂν προσευχόμενοι³⁶ αἰτεῖσθε, πιστεύετε ὅτι λαμβάνετε³⁷,
καὶ ἔσται ὑμῖν. καὶ ὅταν στήκητε προσευχόμενοι, 25
ἀφίετε εἴ τι ἔχετε κατά τινος· ἵνα καὶ ὁ πατὴρ ὑμῶν
ὁ ἐν τοῖς οὐρανοῖς ἀφῇ ὑμῖν τὰ παραπτώματα
ὑμῶν. ³⁸εἰ δὲ ὑμεῖς οὐκ ἀφίετε, οὐδὲ ὁ πατὴρ ὑμῶν ὁ ἐν τοῖς 26
οὐρανοῖς ἀφήσει τὰ παραπτώματα ὑμῶν.
Καὶ ἔρχονται πάλιν εἰς Ἱεροσόλυμα· καὶ ἐν τῷ 27
ἱερῷ περιπατοῦντος αὐτοῦ, ἔρχονται πρὸς αὐτὸν οἱ
ἀρχιερεῖς καὶ οἱ γραμματεῖς καὶ οἱ πρεσβύτεροι,

²⁵ καὶ ἔλεγεν ²⁶ πεποιήκατε ²⁷ ἀρχιερεῖς καὶ οἱ
γραμματεῖς ²⁸ πᾶς γὰρ ²⁹ ὅταν ³⁰ Marg.
ἐξεπορεύοντο ³¹ παραπορευόμενοι πρωῒ ³² om. γὰρ
³³ πιστεύῃ ³⁴ ὃ λαλεῖ ³⁵ om. ὃ ἐὰν εἴπῃ ³⁶ προσεύχεσθε
καὶ ³⁷ ἐλάβετε ³⁸ om. ver. 26 text, not marg.

28 καὶ λέγουσιν³⁹ αὐτῷ, Ἐν ποίᾳ ἐξουσίᾳ ταῦτα ποιεῖς;
καὶ⁴⁰ τίς σοι τὴν ἐξουσίαν ταύτην ἔδωκεν ἵνα ταῦτα
29 ποιῇς; ὁ δὲ Ἰησοῦς ἀποκριθεὶς⁴¹ εἶπεν αὐτοῖς, Ἐπε-
ρωτήσω ὑμᾶς κἀγὼ⁴² ἕνα λόγον, καὶ ἀποκρίθητέ μοι,
30 καὶ ἐρῶ ὑμῖν ἐν ποίᾳ ἐξουσίᾳ ταῦτα ποιῶ. τὸ
βάπτισμα⁴³ Ἰωάννου ἐξ οὐρανοῦ ἦν, ἢ ἐξ ἀνθρώπων;
31 ἀποκρίθητέ μοι. καὶ ἐλογίζοντο⁴⁴ πρὸς ἑαυτούς, λέ-
γοντες, Ἐὰν εἴπωμεν, Ἐξ οὐρανοῦ, ἐρεῖ, Διατί οὖν
32 οὐκ ἐπιστεύσατε αὐτῷ; ἀλλ' ἐὰν⁴⁵ εἴπωμεν, Ἐξ ἀν-
θρώπων,⁴⁶ ἐφοβοῦντο τὸν λαόν· ἅπαντες γὰρ εἶχον
33 τὸν Ἰωάννην, ὅτι ὄντως⁴⁷ προφήτης ἦν. καὶ ἀποκρι-
θέντες λέγουσι τῷ Ἰησοῦ⁴⁸, Οὐκ οἴδαμεν. καὶ ὁ Ἰη-
σοῦς ἀποκριθεὶς⁴⁹ λέγει αὐτοῖς, Οὐδὲ ἐγὼ λέγω ὑμῖν
ἐν ποίᾳ ἐξουσίᾳ ταῦτα ποιῶ.

XII. Καὶ ἤρξατο αὐτοῖς ἐν παραβολαῖς λέγειν¹, Ἀμ-
πελῶνα ἐφύτευσεν ἄνθρωπος, καὶ περιέθηκε φραγ-
μόν, καὶ ὤρυξεν ὑπολήνιον, καὶ ᾠκοδόμησε πύργον,
2 καὶ ἐξέδοτο αὐτὸν γεωργοῖς, καὶ ἀπεδήμησε. καὶ
ἀπέστειλε πρὸς τοὺς γεωργοὺς τῷ καιρῷ δοῦλον,
ἵνα παρὰ τῶν γεωργῶν λάβῃ ἀπὸ τοῦ καρποῦ² τοῦ
3 ἀμπελῶνος. οἱ δὲ³ λαβόντες αὐτὸν ἔδειραν, καὶ
4 ἀπέστειλαν κενόν. καὶ πάλιν ἀπέστειλε πρὸς αὐ-
τοὺς ἄλλον δοῦλον· κἀκεῖνον λιθοβολήσαντες⁴ ἐκεφα-
5 λαίωσαν⁵, καὶ ἀπέστειλαν ἠτιμωμένον⁶. καὶ πάλιν⁷ ἄλλον
ἀπέστειλε· κἀκεῖνον ἀπέκτειναν· καὶ πολλοὺς ἄλ-
λους, τοὺς μὲν δέροντες, τοὺς δὲ ἀποκτείνοντες.
6 ἔτι οὖν⁸ ἕνα υἱὸν ἔχων⁹ ἀγαπητὸν αὐτοῦ¹⁰, ἀπέστειλε

---

³⁹ ἔλεγον   ⁴⁰ ἢ   ⁴¹ om. ἀποκριθεὶς   ⁴² om. κἀγὼ
⁴³ add τὸ   ⁴⁴ διελογίζοντο   ⁴⁵ ἀλλὰ   ⁴⁶ (Marg.
ἀνθρώπων;)   ⁴⁷ ὄντως ὅτι   ⁴⁸ τῷ Ἰησοῦ λέγουσιν   ⁴⁹ om.
ἀποκριθεὶς   ¹ λαλεῖν   ² τῶν καρπῶν   ³ καὶ
⁴ om. λιθοβολήσαντες   ⁵ ἐκεφαλίωσαν   ⁶ ἠτίμησαν
⁷ om. πάλιν   ⁸ om. οὖν   ⁹ εἶχεν, υἱὸν   ¹⁰ om. αὐτοῦ

καὶ[11] αὐτὸν πρὸς αὐτοὺς ἔσχατον[12], λέγων ὅτι Ἐντρα-
πήσονται τὸν υἱόν μου. ἐκεῖνοι δὲ οἱ γεωργοὶ 7
εἶπον πρὸς ἑαυτοὺς ὅτι Οὗτός ἐστιν ὁ κληρονόμος·
δεῦτε, ἀποκτείνωμεν αὐτόν, καὶ ἡμῶν ἔσται ἡ κλη-
ρονομία. καὶ λαβόντες αὐτὸν ἀπέκτειναν[13], καὶ ἐξέ- 8
βαλον[14] ἔξω τοῦ ἀμπελῶνος. τί οὖν ποιήσει ὁ 9
κύριος τοῦ ἀμπελῶνος; ἐλεύσεται καὶ ἀπολέσει
τοὺς γεωργούς, καὶ δώσει τὸν ἀμπελῶνα ἄλλοις.
οὐδὲ τὴν γραφὴν ταύτην ἀνέγνωτε, Λίθον ὃν ἀπε-10
δοκίμασαν οἱ οἰκοδομοῦντες, οὗτος ἐγενήθη εἰς κε-
φαλὴν γωνίας· παρὰ Κυρίου ἐγένετο αὕτη, καὶ 11
ἔστι θαυμαστὴ ἐν ὀφθαλμοῖς ἡμῶν; καὶ ἐζήτουν 12
αὐτὸν κρατῆσαι, καὶ ἐφοβήθησαν τὸν ὄχλον· ἔγνω-
σαν γὰρ ὅτι πρὸς αὐτοὺς τὴν παραβολὴν εἶπε· καὶ
ἀφέντες αὐτὸν ἀπῆλθον.
Καὶ ἀποστέλλουσι πρὸς αὐτόν τινας τῶν Φα-13
ρισαίων καὶ τῶν Ἡρωδιανῶν, ἵνα αὐτὸν ἀγρεύσωσι
λόγῳ. οἱ δὲ[15] ἐλθόντες λέγουσιν αὐτῷ, Διδάσκαλε, 14
οἴδαμεν ὅτι ἀληθὴς εἶ, καὶ οὐ μέλει σοι περὶ οὐδε-
νός· οὐ γὰρ βλέπεις εἰς πρόσωπον ἀνθρώπων, ἀλλ᾽
ἐπ᾽ ἀληθείας τὴν ὁδὸν τοῦ Θεοῦ διδάσκεις· ἔξεστι
κῆνσον Καίσαρι δοῦναι ἢ οὔ; δῶμεν, ἢ μὴ δῶμεν; 15
ὁ δὲ εἰδὼς αὐτῶν τὴν ὑπόκρισιν εἶπεν αὐτοῖς, Τί με
πειράζετε; φέρετέ μοι δηνάριον, ἵνα ἴδω. οἱ δὲ 16
ἤνεγκαν. καὶ λέγει αὐτοῖς, Τίνος ἡ εἰκὼν αὕτη καὶ
ἡ ἐπιγραφή; οἱ δὲ εἶπον αὐτῷ, Καίσαρος. καὶ 17
ἀποκρίθεὶς ὁ[16] Ἰησοῦς εἶπεν αὐτοῖς, Ἀπόδοτε τὰ Καίσα-
ρος[17] Καίσαρι, καὶ τὰ τοῦ Θεοῦ τῷ Θεῷ. καὶ ἐθαύ-
μασαν[18] ἐπ᾽ αὐτῷ.
Καὶ ἔρχονται Σαδδουκαῖοι πρὸς αὐτόν, οἵτινες 18

---

[11] (ν) om. καὶ   [12] ἔσχατον πρὸς αὐτούς   [13] ἀπέκτειναν
αὐτόν   [14] add αὐτὸν   [15] καὶ   [16] ὁ δὲ   [17] Τὰ
Καίσαρος ἀπόδοτε   [18] ἐξεθαύμαζον

λέγουσιν ἀνάστασιν μὴ εἶναι· καὶ ἐπηρώτησαν[19] αὐ-
19 τόν, λέγοντες, Διδάσκαλε, Μωσῆς ἔγραψεν ἡμῖν,
ὅτι ἐάν τινος ἀδελφὸς ἀποθάνῃ, καὶ καταλίπῃ γυ-
ναῖκα, καὶ τέκνα μὴ ἀφῇ[20], ἵνα λάβῃ ὁ ἀδελφὸς αὐτοῦ
τὴν γυναῖκα αὐτοῦ, καὶ ἐξαναστήσῃ σπέρμα τῷ
20 ἀδελφῷ αὐτοῦ· ἑπτὰ οὖν[21] ἀδελφοὶ ἦσαν· καὶ ὁ
πρῶτος ἔλαβε γυναῖκα, καὶ ἀποθνήσκων οὐκ ἀφῆκε
21 σπέρμα καὶ ὁ δεύτερος ἔλαβεν αὐτήν, καὶ ἀπέθανε,
καὶ οὐδὲ αὐτὸς ἀφῆκε[22] σπέρμα· καὶ ὁ τρίτος ὡσαύτως.
22 καὶ ἔλαβον αὐτὴν[23] οἱ ἑπτά, καὶ[24] οὐκ ἀφῆκαν σπέρμα.
23 ἐσχάτη[25] πάντων ἀπέθανε καὶ ἡ γυνή[26]. ἐν τῇ οὖν[21]
ἀναστάσει, ὅταν ἀναστῶσι[27], τίνος αὐτῶν ἔσται γυνή ;
24 οἱ γὰρ ἑπτὰ ἔσχον αὐτὴν γυναῖκα. καὶ ἀποκριθεὶς ὁ
Ἰησοῦς εἶπεν αὐτοῖς[28], Οὐ διὰ τοῦτο πλανᾶσθε, μὴ
εἰδότες τὰς γραφάς, μηδὲ τὴν δύναμιν τοῦ Θεοῦ ;
25 ὅταν γὰρ ἐκ νεκρῶν ἀναστῶσιν, οὔτε γαμοῦσιν,
οὔτε γαμίσκονται, ἀλλ᾽ εἰσὶν ὡς ἄγγελοι οἱ[29] ἐν τοῖς
26 οὐρανοῖς. περὶ δὲ τῶν νεκρῶν, ὅτι ἐγείρονται, οὐκ
ἀνέγνωτε ἐν τῇ βίβλῳ Μωσέως, ἐπὶ τῆς βάτου[30], ὡς[31]
εἶπεν αὐτῷ ὁ Θεός, λέγων, Ἐγὼ ὁ Θεὸς Ἀβραάμ,
27 καὶ ὁ[32] Θεὸς Ἰσαάκ, καὶ ὁ[32] Θεὸς Ἰακώβ ; οὐκ
ἔστιν ὁ[32] Θεὸς νεκρῶν, ἀλλὰ Θεὸς[33] ζώντων· ὑμεῖς
οὖν[34] πολὺ πλανᾶσθε.
28 Καὶ προσελθὼν εἷς τῶν γραμματέων, ἀκούσας
αὐτῶν συζητούντων, εἰδὼς ὅτι καλῶς αὐτοῖς ἀπε-
κρίθη, ἐπηρώτησεν αὐτόν, Ποία ἐστὶ πρώτη πασῶν
29 ἐντολή[35] ; ὁ δὲ Ἰησοῦς ἀπεκρίθη[36] αὐτῷ[37] ὅτι Πρώτη
πασῶν τῶν ἐντολῶν[38], Ἄκουε, Ἰσραήλ· Κύριος ὁ Θεὸς

[19] ἐπηρώτων   [20] μὴ ἀφῇ τέκνον   [21] om. οὖν   [22] μὴ
καταλιπὼν   [23] om. ἔλαβον αὐτὴν   [24] om. , καὶ   [25] ἔσχατον
[26] καὶ ἡ γυνὴ ἀπέθανεν   [27] om. , ὅταν ἀναστῶσι,   [28] ἔφη
αὐτοῖς ὁ Ἰησοῦς   [29] om. οἱ   [30] (Βάτου)   [31] πῶς   [32] om. ὁ
[33] om. Θεὸς   [34] om. ὑμεῖς οὖν   [35] ἐντολὴ πρώτη πάντων
[36] ἀπεκρίθη ὁ Ἰησοῦς   [37] om. αὐτῷ   [38] ἐστὶν

ἡμῶν, Κύριος εἷς ἐστί· καὶ ἀγαπησεις Κυριον τὸν 30
Θεόν σου ἐξ ὅλης τῆς καρδίας σου, καὶ ἐξ ὅλης τῆς
ψυχῆς σου, καὶ ἐξ ὅλης τῆς διανοίας σου, καὶ ἐξ
ὅλης τῆς ἰσχύος σου. αὕτη πρώτη ἐντολή. καὶ³⁹ δευ- 31
τέρα ὁμοία⁴⁰ αὕτη, Ἀγαπήσεις τὸν πλησίον σου ὡς
σεαυτόν. μείζων τούτων ἄλλη ἐντολὴ οὐκ ἔστι.
καὶ εἶπεν αὐτῷ ὁ γραμματεύς, Καλῶς, διδάσκαλε, 32
ἐπ᾽ ἀληθείας εἶπας ὅτι εἷς ἐστι Θεός⁴¹, καὶ οὐκ
ἔστιν ἄλλος πλὴν αὐτοῦ. καὶ τὸ ἀγαπᾶν αὐτὸν ἐξ 33
ὅλης τῆς καρδίας, καὶ ἐξ ὅλης τῆς συνέσεως, καὶ ἐξ
ὅλης τῆς ψυχῆς,⁴² καὶ ἐξ ὅλης τῆς ἰσχύος, καὶ τὸ
ἀγαπᾶν τὸν πλησίον ὡς ἑαυτόν, πλεῖόν⁴³ ἐστι πάν-
των τῶν ὁλοκαυτωμάτων καὶ τῶν θυσιῶν. καὶ ὁ 34
Ἰησοῦς ἰδὼν αὐτὸν ὅτι νουνεχῶς ἀπεκρίθη, εἶπεν
αὐτῷ, Οὐ μακρὰν εἶ ἀπὸ τῆς βασιλείας τοῦ Θεοῦ.
καὶ οὐδεὶς οὐκέτι ἐτόλμα αὐτὸν ἐπερωτῆσαι.

Καὶ ἀποκριθεὶς ὁ Ἰησοῦς ἔλεγε, διδάσκων ἐν 35
τῷ ἱερῷ, Πῶς λέγουσιν οἱ γραμματεῖς ὅτι ὁ Χρισ-
τὸς υἱός ἐστι Δαβίδ; αὐτὸς γὰρ⁴⁴ Δαβὶδ εἶπεν ἐν 36
τῷ Πνεύματι τῷ Ἁγίῳ, Εἶπεν ὁ Κύριος τῷ Κυρίῳ
μου, Κάθου ἐκ δεξιῶν μου, ἕως ἂν θῶ τοὺς ἐχθρούς
σου ὑποπόδιον⁴⁵ τῶν ποδῶν σου. Αὐτὸς οὖν⁴⁶ Δαβὶδ 37
λέγει αὐτὸν Κύριον· καὶ πόθεν υἱὸς αὐτοῦ ἐστι;
καὶ ὁ πολὺς ὄχλος ἤκουεν αὐτοῦ ἡδέως.

Καὶ ἔλεγεν αὐτοῖς ἐν τῇ διδαχῇ αὐτοῦ⁴⁷, Βλέπετε ἀπὸ 38
τῶν γραμματέων, τῶν θελόντων ἐν στολαῖς περι-
πατεῖν, καὶ ἀσπασμοὺς ἐν ταῖς ἀγοραῖς, καὶ πρω- 39
τοκαθεδρίας ἐν ταῖς συναγωγαῖς, καὶ πρωτοκλισίας
ἐν τοῖς δείπνοις· οἱ κατεσθίοντες τὰς οἰκίας τῶν 40

---

³⁹ om. αὕτη πρώτη ἐντολή. καὶ   ⁴⁰ om. ὁμοία   ⁴¹ om.
Θεός   ⁴² om. καὶ ἐξ ὅλης τῆς ψυχῆς,   ⁴³ περισσότερον
⁴⁴ om. γὰρ   ⁴⁵ Marg. ὑποκάτω   ⁴⁶ om. οὖν   ⁴⁷ ἐν
τῇ διδαχῇ αὐτοῦ ἔλεγε

χηρῶν, καὶ προφάσει μακρα προσευχόμενοι· οὗτοι
λήψονται περισσότερον κρίμα.

41 Καὶ καθίσας ὁ Ἰησοῦς⁴⁸ κατέναντι τοῦ γαζοφυ-
λακίου ἐθεώρει πῶς ὁ ὄχλος βάλλει χαλκὸν εἰς
τὸ γαζοφυλάκιον· καὶ πολλοὶ πλούσιοι ἔβαλλον
42 πολλά. καὶ ἐλθοῦσα μία χήρα πτωχὴ ἔβαλε λεπ-
43 τὰ δύο, ὅ ἐστι κοδράντης. καὶ προσκαλεσάμενος
τοὺς μαθητὰς αὐτοῦ, λέγει⁴⁹ αὐτοῖς, Ἀμὴν λέγω
ὑμῖν ὅτι ἡ χήρα αὕτη ἡ πτωχὴ πλεῖον πάντων
44 βέβληκε⁵⁰ τῶν βαλόντων⁵¹ εἰς τὸ γαζοφυλάκιον· πάν-
τες γὰρ ἐκ τοῦ περισσεύοντος αὐτοῖς ἔβαλον· αὕτη
δὲ ἐκ τῆς ὑστερήσεως αὐτῆς πάντα ὅσα εἶχεν
ἔβαλεν, ὅλον τὸν βίον αὐτῆς.

XIII. Καὶ ἐκπορευομένου αὐτοῦ ἐκ τοῦ ἱεροῦ, λέγει
αὐτῷ εἷς τῶν μαθητῶν αὐτοῦ, Διδάσκαλε, ἴδε,
2 ποταποὶ λίθοι καὶ ποταπαὶ οἰκοδομαί. καὶ ὁ Ἰη-
σοῦς ἀποκριθεὶς¹ εἶπεν αὐτῷ, Βλέπεις ταύτας τὰς
μεγάλας οἰκοδομάς; οὐ μὴ ἀφεθῇ² λίθος ἐπὶ λίθῳ³,
ὃς οὐ μὴ καταλυθῇ.

3 Καὶ καθημένου αὐτοῦ εἰς τὸ ὄρος τῶν ἐλαιῶν
κατέναντι τοῦ ἱεροῦ, ἐπηρώτων⁴ αὐτὸν κατ᾽ ἰδίαν
Πέτρος καὶ Ἰάκωβος καὶ Ἰωάννης καὶ Ἀνδρέας,
4 Εἰπὲ ἡμῖν, πότε ταῦτα ἔσται; καὶ τί τὸ σημεῖον
5 ὅταν μέλλῃ πάντα ταῦτα συντελεῖσθαι⁵; ὁ δὲ Ἰησοῦς
ἀποκριθεὶς⁶ αὐτοῖς ἤρξατο λέγειν, Βλέπετε μή τις
6 ὑμᾶς πλανήσῃ. πολλοὶ γὰρ⁷ ἐλεύσονται ἐπὶ τῷ
ὀνόματί μου, λέγοντες ὅτι Ἐγώ εἰμι· καὶ πολλοὺς
7 πλανήσουσιν. ὅταν δὲ ἀκούσητε πολέμους καὶ
ἀκοὰς πολέμων, μὴ θροεῖσθε· δεῖ γὰρ⁸ γενέσθαι·

---

⁴⁸ om. ὁ Ἰησοῦς   ⁴⁹ εἶπεν   ⁵⁰ ἔβαλε   ⁵¹ βαλ-
λόντων   ¹ om. ἀποκριθεὶς   ² add ὧδε   ³ λίθον
⁴ ἐπηρώτα   ⁵ ταῦτα συντελεῖσθαι πάντα   ⁶ om. ἀποκριθεὶς
⁷ om. γὰρ   ⁸ om. γὰρ

ἀλλ' οὔπω τὸ τέλος. ἐγερθήσεται γὰρ ἔθνος ἐπὶ 8
ἔθνος, καὶ βασιλεία ἐπὶ βασιλείαν· καὶ⁹ ἔσονται
σεισμοὶ κατὰ τόπους, καὶ⁹ ἔσονται λιμοὶ καὶ ταρα-
χαί¹⁰. ἀρχαὶ¹¹ ὠδίνων ταῦτα.

Βλέπετε δὲ ὑμεῖς ἑαυτούς· παραδώσουσι γὰρ 9
ὑμᾶς εἰς συνέδρια, καὶ εἰς συναγωγὰς δαρήσεσθε,
καὶ ἐπὶ ἡγεμόνων καὶ βασιλέων ἀχθήσεσθε *¹² ἕνεκεν
ἐμοῦ, εἰς μαρτύριον αὐτοῖς. καὶ εἰς πάντα τὰ ἔθνη 10
δεῖ πρῶτον κηρυχθῆναι τὸ εὐαγγέλιον. ὅταν δὲ 11
ἀγάγωσιν¹³ ὑμᾶς παραδιδόντες, μὴ προμεριμνᾶτε τί
λαλήσητε, μηδὲ μελετᾶτε¹⁴· ἀλλ' ὃ ἐὰν δοθῇ ὑμῖν ἐν
ἐκείνῃ τῇ ὥρᾳ, τοῦτο λαλεῖτε· οὐ γάρ ἐστε ὑμεῖς οἱ
λαλοῦντες, ἀλλὰ τὸ Πνεῦμα τὸ Ἅγιον. παραδώσει 12
δὲ¹⁵ ἀδελφὸς ἀδελφὸν εἰς θάνατον, καὶ πατὴρ τέκ-
νον· καὶ ἐπαναστήσονται τέκνα ἐπὶ γονεῖς, καὶ
θανατώσουσιν αὐτούς· καὶ ἔσεσθε μισούμενοι ὑπὸ 13
πάντων διὰ τὸ ὄνομά μου· ὁ δὲ ὑπομείνας εἰς
τέλος, οὗτος σωθήσεται.

Ὅταν δὲ ἴδητε τὸ βδέλυγμα τῆς ἐρημώσεως, τὸ 14
ῥηθὲν ὑπὸ Δανιὴλ τοῦ προφήτου¹⁶, ἑστὼς¹⁷ ὅπου οὐ δεῖ
(ὁ ἀναγινώσκων νοείτω), τότε οἱ ἐν τῇ Ἰουδαίᾳ
φευγέτωσαν εἰς τὰ ὄρη· ὁ δὲ ἐπὶ τοῦ δώματος μὴ 15
καταβάτω εἰς τὴν οἰκίαν¹⁸, μηδὲ εἰσελθέτω ἆραί τι ἐκ
τῆς οἰκίας αὐτοῦ· καὶ ὁ εἰς τὸν ἀγρὸν ὢν¹⁹ μὴ ἐπι- 16
στρεψάτω εἰς τὰ ὀπίσω, ἆραι τὸ ἱμάτιον αὐτοῦ.
οὐαὶ δὲ ταῖς ἐν γαστρὶ ἐχούσαις καὶ ταῖς θηλαζού- 17
σαις ἐν ἐκείναις ταῖς ἡμέραις. προσεύχεσθε δὲ ἵνα 18
μὴ γένηται ἡ φυγὴ ὑμῶν²⁰ χειμῶνος. ἔσονται γὰρ αἱ 19

---

⁹ om. καὶ ¹⁰ om. καὶ ταραχαί ¹¹ ἀρχὴ ¹² στα-
θήσεσθε ¹³ καὶ ὅταν ἄγωσιν ¹⁴ om. , μηδὲ μελετᾶτε
¹⁵ καὶ παραδώσει ¹⁶ om. τὸ ῥηθὲν ὑπὸ Δανιὴλ τοῦ προφήτου
¹⁷ ἑστηκότα ¹⁸ om. εἰς τὴν οἰκίαν ¹⁹ om. ὢν ²⁰ om.
ἡ φυγὴ ὑμῶν

ἡμέραι ἐκεῖναι θλῖψις, οἵα οὐ γέγονε τοιαύτη ἀπ᾽
ἀρχῆς κτίσεως ἧς ἔκτισεν ὁ Θεὸς ἕως τοῦ νῦν, καὶ
20 οὐ μὴ γένηται. καὶ εἰ μὴ Κύριος ἐκολόβωσε τὰς
ἡμέρας, οὐκ ἂν ἐσώθη πᾶσα σάρξ· ἀλλὰ διὰ τοὺς
ἐκλεκτούς, οὓς ἐξελέξατο, ἐκολόβωσε τὰς ἡμέρας.
21 καὶ τότε ἐάν τις ὑμῖν εἴπῃ, Ἰδού, ὧδε ὁ Χριστός,
22 ἢ Ἰδού, ἐκεῖ, μὴ πιστεύσητε. ἐγερθήσονται γὰρ
ψευδόχριστοι καὶ ψευδοπροφῆται, καὶ δώσουσι
σημεῖα καὶ τέρατα, πρὸς τὸ ἀποπλανᾶν, εἰ δυνατόν,
23 καὶ²¹ τοὺς ἐκλεκτούς. ὑμεῖς δὲ βλέπετε· ἰδού, προ-
είρηκα ὑμῖν πάντα.

24 Ἀλλ᾽ ἐν ἐκείναις ταῖς ἡμέραις, μετὰ τὴν θλῖψιν
ἐκείνην, ὁ ἥλιος σκοτισθήσεται, καὶ ἡ σελήνη οὐ
25 δώσει τὸ φέγγος αὐτῆς, καὶ οἱ ἀστέρες τοῦ οὐρανοῦ
ἔσονται ἐκπίπτοντες²², καὶ αἱ δυνάμεις αἱ ἐν τοῖς οὐρα-
26 νοῖς σαλευθήσονται. καὶ τότε ὄψονται τὸν υἱὸν
τοῦ ἀνθρώπου ἐρχόμενον ἐν νεφέλαις μετὰ δυνά-
27 μεως πολλῆς καὶ δόξης. καὶ τότε ἀποστελεῖ τοὺς
ἀγγέλους αὐτοῦ²³, καὶ ἐπισυνάξει τοὺς ἐκλεκτοὺς
αὐτοῦ ἐκ τῶν τεσσάρων ἀνέμων, ἀπ᾽ ἄκρου γῆς
ἕως ἄκρου οὐρανοῦ.

28 Ἀπὸ δὲ τῆς συκῆς μάθετε τὴν παραβολήν·
ὅταν αὐτῆς ἤδη ὁ κλάδος ἁπαλὸς γένηται καὶ
ἐκφύῃ τὰ φύλλα, γινώσκετε ὅτι ἐγγὺς τὸ θέρος
29 ἐστίν· οὕτω καὶ ὑμεῖς, ὅταν ταῦτα ἴδητε γινόμενα,
30 γινώσκετε ὅτι ἐγγύς ἐστιν ἐπὶ θύραις. ἀμὴν λέγω
ὑμῖν ὅτι οὐ μὴ παρέλθῃ ἡ γενεὰ αὕτη, μέχρις οὗ
31 πάντα ταῦτα²⁴ γένηται. ὁ οὐρανὸς καὶ ἡ γῆ παρε-
32 λεύσονται· οἱ δὲ λόγοι μου οὐ μὴ παρέλθωσι. περὶ
δὲ τῆς ἡμέρας ἐκείνης καὶ²⁵ τῆς ὥρας οὐδεὶς οἶδεν, οὐδὲ
οἱ ἄγγελοι οἱ²⁶ ἐν οὐρανῷ, οὐδὲ ὁ υἱός, εἰ μὴ ὁ πατήρ.

²¹ om. καὶ   ²² ἔσονται ἐκ τοῦ οὐρανοῦ πίπτοντες   ²³ om.
αὐτοῦ   ²⁴ ταῦτα πάντα   ²⁵ ἢ   ²⁶ om. οἱ

βλέπετε, ἀγρυπνεῖτε καὶ προσεύχεσθε²⁷· οὐκ οἴδατε 33
γὰρ πότε ὁ καιρός ἐστιν· ὡς ἄνθρωπος ἀπόδημος 34
ἀφεὶς τὴν οἰκίαν αὐτοῦ, καὶ δοὺς τοῖς δούλοις αὐτοῦ
τὴν ἐξουσίαν, καὶ²⁸ ἑκάστῳ τὸ ἔργον αὐτοῦ, καὶ τῷ
θυρωρῷ ἐνετείλατο ἵνα γρηγορῇ. γρηγορεῖτε οὖν· 35
οὐκ οἴδατε γὰρ πότε ὁ κύριος τῆς οἰκίας ἔρχεται,
²⁹ὀψέ, ἢ μεσονυκτίου, ἢ ἀλεκτοροφωνίας, ἢ πρωΐ· μὴ 36
ἐλθὼν ἐξαίφνης εὕρῃ ὑμᾶς καθεύδοντας. ἃ³⁰ δὲ ὑμῖν 37
λέγω πᾶσι λέγω, Γρηγορεῖτε.
Ἦν δὲ τὸ πάσχα καὶ τὰ ἄζυμα μετὰ δύο ἡμέ- XIV.
ρας· καὶ ἐζήτουν οἱ ἀρχιερεῖς καὶ οἱ γραμματεῖς
πῶς αὐτὸν ἐν δόλῳ κρατήσαντες ἀποκτείνωσιν·
ἔλεγον δέ¹, Μὴ ἐν τῇ ἑορτῇ, μήποτε θόρυβος ἔσται 2
τοῦ λαοῦ.
Καὶ ὄντος αὐτοῦ ἐν Βηθανίᾳ, ἐν τῇ οἰκίᾳ Σίμω- 3
νος τοῦ λεπροῦ, κατακειμένου αὐτοῦ, ἦλθε γυνὴ
ἔχουσα ἀλάβαστρον μύρου νάρδου πιστικῆς πολυ-
τελοῦς· καὶ² συντρίψασα τὸ ἀλάβαστρον, κατέχεεν
αὐτοῦ κατὰ³ τῆς κεφαλῆς. ἦσαν δέ τινες ἀγανακ- 4
τοῦντες πρὸς ἑαυτούς, καὶ λέγοντες⁴, Εἰς τί ἡ ἀπώ-
λεια αὕτη τοῦ μύρου γέγονεν; ἠδύνατο γὰρ τοῦτο⁵ 5
πραθῆναι ἐπάνω τριακοσίων δηναρίων, καὶ δοθῆναι
τοῖς πτωχοῖς. καὶ ἐνεβριμῶντο αὐτῇ. ὁ δὲ Ἰησοῦς 6
εἶπεν, Ἄφετε αὐτήν· τί αὐτῇ κόπους παρέχετε;
καλὸν ἔργον εἰργάσατο εἰς ἐμέ⁶. πάντοτε γὰρ τοὺς 7
πτωχοὺς ἔχετε μεθ' ἑαυτῶν, καὶ ὅταν θέλητε
δύνασθε αὐτοὺς εὖ ποιῆσαι· ἐμὲ δὲ οὐ παντοτε
ἔχετε. ὃ εἶχεν αὕτη⁷ ἐποίησε· προέλαβε μυρίσαι 8
μου τὸ σῶμα εἰς τὸν ἐνταφιασμόν. ἀμὴν⁸ λέγω 9

---

²⁷ *Marg. om.* καὶ προσεύχεσθε   ²⁸ *om.* καὶ   ²⁹ *add* ἢ
³⁰ δ   ¹ γάρ   ² *om.* καὶ   ³ *om.* κατὰ   ⁴ *om.*
καὶ λέγοντες   ⁵ *add* τὸ μύρον   ⁶ ἐν ἐμοί   ⁷ ἔσχεν
⁸ *add* δὲ

ὑμῖν, ὅπου ἂν κηρυχθῇ τὸ εὐαγγέλιον τοῦτο⁹ εἰς
ὅλον τὸν κόσμον, καὶ ὃ ἐποίησεν αὕτη λαληθήσεται
εἰς μνημόσυνον αὐτῆς.

10 Καὶ ὁ Ἰούδας ὁ Ἰσκαριώτης, ¹⁰εἷς τῶν δώδεκα,
ἀπῆλθε πρὸς τοὺς ἀρχιερεῖς, ἵνα παραδῷ αὐτὸν
11 αὐτοῖς. οἱ δὲ ἀκούσαντες ἐχάρησαν, καὶ ἐπηγγεί-
λαντο αὐτῷ ἀργύριον δοῦναι· καὶ ἐζήτει πῶς εὐκαί-
ρως αὐτὸν παραδῷ.

12 Καὶ τῇ πρώτῃ ἡμέρᾳ τῶν ἀζύμων, ὅτε τὸ
πάσχα ἔθυον, λέγουσιν αὐτῷ οἱ μαθηταὶ αὐτοῦ,
Ποῦ θέλεις ἀπελθόντες ἑτοιμάσωμεν ἵνα φάγῃς τὸ
13 πάσχα; καὶ ἀποστέλλει δύο τῶν μαθητῶν αὐτοῦ,
καὶ λέγει αὐτοῖς, Ὑπάγετε εἰς τὴν πόλιν, καὶ
ἀπαντήσει ὑμῖν ἄνθρωπος κεράμιον ὕδατος βαστά-
14 ζων· ἀκολουθήσατε αὐτῷ, καὶ ὅπου ἐὰν εἰσέλθῃ,
εἴπατε τῷ οἰκοδεσπότῃ ὅτι Ὁ διδάσκαλος λέγει,
Ποῦ ἐστι τὸ κατάλυμα¹¹, ὅπου τὸ πασχα μετὰ τῶν
15 μαθητῶν μου φάγω; καὶ αὐτὸς ὑμῖν δείξει ἀνώγεον
μέγα ἐστρωμένον ἕτοιμον· ἐκεῖ ἑτοιμάσατε ἡμῖν.
16 καὶ ἐξῆλθον οἱ μαθηταὶ αὐτοῦ¹², καὶ ἦλθον εἰς τὴν
πόλιν, καὶ εὗρον καθὼς εἶπεν αὐτοῖς, καὶ ἡτοίμασαν
τὸ πάσχα.

17 Καὶ ὀψίας γενομένης ἔρχεται μετὰ τῶν δώδεκα.
18 καὶ ἀνακειμένων αὐτῶν καὶ ἐσθιόντων, εἶπεν ὁ Ἰη-
σοῦς, Ἀμὴν λέγω ὑμῖν, ὅτι εἷς ἐξ ὑμῶν παραδώσει
19 με, ὁ ἐσθίων μετ’ ἐμοῦ. οἱ δὲ¹³ ἤρξαντο λυπεῖσθαι,
καὶ λέγειν αὐτῷ εἷς καθ’ εἷς, Μή τι ἐγώ; καὶ ἄλλος,
20 Μή τι ἐγώ;¹⁴ ὁ δὲ ἀποκριθεὶς¹⁵ εἶπεν αὐτοῖς, Εἷς ἐκ
τῶν δώδεκα, ὁ ἐμβαπτόμενος μετ’ ἐμοῦ εἰς τὸ
21 τρυβλίον. ¹⁶ὁ μὲν υἱὸς τοῦ ἀνθρώπου ὑπάγει, κα-

⁹ om. τοῦτο   ¹⁰ add ὁ   ¹¹ (-μά) add μου   ¹² om. αὐτοῦ
¹³ om. οἱ δὲ   ¹⁴ om. καὶ ἄλλος, Μή τι ἐγώ;   ¹⁵ om.
ἀποκριθεὶς   ¹⁶ add ὅτι

θῶς γέγραπται περὶ αὐτοῦ· οὐαὶ δὲ τῷ* ἀνθρώπῳ
ἐκείνῳ δι᾽ οὗ ὁ υἱὸς τοῦ ἀνθρώπου παραδίδοται·
καλὸν ἦν αὐτῷ εἰ οὐκ ἐγεννήθη ὁ ἄνθρωπος
ἐκεῖνος.

Καὶ ἐσθιόντων αὐτῶν, λαβὼν ὁ Ἰησοῦς[17] ἄρτον 22
εὐλογήσας ἔκλασε, καὶ ἔδωκεν αὐτοῖς, καὶ εἶπε,
Λάβετε, φάγετε[18]· τοῦτό ἐστι τὸ σῶμά μου. καὶ 23
λαβὼν τὸ[19] ποτήριον εὐχαριστήσας ἔδωκεν αὐτοῖς·
καὶ ἔπιον ἐξ αὐτοῦ πάντες. καὶ εἶπεν αὐτοῖς, Τοῦτό 24
ἐστι τὸ αἷμά μου, τὸ[20] τῆς καινῆς[21] διαθήκης, τὸ περὶ[22]
πολλῶν ἐκχυνόμενον. ἀμὴν λέγω ὑμῖν ὅτι οὐκέτι 25
οὐ μὴ πίω ἐκ τοῦ γεννήματος τῆς ἀμπέλου, ἕως τῆς
ἡμέρας ἐκείνης ὅταν αὐτὸ πίνω καινὸν ἐν τῇ βασι-
λείᾳ τοῦ Θεοῦ.

Καὶ ὑμνήσαντες ἐξῆλθον εἰς τὸ ὄρος τῶν ἐλαιῶν. 26
Καὶ λέγει αὐτοῖς ὁ Ἰησοῦς ὅτι Πάντες 27
σκανδαλισθήσεσθε ἐν ἐμοὶ ἐν τῇ νυκτὶ ταύτῃ[23]· ὅτι γέ-
γραπται, Πατάξω τὸν ποιμένα, καὶ διασκορπισθή-
σεται τὰ πρόβατα. ἀλλὰ μετὰ τὸ ἐγερθῆναί με, 28
προάξω ὑμᾶς εἰς τὴν Γαλιλαίαν. ὁ δὲ Πέτρος ἔφη 29
αὐτῷ, Καὶ εἰ[24] πάντες σκανδαλισθήσονται, ἀλλ᾽ οὐκ
ἐγώ. καὶ λέγει αὐτῷ ὁ Ἰησοῦς, Ἀμὴν λέγω σοι, 30
ὅτι[25] σήμερον ἐν τῇ νυκτὶ ταύτῃ[26], πρὶν ἢ δὶς ἀλέκτορα
φωνῆσαι, τρὶς ἀπαρνήσῃ με. ὁ δὲ ἐκ περισσοῦ[27] 31
ἔλεγε[28] μᾶλλον[29], Ἐάν με δέῃ συναποθανεῖν σοι, οὐ μή
σε ἀπαρνήσομαι. ὡσαύτως δὲ καὶ πάντες ἔλεγον.

Καὶ ἔρχονται εἰς χωρίον οὗ τὸ ὄνομα Γεθση- 32
μανῆ· καὶ λέγει τοῖς μαθηταῖς αὐτοῦ, Καθίσατε

---

[17] om. ὁ Ἰησοῦς [18] om. φάγετε [19] om. τὸ [20] om.
τὸ [21] om. καινῆς text, not marg. [22] ὑπὲρ [23] om.
ἐν ἐμοὶ ἐν τῇ νυκτὶ ταύτῃ [24] Εἰ καὶ [25] add σὺ
[26] ταύτῃ τῇ νυκτί [27] ἐκπερισσῶς [28] ἐλάλει [29] om.
μᾶλλον

33 ὧδε, ἕως προσεύξωμαι. καὶ παραλαμβάνει τὸν
Πέτρον καὶ τὸν Ἰάκωβον καὶ Ἰωάννην μεθ᾽ ἑαυ-
34 τοῦ, καὶ ἤρξατο ἐκθαμβεῖσθαι καὶ ἀδημονεῖν. καὶ
λέγει αὐτοῖς, Περίλυπός ἐστιν ἡ ψυχή μου ἕως
35 θανάτου· μείνατε ὧδε καὶ γρηγορεῖτε. καὶ προελ-
θὼν μικρόν, ἔπεσεν³⁰ ἐπὶ τῆς γῆς, καὶ προσηύχετο
ἵνα, εἰ δυνατόν ἐστι, παρέλθῃ ἀπ᾽ αὐτοῦ ἡ ὥρα.
36 καὶ ἔλεγεν, Ἀββᾶ, ὁ πατήρ, πάντα δυνατά σοι.
παρένεγκε τὸ ποτήριον ἀπ᾽ ἐμοῦ τοῦτο· ἀλλ᾽ οὐ τί
37 ἐγὼ θέλω, ἀλλὰ τί σύ. καὶ ἔρχεται καὶ εὑρίσκει
αὐτοὺς καθεύδοντας, καὶ λέγει τῷ Πέτρῳ, Σίμων,
καθεύδεις; οὐκ ἴσχυσας μίαν ὥραν γρηγορῆσαι;
38 γρηγορεῖτε καὶ προσεύχεσθε, ἵνα³¹ μὴ εἰσέλθητε
εἰς πειρασμόν. τὸ μὲν πνεῦμα πρόθυμον, ἡ δὲ
39 σὰρξ ἀσθενής. καὶ πάλιν ἀπελθὼν προσηύξατο,
40 τὸν αὐτὸν λόγον εἰπών. καὶ ὑποστρέψας³² εὗρεν
αὐτοὺς πάλιν³³ καθεύδοντας· ἦσαν γὰρ οἱ ὀφθαλμοὶ
αὐτῶν βεβαρημένοι³⁴, καὶ οὐκ ᾔδεισαν τί αὐτῷ ἀπο-
41 κριθῶσι. καὶ ἔρχεται τὸ τρίτον, καὶ λέγει αὐτοῖς,
Καθεύδετε τὸ λοιπὸν καὶ ἀναπαύεσθε. ἀπέχει·
ἦλθεν ἡ ὥρα· ἰδού, παραδίδοται ὁ υἱὸς τοῦ ἀνθρώ-
42 που εἰς τὰς χεῖρας τῶν ἁμαρτωλῶν. ἐγείρεσθε,
ἄγωμεν· ἰδού, ὁ παραδιδούς με ἤγγικε.

43 Καὶ εὐθέως, ἔτι αὐτοῦ λαλοῦντος, παραγίνεται
Ἰούδας, εἷς ὢν³⁵ τῶν δώδεκα, καὶ μετ᾽ αὐτοῦ ὄχλος
πολὺς³⁶ μετὰ μαχαιρῶν καὶ ξύλων, παρὰ τῶν ἀρχιε-
ρέων καὶ τῶν γραμματέων καὶ τῶν πρεσβυτέρων.
44 δεδώκει δὲ ὁ παραδιδοὺς αὐτὸν σύσσημον αὐτοῖς,
λέγων, Ὃν ἂν φιλήσω, αὐτός ἐστι· κρατήσατε αὐ-
45 τόν, καὶ ἀπαγάγετε ἀσφαλῶς. καὶ ἐλθών, εὐθέως

³⁰ ἔπιπτεν ³¹ (Marg. γρηγορεῖτε, καὶ προσεύχεσθε ἵνα)
³² πάλιν ἐλθὼν ³³ om. πάλιν ³⁴ καταβαρυνόμενοι
³⁵ om. ὢν ³⁶ om. πολὺς

προσελθὼν αὐτῷ λέγει, Ῥαββί, ῥαββί[37]· καὶ κατε-
φίλησεν αὐτόν. οἱ δὲ ἐπέβαλον ἐπ' αὐτὸν τὰς 46
χεῖρας αὐτῶν, καὶ ἐκράτησαν αὐτόν. εἷς δέ τις τῶν 47
παρεστηκότων σπασάμενος τὴν μάχαιραν ἔπαισε
τὸν δοῦλον τοῦ ἀρχιερέως, καὶ ἀφεῖλεν αὐτοῦ τὸ
ὠτίον. καὶ ἀποκριθεὶς ὁ Ἰησοῦς εἶπεν αὐτοῖς, Ὡς 48
ἐπὶ λῃστὴν ἐξήλθετε μετὰ μαχαιρῶν καὶ ξύλων
συλλαβεῖν με; καθ' ἡμέραν ἤμην πρὸς ὑμᾶς ἐν τῷ 49
ἱερῷ διδάσκων, καὶ οὐκ ἐκρατήσατέ με· ἀλλ' ἵνα
πληρωθῶσιν αἱ γραφαί. καὶ ἀφέντες αὐτὸν πάν- 50
τες ἔφυγον.

Καὶ εἷς τις νεανίσκος[38] ἠκολούθει[39] αὐτῷ, περιβε- 51
βλημένος σινδόνα ἐπὶ γυμνοῦ. καὶ κρατοῦσιν
αὐτὸν οἱ νεανίσκοι[40]· ὁ δὲ καταλιπὼν τὴν σινδόνα 52
γυμνὸς ἔφυγεν ἀπ' αὐτῶν[41].

Καὶ ἀπήγαγον τὸν Ἰησοῦν πρὸς τὸν ἀρχιερέα· 53
καὶ συνέρχονται αὐτῷ πάντες οἱ ἀρχιερεῖς καὶ οἱ
πρεσβύτεροι καὶ οἱ γραμματεῖς. καὶ ὁ Πέτρος ἀπὸ 54
μακρόθεν ἠκολούθησεν αὐτῷ ἕως ἔσω εἰς τὴν αὐλὴν
τοῦ ἀρχιερέως· καὶ ἦν συγκαθήμενος μετὰ τῶν
ὑπηρετῶν, καὶ θερμαινόμενος πρὸς τὸ φῶς. οἱ δὲ 55
ἀρχιερεῖς καὶ ὅλον τὸ συνέδριον ἐζήτουν κατὰ τοῦ
Ἰησοῦ μαρτυρίαν, εἰς τὸ θανατῶσαι αὐτόν· καὶ οὐχ
εὕρισκον. πολλοὶ γὰρ ἐψευδομαρτύρουν κατ' αὐ- 56
τοῦ, καὶ ἴσαι αἱ μαρτυρίαι οὐκ ἦσαν. καί τινες 57
ἀναστάντες ἐψευδομαρτύρουν κατ' αὐτοῦ, λέγοντες
ὅτι Ἡμεῖς ἠκούσαμεν αὐτοῦ λέγοντος ὅτι Ἐγὼ 58
καταλύσω τὸν ναὸν τοῦτον τὸν χειροποίητον, καὶ
διὰ τριῶν ἡμερῶν ἄλλον ἀχειροποίητον οἰκοδομή-
σω. καὶ οὐδὲ οὕτως ἴση ἦν ἡ μαρτυρία αὐτῶν. 59
καὶ ἀναστὰς ὁ ἀρχιερεὺς εἰς τὸ μέσον ἐπηρώτησε 60

[37] om. ῥαββί   [38] νεανίσκος τις   [39] συνηκολούθει
[40] om. οἱ νεανίσκοι   [41] om. ἀπ' αὐτῶν

τὸν Ἰησοῦν, λέγων, Οὐκ ἀποκρίνῃ οὐδέν; τί οὗτοί
61 σου καταμαρτυροῦσιν; ὁ δὲ ἐσιώπα, καὶ οὐδὲν
ἀπεκρίνατο⁴². πάλιν ὁ ἀρχιερεὺς ἐπηρώτα αὐτόν,
καὶ λέγει αὐτῷ, Σὺ εἶ ὁ Χριστός, ὁ υἱὸς τοῦ εὐλο-
62 γητοῦ; ὁ δὲ Ἰησοῦς εἶπεν, Ἐγώ εἰμι. καὶ ὄψεσθε
τὸν υἱὸν τοῦ ἀνθρώπου καθήμενον ἐκ δεξιῶν τῆς
δυνάμεως, καὶ ἐρχόμενον μετὰ τῶν νεφελῶν τοῦ
63 οὐρανοῦ. ὁ δὲ ἀρχιερεὺς διαρρήξας τοὺς χιτῶνας
64 αὐτοῦ λέγει, Τί ἔτι χρείαν ἔχομεν μαρτύρων; ἠκού-
σατε τῆς βλασφημίας· τί ὑμῖν φαίνεται; οἱ δὲ
πάντες κατέκριναν αὐτὸν εἶναι ἔνοχον θανάτου.
65 καὶ ἤρξαντό τινες ἐμπτύειν αὐτῷ, καὶ περικαλύπ-
τειν τὸ πρόσωπον αὐτοῦ, καὶ κολαφίζειν αὐτόν,
καὶ λέγειν αὐτῷ, Προφήτευσον· καὶ οἱ ὑπηρέται
ῥαπίσμασιν αὐτὸν ἔβαλλον⁴³.
66 Καὶ ὄντος τοῦ Πέτρου ἐν τῇ αὐλῇ κάτω⁴⁴, ἔρχεται
67 μία τῶν παιδισκῶν τοῦ ἀρχιερέως, καὶ ἰδοῦσα τὸν
Πέτρον θερμαινόμενον, ἐμβλέψασα αὐτῷ λέγει,
68 Καὶ σὺ μετὰ τοῦ Ναζαρηνοῦ Ἰησοῦ ἦσθα⁴⁵. ὁ δὲ
ἠρνήσατο, λέγων, Οὐκ⁴⁶ οἶδα, οὐδὲ⁴⁷ ἐπίσταμαι τί σὺ⁴⁸
λέγεις⁴⁹. καὶ ἐξῆλθεν ἔξω εἰς τὸ προαύλιον· καὶ
69 ἀλέκτωρ ἐφώνησε⁵⁰. καὶ ἡ παιδίσκη ἰδοῦσα αὐτὸν
πάλιν ἤρξατο⁵¹ λέγειν τοῖς παρεστηκόσιν ὅτι Οὗτος
70 ἐξ αὐτῶν ἐστίν. ὁ δὲ πάλιν ἠρνεῖτο. καὶ μετὰ
μικρὸν πάλιν οἱ παρεστῶτες ἔλεγον τῷ Πέτρῳ,
Ἀληθῶς ἐξ αὐτῶν εἶ· καὶ γὰρ Γαλιλαῖος εἶ, καὶ ἡ
71 λαλιά σου ὁμοιάζει⁵². ὁ δὲ ἤρξατο ἀναθεματίζειν καὶ
ὀμνύειν ὅτι Οὐκ οἶδα τὸν ἄνθρωπον τοῦτον ὃν

---

⁴² οὐκ ἀπεκρίνατο οὐδέν   ⁴³ ἔλαβον   ⁴⁴ κάτω ἐν τῇ
αὐλῇ   ⁴⁵ ἦσθα, τοῦ Ἰησοῦ   ⁴⁶ Οὔτε   ⁴⁷ οὔτε   ⁴⁸ σὺ τί
⁴⁹ (Marg. ἐπίσταμαι· σὺ τί λέγεις;)   ⁵⁰ Marg. om. καὶ
ἀλέκτωρ ἐφώνησε.   ⁵¹ ἤρξατο πάλιν   ⁵² om., καὶ ἡ
λαλιά σου ὁμοιάζει

λέγετε. καὶ⁵³ ἐκ δευτέρου ἀλέκτωρ ἐφώνησε. καὶ 72
ἀνεμνήσθη ὁ Πέτρος τοῦ ῥήματος οὗ³⁴ εἶπεν αὐτῷ ὁ
Ἰησοῦς ὅτι Πρὶν ἀλέκτορα φωνῆσαι δίς, ἀπαρνήσῃ
με τρίς⁵⁵. καὶ ἐπιβαλὼν ἔκλαιε.
Καὶ εὐθέως ἐπὶ τὸ¹ πρωὶ συμβούλιον ποιήσαν- XV.
τες οἱ ἀρχιερεῖς μετὰ τῶν πρεσβυτέρων καὶ γραμ-
ματέων, καὶ ὅλον τὸ συνέδριον, δήσαντες τὸν
Ἰησοῦν ἀπήνεγκαν καὶ παρέδωκαν τῷ Πιλάτῳ.
καὶ ἐπηρώτησεν αὐτὸν ὁ Πιλάτος, Σὺ εἶ ὁ βασι- 2
λεὺς τῶν Ἰουδαίων; ὁ δὲ ἀποκριθεὶς εἶπεν αὐτῷ²,
Σὺ λέγεις. καὶ κατηγόρουν αὐτοῦ οἱ ἀρχιερεῖς 3
πολλά· αὐτὸς δὲ οὐδὲν ἀπεκρίνατο *³ ὁ δὲ Πιλάτος 4
πάλιν ἐπηρώτησεν αὐτόν, λέγων, Οὐκ ἀποκρίνῃ
οὐδέν; ἴδε, πόσα σου καταμαρτυροῦσιν⁴. ὁ δὲ Ἰησοῦς 5
οὐκέτι οὐδὲν ἀπεκρίθη, ὥστε θαυμάζειν τὸν Πιλάτον.
Κατὰ δὲ ἑορτὴν ἀπέλυεν αὐτοῖς ἕνα δέσμιον, 6
ὅνπερ ᾐτοῦντο⁵. ἦν δὲ ὁ λεγόμενος Βαραββᾶς μετὰ 7
τῶν συστασιαστῶν⁶ δεδεμένος, οἵτινες ἐν τῇ στάσει
φόνον πεποιήκεισαν. καὶ ἀναβοήσας⁷ ὁ ὄχλος ἤρξα- 8
το αἰτεῖσθαι καθὼς ἀεὶ⁸ ἐποίει αὐτοῖς. ὁ δὲ Πιλά- 9
τος ἀπεκρίθη αὐτοῖς, λέγων, Θέλετε ἀπολύσω ὑμῖν
τὸν βασιλέα τῶν Ἰουδαίων; ἐγίνωσκε γὰρ ὅτι 10
διὰ φθόνον παραδεδώκεισαν αὐτὸν οἱ ἀρχιερεῖς.
οἱ δὲ ἀρχιερεῖς ἀνέσεισαν τὸν ὄχλον, ἵνα μᾶλλον 11
τὸν Βαραββᾶν ἀπολύσῃ αὐτοῖς. ὁ δὲ Πιλάτος 12
ἀποκριθεὶς πάλιν⁹ εἶπεν αὐτοῖς, Τί οὖν θέλετε¹⁰ ποιήσω
ὃν λέγετε¹¹ βασιλέα τῶν Ἰουδαίων; οἱ δὲ πάλιν 13
ἔκραξαν, Σταύρωσον αὐτόν. ὁ δὲ Πιλάτος ἔλεγεν 14
αὐτοῖς, Τί γὰρ κακὸν ἐποίησεν; οἱ δὲ περισσοτέρως¹²

---

⁵³ add εὐθὺς ⁵⁴ τὸ ῥῆμα, ὡς ⁵⁵ τρίς με ἀπαρνήσῃ ¹ om.
ἐπὶ τὸ ² αὐτῷ λέγει ³ om. αὐτὸς δὲ οὐδὲν ἀπεκρίνατο. ⁴ κατη-
γοροῦσιν ⁵ ὃν παρῃτοῦντο ⁶ στασιαστῶν ⁷ ἀναβὰς ⁸ om. ἀεὶ
⁹ πάλιν ἀποκριθεὶς ¹⁰ om. θέλετε ¹¹ add τὸν ¹² περισσῶς

15 ἔκραξαν, Σταύρωσον αὐτόν. ὁ δὲ Πιλάτος βουλό-
μενος τῷ ὄχλῳ τὸ ἱκανὸν ποιῆσαι, ἀπέλυσεν αὐτοῖς
τὸν Βαραββᾶν· καὶ παρέδωκε τὸν Ἰησοῦν, φρα-
γελλώσας, ἵνα σταυρωθῇ.
16 Οἱ δὲ στρατιῶται ἀπήγαγον αὐτὸν ἔσω τῆς
αὐλῆς, ὅ ἐστι πραιτώριον, καὶ συγκαλοῦσιν ὅλην
17 τὴν σπεῖραν. καὶ ἐνδύουσιν αὐτὸν πορφύραν, καὶ
περιτιθέασιν αὐτῷ πλέξαντες ἀκάνθινον στέφανον,
18 καὶ ἤρξαντο ἀσπάζεσθαι αὐτόν, Χαῖρε, βασιλεῦ
19 τῶν Ἰουδαίων· καὶ ἔτυπτον αὐτοῦ τὴν κεφαλὴν
καλάμῳ, καὶ ἐνέπτυον αὐτῷ, καὶ τιθέντες τὰ γό-
20 νατα προσεκύνουν αὐτῷ. καὶ ὅτε ἐνέπαιξαν αὐτῷ,
ἐξέδυσαν αὐτὸν τὴν πορφύραν, καὶ ἐνέδυσαν αὐτὸν
τὰ ἱμάτια τὰ ἴδια[13]. καὶ ἐξάγουσιν αὐτὸν ἵνα σταυ-
ρώσωσιν αὐτόν.
21 Καὶ ἀγγαρεύουσι παράγοντά τινα Σίμωνα Κυ-
ρηναῖον, ἐρχόμενον ἀπ᾽ ἀγροῦ, τὸν πατέρα Ἀλεξ-
άνδρου καὶ Ῥούφου, ἵνα ἄρῃ τὸν σταυρὸν αὐτοῦ.
22 καὶ φέρουσιν αὐτὸν ἐπὶ Γολγοθᾶ τόπον, ὅ ἐστι
23 μεθερμηνευόμενον, κρανίου τόπος. καὶ ἐδίδουν αὐ-
τῷ πιεῖν[14] ἐσμυρνισμένον οἶνον· ὁ δὲ οὐκ ἔλαβε.
24 καὶ σταυρώσαντες αὐτόν, διεμέριζον[15] τὰ ἱμάτια αὐτοῦ,
25 βάλλοντες κλῆρον ἐπ᾽ αὐτά, τίς τί ἄρῃ. ἦν δὲ ὥρα
26 τρίτη, καὶ ἐσταύρωσαν αὐτόν. καὶ ἦν ἡ ἐπιγραφὴ
τῆς αἰτίας αὐτοῦ ἐπιγεγραμμένη, Ὁ βασιλεὺς τῶν
27 Ἰουδαίων. καὶ σὺν αὐτῷ σταυροῦσι δύο λῃστάς,
28 ἕνα ἐκ δεξιῶν καὶ ἕνα ἐξ εὐωνύμων αὐτοῦ. [16]καὶ
ἐπληρώθη ἡ γραφὴ ἡ λέγουσα, Καὶ μετὰ ἀνόμων ἐλογίσθη.
29 καὶ οἱ παραπορευόμενοι ἐβλασφήμουν αὐτόν, κι-
νοῦντες τὰς κεφαλὰς αὐτῶν, καὶ λέγοντες, Οὐά, ὁ

13 αὐτοῦ   14 om. πιεῖν   15 σταυροῦσιν αὐτόν,
καὶ διαμερίζονται   16 om. ver. 28 text, not marg.

καταλύων τὸν ναόν, καὶ ἐν τρισὶν ἡμέραις οἰκοδομῶν[17],
σῶσον σεαυτόν, καὶ κατάβα[18] ἀπὸ τοῦ σταυροῦ. 30
ὁμοίως δὲ[19] καὶ οἱ ἀρχιερεῖς ἐμπαίζοντες πρὸς ἀλ- 31
λήλους μετὰ τῶν γραμματέων ἔλεγον, Ἄλλους
ἔσωσεν, ἑαυτὸν οὐ δύναται σῶσαι[20]. ὁ Χριστὸς ὁ 32
βασιλεὺς τοῦ Ἰσραὴλ καταβάτω νῦν ἀπὸ τοῦ
σταυροῦ, ἵνα ἴδωμεν καὶ πιστεύσωμεν. καὶ οἱ
συνεσταυρωμένοι αὐτῷ ὠνείδιζον αὐτόν.
Γενομένης δὲ[21] ὥρας ἕκτης, σκότος ἐγένετο ἐφ' 33
ὅλην τὴν γῆν ἕως ὥρας ἐννάτης. καὶ τῇ ὥρᾳ τῇ 34
ἐννάτῃ ἐβόησεν ὁ Ἰησοῦς φωνῇ μεγάλῃ, λέγων[22],
Ἐλωΐ, Ἐλωΐ, λαμμᾶ[23] σαβαχθανί; ὅ ἐστι μεθερμη-
νευόμενον, Ὁ Θεός μου, ὁ Θεός μου, εἰς τί με
ἐγκατέλιπες; καί τινες τῶν παρεστηκότων ἀκού- 35
σαντες ἔλεγον, Ἰδού, Ἠλίαν φωνεῖ. δραμὼν δὲ 36
εἰς[24], καὶ[25] γεμίσας σπόγγον ὄξους, περιθεὶς τε[26]
καλάμῳ, ἐπότιζεν αὐτόν, λέγων, Ἄφετε, ἴδωμεν εἰ
ἔρχεται Ἠλίας καθελεῖν αὐτόν. ὁ δὲ Ἰησοῦς 37
ἀφεὶς φωνὴν μεγάλην ἐξέπνευσε. καὶ τὸ κατα- 38
πέτασμα τοῦ ναοῦ ἐσχίσθη εἰς δύο ἀπὸ ἄνωθεν
ἕως κάτω. ἰδὼν δὲ ὁ κεντυρίων ὁ παρεστηκὼς ἐξ 39
ἐναντίας αὐτοῦ ὅτι οὕτω κράξας[27] ἐξέπνευσεν, εἶπεν,
Ἀληθῶς ὁ ἄνθρωπος οὗτος υἱὸς ἦν Θεοῦ. ἦσαν δὲ 40
καὶ γυναῖκες ἀπὸ μακρόθεν θεωροῦσαι, ἐν αἷς ἦν[28]
καὶ Μαρία ἡ Μαγδαληνή, καὶ Μαρία ἡ τοῦ Ἰακώ-
βου τοῦ μικροῦ καὶ Ἰωσῆ μήτηρ, καὶ Σαλώμη, αἱ 41
καί[29], ὅτε ἦν ἐν τῇ Γαλιλαίᾳ, ἠκολούθουν αὐτῷ, καὶ
διηκόνουν αὐτῷ, καὶ ἄλλαι πολλαὶ αἱ συναναβᾶσαι
αὐτῷ εἰς Ἱεροσόλυμα.

[17] οἰκοδομῶν ἐν τρισὶν ἡμέραις [18] καταβὰς [19] om. δὲ
[20] (Marg. σῶσαι:) [21] Καὶ γενουένης [22] om. λέγων,
[23] λαμὰ [24] δέ τις [25] om. καὶ [26] (-θεὶς) om. τε [27] (οὕτως)
om. κράξας text, not marg. [28] om. ἦν [29] om. καί

42 Καὶ ἤδη ὀψίας γενομένης, ἐπεὶ ἦν Παρασκευή,
43 ὅ ἐστι προσάββατον, ἦλθεν³⁰ Ἰωσὴφ ὁ ἀπὸ Ἀρι-
μαθαίας, εὐσχήμων βουλευτής, ὃς καὶ αὐτὸς ἦν
προσδεχόμενος τὴν βασιλείαν τοῦ Θεοῦ· τολμήσας
εἰσῆλθε πρὸς Πιλᾶτον, καὶ ᾐτήσατο τὸ σῶμα τοῦ
44 Ἰησοῦ. ὁ δὲ Πιλᾶτος ἐθαύμασεν εἰ ἤδη τέθνηκε·
καὶ προσκαλεσάμενος τὸν κεντυρίωνα, ἐπηρώτησεν
45 αὐτὸν εἰ πάλαι³¹ ἀπέθανε. καὶ γνοὺς ἀπὸ τοῦ κεντυ-
46 ρίωνος, ἐδωρήσατο τὸ σῶμα³² τῷ Ἰωσήφ. καὶ ἀγο-
ράσας σινδόνα, καὶ³³ καθελὼν αὐτόν, ἐνείλησε τῇ
σινδόνι, καὶ κατέθηκεν³⁴ αὐτὸν ἐν μνημείῳ, ὃ ἦν λελα-
τομημένον ἐκ πέτρας· καὶ προσεκύλισε λίθον ἐπὶ
47 τὴν θύραν τοῦ μνημείου. ἡ δὲ Μαρία ἡ Μαγδα-
ληνὴ καὶ Μαρία ³⁵Ἰωσῆ ἐθεώρουν ποῦ τίθεται³⁶.

XVI. Καὶ διαγενομένου τοῦ σαββάτου, Μαρία ἡ
Μαγδαληνὴ καὶ Μαρία ἡ τοῦ Ἰακώβου καὶ Σα-
λώμη ἠγόρασαν ἀρώματα, ἵνα ἐλθοῦσαι ἀλείψωσιν
2 αὐτόν. καὶ λίαν πρωὶ τῆς μιᾶς¹ σαββάτων ἔρχον-
3 ται ἐπὶ τὸ μνημεῖον, ἀνατείλαντος τοῦ ἡλίου. καὶ
ἔλεγον πρὸς ἑαυτάς, Τίς ἀποκυλίσει ἡμῖν τὸν λίθον
4 ἐκ τῆς θύρας τοῦ μνημείου; καὶ ἀναβλέψασαι
θεωροῦσιν ὅτι ἀποκεκύλισται² ὁ λίθος· ἦν γὰρ μέγας
5 σφόδρα. καὶ εἰσελθοῦσαι εἰς τὸ μνημεῖον, εἶδον
νεανίσκον καθήμενον ἐν τοῖς δεξιοῖς, περιβεβλημέ-
6 νον στολὴν λευκήν· καὶ ἐξεθαμβήθησαν. ὁ δὲ
λέγει αὐταῖς, Μὴ ἐκθαμβεῖσθε· Ἰησοῦν ζητεῖτε
τὸν Ναζαρηνὸν τὸν ἐσταυρωμένον· ἠγέρθη, οὐκ
7 ἔστιν ὧδε· ἴδε, ὁ τόπος ὅπου ἔθηκαν αὐτόν. ἀλλ'
ὑπάγετε, εἴπατε τοῖς μαθηταῖς αὐτοῦ καὶ τῷ Πέ-
τρῳ ὅτι Προάγει ὑμᾶς εἰς τὴν Γαλιλαίαν· ἐκεῖ

³⁰ ἐλθών   ³¹ *Marg.* ἤδη   ³² πτῶμα   ³³ *om.* καὶ
³⁴ ἔθηκεν   ³⁵ *add* ἡ   ³⁶ τέθειται   ¹ τῇ μιᾷ τῶν
² ἀνακεκύλισται

αὐτὸν ὄψεσθε, καθὼς εἶπεν ὑμῖν. καὶ ἐξελθοῦσαι 8
ταχὺ³ ἔφυγον ἀπὸ τοῦ μνημείου· εἶχε δὲ⁴ αὐτὰς
τρόμος καὶ ἔκστασις· καὶ οὐδενὶ οὐδὲν εἶπον, ἐφο-
βοῦντο γάρ.

⁵Ἀναστὰς δὲ πρωῒ πρώτῃ σαββάτου ἐφάνη 9
πρῶτον Μαρίᾳ τῇ Μαγδαληνῇ, ἀφ'⁶ ἧς ἐκβεβλήκει
ἑπτὰ δαιμόνια. ἐκείνη πορευθεῖσα ἀπήγγειλε τοῖς 10
μετ' αὐτοῦ γενομένοις, πενθοῦσι καὶ κλαίουσι.
κἀκεῖνοι ἀκούσαντες ὅτι ζῇ καὶ ἐθεάθη ὑπ' αὐτῆς 11
ἠπίστησαν.
Μετὰ δὲ ταῦτα δυσὶν ἐξ αὐτῶν περιπατοῦσιν 12
ἐφανερώθη ἐν ἑτέρᾳ μορφῇ, πορευομένοις εἰς ἀγρόν.
κἀκεῖνοι ἀπελθόντες ἀπήγγειλαν τοῖς λοιποῖς· οὐδὲ 13
ἐκείνοις ἐπίστευσαν.
Ὕστερον*⁷ ἀνακειμένοις αὐτοῖς τοῖς ἕνδεκα 14
ἐφανερώθη, καὶ ὠνείδισε τὴν ἀπιστίαν αὐτῶν καὶ
σκληροκαρδίαν, ὅτι τοῖς θεασαμένοις αὐτὸν ἐγη-
γερμένον οὐκ ἐπίστευσαν. καὶ εἶπεν αὐτοῖς, 15
Πορευθέντες εἰς τὸν κόσμον ἅπαντα, κηρύξατε τὸ
εὐαγγέλιον πάσῃ τῇ κτίσει. ὁ πιστεύσας καὶ 16
βαπτισθεὶς σωθήσεται· ὁ δὲ ἀπιστήσας κατακρι-
θήσεται. σημεῖα δὲ τοῖς πιστεύσασι ταῦτα παρα- 17
κολουθήσει· ἐν τῷ ὀνόματί μου δαιμόνια ἐκβαλοῦσι·
γλώσσαις λαλήσουσι καιναῖς⁸· ὄφεις ἀροῦσι· κἂν 18
θανάσιμόν τι πίωσιν, οὐ μὴ αὐτοὺς βλάψει⁹· ἐπὶ
ἀρρώστους χεῖρας ἐπιθήσουσι, καὶ καλῶς ἕξουσιν.
Ὁ μὲν οὖν Κύριος¹⁰, μετὰ τὸ λαλῆσαι αὐτοῖς, 19

³ om. ταχὺ   ⁴ γὰρ   ⁵ Marg. notes that ver. 9—20
are wanting in certain ancient authorities, and that some have
a different ending to the Gospel   ⁶ παρ'   ⁷ add δὲ
⁸ Marg. om. καιναῖς   ⁹ βλάψῃ   ¹⁰ add Ἰησοῦς

ἀνελήφθη εἰς τὸν οὐρανόν, καὶ ἐκάθισεν ἐκ δεξιῶν
20 τοῦ Θεοῦ ἐκεῖνοι δὲ ἐξελθόντες ἐκήρυξαν παν-
ταχοῦ, τοῦ Κυρίου συνεργοῦντος, καὶ τὸν λόγον
βεβαιοῦντος διὰ τῶν ἐπακολουθούντων σημείων.
Ἀμήν*.

ΕΥΑΓΓΕΛΙΟΝ
ΤΟ ΚΑΤΑ ΛΟΥΚΑΝ.

I. Ἐπειδήπερ πολλοὶ ἐπεχείρησαν ἀνατάξασθαι
διήγησιν περὶ τῶν πεπληροφορημένων ἐν ἡμῖν
2 πραγμάτων, καθὼς παρέδοσαν ἡμῖν οἱ ἀπ᾽ ἀρχῆς
3 αὐτόπται καὶ ὑπηρέται γενόμενοι τοῦ λόγου, ἔδοξε
κἀμοί, παρηκολουθηκότι ἄνωθεν πᾶσιν ἀκριβῶς,
4 καθεξῆς σοι γράψαι, κράτιστε Θεόφιλε, ἵνα ἐπι-
γνῷς περὶ ὧν κατηχήθης λόγων τὴν ἀσφάλειαν.

5 Ἐγένετο ἐν ταῖς ἡμέραις Ἡρώδου τοῦ[1] βασι-
λέως τῆς Ἰουδαίας ἱερεύς τις ὀνόματι Ζαχαρίας, ἐξ
ἐφημερίας Ἀβιά· καὶ ἡ γυνὴ αὐτοῦ[2] ἐκ τῶν θυγατέ-
6 ρων Ἀαρών, καὶ τὸ ὄνομα αὐτῆς Ἐλισάβετ. ἦσαν
δὲ δίκαιοι ἀμφότεροι ἐνώπιον[3] τοῦ Θεοῦ, πορευόμενοι
ἐν πάσαις ταῖς ἐντολαῖς καὶ δικαιώμασι τοῦ Κυ-
7 ρίου ἄμεμπτοι. καὶ οὐκ ἦν αὐτοῖς τέκνον, καθότι
ἡ Ἐλισάβετ ἦν στεῖρα, καὶ ἀμφότεροι προβεβηκό-
τες ἐν ταῖς ἡμέραις αὐτῶν ἦσαν.

8 Ἐγένετο δὲ ἐν τῷ ἱερατεύειν αὐτὸν ἐν τῇ τάξει
9 τῆς ἐφημερίας αὐτοῦ ἔναντι τοῦ Θεοῦ, κατὰ τὸ ἔθος
τῆς ἱερατείας, ἔλαχε τοῦ θυμιάσαι εἰσελθὼν εἰς
10 τὸν ναὸν τοῦ Κυρίου. καὶ πᾶν τὸ πλῆθος τοῦ λαοῦ

[1] om. τοῦ   [2] γυνὴ αὐτῷ   [3] ἐναντίον

ἦν προσευχόμενον ἔξω τῇ ὥρᾳ τοῦ θυμιάματος.
ὤφθη δὲ αὐτῷ ἄγγελος Κυρίου, ἑστὼς ἐκ δεξιῶν 11
τοῦ θυσιαστηρίου τοῦ θυμιάματος. καὶ ἐταράχθη 12
Ζαχαρίας ἰδών, καὶ φόβος ἐπέπεσεν ἐπ᾽ αὐτόν.
εἶπε δὲ πρὸς αὐτὸν ὁ ἄγγελος, Μὴ φοβοῦ, Ζαχαρία· 13
διότι εἰσηκούσθη ἡ δέησίς σου, καὶ ἡ γυνή σου
Ἐλισάβετ γεννήσει υἱόν σοι, καὶ καλέσεις τὸ
ὄνομα αὐτοῦ Ἰωάννην. καὶ ἔσται χαρά σοι καὶ 14
ἀγαλλίασις, καὶ πολλοὶ ἐπὶ τῇ γεννήσει⁴ αὐτοῦ
χαρήσονται. ἔσται γὰρ μέγας ἐνώπιον τοῦ Κυ- 15
ρίου, καὶ οἶνον καὶ σίκερα οὐ μὴ πίῃ, καὶ Πνεύμα-
τος Ἁγίου πλησθήσεται ἔτι ἐκ κοιλίας μητρὸς
αὐτοῦ. καὶ πολλοὺς τῶν υἱῶν Ἰσραὴλ ἐπιστρέψει 16
ἐπὶ Κύριον τὸν Θεὸν αὐτῶν· καὶ αὐτὸς προελεύσε- 17
ται⁵ ἐνώπιον αὐτοῦ ἐν πνεύματι καὶ δυνάμει Ἠλίου,
ἐπιστρέψαι καρδίας πατέρων ἐπὶ τέκνα, καὶ ἀπει-
θεῖς ἐν φρονήσει δικαίων, ἑτοιμάσαι Κυρίῳ λαὸν
κατεσκευασμένον. καὶ εἶπε Ζαχαρίας πρὸς τὸν 18
ἄγγελον, Κατὰ τί γνώσομαι τοῦτο ; ἐγὼ γάρ εἰμι
πρεσβύτης, καὶ ἡ γυνή μου προβεβηκυῖα ἐν ταῖς
ἡμέραις αὐτῆς. καὶ ἀποκριθεὶς ὁ ἄγγελος εἶπεν αὐ- 19
τῷ, Ἐγώ εἰμι Γαβριὴλ ὁ παρεστηκὼς ἐνώπιον τοῦ
Θεοῦ· καὶ ἀπεστάλην λαλῆσαι πρός σε, καὶ εὐαγ-
γελίσασθαί σοι ταῦτα. καὶ ἰδού, ἔσῃ σιωπῶν καὶ 20
μὴ δυνάμενος λαλῆσαι, ἄχρι ἧς ἡμέρας γένηται
ταῦτα, ἀνθ᾽ ὧν οὐκ ἐπίστευσας τοῖς λόγοις μου,
οἵτινες πληρωθήσονται εἰς τὸν καιρὸν αὐτῶν. καὶ 21
ἦν ὁ λαὸς προσδοκῶν τὸν Ζαχαρίαν· καὶ ἐθαύμαζον
ἐν τῷ χρονίζειν αὐτὸν ἐν τῷ ναῷ. ἐξελθὼν δὲ οὐκ 22
ἠδύνατο λαλῆσαι αὐτοῖς· καὶ ἐπέγνωσαν ὅτι ὀπτα-
σίαν ἑώρακεν ἐν τῷ ναῷ· καὶ αὐτὸς ἦν διανεύων

---

⁴ γενέσει   ⁵ Marg. προσελεύσεται

23 αὐτοῖς, καὶ διέμενε κωφός. καὶ ἐγένετο, ὡς ἐπλή-
σθησαν αἱ ἡμέραι τῆς λειτουργίας αὐτοῦ, ἀπῆλθεν
εἰς τὸν οἶκον αὐτοῦ.

24 Μετὰ δὲ ταύτας τὰς ἡμέρας συνέλαβεν Ἐλι-
σάβετ ἡ γυνὴ αὐτοῦ, καὶ περιέκρυβεν ἑαυτὴν μῆνας
25 πέντε, λέγουσα ὅτι Οὕτω μοι πεποίηκεν ὁ Κύριος
ἐν ἡμέραις αἷς ἐπεῖδεν ἀφελεῖν τὸ ὄνειδός μου ἐν
ἀνθρώποις.

26 Ἐν δὲ τῷ μηνὶ τῷ ἕκτῳ ἀπεστάλη ὁ ἄγγελος
Γαβριὴλ ὑπὸ[6] τοῦ Θεοῦ εἰς πόλιν τῆς Γαλιλαίας, ᾗ
27 ὄνομα Ναζαρέθ*, πρὸς παρθένον μεμνηστευμένην
ἀνδρί, ᾧ ὄνομα Ἰωσήφ, ἐξ οἴκου Δαβίδ· καὶ τὸ
28 ὄνομα τῆς παρθένου Μαριάμ. καὶ εἰσελθὼν ὁ ἄγγε-
λος[7] πρὸς αὐτὴν εἶπε, Χαῖρε, κεχαριτωμένη· ὁ Κύ-
29 ριος μετὰ σοῦ, εὐλογημένη σὺ ἐν γυναιξίν[8]. ἡ δὲ ἰδοῦσα[9]
διεταράχθη ἐπὶ τῷ λόγῳ αὐτοῦ[10], καὶ διελογίζετο ποτα-
30 πὸς εἴη ὁ ἀσπασμὸς οὗτος. καὶ εἶπεν ὁ ἄγγελος
αὐτῇ, Μὴ φοβοῦ, Μαριάμ· εὗρες γὰρ χάριν παρὰ
31 τῷ Θεῷ. καὶ ἰδού, συλλήψῃ ἐν γαστρί, καὶ τέξῃ
32 υἱόν, καὶ καλέσεις τὸ ὄνομα αὐτοῦ Ἰησοῦν. οὗτος
ἔσται μέγας, καὶ υἱὸς ὑψίστου κληθήσεται· καὶ
δώσει αὐτῷ Κύριος ὁ Θεὸς τὸν θρόνον Δαβὶδ τοῦ
33 πατρὸς αὐτοῦ, καὶ βασιλεύσει ἐπὶ τὸν οἶκον Ἰακὼβ
εἰς τοὺς αἰῶνας, καὶ τῆς βασιλείας αὐτοῦ οὐκ ἔσται
34 τέλος. εἶπε δὲ Μαριὰμ πρὸς τὸν ἄγγελον, Πῶς
35 ἔσται τοῦτο, ἐπεὶ ἄνδρα οὐ γινώσκω; καὶ ἀπο-
κριθεὶς ὁ ἄγγελος εἶπεν αὐτῇ, Πνεῦμα Ἅγιον ἐπε-
λεύσεται ἐπὶ σέ, καὶ δύναμις ὑψίστου ἐπισκιάσει
σοι· διὸ καὶ τὸ γεννώμενον ἐκ σοῦ[11] ἅγιον κληθήσεται
36 υἱὸς Θεοῦ. καὶ ἰδού, Ἐλισάβετ ἡ συγγενής[12] σου,

---

6 ἀπὸ   7 om. ὁ ἄγγελος   8 om., εὐλογημένη σὺ ἐν
γυναιξίν text, not marg.   9 om. ἰδοῦσα   10 ἐπὶ τῷ λόγῳ
διεταράχθη   11 om. ἐκ σοῦ text, not marg.   12 συγγενίς

καὶ αὐτὴ συνειληφυῖα[13] υἱὸν ἐν γήρᾳ αὐτῆς· καὶ οὗτος
μὴν ἕκτος ἐστὶν αὐτῇ τῇ καλουμένῃ στείρᾳ. ὅτι 37
οὐκ ἀδυνατήσει παρὰ τῷ Θεῷ[14] πᾶν ῥῆμα. εἶπε δὲ 38
Μαριάμ, Ἰδού, ἡ δούλη Κυρίου· γένοιτό μοι κατὰ
τὸ ῥῆμά σου. καὶ ἀπῆλθεν ἀπ᾽ αὐτῆς ὁ ἄγγελος.
Ἀναστᾶσα δὲ Μαριὰμ ἐν ταῖς ἡμέραις ταύταις 39
ἐπορεύθη εἰς τὴν ὀρεινὴν μετὰ σπουδῆς, εἰς πόλιν
Ἰούδα, καὶ εἰσῆλθεν εἰς τὸν οἶκον Ζαχαρίου, καὶ 40
ἠσπάσατο τὴν Ἐλισάβετ. καὶ ἐγένετο ὡς ἤκουσεν 41
ἡ Ἐλισάβετ τὸν ἀσπασμὸν τῆς Μαρίας, ἐσκίρτησε
τὸ βρέφος ἐν τῇ κοιλίᾳ αὐτῆς· καὶ ἐπλήσθη Πνεύ-
ματος Ἁγίου ἡ Ἐλισάβετ, καὶ ἀνεφώνησε φωνῇ[15] 42
μεγάλῃ, καὶ εἶπεν, Εὐλογημένη σὺ ἐν γυναιξί, καὶ
εὐλογημένος ὁ καρπὸς τῆς κοιλίας σου. καὶ πόθεν 43
μοι τοῦτο, ἵνα ἔλθῃ ἡ μήτηρ τοῦ Κυρίου μου πρός
με; ἰδοὺ γάρ, ὡς ἐγένετο ἡ φωνὴ τοῦ ἀσπασμοῦ 44
σου εἰς τὰ ὦτά μου, ἐσκίρτησεν ἐν ἀγαλλιάσει τὸ
βρέφος ἐν τῇ κοιλίᾳ μου. καὶ μακαρία ἡ πιστεύ- 45
σασα, ὅτι[16] ἔσται τελείωσις τοῖς λελαλημένοις
αὐτῇ παρὰ Κυρίου. καὶ εἶπε Μαριάμ, Μεγαλύνει 46
ἡ ψυχή μου τὸν Κύριον, καὶ ἠγαλλίασε τὸ πνεῦμά 47
μου ἐπὶ τῷ Θεῷ τῷ σωτῆρί μου ὅτι ἐπέβλεψεν 48
ἐπὶ τὴν ταπείνωσιν τῆς δούλης αὐτοῦ. ἰδοὺ γάρ,
ἀπὸ τοῦ νῦν μακαριοῦσί με πᾶσαι αἱ γενεαί. ὅτι 49
ἐποίησέ μοι μεγαλεῖα[17] ὁ δυνατός, καὶ ἅγιον τὸ ὄνομα
αὐτοῦ. καὶ τὸ* ἔλεος αὐτοῦ εἰς γενεὰς γενεῶν[18] τοῖς 50
φοβουμένοις αὐτόν. ἐποίησε κράτος ἐν βραχίονι 51
αὐτοῦ· διεσκόρπισεν ὑπερηφάνους διανοίᾳ καρδίας
αὐτῶν. καθεῖλε δυνάστας ἀπὸ θρόνων, καὶ ὕψωσε 52
ταπεινούς. πεινῶντας ἐνέπλησεν ἀγαθῶν, καὶ 53
πλουτοῦντας ἐξαπέστειλε κενούς. ἀντελάβετο 54

---

[13] συνείληφεν   [14] τοῦ Θεοῦ   [15] κραυγῇ   [16] (Marg.
πιστεύσασα ὅτι)   [17] μεγάλα   [18] καὶ γενεὰς

55 Ἰσραὴλ παιδὸς αὐτοῦ, μνησθῆναι ἐλέους (καθὼς
ἐλάλησε πρὸς τοὺς πατέρας ἡμῶν) τῷ Ἀβραὰμ
56 καὶ τῷ σπέρματι αὐτοῦ εἰς τὸν αἰῶνα.
Ἔμεινε δὲ Μαριὰμ σὺν αὐτῇ ὡσεὶ[19] μῆνας τρεῖς,
καὶ ὑπέστρεψεν εἰς τὸν οἶκον αὐτῆς.
57 Τῇ δὲ Ἐλισάβετ ἐπλήσθη ὁ χρόνος τοῦ τεκεῖν
58 αὐτήν, καὶ ἐγέννησεν υἱόν. καὶ ἤκουσαν οἱ περίοι-
κοι καὶ οἱ συγγενεῖς αὐτῆς ὅτι ἐμεγάλυνε Κύριος
τὸ ἔλεος αὐτοῦ μετ᾽ αὐτῆς, καὶ συνέχαιρον αὐτῇ.
59 καὶ ἐγένετο ἐν τῇ ὀγδόῃ ἡμέρᾳ, ἦλθον περιτεμεῖν
τὸ παιδίον· καὶ ἐκάλουν αὐτὸ ἐπὶ τῷ ὀνόματι τοῦ
60 πατρὸς αὐτοῦ Ζαχαρίαν. καὶ ἀποκριθεῖσα ἡ μή-
τηρ αὐτοῦ εἶπεν, Οὐχί, ἀλλὰ κληθήσεται Ἰωάννης.
61 καὶ εἶπον πρὸς αὐτὴν ὅτι Οὐδείς ἐστιν ἐν τῇ συγγε-
62 νείᾳ[20] σου ὃς καλεῖται τῷ ὀνόματι τούτῳ. ἐνένευον
δὲ τῷ πατρὶ αὐτοῦ, τὸ τί ἂν θέλοι καλεῖσθαι
63 αὐτόν. καὶ αἰτήσας πινακίδιον ἔγραψε, λέγων,
Ἰωάννης ἐστὶ τὸ ὄνομα αὐτοῦ· καὶ ἐθαύμασαν
64 πάντες. ἀνεῴχθη δὲ τὸ στόμα αὐτοῦ παραχρῆμα
καὶ ἡ γλῶσσα αὐτοῦ, καὶ ἐλάλει εὐλογῶν τὸν
65 Θεόν. καὶ ἐγένετο ἐπὶ πάντας φόβος τοὺς πε-
ριοικοῦντας αὐτούς· καὶ ἐν ὅλῃ τῇ ὀρεινῇ τῆς
66 Ἰουδαίας διελαλεῖτο πάντα τὰ ῥήματα ταῦτα. καὶ
ἔθεντο πάντες οἱ ἀκούσαντες ἐν τῇ καρδίᾳ αὐτῶν,
λέγοντες, Τί ἄρα τὸ παιδίον τοῦτο ἔσται; καὶ[21]
χεὶρ Κυρίου ἦν μετ᾽ αὐτοῦ.
67 Καὶ Ζαχαρίας ὁ πατὴρ αὐτοῦ ἐπλήσθη Πνεύ-
68 ματος Ἁγίου, καὶ προεφήτευσε, λέγων, Εὐλογητὸς
Κύριος ὁ Θεὸς τοῦ Ἰσραήλ, ὅτι ἐπεσκέψατο καὶ
69 ἐποίησε λύτρωσιν τῷ λαῷ αὐτοῦ, καὶ ἤγειρε κέρας
σωτηρίας ἡμῖν ἐν τῷ οἴκῳ Δαβὶδ τοῦ παιδὸς αὐ-

---

[19] ὡς   [20] ἐκ τῆς συγγενείας   [21] add γὰρ

τοῦ (καθὼς ἐλάλησε διὰ στόματος τῶν ἁγίων τῶν²² ₇₀
ἀπ᾽ αἰῶνος προφητῶν αὐτοῦ), σωτηρίαν ἐξ ἐχθρῶν ₇₁
ἡμῶν, καὶ ἐκ χειρὸς πάντων τῶν μισούντων ἡμᾶς·
ποιῆσαι ἔλεος μετὰ τῶν πατέρων ἡμῶν, καὶ μνη- ₇₂
σθῆναι διαθήκης ἁγίας αὐτοῦ, ὅρκον ὃν ὤμοσε πρὸς ₇₃
Ἀβραὰμ τὸν πατέρα ἡμῶν, τοῦ δοῦναι ἡμῖν, ἀφό- ₇₄
βως, ἐκ χειρὸς τῶν ἐχθρῶν ἡμῶν ῥυσθέντας, λα-
τρεύειν αὐτῷ ἐν ὁσιότητι καὶ δικαιοσύνῃ ἐνώπιον ₇₅
αὐτοῦ πάσας τὰς ἡμέρας τῆς ζωῆς²³ ἡμῶν. καὶ σύ²⁴, ₇₆
παιδίον, προφήτης ὑψίστου κληθήσῃ· προπορεύσῃ
γὰρ πρὸ προσώπου Κυρίου ἑτοιμάσαι ὁδοὺς αὐτοῦ·
τοῦ δοῦναι γνῶσιν σωτηρίας τῷ λαῷ αὐτοῦ ἐν ἀφέσει ₇₇
ἁμαρτιῶν αὐτῶν, διὰ σπλάγχνα ἐλέους Θεοῦ ἡμῶν, ₇₈
ἐν οἷς ἐπεσκέψατο²⁵ ἡμᾶς ἀνατολὴ ἐξ ὕψους, ἐπιφᾶναι ₇₉
τοῖς ἐν σκότει καὶ σκιᾷ θανάτου καθημένοις, τοῦ
κατευθῦναι τοὺς πόδας ἡμῶν εἰς ὁδὸν εἰρήνης.

Τὸ δὲ παιδίον ηὔξανε καὶ ἐκραταιοῦτο πνεύματι, ₈₀
καὶ ἦν ἐν ταῖς ἐρήμοις ἕως ἡμέρας ἀναδείξεως αὐτοῦ
πρὸς τὸν Ἰσραήλ.

Ἐγένετο δὲ ἐν ταῖς ἡμέραις ἐκείναις, ἐξῆλθε II.
δόγμα παρὰ Καίσαρος Αὐγούστου, ἀπογράφεσθαι
πᾶσαν τὴν οἰκουμένην. αὕτη ἡ¹ ἀπογραφὴ πρώτη ₂
ἐγένετο ἡγεμονεύοντος τῆς Συρίας Κυρηνίου. καὶ ₃
ἐπορεύοντο πάντες ἀπογράφεσθαι, ἕκαστος εἰς τὴν
ἰδίαν² πόλιν. ἀνέβη δὲ καὶ Ἰωσὴφ ἀπὸ τῆς Γαλι- ₄
λαίας, ἐκ πόλεως Ναζαρέθ*, εἰς τὴν Ἰουδαίαν, εἰς
πόλιν Δαβίδ, ἥτις καλεῖται Βηθλεέμ, διὰ τὸ εἶναι
αὐτὸν ἐξ οἴκου καὶ πατριᾶς Δαβίδ, ἀπογράψασθαι ₅
σὺν Μαριὰμ τῇ μεμνηστευμένῃ αὐτῷ γυναικί³, οὔσῃ
ἐγκύῳ. ἐγένετο δὲ ἐν τῷ εἶναι αὐτοὺς ἐκεῖ, ἐπλή- 6

---

²² om. τῶν   ²³ om. τῆς ζωῆς   ²⁴ (σὺ) add δέ
²⁵ ἐπισκέψεται text, not marg.   ¹ om. ἡ   ² ἑαυτοῦ
³ om. γυναικί

7 σθησαν αἱ ἡμέραι τοῦ τεκεῖν αὐτήν. καὶ ἔτεκε τὸν
υἱὸν αὐτῆς τὸν πρωτότοκον, καὶ ἐσπαργάνωσεν αὐ-
τόν, καὶ ἀνέκλινεν αὐτὸν ἐν τῇ⁴ φάτνῃ, διότι οὐκ ἦν
αὐτοῖς τόπος ἐν τῷ καταλύματι.

8 Καὶ ποιμένες ἦσαν ἐν τῇ χώρᾳ τῇ αὐτῇ ἀγραυ-
λοῦντες καὶ φυλάσσοντες φυλακὰς τῆς νυκτὸς ἐπὶ
9 τὴν ποίμνην αὐτῶν. καὶ ἰδού⁵, ἄγγελος Κυρίου
ἐπέστη αὐτοῖς, καὶ δόξα Κυρίου περιέλαμψεν αὐ-
10 τούς· καὶ ἐφοβήθησαν φόβον μέγαν. καὶ εἶπεν
αὐτοῖς ὁ ἄγγελος, Μὴ φοβεῖσθε· ἰδοὺ γάρ, εὐαγγε-
λίζομαι ὑμῖν χαρὰν μεγάλην, ἥτις ἔσται παντὶ τῷ
11 λαῷ· ὅτι ἐτέχθη ὑμῖν σήμερον Σωτήρ, ὅς ἐστι
12 Χριστὸς Κύριος, ἐν πόλει Δαβίδ. καὶ τοῦτο ὑμῖν
τὸ σημεῖον· εὑρήσετε βρέφος ἐσπαργανωμένον,
13 ⁶κείμενον ἐν τῇ⁴ φάτνῃ. καὶ ἐξαίφνης ἐγένετο σὺν
τῷ ἀγγέλῳ πλῆθος στρατιᾶς οὐρανίου, αἰνούντων
14 τὸν Θεόν, καὶ λεγόντων, Δόξα ἐν ὑψίστοις Θεῷ,
καὶ ἐπὶ γῆς εἰρήνη· ἐν ἀνθρώποις εὐδοκία⁷.

15 Καὶ ἐγένετο, ὡς ἀπῆλθον ἀπ᾽ αὐτῶν εἰς τὸν οὐρα-
νὸν οἱ ἄγγελοι, καὶ οἱ ἄνθρωποι⁸ οἱ ποιμένες εἶπον πρὸς
ἀλλήλους, Διέλθωμεν δὴ ἕως Βηθλεέμ, καὶ ἴδωμεν
τὸ ῥῆμα τοῦτο τὸ γεγονός, ὃ ὁ Κύριος ἐγνώρισεν
16 ἡμῖν. καὶ ἦλθον σπεύσαντες, καὶ ἀνεῦρον τήν τε
Μαριὰμ καὶ τὸν Ἰωσήφ, καὶ τὸ βρέφος κείμενον
17 ἐν τῇ φάτνῃ. ἰδόντες δὲ διεγνώρισαν⁹ περὶ τοῦ ῥή-
ματος τοῦ λαληθέντος αὐτοῖς περὶ τοῦ παιδίου
18 τούτου. καὶ πάντες οἱ ἀκούσαντες ἐθαύμασαν
περὶ τῶν λαληθέντων ὑπὸ τῶν ποιμένων πρὸς αὐ-
19 τούς. ἡ δὲ Μαριὰμ πάντα συνετήρει τὰ ῥήματα
20 ταῦτα, συμβάλλουσα ἐν τῇ καρδίᾳ αὐτῆς. καὶ

---

⁴ om. τῇ   ⁵ om. ἰδού   ⁶ add καὶ   ⁷ (εἰρήνη ἐν
ἀνθρώποις) εὐδοκίας text, not marg.   ⁸ om. καὶ οἱ ἄνθρωποι
⁹ ἐγνώρισαν

ἐπέστρεψαν[10] οἱ ποιμένες, δοξάζοντες καὶ αἰνοῦντες
τὸν Θεὸν ἐπὶ πᾶσιν οἷς ἤκουσαν καὶ εἶδον, καθὼς
ἐλαλήθη πρὸς αὐτούς.

Καὶ ὅτε ἐπλήσθησαν ἡμέραι ὀκτὼ τοῦ περιτε- 21
μεῖν τὸ παιδίον[11], καὶ ἐκλήθη τὸ ὄνομα αὐτοῦ Ἰησοῦς,
τὸ κληθὲν ὑπὸ τοῦ ἀγγέλου πρὸ τοῦ συλληφθῆναι
αὐτὸν ἐν τῇ κοιλίᾳ.

Καὶ ὅτε ἐπλήσθησαν αἱ ἡμέραι τοῦ καθαρισ- 22
μοῦ αὐτῆς[12] κατὰ τὸν νόμον Μωσέως, ἀνήγαγον
αὐτὸν εἰς Ἱεροσόλυμα, παραστῆσαι τῷ Κυρίῳ
(καθὼς γέγραπται ἐν νόμῳ Κυρίου ὅτι Πᾶν 23
ἄρσεν διανοῖγον μήτραν ἅγιον τῷ Κυρίῳ κληθήσε-
ται), καὶ τοῦ δοῦναι θυσίαν κατὰ τὸ εἰρημένον ἐν 24
νόμῳ Κυρίου, Ζεῦγος τρυγόνων ἢ δύο νεοσσοὺς
περιστερῶν. καὶ ἰδού, ἦν ἄνθρωπος ἐν Ἱερουσα- 25
λήμ, ᾧ ὄνομα Σιμεών, καὶ ὁ ἄνθρωπος οὗτος
δίκαιος καὶ εὐλαβής, προσδεχόμενος παράκλησιν
τοῦ Ἰσραήλ, καὶ Πνεῦμα Ἅγιον ἦν[13] ἐπ᾽ αὐτόν. καὶ 26
ἦν αὐτῷ κεχρηματισμένον ὑπὸ τοῦ Πνεύματος τοῦ
Ἁγίου, μὴ ἰδεῖν θάνατον πρὶν ἢ ἴδῃ τὸν Χριστὸν
Κυρίου. καὶ ἦλθεν ἐν τῷ Πνεύματι εἰς τὸ ἱερόν· 27
καὶ ἐν τῷ εἰσαγαγεῖν τοὺς γονεῖς τὸ παιδίον Ἰη-
σοῦν, τοῦ ποιῆσαι αὐτοὺς κατὰ τὸ εἰθισμένον τοῦ
νόμου περὶ αὐτοῦ, καὶ αὐτὸς ἐδέξατο αὐτὸ εἰς τὰς 28
ἀγκάλας αὐτοῦ, καὶ εὐλόγησε τὸν Θεόν, καὶ εἶπε,
Νῦν ἀπολύεις τὸν δοῦλόν σου, δέσποτα, κατὰ τὸ 29
ῥῆμά σου, ἐν εἰρήνῃ· ὅτι εἶδον οἱ ὀφθαλμοί μου τὸ 30
σωτήριόν σου, ὃ ἡτοίμασας κατὰ πρόσωπον πάν- 31
των τῶν λαῶν· φῶς εἰς ἀποκάλυψιν ἐθνῶν, καὶ 32
δόξαν λαοῦ σου Ἰσραήλ. καὶ ἦν Ἰωσὴφ[14] καὶ 33
ἡ μήτηρ αὐτοῦ θαυμάζοντες ἐπὶ τοῖς λαλουμένοις

---

[10] ὑπέστρεψαν   [11] αὐτόν   [12] αὐτῶν   [13] ἦν Ἅγιον
[14] ὁ πατὴρ αὐτοῦ

10—2

34 περὶ αὐτοῦ. καὶ εὐλόγησεν αὐτοὺς Σιμεών, καὶ
εἶπε πρὸς Μαριὰμ τὴν μητέρα αὐτοῦ, Ἰδού, οὗτος
κεῖται εἰς πτῶσιν καὶ ἀνάστασιν πολλῶν ἐν τῷ
35 Ἰσραήλ, καὶ εἰς σημεῖον ἀντιλεγόμενον· καὶ σοῦ δὲ
αὐτῆς τὴν ψυχὴν διελεύσεται ῥομφαία· ὅπως ἂν
ἀποκαλυφθῶσιν ἐκ πολλῶν καρδιῶν διαλογισ-
36 μοί. καὶ ἦν Ἄννα προφῆτις, θυγάτηρ Φανουήλ,
ἐκ φυλῆς Ἀσήρ (αὕτη προβεβηκυῖα ἐν ἡμέραις
πολλαῖς, ζήσασα ἔτη μετὰ ἀνδρὸς ἑπτὰ ἀπὸ τῆς
37 παρθενίας αὐτῆς, καὶ αὕτη¹⁵ χήρα ὡς¹⁶ ἐτῶν ὀγδοη-
κοντατεσσάρων), ἣ οὐκ ἀφίστατο ἀπὸ τοῦ ἱεροῦ,
νηστείαις καὶ δεήσεσι λατρεύουσα νύκτα καὶ ἡμέ-
38 ραν. καὶ αὕτη¹⁷ αὐτῇ τῇ ὥρᾳ ἐπιστᾶσα ἀνθωμολο-
γεῖτο τῷ Κυρίῳ¹⁸, καὶ ἐλάλει περὶ αὐτοῦ πᾶσι τοῖς
39 προσδεχομένοις λύτρωσιν ἐν¹⁹ Ἱερουσαλήμ. καὶ
ὡς ἐτέλεσαν ἅπαντα²⁰ τὰ κατὰ τὸν νόμον Κυρίου,
ὑπέστρεψαν εἰς τὴν Γαλιλαίαν, εἰς τὴν πόλιν
αὐτῶν Ναζαρέθ*.
40 Τὸ δὲ παιδίον ηὔξανε, καὶ ἐκραταιοῦτο πνεύ-
ματι²¹, πληρούμενον σοφίας· καὶ χάρις Θεοῦ ἦν ἐπ᾽
αὐτό.
41 Καὶ ἐπορεύοντο οἱ γονεῖς αὐτοῦ κατ᾽ ἔτος εἰς
42 Ἱερουσαλὴμ τῇ ἑορτῇ τοῦ πάσχα. καὶ ὅτε ἐγέ-
νετο ἐτῶν δώδεκα, ἀναβάντων²² αὐτῶν εἰς Ἱεροσόλυμα²³
43 κατὰ τὸ ἔθος τῆς ἑορτῆς, καὶ τελειωσάντων τὰς
ἡμέρας, ἐν τῷ ὑποστρέφειν αὐτούς, ὑπέμεινεν Ἰη-
σοῦς ὁ παῖς ἐν Ἱερουσαλήμ· καὶ οὐκ ἔγνω Ἰωσὴφ καὶ
44 ἡ μήτηρ²⁴ αὐτοῦ· νομίσαντες δὲ αὐτὸν ἐν τῇ συν-
οδίᾳ εἶναι, ἦλθον ἡμέρας ὁδόν, καὶ ἀνεζήτουν
45 αὐτὸν ἐν τοῖς συγγενέσι καὶ ἐν²⁵ τοῖς γνωστοῖς· καὶ

¹⁵ αὐτή   ¹⁶ ἔως   ¹⁷ om. αὕτη   ¹⁸ Θεῷ   ¹⁹ om. ἐν
²⁰ πάντα   ²¹ om. πνεύματι   ²² ἀναβαινόντων   ²³ om.
εἰς Ἱεροσόλυμα   ²⁴ ἔγνωσαν οἱ γονεῖς   ²⁵ om. ἐν

μὴ εὑρόντες αὐτόν[26], ὑπέστρεψαν εἰς Ἱερουσαλήμ,
ζητοῦντες[27] αὐτόν. καὶ ἐγένετο, μεθ᾽ ἡμέρας τρεῖς 46
εὗρον αὐτὸν ἐν τῷ ἱερῷ, καθεζόμενον ἐν μέσῳ τῶν
διδασκάλων, καὶ ἀκούοντα αὐτῶν, καὶ ἐπερωτῶντα
αὐτούς. ἐξίσταντο δὲ πάντες οἱ ἀκούοντες αὐτοῦ 47
ἐπὶ τῇ συνέσει καὶ ταῖς ἀποκρίσεσιν αὐτοῦ. καὶ 48
ἰδόντες αὐτὸν ἐξεπλάγησαν· καὶ πρὸς αὐτὸν ἡ μή-
τηρ αὐτοῦ εἶπε, Τέκνον, τί ἐποίησας ἡμῖν οὕτως;
ἰδού, ὁ πατήρ σου κἀγὼ ὀδυνώμενοι ἐζητοῦμέν σε.
καὶ εἶπε πρὸς αὐτούς, Τί ὅτι ἐζητεῖτέ με; οὐκ 49
ᾔδειτε ὅτι ἐν τοῖς τοῦ πατρός μου δεῖ εἶναί με;
καὶ αὐτοὶ οὐ συνῆκαν τὸ ῥῆμα ὃ ἐλάλησεν αὐτοῖς. 50
καὶ κατέβη μετ᾽ αὐτῶν, καὶ ἦλθεν εἰς Ναζαρέθ* 51
καὶ ἦν ὑποτασσόμενος αὐτοῖς· καὶ ἡ μήτηρ αὐτοῦ
διετήρει πάντα τὰ ῥήματα ταῦτα[28] ἐν τῇ καρδίᾳ
αὐτῆς.
Καὶ Ἰησοῦς προέκοπτε σοφίᾳ καὶ ἡλικίᾳ, καὶ 52
χάριτι παρὰ Θεῷ καὶ ἀνθρώποις.
Ἐν ἔτει δὲ πεντεκαιδεκάτῳ τῆς ἡγεμονίας Τι- III.
βερίου Καίσαρος, ἡγεμονεύοντος Ποντίου Πιλάτου
τῆς Ἰουδαίας, καὶ τετραρχοῦντος τῆς Γαλιλαίας
Ἡρώδου, Φιλίππου δὲ τοῦ ἀδελφοῦ αὐτοῦ τετραρ-
χοῦντος τῆς Ἰτουραίας καὶ Τραχωνίτιδος χώρας,
καὶ Λυσανίου τῆς Ἀβιληνῆς τετραρχοῦντος, ἐπ᾽ 2
ἀρχιερέων[1] Ἄννα καὶ Καϊάφα, ἐγένετο ῥῆμα Θεοῦ
ἐπὶ Ἰωάννην τὸν τοῦ Ζαχαρίου υἱὸν ἐν τῇ ἐρήμῳ.
καὶ ἦλθεν εἰς πᾶσαν τὴν περίχωρον τοῦ Ἰορδάνου, 3
κηρύσσων βάπτισμα μετανοίας εἰς ἄφεσιν ἁμαρ-
τιῶν· ὡς γέγραπται ἐν βίβλῳ λόγων Ἡσαΐου τοῦ 4
προφήτου, λέγοντος[2], Φωνὴ βοῶντος ἐν τῇ ἐρήμῳ,
Ἑτοιμάσατε τὴν ὁδὸν Κυρίου· εὐθείας ποιεῖτε τὰς

[26] om. αὐτόν   [27] ἀναζητοῦντες   [28] om. ταῦτα
[1] ἐπὶ ἀρχιερέως   [2] om. λέγοντος

5 τρίβους αὐτοῦ. πᾶσα φάραγξ πληρωθήσεται, καὶ
πᾶν ὄρος καὶ βουνὸς ταπεινωθήσεται· καὶ ἔσται τὰ
σκολιὰ εἰς εὐθεῖαν³, καὶ αἱ τραχεῖαι εἰς ὁδοὺς λείας·
6 καὶ ὄψεται πᾶσα σὰρξ τὸ σωτήριον τοῦ Θεοῦ.

7 Ἔλεγεν οὖν τοῖς ἐκπορευομένοις ὄχλοις βαπτισ-
θῆναι ὑπ᾽ αὐτοῦ, Γεννήματα ἐχιδνῶν, τίς ὑπέδειξεν
8 ὑμῖν φυγεῖν ἀπὸ τῆς μελλούσης ὀργῆς; ποιήσατε
οὖν καρποὺς ἀξίους τῆς μετανοίας· καὶ μὴ ἄρξησθε
λέγειν ἐν ἑαυτοῖς, Πατέρα ἔχομεν τὸν Ἀβραάμ·
λέγω γὰρ ὑμῖν ὅτι δύναται ὁ Θεὸς ἐκ τῶν λίθων
9 τούτων ἐγεῖραι τέκνα τῷ Ἀβραάμ. ἤδη δὲ καὶ ἡ
ἀξίνη πρὸς τὴν ῥίζαν τῶν δένδρων κεῖται· πᾶν οὖν
δένδρον μὴ ποιοῦν καρπὸν καλὸν ἐκκόπτεται καὶ
10 εἰς πῦρ βάλλεται. καὶ ἐπηρώτων αὐτὸν οἱ ὄχλοι
11 λέγοντες, Τί οὖν ποιήσομεν⁴; ἀποκριθεὶς δὲ λέγει⁵
αὐτοῖς, Ὁ ἔχων δύο χιτῶνας μεταδότω τῷ μὴ
12 ἔχοντι· καὶ ὁ ἔχων βρώματα ὁμοίως ποιείτω. ἦλ-
θον δὲ καὶ τελῶναι βαπτισθῆναι, καὶ εἶπον πρὸς
13 αὐτόν, Διδάσκαλε, τί ποιήσομεν⁶; ὁ δὲ εἶπε πρὸς
αὐτούς, Μηδὲν πλέον παρὰ τὸ διατεταγμένον ὑμῖν
14 πράσσετε. ἐπηρώτων δὲ αὐτὸν καὶ στρατευόμενοι,
λέγοντες, Καὶ ἡμεῖς τί ποιήσομεν⁷; καὶ εἶπε πρὸς
αὐτούς, Μηδένα διασείσητε, μηδὲ συκοφαντήσητε·
καὶ ἀρκεῖσθε τοῖς ὀψωνίοις ὑμῶν.

15 Προσδοκῶντος δὲ τοῦ λαοῦ, καὶ διαλογιζομένων
πάντων ἐν ταῖς καρδίαις αὐτῶν περὶ τοῦ Ἰωάννου,
16 μήποτε αὐτὸς εἴη ὁ Χριστός, ἀπεκρίνατο ὁ Ἰωάν-
νης, ἅπασι λέγων, Ἐγὼ μὲν ὕδατι βαπτίζω ὑμᾶς·
ἔρχεται δὲ ὁ ἰσχυρότερός μου, οὗ οὐκ εἰμὶ ἱκανὸς
λῦσαι τὸν ἱμάντα τῶν ὑποδημάτων αὐτοῦ· αὐτὸς
17 ὑμᾶς βαπτίσει ἐν Πνεύματι Ἁγίῳ καὶ πυρί· οὗ τὸ

³ εὐθείας   ⁴ ποιήσωμεν   ⁵ ἔλεγεν   ⁶ ποιήσωμεν
⁷ Τί ποιήσωμεν καὶ ἡμεῖς

πτύον ἐν τῇ χειρὶ αὐτοῦ, καὶ διακαθαριεῖ[8] τὴν ἅλωνα αὐτοῦ, καὶ συνάξει[9] τὸν σῖτον εἰς τὴν ἀποθήκην αὐτοῦ, τὸ δὲ ἄχυρον κατακαύσει πυρὶ ἀσβέστῳ.

Πολλὰ μὲν οὖν καὶ ἕτερα παρακαλῶν εὐηγγελί- 18 ζετο τὸν λαόν· ὁ δὲ Ἡρώδης ὁ τετράρχης, ἐλεγχό- 19 μενος ὑπ᾽ αὐτοῦ περὶ Ἡρωδιάδος τῆς γυναικὸς Φιλίππου[10] τοῦ ἀδελφοῦ αὐτοῦ, καὶ περὶ πάντων ὧν ἐποίησε πονηρῶν ὁ Ἡρώδης, προσέθηκε καὶ τοῦτο 20 ἐπὶ πᾶσι, καὶ[11] κατέκλεισε τὸν Ἰωάννην ἐν τῇ[12] φυλακῇ.

Ἐγένετο δὲ ἐν τῷ βαπτισθῆναι ἅπαντα τὸν 21 λαόν, καὶ Ἰησοῦ βαπτισθέντος καὶ προσευχομένου, ἀνεῳχθῆναι τὸν οὐρανόν, καὶ καταβῆναι τὸ Πνεῦ- 22 μα τὸ Ἅγιον σωματικῷ εἴδει ὡσεὶ[13] περιστερὰν ἐπ᾽ αὐτόν, καὶ φωνὴν ἐξ οὐρανοῦ γενέσθαι, λέγουσαν[14], Σὺ εἶ ὁ υἱός μου ὁ ἀγαπητός, ἐν σοὶ ηὐδόκησα.

Καὶ αὐτὸς ἦν ὁ Ἰησοῦς ὡσεὶ ἐτῶν τριάκοντα ἀρχό- 23 μενος[15], ὢν (ὡς ἐνομίζετο) υἱὸς[16] Ἰωσήφ, τοῦ Ἡλί, τοῦ 24 Ματθάτ, τοῦ Λευΐ, τοῦ Μελχί, τοῦ Ἰαννά[17], τοῦ Ἰωσήφ, τοῦ Ματταθίου, τοῦ Ἀμώς, τοῦ Ναούμ, 25 τοῦ Ἐσλί, τοῦ Ναγγαί, τοῦ Μαάθ, τοῦ Ματταθίου, 26 τοῦ Σεμεΐ[18], τοῦ Ἰωσήφ[19], τοῦ Ἰούδα[20], τοῦ Ἰωαννᾶ[21], 27 τοῦ Ῥησά, τοῦ Ζοροβάβελ, τοῦ Σαλαθιήλ, τοῦ Νηρί, τοῦ Μελχί, τοῦ Ἀδδί, τοῦ Κωσάμ, τοῦ Ἐλ- 28 μωδάμ[22], τοῦ Ἤρ, τοῦ Ἰωσή[23], τοῦ Ἐλιέζερ, τοῦ 29 Ἰωρείμ, τοῦ Ματθάτ, τοῦ Λευΐ, τοῦ Σιμεών*, τοῦ 30 Ἰούδα, τοῦ Ἰωσήφ, τοῦ Ἰωνάν[24], τοῦ Ἐλιακείμ, τοῦ 31 Μελεᾶ, τοῦ Μενάμ*[25], τοῦ Ματταθά, τοῦ Ναθάν,

---

[8] διακαθᾶραι　　[9] συναγαγεῖν　　[10] om. Φιλίππου　　[11] om. καὶ
[12] om. τῇ　　[13] ὡς　　[14] om. λέγουσαν　　[15] ἀρχόμενος
ὡσεὶ ἐτῶν τριάκοντα　　[16] ὢν υἱός (ὡς ἐνομίζετο)　　[17] Ἰανναί
[18] Σεμεείν　　[19] Ἰωσήχ　　[20] Ἰωδά　　[21] Ἰωανάν
[22] Ἐλμαδάμ　　[23] Ἰησοῦ　　[24] Ἰωνάμ　　[25] Μεννά

32 τοῦ Δαβίδ, τοῦ Ἰεσσαί, τοῦ Ὠβήδ, τοῦ Βοόζ, τοῦ
33 Σαλμών²⁶, τοῦ Ναασσών, τοῦ Ἀμιναδάβ²⁷, τοῦ Ἀράμ²⁸,
34 τοῦ Ἐσρώμ, τοῦ Φαρές, τοῦ Ἰούδα, τοῦ Ἰακώβ, τοῦ
35 Ἰσαάκ, τοῦ Ἀβραάμ, τοῦ Θάρα, τοῦ Ναχώρ, τοῦ
Σαρούχ, τοῦ Ῥαγαῦ, τοῦ Φαλέκ, τοῦ Ἑβέρ²⁹, τοῦ
36 Σαλά, τοῦ Καϊνάν, τοῦ-Ἀρφαξάδ, τοῦ Σήμ, τοῦ
37 Νῶε, τοῦ Λάμεχ, τοῦ Μαθουσάλα, τοῦ Ἐνώχ, τοῦ
38 Ἰαρέδ, τοῦ Μαλελεήλ, τοῦ Καϊνάν, τοῦ Ἐνώς, τοῦ
Σήθ, τοῦ Ἀδάμ, τοῦ Θεοῦ.

IV. Ἰησοῦς δὲ Πνεύματος Ἁγίου πλήρης ὑπέστρε-
ψεν ἀπὸ τοῦ Ἰορδάνου, καὶ ἤγετο ἐν τῷ Πνεύματι
2 εἰς τὴν ἔρημον¹, ἡμέρας τεσσαράκοντα πειραζόμενος
ὑπὸ τοῦ διαβόλου. καὶ οὐκ ἔφαγεν οὐδὲν ἐν ταῖς
ἡμέραις ἐκείναις· καὶ συντελεσθεισῶν αὐτῶν, ὕστε-
3 ρον² ἐπείνασε. καὶ εἶπεν³ αὐτῷ ὁ διάβολος, Εἰ υἱὸς
εἶ τοῦ Θεοῦ, εἰπὲ τῷ λίθῳ τούτῳ ἵνα γένηται
4 ἄρτος. καὶ ἀπεκρίθη Ἰησοῦς πρὸς αὐτόν, λέγων⁴,
Γέγραπται ὅτι Οὐκ ἐπ᾽ ἄρτῳ μόνῳ ζήσεται ὁ
5 ἄνθρωπος, ἀλλ᾽ ἐπὶ παντὶ ῥήματι Θεοῦ⁵. καὶ ἀναγα-
γὼν αὐτὸν ὁ διάβολος εἰς ὄρος ὑψηλὸν⁶ ἔδειξεν αὐτῷ.
πάσας τὰς βασιλείας τῆς οἰκουμένης ἐν στιγμῇ
6 χρόνου. καὶ εἶπεν αὐτῷ ὁ διάβολος, Σοὶ δώσω τὴν
ἐξουσίαν ταύτην ἅπασαν καὶ τὴν δόξαν αὐτῶν· ὅτι
ἐμοὶ παραδέδοται, καὶ ᾧ ἐὰν θέλω δίδωμι αὐτήν.
7 σὺ οὖν ἐὰν προσκυνήσῃς ἐνώπιόν μου⁷, ἔσται σου
8 πάντα⁸. καὶ ἀποκριθεὶς αὐτῷ εἶπεν ὁ Ἰησοῦς,
Ὕπαγε ὀπίσω μου, Σατανᾶ⁹· γέγραπται γάρ¹⁰, Προσκυνή-

---

²⁶ *Marg.* Σαλά   ²⁷ *Marg. inserts* Ἀδμεὶν *either after or
instead of* Ἀμιναδάβ   ²⁸ Ἀρνεὶ *text, not marg.*   ²⁹ Ἑβερ
¹ ἐν τῇ ἐρήμῳ (ἡμέρας τεσσαράκοντα,)   ² *om.* ὕστερον   ³ εἶπε
δὲ   ⁴ *om.* λέγων   ⁵ *om.*, ἀλλ᾽ ἐπὶ παντὶ ῥήματι Θεοῦ
⁶ *om.* ὁ διάβολος εἰς ὄρος ὑψηλὸν   ⁷ ἐμοῦ   ⁸ πᾶσα   ⁹ *om.*
Ὕπαγε ὀπίσω μου, Σατανᾶ·   ¹⁰ *om.* γάρ

σεις Κύριον τὸν Θεόν σου[11], καὶ αὐτῷ μόνῳ λατρεύσεις.
καὶ ἤγαγεν[12] αὐτὸν εἰς Ἱερουσαλήμ, καὶ ἔστησεν 9
αὐτὸν ἐπὶ τὸ πτερύγιον τοῦ ἱεροῦ, καὶ εἶπεν αὐτῷ,
Εἰ ὁ[13] υἱὸς εἶ τοῦ Θεοῦ, βάλε σεαυτὸν ἐντεῦθεν
κάτω· γέγραπται γὰρ ὅτι Τοῖς ἀγγέλοις αὐτοῦ 10
ἐντελεῖται περὶ σοῦ, τοῦ διαφυλάξαι σε· καὶ ὅτι Ἐπὶ 11
χειρῶν ἀροῦσί σε, μήποτε προσκόψῃς πρὸς λίθον
τὸν πόδα σου. καὶ ἀποκριθεὶς εἶπεν αὐτῷ ὁ Ἰησοῦς 12
ὅτι Εἴρηται, Οὐκ ἐκπειράσεις Κύριον τὸν Θεόν
σου. καὶ συντελέσας πάντα πειρασμὸν ὁ διάβολος 13
ἀπέστη ἀπ' αὐτοῦ ἄχρι καιροῦ.

Καὶ ὑπέστρεψεν ὁ Ἰησοῦς ἐν τῇ δυνάμει τοῦ 14
Πνεύματος εἰς τὴν Γαλιλαίαν· καὶ φήμη ἐξῆλθε
καθ' ὅλης τῆς περιχώρου περὶ αὐτοῦ. καὶ αὐτὸς 15
ἐδίδασκεν ἐν ταῖς συναγωγαῖς αὐτῶν, δοξαζόμενος
ὑπὸ πάντων.

Καὶ ἦλθεν εἰς τὴν Ναζαρέθ*, οὗ ἦν τεθραμμέ- 16
νος· καὶ εἰσῆλθε, κατὰ τὸ εἰωθὸς αὐτῷ, ἐν τῇ ἡμέρᾳ
τῶν σαββάτων εἰς τὴν συναγωγήν, καὶ ἀνέστη
ἀναγνῶναι. καὶ ἐπεδόθη αὐτῷ βιβλίον Ἠσαΐου τοῦ 17
προφήτου[14]. καὶ ἀναπτύξας[15] τὸ βιβλίον, εὗρε τὸν τό-
πον οὗ ἦν γεγραμμένον, Πνεῦμα Κυρίου ἐπ' ἐμέ, 18
οὗ ἕνεκεν ἔχρισέ με εὐαγγελίζεσθαι[16] πτωχοῖς· ἀπέ-
σταλκέ με ἰάσασθαι τοὺς συντετριμμένους τὴν καρδίαν·[17]
κηρύξαι αἰχμαλώτοις ἄφεσιν, καὶ τυφλοῖς ἀνάβλε-
ψιν, ἀποστεῖλαι τεθραυσμένους ἐν ἀφέσει, κη- 19
ρύξαι ἐνιαυτὸν Κυρίου δεκτόν. καὶ πτύξας τὸ 20
βιβλίον, ἀποδοὺς τῷ ὑπηρέτῃ, ἐκάθισε· καὶ πάν-
των ἐν τῇ συναγωγῇ οἱ ὀφθαλμοὶ[18] ἦσαν ἀτενίζοντες

---

[11] Κύριον τὸν Θεόν σου προσκυνήσεις   [12] ἤγαγε δὲ   [13] om. ὁ
[14] τοῦ προφήτου Ἠσαΐου   [15] ἀνοίξας   [16] εὐαγγελίσασθαι
[17] om. ἰάσασθαι τοὺς συντετριμμένους τὴν καρδίαν·   [18] οἱ
ὀφθαλμοὶ ἐν τῇ συναγωγῇ

21 αὐτῷ. ἤρξατο δὲ λέγειν πρὸς αὐτοὺς ὅτι Σήμε-
ρον πεπλήρωται ἡ γραφὴ αὕτη ἐν τοῖς ὠσὶν ὑμῶν.
22 καὶ πάντες ἐμαρτύρουν αὐτῷ, καὶ ἐθαύμαζον ἐπὶ
τοῖς λόγοις τῆς χάριτος τοῖς ἐκπορευομένοις ἐκ τοῦ
στόματος αὐτοῦ, καὶ ἔλεγον, Οὐχ οὗτός ἐστιν ὁ
23 υἱὸς Ἰωσήφ; καὶ εἶπε πρὸς αὐτούς, Πάντως
ἐρεῖτέ μοι τὴν παραβολὴν ταύτην, Ἰατρέ, θερά-
πευσον σεαυτόν· ὅσα ἠκούσαμεν γενόμενα ἐν τῇ¹⁹
Καπερναούμ, ποίησον καὶ ὧδε ἐν τῇ πατρίδι σου.
24 εἶπε δέ, Ἀμὴν λέγω ὑμῖν ὅτι οὐδεὶς προφήτης
25 δεκτός ἐστιν ἐν τῇ πατρίδι αὐτοῦ. ἐπ' ἀληθείας δὲ
λέγω ὑμῖν, πολλαὶ χῆραι ἦσαν ἐν ταῖς ἡμέραις
Ἠλίου ἐν τῷ Ἰσραήλ, ὅτε ἐκλείσθη ὁ οὐρανὸς ἐπὶ
ἔτη τρία καὶ μῆνας ἕξ, ὡς ἐγένετο λιμὸς μέγας ἐπὶ
26 πᾶσαν τὴν γῆν· καὶ πρὸς οὐδεμίαν αὐτῶν ἐπέμφθη
Ἠλίας, εἰ μὴ εἰς Σάρεπτα τῆς Σιδῶνος²⁰ πρὸς γυ-
27 ναῖκα χήραν. καὶ πολλοὶ λεπροὶ ἦσαν ἐπὶ Ἐλισ-
σαίου τοῦ προφήτου ἐν τῷ Ἰσραήλ²¹· καὶ οὐδεὶς αὐτῶν
28 ἐκαθαρίσθη, εἰ μὴ Νεεμὰν ὁ Σύρος. καὶ ἐπλήσθη-
σαν πάντες θυμοῦ ἐν τῇ συναγωγῇ, ἀκούοντες
29 ταῦτα, καὶ ἀναστάντες ἐξέβαλον αὐτὸν ἔξω τῆς
πόλεως, καὶ ἤγαγον αὐτὸν ἕως τῆς²² ὀφρύος τοῦ
ὄρους ἐφ' οὗ ἡ πόλις αὐτῶν ᾠκοδόμητο, εἰς τὸ²³
30 κατακρημνίσαι αὐτόν. αὐτὸς δὲ διελθὼν διὰ μέσου
αὐτῶν ἐπορεύετο.

31 Καὶ κατῆλθεν εἰς Καπερναοὺμ πόλιν τῆς Γαλι-
λαίας· καὶ ἦν διδάσκων αὐτοὺς ἐν τοῖς σάββασι.
32 καὶ ἐξεπλήσσοντο ἐπὶ τῇ διδαχῇ αὐτοῦ, ὅτι ἐν
33 ἐξουσίᾳ ἦν ὁ λόγος αὐτοῦ. καὶ ἐν τῇ συναγωγῇ ἦν
ἄνθρωπος ἔχων πνεῦμα δαιμονίου ἀκαθάρτου, καὶ

---

¹⁹ εἰς τὴν   ²⁰ Σιδωνίας   ²¹ ἐν τῷ Ἰσραὴλ
ἐπὶ Ἐλισσαίου τοῦ προφήτου   ²² om. τῆς
²³ ὥστε

ἀνέκραξε φωνῇ μεγάλῃ, λέγων²⁴, Ἔα, τί ἡμῖν καὶ 34
σοί, Ἰησοῦ Ναζαρηνέ; ἦλθες ἀπολέσαι ἡμᾶς; οἶδά
σε τίς εἶ, ὁ ἅγιος τοῦ Θεοῦ καὶ ἐπετίμησεν αὐτῷ 35
ὁ Ἰησοῦς, λέγων, Φιμώθητι, καὶ ἔξελθε ἐξ²⁵ αὐτοῦ.
καὶ ῥίψαν αὐτὸν τὸ δαιμόνιον εἰς τὸ μέσον ἐξῆλθεν
ἀπ᾽ αὐτοῦ, μηδὲν βλάψαν αὐτόν. καὶ ἐγένετο 36
θάμβος ἐπὶ πάντας, καὶ συνελάλουν πρὸς ἀλλή-
λους, λέγοντες, Τίς ὁ λόγος οὗτος, ὅτι²⁶ ἐν ἐξουσίᾳ
καὶ δυνάμει ἐπιτάσσει τοῖς ἀκαθάρτοις πνεύμασι,
καὶ ἐξέρχονται;²⁶ καὶ ἐξεπορεύετο ἦχος περὶ αὐ- 37
τοῦ εἰς πάντα τόπον τῆς περιχώρου.

Ἀναστὰς δὲ ἐκ²⁷ τῆς συναγωγῆς, εἰσῆλθεν εἰς 38
τὴν οἰκίαν Σίμωνος· ἡ²⁸ πενθερὰ δὲ τοῦ Σίμωνος ἦν
συνεχομένη πυρετῷ μεγάλῳ· καὶ ἠρώτησαν αὐτὸν
περὶ αὐτῆς. καὶ ἐπιστὰς ἐπάνω αὐτῆς, ἐπετίμησε 39
τῷ πυρετῷ, καὶ ἀφῆκεν αὐτήν· παραχρῆμα δὲ
ἀναστᾶσα διηκόνει αὐτοῖς.

Δύνοντος δὲ τοῦ ἡλίου, πάντες ὅσοι εἶχον 40
ἀσθενοῦντας νόσοις ποικίλαις ἤγαγον αὐτοὺς πρὸς
αὐτόν· ὁ δὲ ἑνὶ ἑκάστῳ αὐτῶν τὰς χεῖρας ἐπιθεὶς
ἐθεράπευσεν αὐτούς. ἐξήρχετο δὲ καὶ δαιμόνια 41
ἀπὸ πολλῶν, κράζοντα καὶ λέγοντα ὅτι Σὺ εἶ
ὁ Χριστὸς²⁹ ὁ υἱὸς τοῦ Θεοῦ. καὶ ἐπιτιμῶν οὐκ εἴα
αὐτὰ λαλεῖν, ὅτι ᾔδεισαν τὸν Χριστὸν αὐτὸν εἶναι.

Γενομένης δὲ ἡμέρας, ἐξελθὼν ἐπορεύθη εἰς ἔρη- 42
μον τόπον, καὶ οἱ ὄχλοι ἐζήτουν³⁰ αὐτόν, καὶ ἦλθον
ἕως αὐτοῦ, καὶ κατεῖχον αὐτὸν τοῦ μὴ πορεύεσθαι
ἀπ᾽ αὐτῶν. ὁ δὲ εἶπε πρὸς αὐτοὺς ὅτι Καὶ ταῖς 43
ἑτέραις πόλεσιν εὐαγγελίσασθαί με δεῖ τὴν βασι-
λείαν τοῦ Θεοῦ· ὅτι εἰς³¹ τοῦτο ἀπέσταλμαι³².

²⁴ om. λέγων   ²⁵ ἀπ'   ²⁶ (οὗτος; ὅτι......ἐξέρχονται.
text, not marg.)   ²⁷ ἀπὸ   ²⁸ om. ἡ   ²⁹ om. ὁ Χριστὸς
³⁰ ἐπεζήτουν   ³¹ ἐπὶ   ³² ἀπεστάλην

44 Καὶ ἦν κηρύσσων ἐν ταῖς συναγωγαῖς³³ τῆς Γαλι-
λαίας³⁴.

V. Ἐγένετο δὲ ἐν τῷ τὸν ὄχλον ἐπικεῖσθαι αὐτῷ
τοῦ¹ ἀκούειν τὸν λόγον τοῦ Θεοῦ, καὶ αὐτὸς ἦν
2 ἐστὼς παρὰ τὴν λίμνην Γεννησαρέτ· καὶ εἶδε δύο
πλοῖα ἑστῶτα παρὰ τὴν λίμνην· οἱ δὲ ἁλιεῖς ἀπο-
3 βάντες ἀπ᾽ αὐτῶν ἀπέπλυναν² τὰ δίκτυα. ἐμβὰς δὲ
εἰς ἓν τῶν πλοίων, ὃ ἦν τοῦ Σίμωνος, ἠρώτησεν
αὐτὸν ἀπὸ τῆς γῆς ἐπαναγαγεῖν ὀλίγον. καὶ καθίσας³
4 ἐδίδασκεν ἐκ τοῦ πλοίου τοὺς ὄχλους. ὡς δὲ
ἐπαύσατο λαλῶν, εἶπε πρὸς τὸν Σίμωνα, Ἐπανά-
γαγε εἰς τὸ βάθος, καὶ χαλάσατε τὰ δίκτυα ὑμῶν
5 εἰς ἄγραν. καὶ ἀποκριθεὶς ὁ Σίμων εἶπεν αὐτῷ⁴,
Ἐπιστάτα, δι᾽ ὅλης τῆς⁵ νυκτὸς κοπιάσαντες οὐδὲν
ἐλάβομεν· ἐπὶ δὲ τῷ ῥήματί σου χαλάσω τὸ δίκτυον⁶.
6 καὶ τοῦτο ποιήσαντες, συνέκλεισαν ἰχθύων πλῆθος
7 πολύ· διερρήγνυτο δὲ τὸ δίκτυον⁶ αὐτῶν· καὶ κατέ-
νευσαν τοῖς μετόχοις τοῖς⁷ ἐν τῷ ἑτέρῳ πλοίῳ, τοῦ
ἐλθόντας συλλαβέσθαι αὐτοῖς· καὶ ἦλθον καὶ
ἔπλησαν ἀμφότερα τὰ πλοῖα, ὥστε βυθίζεσθαι
8 αὐτά. ἰδὼν δὲ Σίμων Πέτρος προσέπεσε τοῖς
γόνασι τοῦ Ἰησοῦ, λέγων, Ἔξελθε ἀπ᾽ ἐμοῦ, ὅτι
9 ἀνὴρ ἁμαρτωλός εἰμι, Κύριε. θάμβος γὰρ περιέ-
σχεν αὐτὸν καὶ πάντας τοὺς σὺν αὐτῷ, ἐπὶ τῇ
10 ἄγρᾳ τῶν ἰχθύων ᾗ⁸ συνέλαβον· ὁμοίως δὲ καὶ
Ἰάκωβον καὶ Ἰωάννην, υἱοὺς Ζεβεδαίου, οἳ ἦσαν
κοινωνοὶ τῷ Σίμωνι. καὶ εἶπε πρὸς τὸν Σίμωνα ὁ
Ἰησοῦς, Μὴ φοβοῦ· ἀπὸ τοῦ νῦν ἀνθρώπους ἔσῃ
11 ζωγρῶν. καὶ καταγαγόντες τὰ πλοῖα ἐπὶ τὴν γῆν,
ἀφέντες ἅπαντα, ἠκολούθησαν αὐτῷ.

³³ εἰς τὰς συναγωγὰς   ³⁴ Marg. Ἰουδαίας   ¹ καὶ
² ἔπλυνον   ³ καθίσας δὲ   ⁴ om. αὐτῷ   ⁵ om. τῆς
⁶ τὰ δίκτυα   ⁷ om. τοῖς   ⁸ ὧν

Καὶ ἐγένετο, ἐν τῷ εἶναι αὐτὸν ἐν μιᾷ τῶν πό- 12
λεων, καὶ ἰδού, ἀνὴρ πλήρης λέπρας· καὶ ἰδὼν⁹ τὸν
Ἰησοῦν, πεσὼν ἐπὶ πρόσωπον, ἐδεήθη αὐτοῦ, λέ-
γων, Κύριε, ἐὰν θέλῃς, δύνασαί με καθαρίσαι. καὶ 13
ἐκτείνας τὴν χεῖρα ἥψατο αὐτοῦ, εἰπών¹⁰, Θέλω,
καθαρίσθητι. καὶ εὐθέως ἡ λέπρα ἀπῆλθεν ἀπ'
αὐτοῦ. καὶ αὐτὸς παρήγγειλεν αὐτῷ μηδενὶ εἰπεῖν· 14
ἀλλὰ ἀπελθὼν δεῖξον σεαυτὸν τῷ ἱερεῖ, καὶ προσέ-
νεγκε περὶ τοῦ καθαρισμοῦ σου, καθὼς προσέταξε
Μωσῆς, εἰς μαρτύριον αὐτοῖς. διήρχετο δὲ μᾶλλον 15
ὁ λόγος περὶ αὐτοῦ· καὶ συνήρχοντο ὄχλοι πολλοὶ
ἀκούειν, καὶ θεραπεύεσθαι ὑπ' αὐτοῦ¹¹ ἀπὸ τῶν
ἀσθενειῶν αὐτῶν. αὐτὸς δὲ ἦν ὑποχωρῶν ἐν ταῖς 16
ἐρήμοις καὶ προσευχόμενος.

Καὶ ἐγένετο ἐν μιᾷ τῶν ἡμερῶν, καὶ αὐτὸς ἦν 17
διδάσκων· καὶ ἦσαν καθήμενοι Φαρισαῖοι καὶ νομο-
διδάσκαλοι, οἳ ἦσαν ἐληλυθότες ἐκ πάσης κώμης
τῆς Γαλιλαίας καὶ Ἰουδαίας καὶ Ἱερουσαλήμ· καὶ
δύναμις Κυρίου ἦν εἰς τὸ ἰᾶσθαι αὐτούς¹². καὶ ἰδού, 18
ἄνδρες φέροντες ἐπὶ κλίνης ἄνθρωπον ὃς ἦν παρα-
λελυμένος, καὶ ἐζήτουν αὐτὸν εἰσενεγκεῖν καὶ θεῖναι
ἐνώπιον αὐτοῦ· καὶ μὴ εὑρόντες διὰ¹³ ποίας εἰσε- 19
νέγκωσιν αὐτὸν διὰ τὸν ὄχλον, ἀναβάντες ἐπὶ τὸ
δῶμα, διὰ τῶν κεράμων καθῆκαν αὐτὸν σὺν τῷ
κλινιδίῳ εἰς τὸ μέσον ἔμπροσθεν τοῦ Ἰησοῦ. καὶ 20
ἰδὼν τὴν πίστιν αὐτῶν, εἶπεν αὐτῷ¹⁴, Ἄνθρωπε,
ἀφέωνταί σοι αἱ ἁμαρτίαι σου. καὶ ἤρξαντο δια- 21
λογίζεσθαι οἱ γραμματεῖς καὶ οἱ Φαρισαῖοι, λέγον-
τες, Τίς ἐστιν οὗτος ὃς λαλεῖ βλασφημίας; τίς
δύναται ἀφιέναι ἁμαρτίας, εἰ μὴ μόνος ὁ Θεός;
ἐπιγνοὺς δὲ ὁ Ἰησοῦς τοὺς διαλογισμοὺς αὐτῶν 22

⁹ ἰδὼν δὲ   ¹⁰ λέγων   ¹¹ om. ὑπ' αὐτοῦ   ¹² αὐτόν
text, not marg.   ¹³ om. διὰ   ¹⁴ om. αὐτῷ

ἀποκριθεὶς εἶπε πρὸς αὐτούς, Τί διαλογίζεσθε ἐν
23 ταῖς καρδίαις ὑμῶν; τί ἐστιν εὐκοπώτερον, εἰπεῖν,
Ἀφέωνταί σοι αἱ ἁμαρτίαι σου, ἢ εἰπεῖν, Ἔγειραι
24 καὶ περιπάτει; ἵνα δὲ εἰδῆτε ὅτι ἐξουσίαν ἔχει
ὁ υἱὸς τοῦ ἀνθρώπου ἐπὶ τῆς γῆς ἀφιέναι ἁμαρτίας
(εἶπε τῷ παραλελυμένῳ), Σοὶ λέγω, ἔγειραι, καὶ ἄρας
25 τὸ κλινίδιόν σου, πορεύου εἰς τὸν οἶκόν σου. καὶ
παραχρῆμα ἀναστὰς ἐνώπιον αὐτῶν, ἄρας ἐφ' ᾧ
κατέκειτο, ἀπῆλθεν εἰς τὸν οἶκον αὐτοῦ, δοξάζων
26 τὸν Θεόν. καὶ ἔκστασις ἔλαβεν ἅπαντας, καὶ
ἐδόξαζον τὸν Θεόν, καὶ ἐπλήσθησαν φόβου, λέγον-
τες ὅτι Εἴδομεν παράδοξα σήμερον.
27 Καὶ μετὰ ταῦτα ἐξῆλθε, καὶ ἐθεάσατο τελώνην,
ὀνόματι Λευΐν, καθήμενον ἐπὶ τὸ τελώνιον, καὶ
28 εἶπεν αὐτῷ, Ἀκολούθει μοι. καὶ καταλιπὼν ἅπαν-
29 τα[15], ἀναστὰς ἠκολούθησεν[16] αὐτῷ. καὶ ἐποίησε
δοχὴν μεγάλην ὁ Λευῒς αὐτῷ ἐν τῇ οἰκίᾳ αὐτοῦ·
καὶ ἦν ὄχλος τελωνῶν πολύς, καὶ ἄλλων οἳ ἦσαν
30 μετ' αὐτῶν κατακείμενοι. καὶ ἐγόγγυζον οἱ γραμμα-
τεῖς αὐτῶν καὶ οἱ Φαρισαῖοι[17] πρὸς τοὺς μαθητὰς αὐτοῦ,
λέγοντες, Διατί μετὰ[18] τελωνῶν καὶ ἁμαρτωλῶν
31 ἐσθίετε καὶ πίνετε; καὶ ἀποκριθεὶς ὁ Ἰησοῦς εἶπε
πρὸς αὐτούς, Οὐ χρείαν ἔχουσιν οἱ ὑγιαίνοντες
32 ἰατροῦ, ἀλλ' οἱ κακῶς ἔχοντες. οὐκ ἐλήλυθα κα-
λέσαι δικαίους, ἀλλὰ ἁμαρτωλοὺς εἰς μετάνοιαν.
33 οἱ δὲ εἶπον πρὸς αὐτόν, Διατί[19] οἱ μαθηταὶ Ἰωάννου
νηστεύουσι πυκνά, καὶ δεήσεις ποιοῦνται, ὁμοίως
καὶ οἱ τῶν Φαρισαίων· οἱ δὲ σοὶ ἐσθίουσι καὶ πί-
34 νουσιν;[20] ὁ δὲ[21] εἶπε πρὸς αὐτούς, Μὴ δύνασθε
τοὺς υἱοὺς τοῦ νυμφῶνος, ἐν ᾧ ὁ νυμφίος μετ' αὐ-
35 τῶν ἐστι, ποιῆσαι νηστεύειν; ἐλεύσονται δὲ ἡμέ-

15 πάντα   16 ἠκολούθει   17 Φαρισαῖοι καὶ οἱ γραμματεῖς αὐτῶν
18 add τῶν   19 om. Διατί (Οl)   20 (πίνουσιν.)   21 add Ἰησοῦς

ραι,²² καὶ ὅταν ἀπαρθῇ ἀπ᾽ αὐτῶν ὁ νυμφίος, τότε
νηστεύσουσιν ἐν ἐκείναις ταῖς ἡμέραις. ἔλεγε δὲ 36
καὶ παραβολὴν πρὸς αὐτοὺς ὅτι Οὐδεὶς ἐπίβλημα
²³ἱματίου καινοῦ ²⁴ἐπιβάλλει ἐπὶ ἱμάτιον παλαιόν·
εἰ δὲ μήγε, καὶ τὸ καινὸν σχίζει²⁵, καὶ τῷ παλαιῷ
οὐ συμφωνεῖ²⁶ ²⁷ἐπίβλημα τὸ ἀπὸ τοῦ καινοῦ. καὶ 37
οὐδεὶς βάλλει οἶνον νέον εἰς ἀσκοὺς παλαιούς· εἰ
δὲ μήγε, ῥήξει ὁ νέος οἶνος τοὺς ἀσκούς, καὶ αὐτὸς
ἐκχυθήσεται, καὶ οἱ ἀσκοὶ ἀπολοῦνται. ἀλλὰ οἶνον 38
νέον εἰς ἀσκοὺς καινοὺς βλητέον, καὶ ἀμφότεροι συν-
τηροῦνται²⁸. καὶ οὐδεὶς πιὼν παλαιὸν εὐθέως²⁹ θέλει 39
νέον· λέγει γάρ, Ὁ παλαιὸς χρηστότερός³⁰ ἐστιν.

Ἐγένετο δὲ ἐν σαββάτῳ δευτεροπρώτῳ¹ διαπο- VI.
ρεύεσθαι αὐτὸν διὰ τῶν² σπορίμων· καὶ ἔτιλλον οἱ
μαθηταὶ αὐτοῦ τοὺς στάχυας, καὶ ἤσθιον, ψώχον-
τες ταῖς χερσί. τινὲς δὲ τῶν Φαρισαίων εἶπον 2
αὐτοῖς³, Τί ποιεῖτε ὃ οὐκ ἔξεστι ποιεῖν ἐν⁴ τοῖς σάβ-
βασι; καὶ ἀποκριθεὶς πρὸς αὐτοὺς εἶπεν ὁ Ἰη- 3
σοῦς, Οὐδὲ τοῦτο ἀνέγνωτε, ὃ ἐποίησε Δαβίδ,
ὁπότε⁵ ἐπείνασεν αὐτὸς καὶ οἱ μετ᾽ αὐτοῦ ὄντες; ὡς 4
εἰσῆλθεν εἰς τὸν οἶκον τοῦ Θεοῦ, καὶ τοὺς ἄρτους
τῆς προθέσεως ἔλαβε, καὶ⁶ ἔφαγε, καὶ ἔδωκε καὶ τοῖς
μετ᾽ αὐτοῦ, οὓς οὐκ ἔξεστι φαγεῖν εἰ μὴ μόνους
τοὺς ἱερεῖς; καὶ ἔλεγεν αὐτοῖς ὅτι Κύριός ἐστιν 5
ὁ υἱὸς τοῦ ἀνθρώπου καὶ⁷ τοῦ σαββάτου.

Ἐγένετο δὲ καὶ⁷ ἐν ἑτέρῳ σαββάτῳ εἰσελθεῖν 6
αὐτὸν εἰς τὴν συναγωγὴν καὶ διδάσκειν· καὶ ἦν ἐκεῖ
ἄνθρωπος⁸, καὶ ἡ χεὶρ αὐτοῦ ἡ δεξιὰ ἦν ξηρά. παρε- 7

²² (ἡμέραι·)   ²³ add ἀπὸ   ²⁴ add σχίσας   ²⁵ σχίσει
²⁶ συμφωνήσει   ²⁷ add τὸ   ²⁸ om. , καὶ ἀμφότεροι συντη-
ροῦνται   ²⁹ om. εὐθέως   ³⁰ χρηστός text, not marg.   ¹ om.
δευτεροπρώτῳ text, not marg.   ² om. τῶν   ³ om. αὐτοῖς
⁴ om. ἐν   ⁵ ὅτε   ⁶ λαβὼν   ⁷ om. καὶ   ⁸ ἄνθρωπος ἐκεῖ

τήρουν᾽᾽ δὲ αὐτὸν οἱ γραμματεῖς καὶ οἱ Φαρισαῖοι, εἰ
ἐν τῷ σαββάτῳ θεραπεύσει· ἵνα εὕρωσι κατηγορίαν[10]
8 αὐτοῦ. αὐτὸς δὲ ᾔδει τοὺς διαλογισμοὺς αὐτῶν
καὶ εἶπε[11] τῷ ἀνθρώπῳ τῷ ξηρὰν ἔχοντι τὴν χεῖρα,
Ἔγειραι, καὶ στῆθι εἰς τὸ μέσον. ὁ δὲ[12] ἀναστὰς
9 ἔστη. εἶπεν οὖν[13] ὁ Ἰησοῦς πρὸς αὐτούς, Ἐπερω-
τήσω[14] ὑμᾶς τί,*[15] Ἔξεστι τοῖς σάββασιν,[16] ἀγαθοποιῆ-
σαι ἢ κακοποιῆσαι; ψυχὴν σῶσαι ἢ ἀπολέσαι;
10 καὶ περιβλεψάμενος πάντας αὐτούς, εἶπε τῷ ἀνθρώ-
πῳ[17], Ἔκτεινον τὴν χεῖρά σου. ὁ δὲ ἐποίησεν
οὕτω[18]. καὶ ἀποκατεστάθη ἡ χεὶρ αὐτοῦ ὑγιὴς ὡς
11 ἡ ἄλλη[19]. αὐτοὶ δὲ ἐπλήσθησαν ἀνοίας· καὶ διελά-
λουν πρὸς ἀλλήλους, τί ἂν ποιήσειαν τῷ Ἰησοῦ.

12 Ἐγένετο δὲ ἐν ταῖς ἡμέραις ταύταις, ἐξῆλθεν[20] εἰς
τὸ ὄρος προσεύξασθαι· καὶ ἦν διανυκτερεύων ἐν τῇ
13 προσευχῇ τοῦ Θεοῦ. καὶ ὅτε ἐγένετο ἡμέρα, προσ-
εφώνησε τοὺς μαθητὰς αὐτοῦ· καὶ ἐκλεξάμενος
ἀπ᾽ αὐτῶν δώδεκα, οὓς καὶ ἀποστόλους ὠνόμασε,
14 Σίμωνα ὃν καὶ ὠνόμασε Πέτρον, καὶ Ἀνδρέαν τὸν
ἀδελφὸν αὐτοῦ, [21]Ἰάκωβον καὶ Ἰωάννην, [21]Φίλιπ-
15 πον καὶ Βαρθολομαῖον, [21]Ματθαῖον καὶ Θωμᾶν,
[21]Ἰάκωβον τὸν τοῦ[22] Ἀλφαίου, καὶ Σίμωνα τὸν κα-
16 λουμενον Ζηλωτήν, [21]Ἰούδαν Ἰακώβου, καὶ Ἰούδαν
17 Ἰσκαριώτην, ὃς καὶ[23] ἐγένετο προδότης, καὶ κατα-
βὰς μετ᾽ αὐτῶν, ἔστη ἐπὶ τόπου πεδινοῦ, καὶ
ὄχλος[24] μαθητῶν αὐτοῦ, καὶ πλῆθος πολὺ τοῦ λαοῦ
ἀπὸ πάσης τῆς Ἰουδαίας καὶ Ἱερουσαλήμ, καὶ τῆς
παραλίου Τύρου καὶ Σιδῶνος, οἳ ἦλθον ἀκοῦσαι

9 παρετηροῦντο   10 κατηγορεῖν   11 εἶπε δὲ   12 καὶ
13 (om. ν) δὲ   14 Ἐπερωτῶ   15 , Εἰ (ἔξεστι)   16 τῷ
σαββάτῳ (om. ,)   17 εἶπεν αὐτῷ   18 om. (ν) οὕτω
19 om. ὑγιὴς ὡς ἡ ἄλλη   20 ἐξελθεῖν αὐτὸν   21 add καὶ
22 om. τὸν τοῦ   23 om. καὶ   24 add πολὺς

αὐτοῦ, καὶ ἰαθῆναι ἀπὸ τῶν νόσων αὐτῶν· καὶ οἱ 18
ὀχλούμενοι²⁵ ὑπὸ²⁶ πνευμάτων ἀκαθάρτων, καὶ²⁷ ἐθερα-
πεύοντο. καὶ πᾶς ὁ ὄχλος ἐζήτει ἅπτεσθαι αὐτοῦ· 19
ὅτι δύναμις παρ' αὐτοῦ ἐξήρχετο καὶ ἰᾶτο πάντας.

Καὶ αὐτὸς ἐπάρας τοὺς ὀφθαλμοὺς αὐτοῦ εἰς 20
τοὺς μαθητὰς αὐτοῦ ἔλεγε, Μακάριοι οἱ πτωχοί,
ὅτι ὑμετέρα ἐστὶν ἡ βασιλεία τοῦ Θεοῦ. μακάριοι 21
οἱ πεινῶντες νῦν, ὅτι χορτασθήσεσθε. μακάριοι
οἱ κλαίοντες νῦν, ὅτι γελάσετε. μακάριοί ἐστε, 22
ὅταν μισήσωσιν ὑμᾶς οἱ ἄνθρωποι, καὶ ὅταν ἀφο-
ρίσωσιν ὑμᾶς, καὶ ὀνειδίσωσι, καὶ ἐκβάλωσι τὸ
ὄνομα ὑμῶν ὡς πονηρόν, ἕνεκα τοῦ υἱοῦ τοῦ ἀνθρώ-
που. χαίρετε²⁸ ἐν ἐκείνῃ τῇ ἡμέρᾳ καὶ σκιρτήσατε· 23
ἰδοὺ γάρ, ὁ μισθὸς ὑμῶν πολὺς ἐν τῷ οὐρανῷ· κατὰ
ταῦτα²⁹ γὰρ ἐποίουν τοῖς προφήταις οἱ πατέρες αὐ-
τῶν. πλὴν οὐαὶ ὑμῖν τοῖς πλουσίοις, ὅτι ἀπέχετε τὴν 24
παράκλησιν ὑμῶν. οὐαὶ ὑμῖν, οἱ ἐμπεπλησμένοι³⁰, 25
ὅτι πεινάσετε. οὐαὶ ὑμῖν³¹, οἱ γελῶντες νῦν, ὅτι
πενθήσετε καὶ κλαύσετε. οὐαὶ ὑμῖν³¹, ὅταν καλῶς 26
ὑμᾶς εἴπωσι πάντες οἱ ἄνθρωποι· κατὰ ταῦτα²⁹
γὰρ ἐποίουν τοῖς ψευδοπροφήταις οἱ πατέρες
αὐτῶν.

Ἀλλ' ὑμῖν λέγω τοῖς ἀκούουσιν, Ἀγαπᾶτε 27
τοὺς ἐχθροὺς ὑμῶν, καλῶς ποιεῖτε τοῖς μισοῦσιν
ὑμᾶς, εὐλογεῖτε τοὺς καταρωμένους ὑμῖν, καὶ³² προσ- 28
εύχεσθε ὑπὲρ τῶν ἐπηρεαζόντων ὑμᾶς. τῷ τύπ- 29
τοντί σε ἐπὶ τὴν σιαγόνα, πάρεχε καὶ τὴν ἄλλην·
καὶ ἀπὸ τοῦ αἴροντός σου τὸ ἱμάτιον, καὶ τὸν
χιτῶνα μὴ κωλύσῃς. παντὶ δὲ τῷ³³ αἰτοῦντί σε 30
δίδου· καὶ ἀπὸ τοῦ αἴροντος τὰ σά μὴ ἀπαίτει.

---

²⁵ ἐνοχλούμενοι   ²⁶ ἀπὸ   ²⁷ om. , καὶ   ²⁸ χάρητε
²⁹ τὰ αὐτὰ   ³⁰ add νῦν   ³¹ om. ὑμῖν   ³² om. καὶ
³³ om. δὲ τῷ

31 καὶ καθὼς θέλετε ἵνα ποιῶσιν ὑμῖν οἱ ἄνθρωποι,
32 καὶ ὑμεῖς ποιεῖτε αὐτοῖς ὁμοίως. καὶ εἰ ἀγαπᾶτε
τοὺς ἀγαπῶντας ὑμᾶς, ποία ὑμῖν χάρις ἐστί; καὶ
γὰρ οἱ ἁμαρτωλοὶ τοὺς ἀγαπῶντας αὐτοὺς ἀγα-
33 πῶσι. καὶ ἐὰν ἀγαθοποιῆτε τοὺς ἀγαθοποιοῦντας
ὑμᾶς, ποία ὑμῖν χάρις ἐστί; καὶ γὰρ οἱ ἁμαρτωλοὶ
34 τὸ αὐτὸ ποιοῦσι. καὶ ἐὰν δανείζητε παρ' ὧν ἐλπί-
ζητε ἀπολαβεῖν³⁴, ποία ὑμῖν χάρις ἐστί; καὶ γὰρ οἱ³⁵
ἁμαρτωλοὶ ἁμαρτωλοῖς δανείζουσιν, ἵνα ἀπολά-
35 βωσι τὰ ἴσα. πλὴν ἀγαπᾶτε τοὺς ἐχθροὺς ὑμῶν,
καὶ ἀγαθοποιεῖτε, καὶ δανείζετε, μηδὲν³⁶ ἀπελπίζον-
τες· καὶ ἔσται ὁ μισθὸς ὑμῶν πολύς, καὶ ἔσεσθε
υἱοὶ τοῦ ὑψίστου· ὅτι αὐτὸς χρηστός ἐστιν ἐπὶ
36 τοὺς ἀχαρίστους καὶ πονηρούς. γίνεσθε οὖν³⁷ οἰκ-
τίρμονες, καθὼς καὶ³⁸ ὁ πατὴρ ὑμῶν οἰκτίρμων ἐστί.
37 *³⁹ μὴ κρίνετε, καὶ οὐ μὴ κριθῆτε. ³⁹ μὴ καταδικά-
ζετε, καὶ οὐ μὴ καταδικασθῆτε· ἀπολύετε, καὶ
38 ἀπολυθήσεσθε· δίδοτε, καὶ δοθήσεται ὑμῖν· μέτρον
καλόν, πεπιεσμένον καὶ⁴⁰ σεσαλευμένον καὶ⁴⁰ ὑπερ-
εκχυνόμενον δώσουσιν εἰς τὸν κόλπον ὑμῶν. τῷ
γὰρ αὐτῷ μέτρῳ ᾧ⁴¹ μετρεῖτε ἀντιμετρηθήσεται ὑμῖν.
39 Εἶπε δὲ⁴² παραβολὴν αὐτοῖς, Μήτι δύναται
τυφλὸς τυφλὸν ὁδηγεῖν; οὐχὶ ἀμφότεροι εἰς βόθυ-
40 νον πεσοῦνται⁴³; οὐκ ἔστι μαθητὴς ὑπὲρ τὸν διδά-
σκαλον αὐτοῦ⁴⁴· κατηρτισμένος δὲ πᾶς ἔσται ὡς ὁ
41 διδάσκαλος αὐτοῦ. τί δὲ βλέπεις τὸ κάρφος τὸ ἐν
τῷ ὀφθαλμῷ τοῦ ἀδελφοῦ σου, τὴν δὲ δοκὸν τὴν ἐν
42 τῷ ἰδίῳ ὀφθαλμῷ οὐ κατανοεῖς; ἢ πῶς δύνασαι
λέγειν τῷ ἀδελφῷ σου, Ἀδελφέ, ἄφες ἐκβάλω τὸ
κάρφος τὸ ἐν τῷ ὀφθαλμῷ σου, αὐτὸς τὴν ἐν τῷ

---

³⁴ λαβεῖν   ³⁵ om. γὰρ οἱ   ³⁶ Marg. μηδένα   ³⁷ om. οὖν
³⁸ om. καὶ   ³⁹ add καὶ   ⁴⁰ om. καὶ   ⁴¹ ᾧ γὰρ μέτρῳ
⁴² add καὶ   ⁴³ ἐμπεσοῦνται   ⁴⁴ om. αὐτοῦ

ὀφθαλμῷ σου δοκὸν οὐ βλέπων; ὑποκριτά, ἔκβαλε
πρῶτον τὴν δοκὸν ἐκ τοῦ ὀφθαλμοῦ σου, καὶ τότε
διαβλέψεις ἐκβαλεῖν τὸ κάρφος τὸ ἐν τῷ ὀφθαλμῷ
τοῦ ἀδελφοῦ σου. οὐ γάρ ἐστι δένδρον καλὸν 43
ποιοῦν καρπὸν σαπρόν· οὐδὲ⁴⁵ δένδρον σαπρὸν
ποιοῦν καρπὸν καλόν. ἕκαστον γὰρ δένδρον ἐκ 44
τοῦ ἰδίου καρποῦ γινώσκεται. οὐ γὰρ ἐξ ἀκανθῶν
συλλέγουσι σῦκα, οὐδὲ ἐκ βάτου τρυγῶσι σταφυ-
λήν. ὁ ἀγαθὸς ἄνθρωπος ἐκ τοῦ ἀγαθοῦ θησαυροῦ 45
τῆς καρδίας αὐτοῦ προφέρει τὸ ἀγαθόν, καὶ ὁ πο-
νηρὸς ἄνθρωπος⁴⁶ ἐκ τοῦ πονηροῦ θησαυροῦ τῆς καρδίας
αὐτοῦ⁴⁷ προφέρει τὸ πονηρόν· ἐκ γὰρ τοῦ⁴⁸ περισσεύ-
ματος τῆς⁴⁹ καρδίας λαλεῖ τὸ στόμα αὐτοῦ.

Τί δέ με καλεῖτε, Κύριε, Κύριε, καὶ οὐ ποιεῖτε 46
ἃ λέγω; πᾶς ὁ ἐρχόμενος πρός με καὶ ἀκούων μου 47
τῶν λόγων καὶ ποιῶν αὐτούς, ὑποδείξω ὑμῖν τίνι
ἐστὶν ὅμοιος· ὅμοιός ἐστιν ἀνθρώπῳ οἰκοδομοῦντι 48
οἰκίαν, ὃς ἔσκαψε καὶ ἐβάθυνε, καὶ ἔθηκε θεμέλιον
ἐπὶ τὴν πέτραν· πλημμύρας δὲ γενομένης, προσέρ-
ρηξεν ὁ ποταμὸς τῇ οἰκίᾳ ἐκείνῃ, καὶ οὐκ ἴσχυσε
σαλεῦσαι αὐτήν· τεθεμελίωτο γὰρ ἐπὶ τὴν πέτραν⁵⁰. ὁ δὲ 49
ἀκούσας καὶ μὴ ποιήσας ὅμοιός ἐστιν ἀνθρώπῳ
οἰκοδομήσαντι οἰκίαν ἐπὶ τὴν γῆν χωρὶς θεμελίου·
ᾗ προσέρρηξεν ὁ ποταμός, καὶ εὐθέως ἔπεσε⁵¹, καὶ ἐγέ-
νετο τὸ ῥῆγμα τῆς οἰκίας ἐκείνης μέγα.

Ἐπεὶ δὲ¹ ἐπλήρωσε πάντα τὰ ῥήματα αὐτοῦ VII.
εἰς τὰς ἀκοὰς τοῦ λαοῦ, εἰσῆλθεν εἰς Καπερ-
ναούμ.

Ἑκατοντάρχου δέ τινος δοῦλος κακῶς ἔχων 2

---

⁴⁵ add πάλιν   ⁴⁶ om. ἄνθρωπος   ⁴⁷ om. θησαυροῦ τῆς
καρδίας αὐτοῦ   ⁴⁸ om. τοῦ   ⁴⁹ om. τῆς   ⁵⁰ διὰ τὸ
καλῶς οἰκοδομῆσθαι αὐτήν text, not marg.   ⁵¹ εὐθὺς συνέπεσε
¹ Ἐπειδὴ

3 ἤμελλε τελευτᾶν, ὃς ἦν αὐτῷ ἔντιμος. ἀκούσας δὲ
περὶ τοῦ Ἰησοῦ, ἀπέστειλε πρὸς αὐτὸν πρεσβυτέ-
ρους τῶν Ἰουδαίων, ἐρωτῶν αὐτόν, ὅπως ἐλθὼν
4 διασώσῃ τὸν δοῦλον αὐτοῦ. οἱ δὲ, παραγενόμενοι
πρὸς τὸν Ἰησοῦν, παρεκάλουν αὐτὸν σπουδαίως,
5 λέγοντες ὅτι ἄξιός ἐστιν ᾧ παρέξει² τοῦτο· ἀγαπᾷ
γὰρ τὸ ἔθνος ἡμῶν, καὶ τὴν συναγωγὴν αὐτὸς
6 ᾠκοδόμησεν ἡμῖν. ὁ δὲ Ἰησοῦς ἐπορεύετο σὺν
αὐτοῖς. ἤδη δὲ αὐτοῦ οὐ μακρὰν ἀπέχοντος ἀπὸ
τῆς οἰκίας, ἔπεμψε πρὸς αὐτὸν ὁ ἑκατόνταρχος
φίλους, λέγων αὐτῷ, Κύριε, μὴ σκύλλου· οὐ γάρ
7 εἰμι ἱκανὸς ἵνα ὑπὸ τὴν στέγην μου εἰσέλθῃς· διὸ
οὐδὲ ἐμαυτὸν ἠξίωσα πρός σε ἐλθεῖν· ἀλλὰ εἰπὲ
8 λόγῳ, καὶ ἰαθήσεται ὁ παῖς μου. καὶ γὰρ ἐγὼ
ἄνθρωπός εἰμι ὑπὸ ἐξουσίαν τασσόμενος, ἔχων ὑπ'
ἐμαυτὸν στρατιώτας, καὶ λέγω τούτῳ, Πορεύθητι,
καὶ πορεύεται· καὶ ἄλλῳ, Ἔρχου, καὶ ἔρχεται· καὶ
9 τῷ δούλῳ μου, Ποίησον τοῦτο, καὶ ποιεῖ. ἀκούσας
δὲ ταῦτα ὁ Ἰησοῦς ἐθαύμασεν αὐτόν, καὶ στρα-
φεὶς τῷ ἀκολουθοῦντι αὐτῷ ὄχλῳ εἶπε, Λέγω ὑμῖν,
10 οὐδὲ ἐν τῷ Ἰσραὴλ τοσαύτην πίστιν εὗρον. καὶ
ὑποστρέψαντες οἱ πεμφθέντες εἰς τὸν οἶκον³ εὗρον τὸν
ἀσθενοῦντα⁴ δοῦλον ὑγιαίνοντα.
11 Καὶ ἐγένετο ἐν τῇ⁵ ἑξῆς, ἐπορεύετο⁶ εἰς πόλιν
καλουμένην Ναΐν· καὶ συνεπορεύοντο αὐτῷ οἱ μα-
12 θηταὶ αὐτοῦ ἱκανοί⁷, καὶ ὄχλος πολύς. ὡς δὲ ἤγγισε
τῇ πύλῃ τῆς πόλεως, καὶ ἰδού, ἐξεκομίζετο τεθνη-
κώς, υἱὸς μονογενὴς τῇ μητρὶ αὐτοῦ, καὶ αὕτη⁸ ἦν
χήρα*· καὶ ὄχλος τῆς πόλεως ἱκανὸς ἦν σὺν αὐτῇ.
13 καὶ ἰδὼν αὐτὴν ὁ Κύριος ἐσπλαγχνίσθη ἐπ' αὐτῇ,

---

² (Ἄξιός...) παρέξῃ   ³ εἰς τὸν οἶκον οἱ πεμφθέντες   ⁴ om.
ἀσθενοῦντα   ⁵ τῷ text, not marg.   ⁶ ἐπορεύθη
⁷ om. ἱκανοί   ⁸ αὐτή

καὶ εἶπεν αὐτῇ, Μὴ κλαῖε. καὶ προσελθὼν ἥψατο 14
τῆς σοροῦ· οἱ δὲ βαστάζοντες ἔστησαν. καὶ εἶπε,
Νεανίσκε, σοὶ λέγω, ἐγέρθητι. καὶ ἀνεκάθισεν 15
ὁ νεκρός, καὶ ἤρξατο λαλεῖν. καὶ ἔδωκεν αὐτὸν τῇ
μητρὶ αὐτοῦ. ἔλαβε δὲ φόβος ἅπαντας, καὶ ἐδόξα- 16
ζον τὸν Θεόν, λέγοντες ὅτι Προφήτης μέγας ἐγή-
γερται⁹ ἐν ἡμῖν, καὶ ὅτι Ἐπεσκέψατο ὁ Θεὸς τὸν
λαὸν αὐτοῦ. καὶ ἐξῆλθεν ὁ λόγος οὗτος ἐν ὅλῃ τῇ 17
Ἰουδαίᾳ περὶ αὐτοῦ, καὶ ἐν¹⁰ πάσῃ τῇ περιχώρῳ.
   Καὶ ἀπήγγειλαν Ἰωάννῃ οἱ μαθηταὶ αὐτοῦ 18
περὶ πάντων τούτων. καὶ προσκαλεσάμενος δύο 19
τινὰς τῶν μαθητῶν αὐτοῦ ὁ Ἰωάννης ἔπεμψε πρὸς
τὸν Ἰησοῦν¹¹, λέγων, Σὺ εἶ ὁ ἐρχόμενος, ἢ ἄλλον
προσδοκῶμεν ; παραγενόμενοι δὲ πρὸς αὐτὸν οἱ 20
ἄνδρες εἶπον, Ἰωάννης ὁ Βαπτιστὴς ἀπέσταλκεν
ἡμᾶς πρός σε, λέγων, Σὺ εἶ ὁ ἐρχόμενος, ἢ ἄλλον
προσδοκῶμεν ; ἐν αὐτῇ¹² δὲ¹³ τῇ ὥρᾳ ἐθεράπευσε 21
πολλοὺς ἀπὸ νόσων καὶ μαστίγων καὶ πνευμάτων
πονηρῶν, καὶ τυφλοῖς πολλοῖς ἐχαρίσατο τὸ¹⁴
βλέπειν. καὶ ἀποκριθεὶς ὁ Ἰησοῦς¹⁵ εἶπεν αὐτοῖς, 22
Πορευθέντες ἀπαγγείλατε Ἰωάννῃ ἃ εἴδετε καὶ
ἠκούσατε· ὅτι¹⁶ τυφλοὶ ἀναβλέπουσι, χωλοὶ περι-
πατοῦσι, λεπροὶ καθαρίζονται, ¹⁷κωφοὶ ἀκούουσι,
νεκροὶ ἐγείρονται, πτωχοὶ εὐαγγελίζονται· καὶ 23
μακάριός ἐστιν, ὃς ἐὰν μὴ σκανδαλισθῇ ἐν ἐμοί.
   Ἀπελθόντων δὲ τῶν ἀγγέλων Ἰωάννου, ἤρξατο 24
λέγειν πρὸς τοὺς ὄχλους περὶ Ἰωάννου, Τί ἐξεληλύ-
θατε¹⁸ εἰς τὴν ἔρημον θεάσασθαι ; κάλαμον ὑπὸ
ἀνέμου σαλευόμενον ; ἀλλὰ τί ἐξεληλύθατε¹⁸ ἰδεῖν ; 25
ἄνθρωπον ἐν μαλακοῖς ἱματίοις ἠμφιεσμένον ; ἰδού,

---

⁹ ἠγέρθη   ¹⁰ om. ἐν   ¹¹ Κύριον   ¹² ἐκείνῃ
¹³ om. δὲ   ¹⁴ om. τὸ   ¹⁵ om. ὁ Ἰησοῦς   ¹⁶ om. ὅτι
¹⁷ add καὶ   ¹⁸ ἐξήλθατε

οἱ ἐν ἱματισμῷ ἐνδόξῳ καὶ τρυφῇ ὑπάρχοντες ἐν
26 τοῖς βασιλείοις εἰσίν. ἀλλὰ τί ἐξεληλύθατε[18] ἰδεῖν;
προφήτην; ναί, λέγω ὑμῖν, καὶ περισσότερον προ-
27 φήτου. οὗτος ἐστι περὶ οὗ γέγραπται, Ἰδού, ἐγὼ
ἀποστέλλω τὸν ἄγγελόν μου πρὸ προσώπου σου,
ὃς κατασκευάσει τὴν ὁδόν σου ἔμπροσθέν σου.
28 λέγω γὰρ[19] ὑμῖν, μείζων ἐν γεννητοῖς γυναικῶν προ-
φήτης[20] Ἰωάννου τοῦ Βαπτιστοῦ[21] οὐδείς ἐστιν· ὁ δὲ
μικρότερος ἐν τῇ βασιλείᾳ τοῦ Θεοῦ μείζων αὐτοῦ
29 ἐστι. καὶ πᾶς ὁ λαὸς ἀκούσας καὶ οἱ τελῶναι
ἐδικαίωσαν τὸν Θεόν, βαπτισθέντες τὸ βάπτισμα
30 Ἰωάννου· οἱ δὲ Φαρισαῖοι καὶ οἱ νομικοὶ τὴν βου-
λὴν τοῦ Θεοῦ ἠθέτησαν εἰς ἑαυτούς, μὴ βαπτισ-
31 θέντες ὑπ᾽ αὐτοῦ. εἶπε δὲ ὁ Κύριος[22], Τίνι οὖν
ὁμοιώσω τοὺς ἀνθρώπους τῆς γενεᾶς ταύτης, καὶ
32 τίνι εἰσὶν ὅμοιοι; ὅμοιοί εἰσι παιδίοις τοῖς ἐν ἀγορᾷ
καθημένοις, καὶ προσφωνοῦσιν ἀλλήλοις, καὶ λέγου-
σιν[23], Ηὐλήσαμεν ὑμῖν, καὶ οὐκ ὠρχήσασθε· ἐθρη-
33 νήσαμεν ὑμῖν[24], καὶ οὐκ ἐκλαύσατε. ἐλήλυθε γὰρ
Ἰωάννης ὁ Βαπτιστὴς μήτε[25] ἄρτον ἐσθίων μήτε
34 οἶνον πίνων, καὶ λέγετε, Δαιμόνιον ἔχει. ἐλήλυθεν
ὁ υἱὸς τοῦ ἀνθρώπου ἐσθίων καὶ πίνων, καὶ λέγετε,
Ἰδού, ἄνθρωπος φάγος καὶ οἰνοπότης, τελωνῶν
35 φίλος καὶ ἁμαρτωλῶν. καὶ ἐδικαιώθη ἡ σοφία
ἀπὸ τῶν τέκνων αὐτῆς πάντων.
36 Ἠρώτα δέ τις αὐτὸν τῶν Φαρισαίων ἵνα φάγῃ
μετ᾽ αὐτοῦ· καὶ εἰσελθὼν εἰς τὴν οἰκίαν τοῦ Φαρι-
37 σαίου ἀνεκλίθη[26]. καὶ ἰδού, γυνὴ ἐν τῇ πόλει, ἥτις ἦν[27]
ἁμαρτωλός, [28]ἐπιγνοῦσα ὅτι ἀνάκειται[29] ἐν τῇ οἰκίᾳ

---

[18] ἐξήλθατε   [19] om. γὰρ   [20] om. προφήτης   [21] om.
τοῦ Βαπτιστοῦ   [22] om. εἶπε δὲ ὁ Κύριος   [23] ἃ λέγει
[24] om. ὑμῖν   [25] μὴ   [26] κατεκλίθη   [27] ἥτις ἦν ἐν τῇ
πόλει,   [28] add καὶ   [29] κατάκειται

τοῦ Φαρισαίου, κομίσασα ἀλάβαστρον μύρου, καὶ 38
στᾶσα παρὰ τοὺς πόδας αὐτοῦ ὀπίσω³⁰ κλαίουσα, ἤρξατο
βρέχειν τοὺς πόδας αὐτοῦ τοῖς δάκρυσι, καὶ ταῖς
θριξὶ τῆς κεφαλῆς αὐτῆς ἐξέμασσε³¹, καὶ κατεφίλει
τοὺς πόδας αὐτοῦ, καὶ ἤλειφε τῷ μύρῳ. ἰδὼν δὲ 39
ὁ Φαρισαῖος ὁ καλέσας αὐτὸν εἶπεν ἐν ἑαυτῷ λέ-
γων, Οὗτος, εἰ ἦν ³²προφήτης, ἐγίνωσκεν ἂν τίς
καὶ ποταπὴ ἡ γυνὴ ἥτις ἅπτεται αὐτοῦ, ὅτι ἁμαρ-
τωλός ἐστι. καὶ ἀποκριθεὶς ὁ Ἰησοῦς εἶπε πρὸς 40
αὐτόν, Σίμων, ἔχω σοί τι εἰπεῖν. ὁ δέ φησι, Δι-
δάσκαλε, εἰπέ. Δύο χρεωφειλέται ἦσαν δανειστῇ 41
τινί· ὁ εἷς ὤφειλε δηνάρια πεντακόσια, ὁ δὲ ἕτερος
πεντήκοντα. μὴ ἐχόντων δὲ³³ αὐτῶν ἀποδοῦναι, 42
ἀμφοτέροις ἐχαρίσατο. τίς οὖν αὐτῶν, εἰπέ³⁴,
πλεῖον αὐτὸν ἀγαπήσει; ἀποκριθεὶς δὲ³⁵ ὁ Σίμων 43
εἶπεν, Ὑπολαμβάνω ὅτι ᾧ τὸ πλεῖον ἐχαρίσατο.
ὁ δὲ εἶπεν αὐτῷ, Ὀρθῶς ἔκρινας. καὶ στραφεὶς 44
πρὸς τὴν γυναῖκα, τῷ Σίμωνι ἔφη, Βλέπεις ταύτην
τὴν γυναῖκα; εἰσῆλθόν σου εἰς τὴν οἰκίαν, ὕδωρ
ἐπὶ τοὺς πόδας μου οὐκ ἔδωκας· αὕτη δὲ τοῖς
δάκρυσιν ἔβρεξέ μου τοὺς πόδας, καὶ ταῖς θριξὶ
τῆς κεφαλῆς³⁶ αὐτῆς ἐξέμαξε. φίλημά μοι οὐκ ἔδω- 45
κας· αὕτη δέ, ἀφ᾽ ἧς εἰσῆλθον*, οὐ διέλιπε κατα-
φιλοῦσά μου τοὺς πόδας. ἐλαίῳ τὴν κεφαλήν μου 46
οὐκ ἤλειψας· αὕτη δὲ μύρῳ ἤλειψέ μου τοὺς πόδας.
οὗ χάριν, λέγω σοι, ἀφέωνται αἱ ἁμαρτίαι αὐτῆς 47
αἱ πολλαί, ὅτι ἠγάπησε πολύ· ᾧ δὲ ὀλίγον ἀφίε-
ται, ὀλίγον ἀγαπᾷ. εἶπε δὲ αὐτῇ, Ἀφέωνταί σου 48
αἱ ἁμαρτίαι. καὶ ἤρξαντο οἱ συνανακείμενοι λέ- 49
γειν ἐν ἑαυτοῖς, Τίς οὗτός ἐστιν ὃς καὶ ἁμαρτίας

³⁰ ὀπίσω παρὰ τοὺς πόδας αὐτοῦ   ³¹ ἐξέμαξε   ³² Marg.
adds ὁ   ³³ om. δὲ   ³⁴ om. , εἰπέ,   ³⁵ om. δὲ
³⁶ om. τῆς κεφαλῆς

50 ἀφίησιν; εἶπε δὲ πρὸς τὴν γυναῖκα, Ἡ πίστις
σου σέσωκέ σε· πορεύου εἰς εἰρήνην.

VIII. Καὶ ἐγένετο ἐν τῷ καθεξῆς, καὶ αὐτὸς διώδευε
κατὰ πόλιν καὶ κώμην, κηρύσσων καὶ εὐαγγελιζό-
μενος τὴν βασιλείαν τοῦ Θεοῦ· καὶ οἱ δώδεκα σὺν
2 αὐτῷ, καὶ γυναῖκές τινες αἳ ἦσαν τεθεραπευμέναι
ἀπὸ πνευμάτων πονηρῶν καὶ ἀσθενειῶν, Μαρία ἡ
καλουμένη Μαγδαληνή, ἀφ᾽ ἧς δαιμόνια ἑπτὰ
3 ἐξεληλύθει, καὶ Ἰωάννα γυνὴ Χουζᾶ ἐπιτρόπου
Ἡρώδου, καὶ Σουσάννα, καὶ ἕτεραι πολλαί, αἵτινες
διηκόνουν αὐτῷ¹ ἀπὸ² τῶν ὑπαρχόντων αὐταῖς.

4 Συνιόντος δὲ ὄχλου πολλοῦ, καὶ τῶν κατὰ
πόλιν ἐπιπορευομένων πρὸς αὐτόν, εἶπε διὰ παρα-
5 βολῆς, Ἐξῆλθεν ὁ σπείρων τοῦ σπεῖραι τὸν σπό-
ρον αὐτοῦ· καὶ ἐν τῷ σπείρειν αὐτόν, ὃ* μὲν ἔπεσε
παρὰ τὴν ὁδόν, καὶ κατεπατήθη, καὶ τὰ πετεινὰ
6 τοῦ οὐρανοῦ κατέφαγεν αὐτό. καὶ ἕτερον ἔπεσεν³
ἐπὶ τὴν πέτραν, καὶ φυὲν ἐξηράνθη, διὰ τὸ μὴ
7 ἔχειν ἰκμάδα. καὶ ἕτερον ἔπεσεν ἐν μέσῳ τῶν
ἀκανθῶν, καὶ συμφυεῖσαι αἱ ἄκανθαι ἀπέπνιξαν
8 αὐτό. καὶ ἕτερον ἔπεσεν ἐπὶ⁴ τὴν γῆν τὴν ἀγαθήν,
καὶ φυὲν ἐποίησε καρπὸν ἑκατονταπλασίονα. ταῦ-
τα λέγων ἐφώνει, Ὁ ἔχων ὦτα ἀκούειν ἀκουέτω.

9 Ἐπηρώτων δὲ αὐτὸν οἱ μαθηταὶ αὐτοῦ, λέγοντες,⁵
10 Τίς εἴη ἡ παραβολὴ αὕτη; ὁ δὲ εἶπεν, Ὑμῖν δέ-
δοται γνῶναι τὰ μυστήρια τῆς βασιλείας τοῦ
Θεοῦ· τοῖς δὲ λοιποῖς ἐν παραβολαῖς, ἵνα βλέπον-
11 τες μὴ βλέπωσι, καὶ ἀκούοντες μὴ συνιῶσιν. ἔστι
δὲ αὕτη ἡ παραβολή· ὁ σπόρος ἐστὶν ὁ λόγος τοῦ
12 Θεοῦ. οἱ δὲ παρὰ τὴν ὁδὸν εἰσὶν οἱ ἀκούοντες⁶, εἶτα
ἔρχεται ὁ διάβολος καὶ αἴρει τὸν λόγον ἀπὸ τῆς

¹ αὐτοῖς text, not marg.   ² ἐκ   ³ κατέπεσεν   ⁴ εἰς
⁵ om. λέγοντες,   ⁶ ἀκούσαντες

καρδίας αὐτῶν, ἵνα μὴ πιστεύσαντες σωθῶσιν. οἱ 13
δὲ ἐπὶ τῆς πέτρας οἵ, ὅταν ἀκούσωσι, μετὰ χαρᾶς
δέχονται τὸν λόγον, καὶ οὗτοι ῥίζαν οὐκ ἔχουσιν,
οἳ πρὸς καιρὸν πιστεύουσι, καὶ ἐν καιρῷ πειρασ-
μοῦ ἀφίστανται. τὸ δὲ εἰς τὰς ἀκάνθας πεσόν, 14
οὗτοί εἰσιν οἱ ἀκούσαντες, καὶ ὑπὸ μεριμνῶν καὶ
πλούτου καὶ ἡδονῶν τοῦ βίου πορευόμενοι συμ-
πνίγονται, καὶ οὐ τελεσφοροῦσι. τὸ δὲ ἐν τῇ καλῇ 15
γῇ, οὗτοί εἰσιν οἵτινες ἐν καρδίᾳ καλῇ καὶ ἀγαθῇ,
ἀκούσαντες τὸν λόγον κατέχουσι, καὶ καρποφοροῦ-
σιν ἐν ὑπομονῇ.

Οὐδεὶς δὲ λύχνον ἅψας καλύπτει αὐτὸν σκεύει, 16
ἢ ὑποκάτω κλίνης τίθησιν, ἀλλ᾽ ἐπὶ λυχνίας ἐπιτί-
θησιν[7], ἵνα οἱ εἰσπορευόμενοι βλέπωσι τὸ φῶς. οὐ 17
γάρ ἐστι κρυπτόν, ὃ οὐ φανερὸν γενήσεται· οὐδὲ
ἀπόκρυφον, ὃ οὐ γνωσθήσεται[8] καὶ εἰς φανερὸν ἔλθῃ.
βλέπετε οὖν πῶς ἀκούετε· ὃς γὰρ ἂν ἔχῃ, δοθήσε- 18
ται αὐτῷ· καὶ ὃς ἂν μὴ ἔχῃ, καὶ ὃ δοκεῖ ἔχειν
ἀρθήσεται ἀπ᾽ αὐτοῦ.

Παρεγένοντο δὲ πρὸς αὐτὸν ἡ μήτηρ καὶ οἱ 19
ἀδελφοὶ αὐτοῦ, καὶ οὐκ ἠδύναντο συντυχεῖν αὐτῷ
διὰ τὸν ὄχλον. καὶ ἀπηγγέλη[9] αὐτῷ, λεγόντων.[10] Ἡ 20
μήτηρ σου καὶ οἱ ἀδελφοί σου ἑστήκασιν ἔξω, ἰδεῖν
σε θέλοντες. ὁ δὲ ἀποκριθεὶς εἶπε πρὸς αὐτούς, 21
Μήτηρ μου καὶ ἀδελφοί μου οὗτοί εἰσιν, οἱ τὸν
λόγον τοῦ Θεοῦ ἀκούοντες καὶ ποιοῦντες αὐτόν[11].

Καὶ ἐγένετο[12] ἐν μιᾷ τῶν ἡμερῶν, καὶ αὐτὸς ἐνέβη 22
εἰς πλοῖον καὶ οἱ μαθηταὶ αὐτοῦ, καὶ εἶπε πρὸς
αὐτούς, Διέλθωμεν εἰς τὸ πέραν τῆς λίμνης· καὶ
ἀνήχθησαν. πλεόντων δὲ αὐτῶν ἀφύπνωσε· καὶ 23
κατέβη λαῖλαψ ἀνέμου εἰς τὴν λίμνην, καὶ συνε-

---

[7] τίθησιν   [8] μὴ γνωσθῇ   [9] ἀπηγγέλη δὲ
[10] om. λεγόντων,   [11] om. αὐτόν   [12] Ἐγένετο δὲ

24 πληροῦντο, καὶ ἐκινδύνευον. προσελθόντες δὲ
διήγειραν αὐτόν, λέγοντες, Ἐπιστάτα, ἐπιστάτα,
ἀπολλύμεθα. ὁ δὲ ἐγερθεὶς[13] ἐπετίμησε τῷ ἀνέμῳ
καὶ τῷ κλύδωνι τοῦ ὕδατος· καὶ ἐπαύσαντο, καὶ
25 ἐγένετο γαλήνη. εἶπε δὲ αὐτοῖς, Ποῦ ἐστιν[14] ἡ
πίστις ὑμῶν; φοβηθέντες δὲ ἐθαύμασαν, λέγον-
τες πρὸς ἀλλήλους, Τίς ἄρα οὗτός ἐστιν, ὅτι καὶ
τοῖς ἀνέμοις ἐπιτάσσει καὶ τῷ ὕδατι, καὶ ὑπα-
κούουσιν αὐτῷ;
26 Καὶ κατέπλευσαν εἰς τὴν χώραν τῶν Γαδαρη-
27 νῶν[15], ἥτις ἐστὶν ἀντιπέραν τῆς Γαλιλαίας. ἐξελ-
θόντι δὲ αὐτῷ ἐπὶ τὴν γῆν, ὑπήντησεν αὐτῷ[16] ἀνήρ
τις ἐκ τῆς πόλεως, ὃς εἶχε[17] δαιμόνια ἐκ χρόνων ἱκανῶν,
καὶ ἱμάτιον οὐκ ἐνεδιδύσκετο[18], καὶ ἐν οἰκίᾳ οὐκ ἔμενεν,
28 ἀλλ' ἐν τοῖς μνήμασιν. ἰδὼν δὲ τὸν Ἰησοῦν, καὶ[19]
ἀνακράξας, προσέπεσεν αὐτῷ, καὶ φωνῇ μεγάλῃ
εἶπε, Τί ἐμοὶ καὶ σοί, Ἰησοῦ, υἱὲ τοῦ Θεοῦ τοῦ
29 ὑψίστου; δέομαί σου, μή με βασανίσῃς. παρήγ-
γειλε[20] γὰρ τῷ πνεύματι τῷ ἀκαθάρτῳ ἐξελθεῖν ἀπὸ
τοῦ ἀνθρώπου· πολλοῖς γὰρ χρόνοις συνηρπάκει
αὐτόν, καὶ ἐδεσμεῖτο[21] ἁλύσεσι καὶ πέδαις φυλασσό-
μενος, καὶ διαρρήσσων τὰ δεσμὰ ἠλαύνετο ὑπὸ τοῦ
30 δαίμονος[22] εἰς τὰς ἐρήμους. ἐπηρώτησε δὲ αὐτὸν
ὁ Ἰησοῦς, λέγων,[23] Τί σοι ἐστὶν ὄνομα; ὁ δὲ εἶπε,
Λεγεών· ὅτι δαιμόνια πολλὰ εἰσῆλθεν εἰς αὐτόν.
31 καὶ παρεκάλουν* αὐτὸν ἵνα μὴ ἐπιτάξῃ αὐτοῖς εἰς
32 τὴν ἄβυσσον ἀπελθεῖν. ἦν δὲ ἐκεῖ ἀγέλη χοίρων
ἱκανῶν βοσκομένων[24] ἐν τῷ ὄρει· καὶ παρεκάλουν

---

[13] διεγερθεὶς   [14] om. ἐστιν   [15] Γερασηνῶν text, Γεργε-
σηνῶν or Γαδαρηνῶν marg.   [16] om. αὐτῷ   [17] ἔχων   [18] · καὶ
χρόνῳ ἱκανῷ οὐκ ἐνεδύσατο ἱμάτιον   [19] om. καὶ   [20] παρήγ-
γελλε   [21] ἐδεσμεύετο   [22] δαιμονίου   [23] om. λέγων,
[24] βοσκομένη

αὐτὸν ἵνα ἐπιτρέψῃ αὐτοῖς εἰς ἐκείνους εἰσελθεῖν.
καὶ ἐπέτρεψεν αὐτοῖς. ἐξελθόντα δὲ τὰ δαιμόνια 33
ἀπὸ τοῦ ἀνθρώπου εἰσῆλθεν εἰς τοὺς χοίρους· καὶ
ὥρμησεν ἡ ἀγέλη κατὰ τοῦ κρημνοῦ εἰς τὴν λίμ-
νην, καὶ ἀπεπνίγη. ἰδόντες δὲ οἱ βόσκοντες τὸ 34
γεγενημένον²⁵ ἔφυγον, καὶ ἀπελθόντες²⁶ ἀπήγγειλαν εἰς
τὴν πόλιν καὶ εἰς τοὺς ἀγρούς. ἐξῆλθον δὲ ἰδεῖν 35
τὸ γεγονός· καὶ ἦλθον πρὸς τὸν Ἰησοῦν, καὶ εὗρον
καθήμενον τον ἄνθρωπον ἀφ' οὗ τὰ δαιμόνια ἐξελη-
λύθει²⁷, ἱματισμένον καὶ σωφρονοῦντα, παρὰ τοὺς
πόδας τοῦ Ἰησοῦ· καὶ ἐφοβήθησαν. ἀπήγγειλαν 36
δὲ αὐτοῖς καὶ²⁸ οἱ ἰδόντες πῶς ἐσώθη ὁ δαιμονισθείς.
καὶ ἠρώτησαν²⁹ αὐτὸν ἅπαν τὸ πλῆθος τῆς περιχώ- 37
ρου τῶν Γαδαρηνῶν³⁰ ἀπελθεῖν ἀπ' αὐτῶν, ὅτι φόβῳ
μεγάλῳ συνείχοντο· αὐτὸς δὲ ἐμβὰς εἰς τὸ³¹ πλοῖον
ὑπέστρεψεν. ἐδέετο δὲ αὐτοῦ ὁ ἀνὴρ ἀφ' οὗ ἐξε- 38
ληλύθει τὰ δαιμόνια εἶναι σὺν αὐτῷ. ἀπέλυσε δὲ
αὐτὸν ὁ Ἰησοῦς³² λέγων, Ὑπόστρεφε εἰς τὸν οἶκόν 39
σου, καὶ διηγοῦ ὅσα ἐποίησέ σοι ὁ Θεός. καὶ
ἀπῆλθε, καθ' ὅλην τὴν πόλιν κηρύσσων ὅσα
ἐποίησεν αὐτῷ ὁ Ἰησοῦς.

Ἐγένετο δὲ ἐν³³ τῷ ὑποστρέψαι³⁴ τὸν Ἰησοῦν, ἀπεδέ- 40
ξατο αὐτὸν ὁ ὄχλος· ἦσαν γὰρ πάντες προσδοκῶν-
τες αὐτόν. καὶ ἰδού, ἦλθεν ἀνὴρ ᾧ ὄνομα Ἰάειρος, 41
καὶ αὐτὸς ἄρχων τῆς συναγωγῆς ὑπῆρχε, καὶ πε-
σὼν παρὰ τοὺς πόδας τοῦ Ἰησοῦ παρεκάλει αὐτὸν
εἰσελθεῖν εἰς τὸν οἶκον αὐτοῦ· ὅτι θυγάτηρ μονο- 42
γενὴς ἦν αὐτῷ ὡς ἐτῶν δώδεκα, καὶ αὕτη ἀπέθνη-
σκεν. ἐν δὲ τῷ ὑπάγειν αὐτὸν οἱ ὄχλοι συνέπνιγον
αὐτόν.

²⁵ γεγονὸς   ²⁶ om. ἀπελθόντες   ²⁷ ἐξῆλθεν   ²⁸ om. καὶ
²⁹ ἠρώτησεν   ³⁰ Γερασηνῶν text, marg. as in ver. 26
³¹ om. τὸ   ³² om. ὁ Ἰησοῦς   ³³ Ἐν δὲ   ³⁴ ὑποστρέφειν

43 Καὶ γυνὴ οὖσα ἐν ῥύσει αἵματος ἀπὸ ἐτῶν
δώδεκα, ἥτις εἰς ἰατροὺς³⁵ προσαναλώσασα ὅλον τὸν βίον³⁶
44 οὐκ ἴσχυσεν ὑπ᾽³⁷ οὐδενὸς θεραπευθῆναι, προσελ-
θοῦσα ὄπισθεν, ἥψατο τοῦ κρασπέδου τοῦ ἱματίου
αὐτοῦ· καὶ παραχρῆμα ἔστη ἡ ῥύσις τοῦ αἵματος
45 αὐτῆς. καὶ εἶπεν ὁ Ἰησοῦς, Τίς ὁ ἁψάμενός μου;
ἀρνουμένων δὲ πάντων, εἶπεν ὁ Πέτρος καὶ οἱ μετ᾽
αὐτοῦ³⁸, Ἐπιστάτα, οἱ ὄχλοι συνέχουσί σε καὶ
46 ἀποθλίβουσι, καὶ λέγεις, Τίς ὁ ἁψάμενός μου;³⁹ ὁ δὲ
Ἰησοῦς εἶπεν, Ἥψατό μού τις· ἐγὼ γὰρ ἔγνων
47 δύναμιν ἐξελθοῦσαν⁴⁰ ἀπ᾽ ἐμοῦ. ἰδοῦσα δὲ ἡ γυνὴ
ὅτι οὐκ ἔλαθε, τρέμουσα ἦλθε, καὶ προσπεσοῦσα
αὐτῷ, δι᾽ ἣν αἰτίαν ἥψατο αὐτοῦ ἀπήγγειλεν αὐτῷ⁴¹
ἐνώπιον παντὸς τοῦ λαοῦ, καὶ ὡς ἰάθη παραχρῆμα.
48 ὁ δὲ εἶπεν αὐτῇ, Θάρσει,⁴² θύγατερ, ἡ πίστις σου
σέσωκέ σε· πορεύου εἰς εἰρήνην.
49 Ἔτι αὐτοῦ λαλοῦντος, ἔρχεταί τις παρὰ τοῦ
ἀρχισυναγώγου, λέγων αὐτῷ⁴³ ὅτι Τέθνηκεν ἡ θυ-
50 γάτηρ σου· μὴ σκύλλε τὸν διδάσκαλον. ὁ δὲ
Ἰησοῦς ἀκούσας ἀπεκρίθη αὐτῷ, λέγων,⁴⁴ Μὴ φοβοῦ·
51 μόνον πίστευε, καὶ σωθήσεται. εἰσελθὼν⁴⁵ δὲ εἰς
τὴν οἰκίαν, οὐκ ἀφῆκεν εἰσελθεῖν οὐδένα⁴⁶, εἰ μὴ
Πέτρον καὶ Ἰάκωβον καὶ Ἰωάννην⁴⁷, καὶ τὸν πατέρα
52 τῆς παιδὸς καὶ τὴν μητέρα. ἔκλαιον δὲ πάντες,
καὶ ἐκόπτοντο αὐτήν. ὁ δὲ εἶπε, Μὴ κλαίετε· οὐκ⁴⁸
53 ἀπέθανεν, ἀλλὰ καθεύδει. καὶ κατεγέλων αὐτοῦ,
54 εἰδότες ὅτι ἀπέθανεν. αὐτὸς δὲ ἐκβαλὼν ἔξω πάντας,

---

³⁵ ἰατροῖς ³⁶ Marg. om. εἰς ἰατροὺς προσαναλώσασα ὅλον
τὸν βίον ³⁷ ἀπ᾽ ³⁸ καὶ οἱ σὺν αὐτῷ text: marg. om.
καὶ οἱ μετ᾽ αὐτοῦ ³⁹ (. for ,) om. καὶ λέγεις, Τίς ὁ ἁψάμενός
μου; ⁴⁰ ἐξεληλυθυῖαν ⁴¹ υπ. αὐτῷ ⁴² om. Θάρσει,
(θύγ-) ⁴³ om. αὐτῷ ⁴⁴ om. λέγων, ⁴⁵ ἐλθὼν
⁴⁶ τινὰ σὺν αὐτῷ ⁴⁷ Ἰωάννην καὶ Ἰάκωβον ⁴⁸ οὐ γὰρ

καὶ⁴⁹ κρατήσας τῆς χειρὸς αὐτῆς, ἐφώνησε λέγων,
Ἡ παῖς ἐγείρου. καὶ ἐπέστρεψε τὸ πνεῦμα αὐτῆς, 55
καὶ ἀνέστη παραχρῆμα· καὶ διέταξεν αὐτῇ δοθῆναι
φαγεῖν. καὶ ἐξέστησαν οἱ γονεῖς αὐτῆς· ὁ δὲ 56
παρήγγειλεν αὐτοῖς μηδενὶ εἰπεῖν τὸ γεγονός.

Συγκαλεσάμενος δὲ τοὺς δώδεκα μαθητὰς αὐτοῦ¹, IX.
ἔδωκεν αὐτοῖς δύναμιν καὶ ἐξουσίαν ἐπὶ πάντα τὰ
δαιμόνια, καὶ νόσους θεραπεύειν. καὶ ἀπέστειλεν 2
αὐτοὺς κηρύσσειν τὴν βασιλείαν τοῦ Θεοῦ, καὶ
ἰᾶσθαι τοὺς ἀσθενοῦντας². καὶ εἶπε πρὸς αὐτούς, 3
Μηδὲν αἴρετε εἰς τὴν ὁδόν· μήτε ῥάβδους³, μήτε
πήραν, μήτε ἄρτον, μήτε ἀργύριον, μήτε ἀνὰ⁴ δύο
χιτῶνας ἔχειν. καὶ εἰς ἣν ἂν οἰκίαν εἰσέλθητε, 4
ἐκεῖ μένετε, καὶ ἐκεῖθεν ἐξέρχεσθε. καὶ ὅσοι ἂν μὴ 5
δέξωνται⁵ ὑμᾶς, ἐξερχόμενοι ἀπὸ τῆς πόλεως ἐκείνης
καὶ⁶ τὸν κονιορτὸν ἀπὸ τῶν ποδῶν ὑμῶν ἀποτινά-
ξατε εἰς μαρτύριον ἐπ᾽ αὐτούς. ἐξερχόμενοι δὲ 6
διήρχοντο κατὰ τὰς κώμας, εὐαγγελιζόμενοι καὶ
θεραπεύοντες πανταχοῦ.

Ἤκουσε δὲ Ἡρώδης ὁ τετράρχης τὰ γινόμενα 7
ὑπ᾽ αὐτοῦ⁷ πάντα· καὶ διηπόρει, διὰ τὸ λέγεσθαι
ὑπό τινων ὅτι Ἰωάννης ἐγήγερται⁸ ἐκ νεκρῶν· ὑπό 8
τινων δὲ ὅτι Ἠλίας ἐφάνη·· ἄλλων δὲ ὅτι Προ-
φήτης εἷς⁹ τῶν ἀρχαίων ἀνέστη. καὶ εἶπεν¹⁰ ὁ 9
Ἡρώδης, Ἰωάννην ἐγὼ ἀπεκεφάλισα· τίς δέ ἐστιν
οὗτος, περὶ οὗ ἐγὼ¹¹ ἀκούω τοιαῦτα; καὶ ἐζήτει
ἰδεῖν αὐτόν.

Καὶ ὑποστρέψαντες οἱ ἀπόστολοι διηγήσαντο 10
αὐτῷ ὅσα ἐποίησαν. καὶ παραλαβὼν αὐτούς, ὑπε-

---

⁴⁹ om. ἐκβαλὼν ἔξω πάντας, καὶ   ¹ om. μαθητὰς αὐτοῦ
² Marg. om. τοὺς ἀσθενοῦντας   ³ ῥάβδον   ⁴ om. ἀνὰ
⁵ δέχωνται   ⁶ om. καὶ   ⁷ om. ὑπ᾽ αὐτοῦ   ⁸ ἠγέρθη
⁹ τις   ¹⁰ εἶπε δὲ   ¹¹ om. ἐγὼ

χωρῆσε κατ᾽ ἰδίαν εἰς τόπον ἔρημον πόλεως καλουμένης[12]
11 Βηθσαϊδά. οἱ δὲ ὄχλοι γνόντες ἠκολούθησαν αὐ-
τῷ· καὶ δεξάμενος[13] αὐτούς, ἐλάλει αὐτοῖς περὶ τῆς
βασιλείας τοῦ Θεοῦ, καὶ τοὺς χρείαν ἔχοντας θε-
12 ραπείας ἰᾶτο. ἡ δὲ ἡμέρα ἤρξατο κλίνειν· προσ-
ελθόντες δὲ οἱ δώδεκα εἶπον αὐτῷ, Ἀπόλυσον τὸν
ὄχλον, ἵνα ἀπελθόντες[14] εἰς τὰς κύκλῳ κώμας καὶ
τοὺς[15] ἀγροὺς καταλύσωσι, καὶ εὕρωσιν ἐπισιτισ-
13 μόν· ὅτι ὧδε ἐν ἐρήμῳ τόπῳ ἐσμέν. εἶπε δὲ πρὸς
αὐτούς, Δότε αὐτοῖς ὑμεῖς φαγεῖν. οἱ δὲ εἶπον,
Οὐκ εἰσὶν ἡμῖν πλεῖον ἢ πέντε ἄρτοι καὶ δύο
ἰχθύες, εἰ μήτι πορευθέντες ἡμεῖς ἀγοράσωμεν εἰς
14 πάντα τὸν λαὸν τοῦτον βρώματα. ἦσαν γὰρ ὡσεὶ
ἄνδρες πεντακισχίλιοι. εἶπε δὲ πρὸς τοὺς μαθη-
τὰς αὐτοῦ, Κατακλίνατε αὐτοὺς κλισίας[16] ἀνὰ
15 πεντήκοντα. καὶ ἐποίησαν οὕτω, καὶ ἀνέκλιναν[17]
16 ἅπαντας*. λαβὼν δὲ τοὺς πέντε ἄρτους καὶ τοὺς
δύο ἰχθύας, ἀναβλέψας εἰς τὸν οὐρανόν, εὐλόγησεν
αὐτούς, καὶ κατέκλασε, καὶ ἐδίδου τοῖς μαθηταῖς
17 παρατιθέναι τῷ ὄχλῳ. καὶ ἔφαγον καὶ ἐχορτά-
σθησαν πάντες· καὶ ἤρθη τὸ περισσεῦσαν αὐτοῖς
κλασμάτων, κόφινοι δώδεκα.
18 Καὶ ἐγένετο ἐν τῷ εἶναι αὐτὸν προσευχόμενον
καταμόνας, συνῆσαν αὐτῷ οἱ μαθηταί· καὶ ἐπηρώ-
τησεν αὐτούς, λέγων, Τίνα με λέγουσιν οἱ ὄχλοι
19 εἶναι; οἱ δὲ ἀποκριθέντες εἶπον, Ἰωάννην τὸν
Βαπτιστήν· ἄλλοι δὲ Ἠλίαν· ἄλλοι δέ, ὅτι προ-
20 φήτης τις τῶν ἀρχαίων ἀνέστη. εἶπε δὲ αὐτοῖς,
Ὑμεῖς δὲ τίνα με λέγετε εἶναι; ἀποκριθεὶς δὲ ὁ
21 Πέτρος εἶπε, Τὸν Χριστὸν τοῦ Θεοῦ. ὁ δὲ ἐπιτι-
μήσας αὐτοῖς παρήγγειλε μηδενὶ εἰπεῖν[18] τοῦτο,

---

[12] πόλιν καλουμένην   [13] ἀποδεξάμενος   [14] πορευθέντες
[15] om. τοὺς   [16] add ὡσεὶ   [17] κατέκλιναν   [18] λέγειν

εἰπὼν ὅτι Δεῖ τὸν υἱὸν τοῦ ἀνθρώπου πολλὰ 22
παθεῖν, καὶ ἀποδοκιμασθῆναι ἀπὸ τῶν πρεσβυτέ-
ρων καὶ ἀρχιερέων καὶ γραμματέων, καὶ ἀποκταν-
θῆναι, καὶ τῇ τρίτῃ ἡμέρᾳ ἐγερθῆναι. ἔλεγε δὲ 23
πρὸς πάντας, Εἴ τις θέλει ὀπίσω μου ἐλθεῖν, ἀπαρνη-
σάσθω¹⁹ ἑαυτόν, καὶ ἀράτω τὸν σταυρὸν αὐτοῦ καθ'
ἡμέραν, καὶ ἀκολουθείτω μοι. ὃς γὰρ ἂν θέλῃ τὴν 24
ψυχὴν αὐτοῦ σῶσαι, ἀπολέσει αὐτήν· ὃς δ' ἂν
ἀπολέσῃ τὴν ψυχὴν αὐτοῦ ἕνεκεν ἐμοῦ, οὗτος
σώσει αὐτήν. τί γὰρ ὠφελεῖται ἄνθρωπος, κερ- 25
δήσας τὸν κόσμον ὅλον, ἑαυτὸν δὲ ἀπολέσας ἢ ζη-
μιωθείς; ὃς γὰρ ἂν ἐπαισχυνθῇ με καὶ τοὺς ἐμοὺς 26
λόγους, τοῦτον ὁ υἱὸς τοῦ ἀνθρώπου ἐπαισχυνθή-
σεται, ὅταν ἔλθῃ ἐν τῇ δόξῃ αὐτοῦ καὶ τοῦ πατρὸς
καὶ τῶν ἁγίων ἀγγέλων. λέγω δὲ ὑμῖν ἀληθῶς, 27
εἰσί τινες τῶν ὧδε ἑστηκότων, οἳ οὐ μὴ γεύσονται
θανάτου, ἕως ἂν ἴδωσι τὴν βασιλείαν τοῦ Θεοῦ.

Ἐγένετο δὲ μετὰ τοὺς λόγους τούτους ὡσεὶ 28
ἡμέραι ὀκτώ, καὶ παραλαβὼν τὸν Πέτρον καὶ
Ἰωάννην καὶ Ἰάκωβον, ἀνέβη εἰς τὸ ὄρος προσεύ-
ξασθαι. καὶ ἐγένετο, ἐν τῷ προσεύχεσθαι αὐτόν, 29
τὸ εἶδος τοῦ προσώπου αὐτοῦ ἕτερον, καὶ ὁ ἱματισ-
μὸς αὐτοῦ λευκὸς ἐξαστράπτων. καὶ ἰδού, ἄνδρες 30
δύο συνελάλουν αὐτῷ, οἵτινες ἦσαν Μωσῆς καὶ
Ἠλίας, οἱ ὀφθέντες ἐν δόξῃ ἔλεγον τὴν ἔξοδον 31
αὐτοῦ ἣν ἔμελλε πληροῦν ἐν Ἱερουσαλήμ. ὁ δὲ 32
Πέτρος καὶ οἱ σὺν αὐτῷ ἦσαν βεβαρημένοι ὕπνῳ·
διαγρηγορήσαντες δὲ εἶδον τὴν δόξαν αὐτοῦ, καὶ
τοὺς δύο ἄνδρας τοὺς συνεστῶτας αὐτῷ. καὶ ἐγέ- 33
νετο, ἐν τῷ διαχωρίζεσθαι αὐτοὺς ἀπ' αὐτοῦ, εἶπεν
ὁ Πέτρος πρὸς τὸν Ἰησοῦν, Ἐπιστάτα, καλόν

¹⁹ ἔρχεσθαι, ἀρνησάσθω

ἐστιν ἡμᾶς ὧδε εἶναι· καὶ ποιήσωμεν σκηνὰς τρεῖς,
μίαν σοί, καὶ Μωσεῖ μίαν, καὶ μίαν Ἠλίᾳ· μὴ
34 εἰδὼς ὃ λέγει. ταῦτα δὲ αὐτοῦ λέγοντος, ἐγένετο
νεφέλη καὶ ἐπεσκίασεν αὐτούς· ἐφοβήθησαν δὲ ἐν
35 τῷ ἐκείνους εἰσελθεῖν²⁰ εἰς τὴν νεφέλην. καὶ φωνὴ
ἐγένετο ἐκ τῆς νεφέλης, λέγουσα, Οὗτός ἐστιν ὁ
36 υἱός μου ὁ ἀγαπητός²¹· αὐτοῦ ἀκούετε. καὶ ἐν τῷ
γενέσθαι τὴν φωνήν, εὑρέθη ὁ Ἰησοῦς μόνος. καὶ
αὐτοὶ ἐσίγησαν, καὶ οὐδενὶ ἀπήγγειλαν ἐν ἐκείναις
ταῖς ἡμέραις οὐδὲν ὧν ἑωράκασιν.
37 Ἐγένετο δὲ ἐν τῇ ἑξῆς ἡμέρᾳ, κατελθόντων
αὐτῶν ἀπὸ τοῦ ὄρους, συνήντησεν αὐτῷ ὄχλος πο-
38 λύς. καὶ ἰδού, ἀνὴρ ἀπὸ τοῦ ὄχλου ἀνεβόησε²²,
λέγων, Διδάσκαλε, δέομαί σου, ἐπίβλεψον²³ ἐπὶ τὸν
39 υἱόν μου, ὅτι μονογενής ἐστί μοι· καὶ ἰδού, πνεῦμα
λαμβάνει αὐτόν, καὶ ἐξαίφνης κράζει, καὶ σπαράσσει
αὐτὸν μετὰ ἀφροῦ, καὶ μόγις ἀποχωρεῖ ἀπ᾽ αὐτοῦ,
40 συντρῖβον αὐτόν. καὶ ἐδεήθην τῶν μαθητῶν σου
41 ἵνα ἐκβάλλωσιν²⁴ αὐτό, καὶ οὐκ ἠδυνήθησαν. ἀπο-
κριθεὶς δὲ ὁ Ἰησοῦς εἶπεν, Ὦ γενεὰ ἄπιστος καὶ
διεστραμμένη, ἕως πότε ἔσομαι πρὸς ὑμᾶς, καὶ
42 ἀνέξομαι ὑμῶν; προσάγαγε ὧδε τὸν υἱόν σου. ἔτι
δὲ προσερχομένου αὐτοῦ, ἔρρηξεν αὐτὸν τὸ δαιμό-
νιον καὶ συνεσπάραξεν· ἐπετίμησε δὲ ὁ Ἰησοῦς τῷ
πνεύματι τῷ ἀκαθάρτῳ, καὶ ἰάσατο τὸν παῖδα, καὶ
43 ἀπέδωκεν αὐτὸν τῷ πατρὶ αὐτοῦ. ἐξεπλήσσοντο
δὲ πάντες ἐπὶ τῇ μεγαλειότητι τοῦ Θεοῦ.

Πάντων δὲ θαυμαζόντων ἐπὶ πᾶσιν οἷς ἐποίη-
σεν ὁ Ἰησοῦς²⁵, εἶπε πρὸς τοὺς μαθητὰς αὐτοῦ,
44 Θέσθε ὑμεῖς εἰς τὰ ὦτα ὑμῶν τοὺς λόγους τούτους·

---

²⁰ εἰσελθεῖν αὐτοὺς   ²¹ ἐκλελεγμένος text, not marg.
²² ἐβόησε   ²³ (om.,) ἐπιβλέψαι   ²⁴ ἐκβάλωσιν   ²⁵ ἐποίει
(om. ὁ Ἰησοῦς)

ὁ γὰρ υἱὸς τοῦ ἀνθρώπου μέλλει παραδίδοσθαι εἰς χεῖρας ἀνθρώπων. οἱ δὲ ἠγνόουν τὸ ῥῆμα τοῦτο, 45 καὶ ἦν παρακεκαλυμμένον ἀπ᾽ αὐτῶν, ἵνα μὴ αἴσθωνται αὐτό· καὶ ἐφοβοῦντο ἐρωτῆσαι αὐτὸν περὶ τοῦ ῥήματος τούτου.

Εἰσῆλθε δὲ διαλογισμὸς ἐν αὐτοῖς, τὸ τίς ἂν 46 εἴη μείζων αὐτῶν. ὁ δὲ Ἰησοῦς ἰδὼν τὸν διαλο- 47 γισμὸν τῆς καρδίας αὐτῶν, ἐπιλαβόμενος παιδίου²⁶, ἔστησεν αὐτὸ παρ᾽ ἑαυτῷ, καὶ εἶπεν αὐτοῖς, Ὃς 48 ἐὰν δέξηται τοῦτο τὸ παιδίον ἐπὶ τῷ ὀνόματί μου ἐμὲ δέχεται· καὶ ὃς ἐὰν ἐμὲ δέξηται δέχεται τὸν ἀποστείλαντά με· ὁ γὰρ μικρότερος ἐν πᾶσιν ὑμῖν ὑπάρχων οὗτος ἔσται²⁷ μέγας.

Ἀποκριθεὶς δὲ ὁ Ἰωάννης εἶπεν, Ἐπιστάτα, 49 εἴδομέν τινα ἐπὶ²⁸ τῷ ὀνόματί σου ἐκβάλλοντα τὰ²⁹ δαιμόνια· καὶ ἐκωλύσαμεν³⁰ αὐτόν, ὅτι οὐκ ἀκολουθεῖ μεθ᾽ ἡμῶν. καὶ εἶπε³¹ πρὸς αὐτὸν ὁ Ἰησοῦς, Μὴ 50 κωλύετε· ὃς γὰρ οὐκ ἔστι καθ᾽ ἡμῶν³² ὑπὲρ ἡμῶν³² ἐστιν.

Ἐγένετο δὲ ἐν τῷ συμπληροῦσθαι τὰς ἡμέρας 51 τῆς ἀναλήψεως αὐτοῦ, καὶ αὐτὸς τὸ πρόσωπον αὐτοῦ ἐστήριξε τοῦ πορεύεσθαι εἰς Ἱερουσαλήμ, καὶ ἀπέστειλεν ἀγγέλους πρὸ προσώπου αὐτοῦ· 52 καὶ πορευθέντες εἰσῆλθον εἰς κώμην Σαμαρειτῶν, ὥστε ἑτοιμάσαι αὐτῷ. καὶ οὐκ ἐδέξαντο αὐτόν, 53 ὅτι τὸ πρόσωπον αὐτοῦ ἦν πορευόμενον εἰς Ἱερουσαλήμ. ἰδόντες δὲ οἱ μαθηταὶ αὐτοῦ Ἰάκωβος καὶ 54 Ἰωάννης εἶπον, Κύριε, θέλεις εἴπωμεν πῦρ καταβῆναι ἀπὸ τοῦ οὐρανοῦ, καὶ ἀναλῶσαι αὐτούς, ὡς καὶ Ἡλίας ἐποίησε³³; στραφεὶς δὲ ἐπετίμησεν αὐ- 55

---

²⁶ παιδίον   ²⁷ (οὗτός) ἐστι   ²⁸ ἐν   ²⁹ om. τὰ
³⁰ ἐκωλύομεν   ³¹ εἶπε δὲ   ³² ὑμῶν   ³³ om. , ὡς καὶ Ἡλίας ἐποίησε text, not marg.

τοῖς, καὶ εἶπεν, Οὐκ οἴδατε οἵου πνεύματός ἐστε ὑμεῖς·³⁴
56 ὁ γὰρ υἱὸς τοῦ ἀνθρώπου οὐκ ἦλθε ψυχὰς ἀνθρώπων ἀπο-
λέσαι, ἀλλὰ σῶσαι³⁵. καὶ ἐπορεύθησαν εἰς ἑτέραν
κώμην.
57 Ἐγένετο δὲ³⁶ πορευομένων αὐτῶν ἐν τῇ ὁδῷ, εἶπέ
τις πρὸς αὐτόν, Ἀκολουθήσω σοι ὅπου ἂν ἀπέρχῃ.
58 Κύριε³⁷. καὶ εἶπεν αὐτῷ ὁ Ἰησοῦς, Αἱ ἀλώπεκες
φωλεοὺς ἔχουσι, καὶ τὰ πετεινὰ τοῦ οὐρανοῦ κατα-
σκηνώσεις· ὁ δὲ υἱὸς τοῦ ἀνθρώπου οὐκ ἔχει ποῦ
59 τὴν κεφαλὴν κλίνῃ. εἶπε δὲ πρὸς ἕτερον, Ἀκο-
λούθει μοι. ὁ δὲ εἶπε, Κύριε, ἐπίτρεψόν μοι
60 ἀπελθόντι πρῶτον θάψαι τὸν πατέρα μου. εἶπε
δὲ αὐτῷ ὁ Ἰησοῦς³⁸, Ἄφες τοὺς νεκροὺς θάψαι τοὺς
ἑαυτῶν νεκρούς· σὺ δὲ ἀπελθὼν διάγγελλε τὴν
61 βασιλείαν τοῦ Θεοῦ. εἶπε δὲ καὶ ἕτερος, Ἀκολου-
θήσω σοι, Κύριε· πρῶτον δὲ ἐπίτρεψόν μοι ἀπο-
62 τάξασθαι τοῖς εἰς τὸν οἶκόν μου. εἶπε δὲ πρὸς
αὐτὸν ὁ Ἰησοῦς, Οὐδείς, ἐπιβαλὼν τὴν χεῖρα αὐ-
τοῦ ἐπ᾽ ἄροτρον, καὶ βλέπων εἰς τὰ ὀπίσω, εὔθετός
ἐστιν εἰς τὴν βασιλείαν τοῦ Θεοῦ.
Χ. Μετὰ δὲ ταῦτα ἀνέδειξεν ὁ Κύριος καὶ¹ ἑτέρους
ἑβδομήκοντα², καὶ ἀπέστειλεν αὐτοὺς ἀνὰ δύο πρὸ
προσώπου αὐτοῦ εἰς πᾶσαν πόλιν καὶ τόπον οὗ
2 ἔμελλεν αὐτὸς ἔρχεσθαι. ἔλεγεν οὖν³ πρὸς αὐτούς,
Ὁ μὲν θερισμὸς πολύς, οἱ δὲ ἐργάται ὀλίγοι· δεή-
θητε οὖν τοῦ Κυρίου τοῦ θερισμοῦ, ὅπως ἐκβάλλῃ
3 ἐργάτας εἰς τὸν θερισμὸν αὐτοῦ. ὑπάγετε· ἰδού,
ἐγὼ ἀποστέλλω ὑμᾶς ὡς ἄρνας ἐν μέσῳ λύκων.
4 μὴ βαστάζετε βαλάντιον, μὴ πήραν, μηδὲ⁴ ὑποδή-

---

³⁴ om., καὶ εἶπεν, Οὐκ οἴδατε οἵου πνεύματός ἐστε ὑμεῖς· text, not
marg.   ³⁵ om. ὁ γὰρ υἱὸς to ἀλλὰ σῶσαι text, not marg.
³⁶ Καὶ   ³⁷ om., Κύριε   ³⁸ om. ὁ Ἰησοῦς   ¹ om. καὶ
² Marg. adds δύο   ³ (om. ν) δὲ   ⁴ μὴ

ματα· καὶ μηδένα κατὰ τὴν ὁδὸν ἀσπάσησθε. εἰς 5
ἣν δ᾽ ἂν οἰκίαν εἰσέρχησθε⁵, πρῶτον λέγετε, Εἰρήνη
τῷ οἴκῳ τούτῳ. καὶ ἐὰν μὲν⁶ ᾖ ἐκεῖ ὁ⁷ υἱὸς εἰρήνης, 6
ἐπαναπαύσεται ἐπ᾽ αὐτὸν ἡ εἰρήνη ὑμῶν· εἰ δὲ
μήγε, ἐφ᾽ ὑμᾶς ἀνακάμψει. ἐν αὐτῇ δὲ τῇ οἰκίᾳ 7
μένετε, ἐσθίοντες καὶ πίνοντες τὰ παρ᾽ αὐτῶν·
ἄξιος γὰρ ὁ ἐργάτης τοῦ μισθοῦ αὐτοῦ ἐστι⁸. μὴ
μεταβαίνετε ἐξ οἰκίας εἰς οἰκίαν. καὶ εἰς ἣν δ᾽⁹ ἂν 8
πόλιν εἰσέρχησθε, καὶ δέχωνται ὑμᾶς, ἐσθίετε τὰ
παρατιθέμενα ὑμῖν, καὶ θεραπεύετε τοὺς ἐν αὐτῇ 9
ἀσθενεῖς, καὶ λέγετε αὐτοῖς, Ἤγγικεν ἐφ᾽ ὑμᾶς ἡ
βασιλεία τοῦ Θεοῦ. εἰς ἣν δ᾽ ἂν πόλιν εἰσέρχησθε¹⁰, 10
καὶ μὴ δέχωνται ὑμᾶς, ἐξελθόντες εἰς τὰς πλατείας
αὐτῆς εἴπατε, Καὶ τὸν κονιορτὸν τὸν κολληθέντα 11
ἡμῖν ἐκ τῆς πόλεως ὑμῶν¹¹ ἀπομασσόμεθα ὑμῖν·
πλὴν τοῦτο γινώσκετε, ὅτι ἤγγικεν ἐφ᾽ ὑμᾶς¹² ἡ
βασιλεία τοῦ Θεοῦ. λέγω δὲ¹³ ὑμῖν, ὅτι Σοδόμοις 12
ἐν τῇ ἡμέρᾳ ἐκείνῃ ἀνεκτότερον ἔσται, ἢ τῇ πόλει
ἐκείνῃ. οὐαί σοι, Χωραζίν, οὐαί σοι, Βηθσαϊδά· 13
ὅτι εἰ ἐν Τύρῳ καὶ Σιδῶνι ἐγένοντο¹⁴ αἱ δυνάμεις αἱ
γενόμεναι ἐν ὑμῖν, πάλαι ἂν ἐν σάκκῳ καὶ σποδῷ
καθήμεναι¹⁵ μετενόησαν. πλὴν Τύρῳ καὶ Σιδῶνι 14
ἀνεκτότερον ἔσται ἐν τῇ κρίσει, ἢ ὑμῖν. καὶ σύ, 15
Καπερναούμ, ἡ¹⁶ ἕως τοῦ οὐρανοῦ ὑψωθεῖσα,¹⁷ ἕως
ᾅδου καταβιβασθήσῃ. ὁ ἀκούων ὑμῶν ἐμοῦ ἀκούει· 16
καὶ ὁ ἀθετῶν ὑμᾶς ἐμὲ ἀθετεῖ· ὁ δὲ ἐμὲ ἀθετῶν
ἀθετεῖ τὸν ἀποστείλαντά με.

Ὑπέστρεψαν δὲ οἱ ἑβδομήκοντα¹⁸ μετὰ χαρᾶς, 17
λέγοντες, Κύριε, καὶ τὰ δαιμόνια ὑποτάσσεται

---

⁵ εἰσέλθητε οἰκίαν (Marg. πρῶτον,)   ⁶ om. μὲν   ⁷ om. ὁ
⁸ om. ἐστι   ⁹ om. δ᾽   ¹⁰ εἰσέλθητε   ¹¹ add εἰς τοὺς
πόδας,   ¹² om. ἐφ᾽ ὑμᾶς   ¹³ om. δὲ   ¹⁴ ἐγενήθησαν
¹⁵ καθήμενοι   ¹⁶ μὴ   ¹⁷ ὑψωθήσῃ;   ¹⁸ Marg. adds δύο

18 ἡμῖν ἐν τῷ ὀνόματί σου. εἶπε δὲ αὐτοῖς, Ἐθεώ-
ρουν τὸν Σατανᾶν ὡς ἀστραπὴν ἐκ τοῦ οὐρανοῦ
19 πεσόντα. ἰδού, δίδωμι¹⁹ ὑμῖν τὴν ἐξουσίαν τοῦ πα-
τεῖν ἐπάνω ὄφεων καὶ σκορπίων, καὶ ἐπὶ πᾶσαν
τὴν δύναμιν τοῦ ἐχθροῦ· καὶ οὐδὲν ὑμᾶς οὐ μὴ
20 ἀδικήσει. πλὴν ἐν τούτῳ μὴ χαίρετε ὅτι τὰ
πνεύματα ὑμῖν ὑποτάσσεται· χαίρετε δὲ μᾶλλον²⁰
ὅτι τὰ ὀνόματα ὑμῶν ἐγράφη²¹ ἐν τοῖς οὐρανοῖς.
21 Ἐν αὐτῇ τῇ ὥρᾳ ἠγαλλιάσατο τῷ πνεύματι²²
ὁ Ἰησοῦς²³, καὶ εἶπεν, Ἐξομολογοῦμαί σοι, πάτερ,
Κύριε τοῦ οὐρανοῦ καὶ τῆς γῆς, ὅτι ἀπέκρυψας
ταῦτα ἀπὸ σοφῶν καὶ συνετῶν, καὶ ἀπεκάλυψας
αὐτὰ νηπίοις· ναί, ὁ πατήρ, ὅτι οὕτως ἐγένετο
22 εὐδοκία ἔμπροσθέν σου. πάντα παρεδόθη μοι ὑπὸ
τοῦ πατρός μου· καὶ οὐδεὶς γινώσκει τίς ἐστιν ὁ
υἱός, εἰ μὴ ὁ πατήρ, καὶ τίς ἐστιν ὁ πατήρ, εἰ μὴ
ὁ υἱός, καὶ ᾧ ἐὰν βούληται ὁ υἱὸς ἀποκαλύψαι.
23 καὶ στραφεὶς πρὸς τοὺς μαθητὰς κατ᾽ ἰδίαν εἶπε,
Μακάριοι οἱ ὀφθαλμοὶ οἱ βλέποντες ἃ βλέπετε.
24 λέγω γὰρ ὑμῖν, ὅτι πολλοὶ προφῆται καὶ βασιλεῖς
ἠθέλησαν ἰδεῖν ἃ ὑμεῖς βλέπετε, καὶ οὐκ εἶδον·
καὶ ἀκοῦσαι ἃ ἀκούετε, καὶ οὐκ ἤκουσαν.
25 Καὶ ἰδού, νομικός τις ἀνέστη, ἐκπειράζων αὐ-
τόν, καὶ²⁴ λέγων, Διδάσκαλε, τί ποιήσας ζωὴν αἰώ-
26 νιον κληρονομήσω; ὁ δὲ εἶπε πρὸς αὐτόν, Ἐν τῷ
27 νόμῳ τί γέγραπται; πῶς ἀναγινώσκεις; ὁ δὲ
ἀποκριθεὶς εἶπεν, Ἀγαπήσεις Κύριον τὸν Θεόν
σου, ἐξ ὅλης τῆς καρδίας σου, καὶ ἐξ ὅλης τῆς ψυχῆς
σου, καὶ ἐξ ὅλης τῆς ἰσχύος²⁵ σου, καὶ ἐξ ὅλης τῆς δια-
νοίας²⁶ σου· καὶ τὸν πλησίον σου ὡς σεαυτόν.

---

¹⁹ δέδωκα　　²⁰ om. μᾶλλον　　²¹ ἐγγέγραπται　　²² (Πνεύ-
ματι) add τῷ Ἁγίῳ　　²³ om. ὁ Ἰησοῦς　　²⁴ om. καὶ　　²⁵ ἐν
ὅλῃ τῇ ψυχῇ σου, καὶ ἐν ὅλῃ τῇ ἰσχύϊ　　²⁶ ἐν ὅλῃ τῇ διανοίᾳ

εἶπε δὲ αὐτῷ, Ὀρθῶς ἀπεκρίθης· τοῦτο ποίει, καὶ 28
ζήσῃ. ὁ δὲ θέλων δικαιοῦν²⁷ ἑαυτὸν εἶπε πρὸς τὸν 29
Ἰησοῦν, Καὶ τίς ἐστί μου πλησίον; ὑπολαβὼν 30
δὲ²⁸ ὁ Ἰησοῦς εἶπεν, Ἄνθρωπός τις κατέβαινεν ἀπὸ
Ἱερουσαλὴμ εἰς Ἱεριχώ, καὶ λῃσταῖς περιέπεσεν,
οἳ καὶ ἐκδύσαντες αὐτὸν καὶ πληγὰς ἐπιθέντες
ἀπῆλθον, ἀφέντες ἡμιθανῆ τυγχάνοντα²⁹. κατὰ συγ- 31
κυρίαν δὲ ἱερεύς τις κατέβαινεν ἐν τῇ ὁδῷ ἐκείνῃ·
καὶ ἰδὼν αὐτὸν ἀντιπαρῆλθεν. ὁμοίως δὲ καὶ 32
Λευΐτης γενόμενος³⁰ κατὰ τὸν τόπον ἐλθὼν καὶ ἰδὼν
ἀντιπαρῆλθε. Σαμαρείτης δέ τις ὁδεύων ἦλθε κατ᾽ 33
αὐτόν, καὶ ἰδὼν αὐτὸν³¹ ἐσπλαγχνίσθη, καὶ προσελ- 34
θὼν κατέδησε τὰ τραύματα αὐτοῦ, ἐπιχέων ἔλαιον
καὶ οἶνον· ἐπιβιβάσας δὲ αὐτὸν ἐπὶ τὸ ἴδιον κτῆ-
νος, ἤγαγεν αὐτὸν εἰς πανδοχεῖον, καὶ ἐπεμελήθη
αὐτοῦ. καὶ ἐπὶ τὴν αὔριον ἐξελθών³², ἐκβαλὼν δύο 35
δηνάρια ἔδωκε τῷ πανδοχεῖ, καὶ εἶπεν αὐτῷ³³, Ἐπι-
μελήθητι αὐτοῦ· καὶ ὅ τι ἂν προσδαπανήσῃς, ἐγὼ
ἐν τῷ ἐπανέρχεσθαί με ἀποδώσω σοι. τίς οὖν³⁴ 36
τούτων τῶν τριῶν δοκεῖ σοι πλησίον γεγονέναι
τοῦ ἐμπεσόντος εἰς τοὺς λῃστάς; ὁ δὲ εἶπεν, Ὁ 37
ποιήσας τὸ ἔλεος μετ᾽ αὐτοῦ. εἶπεν οὖν³⁵ αὐτῷ
ὁ Ἰησοῦς, Πορεύου, καὶ σὺ ποίει ὁμοίως.

Ἐγένετο δὲ ἐν³⁶ τῷ πορεύεσθαι αὐτούς, καὶ³⁷ αὐ- 38
τὸς εἰσῆλθεν εἰς κώμην τινά· γυνὴ δέ τις ὀνόματι
Μάρθα ὑπεδέξατο αὐτὸν εἰς τὸν οἶκον αὐτῆς. καὶ 39
τῇδε ἦν ἀδελφὴ καλουμένη Μαρία, ἣ καὶ παρακαθί-
σασα παρὰ³⁸ τοὺς πόδας τοῦ Ἰησοῦ³⁹ ἤκουε τὸν λόγον
αὐτοῦ. ἡ δὲ Μάρθα περιεσπᾶτο περὶ πολλὴν 40

---

²⁷ δικαιῶσαι   ²⁸ om. δὲ   ²⁹ om. τυγχάνοντα   ³⁰ om.
γενόμενος   ³¹ om. αὐτὸν   ³² om. ἐξελθών   ³³ om.
αὐτῷ   ³⁴ om. οὖν   ³⁵ (om. ν) δὲ   ³⁶ Ἐν δὲ   ³⁷ om. καὶ
³⁸ παρακαθεσθεῖσα πρὸς   ³⁹ Κυρίου

διακονίαν· ἐπιστᾶσα δὲ εἶπε, Κύριε, οὐ μέλει σοι
ὅτι ἡ ἀδελφή μου μόνην με κατέλιπε⁴⁰ διακονεῖν;
41 εἰπὲ οὖν αὐτῇ ἵνα μοι συναντιλάβηται. ἀποκρι-
θεὶς δὲ εἶπεν αὐτῇ ὁ Ἰησοῦς⁴¹, Μάρθα, Μάρθα,
42 μεριμνᾷς καὶ⁴² τυρβάζη⁴³ περὶ πολλά·⁴² ἑνὸς δέ ἐστι
χρεία⁴⁴· Μαρία δὲ⁴⁵ τὴν ἀγαθὴν μερίδα· ἐξελέξατο,
ἥτις οὐκ ἀφαιρεθήσεται ἀπ' αὐτῆς.

XI. Καὶ ἐγένετο ἐν τῷ εἶναι αὐτὸν ἐν τόπῳ τινὶ
προσευχόμενον, ὡς ἐπαύσατο, εἶπέ τις τῶν μαθη-
τῶν αὐτοῦ πρὸς αὐτόν, Κύριε, δίδαξον ἡμᾶς προσ-
εύχεσθαι, καθὼς καὶ Ἰωάννης ἐδίδαξε τοὺς μα-
2 θητὰς αὐτοῦ. εἶπε δὲ αὐτοῖς, Ὅταν προσεύχησθε,
λέγετε, Πάτερ ἡμῶν ὁ ἐν τοῖς οὐρανοῖς¹, ἁγιασθήτω τὸ
ὄνομά σου. ἐλθέτω ἡ βασιλεία σου. γενηθήτω τὸ
3 θέλημά σου, ὡς ἐν οὐρανῷ, καὶ ἐπὶ τῆς γῆς². τὸν ἄρτον
ἡμῶν τὸν ἐπιούσιον δίδου ἡμῖν τὸ καθ' ἡμέραν.
4 καὶ ἄφες ἡμῖν τὰς ἁμαρτίας ἡμῶν, καὶ γὰρ αὐτοὶ
ἀφίεμεν παντὶ ὀφείλοντι ἡμῖν. καὶ μὴ εἰσενέγκης
ἡμᾶς εἰς πειρασμόν, ἀλλὰ ῥῦσαι ἡμᾶς ἀπὸ τοῦ πονη-
ροῦ³.

5 Καὶ εἶπε πρὸς αὐτούς, Τίς ἐξ ὑμῶν ἕξει φίλον,
καὶ πορεύσεται πρὸς αὐτὸν μεσονυκτίου, καὶ εἴπῃ
6 αὐτῷ, Φίλε, χρῆσόν μοι τρεῖς ἄρτους, ἐπειδὴ φίλος
μου παρεγένετο ἐξ ὁδοῦ πρός με, καὶ οὐκ ἔχω ὃ
7 παραθήσω αὐτῷ· κἀκεῖνος ἔσωθεν ἀποκριθεὶς εἴπῃ,
Μή μοι κόπους πάρεχε· ἤδη ἡ θύρα κέκλεισται,
καὶ τὰ παιδία μου μετ' ἐμοῦ εἰς τὴν κοίτην εἰσίν·

---

⁴⁰ κατέλειπε   ⁴¹ Κύριος   ⁴² *Marg. om.* μεριμνᾷς
καὶ *and* περὶ πολλά· ἑνὸς δέ ἐστι χρεία· *also* δὲ *after* Μαρία
⁴³ θορυβάζῃ   ⁴⁴ *Another marg. reads* ὀλίγων δέ ἐστι χρεία
ἢ ἑνός   ⁴⁵ γὰρ   ¹ *om.* ἡμῶν ὁ ἐν τοῖς οὐρανοῖς *text, not
marg.*   ² *om.* γενηθήτω τὸ θέλημά σου, ὡς ἐν οὐρανῷ, καὶ ἐπὶ
τῆς γῆς. *text, not marg.*   ³ *om.*, ἀλλὰ ῥῦσαι ἡμᾶς ἀπὸ τοῦ
πονηροῦ. *text, not marg.*

οὐ δύναμαι ἀναστὰς δοῦναί σοι. λέγω ὑμῖν, εἰ καὶ 8
οὐ δώσει αὐτῷ ἀναστάς, διὰ τὸ εἶναι αὐτοῦ φίλον,
διά γε τὴν ἀναίδειαν αὐτοῦ ἐγερθεὶς δώσει αὐτῷ
ὅσων χρῄζει. κἀγὼ ὑμῖν λέγω, Αἰτεῖτε, καὶ δοθή- 9
σεται ὑμῖν· ζητεῖτε, καὶ εὑρήσετε· κρούετε, καὶ
ἀνοιγήσεται ὑμῖν. πᾶς γὰρ ὁ αἰτῶν λαμβάνει· καὶ 10
ὁ ζητῶν εὑρίσκει· καὶ τῷ κρούοντι ἀνοιγήσεται.
τίνα δὲ⁴ ὑμῶν τὸν πατέρα αἰτήσει ὁ υἱὸς ⁵ἄρτον, μὴ 11
λίθον ἐπιδώσει αὐτῷ; εἰ⁶ καὶ ἰχθύν, μὴ ἀντὶ ἰχθύος
ὄφιν ἐπιδώσει αὐτῷ; ἢ καὶ ἐὰν⁷ αἰτήσῃ⁸ ᾠόν, μὴ 12
ἐπιδώσει αὐτῷ σκορπίον; εἰ οὖν ὑμεῖς πονηροὶ 13
ὑπάρχοντες οἴδατε ἀγαθὰ δόματα διδόναι τοῖς τέκ-
νοις ὑμῶν, πόσῳ μᾶλλον ὁ πατὴρ ὁ ἐξ οὐρανοῦ
δώσει Πνεῦμα Ἅγιον τοῖς αἰτοῦσιν αὐτόν;

Καὶ ἦν ἐκβάλλων δαιμόνιον, καὶ αὐτὸ ἦν⁹ κω- 14
φόν. ἐγένετο δέ, τοῦ δαιμονίου ἐξελθόντος, ἐλάλη-
σεν ὁ κωφός· καὶ ἐθαύμασαν οἱ ὄχλοι. τινὲς δὲ ἐξ 15
αὐτῶν εἶπον, Ἐν Βεελζεβοὺλ¹⁰ ἄρχοντι τῶν δαιμο-
νίων ἐκβάλλει τὰ δαιμόνια. ἕτεροι δὲ πειράζοντες 16
σημεῖον παρ' αὐτοῦ ἐζήτουν ἐξ οὐρανοῦ¹¹. αὐτὸς δὲ εἰδὼς 17
αὐτῶν τὰ διανοήματα εἶπεν αὐτοῖς, Πᾶσα βασι-
λεία ἐφ' ἑαυτὴν διαμερισθεῖσα ἐρημοῦται· καὶ
οἶκος ἐπὶ οἶκον πίπτει. εἰ δὲ καὶ ὁ Σατανᾶς ἐφ' 18
ἑαυτὸν διεμερίσθη, πῶς σταθήσεται ἡ βασιλεία
αὐτοῦ; ὅτι λέγετε, ἐν Βεελζεβοὺλ ἐκβάλλειν με
τὰ δαιμόνια. εἰ δὲ ἐγὼ ἐν Βεελζεβοὺλ ἐκβάλλω 19
τὰ δαιμόνια, οἱ υἱοὶ ὑμῶν ἐν τίνι ἐκβάλλουσι; διὰ
τοῦτο κριταὶ ὑμῶν αὐτοὶ ἔσονται. εἰ δὲ ἐν δακτύ- 20
λῳ Θεοῦ¹² ἐκβάλλω τὰ δαιμόνια, ἄρα ἔφθασεν ἐφ'
ὑμᾶς ἡ βασιλεία τοῦ Θεοῦ. ὅταν ὁ ἰσχυρὸς καθ- 21

---

⁴ add ἐξ   ⁵ Marg. om. ἄρτον, μὴ λίθον ἐπιδώσει αὐτῷ;
εἰ καὶ   ⁶ ἢ   ⁷ om. ἐὰν   ⁸ αἰτήσει   ⁹ om. , καὶ αὐτὸ ἦν
¹⁰ add τῷ   ¹¹ ἐξ οὐρανοῦ ἐζήτουν παρ' αὐτοῦ   ¹² add ἐγὼ

ὡπλισμένος φυλάσσῃ τὴν ἑαυτοῦ αὐλήν, ἐν εἰρήνῃ
22 ἐστὶ τὰ ὑπάρχοντα αὐτοῦ· ἐπὰν δὲ ὁ¹³ ἰσχυρότερος
αὐτοῦ ἐπελθὼν νικήσῃ αὐτόν, τὴν πανοπλίαν αὐτοῦ
αἴρει ἐφ᾽ ᾗ ἐπεποίθει, καὶ τὰ σκῦλα αὐτοῦ δια-
23 δίδωσιν. ὁ μὴ ὢν μετ᾽ ἐμοῦ κατ᾽ ἐμοῦ ἐστι· καὶ
24 ὁ μὴ συνάγων μετ᾽ ἐμοῦ σκορπίζει. ὅταν τὸ ἀκά-
θαρτον πνεῦμα ἐξέλθῃ ἀπὸ τοῦ ἀνθρώπου, διέρχε-
ται δι᾽ ἀνύδρων τόπων, ζητοῦν ἀνάπαυσιν· καὶ μὴ
εὑρίσκον λέγει, Ὑποστρέψω εἰς τὸν οἶκόν μου ὅθεν
25 ἐξῆλθον. καὶ ἐλθὸν εὑρίσκει σεσαρωμένον καὶ
26 κεκοσμημένον. τότε πορεύεται καὶ παραλαμβάνει
ἑπτὰ ἕτερα πνεύματα πονηρότερα ἑαυτοῦ, καὶ
εἰσελθόντα κατοικεῖ ἐκεῖ· καὶ γίνεται τὰ ἔσχατα
τοῦ ἀνθρώπου ἐκείνου χείρονα τῶν πρώτων.
27 Ἐγένετο δὲ ἐν τῷ λέγειν αὐτὸν ταῦτα, ἐπάρασά
τις γυνὴ φωνὴν¹⁴ ἐκ τοῦ ὄχλου εἶπεν αὐτῷ, Μακαρία
ἡ κοιλία ἡ βαστάσασά σε, καὶ μαστοὶ οὓς ἐθήλα-
28 σας. αὐτὸς δὲ εἶπε, Μενοῦνγε¹⁵ μακάριοι οἱ ἀκού-
οντες᾽ τὸν λόγον τοῦ Θεοῦ καὶ φυλάσσοντες αὐτόν¹⁶.
29 Τῶν δὲ ὄχλων ἐπαθροιζομένων ἤρξατο λέγειν,
Ἡ γενεὰ αὕτη¹⁷ πονηρά ἐστι· σημεῖον ἐπιζητεῖ¹⁸, καὶ
σημεῖον οὐ δοθήσεται αὐτῇ, εἰ μὴ τὸ σημεῖον Ἰωνᾶ
30 τοῦ προφήτου¹⁹. καθὼς γὰρ ἐγένετο Ἰωνᾶς σημεῖον
τοῖς Νινευΐταις, οὕτως ἔσται καὶ ὁ υἱὸς τοῦ ἀνθρώ-
31 που τῇ γενεᾷ ταύτῃ. βασίλισσα νότου ἐγερθήσε-
ται ἐν τῇ κρίσει μετὰ τῶν ἀνδρῶν τῆς γενεᾶς
ταύτης, καὶ κατακρινεῖ αὐτούς· ὅτι ἦλθεν ἐκ τῶν
περάτων τῆς γῆς ἀκοῦσαι τὴν σοφίαν Σολομῶντος,
32 καὶ ἰδού, πλεῖον Σολομῶντος ὧδε. ἄνδρες Νινευΐ
ἀναστήσονται ἐν τῇ κρίσει μετὰ τῆς γενεᾶς ταύ-

---

¹³ om. ὁ   ¹⁴ φωνὴν γυνὴ   ¹⁵ om. γε   ¹⁶ om.
αὐτόν   ¹⁷ add γενεὰ   ¹⁸ ζητεῖ   ¹⁹ om. τοῦ
προφήτου

της, καὶ κατακρινοῦσιν αὐτήν· ὅτι μετενόησαν εἰς
τὸ κήρυγμα Ἰωνᾶ, καὶ ἰδού, πλεῖον Ἰωνᾶ ὧδε.

Οὐδεὶς δὲ²⁰ λύχνον ἅψας εἰς κρυπτὸν²¹ τίθησιν, 33
οὐδὲ ὑπὸ τὸν μόδιον, ἀλλ᾽ ἐπὶ τὴν λυχνίαν, ἵνα οἱ
εἰσπορευόμενοι τὸ φέγγος²² βλέπωσιν. ὁ λύχνος 34
τοῦ σώματός ἐστιν ὁ ὀφθαλμός²³· ὅταν οὖν²⁴ ὁ ὀφ-
θαλμός σου ἁπλοῦς ᾖ, καὶ ὅλον τὸ σῶμά σου
φωτεινόν ἐστιν· ἐπὰν δὲ πονηρὸς ᾖ, καὶ τὸ σῶμά
σου σκοτεινόν. σκόπει οὖν μὴ τὸ φῶς τὸ ἐν σοὶ 35
σκότος ἐστίν. εἰ οὖν τὸ σῶμά σου ὅλον φωτεινόν, 36
μὴ ἔχον τι μέρος σκοτεινόν, ἔσται φωτεινὸν ὅλον,
ὡς ὅταν ὁ λύχνος τῇ ἀστραπῇ φωτίζῃ σε.

Ἐν δὲ τῷ λαλῆσαι, ἠρώτα²⁵ αὐτὸν Φαρισαῖός 37
τις²⁶ ὅπως ἀριστήσῃ παρ᾽ αὐτῷ· εἰσελθὼν δὲ ἀνέπε-
σεν. ὁ δὲ Φαρισαῖος ἰδὼν ἐθαύμασεν ὅτι οὐ πρῶ- 38
τον ἐβαπτίσθη πρὸ τοῦ ἀρίστου. εἶπε δὲ ὁ Κύριος 39
πρὸς αὐτόν, Νῦν ὑμεῖς οἱ Φαρισαῖοι τὸ ἔξωθεν τοῦ
ποτηρίου καὶ τοῦ πίνακος καθαρίζετε, τὸ δὲ ἔσωθεν
ὑμῶν γέμει ἁρπαγῆς καὶ πονηρίας. ἄφρονες, οὐχ 40
ὁ ποιήσας τὸ ἔξωθεν καὶ τὸ ἔσωθεν ἐποίησε; πλὴν 41
τὰ ἐνόντα δότε ἐλεημοσύνην· καὶ ἰδού, πάντα
καθαρὰ ὑμῖν ἐστιν.

Ἀλλ᾽ οὐαὶ ὑμῖν τοῖς Φαρισαίοις, ὅτι ἀποδεκα- 42
τοῦτε τὸ ἡδύοσμον καὶ τὸ πήγανον καὶ πᾶν λάχα-
νον, καὶ παρέρχεσθε τὴν κρίσιν καὶ τὴν ἀγάπην
τοῦ Θεοῦ· ταῦτα²⁷ ἔδει ποιῆσαι, κἀκεῖνα μὴ ἀφιέ-
ναι. οὐαὶ ὑμῖν τοῖς Φαρισαίοις, ὅτι ἀγαπᾶτε τὴν 43
πρωτοκαθεδρίαν ἐν ταῖς συναγωγαῖς, καὶ τοὺς
ἀσπασμοὺς ἐν ταῖς ἀγοραῖς. οὐαὶ ὑμῖν, γραμματεῖς 44
καὶ Φαρισαῖοι, ὑποκριταί,²⁸ ὅτι ἐστὲ ὡς τὰ μνημεῖα τὰ

---

²⁰ om. δὲ   ²¹ κρύπτην   ²² φῶς   ²³ add σου
²⁴ om. οὖν   ²⁵ ἐρωτᾷ   ²⁶ (-ος) om. τις   ²⁷ add δὲ
²⁸ om. γραμματεῖς καὶ Φαρισαῖοι, ὑποκριταί,

ἄδηλα, καὶ οἱ ἄνθρωποι οἱ περιπατοῦντες ἐπάνω
οὐκ οἴδασιν.

45 Ἀποκριθεὶς δέ τις τῶν νομικῶν λέγει αὐτῷ,
46 Διδάσκαλε, ταῦτα λέγων καὶ ἡμᾶς ὑβρίζεις. ὁ δὲ
εἶπε, Καὶ ὑμῖν τοῖς νομικοῖς οὐαί, ὅτι φορτίζετε
τοὺς ἀνθρώπους φορτία δυσβάστακτα, καὶ αὐτοὶ
ἑνὶ τῶν δακτύλων ὑμῶν οὐ προσψαύετε τοῖς φορ-
47 τίοις. οὐαὶ ὑμῖν, ὅτι οἰκοδομεῖτε τὰ μνημεῖα τῶν
προφητῶν, οἱ δὲ πατέρες ὑμῶν ἀπέκτειναν αὐτούς.
48 ἄρα μαρτυρεῖτε²⁹ καὶ συνευδοκεῖτε τοῖς ἔργοις τῶν
πατέρων ὑμῶν· ὅτι αὐτοὶ μὲν ἀπέκτειναν αὐτούς,
49 ὑμεῖς δὲ οἰκοδομεῖτε αὐτῶν τὰ μνημεῖα³⁰. διὰ τοῦτο
καὶ ἡ σοφία τοῦ Θεοῦ εἶπεν, Ἀποστελῶ εἰς αὐτοὺς
προφήτας καὶ ἀποστόλους, καὶ ἐξ αὐτῶν ἀποκτε-
50 νοῦσι καὶ ἐκδιώξουσιν³¹· ἵνα ἐκζητηθῇ τὸ αἷμα πάν-
των τῶν προφητῶν τὸ ἐκχυνόμενον ἀπὸ καταβολῆς
51 κόσμου ἀπὸ τῆς γενεᾶς ταύτης, ἀπὸ τοῦ αἵματος
Ἄβελ ἕως τοῦ αἵματος Ζαχαρίου τοῦ ἀπολομένου
μεταξὺ τοῦ θυσιαστηρίου καὶ τοῦ οἴκου· ναί, λέγω
52 ὑμῖν, ἐκζητηθήσεται ἀπὸ τῆς γενεᾶς ταύτης. οὐαὶ
ὑμῖν τοῖς νομικοῖς, ὅτι ἤρατε τὴν κλεῖδα τῆς γνώ-
σεως· αὐτοὶ οὐκ εἰσήλθετε, καὶ τοὺς εἰσερχομένους
ἐκωλύσατε.

53 Λέγοντος δὲ αὐτοῦ ταῦτα πρὸς αὐτούς³², ἤρξαντο οἱ
γραμματεῖς καὶ οἱ Φαρισαῖοι δεινῶς ἐνέχειν, καὶ
54 ἀποστοματίζειν αὐτὸν περὶ πλειόνων, ἐνεδρεύοντες
αὐτόν, καὶ ζητοῦντες³³ θηρεῦσαί τι ἐκ τοῦ στόματος
αὐτοῦ, ἵνα κατηγορήσωσιν αὐτοῦ³⁴.

XII. Ἐν οἷς ἐπισυναχθεισῶν τῶν μυριάδων τοῦ
ὄχλου, ὥστε καταπατεῖν ἀλλήλους, ἤρξατο λέγειν

---

²⁹ μάρτυρές ἐστε   ³⁰ om. αὐτῶν τὰ μνημεῖα   ³¹ διώξουσιν
³² Κἀκεῖθεν ἐξελθόντος αὐτοῦ   ³³ om. καὶ ζητοῦντες   ³⁴ om.
, ἵνα κατηγορήσωσιν αὐτοῦ

πρὸς τοὺς μαθητὰς αὐτοῦ πρῶτον, Προσέχετε*¹
ἑαυτοῖς ἀπὸ τῆς ζύμης τῶν Φαρισαίων, ἥτις ἐστὶν
ὑπόκρισις. οὐδὲν δὲ συγκεκαλυμμένον ἐστίν, ὃ οὐκ ²
ἀποκαλυφθήσεται, καὶ κρυπτόν, ὃ οὐ γνωσθήσεται.
ἀνθ᾽ ὧν ὅσα ἐν τῇ σκοτίᾳ εἴπατε, ἐν τῷ φωτὶ ³
ἀκουσθήσεται· καὶ ὃ πρὸς τὸ οὖς ἐλαλήσατε ἐν
τοῖς ταμείοις, κηρυχθήσεται ἐπὶ τῶν δωμάτων.
λέγω δὲ ὑμῖν τοῖς φίλοις μου, Μὴ φοβηθῆτε ἀπὸ ⁴
τῶν ἀποκτεινόντων τὸ σῶμα, καὶ μετὰ ταῦτα μὴ
ἐχόντων περισσότερόν τι ποιῆσαι. ὑποδείξω δὲ ⁵
ὑμῖν τίνα φοβηθῆτε· φοβήθητε τὸν μετὰ τὸ ἀπο-
κτεῖναι ἐξουσίαν ἔχοντα ἐμβαλεῖν εἰς τὴν γέενναν·
ναί, λέγω ὑμῖν, τοῦτον φοβήθητε. οὐχὶ πέντε ⁶
στρουθία πωλεῖται ἀσσαρίων δύο; καὶ ἓν ἐξ αὐτῶν
οὐκ ἔστιν ἐπιλελησμένον ἐνώπιον τοῦ Θεοῦ. ἀλλὰ ⁷
καὶ αἱ τρίχες τῆς κεφαλῆς ὑμῶν πᾶσαι ἠρίθμηνται.
μὴ οὖν² φοβεῖσθε· πολλῶν στρουθίων διαφέρετε.
λέγω δὲ ὑμῖν, Πᾶς ὃς ἂν ὁμολογήσῃ ἐν ἐμοὶ ἔμ- ⁸
προσθεν τῶν ἀνθρώπων, καὶ ὁ υἱὸς τοῦ ἀνθρώπου
ὁμολογήσει ἐν αὐτῷ ἔμπροσθεν τῶν ἀγγέλων τοῦ
Θεοῦ· ὁ δὲ ἀρνησάμενός με ἐνώπιον τῶν ἀνθρώπων ⁹
ἀπαρνηθήσεται ἐνώπιον τῶν ἀγγέλων τοῦ Θεοῦ.
καὶ πᾶς ὃς ἐρεῖ λόγον εἰς τὸν υἱὸν τοῦ ἀνθρώπου, ¹⁰
ἀφεθήσεται αὐτῷ· τῷ δὲ εἰς τὸ Ἅγιον Πνεῦμα
βλασφημήσαντι οὐκ ἀφεθήσεται. ὅταν δὲ προσφέ- ¹¹
ρωσιν³ ὑμᾶς ἐπὶ τὰς συναγωγὰς καὶ τὰς ἀρχὰς καὶ
τὰς ἐξουσίας, μὴ μεριμνᾶτε⁴ πῶς ἢ τί ἀπολογήσησθε,
ἢ τί εἴπητε· τὸ γὰρ Ἅγιον Πνεῦμα διδάξει ὑμᾶς ἐν ¹²
αὐτῇ τῇ ὥρᾳ, ἃ δεῖ εἰπεῖν.

Εἶπε δέ τις αὐτῷ ἐκ τοῦ ὄχλου⁵, Διδάσκαλε, εἰπὲ ¹³
τῷ ἀδελφῷ μου μερίσασθαι μετ᾽ ἐμοῦ τὴν κληρονο-

---

¹ (Marg. , Πρῶτον προσέχετε)   ² om. οὖν   ³ εἰσφέρωσιν
⁴ μεριμνήσητε   ⁵ ἐκ τοῦ ὄχλου αὐτῷ

14 μίαν. ὁ δὲ εἶπεν αὐτῷ, Ἄνθρωπε, τίς με κατέ-
15 στησε δικαστὴν⁶ ἢ μεριστὴν ἐφ᾽ ὑμᾶς; εἶπε δὲ
πρὸς αὐτούς, Ὁρᾶτε καὶ φυλάσσεσθε ἀπὸ τῆς⁷
πλεονεξίας· ὅτι οὐκ ἐν τῷ περισσεύειν τινὶ ἡ ζωὴ
16 αὐτοῦ ἐστιν ἐκ τῶν ὑπαρχόντων αὐτοῦ. εἶπε δὲ
παραβολὴν πρὸς αὐτούς, λέγων, Ἀνθρώπου τινὸς
17 πλουσίου εὐφόρησεν ἡ χώρα· καὶ διελογίζετο ἐν
ἑαυτῷ λέγων, Τί ποιήσω, ὅτι οὐκ ἔχω ποῦ συνάξω
18 τοὺς καρπούς μου; καὶ εἶπε, Τοῦτο ποιήσω· κα-
θελῶ μου τὰς ἀποθήκας, καὶ μείζονας οἰκοδομήσω,
καὶ συνάξω ἐκεῖ πάντα τὰ γενήματά⁸ μου⁹ καὶ τὰ
19 ἀγαθά μου. καὶ ἐρῶ τῇ ψυχῇ μου, Ψυχή, ἔχεις
πολλὰ ἀγαθὰ κείμενα εἰς ἔτη πολλά· ἀναπαύου,
20 φάγε, πίε, εὐφραίνου. εἶπε δὲ αὐτῷ ὁ Θεός,
Ἄφρον, ταύτῃ τῇ νυκτὶ τὴν ψυχήν σου ἀπαιτοῦσιν
21 ἀπὸ σοῦ· ἃ δὲ ἡτοίμασας, τίνι ἔσται; οὕτως ὁ
θησαυρίζων ἑαυτῷ, καὶ μὴ εἰς Θεὸν πλουτῶν.

22 Εἶπε δὲ πρὸς τοὺς μαθητὰς αὐτοῦ, Διὰ τοῦτο
ὑμῖν λέγω¹⁰, μὴ μεριμνᾶτε τῇ ψυχῇ ὑμῶν¹¹, τί φάγητε·
23 μηδὲ τῷ σώματι¹², τί ἐνδύσησθε. ἡ¹³ ψυχὴ πλεῖόν
ἐστι τῆς τροφῆς, καὶ τὸ σῶμα τοῦ ἐνδύματος.
24 κατανοήσατε τοὺς κόρακας, ὅτι οὐ σπείρουσιν, οὐδὲ
θερίζουσιν, οἷς οὐκ ἔστι ταμεῖον οὐδὲ ἀποθήκη, καὶ
ὁ Θεὸς τρέφει αὐτούς· πόσῳ μᾶλλον ὑμεῖς διαφέ-
25 ρετε τῶν πετεινῶν; τίς δὲ ἐξ ὑμῶν μεριμνῶν δύ-
ναται προσθεῖναι ἐπὶ τὴν ἡλικίαν αὐτοῦ πῆχυν
26 ἕνα¹⁴; εἰ οὖν οὔτε¹⁵ ἐλάχιστον δύνασθε, τί περὶ τῶν
27 λοιπῶν μεριμνᾶτε; κατανοήσατε τὰ κρίνα πῶς
αὐξάνει· οὐ κοπιᾷ, οὐδὲ νήθει· λέγω δὲ ὑμῖν, οὐδὲ
Σολομὼν ἐν πάσῃ τῇ δόξῃ αὐτοῦ περιεβάλετο ὡς

⁶ κριτὴν   ⁷ πάσης   ⁸ τον σῖτον   ⁹ om. μου
¹⁰ λέγω ὑμῖν   ¹¹ om. ὑμῶν   ¹² add ὑμῶν   ¹³ add γὰρ
¹⁴ om. ἕνα   ¹⁵ οὐδὲ

ἐν τούτων. εἰ δὲ τὸν χόρτον ἐν τῷ ἀγρῷ σήμερον ὄντα[16], 28
καὶ αὔριον εἰς κλίβανον βαλλόμενον, ὁ Θεὸς οὕτως
ἀμφιέννυσι, πόσῳ μᾶλλον ὑμᾶς, ὀλιγόπιστοι; καὶ 29
ὑμεῖς μὴ ζητεῖτε τί φάγητε, ἢ[17] τί πίητε· καὶ μὴ
μετεωρίζεσθε. ταῦτα γὰρ πάντα τὰ ἔθνη τοῦ 30
κόσμου ἐπιζητεῖ· ὑμῶν δὲ ὁ πατὴρ οἶδεν ὅτι χρή-
ζετε τούτων. πλὴν ζητεῖτε τὴν βασιλείαν τοῦ 31
Θεοῦ[18], καὶ ταῦτα πάντα[19] προστεθήσεται ὑμῖν. μὴ 32
φοβοῦ, τὸ μικρὸν ποίμνιον· ὅτι εὐδόκησεν ὁ πατὴρ
ὑμῶν δοῦναι ὑμῖν τὴν βασιλείαν. πωλήσατε τὰ 33
ὑπάρχοντα ὑμῶν καὶ δότε ἐλεημοσύνην. ποιήσατε
ἑαυτοῖς βαλάντια μὴ παλαιούμενα, θησαυρὸν ἀνέκ-
λειπτον ἐν τοῖς οὐρανοῖς, ὅπου κλέπτης οὐκ
ἐγγίζει, οὐδὲ σὴς διαφθείρει· ὅπου γάρ ἐστιν ὁ 34
θησαυρὸς ὑμῶν, ἐκεῖ καὶ ἡ καρδία ὑμῶν ἔσται.

Ἔστωσαν ὑμῶν αἱ ὀσφύες περιεζωσμέναι, καὶ 35
οἱ λύχνοι καιόμενοι· καὶ ὑμεῖς ὅμοιοι ἀνθρώποις 36
προσδεχομένοις τὸν κύριον ἑαυτῶν, πότε ἀναλύσει[20]
ἐκ τῶν γάμων, ἵνα, ἐλθόντος καὶ κρούσαντος,
εὐθέως ἀνοίξωσιν αὐτῷ. μακάριοι οἱ δοῦλοι ἐκεῖ-37
νοι, οὓς ἐλθὼν ὁ κύριος εὑρήσει γρηγοροῦντας·
ἀμὴν λέγω ὑμῖν ὅτι περιζώσεται καὶ ἀνακλινεῖ
αὐτούς, καὶ παρελθὼν διακονήσει αὐτοῖς. καὶ ἐὰν 38
ἔλθῃ ἐν τῇ δευτέρᾳ φυλακῇ, καὶ[21] ἐν τῇ τρίτῃ φυλακῇ
ἔλθῃ, καὶ εὕρῃ οὕτω, μακάριοί εἰσιν οἱ δοῦλοι[22]
ἐκεῖνοι. τοῦτο δὲ γινώσκετε, ὅτι εἰ ᾔδει ὁ οἰκοδεσ-39
πότης ποίᾳ ὥρᾳ ὁ κλέπτης ἔρχεται, ἐγρηγόρησεν
ἄν, καὶ οὐκ ἂν[23] ἀφῆκε διορυγῆναι τὸν οἶκον αὐτοῦ.
καὶ ὑμεῖς οὖν[24] γίνεσθε ἕτοιμοι· ὅτι ᾗ ὥρᾳ οὐ δο-40
κεῖτε ὁ υἱὸς τοῦ ἀνθρώπου ἔρχεται.

[16] ἐν ἀγρῷ τὸν χόρτον, ὄντα σήμερον   [17] καὶ   [18] αὐτοῦ
text, not marg.   [19] om πάντα   [20] ἀναλύσῃ   [21] κἂν ἐν
τῇ δευτέρᾳ, κἂν   [22] om. οἱ δοῦλοι   [23] om. ἂν   [24] om. οὖν

41 Εἶπε δὲ αὐτῷ²⁵ ὁ Πέτρος, Κύριε, πρὸς ἡμᾶς τὴν
παραβολὴν ταύτην λέγεις, ἢ καὶ πρὸς πάντας;
42 εἶπε δὲ²⁶ ὁ Κύριος, Τίς ἄρα ἐστὶν ὁ πιστὸς οἰκο-
νόμος καὶ²⁷ φρόνιμος, ὃν καταστήσει ὁ κύριος ἐπὶ
τῆς θεραπείας αὐτοῦ, τοῦ διδόναι ἐν καιρῷ τὸ
43 σιτομέτριον; μακάριος ὁ δοῦλος ἐκεῖνος, ὃν ἐλθὼν
44 ὁ κύριος αὐτοῦ εὑρήσει ποιοῦντα οὕτως. ἀληθῶς
λέγω ὑμῖν ὅτι ἐπὶ πᾶσι τοῖς ὑπάρχουσιν αὐτοῦ
45 καταστήσει αὐτόν. ἐὰν δὲ εἴπῃ ὁ δοῦλος ἐκεῖνος
ἐν τῇ καρδίᾳ αὐτοῦ, Χρονίζει ὁ κύριός μου ἔρχεσ-
θαι, καὶ ἄρξηται τύπτειν τοὺς παῖδας καὶ τὰς
παιδίσκας, ἐσθίειν τε καὶ πίνειν καὶ μεθύσκεσθαι
46 ἥξει ὁ κύριος τοῦ δούλου ἐκείνου ἐν ἡμέρᾳ ᾗ οὐ
προσδοκᾷ, καὶ ἐν ὥρᾳ ᾗ οὐ γινώσκει· καὶ διχοτομή-
σει αὐτόν, καὶ τὸ μέρος αὐτοῦ μετὰ τῶν ἀπίστων
47 θήσει. ἐκεῖνος δὲ ὁ δοῦλος ὁ γνοὺς τὸ θέλημα τοῦ
κυρίου ἑαυτοῦ²⁸, καὶ μὴ ἑτοιμάσας μηδὲ²⁹ ποιήσας
48 πρὸς τὸ θέλημα αὐτοῦ, δαρήσεται πολλάς· ὁ δὲ μὴ
γνούς, ποιήσας δὲ ἄξια πληγῶν, δαρήσεται ὀλίγας.
παντὶ δὲ ᾧ ἐδόθη πολύ, πολὺ ζητηθήσεται παρ᾽
αὐτοῦ· καὶ ᾧ παρέθεντο πολύ, περισσότερον αἰτή-
σουσιν αὐτόν.

49 Πῦρ ἦλθον βαλεῖν εἰς³⁰ τὴν γῆν, καὶ τί θέλω εἰ
50 ἤδη ἀνήφθη; βάπτισμα δὲ ἔχω βαπτισθῆναι, καὶ
51 πῶς συνέχομαι ἕως οὗ³¹ τελεσθῇ. δοκεῖτε ὅτι εἰρή-
νην παρεγενόμην δοῦναι ἐν τῇ γῇ; οὐχί, λέγω ὑμῖν,
52 ἀλλ᾽ ἢ διαμερισμόν. ἔσονται γὰρ ἀπὸ τοῦ νῦν
πέντε ἐν οἴκῳ ἑνὶ³² διαμεμερισμένοι, τρεῖς ἐπὶ δυσί,
53 καὶ δύο ἐπὶ τρισί. διαμερισθήσεται³³ πατὴρ ἐφ᾽ υἱῷ,
καὶ υἱὸς ἐπὶ πατρί· μήτηρ ἐπὶ θυγατρί³⁴, καὶ θυγά-

²⁵ om. αὐτῷ   ²⁶ καὶ εἶπεν   ²⁷ ὁ (marg. , ὁ φρόνιμος ὃν)
²⁸ αὐτοῦ   ²⁹ ἢ   ³⁰ ἐπὶ   ³¹ ὅτου   ³² ἐνὶ οἴκῳ
³³ διαμερισθήσονται   ³⁴ θυγατέρα

τηρ ἐπὶ μητρί³⁵· πενθερὰ ἐπὶ τὴν νύμφην αὐτῆς, καὶ
νύμφη ἐπὶ τὴν πενθερὰν αὐτῆς³⁶.

Ἔλεγε δὲ καὶ τοῖς ὄχλοις, Ὅταν ἴδητε τὴν³⁷ 54
νεφέλην ἀνατέλλουσαν ἀπὸ³⁸ δυσμῶν, εὐθέως λέ-
γετε³⁹ Ὄμβρος ἔρχεται· καὶ γίνεται οὕτω. καὶ 55
ὅταν νότον πνέοντα, λέγετε ὅτι Καύσων ἔσται·
καὶ γίνεται. ὑποκριταί, τὸ πρόσωπον τοῦ οὐρανοῦ 56
καὶ τῆς γῆς *⁴⁰ οἴδατε δοκιμάζειν· τὸν δὲ καιρὸν τοῦ-
τον πῶς οὐ δοκιμάζετε⁴¹; τί δὲ καὶ ἀφ᾽ ἑαυτῶν οὐ 57
κρίνετε τὸ δίκαιον; ὡς γὰρ ὑπάγεις μετὰ τοῦ ἀντι- 58
δίκου σου ἐπ᾽ ἄρχοντα, ἐν τῇ ὁδῷ δὸς ἐργασίαν
ἀπηλλάχθαι ἀπ᾽ αὐτοῦ· μήποτε κατασύρῃ σε πρὸς
τὸν κριτήν, καὶ ὁ κριτής σε παραδῷ⁴² τῷ πράκτορι,
καὶ ὁ πράκτωρ σε βάλλῃ⁴³ εἰς φυλακήν. λέγω σοι, 59
οὐ μὴ ἐξέλθῃς ἐκεῖθεν, ἕως οὗ καὶ τὸ ἔσχατον
λεπτὸν ἀποδῷς.

Παρῆσαν δέ τινες ἐν αὐτῷ τῷ καιρῷ ἀπαγγέλ- XIII.
λοντες αὐτῷ περὶ τῶν Γαλιλαίων, ὧν τὸ αἷμα
Πιλᾶτος ἔμιξε μετὰ τῶν θυσιῶν αὐτῶν. καὶ ἀπο- 2
κριθεὶς ὁ Ἰησοῦς¹ εἶπεν αὐτοῖς, Δοκεῖτε ὅτι οἱ
Γαλιλαῖοι οὗτοι ἁμαρτωλοὶ παρὰ πάντας τοὺς
Γαλιλαίους ἐγένοντο, ὅτι τοιαῦτα² πεπόνθασιν;
οὐχί, λέγω ὑμῖν· ἀλλ᾽ ἐὰν μὴ μετανοῆτε, πάντες 3
ὡσαύτως³ ἀπολεῖσθε. ἢ ἐκεῖνοι οἱ δέκα καὶ ὀκτώ, 4
ἐφ᾽ οὓς ἔπεσεν ὁ πύργος ἐν τῷ Σιλωάμ καὶ ἀπέκ-
τεινεν αὐτούς, δοκεῖτε ὅτι οὗτοι⁴ ὀφειλέται ἐγένοντο
παρὰ πάντας⁵ ἀνθρώπους τοὺς κατοικοῦντας ἐν⁶
Ἱερουσαλήμ; οὐχί, λέγω ὑμῖν· ἀλλ᾽ ἐὰν μὴ μετα- 5
νοῆτε, πάντες ὁμοίως⁷ ἀπολεῖσθε. ἔλεγε δὲ ταύτην 6

---

³⁵ τὴν μητέρα   ³⁶ om. αὐτῆς   ³⁷ om. τὴν   ³⁸ ἐπὶ
³⁹ add ὅτι   ⁴⁰ τῆς γῆς καὶ τοῦ οὐρανοῦ   ⁴¹ οὐκ οἴδατε δοκιμάζειν
⁴² παραδώσει   ⁴³ βαλεῖ   ¹ om. ὁ Ἰησοῦς   ² ταῦτα
³ ὁμοίως   ⁴ αὐτοὶ   ⁵ add τοὺς   ⁶ om. ἐν   ⁷ ὡσαύτως

τὴν παραβολήν· Συκῆν εἶχέ τις ἐν τῷ ἀμπελῶνι αὐτοῦ πεφυτευμένην⁸· καὶ ἦλθε καρπὸν ζητῶν⁹ ἐν αὐτῇ, καὶ οὐχ 7 εὗρεν. εἶπε δὲ πρὸς τὸν ἀμπελουργόν, Ἰδού, τρία ἔτη¹⁰ ἔρχομαι ζητῶν καρπὸν ἐν τῇ συκῇ ταύτῃ, καὶ οὐχ εὑρίσκω· ἔκκοψον αὐτήν· ἱνατί καὶ τὴν γῆν 8 καταργεῖ; ὁ δὲ ἀποκριθεὶς λέγει αὐτῷ, Κύριε, ἄφες αὐτὴν καὶ τοῦτο τὸ ἔτος, ἕως ὅτου σκάψω περὶ 9 αὐτήν, καὶ βάλω κοπρίαν· κἂν μὲν ποιήσῃ καρπόν· εἰ δὲ μήγε, εἰς τὸ μέλλον¹¹ ἐκκόψεις αὐτήν.

10 Ἦν δὲ διδάσκων ἐν μιᾷ τῶν συναγωγῶν ἐν τοῖς 11 σάββασι· καὶ ἰδού, γυνὴ ἦν¹² πνεῦμα ἔχουσα ἀσθε-νείας ἔτη δέκα καὶ ὀκτώ, καὶ ἦν συγκύπτουσα, καὶ 12 μὴ δυναμένη ἀνακύψαι εἰς τὸ παντελές. ἰδὼν δὲ αὐτὴν ὁ Ἰησοῦς προσεφώνησε, καὶ εἶπεν αὐτῇ, 13 Γύναι, ἀπολέλυσαι τῆς ἀσθενείας σου. καὶ ἐπέθη-κεν αὐτῇ τὰς χεῖρας· καὶ παραχρῆμα ἀνωρθώθη, 14 καὶ ἐδόξαζε τὸν Θεόν. ἀποκριθεὶς δὲ ὁ ἀρχισυνά-γωγος, ἀγανακτῶν ὅτι τῷ σαββάτῳ ἐθεράπευσεν ὁ Ἰησοῦς, ἔλεγε τῷ ὄχλῳ, Ἓξ ἡμέραι εἰσὶν ἐν αἷς δεῖ ἐργάζεσθαι· ἐν ταύταις¹³ οὖν ἐρχόμενοι θερα-15 πεύεσθε, καὶ μὴ τῇ ἡμέρᾳ τοῦ σαββάτου. ἀπε-κρίθη οὖν¹⁴ αὐτῷ ὁ Κύριος, καὶ εἶπεν, Ὑποκριτά¹⁵, ἕκαστος ὑμῶν τῷ σαββάτῳ οὐ λύει τὸν βοῦν αὐτοῦ ἢ τὸν ὄνον ἀπὸ τῆς φάτνης, καὶ ἀπαγαγὼν ποτίζει; 16 ταύτην δέ, θυγατέρα Ἀβραὰμ οὖσαν, ἣν ἔδησεν ὁ Σατανᾶς, ἰδού, δέκα καὶ ὀκτὼ ἔτη, οὐκ ἔδει λυθῆναι ἀπὸ τοῦ δεσμοῦ τούτου τῇ ἡμέρᾳ τοῦ σαββάτου; 17 καὶ ταῦτα λέγοντος αὐτοῦ, κατῃσχύνοντο πάντες οἱ ἀντικείμενοι αὐτῷ· καὶ πᾶς ὁ ὄχλος ἔχαιρεν ἐπὶ πᾶσι τοῖς ἐνδόξοις τοῖς γινομένοις ὑπ' αὐτοῦ.

---

⁸ πεφυτευμένην ἐν τῷ ἀμπελῶνι αὐτοῦ   ⁹ ζητῶν καρπὸν
¹⁰ add ἀφ' οὗ   ¹¹ (καρπὸν) εἰς τὸ μέλλον· εἰ δὲ μήγε
¹² om. ἦν   ¹³ αὐταῖς   ¹⁴ δὲ   ¹⁵ Ὑποκριταί

Ἔλεγε δέ[16], Τίνι ὁμοία ἐστὶν ἡ βασιλεία τοῦ 18
Θεοῦ; καὶ τίνι ὁμοιώσω αὐτήν; ὁμοία ἐστὶ κόκκῳ 19
σινάπεως, ὃν* λαβὼν ἄνθρωπος ἔβαλεν εἰς κῆπον
ἑαυτοῦ· καὶ ηὔξησε, καὶ ἐγένετο εἰς δένδρον μέγα[17],
καὶ τὰ πετεινὰ τοῦ οὐρανοῦ κατεσκήνωσεν ἐν τοῖς
κλάδοις αὐτοῦ. καὶ πάλιν εἶπε, Τίνι ὁμοιώσω 20
τὴν βασιλείαν τοῦ Θεοῦ; ὁμοία ἐστὶ ζύμῃ, ἣν λα- 21
βοῦσα γυνὴ ἐνέκρυψεν[18] εἰς ἀλεύρου σάτα τρία, ἕως
οὗ ἐζυμώθη ὅλον.

Καὶ διεπορεύετο κατὰ πόλεις καὶ κώμας διδάσ- 22
κων, καὶ πορείαν ποιούμενος εἰς Ἱερουσαλήμ.
εἶπε δέ τις αὐτῷ, Κύριε, εἰ ὀλίγοι οἱ σωζόμενοι; 23
ὁ δὲ εἶπε πρὸς αὐτούς, Ἀγωνίζεσθε εἰσελθεῖν διὰ 24
τῆς στενῆς πύλης[19]· ὅτι πολλοί, λέγω ὑμῖν, ζητήσου-
σιν εἰσελθεῖν, καὶ οὐκ ἰσχύσουσιν. ἀφ' οὗ[20] ἂν 25
ἐγερθῇ ὁ οἰκοδεσπότης καὶ ἀποκλείσῃ τὴν θύραν,
καὶ ἄρξησθε ἔξω ἑστάναι καὶ κρούειν τὴν θύραν,
λέγοντες, Κύριε, Κύριε[21], ἄνοιξον ἡμῖν· καὶ ἀποκρι-
θεὶς ἐρεῖ ὑμῖν, Οὐκ οἶδα ὑμᾶς, πόθεν ἐστέ· τότε 26
ἄρξεσθε λέγειν, Ἐφάγομεν ἐνώπιόν σου καὶ ἐπίο-
μεν, καὶ ἐν ταῖς πλατείαις ἡμῶν ἐδίδαξας. καὶ 27
ἐρεῖ, Λέγω ὑμῖν, οὐκ οἶδα ὑμᾶς[22] πόθεν ἐστέ· ἀπό-
στητε ἀπ' ἐμοῦ πάντες οἱ[23] ἐργάται τῆς[24] ἀδικίας.
ἐκεῖ ἔσται ὁ κλαυθμὸς καὶ ὁ βρυγμὸς τῶν ὀδόντων, 28
ὅταν ὄψησθε Ἀβραὰμ καὶ Ἰσαὰκ καὶ Ἰακὼβ καὶ
πάντας τοὺς προφήτας ἐν τῇ βασιλείᾳ τοῦ Θεοῦ,
ὑμᾶς δὲ ἐκβαλλομένους ἔξω. καὶ ἥξουσιν ἀπὸ 29
ἀνατολῶν καὶ δυσμῶν, καὶ ἀπὸ βορρᾶ καὶ νότου,
καὶ ἀνακλιθήσονται ἐν τῇ βασιλείᾳ τοῦ Θεοῦ. καὶ 30

---

[16] Ἔλεγεν οὖν   [17] om. μέγα   [18] ἔκρυψεν   [19] θύρας
[20] (Marg. οὐκ ἰσχύσουσιν, ἀφ' οὗ)   [21] om. Κύριε   [22] om. ὑμᾶς
[23] om. οἱ   [24] om. τῆς

ἰδού, εἰσὶν ἔσχατοι οἳ ἔσονται πρῶτοι, καί εἰσὶ
πρῶτοι οἳ ἔσονται ἔσχατοι.

31 Ἐν αὐτῇ τῇ ἡμέρᾳ²⁵ προσῆλθόν τινες Φαρισαῖοι,
λέγοντες αὐτῷ, Ἔξελθε καὶ πορεύου ἐντεῦθεν, ὅτι
32 Ἡρώδης θέλει σε ἀποκτεῖναι. καὶ εἶπεν αὐτοῖς,
Πορευθέντες εἴπατε τῇ ἀλώπεκι ταύτῃ, Ἰδού, ἐκ-
βάλλω δαιμόνια καὶ ἰάσεις ἐπιτελῶ²⁶ σήμερον καὶ
33 αὔριον, καὶ τῇ τρίτῃ τελειοῦμαι. πλὴν δεῖ με
σήμερον καὶ αὔριον καὶ τῇ ἐχομένῃ πορεύεσθαι·
ὅτι οὐκ ἐνδέχεται προφήτην ἀπολέσθαι ἔξω Ἱε-
34 ρουσαλήμ. Ἱερουσαλήμ, Ἱερουσαλήμ, ἡ ἀποκτεί-
νουσα τοὺς προφήτας, καὶ λιθοβολοῦσα τοὺς
ἀπεσταλμένους πρὸς αὐτήν, ποσάκις ἠθέλησα
ἐπισυνάξαι τὰ τέκνα σου, ὃν τρόπον ὄρνις τὴν
ἑαυτῆς νοσσιὰν ὑπὸ τὰς πτέρυγας, καὶ οὐκ ἠθε-
35 λήσατε. ἰδού, ἀφίεται ὑμῖν ὁ οἶκος ὑμῶν ἔρημος²⁷·
ἀμὴν δὲ λέγω²⁸ ὑμῖν ὅτι²⁹ Οὐ μή με ἴδητε ἕως ἂν ἥξῃ,
ὅτε³⁰ εἴπητε, Εὐλογημένος ὁ ἐρχόμενος ἐν ὀνόματι
Κυρίου.

XIV. Καὶ ἐγένετο ἐν τῷ ἐλθεῖν αὐτὸν εἰς οἶκόν τινος
τῶν ἀρχόντων τῶν Φαρισαίων σαββάτῳ φαγεῖν
2 ἄρτον, καὶ αὐτοὶ ἦσαν παρατηρούμενοι αὐτόν. καὶ
ἰδού, ἄνθρωπός τις ἦν ὑδρωπικὸς ἔμπροσθεν αὐτοῦ.
3 καὶ ἀποκριθεὶς ὁ Ἰησοῦς εἶπε πρὸς τοὺς νομικοὺς
καὶ Φαρισαίους, λέγων, Εἰ¹ ἔξεστι τῷ σαββάτῳ
4 θεραπεύειν²; οἱ δὲ ἡσύχασαν. καὶ ἐπιλαβόμενος
5 ἰάσατο αὐτόν, καὶ ἀπέλυσε. καὶ ἀποκριθεὶς³ πρὸς
αὐτοὺς εἶπε, Τίνος ὑμῶν ὄνος⁴ ἢ βοῦς εἰς φρέαρ ἐμπε-
σεῖται⁵, καὶ οὐκ εὐθέως ἀνασπάσει αὐτὸν ἐν τῇ⁶

---

²⁵ ὥρᾳ　　²⁶ ἀποτελῶ　　²⁷ om. ἔρημος　　²⁸ λέγω δὲ
²⁹ om. ὅτι　　³⁰ om. ἂν ἥξῃ, ὅτε　　¹ om. Εἰ (ἔξεστι)
² θεραπεῦσαι, ἢ οὔ　　³ om. ἀποκριθεὶς　　⁴ Marg. υἱὸς
⁵ πεσεῖται　　⁶ om. τῇ

ἡμέρα τοῦ σαββάτου; καὶ οὐκ ἴσχυσαν ἀνταπο- 6
κριθῆναι αὐτῷ⁷ πρὸς ταῦτα.

Ἔλεγε δὲ πρὸς τοὺς κεκλημένους παραβολήν, 7
ἐπέχων πῶς τὰς πρωτοκλισίας ἐξελέγοντο, λέγων
πρὸς αὐτούς, Ὅταν κληθῇς ὑπό τινος εἰς γάμους, 8
μὴ κατακλιθῇς εἰς τὴν πρωτοκλισίαν· μήποτε ἐν-
τιμότερός σου ᾖ κεκλημένος ὑπ' αὐτοῦ, καὶ ἐλθὼν 9
ὁ σὲ καὶ αὐτὸν καλέσας ἐρεῖ σοι, Δὸς τούτῳ τόπον·
καὶ τότε ἄρξῃ μετ' αἰσχύνης τὸν ἔσχατον τόπον
κατέχειν. ἀλλ' ὅταν κληθῇς, πορευθεὶς ἀνάπεσον 10
εἰς τὸν ἔσχατον τόπον· ἵνα, ὅταν ἔλθῃ ὁ κεκληκώς
σε, εἴπῃ⁸ σοι, Φίλε, προσανάβηθι ἀνώτερον· τότε
ἔσται σοι δόξα ἐνώπιον⁹ τῶν συνανακειμένων σοι.
ὅτι πᾶς ὁ ὑψῶν ἑαυτὸν ταπεινωθήσεται, καὶ ὁ 11
ταπεινῶν ἑαυτὸν ὑψωθήσεται.

Ἔλεγε δὲ καὶ τῷ κεκληκότι αὐτόν, Ὅταν ποιῇς 12
ἄριστον ἢ δεῖπνον, μὴ φώνει τοὺς φίλους σου, μηδὲ
τοὺς ἀδελφούς σου, μηδὲ τοὺς συγγενεῖς σου, μηδὲ
γείτονας πλουσίους· μήποτε καὶ αὐτοί σε ἀντικα-
λέσωσι, καὶ γένηταί σοι ἀνταπόδομα¹⁰. ἀλλ' ὅταν 13
ποιῇς δοχήν, κάλει πτωχούς, ἀναπήρους, χωλούς,
τυφλούς· καὶ μακάριος ἔσῃ, ὅτι οὐκ ἔχουσιν ἀντα- 14
ποδοῦναί σοι· ἀνταποδοθήσεται γάρ σοι ἐν τῇ
ἀναστάσει τῶν δικαίων.

Ἀκούσας δέ τις τῶν συνανακειμένων ταῦτα 15
εἶπεν αὐτῷ, Μακάριος, ὃς¹¹ φάγεται ἄρτον ἐν τῇ
βασιλείᾳ τοῦ Θεοῦ. ὁ δὲ εἶπεν αὐτῷ, Ἄνθρωπός 16
τις ἐποίησε¹² δεῖπνον μέγα, καὶ ἐκάλεσε πολλούς· καὶ 17
ἀπέστειλε τὸν δοῦλον αὐτοῦ τῇ ὥρᾳ τοῦ δείπνου
εἰπεῖν τοῖς κεκλημένοις, Ἔρχεσθε, ὅτι ἤδη ἕτοιμά
ἐστι πάντα¹³. καὶ ἤρξαντο ἀπὸ μιᾶς παραιτεῖσθαι 18

---

⁷ om. αὐτῷ   ⁸ ἐρεῖ   ⁹ add πάντων   ¹⁰ (-ται) ἀνταπόδομά σοι
¹¹ ὅστις   ¹² ἐποίει   ¹³ om. πάντα

13—2

πάντες[14]. ὁ πρῶτος εἶπεν αὐτῷ, Ἀγρὸν ἠγόρασα,
καὶ ἔχω ἀνάγκην ἐξελθεῖν καὶ[15] ἰδεῖν αὐτόν· ἐρωτῶ σε,
19 ἔχε με παρῃτημένον. καὶ ἕτερος εἶπε, Ζεύγη βοῶν
ἠγόρασα πέντε, καὶ πορεύομαι δοκιμάσαι αὐτά·
20 ἐρωτῶ σε, ἔχε με παρῃτημένον. καὶ ἕτερος εἶπε,
Γυναῖκα ἔγημα, καὶ διὰ τοῦτο οὐ δύναμαι ἐλθεῖν.
21 καὶ παραγενόμενος ὁ δοῦλος ἐκεῖνος[16] ἀπήγγειλε τῷ
κυρίῳ αὐτοῦ ταῦτα. τότε ὀργισθεὶς ὁ οἰκοδεσπό-
της εἶπε τῷ δούλῳ αὐτοῦ, Ἔξελθε ταχέως εἰς τὰς
πλατείας καὶ ῥύμας τῆς πόλεως, καὶ τοὺς πτωχοὺς
καὶ ἀναπήρους καὶ χωλοὺς καὶ τυφλοὺς[17] εἰσάγαγε ὧδε.
22 καὶ εἶπεν ὁ δοῦλος, Κύριε, γέγονεν ὡς[18] ἐπέταξας,
23 καὶ ἔτι τόπος ἐστί. καὶ εἶπεν ὁ κύριος πρὸς τὸν
δοῦλον, Ἔξελθε εἰς τὰς ὁδοὺς καὶ φραγμούς, καὶ
ἀνάγκασον εἰσελθεῖν, ἵνα γεμισθῇ ὁ οἶκός μου.
24 λέγω γὰρ ὑμῖν ὅτι οὐδεὶς τῶν ἀνδρῶν ἐκείνων τῶν
κεκλημένων γεύσεταί μου τοῦ δείπνου.

25 Συνεπορεύοντο δὲ αὐτῷ ὄχλοι πολλοί· καὶ
26 στραφεὶς εἶπε πρὸς αὐτούς, Εἴ τις ἔρχεται πρός με,
καὶ οὐ μισεῖ τὸν πατέρα ἑαυτοῦ, καὶ τὴν μητέρα,
καὶ τὴν γυναῖκα, καὶ τὰ τέκνα, καὶ τοὺς ἀδελφούς,
καὶ τὰς ἀδελφάς, ἔτι δὲ[19] καὶ τὴν ἑαυτοῦ ψυχήν, οὐ
27 δύναταί μου μαθητὴς εἶναι. καὶ[20] ὅστις οὐ βαστά-
ζει τὸν σταυρὸν αὐτοῦ[21] καὶ ἔρχεται ὀπίσω μου, οὐ
28 δύναταί μου εἶναι μαθητής. τίς γὰρ ἐξ ὑμῶν,
θέλων πύργον οἰκοδομῆσαι, οὐχὶ πρῶτον καθίσας
ψηφίζει τὴν δαπάνην, εἰ ἔχει τὰ[22] πρὸς[23] ἀπαρτισ-
29 μόν; ἵνα μήποτε, θέντος αὐτοῦ θεμέλιον καὶ μὴ
ἰσχύοντος ἐκτελέσαι, πάντες οἱ θεωροῦντες ἄρξων-
30 ται ἐμπαίζειν αὐτῷ, λέγοντες ὅτι Οὗτος ὁ ἄνθρω-

---

[14] πάντες παραιτεῖσθαι [15] ἐξελθὼν [16] om. ἐκεῖνος
[17] τυφλοὺς καὶ χωλοὺς [18] ὃ [19] τε [20] om. καὶ
[21] ἑαυτοῦ [22] om. τὰ [23] εἰς

πος ἤρξατο οἰκοδομεῖν, καὶ οὐκ ἴσχυσεν ἐκτελέσαι.
ἢ τίς βασιλεὺς πορευόμενος συμβαλεῖν ἑτέρῳ 31
βασιλεῖ εἰς πόλεμον οὐχὶ καθίσας πρῶτον βουλεύε-
ται²⁴ εἰ δυνατός ἐστιν ἐν δέκα χιλιάσιν ἀπαντῆσαι²⁵
τῷ μετὰ εἴκοσι χιλιάδων ἐρχομένῳ ἐπ᾽ αὐτόν ; εἰ 32
δὲ μήγε, ἔτι αὐτοῦ πόρρω ὄντος, πρεσβείαν ἀπο-
στείλας ἐρωτᾷ τὰ πρὸς εἰρήνην. οὕτως οὖν πᾶς ἐξ 33
ὑμῶν ὃς οὐκ ἀποτάσσεται πᾶσι τοῖς ἑαυτοῦ ὑπάρ-
χουσιν, οὐ δύναταί μου εἶναι μαθητής. καλὸν²⁶ τὸ 34
ἅλας· ἐὰν δὲ²⁷ τὸ ἅλας μωρανθῇ, ἐν τίνι ἀρτυθή-
σεται ; οὔτε εἰς γῆν οὔτε εἰς κοπρίαν εὔθετόν 35
ἐστιν· ἔξω βάλλουσιν αὐτό. ὁ ἔχων ὦτα ἀκούειν
ἀκουέτω.
Ἦσαν δὲ ἐγγίζοντες αὐτῷ πάντες οἱ τελῶναι XV.
καὶ οἱ ἁμαρτωλοί, ἀκούειν αὐτοῦ. καὶ διεγόγγυζον 2
οἱ¹ Φαρισαῖοι καὶ οἱ γραμματεῖς λέγοντες ὅτι
Οὗτος ἁμαρτωλοὺς προσδέχεται, καὶ συνεσθίει
αὐτοῖς.
Εἶπε δὲ πρὸς αὐτοὺς τὴν παραβολὴν ταύτην, 3
λέγων, Τίς ἄνθρωπος ἐξ ὑμῶν ἔχων ἑκατὸν πρό- 4
βατα, καὶ ἀπολέσας ἓν ἐξ αὐτῶν², οὐ καταλείπει τὰ
ἐννενηκονταεννέα ἐν τῇ ἐρήμῳ, καὶ πορεύεται ἐπὶ
τὸ ἀπολωλός, ἕως εὕρῃ αὐτό ; καὶ εὑρὼν ἐπιτίθησιν 5
ἐπὶ τοὺς ὤμους ἑαυτοῦ³ χαίρων. καὶ ἐλθὼν εἰς τὸν 6
οἶκον, συγκαλεῖ τοὺς φίλους καὶ τοὺς γείτονας,
λέγων αὐτοῖς, Συγχάρητέ μοι, ὅτι εὗρον τὸ πρό-
βατόν μου τὸ ἀπολωλός. λέγω ὑμῖν ὅτι οὕτω 7
χαρὰ ἔσται ἐν τῷ οὐρανῷ ἐπὶ ἑνὶ ἁμαρτωλῷ μετα-
νοοῦντι, ἢ ἐπὶ ἐννενηκονταεννέα δικαίοις, οἵτινες οὐ
χρείαν ἔχουσι μετανοίας.
Ἢ τίς γυνὴ δραχμὰς ἔχουσα δέκα, ἐὰν ἀπο- 8

²⁴ βουλεύσεται   ²⁵ ὑπαντῆσαι   ²⁶ add οὖν   ²⁷ add καὶ
¹ (οἵ) add τε   ² ἐξ αὐτῶν ἕν   ³ αὐτοῦ

λέσῃ δραχμὴν μίαν, οὐχὶ ἅπτει λύχνον, καὶ σαροῖ
9 τὴν οἰκίαν, καὶ ζητεῖ ἐπιμελῶς ἕως ὅτου εὕρῃ; καὶ
εὑροῦσα συγκαλεῖται⁴ τὰς φίλας καὶ τὰς⁵ γείτονας,
λέγουσα, Συγχάρητέ μοι, ὅτι εὗρον τὴν δραχμὴν
10 ἣν ἀπώλεσα. οὕτω, λέγω ὑμῖν, χαρὰ γίνεται⁶ ἐνώ-
πιον τῶν ἀγγέλων τοῦ Θεοῦ ἐπὶ ἑνὶ ἁμαρτωλῷ
μετανοοῦντι.

11, 12 Εἶπε δέ, Ἄνθρωπός τις εἶχε δύο υἱούς· καὶ
εἶπεν ὁ νεώτερος αὐτῶν τῷ πατρί, Πάτερ, δός μοι
τὸ ἐπιβάλλον μέρος τῆς οὐσίας. καὶ⁷ διεῖλεν αὐ-
13 τοῖς τὸν βίον. καὶ μετ᾽ οὐ πολλὰς ἡμέρας συνα-
γαγὼν ἅπαντα ὁ νεώτερος υἱὸς ἀπεδήμησεν εἰς
χώραν μακράν, καὶ ἐκεῖ διεσκόρπισε τὴν οὐσίαν
14 αὐτοῦ, ζῶν ἀσώτως. δαπανήσαντος δὲ αὐτοῦ πάν-
τα, ἐγένετο λιμὸς ἰσχυρὸς κατὰ τὴν χώραν ἐκείνην,
15 καὶ αὐτὸς ἤρξατο ὑστερεῖσθαι. καὶ πορευθεὶς
ἐκολλήθη ἑνὶ τῶν πολιτῶν τῆς χώρας ἐκείνης· καὶ
ἔπεμψεν αὐτὸν εἰς τοὺς ἀγροὺς αὐτοῦ βόσκειν
16 χοίρους. καὶ ἐπεθύμει γεμίσαι τὴν κοιλίαν αὐτοῦ ἀπὸ⁸
τῶν κερατίων ὧν ἤσθιον οἱ χοῖροι· καὶ οὐδεὶς
17 ἐδίδου αὐτῷ. εἰς ἑαυτὸν δὲ ἐλθὼν εἶπε⁹, Πόσοι
μίσθιοι τοῦ πατρός μου περισσεύουσιν¹⁰ ἄρτων, ἐγὼ
18 δὲ λιμῷ¹¹ ἀπόλλυμαι· ἀναστὰς πορεύσομαι πρὸς
τὸν πατέρα μου, καὶ ἐρῶ αὐτῷ, Πάτερ, ἥμαρτον εἰς
19 τὸν οὐρανὸν καὶ ἐνώπιόν σου· καὶ¹² οὐκέτι εἰμὶ
ἄξιος κληθῆναι υἱός σου· ποίησόν με ὡς ἕνα τῶν
20 μισθίων σου. καὶ ἀναστὰς ἦλθε πρὸς τὸν πατέρα
ἑαυτοῦ. ἔτι δὲ αὐτοῦ μακρὰν ἀπέχοντος, εἶδεν
αὐτὸν ὁ πατὴρ αὐτοῦ, καὶ ἐσπλαγχνίσθη, καὶ δρα-
μὼν ἐπέπεσεν ἐπὶ τὸν τράχηλον αὐτοῦ, καὶ κατε-

---

⁴ συγκαλεῖ   ⁵ om. τὰς   ⁶ γίνεται χαρὰ   ⁷ ὁ δε
⁸ χορτασθῆναι ἐκ   ⁹ ἔφη   ¹⁰ περισσεύονται   ¹¹ add ὧδε
¹² om. καὶ

φίλησεν αὐτόν. εἶπε δὲ αὐτῷ ὁ υἱός, Πάτερ, 21
ἥμαρτον εἰς τὸν οὐρανὸν καὶ ἐνώπιόν σου, καὶ[13]
οὐκέτι εἰμὶ ἄξιος κληθῆναι υἱός σου.[14] εἶπε δὲ ὁ 22
πατὴρ πρὸς τοὺς δούλους αὐτοῦ, [15]Ἐξενέγκατε τὴν[16]
στολὴν τὴν πρώτην καὶ ἐνδύσατε αὐτόν, καὶ δότε
δακτύλιον εἰς τὴν χεῖρα αὐτοῦ, καὶ ὑποδήματα εἰς
τοὺς πόδας· καὶ ἐνέγκαντες[17] τὸν μόσχον τὸν σιτευ- 23
τὸν θύσατε, καὶ φαγόντες εὐφρανθῶμεν· ὅτι οὗτος 24
ὁ υἱός μου νεκρὸς ἦν, καὶ ἀνέζησε· καὶ ἀπολωλὼς ἦν[18],
καὶ εὑρέθη. καὶ ἤρξαντο εὐφραίνεσθαι. ἦν δὲ ὁ 25
υἱὸς αὐτοῦ ὁ πρεσβύτερος ἐν ἀγρῷ· καὶ ὡς ἐρχόμε-
νος ἤγγισε τῇ οἰκίᾳ, ἤκουσε συμφωνίας καὶ χορῶν.
καὶ προσκαλεσάμενος ἕνα τῶν παίδων, ἐπυνθάνετο 26
τί[19] εἴη ταῦτα. ὁ δὲ εἶπεν αὐτῷ ὅτι Ὁ ἀδελφός 27
σου ἥκει· καὶ ἔθυσεν ὁ πατήρ σου τὸν μόσχον τὸν
σιτευτόν, ὅτι ὑγιαίνοντα αὐτὸν ἀπέλαβεν. ὠργίσθη 28
δέ, καὶ οὐκ ἤθελεν εἰσελθεῖν· ὁ οὖν[20] πατὴρ αὐτοῦ
ἐξελθὼν παρεκάλει αὐτόν. ὁ δὲ ἀποκριθεὶς εἶπε 29
τῷ πατρί[21], Ἰδού, τοσαῦτα ἔτη δουλεύω σοι, καὶ
οὐδέποτε ἐντολήν σου παρῆλθον, καὶ ἐμοὶ οὐδέποτε
ἔδωκας ἔριφον, ἵνα μετὰ τῶν φίλων μου εὐφρανθῶ.
ὅτε δὲ ὁ υἱός σου οὗτος ὁ καταφαγών σου τὸν βίον 30
μετὰ[22] πορνῶν ἦλθεν, ἔθυσας αὐτῷ τὸν μόσχον τὸν
σιτευτόν[23]. ὁ δὲ εἶπεν αὐτῷ, Τέκνον, σὺ πάντοτε 31
μετ᾽ ἐμοῦ εἶ, καὶ πάντα τὰ ἐμὰ σά ἐστιν. εὐφραν- 32
θῆναι δὲ καὶ χαρῆναι ἔδει· ὅτι ὁ ἀδελφός σου οὗτος
νεκρὸς ἦν, καὶ ἀνέζησε·[24] καὶ ἀπολωλὼς ἦν[25], καὶ
εὑρέθη.

---

[13] om. καὶ   [14] Marg. adds ποίησόν με ὡς ἕνα τῶν
μισθίων σου.   [15] add Ταχὺ (ἐξενέγκατε)   [16] om. τὴν
[17] φέρετε (..., θύσατε)   [18] ἦν ἀπολωλώς   [19] add ἂν
[20] δὲ   [21] add αὐτοῦ   [22] add τῶν   [23] σιτευτὸν
μόσχον   [24] ἔζησε   [25] (-ώς) om. ἦν

XVI.   Ἔλεγε δὲ καὶ πρὸς τοὺς μαθητὰς αὐτοῦ¹, Ἄν-
θρωπός τις ἦν πλούσιος, ὃς εἶχεν οἰκονόμον· καὶ
οὗτος διεβλήθη αὐτῷ ὡς διασκορπίζων τὰ ὑπάρ-
2 χοντα αὐτοῦ. καὶ φωνήσας αὐτὸν εἶπεν αὐτῷ, Τί
τοῦτο ἀκούω περὶ σοῦ; ἀπόδος τὸν λόγον τῆς οἰκο-
3 νομίας σου· οὐ γὰρ δυνήσῃ² ἔτι οἰκονομεῖν. εἶπε δὲ
ἐν ἑαυτῷ ὁ οἰκονόμος, Τί ποιήσω, ὅτι ὁ κύριός μου
ἀφαιρεῖται τὴν οἰκονομίαν ἀπ᾽ ἐμοῦ; σκάπτειν οὐκ
4 ἰσχύω, ἐπαιτεῖν αἰσχύνομαι. ἔγνων τί ποιήσω,
ἵνα, ὅταν μετασταθῶ³ τῆς οἰκονομίας, δέξωνταί με
5 εἰς τοὺς οἴκους αὐτῶν⁴. καὶ προσκαλεσάμενος ἕνα
ἕκαστον τῶν χρεωφειλετῶν τοῦ κυρίου ἑαυτοῦ,
ἔλεγε τῷ πρώτῳ, Πόσον ὀφείλεις τῷ κυρίῳ μου;
6 ὁ δὲ εἶπεν, Ἑκατὸν βάτους ἐλαίου. καὶ⁵ εἶπεν
αὐτῷ, Δέξαι σου τὸ γράμμα⁶, καὶ καθίσας ταχέως
7 γράψον πεντήκοντα. ἔπειτα ἑτέρῳ εἶπε, Σὺ δὲ
πόσον ὀφείλεις; ὁ δὲ εἶπεν, Ἑκατὸν κόρους σίτου.
καὶ⁷ λέγει αὐτῷ, Δέξαι σου τὸ γράμμα⁶, καὶ γράψον
8 ὀγδοήκοντα. καὶ ἐπήνεσεν ὁ κύριος τὸν οἰκονόμον
τῆς ἀδικίας ὅτι φρονίμως ἐποίησεν· ὅτι οἱ υἱοὶ τοῦ
αἰῶνος τούτου φρονιμώτεροι ὑπὲρ τοὺς υἱοὺς τοῦ
9 φωτὸς εἰς τὴν γενεὰν⁸ ἑαυτῶν εἰσί. κἀγὼ ὑμῖν
λέγω, Ποιήσατε ἑαυτοῖς φίλους ἐκ τοῦ μαμωνᾶ τῆς
ἀδικίας, ἵνα, ὅταν ἐκλίπητε⁹, δέξωνται ὑμᾶς εἰς τὰς
10 αἰωνίους σκηνάς. ὁ πιστὸς ἐν ἐλαχίστῳ καὶ ἐν
πολλῷ πιστός ἐστι, καὶ ὁ ἐν ἐλαχίστῳ ἄδικος καὶ
11 ἐν πολλῷ ἄδικός ἐστιν. εἰ οὖν ἐν τῷ ἀδίκῳ μα-
μωνᾷ πιστοὶ οὐκ ἐγένεσθε, τὸ ἀληθινὸν τίς ὑμῖν
12 πιστεύσει; καὶ εἰ ἐν τῷ ἀλλοτρίῳ πιστοὶ οὐκ
13 ἐγένεσθε, τὸ ὑμέτερον¹⁰ τίς ὑμῖν δώσει¹¹; οὐδεὶς οἰκέ-

---

¹ om. αὐτοῦ   ² δύνῃ   ³ add ἐκ   ⁴ ἑαυτῶν
⁵ ὁ δὲ   ⁶ τὰ γράμματα   ⁷ om. καὶ   ⁸ add τὴν
⁹ ἐκλίπῃ   ¹⁰ Marg. ἡμέτερον   ¹¹ δώσει ὑμῖν

της δύναται δυσὶ κυρίοις δουλεύειν· ἢ γὰρ τὸν ἕνα
μισήσει, καὶ τὸν ἕτερον ἀγαπήσει· ἢ ἑνὸς ἀνθέξε-
ται, καὶ τοῦ ἑτέρου καταφρονήσει. οὐ δύνασθε
Θεῷ δουλεύειν καὶ μαμωνᾷ.

Ἤκουον δὲ ταῦτα πάντα καὶ[12] οἱ Φαρισαῖοι 14
φιλάργυροι ὑπάρχοντες, καὶ ἐξεμυκτήριζον αὐτόν.
καὶ εἶπεν αὐτοῖς, Ὑμεῖς ἐστε οἱ δικαιοῦντες ἑαυ- 15
τοὺς ἐνώπιον τῶν ἀνθρώπων, ὁ δὲ Θεὸς γινώσκει
τὰς καρδίας ὑμῶν· ὅτι τὸ ἐν ἀνθρώποις ὑψηλὸν
βδέλυγμα ἐνώπιον τοῦ Θεοῦ ἐστιν[13]. ὁ νόμος καὶ οἱ 16
προφῆται ἕως[14] Ἰωάννου· ἀπὸ τότε ἡ βασιλεία τοῦ
Θεοῦ εὐαγγελίζεται, καὶ πᾶς εἰς αὐτὴν βιάζεται.
εὐκοπώτερον δέ ἐστι τὸν οὐρανὸν καὶ τὴν γῆν 17
παρελθεῖν, ἢ τοῦ νόμου μίαν κεραίαν πεσεῖν. πᾶς 18
ὁ ἀπολύων τὴν γυναῖκα αὐτοῦ καὶ γαμῶν ἑτέραν
μοιχεύει· καὶ πᾶς[15] ὁ ἀπολελυμένην ἀπὸ ἀνδρὸς
γαμῶν μοιχεύει.

Ἄνθρωπος δέ τις ἦν πλούσιος, καὶ ἐνεδιδύσκετο 19
πορφύραν καὶ βύσσον, εὐφραινόμενος καθ᾽ ἡμέραν
λαμπρῶς. πτωχὸς δέ τις ἦν[16] ὀνόματι Λάζαρος, ὃς[17] 20
ἐβέβλητο πρὸς τὸν πυλῶνα αὐτοῦ ἡλκωμένος καὶ 21
ἐπιθυμῶν χορτασθῆναι ἀπὸ τῶν ψιχίων τῶν[18] πιπ-
τόντων ἀπὸ τῆς τραπέζης τοῦ πλουσίου· ἀλλὰ
καὶ οἱ κύνες ἐρχόμενοι ἀπέλειχον[19] τὰ ἕλκη αὐτοῦ.
ἐγένετο δὲ ἀποθανεῖν τὸν πτωχόν, καὶ ἀπενεχθῆ- 22
ναι αὐτὸν ὑπὸ τῶν ἀγγέλων εἰς τὸν κόλπον τοῦ
Ἀβραάμ· ἀπέθανε δὲ καὶ ὁ πλούσιος, καὶ ἐτάφη.
καὶ ἐν τῷ ᾅδῃ ἐπάρας τοὺς ὀφθαλμοὺς αὐτοῦ, 23
ὑπάρχων ἐν βασάνοις, ὁρᾷ τὸν Ἀβραὰμ ἀπὸ μα-
κρόθεν, καὶ Λάζαρον ἐν τοῖς κόλποις αὐτοῦ. καὶ 24

[12] om. καὶ   [13] om. ἐστιν   [14] μέχρι   [15] om. πᾶς
[16] om. ἦν   [17] om. , ὃς   [18] om. ψιχίων τῶν
[19] ἐπέλειχον

αὐτὸς φωνήσας εἶπε, Πάτερ Ἀβραάμ, ἐλέησόν· με,
καὶ πέμψον Λάζαρον, ἵνα βάψῃ τὸ ἄκρον τοῦ
δακτύλου αὐτοῦ ὕδατος, καὶ καταψύξῃ τὴν γλῶσ-
25 σάν μου· ὅτι ὀδυνῶμαι ἐν τῇ φλογὶ ταύτῃ. εἶπε
δὲ Ἀβραάμ, Τέκνον, μνήσθητι ὅτι ἀπέλαβες σὺ²⁰
τὰ ἀγαθά σου ἐν τῇ ζωῇ σου, καὶ Λάζαρος ὁμοίως
τὰ κακά· νῦν δὲ ὅδε²¹ παρακαλεῖται, σὺ δὲ ὀδυνᾶσαι.
26 καὶ ἐπὶ²² πᾶσι τούτοις, μεταξὺ ἡμῶν καὶ ὑμῶν
χάσμα μέγα ἐστήρικται, ὅπως οἱ θέλοντες δια-
βῆναι ἐντεῦθεν²³ πρὸς ὑμᾶς μὴ δύνωνται, μηδὲ οἱ²⁴
27 ἐκεῖθεν πρὸς ἡμᾶς διαπερῶσιν. εἶπε δέ, Ἐρωτῶ
οὖν σε, πάτερ, ἵνα πέμψῃς αὐτὸν εἰς τὸν οἶκον τοῦ
28 πατρός μου, ἔχω γὰρ πέντε ἀδελφούς, ὅπως δια-
μαρτύρηται αὐτοῖς, ἵνα μὴ καὶ αὐτοὶ ἔλθωσιν εἰς τὸν
29 τόπον τοῦτον τῆς βασάνου. λέγει αὐτῷ²⁵ Ἀβραάμ,
Ἔχουσι Μωσέα καὶ τοὺς προφήτας· ἀκουσάτωσαν
30 αὐτῶν. ὁ δὲ εἶπεν, Οὐχί, πάτερ Ἀβραάμ· ἀλλ᾽
ἐάν τις ἀπὸ νεκρῶν πορευθῇ πρὸς αὐτούς, μετα-
31 νοήσουσιν. εἶπε δὲ αὐτῷ, Εἰ Μωσέως καὶ τῶν
προφητῶν οὐκ ἀκούουσιν, οὐδέ, ἐάν τις ἐκ νεκρῶν
ἀναστῇ, πεισθήσονται.

XVII. Εἶπε δὲ πρὸς τοὺς μαθητάς¹, Ἀνένδεκτόν ἐστι
τοῦ μὴ ἐλθεῖν τὰ σκάνδαλα²· οὐαὶ δὲ³ δι᾽ οὗ ἔρχεται.
2 λυσιτελεῖ αὐτῷ εἰ μύλος ὀνικὸς⁴ περίκειται περὶ τὸν
τράχηλον αὐτοῦ, καὶ ἔρριπται εἰς τὴν θάλασσαν, ἢ
3 ἵνα σκανδαλίσῃ ἕνα τῶν μικρῶν τούτων⁵. προσέχετε
ἑαυτοῖς. ἐὰν δὲ⁶ ἁμάρτῃ εἰς σὲ⁷ ὁ ἀδελφός σου, ἐπι-
4 τίμησον αὐτῷ· καὶ ἐὰν μετανοήσῃ, ἄφες αὐτῷ. καὶ
ἐὰν ἑπτάκις τῆς ἡμέρας ἁμάρτῃ εἰς σέ, καὶ ἑπτάκις

---

²⁰ om. σύ   ²¹ ὧδε   ²² ἐν   ²³ ἔνθεν   ²⁴ om. οἱ
25 δὲ   ¹ add αὐτοῦ   ² τὰ σκάνδαλα μὴ ἐλθεῖν   ³ πλὴν
οὐαὶ   ⁴ λίθος μυλικὸς   ⁵ τῶν μικρῶν τούτων ἕνα
⁶ om. δὲ   ⁷ om. εἰς σὲ

τῆς ἡμέρας[8] ἐπιστρέψῃ ἐπί[9] σε, λέγων, Μετανοῶ,
ἀφήσεις αὐτῷ.

Καὶ εἶπον οἱ ἀπόστολοι τῷ Κυρίῳ, Πρόσθες 5
ἡμῖν πίστιν. εἶπε δὲ ὁ Κύριος, Εἰ εἴχετε[10] πίστιν 6
ὡς κόκκον σινάπεως, ἐλέγετε ἂν τῇ συκαμίνῳ
ταύτῃ, Ἐκριζώθητι, καὶ φυτεύθητι ἐν τῇ θαλάσσῃ·
καὶ ὑπήκουσεν ἂν ὑμῖν. τίς δὲ ἐξ ὑμῶν δοῦλον 7
ἔχων ἀροτριῶντα ἢ ποιμαίνοντα, ὃς εἰσελθόντι
ἐκ τοῦ ἀγροῦ ἐρεῖ[11] εὐθέως, Παρελθὼν[12] ἀνάπεσαι[13]·
ἀλλ' οὐχὶ ἐρεῖ αὐτῷ, Ἑτοίμασον τί δειπνήσω, καὶ 8
περιζωσάμενος διακόνει μοι, ἕως φάγω καὶ πίω·
καὶ μετὰ ταῦτα φάγεσαι καὶ πίεσαι σύ ; μὴ χάριν 9
ἔχει τῷ δούλῳ ἐκείνῳ[14] ὅτι ἐποίησε τὰ διαταχθέντα
αὐτῷ[15]; οὐ δοκῶ.[16] οὕτω καὶ ὑμεῖς, ὅταν ποιήσητε 10
πάντα τὰ διαταχθέντα ὑμῖν, λέγετε ὅτι Δοῦλοι
ἀχρεῖοί ἐσμεν· ὅτι[17] ὃ ὠφείλομεν ποιῆσαι πεποι-
ήκαμεν.

Καὶ ἐγένετο ἐν τῷ πορεύεσθαι αὐτὸν[18] εἰς Ἱερου- 11
σαλήμ, καὶ αὐτὸς διήρχετο διὰ μέσου[19] Σαμαρείας
καὶ Γαλιλαίας. καὶ εἰσερχομένου αὐτοῦ εἴς τινα 12
κώμην, ἀπήντησαν αὐτῷ δέκα λεπροὶ ἄνδρες, οἳ
ἔστησαν πόρρωθεν· καὶ αὐτοὶ ἦραν φωνήν, λέ- 13
γοντες, Ἰησοῦ, ἐπιστάτα, ἐλέησον ἡμᾶς. καὶ ἰδὼν 14
εἶπεν αὐτοῖς, Πορευθέντες ἐπιδείξατε ἑαυτοὺς τοῖς
ἱερεῦσι. καὶ ἐγένετο ἐν τῷ ὑπάγειν αὐτούς, ἐκα-
θαρίσθησαν. εἰς δὲ ἐξ αὐτῶν, ἰδὼν ὅτι ἰάθη, ὑπέ- 15
στρεψε, μετὰ φωνῆς μεγάλης δοξάζων τὸν Θεόν·
καὶ ἔπεσεν ἐπὶ πρόσωπον παρὰ τοὺς πόδας αὐτοῦ, 16
εὐχαριστῶν αὐτῷ· καὶ αὐτὸς ἦν Σαμαρείτης. ἀπο- 17

---

[8] *om.* τῆς ἡμέρας   [9] πρός   [10] ἔχετε   [11] *add* αὐτῷ
[12] (, Εὐθέως παρελθὼν)   [13] ἀνάπεσε   [14] *om.* ἐκείνῳ
[15] *om.* αὐτῷ   [16] *om.* οὐ δοκῶ.   [17] *om.* ὅτι   [18] *om.*
αὐτὸν   [19] μέσον

κριθεὶς δὲ ὁ Ἰησοῦς εἶπεν, Οὐχὶ οἱ δέκα ἐκαθαρί-
18 σθησαν; οἱ δὲ ἐννέα ποῦ; οὐχ εὑρέθησαν ὑποστρέ-
ψαντες δοῦναι δόξαν τῷ Θεῷ, εἰ μὴ ὁ ἀλλογενὴς
19 οὗτος.²⁰ καὶ εἶπεν αὐτῷ, Ἀναστὰς πορεύου· ἡ
πίστις σου σέσωκέ σε.

20 Ἐπερωτηθεὶς δὲ ὑπὸ τῶν Φαρισαίων, πότε
ἔρχεται ἡ βασιλεία τοῦ Θεοῦ, ἀπεκρίθη αὐτοῖς
καὶ εἶπεν, Οὐκ ἔρχεται ἡ βασιλεία τοῦ Θεοῦ μετὰ
21 παρατηρήσεως· οὐδὲ ἐροῦσιν, Ἰδοὺ ὧδε, ἤ, ἰδού²¹
ἐκεῖ. ἰδοὺ γάρ, ἡ βασιλεία τοῦ Θεοῦ ἐντὸς ὑμῶν
ἐστίν.

22 Εἶπε δὲ πρὸς τοὺς μαθητάς, Ἐλεύσονται ἡμέραι
ὅτε ἐπιθυμήσετε μίαν τῶν ἡμερῶν τοῦ υἱοῦ τοῦ
23 ἀνθρώπου ἰδεῖν, καὶ οὐκ ὄψεσθε. καὶ ἐροῦσιν
ὑμῖν, Ἰδοὺ ὧδε, ἤ, ἰδοὺ ἐκεῖ²²· μὴ ἀπέλθητε, μηδὲ
24 διώξητε. ὥσπερ γὰρ ἡ ἀστραπὴ ἡ²³ ἀστράπτουσα
ἐκ τῆς ὑπ᾽²⁴ οὐρανὸν εἰς τὴν ὑπ᾽ οὐρανὸν λάμπει,
οὕτως ἔσται καὶ²⁵ ὁ υἱὸς τοῦ ἀνθρώπου ἐν τῇ ἡμέρᾳ
25 αὐτοῦ²⁶. πρῶτον δὲ δεῖ αὐτὸν πολλὰ παθεῖν καὶ
26 ἀποδοκιμασθῆναι ἀπὸ τῆς γενεᾶς ταύτης. καὶ
καθὼς ἐγένετο ἐν ταῖς ἡμέραις τοῦ Νῶε, οὕτως
ἔσται καὶ ἐν ταῖς ἡμέραις τοῦ υἱοῦ τοῦ ἀνθρώπου.
27 ἤσθιον, ἔπινον, ἐγάμουν, ἐξεγαμίζοντο²⁷, ἄχρι ἧς ἡμέ-
ρας εἰσῆλθε Νῶε εἰς τὴν κιβωτόν, καὶ ἦλθεν ὁ
28 κατακλυσμός, καὶ ἀπώλεσεν ἅπαντας. ὁμοίως καὶ
ὡς²⁸ ἐγένετο ἐν ταῖς ἡμέραις Λώτ· ἤσθιον, ἔπινον,
29 ἠγόραζον, ἐπώλουν, ἐφύτευον, ᾠκοδόμουν· ᾗ δὲ
ἡμέρᾳ ἐξῆλθε Λὼτ ἀπὸ Σοδόμων, ἔβρεξε πῦρ καὶ
30 θεῖον ἀπ᾽ οὐρανοῦ, καὶ ἀπώλεσεν ἅπαντας· κατὰ
ταῦτα²⁹ ἔσται ᾗ ἡμέρᾳ ὁ υἱὸς τοῦ ἀνθρώπου ἀποκα-

---

²⁰ (; text, not marg.)   ²¹ om. ἰδού   ²² ἐκεῖ, ἰδοὺ ὧδε
²³ om. ἡ   ²⁴ ὑπὸ τὸν   ²⁵ om. καὶ   ²⁶ Marg. om. ἐν
τῇ ἡμέρᾳ αὐτοῦ   ²⁷ ἐγαμίζοντο   ²⁸ καθὼς   ²⁹ τὰ αὐτὰ

λύπτεται. ἐν ἐκείνῃ τῇ ἡμέρᾳ, ὃς ἔσται ἐπὶ τοῦ 31
δώματος, καὶ τὰ σκεύη αὐτοῦ ἐν τῇ οἰκίᾳ, μὴ κατα-
βάτω ἆραι αὐτά· καὶ ὁ ἐν τῷ ἀγρῷ ὁμοίως μὴ
ἐπιστρεψάτω εἰς τὰ ὀπίσω. μνημονεύετε τῆς γυ- 32
ναικὸς Λώτ. ὃς ἐὰν ζητήσῃ τὴν ψυχὴν αὐτοῦ 33
σῶσαι³⁰ ἀπολέσει αὐτήν· καὶ ὃς ἐὰν³¹ ἀπολέσῃ αὐτὴν³²
ζωογονήσει αὐτήν. λέγω ὑμῖν, ταύτῃ τῇ νυκτὶ 34
ἔσονται δύο ἐπὶ κλίνης μιᾶς· ὁ εἷς παραληφθή-
σεται, καὶ ὁ ἕτερος ἀφεθήσεται. δύο ἔσονται³³ ἀλή- 35
θουσαι ἐπὶ τὸ αὐτό· ἡ * μία παραληφθήσεται, καὶ
ἡ³⁴ ἑτέρα ἀφεθήσεται. ³⁵δύο ἔσονται ἐν τῷ ἀγρῷ· ὁ εἷς 36
παραληφθήσεται, καὶ ὁ ἕτερος ἀφεθήσεται. καὶ ἀποκρι- 37
θέντες λέγουσιν αὐτῷ, Ποῦ, Κύριε; ὁ δὲ εἶπεν
αὐτοῖς, Ὅπου τὸ σῶμα, ἐκεῖ συναχθήσονται οἱ
ἀετοί³⁶.

Ἔλεγε δὲ καὶ¹ παραβολὴν αὐτοῖς πρὸς τὸ δεῖν XVIII.
πάντοτε προσεύχεσθαι², καὶ μὴ ἐκκακεῖν³, λέγων, 2
Κριτής τις ἦν ἔν τινι πόλει, τὸν Θεὸν μὴ φοβού-
μενος, καὶ ἄνθρωπον μὴ ἐντρεπόμενος· χήρα δὲ 3
ἦν ἐν τῇ πόλει ἐκείνῃ, καὶ ἤρχετο πρὸς αὐτόν,
λέγουσα, Ἐκδίκησόν με ἀπὸ τοῦ ἀντιδίκου μου.
καὶ οὐκ ἠθέλησεν⁴ ἐπὶ χρόνον· μετὰ δὲ ταῦτα εἶπεν 4
ἐν ἑαυτῷ, Εἰ καὶ τὸν Θεὸν οὐ φοβοῦμαι, καὶ ἄνθρω-
πον οὐκ⁵ ἐντρέπομαι· διά γε τὸ παρέχειν μοι κόπον 5
τὴν χήραν ταύτην, ἐκδικήσω αὐτήν, ἵνα μὴ εἰς
τέλος ἐρχομένη ὑπωπιάζῃ με. εἶπε δὲ ὁ Κύριος, 6
Ἀκούσατε τί ὁ κριτὴς τῆς ἀδικίας λέγει. ὁ δὲ 7
Θεὸς οὐ μὴ ποιήσει⁶ τὴν ἐκδίκησιν τῶν ἐκλεκτῶν

---

³⁰ περιποιήσασθαι   ³¹ ὃς δ' ἂν   ³² om. αὐτὴν
³³ ἔσονται δύο   ³⁴ ἡ δὲ   ³⁵ om. ver. 36 text, not
marg.   ³⁶ καὶ οἱ ἀετοὶ ἐπισυναχθήσονται   ¹ om. καὶ
² add αὐτούς   ³ ἐγκακεῖν   ⁴ ἤθελεν   ⁵ οὐδὲ ἄνθρωπον
⁶ ποιήσῃ

αὐτοῦ τῶν βοώντων πρὸς αὐτὸν⁷ ἡμέρας καὶ νυκτός,
8 καὶ μακροθυμῶν⁸ ἐπ᾽ αὐτοῖς; λέγω ὑμῖν ὅτι ποιήσει
τὴν ἐκδίκησιν αὐτῶν ἐν τάχει. πλὴν ὁ υἱὸς τοῦ
ἀνθρώπου ἐλθὼν ἆρα εὑρήσει τὴν πίστιν ἐπὶ τῆς
γῆς;

9 Εἶπε δὲ καὶ πρός τινας τοὺς πεποιθότας ἐφ᾽
ἑαυτοῖς ὅτι εἰσὶ δίκαιοι, καὶ ἐξουθενοῦντας τοὺς
10 λοιπούς, τὴν παραβολὴν ταύτην· Ἄνθρωποι δύο
ἀνέβησαν εἰς τὸ ἱερὸν προσεύξασθαι· ὁ εἷς Φαρι-
11 σαῖος, καὶ ὁ ἕτερος τελώνης. ὁ Φαρισαῖος σταθεὶς
πρὸς ἑαυτὸν ταῦτα⁹ προσηύχετο, Ὁ Θεός, εὐχαριστῶ
σοι ὅτι οὐκ εἰμὶ ὥσπερ οἱ λοιποὶ τῶν ἀνθρώπων,
ἅρπαγες, ἄδικοι, μοιχοί, ἢ καὶ ὡς οὗτος ὁ τελώνης.
12 νηστεύω δὶς τοῦ σαββάτου, ἀποδεκατῶ πάντα ὅσα
13 κτῶμαι. καὶ ὁ¹⁰ τελώνης μακρόθεν ἑστὼς οὐκ ἤθε-
λεν οὐδὲ τοὺς ὀφθαλμοὺς εἰς τὸν οὐρανὸν ἐπᾶραι¹¹,
ἀλλ᾽ ἔτυπτεν εἰς¹² τὸ στῆθος αὐτοῦ, λέγων, Ὁ Θεός,
14 ἱλάσθητί μοι τῷ ἁμαρτωλῷ. λέγω ὑμῖν, κατέβη
οὗτος δεδικαιωμένος εἰς τὸν οἶκον αὐτοῦ ἢ ἐκεῖνος·
ὅτι πᾶς ὁ ὑψῶν ἑαυτὸν ταπεινωθήσεται, ὁ δὲ τα-
πεινῶν ἑαυτὸν ὑψωθήσεται.

15 Προσέφερον δὲ αὐτῷ καὶ τὰ βρέφη, ἵνα αὐτῶν
ἅπτηται· ἰδόντες δὲ οἱ μαθηταὶ ἐπετίμησαν¹³ αὐτοῖς.
16 ὁ δὲ Ἰησοῦς προσκαλεσάμενος αὐτὰ εἶπεν¹⁴, Ἄφετε τὰ
παιδία ἔρχεσθαι πρός με, καὶ μὴ κωλύετε αὐτά·
τῶν γὰρ τοιούτων ἐστὶν ἡ βασιλεία τοῦ Θεοῦ.
17 ἀμὴν λέγω ὑμῖν, ὃς ἐὰν μὴ δέξηται τὴν βασιλείαν
τοῦ Θεοῦ ὡς παιδίον, οὐ μὴ εἰσέλθῃ εἰς αὐτήν.

18 Καὶ ἐπηρώτησέ τις αὐτὸν ἄρχων, λέγων, Δι-
δάσκαλε ἀγαθέ, τί ποιήσας ζωὴν αἰώνιον κληρονο-

---

⁷ αὐτῷ ⁸ μακροθυμεῖ ⁹ ταῦτα πρὸς ἑαυτὸν ¹⁰ ὁ δὲ
¹¹ ἐπᾶραι εἰς τὸν οὐρανόν ¹² (om. ν) om. εἰς ¹³ ἐπετίμων
¹⁴ προσεκαλέσατο αὐτὰ λέγων

μήσω; εἶπε δὲ αὐτῷ ὁ Ἰησοῦς, Τί με λέγεις 19
ἀγαθόν; οὐδεὶς ἀγαθός, εἰ μὴ εἶς, ὁ Θεός. τὰς 20
ἐντολὰς οἶδας, Μὴ μοιχεύσῃς, μὴ φονεύσῃς, μὴ
κλέψῃς, μὴ ψευδομαρτυρήσῃς, τίμα τὸν πατέρα
σόυ καὶ τὴν μητέρα σου¹⁵. ὁ δὲ εἶπε, Ταῦτα πάντα 21
ἐφυλαξάμην ἐκ νεότητός μου. ἀκούσας δὲ ταῦτα¹⁶ 22
ὁ Ἰησοῦς εἶπεν αὐτῷ, Ἔτι ἕν σοι λείπει· πάντα
ὅσα ἔχεις πώλησον, καὶ διάδος πτωχοῖς, καὶ ἔξεις
θησαυρὸν ἐν οὐρανῷ¹⁷· καὶ δεῦρο, ἀκολούθει μοι.
ὁ δὲ ἀκούσας ταῦτα περίλυπος ἐγένετο¹⁸· ἦν γὰρ 23
πλούσιος σφόδρα. ἰδὼν δὲ αὐτὸν ὁ Ἰησοῦς περί- 24
λυπον γενόμενον¹⁹ εἶπε, Πῶς δυσκόλως οἱ τὰ χρήματα
ἔχοντες εἰσελεύσονται εἰς τὴν βασιλείαν τοῦ Θεοῦ.
εὐκοπώτερον γάρ ἐστι κάμηλον διὰ τρυμαλιᾶς ῥαφί- 25
δος²⁰ εἰσελθεῖν, ἢ πλούσιον εἰς τὴν βασιλείαν τοῦ
Θεοῦ εἰσελθεῖν. εἶπον δὲ οἱ ἀκούσαντες, Καὶ τίς 26
δύναται σωθῆναι; ὁ δὲ εἶπε, Τὰ ἀδύνατα παρὰ 27
ἀνθρώποις δυνατά ἐστι παρὰ τῷ Θεῷ. εἶπε δὲ ὁ 28
Πέτρος, Ἰδού, ἡμεῖς ἀφήκαμεν πάντα, καὶ²¹ ἠκολουθή-
σαμέν σοι. ὁ δὲ εἶπεν αὐτοῖς, Ἀμὴν λέγω ὑμῖν 29
ὅτι οὐδείς ἐστιν ὃς ἀφῆκεν οἰκίαν, ἢ γονεῖς, ἢ ἀδελ-
φούς, ἢ γυναῖκα²², ἢ τέκνα, ἕνεκεν τῆς βασιλείας τοῦ
Θεοῦ, ὃς οὐ μὴ ἀπολάβῃ πολλαπλασίονα ἐν τῷ 30
καιρῷ τούτῳ, καὶ ἐν τῷ αἰῶνι τῷ ἐρχομένῳ ζωὴν
αἰώνιον.

Παραλαβὼν δὲ τοὺς δώδεκα, εἶπε πρὸς αὐτούς, 31
Ἰδού, ἀναβαίνομεν εἰς Ἱεροσόλυμα, καὶ τελεσθήσε-
ται πάντα τὰ γεγραμμένα διὰ τῶν προφητῶν τῷ
υἱῷ τοῦ ἀνθρώπου. παραδοθήσεται γὰρ τοῖς ἔθ- 32
νεσι, καὶ ἐμπαιχθήσεται, καὶ ὑβρισθήσεται, καὶ

¹⁵ om. σου   ¹⁶ om. ταῦτα   ¹⁷ τοῖς οὐρανοῖς   ¹⁸ ἐγενήθη
¹⁹ om. περίλυπον γενόμενον   ²⁰ τρήματος·βελόνης   ²¹ ἀφέντες
τὰ ἴδια   ²² γυναῖκα, ἢ ἀδελφούς, ἢ γονεῖς

33 ἐμπτυσθήσεται, καὶ μαστιγώσαντες ἀποκτενοῦσιν
34 αὐτόν· καὶ τῇ ἡμέρᾳ τῇ τρίτῃ ἀναστήσεται. καὶ
αὐτοὶ οὐδὲν τούτων συνῆκαν, καὶ ἦν τὸ ῥῆμα τοῦτο
κεκρυμμένον ἀπ᾽ αὐτῶν, καὶ οὐκ ἐγίνωσκον τὰ
λεγόμενα.

35 Ἐγένετο δὲ ἐν τῷ ἐγγίζειν αὐτὸν εἰς Ἰεριχώ,
τυφλός τις ἐκάθητο παρὰ τὴν ὁδὸν προσαιτῶν·
36 ἀκούσας δὲ ὄχλου διαπορευομένου, ἐπυνθάνετο τί
37 εἴη τοῦτο. ἀπήγγειλαν δὲ αὐτῷ ὅτι Ἰησοῦς ὁ
38 Ναζωραῖος παρέρχεται. καὶ ἐβόησε, λέγων, Ἰη-
39 σοῦ, υἱὲ Δαβίδ, ἐλέησόν με. καὶ οἱ προάγοντες
ἐπετίμων αὐτῷ ἵνα σιωπήσῃ²³· αὐτὸς δὲ πολλῷ μᾶλ-
40 λον ἔκραζεν, Υἱὲ Δαβίδ, ἐλέησόν με. σταθεὶς δὲ
ὁ Ἰησοῦς ἐκέλευσεν αὐτὸν ἀχθῆναι πρὸς αὐτόν·
41 ἐγγίσαντος δὲ αὐτοῦ ἐπηρώτησεν αὐτόν, λέγων²⁴,
Τί σοι θέλεις ποιήσω; ὁ δὲ εἶπε, Κύριε, ἵνα ἀνα-
42 βλέψω. καὶ ὁ Ἰησοῦς εἶπεν αὐτῷ, Ἀνάβλεψον·
43 ἡ πίστις σου σέσωκέ σε. καὶ παραχρῆμα ἀνέ-
βλεψε, καὶ ἠκολούθει αὐτῷ, δοξάζων τὸν Θεόν· καὶ
πᾶς ὁ λαὸς ἰδὼν ἔδωκεν αἶνον τῷ Θεῷ.

XIX. 2 Καὶ εἰσελθὼν διήρχετο τὴν Ἰεριχώ. καὶ ἰδού,
ἀνὴρ ὀνόματι καλούμενος Ζακχαῖος, καὶ αὐτὸς ἦν
3 ἀρχιτελώνης, καὶ οὗτος ἦν¹ πλούσιος. καὶ ἐζήτει
ἰδεῖν τὸν Ἰησοῦν τίς ἐστι, καὶ οὐκ ἠδύνατο ἀπὸ
4 τοῦ ὄχλου, ὅτι τῇ ἡλικίᾳ μικρὸς ἦν. καὶ προδρα-
μὼν² ἔμπροσθεν ἀνέβη ἐπὶ συκομωραίαν ἵνα ἴδῃ
5 αὐτόν· ὅτι δι᾽³ ἐκείνης ἤμελλε διέρχεσθαι. καὶ ὡς
ἦλθεν ἐπὶ τὸν τόπον, ἀναβλέψας ὁ Ἰησοῦς εἶδεν
αὐτόν, καὶ⁴ εἶπε πρὸς αὐτόν, Ζακχαῖε, σπεύσας κα-
τάβηθι· σήμερον γὰρ ἐν τῷ οἴκῳ σου δεῖ με μεῖναι.
6 καὶ σπεύσας κατέβη, καὶ ὑπεδέξατο αὐτὸν χαίρων.

---

²³ σιγήσῃ   ²⁴ om. λέγων,   ¹ αὐτὸς   ² add εἰς τὸ
³ om. δι᾽   ⁴ om. εἶδεν αὐτόν, καὶ

καὶ ἰδόντες ἅπαντες' διεγόγγυζον, λέγοντες ὅτι Παρὰ 7
ἁμαρτωλῷ ἀνδρὶ εἰσῆλθε καταλῦσαι. σταθεὶς δὲ 8
Ζακχαῖος εἶπε πρὸς τὸν Κύριον, Ἰδού, τὰ ἡμίση
τῶν ὑπαρχόντων μου, Κύριε, δίδωμι τοῖς πτωχοῖς·
καὶ εἴ τινός τι ἐσυκοφάντησα, ἀποδίδωμι τετρα-
πλοῦν. εἶπε δὲ πρὸς αὐτὸν ὁ Ἰησοῦς ὅτι Σήμε- 9
ρον σωτηρία τῷ οἴκῳ τούτῳ ἐγένετο, καθότι καὶ
αὐτὸς υἱὸς Ἀβραάμ ἐστιν. ἦλθε γὰρ ὁ υἱὸς τοῦ 10
ἀνθρώπου ζητῆσαι καὶ σῶσαι τὸ ἀπολωλός.

Ἀκουόντων δὲ αὐτῶν ταῦτα, προσθεὶς εἶπε 11
παραβολήν, διὰ τὸ ἐγγὺς αὐτὸν εἶναι Ἰερουσαλήμ,
καὶ δοκεῖν αὐτοὺς ὅτι παραχρῆμα μέλλει ἡ βασι-
λεία τοῦ Θεοῦ ἀναφαίνεσθαι. εἶπεν οὖν, Ἄνθρωπός 12
τις εὐγενὴς ἐπορεύθη εἰς χώραν μακράν, λαβεῖν
ἑαυτῷ βασιλείαν, καὶ ὑποστρέψαι. καλέσας δὲ 13
δέκα δούλους ἑαυτοῦ, ἔδωκεν αὐτοῖς δέκα μνᾶς, καὶ
εἶπε πρὸς αὐτούς, Πραγματεύσασθε ἕως ἔρχομαι.
οἱ δὲ πολῖται αὐτοῦ ἐμίσουν αὐτόν, καὶ ἀπέστειλαν 14
πρεσβείαν ὀπίσω αὐτοῦ, λέγοντες, Οὐ θέλομεν
τοῦτον βασιλεῦσαι ἐφ' ἡμᾶς. καὶ ἐγένετο ἐν τῷ 15
ἐπανελθεῖν αὐτὸν λαβόντα τὴν βασιλείαν, καὶ εἶπε
φωνηθῆναι αὐτῷ τοὺς δούλους τούτους, οἷς ἔδωκε⁶ τὸ
ἀργύριον, ἵνα γνῷ τίς τί διεπραγματεύσατο⁷. παρε- 16
γένετο δὲ ὁ πρῶτος, λέγων, Κύριε, ἡ μνᾶ σου
προσειργάσατο δέκα μνᾶς. καὶ εἶπεν αὐτῷ, Εὖ, 17
ἀγαθὲ δοῦλε· ὅτι ἐν ἐλαχίστῳ πιστὸς ἐγένου, ἴσθι
ἐξουσίαν ἔχων ἐπάνω δέκα πόλεων. καὶ ἦλθεν ὁ 18
δεύτερος, λέγων, Κύριε, ἡ μνᾶ σου⁸ ἐποίησε πέντε
μνᾶς. εἶπε δὲ καὶ τούτῳ, Καὶ σὺ γίνου ἐπάνω 19
πέντε πόλεων. καὶ ⁹ἕτερος ἦλθε, λέγων, Κύριε, 20
ἰδού, ἡ μνᾶ σου, ἣν εἶχον ἀποκειμένην ἐν σουδαρίῳ·

⁵ πάντες   ⁶ δεδώκει   ⁷ τί διεπραγματεύσαντο
⁸ ἡ μνᾶ σου, Κύριε,   ⁹ add ὁ

21 ἐφοβούμην γάρ σε, ὅτι ἄνθρωπος αὐστηρὸς εἶ·
αἴρεις ὃ οὐκ ἔθηκας, καὶ θερίζεις ὃ οὐκ ἔσπειρας.
22 λέγει δὲ[10] αὐτῷ, Ἐκ τοῦ στόματός σου κρινῶ σε,
πονηρὲ δοῦλε. ἤδεις ὅτι ἐγὼ ἄνθρωπος αὐστηρός
εἰμι, αἴρων ὃ οὐκ ἔθηκα, καὶ θερίζων ὃ οὐκ ἔσπειρα·
23 καὶ διατί οὐκ ἔδωκας τὸ ἀργύριόν μου ἐπὶ τὴν[11]
τράπεζαν, καὶ ἐγὼ ἐλθὼν σὺν τόκῳ ἂν ἔπραξα
24 αὐτό; καὶ τοῖς παρεστῶσιν εἶπεν, Ἄρατε ἀπ'
αὐτοῦ τὴν μνᾶν, καὶ δότε τῷ τὰς δέκα μνᾶς ἔχοντι.
25, 26 καὶ εἶπον αὐτῷ, Κύριε, ἔχει δέκα μνᾶς. λέγω γὰρ[12]
ὑμῖν, ὅτι παντὶ τῷ ἔχοντι δοθήσεται· ἀπὸ δὲ τοῦ
27 μὴ ἔχοντος, καὶ ὃ ἔχει ἀρθήσεται ἀπ' αὐτοῦ. πλὴν
τοὺς ἐχθρούς μου ἐκείνους[13], τοὺς μὴ θελήσαντάς με
βασιλεῦσαι ἐπ' αὐτούς, ἀγάγετε ὧδε, καὶ κατασφά-
ξατε[14] ἔμπροσθέν μου.
28 Καὶ εἰπὼν ταῦτα, ἐπορεύετο ἔμπροσθεν, ἀνα-
βαίνων εἰς Ἱεροσόλυμα.
29 Καὶ ἐγένετο ὡς ἤγγισεν εἰς Βηθφαγὴ καὶ Βη-
θανίαν πρὸς τὸ ὄρος τὸ καλούμενον ἐλαιῶν, ἀπέ-
30 στειλε δύο τῶν μαθητῶν αὐτοῦ[15], εἰπών, Ὑπάγετε
εἰς τὴν κατέναντι κώμην· ἐν ᾗ εἰσπορευόμενοι εὑρή-
σετε πῶλον δεδεμένον, ἐφ' ὃν οὐδεὶς πώποτε ἀν-
31 θρώπων ἐκάθισε· λύσαντες αὐτὸν ἀγάγετε. καὶ
ἐάν τις ὑμᾶς ἐρωτᾷ, Διατί λύετε; οὕτως ἐρεῖτε
32 αὐτῷ[16] ὅτι Ὁ Κύριος αὐτοῦ χρείαν ἔχει. ἀπελθόν-
τες δὲ οἱ ἀπεσταλμένοι εὗρον καθὼς εἶπεν αὐτοῖς.
33 λυόντων δὲ αὐτῶν τὸν πῶλον, εἶπον οἱ κύριοι αὐτοῦ
34 πρὸς αὐτούς, Τί λύετε τὸν πῶλον; οἱ δὲ εἶπον,
35 [17]Ὁ Κύριος αὐτοῦ χρείαν ἔχει. καὶ ἤγαγον αὐτὸν
πρὸς τὸν Ἰησοῦν· καὶ ἐπιρρίψαντες ἑαυτῶν[18] τὰ

---

[10] om. δὲ   [11] om. τὴν   [12] om. γὰρ   [13] τούτους
[14] add αὐτοὺς   [15] om. αὐτοῦ   [16] om. αὐτῷ   [17] (om. ,) ὅτι
[18] αὐτῶν

ἱμάτια ἐπὶ τὸν πῶλον, ἐπεβίβασαν τὸν Ἰησοῦν.
πορευομένου δὲ αὐτοῦ, ὑπεστρώννυον τὰ ἱμάτια 36
αὐτῶν ἐν τῇ ὁδῷ. ἐγγίζοντος δὲ αὐτοῦ ἤδη πρὸς 37
τῇ καταβάσει τοῦ ὄρους τῶν ἐλαιῶν, ἤρξαντο ἅπαν
τὸ πλῆθος τῶν μαθητῶν χαίροντες αἰνεῖν τὸν Θεὸν
φωνῇ μεγάλῃ περὶ πασῶν ὧν εἶδον δυνάμεων, λέ- 38
γοντες, Εὐλογημένος ὁ ἐρχόμενος βασιλεὺς ἐν
ὀνόματι Κυρίου· εἰρήνη ἐν οὐρανῷ, καὶ δόξα ἐν
ὑψίστοις. καί τινες τῶν Φαρισαίων ἀπὸ τοῦ 39
ὄχλου εἶπον πρὸς αὐτόν, Διδάσκαλε, ἐπιτίμησον
τοῖς μαθηταῖς σου. καὶ ἀποκριθεὶς εἶπεν αὐτοῖς[19], 40
Λέγω ὑμῖν ὅτι, ἐὰν οὗτοι σιωπήσωσιν[20], οἱ λίθοι
κεκράξονται[21].

Καὶ ὡς ἤγγισεν, ἰδὼν τὴν πόλιν, ἔκλαυσεν ἐπ᾽ 41
αὐτῇ, λέγων ὅτι Εἰ ἔγνως καὶ σύ[22], καὶ γε[23] ἐν τῇ 42
ἡμέρᾳ σου[24] ταύτῃ[25], τὰ πρὸς εἰρήνην σου[26]· νῦν δὲ
ἐκρύβη ἀπὸ ὀφθαλμῶν σου. ὅτι ἥξουσιν ἡμέραι ἐπὶ 43
σέ, καὶ περιβαλοῦσιν οἱ ἐχθροί σου χάρακά σοι,
καὶ περικυκλώσουσί σε, καὶ συνέξουσί σε πάντο-
θεν, καὶ ἐδαφιοῦσί σε καὶ τὰ τέκνα σου ἐν σοί, καὶ 44
οὐκ ἀφήσουσιν ἐν σοὶ λίθον ἐπὶ λίθῳ[27]· ἀνθ᾽ ὧν οὐκ
ἔγνως τὸν καιρὸν τῆς ἐπισκοπῆς σου.

Καὶ εἰσελθὼν εἰς τὸ ἱερόν, ἤρξατο ἐκβάλλειν 45
τοὺς πωλοῦντας ἐν αὐτῷ καὶ ἀγοράζοντας[28], λέγων αὐ- 46
τοῖς, Γέγραπται, Ὁ οἶκός μου οἶκος προσευχῆς ἐστίν[29]·
ὑμεῖς δὲ αὐτὸν ἐποιήσατε σπήλαιον λῃστῶν.

Καὶ ἦν διδάσκων τὸ καθ᾽ ἡμέραν ἐν τῷ ἱερῷ· οἱ 47
δὲ ἀρχιερεῖς καὶ οἱ γραμματεῖς ἐζήτουν αὐτὸν ἀπο-
λέσαι, καὶ οἱ πρῶτοι τοῦ λαοῦ· καὶ οὐχ εὕρισκον 48

---

[19] om. (ν) αὐτοῖς   [20] σιωπήσουσιν   [21] κράξουσι   [22] om.
καὶ σύ   [23] om. καὶ γε   [24] om. σου   [25] add καὶ σύ
[26] om. σου   [27] λίθον ἐπὶ λίθον ἐν σοί   [28] om. ἐν αὐτῷ
καὶ ἀγοράζοντας   [29] Καὶ ἔσται ὁ οἶκός μου οἶκος προσευχῆς

τὸ τί ποιήσωσιν, ὁ λαὸς γὰρ ἅπας ἐξεκρέματο
αὐτοῦ ἀκούων.

XX.   Καὶ ἐγένετο ἐν μιᾷ τῶν ἡμερῶν ἐκείνων¹, δι-
δάσκοντος αὐτοῦ τὸν λαὸν ἐν τῷ ἱερῷ καὶ εὐαγγε-
λιζομένου, ἐπέστησαν οἱ ἀρχιερεῖς καὶ οἱ γραμμα-
2 τεῖς σὺν τοῖς πρεσβυτέροις, καὶ εἶπον πρὸς αὐτόν,
λέγοντες², Εἰπὲ ἡμῖν, ἐν ποίᾳ ἐξουσίᾳ ταῦτα ποιεῖς,
3 ἢ τίς ἐστιν ὁ δούς σοι τὴν ἐξουσίαν ταύτην; ἀπο-
κριθεὶς δὲ εἶπε πρὸς αὐτούς, Ἐρωτήσω ὑμᾶς κἀγὼ
4 ἕνα³ λόγον, καὶ εἴπατέ μοι· Τὸ βάπτισμα Ἰωάννου
5 ἐξ οὐρανοῦ ἦν, ἢ ἐξ ἀνθρώπων; οἱ δὲ συνελογί-
σαντο πρὸς ἑαυτούς, λέγοντες ὅτι Ἐὰν εἴπωμεν,
Ἐξ οὐρανοῦ, ἐρεῖ, Διατί οὖν⁴ οὐκ ἐπιστεύσατε
6 αὐτῷ; ἐὰν δὲ εἴπωμεν, Ἐξ ἀνθρώπων, πᾶς ὁ λαὸς⁵
καταλιθάσει ἡμᾶς· πεπεισμένος γάρ ἐστιν Ἰωάν-
7 νην προφήτην εἶναι. καὶ ἀπεκρίθησαν μὴ εἰδέναι
8 πόθεν. καὶ ὁ Ἰησοῦς εἶπεν αὐτοῖς, Οὐδὲ ἐγὼ λέγω
ὑμῖν ἐν ποίᾳ ἐξουσίᾳ ταῦτα ποιῶ.

9   Ἤρξατο δὲ πρὸς τὸν λαὸν λέγειν τὴν παρα-
βολὴν ταύτην· Ἄνθρωπός τις⁶ ἐφύτευσεν ἀμπε-
λῶνα, καὶ ἐξέδοτο αὐτὸν γεωργοῖς, καὶ ἀπεδήμησε
10 χρόνους ἱκανούς· καὶ ἐν⁷ καιρῷ ἀπέστειλε πρὸς
τοὺς γεωργοὺς δοῦλον, ἵνα ἀπὸ τοῦ καρποῦ τοῦ
ἀμπελῶνος δῶσιν⁸ αὐτῷ· οἱ δὲ γεωργοὶ δείραντες
11 αὐτὸν ἐξαπέστειλαν κενόν. καὶ προσέθετο πέμ-
ψαι ἕτερον δοῦλον· οἱ δὲ κἀκεῖνον δείραντες καὶ
12 ἀτιμάσαντες ἐξαπέστειλαν κενόν. καὶ προσέθετο
πέμψαι τρίτον· οἱ δὲ καὶ τοῦτον τραυματίσαντες
13 ἐξέβαλον. εἶπε δὲ ὁ κύριος τοῦ ἀμπελῶνος, Τί
ποιήσω; πέμψω τὸν υἱόν μου τὸν ἀγαπητόν· ἴσως

---

¹ om. ἐκείνων   ², λέγοντες πρὸς αὐτόν   ² om. ἕνα
⁴ om. οὖν   ⁵ ὁ λαὸς ἅπας   ⁶ (-ος) om. τις   ⁷ om. ἐν
⁸ δώσουσιν

τοῦτον ἰδόντες⁹ ἐντραπήσονται. ἰδόντες δὲ αὐτὸν 14
οἱ γεωργοὶ διελογίζοντο πρὸς ἑαυτούς¹⁰, λέγοντες,
Οὗτός ἐστιν ὁ κληρονόμος· δεῦτε,¹¹ ἀποκτείνωμεν
αὐτόν, ἵνα ἡμῶν γένηται ἡ κληρονομία. καὶ ἐκ- 15
βαλόντες αὐτὸν ἔξω τοῦ ἀμπελῶνος, ἀπέκτειναν.
τί οὖν ποιήσει αὐτοῖς ὁ κύριος τοῦ ἀμπελῶνος;
ἐλεύσεται καὶ ἀπολέσει τοὺς γεωργοὺς τούτους, 16
καὶ δώσει τὸν ἀμπελῶνα ἄλλοις. ἀκούσαντες δὲ
εἶπον, Μὴ γένοιτο. ὁ δὲ ἐμβλέψας αὐτοῖς εἶπε, 17
Τί οὖν ἐστι τὸ γεγραμμένον τοῦτο, Λίθον ὃν ἀπε-
δοκίμασαν οἱ οἰκοδομοῦντες, οὗτος ἐγενήθη εἰς κε-
φαλὴν γωνίας; πᾶς ὁ πεσὼν ἐπ' ἐκεῖνον τὸν λίθον 18
συνθλασθήσεται· ἐφ' ὃν δ' ἂν πέσῃ, λικμήσει
αὐτόν.

Καὶ ἐζήτησαν οἱ ἀρχιερεῖς καὶ οἱ γραμματεῖς¹² ἐπι- 19
βαλεῖν ἐπ' αὐτὸν τὰς χεῖρας ἐν αὐτῇ τῇ ὥρᾳ,
καὶ ἐφοβήθησαν τὸν λαόν· ἔγνωσαν γὰρ ὅτι πρὸς
αὐτοὺς τὴν παραβολὴν ταύτην εἶπε. καὶ παρατη- 20
ρήσαντες ἀπέστειλαν ἐγκαθέτους, ὑποκρινομένους
ἑαυτοὺς δικαίους εἶναι, ἵνα ἐπιλάβωνται αὐτοῦ
λόγου, εἰς τὸ¹³ παραδοῦναι αὐτὸν τῇ ἀρχῇ καὶ τῇ
ἐξουσίᾳ τοῦ ἡγεμόνος. καὶ ἐπηρώτησαν αὐτόν, 21
λέγοντες, Διδάσκαλε, οἴδαμεν ὅτι ὀρθῶς λέγεις
καὶ διδάσκεις, καὶ οὐ λαμβάνεις πρόσωπον, ἀλλ'
ἐπ' ἀληθείας· τὴν ὁδὸν τοῦ Θεοῦ διδάσκεις. ἔξε- 22
στιν ἡμῖν¹⁴ Καίσαρι φόρον δοῦναι, ἢ οὔ; κατα- 23
νοήσας δὲ αὐτῶν τὴν πανουργίαν, εἶπε πρὸς
αὐτούς, Τί με πειράζετε;¹⁵ ἐπιδείξατέ¹⁶ μοι δηνάριον· 24
τίνος ἔχει εἰκόνα καὶ ἐπιγραφήν; ἀποκριθέντες¹⁷
δὲ εἶπον, Καίσαρος. ὁ δὲ εἶπεν αὐτοῖς, Ἀπόδοτε 25

⁹ om. ἰδόντες   ¹⁰ ἀλλήλους   ¹¹ om. δεῦτε,   ¹² γραμ-
ματεῖς καὶ οἱ ἀρχιερεῖς   ¹³ ὥστε   ¹⁴ ἡμᾶς   ¹⁵ om.
Τί με πειράζετε;   ¹⁶ Δείξατέ   ¹⁷ οἱ

τοίνυν¹⁸ τὰ Καίσαρος Καίσαρι, καὶ τὰ τοῦ Θεοῦ τῷ
26 Θεῷ. καὶ οὐκ ἴσχυσαν ἐπιλαβέσθαι αὐτοῦ¹⁹ ῥήμα-
τος ἐναντίον τοῦ λαοῦ· καὶ θαυμάσαντες ἐπὶ τῇ
ἀποκρίσει αὐτοῦ, ἐσίγησαν.
27 Προσελθόντες δέ τινες τῶν Σαδδουκαίων, οἱ
ἀντιλέγοντες²⁰ ἀνάστασιν μὴ εἶναι, ἐπηρώτησαν αὐ-
28 τόν, λέγοντες, Διδάσκαλε, Μωσῆς ἔγραψεν ἡμῖν,
ἐάν τινος ἀδελφὸς ἀποθάνῃ ἔχων γυναῖκα, καὶ
οὗτος ἄτεκνος ἀποθάνῃ²¹, ἵνα λάβῃ ὁ ἀδελφὸς αὐτοῦ
τὴν γυναῖκα, καὶ ἐξαναστήσῃ σπέρμα τῷ ἀδελφῷ
29 αὐτοῦ. ἑπτὰ οὖν ἀδελφοὶ ἦσαν· καὶ ὁ πρῶτος
30 λαβὼν γυναῖκα ἀπέθανεν ἄτεκνος· καὶ ἔλαβεν²² ὁ
31 δεύτερος τὴν γυναῖκα, καὶ οὗτος ἀπέθανεν ἄτεκνος²³. καὶ
ὁ τρίτος ἔλαβεν αὐτήν. ὡσαύτως δὲ καὶ οἱ ἑπτά·
32 καὶ*²⁴ οὐ κατέλιπον τέκνα, καὶ ἀπέθανον. ὕστερον*
33 πάντων²⁵ ἀπέθανε καὶ ἡ γυνή. ἐν τῇ οὖν ἀναστάσει,
τίνος αὐτῶν γίνεται²⁶ γυνή; οἱ γὰρ ἑπτὰ ἔσχον αὐτὴν
34 γυναῖκα. καὶ ἀποκριθεὶς²⁷ εἶπεν αὐτοῖς ὁ Ἰησοῦς, Οἱ
υἱοὶ τοῦ αἰῶνος τούτου γαμοῦσι καὶ ἐκγαμίσκονται²⁸·
35 οἱ δὲ καταξιωθέντες τοῦ αἰῶνος ἐκείνου τυχεῖν καὶ
τῆς ἀναστάσεως τῆς ἐκ νεκρῶν οὔτε γαμοῦσιν οὔτε
36 ἐκγαμίσκονται²⁹· οὔτε³⁰ γὰρ ἀποθανεῖν ἔτι δύνανται·
ἰσάγγελοι γάρ εἰσι, καὶ υἱοί εἰσι τοῦ Θεοῦ, τῆς
37 ἀναστάσεως υἱοὶ ὄντες. ὅτι δὲ ἐγείρονται οἱ νεκροί,
καὶ Μωσῆς ἐμήνυσεν ἐπὶ τῆς βάτου³¹, ὡς λέγει Κύ-
ριον τὸν Θεὸν Ἀβραὰμ καὶ τὸν³² Θεὸν Ἰσαὰκ καὶ
38 τὸν³² Θεὸν Ἰακώβ. Θεὸς δὲ οὐκ ἔστι νεκρῶν, ἀλλὰ
39 ζώντων· πάντες γὰρ αὐτῷ ζῶσιν. ἀποκριθέντες

---

¹⁸ Τοίνυν ἀπόδοτε   ¹⁹ τοῦ   ²⁰ λέγοντες   ²¹ ᾖ
²² om. ἔλαβεν   ²³ om. τὴν γυναῖκα, καὶ οὗτος ἀπέθανεν
ἄτεκνος   ²⁴ om. · καὶ   ²⁵ om. πάντων   ²⁶ ἔσται
²⁷ om. ἀποκριθεὶς   ²⁸ γαμίσκονται   ²⁹ γαμίζονται
³⁰ οὐδὲ   ³¹ Βάτου   ³² om. τὸν

δέ τινες τῶν γραμματέων εἶπον, Διδάσκαλε, καλῶς
εἶπας. Οὐκέτι δὲ³³ ἐτόλμων ἐπερωτᾶν αὐτὸν οὐδέν. 40
Εἶπε δὲ πρὸς αὐτούς, Πῶς λέγουσι τὸν Χριστὸν 41
υἱὸν Δαβὶδ εἶναι; καὶ αὐτὸς³⁴ Δαβὶδ λέγει ἐν βίβλῳ 42
ψαλμῶν, Εἶπεν ὁ Κύριος τῷ Κυρίῳ μου, Κάθου ἐκ
δεξιῶν μου, ἕως ἂν θῶ τοὺς ἐχθρούς σου ὑποπόδιον 43
τῶν ποδῶν σου. Δαβὶδ οὖν Κύριον αὐτὸν καλεῖ, 44
καὶ πῶς υἱὸς αὐτοῦ ἐστιν;
Ἀκούοντος δὲ παντὸς τοῦ λαοῦ, εἶπε τοῖς μαθη- 45
ταῖς αὐτοῦ, Προσέχετε ἀπὸ τῶν γραμματέων τῶν 46
θελόντων περιπατεῖν ἐν στολαῖς, καὶ φιλούντων
ἀσπασμοὺς ἐν ταῖς ἀγοραῖς, καὶ πρωτοκαθεδρίας ἐν
ταῖς συναγωγαῖς, καὶ πρωτοκλισίας ἐν τοῖς δείπνοις·
οἳ κατεσθίουσι τὰς οἰκίας τῶν χηρῶν, καὶ προφάσει 47
μακρὰ προσεύχονται. οὗτοι λήψονται περισσό-
τερον κρίμα.
Ἀναβλέψας δὲ εἶδε τοὺς βάλλοντας τὰ δῶρα XXI.
αὐτῶν εἰς τὸ γαζοφυλάκιον¹ πλουσίους· εἶδε δὲ καὶ² 2
τινα χήραν πενιχρὰν βάλλουσαν ἐκεῖ δύο λεπτά,
καὶ εἶπεν, Ἀληθῶς λέγω ὑμῖν, ὅτι ἡ χήρα ἡ πτωχὴ 3
αὕτη πλεῖον πάντων ἔβαλεν· ἅπαντες³ γὰρ οὗτοι ἐκ 4
τοῦ περισσεύοντος αὐτοῖς ἔβαλον εἰς τὰ δῶρα τοῦ
Θεοῦ⁴, αὕτη δὲ ἐκ τοῦ ὑστερήματος αὐτῆς ἅπαντα⁵
τὸν βίον ὃν εἶχεν ἔβαλε.
Καί τινων λεγόντων περὶ τοῦ ἱεροῦ, ὅτι λίθοις 5
καλοῖς καὶ ἀναθήμασι κεκόσμηται, εἶπε, Ταῦτα ἃ 6
θεωρεῖτε, ἐλεύσονται ἡμέραι ἐν αἷς οὐκ ἀφεθήσεται
λίθος ἐπὶ λίθῳ⁶, ὃς οὐ καταλυθήσεται. ἐπηρώ- 7
τησαν δὲ αὐτόν, λέγοντες, Διδάσκαλε, πότε οὖν
ταῦτα ἔσται; καὶ τί τὸ σημεῖον, ὅταν μέλλῃ ταῦτα

---

³³ γὰρ   ³⁴ αὐτὸς γὰρ   ¹ εἰς τὸ γαζοφυλάκιον τὰ δῶρα
αὐτῶν   ² (δέ) om. καί   ³ πάντες   ⁴ om. τοῦ Θεοῦ
⁵ πάντα   ⁶ add ὧδε

8 γίνεσθαι; ὁ δὲ εἶπε, Βλέπετε μὴ πλανηθῆτε· πολ-
λοὶ γὰρ ἐλεύσονται ἐπὶ τῷ ὀνόματί μου, λέγον-
τες ὅτι Ἐγώ εἰμι· καί, Ὁ καιρὸς ἤγγικε. μὴ
9 οὖν⁷ πορευθῆτε ὀπίσω αὐτῶν. ὅταν δὲ ἀκούσητε
πολέμους καὶ ἀκαταστασίας, μὴ πτοηθῆτε· δεῖ γὰρ
ταῦτα γενέσθαι πρῶτον, ἀλλ᾽ οὐκ εὐθέως τὸ τέλος.
10 Τότε ἔλεγεν αὐτοῖς, Ἐγερθήσεται ἔθνος ἐπὶ
11 ἔθνος, καὶ βασιλεία ἐπὶ βασιλείαν· σεισμοί τε
μεγάλοι κατὰ τόπους καὶ⁸ λιμοὶ καὶ λοιμοὶ ἔσονται,
φόβητρά τε καὶ σημεῖα ἀπ᾽ οὐρανοῦ μεγάλα ἔσται.
12 πρὸ δὲ τούτων ἁπάντων⁹ ἐπιβαλοῦσιν ἐφ᾽ ὑμᾶς τὰς
χεῖρας αὐτῶν, καὶ διώξουσι, παραδιδόντες εἰς¹⁰
συναγωγὰς καὶ φυλακάς, ἀγομένους¹¹ ἐπὶ βασιλεῖς
13 καὶ ἡγεμόνας, ἕνεκεν τοῦ ὀνόματός μου. ἀποβή-
14 σεται δὲ¹² ὑμῖν εἰς μαρτύριον. θέσθε¹³ οὖν εἰς τὰς
15 καρδίας¹⁴ ὑμῶν μὴ προμελετᾶν ἀπολογηθῆναι· ἐγὼ
γὰρ δώσω ὑμῖν στόμα καὶ σοφίαν, ᾗ οὐ δυνήσονται
ἀντειπεῖν οὐδὲ ἀντιστῆναι¹⁵ πάντες οἱ ἀντικείμενοι ὑμῖν.
16 παραδοθήσεσθε δὲ καὶ ὑπὸ γονέων καὶ ἀδελφῶν
καὶ συγγενῶν καὶ φίλων, καὶ θανατώσουσιν ἐξ
17 ὑμῶν. καὶ ἔσεσθε μισούμενοι ὑπὸ πάντων διὰ τὸ
18 ὄνομά μου. καὶ θρὶξ ἐκ τῆς κεφαλῆς ὑμῶν οὐ μὴ
19 ἀπόληται. ἐν τῇ ὑπομονῇ ὑμῶν κτήσασθε¹⁶ τὰς
ψυχὰς ὑμῶν.
20 Ὅταν δὲ ἴδητε κυκλουμένην ὑπὸ στρατοπέδων
τὴν Ἱερουσαλήμ, τότε γνῶτε ὅτι ἤγγικεν ἡ ἐρή-
21 μωσις αὐτῆς. τότε οἱ ἐν τῇ Ἰουδαίᾳ φευγέτωσαν
εἰς τὰ ὄρη· καὶ οἱ ἐν μέσῳ αὐτῆς ἐκχωρείτωσαν·
καὶ οἱ ἐν ταῖς χώραις μὴ εἰσερχέσθωσαν εἰς αὐτήν.
22 ὅτι ἡμέραι ἐκδικήσεως αὗταί εἰσι, τοῦ πληρωθῆναι¹⁷

---

⁷ om. οὖν   ⁸ καὶ κατὰ τόπους   ⁹ πάντων   ¹⁰ add τὰς
¹¹ ἀπαγομένους   ¹² om. δὲ   ¹³ θέτε   ¹⁴ ἐν ταῖς καρδίαις
¹⁵ ἀντιστῆναι ἢ ἀντειπεῖν   ¹⁶ κτήσεσθε   ¹⁷ πλησθῆναι

πάντα τὰ γεγραμμένα. οὐαὶ δὲ[18] ταῖς ἐν γαστρὶ 23
ἐχούσαις καὶ ταῖς θηλαζούσαις ἐν ἐκείναις ταῖς
ἡμέραις· ἔσται γὰρ ἀνάγκη μεγάλη ἐπὶ τῆς γῆς,
καὶ ὀργὴ ἐν[19] τῷ λαῷ τούτῳ. καὶ πεσοῦνται στό- 24
ματι μαχαίρας, καὶ αἰχμαλωτισθήσονται εἰς πάντα
τὰ ἔθνη· καὶ Ἰερουσαλὴμ ἔσται πατουμένη ὑπὸ
ἐθνῶν, ἄχρι πληρωθῶσι καιροὶ ἐθνῶν. καὶ ἔσται[20] 25
σημεῖα ἐν ἡλίῳ καὶ σελήνῃ καὶ ἄστροις, καὶ ἐπὶ
τῆς γῆς συνοχὴ ἐθνῶν ἐν ἀπορίᾳ, ἠχούσης[21] θα-
λάσσης καὶ σάλου, ἀποψυχόντων ἀνθρώπων ἀπὸ 26
φόβου καὶ προσδοκίας τῶν ἐπερχομένων τῇ οἰκου-
μένῃ· αἱ γὰρ δυνάμεις τῶν οὐρανῶν σαλευθήσονται.
καὶ τότε ὄψονται τὸν υἱὸν τοῦ ἀνθρώπου ἐρχόμενον 27
ἐν νεφέλῃ μετὰ δυνάμεως καὶ δόξης πολλῆς. ἀρχο- 28
μένων δὲ τούτων γίνεσθαι, ἀνακύψατε καὶ ἐπάρατε
τὰς κεφαλὰς ὑμῶν· διότι ἐγγίζει ἡ ἀπολύτρωσις
ὑμῶν.

Καὶ εἶπε παραβολὴν αὐτοῖς, Ἴδετε τὴν συκῆν 29
καὶ πάντα τὰ δένδρα· ὅταν προβάλωσιν ἤδη, βλέ- 30
ποντες ἀφ' ἑαυτῶν γινώσκετε ὅτι ἤδη ἐγγὺς τὸ
θέρος ἐστίν. οὕτω καὶ ὑμεῖς, ὅταν ἴδητε ταῦτα 31
γινόμενα, γινώσκετε ὅτι ἐγγύς ἐστιν ἡ βασιλεία
τοῦ Θεοῦ. ἀμὴν λέγω ὑμῖν ὅτι οὐ μὴ παρέλθῃ 32
ἡ γενεὰ αὕτη, ἕως ἂν πάντα γένηται. ὁ οὐρανὸς 33
καὶ ἡ γῆ παρελεύσονται, οἱ δὲ λόγοι μου οὐ μὴ
παρέλθωσι[22].

Προσέχετε δὲ ἑαυτοῖς, μήποτε βαρυνθῶσιν[23] ὑμῶν 34
αἱ καρδίαι ἐν κραιπάλῃ καὶ μέθῃ καὶ μερίμναις
βιωτικαῖς, καὶ αἰφνίδιος ἐφ' ὑμᾶς ἐπιστῇ ἡ ἡμέρα
ἐκείνη· ὡς παγὶς[24] γὰρ ἐπελεύσεται[25] ἐπὶ πάντας τοὺς 35

---

[18] om. δὲ [19] om. ἐν [20] ἔσονται [21] (om. ,) ἤχους
[22] παρελεύσονται [23] βαρηθῶσιν [24] (ἐκείνη ὡς παγὶς·)
[25] ἐπεισελεύσεται γὰρ

36 καθημένους ἐπὶ πρόσωπον πάσης τῆς γῆς. ἀγρυπ-
νεῖτε οὖν²⁶ ἐν παντὶ καιρῷ δεόμενοι, ἵνα καταξιωθῆτε²⁷
ἐκφυγεῖν ταῦτα πάντα τὰ μέλλοντα γίνεσθαι, καὶ
σταθῆναι ἔμπροσθεν τοῦ υἱοῦ τοῦ ἀνθρώπου.
37   Ἦν δὲ τὰς ἡμέρας ἐν τῷ ἱερῷ διδάσκων· τὰς δὲ
νύκτας ἐξερχόμενος ηὐλίζετο εἰς τὸ ὄρος τὸ καλού-
38 μενον ἐλαιῶν. καὶ πᾶς ὁ λαὸς ὤρθριζε πρὸς αὐτὸν
ἐν τῷ ἱερῷ ἀκούειν αὐτοῦ.

XXII.   Ἤγγιζε δὲ ἡ ἑορτὴ τῶν ἀζύμων, ἡ λεγομένη
2 πάσχα. καὶ ἐζήτουν οἱ ἀρχιερεῖς καὶ οἱ γραμ-
ματεῖς τὸ πῶς ἀνέλωσιν αὐτόν· ἐφοβοῦντο γὰρ
τὸν λαόν.
3   Εἰσῆλθε δὲ ὁ Σατανᾶς εἰς Ἰούδαν τὸν ἐπικαλού-
μενον¹ Ἰσκαριώτην, ὄντα ἐκ τοῦ ἀριθμοῦ τῶν δώ-
4 δεκα. καὶ ἀπελθὼν συνελάλησε τοῖς ἀρχιερεῦσι
καὶ τοῖς² στρατηγοῖς τὸ πῶς αὐτὸν παραδῷ αὐτοῖς.
5 καὶ ἐχάρησαν, καὶ συνέθεντο αὐτῷ ἀργύριον δοῦναι.
6 καὶ ἐξωμολόγησε, καὶ ἐζήτει εὐκαιρίαν τοῦ παρα-
δοῦναι αὐτὸν αὐτοῖς ἄτερ ὄχλου.
7   Ἦλθε δὲ ἡ ἡμέρα τῶν ἀζύμων, ἐν ᾗ ἔδει θύε-
8 σθαι τὸ πάσχα. καὶ ἀπέστειλε Πέτρον καὶ Ἰωάννην,
εἰπών, Πορευθέντες ἑτοιμάσατε ἡμῖν τὸ πάσχα,
9 ἵνα φάγωμεν. οἱ δὲ εἶπον αὐτῷ, Ποῦ θέλεις ἑτοι-
10 μάσωμεν; ὁ δὲ εἶπεν αὐτοῖς, Ἰδού, εἰσελθόντων
ὑμῶν εἰς τὴν πόλιν, συναντήσει ὑμῖν ἄνθρωπος
κεράμιον ὕδατος βαστάζων· ἀκολουθήσατε αὐτῷ
11 εἰς τὴν οἰκίαν οὗ³ εἰσπορεύεται. καὶ ἐρεῖτε τῷ
οἰκοδεσπότῃ τῆς οἰκίας, Λέγει σοι ὁ διδάσκαλος,
Ποῦ ἐστι τὸ κατάλυμα, ὅπου τὸ πάσχα μετὰ τῶν
12 μαθητῶν μου φάγω; κἀκεῖνος ὑμῖν δείξει ἀνώ-
13 γεον μέγα ἐστρωμένον· ἐκεῖ ἑτοιμάσατε. ἀπελ-

²⁶ δὲ   ²⁷ κατισχύσητε   ¹ καλούμενον
² om. τοῖς   ³ εἰς ἣν

θόντες δὲ εὗρον καθὼς εἴρηκεν[4] αὐτοῖς· καὶ ἡτοίμα-
σαν τὸ πάσχα.

Καὶ ὅτε ἐγένετο ἡ ὥρα, ἀνέπεσε, καὶ οἱ δώδεκα[5] 14
ἀπόστολοι σὺν αὐτῷ. καὶ εἶπε πρὸς αὐτούς, Ἐπι- 15
θυμίᾳ ἐπεθύμησα τοῦτο τὸ πάσχα φαγεῖν μεθ'
ὑμῶν πρὸ τοῦ με παθεῖν· λέγω γὰρ ὑμῖν ὅτι οὐκέτι[6] 16
οὐ μὴ φάγω ἐξ αὐτοῦ[7], ἕως ὅτου πληρωθῇ ἐν τῇ
βασιλείᾳ τοῦ Θεοῦ. καὶ δεξάμενος ποτήριον, εὐ- 17
χαριστήσας εἶπε, Λάβετε τοῦτο, καὶ διαμερίσατε
ἑαυτοῖς[8]· λέγω γὰρ ὑμῖν ὅτι οὐ μὴ πίω[9] ἀπὸ τοῦ 18
γεννήματος τῆς ἀμπέλου, ἕως ὅτου ἡ βασιλεία τοῦ
Θεοῦ ἔλθῃ. καὶ λαβὼν ἄρτον, εὐχαριστήσας ἔκλα- 19
σε, καὶ ἔδωκεν αὐτοῖς, λέγων, Τοῦτό ἐστι τὸ σῶμά
μου, τὸ ὑπὲρ ὑμῶν διδόμενον· τοῦτο ποιεῖτε εἰς τὴν
ἐμὴν ἀνάμνησιν[10]. ὡσαύτως καὶ τὸ ποτήριον[11] μετὰ τὸ 20
δειπνῆσαι, λέγων, Τοῦτο τὸ ποτήριον ἡ καινὴ διαθήκη ἐν τῷ
αἵματί μου, τὸ ὑπὲρ ὑμῶν ἐκχυνόμενον[12]. πλὴν ἰδού, ἡ 21
χεὶρ τοῦ παραδιδόντος με μετ' ἐμοῦ ἐπὶ τῆς τραπέ-
ζης. καὶ ὁ μὲν υἱὸς[13] τοῦ ἀνθρώπου πορεύεται κατὰ τὸ 22
ὡρισμένον[14]· πλὴν οὐαὶ τῷ ἀνθρώπῳ ἐκείνῳ δι' οὗ
παραδίδοται. καὶ αὐτοὶ ἤρξαντο συζητεῖν πρὸς 23
ἑαυτοὺς τὸ τίς ἄρα εἴη ἐξ αὐτῶν ὁ τοῦτο μέλλων
πράσσειν.

Ἐγένετο δὲ καὶ φιλονεικία ἐν αὐτοῖς τὸ τίς 24
αὐτῶν δοκεῖ εἶναι μείζων. ὁ δὲ εἶπεν αὐτοῖς, Οἱ 25
βασιλεῖς τῶν ἐθνῶν κυριεύουσιν αὐτῶν, καὶ οἱ
ἐξουσιάζοντες αὐτῶν εὐεργέται καλοῦνται. ὑμεῖς 26

---

[4] εἰρήκει   [5] om. δώδεκα   [6] om. οὐκέτι   [7] αὐτό
[8] εἰς ἑαυτούς   [9] add ἀπὸ τοῦ νῦν   [10] Marg. om. τὸ ὑπὲρ
ὑμῶν διδόμενον· τοῦτο ποιεῖτε εἰς τὴν ἐμὴν ἀνάμνησιν   [11] καὶ τὸ
ποτήριον ὡσαύτως text, but marg. om.   [12] Marg. om. μετὰ τὸ
δειπνῆσαι, λέγων, Τοῦτο τὸ ποτήριον ἡ καινὴ διαθήκη ἐν τῷ αἵματί
μου, τὸ ὑπὲρ ὑμῶν ἐκχυνόμενον   [13] ὅτι ὁ υἱὸς μὲν   [14] κατὰ
τὸ ὡρισμένον πορεύεται

δὲ οὐχ οὕτως· ἀλλ' ὁ μείζων ἐν ὑμῖν γενέσθω¹⁵ ὡς
27 ὁ νεώτερος· καὶ ὁ ἡγούμενος ὡς ὁ διακονῶν. τίς
γὰρ μείζων, ὁ ἀνακείμενος ἢ ὁ διακονῶν ; οὐχὶ
ὁ ἀνακείμενος ; ἐγὼ δέ εἰμι ἐν μέσῳ ὑμῶν¹⁶ ὡς ὁ δια-
28 κονῶν. ὑμεῖς δέ ἐστε οἱ διαμεμενηκότες μετ' ἐμοῦ
29 ἐν τοῖς πειρασμοῖς μου· κἀγὼ διατίθεμαι ὑμῖν,
30 καθὼς διέθετό μοι ὁ πατήρ μου, βασιλείαν,¹⁷ ἵνα
ἐσθίητε καὶ πίνητε ἐπὶ τῆς τραπέζης μου ἐν τῇ
βασιλείᾳ μου, καὶ καθίσησθε¹⁸ ἐπὶ θρόνων, κρίνοντες
31 τὰς δώδεκα φυλὰς τοῦ Ἰσραήλ. εἶπε δὲ ὁ Κύριος¹⁹,
Σίμων, Σίμων, ἰδού, ὁ Σατανᾶς ἐξητήσατο ὑμᾶς,
32 τοῦ σινιάσαι ὡς τὸν σῖτον· ἐγὼ δὲ ἐδεήθην περὶ
σοῦ, ἵνα μὴ ἐκλείπῃ²⁰ ἡ πίστις σου· καὶ σύ ποτε
33 ἐπιστρέψας στήριξον τοὺς ἀδελφούς σου. ὁ δὲ
εἶπεν αὐτῷ, Κύριε, μετὰ σοῦ ἕτοιμός εἰμι καὶ εἰς
34 φυλακὴν καὶ εἰς θάνατον πορεύεσθαι. ὁ δὲ εἶπε,
Λέγω σοι, Πέτρε, οὐ μὴ²¹ φωνήσει σήμερον ἀλέκ-
τωρ, πρὶν ἢ²² τρὶς ἀπαρνήσῃ μὴ εἰδέναι με²³.
35 Καὶ εἶπεν αὐτοῖς, Ὅτε ἀπέστειλα ὑμᾶς ἄτερ
βαλαντίου καὶ πήρας καὶ ὑποδημάτων, μή τινος
36 ὑστερήσατε ; οἱ δὲ εἶπον, Οὐδενός. εἶπεν οὖν²⁴ αὐ-
τοῖς, Ἀλλὰ νῦν ὁ ἔχων βαλάντιον ἀράτω, ὁμοίως
καὶ πήραν· καὶ ὁ μὴ ἔχων, πωλησάτω τὸ ἱμάτιον
37 αὐτοῦ, καὶ ἀγορασάτω μάχαιραν²⁵. λέγω γὰρ ὑμῖν
ὅτι ἔτι²⁶ τοῦτο τὸ γεγραμμένον δεῖ τελεσθῆναι ἐν
ἐμοί, τὸ Καὶ μετὰ ἀνόμων ἐλογίσθη· καὶ γὰρ τὰ²⁷
38 περὶ ἐμοῦ τέλος ἔχει. οἱ δὲ εἶπον, Κύριε, ἰδού, μά-
χαιραι ὧδε δύο. ὁ δὲ εἶπεν αὐτοῖς, Ἱκανόν ἐστι.

---

¹⁵ γινέσθω   ¹⁶ (δὲ) ἐν μέσῳ ὑμῶν εἰμι   ¹⁷ (Marg. μου
βασιλείαν,)   ¹⁸ καθίσεσθε   ¹⁹ om. εἶπε δὲ ὁ Κύριος
²⁰ ἐκλίπῃ   ²¹ om. μὴ   ²² ἕως   ²³ (τρίς) με ἀπαρνήσῃ εἰδέναι
²⁴ ὁ δὲ εἶπεν   ²⁵ (Marg. ἔχων, πωλησάτω τὸ ἱμάτιον αὐτοῦ
καὶ ἀγορασάτω, μάχαιραν)   ²⁶ om. ἔτι   ²⁷ τὸ

Καὶ ἐξελθὼν ἐπορεύθη κατὰ τὸ ἔθος εἰς τὸ ὄρος 39
τῶν ἐλαιῶν· ἠκολούθησαν δὲ αὐτῷ καὶ οἱ μαθηταὶ
αὐτοῦ²⁸. γενόμενος δὲ ἐπὶ τοῦ τόπου, εἶπεν αὐτοῖς, 40
Προσεύχεσθε μὴ εἰσελθεῖν εἰς πειρασμόν. καὶ 41
αὐτὸς ἀπεσπάσθη ἀπ᾽ αὐτῶν ὡσεὶ λίθου βολήν,
καὶ θεὶς τὰ γόνατα προσηύχετο, λέγων, Πάτερ, εἰ 42
βούλει, παρένεγκε * τὸ ποτήριον τοῦτο²⁹ ἀπ᾽ ἐμοῦ· πλὴν
μὴ τὸ θέλημά μου, ἀλλὰ τὸ σὸν γενέσθω³⁰. ³¹ ὤφθη 43
δὲ αὐτῷ ἄγγελος ἀπ᾽ οὐρανοῦ ἐνισχύων αὐτόν. καὶ γενόμενος 44
ἐν ἀγωνίᾳ, ἐκτενέστερον προσηύχετο. ἐγένετο δὲ ὁ ἱδρὼς
αὐτοῦ ὡσεὶ θρόμβοι αἵματος καταβαίνοντες ἐπὶ τὴν γῆν.
καὶ ἀναστὰς ἀπὸ τῆς προσευχῆς, ἐλθὼν πρὸς τοὺς 45
μαθητάς αὐτοῦ *³², εὗρεν αὐτοὺς κοιμωμένους ἀπὸ
τῆς λύπης, καὶ εἶπεν αὐτοῖς, Τί καθεύδετε; ἀνα- 46
στάντες προσεύχεσθε, ἵνα μὴ εἰσέλθητε εἰς πει-
ρασμόν.

Ἔτι δὲ³³ αὐτοῦ λαλοῦντος, ἰδού, ὄχλος, καὶ ὁ 47
λεγόμενος Ἰούδας, εἷς τῶν δώδεκα, προήρχετο αὐ-
τῶν, καὶ ἤγγισε τῷ Ἰησοῦ φιλῆσαι αὐτόν. ὁ δὲ 48
Ἰησοῦς εἶπεν αὐτῷ, Ἰούδα, φιλήματι τὸν υἱὸν τοῦ
ἀνθρώπου παραδίδως; ἰδόντες δὲ οἱ περὶ αὐτὸν 49
τὸ ἐσόμενον εἶπον αὐτῷ³⁴, Κύριε, εἰ πατάξομεν ἐν
μαχαίρᾳ; καὶ ἐπάταξεν εἷς τις ἐξ αὐτῶν τὸν 50
δοῦλον τοῦ ἀρχιερέως, καὶ ἀφεῖλεν αὐτοῦ τὸ οὖς τὸ
δεξιόν. ἀποκριθεὶς δὲ ὁ Ἰησοῦς εἶπεν, Ἐᾶτε ἕως 51
τούτου. καὶ ἁψάμενος τοῦ ὠτίου αὐτοῦ³⁵, ἰάσατο
αὐτόν. εἶπε δὲ ὁ Ἰησοῦς πρὸς τοὺς παραγενομέ- 52
νους ἐπ᾽ αὐτὸν ἀρχιερεῖς καὶ στρατηγοὺς τοῦ ἱεροῦ
καὶ πρεσβυτέρους, Ὡς ἐπὶ λῃστὴν ἐξεληλύθατε³⁶

---

²⁸ om. αὐτοῦ   ²⁹ τοῦτο τὸ ποτήριον   ³⁰ γινέσθω
³¹ Marg. om. ver. 43, 44   ³² om. αὐτοῦ   ³³ om. δὲ
³⁴ om. αὐτῷ   ³⁵ om. αὐτοῦ   ³⁶ ἐξήλθετε

53 μετα μαχαιρῶν καὶ ξύλων; καθ᾽ ἡμέραν ὄντος μου
μεθ᾽ ὑμῶν ἐν τῷ ἱερῷ, οὐκ ἐξετείνατε τὰς χεῖρας
ἐπ᾽ ἐμέ. ἀλλ᾽ αὕτη ὑμῶν ἐστιν ἡ ὥρα, καὶ ἡ
ἐξουσία τοῦ σκότους.
54 Συλλαβόντες δὲ αὐτὸν ἤγαγον, καὶ εἰσήγαγον
αὐτὸν[37] εἰς τὸν οἶκον τοῦ ἀρχιερέως. ὁ δὲ Πέτρος
55 ἠκολούθει μακρόθεν. ἁψάντων[38] δὲ πῦρ ἐν μέσῳ τῆς
αὐλῆς, καὶ συγκαθισάντων αὐτῶν[39], ἐκάθητο ὁ Πέ-
56 τρος ἐν μέσῳ αὐτῶν. ἰδοῦσα δὲ αὐτὸν παιδίσκη
τις καθήμενον πρὸς τὸ φῶς, καὶ ἀτενίσασα αὐτῷ,
57 εἶπε, Καὶ οὗτος σὺν αὐτῷ ἦν. ὁ δὲ ἠρνήσατο
58 αὐτόν[40], λέγων, Γύναι, οὐκ οἶδα αὐτόν[41]. καὶ μετὰ
βραχὺ ἕτερος ἰδὼν αὐτὸν ἔφη, Καὶ σὺ ἐξ αὐτῶν εἶ.
59 ὁ δὲ Πέτρος εἶπεν[42], Ἄνθρωπε, οὐκ εἰμί. καὶ διαστά-
σης ὡσεὶ ὥρας μιᾶς, ἄλλος τις διϊσχυρίζετο, λέγων,
Ἐπ᾽ ἀληθείας καὶ οὗτος μετ᾽ αὐτοῦ ἦν· καὶ γὰρ
60 Γαλιλαῖός ἐστιν. εἶπε δὲ ὁ Πέτρος, Ἄνθρωπε, οὐκ
οἶδα ὃ λέγεις. καὶ παραχρῆμα, ἔτι λαλοῦντος αὐ-
61 τοῦ, ἐφώνησεν ὁ[43] ἀλέκτωρ. καὶ στραφεὶς ὁ Κύριος
ἐνέβλεψε τῷ Πέτρῳ. καὶ ὑπεμνήσθη ὁ Πέτρος τοῦ
λόγου[44] τοῦ Κυρίου, ὡς εἶπεν αὐτῷ ὅτι Πρὶν
62 ἀλέκτορα φωνῆσαι[45], ἀπαρνήσῃ με τρίς. καὶ
ἐξελθὼν ἔξω ὁ Πέτρος[46] ἔκλαυσε πικρῶς.
63 Καὶ οἱ ἄνδρες οἱ συνέχοντες τὸν Ἰησοῦν[47] ἐνέ-
64 παιζον αὐτῷ, δέροντες. καὶ περικαλύψαντες αὐτόν,
ἔτυπτον αὐτοῦ τὸ πρόσωπον, καὶ[48] ἐπηρώτων αὐτόν,
λέγοντες, Προφήτευσον· τίς ἐστιν ὁ παίσας σε;
65 καὶ ἕτερα πολλὰ βλασφημοῦντες ἔλεγον εἰς αὐ-
τόν.

---

[37] om. αὐτὸν   [38] περιαψάντων   [39] om. αὐτῶν   [40] om.
αὐτόν   [41] Οὐκ οἶδα αὐτόν, γύναι   [42] ἔφη   [43] om. ὁ
[44] ῥήματος   [45] add σήμερον   [46] om. ὁ Πέτρος   [47] αὐτὸν
[48] (αὐτὸν) om., ἔτυπτον αὐτοῦ τὸ πρόσωπον, καὶ

Καὶ ὡς ἐγένετο ἡμέρα, συνήχθη τὸ πρεσβυτέ- 66
ριον τοῦ λαοῦ, ἀρχιερεῖς τε καὶ γραμματεῖς, καὶ
ἀνήγαγον⁴⁹ αὐτὸν εἰς τὸ συνέδριον ἑαυτῶν⁵⁰, λέγοντες,
Εἰ σὺ εἶ ὁ Χριστός, εἰπὲ ἡμῖν. εἶπε δὲ αὐτοῖς, 67
Ἐὰν ὑμῖν εἴπω, οὐ μὴ πιστεύσητε· ἐὰν δὲ καὶ⁵¹ 68
ἐρωτήσω, οὐ μὴ ἀποκριθῆτέ μοι, ἢ ἀπολύσητε⁵². ἀπὸ 69
τοῦ νῦν⁵³ ἔσται ὁ υἱὸς τοῦ ἀνθρώπου καθήμενος ἐκ
δεξιῶν τῆς δυνάμεως τοῦ Θεοῦ. εἶπον δὲ πάντες, 70
Σὺ οὖν εἶ ὁ υἱὸς τοῦ Θεοῦ; ὁ δὲ πρὸς αὐτοὺς ἔφη,
Ὑμεῖς λέγετε ὅτι⁵⁴ ἐγώ εἰμι. οἱ δὲ εἶπον, Τί ἔτι 71
χρείαν ἔχομεν μαρτυρίας; αὐτοὶ γὰρ ἠκούσαμεν
ἀπὸ τοῦ στόματος αὐτοῦ.

Καὶ ἀναστὰν ἅπαν τὸ πλῆθος αὐτῶν, ἤγαγεν¹ XXIII.
αὐτὸν ἐπὶ τὸν Πιλᾶτον. ἤρξαντο δὲ κατηγορεῖν 2
αὐτοῦ, λέγοντες, Τοῦτον εὕρομεν διαστρέφοντα τὸ
ἔθνος², καὶ κωλύοντα Καίσαρι φόρους διδόναι,
³λέγοντα ἑαυτὸν Χριστὸν βασιλέα εἶναι. ὁ δὲ 3
Πιλᾶτος ἐπηρώτησεν⁴ αὐτόν, λέγων, Σὺ εἶ ὁ βασιλεὺς
τῶν Ἰουδαίων; ὁ δὲ ἀποκριθεὶς αὐτῷ ἔφη, Σὺ
λέγεις. ὁ δὲ Πιλᾶτος εἶπε πρὸς τοὺς ἀρχιερεῖς 4
καὶ τοὺς ὄχλους, Οὐδὲν εὑρίσκω αἴτιον ἐν τῷ
ἀνθρώπῳ τούτῳ. οἱ δὲ ἐπίσχυον, λέγοντες ὅτι 5
Ἀνασείει τὸν λαόν, διδάσκων καθ' ὅλης τῆς Ἰου-
δαίας, ⁵ἀρξάμενος ἀπὸ τῆς Γαλιλαίας ἕως ὧδε.
Πιλᾶτος δὲ ἀκούσας Γαλιλαίαν⁶ ἐπηρώτησεν εἰ ὁ 6
ἄνθρωπος Γαλιλαῖός ἐστι. καὶ ἐπιγνοὺς ὅτι ἐκ τῆς 7
ἐξουσίας Ἡρώδου ἐστίν, ἀνέπεμψεν αὐτὸν πρὸς
Ἡρώδην, ὄντα καὶ αὐτὸν ἐν Ἱεροσολύμοις ἐν ταύ-
ταις ταῖς ἡμέραις.

---

⁴⁹ ἀπήγαγον   ⁵⁰ αὐτῶν   ⁵¹ om. καὶ   ⁵² (-θῆτε) om. μοι,
ἢ ἀπολύσητε   ⁵³ add δὲ   ⁵⁴ (Marg. λέγετε, ὅτι)   ¹ ἤγαγον
² add ἡμῶν   ³ add καὶ   ⁴ ἠρώτησεν   ⁵ add καὶ
⁶ om. Γαλιλαίαν

8 Ὁ δὲ Ἡρώδης ἰδὼν τὸν Ἰησοῦν ἐχάρη λίαν· ἦν
γὰρ θέλων ἐξ ἱκανοῦ⁷ ἰδεῖν αὐτόν, διὰ τὸ ἀκούειν πολλὰ⁸
περὶ αὐτοῦ· καὶ ἤλπιζέ τι σημεῖον ἰδεῖν ὑπ᾽ αὐτοῦ
9 γινόμενον. ἐπηρώτα δὲ αὐτὸν ἐν λόγοις ἱκανοῖς·
10 αὐτὸς δὲ οὐδὲν ἀπεκρίνατο αὐτῷ. εἱστήκεισαν δὲ
οἱ ἀρχιερεῖς καὶ οἱ γραμματεῖς, εὐτόνως κατηγο-
11 ροῦντες αὐτοῦ. ἐξουθενήσας δὲ αὐτὸν ὁ Ἡρώδης
σὺν τοῖς στρατεύμασιν αὐτοῦ, καὶ ἐμπαίξας, περι-
βαλὼν αὐτὸν⁹ ἐσθῆτα λαμπράν, ἀνέπεμψεν αὐτὸν
12 τῷ Πιλάτῳ. ἐγένοντο δὲ φίλοι ὅ τε Πιλάτος καὶ
ὁ Ἡρώδης¹⁰ ἐν αὐτῇ τῇ ἡμέρᾳ μετ᾽ ἀλλήλων· προϋ-
πῆρχον γὰρ ἐν ἔχθρᾳ ὄντες πρὸς ἑαυτούς.
13 Πιλάτος δὲ συγκαλεσάμενος τοὺς ἀρχιερεῖς καὶ
14 τοὺς ἄρχοντας καὶ τὸν λαόν, εἶπε πρὸς αὐτούς,
Προσηνέγκατέ μοι τὸν ἄνθρωπον τοῦτον, ὡς ἀπο-
στρέφοντα τὸν λαόν· καὶ ἰδού, ἐγὼ ἐνώπιον ὑμῶν
ἀνακρίνας οὐδὲν εὗρον ἐν τῷ ἀνθρώπῳ τούτῳ αἴτιον
15 ὧν κατηγορεῖτε κατ᾽ αὐτοῦ· ἀλλ᾽ οὐδὲ Ἡρώδης·
ἀνέπεμψα¹¹ γὰρ ὑμᾶς πρὸς αὐτόν¹², καὶ ἰδού, οὐδὲν ἄξιον
16 θανάτου ἐστὶ πεπραγμένον αὐτῷ. παιδεύσας οὖν
17 αὐτὸν ἀπολύσω. ¹³ἀνάγκην δὲ εἶχεν ἀπολύειν αὐτοῖς
18 κατὰ ἑορτὴν ἕνα. ἀνέκραξαν δὲ παμπληθεί, λέγοντες,
Αἶρε τοῦτον, ἀπόλυσον δὲ ἡμῖν τὸν Βαραββᾶν·
19 ὅστις ἦν διὰ στάσιν τινὰ γενομένην ἐν τῇ πόλει καὶ
20 φόνον βεβλημένος εἰς φυλακήν¹⁴ πάλιν οὖν¹⁵ ὁ Πιλά-
τος προσεφώνησε¹⁶, θέλων ἀπολῦσαι τὸν Ἰησοῦν.
21 οἱ δὲ ἐπεφώνουν, λέγοντες, Σταύρωσον, σταύρωσον
22 αὐτόν. ὁ δὲ τρίτον εἶπε πρὸς αὐτούς, Τί γὰρ κακὸν
ἐποίησεν οὗτος; οὐδὲν αἴτιον θανάτου εὗρον ἐν

---

⁷ ἐξ ἱκανῶν χρόνων θέλων   ⁸ om. πολλὰ   ⁹ om. αὐτὸν
¹⁰ Ἡρώδης καὶ ὁ Πιλάτος   ¹¹ ἀνέπεμψε   ¹² αὐτὸν πρὸς
ἡμᾶς   ¹³ om. ver. 17 text, but marg. retains it here or sets it after
ver. 19   ¹⁴ βληθεὶς ἐν τῇ φυλακῇ   ¹⁵ δὲ   ¹⁶ add (ν) αὐτοῖς

αὐτῷ· παιδεύσας οὖν αὐτὸν ἀπολύσω. οἱ δὲ ἐπέ-23
κειντο φωναῖς μεγάλαις, αἰτούμενοι αὐτὸν σταυ-
ρωθῆναι· καὶ κατίσχυον αἱ φωναὶ αὐτῶν καὶ τῶν
ἀρχιερέων[17]. ὁ δὲ[18] Πιλάτος ἐπέκρινε γενέσθαι τὸ 24
αἴτημα αὐτῶν. ἀπέλυσε δὲ αὐτοῖς[19] τὸν διὰ στά-25
σιν καὶ φόνον βεβλημένον εἰς τὴν[20] φυλακήν, ὃν
ᾐτοῦντο· τὸν δὲ Ἰησοῦν παρέδωκε τῷ θελήματι
αὐτῶν.

Καὶ ὡς ἀπήγαγον αὐτόν, ἐπιλαβόμενοι Σίμωνός 26
τινος Κυρηναίου[21] τοῦ ἐρχομένου[22] ἀπ᾽ ἀγροῦ, ἐπέθηκαν
αὐτῷ τὸν σταυρόν, φέρειν ὄπισθεν τοῦ Ἰησοῦ.
Ἠκολούθει δὲ αὐτῷ πολὺ πλῆθος τοῦ λαοῦ, καὶ 27
γυναικῶν αἳ καὶ[23] ἐκόπτοντο καὶ ἐθρήνουν αὐτόν.
στραφεὶς δὲ πρὸς αὐτὰς ὁ Ἰησοῦς εἶπε, Θυγατέρες 28
Ἰερουσαλήμ, μὴ κλαίετε ἐπ᾽ ἐμέ, πλὴν ἐφ᾽ ἑαυτὰς
κλαίετε καὶ ἐπὶ τὰ τέκνα ὑμῶν. ὅτι ἰδού, ἔρχονται 29
ἡμέραι ἐν αἷς ἐροῦσι, Μακάριαι αἱ στεῖραι, καὶ[24]
κοιλίαι αἳ οὐκ ἐγέννησαν, καὶ μαστοὶ οἳ οὐκ ἐθήλα-
σαν[25]. τότε ἄρξονται λέγειν τοῖς ὄρεσι, Πέσετε ἐφ᾽ 30
ἡμᾶς· καὶ τοῖς βουνοῖς, Καλύψατε ἡμᾶς. ὅτι εἰ 31
ἐν τῷ ὑγρῷ ξύλῳ ταῦτα ποιοῦσιν, ἐν τῷ ξηρῷ τί
γένηται;

Ἤγοντο δὲ καὶ ἕτεροι δύο κακοῦργοι σὺν αὐτῷ 32
ἀναιρεθῆναι.

Καὶ ὅτε ἀπῆλθον[26] ἐπὶ τὸν τόπον τὸν καλούμενον 33
Κρανίον, ἐκεῖ ἐσταύρωσαν αὐτόν, καὶ τοὺς κακούρ-
γους, ὃν μὲν ἐκ δεξιῶν, ὃν δὲ ἐξ ἀριστερῶν. ὁ δὲ 34
Ἰησοῦς ἔλεγε, Πάτερ, ἄφες αὐτοῖς· οὐ γὰρ οἴδασι τί ποιοῦσι.[27]
διαμεριζόμενοι δὲ τὰ ἱμάτια αὐτοῦ, ἔβαλον κλῆρον.

[17] om. καὶ τῶν ἀρχιερέων   [18] καὶ   [19] om. αὐτοῖς
[20] om. τὴν   [21] Σίμωνά τινα Κυρηναῖον   [22] ἐρχόμενον
[23] om. καὶ   [24] add αἱ   [25] ἔθρεψαν   [26] ἦλθον   [27] Marg.
om. ὁ δὲ Ἰησοῦς ἔλεγε, Πάτερ, ἄφες αὐτοῖς· οὐ γὰρ οἴδασι τί ποιοῦσι.

35 καὶ εἰστήκει ὁ λαὸς θεωρῶν. ἐξεμυκτήριζον δὲ καὶ οἱ ἄρχοντες σὺν αὐτοῖς²⁸, λέγοντες, Ἄλλους ἔσωσε, σωσάτω ἑαυτόν, εἰ οὗτός ἐστιν ὁ Χριστός, ὁ τοῦ 36 Θεοῦ ἐκλεκτός²⁹. ἐνέπαιζον δὲ αὐτῷ καὶ οἱ στρατιῶται, προσερχόμενοι καὶ³⁰ ὄξος προσφέροντες αὐτῷ, 37 καὶ λέγοντες, Εἰ σὺ εἶ ὁ βασιλεὺς τῶν Ἰουδαίων, 38 σῶσον σεαυτόν. ἦν δὲ καὶ ἐπιγραφὴ γεγραμμένη³¹ ἐπ᾿ αὐτῷ γράμμασιν Ἑλληνικοῖς καὶ Ῥωμαϊκοῖς καὶ Ἑβραϊκοῖς³², Οὗτός ἐστιν ὁ βασιλεὺς τῶν Ἰουδαίων³³.

39 Εἷς δὲ τῶν κρεμασθέντων κακούργων ἐβλασφήμει αὐτόν, λέγων, Εἰ³⁴ σὺ εἶ ὁ Χριστός, σῶσον 40 σεαυτὸν καὶ ἡμᾶς. ἀποκριθεὶς δὲ ὁ ἕτερος ἐπετίμα αὐτῷ, λέγων³⁵, Οὐδὲ φοβῇ σὺ τὸν Θεόν, ὅτι ἐν τῷ 41 αὐτῷ κρίματι εἶ; καὶ ἡμεῖς μὲν δικαίως, ἄξια γὰρ ὧν ἐπράξαμεν ἀπολαμβάνομεν· οὗτος δὲ οὐδὲν 42 ἄτοπον ἔπραξε. καὶ ἔλεγε τῷ³⁶ Ἰησοῦ, Μνήσθητί³⁷ 43 μου, Κύριε³⁸, ὅταν ἔλθῃς ἐν τῇ βασιλείᾳ³⁹ σου. καὶ εἶπεν αὐτῷ ὁ Ἰησοῦς⁴⁰, Ἀμὴν λέγω σοι, σήμερον μετ᾿ ἐμοῦ ἔσῃ ἐν τῷ παραδείσῳ.

44 Ἦν δὲ⁴¹ ὡσεὶ ὥρα ἕκτη, καὶ σκότος ἐγένετο ἐφ᾿ 45 ὅλην τὴν γῆν ἕως ὥρας ἐννάτης. καὶ ἐσκοτίσθη ὁ ἥλιος,⁴² καὶ ἐσχίσθη⁴³ τὸ καταπέτασμα τοῦ ναοῦ μέ- 46 σον. καὶ φωνήσας φωνῇ μεγάλῃ ὁ Ἰησοῦς εἶπε, Πάτερ, εἰς χεῖράς σου παραθήσομαι⁴⁴ τὸ πνεῦμά μου· 47 καὶ ταῦτα⁴⁵ εἰπὼν ἐξέπνευσεν. ἰδὼν δὲ ὁ ἑκατόνταρχος τὸ γενόμενον ἐδόξασε⁴⁶ τὸν Θεόν, λέγων, Ὄντως 48 ὁ ἄνθρωπος οὗτος δίκαιος ἦν. καὶ πάντες οἱ συμ-

---

²⁸ om. σὺν αὐτοῖς   ²⁹ τοῦ Θεοῦ ὁ ἐκλεκτός   ³⁰ om. καὶ
³¹ om. γεγραμμένη   ³² om. γράμμασιν Ἑλληνικοῖς καὶ Ῥωμαϊκοῖς καὶ Ἑβραϊκοῖς   ³³ Ὁ βασιλεὺς τῶν Ἰουδαίων οὗτος   ³⁴ Οὐχὶ (Χριστός;)   ³⁵ ἐπιτιμῶν αὐτῷ ἔφη   ³⁶ (ν) om. τῷ   ³⁷ (, Ἰησοῦ, μνήσθητί)   ³⁸ om. Κύριε   ³⁹ Marg. εἰς τὴν βασιλείαν   ⁴⁰ om. ὁ Ἰησοῦς   ⁴¹ Καὶ ἦν ἤδη   ⁴² , τοῦ ἡλίου ἐκλείποντος·   ⁴³ ἐσχίσθη δὲ   ⁴⁴ παρατίθεμαι   ⁴⁵ τοῦτο δὲ   ⁴⁶ ἐδόξαζε

παραγενόμενοι ὄχλοι ἐπὶ τὴν θεωρίαν ταύτην,
θεωροῦντες⁴⁷ τὰ γενόμενα, τύπτοντες ἑαυτῶν⁴⁸ τὰ στήθη
ὑπέστρεφον. εἱστήκεισαν δὲ πάντες οἱ γνωστοὶ 49
αὐτοῦ⁴⁹ ⁵⁰μακρόθεν, καὶ γυναῖκες αἱ συνακολουθήσασαι⁵¹
αὐτῷ ἀπὸ τῆς Γαλιλαίας, ὁρῶσαι ταῦτα.

Καὶ ἰδού, ἀνὴρ ὀνόματι Ἰωσήφ, βουλευτὴς 50
ὑπάρχων, ἀνὴρ ἀγαθὸς καὶ δίκαιος (οὗτος οὐκ ἦν 51
συγκατατεθειμένος τῇ βουλῇ καὶ τῇ πράξει αὐτῶν),
ἀπὸ Ἀριμαθαίας πόλεως τῶν Ἰουδαίων, ὃς καὶ⁵²
προσεδέχετο καὶ αὐτὸς⁵³ τὴν βασιλείαν τοῦ Θεοῦ·
οὗτος προσελθὼν τῷ Πιλάτῳ ᾐτήσατο τὸ σῶμα 52
τοῦ Ἰησοῦ. καὶ καθελὼν αὐτὸ⁵⁴ ἐνετύλιξεν αὐτὸ 53
σινδόνι, καὶ ἔθηκεν αὐτὸ⁵⁵ ἐν μνήματι λαξευτῷ, οὗ
οὐκ ἦν οὐδέπω οὐδεὶς⁵⁶ κείμενος. καὶ ἡμέρα ἦν Παρα- 54
σκευή⁵⁷, καὶ σάββατον ἐπέφωσκε. κατακολουθή- 55
σασαι δὲ καὶ⁵⁸ γυναῖκες, αἵτινες ἦσαν συνεληλυ-
θυῖαι αὐτῷ⁵⁹ ἐκ τῆς Γαλιλαίας⁶⁰, ἐθεάσαντο τὸ
μνημεῖον, καὶ ὡς ἐτέθη τὸ σῶμα αὐτοῦ. ὑποστρέ- 56
ψασαι δὲ ἡτοίμασαν ἀρώματα καὶ μύρα.

Καὶ τὸ μὲν σάββατον ἡσύχασαν κατὰ τὴν
ἐντολήν. τῇ δὲ μιᾷ τῶν σαββάτων, ὄρθρου βαθέος, XXIV.
ἦλθον ἐπὶ τὸ μνῆμα, φέρουσαι ἃ ἡτοίμασαν ἀρώ-
ματα, καί τινες σὺν αὐταῖς¹. εὗρον δὲ τὸν λίθον ἀπο- 2
κεκυλισμένον ἀπὸ τοῦ μνημείου. καὶ εἰσελθοῦσαι² οὐχ 3
εὗρον τὸ σῶμα τοῦ Κυρίου Ἰησοῦ³. καὶ ἐγένετο ἐν 4
τῷ διαπορεῖσθαι⁴ αὐτὰς περὶ τούτου, καὶ ἰδού, δύο
ἄνδρες ἐπέστησαν αὐταῖς ἐν ἐσθήσεσιν ἀστραπτούσαις⁵·

---

⁴⁷ θεωρήσαντες   ⁴⁸ om. ἑαυτῶν   ⁴⁹ αὐτῷ   ⁵⁰ add
ἀπὸ   ⁵¹ συνακολουθοῦσαι   ⁵² om. καὶ   ⁵³ om. καὶ αὐτὸς
⁵⁴ om. αὐτὸ   ⁵⁵ αὐτὸν   ⁵⁶ οὐδεὶς οὔπω   ⁵⁷ Παρασκευῆς
⁵⁸ αἱ   ⁵⁹ om. αὐτῷ   ⁶⁰ add αὐτῷ   ¹ om. καί τινες
σὺν αὐταῖς   ² εἰσελθοῦσαι δὲ   ³ Marg. om. τοῦ Κυρίου
Ἰησοῦ   ⁴ ἀπορεῖσθαι   ⁵ ἐσθῆτι ἀστραπτούσῃ

5 ἐμφόβων δὲ γενομένων αὐτῶν, καὶ κλινουσῶν τὸ
πρόσωπον⁶ εἰς τὴν γῆν, εἶπον πρὸς αὐτάς, Τί ζητεῖτε
6 τὸν ζῶντα μετὰ τῶν νεκρῶν; οὐκ ἔστιν ὧδε, ἀλλ'
ἠγέρθη·⁷ μνήσθητε ὡς ἐλάλησεν ὑμῖν, ἔτι ὢν ἐν
7 τῇ Γαλιλαίᾳ, λέγων ὅτι δεῖ τὸν υἱὸν τοῦ ἀνθρώπου⁸
παραδοθῆναι εἰς χεῖρας ἀνθρώπων ἁμαρτωλῶν,
καὶ σταυρωθῆναι, καὶ τῇ τρίτῃ ἡμέρᾳ ἀναστῆναι.
8, 9 καὶ ἐμνήσθησαν τῶν ῥημάτων αὐτοῦ, καὶ ὑπο-
στρέψασαι ἀπὸ τοῦ μνημείου⁹, ἀπήγγειλαν ταῦτα
10 πάντα τοῖς ἔνδεκα καὶ πᾶσι τοῖς λοιποῖς. ἦσαν
δὲ ἡ Μαγδαληνὴ Μαρία καὶ Ἰωάννα καὶ Μαρία¹⁰
Ἰακώβου, καὶ αἱ λοιπαὶ σὺν αὐταῖς, αἳ¹¹ ἔλεγον
11 πρὸς τοὺς ἀποστόλους ταῦτα. καὶ ἐφάνησαν ἐνώ-
πιον αὐτῶν ὡσεὶ λῆρος τὰ ῥήματα αὐτῶν¹², καὶ
12 ἠπίστουν αὐταῖς. ¹³ὁ δὲ Πέτρος ἀναστὰς ἔδραμεν ἐπὶ τὸ
μνημεῖον, καὶ παρακύψας βλέπει τὰ ὀθόνια κείμενα¹⁴ μόνα·
καὶ ἀπῆλθε πρὸς ἑαυτὸν θαυμάζων τὸ γεγονός.
13   Καὶ ἰδού, δύο ἐξ αὐτῶν ἦσαν πορευόμενοι ἐν αὐτῇ
τῇ ἡμέρᾳ¹⁵ εἰς κώμην ἀπέχουσαν σταδίους ἑξήκοντα
14 ἀπὸ Ἰερουσαλήμ, ᾗ ὄνομα Ἐμμαούς. καὶ αὐτοὶ
ὡμίλουν πρὸς ἀλλήλους περὶ πάντων τῶν συμβε-
15 βηκότων τούτων. καὶ ἐγένετο ἐν τῷ ὁμιλεῖν αὐτοὺς
καὶ συζητεῖν, καὶ αὐτὸς ὁ Ἰησοῦς ἐγγίσας συνεπο-
16 ρεύετο αὐτοῖς. οἱ δὲ ὀφθαλμοὶ αὐτῶν ἐκρατοῦντο
17 τοῦ μὴ ἐπιγνῶναι αὐτόν. εἶπε δὲ πρὸς αὐτούς,
Τίνες οἱ λόγοι οὗτοι οὓς ἀντιβάλλετε πρὸς ἀλ-
18 λήλους περιπατοῦντες, καὶ ἐστε σκυθρωποί;¹⁶ ἀπο-
κριθεὶς δὲ ὁ¹⁷ εἷς, ᾧ ὄνομα¹⁸ Κλεόπας, εἶπε πρὸς

---

⁶ τὰ πρόσωπα   ⁷ Marg. om. οὐκ ἔστιν ὧδε, ἀλλ' ἠγέρθη·
⁸ , τὸν υἱὸν τοῦ ἀνθρώπου ὅτι δεῖ   ⁹ Marg. om. ἀπὸ τοῦ μνημείου
¹⁰ add ἡ   ¹¹ (Ἰακώβου·...) om. , αἱ   ¹² ταῦτα   ¹³ Marg. om.
ver. 12   ¹⁴ om. κείμενα   ¹⁵ ἐν αὐτῇ τῇ ἡμέρᾳ ἦσαν πορευό-
μενοι   ¹⁶ ; καὶ ἐστάθησαν σκυθρωποί.   ¹⁷ om. ὁ   ¹⁸ ὀνόματι

αὐτόν, Σὺ μόνος παροικεῖς ἐν¹⁹ Ἰερουσαλήμ, καὶ
οὐκ ἔγνως τὰ γενόμενα ἐν αὐτῇ ἐν ταῖς ἡμέραις
ταύταις; καὶ εἶπεν αὐτοῖς, Ποῖα; οἱ δὲ εἶπον 19
αὐτῷ, Τὰ περὶ Ἰησοῦ τοῦ Ναζωραίου²⁰, ὃς ἐγένετο
ἀνὴρ προφήτης δυνατὸς ἐν ἔργῳ καὶ λόγῳ ἐναν-
τίον τοῦ Θεοῦ καὶ παντὸς τοῦ λαοῦ· ὅπως τε 20
παρέδωκαν αὐτὸν οἱ ἀρχιερεῖς καὶ οἱ ἄρχοντες
ἡμῶν εἰς κρίμα θανάτου, καὶ ἐσταύρωσαν αὐτόν.
ἡμεῖς δὲ ἠλπίζομεν ὅτι αὐτός ἐστιν ὁ μέλλων 21
λυτροῦσθαι τὸν Ἰσραήλ. ἀλλά γε²¹ σὺν πᾶσι
τούτοις τρίτην ταύτην ἡμέραν ἄγει σήμερον²² ἀφ'
οὗ ταῦτα ἐγένετο. ἀλλὰ καὶ γυναῖκές τινες ἐξ 22
ἡμῶν ἐξέστησαν ἡμᾶς, γενόμεναι ὄρθριαι²³ ἐπὶ τὸ
μνημεῖον· καὶ μὴ εὑροῦσαι τὸ σῶμα αὐτοῦ, ἦλθον 23
λέγουσαι καὶ ὀπτασίαν ἀγγέλων ἑωρακέναι, οἳ λέ-
γουσιν αὐτὸν ζῆν. καὶ ἀπῆλθόν τινες τῶν σὺν 24
ἡμῖν ἐπὶ τὸ μνημεῖον, καὶ εὗρον οὕτω καθὼς καὶ²⁴
αἱ γυναῖκες εἶπον· αὐτὸν δὲ οὐκ εἶδον. καὶ αὐτὸς 25
εἶπε πρὸς αὐτούς, Ὦ ἀνόητοι καὶ βραδεῖς τῇ
καρδίᾳ τοῦ πιστεύειν ἐπὶ πᾶσιν οἷς ἐλάλησαν οἱ
προφῆται· οὐχὶ ταῦτα ἔδει παθεῖν τὸν Χριστόν, 26
καὶ εἰσελθεῖν εἰς τὴν δόξαν αὐτοῦ; καὶ ἀρξάμενος 27
ἀπὸ Μωσέως καὶ ἀπὸ πάντων τῶν προφητῶν,
διηρμήνευεν²⁵ αὐτοῖς ἐν πάσαις ταῖς γραφαῖς τὰ περὶ
ἑαυτοῦ. καὶ ἤγγισαν εἰς τὴν κώμην οὗ ἐπορεύ- 28
οντο· καὶ αὐτὸς προσεποιεῖτο πορρωτέρω πορεύ-
εσθαι. καὶ παρεβιάσαντο αὐτόν, λέγοντες, Μεῖνον 29
μεθ' ἡμῶν, ὅτι πρὸς ἑσπέραν ἐστί, καὶ κέκλικεν²⁶
ἡ ἡμέρα. καὶ εἰσῆλθε τοῦ μεῖναι σὺν αὐτοῖς.
καὶ ἐγένετο ἐν τῷ κατακλιθῆναι αὐτὸν μετ' αὐτῶν, 30

---

¹⁹ om. ἐν   ²⁰ Ναζαρηνοῦ   ²¹ add καὶ   ²² om.
σήμερον   ²³ ὀρθριναὶ   ²⁴ om. καὶ   ²⁵ διερμήνευσεν
²⁶ add ἤδη

λαβὼν τὸν ἄρτον εὐλόγησε, καὶ κλάσας ἐπεδίδου
31 αὐτοῖς. αὐτῶν δὲ διηνοίχθησαν οἱ ὀφθαλμοί, καὶ
ἐπέγνωσαν αὐτόν· καὶ αὐτὸς ἄφαντος ἐγένετο ἀπ'
32 αὐτῶν. καὶ εἶπον πρὸς ἀλλήλους, Οὐχὶ ἡ καρδία
ἡμῶν καιομένη ἦν ἐν ἡμῖν, ὡς ἐλάλει ἡμῖν ἐν τῇ
33 ὁδῷ, καὶ²⁷ ὡς διήνοιγεν ἡμῖν τὰς γραφάς; καὶ
ἀναστάντες αὐτῇ τῇ ὥρα ὑπέστρεψαν εἰς Ἱερου-
σαλήμ, καὶ εὗρον συνηθροισμένους²⁸ τοὺς ἕνδεκα καὶ
34 τοὺς σὺν αὐτοῖς, λέγοντας ὅτι Ἠγέρθη ὁ Κύριος
35 ὄντως²⁹, καὶ ὤφθη Σίμωνι. καὶ αὐτοὶ ἐξηγοῦντο τὰ
ἐν τῇ ὁδῷ, καὶ ὡς ἐγνώσθη αὐτοῖς ἐν τῇ κλάσει
τοῦ ἄρτου.
36 Ταῦτα δὲ αὐτῶν λαλούντων, αὐτὸς ὁ Ἰησοῦς³⁰
ἔστη ἐν μέσῳ αὐτῶν, καὶ λέγει αὐτοῖς, Εἰρήνη ὑμῖν³¹.
37 πτοηθέντες δὲ καὶ ἔμφοβοι γενόμενοι ἐδόκουν
38 πνεῦμα θεωρεῖν. καὶ εἶπεν αὐτοῖς, Τί τεταραγ-
μένοι ἐστέ; καὶ διατί διαλογισμοὶ ἀναβαίνουσιν
39 ἐν ταῖς καρδίαις³² ὑμῶν; ἴδετε τὰς χεῖράς μου καὶ
τοὺς πόδας μου, ὅτι αὐτὸς ἐγώ εἰμι³³· ψηλαφήσατέ
με καὶ ἴδετε, ὅτι πνεῦμα σάρκα καὶ ὀστέα οὐκ
40 ἔχει, καθὼς ἐμὲ θεωρεῖτε ἔχοντα. ³⁴καὶ τοῦτο εἰπὼν
41 ἐπέδειξεν³⁵ αὐτοῖς τὰς χεῖρας καὶ τοὺς πόδας. ἔτι δὲ
ἀπιστούντων αὐτῶν ἀπὸ τῆς χαρᾶς καὶ θαυμα-
ζόντων, εἶπεν αὐτοῖς, Ἔχετέ τι βρώσιμον ἐνθάδε;
42 οἱ δὲ ἐπέδωκαν αὐτῷ ἰχθύος ὀπτοῦ μέρος, καὶ
43 ἀπὸ μελισσίου κηρίου³⁶. καὶ λαβὼν ἐνώπιον αὐτῶν
ἔφαγεν.
44 Εἶπε δὲ αὐτοῖς³⁷, Οὗτοι οἱ λόγοι³⁸, οὓς ἐλάλησα

²⁷ om. καὶ   ²⁸ ἠθροισμένους   ²⁹ Ὄντως ἠγέρθη ὁ Κύριος
³⁰ om. ὁ Ἰησοῦς   ³¹ Marg. om. , καὶ λέγει αὐτοῖς, Εἰρήνη ὑμῖν
³² τῇ καρδία   ³³ ἐγώ εἰμι αὐτός   ³⁴ Marg. om. ver. 40
³⁵ ἔδειξεν   ³⁶ om. , καὶ ἀπὸ μελισσίου κηρίου text, not marg.
³⁷ πρὸς αὐτούς   ³⁸ add μου

πρὸς ὑμᾶς ἔτι ὢν σὺν ὑμῖν, ὅτι δεῖ πληρωθῆναι
πάντα τὰ γεγραμμένα ἐν τῷ νόμῳ Μωσέως καὶ
προφήταις καὶ ψαλμοῖς περὶ ἐμοῦ. τότε διήνοιξεν 45
αὐτῶν τὸν νοῦν, τοῦ συνιέναι τὰς γραφάς· καὶ 46
εἶπεν αὐτοῖς ὅτι Οὕτω γέγραπται, καὶ οὕτως ἔδει[39]
παθεῖν τὸν Χριστόν, καὶ ἀναστῆναι ἐκ νεκρῶν
τῇ τρίτῃ ἡμέρᾳ, καὶ κηρυχθῆναι ἐπὶ τῷ ὀνόματι 47
αὐτοῦ μετάνοιαν καὶ[40] ἄφεσιν ἁμαρτιῶν εἰς πάντα
τὰ ἔθνη, ἀρξάμενον[41] ἀπὸ Ἱερουσαλήμ. ὑμεῖς δέ[42] 48
ἐστε μάρτυρες τούτων. καὶ ἰδού, ἐγὼ ἀποστέλλω[43] 49
τὴν ἐπαγγελίαν τοῦ πατρός μου ἐφ᾽ ὑμᾶς· ὑμεῖς
δὲ καθίσατε ἐν τῇ πόλει Ἱερουσαλήμ[44], ἕως οὗ ἐνδύ-
σησθε δύναμιν ἐξ ὕψους[45].

Ἐξήγαγε δὲ αὐτοὺς ἔξω[46] ἕως εἰς[47] Βηθανίαν· 50
καὶ ἐπάρας τὰς χεῖρας αὐτοῦ εὐλόγησεν αὐτούς.
καὶ ἐγένετο ἐν τῷ εὐλογεῖν αὐτὸν αὐτούς, διέστη 51
ἀπ᾽ αὐτῶν, καὶ ἀνεφέρετο εἰς τὸν οὐρανόν[48]. καὶ αὐτοὶ 52
προσκυνήσαντες αὐτόν,[49] ὑπέστρεψαν εἰς Ἱερουσαλὴμ
μετὰ χαρᾶς μεγάλης· καὶ ἦσαν διὰ παντὸς ἐν τῷ 53
ἱερῷ, αἰνοῦντες καὶ[50] εὐλογοῦντες τὸν Θεόν. Ἀμήν[51].

---

[39] om. καὶ οὕτως ἔδει   [40] Marg. εἰς   [41] ἀρξάμενοι
(Marg. ἔθνη. Ἀρξάμενοι ἀπὸ Ἱερουσαλήμ, ὑμεῖς)   [42] om. δέ
[43] ἐξαποστέλλω   [44] om. Ἱερουσαλήμ   [45] ἐξ ὕψους δύναμιν
[46] om. ἔξω   [47] πρὸς   [48] Marg. om. , καὶ ἀνεφέρετο εἰς τὸν
οὐρανόν   [49] Marg. om. προσκυνήσαντες αὐτόν,   [50] om.
αἰνοῦντες καὶ   [51] om. Ἀμήν

ΕΥΑΓΓΕΛΙΟΝ
ΤΟ ΚΑΤΑ ΙΩΑΝΝΗΝ.

1. Ἐν ἀρχῇ ἦν ὁ λόγος, καὶ ὁ λόγος ἦν πρὸς τὸν
2 Θεόν, καὶ Θεὸς ἦν ὁ λόγος. οὗτος ἦν ἐν ἀρχῇ
3 πρὸς τὸν Θεόν. πάντα δι᾽ αὐτοῦ ἐγένετο, καὶ
4 χωρὶς αὐτοῦ ἐγένετο οὐδὲ ἓν ὃ γέγονεν. ἐν αὐτῷ¹
5 ζωὴ ἦν, καὶ ἡ ζωὴ ἦν τὸ φῶς τῶν ἀνθρώπων, καὶ
6 τὸ φῶς ἐν τῇ σκοτίᾳ φαίνει, καὶ ἡ σκοτία αὐτὸ
οὐ κατέλαβεν. ἐγένετο ἄνθρωπος ἀπεσταλμένος
7 παρὰ Θεοῦ, ὄνομα αὐτῷ Ἰωάννης. οὗτος ἦλθεν
εἰς μαρτυρίαν, ἵνα μαρτυρήσῃ περὶ τοῦ φωτός,
8 ἵνα πάντες πιστεύσωσι δι᾽ αὐτοῦ. οὐκ ἦν ἐκεῖνος
9 τὸ φῶς, ἀλλ᾽ ἵνα μαρτυρήσῃ περὶ τοῦ φωτός. ἦν
τὸ φῶς τὸ ἀληθινόν, ὃ φωτίζει πάντα ἄνθρωπον²
10 ἐρχόμενον εἰς τὸν κόσμον. ἐν τῷ κόσμῳ ἦν, καὶ
ὁ κόσμος δι᾽ αὐτοῦ ἐγένετο, καὶ ὁ κόσμος αὐτὸν
11 οὐκ ἔγνω. εἰς τὰ ἴδια ἦλθε, καὶ οἱ ἴδιοι αὐτὸν
12 οὐ παρέλαβον. ὅσοι δὲ ἔλαβον αὐτόν, ἔδωκεν αὐ-
τοῖς ἐξουσίαν τέκνα Θεοῦ γενέσθαι, τοῖς πιστεύ-
13 ουσιν εἰς τὸ ὄνομα αὐτοῦ· οἳ οὐκ ἐξ αἱμάτων, οὐδὲ ἐκ
θελήματος σαρκός, οὐδὲ ἐκ θελήματος ἀνδρός, ἀλλ᾽
14 ἐκ Θεοῦ ἐγεννήθησαν. καὶ ὁ λόγος σὰρξ ἐγένετο,
καὶ ἐσκήνωσεν ἐν ἡμῖν (καὶ ἐθεασάμεθα τὴν δόξαν
αὐτοῦ, δόξαν ὡς μονογενοῦς παρὰ πατρός), πλή-
15 ρης χάριτος καὶ ἀληθείας. Ἰωάννης μαρτυρεῖ περὶ

¹ (*Marg.* οὐδὲ ἕν. ὃ γέγονεν ἐν αὐτῷ)   ² (*Marg.* ἄνθρωπον,)

αὐτοῦ, καὶ κέκραγε λέγων, Οὗτος ἦν ὃν εἶπον[3], Ὁ
ὀπίσω μου ἐρχόμενος ἔμπροσθέν μου γέγονεν· ὅτι
πρῶτός μου ἦν. καὶ[4] ἐκ τοῦ πληρώματος αὐτοῦ 16
ἡμεῖς πάντες ἐλάβομεν, καὶ χάριν ἀντὶ χάριτος.
ὅτι ὁ νόμος διὰ Μωσέως ἐδόθη, ἡ χάρις καὶ ἡ 17
ἀλήθεια διὰ Ἰησοῦ Χριστοῦ ἐγένετο. Θεὸν οὐδεὶς 18
ἑώρακε πώποτε· ὁ[5] μονογενὴς υἱός[6], ὁ ὢν εἰς τὸν
κόλπον τοῦ πατρός, ἐκεῖνος ἐξηγήσατο.

Καὶ αὕτη ἐστὶν ἡ μαρτυρία τοῦ Ἰωάννου, ὅτε 19
ἀπέστειλαν[7] οἱ Ἰουδαῖοι ἐξ Ἱεροσολύμων ἱερεῖς
καὶ Λευΐτας ἵνα ἐρωτήσωσιν αὐτόν, Σὺ τίς εἶ;
καὶ ὡμολόγησε, καὶ οὐκ ἠρνήσατο· καὶ ὡμολόγη- 20
σεν ὅτι Οὐκ εἰμὶ ἐγὼ ὁ Χριστός. καὶ ἠρώτησαν 21
αὐτόν, Τί οὖν; Ἠλίας εἶ σύ; καὶ λέγει, Οὐκ
εἰμί. Ὁ προφήτης εἶ σύ; καὶ ἀπεκρίθη, Οὔ.
εἶπον οὖν αὐτῷ, Τίς εἶ; ἵνα ἀπόκρισιν δῶμεν 22
τοῖς πέμψασιν ἡμᾶς. τί λέγεις περὶ σεαυτοῦ; ἔφη, 23
Ἐγὼ φωνὴ βοῶντος ἐν τῇ ἐρήμῳ, Εὐθύνατε τὴν
ὁδὸν Κυρίου, καθὼς εἶπεν Ἡσαΐας ὁ προφήτης.
καὶ οἱ[8] ἀπεσταλμένοι ἦσαν ἐκ τῶν Φαρισαίων. 24
καὶ ἠρώτησαν αὐτόν, καὶ εἶπον αὐτῷ, Τί οὖν βαπ- 25
τίζεις, εἰ σὺ οὐκ εἶ ὁ Χριστός, οὔτε[9] Ἠλίας, οὔτε[9]
ὁ προφήτης; ἀπεκρίθη αὐτοῖς ὁ Ἰωάννης λέγων, 26
Ἐγὼ βαπτίζω ἐν ὕδατι· μέσος δὲ[10] ὑμῶν ἔστηκεν[11]
ὃν ὑμεῖς οὐκ οἴδατε. αὐτός ἐστιν[12] ὁ ὀπίσω μου ἐρ- 27
χόμενος, ὃς ἔμπροσθέν μου γέγονεν·[13] οὗ ἐγὼ οὐκ εἰμὶ
ἄξιος ἵνα λύσω αὐτοῦ τὸν ἱμάντα τοῦ ὑποδήματος.
ταῦτα ἐν Βηθαβαρᾶ[14] ἐγένετο πέραν τοῦ Ἰορδάνου, 28
ὅπου ἦν Ἰωάννης βαπτίζων.

---

[3] *Marg.* λέγων (οὗτος ἦν ὁ εἰπών)   [4] ὅτι   [5] *Marg. om.* ὁ
[6] *Marg.* Θεός   [7] *add* πρὸς αὐτὸν   [8] *om.* οἱ   [9] οὐδὲ   [10] *om.* δὲ
[11] στήκει   [12] , *om.* . αὐτός ἐστιν   [13] *om.* ὃς ἔμπροσθέν μου
γέγονεν·   [14] Βηθανίᾳ *text*, Βηθαβαρᾶ or Βηθαραβᾶ *marg.*

29 Τῇ ἐπαύριον βλέπει ὁ Ἰωάννης[15] τὸν Ἰησοῦν
ἐρχόμενον πρὸς αὐτόν, καὶ λέγει, Ἴδε ὁ ἀμνὸς τοῦ
30 Θεοῦ, ὁ αἴρων τὴν ἀμαρτίαν τοῦ κόσμου. οὗτός
ἐστι περὶ[16] οὗ ἐγὼ εἶπον, Ὀπίσω μου ἔρχεται ἀνὴρ
ὃς ἔμπροσθέν μου γέγονεν, ὅτι πρῶτός μου ἦν.
31 κἀγὼ οὐκ ᾔδειν αὐτόν· ἀλλ᾽ ἵνα φανερωθῇ τῷ
Ἰσραήλ, διὰ τοῦτο ἦλθον ἐγὼ ἐν τῷ[17] ὕδατι βαπ-
32 τίζων. καὶ ἐμαρτύρησεν Ἰωάννης λέγων ὅτι Τε-
θέαμαι τὸ Πνεῦμα καταβαῖνον ὡσεὶ[18] περιστερὰν
33 ἐξ οὐρανοῦ, καὶ ἔμεινεν ἐπ᾽ αὐτόν. κἀγὼ οὐκ ᾔδειν
αὐτόν· ἀλλ᾽ ὁ πέμψας με βαπτίζειν ἐν ὕδατι,
ἐκεῖνός μοι εἶπεν, Ἐφ᾽ ὃν ἂν ἴδῃς τὸ Πνεῦμα
καταβαῖνον καὶ μένον ἐπ᾽ αὐτόν, οὗτός ἐστιν ὁ
34 βαπτίζων ἐν Πνεύματι Ἁγίῳ. κἀγὼ ἑώρακα, καὶ
μεμαρτύρηκα ὅτι οὗτός ἐστιν ὁ υἱὸς τοῦ Θεοῦ.

35 Τῇ ἐπαύριον πάλιν εἱστήκει ὁ Ἰωαννης, καὶ ἐκ
36 τῶν μαθητῶν αὐτοῦ δύο· καὶ ἐμβλέψας τῷ Ἰησοῦ
37 περιπατοῦντι, λέγει, Ἴδε ὁ ἀμνὸς τοῦ Θεοῦ. καὶ
ἤκουσαν αὐτοῦ οἱ δύο μαθηταὶ[19] λαλοῦντος, καὶ ἠκο-
38 λούθησαν τῷ Ἰησοῦ. στραφεὶς δὲ ὁ Ἰησοῦς καὶ
θεασάμενος αὐτοὺς ἀκολουθοῦντας, λέγει αὐτοῖς, Τί
ζητεῖτε; οἱ δὲ εἶπον αὐτῷ, Ῥαββί (ὃ λέγεται
39 ἑρμηνευόμενον[20], Διδάσκαλε), ποῦ μένεις; λέγει αὐ-
τοῖς, Ἔρχεσθε καὶ ἴδετε[21]. ἦλθον[22] καὶ εἶδον ποῦ
μένει· καὶ παρ᾽ αὐτῷ ἔμειναν τὴν ἡμέραν ἐκείνην·
40 ὥρα δὲ[23] ἦν ὡς δεκάτη. ἦν Ἀνδρέας ὁ ἀδελφὸς
Σίμωνος Πέτρου εἷς ἐκ τῶν δύο τῶν ἀκουσάντων
41 παρὰ Ἰωάννου καὶ ἀκολουθησάντων αὐτῷ. εὑ-
ρίσκει οὗτος πρῶτος[24] τὸν ἀδελφὸν τὸν ἴδιον Σίμωνα,
καὶ λέγει αὐτῷ, Εὑρήκαμεν τὸν Μεσσίαν (ὅ ἐστι

---

[15] om. ὁ Ἰωάννης   [16] (ν) ὑπὲρ   [17] om. τῷ   [18] ὡς
[19] οἱ δύο μαθηταὶ αὐτοῦ   [20] μεθερμηνευόμενον   [21] ὄψεσθε
[22] add οὖν   [23] om. δὲ   [24] πρῶτον

μεθερμηνευόμενον, ὁ²⁵ Χριστός). καὶ²⁶ ἤγαγεν αὐτὸν 42
πρὸς τὸν Ἰησοῦν. ἐμβλέψας δὲ²⁷ αὐτῷ ὁ Ἰησοῦς
εἶπε, Σὺ εἶ Σίμων ὁ υἱὸς Ἰωνᾶ²⁸· σὺ κληθήσῃ Κηφᾶς
(ὃ ἑρμηνεύεται Πέτρος).

Τῇ ἐπαύριον ἠθέλησεν ὁ Ἰησοῦς²⁹ ἐξελθεῖν εἰς 43
τὴν Γαλιλαίαν, καὶ εὑρίσκει Φίλιππον, καὶ λέγει
αὐτῷ³⁰, Ἀκολούθει μοι. ἦν δὲ ὁ Φίλιππος ἀπὸ 44
Βηθσαϊδά, ἐκ τῆς πόλεως Ἀνδρέου καὶ Πέτρου.
εὑρίσκει Φίλιππος τὸν Ναθαναήλ, καὶ λέγει αὐτῷ, 45
Ὃν ἔγραψε Μωσῆς ἐν τῷ νόμῳ καὶ οἱ προφῆται
εὑρήκαμεν, Ἰησοῦν τὸν³¹ υἱὸν τοῦ Ἰωσὴφ τὸν ἀπὸ
Ναζαρέθ. καὶ εἶπεν αὐτῷ Ναθαναήλ, Ἐκ Ναζαρὲθ 46
δύναταί τι ἀγαθὸν εἶναι; λέγει αὐτῷ Φίλιππος,
Ἔρχου καὶ ἴδε. εἶδεν ὁ Ἰησοῦς τὸν Ναθαναὴλ 47
ἐρχόμενον πρὸς αὐτόν, καὶ λέγει περὶ αὐτοῦ, Ἴδε
ἀληθῶς Ἰσραηλίτης, ἐν ᾧ δόλος οὐκ ἔστι. λέγει 48
αὐτῷ Ναθαναήλ, Πόθεν με γινώσκεις; ἀπεκρίθη
ὁ Ἰησοῦς καὶ εἶπεν αὐτῷ, Πρὸ τοῦ σε Φίλιππον
φωνῆσαι, ὄντα ὑπὸ τὴν συκῆν, εἶδόν σε. ἀπε- 49
κρίθη³² Ναθαναὴλ καὶ λέγει αὐτῷ³³, Ῥαββί, σὺ εἶ
ὁ υἱὸς τοῦ Θεοῦ, σὺ εἶ ὁ βασιλεὺς³⁴ τοῦ Ἰσραήλ.
ἀπεκρίθη Ἰησοῦς καὶ εἶπεν αὐτῷ, Ὅτι εἶπόν σοι, 50
³⁵εἶδόν σε ὑποκάτω τῆς συκῆς, πιστεύεις; μείζω
τούτων ὄψει. καὶ λέγει αὐτῷ, Ἀμὴν ἀμὴν λέγω 51
ὑμῖν, ἀπ᾽ ἄρτι³⁶ ὄψεσθε τὸν οὐρανὸν ἀνεῳγότα, καὶ
τοὺς ἀγγέλους τοῦ Θεοῦ ἀναβαίνοντας καὶ κατα-
βαίνοντας ἐπὶ τὸν υἱὸν τοῦ ἀνθρώπου.

Καὶ τῇ ἡμέρᾳ τῇ τρίτῃ γάμος ἐγένετο ἐν Κανᾷ II.
τῆς Γαλιλαίας, καὶ ἦν ἡ μήτηρ τοῦ Ἰησοῦ ἐκεῖ·

---

²⁵ om. ὁ   ²⁶ om. καὶ   ²⁷ om. δὲ   ²⁸ Ἰωάνου
²⁹ om. ὁ Ἰησοῦς   ²⁰ (Φίλιππον·...) add ὁ Ἰησοῦς   ³¹ om. τὸν
³² add αὐτῷ   ³³ om. καὶ λέγει αὐτῷ   ³⁴ βασιλεὺς εἶ
³⁵ (om. ,) add ὅτι   ³⁶ om. ἀπ᾽ ἄρτι

2 ἐκλήθη δὲ καὶ ὁ Ἰησοῦς καὶ οἱ μαθηταὶ αὐτοῦ εἰς
3 τὸν γάμον. καὶ ὑστερήσαντος οἴνου, λέγει ἡ μήτηρ
4 τοῦ Ἰησοῦ πρὸς αὐτόν, Οἶνον οὐκ ἔχουσι. ¹λέγει
αὐτῇ ὁ Ἰησοῦς, Τί ἐμοὶ καὶ σοί, γύναι; οὔπω ἥκει
5 ἡ ὥρα μου. λέγει ἡ μήτηρ αὐτοῦ τοῖς διακόνοις,
6 Ὅ τι ἂν λέγῃ ὑμῖν, ποιήσατε. ἦσαν δὲ ἐκεῖ ὑδρίαι
λίθιναι² ἓξ κείμεναι³ κατὰ τὸν καθαρισμὸν τῶν Ἰου-
7 δαίων⁴, χωροῦσαι ἀνὰ μετρητὰς δύο ἢ τρεῖς. λέγει
αὐτοῖς ὁ Ἰησοῦς, Γεμίσατε τὰς ὑδρίας ὕδατος. καὶ
8 ἐγέμισαν αὐτὰς ἕως ἄνω. καὶ λέγει αὐτοῖς, Ἀν-
τλήσατε νῦν, καὶ φέρετε τῷ ἀρχιτρικλίνῳ. καὶ⁵
9 ἤνεγκαν. ὡς δὲ ἐγεύσατο ὁ ἀρχιτρίκλινος τὸ ὕδωρ
οἶνον γεγεννημένον, καὶ οὐκ ᾔδει πόθεν ἐστίν (οἱ δὲ
διάκονοι ᾔδεισαν οἱ ἠντληκότες τὸ ὕδωρ), φωνεῖ
10 τὸν νυμφίον ὁ ἀρχιτρίκλινος, καὶ λέγει αὐτῷ, Πᾶς
ἄνθρωπος πρῶτον τὸν καλὸν οἶνον τίθησι, καὶ ὅταν
μεθυσθῶσι, τότε⁶ τὸν ἐλάσσω· σὺ τετήρηκας τὸν
11 καλὸν οἶνον ἕως ἄρτι. ταύτην ἐποίησε τὴν⁷ ἀρχὴν
τῶν σημείων ὁ Ἰησοῦς ἐν Κανᾷ τῆς Γαλιλαίας,
καὶ ἐφανέρωσε τὴν δόξαν αὐτοῦ· καὶ ἐπίστευσαν
εἰς αὐτὸν οἱ μαθηταὶ αὐτοῦ.

12 Μετὰ τοῦτο κατέβη εἰς Καπερναούμ, αὐτὸς καὶ
ἡ μήτηρ αὐτοῦ, καὶ οἱ ἀδελφοὶ αὐτοῦ⁸, καὶ οἱ μαθη-
ταὶ αὐτοῦ· καὶ ἐκεῖ ἔμειναν οὐ πολλὰς ἡμέρας.

13 Καὶ ἐγγὺς ἦν τὸ πάσχα τῶν Ἰουδαίων, καὶ
14 ἀνέβη εἰς Ἱεροσόλυμα ὁ Ἰησοῦς. καὶ εὗρεν ἐν τῷ
ἱερῷ τοὺς πωλοῦντας βόας καὶ πρόβατα καὶ πε-
15 ριστεράς, καὶ τοὺς κερματιστὰς καθημένους. καὶ
ποιήσας φραγέλλιον ἐκ σχοινίων πάντας ἐξέβαλεν
ἐκ τοῦ ἱεροῦ, τά τε πρόβατα καὶ τοὺς βόας· καὶ

---

¹ add καὶ   ² λίθιναι ὑδρίαι   ³ om. κείμεναι   ⁴ add
κείμεναι   ⁵ οἱ δὲ   ⁶ om. τότε   ⁷ (ν) om. τὴν
⁸ om. αὐτοῦ

τῶν κολλυβιστῶν ἐξέχεε τὸ κέρμα⁹, καὶ τὰς τρα-
πέζας ἀνέστρεψε· καὶ τοῖς τὰς περιστερὰς πωλοῦ- 16
σιν εἶπεν, Ἄρατε ταῦτα ἐντεῦθεν· μὴ ποιεῖτε τὸν
οἶκον τοῦ πατρός μου οἶκον ἐμπορίου. ἐμνήσθη- 17
σαν δὲ¹⁰ οἱ μαθηταὶ αὐτοῦ ὅτι γεγραμμένον ἐστίν,
Ὁ ζῆλος τοῦ οἴκου σου κατέφαγέ¹¹ με. ἀπεκρίθησαν 18
οὖν οἱ Ἰουδαῖοι καὶ εἶπον αὐτῷ, Τί σημεῖον δει-
κνύεις ἡμῖν, ὅτι ταῦτα ποιεῖς ; ἀπεκρίθη ὁ Ἰησοῦς 19
καὶ εἶπεν αὐτοῖς, Λύσατε τὸν ναὸν τοῦτον, καὶ ἐν
τρισὶν ἡμέραις ἐγερῶ αὐτόν. εἶπον οὖν οἱ Ἰουδαῖοι, 20
Τεσσαράκοντα καὶ ἓξ ἔτεσιν ᾠκοδομήθη ὁ ναὸς
οὗτος, καὶ σὺ ἐν τρισὶν ἡμέραις ἐγερεῖς αὐτόν;
ἐκεῖνος δὲ ἔλεγε περὶ τοῦ ναοῦ τοῦ σώματος αὐτοῦ. 21
ὅτε οὖν ἠγέρθη ἐκ νεκρῶν, ἐμνήσθησαν οἱ μαθηταὶ 22
αὐτοῦ ὅτι τοῦτο ἔλεγεν αὐτοῖς¹²· καὶ ἐπίστευσαν τῇ
γραφῇ, καὶ τῷ λόγῳ ᾧ εἶπεν ὁ Ἰησοῦς.
Ὡς δὲ ἦν ἐν Ἱεροσολύμοις ἐν τῷ πάσχα, ἐν τῇ 23
ἑορτῇ, πολλοὶ ἐπίστευσαν εἰς τὸ ὄνομα αὐτοῦ, θεω-
ροῦντες αὐτοῦ τὰ σημεῖα ἃ ἐποίει. αὐτὸς δὲ ὁ 24
Ἰησοῦς οὐκ ἐπίστευεν ἑαυτὸν¹³ αὐτοῖς, διὰ τὸ αὐτὸν
γινώσκειν πάντας, καὶ ὅτι οὐ χρείαν εἶχεν ἵνα τις 25
μαρτυρήσῃ περὶ τοῦ ἀνθρώπου· αὐτὸς γὰρ ἐγίνωσκε
τί ἦν ἐν τῷ ἀνθρώπῳ.
Ἦν δὲ ἄνθρωπος ἐκ τῶν Φαρισαίων, Νικόδημος III.
ὄνομα αὐτῷ, ἄρχων τῶν Ἰουδαίων· οὗτος ἦλθε 2
πρὸς τὸν Ἰησοῦν¹ νυκτός, καὶ εἶπεν αὐτῷ, Ῥαββί,
οἴδαμεν ὅτι ἀπὸ Θεοῦ ἐλήλυθας διδάσκαλος· οὐδεὶς
γὰρ ταῦτα τὰ σημεῖα δύναται ποιεῖν ἃ σὺ ποιεῖς,
ἐὰν μὴ ᾖ ὁ Θεὸς μετ' αὐτοῦ. ἀπεκρίθη ὁ Ἰησοῦς 3
καὶ εἶπεν αὐτῷ, Ἀμὴν ἀμὴν λέγω σοι, ἐὰν μή τις
γεννηθῇ ἄνωθεν, οὐ δύναται ἰδεῖν τὴν βασιλείαν

⁹ τὰ κέρματα   ¹⁰ om. δὲ   ¹¹ καταφάγεταί
¹² om. (ν) αὐτοῖς   ¹³ αὐτὸν   ¹ αὐτὸν

4 τοῦ Θεοῦ. λέγει πρὸς αὐτὸν ὁ Νικόδημος, Πῶς
δύναται ἄνθρωπος γεννηθῆναι γέρων ὤν; μὴ δύνα-
ται εἰς τὴν κοιλίαν τῆς μητρὸς αὐτοῦ δεύτερον εἰσελ-
5 θεῖν καὶ γεννηθῆναι; ἀπεκρίθη ὁ Ἰησοῦς, Ἀμὴν
ἀμὴν λέγω σοι, ἐὰν μή τις γεννηθῇ ἐξ ὕδατος καὶ
Πνεύματος, οὐ δύναται εἰσελθεῖν εἰς τὴν βασιλείαν
6 τοῦ Θεοῦ. τὸ γεγεννημένον ἐκ τῆς σαρκὸς σάρξ
ἐστι· καὶ τὸ γεγεννημένον ἐκ τοῦ πνεύματος πνεῦμά
7 ἐστι. μὴ θαυμάσῃς ὅτι εἶπόν σοι, Δεῖ ὑμᾶς γεννη-
8 θῆναι ἄνωθεν. τὸ πνεῦμα ὅπου θέλει πνεῖ, καὶ
τὴν φωνὴν αὐτοῦ ἀκούεις, ἀλλ᾽ οὐκ οἶδας πόθεν
ἔρχεται καὶ ποῦ ὑπάγει· οὕτως ἐστὶ πᾶς ὁ γεγεν-
9 νημένος ἐκ τοῦ πνεύματος. ἀπεκρίθη Νικόδημος
καὶ εἶπεν αὐτῷ, Πῶς δύναται ταῦτα γενέσθαι;
10 ἀπεκρίθη ὁ Ἰησοῦς καὶ εἶπεν αὐτῷ, Σὺ εἶ ὁ διδά-
11 σκαλος τοῦ Ἰσραήλ, καὶ ταῦτα οὐ γινώσκεις; ἀμὴν
ἀμὴν λέγω σοι ὅτι ὃ οἴδαμεν λαλοῦμεν, καὶ ὃ
ἑωράκαμεν μαρτυροῦμεν· καὶ τὴν μαρτυρίαν ἡμῶν
12 οὐ λαμβάνετε. εἰ τὰ ἐπίγεια εἶπον ὑμῖν καὶ οὐ
πιστεύετε, πῶς, ἐὰν εἴπω ὑμῖν τὰ ἐπουράνια,
13 πιστεύσετε; καὶ οὐδεὶς ἀναβέβηκεν εἰς τὸν οὐρα-
νόν, εἰ μὴ ὁ ἐκ τοῦ οὐρανοῦ καταβάς, ὁ υἱὸς τοῦ
14 ἀνθρώπου ὁ ὢν ἐν τῷ οὐρανῷ². καὶ καθὼς Μωσῆς
ὕψωσε τὸν ὄφιν ἐν τῇ ἐρήμῳ, οὕτως ὑψωθῆναι δεῖ
15 τὸν υἱὸν τοῦ ἀνθρώπου· ἵνα πᾶς ὁ πιστεύων εἰς
αὐτὸν³ μὴ ἀπόληται, ἀλλ᾽⁴ ἔχῃ ζωὴν αἰώνιον.
16 Οὕτω γὰρ ἠγάπησεν ὁ Θεὸς τὸν κόσμον, ὥστε
τὸν υἱὸν αὐτοῦ τὸν μονογενῆ ἔδωκεν, ἵνα πᾶς ὁ
πιστεύων εἰς αὐτὸν μὴ ἀπόληται, ἀλλ᾽ ἔχῃ ζωὴν
17 αἰώνιον. οὐ γὰρ ἀπέστειλεν ὁ Θεὸς τὸν υἱὸν αὐτοῦ⁵
εἰς τὸν κόσμον ἵνα κρίνῃ τὸν ·κόσμον, ἀλλ᾽ ἵνα

---

² *Marg. om.* ὁ ὢν ἐν τῷ οὐρανῷ   ³ ἐν αὐτῷ
⁴ *om.* μὴ ἀπόληται, ἀλλ᾽   ⁵ *om.* αὐτοῦ

σωθῇ ὁ κόσμος δι' αὐτοῦ. ὁ πιστεύων εἰς αὐτὸν οὐ 18
κρίνεται· ὁ δὲ⁶ μὴ πιστεύων ἤδη κέκριται, ὅτι μὴ
πεπίστευκεν εἰς τὸ ὄνομα τοῦ μονογενοῦς υἱοῦ τοῦ
Θεοῦ. αὕτη δέ ἐστιν ἡ κρίσις, ὅτι τὸ φῶς ἐλήλυ- 19
θεν εἰς τὸν κόσμον, καὶ ἠγάπησαν οἱ ἄνθρωποι
μᾶλλον τὸ σκότος ἢ τὸ φῶς· ἦν γὰρ πονηρὰ αὐτῶν
τὰ ἔργα. πᾶς γὰρ ὁ φαῦλα πράσσων μισεῖ τὸ 20
φῶς, καὶ οὐκ ἔρχεται πρὸς τὸ φῶς, ἵνα μὴ ἐλεγχθῇ
τὰ ἔργα αὐτοῦ. ὁ δὲ ποιῶν τὴν ἀλήθειαν ἔρχεται 21
πρὸς τὸ φῶς, ἵνα φανερωθῇ αὐτοῦ τὰ ἔργα, ὅτι ἐν
Θεῷ ἐστιν εἰργασμένα.

Μετὰ ταῦτα ἦλθεν ὁ Ἰησοῦς καὶ οἱ μαθηταὶ 22
αὐτοῦ εἰς τὴν Ἰουδαίαν γῆν· καὶ ἐκεῖ διέτριβε μετ'
αὐτῶν καὶ ἐβάπτιζεν. ἦν δὲ καὶ Ἰωάννης βαπτί- 23
ζων ἐν Αἰνὼν ἐγγὺς τοῦ Σαλείμ, ὅτι ὕδατα πολλὰ
ἦν ἐκεῖ· καὶ παρεγίνοντο καὶ ἐβαπτίζοντο. οὔπω 24
γὰρ ἦν βεβλημένος εἰς τὴν φυλακὴν ὁ Ἰωάννης.
ἐγένετο οὖν ζήτησις ἐκ τῶν μαθητῶν Ἰωάννου 25
μετὰ Ἰουδαίων⁷ περὶ καθαρισμοῦ. καὶ ἦλθον πρὸς 26
τὸν Ἰωάννην καὶ εἶπον αὐτῷ, Ῥαββί, ὃς ἦν μετὰ
σοῦ πέραν τοῦ Ἰορδάνου, ᾧ σὺ μεμαρτύρηκας, ἴδε
οὗτος βαπτίζει, καὶ πάντες ἔρχονται πρὸς αὐτόν.
ἀπεκρίθη Ἰωάνης καὶ εἶπεν, Οὐ δύναται ἄνθρωπος 27
λαμβάνειν οὐδέν, ἐὰν μὴ ᾖ δεδομένον αὐτῷ ἐκ τοῦ
οὐρανοῦ. αὐτοὶ ὑμεῖς μοι μαρτυρεῖτε ὅτι εἶπον, 28
Οὐκ εἰμὶ ἐγὼ ὁ Χριστός, ἀλλ' ὅτι ἀπεσταλμένος
εἰμὶ ἔμπροσθεν ἐκείνου. ὁ ἔχων τὴν νύμφην νυμ- 29
φίος ἐστίν· ὁ δὲ φίλος τοῦ νυμφίου, ὁ ἑστηκὼς καὶ
ἀκούων αὐτοῦ, χαρᾷ χαίρει διὰ τὴν φωνὴν τοῦ
νυμφίου· αὕτη οὖν ἡ χαρὰ ἡ ἐμὴ πεπλήρωται.
ἐκεῖνον δεῖ αὐξάνειν, ἐμὲ δὲ ἐλαττοῦσθαι. 30

⁶ om. δὲ   ⁷ Ἰουδαίου

31 Ὁ ἄνωθεν ἐρχόμενος ἐπάνω πάντων ἐστίν. ὁ
ὢν ἐκ τῆς γῆς, ἐκ τῆς γῆς ἐστι, καὶ ἐκ τῆς γῆς
λαλεῖ· ὁ ἐκ τοῦ οὐρανοῦ ἐρχόμενος ἐπάνω πάντων
32 ἐστί[8]. καὶ[9] ὃ ἑώρακε καὶ ἤκουσε, τοῦτο μαρτυρεῖ·
33 καὶ τὴν μαρτυρίαν αὐτοῦ οὐδεὶς λαμβάνει. ὁ λα-
βὼν αὐτοῦ τὴν μαρτυρίαν ἐσφράγισεν ὅτι ὁ Θεὸς
34 ἀληθής ἐστιν. ὃν γὰρ ἀπέστειλεν ὁ Θεός, τὰ ῥή-
ματα τοῦ Θεοῦ λαλεῖ· οὐ γὰρ ἐκ μέτρου δίδωσιν
35 ὁ Θεὸς[10] τὸ Πνεῦμα. ὁ πατὴρ ἀγαπᾷ τὸν υἱόν, καὶ
36 πάντα δέδωκεν ἐν τῇ χειρὶ αὐτοῦ. ὁ πιστεύων εἰς
τὸν υἱὸν ἔχει ζωὴν αἰώνιον· ὁ δὲ ἀπειθῶν τῷ υἱῷ οὐκ
ὄψεται ζωήν, ἀλλ᾽ ἡ ὀργὴ τοῦ Θεοῦ μένει ἐπ᾽ αὐτόν.
IV. Ὡς οὖν ἔγνω ὁ Κύριος ὅτι ἤκουσαν οἱ Φαρι-
σαῖοι ὅτι Ἰησοῦς πλείονας μαθητὰς ποιεῖ καὶ
2 βαπτίζει ἢ Ἰωάννης (καίτοιγε Ἰησοῦς αὐτὸς οὐκ
3 ἐβάπτιζεν, ἀλλ᾽ οἱ μαθηταὶ αὐτοῦ), ἀφῆκε τὴν
Ἰουδαίαν, καὶ ἀπῆλθε πάλιν εἰς τὴν Γαλιλαίαν.
4, 5 ἔδει δὲ αὐτὸν διέρχεσθαι διὰ τῆς Σαμαρείας. ἔρ-
χεται οὖν εἰς πόλιν τῆς Σαμαρείας λεγομένην
Συχάρ*, πλησίον τοῦ χωρίου ὃ ἔδωκεν Ἰακὼβ
6 Ἰωσὴφ τῷ υἱῷ αὐτοῦ· ἦν δὲ ἐκεῖ πηγὴ τοῦ Ἰα-
κώβ. ὁ οὖν Ἰησοῦς κεκοπιακὼς ἐκ τῆς ὁδοιπορίας
ἐκαθέζετο οὕτως ἐπὶ τῇ πηγῇ. ὥρα ἦν ὡσεὶ[1] ἕκτη.
7 ἔρχεται γυνὴ ἐκ τῆς Σαμαρείας ἀντλῆσαι ὕδωρ·
8 λέγει αὐτῇ ὁ Ἰησοῦς, Δός μοι πιεῖν. οἱ γὰρ μα-
θηταὶ αὐτοῦ ἀπεληλύθεισαν εἰς τὴν πόλιν, ἵνα
9 τροφὰς ἀγοράσωσι. λέγει οὖν αὐτῷ ἡ γυνὴ ἡ
Σαμαρεῖτις, Πῶς σὺ Ἰουδαῖος ὢν παρ᾽ ἐμοῦ πιεῖν
αἰτεῖς, οὔσης γυναικὸς Σαμαρείτιδος; (οὐ γὰρ συγ-
10 χρῶνται Ἰουδαῖοι Σαμαρείταις[2].) ἀπεκρίθη Ἰησοῦς

8 _Marg. om. ἐπάνω πάντων ἐστί_   9 (, _for_ .) _om._ καὶ
10 _om._ (ν) ὁ Θεὸς   1 ὡς   2 _Marg. om._ (οὐ γὰρ συγχρῶνται
Ἰουδαῖοι Σαμαρείταις.)

καὶ εἶπεν αὐτῇ, Εἰ ᾔδεις τὴν δωρεὰν τοῦ Θεοῦ, καὶ
τίς ἐστιν ὁ λέγων σοι, Δος μοι πιεῖν, σὺ ἂν ᾔτησας
αὐτόν, καὶ ἔδωκεν ἄν σοι ὕδωρ ζῶν. λέγει αὐτῷ 11
ἡ γυνή, Κύριε, οὔτε ἄντλημα ἔχεις, καὶ τὸ φρέαρ
ἐστὶ βαθύ· πόθεν οὖν ἔχεις τὸ ὕδωρ τὸ ζῶν; μὴ 12
σὺ μείζων εἶ τοῦ πατρὸς ἡμῶν Ἰακώβ, ὃς ἔδωκεν
ἡμῖν τὸ φρέαρ, καὶ αὐτὸς ἐξ αὐτοῦ ἔπιε, καὶ οἱ υἱοὶ
αὐτοῦ, καὶ τὰ θρέμματα αὐτοῦ; ἀπεκρίθη ὁ Ἰη- 13
σοῦς καὶ εἶπεν αὐτῇ, Πᾶς ὁ πίνων ἐκ τοῦ ὕδατος
τούτου, διψήσει πάλιν· ὃς δ' ἂν πίῃ ἐκ τοῦ ὕδατος 14
οὗ ἐγὼ δώσω αὐτῷ, οὐ μὴ διψήσῃ³ εἰς τὸν αἰῶνα·
ἀλλὰ τὸ ὕδωρ ὃ⁴ δώσω αὐτῷ γενήσεται ἐν αὐτῷ
πηγὴ ὕδατος ἀλλομένου εἰς ζωὴν αἰώνιον. λέγει 15
πρὸς αὐτὸν ἡ γυνή, Κύριε, δός μοι τοῦτο τὸ ὕδωρ,
ἵνα μὴ διψῶ, μηδὲ ἔρχωμαι⁵ ἐνθάδε ἀντλεῖν. λέγει 16
αὐτῇ ὁ Ἰησοῦς, Ὕπαγε, φώνησον τὸν ἄνδρα σοῦ,
καὶ ἐλθὲ ἐνθάδε. ἀπεκρίθη ἡ γυνὴ καὶ εἶπεν⁶, Οὐκ 17
ἔχω ἄνδρα. λέγει αὐτῇ ὁ Ἰησοῦς, Καλῶς εἶπας
ὅτι Ἄνδρα οὐκ ἔχω· πέντε γὰρ ἄνδρας ἔσχες, καὶ 18
νῦν ὃν ἔχεις οὐκ ἔστι σου ἀνήρ· τοῦτο ἀληθὲς
εἴρηκας. λέγει αὐτῷ ἡ γυνή, Κύριε, θεωρῶ ὅτι 19
προφήτης εἶ σύ. οἱ πατέρες ἡμῶν ἐν τούτῳ τῷ 20
ὄρει προσεκύνησαν· καὶ ὑμεῖς λέγετε ὅτι ἐν Ἱερο-
σολύμοις ἐστὶν ὁ τόπος ὅπου δεῖ προσκυνεῖν.
λέγει αὐτῇ ὁ Ἰησοῦς, Γύναι, πίστευσόν μοι⁷, ὅτι ἔρχε- 21
ται ὥρα, ὅτε οὔτε ἐν τῷ ὄρει τούτῳ οὔτε ἐν Ἱεροσο-
λύμοις προσκυνήσετε τῷ πατρί. ὑμεῖς προσκυνεῖτε 22
ὃ οὐκ οἴδατε· ἡμεῖς προσκυνοῦμεν ὃ οἴδαμεν· ὅτι ἡ
σωτηρία ἐκ τῶν Ἰουδαίων ἐστίν. ἀλλ' ἔρχεται 23
ὥρα καὶ νῦν ἐστιν, ὅτε οἱ ἀληθινοὶ προσκυνηταὶ
προσκυνήσουσι τῷ πατρὶ ἐν πνεύματι καὶ ἀληθείᾳ·

³ διψήσει   ⁴ add ἐγώ   ⁵ διέρχωμαι
⁶ add αὐτῷ   ⁷ Πίστευέ μοι, γύναι

καὶ γὰρ ὁ πατὴρ τοιούτους ζητεῖ τοὺς προσκυνοῦν-
24 τας αὐτόν. Πνεῦμα ὁ Θεός· καὶ τοὺς προσκυνοῦν-
τας αὐτόν, ἐν πνεύματι καὶ ἀληθείᾳ δεῖ προσκυνεῖν.
25 λέγει αὐτῷ ἡ γυνή, Οἶδα ὅτι Μεσσίας ἔρχεται
(ὁ λεγόμενος Χριστός)· ὅταν ἔλθῃ ἐκεῖνος, ἀναγγε-
26 λεῖ ἡμῖν πάντα. λέγει αὐτῇ ὁ Ἰησοῦς, Ἐγώ εἰμι,
ὁ λαλῶν σοι.

27 Καὶ ἐπὶ τούτῳ ἦλθον οἱ μαθηταὶ αὐτοῦ, καὶ
ἐθαύμασαν⁸ ὅτι μετὰ γυναικὸς ἐλάλει· οὐδεὶς μέντοι
28 εἶπε, Τί ζητεῖς; ἤ, Τί λαλεῖς μετ᾽ αὐτῆς; ἀφῆκεν
οὖν τὴν ὑδρίαν αὐτῆς ἡ γυνή, καὶ ἀπῆλθεν εἰς τὴν
29 πόλιν, καὶ λέγει τοῖς ἀνθρώποις, Δεῦτε, ἴδετε ἄν-
θρωπον, ὃς εἶπέ μοι πάντα ὅσα⁹ ἐποίησα· μήτι
30 οὗτός ἐστιν ὁ Χριστός; ἐξῆλθον οὖν¹⁰ ἐκ τῆς
31 πόλεως, καὶ ἤρχοντο πρὸς αὐτόν. ἐν δὲ¹¹ τῷ
μεταξὺ ἠρώτων αὐτὸν οἱ μαθηταί, λέγοντες, Ῥαβ-
32 βί, φάγε. ὁ δὲ εἶπεν αὐτοῖς, Ἐγὼ βρῶσιν ἔχω
33 φαγεῖν ἣν ὑμεῖς οὐκ οἴδατε. ἔλεγον οὖν οἱ
μαθηταὶ πρὸς ἀλλήλους, Μήτις ἤνεγκεν αὐτῷ
34 φαγεῖν; λέγει αὐτοῖς ὁ Ἰησοῦς, Ἐμὸν βρῶμά
ἐστιν, ἵνα ποιῶ¹² τὸ θέλημα τοῦ πέμψαντός με, καὶ
35 τελειώσω αὐτοῦ τὸ ἔργον. οὐχ ὑμεῖς λέγετε ὅτι
Ἔτι τετράμηνόν¹³ ἐστι, καὶ ὁ θερισμὸς ἔρχεται· ἰδού,
λέγω ὑμῖν, Ἐπάρατε τοὺς ὀφθαλμοὺς ὑμῶν, καὶ
θεάσασθε τὰς χώρας, ὅτι λευκαί εἰσι πρὸς θερισ-
36 μὸν ἤδη¹⁴. καὶ¹⁵ ὁ θερίζων μισθὸν λαμβάνει, καὶ
συνάγει καρπὸν εἰς ζωὴν αἰώνιον· ἵνα καὶ¹⁵ ὁ σπεί-
37 ρων ὁμοῦ χαίρῃ καὶ ὁ θερίζων. ἐν γὰρ τούτῳ ὁ
λόγος ἐστὶν ἀληθινός, ὅτι ἄλλος ἐστὶν ὁ σπείρων,
38 καὶ ἄλλος ὁ θερίζων. ἐγὼ ἀπέστειλα ὑμᾶς θερίζειν

---

⁸ ἐθαύμαζον   ⁹ ἃ   ¹⁰ om. οὖν   ¹¹ om. δὲ
¹² ποιήσω   ¹³ τετράμηνός   ¹⁴ (Marg. θερισμόν. ἤδη)
¹⁵ om. καὶ

ὃ οὐχ ὑμεῖς κεκοπιάκατε· ἄλλοι κεκοπιάκασι, καὶ
ὑμεῖς εἰς τὸν κόπον αὐτῶν εἰσεληλύθατε.

Ἐκ δὲ τῆς πόλεως ἐκείνης πολλοὶ ἐπίστευσαν 39
εἰς αὐτὸν τῶν Σαμαρειτῶν διὰ τὸν λόγον τῆς γυ-
ναικὸς μαρτυρούσης ὅτι Εἶπέ μοι πάντα ὅσα[16]
ἐποίησα. ὡς οὖν ἦλθον πρὸς αὐτὸν οἱ Σαμαρεῖται, 40
ἠρώτων αὐτὸν μεῖναι παρ' αὐτοῖς· καὶ ἔμεινεν ἐκεῖ
δύο ἡμέρας. καὶ πολλῷ πλείους ἐπίστευσαν διὰ 41
τὸν λόγον αὐτοῦ, τῇ τε γυναικὶ ἔλεγον ὅτι Οὐκέτι 42
διὰ τὴν σὴν λαλιὰν πιστεύομεν· αὐτοὶ γὰρ ἀκη-
κόαμεν, καὶ οἴδαμεν ὅτι οὗτός ἐστιν ἀληθῶς ὁ Σω-
τὴρ τοῦ κόσμου, ὁ Χριστός[17].

Μετὰ δὲ τὰς δύο ἡμέρας ἐξῆλθεν ἐκεῖθεν, καὶ 43
ἀπῆλθεν[18] εἰς τὴν Γαλιλαίαν. αὐτὸς γὰρ ὁ Ἰησοῦς 44
ἐμαρτύρησεν ὅτι προφήτης ἐν τῇ ἰδίᾳ πατρίδι
τιμὴν οὐκ ἔχει. ὅτε οὖν ἦλθεν εἰς τὴν Γαλιλαίαν, 45
ἐδέξαντο αὐτὸν οἱ Γαλιλαῖοι, πάντα ἑωρακότες ἃ[19]
ἐποίησεν ἐν Ἱεροσολύμοις ἐν τῇ ἑορτῇ· καὶ αὐτοὶ
γὰρ ἦλθον εἰς τὴν ἑορτήν.

Ἦλθεν οὖν ὁ Ἰησοῦς[20] πάλιν εἰς τὴν Κανᾶ τῆς 46
Γαλιλαίας, ὅπου ἐποίησε τὸ ὕδωρ οἶνον. καὶ ἦν
τις βασιλικός, οὗ ὁ υἱὸς ἠσθένει ἐν Καπερναούμ.
οὗτος ἀκούσας ὅτι Ἰησοῦς ἥκει ἐκ τῆς Ἰουδαίας 47
εἰς τὴν Γαλιλαίαν, ἀπῆλθε πρὸς αὐτόν, καὶ ἠρώτα
αὐτὸν[21] ἵνα καταβῇ καὶ ἰάσηται αὐτοῦ τὸν υἱόν·
ἤμελλε γὰρ ἀποθνήσκειν. εἶπεν οὖν ὁ Ἰησοῦς 48
πρὸς αὐτόν, Ἐὰν μὴ σημεῖα καὶ τέρατα ἴδητε, οὐ
μὴ πιστεύσητε. λέγει πρὸς αὐτὸν ὁ βασιλικός, 49
Κύριε, κατάβηθι πρὶν ἀποθανεῖν τὸ παιδίον μου.
λέγει αὐτῷ ὁ Ἰησοῦς, Πορεύου· ὁ υἱός σου ζῇ. 50
καὶ[22] ἐπίστευσεν ὁ ἄνθρωπος τῷ λόγῳ ᾧ εἶπεν

[16] ἅ   [17] om. , ὁ Χριστός   [18] om. , καὶ ἀπῆλθεν   [19] ὅσα
[20] om. ὁ Ἰησοῦς   [21] om. αὐτὸν   [22] om. καὶ

51 αὐτῷ Ἰησοῦς, καὶ ἐπορεύετο. ἤδη δὲ αὐτοῦ κατα-
βαίνοντος, οἱ δοῦλοι αὐτοῦ ἀπήντησαν²³ αὐτῷ, καὶ
52 ἀπήγγειλαν²⁴ λέγοντες ὅτι Ὁ παῖς σου²⁵ ζῇ. ἐπύ-
θετο οὖν παρ' αὐτῶν τὴν ὥραν ἐν ᾗ κομψότερον
ἔσχε. καὶ εἶπον²⁶ αὐτῷ ὅτι Χθὲς ὥραν ἑβδόμην
53 ἀφῆκεν αὐτὸν ὁ πυρετός. ἔγνω οὖν ὁ πατὴρ ὅτι
ἐν²⁷ ἐκείνῃ τῇ ὥρᾳ, ἐν ᾗ εἶπεν αὐτῷ ὁ Ἰησοῦς
ὅτι²⁸ Ὁ υἱός σου ζῇ· καὶ ἐπίστευσεν αὐτὸς καὶ
54 ἡ οἰκία αὐτοῦ ὅλη. τοῦτο πάλιν δεύτερον σημεῖον
ἐποίησεν ὁ Ἰησοῦς, ἐλθὼν ἐκ τῆς Ἰουδαίας εἰς
τὴν Γαλιλαίαν.

V.   Μετὰ ταῦτα ἦν¹ ἑορτὴ τῶν Ἰουδαίων, καὶ ἀνέβη
ὁ Ἰησοῦς εἰς Ἱεροσόλυμα.

2   Ἔστι δὲ ἐν τοῖς Ἱεροσολύμοις ἐπὶ τῇ προβατι-
κῇ κολυμβήθρα, ἡ ἐπιλεγομένη Ἑβραϊστὶ Βηθεσδά²,
3 πέντε στοὰς ἔχουσα. ἐν ταύταις κατέκειτο πλῆθος
πολὺ³ τῶν ἀσθενούντων, τυφλῶν, χωλῶν, ξηρῶν,
4 ⁴ἐκδεχομένων τὴν τοῦ ὕδατος κίνησιν. ἄγγελος γὰρ⁵ κατὰ
καιρὸν κατέβαινεν ἐν τῇ κολυμβήθρᾳ, καὶ ἐτάρασσε τὸ ὕδωρ
ὁ οὖν πρῶτος ἐμβὰς μετὰ τὴν ταραχὴν τοῦ ὕδατος, ὑγιὴς
5 ἐγίνετο, ᾧ δήποτε κατείχετο νοσήματι. ἦν δέ τις ἄνθρω-
πος ἐκεῖ τριάκοντα καὶ* ὀκτὼ ἔτη ἔχων ἐν τῇ
6 ἀσθενείᾳ⁶. τοῦτον ἰδὼν ὁ Ἰησοῦς κατακείμενον,
καὶ γνοὺς ὅτι πολὺν ἤδη χρόνον ἔχει, λέγει αὐτῷ,
7 Θέλεις ὑγιὴς γενέσθαι; ἀπεκρίθη αὐτῷ ὁ ἀσθενῶν,
Κύριε, ἄνθρωπον οὐκ ἔχω ἵνα, ὅταν ταραχθῇ τὸ
ὕδωρ, βάλλῃ⁷ με εἰς τὴν κολυμβήθραν· ἐν ᾧ δὲ ἔρ-
8 χομαι ἐγώ, ἄλλος πρὸ ἐμοῦ καταβαίνει.   λέγει

---

²³ ὑπήντησαν   ²⁴ om. καὶ ἀπήγγειλαν   ²⁵ (ὁ παῖς) αὐτοῦ
²⁶ εἶπον οὖν   ²⁷ om. ἐν   ²⁸ om. ὅτι   ¹ Marg. adds ἡ
² Marg. Βηθσαϊδά or Βηθζαθά   ³ om. πολὺ   ⁴ Text,
not marg., om. from , ἐκδεχομένων to νοσήματι ver. 4   ⁵ Marg.
adds Κυρίου   ⁶ add αὐτοῦ   ⁷ βάλῃ

αὐτῷ ὁ Ἰησοῦς, Ἔγειραι, ἆρον τὸν κράββατόν σου, καὶ περιπάτει. καὶ εὐθέως ἐγένετο ὑγιὴς ὁ 9 ἄνθρωπος, καὶ ἦρε τὸν κράββατον αὐτοῦ καὶ περιεπάτει. Ἦν δὲ σάββατον ἐν ἐκείνῃ τῇ ἡμέρᾳ. ἔλεγον 10 οὖν οἱ Ἰουδαῖοι τῷ τεθεραπευμένῳ, Σάββατόν ἐστιν· *οὐκ ἔξεστί σοι ἆραι τὸν κράββατον. [9]ἀπεκρίθη αὐτοῖς, Ὁ ποιήσας με ὑγιῆ, ἐκεῖνός μοι 11 εἶπεν, Ἆρον τὸν κράββατόν σου καὶ περιπάτει. ἠρώτησαν οὖν[10] αὐτόν, Τίς ἐστιν ὁ ἄνθρωπος ὁ 12 εἰπών σοι, Ἆρον τὸν κράββατόν σου[11] καὶ περιπάτει; ὁ δὲ ἰαθεὶς οὐκ ᾔδει τίς ἐστιν· ὁ γὰρ Ἰησοῦς ἐξέ- 13 νευσεν, ὄχλου ὄντος ἐν τῷ τόπῳ. μετὰ ταῦτα 14 εὑρίσκει αὐτὸν ὁ Ἰησοῦς ἐν τῷ ἱερῷ, καὶ εἶπεν αὐτῷ, Ἴδε ὑγιὴς γέγονας· μηκέτι ἁμάρτανε, ἵνα μὴ χεῖρόν τί σοι[12] γένηται. ἀπῆλθεν ὁ ἄνθρωπος, καὶ 15 ἀνήγγειλε τοῖς Ἰουδαίοις ὅτι Ἰησοῦς ἐστιν ὁ ποιήσας αὐτὸν ὑγιῆ. καὶ διὰ τοῦτο ἐδίωκον τὸν Ἰησοῦν 16 οἱ Ἰουδαῖοι[13], καὶ ἐζήτουν αὐτὸν ἀποκτεῖναι,[14] ὅτι ταῦτα ἐποίει ἐν σαββάτῳ. ὁ δὲ Ἰησοῦς ἀπεκρίνατο 17 αὐτοῖς, Ὁ πατήρ μου ἕως ἄρτι ἐργάζεται, κἀγὼ ἐργάζομαι. διὰ τοῦτο οὖν μᾶλλον ἐζήτουν αὐτὸν 18 οἱ Ἰουδαῖοι ἀποκτεῖναι, ὅτι οὐ μόνον ἔλυε τὸ σάββατον, ἀλλὰ καὶ πατέρα ἴδιον ἔλεγε τὸν Θεόν, ἴσον ἑαυτὸν ποιῶν τῷ Θεῷ.

Ἀπεκρίνατο οὖν ὁ Ἰησοῦς καὶ εἶπεν αὐτοῖς, 19 Ἀμὴν ἀμὴν λέγω ὑμῖν, οὐ δύναται ὁ υἱὸς ποιεῖν ἀφ' ἑαυτοῦ οὐδέν, ἐὰν μή τι βλέπῃ τὸν πατέρα ποιοῦντα· ἃ γὰρ ἂν ἐκεῖνος ποιῇ, ταῦτα καὶ ὁ υἱὸς ὁμοίως ποιεῖ. ὁ γὰρ πατὴρ φιλεῖ τὸν υἱόν, καὶ 20

---

[8] (ἐστι·) add καὶ   [9] add ὃς δὲ   [10] om. οὖν   [11] om. τὸν κράββατόν σου   [12] σοί τι   [13] οἱ Ἰουδαῖοι τὸν Ἰησοῦν   [14] om. καὶ ἐζήτουν αὐτὸν ἀποκτεῖναι,

πάντα δείκνυσιν αὐτῷ ἃ αὐτὸς ποιεῖ· καὶ μείζονα
τούτων δείξει αὐτῷ ἔργα, ἵνα ὑμεῖς θαυμάζητε.
21 ὥσπερ γὰρ ὁ πατὴρ ἐγείρει τοὺς νεκροὺς καὶ ζωο-
22 ποιεῖ, οὕτω καὶ ὁ υἱὸς οὓς θέλει ζωοποιεῖ. οὐδὲ γὰρ
ὁ πατὴρ κρίνει οὐδένα, ἀλλὰ τὴν κρίσιν πᾶσαν
23 δέδωκε τῷ υἱῷ· ἵνα πάντες τιμῶσι τὸν υἱόν, καθὼς
τιμῶσι τὸν πατέρα. ὁ μὴ τιμῶν τὸν υἱόν, οὐ τιμᾷ
24 τὸν πατέρα τὸν πέμψαντα αὐτόν. ἀμὴν ἀμὴν
λέγω ὑμῖν ὅτι ὁ τὸν λόγον μου ἀκούων, καὶ πι-
στεύων τῷ πέμψαντί με, ἔχει ζωὴν αἰώνιον· καὶ
εἰς κρίσιν οὐκ ἔρχεται, ἀλλὰ μεταβέβηκεν ἐκ τοῦ
25 θανάτου εἰς τὴν ζωήν. ἀμὴν ἀμὴν λέγω ὑμῖν ὅτι
ἔρχεται ὥρα καὶ νῦν ἐστιν, ὅτε οἱ νεκροὶ ἀκούσον-
ται τῆς φωνῆς τοῦ υἱοῦ τοῦ Θεοῦ, καὶ οἱ ἀκούσαν-
26 τες ζήσονται. ὥσπερ γὰρ ὁ πατὴρ ἔχει ζωὴν ἐν
ἑαυτῷ, οὕτως ἔδωκε καὶ τῷ υἱῷ[15] ζωὴν ἔχειν ἐν ἑαυτῷ·
27 καὶ ἐξουσίαν ἔδωκεν αὐτῷ καὶ[16] κρίσιν ποιεῖν, ὅτι
28 υἱὸς ἀνθρώπου ἐστί. μὴ θαυμάζετε τοῦτο· ὅτι
ἔρχεται ὥρα, ἐν ᾗ πάντες οἱ ἐν τοῖς μνημείοις
29 ἀκούσονται τῆς φωνῆς αὐτοῦ, καὶ ἐκπορεύσονται,
οἱ τὰ ἀγαθὰ ποιήσαντες, εἰς ἀνάστασιν ζωῆς· οἱ δὲ
τὰ φαῦλα πράξαντες, εἰς ἀνάστασιν κρίσεως.
30 Οὐ δύναμαι ἐγὼ ποιεῖν ἀπ᾽ ἐμαυτοῦ οὐδέν·
καθὼς ἀκούω, κρίνω· καὶ ἡ κρίσις ἡ ἐμὴ δικαία
ἐστίν· ὅτι οὐ ζητῶ τὸ θέλημα τὸ ἐμόν, ἀλλὰ τὸ
31 θέλημα τοῦ πέμψαντός με πατρός[17]. ἐὰν ἐγὼ μαρ-
τυρῶ περὶ ἐμαυτοῦ, ἡ μαρτυρία μου οὐκ ἔστιν
32 ἀληθής. ἄλλος ἐστὶν ὁ μαρτυρῶν περὶ ἐμοῦ, καὶ
οἶδα ὅτι ἀληθής ἐστιν ἡ μαρτυρία ἣν μαρτυρεῖ
33 περὶ ἐμοῦ. ὑμεῖς ἀπεστάλκατε πρὸς Ἰωάννην, καὶ
34 μεμαρτύρηκε τῇ ἀληθείᾳ. ἐγὼ δὲ οὐ παρὰ ἀνθρώ-

[15] καὶ τῷ υἱῷ ἔδωκε   [16] om. καὶ   [17] om. πατρός

που τὴν μαρτυρίαν λαμβάνω, ἀλλὰ ταῦτα λέγω
ἵνα ὑμεῖς σωθῆτε. ἐκεῖνος ἦν ὁ λύχνος ὁ καιόμε- 35
νος καὶ φαίνων, ὑμεῖς δὲ ἠθελήσατε ἀγαλλιασθῆναι
πρὸς ὥραν ἐν τῷ φωτὶ αὐτοῦ. ἐγὼ δὲ ἔχω τὴν 36
μαρτυρίαν μείζω τοῦ Ἰωάννου· τὰ γὰρ ἔργα ἃ
ἔδωκέ¹⁸ μοι ὁ πατὴρ ἵνα τελειώσω αὐτά, αὐτὰ τὰ
ἔργα ἃ ἐγὼ¹⁹ ποιῶ, μαρτυρεῖ περὶ ἐμοῦ ὅτι ὁ πατήρ
με ἀπέσταλκε. καὶ ὁ πέμψας με πατήρ, αὐτὸς²⁰ 37
μεμαρτύρηκε περὶ ἐμοῦ. οὔτε φωνὴν αὐτοῦ ἀκη-
κόατε πώποτε²¹, οὔτε εἶδος αὐτοῦ ἑωράκατε. καὶ τὸν 38
λόγον αὐτοῦ οὐκ ἔχετε μένοντα ἐν ὑμῖν²², ὅτι ὃν ἀπέ-
στειλεν ἐκεῖνος, τούτῳ ὑμεῖς οὐ πιστεύετε. ἐρευ- 39
νᾶτε τὰς γραφάς, ὅτι ὑμεῖς δοκεῖτε ἐν αὐταῖς ζωὴν
αἰώνιον ἔχειν, καὶ ἐκεῖναί εἰσιν αἱ μαρτυροῦσαι
περὶ ἐμοῦ· καὶ οὐ θέλετε ἐλθεῖν πρός με, ἵνα ζωὴν 40
ἔχητε. δόξαν παρὰ ἀνθρώπων οὐ λαμβάνω· ἀλλ᾿ 41, 42
ἔγνωκα ὑμᾶς, ὅτι τὴν ἀγάπην τοῦ Θεοῦ οὐκ ἔχετε
ἐν ἑαυτοῖς. ἐγὼ ἐλήλυθα ἐν τῷ ὀνόματι τοῦ πα- 43
τρός μου, καὶ οὐ λαμβάνετέ με· ἐὰν ἄλλος ἔλθη ἐν
τῷ ὀνόματι τῷ ἰδίῳ, ἐκεῖνον λήψεσθε. πῶς δύ- 44
νασθε ὑμεῖς πιστεῦσαι, δόξαν παρὰ ἀλλήλων λαμ-
βάνοντες, καὶ τὴν δόξαν τὴν παρὰ τοῦ μόνου Θεοῦ²³
οὐ ζητεῖτε; μὴ δοκεῖτε ὅτι ἐγὼ κατηγορήσω ὑμῶν 45
πρὸς τὸν πατέρα· ἔστιν ὁ κατηγορῶν ὑμῶν, Μωσῆς,
εἰς ὃν ὑμεῖς ἠλπίκατε. εἰ γὰρ ἐπιστεύετε Μωσῇ, 46
ἐπιστεύετε ἂν ἐμοί· περὶ γὰρ ἐμοῦ ἐκεῖνος ἔγραψεν.
εἰ δὲ τοῖς ἐκείνου γράμμασιν οὐ πιστεύετε, πῶς 47
τοῖς ἐμοῖς ῥήμασι πιστεύσετε;

Μετὰ ταῦτα ἀπῆλθεν ὁ Ἰησοῦς πέραν τῆς θα- VI.
λάσσης τῆς Γαλιλαίας, τῆς Τιβεριάδος. καὶ ἠκολούθει¹ 2

---

¹⁸ δέδωκέ   ¹⁹ om. ἐγὼ   ²⁰ ἐκεῖνος   ²¹ πώποτε
ἀκηκόατε   ²² ἐν ὑμῖν μένοντα   ²³ Marg. om. Θεοῦ
¹ ἠκολούθει δὲ

αὐτῷ ὄχλος πολύς, ὅτι ἐώρων² αὐτοῦ³ τὰ σημεῖα
3 ἃ ἐποίει ἐπὶ τῶν ἀσθενούντων. ἀνῆλθε δὲ εἰς
τὸ ὄρος ὁ Ἰησοῦς, καὶ ἐκεῖ ἐκάθητο μετὰ τῶν
4 μαθητῶν αὐτοῦ. ἦν δὲ ἐγγὺς τὸ πάσχα, ἡ ἑορτὴ
5 τῶν Ἰουδαίων. ἐπάρας οὖν ὁ Ἰησοῦς τοὺς ὀφθαλ-
μούς, καὶ θεασάμενος ὅτι πολὺς ὄχλος ἔρχεται
πρὸς αὐτόν, λέγει πρὸς τὸν Φίλιππον, Πόθεν ἀγο-
6 ράσομεν⁴ ἄρτους, ἵνα φάγωσιν οὗτοι; τοῦτο δὲ ἔλεγε
πειράζων αὐτόν· αὐτὸς γὰρ ᾔδει τί ἔμελλε ποιεῖν.
7 ἀπεκρίθη αὐτῷ Φίλιππος, Διακοσίων δηναρίων
ἄρτοι οὐκ ἀρκοῦσιν αὐτοῖς, ἵνα ἕκαστος αὐτῶν⁵
8 βραχύ τι λάβῃ. λέγει αὐτῷ εἷς ἐκ τῶν μαθητῶν
9 αὐτοῦ, Ἀνδρέας ὁ ἀδελφὸς Σίμωνος Πέτρου, Ἔστι
παιδάριον ἕν⁶ ὧδε, ὃ ἔχει πέντε ἄρτους κριθίνους
καὶ δύο ὀψάρια· ἀλλὰ ταῦτα τί ἐστιν εἰς τοσού-
10 τους; εἶπε δὲ⁷ ὁ Ἰησοῦς, Ποιήσατε τοὺς ἀνθρώ-
πους ἀναπεσεῖν. ἦν δὲ χόρτος πολὺς ἐν τῷ τόπῳ.
ἀνέπεσον οὖν οἱ ἄνδρες τὸν ἀριθμὸν ὡσεὶ⁸ πεντα-
11 κισχίλιοι. ἔλαβε δὲ⁹ τοὺς ἄρτους ὁ Ἰησοῦς, καὶ
εὐχαριστήσας διέδωκε τοῖς μαθηταῖς, οἱ δὲ μαθηταὶ¹⁰
τοῖς ἀνακειμένοις· ὁμοίως καὶ ἐκ τῶν ὀψαρίων
12 ὅσον ἤθελον. ὡς δὲ ἐνεπλήσθησαν, λέγει τοῖς
μαθηταῖς αὐτοῦ, Συναγάγετε τὰ περισσεύσαντα
13 κλάσματα, ἵνα μή τι ἀπόληται. συνήγαγον οὖν,
καὶ ἐγέμισαν δώδεκα κοφίνους κλασμάτων ἐκ τῶν
πέντε ἄρτων τῶν κριθίνων, ἃ ἐπερίσσευσε τοῖς
14 βεβρωκόσιν. οἱ οὖν ἄνθρωποι ἰδόντες ὃ ἐποίησε
σημεῖον¹¹ ὁ Ἰησοῦς¹², ἔλεγον ὅτι Οὗτός ἐστιν ἀληθῶς
ὁ προφήτης ὁ ἐρχόμενος εἰς τὸν κόσμον.

---

² ἐθεώρουν   ³ om. αὐτοῦ   ⁴ ἀγοράσωμεν   ⁵ om. αὐτῶν
⁶ om. ἕν   ⁷ (ν) om. δὲ   ⁸ ὡς   ⁹ (ν) οὖν   ¹⁰ om.
τοῖς μαθηταῖς, οἱ δὲ μαθηταὶ   ¹¹ Marg. ἃ ἐποίησε σημεῖα
¹² om. ὁ Ἰησοῦς

Ἰησοῦς οὖν γνοὺς ὅτι μέλλουσιν ἔρχεσθαι καὶ 15
ἁρπάζειν αὐτόν, ἵνα ποιήσωσιν αὐτὸν βασιλέα,
ἀνεχώρησε πάλιν εἰς τὸ ὄρος αὐτὸς μόνος.

Ὡς δὲ ὀψία ἐγένετο, κατέβησαν οἱ μαθηταὶ 16
αὐτοῦ ἐπὶ τὴν θάλασσαν, καὶ ἐμβάντες εἰς τὸ¹³ 17
πλοῖον, ἤρχοντο πέραν τῆς θαλάσσης εἰς Καπερ-
ναούμ. καὶ σκοτία ἤδη ἐγεγόνει, καὶ οὐκ¹⁴ ἐλη-
λύθει πρὸς αὐτοὺς ὁ Ἰησοῦς. ἥ τε θάλασσα ἀνέμου 18
μεγάλου πνέοντος διηγείρετο. ἐληλακότες οὖν ὡς 19
σταδίους εἰκοσιπέντε ἢ τριάκοντα, θεωροῦσι τὸν
Ἰησοῦν περιπατοῦντα ἐπὶ τῆς θαλάσσης, καὶ ἐγγὺς
τοῦ πλοίου γινόμενον· καὶ ἐφοβήθησαν. ὁ δὲ 20
λέγει αὐτοῖς, Ἐγώ εἰμι· μὴ φοβεῖσθε. ἤθελον οὖν 21
λαβεῖν αὐτὸν εἰς τὸ πλοῖον· καὶ εὐθέως τὸ πλοῖον
ἐγένετο ἐπὶ τῆς γῆς εἰς ἣν ὑπῆγον.

Τῇ ἐπαύριον ὁ ὄχλος ὁ ἑστηκὼς πέραν τῆς 22
θαλάσσης, ἰδὼν¹⁵ ὅτι πλοιάριον ἄλλο οὐκ ἦν ἐκεῖ εἰ
μὴ ἓν ἐκεῖνο εἰς ὃ ἐνέβησαν οἱ μαθηταὶ αὐτοῦ¹⁶, καὶ ὅτι οὐ
συνεισῆλθε τοῖς μαθηταῖς αὐτοῦ ὁ Ἰησοῦς εἰς τὸ
πλοιάριον¹⁷, ἀλλὰ μόνοι οἱ μαθηταὶ αὐτοῦ ἀπῆλθον,
(ἀλλα¹⁸ δὲ¹⁹ ἦλθε πλοιάρια ἐκ Τιβεριάδος ἐγγὺς τοῦ 23
τόπου ὅπου ἔφαγον τὸν ἄρτον, εὐχαριστήσαντος
τοῦ Κυρίου)· ὅτε οὖν εἶδεν ὁ ὄχλος ὅτι Ἰησοῦς οὐκ 24
ἔστιν ἐκεῖ οὐδὲ οἱ μαθηταὶ αὐτοῦ, ἐνέβησαν καὶ²⁰
αὐτοὶ εἰς τὰ πλοῖα²¹, καὶ ἦλθον εἰς Καπερναούμ,
ζητοῦντες τὸν Ἰησοῦν. καὶ εὑρόντες αὐτὸν πέραν 25
τῆς θαλάσσης, εἶπον αὐτῷ, Ῥαββί, πότε ὧδε γέγο-
νας; ἀπεκρίθη αὐτοῖς ὁ Ἰησοῦς καὶ εἶπεν, Ἀμὴν 26
ἀμὴν λέγω ὑμῖν, ζητεῖτέ με, οὐχ ὅτι εἴδετε σημεῖα,
ἀλλ᾽ ὅτι ἐφάγετε ἐκ τῶν ἄρτων καὶ ἐχορτάσθητε.

¹³ om. τὸ   ¹⁴ οὔπω   ¹⁵ (om. ,) εἶδον   ¹⁶ om. ἐκεῖνο εἰς ὃ
ἐνέβησαν οἱ μαθηταὶ αὐτοῦ   ¹⁷ πλοῖον   ¹⁸ ἀλλὰ   ¹⁹ om. δὲ
²⁰ om. καὶ   ²¹ πλοιάρια

27 ἐργάζεσθε μὴ τὴν βρῶσιν τὴν ἀπολλυμένην, ἀλλὰ
τὴν βρῶσιν τὴν μένουσαν εἰς ζωὴν αἰώνιον, ἣν
ὁ υἱὸς τοῦ ἀνθρώπου ὑμῖν δώσει· τοῦτον γὰρ ὁ
28 πατὴρ ἐσφράγισεν, ὁ Θεός. εἶπον οὖν πρὸς αὐτόν,
Τί ποιῶμεν, ἵνα ἐργαζώμεθα τὰ ἔργα τοῦ Θεοῦ;
29 ἀπεκρίθη ὁ Ἰησοῦς καὶ εἶπεν αὐτοῖς, Τοῦτό ἐστι τὸ
ἔργον τοῦ Θεοῦ, ἵνα πιστεύσητε²² εἰς ὃν ἀπέστειλεν
30 ἐκεῖνος. εἶπον οὖν αὐτῷ, Τί οὖν ποιεῖς σὺ σημεῖον,
31 ἵνα ἴδωμεν καὶ πιστεύσωμέν σοι; τί ἐργάζῃ; οἱ
πατέρες ἡμῶν τὸ μάννα ἔφαγον ἐν τῇ ἐρήμῳ, καθώς
ἐστι γεγραμμένον, Ἄρτον ἐκ τοῦ οὐρανοῦ ἔδωκεν
32 αὐτοῖς φαγεῖν. εἶπεν οὖν αὐτοῖς ὁ Ἰησοῦς, Ἀμὴν
ἀμὴν λέγω ὑμῖν, Οὐ Μωσῆς δέδωκεν²³ ὑμῖν τὸν
ἄρτον ἐκ τοῦ οὐρανοῦ· ἀλλ᾽ ὁ πατήρ μου δίδωσιν
33 ὑμῖν τὸν ἄρτον ἐκ τοῦ οὐρανοῦ τὸν ἀληθινόν. ὁ
γὰρ ἄρτος τοῦ Θεοῦ ἐστιν ὁ καταβαίνων ἐκ τοῦ
34 οὐρανοῦ καὶ ζωὴν διδοὺς τῷ κόσμῳ. εἶπον οὖν
πρὸς αὐτόν, Κύριε, πάντοτε δὸς ἡμῖν τὸν ἄρτον
35 τοῦτον. εἶπε δὲ²⁴ αὐτοῖς ὁ Ἰησοῦς, Ἐγώ εἰμι ὁ
ἄρτος τῆς ζωῆς· ὁ ἐρχόμενος πρός με οὐ μὴ πεινά-
σῃ· καὶ ὁ πιστεύων εἰς ἐμὲ οὐ μὴ διψήσῃ²⁵ πώποτε.
36 ἀλλ᾽ εἶπον ὑμῖν ὅτι καὶ ἑωράκατέ με, καὶ οὐ
37 πιστεύετε. πᾶν ὃ δίδωσί μοι ὁ πατὴρ πρὸς ἐμὲ
ἥξει· καὶ τὸν ἐρχόμενον πρός με οὐ μὴ ἐκβάλω
38 ἔξω. ὅτι καταβέβηκα ἐκ²⁶ τοῦ οὐρανοῦ, οὐχ ἵνα
ποιῶ τὸ θέλημα τὸ ἐμόν, ἀλλὰ τὸ θέλημα τοῦ
39 πέμψαντός με. τοῦτο δέ ἐστι τὸ θέλημα τοῦ
πέμψαντός με πατρός²⁷, ἵνα πᾶν ὃ δέδωκέ μοι, μὴ
ἀπολέσω ἐξ αὐτοῦ, ἀλλὰ ἀναστήσω αὐτὸ ἐν²⁸ τῇ
40 ἐσχάτῃ ἡμέρᾳ. τοῦτο δέ²⁹ ἐστι τὸ θέλημα τοῦ
πέμψαντός με³⁰, ἵνα πᾶς ὁ θεωρῶν τὸν υἱὸν καὶ

²² πιστεύητε   ²³ ἔδωκεν   ²⁴ (ν) om. δὲ   ²⁵ διψήσει   ²⁶ ἀπὸ
²⁷ om. πατρός   ²⁸ om. ἐν   ²⁹ γάρ   ³⁰ πατρός μου

πιστεύων εἰς αὐτόν, ἔχῃ ζωὴν αἰώνιον, καὶ ἀνα-
στήσω αὐτὸν ἐγὼ τῇ ἐσχάτῃ ἡμέρᾳ.

Ἐγόγγυζον οὖν οἱ Ἰουδαῖοι περὶ αὐτοῦ, ὅτι 41
εἶπεν, Ἐγώ εἰμι ὁ ἄρτος ὁ καταβὰς ἐκ τοῦ οὐρανοῦ.
καὶ ἔλεγον, Οὐχ οὗτός ἐστιν Ἰησοῦς ὁ υἱὸς Ἰωσήφ, 42
οὗ ἡμεῖς οἴδαμεν τὸν πατέρα καὶ τὴν μητέρα; πῶς
οὖν³¹ λέγει οὗτος³² ὅτι Ἐκ τοῦ οὐρανοῦ καταβέβηκα;
ἀπεκρίθη οὖν³³ ὁ Ἰησοῦς καὶ εἶπεν αὐτοῖς, Μὴ 43
γογγύζετε μετ᾽ ἀλλήλων. οὐδεὶς δύναται ἐλθεῖν 44
πρός με, ἐὰν μὴ ὁ πατὴρ ὁ πέμψας με ἑλκύσῃ
αὐτόν, καὶ ἐγὼ ἀναστήσω αὐτὸν³⁴ τῇ ἐσχάτῃ ἡμέρᾳ.
ἔστι γεγραμμένον ἐν τοῖς προφήταις, Καὶ ἔσονται 45
πάντες διδακτοὶ τοῦ Θεοῦ. πᾶς οὖν³⁵ ὁ ἀκούσας
παρὰ τοῦ πατρὸς καὶ μαθών, ἔρχεται πρός με.
οὐχ ὅτι τὸν πατέρα τις ἑώρακεν, εἰ μὴ ὁ ὢν παρὰ 46
τοῦ Θεοῦ, οὗτος ἑώρακε τὸν πατέρα. ἀμὴν ἀμὴν 47
λέγω ὑμῖν, ὁ πιστεύων εἰς ἐμέ,³⁶ ἔχει ζωὴν αἰώνιον.
ἐγώ εἰμι ὁ ἄρτος τῆς ζωῆς. οἱ πατέρες ὑμῶν ἔφα- 48, 49
γον τὸ μάννα ἐν τῇ ἐρήμῳ,³⁷ καὶ ἀπέθανον. οὗτός ἐστιν 50
ὁ ἄρτος ὁ ἐκ τοῦ οὐρανοῦ καταβαίνων, ἵνα τις ἐξ
αὐτοῦ φάγῃ καὶ μὴ ἀποθάνῃ. ἐγώ εἰμι ὁ ἄρτος 51
ὁ ζῶν, ὁ ἐκ τοῦ οὐρανοῦ καταβάς· ἐὰν τις φάγῃ ἐκ
τούτου τοῦ ἄρτου, ζήσεται εἰς τὸν αἰῶνα. καὶ
ὁ ἄρτος δὲ ὃν ἐγὼ δώσω, ἡ σάρξ μου ἐστίν, ἣν ἐγὼ
δώσω³⁸ ὑπὲρ τῆς τοῦ κόσμου ζωῆς.

Ἐμάχοντο οὖν πρὸς ἀλλήλους οἱ Ἰουδαῖοι 52
λέγοντες, Πῶς δύναται οὗτος ἡμῖν δοῦναι τὴν σάρ-
κα φαγεῖν; εἶπεν οὖν αὐτοῖς ὁ Ἰησοῦς, Ἀμὴν 53
ἀμὴν λέγω ὑμῖν, ἐὰν μὴ φάγητε τὴν σάρκα τοῦ
υἱοῦ τοῦ ἀνθρώπου καὶ πίητε αὐτοῦ τὸ αἷμα, οὐκ

---

³¹ νῦν   ³² om. οὗτος   ³³ om. οὖν   ³⁴ add ἐν
³⁵ om. οὖν   ³⁶ om. εἰς ἐμέ,   ³⁷ ἐν τῇ ἐρήμῳ τὸ μάννα
³⁸ om. ἣν ἐγὼ δώσω

54 ἔχετε ζωὴν ἐν ἑαυτοῖς. ὁ τρώγων μου τὴν σάρκα
καὶ πίνων μου τὸ αἷμα, ἔχει ζωὴν αἰώνιον, καὶ ἐγὼ
55 ἀναστήσω αὐτὸν τῇ ἐσχάτῃ ἡμέρᾳ. ἡ γὰρ σάρξ
μου ἀληθῶς[39] ἐστι βρῶσις, καὶ τὸ αἷμά μου ἀληθῶς[39]
56 ἐστι πόσις. ὁ τρώγων μου τὴν σάρκα καὶ πίνων
57 μου τὸ αἷμα, ἐν ἐμοὶ μένει, κἀγὼ ἐν αὐτῷ. καθὼς
ἀπέστειλέ με ὁ ζῶν πατήρ, κἀγὼ ζῶ διὰ τὸν
πατέρα· καὶ ὁ τρώγων με, κἀκεῖνος ζήσεται δι'
58 ἐμέ. οὗτός ἐστιν ὁ ἄρτος ὁ ἐκ τοῦ οὐρανοῦ κατα-
βάς· οὐ καθὼς ἔφαγον οἱ πατέρες ὑμῶν τὸ μάννα,[40]
καὶ ἀπέθανον· ὁ τρώγων τοῦτον τὸν ἄρτον, ζήσεται
59 εἰς τὸν αἰῶνα. ταῦτα εἶπεν ἐν συναγωγῇ διδά-
σκων ἐν Καπερναούμ.

60　　Πολλοὶ οὖν ἀκούσαντες ἐκ τῶν μαθητῶν αὐτοῦ
εἶπον, Σκληρός ἐστιν οὗτος ὁ λόγος· τίς δύναται
61 αὐτοῦ ἀκούειν; εἰδὼς δὲ ὁ Ἰησοῦς ἐν ἑαυτῷ ὅτι
γογγύζουσι περὶ τούτου οἱ μαθηταὶ αὐτοῦ, εἶπεν
62 αὐτοῖς, Τοῦτο ὑμᾶς σκανδαλίζει; ἐὰν οὖν θεωρῆτε
τὸν υἱὸν τοῦ ἀνθρώπου ἀναβαίνοντα ὅπου ἦν τὸ
63 πρότερον; τὸ πνεῦμά ἐστι τὸ ζωοποιοῦν, ἡ σὰρξ
οὐκ ὠφελεῖ οὐδέν· τὰ ῥήματα ἃ ἐγὼ λαλῶ[41] ὑμῖν,
64 πνεῦμά ἐστι καὶ ζωή ἐστιν. ἀλλ' εἰσὶν ἐξ ὑμῶν
τινες οἳ οὐ πιστεύουσιν. ᾔδει γὰρ ἐξ ἀρχῆς ὁ
Ἰησοῦς, τίνες εἰσὶν οἱ μὴ πιστεύοντες, καὶ τίς
65 ἐστιν ὁ παραδώσων αὐτόν. καὶ ἔλεγε, Διὰ τοῦτο
εἴρηκα ὑμῖν, ὅτι οὐδεὶς δύναται ἐλθεῖν πρός με, ἐὰν
μὴ ᾖ δεδομένον αὐτῷ ἐκ τοῦ πατρός μου[42].

66　　Ἐκ τούτου πολλοὶ ἀπῆλθον τῶν μαθητῶν αὐ-
τοῦ εἰς τὰ ὀπίσω, καὶ οὐκέτι μετ' αὐτοῦ περιεπά-
67 τουν. εἶπεν οὖν ὁ Ἰησοῦς τοῖς δώδεκα, Μὴ καὶ
68 ὑμεῖς θέλετε ὑπάγειν; ἀπεκρίθη οὖν[43] αὐτῷ Σίμων

---

[39] ἀληθής　　　[40] om. ὑμῶν τὸ μάννα,　　[41] λελάληκα
[42] om. μου　　　[43] om. οὖν

Πέτρος, Κύριε, πρὸς τίνα ἀπελευσόμεθα; ῥήματα
ζωῆς αἰωνίου ἔχεις. καὶ ἡμεῖς πεπιστεύκαμεν καὶ 69
ἐγνώκαμεν ὅτι σὺ εἶ ὁ Χριστὸς ὁ υἱὸς[44] τοῦ Θεοῦ τοῦ
ζῶντος[45]. ἀπεκρίθη αὐτοῖς ὁ Ἰησοῦς, Οὐκ ἐγὼ ὑμᾶς 70
τοὺς δώδεκα ἐξελεξάμην, καὶ ἐξ ὑμῶν εἷς διάβολός
ἐστιν; ἔλεγε δὲ τὸν Ἰούδαν Σίμωνος Ἰσκαριώτην[46]· 71
οὗτος γὰρ ἤμελλεν αὐτὸν παραδιδόναι, εἷς ὢν[47] ἐκ
τῶν δώδεκα.

Καὶ περιεπάτει ὁ Ἰησοῦς μετὰ ταῦτα[1] ἐν τῇ Γαλι- VII.
λαίᾳ· οὐ γὰρ ἤθελεν ἐν τῇ Ἰουδαίᾳ περιπατεῖν,
ὅτι ἐζήτουν αὐτὸν οἱ Ἰουδαῖοι ἀποκτεῖναι. ἦν δὲ 2
ἐγγὺς ἡ ἑορτὴ τῶν Ἰουδαίων ἡ σκηνοπηγία. εἶπον 3
οὖν πρὸς αὐτὸν οἱ ἀδελφοὶ αὐτοῦ, Μετάβηθι ἐν-
τεῦθεν, καὶ ὕπαγε εἰς τὴν Ἰουδαίαν, ἵνα καὶ οἱ
μαθηταί σου θεωρήσωσι τὰ ἔργα σου ἃ ποιεῖς.
οὐδεὶς γὰρ ἐν κρυπτῷ τι ποιεῖ, καὶ ζητεῖ αὐτὸς[2] ἐν 4
παρρησίᾳ εἶναι. εἰ ταῦτα ποιεῖς, φανέρωσον σεαυ-
τὸν τῷ κόσμῳ. οὐδὲ γὰρ οἱ ἀδελφοὶ αὐτοῦ ἐπί- 5
στευον εἰς αὐτόν. λέγει οὖν αὐτοῖς ὁ Ἰησοῦς, Ὁ 6
καιρὸς ὁ ἐμὸς οὔπω πάρεστιν, ὁ δὲ καιρὸς ὁ ὑμέ-
τερος πάντοτέ ἐστιν ἕτοιμος. οὐ δύναται ὁ κόσμος 7
μισεῖν ὑμᾶς· ἐμὲ δὲ μισεῖ, ὅτι ἐγὼ μαρτυρῶ περὶ
αὐτοῦ, ὅτι τὰ ἔργα αὐτοῦ πονηρά ἐστιν. ὑμεῖς 8
ἀνάβητε εἰς τὴν ἑορτὴν ταύτην[3]· ἐγὼ οὔπω[4] ἀναβαίνω
εἰς τὴν ἑορτὴν ταύτην, ὅτι ὁ καιρὸς ὁ ἐμὸς οὔπω
πεπλήρωται. ταῦτα δὲ εἰπὼν αὐτοῖς, ἔμεινεν ἐν τῇ 9
Γαλιλαίᾳ.

Ὡς δὲ ἀνέβησαν οἱ ἀδελφοὶ αὐτοῦ, τότε καὶ 10
αὐτὸς ἀνέβη εἰς τὴν ἑορτήν[5], οὐ φανερῶς, ἀλλ᾽ ὡς ἐν

---

[44] ὁ ἅγιος   [45] om. τοῦ ζῶντος   [46] Ἰσκαριώτου
[47] om. ὤν   [1] μετὰ ταῦτα περιεπάτει ὁ Ἰησοῦς   [2] Marg.
αὐτό   [3] om. ταύτην   [4] Marg. οὐκ   [5] (αὐτοῦ) εἰς τὴν
ἑορτήν, τότε καὶ αὐτὸς ἀνέβη

11 κρυπτῷ. οἱ οὖν Ἰουδαῖοι ἐζήτουν αὐτὸν ἐν τῇ
12 ἑορτῇ, καὶ ἔλεγον, Ποῦ ἐστιν ἐκεῖνος; καὶ γογ-
γυσμὸς πολὺς περὶ αὐτοῦ ἦν⁶ ἐν τοῖς ὄχλοις· οἱ μὲν
ἔλεγον ὅτι Ἀγαθός ἐστιν· ἄλλοι δὲ ἔλεγον, Οὔ,
13 ἀλλὰ πλανᾷ τὸν ὄχλον. οὐδεὶς μέντοι παρρησίᾳ
ἐλάλει περὶ αὐτοῦ διὰ τὸν φόβον τῶν Ἰουδαίων.
14 Ἤδη δὲ τῆς ἑορτῆς μεσούσης, ἀνέβη ὁ Ἰησοῦς
15 εἰς τὸ ἱερόν, καὶ ἐδίδασκε. καὶ ἐθαύμαζον⁷ οἱ Ἰου-
δαῖοι λέγοντες, Πῶς οὗτος γράμματα οἶδε, μὴ
16 μεμαθηκώς; ἀπεκρίθη⁸ αὐτοῖς ὁ Ἰησοῦς καὶ
εἶπεν, Ἡ ἐμὴ διδαχὴ οὐκ ἔστιν ἐμή, ἀλλὰ τοῦ
17 πέμψαντός με. ἐάν τις θέλῃ τὸ θέλημα αὐτοῦ
ποιεῖν, γνώσεται περὶ τῆς διδαχῆς, πότερον· ἐκ τοῦ
18 Θεοῦ ἐστιν, ἢ ἐγὼ ἀπ᾽ ἐμαυτοῦ λαλῶ. ὁ ἀφ᾽
ἑαυτοῦ λαλῶν, τὴν δόξαν τὴν ἰδίαν ζητεῖ· ὁ δὲ
ζητῶν τὴν δόξαν τοῦ πέμψαντος αὐτόν, οὗτος
19 ἀληθής ἐστι, καὶ ἀδικία ἐν αὐτῷ οὐκ ἔστιν. οὐ
Μωσῆς δέδωκεν⁹ ὑμῖν τὸν νόμον, καὶ οὐδεὶς ἐξ ὑμῶν
20 ποιεῖ τὸν νόμον; τί με ζητεῖτε ἀποκτεῖναι; ἀπε-
κρίθη ὁ ὄχλος καὶ εἶπε¹⁰, Δαιμόνιον ἔχεις· τίς σε
21 ζητεῖ ἀποκτεῖναι; ἀπεκρίθη ὁ Ἰησοῦς καὶ εἶπεν
αὐτοῖς, Ἓν ἔργον ἐποίησα, καὶ πάντες θαυμάζετε.
22 διὰ τοῦτο Μωσῆς¹¹ δέδωκεν ὑμῖν τὴν περιτομήν
(οὐχ ὅτι ἐκ τοῦ Μωσέως ἐστίν, ἀλλ᾽ ἐκ τῶν πατέ-
23 ρων)· καὶ ἐν σαββάτῳ περιτέμνετε ἄνθρωπον. εἰ
περιτομὴν λαμβάνει ἄνθρωπος ἐν σαββάτῳ, ἵνα
μὴ λυθῇ ὁ νόμος Μωσέως, ἐμοὶ χολᾶτε ὅτι ὅλον
24 ἄνθρωπον ὑγιῆ ἐποίησα ἐν σαββάτῳ; μὴ κρίνετε
κατ᾽ ὄψιν, ἀλλὰ τὴν δικαίαν κρίσιν κρίνατε.
25 Ἔλεγον οὖν τινες ἐκ τῶν Ἱεροσολυμιτῶν, Οὐχ

---

⁶ περὶ αὐτοῦ ἦν πολὺς   ⁷ ἐθαύμαζον οὖν   ⁸ add οὖν
⁹ ἔδωκεν   ¹⁰ om. καὶ εἶπε   ¹¹ (Marg. θαυμάζετε διὰ
τοῦτο. Μωσῆς)

οὗτός ἐστιν ὃν ζητοῦσιν ἀποκτεῖναι; καὶ ἴδε παρ- 26
ρησίᾳ λαλεῖ, καὶ οὐδὲν αὐτῷ λέγουσι. μήποτε
ἀληθῶς ἔγνωσαν οἱ ἄρχοντες ὅτι οὗτός ἐστιν ἀλη-
θῶς[12] ὁ Χριστός; ἀλλὰ τοῦτον οἴδαμεν πόθεν ἐστίν· 27
ὁ δὲ Χριστὸς ὅταν ἔρχηται, οὐδεὶς γινώσκει πόθεν
ἐστίν. ἔκραξεν οὖν ἐν τῷ ἱερῷ διδάσκων ὁ Ἰησοῦς 28
καὶ λέγων, Κἀμὲ οἴδατε, καὶ οἴδατε πόθεν εἰμί· καὶ
ἀπ᾽ ἐμαυτοῦ οὐκ ἐλήλυθα, ἀλλ᾽ ἔστιν ἀληθινὸς ὁ
πέμψας με, ὃν ὑμεῖς οὐκ οἴδατε. ἐγὼ δὲ[13] οἶδα 29
αὐτόν, ὅτι παρ᾽ αὐτοῦ εἰμι, κἀκεῖνός με ἀπέστειλεν.
ἐζήτουν οὖν αὐτὸν πιάσαι· καὶ οὐδεὶς ἐπέβαλεν 30
ἐπ᾽ αὐτὸν τὴν χεῖρα, ὅτι οὔπω ἐληλύθει ἡ ὥρα
αὐτοῦ. πολλοὶ δὲ ἐκ τοῦ ὄχλου[14] ἐπίστευσαν εἰς αὐ- 31
τόν, καὶ ἔλεγον ὅτι[15] Ὁ Χριστὸς ὅταν ἔλθῃ, μήτι[16]
πλείονα σημεῖα τούτων[17] ποιήσει ὧν οὗτος ἐποίησεν;
ἤκουσαν οἱ Φαρισαῖοι τοῦ ὄχλου γογγύζοντος περὶ 32
αὐτοῦ ταῦτα· καὶ ἀπέστειλαν οἱ Φαρισαῖοι καὶ οἱ
ἀρχιερεῖς[18] ὑπηρέτας ἵνα πιάσωσιν αὐτόν. εἶπεν 33
οὖν αὐτοῖς[19] ὁ Ἰησοῦς, Ἔτι μικρὸν χρόνον μεθ᾽ ὑμῶν
εἰμι, καὶ ὑπάγω πρὸς τὸν πέμψαντά με. ζητήσετέ 34
με, καὶ οὐχ εὑρήσετε[20]· καὶ ὅπου εἰμὶ ἐγώ, ὑμεῖς οὐ
δύνασθε ἐλθεῖν. εἶπον οὖν οἱ Ἰουδαῖοι πρὸς ἑαυ- 35
τούς, Ποῦ οὗτος μέλλει πορεύεσθαι ὅτι ἡμεῖς οὐχ
εὑρήσομεν αὐτόν; μὴ εἰς τὴν διασπορὰν τῶν Ἑλ-
λήνων μέλλει πορεύεσθαι, καὶ διδάσκειν τοὺς Ἕλ-
ληνας; τίς ἐστιν οὗτος ὁ λόγος ὃν εἶπε, Ζητήσετέ 36
με, καὶ οὐχ εὑρήσετε[20]· καὶ ὅπου εἰμὶ ἐγώ, ὑμεῖς
οὐ δύνασθε ἐλθεῖν;

Ἐν δὲ τῇ ἐσχάτῃ ἡμέρᾳ τῇ μεγάλῃ τῆς ἑορτῆς 37
εἱστήκει ὁ Ἰησοῦς καὶ ἔκραξε, λέγων, Ἐάν τις

---

[12] om. ἀληθῶς   [13] om. δὲ   [14] ἐκ τοῦ ὄχλου δὲ πολλοὶ
[15] (,) om. ὅτι   [16] μὴ   [17] om. τούτων   [18] ἀρχιερεῖς καὶ
οἱ Φαρισαῖοι   [19] om. αὐτοῖς   [20] (-σετέ) add με

38 διψᾷ, ἐρχέσθω πρός με καὶ πινέτω. ὁ πιστεύων εἰς
ἐμέ, καθὼς εἶπεν ἡ γραφή, ποταμοὶ ἐκ τῆς κοιλίας
39 αὐτοῦ ῥεύσουσιν ὕδατος ζῶντος. τοῦτο δὲ εἶπε
περὶ τοῦ Πνεύματος οὗ ἔμελλον λαμβάνειν οἱ πι-
στεύοντες²¹ εἰς αὐτόν· οὔπω γὰρ ἦν Πνεῦμα "Αγιον²² ²³,
40 ὅτι ὁ Ἰησοῦς οὐδέπω²⁴ ἐδοξάσθη. πολλοὶ οὖν ἐκ τοῦ
ὄχλου²⁵ ἀκούσαντες τὸν λόγον²⁶ ἔλεγον, Οὗτός ἐστιν
41 ἀληθῶς ὁ προφήτης. ἄλλοι ἔλεγον, Οὗτός ἐστιν
ὁ Χριστός. ἄλλοι²⁷ δὲ ἔλεγον, Μὴ γὰρ ἐκ τῆς Γα-
42 λιλαίας ὁ Χριστὸς ἔρχεται; οὐχὶ ἡ γραφὴ εἶπεν
ὅτι ἐκ τοῦ σπέρματος Δαβίδ, καὶ ἀπὸ Βηθλεέμ,
τῆς κώμης ὅπου ἦν Δαβίδ, ὁ Χριστὸς ἔρχεται²⁸;
43, 44 σχίσμα οὖν ἐν τῷ ὄχλῳ ἐγένετο²⁹ δι᾿ αὐτόν. τινὲς δὲ
ἤθελον ἐξ αὐτῶν πιάσαι αὐτόν, ἀλλ᾿ οὐδεὶς ἐπέβα-
λεν ἐπ᾿ αὐτὸν τὰς χεῖρας.

45 Ἦλθον οὖν οἱ ὑπηρέται πρὸς τοὺς ἀρχιερεῖς
καὶ Φαρισαίους· καὶ εἶπον αὐτοῖς ἐκεῖνοι, Διατί
46 οὐκ ἠγάγετε αὐτόν; ἀπεκρίθησαν οἱ ὑπηρέται,
Οὐδέποτε οὕτως ἐλάλησεν³⁰ ἄνθρωπος, ὡς οὗτος ὁ ἄνθρω-
47 πος³¹. ἀπεκρίθησαν οὖν αὐτοῖς οἱ Φαρισαῖοι, Μὴ
48 καὶ ὑμεῖς πεπλάνησθε; μή τις ἐκ τῶν ἀρχόντων
49 ἐπίστευσεν εἰς αὐτόν, ἢ ἐκ τῶν Φαρισαίων; ἀλλ᾿
ὁ ὄχλος οὗτος ὁ μὴ γινώσκων τὸν νόμον ἐπικατάρα-
50 τοί³² εἰσι. λέγει Νικόδημος πρὸς αὐτούς (ὁ ἐλθὼν
51 νυκτὸς³³ πρὸς αὐτόν³⁴, εἷς ὢν ἐξ αὐτῶν), Μὴ ὁ νόμος
ἡμῶν κρίνει τὸν ἄνθρωπον, ἐὰν μὴ ἀκούσῃ παρ᾿
52 αὐτοῦ πρότερον³⁵ καὶ γνῷ τί ποιεῖ; ἀπεκρίθησαν
καὶ εἶπον αὐτῷ, Μὴ καὶ σὺ ἐκ τῆς Γαλιλαίας εἶ;

---

²¹ πιστεύσαντες   ²² om. "Αγιον text, not marg.   ²³ Marg.
adds δεδομένον   ²⁴ οὔπω   ²⁵ ἐκ τοῦ ὄχλου οὖν   ²⁶ τῶν
λόγων τούτων   ²⁷ οἱ   ²⁸ ἔρχεται ὁ Χριστός   ²⁹ ἐγένετο
ἐν τῷ ὄχλῳ   ³⁰ ἐλάλησεν οὕτως   ³¹ om. , ὡς οὗτος ὁ ἄνθρωπος
³² ἐπάρατοί   ³³ om. νυκτός   ³⁴ add πρότερον
³⁵ πρῶτον παρ᾿ αὐτοῦ

ἐρεύνησον καὶ ἴδε³⁶ ὅτι προφήτης ἐκ τῆς Γαλιλαίας³⁷ οὐκ ἐγήγερται³⁸.

³⁰Καὶ ἐπορεύθη⁴⁰ ἕκαστος εἰς τὸν οἶκον αὐτοῦ· Ἰησοῦς δὲ 53 VIII ἐπορεύθη εἰς τὸ ὄρος τῶν ἐλαιῶν. ὄρθρου δὲ πάλιν παρεγένετο 2 εἰς τὸ ἱερόν, καὶ πᾶς ὁ λαὸς ἤρχετο πρὸς αὐτόν· καὶ καθίσας ἐδίδασκεν αὐτούς. ἄγουσι δὲ οἱ γραμματεῖς καὶ οἱ Φαρισαῖοι 3 πρὸς αὐτὸν¹ γυναῖκα ἐν² μοιχείᾳ κατειλημμένην, καὶ στήσαντες αὐτὴν ἐν μέσῳ, λέγουσιν αὐτῷ, Διδάσκαλε, αὕτη ἡ γυνὴ 4 κατειλήφθη³ ἐπαυτοφώρῳ μοιχευομένη. ἐν δὲ τῷ νόμῳ 5 Μωσῆς ἡμῖν ἐνετείλατο τὰς τοιαύτας λιθοβολεῖσθαι⁴· σὺ οὖν τί λέγεις⁵; τοῦτο δὲ ἔλεγον πειράζοντες αὐτόν, ἵνα ἔχωσι 6 κατηγορεῖν αὐτοῦ. ὁ δὲ Ἰησοῦς κάτω κύψας, τῷ δακτύλῳ ἔγραφεν⁶ εἰς τὴν γῆν, μὴ προσποιούμενος⁷ *. ὡς δὲ ἐπέμενον 7 ἐρωτῶντες αὐτόν, ἀνακύψας εἶπε πρὸς αὐτούς, Ὁ ἀναμάρτητος ὑμῶν, πρῶτος τὸν⁸ λίθον ἐπ' αὐτῇ βαλέτω. καὶ πάλιν κάτω 8 κύψας⁹ ἔγραφεν εἰς τὴν γῆν. οἱ δέ, ἀκούσαντες, καὶ ὑπὸ τῆς 9 συνειδήσεως ἐλεγχόμενοι¹⁰, ἐξήρχοντο εἷς καθ' εἷς, ἀρξάμενοι ἀπὸ τῶν πρεσβυτέρων ἕως τῶν ἐσχάτων· καὶ κατελείφθη μόνος ὁ Ἰησοῦς, καὶ ἡ γυνὴ ἐν μέσῳ ἑστῶσα¹¹. ἀνακύψας δὲ ὁ Ἰη- 10 σοῦς, καὶ μηδένα θεασάμενος πλὴν τῆς γυναικός,¹² εἶπεν αὐτῇ Ἡ γυνή, ποῦ εἰσιν ἐκεῖνοι οἱ κατήγοροί σου¹³; οὐδείς σε κατέκρινεν; ἡ δὲ εἶπεν, Οὐδείς, Κύριε. εἶπε δὲ αὐτῇ¹⁴ ὁ Ἰησοῦς, 11 Οὐδὲ ἐγώ σε κατακρίνω· πορεύου καὶ¹⁵ μηκέτι ἁμάρτανε.

---

³⁶ (*Marg.* ἴδε· ὅτι)   ³⁷ ἐκ τῆς Γαλιλαίας προφήτης   ³⁸ ἐγείρεται   ³⁹ *The paragraph comprising ch.* vii. 53 *to ch.* viii. 11 *is set within brackets in the text, and virtually rejected in the marg.*   ⁴⁰ ἐπορεύθησαν   ¹ *om.* πρὸς αὐτὸν   ² ἐπὶ   ³ κατείληπται   ⁴ λιθάζειν   ⁵ *add* περὶ αὐτῆς   ⁶ κατέγραφεν   ⁷ *om.* μὴ προσποιούμενος   ⁸ *om.* τὸν   ⁹ *add* τῷ δακτύλῳ   ¹⁰ *om.* , καὶ ὑπὸ τῆς συνειδήσεως ἐλεγχόμενοι,   ¹¹ οὖσα (*for* ἑστῶσα)   ¹² *om.* , καὶ μηδένα θεασάμενος πλὴν τῆς γυναικός,   ¹³ *om.* ἐκεῖνοι οἱ κατήγοροί σου   ¹⁴ *om.* αὐτῇ   ¹⁵ · ἀπὸ τοῦ νῦν (*for* καὶ)

12 Πάλιν οὖν ὁ Ἰησοῦς αὐτοῖς ἐλάλησε λέγων,
Ἐγώ εἰμι τὸ φῶς τοῦ κόσμου· ὁ ἀκολουθῶν ἐμοὶ
οὐ μὴ περιπατήσει[16] ἐν τῇ σκοτίᾳ, ἀλλ' ἕξει τὸ φῶς
13 τῆς ζωῆς. εἶπον οὖν αὐτῷ οἱ Φαρισαῖοι, Σὺ περὶ
σεαυτοῦ μαρτυρεῖς· ἡ μαρτυρία σου οὐκ ἔστιν
14 ἀληθής. ἀπεκρίθη Ἰησοῦς καὶ εἶπεν αὐτοῖς, Κἂν
ἐγὼ μαρτυρῶ περὶ ἐμαυτοῦ, ἀληθής ἐστιν ἡ μαρτυ-
ρία μου· ὅτι οἶδα πόθεν ἦλθον, καὶ ποῦ ὑπάγω·
ὑμεῖς δὲ οὐκ οἴδατε πόθεν ἔρχομαι, καὶ[17] ποῦ ὑπά-
15 γω. ὑμεῖς κατὰ τὴν σάρκα κρίνετε· ἐγὼ οὐ κρίνω
16 οὐδένα. καὶ ἐὰν κρίνω δὲ ἐγώ, ἡ κρίσις ἡ ἐμὴ
ἀληθής ἐστιν· ὅτι μόνος οὐκ εἰμί, ἀλλ' ἐγὼ καὶ
17 ὁ πέμψας με πατήρ. καὶ ἐν τῷ νόμῳ δὲ τῷ ὑμε-
τέρῳ γέγραπται ὅτι δύο ἀνθρώπων ἡ μαρτυρία
18 ἀληθής ἐστιν. ἐγώ εἰμι ὁ μαρτυρῶν περὶ ἐμαυτοῦ,
19 καὶ μαρτυρεῖ περὶ ἐμοῦ ὁ πέμψας με πατήρ. ἔλε-
γον οὖν αὐτῷ, Ποῦ ἐστιν ὁ πατήρ σου; ἀπεκρίθη
ὁ Ἰησοῦς, Οὔτε ἐμὲ οἴδατε, οὔτε τὸν πατέρα μου·
20 εἰ ἐμὲ ᾔδειτε, καὶ τὸν πατέρα μου ᾔδειτε ἄν. ταῦτα
τὰ ῥήματα ἐλάλησεν ὁ Ἰησοῦς[18] ἐν τῷ γαζοφυλακίῳ,
διδάσκων ἐν τῷ ἱερῷ· καὶ οὐδεὶς ἐπίασεν αὐτόν, ὅτι
οὔπω ἐληλύθει ἡ ὥρα αὐτοῦ.
21 Εἶπεν οὖν πάλιν αὐτοῖς ὁ Ἰησοῦς[18], Ἐγὼ ὑπάγω,
καὶ ζητήσετέ με, καὶ ἐν τῇ ἁμαρτίᾳ ὑμῶν ἀποθα-
νεῖσθε· ὅπου ἐγὼ ὑπάγω, ὑμεῖς οὐ δύνασθε ἐλθεῖν.
22 ἔλεγον οὖν οἱ Ἰουδαῖοι, Μήτι ἀποκτενεῖ ἑαυτόν, ὅτι
λέγει, Ὅπου ἐγὼ ὑπάγω, ὑμεῖς οὐ δύνασθε ἐλθεῖν;
23 καὶ εἶπεν[19] αὐτοῖς, Ὑμεῖς ἐκ τῶν κάτω ἐστέ, ἐγὼ
ἐκ τῶν ἄνω εἰμί· ὑμεῖς ἐκ τοῦ κόσμου τούτου ἐστέ,
24 ἐγὼ οὐκ εἰμὶ ἐκ τοῦ κόσμου τούτου. εἶπον οὖν
ὑμῖν ὅτι ἀποθανεῖσθε ἐν ταῖς ἁμαρτίαις ὑμῶν· ἐὰν

---

16 περιπατήσῃ   17 ἦ   18 om. ὁ Ἰησοῦς   19 ἔλεγεν

γὰρ μὴ πιστεύσητε ὅτι ἐγώ εἰμι, ἀποθανεῖσθε ἐν
ταῖς ἁμαρτίαις ὑμῶν. ἔλεγον οὖν αὐτῷ, Σὺ τίς εἶ; 25
καὶ²⁰ εἶπεν αὐτοῖς ὁ Ἰησοῦς, Τὴν ἀρχὴν ὅ τι²¹ καὶ
λαλῶ ὑμῖν. πολλὰ ἔχω περὶ ὑμῶν λαλεῖν καὶ 26
κρίνειν· ἀλλ' ὁ πέμψας με ἀληθής ἐστι, κἀγὼ ἃ
ἤκουσα παρ' αὐτοῦ, ταῦτα λέγω²² εἰς τὸν κόσμον.
οὐκ ἔγνωσαν ὅτι τὸν πατέρα αὐτοῖς ἔλεγεν. εἶπεν 27, 28
οὖν αὐτοῖς²³ ὁ Ἰησοῦς, Ὅταν ὑψώσητε τὸν υἱὸν τοῦ
ἀνθρώπου, τότε γνώσεσθε ὅτι ἐγώ εἰμι,²⁴ καὶ ἀπ'
ἐμαυτοῦ ποιῶ οὐδέν, ἀλλὰ καθὼς ἐδίδαξέ με ὁ
πατήρ μου²⁵, ταῦτα λαλῶ. καὶ ὁ πέμψας με μετ' 29
ἐμοῦ ἐστιν· οὐκ ἀφῆκέ με μόνον ὁ πατήρ²⁶, ὅτι ἐγὼ
τὰ ἀρεστὰ αὐτῷ ποιῶ πάντοτε. ταῦτα αὐτοῦ λα- 30
λοῦντος πολλοὶ ἐπίστευσαν εἰς αὐτόν.

Ἔλεγεν οὖν ὁ Ἰησοῦς πρὸς τοὺς πεπιστευκότας 31
αὐτῷ Ἰουδαίους, Ἐὰν ὑμεῖς μείνητε ἐν τῷ λόγῳ
τῷ ἐμῷ, ἀληθῶς μαθηταί μου ἐστέ· καὶ γνώσεσθε 32
τὴν ἀλήθειαν, καὶ ἡ ἀλήθεια ἐλευθερώσει ὑμᾶς.
ἀπεκρίθησαν αὐτῷ²⁷, Σπέρμα Ἀβραάμ ἐσμεν, καὶ 33
οὐδενὶ δεδουλεύκαμεν πώποτε· πῶς σὺ λέγεις ὅτι
Ἐλεύθεροι γενήσεσθε; ἀπεκρίθη αὐτοῖς ὁ Ἰησοῦς, 34
Ἀμὴν ἀμὴν λέγω ὑμῖν, ὅτι πᾶς ὁ ποιῶν τὴν ἁμαρ-
τίαν δοῦλός ἐστι τῆς ἁμαρτίας. ὁ δὲ δοῦλος οὐ 35
μένει ἐν τῇ οἰκίᾳ εἰς τὸν αἰῶνα· ὁ υἱὸς μένει εἰς τὸν
αἰῶνα. ἐὰν οὖν ὁ υἱὸς ὑμᾶς ἐλευθερώσῃ, ὄντως 36
ἐλεύθεροι ἔσεσθε. οἶδα ὅτι σπέρμα Ἀβραάμ ἐστε· 37
ἀλλὰ ζητεῖτέ με ἀποκτεῖναι, ὅτι ὁ λόγος ὁ ἐμὸς οὐ
χωρεῖ ἐν ὑμῖν. ἐγὼ δ²⁸ ἑώρακα παρὰ τῷ πατρί μου²⁹, 38
λαλῶ· καὶ ὑμεῖς οὖν ὃ ἑωράκατε³⁰ παρὰ τῷ πατρὶ³¹

---

²⁰ om. καὶ   ²¹ Marg. ὅτι   ²² λαλῶ   ²³ om. αὐτοῖς
²⁴ (Marg. · for ,)   ²⁵ om. μου   ²⁶ om. ὁ πατήρ   ²⁷ πρὸς
αὐτόν   ²⁸ ἃ ἐγὼ   ²⁹ om. μου   ³⁰ ἃ ἠκούσατε
³¹ τοῦ πατρός

39 ὑμῶν³², ποιεῖτε. ἀπεκρίθησαν καὶ εἶπον αὐτῷ,
Ὁ πατὴρ ἡμῶν Ἀβραάμ ἐστι. λέγει αὐτοῖς ὁ
Ἰησοῦς, Εἰ τέκνα τοῦ Ἀβραὰμ ἦτε³³, τὰ ἔργα τοῦ
40 Ἀβραὰμ ἐποιεῖτε³⁴ ἄν³⁵. νῦν δὲ ζητεῖτέ με ἀπο-
κτεῖναι, ἄνθρωπον ὃς τὴν ἀλήθειαν ὑμῖν λελάληκα,
ἣν ἤκουσα παρὰ τοῦ Θεοῦ· τοῦτο Ἀβραὰμ οὐκ
41 ἐποίησεν. ὑμεῖς ποιεῖτε τὰ ἔργα τοῦ πατρὸς ὑμῶν.
εἶπον οὖν³⁶ αὐτῷ, Ἡμεῖς ἐκ πορνείας οὐ γεγεννήμεθα³⁷·
42 ἕνα πατέρα ἔχομεν, τὸν Θεόν. εἶπεν* αὐτοῖς ὁ
Ἰησοῦς, Εἰ ὁ Θεὸς πατὴρ ὑμῶν ἦν, ἠγαπᾶτε ἂν
ἐμέ· ἐγὼ γὰρ ἐκ τοῦ Θεοῦ ἐξῆλθον καὶ ἥκω· οὐδὲ
γὰρ ἀπ' ἐμαυτοῦ ἐλήλυθα, ἀλλ' ἐκεῖνός με ἀπέ-
43 στειλε. διατί τὴν λαλιὰν τὴν ἐμὴν οὐ γινώσκετε;
44 ὅτι οὐ δύνασθε ἀκούειν τὸν λόγον τὸν ἐμόν. ὑμεῖς
ἐκ³⁸ πατρὸς τοῦ διαβόλου ἐστέ, καὶ τὰς ἐπιθυμίας
τοῦ πατρὸς ὑμῶν θέλετε ποιεῖν. ἐκεῖνος ἀνθρω-
ποκτόνος ἦν ἀπ' ἀρχῆς, καὶ ἐν τῇ ἀληθείᾳ οὐχ
ἕστηκεν³⁹, ὅτι οὐκ ἔστιν ἀλήθεια ἐν αὐτῷ. ὅταν
λαλῇ τὸ ψεῦδος, ἐκ τῶν ἰδίων λαλεῖ· ὅτι ψεύστης
45 ἐστὶ καὶ ὁ πατὴρ αὐτοῦ. ἐγὼ δὲ ὅτι τὴν ἀλήθειαν
46 λέγω, οὐ πιστεύετέ μοι. τίς ἐξ ὑμῶν ἐλέγχει με
περὶ ἁμαρτίας; εἰ δὲ⁴⁰ ἀλήθειαν λέγω, διατί ὑμεῖς
47 οὐ πιστεύετέ μοι; ὁ ὢν ἐκ τοῦ Θεοῦ τὰ ῥήματα τοῦ
Θεοῦ ἀκούει· διὰ τοῦτο ὑμεῖς οὐκ ἀκούετε, ὅτι ἐκ
48 τοῦ Θεοῦ οὐκ ἐστέ. ἀπεκρίθησαν οὖν⁴¹ οἱ Ἰουδαῖοι
καὶ εἶπον αὐτῷ, Οὐ καλῶς λέγομεν ἡμεῖς ὅτι
49 Σαμαρείτης εἶ σύ, καὶ δαιμόνιον ἔχεις; ἀπεκρίθη
Ἰησοῦς, Ἐγὼ δαιμόνιον οὐκ ἔχω, ἀλλὰ τιμῶ τὸν
50 πατέρα μου, καὶ ὑμεῖς ἀτιμάζετέ με. ἐγὼ δὲ οὐ
ζητῶ τὴν δόξαν μου· ἔστιν ὁ ζητῶν καὶ κρίνων.

---

³² *om.* ὑμῶν   ³³ (-ὰμ) ἐστε   ³⁴ *Marg.* ποιεῖτε   ³⁵ *om.* ἄν
³⁶ *om.* οὖν   ³⁷ οὐκ ἐγεννήθημεν   ³⁸ *add* τοῦ   ³⁹ οὐκ
ἕστηκεν *text, not marg.*   ⁴⁰ *om.* δὲ   ⁴¹ *om.* οὖν

ἀμὴν ἀμὴν λέγω ὑμῖν, ἐάν τις τὸν λόγον τὸν ἐμὸν 51 τηρήσῃ, θάνατον οὐ μὴ θεωρήσῃ εἰς τὸν αἰῶνα. εἶπον οὖν⁴² αὐτῷ οἱ Ἰουδαῖοι, Νῦν ἐγνώκαμεν ὅτι 52 δαιμόνιον ἔχεις. Ἀβραὰμ ἀπέθανε καὶ οἱ προφῆ-ται, καὶ σὺ λέγεις, Ἐάν τις τὸν λόγον μου τηρήσῃ, οὐ μὴ γεύσεται⁴³ θανάτου εἰς τὸν αἰῶνα. μὴ σὺ 53 μείζων εἶ τοῦ πατρὸς ἡμῶν Ἀβραάμ, ὅστις ἀπέ-θανε; καὶ οἱ προφῆται ἀπέθανον· τίνα σεαυτὸν σὺ⁴⁴ ποιεῖς; ἀπεκρίθη Ἰησοῦς, Ἐὰν ἐγὼ δοξάζω 54 ἐμαυτόν, ἡ δόξα μου οὐδέν ἐστιν· ἔστιν ὁ πατήρ μου ὁ δοξάζων με, ὃν ὑμεῖς λέγετε ὅτι Θεὸς ὑμῶν ἐστι, καὶ οὐκ ἐγνώκατε αὐτόν· ἐγὼ δὲ οἶδα αὐτόν, 55 καὶ ἐὰν εἴπω ὅτι οὐκ οἶδα αὐτόν, ἔσομαι ὅμοιος ὑμῶν, ψεύστης· ἀλλ' οἶδα αὐτόν, καὶ τὸν λόγον αὐτοῦ τηρῶ. Ἀβραὰμ ὁ πατὴρ ὑμῶν ἠγαλλιά- 56 σατο ἵνα ἴδῃ τὴν ἡμέραν τὴν ἐμήν, καὶ εἶδε καὶ ἐχάρη. εἶπον οὖν οἱ Ἰουδαῖοι πρὸς αὐτόν, Πεν- 57 τήκοντα ἔτη οὔπω ἔχεις, καὶ Ἀβραὰμ ἑώρακας; εἶπεν αὐτοῖς ὁ Ἰησοῦς, Ἀμὴν ἀμὴν λέγω ὑμῖν, 58 πρὶν Ἀβραὰμ γενέσθαι, ἐγώ εἰμι. ἦραν οὖν λίθους 59 ἵνα βάλωσιν ἐπ' αὐτόν· Ἰησοῦς δὲ ἐκρύβη, καὶ ἐξῆλθεν ἐκ τοῦ ἱεροῦ, διελθὼν διὰ μέσου αὐτῶν· καὶ παρῆγεν οὕτως⁴⁵.

Καὶ παράγων εἶδεν ἄνθρωπον τυφλὸν ἐκ γενε- IX. τῆς. καὶ ἠρώτησαν αὐτὸν οἱ μαθηταὶ αὐτοῦ λέ- 2 γοντες, Ῥαββί, τίς ἥμαρτεν, οὗτος ἢ οἱ γονεῖς αὐτοῦ, ἵνα τυφλὸς γεννηθῇ; ἀπεκρίθη ὁ Ἰησοῦς, 3 Οὔτε οὗτος ἥμαρτεν οὔτε οἱ γονεῖς αὐτοῦ· ἀλλ' ἵνα φανερωθῇ τὰ ἔργα τοῦ Θεοῦ ἐν αὐτῷ. ἐμὲ¹ δεῖ 4 ἐργάζεσθαι τὰ ἔργα τοῦ πέμψαντός με ἕως ἡμέρα

---

⁴² om. οὖν   ⁴³ γεύσηται   ⁴⁴ om. σὺ   ⁴⁵ om. , διελθὼν διὰ μέσου αὐτῶν· καὶ παρῆγεν οὕτως text, not marg., which pre-fixes καὶ to διελθὼν and adds ἐπορεύετο after αὐτῶν   ¹ ἡμᾶς

ἐστίν· ἔρχεται νύξ, ὅτε οὐδεὶς δύναται ἐργάζεσθαι.
5,6 ὅταν ἐν τῷ κόσμῳ ὦ, φῶς εἰμι τοῦ κόσμου. ταῦτα
εἰπών, ἔπτυσε χαμαί, καὶ ἐποίησε πηλὸν ἐκ τοῦ
πτύσματος, καὶ ἐπέχρισε² τὸν πηλὸν ἐπὶ τοὺς
7 ὀφθαλμοὺς τοῦ τυφλοῦ³, καὶ εἶπεν αὐτῷ, ῞Υπαγε
νίψαι εἰς τὴν κολυμβήθραν τοῦ Σιλωάμ (ὃ ἑρμη-
νεύεται, ἀπεσταλμένος). ἀπῆλθεν οὖν καὶ ἐνί-
8 ψατο, καὶ ἦλθε βλέπων. οἱ οὖν γείτονες καὶ
οἱ θεωροῦντες αὐτὸν τὸ πρότερον ὅτι τυφλὸς⁴ ἦν,
ἔλεγον, Οὐχ οὗτός ἐστιν ὁ καθήμενος καὶ προ-
9 σαιτῶν; ἄλλοι ἔλεγον ὅτι Οὗτός ἐστιν· ἄλλοι
δὲ⁵ ὅτι⁶ ῞Ομοιος αὐτῷ ἐστιν. ἐκεῖνος ἔλεγεν ὅτι
10 Ἐγώ εἰμι. ἔλεγον οὖν αὐτῷ, Πῶς⁷ ἀνεῴχθη-
11 σάν σου* οἱ ὀφθαλμοί; ἀπεκρίθη ἐκεῖνος καὶ
εἶπεν⁸, ⁹Ἄνθρωπος ⁹λεγόμενος Ἰησοῦς πηλὸν ἐποίη-
σε, καὶ ἐπέχρισέ μου τοὺς ὀφθαλμούς, καὶ εἶπέ
μοι¹⁰, ῞Υπαγε εἰς τὴν κολυμβήθραν τοῦ¹¹ Σιλωάμ,
καὶ νίψαι. ἀπελθὼν δὲ¹² καὶ νιψάμενος, ἀνέβλε-
12 ψα. ¹³εἶπον οὖν¹⁴ αὐτῷ, Ποῦ ἐστιν ἐκεῖνος; λέγει,
Οὐκ οἶδα.
13 Ἄγουσιν αὐτὸν πρὸς τοὺς Φαρισαίους, τον ποτε
14 τυφλόν. ἦν δὲ σάββατον ὅτε¹⁵ τὸν πηλὸν ἐποίησεν
ὁ Ἰησοῦς, καὶ ἀνέῳξεν αὐτοῦ τοὺς ὀφθαλμούς.
15 πάλιν οὖν ἠρώτων αὐτὸν καὶ οἱ Φαρισαῖοι, πῶς
ἀνέβλεψεν. ὁ δὲ εἶπεν αὐτοῖς, Πηλὸν ἐπέθηκεν
ἐπὶ τοὺς ὀφθαλμούς μου¹⁶, καὶ ἐνιψάμην, καὶ βλέπω.
16 ἔλεγον οὖν ἐκ τῶν Φαρισαίων τινές, Οὗτος ὁ ἄνθρω-
πος οὐκ ἔστι παρὰ τοῦ Θεοῦ¹⁷, ὅτι τὸ σάββατον οὐ

² add (ν) αὐτοῦ   ³ om. τοῦ τυφλοῦ   ⁴ προσαίτης
⁵ om. δὲ   ⁶ ἔλεγον Οὐχί, ἀλλ' (ὅμ.)   ⁷ add οὖν   ⁸ om.
καὶ εἶπεν   ⁹ add ὁ   ¹⁰ (om. ,) add ὅτι   ¹¹ τὸν   ¹² οὖν
¹³ add καὶ   ¹⁴ om. οὖν   ¹⁵ ἐν ᾗ ἡμέρᾳ   ¹⁶ (om. ν) μου
ἐπὶ τοὺς ὀφθαλμούς   ¹⁷ Οὐκ ἔστιν οὗτος παρὰ Θεοῦ ὁ ἄνθρωπος

τηρεῖ. ἄλλοι[18] ἔλεγον, Πῶς δύναται ἄνθρωπος
ἁμαρτωλὸς τοιαῦτα σημεῖα ποιεῖν; καὶ σχίσμα
ἦν ἐν αὐτοῖς. λέγουσι[19] τῷ τυφλῷ πάλιν, Σὺ τί[20] 17
λέγεις περὶ αὐτοῦ, ὅτι ἤνοιξέ σου τοὺς ὀφθαλμούς;
ὁ δὲ εἶπεν ὅτι Προφήτης ἐστίν. οὐκ ἐπίστευσαν 18
οὖν οἱ Ἰουδαῖοι περὶ αὐτοῦ, ὅτι τυφλὸς ἦν καὶ
ἀνέβλεψεν, ἕως ὅτου ἐφώνησαν τοὺς γονεῖς αὐτοῦ
τοῦ ἀναβλέψαντος, καὶ ἠρώτησαν αὐτοὺς λέγοντες, 19
Οὗτός ἐστιν ὁ υἱὸς ὑμῶν, ὃν ὑμεῖς λέγετε ὅτι τυ-
φλὸς ἐγεννήθη; πῶς οὖν ἄρτι βλέπει[21]; ἀπεκρίθη- 20
σαν αὐτοῖς[22] οἱ γονεῖς αὐτοῦ καὶ εἶπον, Οἴδαμεν ὅτι
οὗτός ἐστιν ὁ υἱὸς ἡμῶν, καὶ ὅτι τυφλὸς ἐγεννήθη·
πῶς δὲ νῦν βλέπει, οὐκ οἴδαμεν· ἢ τίς ἤνοιξεν 21
αὐτοῦ τοὺς ὀφθαλμούς, ἡμεῖς οὐκ οἴδαμεν· αὐτὸς
ἡλικίαν ἔχει· αὐτὸν ἐρωτήσατε,[23] αὐτὸς περὶ αὐτοῦ[24] λα-
λήσει. ταῦτα εἶπον οἱ γονεῖς αὐτοῦ, ὅτι ἐφοβοῦντο 22
τοὺς Ἰουδαίους· ἤδη γὰρ συνετέθειντο οἱ Ἰουδαῖοι,
ἵνα ἐάν τις αὐτὸν ὁμολογήσῃ Χριστόν, ἀποσυνάγω-
γος γένηται. διὰ τοῦτο οἱ γονεῖς αὐτοῦ εἶπον 23
ὅτι Ἡλικίαν ἔχει, αὐτὸν ἐρωτήσατε. ἐφώνησαν 24
οὖν ἐκ δευτέρου τὸν ἄνθρωπον[25] ὃς ἦν τυφλός, καὶ εἶπον
αὐτῷ, Δὸς δόξαν τῷ Θεῷ· ἡμεῖς οἴδαμεν ὅτι ὁ
ἄνθρωπος οὗτος ἁμαρτωλός ἐστιν. ἀπεκρίθη οὖν 25
ἐκεῖνος καὶ εἶπεν[26], Εἰ ἁμαρτωλός ἐστιν, οὐκ οἶδα·
ἓν οἶδα, ὅτι τυφλὸς ὤν, ἄρτι βλέπω. εἶπον δὲ[27] 26
αὐτῷ πάλιν[28], Τί ἐποίησέ σοι; πῶς ἤνοιξέ σου τοὺς
ὀφθαλμούς; ἀπεκρίθη αὐτοῖς, Εἶπον ὑμῖν ἤδη, καὶ 27
οὐκ ἠκούσατε. τί πάλιν θέλετε ἀκούειν; μὴ καὶ
ὑμεῖς θέλετε αὐτοῦ μαθηταὶ γενέσθαι; [29]ἐλοιδό- 28

---

[18] add δὲ　[19] add (ν) οὖν　[20] Τί σὺ　[21] βλέπει ἄρτι
[22] om. αὐτοῖς　[23] αὐτὸν ἐρωτήσατε· ἡλικίαν ἔχει·　[24] ἑαυτοῦ
[25] τὸν ἄνθρωπον ἐκ δευτέρου　[26] om. καὶ εἶπεν　[27] οὖν
[28] om. πάλιν　[29] add καὶ

ρησαν οὖν³⁰ αὐτόν, καὶ εἶπον, Σὺ εἶ μαθητὴς ἐκεί-
29 νου· ἡμεῖς δὲ τοῦ Μωσέως ἐσμὲν μαθηταί. ἡμεῖς
οἴδαμεν ὅτι Μωσῇ λελάληκεν ὁ Θεός· τοῦτον δὲ
30 οὐκ οἴδαμεν πόθεν ἐστίν. ἀπεκρίθη ὁ ἄνθρωπος
καὶ εἶπεν αὐτοῖς, Ἐν γὰρ τούτῳ³¹ θαυμαστόν ἐστιν,
ὅτι ὑμεῖς οὐκ οἴδατε πόθεν ἐστί, καὶ ἀνέῳξέ μου
31 τοὺς ὀφθαλμούς. οἴδαμεν δὲ³² ὅτι ἁμαρτωλῶν ὁ
Θεὸς οὐκ ἀκούει· ἀλλ᾽ ἐάν τις θεοσεβὴς ᾖ, καὶ τὸ
32 θέλημα αὐτοῦ ποιῇ, τούτου ἀκούει. ἐκ τοῦ αἰῶνος
οὐκ ἠκούσθη ὅτι ἤνοιξέ τις ὀφθαλμοὺς τυφλοῦ
33 γεγεννημένου. εἰ μὴ ἦν οὗτος παρὰ Θεοῦ, οὐκ
34 ἠδύνατο ποιεῖν οὐδέν. ἀπεκρίθησαν καὶ εἶπον
αὐτῷ, Ἐν ἁμαρτίαις σὺ ἐγεννήθης ὅλος, καὶ σὺ
διδάσκεις ἡμᾶς; καὶ ἐξέβαλον αὐτὸν ἔξω.
35 Ἤκουσεν ὁ Ἰησοῦς ὅτι ἐξέβαλον αὐτὸν ἔξω·
καὶ εὑρὼν αὐτόν, εἶπεν αὐτῷ³³, Σὺ πιστεύεις εἰς τὸν
36 υἱὸν τοῦ Θεοῦ³⁴; ἀπεκρίθη ἐκεῖνος καὶ εἶπε, ³⁵Τίς
37 ἐστι, Κύριε, ἵνα πιστεύσω εἰς αὐτόν; εἶπε δὲ³⁶
αὐτῷ ὁ Ἰησοῦς, Καὶ ἑώρακας αὐτόν, καὶ ὁ λαλῶν
38 μετὰ σοῦ ἐκεῖνός ἐστιν. ὁ δὲ ἔφη, Πιστεύω,
39 Κύριε· καὶ προσεκύνησεν αὐτῷ. καὶ εἶπεν ὁ Ἰη-
σοῦς, Εἰς κρίμα ἐγὼ εἰς τὸν κόσμον τοῦτον ἦλθον,
ἵνα οἱ μὴ βλέποντες βλέπωσι, καὶ οἱ βλέποντες
40 τυφλοὶ γένωνται. καὶ³⁷ ἤκουσαν ἐκ τῶν Φαρισαίων
ταῦτα οἱ ὄντες μετ᾽ αὐτοῦ³⁸, καὶ εἶπον αὐτῷ, Μὴ καὶ
41 ἡμεῖς τυφλοί ἐσμεν; εἶπεν αὐτοῖς ὁ Ἰησοῦς, Εἰ
τυφλοὶ ἦτε, οὐκ ἂν εἴχετε ἁμαρτίαν· νῦν δὲ λέγετε
ὅτι Βλέπομεν· ἡ οὖν³⁹ ἁμαρτία ὑμῶν μένει.
X. Ἀμὴν ἀμὴν λέγω ὑμῖν, ὁ μὴ εἰσερχόμενος διὰ
τῆς θύρας εἰς τὴν αὐλὴν τῶν προβάτων, ἀλλὰ

---

³⁰ om. οὖν   ³¹ add τὸ   ³² om. δὲ   ³³ om. (ν) αὐτῷ
³⁴ Marg. ἀνθρώπου   ³⁵ add Καὶ (τίς)   ³⁶ (ν) om. δὲ
³⁷ om. καὶ   ³⁸ μετ᾽ αὐτοῦ ὄντες   ³⁹ om. οὖν

ἀναβαίνων ἀλλαχόθεν, ἐκεῖνος κλέπτης ἐστὶ καὶ
λῃστής. ὁ δὲ εἰσερχόμενος διὰ τῆς θύρας ποιμήν 2
ἐστι τῶν προβάτων. τούτῳ ὁ θυρωρὸς ἀνοίγει, καὶ 3
τὰ πρόβατα τῆς φωνῆς αὐτοῦ ἀκούει, καὶ τὰ ἴδια
πρόβατα καλεῖ[1] κατ᾽ ὄνομα, καὶ ἐξάγει αὐτά. καὶ[2] 4
ὅταν τὰ ἴδια πρόβατα[3] ἐκβάλῃ, ἔμπροσθεν αὐτῶν
πορεύεται· καὶ τὰ πρόβατα αὐτῷ ἀκολουθεῖ, ὅτι
οἴδασι τὴν φωνὴν αὐτοῦ. ἀλλοτρίῳ δὲ οὐ μὴ ἀκο- 5
λουθήσωσιν[4], ἀλλὰ φεύξονται ἀπ᾽ αὐτοῦ· ὅτι οὐκ
οἴδασι τῶν ἀλλοτρίων τὴν φωνήν. ταύτην τὴν 6
παροιμίαν εἶπεν αὐτοῖς ὁ Ἰησοῦς· ἐκεῖνοι δὲ οὐκ
ἔγνωσαν τίνα ἦν ἃ ἐλάλει αὐτοῖς.

Εἶπεν οὖν πάλιν αὐτοῖς ὁ Ἰησοῦς, Ἀμὴν ἀμὴν 7
λέγω ὑμῖν ὅτι[5] Ἐγώ εἰμι ἡ θύρα τῶν προβάτων.
πάντες ὅσοι πρὸ ἐμοῦ ἦλθον[6] κλέπται εἰσὶ καὶ λη- 8
σταί· ἀλλ᾽ οὐκ ἤκουσαν αὐτῶν τὰ πρόβατα. ἐγώ 9
εἰμι ἡ θύρα· δι᾽ ἐμοῦ ἐάν τις εἰσέλθῃ, σωθήσεται,
καὶ εἰσελεύσεται καὶ ἐξελεύσεται, καὶ νομὴν εὑρή-
σει. ὁ κλέπτης οὐκ ἔρχεται εἰ μὴ ἵνα κλέψῃ καὶ 10
θύσῃ καὶ ἀπολέσῃ· ἐγὼ ἦλθον ἵνα ζωὴν ἔχωσι, καὶ
περισσὸν ἔχωσιν. ἐγώ εἰμι ὁ ποιμὴν ὁ καλός· ὁ 11
ποιμὴν ὁ καλὸς τὴν ψυχὴν αὐτοῦ τίθησιν ὑπὲρ
τῶν προβάτων. ὁ μισθωτὸς δέ,[7] καὶ οὐκ ὢν ποι- 12
μήν, οὗ οὐκ εἰσὶ τὰ πρόβατα ἴδια, θεωρεῖ τὸν λύκον
ἐρχόμενον, καὶ ἀφίησι τὰ πρόβατα· καὶ φεύγει·
καὶ ὁ λύκος ἁρπάζει αὐτά, καὶ σκορπίζει τὰ πρό-
βατα[8]. ὁ δὲ μισθωτὸς φεύγει,[9] ὅτι μισθωτός ἐστι, καὶ 13
οὐ μέλει αὐτῷ περὶ τῶν προβάτων. ἐγώ εἰμι ὁ 14
ποιμὴν ὁ καλός, καὶ γινώσκω τὰ ἐμά, καὶ γινώσκομαι
ὑπὸ τῶν ἐμῶν.[10] καθὼς γινώσκει με ὁ πατήρ, κἀγὼ 15

---

[1] φωνεῖ   [2] om. καὶ   [3] πάντα   [4] ἀκολουθήσουσιν
[5] om. ὅτι   [6] ἦλθον πρὸ ἐμοῦ   [7] om. δέ,   [8] om. τὰ πρόβατα
[9] om. ὁ δὲ μισθωτὸς φεύγει,   [10] γινώσκουσί με τὰ ἐμά,

γινώσκω τὸν πατέρα· καὶ τὴν ψυχήν μου τίθημι
16 ὑπὲρ τῶν προβάτων. καὶ ἄλλα πρόβατα ἔχω,
ἃ οὐκ ἔστιν ἐκ τῆς αὐλῆς ταύτης· κἀκεῖνά με δεῖ[11]
ἀγαγεῖν, καὶ τῆς φωνῆς μου ἀκούσουσι· καὶ γενήσε-
17 ται[12] μία ποίμνη, εἷς ποιμήν. διὰ τοῦτο ὁ πατήρ
με[13] ἀγαπᾷ, ὅτι ἐγὼ τίθημι τὴν ψυχήν μου, ἵνα
18 πάλιν λάβω αὐτήν. οὐδεὶς αἴρει[14] αὐτὴν ἀπ᾽ ἐμοῦ,
ἀλλ᾽ ἐγὼ τίθημι αὐτὴν ἀπ᾽ ἐμαυτοῦ. ἐξουσίαν
ἔχω θεῖναι αὐτήν, καὶ ἐξουσίαν ἔχω πάλιν λαβεῖν
αὐτήν· ταύτην τὴν ἐντολὴν ἔλαβον παρὰ τοῦ
πατρός μου.
19   Σχίσμα οὖν[15] πάλιν ἐγένετο ἐν τοῖς Ἰουδαίοις
20 διὰ τοὺς λόγους τούτους. ἔλεγον δὲ πολλοὶ ἐξ
αὐτῶν, Δαιμόνιον ἔχει καὶ μαίνεται· τί αὐτοῦ
21 ἀκούετε; ἄλλοι ἔλεγον, Ταῦτα τὰ ῥήματα οὐκ
ἔστι δαιμονιζομένου· μὴ δαιμόνιον δύναται τυφλῶν
ὀφθαλμοὺς ἀνοίγειν;
22   Ἐγένετο δὲ[16] τὰ ἐγκαίνια ἐν τοῖς Ἱεροσολύμοις,
23 καὶ[17] χειμὼν ἦν· καὶ περιεπάτει ὁ Ἰησοῦς ἐν τῷ
24 ἱερῷ ἐν τῇ στοᾷ τοῦ Σολομῶντος. ἐκύκλωσαν οὖν
αὐτὸν οἱ Ἰουδαῖοι, καὶ ἔλεγον αὐτῷ, Ἕως πότε τὴν
ψυχὴν ἡμῶν αἴρεις; εἰ σὺ εἶ ὁ Χριστός, εἰπὲ ἡμῖν
25 παρρησίᾳ. ἀπεκρίθη αὐτοῖς ὁ Ἰησοῦς, Εἶπον ὑμῖν,
καὶ οὐ πιστεύετε· τὰ ἔργα ἃ ἐγὼ ποιῶ ἐν τῷ.
ὀνόματι τοῦ πατρός μου, ταῦτα μαρτυρεῖ περὶ
26 ἐμοῦ· ἀλλ᾽ ὑμεῖς οὐ πιστεύετε· οὐ γάρ[18] ἐστε ἐκ τῶν
27 προβάτων τῶν ἐμῶν, καθὼς εἶπον ὑμῖν[19]. τὰ πρόβατα
τὰ ἐμὰ τῆς φωνῆς μου ἀκούει, κἀγὼ γινώσκω αὐτά,
28 καὶ ἀκολουθοῦσί μοι· κἀγὼ ζωὴν αἰώνιον δίδωμι
αὐτοῖς· καὶ οὐ μὴ ἀπόλωνται εἰς τὸν αἰῶνα, καὶ

---

[11] (-να) δεῖ με   [12] γενήσονται   [13] (τοῦτό) με ὁ πατήρ
[14] Marg. ἦρεν   [15] om. οὖν   [16] Marg. τότε   [17] (· for ,)
om. καὶ   [18] , ὅτι οὐκ   [19] om. , καθὼς εἶπον ὑμῖν

οὐχ ἁρπάσει τις αὐτὰ ἐκ τῆς χειρός μου. ὁ πατήρ 29 μου ὃς²⁰ δέδωκέ μοι, μείζων πάντων ἐστί·²⁰ καὶ οὐδεὶς δύναται ἁρπαζειν ἐκ τῆς χειρὸς τοῦ πατρός μου²¹. ἐγὼ καὶ ὁ πατὴρ ἕν ἐσμεν. ἐβάστασαν 30, 31 οὖν²² πάλιν λίθους οἱ Ἰουδαῖοι ἵνα λιθάσωσιν αὐτόν. ἀπεκρίθη αὐτοῖς ὁ Ἰησοῦς, Πολλὰ καλὰ 32 ἔργα ἔδειξα ὑμῖν ἐκ τοῦ πατρός μου²³· διὰ ποῖον αὐτῶν ἔργον λιθάζετέ με; ἀπεκρίθησαν αὐτῷ οἱ 33 Ἰουδαῖοι λέγοντες²⁴, Περὶ καλοῦ ἔργου οὐ λιθάζομέν σε, ἀλλὰ περὶ βλασφημίας, καὶ ὅτι σὺ ἄνθρωπος ὢν ποιεῖς σεαυτὸν Θεόν. ἀπεκρίθη αὐτοῖς ὁ 34 Ἰησοῦς, Οὐκ ἔστι γεγραμμένον ἐν τῷ νόμῳ ὑμῶν, ²⁵Ἐγὼ εἶπα, θεοί ἐστε; εἰ ἐκείνους εἶπε θεούς, 35 πρὸς οὓς ὁ λόγος τοῦ Θεοῦ ἐγένετο (καὶ οὐ δύναται λυθῆναι ἡ γραφή), ὃν ὁ πατὴρ ἡγίασε καὶ ἀπέστει- 36 λεν εἰς τὸν κόσμον, ὑμεῖς λέγετε ὅτι Βλασφημεῖς, ὅτι εἶπον, Υἱὸς τοῦ Θεοῦ εἰμι; εἰ οὐ ποιῶ τὰ ἔργα 37 τοῦ πατρός μου, μὴ πιστεύετέ μοι· εἰ δὲ ποιῶ, κἂν 38 ἐμοὶ μὴ πιστεύητε, τοῖς ἔργοις πιστεύσατε²⁶· ἵνα γνῶτε καὶ πιστεύσητε²⁷ ὅτι ἐν ἐμοὶ ὁ πατήρ, κἀγὼ ἐν αὐτῷ²⁸. ἐζήτουν οὖν²⁹ πάλιν αὐτὸν πιάσαι· καὶ 39 ἐξῆλθεν ἐκ τῆς χειρὸς αὐτῶν.

Καὶ ἀπῆλθε πάλιν πέραν τοῦ Ἰορδάνου εἰς 40 τὸν τόπον ὅπου ἦν Ἰωάννης τὸ πρῶτον βαπτίζων· καὶ ἔμεινεν ἐκεῖ. καὶ πολλοὶ ἦλθον πρὸς αὐτόν, 41 καὶ ἔλεγον ὅτι Ἰωάννης μὲν σημεῖον ἐποίησεν οὐδέν· πάντα δὲ ὅσα εἶπεν Ἰωάννης περὶ τούτου, ἀληθῆ ἦν. καὶ ἐπίστευσαν πολλοὶ ἐκεῖ εἰς αὐτόν³⁰. 42

Ἦν δέ τις ἀσθενῶν Λάζαρος ἀπὸ Βηθανίας, ἐκ XI.

---

²⁰ Marg. ὁ ἀπὸ πάντων μεῖζόν ἐστι   ²¹ om. μου   ²² om. οὖν
²³ om. μου   ²⁴ om. λέγοντες   ²⁵ (om. ,) add ὅτι
²⁶ πιστεύετε   ²⁷ γινώσκητε   ²⁸ τῷ πατρί   ²⁹ om. οὖν
³⁰ πολλοὶ ἐπίστευσαν εἰς αὐτὸν ἐκεῖ

τῆς κώμης Μαρίας καὶ Μάρθας τῆς ἀδελφῆς αὐ-
2 τῆς. ἦν δὲ Μαρία ἡ ἀλείψασα τὸν Κύριον μύρῳ,
καὶ ἐκμάξασα τοὺς πόδας αὐτοῦ ταῖς θριξὶν αὐτῆς,
3 ἦς ὁ ἀδελφὸς Λάζαρος ἠσθένει. ἀπέστειλαν οὖν
αἱ ἀδελφαὶ πρὸς αὐτὸν λέγουσαι, Κύριε, ἴδε ὃν
4 φιλεῖς ἀσθενεῖ. ἀκούσας δὲ ὁ Ἰησοῦς εἶπεν, Αὕτη
ἡ ἀσθένεια οὐκ ἔστι πρὸς θάνατον, ἀλλ᾽ ὑπὲρ τῆς
δόξης τοῦ Θεοῦ, ἵνα δοξασθῇ ὁ υἱὸς τοῦ Θεοῦ δι᾽
5 αὐτῆς. ἠγάπα δὲ ὁ Ἰησοῦς τὴν Μάρθαν καὶ τὴν
6 ἀδελφὴν αὐτῆς καὶ τὸν Λάζαρον. ὡς οὖν ἤκουσεν
ὅτι ἀσθενεῖ, τότε μὲν ἔμεινεν ἐν ᾧ ἦν τόπῳ δύο
7 ἡμέρας. ἔπειτα μετὰ τοῦτο λέγει τοῖς μαθηταῖς,
8 Ἄγωμεν εἰς τὴν Ἰουδαίαν πάλιν. λέγουσιν αὐτῷ
οἱ μαθηταί, Ῥαββί, νῦν ἐζήτουν σε λιθάσαι οἱ
9 Ἰουδαῖοι, καὶ πάλιν ὑπάγεις ἐκεῖ; ἀπεκρίθη ὁ
Ἰησοῦς, Οὐχὶ δώδεκά εἰσιν ὧραι τῆς ἡμέρας; ἐάν
τις περιπατῇ ἐν τῇ ἡμέρᾳ, οὐ προσκόπτει, ὅτι τὸ
10 φῶς τοῦ κόσμου τούτου βλέπει. ἐὰν δέ τις περι-
πατῇ ἐν τῇ νυκτί, προσκόπτει, ὅτι τὸ φῶς οὐκ
11 ἔστιν ἐν αὐτῷ. ταῦτα εἶπε, καὶ μετὰ τοῦτο λέγει
αὐτοῖς, Λάζαρος ὁ φίλος ἡμῶν κεκοίμηται· ἀλλὰ
12 πορεύομαι ἵνα ἐξυπνίσω αὐτόν. εἶπον οὖν¹ οἱ
μαθηταὶ αὐτοῦ², Κύριε, εἰ κεκοίμηται, σωθήσεται.
13 εἰρήκει δὲ ὁ Ἰησοῦς περὶ τοῦ θανάτου αὐτοῦ·
ἐκεῖνοι δὲ ἔδοξαν ὅτι περὶ τῆς κοιμήσεως τοῦ ὕπ-
14 νου λέγει. τότε οὖν εἶπεν αὐτοῖς ὁ Ἰησοῦς παρ-
15 ρησίᾳ, Λάζαρος ἀπέθανε. καὶ χαίρω δι᾽ ὑμᾶς, ἵνα
πιστεύσητε, ὅτι οὐκ ἤμην ἐκεῖ· ἀλλ᾽ ἄγωμεν πρὸς
16 αὐτόν. εἶπεν οὖν Θωμᾶς, ὁ λεγόμενος Δίδυμος,
τοῖς συμμαθηταῖς, Ἄγωμεν καὶ ἡμεῖς, ἵνα ἀποθά-
νωμεν μετ᾽ αὐτοῦ.

¹ add αὐτῷ   ² om. αὐτοῦ

Ἐλθὼν οὖν ὁ Ἰησοῦς εὗρεν αὐτὸν τέσσαρας 17
ἡμέρας ἤδη ἔχοντα ἐν τῷ μνημείῳ. ἦν δὲ ἡ Βηθα- 18
νία ἐγγὺς τῶν Ἱεροσολύμων, ὡς ἀπὸ σταδίων
δεκαπέντε· καὶ πολλοὶ³ ἐκ τῶν Ἰουδαίων ἐληλύθει- 19
σαν πρὸς τὰς περὶ⁴ Μάρθαν καὶ Μαρίαν, ἵνα παρα-
μυθήσωνται αὐτὰς περὶ τοῦ ἀδελφοῦ αὐτῶν⁵. ἡ οὖν 20
Μάρθα, ὡς ἤκουσεν ὅτι ὁ Ἰησοῦς ἔρχεται, ὑπήντη-
σεν αὐτῷ· Μαρία δὲ ἐν τῷ οἴκῳ ἐκαθέζετο. εἶπεν 21
οὖν ἡ Μάρθα πρὸς τὸν Ἰησοῦν, Κύριε, εἰ ἦς ὧδε,
ὁ ἀδελφός μου οὐκ ἂν ἐτεθνήκει⁶. ἀλλὰ⁷ καὶ νῦν οἶδα 22
ὅτι ὅσα ἂν αἰτήσῃ τὸν Θεόν, δώσει σοι ὁ Θεός.
λέγει αὐτῇ ὁ Ἰησοῦς, Ἀναστήσεται ὁ ἀδελφός σου. 23
λέγει αὐτῷ Μάρθα, Οἶδα ὅτι ἀναστήσεται ἐν τῇ 24
ἀναστάσει ἐν τῇ ἐσχάτῃ ἡμέρᾳ. εἶπεν αὐτῇ ὁ 25
Ἰησοῦς, Ἐγώ εἰμι ἡ ἀνάστασις καὶ ἡ ζωή· ὁ
πιστεύων εἰς ἐμέ, κἂν ἀποθάνῃ, ζήσεται· καὶ πᾶς 26
ὁ ζῶν καὶ πιστεύων εἰς ἐμέ, οὐ μὴ ἀποθάνῃ εἰς τὸν
αἰῶνα. πιστεύεις τοῦτο; λέγει αὐτῷ, Ναί, Κύ- 27
ριε· ἐγὼ πεπίστευκα, ὅτι σὺ εἶ ὁ Χριστός, ὁ υἱὸς
τοῦ Θεοῦ, ὁ εἰς τὸν κόσμον ἐρχόμενος. καὶ ταῦτα⁸ 28
εἰποῦσα ἀπῆλθε, καὶ ἐφώνησε Μαρίαν τὴν ἀδελ-
φὴν αὐτῆς λάθρα, εἰποῦσα⁹, Ὁ διδάσκαλος πάρ-
εστι καὶ φωνεῖ σε. ἐκείνη¹⁰ ὡς ἤκουσεν, ἐγείρεται¹¹ 29
ταχὺ καὶ ἔρχεται¹² πρὸς αὐτόν. (οὔπω δὲ ἐληλύθει 30
ὁ Ἰησοῦς εἰς τὴν κώμην, ἀλλ᾽ ἦν¹³ ἐν τῷ τόπῳ
ὅπου ὑπήντησεν αὐτῷ ἡ Μάρθα.) οἱ οὖν Ἰουδαῖοι 31
οἱ ὄντες μετ᾽ αὐτῆς ἐν τῇ οἰκίᾳ καὶ παραμυθούμε-
νοι αὐτήν, ἰδόντες τὴν Μαρίαν ὅτι ταχέως ἀνέστη
καὶ ἐξῆλθεν, ἠκολούθησαν αὐτῇ, λέγοντες¹⁴ ὅτι

---

³ πολλοὶ δὲ   ⁴ τὴν   ⁵ om. αὐτῶν   ⁶ οὐκ ἂν ἀπέ-
θανεν ὁ ἀδελφός μου   ⁷ om. ἀλλὰ   ⁸ τοῦτο   ⁹ (Marg.
αὐτῆς, λάθρα εἰποῦσα)   ¹⁰ add δὲ,   ¹¹ ἠγέρθη
¹² ἤρχετο   ¹³ add ἔτι   ¹⁴ δόξαντες

32 ὑπάγει εἰς τὸ μνημεῖον, ἵνα κλαύσῃ ἐκεῖ. ἡ οὖν
Μαρία, ὡς ἦλθεν ὅπου ἦν ὁ Ἰησοῦς, ἰδοῦσα αὐτόν,
ἔπεσεν εἰς τοὺς πόδας αὐτοῦ, λέγουσα αὐτῷ, Κύριε,
33 εἰ ἦς ὧδε, οὐκ ἂν ἀπέθανέ μου ὁ ἀδελφός. Ἰησοῦς
οὖν ὡς εἶδεν αὐτὴν κλαίουσαν, καὶ τοὺς συνελθόν-
τας αὐτῇ Ἰουδαίους κλαίοντας, ἐνεβριμήσατο τῷ
34 πνεύματι, καὶ ἐτάραξεν ἑαυτόν, καὶ εἶπε, Ποῦ τεθεί-
κατε αὐτόν; λέγουσιν αὐτῷ, Κύριε, ἔρχου καὶ
35, 36 ἴδε. ἐδάκρυσεν ὁ Ἰησοῦς. ἔλεγον οὖν οἱ Ἰουδαῖοι,
37 Ἴδε πῶς ἐφίλει αὐτόν. τινὲς δὲ ἐξ αὐτῶν εἶπον,
Οὐκ ἠδύνατο οὗτος, ὁ ἀνοίξας τοὺς ὀφθαλμοὺς τοῦ
τυφλοῦ, ποιῆσαι ἵνα καὶ οὗτος μὴ ἀποθάνῃ;
38 Ἰησοῦς οὖν πάλιν ἐμβριμώμενος ἐν ἑαυτῷ ἔρχεται
εἰς τὸ μνημεῖον. ἦν δὲ σπήλαιον, καὶ λίθος ἐπέ-
39 κειτο ἐπ' αὐτῷ. λέγει ὁ Ἰησοῦς, Ἄρατε τὸν λίθον.
λέγει αὐτῷ ἡ ἀδελφὴ τοῦ τεθνηκότος[15] Μάρθα, Κύριε,
40 ἤδη ὄζει· τεταρταῖος γάρ ἐστι. λέγει αὐτῇ ὁ Ἰη-
σοῦς, Οὐκ εἶπόν σοι, ὅτι ἐὰν πιστεύσῃς, ὄψει τὴν
41 δόξαν τοῦ Θεοῦ; ἦραν οὖν τὸν λίθον, οὗ ἦν ὁ
τεθνηκὼς κείμενος[16]. ὁ δὲ Ἰησοῦς ἦρε τοὺς ὀφθαλ-
μοὺς ἄνω, καὶ εἶπε, Πάτερ, εὐχαριστῶ σοι ὅτι
42 ἤκουσάς μου. ἐγὼ δὲ ᾔδειν ὅτι πάντοτέ μου
ἀκούεις· ἀλλὰ διὰ τὸν ὄχλον τὸν περιεστῶτα
43 εἶπον, ἵνα πιστεύσωσιν ὅτι σύ με ἀπέστειλας. καὶ
ταῦτα εἰπών, φωνῇ μεγάλῃ ἐκραύγασε, Λάζαρε,
44 δεῦρο ἔξω. καὶ[17] ἐξῆλθεν ὁ τεθνηκώς, δεδεμένος
τοὺς πόδας καὶ τὰς χεῖρας κειρίαις, καὶ ἡ ὄψις
αὐτοῦ σουδαρίῳ περιεδέδετο. λέγει αὐτοῖς ὁ Ἰη-
σοῦς, Λύσατε αὐτόν, καὶ ἄφετε[18] ὑπάγειν.

45   Πολλοὶ οὖν ἐκ τῶν Ἰουδαίων, οἱ ἐλθόντες πρὸς
τὴν Μαρίαν καὶ θεασάμενοι ἃ[19] ἐποίησεν ὁ Ἰησοῦς[20],

---

15 τετελευτηκότος   16 om., οὗ ἦν ὁ τεθνηκὼς κείμενος   17 om. καὶ
18 add αὐτὸν   19 ὃ text, not marg.   20 om. ὁ Ἰησοῦς

ἐπίστευσαν εἰς αὐτόν. τινὲς δὲ ἐξ αὐτῶν ἀπῆλθον 46
πρὸς τοὺς Φαρισαίους, καὶ εἶπον αὐτοῖς ἃ ἐποίησεν
ὁ Ἰησοῦς.

Συνήγαγον οὖν οἱ ἀρχιερεῖς καὶ οἱ Φαρισαῖοι 47
συνέδριον, καὶ ἔλεγον, Τί ποιοῦμεν; ὅτι οὗτος ὁ
ἄνθρωπος πολλὰ σημεῖα ποιεῖ. ἐὰν ἀφῶμεν αὐτὸν 48
οὕτω, πάντες πιστεύσουσιν εἰς αὐτόν· καὶ ἐλεύ-
σονται οἱ Ῥωμαῖοι καὶ ἀροῦσιν ἡμῶν καὶ τὸν
τόπον καὶ τὸ ἔθνος. εἷς δέ τις ἐξ αὐτῶν Καϊάφας, 49
ἀρχιερεὺς ὢν τοῦ ἐνιαυτοῦ ἐκείνου, εἶπεν αὐτοῖς,
Ὑμεῖς οὐκ οἴδατε οὐδέν, οὐδὲ διαλογίζεσθε²¹ ὅτι 50
συμφέρει ἡμῖν²² ἵνα εἷς ἄνθρωπος ἀποθάνῃ ὑπὲρ
τοῦ λαοῦ, καὶ μὴ ὅλον τὸ ἔθνος ἀπόληται. τοῦτο 51
δὲ ἀφ' ἑαυτοῦ οὐκ εἶπεν, ἀλλὰ ἀρχιερεὺς ὢν τοῦ
ἐνιαυτοῦ ἐκείνου, προεφήτευσεν ὅτι ἔμελλεν ὁ Ἰη-
σοῦς ἀποθνήσκειν ὑπὲρ τοῦ ἔθνους, καὶ οὐχ ὑπὲρ 52
τοῦ ἔθνους μόνον, ἀλλ' ἵνα καὶ τὰ τέκνα τοῦ Θεοῦ τὰ
διεσκορπισμένα συναγάγῃ εἰς ἕν. ἀπ' ἐκείνης οὖν 53
τῆς ἡμέρας συνεβουλεύσαντο²³ ἵνα ἀποκτείνωσιν αὐτόν.

Ἰησοῦς οὖν οὐκέτι παρρησίᾳ περιεπάτει ἐν 54
τοῖς Ἰουδαίοις, ἀλλὰ ἀπῆλθεν ἐκεῖθεν εἰς τὴν χώ-
ραν ἐγγὺς τῆς ἐρήμου, εἰς Ἐφραῒμ λεγομένην πό-
λιν, κἀκεῖ διέτριβε²⁴ μετὰ τῶν μαθητῶν αὐτοῦ²⁵. ἦν 55
δὲ ἐγγὺς τὸ πάσχα τῶν Ἰουδαίων· καὶ ἀνέβησαν
πολλοὶ εἰς Ἱεροσόλυμα ἐκ τῆς χώρας πρὸ τοῦ
πάσχα, ἵνα ἁγνίσωσιν ἑαυτούς. ἐζήτουν οὖν τὸν 56
Ἰησοῦν, καὶ ἔλεγον μετ' ἀλλήλων ἐν τῷ ἱερῷ ἑστη-
κότες, Τί δοκεῖ ὑμῖν; ὅτι οὐ μὴ ἔλθῃ εἰς τὴν
ἑορτήν; δεδώκεισαν δὲ καὶ²⁶ οἱ ἀρχιερεῖς καὶ οἱ 57
Φαρισαῖοι ἐντολήν²⁷, ἵνα ἐάν τις γνῷ ποῦ ἐστι,
μηνύσῃ, ὅπως πιάσωσιν αὐτόν.

---

²¹ λογίζεσθε   ²² ὑμῖν   ²³ ἐβουλεύσαντο   ²⁴ ἔμεινε
²⁵ om. αὐτοῦ   ²⁶ om. καὶ   ²⁷ ἐντολάς

XII.   Ὁ οὖν Ἰησοῦς πρὸ ἓξ ἡμερῶν τοῦ πάσχα ἦλ-
θεν εἰς Βηθανίαν, ὅπου ἦν Λάζαρος ὁ τεθνηκώς[1], ὃν
2 ἤγειρεν ἐκ νεκρῶν[2]. ἐποίησαν οὖν αὐτῷ δεῖπνον
ἐκεῖ, καὶ ἡ Μάρθα διηκόνει· ὁ δὲ Λάζαρος εἷς ἦν[3]
3 τῶν συνανακειμένων[4] αὐτῷ. ἡ οὖν Μαρία λαβοῦσα
λίτραν μύρου νάρδου πιστικῆς πολυτίμου, ἤλειψε
τοὺς πόδας τοῦ Ἰησοῦ, καὶ ἐξέμαξε ταῖς θριξὶν
αὐτῆς τοὺς πόδας αὐτοῦ· ἡ δὲ οἰκία ἐπληρώθη ἐκ
4 τῆς ὀσμῆς τοῦ μύρου. λέγει οὖν[5] εἷς ἐκ τῶν μαθητῶν
αὐτοῦ, Ἰούδας Σίμωνος Ἰσκαριώτης[6], ὁ μέλλων αὐτὸν
5 παραδιδόναι, Διατί τοῦτο τὸ μύρον οὐκ ἐπράθη
6 τριακοσίων δηναρίων, καὶ ἐδόθη πτωχοῖς; εἶπε
δὲ τοῦτο, οὐχ ὅτι περὶ τῶν πτωχῶν ἔμελεν αὐτῷ,
ἀλλὰ ὅτι κλέπτης ἦν, καὶ τὸ γλωσσόκομον εἶχε, καὶ[7]
7 τὰ βαλλόμενα ἐβάσταζεν. εἶπεν οὖν ὁ Ἰησοῦς,
Ἄφες αὐτήν[8]· εἰς τὴν ἡμέραν τοῦ ἐνταφιασμοῦ μου
8 τετήρηκεν[9] αὐτό. τοὺς πτωχοὺς γὰρ πάντοτε ἔχετε
μεθ᾽ ἑαυτῶν, ἐμὲ δὲ οὐ πάντοτε ἔχετε.

9   Ἔγνω οὖν[10] ὄχλος πολὺς ἐκ τῶν Ἰουδαίων ὅτι
ἐκεῖ ἐστι· καὶ ἦλθον οὐ διὰ τὸν Ἰησοῦν μόνον, ἀλλ᾽
ἵνα καὶ τὸν Λάζαρον ἴδωσιν, ὃν ἤγειρεν ἐκ νεκρῶν.
10 ἐβουλεύσαντο δὲ οἱ ἀρχιερεῖς ἵνα καὶ τὸν Λάζαρον
11 ἀποκτείνωσιν· ὅτι πολλοὶ δι᾽ αὐτὸν ὑπῆγον τῶν
Ἰουδαίων, καὶ ἐπίστευον εἰς τὸν Ἰησοῦν.

12   Τῇ ἐπαύριον[11] ὄχλος πολὺς ὁ ἐλθὼν εἰς τὴν
ἑορτήν, ἀκούσαντες ὅτι ἔρχεται ὁ Ἰησοῦς εἰς Ἱερο-
13 σόλυμα, ἔλαβον τὰ βαΐα τῶν φοινίκων, καὶ ἐξῆλθον
εἰς ὑπάντησιν αὐτῷ, καὶ ἔκραζον[12], Ὡσαννά· εὐλογη-

---

¹ om. ὁ τεθνηκώς   ² add Ἰησοῦς   ³ add ἐκ   ⁴ ἀνα-
κειμένων σὺν   ⁵ δὲ   ⁶ Ἰούδας ὁ Ἰσκαριώτης, εἷς τῶν
μαθητῶν αὐτοῦ   ⁷ ἔχων   ⁸ add ἵνα (ἄφες αὐτὴν ἵνα text,
ἄφες αὐτήν· ἵνα marg.)   ⁹ τηρήσῃ   ¹⁰ add ὁ   ¹¹ Marg.
adds ὁ   ¹² ἐκραύγαζον

μένος ὁ ἐρχόμενος ἐν ὀνόματι Κυρίου, ¹³ὁ βασιλεὺς
τοῦ Ἰσραήλ. εὑρὼν δὲ ὁ Ἰησοῦς ὀνάριον, ἐκάθισεν 14
ἐπ᾽ αὐτό, καθώς ἐστι γεγραμμένον, Μὴ φοβοῦ, 15
θύγατερ Σιών· ἰδού, ὁ βασιλεύς σου ἔρχεται, καθ-
ήμενος ἐπὶ πῶλον ὄνου. ταῦτα δὲ¹⁴ οὐκ ἔγνωσαν 16
οἱ μαθηταὶ αὐτοῦ τὸ πρῶτον· ἀλλ᾽ ὅτε ἐδοξάσθη
ὁ Ἰησοῦς, τότε ἐμνήσθησαν ὅτι ταῦτα ἦν ἐπ᾽ αὐτῷ
γεγραμμένα, καὶ ταῦτα ἐποίησαν αὐτῷ. ἐμαρτύ- 17
ρει οὖν ὁ ὄχλος ὁ ὢν μετ᾽ αὐτοῦ ὅτε* τὸν Λάζαρον
ἐφώνησεν ἐκ τοῦ μνημείου, καὶ ἤγειρεν αὐτὸν ἐκ
νεκρῶν. διὰ τοῦτο καὶ ὑπήντησεν αὐτῷ ὁ ὄχλος, 18
ὅτι ἤκουσε¹⁵ τοῦτο αὐτὸν πεποιηκέναι τὸ σημεῖον.
οἱ οὖν Φαρισαῖοι εἶπον πρὸς ἑαυτούς, Θεωρεῖτε ὅτι 19
οὐκ ὠφελεῖτε οὐδέν· ἴδε ὁ κόσμος ὀπίσω αὐτοῦ
ἀπῆλθεν.

Ἦσαν δέ τινες Ἕλληνες ἐκ τῶν ἀναβαινόντων 20
ἵνα προσκυνήσωσιν ἐν τῇ ἑορτῇ· οὗτοι οὖν προσ- 21
ῆλθον Φιλίππῳ τῷ ἀπὸ Βηθσαϊδὰ τῆς Γαλιλαίας,
καὶ ἠρώτων αὐτὸν λέγοντες, Κύριε, θέλομεν τὸν
Ἰησοῦν ἰδεῖν. ἔρχεται Φίλιππος καὶ λέγει τῷ 22
Ἀνδρέᾳ· καὶ πάλιν¹⁶ Ἀνδρέας καὶ Φίλιππος¹⁷ λέ-
γουσι τῷ Ἰησοῦ. ὁ δὲ Ἰησοῦς ἀπεκρίνατο¹⁸ αὐτοῖς 23
λέγων, Ἐλήλυθεν ἡ ὥρα ἵνα δοξασθῇ ὁ υἱὸς τοῦ
ἀνθρώπου. ἀμὴν ἀμὴν λέγω ὑμῖν, ἐὰν μὴ ὁ κόκκος 24
τοῦ σίτου πεσὼν εἰς τὴν γῆν ἀποθάνῃ, αὐτὸς μόνος
μένει· ἐὰν δὲ ἀποθάνῃ, πολὺν καρπὸν φέρει. ὁ 25
φιλῶν τὴν ψυχὴν αὐτοῦ ἀπολέσει¹⁹ αὐτήν· καὶ ὁ
μισῶν τὴν ψυχὴν αὐτοῦ ἐν τῷ κόσμῳ τούτῳ εἰς
ζωὴν αἰώνιον φυλάξει αὐτήν. ἐὰν ἐμοὶ διακονῇ 26
τις, ἐμοὶ ἀκολουθείτω· καὶ ὅπου εἰμὶ ἐγώ, ἐκεῖ καὶ
ὁ διάκονος ὁ ἐμὸς ἔσται· καὶ²⁰ ἐάν τις ἐμοὶ διακονῇ,

---

¹³ add καὶ   ¹⁴ om. δὲ   ¹⁵ ἤκουσαν   ¹⁶ ἔρχεται
¹⁷ add καὶ   ¹⁸ ἀποκρίνεται   ¹⁹ ἀπολλύει   ²⁰ om. καὶ

27 τιμήσει αὐτὸν ὁ πατήρ. νῦν ἡ ψυχή μου τετά-
ρακται· καὶ τί εἴπω; πάτερ, σῶσόν με ἐκ τῆς
ὥρας ταύτης²¹. ἀλλὰ διὰ τοῦτο ἦλθον εἰς τὴν
28 ὥραν ταύτην. πάτερ, δόξασόν σου τὸ ὄνομα.
ἦλθεν οὖν φωνὴ ἐκ τοῦ οὐρανοῦ, Καὶ ἐδόξασα, καὶ
29 πάλιν δοξάσω. ὁ οὖν ὄχλος ὁ ἑστὼς καὶ ἀκού-
σας ἔλεγε βροντὴν γεγονέναι· ἄλλοι ἔλεγον, Ἄγ-
30 γελος αὐτῷ λελάληκεν. ἀπεκρίθη ὁ Ἰησοῦς καὶ
εἶπεν, Οὐ δι᾽ ἐμὲ αὕτη ἡ φωνὴ γέγονεν, ἀλλὰ δι᾽
31 ὑμᾶς. νῦν κρίσις ἐστὶ τοῦ κόσμου τούτου· νῦν ὁ
ἄρχων τοῦ κόσμου τούτου ἐκβληθήσεται ἔξω.
32 κἀγὼ ἐὰν ὑψωθῶ ἐκ τῆς γῆς, πάντας ἑλκύσω πρὸς
33 ἐμαυτόν. τοῦτο δὲ ἔλεγε, σημαίνων ποίῳ θανάτῳ
34 ἤμελλεν ἀποθνήσκειν. ἀπεκρίθη²² αὐτῷ ὁ ὄχλος,
Ἡμεῖς ἠκούσαμεν ἐκ τοῦ νόμου ὅτι ὁ Χριστὸς
μένει εἰς τὸν αἰῶνα· καὶ πῶς σὺ λέγεις ὅτι Δεῖ
ὑψωθῆναι τὸν υἱὸν τοῦ ἀνθρώπου; τίς ἐστιν οὗτος
35 ὁ υἱὸς τοῦ ἀνθρώπου; εἶπεν οὖν αὐτοῖς ὁ Ἰησοῦς,
Ἔτι μικρὸν χρόνον τὸ φῶς μεθ᾽ ὑμῶν²³ ἐστι. περι-
πατεῖτε ἕως²⁴ τὸ φῶς ἔχετε, ἵνα μὴ σκοτία ὑμᾶς
καταλάβῃ· καὶ ὁ περιπατῶν ἐν τῇ σκοτίᾳ οὐκ οἶδε
36 ποῦ ὑπάγει. ἕως²⁴ τὸ φῶς ἔχετε, πιστεύετε εἰς τὸ
φῶς, ἵνα υἱοὶ φωτὸς γένησθε.

Ταῦτα ἐλάλησεν ὁ Ἰησοῦς, καὶ ἀπελθὼν ἐκρύ-
37 βη ἀπ᾽ αὐτῶν. τοσαῦτα δὲ αὐτοῦ σημεῖα πεποιη-
κότος ἔμπροσθεν αὐτῶν, οὐκ ἐπίστευον εἰς αὐτόν·
38 ἵνα ὁ λόγος Ἠσαΐου τοῦ προφήτου πληρωθῇ, ὃν
εἶπε, Κύριε, τίς ἐπίστευσε τῇ ἀκοῇ ἡμῶν; καὶ ὁ
39 βραχίων Κυρίου τίνι ἀπεκαλύφθη; διὰ τοῦτο
οὐκ ἠδύναντο πιστεύειν, ὅτι πάλιν εἶπεν Ἠσαΐας,
40 Τετύφλωκεν αὐτῶν τοὺς ὀφθαλμούς, καὶ πεπώρωκεν²⁵

²¹ (Marg. ; for .)   ²² add οὖν   ²³ ἐν ὑμῖν
     ²⁴ ὡς   ²⁵ ἐπώρωσεν

αὐτῶν τὴν καρδίαν· ἵνα μὴ ἴδωσι τοῖς ὀφθαλμοῖς,
καὶ νοήσωσι τῇ καρδίᾳ, καὶ ἐπιστραφῶσι²⁶, καὶ ἰάσω-
μαι²⁷ αὐτούς. ταῦτα εἶπεν 'Ησαΐας, ὅτε²⁸ εἶδε τὴν 41
δόξαν αὐτοῦ, καὶ ἐλάλησε περὶ αὐτοῦ. ὅμως μέντοι 42
καὶ ἐκ τῶν ἀρχόντων πολλοὶ ἐπίστευσαν εἰς αὐτόν·
ἀλλὰ διὰ τοὺς Φαρισαίους οὐχ ὡμολόγουν, ἵνα μὴ
ἀποσυνάγωγοι γένωνται. ἠγάπησαν γὰρ τὴν δόξαν 43
τῶν ἀνθρώπων μᾶλλον ἤπερ τὴν δόξαν τοῦ Θεοῦ.

'Ιησοῦς δὲ ἔκραξε καὶ εἶπεν, Ὁ πιστεύων εἰς 44
ἐμέ, οὐ πιστεύει εἰς ἐμέ, ἀλλ' εἰς τὸν πέμψαντά
με· καὶ ὁ θεωρῶν ἐμέ, θεωρεῖ τὸν πέμψαντά με. 45
ἐγὼ φῶς εἰς τὸν κόσμον ἐλήλυθα, ἵνα πᾶς ὁ πι- 46
στεύων εἰς ἐμέ, ἐν τῇ σκοτίᾳ μὴ μείνῃ. καὶ ἐάν 47
τις μου ἀκούσῃ τῶν ῥημάτων καὶ μὴ πιστεύσῃ²⁹,
ἐγὼ οὐ κρίνω αὐτόν· οὐ γὰρ ἦλθον ἵνα κρίνω τὸν
κόσμον, ἀλλ' ἵνα σώσω τὸν κόσμον. ὁ ἀθετῶν ἐμὲ 48
καὶ μὴ λαμβάνων τὰ ῥήματά μου, ἔχει τὸν κρί-
νοντα αὐτόν· ὁ λόγος ὃν ἐλάλησα, ἐκεῖνος κρινεῖ
αὐτὸν ἐν τῇ ἐσχάτῃ ἡμέρᾳ. ὅτι ἐγὼ ἐξ ἐμαυτοῦ 49
οὐκ ἐλάλησα· ἀλλ' ὁ πέμψας με πατήρ, αὐτός μοι
ἐντολὴν ἔδωκε³⁰, τί εἴπω καὶ τί λαλήσω. καὶ οἶδα 50
ὅτι ἡ ἐντολὴ αὐτοῦ ζωὴ αἰώνιός ἐστιν· ἃ οὖν λαλῶ
ἐγώ³¹, καθὼς εἴρηκέ μοι ὁ πατήρ, οὕτω λαλῶ.

Πρὸ δὲ τῆς ἑορτῆς τοῦ πάσχα, εἰδὼς ὁ 'Ιησοῦς XIII.
ὅτι ἐλήλυθεν¹ αὐτοῦ ἡ ὥρα ἵνα μεταβῇ ἐκ τοῦ κόσ-
μου τούτου πρὸς τὸν πατέρα, ἀγαπήσας τοὺς ἰδίους
τοὺς ἐν τῷ κόσμῳ, εἰς τέλος ἠγάπησεν αὐτούς. καὶ 2
δείπνου γενομένου², τοῦ διαβόλου ἤδη βεβληκότος
εἰς τὴν καρδίαν 'Ιούδα Σίμωνος 'Ισκαριώτου ἵνα αὐτὸν
παραδῷ³, εἰδὼς ὁ 'Ιησοῦς⁴ ὅτι πάντα δέδωκεν⁵ αὐτῷ ὁ 3

---

²⁶ στραφῶσι   ²⁷ ἰάσομαι   ²⁸ ὅτι   ²⁹ φυλάξῃ   ³⁰ δέδωκε
³¹ ἐγὼ λαλῶ   ¹ ἦλθεν   ² γινομένου   ³ ἵνα παραδοῖ
αὐτὸν 'Ιούδας Σίμωνος 'Ισκαριώτης   ⁴ om. ὁ 'Ιησοῦς   ⁵ ἔδωκεν

πατὴρ εἰς τὰς χεῖρας, καὶ ὅτι ἀπὸ Θεοῦ ἐξῆλθε καὶ
4 πρὸς τὸν Θεὸν ὑπάγει, ἐγείρεται ἐκ τοῦ δείπνου,
καὶ τίθησι τὰ ἱμάτια, καὶ λαβὼν λέντιον διέζωσεν
5 ἑαυτόν. εἶτα βάλλει ὕδωρ εἰς τὸν νιπτῆρα, καὶ
ἤρξατο νίπτειν τοὺς πόδας τῶν μαθητῶν, καὶ ἐκ-
6 μάσσειν τῷ λεντίῳ ᾧ ἦν διεζωσμένος. ἔρχεται
οὖν πρὸς Σίμωνα Πέτρον· καὶ⁶ λέγει αὐτῷ ἐκεῖνος⁷,
7 Κύριε, σύ μου νίπτεις τοὺς πόδας; ἀπεκρίθη
Ἰησοῦς καὶ εἶπεν αὐτῷ, Ὁ ἐγὼ ποιῶ, σὺ οὐκ οἶδας
8 ἄρτι, γνώσῃ δὲ μετὰ ταῦτα. λέγει αὐτῷ Πέτρος,
Οὐ μὴ νίψῃς τοὺς πόδας μου εἰς τὸν αἰῶνα. ἀπε-
κρίθη αὐτῷ ὁ Ἰησοῦς, Ἐὰν μὴ νίψω σε, οὐκ ἔχεις
9 μέρος μετ' ἐμοῦ. λέγει αὐτῷ Σίμων Πέτρος, Κύριε,
μὴ τοὺς πόδας μου μόνον, ἀλλὰ καὶ τὰς χεῖρας καὶ
10 τὴν κεφαλήν. λέγει αὐτῷ ὁ Ἰησοῦς, Ὁ λελουμένος
οὐ χρείαν ἔχει ἢ⁸ τοὺς πόδας⁹ νίψασθαι, ἀλλ' ἔστι
καθαρὸς ὅλος· καὶ ὑμεῖς καθαροί ἐστε, ἀλλ' οὐχὶ
11 πάντες. ᾔδει γὰρ τὸν παραδιδόντα αὐτόν· διὰ
τοῦτο εἶπεν, ¹⁰Οὐχὶ πάντες καθαροί ἐστε.
12 Ὅτε οὖν ἔνιψε τοὺς πόδας αὐτῶν, καὶ ἔλαβε τὰ
ἱμάτια αὐτοῦ, ἀναπεσὼν¹¹ πάλιν, εἶπεν αὐτοῖς, Γινώ-
13 σκετε τί πεποίηκα ὑμῖν; ὑμεῖς φωνεῖτέ με, Ὁ
διδάσκαλος, καὶ Ὁ κύριος· καὶ καλῶς λέγετε, εἰμὶ
14 γάρ. εἰ οὖν ἐγὼ ἔνιψα ὑμῶν τοὺς πόδας, ὁ κύριος
καὶ ὁ διδάσκαλος, καὶ ὑμεῖς ὀφείλετε ἀλλήλων
15 νίπτειν τοὺς πόδας. ὑπόδειγμα γὰρ ἔδωκα¹² ὑμῖν,
ἵνα καθὼς ἐγὼ ἐποίησα ὑμῖν, καὶ ὑμεῖς ποιῆτε.
16 ἀμὴν ἀμὴν λέγω ὑμῖν, Οὐκ ἔστι δοῦλος μείζων τοῦ
κυρίου αὐτοῦ, οὐδὲ ἀπόστολος μείζων τοῦ πέμψαν-
17 τος αὐτόν. εἰ ταῦτα οἴδατε, μακάριοί ἐστε ἐὰν

---

⁶ om. καὶ   ⁷ om. ἐκεῖνος   ⁸ εἰ μὴ   ⁹ Marg. om.
ἢ τοὺς πόδας   ¹⁰ (om. ,) add ὅτι   ¹¹ καὶ ἀνέπεσε
¹² δέδωκα

ποιῆτε αὐτά. οὐ περὶ πάντων ὑμῶν λέγω· ἐγὼ 18
οἶδα οὓς ἐξελεξάμην· ἀλλ' ἵνα ἡ γραφὴ πληρωθῇ,
Ὁ τρώγων μετ' ἐμοῦ[13] τὸν ἄρτον ἐπῆρεν ἐπ' ἐμὲ τὴν
πτέρναν αὐτοῦ. ἀπ' ἄρτι λέγω ὑμῖν πρὸ τοῦ 19
γενέσθαι, ἵνα, ὅταν γένηται, πιστεύσητε[14] ὅτι ἐγώ εἰμι.
ἀμὴν ἀμὴν λέγω ὑμῖν, Ὁ λαμβάνων ἐάν τινα 20
πέμψω, ἐμὲ λαμβάνει· ὁ δὲ ἐμὲ λαμβάνων, λαμ-
βάνει τὸν πέμψαντά με.

Ταῦτα εἰπὼν ὁ Ἰησοῦς ἐταράχθη τῷ πνεύματι, 21
καὶ ἐμαρτύρησε καὶ εἶπεν, Ἀμὴν ἀμὴν λέγω ὑμῖν
ὅτι εἷς ἐξ ὑμῶν παραδώσει με. ἔβλεπον οὖν[15] εἰς 22
ἀλλήλους οἱ μαθηταί, ἀπορούμενοι περὶ τίνος λέ-
γει. ἦν δὲ[16] ἀνακείμενος εἷς[17] τῶν μαθητῶν αὐτοῦ 23
ἐν τῷ κόλπῳ τοῦ Ἰησοῦ, ὃν ἠγάπα ὁ Ἰησοῦς· νεύει 24
οὖν τούτῳ Σίμων Πέτρος πυθέσθαι τίς ἂν εἴη[18] περὶ οὗ
λέγει. ἐπιπεσὼν[19] δὲ[20] ἐκεῖνος[21] ἐπὶ τὸ στῆθος τοῦ 25
Ἰησοῦ, λέγει αὐτῷ, Κύριε, τίς ἐστιν; ἀποκρίνε- 26
ται[22] ὁ Ἰησοῦς, Ἐκεῖνός ἐστιν ᾧ ἐγὼ βάψας[23] τὸ
ψωμίον ἐπιδώσω[24]. καὶ ἐμβάψας[25] τὸ ψωμίον, [26]δίδω-
σιν Ἰούδα Σίμωνος Ἰσκαριώτῃ[27]. καὶ μετὰ τὸ ψω- 27
μίον, τότε εἰσῆλθεν εἰς ἐκεῖνον ὁ Σατανᾶς. λέγει
οὖν αὐτῷ ὁ Ἰησοῦς, Ὁ ποιεῖς, ποίησον τάχιον.
τοῦτο δὲ οὐδεὶς ἔγνω τῶν ἀνακειμένων πρὸς τί 28
εἶπεν αὐτῷ. τινὲς γὰρ ἐδόκουν, ἐπεὶ τὸ γλωσσό- 29
κομον εἶχεν ὁ Ἰούδας, ὅτι λέγει αὐτῷ ὁ Ἰησοῦς,
Ἀγόρασον ὧν χρείαν ἔχομεν εἰς τὴν ἑορτήν· ἢ τοῖς
πτωχοῖς ἵνα τι δῷ. λαβὼν οὖν τὸ ψωμίον ἐκεῖνος, 30
εὐθέως ἐξῆλθεν[28]· ἦν δὲ νύξ.

---

[13] μου text, not marg.   [14] πιστεύσητε, ὅταν γένηται,
[15] om. οὖν   [16] om. δὲ   [17] add ἐκ   [18] καὶ λέγει αὐτῷ,
Εἰπὲ τίς ἐστι   [19] ἀναπεσὼν   [20] om. δὲ   [21] add οὕτως
[22] add οὖν   [23] βάψω   [24] καὶ δώσω αὐτῷ   [25] βάψας οὖν
[26] add λαμβάνει καὶ   [27] Ἰσκαριώτου   [28] ἐξῆλθεν εὐθύς

31 "Οτε οὖν ἐξῆλθε, λέγει ὁ Ἰησοῦς, Νῦν ἐδοξάσθη
ὁ υἱὸς τοῦ ἀνθρώπου, καὶ ὁ Θεὸς ἐδοξάσθη ἐν
32 αὐτῷ. εἰ ὁ Θεὸς ἐδοξάσθη ἐν αὐτῷ,²⁹ καὶ ὁ Θεὸς δοξά-
33 σει αὐτὸν ἐν ἑαυτῷ³⁰, καὶ εὐθὺς δοξάσει αὐτόν. τεκ-
νία, ἔτι μικρὸν μεθ' ὑμῶν εἰμι. ζητήσετέ με, καὶ
καθὼς εἶπον τοῖς Ἰουδαίοις ὅτι "Οπου ὑπάγω ἐγώ³¹,
34 ὑμεῖς οὐ δύνασθε ἐλθεῖν, καὶ ὑμῖν λέγω ἄρτι. ἐν-
τολὴν καινὴν δίδωμι ὑμῖν, ἵνα ἀγαπᾶτε ἀλλήλους·
καθὼς ἠγάπησα ὑμᾶς, ἵνα καὶ ὑμεῖς ἀγαπᾶτε
35 ἀλλήλους. ἐν τούτῳ γνώσονται πάντες ὅτι ἐμοὶ
μαθηταί ἐστε, ἐὰν ἀγάπην ἔχητε ἐν ἀλλήλοις.
36 Λέγει αὐτῷ Σίμων Πέτρος, Κύριε, ποῦ ὑπάγεις;
ἀπεκρίθη αὐτῷ ὁ³² Ἰησοῦς, "Οπου ὑπάγω, οὐ δύνα-
σαί μοι νῦν ἀκολουθῆσαι, ὕστερον δὲ ἀκολουθήσεις μοι³³.
37 λέγει αὐτῷ ὁ Πέτρος, Κύριε, διατί οὐ δύναμαί σοι
ἀκολουθῆσαι ἄρτι; τὴν ψυχήν μου ὑπὲρ σοῦ
38 θήσω. ἀπεκρίθη αὐτῷ ὁ³⁴ Ἰησοῦς, Τὴν ψυχήν σου
ὑπὲρ ἐμοῦ θήσεις; ἀμὴν ἀμὴν λέγω σοι, οὐ μὴ
ἀλέκτωρ φωνήσει³⁵ ἕως οὗ ἀπαρνήσῃ³⁶ με τρίς.

XIV. Μὴ ταρασσέσθω ὑμῶν ἡ καρδία· πιστεύετε εἰς
2 τὸν Θεόν, καὶ εἰς ἐμὲ πιστεύετε. ἐν τῇ οἰκίᾳ τοῦ
πατρός μου μοναὶ πολλαί εἰσιν· εἰ δὲ μή, εἶπον ἂν
3 ὑμῖν· ¹πορεύομαι ἑτοιμάσαι τόπον ὑμῖν. καὶ ἐὰν
πορευθῶ καὶ ἑτοιμάσω ὑμῖν τόπον, πάλιν ἔρχομαι
καὶ παραλήψομαι ὑμᾶς πρὸς ἐμαυτόν· ἵνα ὅπου
4 εἰμὶ ἐγώ, καὶ ὑμεῖς ἦτε. καὶ ὅπου ἐγὼ ὑπάγω
5 οἴδατε, καὶ² τὴν ὁδὸν οἴδατε³. λέγει αὐτῷ Θωμᾶς,
Κύριε, οὐκ οἴδαμεν ποῦ ὑπάγεις· καὶ⁴ πῶς δυνάμεθα

---

²⁹ (· for .) om. εἰ ὁ Θεὸς ἐδοξάσθη ἐν αὐτῷ,   ³⁰ αὐτῷ
³¹ ἐγὼ ὑπάγω   ³² om. αὐτῷ ὁ   ³³ ἀκολουθήσεις δὲ ὕστερον
³⁴ ἀποκρίνεται   ³⁵ φωνήσῃ   ³⁶ ἀρνήσῃ   ¹ add ὅτι
² om., καὶ text, not marg.   ³ om. οἴδατε text, not marg.
⁴ om. καὶ

τὴν ὁδὸν εἰδέναι[5]; λέγει αὐτῷ ὁ Ἰησοῦς, Ἐγώ εἰμι ἡ 6
ὁδὸς καὶ ἡ ἀλήθεια καὶ ἡ ζωή· οὐδεὶς ἔρχεται πρὸς
τὸν πατέρα, εἰ μὴ δι' ἐμοῦ. εἰ ἐγνώκειτέ με, καὶ 7
τὸν πατέρα μου ἐγνώκειτε ἄν[6]· καὶ[7] ἀπ' ἄρτι γινώ-
σκετε αὐτόν, καὶ ἑωράκατε αὐτόν. λέγει αὐτῷ 8
Φίλιππος, Κύριε, δεῖξον ἡμῖν τὸν πατέρα, καὶ
ἀρκεῖ ἡμῖν. λέγει αὐτῷ ὁ Ἰησοῦς, Τοσοῦτον χρό- 9
νον μεθ' ὑμῶν εἰμι, καὶ οὐκ ἔγνωκάς με, Φίλιππε;
ὁ ἑωρακὼς ἐμέ, ἑώρακε τὸν πατέρα· καὶ[7] πῶς σὺ
λέγεις, Δεῖξον ἡμῖν τὸν πατέρα; οὐ πιστεύεις ὅτι 10
ἐγὼ ἐν τῷ πατρί, καὶ ὁ πατὴρ ἐν ἐμοί ἐστι; τὰ
ῥήματα ἃ ἐγὼ λαλῶ[8] ὑμῖν, ἀπ' ἐμαυτοῦ οὐ λαλῶ·
ὁ δὲ πατὴρ ὁ[9] ἐν ἐμοὶ μένων, αὐτὸς ποιεῖ τὰ ἔργα[10].
πιστεύετέ μοι ὅτι ἐγὼ ἐν τῷ πατρί, καὶ ὁ πατὴρ ἐν 11
ἐμοί· εἰ δὲ μή, διὰ τὰ ἔργα αὐτὰ πιστεύετέ μοι.
ἀμὴν ἀμὴν λέγω ὑμῖν, ὁ πιστεύων εἰς ἐμέ, τὰ ἔργα 12
ἃ ἐγὼ ποιῶ κἀκεῖνος ποιήσει, καὶ μείζονα τούτων
ποιήσει· ὅτι ἐγὼ πρὸς τὸν πατέρα μου[11] πορεύομαι.
καὶ ὅ τι ἂν αἰτήσητε ἐν τῷ ὀνόματί μου, τοῦτο 13
ποιήσω, ἵνα δοξασθῇ ὁ πατὴρ ἐν τῷ υἱῷ. ἐάν τι 14
αἰτήσητε[12] ἐν τῷ ὀνόματί μου, ἐγὼ[13] ποιήσω. ἐὰν 15
ἀγαπᾶτέ με, τὰς ἐντολὰς τὰς ἐμὰς τηρήσατε[14]. καὶ 16
ἐγὼ ἐρωτήσω τὸν πατέρα, καὶ ἄλλον παράκλητον
δώσει ὑμῖν, ἵνα μένη[15] μεθ' ὑμῶν εἰς τὸν αἰῶνα, τὸ 17
πνεῦμα τῆς ἀληθείας, ὃ ὁ κόσμος οὐ δύναται λα-
βεῖν, ὅτι οὐ θεωρεῖ αὐτό, οὐδὲ γινώσκει αὐτό· ὑμεῖς
δὲ[16] γινώσκετε αὐτό, ὅτι παρ' ὑμῖν μένει, καὶ ἐν
ὑμῖν ἔσται. οὐκ ἀφήσω ὑμᾶς ὀρφανούς· ἔρχομαι 18
πρὸς ὑμᾶς. ἔτι μικρὸν καὶ ὁ κόσμος με οὐκέτι 19
θεωρεῖ, ὑμεῖς δὲ θεωρεῖτέ με· ὅτι ἐγὼ ζῶ, καὶ ὑμεῖς

---

[5] οἴδαμεν τὴν ὁδόν   [6] ἂν ᾔδειτε   [7] om. καὶ   [8] λέγω
[9] om. ὁ   [10] ποιεῖ τὰ ἔργα αὐτοῦ   [11] om. μου   [12] (-σητέ) add
με text, not marg.   [13] τοῦτο   [14] τηρήσετε   [15] ᾖ   [16] om. δὲ

20 ζήσεσθε. ἐν ἐκείνῃ τῇ ἡμέρᾳ γνώσεσθε ὑμεῖς ὅτι
ἐγὼ ἐν τῷ πατρί μου, καὶ ὑμεῖς ἐν ἐμοί, κἀγὼ ἐν
21 ὑμῖν. ὁ ἔχων τὰς ἐντολάς μου καὶ τηρῶν αὐτάς,
ἐκεῖνός ἐστιν ὁ ἀγαπῶν με· ὁ δὲ ἀγαπῶν με, ἀγα-
πηθήσεται ὑπὸ τοῦ πατρός μου· καὶ ἐγὼ ἀγαπήσω
22 αὐτόν, καὶ ἐμφανίσω αὐτῷ ἐμαυτόν. λέγει αὐτῷ
Ἰούδας, οὐχ ὁ Ἰσκαριώτης, Κύριε, τί γέγονεν ὅτι
ἡμῖν μέλλεις ἐμφανίζειν σεαυτόν, καὶ οὐχὶ τῷ
23 κόσμῳ; ἀπεκρίθη ὁ Ἰησοῦς καὶ εἶπεν αὐτῷ, Ἐάν
τις ἀγαπᾷ με, τὸν λόγον μου τηρήσει, καὶ ὁ πατήρ
μου ἀγαπήσει αὐτόν, καὶ πρὸς αὐτὸν ἐλευσόμεθα,
24 καὶ μονὴν παρ᾽ αὐτῷ ποιήσομεν[17]. ὁ μὴ ἀγαπῶν με,
τοὺς λόγους μου οὐ τηρεῖ· καὶ ὁ λόγος ὃν ἀκούετε
οὐκ ἔστιν ἐμός, ἀλλὰ τοῦ πέμψαντός με πατρός.
25, 26 Ταῦτα λελάληκα ὑμῖν παρ᾽ ὑμῖν μένων. ὁ δὲ
παράκλητος, τὸ Πνεῦμα τὸ Ἅγιον, ὃ πέμψει ὁ
πατὴρ ἐν τῷ ὀνόματί μου, ἐκεῖνος ὑμᾶς διδάξει
πάντα, καὶ ὑπομνήσει ὑμᾶς πάντα ἃ εἶπον ὑμῖν.
27 εἰρήνην ἀφίημι ὑμῖν, εἰρήνην τὴν ἐμὴν δίδωμι ὑμῖν·
οὐ καθὼς ὁ κόσμος δίδωσιν, ἐγὼ δίδωμι ὑμῖν. μὴ
28 ταρασσέσθω ὑμῶν ἡ καρδία, μηδὲ δειλιάτω. ἠκού-
σατε ὅτι ἐγὼ εἶπον ὑμῖν, Ὑπάγω καὶ ἔρχομαι πρὸς
ὑμᾶς. εἰ ἠγαπᾶτέ με, ἐχάρητε ἂν ὅτι εἶπον[18], Πο-
ρεύομαι πρὸς τὸν πατέρα· ὅτι ὁ πατήρ μου[19] μείζων
29 μού ἐστι. καὶ νῦν εἴρηκα ὑμῖν πρὶν γενέσθαι· ἵνα,
30 ὅταν γένηται, πιστεύσητε. οὐκέτι πολλὰ λαλήσω
μεθ᾽ ὑμῶν· ἔρχεται γὰρ ὁ τοῦ κόσμου τούτου[20]
31 ἄρχων, καὶ ἐν ἐμοὶ οὐκ ἔχει οὐδέν· ἀλλ᾽ ἵνα γνῷ
ὁ κόσμος ὅτι ἀγαπῶ τὸν πατέρα, καὶ καθὼς ἐνετεί-
λατό μοι ὁ πατήρ, οὕτω ποιῶ. ἐγείρεσθε, ἄγωμεν
ἐντεῦθεν.

---

[17] ποιησόμεθα [18] om. εἶπον, (πορ.) [19] om. μου
[20] om. τούτου

Ἐγώ εἰμι ἡ ἄμπελος ἡ ἀληθινή, καὶ ὁ πατήρ XV.
μου ὁ γεωργός ἐστι. πᾶν κλῆμα ἐν ἐμοὶ μὴ φέρον 2
καρπόν, αἴρει αὐτό· καὶ πᾶν τὸ καρπὸν φέρον,
καθαίρει αὐτό, ἵνα πλείονα καρπὸν φέρῃ. ἤδη 3
ὑμεῖς καθαροί ἐστε διὰ τὸν λόγον ὃν λελάληκα
ὑμῖν. μείνατε ἐν ἐμοί, κἀγὼ ἐν ὑμῖν. καθὼς τὸ 4
κλῆμα οὐ δύναται καρπὸν φέρειν ἀφ' ἑαυτοῦ, ἐὰν
μὴ μείνῃ ἐν τῇ ἀμπέλῳ, οὕτως οὐδὲ ὑμεῖς, ἐὰν μὴ
ἐν ἐμοὶ μείνητε. ἐγώ εἰμι ἡ ἄμπελος, ὑμεῖς τὰ 5
κλήματα. ὁ μένων ἐν ἐμοί, κἀγὼ ἐν αὐτῷ, οὗτος
φέρει καρπὸν πολύν· ὅτι χωρὶς ἐμοῦ οὐ δύνασθε
ποιεῖν οὐδέν. ἐὰν μή τις μείνῃ ἐν ἐμοί, ἐβλήθη 6
ἔξω ὡς τὸ κλῆμα, καὶ ἐξηράνθη, καὶ συνάγουσιν
αὐτὰ καὶ εἰς¹ πῦρ βάλλουσι, καὶ καίεται. ἐὰν 7
μείνητε ἐν ἐμοί, καὶ τὰ ῥήματά μου ἐν ὑμῖν μείνῃ,
ὃ ἐὰν θέλητε αἰτήσεσθε², καὶ γενήσεται ὑμῖν. ἐν 8
τούτῳ ἐδοξάσθη ὁ πατήρ μου, ἵνα καρπὸν πολὺν
φέρητε· καὶ γενήσεσθε² ἐμοὶ μαθηταί. καθὼς ἠγά- 9
πησέ με ὁ πατήρ, κἀγὼ ἠγάπησα ὑμᾶς· μείνατε ἐν
τῇ ἀγάπῃ τῇ ἐμῇ. ἐὰν τὰς ἐντολάς μου τηρήσητε, 10
μενεῖτε ἐν τῇ ἀγάπῃ μου· καθὼς ἐγὼ τὰς ἐντολὰς
τοῦ πατρός μου τετήρηκα, καὶ μένω αὐτοῦ ἐν τῇ
ἀγάπῃ. ταῦτα λελάληκα ὑμῖν, ἵνα ἡ χαρὰ ἡ ἐμὴ 11
ἐν ὑμῖν μείνῃ⁴, καὶ ἡ χαρὰ ὑμῶν πληρωθῇ. αὕτη 12
ἐστὶν ἡ ἐντολὴ ἡ ἐμή, ἵνα ἀγαπᾶτε ἀλλήλους, κα-
θὼς ἠγάπησα ὑμᾶς. μείζονα ταύτης ἀγάπην οὐδεὶς 13
ἔχει, ἵνα τις τὴν ψυχὴν αὐτοῦ θῇ ὑπὲρ τῶν φίλων
αὐτοῦ. ὑμεῖς φίλοι μου ἐστέ, ἐὰν ποιῆτε ὅσα⁵ ἐγὼ 14
ἐντέλλομαι ὑμῖν. οὐκέτι ὑμᾶς λέγω⁶ δούλους, ὅτι ὁ 15
δοῦλος οὐκ οἶδε τί ποιεῖ αὐτοῦ ὁ κύριος· ὑμᾶς δὲ
εἴρηκα φίλους, ὅτι πάντα ἃ ἤκουσα παρὰ τοῦ

¹ add τὸ   ² αἰτήσασθε   ³ Marg. (φέρητε, καὶ) γένησθε
⁴ ᾖ   ⁵ ἃ   ⁶ λέγω ὑμᾶς

16 πατρός μου ἐγνώρισα ὑμῖν. οὐχ ὑμεῖς με ἐξελέ-
ξασθε, ἀλλ᾽ ἐγὼ ἐξελεξάμην ὑμᾶς, καὶ ἔθηκα ὑμᾶς,
ἵνα ὑμεῖς ὑπάγητε καὶ καρπὸν φέρητε, καὶ ὁ καρ-
πὸς ὑμῶν μένῃ· ἵνα ὅ τι ἂν αἰτήσητε τὸν πατέρα
17 ἐν τῷ ὀνόματί μου, δῷ ὑμῖν. ταῦτα ἐντέλλομαι
18 ὑμῖν, ἵνα ἀγαπᾶτε ἀλλήλους. εἰ ὁ κόσμος ὑμᾶς
μισεῖ, γινώσκετε ὅτι ἐμὲ πρῶτον ὑμῶν μεμίσηκεν.
19 εἰ ἐκ τοῦ κόσμου ἦτε, ὁ κόσμος ἂν τὸ ἴδιον ἐφίλει·
ὅτι δὲ ἐκ τοῦ κόσμου οὐκ ἐστέ, ἀλλ᾽ ἐγὼ ἐξελεξά-
μην ὑμᾶς ἐκ τοῦ κόσμου, διὰ τοῦτο μισεῖ ὑμᾶς
20 ὁ κόσμος. μνημονεύετε τοῦ λόγου οὗ ἐγὼ εἶπον
ὑμῖν, Οὐκ ἔστι δοῦλος μείζων τοῦ κυρίου αὐτοῦ.
εἰ ἐμὲ ἐδίωξαν, καὶ ὑμᾶς διώξουσιν· εἰ τὸν λόγον
21 μου ἐτήρησαν, καὶ τὸν ὑμέτερον τηρήσουσιν. ἀλ-
λὰ ταῦτα πάντα ποιήσουσιν ὑμῖν⁷ διὰ τὸ ὄνομά
22 μου, ὅτι οὐκ οἴδασι τὸν πέμψαντά με. εἰ μὴ ἦλθον
καὶ ἐλάλησα αὐτοῖς, ἁμαρτίαν οὐκ εἶχον· νῦν δὲ
πρόφασιν οὐκ ἔχουσι περὶ τῆς ἁμαρτίας αὐτῶν.
23, 24 ὁ ἐμὲ μισῶν, καὶ τὸν πατέρα μου μισεῖ. εἰ τὰ
ἔργα μὴ ἐποίησα ἐν αὐτοῖς ἃ οὐδεὶς ἄλλος πεποίη-
κεν⁸, ἁμαρτίαν οὐκ εἶχον· νῦν δὲ καὶ ἑωράκασι καὶ
25 μεμισήκασι καὶ ἐμὲ καὶ τὸν πατέρα μου. ἀλλ᾽ ἵνα
πληρωθῇ ὁ λόγος ὁ γεγραμμένος ἐν τῷ νόμῳ αὐτῶν
26 ὅτι Ἐμίσησάν με δωρεάν. ὅταν δὲ ἔλθῃ ὁ παρά-
κλητος, ὃν ἐγὼ πέμψω ὑμῖν παρὰ τοῦ πατρός, τὸ
πνεῦμα τῆς ἀληθείας, ὃ παρὰ τοῦ πατρὸς ἐκπο-
27 ρεύεται, ἐκεῖνος μαρτυρήσει περὶ ἐμοῦ· καὶ ὑμεῖς δὲ
μαρτυρεῖτε, ὅτι ἀπ᾽ ἀρχῆς μετ᾽ ἐμοῦ ἐστε.

XVI.   Ταῦτα λελάληκα ὑμῖν, ἵνα μὴ σκανδαλισθῆτε.
2 ἀποσυναγώγους ποιήσουσιν ὑμᾶς· ἀλλ᾽ ἔρχεται
ὥρα, ἵνα πᾶς ὁ ἀποκτείνας ὑμᾶς δόξῃ λατρείαν

⁷ εἰς ὑμᾶς   ⁸ ἐποίησεν

προσφέρειν τῷ Θεῷ. καὶ ταῦτα ποιήσουσιν ὑμῖν¹, 3
ὅτι οὐκ ἔγνωσαν τὸν πατέρα οὐδὲ ἐμέ. ἀλλὰ ταῦ- 4
τα λελάληκα ὑμῖν, ἵνα ὅταν ἔλθῃ ἡ ὥρα², μνημο-
νεύητε αὐτῶν, ὅτι ἐγὼ εἶπον ὑμῖν. ταῦτα δὲ ὑμῖν ἐξ
ἀρχῆς οὐκ εἶπον, ὅτι μεθ᾽ ὑμῶν ἤμην. νῦν δὲ 5
ὑπάγω πρὸς τὸν πέμψαντά με, καὶ οὐδεὶς ἐξ ὑμῶν
ἐρωτᾷ με, Ποῦ ὑπάγεις; ἀλλ᾽ ὅτι ταῦτα λελάληκα 6
ὑμῖν, ἡ λύπη πεπλήρωκεν ὑμῶν τὴν καρδίαν. ἀλλ᾽ 7
ἐγὼ τὴν ἀλήθειαν λέγω ὑμῖν· συμφέρει ὑμῖν ἵνα
ἐγὼ ἀπέλθω· ἐὰν γὰρ μὴ ἀπέλθω, ὁ παράκλητος
οὐκ ἐλεύσεται πρὸς ὑμᾶς· ἐὰν δὲ πορευθῶ, πέμψω
αὐτὸν πρὸς ὑμᾶς. καὶ ἐλθὼν ἐκεῖνος ἐλέγξει τὸν 8
κόσμον περὶ ἁμαρτίας καὶ περὶ δικαιοσύνης καὶ
περὶ κρίσεως· περὶ ἁμαρτίας μέν, ὅτι οὐ πιστεύ- 9
ουσιν εἰς ἐμέ· περὶ δικαιοσύνης δέ, ὅτι πρὸς τὸν 10
πατέρα μου³ ὑπάγω, καὶ οὐκέτι θεωρεῖτέ με· περὶ 11
δὲ κρίσεως, ὅτι ὁ ἄρχων τοῦ κόσμου τούτου κέκρι-
ται. ἔτι πολλὰ ἔχω λέγειν ὑμῖν, ἀλλ᾽ οὐ δύνασθε 12
βαστάζειν ἄρτι. ὅταν δὲ ἔλθῃ ἐκεῖνος, τὸ πνεῦμα 13
τῆς ἀληθείας, ὁδηγήσει ὑμᾶς εἰς πᾶσαν τὴν ἀλή-
θειαν· οὐ γὰρ λαλήσει ἀφ᾽ ἑαυτοῦ, ἀλλ᾽ ὅσα ἂν
ἀκούσῃ⁴ λαλήσει, καὶ τὰ ἐρχόμενα ἀναγγελεῖ ὑμῖν.
ἐκεῖνος ἐμὲ δοξάσει, ὅτι ἐκ τοῦ ἐμοῦ λήψεται, καὶ 14
ἀναγγελεῖ ὑμῖν. πάντα ὅσα ἔχει ὁ πατὴρ ἐμά 15
ἐστι· διὰ τοῦτο εἶπον, ὅτι ἐκ τοῦ ἐμοῦ λήψεται⁵, καὶ
ἀναγγελεῖ ὑμῖν. μικρὸν καὶ οὐ⁶ θεωρεῖτέ με, καὶ 16
πάλιν μικρὸν καὶ ὄψεσθέ με, ὅτι ἐγὼ ὑπάγω πρὸς τὸν
πατέρα⁷. εἶπον οὖν ἐκ τῶν μαθητῶν αὐτοῦ πρὸς 17
ἀλλήλους, Τί ἐστι τοῦτο ὃ λεγει ἡμῖν, Μικρὸν καὶ
οὐ θεωρεῖτέ με, καὶ πάλιν μικρὸν καὶ ὄψεσθέ με;

¹ om. ὑμῖν   ² add αὐτῶν   ³ om. μου   ⁴ ἀκούσει
⁵ λαμβάνει   ⁶ οὐκέτι   ⁷ om., ὅτι ἐγὼ ὑπάγω πρὸς
τὸν πατέρα

18 καὶ ὅτι Ἐγὼ⁸ ὑπάγω πρὸς τὸν πατέρα; ἔλεγον
οὖν, Τοῦτο τί ἐστιν⁹ ὃ λέγει, τὸ μικρόν; οὐκ οἴδαμεν
19 τί λαλεῖ. ἔγνω οὖν ὁ¹⁰ Ἰησοῦς ὅτι ἤθελον αὐτὸν
ἐρωτᾶν, καὶ εἶπεν αὐτοῖς, Περὶ τούτου ζητεῖτε μετ'
ἀλλήλων, ὅτι εἶπον, Μικρὸν καὶ οὐ θεωρεῖτέ με,
20 καὶ πάλιν μικρὸν καὶ ὄψεσθέ με; ἀμὴν ἀμὴν λέγω
ὑμῖν ὅτι κλαύσετε καὶ θρηνήσετε ὑμεῖς, ὁ δὲ κόσ-
μος χαρήσεται· ὑμεῖς δὲ¹¹ λυπηθήσεσθε, ἀλλ' ἡ
21 λύπη ὑμῶν εἰς χαρὰν γενήσεται. ἡ γυνὴ ὅταν
τίκτῃ λύπην ἔχει, ὅτι ἦλθεν ἡ ὥρα αὐτῆς· ὅταν δὲ
γεννήσῃ τὸ παιδίον, οὐκέτι μνημονεύει τῆς θλί-
ψεως, διὰ τὴν χαρὰν ὅτι ἐγεννήθη ἄνθρωπος εἰς
22 τὸν κόσμον. καὶ ὑμεῖς οὖν λύπην μὲν νῦν¹² ἔχετε·
πάλιν δὲ ὄψομαι ὑμᾶς, καὶ χαρήσεται ὑμῶν ἡ καρ-
δία, καὶ τὴν χαρὰν ὑμῶν οὐδεὶς αἴρει ἀφ' ὑμῶν.
23 καὶ ἐν ἐκείνῃ τῇ ἡμέρᾳ ἐμὲ οὐκ ἐρωτήσετε οὐδέν.
ἀμὴν ἀμὴν λέγω ὑμῖν ὅτι¹³ ὅσα ἂν¹⁴ αἰτήσητε τὸν
24 πατέρα ἐν τῷ ὀνόματί μου, δώσει ὑμῖν¹⁵. ἕως ἄρτι οὐκ
ᾐτήσατε οὐδὲν ἐν τῷ ὀνόματί μου· αἰτεῖτε, καὶ
λήψεσθε, ἵνα ἡ χαρὰ ὑμῶν ᾖ πεπληρωμένη.

25 Ταῦτα ἐν παροιμίαις λελάληκα ὑμῖν· *ἔρχεται
ὥρα ὅτε οὐκέτι ἐν παροιμίαις λαλήσω ὑμῖν, ἀλλὰ
26 παρρησίᾳ περὶ τοῦ πατρὸς ἀναγγελῶ¹⁶ ὑμῖν. ἐν
ἐκείνῃ τῇ ἡμέρᾳ ἐν τῷ ὀνόματί μου αἰτήσεσθε· καὶ
οὐ λέγω ὑμῖν ὅτι ἐγὼ ἐρωτήσω τὸν πατέρα περὶ
27 ὑμῶν· αὐτὸς γὰρ ὁ πατὴρ φιλεῖ ὑμᾶς, ὅτι ὑμεῖς ἐμὲ
πεφιλήκατε, καὶ πεπιστεύκατε ὅτι ἐγὼ παρὰ τοῦ
28 Θεοῦ¹⁷ ἐξῆλθον. ἐξῆλθον παρὰ¹⁸ τοῦ πατρός, καὶ
ἐλήλυθα εἰς τὸν κόσμον· πάλιν ἀφίημι τὸν κόσμον,

⁸ om. Ἐγὼ   ⁹ Τί ἐστι τοῦτο   ¹⁰ om. οὖν ὁ   ¹¹ om. δὲ
¹² νῦν μὲν λύπην   ¹³ om. ὅτι   ¹⁴ ἄν τι   ¹⁵ δώσει
ὑμῖν ἐν τῷ ὀνόματί μου   ¹⁶ ἀπαγγελῶ   ¹⁷ πατρὸς
¹⁸ ἐκ

καὶ πορεύομαι πρὸς τὸν πατέρα. λέγουσιν αὐτῷ[19] 29
οἱ μαθηταὶ αὐτοῦ, Ἴδε, νῦν παρρησίᾳ λαλεῖς, καὶ
παροιμίαν οὐδεμίαν λέγεις. νῦν οἴδαμεν ὅτι οἶδας 30
πάντα, καὶ οὐ χρείαν ἔχεις ἵνα τίς σε ἐρωτᾷ· ἐν
τούτῳ πιστεύομεν ὅτι ἀπὸ Θεοῦ ἐξῆλθες. ἀπεκρίθη 31
αὐτοῖς ὁ Ἰησοῦς, Ἄρτι πιστεύετε; ἰδού, ἔρχεται 32
ὥρα καὶ νῦν[20] ἐλήλυθεν, ἵνα σκορπισθῆτε ἕκαστος
εἰς τὰ ἴδια, καὶ ἐμὲ μόνον ἀφῆτε· καὶ οὐκ εἰμὶ
μόνος, ὅτι ὁ πατὴρ μετ᾽ ἐμοῦ ἐστι. ταῦτα λελά- 33
ληκα ὑμῖν, ἵνα ἐν ἐμοὶ εἰρήνην ἔχητε. ἐν τῷ κόσμῳ
θλίψιν ἔχετε[21]· ἀλλὰ θαρσεῖτε, ἐγὼ νενίκηκα τὸν
κόσμον.

Ταῦτα ἐλάλησεν ὁ Ἰησοῦς, καὶ ἐπῆρε[1] τοὺς XVII.
ὀφθαλμοὺς αὐτοῦ εἰς τὸν οὐρανόν, καὶ[2] εἶπε, Πάτερ,
ἐλήλυθεν ἡ ὥρα· δόξασόν σου τὸν υἱόν, ἵνα καὶ[2] ὁ
υἱός σου[3] δοξάσῃ σε· καθὼς ἔδωκας αὐτῷ ἐξουσίαν 2
πάσης σαρκός, ἵνα πᾶν ὃ δέδωκας αὐτῷ, δώσῃ αὐ-
τοῖς ζωὴν αἰώνιον. αὕτη δέ ἐστιν ἡ αἰώνιος ζωή, 3
ἵνα γινώσκωσί σε τὸν μόνον ἀληθινὸν Θεόν, καὶ ὃν
ἀπέστειλας Ἰησοῦν Χριστόν. ἐγώ σε ἐδόξασα ἐπὶ 4
τῆς γῆς· τὸ ἔργον ἐτελείωσα[4] ὃ δέδωκάς μοι ἵνα
ποιήσω. καὶ νῦν δόξασόν με σύ, πάτερ, παρὰ σεαυ- 5
τῷ τῇ δόξῃ ᾗ εἶχον πρὸ τοῦ τὸν κόσμον εἶναι παρὰ
σοί. ἐφανέρωσά σου τὸ ὄνομα τοῖς ἀνθρώποις οὓς 6
δέδωκάς[5] μοι ἐκ τοῦ κόσμου· σοὶ ἦσαν, καὶ ἐμοὶ αὐ-
τοὺς δέδωκας[5]· καὶ τὸν λόγον σου τετηρήκασι. νῦν 7
ἔγνωκαν ὅτι πάντα ὅσα δέδωκάς μοι, παρὰ σοῦ
ἐστιν· ὅτι τὰ ῥήματα ἃ δέδωκάς[5] μοι, δέδωκα αὐτοῖς· 8
καὶ αὐτοὶ ἔλαβον, καὶ ἔγνωσαν ἀληθῶς ὅτι παρὰ
σοῦ ἐξῆλθον, καὶ ἐπίστευσαν ὅτι σύ με ἀπέστει-
λας. ἐγὼ περὶ αὐτῶν ἐρωτῶ· οὐ περὶ τοῦ κόσμου 9

---

[19] om. αὐτῷ [20] om. νῦν [21] ἔχετε [1] ἐπάρας [2] om.
καί [3] om. σου [4] (γῆς, τὸ ἔργον) τελειώσας [5] ἔδωκας

10 ἐρωτῶ, ἀλλὰ περὶ ὧν δέδωκάς μοι, ὅτι σοί εἰσι· καὶ
τὰ ἐμὰ πάντα σά ἐστι, καὶ τὰ σὰ ἐμά· καὶ δεδόξασ-
11 μαι ἐν αὐτοῖς. καὶ οὐκέτι εἰμὶ ἐν τῷ κόσμῳ, καὶ
οὗτοι ἐν τῷ κόσμῳ εἰσί, καὶ ἐγὼ πρός σε ἔρχομαι.
πάτερ ἅγιε, τήρησον αὐτοὺς ἐν τῷ ὀνόματί σου, οὓς⁶
12 δέδωκάς μοι, ἵνα ὦσιν ἕν, καθὼς ἡμεῖς. ὅτε ἤμην
μετ᾽ αὐτῶν ἐν τῷ κόσμῳ⁷, ἐγὼ ἐτήρουν αὐτοὺς ἐν τῷ
ὀνόματί σου· οὓς⁸ δέδωκάς μοι⁹ ἐφύλαξα, καὶ οὐ-
δεὶς ἐξ αὐτῶν ἀπώλετο, εἰ μὴ ὁ υἱὸς τῆς ἀπωλείας,
13 ἵνα ἡ γραφὴ πληρωθῇ. νῦν δὲ πρός σε ἔρχομαι,
καὶ ταῦτα λαλῶ ἐν τῷ κόσμῳ, ἵνα ἔχωσι τὴν χαρὰν
14 τὴν ἐμὴν πεπληρωμένην ἐν αὐτοῖς¹⁰. ἐγὼ δέδωκα αὐ-
τοῖς τὸν λόγον σου, καὶ ὁ κόσμος ἐμίσησεν αὐτούς,
ὅτι οὐκ εἰσὶν ἐκ τοῦ κόσμου, καθὼς ἐγὼ οὐκ εἰμὶ ἐκ
15 τοῦ κόσμου. οὐκ ἐρωτῶ ἵνα ἄρῃς αὐτοὺς ἐκ τοῦ
κόσμου, ἀλλ᾽ ἵνα τηρήσῃς αὐτοὺς ἐκ τοῦ πονηροῦ.
16 ἐκ τοῦ κόσμου οὐκ εἰσί, καθὼς ἐγὼ ἐκ τοῦ κόσμου
17 οὐκ εἰμί. ἁγίασον αὐτοὺς ἐν τῇ ἀληθείᾳ σου¹¹· ὁ
18 λόγος ὁ σὸς ἀλήθειά ἐστι. καθὼς ἐμὲ ἀπέστειλας
εἰς τὸν κόσμον, κἀγὼ ἀπέστειλα αὐτοὺς εἰς τὸν κός-
19 μον. καὶ ὑπὲρ αὐτῶν ἐγὼ ἁγιάζω ἐμαυτόν, ἵνα καὶ
20 αὐτοὶ ὦσιν¹² ἡγιασμένοι ἐν ἀληθείᾳ. οὐ περὶ τού-
των δὲ ἐρωτῶ μόνον, ἀλλὰ καὶ περὶ τῶν πιστευσόν-
21 των¹³ διὰ τοῦ λόγου αὐτῶν εἰς ἐμέ· ἵνα πάντες ἓν
ὦσι· καθὼς σύ, πάτερ, ἐν ἐμοί, κἀγὼ ἐν σοί, ἵνα
καὶ αὐτοὶ ἐν ἡμῖν ἓν¹⁴ ὦσιν· ἵνα ὁ κόσμος πιστεύσῃ
22 ὅτι σύ με ἀπέστειλας. καὶ ἐγὼ τὴν δόξαν ἣν δέδω-
κάς μοι, δέδωκα αὐτοῖς, ἵνα ὦσιν ἕν, καθὼς ἡμεῖς
23 ἕν ἐσμεν¹⁵. ἐγὼ ἐν αὐτοῖς, καὶ σὺ ἐν ἐμοί, ἵνα ὦσι
τετελειωμένοι εἰς ἕν, καὶ¹⁶ ἵνα γινώσκῃ ὁ κόσμος ὅτι

---

⁶ (σου) ᾧ   ⁷ om. ἐν τῷ κόσμῳ   ⁸ (σου) ᾧ   ⁹ add · καὶ
¹⁰ ἑαυτοῖς   ¹¹ om. σου   ¹² ὦσι καὶ αὐτοὶ   ¹³ πιστευόντων
¹⁴ om. ἐν   ¹⁵ om. ἐσμεν   ¹⁶ om. καὶ

σύ με ἀπέστειλας, καὶ ἠγάπησας αὐτούς, καθὼς ἐμὲ
ἠγάπησας. πάτερ, οὓς[17] δέδωκάς μοι, θέλω ἵνα 24
ὅπου εἰμὶ ἐγώ, κἀκεῖνοι ὦσι μετ' ἐμοῦ· ἵνα θεωρῶσι
τὴν δόξαν τὴν ἐμήν, ἣν ἔδωκάς[18] μοι, ὅτι ἠγάπησάς
με πρὸ καταβολῆς κόσμου. πάτερ δίκαιε, καὶ ὁ 25
κόσμος σε οὐκ ἔγνω, ἐγὼ δέ σε ἔγνων, καὶ οὗτοι
ἔγνωσαν ὅτι σύ με ἀπέστειλας· καὶ ἐγνώρισα αὐ- 26
τοῖς τὸ ὄνομά σου, καὶ γνωρίσω· ἵνα ἡ ἀγάπη, ἣν
ἠγάπησάς με, ἐν αὐτοῖς ᾖ, κἀγὼ ἐν αὐτοῖς.
     Ταῦτα εἰπὼν ὁ Ἰησοῦς ἐξῆλθε σὺν τοῖς μαθη- XVIII.
ταῖς αὐτοῦ πέραν τοῦ χειμάρρου τῶν Κέδρων, ὅπου
ἦν κῆπος, εἰς ὃν εἰσῆλθεν αὐτὸς καὶ οἱ μαθηταὶ
αὐτοῦ. ᾔδει δὲ καὶ Ἰούδας, ὁ παραδιδοὺς αὐτόν, 2
τὸν τόπον· ὅτι πολλάκις συνήχθη ὁ Ἰησοῦς ἐκεῖ
μετὰ τῶν μαθητῶν αὐτοῦ. ὁ οὖν Ἰούδας, λαβὼν τὴν 3
σπεῖραν, καὶ ἐκ τῶν ἀρχιερέων καὶ[1] Φαρισαίων
ὑπηρέτας, ἔρχεται ἐκεῖ μετὰ φανῶν κ‹ὶ λαμπάδων
καὶ ὅπλων. Ἰησοῦς οὖν, εἰδὼς πάντα τὰ ἐρχόμενα 4
ἐπ' αὐτόν, ἐξελθὼν εἶπεν[2] αὐτοῖς, Τίνα ζητεῖτε; ἀπε- 5
κρίθησαν αὐτῷ, Ἰησοῦν τὸν Ναζωραῖον. λέγει
αὐτοῖς ὁ Ἰησοῦς, Ἐγώ εἰμι. εἱστήκει δὲ καὶ
Ἰούδας ὁ παραδιδοὺς αὐτὸν μετ' αὐτῶν. ὡς οὖν 6
εἶπεν αὐτοῖς ὅτι[3] Ἐγώ εἰμι, ἀπῆλθον εἰς τὰ ὀπί-
σω, καὶ ἔπεσον χαμαί. πάλιν οὖν αὐτοὺς ἐπηρώ- 7
τησε, Τίνα ζητεῖτε; οἱ δὲ εἶπον, Ἰησοῦν τὸν
Ναζωραῖον. ἀπεκρίθη ὁ Ἰησοῦς, Εἶπον ὑμῖν ὅτι 8
ἐγώ εἰμι· εἰ οὖν ἐμὲ ζητεῖτε, ἄφετε τούτους ὑπά-
γειν· ἵνα πληρωθῇ ὁ λόγος ὃν εἶπεν ὅτι Οὓς 9
δέδωκάς μοι, οὐκ ἀπώλεσα ἐξ αὐτῶν οὐδένα. Σί- 10
μων οὖν Πέτρος ἔχων μάχαιραν εἵλκυσεν αὐτήν,
καὶ ἔπαισε τὸν τοῦ ἀρχιερέως δοῦλον, καὶ ἀπέκοψεν

---

[17] ὁ text, not marg.   [18] δέδωκάς   [1] add τῶν
[2] ἐξῆλθε καὶ λέγει   [3] (,) om. ὅτι

αὐτοῦ τὸ ὠτίον⁴ τὸ δεξιόν. ἦν δὲ ὄνομα τῷ δούλῳ
11 Μάλχος. εἶπεν οὖν ὁ Ἰησοῦς τῷ Πέτρῳ, Βάλε
τὴν μάχαιράν σου⁵ εἰς τὴν θήκην· τὸ ποτήριον ὃ
δέδωκέ μοι ὁ πατήρ, οὐ μὴ πίω αὐτό;
12 Ἡ οὖν σπεῖρα καὶ ὁ χιλίαρχος καὶ οἱ ὑπηρέται
τῶν Ἰουδαίων συνέλαβον τὸν Ἰησοῦν, καὶ ἔδησαν
13 αὐτόν, καὶ ἀπήγαγον αὐτὸν⁶ πρὸς Ἄνναν πρῶτον·
ἦν γὰρ πενθερὸς τοῦ Καϊάφα, ὃς ἦν ἀρχιερεὺς τοῦ
14 ἐνιαυτοῦ ἐκείνου. ἦν δὲ Καϊάφας ὁ συμβουλεύσας
τοῖς Ἰουδαίοις, ὅτι συμφέρει ἕνα ἄνθρωπον ἀπολέσ-
θαι⁷ ὑπὲρ τοῦ λαοῦ.
15 Ἠκολούθει δὲ τῷ Ἰησοῦ Σίμων Πέτρος, καὶ *ἄλ-
λος μαθητής. ὁ δὲ μαθητὴς ἐκεῖνος ἦν γνωστὸς τῷ
ἀρχιερεῖ, καὶ συνεισῆλθε τῷ Ἰησοῦ εἰς τὴν αὐλὴν
16 τοῦ ἀρχιερέως· ὁ δὲ Πέτρος εἱστήκει πρὸς τῇ θύρᾳ
ἔξω. ἐξῆλθεν οὖν ὁ μαθητὴς ὁ ἄλλος ὃς ἦν γνωστὸς
τῷ ἀρχιερεῖ, καὶ εἶπε τῇ θυρωρῷ, καὶ εἰσήγαγε τὸν
17 Πέτρον. λέγει οὖν ἡ παιδίσκη ἡ θυρωρὸς τῷ Πέ-
τρῳ, Μὴ καὶ σὺ ἐκ τῶν μαθητῶν εἶ τοῦ ἀνθρώπου
18 τούτου; λέγει ἐκεῖνος, Οὐκ εἰμί. εἱστήκεισαν δὲ
οἱ δοῦλοι καὶ οἱ ὑπηρέται ἀνθρακιὰν πεποιηκότες,
ὅτι ψῦχος ἦν, καὶ ἐθερμαίνοντο· ἦν δὲ μετ' αὐτῶν
ὁ Πέτρος⁸ ἑστὼς καὶ θερμαινόμενος.
19 Ὁ οὖν ἀρχιερεὺς ἠρώτησε τὸν Ἰησοῦν περὶ
τῶν μαθητῶν αὐτοῦ, καὶ περὶ τῆς διδαχῆς αὐ-
20 τοῦ. ἀπεκρίθη αὐτῷ ὁ Ἰησοῦς, Ἐγὼ παρρησίᾳ
ἐλάλησα⁹ τῷ κόσμῳ· ἐγὼ πάντοτε ἐδίδαξα ἐν τῇ¹⁰
συναγωγῇ καὶ ἐν τῷ ἱερῷ, ὅπου πάντοτε*¹¹ οἱ
Ἰουδαῖοι συνέρχονται, καὶ ἐν κρυπτῷ ἐλάλησα
21 οὐδέν. τί με ἐπερωτᾷς; ἐπερώτησον¹² τοὺς ἀκηκοότας,
τί ἐλάλησα αὐτοῖς· ἴδε, οὗτοι οἴδασιν ἃ εἶπον ἐγώ.

---

⁴ ὠτάριον   ⁵ (-παρ) om. σου   ⁶ ἤγαγον   ⁷ ἀποθανεῖν
⁸ καὶ ὁ Πέτρος μετ' αὐτῶν   ⁹ λελάληκα   ¹⁰ om. τῇ
¹¹ πάντες   ¹² ἐρωτᾷς; ἐρώτησον

ταῦτα δὲ αὐτοῦ εἰπόντος, εἶς τῶν ὑπηρετῶν παρε- 22
στηκὼς ἔδωκε ῥάπισμα τῷ Ἰησοῦ, εἰπών, Οὕτως
ἀποκρίνῃ τῷ ἀρχιερεῖ; ἀπεκρίθη αὐτῷ ὁ Ἰησοῦς, 23
Εἰ κακῶς ἐλάλησα, μαρτύρησον περὶ τοῦ κακοῦ·
εἰ δὲ καλῶς, τί με δέρεις; ἀπέστειλεν οὖν αὐτὸν ὁ 24
Ἄννας δεδεμένον πρὸς Καϊάφαν τὸν ἀρχιερέα.

Ἦν δὲ Σίμων Πέτρος ἑστὼς καὶ θερμαινόμενος· 25
εἶπον οὖν αὐτῷ, Μὴ καὶ σὺ ἐκ τῶν μαθητῶν αὐτοῦ
εἶ; ἠρνήσατο ἐκεῖνος, καὶ εἶπεν, Οὐκ εἰμί. λέγει 26
εἶς ἐκ τῶν δούλων τοῦ ἀρχιερέως, συγγενὴς ὢν οὗ
ἀπέκοψε Πέτρος τὸ ὠτίον, Οὐκ ἐγώ σε εἶδον ἐν τῷ
κήπῳ μετ' αὐτοῦ; πάλιν οὖν ἠρνήσατο ὁ Πέτρος, 27
καὶ εὐθέως ἀλέκτωρ ἐφώνησεν.

Ἄγουσιν οὖν τὸν Ἰησοῦν ἀπὸ τοῦ Καϊάφα εἰς 28
τὸ πραιτώριον· ἦν δὲ πρωΐα, καὶ αὐτοὶ οὐκ εἰσῆλ-
θον εἰς τὸ πραιτώριον, ἵνα μὴ μιανθῶσιν, ἀλλ' ἵνα[13]
φάγωσι τὸ πάσχα. ἐξῆλθεν οὖν ὁ Πιλάτος[14] πρὸς 29
αὐτούς, καὶ εἶπε[15], Τίνα κατηγορίαν φέρετε κατὰ
τοῦ ἀνθρώπου τούτου; ἀπεκρίθησαν καὶ εἶπον 30
αὐτῷ, Εἰ μὴ ἦν οὗτος κακοποιός, οὐκ ἄν σοι παρ-
εδώκαμεν αὐτόν. εἶπεν οὖν αὐτοῖς ὁ Πιλάτος, 31
Λάβετε αὐτὸν ὑμεῖς, καὶ κατὰ τὸν νόμον ὑμῶν
κρίνατε αὐτόν. εἶπον οὖν[16] αὐτῷ οἱ Ἰουδαῖοι,
Ἡμῖν οὐκ ἔξεστιν ἀποκτεῖναι οὐδένα· ἵνα ὁ λόγος 32
τοῦ Ἰησοῦ πληρωθῇ, ὃν εἶπε, σημαίνων ποίῳ θανά-
τῳ ἤμελλεν ἀποθνήσκειν.

Εἰσῆλθεν οὖν εἰς τὸ πραιτώριον πάλιν[17] ὁ Πιλάτος, 33
καὶ ἐφώνησε τὸν Ἰησοῦν, καὶ εἶπεν αὐτῷ, Σὺ εἶ ὁ
βασιλεὺς τῶν Ἰουδαίων; ἀπεκρίθη αὐτῷ ὁ[18] Ἰησοῦς, 34
Ἀφ' ἑαυτοῦ σὺ τοῦτο λέγεις, ἢ ἄλλοι σοι εἶπον περὶ
ἐμοῦ; ἀπεκρίθη ὁ Πιλάτος, Μήτι ἐγὼ Ἰουδαῖός 35

---

[13] ἀλλὰ   [14] add ἔξω   [15] φησί   [16] om. οὖν
[17] πάλιν εἰς τὸ πραιτώριον   [18] om. αὐτῷ ὁ

εἰμι; τὸ ἔθνος τὸ σὸν καὶ οἱ ἀρχιερεῖς παρέδωκάν
36 σε ἐμοί· τί ἐποίησας; ἀπεκρίθη ὁ Ἰησοῦς, Ἡ βασι-
λεία ἡ ἐμὴ οὐκ ἔστιν ἐκ τοῦ κόσμου τούτου· εἰ ἐκ
τοῦ κόσμου τούτου ἦν ἡ βασιλεία ἡ ἐμή, οἱ ὑπηρέ-
ται ἂν οἱ ἐμοὶ ἠγωνίζοντο, ἵνα μὴ παραδοθῶ τοῖς Ἰου-
δαίοις· νῦν δὲ ἡ βασιλεία ἡ ἐμὴ οὐκ ἔστιν ἐντεῦθεν.
37 εἶπεν οὖν αὐτῷ ὁ Πιλάτος, Οὐκοῦν βασιλεὺς εἶ σύ;
ἀπεκρίθη ὁ Ἰησοῦς, Σὺ λέγεις ὅτι¹⁹ βασιλεύς εἰμι
ἐγώ. ἐγὼ εἰς τοῦτο γεγέννημαι, καὶ εἰς τοῦτο ἐλή-
λυθα εἰς τὸν κόσμον, ἵνα μαρτυρήσω τῇ ἀληθείᾳ.
πᾶς ὁ ὢν ἐκ τῆς ἀληθείας ἀκούει μου τῆς φωνῆς.
38 λέγει αὐτῷ ὁ Πιλάτος, Τί ἐστιν ἀλήθεια;
Καὶ τοῦτο εἰπών, πάλιν ἐξῆλθε πρὸς τοὺς
Ἰουδαίους, καὶ λέγει αὐτοῖς, Ἐγὼ οὐδεμίαν αἰτίαν
39 εὑρίσκω ἐν αὐτῷ. ἔστι δὲ συνήθεια ὑμῖν, ἵνα ἕνα ὑμῖν
ἀπολύσω ἐν τῷ πάσχα· βούλεσθε οὖν ὑμῖν ἀπολύσω
40 τὸν βασιλέα τῶν Ἰουδαίων; ἐκραύγασαν οὖν πά-
λιν πάντες²⁰, λέγοντες, Μὴ τοῦτον, ἀλλὰ τὸν Βαραβ-
βᾶν· ἦν δὲ ὁ Βαραββᾶς λῃστής.

XIX.   Τότε οὖν ἔλαβεν ὁ Πιλάτος τὸν Ἰησοῦν, καὶ
2 ἐμαστίγωσε. καὶ οἱ στρατιῶται πλέξαντες στέ-
φανον ἐξ ἀκανθῶν ἐπέθηκαν αὐτοῦ τῇ κεφαλῇ, καὶ
3 ἱμάτιον πορφυροῦν περιέβαλον αὐτόν¹, καὶ ἔλεγον,
Χαῖρε, ὁ βασιλεὺς τῶν Ἰουδαίων· καὶ ἐδίδουν αὐτῷ
4 ῥαπίσματα. ²ἐξῆλθεν οὖν³ πάλιν ἔξω ὁ Πιλάτος,
καὶ λέγει αὐτοῖς, Ἴδε, ἄγω ὑμῖν αὐτὸν ἔξω, ἵνα
5 γνῶτε ὅτι ἐν αὐτῷ οὐδεμίαν αἰτίαν εὑρίσκω. ἐξῆλ-
θεν οὖν ὁ Ἰησοῦς ἔξω, φορῶν τὸν ἀκάνθινον στέ-
φανον καὶ τὸ πορφυροῦν ἱμάτιον. καὶ λέγει
6 αὐτοῖς, Ἴδε, ὁ ἄνθρωπος. ὅτε οὖν εἶδον αὐτὸν οἱ
ἀρχιερεῖς καὶ οἱ ὑπηρέται, ἐκραύγασαν λέγοντες,

¹⁹ (Marg. λέγεις· ὅτι)   ²⁰ om. πάντες   ¹ add · καὶ ἤρχοντο
πρὸς αὐτόν   ² add καὶ   ³ om. οὖν

Σταύρωσον, σταύρωσον. λέγει αὐτοῖς ὁ Πιλάτος,
Λάβετε αὐτὸν ὑμεῖς καὶ σταυρώσατε· ἐγὼ γὰρ οὐχ
εὑρίσκω ἐν αὐτῷ αἰτίαν. ἀπεκρίθησαν αὐτῷ οἱ 7
Ἰουδαῖοι, Ἡμεῖς νόμον ἔχομεν, καὶ κατὰ τὸν νόμον
ἡμῶν⁴ ὀφείλει ἀποθανεῖν, ὅτι ἑαυτὸν υἱὸν τοῦ Θεοῦ
ἐποίησεν. ὅτε οὖν ἤκουσεν ὁ Πιλάτος τοῦτον τὸν 8
λόγον, μᾶλλον ἐφοβήθη, καὶ εἰσῆλθεν εἰς τὸ πραι- 9
τώριον πάλιν, καὶ λέγει τῷ Ἰησοῦ, Πόθεν εἶ σύ ;
ὁ δὲ Ἰησοῦς ἀπόκρισιν οὐκ ἔδωκεν αὐτῷ. λέγει 10
οὖν αὐτῷ ὁ Πιλάτος, Ἐμοὶ οὐ λαλεῖς ; οὐκ οἶδας
ὅτι ἐξουσίαν ἔχω σταυρῶσαί σε, καὶ ἐξουσίαν ἔχω ἀπο-
λῦσαί σε⁵ ; ἀπεκρίθη⁶ ὁ Ἰησοῦς, Οὐκ εἶχες ἐξου- 11
σίαν οὐδεμίαν κατ᾽ ἐμοῦ, εἰ μὴ ἦν σοι δεδομένον
ἄνωθεν· διὰ τοῦτο ὁ παραδιδούς⁷ μέ σοι μείζονα
ἁμαρτίαν ἔχει. ἐκ τούτου ἐζήτει ὁ Πιλάτος ἀπο- 12
λῦσαι αὐτόν. οἱ δὲ Ἰουδαῖοι ἔκραζον λέγοντες,
Ἐὰν τοῦτον ἀπολύσῃς, οὐκ εἶ φίλος τοῦ Καίσαρος·
πᾶς ὁ βασιλέα αὐτὸν⁸ ποιῶν, ἀντιλέγει τῷ Καί-
σαρι. ὁ οὖν Πιλάτος ἀκούσας τοῦτον τὸν λόγον⁹ 13
ἤγαγεν ἔξω τὸν Ἰησοῦν, καὶ ἐκάθισεν ἐπὶ τοῦ¹⁰
βήματος, εἰς τόπον λεγόμενον Λιθόστρωτον, Ἑβρα-
ϊστὶ δὲ Γαββαθᾶ· ἦν δὲ Παρασκευὴ τοῦ πάσχα, 14
ὥρα δὲ ὡσεὶ¹¹ ἕκτη· καὶ λέγει τοῖς Ἰουδαίοις, Ἴδε,
ὁ βασιλεὺς ὑμῶν. οἱ δὲ ἐκραύγασαν¹², Ἆρον, ἆρον, 15
σταύρωσον αὐτόν. λέγει αὐτοῖς ὁ Πιλάτος, Τὸν
βασιλέα ὑμῶν σταυρώσω ; ἀπεκρίθησαν οἱ ἀρχιε-
ρεῖς, Οὐκ ἔχομεν βασιλέα εἰ μὴ Καίσαρα. τότε 16
οὖν παρέδωκεν αὐτὸν αὐτοῖς, ἵνα σταυρωθῇ.

Παρέλαβον δὲ¹³ τὸν Ἰησοῦν καὶ ἀπήγαγον¹⁴· καὶ 17

---

⁴ om. ἡμῶν·   ⁵ ἀπολῦσαί σε, καὶ ἐξουσίαν ἔχω σταυρῶσαί σε
⁶ add αὐτῷ   ⁷ παραδούς   ⁸ ἑαυτὸν   ⁹ τῶν λόγων
τούτων   ¹⁰ om. τοῦ   ¹¹ ἦν ὡς   ¹² ἐκραύγασαν οὖν
ἐκεῖνοι   ¹³ οὖν   ¹⁴ om. καὶ ἀπήγαγον

βαστάζων τὸν σταυρὸν αὐτοῦ¹⁵ ἐξῆλθεν εἰς τὸν λεγό-
μενον Κρανίου τόπον, ὃς¹⁶ λέγεται Ἑβραϊστὶ Γολ-
18 γοθᾶ· ὅπου αὐτὸν ἐσταύρωσαν, καὶ μετ᾽ αὐτοῦ
ἄλλους δύο, ἐντεῦθεν καὶ ἐντεῦθεν, μέσον δὲ τὸν
19 Ἰησοῦν. ἔγραψε δὲ καὶ τίτλον ὁ Πιλᾶτος, καὶ
ἔθηκεν ἐπὶ τοῦ σταυροῦ· ἦν δὲ γεγραμμένον, Ἰησοῦς
20 ὁ Ναζωραῖος ὁ βασιλεὺς τῶν Ἰουδαίων. τοῦτον
οὖν τὸν τίτλον πολλοὶ ἀνέγνωσαν τῶν Ἰουδαίων,
ὅτι ἐγγὺς ἦν τῆς πόλεως ὁ τόπος¹⁷ ὅπου ἐσταυρώθη ὁ
Ἰησοῦς· καὶ ἦν γεγραμμένον Ἑβραϊστί, Ἑλληνιστί,
21 Ῥωμαϊστί¹⁸. ἔλεγον οὖν τῷ Πιλάτῳ οἱ ἀρχιερεῖς τῶν
Ἰουδαίων, Μὴ γράφε, Ὁ βασιλεὺς τῶν Ἰουδαίων·
ἀλλ᾽ ὅτι ἐκεῖνος εἶπε, Βασιλεύς εἰμι τῶν Ἰουδαίων.
22 ἀπεκρίθη ὁ Πιλάτος, Ὃ γέγραφα, γέγραφα.
23 Οἱ οὖν στρατιῶται, ὅτε ἐσταύρωσαν τὸν Ἰησοῦν,
ἔλαβον τὰ ἱμάτια αὐτοῦ, καὶ ἐποίησαν τέσσαρα
μέρη, ἑκάστῳ στρατιώτῃ μέρος, καὶ τὸν χιτῶνα·
ἦν δὲ ὁ χιτὼν ἄρραφος, ἐκ τῶν ἄνωθεν ὑφαντὸς δι᾽
24 ὅλου. εἶπον οὖν πρὸς ἀλλήλους, Μὴ σχίσωμεν
αὐτόν, ἀλλὰ λάχωμεν περὶ αὐτοῦ, τίνος ἔσται· ἵνα
ἡ γραφὴ πληρωθῇ ἡ λέγουσα, Διεμερίσαντο τὰ
ἱμάτιά μου ἑαυτοῖς, καὶ ἐπὶ τὸν ἱματισμόν μου
ἔβαλον κλῆρον. οἱ μὲν οὖν στρατιῶται ταῦτα
25 ἐποίησαν. εἱστήκεισαν δὲ παρὰ τῷ σταυρῷ τοῦ
Ἰησοῦ ἡ μήτηρ αὐτοῦ, καὶ ἡ ἀδελφὴ τῆς μητρὸς
αὐτοῦ, Μαρία ἡ τοῦ Κλωπᾶ, καὶ Μαρία ἡ Μαγδα-
26 ληνή. Ἰησοῦς οὖν ἰδὼν τὴν μητέρα, καὶ τὸν μαθη-
τὴν παρεστῶτα ὃν ἠγάπα, λέγει τῇ μητρὶ αὐτοῦ¹⁹,
27 Γύναι, ἰδοὺ ὁ υἱός σου. εἶτα λέγει τῷ μαθητῇ,
Ἰδοὺ ἡ μήτηρ σου. καὶ ἀπ᾽ ἐκείνης τῆς ὥρας
ἔλαβεν αὐτὴν ὁ μαθητὴς εἰς τὰ ἴδια.

¹⁵ ἑαυτῷ τὸν σταυρὸν   ¹⁶ ὃ   ¹⁷ ὁ τόπος τῆς πόλεως
¹⁸ Ῥωμαϊστί, Ἑλληνιστί   ¹⁹ om. αὐτοῦ

Μετὰ τοῦτο εἰδὼς ὁ Ἰησοῦς ὅτι πάντα ἤδη 28 τετέλεσται, ἵνα τελειωθῇ ἡ γραφή, λέγει, Διψῶ. σκεῦος οὖν²⁰ ἔκειτο ὄξους μεστόν· οἱ δέ, πλήσαντες 29 σπόγγον ὄξους, καὶ²¹ ὑσσώπῳ περιθέντες, προσήνεγκαν αὐτοῦ τῷ στόματι. ὅτε οὖν ἔλαβε τὸ ὄξος ὁ Ἰη- 30 σοῦς, εἶπε, Τετέλεσται· καὶ κλίνας τὴν κεφαλήν, παρέδωκε τὸ πνεῦμα.

Οἱ οὖν Ἰουδαῖοι, ἐπεὶ Παρασκευὴ ἦν,* ἵνα μὴ 31 μείνῃ ἐπὶ τοῦ σταυροῦ τὰ σώματα ἐν τῷ σαββάτῳ (ἦν γὰρ μεγάλη ἡ ἡμέρα ἐκείνου τοῦ σαββάτου), ἠρώτησαν τὸν Πιλάτον ἵνα κατεαγῶσιν αὐτῶν τὰ σκέλη, καὶ ἀρθῶσιν. ἦλθον οὖν οἱ στρατιῶται, καὶ 32 τοῦ μὲν πρώτου κατέαξαν τὰ σκέλη καὶ τοῦ ἄλλου τοῦ συσταυρωθέντος αὐτῷ· ἐπὶ δὲ τὸν Ἰησοῦν ἐλ- 33 θόντες, ὡς εἶδον αὐτὸν ἤδη τεθνηκότα, οὐ κατέαξαν αὐτοῦ τὰ σκέλη· ἀλλ' εἷς τῶν στρατιωτῶν λόγχῃ 34 αὐτοῦ τὴν πλευρὰν ἔνυξε, καὶ εὐθὺς ἐξῆλθεν²² αἷμα καὶ ὕδωρ. καὶ ὁ ἑωρακὼς μεμαρτύρηκε, καὶ ἀληθινὴ 35 αὐτοῦ ἐστιν ἡ μαρτυρία, κἀκεῖνος οἶδεν ὅτι ἀληθῆ λέγει, ἵνα²³ ὑμεῖς πιστεύσητε. ἐγένετο γὰρ ταῦτα 36 ἵνα ἡ γραφὴ πληρωθῇ, Ὀστοῦν οὐ συντριβήσεται αὐτοῦ. καὶ πάλιν ἑτέρα γραφὴ λέγει, Ὄψονται 37 εἰς ὃν ἐξεκέντησαν.

Μετὰ δὲ ταῦτα ἠρώτησε τὸν Πιλάτον ὁ Ἰω- 38 σὴφ ὁ ἀπὸ Ἀριμαθαίας, ὢν μαθητὴς τοῦ Ἰησοῦ, κεκρυμμένος δὲ διὰ τὸν φόβον τῶν Ἰουδαίων, ἵνα ἄρῃ τὸ σῶμα τοῦ Ἰησοῦ· καὶ ἐπέτρεψεν ὁ Πιλάτος. ἦλθεν οὖν καὶ ἦρε τὸ σῶμα τοῦ Ἰησοῦ²⁴. ἦλθε δὲ 39 καὶ Νικόδημος, ὁ ἐλθὼν πρὸς τὸν Ἰησοῦν²⁵ νυκτὸς τὸ πρῶτον, φέρων μίγμα²⁶ σμύρνης καὶ ἀλόης ὡσεὶ²⁷

---

²⁰ om. οὖν   ²¹ σπόγγον οὖν μεστὸν τοῦ ὄξους   ²² ἐξῆλθεν εὐθὺς   ²³ add καὶ   ²⁴ αὐτοῦ   ²⁵ αὐτὸν   ²⁶ Marg. ἕλιγμα   ²⁷ ὡς

40 λίτρας ἑκατόν. ἔλαβον οὖν τὸ σῶμα τοῦ Ἰησοῦ,
καὶ ἔδησαν αὐτὸ ὀθονίοις μετὰ τῶν ἀρωμάτων,
41 καθὼς ἔθος ἐστὶ τοῖς Ἰουδαίοις ἐνταφιάζειν. ἦν δὲ
ἐν τῷ τόπῳ ὅπου ἐσταυρώθη κῆπος, καὶ ἐν τῷ κήπῳ
42 μνημεῖον καινόν, ἐν ᾧ οὐδέπω οὐδεὶς ἐτέθη. ἐκεῖ
οὖν διὰ τὴν Παρασκευὴν τῶν Ἰουδαίων, ὅτι ἐγγὺς
ἦν τὸ μνημεῖον, ἔθηκαν τὸν Ἰησοῦν.

XX. Τῇ δὲ μιᾷ τῶν σαββάτων Μαρία ἡ Μαγδαληνὴ
ἔρχεται πρωΐ, σκοτίας ἔτι οὔσης, εἰς τὸ μνημεῖον,
καὶ βλέπει τὸν λίθον ἠρμένον ἐκ τοῦ μνημείου.
2 τρέχει οὖν καὶ ἔρχεται πρὸς Σίμωνα Πέτρον καὶ
πρὸς τὸν ἄλλον μαθητὴν ὃν ἐφίλει ὁ Ἰησοῦς, καὶ
λέγει αὐτοῖς, Ἦραν τὸν Κύριον ἐκ τοῦ μνημείου,
3 καὶ οὐκ οἴδαμεν ποῦ ἔθηκαν αὐτόν. ἐξῆλθεν οὖν
ὁ Πέτρος καὶ ὁ ἄλλος μαθητής, καὶ ἤρχοντο εἰς τὸ
4 μνημεῖον. ἔτρεχον δὲ οἱ δύο ὁμοῦ· καὶ ὁ ἄλλος
μαθητὴς προέδραμε τάχιον τοῦ Πέτρου, καὶ ἦλθε
5 πρῶτος εἰς τὸ μνημεῖον, καὶ παρακύψας βλέπει
6 κείμενα τὰ ὀθόνια, οὐ μέντοι εἰσῆλθεν. ἔρχεται οὖν
¹Σίμων Πέτρος ἀκολουθῶν αὐτῷ, καὶ εἰσῆλθεν εἰς
7 τὸ μνημεῖον, καὶ θεωρεῖ τὰ ὀθόνια κείμενα, καὶ τὸ
σουδάριον ὃ ἦν ἐπὶ τῆς κεφαλῆς αὐτοῦ, οὐ μετὰ τῶν
ὀθονίων κείμενον, ἀλλὰ χωρὶς ἐντετυλιγμένον εἰς
8 ἕνα τόπον. τότε οὖν εἰσῆλθε καὶ ὁ ἄλλος μαθητὴς
ὁ ἐλθὼν πρῶτος εἰς τὸ μνημεῖον, καὶ εἶδε, καὶ ἐπίσ-
9 τευσεν· οὐδέπω γὰρ ᾔδεισαν τὴν γραφήν, ὅτι δεῖ
10 αὐτὸν ἐκ νεκρῶν ἀναστῆναι. ἀπῆλθον οὖν πάλιν
πρὸς ἑαυτοὺς οἱ μαθηταί.

11 Μαρία δὲ εἱστήκει πρὸς τὸ μνημεῖον² κλαίουσα
ἔξω³· ὡς οὖν ἔκλαιε, παρέκυψεν εἰς τὸ μνημεῖον,
12 καὶ θεωρεῖ δύο ἀγγέλους ἐν λευκοῖς καθεζομένους,

¹ add καὶ ² τῷ μνημείῳ ³ ἔξω κλαίουσα

ἕνα πρὸς τῇ κεφαλῇ, καὶ ἕνα πρὸς τοῖς ποσίν, ὅπου
ἔκειτο τὸ σῶμα τοῦ Ἰησοῦ. καὶ λέγουσιν αὐτῇ 13
ἐκεῖνοι, Γύναι, τί κλαίεις; λέγει αὐτοῖς, Ὅτι
ἦραν τὸν Κύριόν μου, καὶ οὐκ οἶδα ποῦ ἔθηκαν
αὐτόν. καὶ⁴ ταῦτα εἰποῦσα ἐστράφη εἰς τὰ ὀπίσω, 14
καὶ θεωρεῖ τὸν Ἰησοῦν ἑστῶτα, καὶ οὐκ ᾔδει ὅτι ὁ
Ἰησοῦς ἐστι. λέγει αὐτῇ ὁ Ἰησοῦς, Γύναι, τί 15
κλαίεις; τίνα ζητεῖς; ἐκείνη, δοκοῦσα ὅτι ὁ κη-
πουρός ἐστι, λέγει αὐτῷ, Κύριε, εἰ σὺ ἐβάστασας
αὐτόν, εἰπέ μοι ποῦ αὐτὸν ἔθηκας, κἀγὼ αὐτὸν ἀρῶ.
λέγει αὐτῇ ὁ Ἰησοῦς, Μαρία. στραφεῖσα ἐκείνη 16
λέγει αὐτῷ⁵, Ῥαββουνί· ὃ λέγεται, Διδάσκαλε.
λέγει αὐτῇ ὁ Ἰησοῦς, Μή μου ἅπτου, οὔπω γὰρ 17
ἀναβέβηκα πρὸς τὸν πατέρα μου⁶· πορεύου δὲ πρὸς
τοὺς ἀδελφούς μου, καὶ εἰπὲ αὐτοῖς, Ἀναβαίνω
πρὸς τὸν πατέρα μου καὶ πατέρα ὑμῶν, καὶ Θεόν
μου καὶ Θεὸν ὑμῶν. ἔρχεται Μαρία ἡ Μαγδα- 18
ληνὴ ἀπαγγέλλουσα⁷ τοῖς μαθηταῖς ὅτι ἑώρακε⁸ τὸν
Κύριον, καὶ ταῦτα εἶπεν αὐτῇ.

Οὔσης οὖν ὀψίας, τῇ ἡμέρᾳ ἐκείνῃ τῇ μιᾷ τῶν⁹ 19
σαββάτων, καὶ τῶν θυρῶν κεκλεισμένων ὅπου ἦσαν
οἱ μαθηταὶ συνηγμένοι¹⁰, διὰ τὸν φόβον τῶν Ἰου-
δαίων, ἦλθεν ὁ Ἰησοῦς καὶ ἔστη εἰς τὸ μέσον,
καὶ λέγει αὐτοῖς, Εἰρήνη ὑμῖν. καὶ τοῦτο εἰπὼν 20
ἔδειξεν αὐτοῖς τὰς χεῖρας καὶ τὴν πλευρὰν αὐτοῦ¹¹. ἐχά-
ρησαν οὖν οἱ μαθηταὶ ἰδόντες τὸν Κύριον. εἶπεν 21
οὖν αὐτοῖς ὁ Ἰησοῦς πάλιν, Εἰρήνη ὑμῖν· καθὼς
ἀπέσταλκέ με ὁ πατήρ, κἀγὼ πέμπω ὑμᾶς. καὶ 22
τοῦτο εἰπὼν ἐνεφύσησε καὶ λέγει αὐτοῖς, Λά-
βετε Πνεῦμα Ἅγιον. ἄν τινων ἀφῆτε τὰς ἁμαρ- 23

---

⁴ om. καὶ   ⁵ add Ἑβραϊστί   ⁶ om. μου   ⁷ ἀγγέλλουσα
⁸ Ἑώρακα   ⁹ om. τῶν   ¹⁰ om. συνηγμένοι   ¹¹ τὰς
χεῖρας καὶ τὴν πλευρὰν αὐτοῖς

τίας, ἀφίενται αὐτοῖς· ἄν τινων κρατῆτε, κεκρά-
τηνται.

24 Θωμᾶς δέ, εἷς ἐκ τῶν δώδεκα, ὁ λεγόμενος Δίδυ-
25 μος, οὐκ ἦν μετ' αὐτῶν ὅτε ἦλθεν ὁ Ἰησοῦς. ἔλεγον
οὖν αὐτῷ οἱ ἄλλοι μαθηταί, Ἑωράκαμεν τὸν Κύριον.
ὁ δὲ εἶπεν αὐτοῖς, Ἐὰν μὴ ἴδω ἐν ταῖς χερσὶν
αὐτοῦ τὸν τύπον τῶν ἥλων, καὶ βάλω τὸν δάκτυλόν
μου εἰς τὸν τύπον τῶν ἥλων, καὶ βάλω τὴν χεῖρά
μου εἰς τὴν πλευρὰν αὐτοῦ, οὐ μὴ πιστεύσω.

26 Καὶ μεθ' ἡμέρας ὀκτὼ πάλιν ἦσαν ἔσω οἱ μα-
θηταὶ αὐτοῦ, καὶ Θωμᾶς μετ' αὐτῶν. ἔρχεται ὁ
Ἰησοῦς, τῶν θυρῶν κεκλεισμένων, καὶ ἔστη εἰς τὸ
27 μέσον καὶ εἶπεν, Εἰρήνη ὑμῖν. εἶτα λέγει τῷ Θω-
μᾷ, Φέρε τὸν δάκτυλόν σου ὧδε, καὶ ἴδε τὰς χεῖράς
μου· καὶ φέρε τὴν χεῖρά σου, καὶ βάλε εἰς τὴν
πλευράν μου· καὶ μὴ γίνου ἄπιστος, ἀλλὰ πιστός.
28 καὶ[12] ἀπεκρίθη ὁ Θωμᾶς, καὶ εἶπεν αὐτῷ, Ὁ Κύριός
29 μου καὶ ὁ Θεός μου. λέγει αὐτῷ ὁ Ἰησοῦς, Ὅτι
ἑώρακάς με, Θωμᾶ,[13] πεπίστευκας·[14] μακάριοι οἱ μὴ
ἰδόντες, καὶ πιστεύσαντες.

30 Πολλὰ μὲν οὖν καὶ ἄλλα σημεῖα ἐποίησεν ὁ
Ἰησοῦς ἐνώπιον τῶν μαθητῶν αὐτοῦ[15], ἃ οὐκ ἔστι
31 γεγραμμένα ἐν τῷ βιβλίῳ τούτῳ. ταῦτα δὲ γέ-
γραπται, ἵνα πιστεύσητε ὅτι ὁ Ἰησοῦς ἐστιν ὁ
Χριστὸς ὁ υἱὸς τοῦ Θεοῦ, καὶ ἵνα πιστεύοντες ζωὴν
ἔχητε ἐν τῷ ὀνόματι αὐτοῦ.

XXI. Μετὰ ταῦτα ἐφανέρωσεν ἑαυτὸν πάλιν ὁ Ἰη-
σοῦς τοῖς μαθηταῖς ἐπὶ τῆς θαλάσσης τῆς Τιβε-
2 ριάδος· ἐφανέρωσε δὲ οὕτως. ἦσαν ὁμοῦ Σίμων
Πέτρος, καὶ Θωμᾶς ὁ λεγόμενος Δίδυμος, καὶ Να-
θαναὴλ ὁ ἀπὸ Κανᾶ τῆς Γαλιλαίας, καὶ οἱ τοῦ
Ζεβεδαίου, καὶ ἄλλοι ἐκ τῶν μαθητῶν αὐτοῦ δύο.

12 om. καὶ   13 om. Θωμᾶ,   14 (Marg. πεπίστευκας;)   15 om. αὐτοῦ

λέγει αὐτοῖς Σίμων Πέτρος, Ὑπάγω ἁλιεύειν. λέ- 3
γουσιν αὐτῷ, Ἐρχόμεθα καὶ ἡμεῖς σὺν σοί. ἐξῆλ-
θον καὶ ἀνέβησαν¹ εἰς τὸ πλοῖον εὐθύς², καὶ ἐν ἐκείνῃ
τῇ νυκτὶ ἐπίασαν οὐδέν. πρωΐας δὲ ἤδη γενομένης³ 4
ἔστη ὁ Ἰησοῦς εἰς τὸν αἰγιαλόν· οὐ μέντοι ᾔδεισαν
οἱ μαθηταὶ ὅτι Ἰησοῦς ἐστι. λέγει οὖν αὐτοῖς 5
ὁ Ἰησοῦς, Παιδία, μή τι προσφάγιον ἔχετε; ἀπε-
κρίθησαν αὐτῷ, Οὔ. ὁ δὲ εἶπεν αὐτοῖς, Βάλετε 6
εἰς τὰ δεξιὰ μέρη τοῦ πλοίου τὸ δίκτυον, καὶ εὑρή-
σετε. ἔβαλον οὖν, καὶ οὐκέτι αὐτὸ ἑλκύσαι ἴσχυ-
σαν⁴ ἀπὸ τοῦ πλήθους τῶν ἰχθύων. λέγει οὖν ὁ 7
μαθητὴς ἐκεῖνος ὃν ἠγάπα ὁ Ἰησοῦς τῷ Πέτρῳ,
Ὁ Κύριός ἐστι. Σίμων οὖν Πέτρος, ἀκούσας ὅτι
ὁ Κύριός ἐστι, τὸν ἐπενδύτην διεζώσατο (ἦν γὰρ
γυμνός), καὶ ἔβαλεν ἑαυτὸν εἰς τὴν θάλασσαν. οἱ 8
δὲ ἄλλοι μαθηταὶ τῷ πλοιαρίῳ ἦλθον (οὐ γὰρ ἦσαν
μακρὰν ἀπὸ τῆς γῆς, ἀλλ᾽ ὡς ἀπὸ πηχῶν διακο-
σίων), σύροντες τὸ δίκτυον τῶν ἰχθύων. ὡς οὖν 9
ἀπέβησαν εἰς τὴν γῆν, βλέπουσιν ἀνθρακιὰν κει-
μένην καὶ ὀψάριον ἐπικείμενον, καὶ ἄρτον. λέγει 10
αὐτοῖς ὁ Ἰησοῦς, Ἐνέγκατε ἀπὸ τῶν ὀψαρίων ὧν
ἐπιάσατε νῦν. ἀνέβη⁵ Σίμων Πέτρος, καὶ εἵλκυσε 11
τὸ δίκτυον ἐπὶ τῆς γῆς⁶, μεστὸν ἰχθύων μεγάλων
ἑκατὸν πεντηκοντατριῶν· καὶ τοσούτων ὄντων, οὐκ
ἐσχίσθη τὸ δίκτυον. λέγει αὐτοῖς ὁ Ἰησοῦς, Δεῦτε 12
ἀριστήσατε. οὐδεὶς δὲ ἐτόλμα τῶν μαθητῶν ἐξε-
τάσαι αὐτόν, Σὺ τίς εἶ; εἰδότες ὅτι ὁ Κύριός*
ἐστιν. ἔρχεται οὖν ὁ⁷ Ἰησοῦς, καὶ λαμβάνει τὸν 13
ἄρτον, καὶ δίδωσιν αὐτοῖς, καὶ τὸ ὀψάριον ὁμοίως.
τοῦτο ἤδη τρίτον ἐφανερώθη ὁ Ἰησοῦς τοῖς μαθη- 14
ταῖς αὐτοῦ⁸, ἐγερθεὶς ἐκ νεκρῶν.

---

¹ ἐνέβησαν   ² om. εὐθύς   ³ γινομένης   ⁴ ἴσχυον
⁵ add οὖν   ⁶ εἰς τὴν γῆν   ⁷ om. οὖν ὁ   ⁸ om. αὐτοῦ

15 Ὅτε οὖν ἠρίστησαν, λέγει τῷ Σίμωνι Πέτρῳ ὁ
Ἰησοῦς, Σίμων Ἰωνᾶ⁹, ἀγαπᾷς με πλεῖον τούτων;
λέγει αὐτῷ, Ναὶ Κύριε· σὺ οἶδας ὅτι φιλῶ σε.
16 λέγει αὐτῷ, Βόσκε τὰ ἀρνία μου. λέγει αὐτῷ πά-
λιν δεύτερον, Σίμων Ἰωνᾶ⁹, ἀγαπᾷς με; λέγει
αὐτῷ, Ναὶ Κύριε· σὺ οἶδας ὅτι φιλῶ σε. λέγει
17 αὐτῷ, Ποίμαινε τὰ πρόβατά μου. λέγει αὐτῷ τὸ
τρίτον, Σίμων Ἰωνᾶ⁹, φιλεῖς με; ἐλυπήθη ὁ Πέ-
τρος ὅτι εἶπεν αὐτῷ τὸ τρίτον, φιλεῖς με; καὶ
εἶπεν αὐτῷ, Κύριε, σὺ πάντα¹⁰ οἶδας· σὺ γινώσκεις
ὅτι φιλῶ σε. λέγει αὐτῷ ὁ Ἰησοῦς, Βόσκε τὰ
18 πρόβατά¹¹ μου. ἀμὴν ἀμὴν λέγω σοι, ὅτε ἦς νεώτε-
ρος, ἐζώννυες σεαυτόν, καὶ περιεπάτεις ὅπου ἤθελες·
ὅταν δὲ γηράσῃς, ἐκτενεῖς τὰς χεῖράς σου, καὶ
19 ἄλλος σε ζώσει, καὶ οἴσει ὅπου οὐ θέλεις. τοῦτο
δὲ εἶπε, σημαίνων ποίῳ θανάτῳ δοξάσει τὸν Θεόν.
20 καὶ τοῦτο εἰπὼν λέγει αὐτῷ, Ἀκολούθει μοι. ἐπι-
στραφεὶς δὲ¹² ὁ Πέτρος βλέπει τὸν μαθητὴν ὃν
ἠγάπα ὁ Ἰησοῦς ἀκολουθοῦντα, ὃς καὶ ἀνέπεσεν
ἐν τῷ δείπνῳ ἐπὶ τὸ στῆθος αὐτοῦ καὶ εἶπε, Κύριε,
21 τίς ἐστιν ὁ παραδιδούς σε; τοῦτον¹³ ἰδὼν ὁ Πέ-
22 τρος λέγει τῷ Ἰησοῦ, Κύριε, οὗτος δὲ τί; λέγει
αὐτῷ ὁ Ἰησοῦς, Ἐὰν αὐτὸν θέλω μένειν ἕως ἔρχο-
23 μαι, τί πρός σε; σὺ ἀκολούθει μοι. ἐξῆλθεν οὖν
ὁ λόγος οὗτος εἰς τοὺς ἀδελφούς, ὅτι ὁ μαθητὴς
ἐκεῖνος οὐκ ἀποθνήσκει· καὶ οὐκ εἶπεν¹⁴ αὐτῷ ὁ Ἰη-
σοῦς, ὅτι οὐκ ἀποθνήσκει· ἀλλ', Ἐὰν αὐτὸν θέλω
μένειν ἕως ἔρχομαι, τί πρός σε;
24 Οὗτός ἐστιν ὁ μαθητὴς ὁ μαρτυρῶν περὶ τού-
των, καὶ γράψας ταῦτα· καὶ οἴδαμεν ὅτι ἀληθής
ἐστιν ἡ μαρτυρία αὐτοῦ.

---

⁹ Ἰωάνου   ¹⁰ πάντα σὺ   ¹¹ προβάτιά   ¹² om. δὲ
¹³ add οὖν   ¹⁴ οὐκ εἶπε δὲ

Ἔστι δὲ καὶ ἄλλα πολλὰ ὅσα[15] ἐποίησεν ὁ Ἰη- 25
σοῦς, ἅτινα ἐὰν γράφηται καθ᾽ ἕν, οὐδὲ αὐτὸν
οἶμαι τὸν κόσμον χωρῆσαι[16] τὰ γραφόμενα βιβλία.
Ἀμήν.[17]

ΠΡΑΞΕΙΣ
ΤΩΝ* ΑΠΟΣΤΟΛΩΝ.

Τὸν μὲν πρῶτον λόγον ἐποιησάμην περὶ πάν- I.
των, ὦ Θεόφιλε, ὧν ἤρξατο ὁ Ἰησοῦς ποιεῖν τε καὶ
διδάσκειν, ἄχρι ἧς ἡμέρας, ἐντειλάμενος τοῖς ἀπο- 2
στόλοις διὰ Πνεύματος Ἁγίου οὓς ἐξελέξατο, ἀνε-
λήφθη· οἷς καὶ παρέστησεν ἑαυτὸν ζῶντα μετὰ τὸ 3
παθεῖν αὐτὸν ἐν πολλοῖς τεκμηρίοις, δι᾽ ἡμερῶν
τεσσαράκοντα ὀπτανόμενος αὐτοῖς, καὶ λέγων τὰ
περὶ τῆς βασιλείας τοῦ Θεοῦ. καὶ συναλιζόμενος 4
μετ᾽ αὐτῶν[1] παρήγγειλεν αὐτοῖς ἀπὸ Ἱεροσολύμων
μὴ χωρίζεσθαι, ἀλλὰ περιμένειν τὴν ἐπαγγελίαν
τοῦ πατρός, ἣν ἠκούσατέ μου· ὅτι Ἰωάννης μὲν 5
ἐβάπτισεν ὕδατι, ὑμεῖς δὲ βαπτισθήσεσθε ἐν Πνεύ-
ματι Ἁγίῳ οὐ μετὰ πολλὰς ταύτας ἡμέρας.

Οἱ μὲν οὖν συνελθόντες ἐπηρώτων αὐτὸν λέ- 6
γοντες, Κύριε, εἰ ἐν τῷ χρόνῳ τούτῳ ἀποκαθιστά-
νεις τὴν βασιλείαν τῷ Ἰσραήλ; εἶπε δὲ πρὸς 7
αὐτούς, Οὐχ ὑμῶν ἐστι γνῶναι χρόνους ἢ καιροὺς
οὓς ὁ πατὴρ ἔθετο ἐν τῇ ἰδίᾳ ἐξουσίᾳ. ἀλλὰ λή- 8
ψεσθε δύναμιν, ἐπελθόντος τοῦ Ἁγίου Πνεύματος
ἐφ᾽ ὑμᾶς· καὶ ἔσεσθέ μοι[2] μάρτυρες ἔν τε Ἱερουσα-
λήμ, καὶ ἐν πάσῃ τῇ Ἰουδαίᾳ καὶ Σαμαρείᾳ, καὶ

15 ἅ   16 χωρήσειν   17 om. Ἀμήν.   1 om. μετ᾽ αὐτῶν
2 μου

9 ἕως ἐσχάτου τῆς γῆς. καὶ ταῦτα εἰπών, βλεπόν-
των αὐτῶν ἐπήρθη, καὶ νεφέλη ὑπέλαβεν αὐτὸν
10 ἀπὸ τῶν ὀφθαλμῶν αὐτῶν. καὶ ὡς ἀτενίζοντες
ἦσαν εἰς τὸν οὐρανόν, πορευομένου αὐτοῦ, καὶ ἰδοὺ
ἄνδρες δύο παρειστήκεισαν αὐτοῖς ἐν ἐσθῆτι λευκῇ[3]
11 οἳ καὶ εἶπον, Ἄνδρες Γαλιλαῖοι, τί ἑστήκατε ἐμβλί-
ποντες[4] εἰς τὸν οὐρανόν; οὗτος ὁ Ἰησοῦς, ὁ ἀνα-
ληφθεὶς ἀφ᾽ ὑμῶν εἰς τὸν οὐρανόν, οὕτως ἐλεύσεται
ὃν τρόπον ἐθεάσασθε αὐτὸν πορευόμενον εἰς τὸν
οὐρανόν.

12 Τότε ὑπέστρεψαν εἰς Ἱερουσαλὴμ ἀπὸ ὄρους
τοῦ καλουμένου Ἐλαιῶνος, ὅ ἐστιν ἐγγὺς Ἱερουσα-
13 λήμ, σαββάτου ἔχον ὁδόν. καὶ ὅτε εἰσῆλθον, ἀνέ-
βησαν εἰς τὸ ὑπερῷον[5] οὗ ἦσαν καταμένοντες, ὅ τε
Πέτρος καὶ Ἰάκωβος καὶ Ἰωάννης[6] καὶ Ἀνδρέας, Φί-
λιππος καὶ Θωμᾶς, Βαρθολομαῖος καὶ Ματθαῖος,
Ἰάκωβος Ἀλφαίου καὶ Σίμων ὁ Ζηλωτής, καὶ
14 Ἰούδας Ἰακώβου. οὗτοι πάντες ἦσαν προσκαρ-
τεροῦντες ὁμοθυμαδὸν τῇ προσευχῇ καὶ τῇ δεήσει[7],
σὺν γυναιξὶ καὶ Μαρίᾳ τῇ μητρὶ τοῦ Ἰησοῦ, καὶ
σὺν τοῖς ἀδελφοῖς αὐτοῦ.

15 Καὶ ἐν ταῖς ἡμέραις ταύταις ἀναστὰς Πέτρος ἐν
μέσῳ τῶν μαθητῶν[8] εἶπεν (ἦν τε ὄχλος ὀνομάτων
16 ἐπὶ τὸ αὐτὸ ὡς ἑκατὸν εἴκοσιν), Ἄνδρες ἀδελφοί,
ἔδει πληρωθῆναι τὴν γραφὴν ταύτην[9], ἣν προεῖπε
τὸ Πνεῦμα τὸ Ἅγιον διὰ στόματος Δαβὶδ περὶ
Ἰούδα, τοῦ γενομένου ὁδηγοῦ τοῖς συλλαβοῦσι τὸν
17 Ἰησοῦν. ὅτι κατηριθμημένος ἦν σὺν[10] ἡμῖν, καὶ
18 ἔλαχε τὸν κλῆρον τῆς διακονίας ταύτης. (οὗτος
μὲν οὖν ἐκτήσατο χωρίον ἐκ τοῦ[11] μισθοῦ τῆς ἀδι-

---

3 ἐσθήσεσι λευκαῖς   4 βλέποντες   5 εἰς τὸ ὑπερῷον
ἀνέβησαν   6 Ἰωάννης καὶ Ἰάκωβος   7 om. καὶ τῇ δεήσει
8 ἀδελφῶν   9 om. ταύτην   10 ἐν   11 om. τοῦ

κίας, καὶ πρηνὴς γενόμενος ἐλάκησε μέσος, καὶ
ἐξεχύθη πάντα τὰ σπλάγχνα αὐτοῦ. καὶ γνωστὸν 19
ἐγένετο πᾶσι τοῖς κατοικοῦσιν Ἱερουσαλήμ, ὥστε
κληθῆναι τὸ χωρίον ἐκεῖνο τῇ ἰδίᾳ[12] διαλέκτῳ αὐ-
τῶν Ἀκελδαμά, τοῦτ᾽ ἔστι, Χωρίον αἵματος.) γέ- 20
γραπται γὰρ ἐν βίβλῳ Ψαλμῶν, Γενηθήτω ἡ ἔπαυ-
λις αὐτοῦ ἔρημος, καὶ μὴ ἔστω ὁ κατοικῶν ἐν αὐτῇ·
καί, Τὴν ἐπισκοπὴν αὐτοῦ λάβοι[13] ἕτερος. δεῖ 21
οὖν τῶν συνελθόντων ἡμῖν ἀνδρῶν ἐν παντὶ χρόνῳ
ἐν[14] ᾧ εἰσῆλθε καὶ ἐξῆλθεν ἐφ᾽ ἡμᾶς ὁ Κύριος Ἰη-
σοῦς, ἀρξάμενος ἀπὸ τοῦ βαπτίσματος Ἰωάννου, 22
ἕως τῆς ἡμέρας ἧς ἀνελήφθη ἀφ᾽ ἡμῶν, μάρτυρα
τῆς ἀναστάσεως αὐτοῦ γενέσθαι σὺν ἡμῖν[15] ἕνα τού-
των. καὶ ἔστησαν δύο, Ἰωσὴφ τὸν καλούμενον 23
Βαρσαβᾶν[16], ὃς ἐπεκλήθη Ἰοῦστος, καὶ Ματθίαν.
καὶ προσευξάμενοι εἶπον, Σὺ Κύριε καρδιογνῶστα 24
πάντων, ἀνάδειξον ἐκ τούτων τῶν δύο ὃν ἕνα ἐξελέξω[17],
λαβεῖν τὸν κλῆρον[18] τῆς διακονίας ταύτης καὶ ἀπο- 25
στολῆς, ἐξ[19] ἧς παρέβη Ἰούδας, πορευθῆναι εἰς τὸν
τόπον τὸν ἴδιον. καὶ ἔδωκαν κλήρους αὐτῶν[20], καὶ 26
ἔπεσεν ὁ κλῆρος ἐπὶ Ματθίαν, καὶ συγκατεψη-
φίσθη μετὰ τῶν ἕνδεκα ἀποστόλων.

Καὶ ἐν τῷ συμπληροῦσθαι τὴν ἡμέραν τῆς II.
Πεντηκοστῆς, ἦσαν ἅπαντες ὁμοθυμαδὸν[1] ἐπὶ τὸ αὐτό.
καὶ ἐγένετο ἄφνω ἐκ τοῦ οὐρανοῦ ἦχος ὥσπερ φε- 2
ρομένης πνοῆς βιαίας, καὶ ἐπλήρωσεν ὅλον τὸν
οἶκον οὗ ἦσαν καθήμενοι. καὶ ὤφθησαν αὐτοῖς δια- 3
μεριζόμεναι γλῶσσαι ὡσεὶ πυρός, ἐκάθισέ τε[2] ἐφ᾽
ἕνα ἕκαστον αὐτῶν. καὶ ἐπλήσθησαν ἅπαντες[3] Πνεύ- 4

---

[12] om. ἰδίᾳ   [13] λαβέτω   [14] om. ἐν   [15] σὺν ἡμῖν
γενέσθαι   [16] Βαρσαββᾶν   [17] ὃν ἐξελέξω ἐκ τούτων τῶν
δύο ἕνα   [18] τόπον   [19] ἀφ᾽   [20] αὐτοῖς   [1] πάντες
ὁμοῦ   [2] καὶ ἐκάθισεν   [3] πάντες

ματος Ἁγίου, καὶ ἤρξαντο λαλεῖν ἑτέραις γλώσ-
σαις, καθὼς τὸ Πνεῦμα ἐδίδου αὐτοῖς ἀποφθέγγεσθαι⁴.

5 Ἦσαν δὲ ἐν Ἱερουσαλὴμ κατοικοῦντες Ἰου-
δαῖοι, ἄνδρες εὐλαβεῖς, ἀπὸ παντὸς ἔθνους τῶν ὑπὸ
6 τὸν οὐρανόν. γενομένης δὲ τῆς φωνῆς ταύτης,
συνῆλθε τὸ πλῆθος καὶ συνεχύθη, ὅτι ἤκουον εἰς
7 ἕκαστος τῇ ἰδίᾳ διαλέκτῳ λαλούντων αὐτῶν. ἐξί-
σταντο δὲ πάντες καὶ ἐθαύμαζον, λέγοντες πρὸς
ἀλλήλους⁵, Οὐκ ἰδοὺ πάντες⁶ οὗτοί εἰσιν οἱ λαλοῦντες
8 Γαλιλαῖοι; καὶ πῶς ἡμεῖς ἀκούομεν ἕκαστος τῇ
9 ἰδίᾳ διαλέκτῳ ἡμῶν ἐν ᾗ ἐγεννήθημεν; Πάρθοι καὶ
Μῆδοι καὶ Ἐλαμῖται, καὶ οἱ κατοικοῦντες τὴν
Μεσοποταμίαν, Ἰουδαίαν τε καὶ Καππαδοκίαν,
10 Πόντον καὶ τὴν Ἀσίαν, Φρυγίαν τε καὶ Παμφυ-
λίαν, Αἴγυπτον καὶ τὰ μέρη τῆς Λιβύης τῆς κατὰ
Κυρήνην, καὶ οἱ ἐπιδημοῦντες Ῥωμαῖοι, Ἰουδαῖοί
11 τε καὶ προσήλυτοι, Κρῆτες καὶ Ἄραβες, ἀκούομεν
λαλούντων αὐτῶν ταῖς ἡμετέραις γλώσσαις τὰ με-
12 γαλεῖα τοῦ Θεοῦ. ἐξίσταντο δὲ πάντες καὶ διηπό-
ρουν⁷, ἄλλος πρὸς ἄλλον λέγοντες, Τί ἂν θέλοι⁸ τοῦτο
13 εἶναι; ἕτεροι δὲ χλευάζοντες⁹ ἔλεγον ὅτι Γλεύκους
μεμεστωμένοι εἰσί.

14 Σταθεὶς δὲ Πέτρος σὺν τοῖς ἕνδεκα, ἐπῆρε τὴν
φωνὴν αὐτοῦ, καὶ ἀπεφθέγξατο αὐτοῖς, Ἄνδρες
Ἰουδαῖοι, καὶ οἱ κατοικοῦντες Ἱερουσαλὴμ ἅπαντες¹⁰,
τοῦτο ὑμῖν γνωστὸν ἔστω, καὶ ἐνωτίσασθε τὰ ῥή-
15 ματά μου. οὐ γάρ, ὡς ὑμεῖς ὑπολαμβάνετε, οὗτοι
16 μεθύουσιν· ἔστι γὰρ ὥρα τρίτη τῆς ἡμέρας· ἀλλὰ
τοῦτό ἐστι τὸ εἰρημένον διὰ τοῦ προφήτου Ἰωήλ,
17 Καὶ ἔσται ἐν ταῖς ἐσχάταις ἡμέραις, λέγει ὁ Θεός,
ἐκχεῶ ἀπὸ τοῦ πνεύματός μου ἐπὶ πᾶσαν σάρκα·

ἀποφθέγγεσθαι αὐτοῖς   ⁵ om. πρὸς ἀλλήλους   ⁶ ἅπαντες
⁷ διηποροῦντο   ⁸ θέλει   ⁹ διαχλευάζοντες   ¹⁰ πάντες

καὶ προφητεύσουσιν οἱ υἱοὶ ὑμῶν καὶ αἱ θυγατέρες
ὑμῶν, καὶ οἱ νεανίσκοι ὑμῶν ὁράσεις ὄψονται,
καὶ οἱ πρεσβύτεροι ὑμῶν ἐνύπνια¹¹ ἐνυπνιασθή-
σονται· καί γε ἐπὶ τοὺς δούλους μου καὶ ἐπὶ 18
τὰς δούλας μου ἐν ταῖς ἡμέραις ἐκείναις ἐκχεῶ
ἀπὸ τοῦ πνεύματός μου, καὶ προφητεύσουσι.
καὶ δώσω τέρατα ἐν τῷ οὐρανῷ ἄνω, καὶ σημεῖα 19
ἐπὶ τῆς γῆς κάτω, αἷμα καὶ πῦρ καὶ ἀτμίδα
καπνοῦ· ὁ ἥλιος μεταστραφήσεται εἰς σκότος, καὶ 20
ἡ σελήνη εἰς αἷμα, πρὶν ἢ¹² ἐλθεῖν τὴν¹³ ἡμέραν
Κυρίου τὴν μεγάλην καὶ ἐπιφανῆ· καὶ ἔσται, πᾶς 21
ὃς ἂν ἐπικαλέσηται τὸ ὄνομα Κυρίου σωθήσεται.
ἄνδρες Ἰσραηλῖται, ἀκούσατε τοὺς λόγους τού- 22
τους· Ἰησοῦν τὸν Ναζωραῖον, ἄνδρα ἀπὸ τοῦ Θεοῦ
ἀποδεδειγμένον¹⁴ εἰς ὑμᾶς δυνάμεσι καὶ τέρασι καὶ
σημείοις, οἷς ἐποίησε δι' αὐτοῦ ὁ Θεὸς ἐν μέσῳ
ὑμῶν, καθὼς καὶ¹⁵ αὐτοὶ οἴδατε, τοῦτον τῇ ὡρισ- 23
μένῃ βουλῇ καὶ προγνώσει τοῦ Θεοῦ ἔκδοτον λαβόν-
τες¹⁶, διὰ χειρῶν¹⁷ ἀνόμων προσπήξαντες ἀνείλετε·
ὃν ὁ Θεὸς ἀνέστησε, λύσας τὰς ὠδῖνας τοῦ θανάτου, 24
καθότι οὐκ ἦν δυνατὸν κρατεῖσθαι αὐτὸν ὑπ' αὐτοῦ.
Δαβὶδ γὰρ λέγει εἰς αὐτόν, Προωρώμην τὸν Κύριον 25
ἐνώπιόν μου διὰ παντός· ὅτι ἐκ δεξιῶν μου ἐστίν,
ἵνα μὴ σαλευθῶ· διὰ τοῦτο εὐφράνθη ἡ καρδία μου, 26
καὶ ἠγαλλιάσατο ἡ γλῶσσά μου· ἔτι δὲ καὶ ἡ σάρξ
μου κατασκηνώσει ἐπ' ἐλπίδι· ὅτι οὐκ ἐγκαταλεί- 27
ψεις τὴν ψυχήν μου εἰς ᾅδου, οὐδὲ δώσεις τὸν ὅσιόν
σου ἰδεῖν διαφθοράν. ἐγνώρισάς μοι ὁδοὺς ζωῆς· 28
πληρώσεις με εὐφροσύνης μετὰ τοῦ προσώπου
σου. ἄνδρες ἀδελφοί, ἐξὸν εἰπεῖν μετὰ παρρησίας 29

¹¹ ἐνυπνίοις   ¹² om. ἢ   ¹³ om. τὴν   ¹⁴ ἀπο-
δεδειγμένον ἀπὸ τοῦ Θεοῦ   ¹⁵ om. καὶ   ¹⁶ om. λαβόντες
¹⁷ χειρὸς

πρὸς ὑμᾶς περὶ τοῦ πατριάρχου Δαβίδ, ὅτι καὶ
ἐτελεύτησε καὶ ἐτάφη, καὶ τὸ μνῆμα αὐτοῦ ἐστιν
30 ἐν ἡμῖν ἄχρι τῆς ἡμέρας ταύτης. προφήτης οὖν
ὑπάρχων, καὶ εἰδὼς ὅτι ὅρκῳ ὤμοσεν αὐτῷ ὁ Θεός,
ἐκ καρποῦ τῆς ὀσφύος αὐτοῦ τὸ κατὰ σάρκα ἀναστήσειν
31 τὸν Χριστόν,[18] καθίσαι ἐπὶ τοῦ θρόνου[19] αὐτοῦ, προϊδὼν
ἐλάλησε περὶ τῆς ἀναστάσεως τοῦ Χριστοῦ, ὅτι
οὐ κατελείφθη[20] ἡ ψυχὴ αὐτοῦ[21] εἰς ἅδου, οὐδὲ[22] ἡ σὰρξ
32 αὐτοῦ εἶδε διαφθοράν. τοῦτον τὸν Ἰησοῦν ἀνέ-
στησεν ὁ Θεός, οὗ πάντες ἡμεῖς ἐσμεν μάρτυρες.
33 τῇ δεξιᾷ οὖν τοῦ Θεοῦ ὑψωθείς, τήν τε ἐπαγγελίαν
τοῦ Ἁγίου Πνεύματος λαβὼν παρὰ τοῦ πατρός,
34 ἐξέχεε τοῦτο ὃ νῦν[23] ὑμεῖς βλέπετε καὶ ἀκούετε.
οὐ γὰρ Δαβὶδ ἀνέβη εἰς τοὺς οὐρανούς, λέγει δὲ
αὐτός, Εἶπεν ὁ Κύριος τῷ Κυρίῳ μου, Κάθου ἐκ
35 δεξιῶν μου, ἕως ἂν θῶ τοὺς ἐχθρούς σου ὑποπό-
36 διον τῶν ποδῶν σου. ἀσφαλῶς οὖν γινωσκέτω
πᾶς οἶκος Ἰσραήλ, ὅτι καὶ* Κύριον καὶ Χριστὸν
αὐτὸν[24] ὁ Θεὸς ἐποίησε, τοῦτον τὸν Ἰησοῦν ὃν ὑμεῖς
ἐσταυρώσατε.
37 Ἀκούσαντες δὲ κατενύγησαν τῇ καρδίᾳ,[25] εἶπόν τε
πρὸς τὸν Πέτρον καὶ τοὺς λοιποὺς ἀποστόλους, Τί
38 ποιήσομεν[26], ἄνδρες ἀδελφοί; Πέτρος δὲ ἔφη[27] πρὸς
αὐτούς, Μετανοήσατε· καὶ βαπτισθήτω ἕκαστος
ὑμῶν ἐπὶ[28] τῷ ὀνόματι Ἰησοῦ Χριστοῦ εἰς ἄφεσιν[29]
ἁμαρτιῶν[30], καὶ λήψεσθε τὴν δωρεὰν τοῦ Ἁγίου
39 Πνεύματος. ὑμῖν γάρ ἐστιν ἡ ἐπαγγελία, καὶ τοῖς
τέκνοις ὑμῶν, καὶ πᾶσι τοῖς εἰς μακράν, ὅσους ἂν

---

[18] om. τὸ κατὰ σάρκα ἀναστήσειν τὸν Χριστόν,   [19] τὸν θρόνον
[20] οὔτε ἐγκατελείφθη   [21] om. ἡ ψυχὴ αὐτοῦ   [22] οὔτε
[23] om. νῦν   [24] αὐτὸν καὶ Χριστὸν   [25] τὴν καρδίαν
[26] ποιήσωμεν   [27] om. ἔφη   [28] ἐν   [29] add τῶν
[30] add ὑμῶν

προσκαλέσηται Κύριος ὁ Θεὸς ἡμῶν. ἑτέροις τε 40
λόγοις πλείοσι διεμαρτύρετο[31] καὶ παρεκάλει[32] λέγων,
Σώθητε ἀπὸ τῆς γενεᾶς τῆς σκολιᾶς ταύτης. οἱ 41
μὲν οὖν ἀσμένως[33] ἀποδεξάμενοι τὸν λόγον αὐτοῦ
ἐβαπτίσθησαν· καὶ προσετέθησαν[34] τῇ ἡμέρᾳ
ἐκείνῃ ψυχαὶ ὡσεὶ τρισχίλιαι. ἦσαν δὲ προσκαρ- 42
τεροῦντες τῇ διδαχῇ τῶν ἀποστόλων καὶ τῇ κοινω-
νίᾳ, καὶ[35] τῇ κλάσει τοῦ ἄρτου καὶ ταῖς προσευχαῖς.
Ἐγένετο[36] δὲ πάσῃ ψυχῇ φόβος, πολλά τε τέ- 43
ρατα καὶ σημεῖα διὰ τῶν ἀποστόλων ἐγίνετο[37].
πάντες δὲ οἱ πιστεύοντες ἦσαν ἐπὶ τὸ αὐτό, καὶ 44
εἶχον ἅπαντα κοινά, καὶ τὰ κτήματα καὶ τὰς 45
ὑπάρξεις ἐπίπρασκον, καὶ διεμέριζον αὐτὰ πᾶσι,
καθότι ἄν τις χρείαν εἶχε. καθ᾽ ἡμέραν τε προσ- 46
καρτεροῦντες ὁμοθυμαδὸν ἐν τῷ ἱερῷ, κλῶντές τε
κατ᾽ οἶκον ἄρτον, μετελάμβανον τροφῆς ἐν ἀγαλ-
λιάσει καὶ ἀφελότητι καρδίας, αἰνοῦντες τὸν Θεόν, 47
καὶ ἔχοντες χάριν πρὸς ὅλον τὸν λαόν. ὁ δὲ
Κύριος προσετίθει τοὺς σωζομένους καθ᾽ ἡμέραν
τῇ ἐκκλησίᾳ[38].

Ἐπὶ τὸ αὐτὸ δὲ Πέτρος[1] καὶ Ἰωάννης ἀνέβαινον III.
εἰς τὸ ἱερὸν ἐπὶ τὴν ὥραν τῆς προσευχῆς τὴν
ἐννάτην. καί τις ἀνὴρ χωλὸς ἐκ κοιλίας μητρὸς 2
αὐτοῦ ὑπάρχων ἐβαστάζετο· ὃν ἐτίθουν καθ᾽ ἡμέ-
ραν πρὸς τὴν θύραν τοῦ ἱεροῦ τὴν λεγομένην
Ὡραίαν, τοῦ αἰτεῖν ἐλεημοσύνην παρὰ τῶν εἰσπο-
ρευομένων εἰς τὸ ἱερόν. ὃς ἰδὼν Πέτρον καὶ Ἰω- 3
άννην μέλλοντας εἰσιέναι εἰς τὸ ἱερόν, ἠρώτα ἐλεη-
μοσύνην*[2]. ἀτενίσας δὲ Πέτρος εἰς αὐτὸν σὺν τῷ 4

---

[31] διεμαρτύρατο   [32] add αὐτοὺς   [33] om. ἀσμένως
[34] add ἐν   [35] om. καὶ   [36] Ἐγίνετο   [37] Marg. adds
ἐν Ἱερουσαλήμ· φόβος τε ἦν μέγας ἐπὶ πάντας   [38] ἐπὶ τὸ αὐτό
[1] Πέτρος δὲ   [2] add λαβεῖν

5 Ἰωάννῃ, εἶπε, Βλέψον εἰς ἡμᾶς. ὁ δὲ ἐπεῖχεν
6 αὐτοῖς, προσδοκῶν τι παρ' αὐτῶν λαβεῖν. εἶπε δὲ
Πέτρος, Ἀργύριον καὶ χρυσίον οὐχ ὑπάρχει μοι·
ὃ δὲ ἔχω, τοῦτό σοι δίδωμι. ἐν τῷ ὀνόματι Ἰησοῦ
7 Χριστοῦ τοῦ Ναζωραίου, ἔγειραι καὶ³ περιπάτει. καὶ
πιάσας αὐτὸν τῆς δεξιᾶς χειρὸς ἤγειρε⁴· παραχρῆ-
μα δὲ ἐστερεώθησαν αὐτοῦ αἱ βάσεις καὶ τὰ σφυρά.
8 καὶ ἐξαλλόμενος ἔστη καὶ περιεπάτει, καὶ εἰσῆλθε
σὺν αὐτοῖς εἰς τὸ ἱερόν, περιπατῶν καὶ ἀλλόμενος
9 καὶ αἰνῶν τὸν Θεόν. καὶ εἶδεν αὐτὸν πᾶς ὁ λαὸς
10 περιπατοῦντα καὶ αἰνοῦντα τὸν Θεόν· ἐπεγίνωσκόν
τε⁵ αὐτὸν ὅτι οὗτος ἦν ὁ πρὸς τὴν ἐλεημοσύνην
καθήμενος ἐπὶ τῇ Ὡραίᾳ πύλῃ τοῦ ἱεροῦ· καὶ
ἐπλήσθησαν θάμβους καὶ ἐκστάσεως ἐπὶ τῷ συμ-
βεβηκότι αὐτῷ.
11 Κρατοῦντος δὲ τοῦ ἰαθέντος χωλοῦ⁶ τὸν Πέτρον
καὶ Ἰωάννην, συνέδραμε πρὸς αὐτοὺς πᾶς ὁ λαὸς
ἐπὶ τῇ στοᾷ τῇ καλουμένῃ Σολομῶντος, ἔκθαμβοι.
12 ἰδὼν δὲ Πέτρος ἀπεκρίνατο πρὸς τὸν λαόν, Ἄνδρες
Ἰσραηλῖται, τί θαυμάζετε ἐπὶ τούτῳ, ἢ ἡμῖν τί
ἀτενίζετε, ὡς ἰδίᾳ δυνάμει ἢ εὐσεβείᾳ πεποιηκόσι
13 τοῦ περιπατεῖν αὐτόν; ὁ Θεὸς Ἀβραὰμ καὶ Ἰσαὰκ
καὶ Ἰακώβ, ὁ Θεὸς τῶν πατέρων ἡμῶν, ἐδόξασε
τὸν παῖδα αὐτοῦ Ἰησοῦν· ὃν ὑμεῖς⁷ παρεδώκατε,
καὶ ἠρνήσασθε αὐτὸν⁸ κατὰ πρόσωπον Πιλάτου,
14 κρίναντος ἐκείνου ἀπολύειν. ὑμεῖς δὲ τὸν ἅγιον
καὶ δίκαιον ἠρνήσασθε, καὶ ἠτήσασθε ἄνδρα φονέα
15 χαρισθῆναι ὑμῖν, τὸν δὲ ἀρχηγὸν τῆς ζωῆς ἀπε-
κτείνατε· ὃν ὁ Θεὸς ἤγειρεν ἐκ νεκρῶν, οὗ ἡμεῖς
16 μάρτυρές ἐσμεν. καὶ ἐπὶ τῇ πίστει τοῦ ὀνόματος
αὐτοῦ, τοῦτον ὃν θεωρεῖτε καὶ οἴδατε ἐστερέωσε τὸ

³ om. ἔγειραι καὶ   ⁴ add (ν) αὐτόν   ⁵ (-σκον) δὲ   ⁶ αὐτοῦ
⁷ add μὲν   ᵇ om. αὐτὸν

ὄνομα αὐτοῦ· καὶ ἡ πίστις ἡ δι᾽ αὐτοῦ ἔδωκεν
αὐτῷ τὴν ὁλοκληρίαν ταύτην ἀπέναντι πάντων
ὑμῶν. καὶ νῦν, ἀδελφοί, οἶδα ὅτι κατὰ ἄγνοιαν 17
ἐπράξατε, ὥσπερ καὶ οἱ ἄρχοντες ὑμῶν. ὁ δὲ Θεὸς 18
ἃ προκατήγγειλε διὰ στόματος πάντων τῶν προ-
φητῶν αὐτοῦ, **παθεῖν τὸν Χριστόν**[9], ἐπλήρωσεν οὕτω.
μετανοήσατε οὖν καὶ ἐπιστρέψατε, εἰς τὸ ἐξαλειφ- 19
θῆναι ὑμῶν τὰς ἁμαρτίας, ὅπως ἂν ἔλθωσι καιροὶ
ἀναψύξεως ἀπὸ προσώπου τοῦ Κυρίου, καὶ ἀπο- 20
στείλῃ τὸν **προκεκηρυγμένον**[10] ὑμῖν Ἰησοῦν Χριστόν[11]· ὃν 21
δεῖ οὐρανὸν μὲν δέξασθαι ἄχρι χρόνων ἀποκατα-
στάσεως πάντων, ὧν ἐλάλησεν ὁ Θεὸς διὰ στόμα-
τος **πάντων**[12] ἁγίων **αὐτοῦ προφητῶν ἀπ᾽ αἰῶνος**[13]. Μω- 22
σῆς μὲν **γὰρ πρὸς τοὺς πατέρας**[14] εἶπεν ὅτι Προφήτην
ὑμῖν ἀναστήσει Κύριος ὁ Θεὸς ὑμῶν[15] ἐκ τῶν ἀδελ-
φῶν ὑμῶν ὡς[16] ἐμέ· αὐτοῦ ἀκούσεσθε κατὰ πάντα
ὅσα ἂν λαλήσῃ πρὸς ὑμᾶς. ἔσται δέ, πᾶσα ψυχή, 23
ἥτις ἂν μὴ ἀκούσῃ τοῦ προφήτου ἐκείνου, ἐξολο-
θρευθήσεται ἐκ τοῦ λαοῦ. καὶ πάντες δὲ οἱ προ- 24
φῆται ἀπὸ Σαμουὴλ καὶ τῶν καθεξῆς, ὅσοι ἐλάλη-
σαν, καὶ **προκατήγγειλαν**[17] τὰς ἡμέρας ταύτας. ὑμεῖς 25
ἐστε[18] υἱοὶ τῶν προφητῶν, καὶ τῆς διαθήκης ἧς
διέθετο ὁ Θεὸς πρὸς τοὺς πατέρας ἡμῶν[19], λέγων
πρὸς Ἀβραάμ, Καὶ[20] τῷ σπέρματί σου ἐνευλογη-
θήσονται πᾶσαι αἱ πατριαὶ τῆς γῆς. ὑμῖν πρῶτον 26
ὁ Θεός, ἀναστήσας τὸν παῖδα αὐτοῦ Ἰησοῦν[21], ἀπέ-
στειλεν αὐτὸν εὐλογοῦντα ὑμᾶς, ἐν τῷ ἀποστρέφειν
ἕκαστον ἀπὸ τῶν πονηριῶν ὑμῶν.

---

[9] παθεῖν τὸν Χριστὸν αὐτοῦ   [10] προκεχειρισμένον
[11] Χριστόν, Ἰησοῦν   [12] τῶν   [13] ἀπ᾽ αἰῶνος αὐτοῦ προ-
φητῶν   [14] *om.* γὰρ πρὸς τοὺς πατέρας   [15] *om.* ὑμῶν
[16] (*Marg.* ὑμῶν, ὡς)   [17] κατήγγειλαν   [18] *add* οἱ   [19] ὑμῶν
[20] *add* ἐν   [21] *om.* Ἰησοῦν

IV. Λαλούντων δὲ αὐτῶν πρὸς τὸν λαόν, ἐπέστησαν
αὐτοῖς οἱ ἱερεῖς[1] καὶ ὁ στρατηγὸς τοῦ ἱεροῦ καὶ οἱ
2 Σαδδουκαῖοι, διαπονούμενοι διὰ τὸ διδάσκειν αὐ-
τοὺς τὸν λαόν, καὶ καταγγέλλειν ἐν τῷ Ἰησοῦ τὴν
3 ἀνάστασιν τὴν ἐκ νεκρῶν. καὶ ἐπέβαλον αὐτοῖς
τὰς χεῖρας, καὶ ἔθεντο εἰς τήρησιν εἰς τὴν αὔριον·
4 ἦν γὰρ ἑσπέρα ἤδη. πολλοὶ δὲ τῶν ἀκουσάντων
τὸν λόγον ἐπίστευσαν· καὶ ἐγενήθη ὁ[2] ἀριθμὸς τῶν
ἀνδρῶν ὡσεὶ χιλιάδες πέντε.

5 Ἐγένετο δὲ ἐπὶ τὴν αὔριον συναχθῆναι αὐτῶν
τοὺς ἄρχοντας καὶ[3] πρεσβυτέρους καὶ[3] γραμματεῖς
6 εἰς[4] Ἱερουσαλήμ, καὶ Ἄνναν τὸν ἀρχιερέα, καὶ Καϊάφαν,
καὶ Ἰωάννην, καὶ Ἀλέξανδρον[5], καὶ ὅσοι ἦσαν ἐκ γένους
7 ἀρχιερατικοῦ. καὶ στήσαντες αὐτοὺς ἐν τῷ μέσῳ
ἐπυνθάνοντο, Ἐν ποίᾳ δυνάμει ἢ ἐν ποίῳ ὀνόματι
8 ἐποιήσατε τοῦτο ὑμεῖς; τότε Πέτρος πλησθεὶς
Πνεύματος Ἁγίου εἶπε πρὸς αὐτούς, Ἄρχοντες τοῦ
9 λαοῦ καὶ πρεσβύτεροι τοῦ Ἰσραήλ[6], εἰ ἡμεῖς σήμε-
ρον ἀνακρινόμεθα ἐπὶ εὐεργεσίᾳ ἀνθρώπου ἀσθε-
10 νοῦς, ἐν τίνι οὗτος σέσωσται· γνωστὸν ἔστω πᾶσιν
ὑμῖν καὶ παντὶ τῷ λαῷ Ἰσραήλ, ὅτι ἐν τῷ ὀνόματι
Ἰησοῦ Χριστοῦ τοῦ Ναζωραίου, ὃν ὑμεῖς ἐσταυρώ-
σατε, ὃν ὁ Θεὸς ἤγειρεν ἐκ νεκρῶν, ἐν τούτῳ οὗτος
11 παρέστηκεν ἐνώπιον ὑμῶν ὑγιής. οὗτός ἐστιν ὁ
λίθος ὁ ἐξουθενηθεὶς ὑφ᾽ ὑμῶν τῶν οἰκοδομούντων,
12 ὁ γενόμενος εἰς κεφαλὴν γωνίας. καὶ οὐκ ἔστιν ἐν
ἄλλῳ οὐδενὶ ἡ σωτηρία· οὔτε[7] γὰρ ὄνομά ἐστιν
ἕτερον ὑπὸ τὸν οὐρανὸν τὸ δεδομένον ἐν ἀνθρώποις,
ἐν ᾧ δεῖ σωθῆναι ἡμᾶς.

13 Θεωροῦντες δὲ τὴν τοῦ Πέτρου παρρησίαν καὶ

---

[1] Marg. ἀρχιερεῖς   [2] om. ὁ   [3] add τοὺς   [4] ἐν
[5] Ἄννας ὁ ἀρχιερεύς, καὶ Καϊάφας, καὶ Ἰωάννης, καὶ Ἀλέξανδρος
[6] om. τοῦ Ἰσραήλ   [7] οὐδὲ

Ἰωάννου, καὶ καταλαβόμενοι ὅτι ἄνθρωποι ἀγράμ-
ματοί εἰσι καὶ ἰδιῶται, ἐθαύμαζον, ἐπεγίνωσκόν τε
αὐτοὺς ὅτι σὺν τῷ Ἰησοῦ ἦσαν. τὸν δὲ[8] ἄνθρωπον 14
βλέποντες σὺν αὐτοῖς ἑστῶτα τὸν τεθεραπευμένον,
οὐδὲν εἶχον ἀντειπεῖν. κελεύσαντες δὲ αὐτοὺς ἔξω 15
τοῦ συνεδρίου ἀπελθεῖν, συνέβαλον πρὸς ἀλλήλους,
λέγοντες, Τί ποιήσομεν[9] τοῖς ἀνθρώποις τούτοις ; 16
ὅτι μὲν γὰρ γνωστὸν σημεῖον γέγονε δι' αὐτῶν,
πᾶσι τοῖς κατοικοῦσιν Ἱερουσαλὴμ φανερόν, καὶ
οὐ δυνάμεθα ἀρνήσασθαι[10]. ἀλλ' ἵνα μὴ ἐπὶ πλεῖον 17
διανεμηθῇ εἰς τὸν λαόν, ἀπειλῇ[11] ἀπειλησώμεθα
αὐτοῖς μηκέτι λαλεῖν ἐπὶ τῷ ὀνόματι τούτῳ μηδενὶ
ἀνθρώπων. καὶ καλέσαντες αὐτούς, παρήγγειλαν 18
αὐτοῖς[12] τὸ καθόλου μὴ φθέγγεσθαι μηδὲ διδάσκειν
ἐπὶ τῷ ὀνόματι τοῦ Ἰησοῦ. ὁ δὲ Πέτρος καὶ Ἰω- 19
άννης ἀποκριθέντες πρὸς αὐτοὺς εἶπον, Εἰ δίκαιόν
ἐστιν ἐνώπιον τοῦ Θεοῦ ὑμῶν ἀκούειν μᾶλλον ἢ
τοῦ Θεοῦ, κρίνατε. οὐ δυνάμεθα γὰρ ἡμεῖς, ἃ 20
εἴδομεν καὶ ἠκούσαμεν, μὴ λαλεῖν. οἱ δὲ προσα- 21
πειλησάμενοι ἀπέλυσαν αὐτούς, μηδὲν εὑρίσκοντες
τὸ πῶς κολάσωνται αὐτούς, διὰ τὸν λαόν, ὅτι πάν-
τες ἐδόξαζον τὸν Θεὸν ἐπὶ τῷ γεγονότι. ἐτῶν γὰρ 22
ἦν πλειόνων τεσσαράκοντα ὁ ἄνθρωπος ἐφ' ὃν
ἐγεγόνει τὸ σημεῖον τοῦτο τῆς ἰάσεως.

Ἀπολυθέντες δὲ ἦλθον πρὸς τοὺς ἰδίους, καὶ 23
ἀπήγγειλαν ὅσα πρὸς αὐτοὺς οἱ ἀρχιερεῖς καὶ οἱ
πρεσβύτεροι εἶπον. οἱ δὲ ἀκούσαντες ὁμοθυμαδὸν 24
ἦραν φωνὴν πρὸς τὸν Θεόν, καὶ εἶπον, Δέσποτα, σὺ
ὁ Θεὸς[13] ὁ ποιήσας τὸν οὐρανὸν καὶ τὴν γῆν καὶ τὴν
θάλασσαν καὶ πάντα τὰ ἐν αὐτοῖς· ὁ* διὰ στόματος[14] 25

---

[8] (τὸν) τε   [9] ποιήσωμεν   [10] ἀρνεῖσθαι   [11] om. ἀπειλῇ
[12] om. αὐτοῖς   [13] om. ὁ Θεὸς   [14] τοῦ πατρὸς ἡμῶν διὰ Πνεύ
ματος Ἁγίου στόματος   *Marg. notes the uncertainty of the reading*

Δαβὶδ τοῦ[15] παιδός σου εἰπών, Ἰνατί ἐφρύαξαν
26 ἔθνη, καὶ λαοὶ ἐμελέτησαν κενά; παρέστησαν οἱ
βασιλεῖς τῆς γῆς, καὶ οἱ ἄρχοντες συνήχθησαν ἐπὶ
τὸ αὐτὸ κατὰ τοῦ Κυρίου, καὶ κατὰ τοῦ Χριστοῦ
27 αὐτοῦ· συνήχθησαν γὰρ ἐπ᾽ ἀληθείας[*16] ἐπὶ τὸν
ἅγιον παῖδά σου Ἰησοῦν, ὃν ἔχρισας, Ἡρώδης τε
καὶ Πόντιος Πιλάτος, σὺν ἔθνεσι καὶ λαοῖς Ἰσ-
28 ραήλ, ποιῆσαι ὅσα ἡ χείρ σου καὶ ἡ βουλή σου
29 προώρισε γενέσθαι. καὶ τὰ νῦν, Κύριε, ἔπιδε ἐπὶ
τὰς ἀπειλὰς αὐτῶν, καὶ δὸς τοῖς δούλοις σου μετὰ
30 παρρησίας πάσης λαλεῖν τὸν λόγον σου, ἐν τῷ τὴν
χεῖρά σου ἐκτείνειν σε εἰς ἴασιν, καὶ σημεῖα καὶ
τέρατα γίνεσθαι διὰ τοῦ ὀνόματος τοῦ ἁγίου παιδός
31 σου Ἰησοῦ. καὶ δεηθέντων αὐτῶν ἐσαλεύθη ὁ
τόπος ἐν ᾧ ἦσαν συνηγμένοι, καὶ ἐπλήσθησαν
ἅπαντες Πνεύματος Ἁγίου[17], καὶ ἐλάλουν τὸν λόγον
τοῦ Θεοῦ μετὰ παρρησίας.

32   Τοῦ δὲ πλήθους τῶν πιστευσάντων ἦν ἡ[18] καρ-
δία καὶ ἡ[18] ψυχὴ μία· καὶ οὐδ᾽ εἷς τι τῶν ὑπαρ-
χόντων αὐτῷ ἔλεγεν ἴδιον εἶναι, ἀλλ᾽ ἦν αὐτοῖς
33 ἅπαντα κοινά. καὶ μεγάλῃ δυνάμει ἀπεδίδουν τὸ
μαρτύριον οἱ ἀπόστολοι τῆς ἀναστάσεως τοῦ Κυ-
ρίου Ἰησοῦ[19], χάρις τε μεγάλη ἦν ἐπὶ πάντας αὐ-
34 τούς. οὐδὲ γὰρ ἐνδεής τις ὑπῆρχεν[20] ἐν αὐτοῖς· ὅσοι
γὰρ κτήτορες χωρίων ἢ οἰκιῶν ὑπῆρχον, πωλοῦν-
35 τες ἔφερον τὰς τιμὰς τῶν πιπρασκομένων, καὶ ἐτί-
θουν παρὰ τοὺς πόδας τῶν ἀποστόλων· διεδίδοτο
δὲ ἑκάστῳ καθότι ἄν τις χρείαν εἶχεν.

36   Ἰωσῆς[*21] δέ, ὁ ἐπικληθεὶς Βαρνάβας ὑπὸ[22] τῶν
ἀποστόλων (ὅ ἐστι, μεθερμηνευόμενον, υἱὸς παρα-

---

[15] om. τοῦ   [16] add ἐν τῇ πόλει ταύτῃ   [17] τοῦ Ἁγίου
Πνεύματος   [18] om. ἡ   [19] Marg. adds Χριστοῦ   [20] ἦν
[21] Ἰωσήφ   [22] ἀπὸ

κλήσεως), Λευΐτης, Κύπριος τῷ γένει, ὑπάρχοντος 37
αὐτῷ ἀγροῦ, πωλήσας ἤνεγκε τὸ χρῆμα, καὶ ἔθηκε
παρὰ τοὺς πόδας τῶν ἀποστόλων.

Ἀνὴρ δέ τις Ἀνανίας ὀνόματι, σὺν Σαπφείρῃ V.
τῇ γυναικὶ αὐτοῦ, ἐπώλησε κτῆμα, καὶ ἐνοσφίσατο 2
ἀπὸ τῆς τιμῆς, συνειδυίας καὶ τῆς γυναικὸς αὐτοῦ¹,
καὶ ἐνέγκας μέρος τι παρὰ τοὺς πόδας τῶν ἀπο-
στόλων ἔθηκεν. εἶπε δὲ Πέτρος, Ἀνανία, διατί 3
ἐπλήρωσεν ὁ Σατανᾶς τὴν καρδίαν σου, ψεύσασθαί
σε τὸ Πνεῦμα τὸ Ἅγιον, καὶ νοσφίσασθαι ἀπὸ τῆς
τιμῆς τοῦ χωρίου; οὐχὶ μένον σοὶ ἔμενε, καὶ πρα- 4
θὲν ἐν τῇ σῇ ἐξουσίᾳ ὑπῆρχε; τί ὅτι ἔθου ἐν τῇ
καρδίᾳ σου τὸ πρᾶγμα τοῦτο; οὐκ ἐψεύσω ανθρώ-
ποις, ἀλλὰ τῷ Θεῷ. ἀκούων δὲ Ἀνανίας τοὺς 5
λόγους τούτους, πεσὼν ἐξέψυξε· καὶ ἐγένετο φό-
βος μέγας ἐπὶ πάντας τοὺς ἀκούοντας ταῦτα². ἀνα- 6
στάντες δὲ οἱ νεώτεροι συνέστειλαν αὐτόν, καὶ
ἐξενέγκαντες ἔθαψαν.

Ἐγένετο δὲ ὡς ὡρῶν τριῶν διάστημα, καὶ ἡ 7
γυνὴ αὐτοῦ μὴ εἰδυῖα τὸ γεγονὸς εἰσῆλθεν. ἀπε- 8
κρίθη δὲ αὐτῇ³ ὁ Πέτρος, Εἰπέ μοι, εἰ τοσούτου τὸ
χωρίον ἀπέδοσθε. ἡ δὲ εἶπε, Ναί, τοσούτου. ὁ 9
δὲ Πέτρος εἶπε⁴ πρὸς αὐτήν, Τί ὅτι συνεφωνήθη
ὑμῖν πειράσαι τὸ Πνεῦμα Κυρίου; ἰδού, οἱ πόδες
τῶν θαψάντων τὸν ἄνδρα σου ἐπὶ τῇ θύρᾳ, καὶ
ἐξοίσουσί σε. ἔπεσε δὲ παραχρῆμα παρὰ⁵ τοὺς 10
πόδας αὐτοῦ, καὶ ἐξέψυξεν· εἰσελθόντες δὲ οἱ νεα-
νίσκοι εὗρον αὐτὴν νεκράν, καὶ ἐξενέγκαντες ἔθα-
ψαν πρὸς τὸν ἄνδρα αὐτῆς. καὶ ἐγένετο φόβος 11
μέγας ἐφ᾽ ὅλην τὴν ἐκκλησίαν, καὶ ἐπὶ πάντας
τοὺς ἀκούοντας ταῦτα.

¹ om. αὐτοῦ   ² om. ταῦτα   ³ πρὸς αὐτὴν
⁴ om. εἶπε   ⁵ πρὸς

12 Διὰ δὲ τῶν χειρῶν τῶν ἀποστόλων ἐγίνετο ση-
μεῖα καὶ τέρατα ἐν τῷ λαῷ πολλά· καὶ ἦσαν ὁμο-
13 θυμαδὸν ἅπαντες ἐν τῇ στοᾷ Σολομῶντος. τῶν δὲ
λοιπῶν οὐδεὶς ἐτόλμα κολλᾶσθαι αὐτοῖς, ἀλλ᾽ ἐμε-
14 γάλυνεν αὐτοὺς ὁ λαός· μᾶλλον δὲ προσετίθεντο⁶
πιστεύοντες τῷ Κυρίῳ, πλήθη ἀνδρῶν τε καὶ γυ-
15 ναικῶν· ὥστε κατὰ⁷ τὰς πλατείας ἐκφέρειν τοὺς
ἀσθενεῖς, καὶ τιθέναι ἐπὶ κλινῶν⁸ καὶ κραββάτων,
ἵνα ἐρχομένου Πέτρου κἂν ἡ σκιὰ ἐπισκιάσῃ τινὶ
16 αὐτῶν. συνήρχετο δὲ καὶ τὸ πλῆθος τῶν πέριξ
πόλεων εἰς⁹ Ἱερουσαλήμ, φέροντες ἀσθενεῖς καὶ
ὀχλουμένους ὑπὸ πνευμάτων ἀκαθάρτων, οἵτινες
ἐθεραπεύοντο ἅπαντες.

17 Ἀναστὰς δὲ ὁ ἀρχιερεὺς καὶ πάντες οἱ σὺν
αὐτῷ (ἡ οὖσα αἵρεσις τῶν Σαδδουκαίων), ἐπλήσθη-
18 σαν ζήλου, καὶ ἐπέβαλον τὰς χεῖρας αὐτῶν¹⁰ ἐπὶ
τοὺς ἀποστόλους, καὶ ἔθεντο αὐτοὺς ἐν τηρήσει
19 δημοσίᾳ. ἄγγελος δὲ Κυρίου διὰ τῆς¹¹ νυκτὸς
ἤνοιξε τὰς θύρας τῆς φυλακῆς, ἐξαγαγών τε αὐτοὺς
20 εἶπε, Πορεύεσθε, καὶ σταθέντες λαλεῖτε ἐν τῷ
ἱερῷ τῷ λαῷ πάντα τὰ ῥήματα τῆς ζωῆς ταύτης.
21 ἀκούσαντες δὲ εἰσῆλθον ὑπὸ τὸν ὄρθρον εἰς τὸ
ἱερόν, καὶ ἐδίδασκον. παραγενόμενος δὲ ὁ ἀρχιε-
ρεὺς καὶ οἱ σὺν αὐτῷ, συνεκάλεσαν τὸ συνέδριον
καὶ πᾶσαν τὴν γερουσίαν τῶν υἱῶν Ἰσραήλ, καὶ
ἀπέστειλαν εἰς τὸ δεσμωτήριον, ἀχθῆναι αὐτούς.
22 οἱ δὲ ὑπηρέται παραγενόμενοι¹² οὐχ εὗρον αὐτοὺς ἐν τῇ
23 φυλακῇ· ἀναστρέψαντες δὲ ἀπήγγειλαν, λέγοντες
ὅτι Τὸ μὲν¹³ δεσμωτήριον εὕρομεν κεκλεισμένον ἐν
πάσῃ ἀσφαλείᾳ, καὶ τοὺς φύλακας ἔξω¹⁴ ἑστῶτας

---

⁶ (Marg. προσετίθεντο,)   ⁷ καὶ εἰς   ⁸ κλιναρίων
⁹ om. εἰς   ¹⁰ om. αὐτῶν   ¹¹ om. τῆς   ¹² παραγενόμενοι
ὑπηρέται   ¹³ om. μὲν   ¹⁴ om. ἔξω

πρὸ[15] τῶν θυρῶν· ἀνοίξαντες δέ, ἔσω οὐδένα εὕρο-
μεν. ὡς δὲ ἤκουσαν τοὺς λόγους τούτους ὅ τε 24
ἱερεὺς καὶ ὁ[16] στρατηγὸς τοῦ ἱεροῦ καὶ οἱ ἀρχιερεῖς,
διηπόρουν περὶ αὐτῶν, τί ἂν γένοιτο τοῦτο. παρα- 25
γενόμενος δέ τις ἀπήγγειλεν αὐτοῖς λέγων[17] ὅτι
Ἰδού, οἱ ἄνδρες οὓς ἔθεσθε ἐν τῇ φυλακῇ εἰσὶν ἐν
τῷ ἱερῷ ἑστῶτες καὶ διδάσκοντες τὸν λαόν. τότε 26
ἀπελθὼν ὁ στρατηγὸς σὺν τοῖς ὑπηρέταις ἤγαγεν
αὐτούς, οὐ μετὰ βίας, ἐφοβοῦντο γὰρ τὸν λαόν,
ἵνα[18] μὴ λιθασθῶσιν. ἀγαγόντες δὲ αὐτοὺς ἔστη- 27
σαν ἐν τῷ συνεδρίῳ. καὶ ἐπηρώτησεν αὐτοὺς ὁ
ἀρχιερεύς, λέγων, Οὐ[19] παραγγελίᾳ παρηγγείλαμεν 28
ὑμῖν μὴ διδάσκειν ἐπὶ τῷ ὀνόματι τούτῳ; καὶ ἰδοὺ
πεπληρώκατε τὴν Ἱερουσαλὴμ τῆς διδαχῆς ὑμῶν,
καὶ βούλεσθε ἐπαγαγεῖν ἐφ᾽ ἡμᾶς τὸ αἷμα τοῦ
ἀνθρώπου τούτου. ἀποκριθεὶς δὲ ὁ Πέτρος καὶ οἱ 29
ἀπόστολοι εἶπον, Πειθαρχεῖν δεῖ Θεῷ μᾶλλον ἢ
ἀνθρώποις. ὁ Θεὸς τῶν πατέρων ἡμῶν ἤγειρεν 30
Ἰησοῦν, ὃν ὑμεῖς διεχειρίσασθε, κρεμάσαντες ἐπὶ
ξύλου. τοῦτον ὁ Θεὸς ἀρχηγὸν καὶ σωτῆρα ὕψωσε 31
τῇ δεξιᾷ αὐτοῦ, [20]δοῦναι μετάνοιαν τῷ Ἰσραὴλ καὶ
ἄφεσιν ἁμαρτιῶν. καὶ ἡμεῖς ἐσμεν αὐτοῦ[21] μάρτυρες 32
τῶν ῥημάτων τούτων, καὶ τὸ Πνεῦμα δὲ[22] τὸ Ἅγιον,
ὃ[23] ἔδωκεν ὁ Θεὸς τοῖς πειθαρχοῦσιν αὐτῷ.

Οἱ δὲ ἀκούσαντες διεπρίοντο, καὶ ἐβουλεύοντο[24] 33
ἀνελεῖν αὐτούς. ἀναστὰς δέ τις ἐν τῷ συνεδρίῳ 34
Φαρισαῖος, ὀνόματι Γαμαλιήλ, νομοδιδάσκαλος, τί-
μιος παντὶ τῷ λαῷ, ἐκέλευσεν ἔξω βραχύ τι τοὺς
ἀποστόλους[25] ποιῆσαι. εἶπέ τε πρὸς αὐτούς, Ἄνδρες 35

---

[15] ἐπὶ   [16] om. ἱερεὺς καὶ ὁ   [17] om. λέγων   [18] om. ἵνα
[19] om. Οὐ...(τούτῳ·)   [20] add τοῦ   [21] om. αὐτοῦ text,
but marg. has ἐν αὐτῷ   [22] om. δὲ   [23] Marg. om. , ὃ
[24] ἐβούλοντο   [25] (βραχὺ) τοὺς ἀνθρώπους

Ἰσραηλῖται, προσέχετε ἑαυτοῖς ἐπὶ τοῖς ἀνθρώποις
36 τούτοις, τί μέλλετε πράσσειν. πρὸ γὰρ τούτων
τῶν ἡμερῶν ἀνέστη Θευδᾶς, λέγων εἶναί τινα ἑαυ-
τόν, ᾧ προσεκολλήθη ἀριθμὸς ἀνδρῶν ὡσεὶ²⁶ τετρακοσίων·
ὃς ἀνῃρέθη, καὶ πάντες ὅσοι ἐπείθοντο αὐτῷ διελύ-
37 θησαν καὶ ἐγένοντο εἰς οὐδέν. μετὰ τοῦτον ἀνέστη
Ἰούδας ὁ Γαλιλαῖος ἐν ταῖς ἡμέραις τῆς ἀπογρα-
φῆς, καὶ ἀπέστησε λαὸν ἱκανὸν²⁷ ὀπίσω αὐτοῦ·
κἀκεῖνος ἀπώλετο, καὶ πάντες ὅσοι ἐπείθοντο αὐτῷ
38 διεσκορπίσθησαν. καὶ τὰ νῦν λέγω ὑμῖν, ἀπό-
στητε ἀπὸ τῶν ἀνθρώπων τούτων, καὶ ἑάσατε²⁸
αὐτούς· ὅτι ἐὰν ᾖ ἐξ ἀνθρώπων ἡ βουλὴ αὕτη ἢ τὸ
39 ἔργον τοῦτο, καταλυθήσεται· εἰ δὲ ἐκ Θεοῦ ἐστιν,
οὐ δύνασθε²⁹ καταλῦσαι αὐτό³⁰, μήποτε καὶ θεομάχοι
40 εὑρεθῆτε. ἐπείσθησαν δὲ αὐτῷ· καὶ προσκαλεσά-
μενοι τοὺς ἀποστόλους, δείραντες παρήγγειλαν μὴ
λαλεῖν ἐπὶ τῷ ὀνόματι τοῦ Ἰησοῦ, καὶ ἀπέλυσαν
41 αὐτούς³¹. οἱ μὲν οὖν ἐπορεύοντο χαίροντες ἀπὸ
προσώπου τοῦ συνεδρίου, ὅτι ὑπὲρ τοῦ ὀνόματος αὐτοῦ
42 κατηξιώθησαν³² ἀτιμασθῆναι. πᾶσάν τε ἡμέραν, ἐν τῷ
ἱερῷ καὶ κατ' οἶκον, οὐκ ἐπαύοντο διδάσκοντες καὶ
εὐαγγελιζόμενοι Ἰησοῦν τὸν Χριστόν³³.

VI.   Ἐν δὲ ταῖς ἡμέραις ταύταις, πληθυνόντων τῶν
μαθητῶν, ἐγένετο γογγυσμὸς τῶν Ἑλληνιστῶν
πρὸς τους Ἑβραίους, ὅτι παρεθεωροῦντο ἐν τῇ
2 διακονίᾳ τῇ καθημερινῇ αἱ χῆραι αὐτῶν. προσ-
καλεσάμενοι δὲ οἱ δώδεκα τὸ πλῆθος τῶν μαθητῶν,
εἶπον, Οὐκ ἀρεστόν ἐστιν ἡμᾶς, καταλείψαντας
3 τὸν λόγον τοῦ Θεοῦ, διακονεῖν τραπέζαις. ἐπι-
σκέψασθε οὖν¹, ἀδελφοί, ἄνδρας ἐξ ὑμῶν μαρτυ-

---

²⁶ προσεκλίθη ἀνδρῶν ἀριθμὸς ὡς   ²⁷ om. ἱκανὸν   ²⁸ ἄφετε
²⁹ δυνήσεσθε   ³⁰ αὐτούς   ³¹ om. αὐτούς   ³² κατηξιώθησαν
ὑπὲρ τοῦ ὀνόματος   ³³ τὸν Χριστὸν Ἰησοῦν   ¹ Marg. δέ

ρουμένους ἑπτά, πλήρεις Πνεύματος Ἁγίου² καὶ
σοφίας, οὓς καταστήσομεν ἐπὶ τῆς χρείας ταύτης.
ἡμεῖς δὲ τῇ προσευχῇ καὶ τῇ διακονίᾳ τοῦ λόγου 4
προσκαρτερήσομεν. καὶ ἤρεσεν ὁ λόγος ἐνώπιον 5
παντὸς τοῦ πλήθους· καὶ ἐξελέξαντο Στέφανον,
ἄνδρα πλήρη πίστεως καὶ Πνεύματος Ἁγίου, καὶ
Φίλιππον, καὶ Πρόχορον, καὶ Νικάνορα, καὶ Τί-
μωνα, καὶ Παρμενᾶν, καὶ Νικόλαον προσήλυτον
Ἀντιοχέα, οὓς ἔστησαν ἐνώπιον τῶν ἀποστόλων· 6
καὶ προσευξάμενοι ἐπέθηκαν αὐτοῖς τὰς χεῖρας.

Καὶ ὁ λόγος τοῦ Θεοῦ ηὔξανε, καὶ ἐπληθύνετο 7
ὁ ἀριθμὸς τῶν μαθητῶν ἐν Ἱερουσαλὴμ σφόδρα,
πολύς τε ὄχλος τῶν ἱερέων ὑπήκουον τῇ πίστει.

Στέφανος δὲ πλήρης πίστεως³ καὶ δυνάμεως ἐποίει 8
τέρατα καὶ σημεῖα μεγάλα ἐν τῷ λαῷ. ἀνέστησαν 9
δέ τινες τῶν ἐκ τῆς συναγωγῆς τῆς λεγομένης Λι-
βερτίνων, καὶ Κυρηναίων, καὶ Ἀλεξανδρέων, καὶ
τῶν ἀπὸ Κιλικίας καὶ Ἀσίας, συζητοῦντες τῷ
Στεφάνῳ. καὶ οὐκ ἴσχυον ἀντιστῆναι τῇ σοφίᾳ καὶ 10
τῷ πνεύματι ᾧ ἐλάλει. τότε ὑπέβαλον ἄνδρας 11
λέγοντας ὅτι Ἀκηκόαμεν αὐτοῦ λαλοῦντος ῥήματα
βλάσφημα εἰς Μωσῆν καὶ τὸν Θεόν. συνεκίνησάν 12
τε τὸν λαὸν καὶ τοὺς πρεσβυτέρους καὶ τοὺς γραμ-
ματεῖς, καὶ ἐπιστάντες συνήρπασαν αὐτόν, καὶ ἤγα-
γον εἰς τὸ συνέδριον, ἔστησάν τε μάρτυρας ψευδεῖς 13
λέγοντας, Ὁ ἄνθρωπος οὗτος οὐ παύεται ῥήματα
βλάσφημα⁴ λαλῶν κατὰ τοῦ τόπου τοῦ ἁγίου τούτου
καὶ τοῦ νόμου· ἀκηκόαμεν γὰρ αὐτοῦ λέγοντος 14
ὅτι Ἰησοῦς ὁ Ναζωραῖος οὗτος καταλύσει τὸν
τόπον τοῦτον, καὶ ἀλλάξει τὰ ἔθη ἃ παρέδωκεν
ἡμῖν Μωϋσῆς. καὶ ἀτενίσαντες εἰς αὐτὸν ἅπαντες⁵ 15

---

² om. Ἁγίου   ³ χάριτος   ⁴ om. βλάσφημα   ⁵ πάντες

οἱ καθεζόμενοι ἐν τῷ συνεδρίῳ, εἶδον τὸ πρόσωπον αὐτοῦ ὡσεὶ πρόσωπον ἀγγέλου.

VII. Εἶπε δὲ ὁ ἀρχιερεύς, Εἰ ἄρα¹ ταῦτα οὕτως ἔχει; 2 ὁ δὲ ἔφη,

Ἄνδρες ἀδελφοὶ καὶ πατέρες, ἀκούσατε. ὁ Θεὸς τῆς δόξης ὤφθη τῷ πατρὶ ἡμῶν* Ἀβραὰμ ὄντι ἐν τῇ Μεσοποταμίᾳ, πρὶν ἢ κατοικῆσαι αὐτὸν 3 ἐν Χαρράν, καὶ εἶπε πρὸς αὐτόν, Ἔξελθε ἐκ τῆς γῆς σου καὶ ἐκ τῆς συγγενείας σου, καὶ δεῦρο εἰς² 4 γῆν ἣν ἄν σοι δείξω. τότε ἐξελθὼν ἐκ γῆς Χαλδαίων κατῴκησεν ἐν Χαρράν· κἀκεῖθεν, μετὰ τὸ ἀποθανεῖν τὸν πατέρα αὐτοῦ, μετῴκισεν αὐτὸν εἰς 5 τὴν γῆν ταύτην εἰς ἣν ὑμεῖς νῦν κατοικεῖτε· καὶ οὐκ ἔδωκεν αὐτῷ κληρονομίαν ἐν αὐτῇ, οὐδὲ βῆμα ποδός· καὶ ἐπηγγείλατο αὐτῷ δοῦναι εἰς κατάσχεσιν αὐτήν, καὶ τῷ σπέρματι αὐτοῦ μετ᾽ αὐτόν, οὐκ 6 ὄντος αὐτῷ τέκνου. ἐλάλησε δὲ οὕτως ὁ Θεός, ὅτι ἔσται τὸ σπέρμα αὐτοῦ πάροικον ἐν γῇ ἀλλοτρίᾳ, καὶ δουλώσουσιν αὐτὸ καὶ κακώσουσιν, ἔτη 7 τετρακόσια. καὶ τὸ ἔθνος, ᾧ ἐὰν δουλεύσωσι³, κρινῶ ἐγώ, εἶπεν ὁ Θεός· καὶ μετὰ ταῦτα ἐξελεύσονται, 8 καὶ λατρεύσουσί μοι ἐν τῷ τόπῳ τούτῳ. καὶ ἔδωκεν αὐτῷ διαθήκην περιτομῆς· καὶ οὕτως ἐγέννησε τὸν Ἰσαάκ, καὶ περιέτεμεν αὐτὸν τῇ ἡμέρᾳ τῇ ὀγδόῃ· καὶ ὁ Ἰσαὰκ τὸν Ἰακώβ, καὶ ὁ Ἰακὼβ τοὺς 9 δώδεκα πατριάρχας. καὶ οἱ πατριάρχαι ζηλώσαντες τὸν Ἰωσὴφ ἀπέδοντο εἰς Αἴγυπτον· καὶ ἦν ὁ 10 Θεὸς μετ᾽ αὐτοῦ, καὶ ἐξείλετο αὐτὸν ἐκ πασῶν τῶν θλίψεων αὐτοῦ, καὶ ἔδωκεν αὐτῷ χάριν καὶ σοφίαν ἐναντίον Φαραὼ βασιλέως Αἰγύπτου, καὶ κατέστησεν αὐτὸν ἡγούμενον ἐπ᾽ Αἴγυπτον καὶ ὅλον τὸν

¹ om. ἄρα ² add τὴν ³ δουλεύσουσι

οἶκον αὐτοῦ. ἦλθε δὲ λιμὸς ἐφ' ὅλην τὴν γῆν 11
Αἰγύπτου⁴ καὶ Χαναάν, καὶ θλίψις μεγάλη· καὶ οὐχ
εὕρισκον χορτάσματα οἱ πατέρες ἡμῶν. ἀκούσας 12
δὲ 'Ιακὼβ ὄντα σῖτα ἐν Αἰγύπτῳ⁵, ἐξαπέστειλε τοὺς
πατέρας ἡμῶν πρῶτον. καὶ ἐν τῷ δευτέρῳ ἀνεγνω- 13
ρίσθη 'Ιωσὴφ τοῖς ἀδελφοῖς αὐτοῦ, καὶ φανερὸν
ἐγένετο τῷ Φαραὼ τὸ γένος τοῦ 'Ιωσήφ. ἀπο- 14
στείλας δὲ 'Ιωσὴφ μετεκαλέσατο τὸν πατέρα αὐτοῦ
'Ιακώβ⁶, καὶ πᾶσαν τὴν συγγένειαν αὐτοῦ⁷, ἐν ψυ-
χαῖς ἑβδομήκοντα πέντε. κατέβη δὲ 'Ιακὼβ εἰς 15
Αἴγυπτον, καὶ ἐτελεύτησεν αὐτὸς καὶ οἱ πατέρες
ἡμῶν· καὶ μετετέθησαν εἰς Συχέμ, καὶ ἐτέθησαν ἐν 16
τῷ μνήματι ὃ ὠνήσατο 'Αβραὰμ τιμῆς ἀργυρίου
παρὰ τῶν υἱῶν 'Εμὸρ*⁸τοῦ⁹Συχέμ. καθὼς δὲ ἤγγιζεν 17
ὁ χρόνος τῆς ἐπαγγελίας ἧς ὤμοσεν¹⁰ ὁ Θεὸς τῷ
'Αβραάμ, ηὔξησεν ὁ λαὸς καὶ ἐπληθύνθη ἐν Αἰ-
γύπτῳ, ἄχρις οὗ ἀνέστη βασιλεὺς ἕτερος¹¹, ὃς οὐκ 18
ᾔδει τὸν 'Ιωσήφ. οὗτος κατασοφισάμενος τὸ γέ- 19
νος ἡμῶν, ἐκάκωσε τοὺς πατέρας ἡμῶν, τοῦ ποιεῖν
ἔκθετα τὰ βρέφη αὐτῶν, εἰς τὸ μὴ ζωογονεῖσθαι.
ἐν ᾧ καιρῷ ἐγεννήθη Μωσῆς, καὶ ἦν ἀστεῖος τῷ 20
Θεῷ· ὃς ἀνετράφη μῆνας τρεῖς ἐν τῷ οἴκῳ τοῦ
πατρὸς αὐτοῦ¹². ἐκτεθέντα δὲ αὐτόν¹³, ἀνείλετο αὐτὸν 21
ἡ θυγάτηρ Φαραώ, καὶ ἀνεθρέψατο αὐτὸν ἑαυτῇ
εἰς υἱόν. καὶ ἐπαιδεύθη Μωσῆς πάσῃ σοφίᾳ Αἰ- 22
γυπτίων· ἦν δὲ δυνατὸς ἐν λόγοις καὶ ἐν¹⁴ ἔργοις¹⁵.
ὡς δὲ ἐπληροῦτο αὐτῷ τεσσαρακονταετὴς χρόνος, 23
ἀνέβη ἐπὶ τὴν καρδίαν αὐτοῦ ἐπισκέψασθαι τοὺς
ἀδελφοὺς αὐτοῦ τοὺς υἱοὺς 'Ισραήλ. καὶ ἰδών τινα 24

---

⁴ Αἴγυπτον   ⁵ σιτία εἰς Αἴγυπτον   ⁶ 'Ιακὼβ τὸν πατέρα
αὐτοῦ   ⁷ om. αὐτοῦ   ⁸ 'Εμμὼρ   ⁹ ἐν   ¹⁰ ὡμολόγησεν
¹¹ add ἐπ' Αἴγυπτον   ¹² (-ρός) om. αὐτοῦ   ¹³ ἐκτεθέντος
δὲ αὐτοῦ   ¹⁴ om. ἐν   ¹⁵ add αὐτοῦ·

ἀδικούμενον, ἠμύνατο καὶ ἐποίησεν ἐκδίκησιν τῷ
25 καταπονουμένῳ, πατάξας τὸν Αἰγύπτιον· ἐνόμιζε
δὲ συνιέναι τοὺς ἀδελφοὺς αὐτοῦ¹⁶ ὅτι ὁ Θεὸς διὰ
χειρὸς αὐτοῦ δίδωσιν αὐτοῖς σωτηρίαν¹⁷· οἱ δὲ οὐ
26 συνῆκαν. τῇ δὲ¹⁸ ἐπιούσῃ ἡμέρᾳ ὤφθη αὐτοῖς
μαχομένοις, καὶ συνήλασεν¹⁹ αὐτοὺς εἰς εἰρήνην, εἰ-
πών, Ἄνδρες, ἀδελφοί ἐστε ὑμεῖς²⁰· ἱνατί ἀδικεῖτε
27 ἀλλήλους; ὁ δὲ ἀδικῶν τὸν πλησίον ἀπώσατο
αὐτόν, εἰπών, Τίς σε κατέστησεν ἄρχοντα καὶ
28 δικαστὴν ἐφ᾿ ἡμᾶς²¹; μὴ ἀνελεῖν με σὺ θέλεις, ὃν
29 τρόπον ἀνεῖλες χθὲς τὸν Αἰγύπτιον; ἔφυγε δὲ
Μωσῆς ἐν τῷ λόγῳ τούτῳ, καὶ ἐγένετο πάροικος ἐν
30 γῇ Μαδιάμ, οὗ ἐγέννησεν υἱοὺς δύο. καὶ πληρω-
θέντων ἐτῶν τεσσαράκοντα, ὤφθη αὐτῷ ἐν τῇ ἐρή-
μῳ τοῦ ὄρους Σινᾶ ἄγγελος Κυρίου²² ἐν φλογὶ πυρὸς
31 βάτου. ὁ δὲ Μωσῆς ἰδὼν ἐθαύμασε τὸ ὅραμα·
προσερχομένου δὲ αὐτοῦ κατανοῆσαι, ἐγένετο φωνὴ
32 Κυρίου πρὸς αὐτόν²³, Ἐγὼ ὁ Θεὸς τῶν πατέρων σου,
ὁ Θεὸς Ἀβραὰμ καὶ ὁ Θεὸς²⁴ Ἰσαὰκ καὶ ὁ Θεὸς²⁴
Ἰακώβ. ἔντρομος δὲ γενόμενος Μωσῆς οὐκ ἐτόλμα
33 κατανοῆσαι. εἶπε δὲ αὐτῷ ὁ Κύριος, Λῦσον τὸ
ὑπόδημα τῶν ποδῶν σου· ὁ γὰρ τόπος ἐν²⁵ ᾧ ἕστη-
34 κας γῆ ἁγία ἐστίν. ἰδὼν εἶδον τὴν κάκωσιν τοῦ
λαοῦ μου τοῦ ἐν Αἰγύπτῳ, καὶ τοῦ στεναγμοῦ
αὐτῶν ἤκουσα· καὶ κατέβην ἐξελέσθαι αὐτούς·
35 καὶ νῦν δεῦρο, ἀποστελῶ²⁶ σε εἰς Αἴγυπτον. τοῦτον
τὸν Μωυσῆν ὃν ἠρνήσαντο εἰπόντες, Τίς σε κατέ-
στησεν ἄρχοντα καὶ δικαστήν; τοῦτον ὁ Θεὸς²⁷
ἄρχοντα καὶ λυτρωτὴν ἀπέστειλεν ἐν²⁸ χειρὶ ἀγγέλου

---

¹⁶ om. αὐτοῦ   ¹⁷ (om. ν) σωτηρίαν αὐτοῖς   ¹⁸ τε   ¹⁹ συν-
ήλασσεν   ²⁰ om. ὑμεῖς   ²¹ ἡμῶν   ²² om. Κυρίου
²³ om. πρὸς αὐτόν   ²⁴ om. ὁ Θεὸς   ²⁵ ἐφ᾿   ²⁶ ἀποστείλω
²⁷ add καὶ   ²⁸ ἀπέσταλκε σὺν

τοῦ ὀφθέντος αὐτῷ ἐν τῇ βάτῳ. οὗτος ἐξήγαγεν 36
αὐτούς, ποιήσας τέρατα καὶ σημεῖα ἐν γῇ Αἰγύπτου²⁹
καὶ ἐν Ἐρυθρᾷ θαλάσσῃ, καὶ ἐν τῇ ἐρήμῳ ἔτη τεσ-
σαράκοντα. οὗτός ἐστιν ὁ Μωϋσῆς ὁ εἰπὼν τοῖς 37
υἱοῖς Ἰσραήλ, Προφήτην ὑμῖν ἀναστήσει Κύριος³⁰
ὁ Θεὸς ὑμῶν³¹ ἐκ τῶν ἀδελφῶν ὑμῶν ὡς³² ἐμέ·
αὐτοῦ ἀκούσεσθε³³. οὗτός ἐστιν ὁ γενόμενος ἐν τῇ 38
ἐκκλησίᾳ ἐν τῇ ἐρήμῳ μετὰ τοῦ ἀγγέλου τοῦ λα-
λοῦντος αὐτῷ ἐν τῷ ὄρει Σινᾶ καὶ τῶν πατέρων
ἡμῶν· ὃς ἐδέξατο λόγια ζῶντα δοῦναι ἡμῖν· ᾧ οὐκ 39
ἠθέλησαν ὑπήκοοι γενέσθαι οἱ πατέρες ἡμῶν, ἀλλ'
ἀπώσαντο, καὶ ἐστράφησαν³⁴ ταῖς καρδίαις αὐτῶν
εἰς Αἴγυπτον, εἰπόντες τῷ Ἀαρών, Ποίησον ἡμῖν 40
θεοὺς οἳ προπορεύσονται ἡμῶν· ὁ γὰρ Μωσῆς οὗ-
τος, ὃς ἐξήγαγεν ἡμᾶς ἐκ γῆς Αἰγύπτου, οὐκ οἴδα-
μεν τί γέγονεν³⁵ αὐτῷ. καὶ ἐμοσχοποίησαν ἐν ταῖς 41
ἡμέραις ἐκείναις, καὶ ἀνήγαγον θυσίαν τῷ εἰδώλῳ,
καὶ εὐφραίνοντο ἐν τοῖς ἔργοις τῶν χειρῶν αὐτῶν.
ἔστρεψε δὲ ὁ Θεός, καὶ παρέδωκεν αὐτοὺς λα- 42
τρεύειν τῇ στρατιᾷ τοῦ οὐρανοῦ· καθὼς γέγραπται
ἐν βίβλῳ τῶν προφητῶν, Μὴ σφάγια καὶ θυσίας
προσηνέγκατέ μοι ἔτη τεσσαράκοντα ἐν τῇ ἐρήμῳ,
οἶκος Ἰσραήλ; καὶ ἀνελάβετε τὴν σκηνὴν τοῦ 43
Μολόχ, καὶ τὸ ἄστρον τοῦ θεοῦ ὑμῶν³⁶ Ῥεμφάν³⁷,
τοὺς τύπους οὓς ἐποιήσατε προσκυνεῖν αὐτοῖς· καὶ
μετοικιῶ ὑμᾶς ἐπέκεινα Βαβυλῶνος. ἡ σκηνὴ τοῦ 44
μαρτυρίου ἦν* τοῖς πατράσιν ἡμῶν ἐν τῇ ἐρήμῳ,
καθὼς διετάξατο ὁ λαλῶν τῷ Μωσῇ, ποιῆσαι αὐ-
τὴν κατὰ τὸν τύπον ὃν ἑωράκει. ἣν καὶ εἰσήγαγον 45
διαδεξάμενοι οἱ πατέρες ἡμῶν μετὰ Ἰησοῦ ἐν τῇ

²⁹ τῇ Αἰγύπτῳ   ³⁰ om. Κύριος   ³¹ om. ὑμῶν   ³² (Marg.
ὑμῶν, ὡς)   ³³ om. · αὐτοῦ ἀκούσεσθε   ³⁴ add ἐν   ³⁵ ἐγένετο
³⁶ om ὑμῶν   ³⁷ Ῥεφάν

κατασχέσει τῶν ἐθνῶν, ὧν ἐξῶσεν ὁ Θεὸς ἀπὸ
προσώπου τῶν πατέρων ἡμῶν, ἕως τῶν ἡμερῶν
46 Δαβίδ· ὃς εὗρε χάριν ἐνώπιον τοῦ Θεοῦ, καὶ ᾐτή-
47 σατο εὑρεῖν σκήνωμα τῷ Θεῷ Ἰακώβ. Σολομῶν
48 δὲ ᾠκοδόμησεν αὐτῷ οἶκον. ἀλλ' οὐχ ὁ ὕψιστος
ἐν χειροποιήτοις ναοῖς³⁸ κατοικεῖ, καθὼς ὁ προφή-
49 της λέγει, Ὁ οὐρανός μοι θρόνος, ἡ δὲ γῆ ὑποπό-
διον τῶν ποδῶν μου· ποῖον οἶκον οἰκοδομήσετέ μοι;
λέγει Κύριος· ἢ τίς τόπος τῆς καταπαύσεώς μου;
50 οὐχὶ ἡ χείρ μου ἐποίησε ταῦτα πάντα;
51 Σκληροτράχηλοι καὶ ἀπερίτμητοι τῇ καρδίᾳ³⁹
καὶ τοῖς ὠσίν, ὑμεῖς ἀεὶ τῷ Πνεύματι τῷ Ἁγίῳ
52 ἀντιπίπτετε· ὡς οἱ πατέρες ὑμῶν, καὶ ὑμεῖς. τίνα
τῶν προφητῶν οὐκ ἐδίωξαν οἱ πατέρες ὑμῶν; καὶ
ἀπέκτειναν τοὺς προκαταγγείλαντας περὶ τῆς ἐλεύ-
σεως τοῦ δικαίου, οὗ νῦν ὑμεῖς προδόται καὶ φονεῖς
53 γεγένησθε⁴⁰· οἵτινες ἐλάβετε τὸν νόμον εἰς διαταγὰς
ἀγγέλων, καὶ οὐκ ἐφυλάξατε.
54 Ἀκούοντες δὲ ταῦτα, διεπρίοντο ταῖς καρδίαις
55 αὐτῶν, καὶ ἔβρυχον τοὺς ὀδόντας ἐπ' αὐτόν. ὑπάρ-
χων δὲ πλήρης Πνεύματος Ἁγίου, ἀτενίσας εἰς τὸν
οὐρανόν, εἶδε δόξαν Θεοῦ, καὶ Ἰησοῦν ἑστῶτα ἐκ
56 δεξιῶν τοῦ Θεοῦ, καὶ εἶπεν, Ἰδού, θεωρῶ τοὺς οὐ-
ρανοὺς ἀνεῳγμένους⁴¹, καὶ τὸν υἱὸν τοῦ ἀνθρώπου ἐκ
57 δεξιῶν ἑστῶτα τοῦ Θεοῦ. κράξαντες δὲ φωνῇ
μεγάλῃ, συνέσχον τὰ ὦτα αὐτῶν, καὶ ὥρμησαν
58 ὁμοθυμαδὸν ἐπ' αὐτόν· καὶ ἐκβαλόντες ἔξω τῆς
πόλεως, ἐλιθοβόλουν· καὶ οἱ μάρτυρες ἀπέθεντο
τὰ ἱμάτια αὐτῶν παρὰ τοὺς πόδας νεανίου καλου-
59 μένου Σαύλου. καὶ ἐλιθοβόλουν τὸν Στέφανον,
ἐπικαλούμενον καὶ λέγοντα, Κύριε Ἰησοῦ, δέξαι τὸ

---

³⁸ om. ναοῖς   ³⁹ καρδίαις   ⁴⁰ ἐγένεσθε   ⁴¹ διηνοιγμένους

πνεῦμά μου. θεὶς δὲ τὰ γόνατα, ἔκραξε φωνῇ 60
μεγάλῃ, Κύριε, μὴ στήσῃς αὐτοῖς τὴν ἁμαρτίαν
ταύτην. καὶ τοῦτο εἰπὼν ἐκοιμήθη. Σαῦλος δὲ VIII.
ἦν συνευδοκῶν τῇ ἀναιρέσει αὐτοῦ.

Ἐγένετο δὲ ἐν ἐκείνῃ τῇ ἡμέρᾳ διωγμὸς μέγας
ἐπὶ τὴν ἐκκλησίαν τὴν ἐν Ἱεροσολύμοις· πάντες τε¹
διεσπάρησαν κατὰ τὰς χώρας τῆς Ἰουδαίας καὶ
Σαμαρείας, πλὴν τῶν ἀποστόλων. συνεκόμισαν 2
δὲ τὸν Στέφανον ἄνδρες εὐλαβεῖς, καὶ ἐποιήσαντο²
κοπετὸν μέγαν ἐπ᾽ αὐτῷ. Σαῦλος δὲ ἐλυμαίνετο 3
τὴν ἐκκλησίαν, κατὰ τοὺς οἴκους εἰσπορευόμενος,
σύρων τε ἄνδρας καὶ γυναῖκας παρεδίδου εἰς φυλα-
κήν.

Οἱ μὲν οὖν διασπαρέντες διῆλθον, εὐαγγελιζό- 4
μενοι τὸν λόγον. Φίλιππος δὲ κατελθὼν εἰς³ 5
πόλιν τῆς Σαμαρείας, ἐκήρυσσεν αὐτοῖς τὸν Χρισ-
τόν. προσεῖχόν τε⁴ οἱ ὄχλοι τοῖς λεγομένοις ὑπὸ 6
τοῦ Φιλίππου ὁμοθυμαδόν, ἐν τῷ ἀκούειν αὐτοὺς
καὶ βλέπειν τὰ σημεῖα ἃ ἐποίει. πολλῶν⁵ γὰρ τῶν 7
ἐχόντων πνεύματα ἀκάθαρτα, βοῶντα μεγάλῃ φωνῇ
ἐξήρχετο⁶· πολλοὶ δὲ παραλελυμένοι καὶ χωλοὶ
ἐθεραπεύθησαν. καὶ ἐγένετο χαρὰ μεγάλη⁷ ἐν τῇ πόλει 8
ἐκείνῃ.

Ἀνὴρ δέ τις ὀνόματι Σίμων προϋπῆρχεν ἐν τῇ 9
πόλει μαγεύων καὶ ἐξιστῶν τὸ ἔθνος τῆς Σαμαρείας,
λέγων εἶναί τινα ἑαυτὸν μέγαν· ᾧ προσεῖχον πάν- 10
τες ἀπὸ μικροῦ ἕως μεγάλου, λέγοντες, Οὗτός
ἐστιν ἡ δύναμις τοῦ Θεοῦ ἡ⁸ μεγάλη. προσεῖχον 11
δὲ αὐτῷ, διὰ τὸ ἱκανῷ χρόνῳ ταῖς μαγείαις ἐξεστα-
κέναι αὐτούς. ὅτε δὲ ἐπίστευσαν τῷ Φιλίππῳ 12

¹ δὲ ² ἐποίησαν ³ add τὴν ⁴ (·χον) δὲ ⁵ πολλοὶ
⁶ φωνῇ μεγάλῃ ἐξήρχοντο (*Marg. puts*, after φωνῇ μεγάλῃ)
⁷ ἐγένετο δὲ πολλὴ χαρὰ ⁸ add καλουμένη

εὐαγγελιζομένῳ τὰ⁹ περὶ τῆς βασιλείας τοῦ Θεοῦ
καὶ τοῦ ὀνόματος τοῦ Ἰησοῦ Χριστοῦ, ἐβαπτίζοντο
13 ἄνδρες τε καὶ γυναῖκες. ὁ δὲ Σίμων καὶ αὐτὸς
ἐπίστευσε, καὶ βαπτισθεὶς ἦν προσκαρτερῶν τῷ
Φιλίππῳ· θεωρῶν τε δυνάμεις καὶ σημεῖα γινόμενα*¹⁰,
ἐξίστατο.
14 Ἀκούσαντες δὲ οἱ ἐν Ἱεροσολύμοις ἀπόστολοι
ὅτι δέδεκται ἡ Σαμάρεια τὸν λόγον τοῦ Θεοῦ, ἀπέ-
στειλαν πρὸς αὐτοὺς τὸν Πέτρον καὶ Ἰωάννην·
15 οἵτινες καταβάντες προσηύξαντο περὶ αὐτῶν, ὅπως
16 λάβωσι Πνεῦμα Ἅγιον· οὔπω¹¹ γὰρ ἦν ἐπ᾽ οὐδενὶ
αὐτῶν ἐπιπεπτωκός, μόνον δὲ βεβαπτισμένοι ὑπῆρ-
17 χον εἰς τὸ ὄνομα τοῦ Κυρίου Ἰησοῦ. τότε ἐπετί-
θουν τὰς χεῖρας ἐπ᾽ αὐτούς, καὶ ἐλάμβανον Πνεῦμα
18 Ἅγιον. θεασάμενος¹² δὲ ὁ Σίμων ὅτι διὰ τῆς ἐπιθέ-
σεως τῶν χειρῶν τῶν ἀποστόλων δίδοται τὸ Πνεῦ-
19 μα τὸ Ἅγιον¹³, προσήνεγκεν αὐτοῖς χρήματα, λέγων,
Δότε κἀμοὶ τὴν ἐξουσίαν ταύτην, ἵνα ᾧ ἐὰν ἐπιθῶ
20 τὰς χεῖρας, λαμβάνῃ Πνεῦμα Ἅγιον. Πέτρος δὲ
εἶπε πρὸς αὐτόν, Τὸ ἀργύριόν σου σὺν σοὶ εἴη εἰς
ἀπώλειαν, ὅτι τὴν δωρεὰν τοῦ Θεοῦ ἐνόμισας διὰ
21 χρημάτων κτᾶσθαι. οὐκ ἔστι σοι μερὶς οὐδὲ κλῆ-
ρος ἐν τῷ λόγῳ τούτῳ. ἡ γὰρ καρδία σου οὐκ
22 ἔστιν εὐθεῖα ἐνώπιον¹⁴ τοῦ Θεοῦ. μετανόησον οὖν
ἀπὸ τῆς κακίας σου ταύτης, καὶ δεήθητι τοῦ Θεοῦ¹⁵,
εἰ ἄρα ἀφεθήσεταί σοι ἡ ἐπίνοια τῆς καρδίας σου.
23 εἰς γὰρ χολὴν πικρίας καὶ σύνδεσμον ἀδικίας ὁρῶ
24 σε ὄντα. ἀποκριθεὶς δὲ ὁ Σίμων εἶπε, Δεήθητε
ὑμεῖς ὑπὲρ ἐμοῦ πρὸς τὸν Κύριον, ὅπως μηδὲν
ἐπέλθῃ ἐπ᾽ ἐμὲ ὧν εἰρήκατε.

⁹ om. τὰ   ¹⁰ σημεῖα καὶ δυνάμεις μεγάλας γινομένας
¹¹ οὐδέπω   ¹² ἰδὼν   ¹³ Marg. om. τὸ Ἅγιον   ¹⁴ ἔναντι
¹⁵ Κυρίου

Οἱ μὲν οὖν διαμαρτυράμενοι καὶ λαλήσαντες 25
τὸν λόγον τοῦ Κυρίου, ὑπέστρεψαν[16] εἰς Ἱερουσα-
λήμ, πολλάς τε κώμας τῶν Σαμαρειτῶν εὐηγγελί-
σαντο[17].

Ἄγγελος δὲ Κυρίου ἐλάλησε πρὸς Φίλιππον, 26
λέγων, Ἀνάστηθι καὶ πορεύου κατὰ μεσημβρίαν
ἐπὶ τὴν ὁδὸν τὴν καταβαίνουσαν ἀπὸ Ἱερουσαλὴμ
εἰς Γάζαν· αὕτη ἐστὶν ἔρημος. καὶ ἀναστὰς ἐπο- 27
ρεύθη· καὶ ἰδού, ἀνὴρ Αἰθίοψ εὐνοῦχος δυνάστης
Κανδάκης τῆς[18] βασιλίσσης Αἰθιόπων, ὃς ἦν ἐπὶ
πάσης τῆς γάζης αὐτῆς, ὃς ἐληλύθει προσκυνήσων
εἰς Ἱερουσαλήμ, ἦν τε ὑποστρέφων καὶ καθήμενος 28
ἐπὶ τοῦ ἅρματος αὐτοῦ, *[19]ἀνεγίνωσκε τὸν προ-
φήτην Ἡσαΐαν. εἶπε δὲ τὸ Πνεῦμα τῷ Φιλίππῳ, 29
Πρόσελθε καὶ κολλήθητι τῷ ἅρματι τούτῳ. προσ- 30
δραμὼν δὲ ὁ Φίλιππος ἤκουσεν αὐτοῦ ἀναγινώ-
σκοντος τὸν προφήτην Ἡσαΐαν[20], καὶ εἶπεν, Ἆρά γε
γινώσκεις ἃ ἀναγινώσκεις; ὁ δὲ εἶπε, Πῶς γὰρ 31
ἂν δυναίμην, ἐὰν μή τις ὁδηγήσῃ[21] με; παρεκάλεσέ
τε τὸν Φίλιππον ἀναβάντα καθίσαι σὺν αὐτῷ. ἡ 32
δὲ περιοχὴ τῆς γραφῆς ἣν ἀνεγίνωσκεν ἦν αὕτη,
Ὡς πρόβατον ἐπὶ σφαγὴν ἤχθη, καὶ ὡς ἀμνὸς
ἐναντίον τοῦ κείροντος αὐτὸν ἄφωνος, οὕτως οὐκ
ἀνοίγει τὸ στόμα αὐτοῦ. ἐν τῇ ταπεινώσει αὐτοῦ[22] 33
ἡ κρίσις αὐτοῦ ἤρθη, τὴν δὲ[23] γενεὰν αὐτοῦ τίς
διηγήσεται; ὅτι αἴρεται ἀπὸ τῆς γῆς ἡ ζωὴ αὐτοῦ.
ἀποκριθεὶς δὲ ὁ εὐνοῦχος τῷ Φιλίππῳ εἶπε, Δέο- 34
μαί σου, περὶ τίνος ὁ προφήτης λέγει τοῦτο; περὶ
ἑαυτοῦ, ἢ περὶ ἑτέρου τινός; ἀνοίξας δὲ ὁ Φίλιπ- 35
πος τὸ στόμα αὐτοῦ, καὶ ἀρξάμενος ἀπὸ τῆς γρα-

[16] ὑπέστρεφον   [17] εὐηγγελίζοντο   [18] om. τῆς
[19] add καὶ   [20] Ἡσαΐαν τὸν προφήτην   [21] ὁδηγήσει
[22] om. αὐτοῦ   [23] om. δὲ

36 φῆς ταύτης, εὐηγγελίσατο αὐτῷ τὸν Ἰησοῦν. ὡς
δὲ ἐπορεύοντο κατὰ τὴν ὁδόν, ἦλθον ἐπί τι ὕδωρ·
καί φησιν ὁ εὐνοῦχος, Ἰδού, ὕδωρ· τί κωλύει με
37 βαπτισθῆναι ; ²⁴ εἶπε δὲ ὁ Φίλιππος, Εἰ πιστεύεις ἐξ
ὅλης τῆς καρδίας, ἔξεστιν. ἀποκριθεὶς δὲ εἶπε, Πιστεύω τὸν
38 υἱὸν τοῦ Θεοῦ εἶναι τὸν Ἰησοῦν Χριστόν. καὶ ἐκέλευσε
στῆναι τὸ ἅρμα· καὶ κατέβησαν ἀμφότεροι εἰς τὸ
ὕδωρ, ὅ τε Φίλιππος καὶ ὁ εὐνοῦχος· καὶ ἐβάπτισεν
39 αὐτόν. ὅτε δὲ ἀνέβησαν ἐκ τοῦ ὕδατος, Πνεῦμα
Κυρίου ἥρπασε τὸν Φίλιππον· καὶ οὐκ εἶδεν αὐτὸν
οὐκέτι ὁ εὐνοῦχος, ἐπορεύετο γὰρ τὴν ὁδὸν αὐτοῦ
40 χαίρων. Φίλιππος δὲ εὑρέθη εἰς Ἄζωτον· καὶ
διερχόμενος εὐηγγελίζετο τὰς πόλεις πάσας, ἕως
τοῦ ἐλθεῖν αὐτὸν εἰς Καισάρειαν.

IX. Ὁ δὲ Σαῦλος ἔτι ἐμπνέων ἀπειλῆς καὶ φόνου
εἰς τοὺς μαθητὰς τοῦ Κυρίου, προσελθὼν τῷ ἀρχ-
2 ιερεῖ, ᾐτήσατο παρ᾽ αὐτοῦ ἐπιστολὰς εἰς Δαμα-
σκὸν πρὸς τὰς συναγωγάς, ὅπως ἐάν τινας εὕρῃ
τῆς ὁδοῦ ὄντας ἄνδρας τε καὶ γυναῖκας, δεδεμένους
3 ἀγάγῃ εἰς Ἱερουσαλήμ. ἐν δὲ τῷ πορεύεσθαι,
ἐγένετο αὐτὸν ἐγγίζειν τῇ Δαμασκῷ· καὶ ἐξαίφνης¹
4 περιήστραψεν αὐτὸν φῶς ἀπὸ² τοῦ οὐρανοῦ· καὶ
πεσὼν ἐπὶ τὴν γῆν, ἤκουσε φωνὴν λέγουσαν αὐτῷ,
5 Σαούλ, Σαούλ, τί με διώκεις ; εἶπε δέ, Τίς εἶ,
Κύριε ; ὁ δὲ Κύριος εἶπεν³, Ἐγώ εἰμι Ἰησοῦς ὃν σὺ
6 διώκεις· ⁴ σκληρόν σοι πρὸς κέντρα λακτίζειν. τρέμων τε
καὶ θαμβῶν εἶπε, Κύριε, τί με θέλεις ποιῆσαι ; καὶ ὁ Κύριος
πρὸς αὐτόν, ⁵ Ἀνάστηθι καὶ εἴσελθε εἰς τὴν πόλιν,
7 καὶ λαληθήσεταί σοι τί⁶ σε δεῖ ποιεῖν. οἱ δὲ
ἄνδρες οἱ συνοδεύοντες αὐτῷ εἱστήκεισαν ἐννεοί,

---

²⁴ om. ver. 37 text, not marg.   ¹ ἐξαίφνης τε   ² ἐκ
³ (δέ) om. Κύριος εἶπεν   ⁴ om. from σκληρόν σοι ver. 5 to
πρὸς αὐτόν, ver. 6   ⁵ add ἀλλὰ (ἀνάστηθι)   ⁶ ὅ τι

ἀκούοντες μὲν τῆς φωνῆς, μηδένα δὲ θεωροῦντες.
ἠγέρθη δὲ ὁ Σαῦλος ἀπὸ τῆς γῆς· ἀνεῳγμένων δὲ 8
τῶν ὀφθαλμῶν αὐτοῦ, οὐδένα⁷ ἔβλεπε, χειραγωγοῦντες
δὲ αὐτὸν εἰσήγαγον εἰς Δαμασκόν. καὶ ἦν ἡμέρας 9
τρεῖς μὴ βλέπων, καὶ οὐκ ἔφαγεν οὐδὲ ἔπιεν.

Ἦν δέ τις μαθητὴς ἐν Δαμασκῷ ὀνόματι Ἀνα- 10
νίας, καὶ εἶπε πρὸς αὐτὸν ὁ Κύριος ἐν ὁράματι⁸, Ἀνα-
νία. ὁ δὲ εἶπεν, Ἰδοὺ ἐγώ, Κύριε. ὁ δὲ Κύριος 11
πρὸς αὐτόν, Ἀναστὰς πορεύθητι ἐπὶ τὴν ῥύμην
τὴν καλουμένην Εὐθεῖαν, καὶ ζήτησον ἐν οἰκίᾳ
Ἰούδα Σαῦλον ὀνόματι, Ταρσέα· ἰδοὺ γὰρ προσ-
εύχεται, καὶ εἶδεν ἐν ὁράματι⁹ ἄνδρα ὀνόματι Ἀνανίαν¹⁰ 12
εἰσελθόντα καὶ ἐπιθέντα αὐτῷ χεῖρα¹¹, ὅπως ἀνα-
βλέψῃ. ἀπεκρίθη δὲ ὁ Ἀνανίας, Κύριε, ἀκήκοα¹² 13
ἀπὸ πολλῶν περὶ τοῦ ἀνδρὸς τούτου, ὅσα κακὰ
ἐποίησε τοῖς ἁγίοις σου ἐν Ἰερουσαλήμ· καὶ ὧδε 14
ἔχει ἐξουσίαν παρὰ τῶν ἀρχιερέων, δῆσαι πάντας
τοὺς ἐπικαλουμένους τὸ ὄνομά σου. εἶπε δὲ πρὸς 15
αὐτὸν ὁ Κύριος, Πορεύου, ὅτι σκεῦος ἐκλογῆς μοι
ἐστὶν¹³ οὗτος, τοῦ βαστάσαι τὸ ὄνομά μου ἐνώπιον
¹⁴ἐθνῶν¹⁵ καὶ βασιλέων, υἱῶν τε Ἰσραήλ· ἐγὼ γὰρ 16
ὑποδείξω αὐτῷ ὅσα δεῖ αὐτὸν ὑπὲρ τοῦ ὀνόματός
μου παθεῖν. ἀπῆλθε δὲ Ἀνανίας καὶ εἰσῆλθεν εἰς 17
τὴν οἰκίαν, καὶ ἐπιθεὶς ἐπ᾽ αὐτὸν τὰς χεῖρας εἶπε,
Σαοὺλ ἀδελφέ, ὁ Κύριος ἀπέσταλκέ με, Ἰησοῦς ὁ
ὀφθείς σοι ἐν τῇ ὁδῷ ᾗ ἤρχου, ὅπως ἀναβλέψῃς
καὶ πλησθῇς Πνεύματος Ἁγίου. καὶ εὐθέως ἀπέ- 18
πεσον ἀπὸ τῶν ὀφθαλμῶν αὐτοῦ ὡσεὶ λεπίδες,
ἀνέβλεψέ τε παραχρῆμα¹⁶, καὶ ἀναστὰς ἐβαπτίσθη,
καὶ λαβὼν τροφὴν ἐνίσχυσεν. 19

⁷ οὐδὲν   ⁸ ἐν ὁράματι ὁ Κύριος   ⁹ om. ἐν ὁράματι
¹⁰ Ἀνανίαν ὀνόματι   ¹¹ τὰς χεῖρας   ¹² ἤκουσα   ¹³ ἐστί μοι
¹⁴ add τῶν   ¹⁵ add τε   ¹⁶ om. παραχρῆμα

Ἐγένετο δὲ ὁ Σαῦλος[17] μετὰ τῶν ἐν Δαμασκῷ
20 μαθητῶν ἡμέρας τινάς. καὶ εὐθέως ἐν ταῖς συναγω-
γαῖς ἐκήρυσσε τὸν Χριστόν[18], ὅτι οὗτός ἐστιν ὁ υἱὸς
21 τοῦ Θεοῦ. ἐξίσταντο δὲ πάντες οἱ ἀκούοντες καὶ
ἔλεγον, Οὐχ οὗτός ἐστιν ὁ πορθήσας ἐν Ἱερουσα-
λὴμ τοὺς ἐπικαλουμένους τὸ ὄνομα τοῦτο,[19] καὶ ὧδε
εἰς τοῦτο ἐληλύθει ἵνα δεδεμένους αὐτοὺς ἀγάγῃ
22 ἐπὶ τοὺς ἀρχιερεῖς;[19] Σαῦλος δὲ μᾶλλον ἐνεδυνα-
μοῦτο, καὶ συνέχυνε τοὺς[20] Ἰουδαίους τοὺς κατοι-
κοῦντας ἐν Δαμασκῷ, συμβιβάζων ὅτι οὗτός ἐστιν
ὁ Χριστός.

23 Ὡς δὲ ἐπληροῦντο ἡμέραι ἱκαναί, συνεβουλεύ-
24 σαντο οἱ Ἰουδαῖοι ἀνελεῖν αὐτόν· ἐγνώσθη δὲ τῷ
Σαύλῳ ἡ ἐπιβουλὴ αὐτῶν. παρετήρουν τε[21] τὰς
πύλας ἡμέρας τε καὶ νυκτός, ὅπως αὐτὸν ἀνέλωσι·
25 λαβόντες δὲ αὐτὸν οἱ μαθηταὶ[22] νυκτός, καθῆκαν διὰ τοῦ
τείχους[23], χαλάσαντες ἐν σπυρίδι.

26 Παραγενόμενος δὲ ὁ Σαῦλος[24] εἰς Ἱερουσαλήμ,
ἐπειρᾶτο[25] κολλᾶσθαι τοῖς μαθηταῖς· καὶ πάντες
ἐφοβοῦντο αὐτόν, μὴ πιστεύοντες ὅτι ἐστὶ μαθητής.
27 Βαρνάβας δὲ ἐπιλαβόμενος αὐτὸν ἤγαγε πρὸς τοὺς
ἀποστόλους, καὶ διηγήσατο αὐτοῖς πῶς ἐν τῇ ὁδῷ
εἶδε τὸν Κύριον, καὶ ὅτι ἐλάλησεν αὐτῷ, καὶ πῶς
ἐν Δαμασκῷ ἐπαρρησιάσατο ἐν τῷ ὀνόματι τοῦ
28 Ἰησοῦ. καὶ ἦν μετ᾽ αὐτῶν εἰσπορευόμενος καὶ
29 ἐκπορευόμενος ἐν[26] Ἱερουσαλήμ, καὶ[27] παρρησιαζό-
μενος ἐν τῷ ὀνόματι τοῦ Κυρίου Ἰησοῦ[28], ἐλάλει τε
καὶ συνεζήτει πρὸς τοὺς Ἑλληνιστάς· οἱ δὲ ἐπε-
30 χείρουν αὐτὸν ἀνελεῖν. ἐπιγνόντες δὲ οἱ ἀδελφοὶ

[17] om. ὁ Σαῦλος   [18] Ἰησοῦν   [19] (τὸ ὄνομα τοῦτο; καὶ...
ἀρχιερεῖς.)   [20] om. τοὺς   [21] παρετηροῦντό τε καὶ   [22] οἱ μαθηταὶ
αὐτοῦ   [23] διὰ τοῦ τείχους καθῆκαν αὐτόν   [24] om. ὁ Σαῦλος
[25] ἐπείραζε   [26] εἰς   [27] om. καὶ   [28] om. Ἰησοῦ

κατήγαγον αὐτὸν εἰς Καισάρειαν, καὶ ἐξαπέστειλαν
αὐτὸν εἰς Ταρσόν.

Αἱ²⁹ μὲν οὖν ἐκκλησίαι²⁹ καθ' ὅλης τῆς Ἰουδαίας 31
καὶ Γαλιλαίας καὶ Σαμαρείας εἶχον³⁰ εἰρήνην οἰκο-
δομούμεναι³¹, καὶ πορευόμεναι³² τῷ φόβῳ τοῦ Κυρίου
καὶ τῇ παρακλήσει τοῦ Ἁγίου Πνεύματος ἐπληθύ-
νοντο³³.

Ἐγένετο δὲ Πέτρον διερχόμενον διὰ πάντων 32
κατελθεῖν καὶ πρὸς τοὺς ἁγίους τοὺς κατοικοῦντας
Λύδδαν. εὗρε δὲ ἐκεῖ ἄνθρωπόν τινα Αἰνέαν ὀνό- 33
ματι, ἐξ ἐτῶν ὀκτὼ κατακείμενον ἐπὶ κραββάτῳ³⁴, ὃς
ἦν παραλελυμένος. καὶ εἶπεν αὐτῷ ὁ Πέτρος, 34
Αἰνέα, ἰᾶται σε Ἰησοῦς ὁ³⁵ Χριστός· ἀνάστηθι
καὶ στρῶσον σεαυτῷ. καὶ εὐθέως ἀνέστη. καὶ 35
εἶδον αὐτὸν πάντες οἱ κατοικοῦντες Λύδδαν καὶ τὸν
Σάρωνα, οἵτινες ἐπέστρεψαν ἐπὶ τὸν Κύριον.

Ἐν Ἰόππῃ δέ τις ἦν μαθήτρια ὀνόματι Ταβιθά, 36
ἣ διερμηνευομένη λέγεται Δορκάς· αὕτη ἦν πλήρης
ἀγαθῶν ἔργων καὶ ἐλεημοσυνῶν ὧν ἐποίει. ἐγένετο 37
δὲ ἐν ταῖς ἡμέραις ἐκείναις ἀσθενήσασαν αὐτὴν
ἀποθανεῖν· λούσαντες δὲ αὐτὴν ἔθηκαν ἐν ὑπερῴῳ.
ἐγγὺς δὲ οὔσης Λύδδης τῇ Ἰόππῃ, οἱ μαθηταὶ 38
ἀκούσαντες ὅτι Πέτρος ἐστὶν ἐν αὐτῇ, ἀπέστειλαν
δύο ἄνδρας πρὸς αὐτόν, παρακαλοῦντες μὴ ὀκνῆσαι³⁶
διελθεῖν ἕως αὐτῶν³⁷. ἀναστὰς δὲ Πέτρος συνῆλθεν 39
αὐτοῖς· ὃν παραγενόμενον ἀνήγαγον εἰς τὸ ὑπερῷον,
καὶ παρέστησαν αὐτῷ πᾶσαι αἱ χῆραι κλαίουσαι
καὶ ἐπιδεικνύμεναι χιτῶνας καὶ ἱμάτια ὅσα ἐποίει
μετ' αὐτῶν οὖσα ἡ Δορκάς. ἐκβαλὼν δὲ ἔξω πάν- 40
τας ὁ Πέτρος³⁸ θεὶς τὰ γόνατα προσηύξατο· καὶ

²⁹ Ἡ...ἐκκλησία   ³⁰ εἶχεν   ³¹ οἰκοδομουμένη
³² πορευομένη   ³³ ἐπληθύνετο   ³⁴ κραββάτου   ³⁵ om. ὁ
³⁶ (, Μὴ) ὀκνήσῃς   ³⁷ ἡμῶν   ³⁸ add καὶ

ἐπιστρέψας πρὸς τὸ σῶμα, εἶπε, Ταβιθά, ἀνά-
στηθι. ἡ δὲ ἤνοιξε τοὺς ὀφθαλμοὺς αὐτῆς· καὶ
41 ἰδοῦσα τὸν Πέτρον, ἀνεκάθισε. δοὺς δὲ αὐτῇ
χεῖρα, ἀνέστησεν αὐτήν· φωνήσας δὲ τοὺς ἁγίους
42 καὶ τὰς χήρας, παρέστησεν αὐτὴν ζῶσαν. γνω-
στὸν δὲ ἐγένετο καθ᾽ ὅλης τῆς Ἰόππης, καὶ πολλοὶ
43 ἐπίστευσαν ἐπὶ τὸν Κύριον. ἐγένετο δὲ ἡμέρας
ἱκανὰς μεῖναι αὐτὸν ἐν Ἰόππῃ παρά τινι Σίμωνι
βυρσεῖ.

X.   Ἀνὴρ δέ τις ἦν¹ ἐν Καισαρείᾳ ὀνόματι Κορνή-
λιος, ἑκατοντάρχης ἐκ σπείρης τῆς καλουμένης
2 Ἰταλικῆς, εὐσεβὴς καὶ φοβούμενος τὸν Θεὸν σὺν
παντὶ τῷ οἴκῳ αὐτοῦ, ποιῶν τε² ἐλεημοσύνας πολ-
λὰς τῷ λαῷ, καὶ δεόμενος τοῦ Θεοῦ διὰ παντός.
3 εἶδεν ἐν ὁράματι φανερῶς, ὡσεὶ³ ὥραν ἐννάτην τῆς
ἡμέρας, ἄγγελον τοῦ Θεοῦ εἰσελθόντα πρὸς αὐτόν,
4 καὶ εἰπόντα αὐτῷ, Κορνήλιε. ὁ δὲ ἀτενίσας αὐτῷ
καὶ ἔμφοβος γενόμενος εἶπε, Τί ἐστι, Κύριε; εἶπε
δὲ αὐτῷ, Αἱ προσευχαί σου καὶ αἱ ἐλεημοσύναι
σου ἀνέβησαν εἰς μνημόσυνον ἐνώπιον⁴ τοῦ Θεοῦ.
5 καὶ νῦν πέμψον εἰς Ἰόππην ἄνδρας⁵, καὶ μετάπεμψαι
6 Σίμωνα⁶ ὃς ἐπικαλεῖται Πέτρος· οὗτος ξενίζεται
παρά τινι Σίμωνι βυρσεῖ, ᾧ ἐστιν οἰκία παρὰ θά-
7 λασσαν· οὗτος λαλήσει σοι τί σε δεῖ ποιεῖν⁷. ὡς δὲ
ἀπῆλθεν ὁ ἄγγελος ὁ λαλῶν τῷ Κορνηλίῳ⁸, φωνήσας
δύο τῶν οἰκετῶν αὐτοῦ⁹, καὶ στρατιώτην εὐσεβῆ
8 τῶν προσκαρτερούντων αὐτῷ, καὶ ἐξηγησάμενος
αὐτοῖς ἅπαντα, ἀπέστειλεν αὐτοὺς εἰς τὴν Ἰόππην.
9   Τῇ δὲ ἐπαύριον, ὁδοιπορούντων ἐκείνων καὶ τῇ
πόλει ἐγγιζόντων, ἀνέβη Πέτρος ἐπὶ τὸ δῶμα προσ-

---

¹ om. ἦν   ² om. τε   ³ add περὶ   ⁴ ἔμπροσθεν
⁵ ἄνδρας εἰς Ἰόππην   ⁶ (-νά) add τινα   ⁷ om. · οὗτος
λαλήσει σοι τί σε δεῖ ποιεῖν   ⁸ αὐτῷ   ⁹ om. αὐτοῦ

εὔξασθαι, περὶ ὥραν ἕκτην· ἐγένετο δὲ πρόσ- 10
πεινος, καὶ ἤθελε γεύσασθαι· παρασκευαζόντων δὲ
ἐκείνων[10], ἐπέπεσεν[11] ἐπ᾿ αὐτὸν ἔκστασις, καὶ θεωρεῖ 11
τὸν οὐρανὸν ἀνεῳγμένον, καὶ καταβαῖνον ἐπ᾿ αὐτὸν[12]
σκεῦός τι ὡς ὀθόνην μεγάλην, τέσσαρσιν ἀρχαῖς
δεδεμένον, καὶ[13] καθιέμενον ἐπὶ τῆς γῆς· ἐν ᾧ ὑπῆρχε 12
πάντα τὰ τετράποδα τῆς γῆς καὶ τὰ θηρία[14] καὶ τὰ[15]
ἑρπετὰ[16] καὶ τὰ[17] πετεινὰ τοῦ οὐρανοῦ. καὶ ἐγέ- 13
νετο φωνὴ πρὸς αὐτόν, Ἀναστάς, Πέτρε, θῦσον καὶ
φάγε. ὁ δὲ Πέτρος εἶπε, Μηδαμῶς, Κύριε· ὅτι 14
οὐδέποτε ἔφαγον πᾶν κοινὸν ἢ[18] ἀκάθαρτον. καὶ 15
φωνὴ πάλιν ἐκ δευτέρου πρὸς αὐτόν, Ἃ ὁ Θεὸς
ἐκαθάρισε, σὺ μὴ κοίνου. τοῦτο δὲ ἐγένετο ἐπὶ 16
τρίς· καὶ πάλιν[19] ἀνελήφθη τὸ σκεῦος εἰς τὸν οὐ-
ρανόν.

Ὡς δὲ ἐν ἑαυτῷ διηπόρει ὁ Πέτρος τί ἂν εἴη τὸ 17
ὅραμα ὃ εἶδε, καὶ[20] ἰδού, οἱ ἄνδρες οἱ ἀπεσταλμένοι
ἀπὸ[21] τοῦ Κορνηλίου, διερωτήσαντες τὴν οἰκίαν
Σίμωνος, ἐπέστησαν ἐπὶ τὸν πυλῶνα, καὶ φωνή- 18
σαντες ἐπυνθάνοντο εἰ Σίμων, ὁ ἐπικαλούμενος Πέ-
τρος, ἐνθάδε ξενίζεται. τοῦ δὲ Πέτρου ἐνθυμουμένου[22] 19
περὶ τοῦ ὁράματος, εἶπεν αὐτῷ τὸ Πνεῦμα, Ἰδού,
ἄνδρες τρεῖς ζητοῦσί σε. ἀλλὰ ἀναστὰς κατάβηθι, 20
καὶ πορεύου σὺν αὐτοῖς, μηδὲν διακρινόμενος· διότι[23]
ἐγὼ ἀπέσταλκα αὐτούς. καταβὰς δὲ Πέτρος πρὸς 21
τοὺς ἄνδρας τοὺς ἀπεσταλμένους ἀπὸ τοῦ Κορνηλίου πρὸς
αὐτόν[24], εἶπεν, Ἰδού, ἐγώ εἰμι ὃν ζητεῖτε· τίς ἡ αἰτία
δι᾿ ἣν πάρεστε; οἱ δὲ εἶπον, Κορνήλιος ἑκατοντάρ- 22

---

10 αὐτῶν   11 ἐγένετο   12 om. ἐπ᾿ αὐτὸν   13 om.
δεδεμένον, καὶ   14 om. τῆς γῆς καὶ τὰ θηρία   15 om. τὰ
16 add τῆς γῆς   17 om. τὰ   18 καὶ   19 εὐθὺς
20 om. καὶ   21 ὑπὸ   22 διενθυμουμένου   23 ὅτι
24 om. τοὺς ἀπεσταλμένους ἀπὸ τοῦ Κορνηλίου πρὸς αὐτόν,

χης, ἀνὴρ δίκαιος καὶ φοβούμενος τὸν Θεόν,
μαρτυρούμενός τε ὑπὸ ὅλου τοῦ ἔθνους τῶν
Ἰουδαίων, ἐχρηματίσθη ὑπὸ ἀγγέλου ἁγίου μετα-
πέμψασθαί σε εἰς τὸν οἶκον αὐτοῦ, καὶ ἀκοῦσαι
23 ῥήματα παρὰ σοῦ. εἰσκαλεσάμενος οὖν αὐτοὺς
ἐξένισε.

Τῇ δὲ ἐπαύριον ὁ Πέτρος²⁵ ἐξῆλθε σὺν αὐτοῖς,
καί τινες τῶν ἀδελφῶν τῶν ἀπὸ τῆς Ἰόππης συν-
24 ῆλθον αὐτῷ. καὶ τῇ²⁶ ἐπαύριον εἰσῆλθον²⁷ εἰς τὴν
Καισάρειαν. ὁ δὲ Κορνήλιος ἦν προσδοκῶν αὐτούς,
συγκαλεσάμενος τοὺς συγγενεῖς αὐτοῦ καὶ τοὺς
25 ἀναγκαίους φίλους. ὡς δὲ ἐγένετο²⁸ εἰσελθεῖν τὸν
Πέτρον, συναντήσας αὐτῷ ὁ Κορνήλιος, πεσὼν ἐπὶ
26 τοὺς πόδας, προσεκύνησεν. ὁ δὲ Πέτρος αὐτὸν
ἤγειρε λέγων, Ἀνάστηθι· κἀγὼ αὐτὸς ἄνθρωπός
27 εἰμι. καὶ συνομιλῶν αὐτῷ εἰσῆλθε, καὶ εὑρίσκει
28 συνεληλυθότας πολλούς, ἔφη τε πρὸς αὐτούς,
Ὑμεῖς ἐπίστασθε ὡς ἀθέμιτόν ἐστιν ἀνδρὶ Ἰουδαίῳ
κολλᾶσθαι ἢ προσέρχεσθαι ἀλλοφύλῳ· καὶ ἐμοὶ
ὁ Θεὸς ἔδειξε μηδένα κοινὸν ἢ ἀκάθαρτον λέγειν
29 ἄνθρωπον· διὸ καὶ ἀναντιρρήτως ἦλθον μεταπεμφ-
θείς. πυνθάνομαι οὖν, τίνι λόγῳ μετεπέμψασθέ
30 με. καὶ ὁ Κορνήλιος ἔφη, Ἀπὸ τετάρτης ἡμέρας
μέχρι ταύτης τῆς ὥρας ἤμην νηστεύων, καὶ²⁹ τὴν
ἐννάτην ὥραν³⁰ προσευχόμενος ἐν τῷ οἴκῳ μου· καὶ
31 ἰδού, ἀνὴρ ἔστη ἐνώπιόν μου ἐν ἐσθῆτι λαμπρᾷ, καί
φησι, Κορνήλιε, εἰσηκούσθη σου ἡ προσευχή, καὶ
αἱ ἐλεημοσύναι σου ἐμνήσθησαν ἐνώπιον τοῦ Θεοῦ.
32 πέμψον οὖν εἰς Ἰόππην, καὶ μετακάλεσαι Σίμωνα
ὃς ἐπικαλεῖται Πέτρος· οὗτος ξενίζεται ἐν οἰκίᾳ
Σίμωνος βυρσέως παρὰ θάλασσαν· ὃς παραγενόμενος

---

²⁵ ἀναστὰς   ²⁶ τῇ δὲ   ²⁷ Marg. εἰσῆλθεν   ²⁸ add τοῦ
²⁹ om. νηστεύων, καὶ   ³⁰ om. ὥραν

λαλήσει σοι³¹. Ἐξαυτῆς οὖν ἔπεμψα πρός σε· σύ τε 33
καλῶς ἐποίησας παραγενόμενος. νῦν οὖν πάντες
ἡμεῖς ἐνώπιον τοῦ Θεοῦ πάρεσμεν ἀκοῦσαι πάντα
τὰ προστεταγμένα σοι ὑπὸ τοῦ Θεοῦ³². ἀνοίξας δὲ 34
Πέτρος τὸ στόμα εἶπεν,
  Ἐπ' ἀληθείας καταλαμβάνομαι ὅτι οὐκ ἔστι
προσωπολήπτης ὁ Θεός· ἀλλ' ἐν παντὶ ἔθνει ὁ φο- 35
βούμενος αὐτὸν καὶ ἐργαζόμενος δικαιοσύνην, δεκ-
τὸς αὐτῷ ἐστι. τὸν λόγον ὃν³³ ἀπέστειλε τοῖς υἱοῖς 36
Ἰσραήλ, εὐαγγελιζόμενος εἰρήνην διὰ Ἰησοῦ Χρισ-
τοῦ (οὗτός ἐστι πάντων Κύριος)—ὑμεῖς οἴδατε, τὸ 37
γενόμενον ῥῆμα καθ' ὅλης τῆς Ἰουδαίας, ἀρξάμενον³⁴
ἀπὸ τῆς Γαλιλαίας, μετὰ τὸ βάπτισμα ὃ ἐκήρυξεν
Ἰωάννης· Ἰησοῦν τὸν ἀπὸ Ναζαρέθ*, ὡς ἔχρισεν 38
αὐτὸν ὁ Θεὸς Πνεύματι Ἁγίῳ καὶ δυνάμει, ὃς διῆλ-
θεν εὐεργετῶν καὶ ἰώμενος πάντας τοὺς καταδυνα-
στευομένους ὑπὸ τοῦ διαβόλου, ὅτι ὁ Θεὸς ἦν μετ'
αὐτοῦ. καὶ ἡμεῖς ἐσμεν³⁵ μάρτυρες πάντων ὧν ἐποίη- 39
σεν ἔν τε τῇ χώρᾳ τῶν Ἰουδαίων καὶ ἐν Ἱερουσα-
λήμ· ὃν³⁶ ἀνεῖλον κρεμάσαντες ἐπὶ ξύλου. τοῦτον 40
ὁ Θεὸς ἤγειρε τῇ τρίτῃ ἡμέρᾳ, καὶ ἔδωκεν αὐτὸν
ἐμφανῆ γενέσθαι, οὐ παντὶ τῷ λαῷ, ἀλλὰ μάρτυσι 41
τοῖς προκεχειροτονημένοις ὑπὸ τοῦ Θεοῦ, ἡμῖν,
οἵτινες συνεφάγομεν καὶ συνεπίομεν αὐτῷ μετὰ τὸ
ἀναστῆναι αὐτὸν ἐκ νεκρῶν. καὶ παρήγγειλεν ἡμῖν 42
κηρύξαι τῷ λαῷ, καὶ διαμαρτυρασθαι ὅτι αὐτός³⁷
ἐστιν ὁ ὡρισμένος ὑπὸ τοῦ Θεοῦ κριτὴς ζώντων
καὶ νεκρῶν. τούτῳ πάντες οἱ προφῆται μαρτυ- 43
ροῦσιν, ἄφεσιν ἁμαρτιῶν λαβεῖν διὰ τοῦ ὀνόματος
αὐτοῦ πάντα τὸν πιστεύοντα εἰς αὐτόν.

³¹ om. · ὃς παραγενόμενος λαλήσει σοι   ³² Κυρίου   ³³ Marg.
om. ὃν   ³⁴ ἀρξάμενος   ³⁵ om. ἐσμεν   ³⁶ add καὶ
³⁷ οὗτός

44 Ἔτι λαλοῦντος τοῦ Πέτρου τὰ ῥήματα ταῦτα,
ἐπέπεσε τὸ Πνεῦμα τὸ Ἅγιον ἐπὶ πάντας τοὺς
45 ἀκούοντας τὸν λόγον. καὶ ἐξέστησαν οἱ ἐκ περιτο-
μῆς πιστοί, ὅσοι συνῆλθον τῷ Πέτρῳ, ὅτι καὶ ἐπὶ
τὰ ἔθνη ἡ δωρεὰ τοῦ Ἁγίου Πνεύματος ἐκκέχυται.
46 ἤκουον γὰρ αὐτῶν λαλούντων γλώσσαις, καὶ μεγα-
λυνόντων τὸν Θεόν. τότε ἀπεκρίθη ὁ Πέτρος,
47 Μήτι τὸ ὕδωρ κωλῦσαι δύναταί τις, τοῦ μὴ βαπ-
τισθῆναι τούτους, οἵτινες τὸ Πνεῦμα τὸ Ἅγιον
48 ἔλαβον καθὼς³⁸ καὶ ἡμεῖς; προσέταξέ τε³⁹ αὐτοὺς
βαπτισθῆναι ἐν τῷ ὀνόματι τοῦ Κυρίου⁴⁰. τότε ἠρώτησαν
αὐτὸν ἐπιμεῖναι ἡμέρας τινάς.

XI. Ἤκουσαν δὲ οἱ ἀπόστολοι καὶ οἱ ἀδελφοὶ οἱ
ὄντες κατὰ τὴν Ἰουδαίαν ὅτι καὶ τὰ ἔθνη ἐδέξαντο
2 τὸν λόγον τοῦ Θεοῦ. καὶ ὅτε¹ ἀνέβη Πέτρος εἰς
Ἱεροσόλυμα, διεκρίνοντο πρὸς αὐτὸν οἱ ἐκ περι-
3 τομῆς, λέγοντες ὅτι Πρὸς ἄνδρας ἀκροβυστίαν
4 ἔχοντας εἰσῆλθες, καὶ συνέφαγες αὐτοῖς. ἀρξάμε-
νος δὲ ὁ Πέτρος ἐξετίθετο αὐτοῖς καθεξῆς λέγων,
5 Ἐγὼ ἤμην ἐν πόλει Ἰόππῃ προσευχόμενος, καὶ
εἶδον ἐν ἐκστάσει.ὅραμα, καταβαῖνον σκεῦός τι, ὡς
ὀθόνην μεγάλην τέσσαρσιν ἀρχαῖς καθιεμένην ἐκ
6 τοῦ οὐρανοῦ, καὶ ἦλθεν ἄχρις ἐμοῦ· εἰς ἣν ἀτενί-
σας κατενόουν, καὶ εἶδον τὰ τετράποδα τῆς γῆς
καὶ τὰ θηρία καὶ τὰ ἑρπετὰ καὶ τὰ πετεινὰ τοῦ
7 οὐρανοῦ. ἤκουσα δὲ² φωνῆς λεγούσης μοι, Ἀνα-
8 στάς, Πέτρε, θῦσον καὶ φάγε. εἶπον δέ, Μηδαμῶς,
Κύριε· ὅτι πᾶν³ κοινὸν ἢ ἀκάθαρτον οὐδέποτε εἰσ-
9 ῆλθεν εἰς τὸ στόμα μου. ἀπεκρίθη δέ μοι⁴ φωνὴ
ἐκ δευτέρου ἐκ τοῦ οὐρανοῦ, Ἃ ὁ Θεὸς ἐκαθάρισε,

---

³⁸ ὡς   ³⁹ (-ξε) δὲ   ⁴⁰ ἐν τῷ ὀνόματι Ἰησοῦ Χριστοῦ
βαπτισθῆναι   ¹ ὅτε δὲ   ² add καὶ   ³ om. πᾶν
⁴ (δὲ) om. μοι

σὺ μὴ κοίνου. τοῦτο δὲ ἐγένετο ἐπὶ τρίς, καὶ πάλιν 10
ἀνεσπάσθη ἅπαντα εἰς τὸν οὐρανόν. καὶ ἰδού, 11
ἐξαυτῆς τρεῖς ἄνδρες ἐπέστησαν ἐπὶ τὴν οἰκίαν ἐν
ᾗ ἤμην[5], ἀπεσταλμένοι ἀπὸ Καισαρείας πρός με.
εἶπε δέ μοι τὸ Πνεῦμα συνελθεῖν αὐτοῖς, μηδὲν 12
διακρινόμενον[6]. ἦλθον δὲ σὺν ἐμοὶ καὶ οἱ ἐξ ἀδελφοὶ
οὗτοι, καὶ εἰσήλθομεν εἰς τὸν οἶκον τοῦ ἀνδρός·
ἀπήγγειλέ τε[7] ἡμῖν πῶς εἶδε τὸν ἄγγελον ἐν τῷ 13
οἴκῳ αὐτοῦ σταθέντα, καὶ εἰπόντα αὐτῷ[8], Ἀπόστει-
λον εἰς Ἰόππην ἄνδρας[9], καὶ μετάπεμψαι Σίμωνα,
τὸν ἐπικαλούμενον Πέτρον, ὃς λαλήσει ῥήματα 14
πρός σε, ἐν οἷς σωθήσῃ σὺ καὶ πᾶς ὁ οἶκός σου.
ἐν δὲ τῷ ἄρξασθαί με λαλεῖν, ἐπέπεσε τὸ Πνεῦμα 15
τὸ Ἅγιον ἐπ᾽ αὐτούς, ὥσπερ καὶ ἐφ᾽ ἡμᾶς ἐν ἀρχῇ.
ἐμνήσθην δὲ τοῦ ῥήματος Κυρίου, ὡς ἔλεγεν, Ἰω- 16
άννης μὲν ἐβάπτισεν ὕδατι, ὑμεῖς δὲ βαπτισθή-
σεσθε ἐν Πνεύματι Ἁγίῳ. εἰ οὖν τὴν ἴσην δωρεὰν 17
ἔδωκεν αὐτοῖς ὁ Θεὸς ὡς καὶ ἡμῖν, πιστεύσασιν ἐπὶ
τὸν Κύριον Ἰησοῦν Χριστόν, ἐγὼ δὲ[10] τίς ἤμην
δυνατὸς κωλῦσαι τὸν Θεόν; ἀκούσαντες δὲ ταῦτα 18
ἡσύχασαν, καὶ ἐδόξαζον[11] τὸν Θεόν, λέγοντες, Ἄραγε[12]
καὶ τοῖς ἔθνεσιν ὁ Θεὸς τὴν μετάνοιαν ἔδωκεν εἰς ζωήν[13].

Οἱ μὲν οὖν διασπαρέντες ἀπὸ τῆς θλίψεως τῆς 19
γενομένης ἐπὶ Στεφάνῳ διῆλθον ἕως Φοινίκης καὶ
Κύπρου καὶ Ἀντιοχείας, μηδενὶ λαλοῦντες τὸν
λόγον εἰ μὴ μόνον Ἰουδαίοις. ἦσαν δέ τινες ἐξ 20
αὐτῶν ἄνδρες Κύπριοι καὶ Κυρηναῖοι, οἵτινες εἰσελ-
θόντες[14] εἰς Ἀντιόχειαν, ἐλάλουν[15] πρὸς τοὺς Ἑλλη-
νιστάς[16], εὐαγγελιζόμενοι τὸν Κύριον Ἰησοῦν. καὶ 21

---

[5] ἤμεν   [6] διακρίναντα   [7] (-λε) δὲ   [8] om. αὐτῷ
[9] om. ἄνδρας   [10] om. δὲ   [11] ἐδόξασαν   [12] Ἄρα
[13] εἰς ζωὴν ἔδωκεν   [14] ἐλθόντες   [15] add καὶ
[16] Ἕλληνας text, not marg.

ἦν χεὶρ Κυρίου μετ' αὐτῶν· πολύς τε ἀριθμὸς[17]
22 πιστεύσας ἐπέστρεψεν ἐπὶ τὸν Κύριον. ἠκούσθη
δὲ ὁ λόγος εἰς τὰ ὦτα τῆς ἐκκλησίας τῆς[18] ἐν
Ἱεροσολύμοις περὶ αὐτῶν· καὶ ἐξαπέστειλαν Βαρ-
23 νάβαν διελθεῖν[19] ἕως Ἀντιοχείας· ὃς παραγενόμενος
καὶ ἰδὼν τὴν χάριν[20] τοῦ Θεοῦ ἐχάρη, καὶ παρεκά-
λει πάντας τῇ προθέσει τῆς καρδίας προσμένειν[21]
24 τῷ Κυρίῳ· ὅτι ἦν ἀνὴρ ἀγαθὸς καὶ πλήρης Πνεύ-
ματος Ἁγίου καὶ πίστεως· καὶ προσετέθη ὄχλος
25 ἱκανὸς τῷ Κυρίῳ. ἐξῆλθε δὲ εἰς Ταρσὸν ὁ Βαρνά-
26 βας[22] ἀναζητῆσαι Σαῦλον, καὶ εὑρὼν αὐτὸν[23] ἤγαγεν
αὐτὸν[23] εἰς Ἀντιόχειαν. ἐγένετο δὲ αὐτοὺς[24] ἐνιαυτὸν
ὅλον συναχθῆναι ἐν τῇ ἐκκλησίᾳ καὶ διδάξαι ὄχ-
λον ἱκανον, χρηματίσαι τε πρῶτον ἐν Ἀντιοχείᾳ
τοὺς μαθητὰς Χριστιανούς.
27 Ἐν ταύταις δὲ ταῖς ἡμέραις κατῆλθον ἀπὸ
28 Ἱεροσολύμων προφῆται εἰς Ἀντιόχειαν. ἀναστὰς
δὲ εἷς ἐξ αὐτῶν ὀνόματι Ἄγαβος, ἐσήμανε διὰ τοῦ
Πνεύματος λιμὸν μέγαν μέλλειν ἔσεσθαι ἐφ' ὅλην
τὴν οἰκουμένην· ὅστις καὶ[25] ἐγένετο ἐπὶ Κλαυδίου
29 Καίσαρος[26]. τῶν δὲ μαθητῶν καθὼς ηὐπορεῖτό τις,
ὥρισαν ἕκαστος αὐτῶν εἰς διακονίαν πέμψαι τοῖς
30 κατοικοῦσιν ἐν τῇ Ἰουδαίᾳ ἀδελφοῖς· ὃ καὶ ἐποίη-
σαν, ἀποστείλαντες πρὸς τοὺς πρεσβυτέρους διὰ
χειρὸς Βαρνάβα καὶ Σαύλου.
XII. Κατ' ἐκεῖνον δὲ τὸν καιρὸν ἐπέβαλεν Ἡρώδης
ὁ βασιλεὺς τὰς χεῖρας κακῶσαί τινας τῶν ἀπὸ τῆς
2 ἐκκλησίας. ἀνεῖλε δὲ Ἰάκωβον τὸν ἀδελφὸν Ἰω-
3 άννου μαχαίρᾳ. καὶ ἰδὼν[1] ὅτι ἀρεστόν ἐστι τοῖς
Ἰουδαίοις, προσέθετο συλλαβεῖν καὶ Πέτρον· ἦσαν

---

[17] add ὁ   [18] add οὔσης   [19] om. διελθεῖν   [20] add τὴν
[21] Marg. adds ἐν   [22] om. ὁ Βαρνάβας   [23] om. αὐτὸν
[24] αὐτοῖς καὶ   [25] om. καὶ   [26] om. Καίσαρος   [1] ἰδὼν δὲ

δὲ ἡμέραι τῶν ἀζύμων· ὃν καὶ πιάσας ἔθετο εἰς 4
φυλακήν, παραδοὺς τέσσαρσι τετραδίοις στρατιω-
τῶν φυλάσσειν αὐτόν, βουλόμενος μετὰ τὸ πάσχα
ἀναγαγεῖν αὐτὸν τῷ λαῷ. ὁ μὲν οὖν Πέτρος ἐτη- 5
ρεῖτο ἐν τῇ φυλακῇ· προσευχὴ δὲ ἦν ἐκτενὴς[2] γινο-
μένη ὑπὸ τῆς ἐκκλησίας πρὸς τὸν Θεὸν ὑπὲρ[3] αὐτοῦ.
ὅτε δὲ ἔμελλεν αὐτὸν προάγειν ὁ Ἡρώδης, τῇ 6
νυκτὶ ἐκείνῃ ἦν ὁ Πέτρος κοιμώμενος μεταξὺ δύο
στρατιωτῶν, δεδεμένος ἁλύσεσι δυσί· φύλακές τε
πρὸ τῆς θύρας ἐτήρουν τὴν φυλακήν. καὶ ἰδού, 7
ἄγγελος Κυρίου ἐπέστη, καὶ φῶς ἔλαμψεν ἐν τῷ
οἰκήματι· πατάξας δὲ τὴν πλευρὰν τοῦ Πέτρου,
ἤγειρεν αὐτὸν λέγων, Ἀνάστα ἐν τάχει. καὶ ἐξέ-
πεσον αὐτοῦ αἱ ἁλύσεις ἐκ τῶν χειρῶν. εἰπέ τε 8
ὁ ἄγγελος πρὸς αὐτόν, Περίζωσαι[4] καὶ ὑπόδησαι τὰ
σανδάλιά σου. ἐποίησε δὲ οὕτω. καὶ λέγει αὐτῷ,
Περιβαλοῦ τὸ ἱμάτιόν σου, καὶ ἀκολούθει μοι.
καὶ ἐξελθὼν ἠκολούθει αὐτῷ[5]· καὶ οὐκ ᾔδει ὅτι 9
ἀληθές ἐστι τὸ γινόμενον διὰ τοῦ ἀγγέλου, ἐδόκει
δὲ ὅραμα βλέπειν. διελθόντες δὲ πρώτην φυλακὴν 10
καὶ δευτέραν, ἦλθον ἐπὶ τὴν πύλην τὴν σιδηρᾶν,
τὴν φέρουσαν εἰς τὴν πόλιν, ἥτις αὐτομάτη ἠνοίχθη
αὐτοῖς· καὶ ἐξελθόντες προῆλθον ῥύμην μίαν, καὶ
εὐθέως ἀπέστη ὁ ἄγγελος ἀπ᾽ αὐτοῦ. καὶ ὁ Πέτρος, 11
γενόμενος ἐν ἑαυτῷ, εἶπε, Νῦν οἶδα ἀληθῶς ὅτι
ἐξαπέστειλε Κύριος τὸν ἄγγελον αὐτοῦ, καὶ ἐξεί-
λετό με ἐκ χειρὸς Ἡρώδου καὶ πάσης τῆς προσδο-
κίας τοῦ λαοῦ τῶν Ἰουδαίων. συνιδών τε ἦλθεν 12
ἐπὶ τὴν οἰκίαν Μαρίας τῆς μητρὸς Ἰωάννου τοῦ
ἐπικαλουμένου Μάρκου, οὗ ἦσαν ἱκανοὶ συνηθροισ-
μένοι καὶ προσευχόμενοι. κρούσαντος δὲ τοῦ Πέ- 13

---

[2] ἐκτενῶς   [3] περὶ   [4] Ζῶσαι   [5] om. αὐτῷ

τρου⁶ τὴν θύραν τοῦ πυλῶνος, προσῆλθε παιδίσκη
14 ὑπακοῦσαι, ὀνόματι Ῥόδη. καὶ ἐπιγνοῦσα τὴν φω-
νὴν τοῦ Πέτρου, ἀπὸ τῆς χαρᾶς οὐκ ἤνοιξε τὸν
πυλῶνα, εἰσδραμοῦσα δὲ ἀπήγγειλεν ἑστάναι τὸν
15 Πέτρον πρὸ τοῦ πυλῶνος. οἱ δὲ πρὸς αὐτὴν εἶπον,
Μαίνῃ. ἡ δὲ διϊσχυρίζετο οὕτως ἔχειν. οἱ δ᾽
16 ἔλεγον, Ὁ ἄγγελος αὐτοῦ ἐστιν. ὁ δὲ Πέτρος
ἐπέμενε κρούων· ἀνοίξαντες δὲ εἶδον αὐτόν, καὶ
17 ἐξέστησαν. κατασείσας δὲ αὐτοῖς τῇ χειρὶ σιγᾶν,
διηγήσατο αὐτοῖς πῶς ὁ Κύριος αὐτὸν ἐξήγαγεν ἐκ
τῆς φυλακῆς. εἶπε δέ⁷, Ἀπαγγείλατε Ἰακώβῳ καὶ
τοῖς ἀδελφοῖς ταῦτα. καὶ ἐξελθὼν ἐπορεύθη εἰς
18 ἕτερον τόπον. γενομένης δὲ ἡμέρας, ἦν τάραχος
οὐκ ὀλίγος ἐν τοῖς στρατιώταις, τί ἄρα ὁ Πέτρος
19 ἐγένετο. Ἡρώδης δὲ ἐπιζητήσας αὐτὸν καὶ μὴ
εὑρών, ἀνακρίνας τοὺς φύλακας, ἐκέλευσεν ἀπαχ-
θῆναι. καὶ κατελθὼν ἀπὸ τῆς Ἰουδαίας εἰς τὴν
Καισάρειαν διέτριβεν.
20 Ἦν δὲ ὁ Ἡρώδης⁸ θυμομαχῶν Τυρίοις καὶ Σιδω-
νίοις· ὁμοθυμαδὸν δὲ παρῆσαν πρὸς αὐτόν, καὶ
πείσαντες Βλάστον τὸν ἐπὶ τοῦ κοιτῶνος τοῦ βα-
σιλέως, ᾐτοῦντο εἰρήνην, διὰ τὸ τρέφεσθαι αὐτῶν
21 τὴν χώραν ἀπὸ τῆς βασιλικῆς. τακτῇ δὲ ἡμέρᾳ
ὁ Ἡρώδης ἐνδυσάμενος ἐσθῆτα βασιλικήν, καὶ⁹ καθ-
ίσας ἐπὶ τοῦ βήματος, ἐδημηγόρει πρὸς αὐτούς.
22 ὁ δὲ δῆμος ἐπεφώνει, Θεοῦ φωνὴ καὶ οὐκ ἀνθρώπου.
23 παραχρῆμα δὲ ἐπάταξεν αὐτὸν ἄγγελος Κυρίου,
ἀνθ᾽ ὧν οὐκ ἔδωκε τὴν δόξαν τῷ Θεῷ· καὶ γενόμε-
νος σκωληκόβρωτος, ἐξέψυξεν.
24 Ὁ δὲ λόγος τοῦ Θεοῦ ηὔξανε καὶ ἐπληθύνετο.
25 Βαρνάβας δὲ καὶ Σαῦλος ὑπέστρεψαν ἐξ¹⁰ Ἰε-

---

⁶ αὐτοῦ   ⁷ (-πέ) τε   ⁸ om. ὁ Ἡρώδης   ⁹ om. καὶ
¹⁰ Marg. εἰς

ρουσαλήμ, πληρώσαντες τὴν διακονίαν, συμπαρα-
λαβόντες καὶ[11] Ἰωάννην τὸν ἐπικληθέντα Μάρκον.
Ἦσαν δέ τινες[1] ἐν Ἀντιοχείᾳ κατὰ τὴν οὖσαν XIII.
ἐκκλησίαν προφῆται καὶ διδάσκαλοι, ὅ τε Βαρνά-
βας καὶ Συμεὼν ὁ καλούμενος Νίγερ, καὶ Λούκιος
ὁ Κυρηναῖος, Μαναήν τε Ἡρώδου τοῦ τετράρχου
σύντροφος, καὶ Σαῦλος. λειτουργούντων δὲ αὐτῶν 2
τῷ Κυρίῳ καὶ νηστευόντων, εἶπε τὸ Πνεῦμα τὸ
Ἅγιον, Ἀφορίσατε δή μοι τόν τε[2] Βαρνάβαν καὶ
τὸν Σαῦλον εἰς τὸ ἔργον ὃ προσκέκλημαι αὐτούς.
τότε νηστεύσαντες καὶ προσευξάμενοι καὶ ἐπιθέν- 3
τες τὰς χεῖρας αὐτοῖς, ἀπέλυσαν.

Οὗτοι[3] μὲν οὖν, ἐκπεμφθέντες ὑπὸ τοῦ Πνεύμα- 4
τος τοῦ Ἁγίου, κατῆλθον εἰς τὴν Σελεύκειαν, ἐκεῖ-
θέν τε ἀπέπλευσαν εἰς τὴν Κύπρον. καὶ γενόμενοι 5
ἐν Σαλαμῖνι, κατήγγελλον τὸν λόγον τοῦ Θεοῦ ἐν
ταῖς συναγωγαῖς τῶν Ἰουδαίων· εἶχον δὲ καὶ Ἰωάν-
νην ὑπηρέτην. διελθόντες δὲ[4] τὴν νῆσον ἄχρι 6
Πάφου, εὗρόν[5] τινα μάγον ψευδοπροφήτην Ἰου-
δαῖον, ᾧ ὄνομα Βαριησοῦς, ὃς ἦν σὺν τῷ ἀνθυπάτῳ 7
Σεργίῳ Παύλῳ, ἀνδρὶ συνετῷ. οὗτος προσκαλεσά-
μενος Βαρνάβαν καὶ Σαῦλον ἐπεζήτησεν ἀκοῦσαι
τὸν λόγον τοῦ Θεοῦ. ἀνθίστατο δὲ αὐτοῖς Ἐλύμας, 8
ὁ μάγος (οὕτω γὰρ μεθερμηνεύεται τὸ ὄνομα αὐτοῦ),
ζητῶν διαστρέψαι τὸν ἀνθύπατον ἀπὸ τῆς πίστεως.
Σαῦλος δέ, ὁ καὶ Παῦλος, πλησθεὶς Πνεύματος 9
Ἁγίου, καὶ[6] ἀτενίσας εἰς αὐτὸν εἶπεν, Ὦ πλήρης 10
παντὸς δόλου καὶ πάσης ῥᾳδιουργίας, υἱὲ διαβό-
λου, ἐχθρὲ πάσης δικαιοσύνης, οὐ παύσῃ διαστρέ-
φων τὰς ὁδοὺς Κυρίου τὰς εὐθείας; καὶ νῦν ἰδού, 11
χεὶρ τοῦ Κυρίου ἐπὶ σέ, καὶ ἔσῃ τυφλός, μὴ βλέ-

---

[11] om. καὶ   [1] (δὲ) om. τινες   [2] (τὸν) om. τε   [3] Αὐτοὶ
[4] add ὅλην   [5] (εὗρον) add ἄνδρα   [6] om. καὶ

πων τὸν ἥλιον ἄχρι καιροῦ. παραχρῆμα δὲ ἐπέπε-
σεν[7] ἐπ' αὐτὸν ἀχλὺς καὶ σκότος, καὶ περιάγων
12 ἐζήτει χειραγωγούς. τότε ἰδὼν ὁ ἀνθύπατος τὸ
γεγονὸς ἐπίστευσεν, ἐκπλησσόμενος ἐπὶ τῇ διδαχῇ
τοῦ Κυρίου.
13 Ἀναχθέντες δὲ ἀπὸ τῆς Πάφου οἱ περὶ τὸν
Παῦλον ἦλθον εἰς Πέργην τῆς Παμφυλίας. Ἰω-
άννης δὲ ἀποχωρήσας ἀπ' αὐτῶν ὑπέστρεψεν εἰς
14 Ἱεροσόλυμα. αὐτοὶ δὲ διελθόντες ἀπὸ τῆς Πέργης,
παρεγένοντο εἰς Ἀντιόχειαν τῆς Πισιδίας[8], καὶ εἰσελ-
θόντες[9] εἰς τὴν συναγωγὴν τῇ ἡμέρᾳ τῶν σαββάτων,
15 ἐκάθισαν. μετὰ δὲ τὴν ἀνάγνωσιν τοῦ νόμου καὶ
τῶν προφητῶν, ἀπέστειλαν οἱ ἀρχισυνάγωγοι πρὸς
αὐτούς, λέγοντες, Ἄνδρες ἀδελφοί, εἰ[10] ἔστι λόγος
ἐν ὑμῖν παρακλήσεως πρὸς τὸν λαόν, λέγετε.
16 ἀναστὰς δὲ Παῦλος, καὶ κατασείσας τῇ χειρί,
εἶπεν,
Ἄνδρες Ἰσραηλῖται, καὶ οἱ φοβούμενοι τὸν
17 Θεόν, ἀκούσατε. ὁ Θεὸς τοῦ λαοῦ τούτου Ἰσραὴλ
ἐξελέξατο τοὺς πατέρας ἡμῶν, καὶ τὸν λαὸν ὕψω-
σεν ἐν τῇ παροικίᾳ ἐν γῇ Αἰγύπτῳ[11], καὶ μετὰ βρα-
18 χίονος ὑψηλοῦ ἐξήγαγεν αὐτοὺς ἐξ αὐτῆς. καὶ ὡς
τεσσαρακονταετῆ χρόνον ἐτροποφόρησεν[12] αὐτοὺς ἐν
19 τῇ ἐρήμῳ. καὶ καθελὼν ἔθνη ἑπτὰ ἐν γῇ Χαναάν,
20 κατεκληροδότησεν[13] αὐτοῖς[14] τὴν γῆν αὐτῶν.[15] καὶ μετὰ
ταῦτα, ὡς ἔτεσι τετρακοσίοις καὶ πεντήκοντα,[16] ἔδωκε κρι-
21 τὰς ἕως Σαμουὴλ τοῦ[17] προφήτου. κἀκεῖθεν ᾐτή-
σαντο βασιλέα, καὶ ἔδωκεν αὐτοῖς ὁ Θεὸς τὸν
Σαοὺλ υἱὸν Κίς, ἄνδρα ἐκ φυλῆς Βενιαμίν, ἔτη

---

[7] ἔπεσεν   [8] τὴν Πισιδίαν   [9] ἐλθόντες   [10] (εἰ) add τις
[11] Αἰγύπτου   [12] Marg. ἐτροφοφόρησεν   [13] κατεκληρονόμησε
[14] om. αὐτοῖς   [15] (, for .)   [16] ὡς ἔτεσι τετρακοσίοις καὶ
πεντήκοντα· καὶ μετὰ ταῦτα   [17] om. τοῦ

τεσσαράκοντα. καὶ μεταστήσας αὐτόν, ἤγειρεν αὐ- 22
τοῖς τὸν Δαβὶδ[18] εἰς βασιλέα, ᾧ καὶ εἶπε μαρτυρήσας,
Εὗρον Δαβὶδ τὸν τοῦ Ἰεσσαί, ἄνδρα κατὰ τὴν
καρδίαν μου, ὃς ποιήσει πάντα τὰ θελήματά μου.
τούτου ὁ Θεὸς ἀπὸ τοῦ σπέρματος κατ' ἐπαγγελίαν 23
ἤγειρε[19] τῷ Ἰσραὴλ σωτῆρα Ἰησοῦν, προκηρύξαντος 24
Ἰωάννου πρὸ προσώπου τῆς εἰσόδου αὐτοῦ βάπ-
τισμα μετανοίας παντὶ τῷ λαῷ Ἰσραήλ. ὡς δὲ 25
ἐπλήρου ὁ Ἰωάννης τὸν δρόμον, ἔλεγε, Τίνα με[20]
ὑπονοεῖτε εἶναι; οὐκ εἰμὶ ἐγώ. ἀλλ' ἰδού, ἔρχεται
μετ' ἐμέ, οὗ οὐκ εἰμὶ ἄξιος τὸ ὑπόδημα τῶν ποδῶν
λῦσαι. ἄνδρες ἀδελφοί, υἱοὶ γένους Ἀβραάμ, καὶ 26
οἱ ἐν ὑμῖν φοβούμενοι τὸν Θεόν, ὑμῖν[21] ὁ λόγος τῆς
σωτηρίας ταύτης ἀπεστάλη[22]. οἱ γὰρ κατοικοῦντες 27
ἐν Ἰερουσαλὴμ καὶ οἱ ἄρχοντες αὐτῶν, τοῦτον ἀγ-
νοήσαντες, καὶ τὰς φωνὰς τῶν προφητῶν τὰς κατὰ
πᾶν σάββατον ἀναγινωσκομένας, κρίναντες ἐπλή-
ρωσαν. καὶ μηδεμίαν αἰτίαν θανάτου εὑρόντες, ᾐτή- 28
σαντο Πιλάτον ἀναιρεθῆναι αὐτόν. ὡς δὲ ἐτέλε- 29
σαν ἅπαντα[23] τὰ περὶ αὐτοῦ γεγραμμένα, καθελόντες
ἀπὸ τοῦ ξύλου, ἔθηκαν εἰς μνημεῖον. ὁ δὲ Θεὸς 30
ἤγειρεν αὐτὸν ἐκ νεκρῶν· ὃς ὤφθη ἐπὶ ἡμέρας 31
πλείους τοῖς συναναβᾶσιν αὐτῷ ἀπὸ τῆς Γαλι-
λαίας εἰς Ἱερουσαλήμ, οἵτινές[24] εἰσι μάρτυρες αὐ-
τοῦ πρὸς τὸν λαόν. καὶ ἡμεῖς ὑμᾶς εὐαγγελιζόμεθα 32
τὴν πρὸς τοὺς πατέρας ἐπαγγελίαν γενομένην, ὅτι 33
ταύτην ὁ Θεὸς ἐκπεπλήρωκε τοῖς τέκνοις αὐτῶν
ἡμῖν[25], ἀναστήσας Ἰησοῦν· ὡς καὶ ἐν τῷ ψαλμῷ τῷ
δευτέρῳ γέγραπται, Υἱός μου εἶ σύ, ἐγὼ σήμερον
γεγέννηκά σε. ὅτι δὲ ἀνέστησεν αὐτὸν ἐκ νεκρῶν, 34
μηκέτι μέλλοντα ὑποστρέφειν εἰς διαφθοράν, οὕτως

[18] (om. ν) τὸν Δαβὶδ αὐτοῖς   [19] ἤγαγε   [20] Τί ἐμὲ   [21] ἡμῖν
[22] ἐξαπεστάλη   [23] πάντα   [24] (οἵτινες) add νῦν   [25] ἡμῶν

εἴρηκεν ὅτι Δώσω ὑμῖν τὰ ὅσια Δαβὶδ τὰ πιστά.
35 διὸ²⁶ καὶ ἐν ἑτέρῳ λέγει, Οὐ δώσεις τὸν ὅσιόν σου
36 ἰδεῖν διαφθοράν. Δαβὶδ μὲν γὰρ ἰδίᾳ γενεᾷ ὑπη-
ρετήσας τῇ τοῦ Θεοῦ βουλῇ ἐκοιμήθη, καὶ προσε-
τέθη πρὸς τοὺς πατέρας αὐτοῦ, καὶ εἶδε διαφθοράν·
37, 38 ὃν δὲ ὁ Θεὸς ἤγειρεν, οὐκ εἶδε διαφθοράν. γνωστὸν
οὖν ἔστω ὑμῖν, ἄνδρες ἀδελφοί, ὅτι διὰ τούτου ὑμῖν
39 ἄφεσις ἁμαρτιῶν καταγγέλλεται· καὶ ἀπὸ πάντων
ὧν οὐκ ἠδυνήθητε ἐν τῷ νόμῳ Μωσέως δικαιω-
40 θῆναι, ἐν τούτῳ πᾶς ὁ πιστεύων δικαιοῦται. βλέ-
πετε οὖν μὴ ἐπέλθῃ ἐφ᾽ ὑμᾶς²⁷ τὸ εἰρημένον ἐν τοῖς
41 προφήταις, Ἴδετε, οἱ καταφρονηταί, καὶ θαυμάσατε,
καὶ ἀφανίσθητε· ὅτι ἔργον ἐγὼ ἐργάζομαι²⁸ ἐν ταῖς
ἡμέραις ὑμῶν, ἔργον ᾧ οὐ μὴ πιστεύσητε, ἐάν τις
ἐκδιηγῆται ὑμῖν.
42 Ἐξιόντων δὲ ἐκ τῆς συναγωγῆς τῶν Ἰουδαίων²⁹, πα-
ρεκάλουν τὰ ἔθνη³⁰ εἰς τὸ μεταξὺ σάββατον λαλη-
43 θῆναι αὐτοῖς τὰ ῥήματα ταῦτα. λυθείσης δὲ τῆς
συναγωγῆς, ἠκολούθησαν πολλοὶ τῶν Ἰουδαίων καὶ
τῶν σεβομένων προσηλύτων τῷ Παύλῳ καὶ τῷ
Βαρνάβᾳ· οἵτινες προσλαλοῦντες αὐτοῖς, ἔπειθον
αὐτοὺς ἐπιμένειν³¹ τῇ χάριτι τοῦ Θεοῦ.
44 Τῷ δὲ ἐρχομένῳ σαββάτῳ σχεδὸν πᾶσα ἡ πό-
45 λις συνήχθη ἀκοῦσαι τὸν λόγον τοῦ Θεοῦ³². ἰδόντες
δὲ οἱ Ἰουδαῖοι τοὺς ὄχλους ἐπλήσθησαν ζήλου, καὶ
ἀντέλεγον τοῖς ὑπὸ τοῦ Παύλου λεγομένοις³³, ἀντιλέ-
46 γοντες καὶ³⁴ βλασφημοῦντες. παρρησιασάμενοι δὲ³⁵
ὁ Παῦλος καὶ ὁ Βαρνάβας εἶπον, Ὑμῖν ἦν ἀναγ-
καῖον πρῶτον λαληθῆναι τὸν λόγον τοῦ Θεοῦ.
ἐπειδὴ δὲ³⁶ ἀπωθεῖσθε αὐτόν, καὶ οὐκ ἀξίους κρί-

²⁶ διότι   ²⁷ om. ἐφ᾽ ὑμᾶς   ²⁸ ἐργάζομαι ἐγὼ   ²⁹ αὐτῶν
³⁰ om. τὰ ἔθνη   ³¹ προσμένειν   ³² Marg. Κυρίου   ³³ λα-
λουμένοις   ³⁴ om. ἀντιλέγοντες καὶ   ³⁵ (-νοι) τε   ³⁶ om. δὲ

νετε ἑαυτοὺς τῆς αἰωνίου ζωῆς, ἰδοὺ στρεφόμεθα
εἰς τὰ ἔθνη. οὕτω γὰρ ἐντέταλται ἡμῖν ὁ Κύριος, 47
Τέθεικά σε εἰς φῶς ἐθνῶν, τοῦ εἶναί σε εἰς σωτη-
ρίαν ἕως ἐσχάτου τῆς γῆς. ἀκούοντα δὲ τὰ ἔθνη 48
ἔχαιρον, καὶ ἐδόξαζον τὸν λόγον τοῦ Κυρίου³⁷, καὶ
ἐπίστευσαν ὅσοι ἦσαν τεταγμένοι εἰς ζωὴν αἰώνιον.
διεφέρετο δὲ ὁ λόγος τοῦ Κυρίου δι᾽ ὅλης τῆς χώ- 49
ρας. οἱ δὲ Ἰουδαῖοι παρώτρυναν τὰς σεβομένας 50
γυναῖκας καὶ³⁸ τὰς εὐσχήμονας καὶ τοὺς πρώτους
τῆς πόλεως, καὶ ἐπήγειραν διωγμὸν ἐπὶ τὸν Παῦ-
λον καὶ τὸν Βαρνάβαν, καὶ ἐξέβαλον αὐτοὺς ἀπὸ
τῶν ὁρίων αὐτῶν. οἱ δὲ ἐκτιναξάμενοι τὸν κονιορ- 51
τὸν τῶν ποδῶν αὐτῶν³⁹ ἐπ᾽ αὐτούς, ἦλθον εἰς Ἰκό-
νιον. οἱ δὲ μαθηταὶ ἐπληροῦντο χαρᾶς καὶ Πνεύ- 52
ματος Ἁγίου.

Ἐγένετο δὲ ἐν Ἰκονίῳ, κατὰ τὸ αὐτὸ εἰσελθεῖν XIV.
αὐτοὺς εἰς τὴν συναγωγὴν τῶν Ἰουδαίων, καὶ
λαλῆσαι οὕτως ὥστε πιστεῦσαι Ἰουδαίων τε καὶ
Ἑλλήνων πολὺ πλῆθος. οἱ δὲ ἀπειθοῦντες¹ Ἰουδαῖοι 2
ἐπήγειραν καὶ ἐκάκωσαν τὰς ψυχὰς τῶν ἐθνῶν
κατὰ τῶν ἀδελφῶν. ἱκανὸν μὲν οὖν χρόνον διέτρι- 3
ψαν παρρησιαζόμενοι ἐπὶ τῷ Κυρίῳ τῷ μαρτυ-
ροῦντι τῷ λόγῳ τῆς χάριτος αὐτοῦ, καὶ² διδόντι
σημεῖα καὶ τέρατα γίνεσθαι διὰ τῶν χειρῶν αὐτῶν.
ἐσχίσθη δὲ τὸ πλῆθος τῆς πόλεως· καὶ οἱ μὲν ἦσαν 4
σὺν τοῖς Ἰουδαίοις, οἱ δὲ σὺν τοῖς ἀποστόλοις. ὡς 5
δὲ ἐγένετο ὁρμὴ τῶν ἐθνῶν τε καὶ Ἰουδαίων σὺν
τοῖς ἄρχουσιν αὐτῶν, ὑβρίσαι καὶ λιθοβολῆσαι
αὐτούς, συνιδόντες κατέφυγον εἰς τὰς πόλεις τῆς 6
Λυκαονίας, Λύστραν καὶ Δέρβην, καὶ τὴν περίχω-
ρον· κἀκεῖ ἦσαν εὐαγγελιζόμενοι. 7

---

³⁷ Θεοῦ *text, not marg.*   ³⁸ *om.* καὶ   ³⁹ *om.* αὐτῶν
¹ ἀπειθήσαντες   ² *om.* καὶ

8 Καί τις ἀνὴρ ἐν Λύστροις ἀδύνατος τοῖς ποσὶν
ἐκάθητο, χωλὸς ἐκ κοιλίας μητρὸς αὐτοῦ ὑπάρχων³,
9 ὃς οὐδέποτε περιεπεπατήκει⁴. οὗτος ἤκουε τοῦ Παύλου
λαλοῦντος· ὃς ἀτενίσας αὐτῷ, καὶ ἰδὼν ὅτι πίστιν
10 ἔχει τοῦ σωθῆναι, εἶπε μεγάλῃ τῇ⁵ φωνῇ, Ἀνάστηθι
ἐπὶ τοὺς πόδας σου ὀρθός. καὶ ἤλλετο⁶ καὶ περιε-
11 πάτει. οἱ δὲ⁷ ὄχλοι, ἰδόντες ὃ ἐποίησεν ὁ Παῦλος,
ἐπῆραν τὴν φωνὴν αὐτῶν Λυκαονιστὶ λέγοντες, Οἱ
θεοὶ ὁμοιωθέντες ἀνθρώποις κατέβησαν πρὸς ἡμᾶς.
12 ἐκάλουν τε τὸν μὲν⁸ Βαρνάβαν, Δία· τὸν δὲ Παῦλον,
Ἑρμῆν, ἐπειδὴ αὐτὸς ἦν ὁ ἡγούμενος τοῦ λόγου.
13 ὁ δὲ⁹ ἱερεὺς τοῦ Διὸς τοῦ ὄντος πρὸ τῆς πόλεως
αὐτῶν¹⁰, ταύρους καὶ στέμματα ἐπὶ τοὺς πυλῶνας
14 ἐνέγκας, σὺν τοῖς ὄχλοις ἤθελε θύειν. ἀκούσαντες
δὲ οἱ ἀπόστολοι Βαρνάβας καὶ Παῦλος, διαρρή-
ξαντες τὰ ἱμάτια αὐτῶν, εἰσεπήδησαν¹¹ εἰς τὸν ὄχλον,
15 κράζοντες καὶ λέγοντες, Ἄνδρες, τί ταῦτα ποιεῖτε ;
καὶ ἡμεῖς ὁμοιοπαθεῖς ἐσμεν ὑμῖν ἄνθρωποι, εὐαγ-
γελιζόμενοι ὑμᾶς ἀπὸ τούτων τῶν ματαίων ἐπι-
στρέφειν ἐπὶ τὸν¹² Θεὸν τὸν¹² ζῶντα, ὃς ἐποίησε τὸν
οὐρανὸν καὶ τὴν γῆν καὶ τὴν θάλασσαν καὶ πάντα
16 τὰ ἐν αὐτοῖς· ὃς ἐν ταῖς παρῳχημέναις γενεαῖς
εἴασε πάντα τὰ ἔθνη πορεύεσθαι ταῖς ὁδοῖς αὐτῶν.
17 καίτοιγε¹³ οὐκ ἀμάρτυρον ἑαυτὸν ἀφῆκεν ἀγαθο-
ποιῶν¹⁴, οὐρανόθεν ἡμῖν¹⁵ ὑετοὺς διδοὺς καὶ καιροὺς
καρποφόρους, ἐμπιπλῶν τροφῆς καὶ εὐφροσύνης
18 τὰς καρδίας ἡμῶν¹⁶. καὶ ταῦτα λέγοντες, μόλις
κατέπαυσαν τοὺς ὄχλους τοῦ μὴ θύειν αὐτοῖς.
19 Ἐπῆλθον δὲ ἀπὸ Ἀντιοχείας καὶ Ἰκονίου Ἰου-

³ om. ὑπάρχων   ⁴ περιεπάτησεν   ⁵ om. τῇ   ⁶ ἥλατο
⁷ (οἵ) τε   ⁸ om. μὲν   ⁹ (ὃ) τε   ¹⁰ om. αὐτῶν   ¹¹ ἐξε-
πήδησαν   ¹² om. τὸν   ¹³ om. γε   ¹⁴ ἀγαθουργῶν
¹⁵ ὑμῖν   ¹⁶ ὑμῶν

δαῖοι, καὶ πείσαντες τοὺς ὄχλους, καὶ λιθάσαντες
τὸν Παῦλον, ἔσυρον ἔξω τῆς πόλεως, νομίσαντες[17]
αὐτὸν τεθνάναι. κυκλωσάντων δὲ αὐτὸν τῶν μαθη- 20
τῶν, ἀναστὰς εἰσῆλθεν εἰς τὴν πόλιν· καὶ τῇ
ἐπαύριον ἐξῆλθε σὺν τῷ Βαρνάβᾳ εἰς Δέρβην.
εὐαγγελισάμενοί τε τὴν πόλιν ἐκείνην, καὶ μαθη- 21
τεύσαντες ἱκανούς, ὑπέστρεψαν εἰς τὴν Λύστραν
καὶ[18] Ἰκόνιον καὶ[18] Ἀντιόχειαν, ἐπιστηρίζοντες 22
τὰς ψυχὰς τῶν μαθητῶν, παρακαλοῦντες ἐμμένειν
τῇ πίστει, καὶ ὅτι διὰ πολλῶν θλίψεων δεῖ ἡμᾶς
εἰσελθεῖν εἰς τὴν βασιλείαν τοῦ Θεοῦ. χειροτονή- 23
σαντες δὲ αὐτοῖς πρεσβυτέρους κατ᾽ ἐκκλησίαν,
προσευξάμενοι μετὰ νηστειῶν, παρέθεντο αὐτοὺς
τῷ Κυρίῳ εἰς ὃν πεπιστεύκεισαν. καὶ διελθόντες 24
τὴν Πισιδίαν ἦλθον εἰς Παμφυλίαν. καὶ λαλή- 25
σαντες ἐν Πέργῃ τὸν λόγον, κατέβησαν εἰς Ἀτ-
τάλειαν· κἀκεῖθεν ἀπέπλευσαν εἰς Ἀντιόχειαν, ὅθεν 26
ἦσαν παραδεδομένοι τῇ χάριτι τοῦ Θεοῦ εἰς τὸ
ἔργον ὃ ἐπλήρωσαν. παραγενόμενοι δὲ καὶ συνα- 27
γαγόντες τὴν ἐκκλησίαν, ἀνήγγειλαν[19] ὅσα ἐποίησεν
ὁ Θεὸς μετ᾽ αὐτῶν, καὶ ὅτι ἤνοιξε τοῖς ἔθνεσι θύραν
πίστεως. διέτριβον δὲ ἐκεῖ[20] χρόνον οὐκ ὀλίγον σὺν 28
τοῖς μαθηταῖς.

Καί τινες κατελθόντες ἀπὸ τῆς Ἰουδαίας, ἐδί- XV.
δασκον τοὺς ἀδελφοὺς ὅτι Ἐὰν μὴ περιτέμνησθε[1] τῷ
ἔθει Μωϋσέως, οὐ δύνασθε σωθῆναι. γενομένης 2
οὖν[2] στάσεως καὶ συζητήσεως[3] οὐκ ὀλίγης τῷ Παύλῳ
καὶ τῷ Βαρνάβᾳ πρὸς αὐτούς, ἔταξαν ἀναβαίνειν
Παῦλον καὶ Βαρνάβαν καί τινας ἄλλους ἐξ αὐτῶν
πρὸς τοὺς ἀποστόλους καὶ πρεσβυτέρους εἰς Ἱερου-
σαλὴμ περὶ τοῦ ζητήματος τούτου. οἱ μὲν οὖν, 3

---

[17] νομίζοντες   [18] add εἰς   [19] ἀνήγγελλον   [20] om. ἐκεῖ
[1] περιτμηθῆτε   [2] δὲ   [3] ζητήσεως

προπεμφθέντες ὑπὸ τῆς ἐκκλησίας, διήρχοντο τὴν⁴
Φοινίκην καὶ Σαμάρειαν, ἐκδιηγούμενοι τὴν ἐπι-
στροφὴν τῶν ἐθνῶν· καὶ ἐποίουν χαρὰν μεγάλην
4 πᾶσι τοῖς ἀδελφοῖς. παραγενόμενοι δὲ εἰς Ἱερου-
σαλήμ, ἀπεδέχθησαν⁵ ὑπὸ τῆς ἐκκλησίας καὶ τῶν
ἀποστόλων καὶ τῶν πρεσβυτέρων, ἀνήγγειλάν τε
5 ὅσα ὁ Θεὸς ἐποίησε μετ᾽ αὐτῶν. ἐξανέστησαν δέ
τινες τῶν ἀπὸ τῆς αἱρέσεως τῶν Φαρισαίων πεπι-
στευκότες, λέγοντες ὅτι Δεῖ περιτέμνειν αὐτούς,
παραγγέλλειν τε τηρεῖν τὸν νόμον Μωϋσέως.
6 Συνήχθησαν δὲ οἱ ἀπόστολοι καὶ οἱ πρεσβύ-
7 τεροι ἰδεῖν περὶ τοῦ λόγου τούτου. πολλῆς δὲ
συζητήσεως⁶ γενομένης, ἀναστὰς Πέτρος εἶπε πρὸς
αὐτούς,
Ἄνδρες ἀδελφοί, ὑμεῖς ἐπίστασθε ὅτι ἀφ᾽ ἡμε-
ρῶν ἀρχαίων ὁ Θεὸς ἐν ἡμῖν ἐξελέξατο⁷, διὰ τοῦ στόματός
μου ἀκοῦσαι τὰ ἔθνη τὸν λόγον τοῦ εὐαγγελίου, καὶ
8 πιστεῦσαι. καὶ ὁ καρδιογνώστης Θεὸς ἐμαρτύ-
ρησεν αὐτοῖς, δοὺς αὐτοῖς⁸ τὸ Πνεῦμα τὸ Ἅγιον,
9 καθὼς καὶ ἡμῖν· καὶ οὐδὲν διέκρινε μεταξὺ ἡμῶν τε
καὶ αὐτῶν, τῇ πίστει καθαρίσας τὰς καρδίας αὐτῶν.
10 νῦν οὖν τί πειράζετε τὸν Θεόν, ἐπιθεῖναι ζυγὸν ἐπὶ
τὸν τράχηλον τῶν μαθητῶν, ὃν οὔτε οἱ πατέρες
11 ἡμῶν οὔτε ἡμεῖς ἰσχύσαμεν βαστάσαι; ἀλλὰ διὰ
τῆς χάριτος Κυρίου Ἰησοῦ Χριστοῦ⁹ πιστεύομεν
σωθῆναι, καθ᾽ ὃν τρόπον κἀκεῖνοι.
12 Ἐσίγησε δὲ πᾶν τὸ πλῆθος, καὶ ἤκουον Βαρ-
νάβα καὶ Παύλου ἐξηγουμένων ὅσα ἐποίησεν ὁ
Θεὸς σημεῖα καὶ τέρατα ἐν τοῖς ἔθνεσι δι᾽ αὐτῶν.
13 μετὰ δὲ τὸ σιγῆσαι αὐτούς, ἀπεκρίθη Ἰάκωβος
λέγων,

4 (τὴν) add τε   5 παρεδέχθησαν   6 ζητήσεως   7 ἐν
ὑμῖν ἐξελέξατο ὁ Θεός   8 om. αὐτοῖς   9 om. Χριστοῦ

Ἄνδρες ἀδελφοί, ἀκούσατέ μου· Συμεὼν ἐξη- 14
γήσατο καθὼς πρῶτον ὁ Θεὸς ἐπεσκέψατο λαβεῖν
ἐξ ἐθνῶν λαὸν ἐπὶ[10] τῷ ὀνόματι αὐτοῦ. καὶ τούτῳ 15
συμφωνοῦσιν οἱ λόγοι τῶν προφητῶν, καθὼς γέ-
γραπται, Μετὰ ταῦτα ἀναστρέψω, καὶ ἀνοικοδο- 16
μήσω τὴν σκηνὴν Δαβὶδ τὴν πεπτωκυῖαν· καὶ τὰ
κατεσκαμμένα[11] αὐτῆς ἀνοικοδομήσω, καὶ ἀνορθώσω
αὐτήν· ὅπως ἂν ἐκζητήσωσιν οἱ κατάλοιποι τῶν 17
ἀνθρώπων τὸν Κύριον, καὶ πάντα τὰ ἔθνη, ἐφ᾽ οὓς
ἐπικέκληται τὸ ὄνομά μου ἐπ᾽ αὐτούς, λέγει Κύριος
ὁ ποιῶν ταῦτα πάντα[12]. γνωστὰ ἀπ᾽ αἰῶνός ἐστι 18
τῷ Θεῷ πάντα τὰ ἔργα αὐτοῦ[13]. διὸ ἐγὼ κρίνω μὴ παρε- 19
νοχλεῖν τοῖς ἀπὸ τῶν ἐθνῶν ἐπιστρέφουσιν ἐπὶ τὸν
Θεόν· ἀλλὰ ἐπιστεῖλαι αὐτοῖς τοῦ ἀπέχεσθαι ἀπὸ 20
τῶν ἀλισγημάτων τῶν εἰδώλων καὶ τῆς πορνείας
καὶ τοῦ πνικτοῦ καὶ τοῦ αἵματος. Μωσῆς γὰρ ἐκ 21
γενεῶν ἀρχαίων κατὰ πόλιν τοὺς κηρύσσοντας αὐ-
τὸν ἔχει, ἐν ταῖς συναγωγαῖς κατὰ πᾶν σάββατον
ἀναγινωσκόμενος.

Τότε ἔδοξε τοῖς ἀποστόλοις καὶ τοῖς πρεσβυ- 22
τέροις σὺν ὅλῃ τῇ ἐκκλησίᾳ, ἐκλεξαμένους ἄνδρας
ἐξ αὐτῶν πέμψαι εἰς Ἀντιόχειαν σὺν τῷ Παύλῳ
καὶ Βαρνάβᾳ, Ἰούδαν τὸν ἐπικαλούμενον Βαρσαβᾶν[14],
καὶ Σίλαν, ἄνδρας ἡγουμένους ἐν τοῖς ἀδελφοῖς, γρά- 23
ψαντες διὰ χειρὸς αὐτῶν τάδε[15], Οἱ ἀπόστολοι καὶ
οἱ πρεσβύτεροι καὶ οἱ[16] ἀδελφοὶ τοῖς κατὰ τὴν Ἀν-
τιόχειαν καὶ Συρίαν καὶ Κιλικίαν ἀδελφοῖς τοῖς ἐξ
ἐθνῶν, χαίρειν· ἐπειδὴ ἠκούσαμεν ὅτι τινὲς ἐξ 24
ἡμῶν ἐξελθόντες[17] ἐτάραξαν ὑμᾶς λόγοις, ἀνασκευά-
ζοντες τὰς ψυχὰς ὑμῶν, λέγοντες περιτέμνεσθαι καὶ

---

[10] om. ἐπὶ   [11] κατεστραμμένα   [12] om. πάντα.   [13] (-νος)
om. ἐστι τῷ Θεῷ πάντα τὰ ἔργα αὐτοῦ   [14] καλούμενον Βαρσαββᾶν
[15] om. τάδε   [16] om. καὶ οἱ   [17] Marg. om. ἐξελθόντες

25 τηρεῖν τὸν νόμον,[18] οἷς οὐ διεστειλάμεθα· ἔδοξεν ἡμῖν
γενομένοις ὁμοθυμαδόν, ἐκλεξαμένους ἄνδρας πέμ-
ψαι πρὸς ὑμᾶς, σὺν τοῖς ἀγαπητοῖς ἡμῶν Βαρνάβᾳ
26 καὶ Παύλῳ, ἀνθρώποις παραδεδωκόσι τὰς ψυχὰς
αὐτῶν ὑπὲρ τοῦ ὀνόματος τοῦ Κυρίου ἡμῶν Ἰησοῦ
27 Χριστοῦ. ἀπεστάλκαμεν οὖν Ἰούδαν καὶ Σίλαν,
καὶ αὐτοὺς διὰ λόγου ἀπαγγέλλοντας τὰ αὐτά.
28 ἔδοξε γὰρ τῷ Ἁγίῳ Πνεύματι, καὶ ἡμῖν, μηδὲν
πλέον ἐπιτίθεσθαι ὑμῖν βάρος, πλὴν τῶν ἐπάναγκες
29 τούτων, ἀπέχεσθαι εἰδωλοθύτων καὶ αἵματος καὶ
πνικτοῦ[19] καὶ πορνείας· ἐξ ὧν διατηροῦντες ἑαυτούς,
εὖ πράξετε. ἔρρωσθε.
30 Οἱ μὲν οὖν ἀπολυθέντες ἦλθον[20] εἰς Ἀντιόχειαν·
καὶ συναγαγόντες τὸ πλῆθος, ἐπέδωκαν τὴν ἐπιστο-
31 λήν. ἀναγνόντες δέ, ἐχάρησαν ἐπὶ τῇ παρακλήσει.
32 Ἰούδας δὲ[21] καὶ Σίλας, καὶ αὐτοὶ προφῆται ὄντες,
διὰ λόγου πολλοῦ παρεκάλεσαν τοὺς ἀδελφούς, καὶ
33 ἐπεστήριξαν. ποιήσαντες δὲ χρόνον, ἀπελύθησαν
μετ' εἰρήνης ἀπὸ τῶν ἀδελφῶν πρὸς τοὺς ἀποστό-
34, 35 λους[22]. [23] ἔδοξε δὲ τῷ Σίλᾳ ἐπιμεῖναι αὐτοῦ. Παῦλος
δὲ καὶ Βαρνάβας διέτριβον ἐν Ἀντιοχείᾳ, διδάσκον-
τες καὶ εὐαγγελιζόμενοι, μετὰ καὶ ἑτέρων πολλῶν,
τὸν λόγον τοῦ Κυρίου.
36 Μετὰ δέ τινας ἡμέρας εἶπε Παῦλος πρὸς Βαρ-
νάβαν, Ἐπιστρέψαντες δὴ ἐπισκεψώμεθα τοὺς
ἀδελφοὺς ἡμῶν[24] κατὰ πᾶσαν πόλιν, ἐν αἷς κατηγ-
37 γείλαμεν τὸν λόγον τοῦ Κυρίου, πῶς ἔχουσι. Βαρ-
νάβας δὲ ἐβουλεύσατο[25] συμπαραλαβεῖν τὸν[26] Ἰωάννην,
38 τὸν καλούμενον Μάρκον. Παῦλος δὲ ἠξίου, τὸν

---

[18] om. λέγοντες περιτέμνεσθαι καὶ τηρεῖν τὸν νόμον,　　[19] πνικτῶν
[20] κατῆλθον　　[21] τε　　[22] ἀποστείλαντας αὐτούς　　[23] om.
ver. 34 text, not marg.　　[24] om. ἡμῶν　　[25] ἐβούλετο
[26] καὶ

ἀποστάντα ἀπ᾽ αὐτῶν ἀπὸ Παμφυλίας, καὶ μὴ συν-
ελθόντα αὐτοῖς εἰς τὸ ἔργον, μὴ συμπαραλαβεῖν²⁷
τοῦτον. ἐγένετο οὖν²⁸ παροξυσμός, ὥστε ἀποχωρισ- 39
θῆναι αὐτοὺς ἀπ᾽ ἀλλήλων, τόν τε Βαρνάβαν παρα-
λαβόντα τὸν Μάρκον ἐκπλεῦσαι εἰς Κύπρον· Παῦ- 40
λος δὲ ἐπιλεξάμενος Σίλαν ἐξῆλθε, παραδοθεὶς τῇ
χάριτι τοῦ Θεοῦ²⁹ ὑπὸ τῶν ἀδελφῶν. διήρχετο δὲ 41
τὴν Συρίαν καὶ Κιλικίαν, ἐπιστηρίζων τὰς ἐκκλη-
σίας.

Κατήντησε δὲ¹ εἰς Δέρβην καὶ ²Λύστραν· καὶ XVI.
ἰδού, μαθητής τις ἦν ἐκεῖ, ὀνόματι Τιμόθεος, υἱὸς
γυναικός τινος³ Ἰουδαίας πιστῆς, πατρὸς δὲ Ἕλλη-
νος· ὃς ἐμαρτυρεῖτο ὑπὸ τῶν ἐν Λύστροις καὶ 2
Ἰκονίῳ ἀδελφῶν. τοῦτον ἠθέλησεν ὁ Παῦλος σὺν 3
αὐτῷ ἐξελθεῖν, καὶ λαβὼν περιέτεμεν αὐτόν, διὰ
τοὺς Ἰουδαίους τοὺς ὄντας ἐν τοῖς τόποις ἐκείνοις·
ᾔδεισαν γὰρ ἅπαντες τὸν πατέρα αὐτοῦ, ὅτι Ἕλλην⁴
ὑπῆρχεν. ὡς δὲ διεπορεύοντο τὰς πόλεις, παρεδί- 4
δουν αὐτοῖς φυλάσσειν τὰ δόγματα τὰ κεκριμένα
ὑπὸ τῶν ἀποστόλων καὶ τῶν⁵ πρεσβυτέρων τῶν ἐν
Ἱερουσαλήμ. αἱ μὲν οὖν ἐκκλησίαι ἐστερεοῦντο τῇ 5
πίστει, καὶ ἐπερίσσευον τῷ ἀριθμῷ καθ᾽ ἡμέραν.

Διελθόντες⁶ δὲ τὴν Φρυγίαν καὶ τὴν⁷ Γαλατικὴν 6
χώραν, κωλυθέντες ὑπὸ τοῦ Ἁγίου Πνεύματος λα-
λῆσαι τὸν λόγον ἐν τῇ Ἀσίᾳ, ἐλθόντες⁸ κατὰ τὴν 7
Μυσίαν ἐπείραζον κατὰ⁹ τὴν Βιθυνίαν πορεύεσθαι¹⁰·
καὶ οὐκ εἴασεν αὐτοὺς τὸ Πνεῦμα*¹¹· παρελθόντες 8
δὲ τὴν Μυσίαν κατέβησαν εἰς Τρωάδα. καὶ ὅραμα 9
διὰ τῆς¹² νυκτὸς ὤφθη τῷ Παύλῳ· ἀνήρ τις ἦν

---

²⁷ συμπαραλαμβάνειν   ²⁸ δὲ   ²⁹ Κυρίου   ¹ add καὶ
² add εἰς   ³ (-κὸς) om. τινος   ⁴ ὅτι Ἕλλην ὁ πατὴρ αὐτοῦ
⁵ om. τῶν   ⁶ Διῆλθον   ⁷ om. τὴν   ⁸ (Ἀσίᾳ· ἐλθόντες) add
δὲ   ⁹ εἰς   ¹⁰ πορευθῆναι   ¹¹ add Ἰησοῦ   ¹² om. τῆς

Μακεδὼν[13] ἑστώς,[14] παρακαλῶν αὐτὸν καὶ λέγων,
10 Διαβὰς εἰς Μακεδονίαν, βοήθησον ἡμῖν. ὡς δὲ τὸ
ὅραμα εἶδεν, εὐθέως ἐζητήσαμεν ἐξελθεῖν εἰς τὴν
Μακεδονίαν, συμβιβάζοντες ὅτι προσκέκληται ἡμᾶς
ὁ Κύριος[15] εὐαγγελίσασθαι αὐτούς.
11 Ἀναχθέντες οὖν ἀπὸ τῆς Τρωάδος, εὐθυδρομή-
σαμεν εἰς Σαμοθράκην*,τῇ τε[16] ἐπιούσῃ εἰς Νεάπολιν[17],
12 ἐκεῖθέν τε[18] εἰς Φιλίππους, ἥτις ἐστὶ πρώτη τῆς
μερίδος τῆς[19] Μακεδονίας πόλις, κολωνία· ἦμεν δὲ
13 ἐν ταύτῃ τῇ πόλει διατρίβοντες ἡμέρας τινάς. τῇ
τε ἡμέρᾳ τῶν σαββάτων ἐξήλθομεν ἔξω τῆς πόλεως[20]
παρὰ ποταμόν, οὗ ἐνομίζετο προσευχὴ[21] εἶναι, καὶ καθί-
14 σαντες ἐλαλοῦμεν ταῖς συνελθούσαις γυναιξί. καὶ
τις γυνὴ ὀνόματι Λυδία, πορφυρόπωλις πόλεως
Θυατείρων, σεβομένη τὸν Θεόν, ἤκουεν· ἧς ὁ Κύριος
διήνοιξε τὴν καρδίαν, προσέχειν τοῖς λαλουμένοις
15 ὑπὸ τοῦ Παύλου. ὡς δὲ ἐβαπτίσθη, καὶ ὁ οἶκος
αὐτῆς, παρεκάλεσε λέγουσα, Εἰ κεκρίκατέ με πιστὴν
τῷ Κυρίῳ εἶναι, εἰσελθόντες εἰς τὸν οἶκόν μου,
μείνατε. καὶ παρεβιάσατο ἡμᾶς.
16 Ἐγένετο δὲ πορευομένων ἡμῶν εἰς[22] προσευχήν,
παιδίσκην τινὰ ἔχουσαν πνεῦμα Πύθωνος[23] ἀπαντῆ-
σαι[24] ἡμῖν, ἥτις ἐργασίαν πολλὴν παρεῖχε τοῖς κυ-
17 ρίοις αὐτῆς, μαντευομένη. αὕτη κατακολουθήσασα[25]
τῷ Παύλῳ καὶ ἡμῖν, ἔκραζε λέγουσα, Οὗτοι οἱ ἄν-
θρωποι δοῦλοι τοῦ Θεοῦ τοῦ ὑψίστου εἰσίν, οἵτινες
18 καταγγελλουσιν ἡμῖν*[26] ὁδὸν σωτηρίας. τοῦτο δὲ
ἐποίει ἐπὶ πολλὰς ἡμέρας. διαπονηθεὶς δὲ ὁ Παῦ-
λος, καὶ ἐπιστρέψας, τῷ πνεύματι εἶπε, Παραγ-

---

[13] (ἀνὴρ) Μακεδών τις ἦν   [14] (om. ,) add καὶ   [15] Θεὸς
[16] δὲ   [17] Νέαν Πόλιν   [18] κἀκεῖθεν   [19] om. τῆς
[20] πύλης   [21] ἐνομίζομεν προσευχὴν   [22] add τὴν
[23] Πύθωνα   [24] ὑπαντῆσαι   [25] κατακολουθοῦσα   [26] ὑμῖν

γέλλω σοι ἐν τῷ ὀνόματι Ἰησοῦ Χριστοῦ, ἐξελθεῖν
ἀπ᾽ αὐτῆς. καὶ ἐξῆλθεν αὐτῇ τῇ ὥρᾳ.

Ἰδόντες δὲ οἱ κύριοι αὐτῆς ὅτι ἐξῆλθεν ἡ ἐλπὶς 19
τῆς ἐργασίας αὐτῶν, ἐπιλαβόμενοι τὸν Παῦλον καὶ
τὸν Σίλαν, εἵλκυσαν εἰς τὴν ἀγορὰν ἐπὶ τοὺς ἄρ-
χοντας, καὶ προσαγαγόντες αὐτοὺς τοῖς στρατη- 20
γοῖς εἶπον, Οὗτοι οἱ ἄνθρωποι ἐκταράσσουσιν
ἡμῶν τὴν πόλιν, Ἰουδαῖοι ὑπάρχοντες, καὶ καταγ- 21
γέλλουσιν ἔθη ἃ οὐκ ἔξεστιν ἡμῖν παραδέχεσθαι
οὐδὲ ποιεῖν, Ῥωμαίοις οὖσι. καὶ συνεπέστη ὁ 22
ὄχλος κατ᾽ αὐτῶν, καὶ οἱ στρατηγοὶ περιρρήξαντες
αὐτῶν τὰ ἱμάτια ἐκέλευον ῥαβδίζειν. πολλάς τε 23
ἐπιθέντες αὐτοῖς πληγὰς ἔβαλον εἰς φυλακήν, πα-
ραγγείλαντες τῷ δεσμοφύλακι ἀσφαλῶς τηρεῖν
αὐτούς· ὅς, παραγγελίαν τοιαύτην εἰληφώς²⁷, ἔβαλεν 24
αὐτοὺς εἰς τὴν ἐσωτέραν φυλακήν, καὶ τοὺς πόδας
αὐτῶν ἠσφαλίσατο εἰς τὸ ξύλον. κατὰ δὲ τὸ με- 25
σονύκτιον Παῦλος καὶ Σίλας προσευχόμενοι ὕμ-
νουν τὸν Θεόν, ἐπηκροῶντο δὲ αὐτῶν οἱ δέσμιοι·
ἄφνω δὲ σεισμὸς ἐγένετο μέγας, ὥστε σαλευθῆναι 26
τὰ θεμέλια τοῦ δεσμωτηρίου· ἀνεῴχθησάν τε²⁸ πα-
ραχρῆμα αἱ θύραι πᾶσαι, καὶ πάντων τὰ δεσμὰ
ἀνέθη. ἔξυπνος δὲ γενόμενος ὁ δεσμοφύλαξ, καὶ 27
ἰδὼν ἀνεῳγμένας τὰς θύρας τῆς φυλακῆς, σπασά-
μενος²⁹ μάχαιραν, ἔμελλεν ἑαυτὸν ἀναιρεῖν, νομίζων
ἐκπεφευγέναι τοὺς δεσμίους. ἐφώνησε δὲ φωνῇ 28
μεγάλῃ ὁ Παῦλος λέγων, Μηδὲν πράξῃς σεαυτῷ
κακόν· ἅπαντες γάρ ἐσμεν ἐνθάδε. αἰτήσας δὲ 29
φῶτα εἰσεπήδησε, καὶ ἔντρομος γενόμενος προσέ-
πεσε τῷ Παύλῳ καὶ τῷ Σίλᾳ, καὶ προαγαγὼν 30
αὐτοὺς ἔξω ἔφη, Κύριοι, τί με δεῖ ποιεῖν ἵνα σωθῶ;

²⁷ λαβών   ²⁸ (-σαν) δὲ   ²⁹ add τὴν

31 οἱ δὲ εἶπον, Πίστευσον ἐπὶ τὸν Κύριον Ἰησοῦν
32 Χριστόν[30], καὶ σωθήσῃ σὺ καὶ ὁ οἶκός σου. καὶ
ἐλάλησαν αὐτῷ τὸν λόγον τοῦ Κυρίου[31], καὶ[32] πᾶσι
33 τοῖς ἐν τῇ οἰκίᾳ αὐτοῦ. καὶ παραλαβὼν αὐτοὺς ἐν
ἐκείνῃ τῇ ὥρᾳ τῆς νυκτὸς ἔλουσεν ἀπὸ τῶν πλη-
γῶν, καὶ ἐβαπτίσθη αὐτὸς καὶ οἱ αὐτοῦ πάντες
34 παραχρῆμα. ἀναγαγών τε αὐτοὺς εἰς τὸν οἶκον
αὐτοῦ[33] παρέθηκε τράπεζαν, καὶ ἠγαλλιάσατο παν-
οικὶ πεπιστευκὼς τῷ Θεῷ.
35 Ἡμέρας δὲ γενομένης, ἀπέστειλαν οἱ στρατηγοὶ
τοὺς ῥαβδούχους λέγοντες, Ἀπόλυσον τοὺς ἀνθρώ-
36 πους ἐκείνους. ἀπήγγειλε δὲ ὁ δεσμοφύλαξ τοὺς
λόγους τούτους[34] πρὸς τὸν Παῦλον ὅτι Ἀπεστάλ-
κασιν οἱ στρατηγοί, ἵνα ἀπολυθῆτε· νῦν οὖν ἐξελ-
37 θόντες πορεύεσθε ἐν εἰρήνῃ. ὁ δὲ Παῦλος ἔφη
πρὸς αὐτούς, Δείραντες ἡμᾶς δημοσίᾳ, ἀκατακρί-
τους, ἀνθρώπους Ῥωμαίους ὑπάρχοντας, ἔβαλον
εἰς φυλακήν, καὶ νῦν λάθρα ἡμᾶς ἐκβάλλουσιν;
οὐ γάρ· ἀλλὰ ἐλθόντες αὐτοὶ ἡμᾶς ἐξαγαγέτωσαν.
38 ἀνήγγειλαν[35] δὲ τοῖς στρατηγοῖς οἱ ῥαβδοῦχοι τὰ
ῥήματα ταῦτα· καὶ ἐφοβήθησαν[36] ἀκούσαντες ὅτι Ῥω-
39 μαῖοί εἰσι, καὶ ἐλθόντες παρεκάλεσαν αὐτούς, καὶ
40 ἐξαγαγόντες ἠρώτων ἐξελθεῖν[37] τῆς πόλεως. ἐξελ-
θόντες δὲ ἐκ τῆς φυλακῆς εἰσῆλθον εἰς[38] τὴν Λυδίαν·
καὶ ἰδόντες τοὺς ἀδελφούς, παρεκάλεσαν αὐτούς[39], καὶ
ἐξῆλθον.

XVII. Διοδεύσαντες δὲ τὴν Ἀμφίπολιν καὶ Ἀπολλω-
νίαν, ἦλθον εἰς Θεσσαλονίκην, ὅπου ἦν ἡ[1] συναγωγὴ
2 τῶν Ἰουδαίων· κατὰ δὲ τὸ εἰωθὸς τῷ Παύλῳ

---

[30] om. Χριστόν   [31] Marg. Θεοῦ   [32] σὺν   [33] om. αὐτοῦ
[34] om. τούτους   [35] ἀπήγγειλαν   [36] ἐφοβήθησαν δὲ
[37] ἀπελθεῖν ἀπὸ   [38] πρὸς   [39] παρεκάλεσαν τοὺς ἀδελφούς
[1] om. ἡ

εἰσῆλθε πρὸς αὐτούς, καὶ ἐπὶ σάββατα τρία δι-
λέγετο² αὐτοῖς ἀπὸ τῶν γραφῶν, διανοίγων καὶ 3
παρατιθέμενος, ὅτι τὸν Χριστὸν ἔδει παθεῖν καὶ
ἀναστῆναι ἐκ νεκρῶν, καὶ ὅτι οὗτός ἐστιν ὁ Χρισ-
τὸς³ Ἰησοῦς, ὃν ἐγὼ καταγγέλλω ὑμῖν. καί τινες 4
ἐξ αὐτῶν ἐπείσθησαν, καὶ προσεκληρώθησαν τῷ
Παύλῳ καὶ τῷ Σίλᾳ, τῶν τε σεβομένων Ἑλλήνων
πολὺ πλῆθος, γυναικῶν τε τῶν πρώτων οὐκ ὀλίγαι.
ζηλώσαντες δὲ οἱ ἀπειθοῦντες⁴ Ἰουδαῖοι, καὶ προσλα- 5
βόμενοι τῶν ἀγοραίων τινὰς ἄνδρας πονηρούς, καὶ
ὀχλοποιήσαντες, ἐθορύβουν τὴν πόλιν· ἐπιστάντες
τε⁵ τῇ οἰκίᾳ Ἰάσονος, ἐζήτουν αὐτοὺς ἀγαγεῖν⁶ εἰς
τὸν δῆμον. μὴ εὑρόντες δὲ αὐτούς, ἔσυρον τὸν 6
Ἰάσονα καί τινας ἀδελφοὺς ἐπὶ τοὺς πολιτάρχας,
βοῶντες ὅτι Οἱ τὴν οἰκουμένην ἀναστατώσαντες,
οὗτοι καὶ ἐνθάδε πάρεισιν, οὓς ὑποδέδεκται Ἰάσων· 7
καὶ οὗτοι πάντες ἀπέναντι τῶν δογμάτων Καί-
σαρος πράττουσι, βασιλέα λέγοντες ἕτερον εἶναι,
Ἰησοῦν. ἐτάραξαν δὲ τὸν ὄχλον καὶ τοὺς πολι- 8
τάρχας ἀκούοντας ταῦτα. καὶ λαβόντες τὸ ἱκανὸν 9
παρὰ τοῦ Ἰάσονος καὶ τῶν λοιπῶν, ἀπέλυσαν
αὐτούς.

Οἱ δὲ ἀδελφοὶ εὐθέως διὰ τῆς⁷ νυκτὸς ἐξέπεμ- 10
ψαν τόν τε Παῦλον καὶ τον Σίλαν εἰς Βέροιαν·
οἵτινες παραγενόμενοι εἰς τὴν συναγωγὴν τῶν
Ἰουδαίων ἀπῄεσαν. οὗτοι δὲ ἦσαν εὐγενέστεροι 11
τῶν ἐν Θεσσαλονίκῃ, οἵτινες ἐδέξαντο τὸν λόγον
μετὰ πάσης προθυμίας, τὸ καθ᾽ ἡμέραν ἀνακρίνον-
τες τὰς γραφάς, εἰ ἔχοι ταῦτα οὕτως. πολλοὶ μὲν 12
οὖν ἐξ αὐτῶν ἐπίστευσαν, καὶ τῶν Ἑλληνίδων
γυναικῶν τῶν εὐσχημόνων καὶ ἀνδρῶν οὐκ ὀλίγοι.

---

² διελέξατο   ³ add ὁ (Χριστός, ὁ)   ⁴ om. ἀπειθοῦντες
⁵ καὶ ἐπιστάντες   ⁶ προαγαγεῖν   ⁷ om. τῆς

13 ὡς δὲ ἔγνωσαν οἱ ἀπὸ τῆς Θεσσαλονίκης Ἰουδαῖοι
ὅτι καὶ ἐν τῇ Βεροίᾳ κατηγγέλη ὑπὸ τοῦ Παύλου
ὁ λόγος τοῦ Θεοῦ, ἦλθον κἀκεῖ σαλεύοντες[8] τοὺς
14 ὄχλους. εὐθέως δὲ τότε τὸν Παῦλον ἐξαπέστειλαν
οἱ ἀδελφοὶ πορεύεσθαι ὡς[9] ἐπὶ τὴν θάλασσαν ὑπέ-
15 μενον δὲ[10] ὅ τε Σίλας καὶ ὁ Τιμόθεος ἐκεῖ. οἱ δὲ κα-
θιστῶντες τὸν Παῦλον, ἤγαγον αὐτὸν[11] ἕως Ἀθηνῶν·
καὶ λαβόντες ἐντολὴν πρὸς τὸν Σίλαν καὶ Τιμό-
θεον, ἵνα ὡς τάχιστα ἔλθωσι πρὸς αὐτόν, ἐξῄεσαν.
16 Ἐν δὲ ταῖς Ἀθήναις ἐκδεχομένου αὐτοὺς τοῦ
Παύλου, παρωξύνετο τὸ πνεῦμα αὐτοῦ ἐν αὐτῷ,
17 θεωροῦντι[12] κατείδωλον οὖσαν τὴν πόλιν. διελέγετο
μὲν οὖν ἐν τῇ συναγωγῇ τοῖς Ἰουδαίοις καὶ τοῖς
σεβομένοις, καὶ ἐν τῇ ἀγορᾷ κατὰ πᾶσαν ἡμέραν
18 πρὸς τοὺς παρατυγχάνοντας. τινὲς δὲ[13] τῶν Ἐπι-
κουρείων καὶ τῶν[14] Στωϊκῶν φιλοσόφων συνέβαλλον
αὐτῷ. καί τινες ἔλεγον, Τί ἂν θέλοι ὁ σπερμολόγος
οὗτος λέγειν; οἱ δέ, Ξένων δαιμονίων δοκεῖ καταγ-
γελεὺς εἶναι· ὅτι τὸν Ἰησοῦν καὶ τὴν ἀνάστασιν
19 αὐτοῖς[15] εὐηγγελίζετο. ἐπιλαβόμενοί τε αὐτοῦ, ἐπὶ τὸν
Ἄρειον πάγον ἤγαγον λέγοντες, Δυνάμεθα γνῶναι,
τίς ἡ καινὴ αὕτη ἡ ὑπὸ σοῦ λαλουμένη διδαχή;
20 ξενίζοντα γάρ τινα εἰσφέρεις εἰς τὰς ἀκοὰς ἡμῶν·
βουλόμεθα οὖν γνῶναι, τί ἂν θέλοι[16] ταῦτα εἶναι.
21 (Ἀθηναῖοι δὲ πάντες καὶ οἱ ἐπιδημοῦντες ξένοι εἰς
οὐδὲν ἕτερον εὐκαίρουν, ἢ λέγειν τι καὶ[17] ἀκούειν[18]
22 καινότερον.) σταθεὶς δὲ ὁ Παῦλος ἐν μέσῳ τοῦ
Ἀρείου πάγου ἔφη,
Ἄνδρες Ἀθηναῖοι, κατὰ πάντα ὡς δεισιδαιμο-
23 νεστέρους ὑμᾶς θεωρῶ. διερχόμενος γὰρ καὶ ἀνα-

---

[8] add καὶ ταράσσοντες   [9] ἕως   [10] ὑπέμειναν τε
[11] om. αὐτὸν   [12] θεωροῦντος   [13] add καὶ   [14] om. τῶν
[15] om. αὐτοῖς   [16] τίνα θέλει   [17] ἢ   [18] add τι

θεωρῶν τὰ σεβάσματα ὑμῶν, εὗρον καὶ βωμὸν ἐν
ᾧ ἐπεγέγραπτο, Ἀγνώστῳ Θεῷ. ὃν[19] οὖν ἀγνο-
οῦντες εὐσεβεῖτε, τοῦτον[20] ἐγὼ καταγγέλλω ὑμῖν. ὁ 24
Θεὸς ὁ ποιήσας τὸν κόσμον καὶ πάντα τὰ ἐν αὐτῷ,
οὗτος, οὐρανοῦ καὶ γῆς κύριος ὑπάρχων, οὐκ ἐν
χειροποιήτοις ναοῖς κατοικεῖ, οὐδὲ ὑπὸ χειρῶν ἀν- 25
θρώπων[21] θεραπεύεται, προσδεόμενός τινος, αὐτὸς
διδοὺς πᾶσι ζωὴν καὶ πνοὴν καὶ τὰ πάντα· ἐποίησέ 26
τε ἐξ ἑνὸς αἵματος[22] πᾶν ἔθνος ἀνθρώπων, κατοικεῖν
ἐπὶ πᾶν τὸ πρόσωπον[23] τῆς γῆς, ὁρίσας προτεταγμένους[24]
καιροὺς καὶ τὰς ὁροθεσίας τῆς κατοικίας αὐτῶν·
ζητεῖν τὸν Κύριον[25], εἰ ἄραγε ψηλαφήσειαν αὐτὸν 27
καὶ εὕροιεν, καίτοιγε[26] οὐ μακρὰν ἀπὸ ἑνὸς ἑκάστου
ἡμῶν ὑπάρχοντα. ἐν αὐτῷ γὰρ ζῶμεν καὶ κινού- 28
μεθα καί ἐσμεν· ὡς καί τινες τῶν καθ᾽ ὑμᾶς ποιη-
τῶν εἰρήκασι, Τοῦ γὰρ καὶ γένος ἐσμέν. γένος 29
οὖν ὑπάρχοντες τοῦ Θεοῦ, οὐκ ὀφείλομεν νομίζειν
χρυσῷ ἢ ἀργύρῳ ἢ λίθῳ, χαράγματι τέχνης καὶ
ἐνθυμήσεως ἀνθρώπου, τὸ θεῖον εἶναι ὅμοιον. τοὺς 30
μὲν οὖν χρόνους τῆς ἀγνοίας ὑπεριδὼν ὁ Θεός, τὰ
νῦν παραγγέλλει[27] τοῖς ἀνθρώποις πᾶσι[28] πανταχοῦ
μετανοεῖν· διότι[29] ἔστησεν ἡμέραν, ἐν ᾗ μέλλει 31
κρίνειν τὴν οἰκουμένην ἐν δικαιοσύνῃ, ἐν ἀνδρὶ ᾧ
ὥρισε, πίστιν παρασχὼν πᾶσιν, ἀναστήσας αὐτὸν
ἐκ νεκρῶν.

Ἀκούσαντες δὲ ἀνάστασιν νεκρῶν, οἱ μὲν ἐ- 32
χλεύαζον· οἱ δὲ εἶπον, Ἀκουσόμεθά σου πάλιν περὶ
τούτου[30]. καὶ[31] οὕτως ὁ Παῦλος ἐξῆλθεν ἐκ μέσου 33
αὐτῶν. τινὲς δὲ ἄνδρες κολληθέντες αὐτῷ, ἐπί- 34

---

[19] ὃ   [20] τοῦτο   [21] ἀνθρωπίνων   [22] om. αἵματος
[23] παντὸς προσώπου   [24] προστεταγμένους   [25] Θεόν
[26] καί γε   [27] Marg. ἀπαγγέλλει   [28] πάντας   [29] καθότι
[30] περὶ τούτου καὶ πάλιν   [31] om. καὶ

στευσαν· ἐν οἷς καὶ Διονύσιος ὁ Ἀρεοπαγίτης, καὶ
γυνὴ ὀνόματι Δάμαρις, καὶ ἕτεροι σὺν αὐτοῖς.
XVIII. Μετὰ δὲ¹ ταῦτα χωρισθεὶς ὁ Παῦλος² ἐκ τῶν
2 Ἀθηνῶν ἦλθεν εἰς Κόρινθον. καὶ εὑρών τινα Ἰου-
δαῖον ὀνόματι Ἀκύλαν, Ποντικὸν τῷ γένει, προσ-
φάτως ἐληλυθότα ἀπὸ τῆς Ἰταλίας, καὶ Πρίσκιλ-
λαν γυναῖκα αὐτοῦ, διὰ τὸ διατεταχέναι Κλαύδιον
χωρίζεσθαι πάντας τοὺς Ἰουδαίους ἐκ³ τῆς Ῥώμης,
3 προσῆλθεν αὐτοῖς· καὶ διὰ τὸ ὁμότεχνον εἶναι,
ἔμενε παρ' αὐτοῖς καὶ εἰργάζετο⁴· ἦσαν γὰρ σκηνο-
4 ποιοὶ τὴν τέχνην⁵. διελέγετο δὲ ἐν τῇ συναγωγῇ
κατὰ πᾶν σάββατον, ἔπειθέ τε Ἰουδαίους καὶ
Ἕλληνας.

5 Ὡς δὲ κατῆλθον ἀπὸ τῆς Μακεδονίας ὅ τε
Σίλας καὶ ὁ Τιμόθεος, συνείχετο τῷ πνεύματι⁶ ὁ
Παῦλος, διαμαρτυρόμενος τοῖς Ἰουδαίοις⁷ τὸν
6 Χριστὸν Ἰησοῦν. ἀντιτασσομένων δὲ αὐτῶν καὶ
βλασφημούντων, ἐκτιναξάμενος τὰ ἱμάτια, εἶπε
πρὸς αὐτούς, Τὸ αἷμα ὑμῶν ἐπὶ τὴν κεφαλὴν ὑμῶν·
καθαρὸς ἐγώ· ἀπὸ τοῦ νῦν εἰς τὰ ἔθνη πορεύσομαι.
7 καὶ μεταβὰς ἐκεῖθεν ἦλθεν εἰς οἰκίαν τινὸς ὀνόματι
⁸Ἰούστου, σεβομένου τὸν Θεόν, οὗ ἡ οἰκία ἦν συνο-
8 μοροῦσα τῇ συναγωγῇ. Κρίσπος δὲ ὁ ἀρχισυνά-
γωγος ἐπίστευσε τῷ Κυρίῳ σὺν ὅλῳ τῷ οἴκῳ
αὐτοῦ· καὶ πολλοὶ τῶν Κορινθίων ἀκούοντες ἐπί-
9 στευον καὶ ἐβαπτίζοντο. εἶπε δὲ ὁ Κύριος δι'
ὁράματος ἐν νυκτὶ⁹ τῷ Παύλῳ, Μὴ φοβοῦ, ἀλλὰ λάλει
10 καὶ μὴ σιωπήσῃς· διότι ἐγώ εἰμι μετὰ σοῦ, καὶ
οὐδεὶς ἐπιθήσεταί σοι τοῦ κακῶσαί σε· διότι λαός
11 ἐστί μοι πολὺς ἐν τῇ πόλει ταύτῃ. ἐκάθισέ τε¹⁰

---

¹ om. δὲ   ² om. ὁ Παῦλος   ³ ἀπὸ   (, καὶ) ἠργάζοντο
⁵ τῇ τέχνῃ   ⁶ λόγῳ   ⁷ add εἶναι   ⁸ add Τίτου
⁹ ἐν νυκτὶ δι' ὁράματος   ¹⁰ (-σε) δὲ

ἐνιαυτὸν καὶ μῆνας ἕξ, διδάσκων ἐν αὐτοῖς τὸν
λόγον τοῦ Θεοῦ.

Γαλλίωνος δὲ ἀνθυπατεύοντος τῆς Ἀχαΐας, κατ- 12
επέστησαν ὁμοθυμαδὸν οἱ Ἰουδαῖοι τῷ Παύλῳ,
καὶ ἤγαγον αὐτὸν ἐπὶ τὸ βῆμα, λέγοντες ὅτι 13
Παρὰ τὸν νόμον οὗτος ἀναπείθει[11] τοὺς ἀνθρώπους
σέβεσθαι τὸν Θεόν. μέλλοντος δὲ τοῦ Παύλου 14
ἀνοίγειν τὸ στόμα, εἶπεν ὁ Γαλλίων πρὸς τοὺς
Ἰουδαίους, Εἰ μὲν οὖν[12] ἦν ἀδίκημά τι ἢ ῥαδιούρ-
γημα πονηρόν, ὦ Ἰουδαῖοι, κατὰ λόγον ἂν ἠνεσχό-
μην ὑμῶν· εἰ δὲ ζήτημά[13] ἐστι περὶ λόγου καὶ ὀνο- 15
μάτων καὶ νόμου τοῦ καθ᾽ ὑμᾶς, ὄψεσθε αὐτοί·
κριτὴς γὰρ[14] ἐγὼ τούτων οὐ βούλομαι εἶναι. καὶ 16
ἀπήλασεν αὐτοὺς ἀπὸ τοῦ βήματος. ἐπιλαβόμενοι 17
δὲ πάντες οἱ Ἕλληνες[15] Σωσθένην τὸν ἀρχισυνάγω-
γον ἔτυπτον ἔμπροσθεν τοῦ βήματος. καὶ οὐδὲν
τούτων τῷ Γαλλίωνι ἔμελεν.

Ὁ δὲ Παῦλος ἔτι προσμείνας ἡμέρας ἱκανάς, 18
τοῖς ἀδελφοῖς ἀποταξάμενος, ἐξέπλει εἰς τὴν Συ-
ρίαν, καὶ σὺν αὐτῷ Πρίσκιλλα καὶ Ἀκύλας, κειρά-
μενος τὴν κεφαλὴν ἐν Κεγχρεαῖς· εἶχε γὰρ εὐχήν.
κατήντησε[16] δὲ εἰς Ἔφεσον, κἀκείνους κατέλιπεν 19
αὐτοῦ· αὐτὸς δὲ εἰσελθὼν εἰς τὴν συναγωγὴν διε-
λέχθη τοῖς Ἰουδαίοις. ἐρωτώντων δὲ αὐτῶν ἐπὶ 20
πλείονα χρόνον μεῖναι παρ᾽ αὐτοῖς[17], οὐκ ἐπένευσεν·
ἀλλ᾽ ἀπετάξατο αὐτοῖς[18] εἰπών, Δεῖ με πάντως τὴν ἑορτὴν 21
τὴν ἐρχομένην ποιῆσαι εἰς Ἱεροσόλυμα·[19] πάλιν δὲ[20] ἀνα-
κάμψω πρὸς ὑμᾶς, τοῦ Θεοῦ θέλοντος. καὶ[21]

---

[11] ἀναπείθει οὗτος   [12] om. οὖν   [13] ζητήματά   [14] om. γὰρ
[15] om. οἱ Ἕλληνες   [16] κατήντησαν   [17] om. παρ᾽ αὐτοῖς
[18] ἀλλὰ ἀποταξάμενος καὶ   [19] om. Δεῖ με πάντως τὴν ἑορτὴν
τὴν ἐρχομένην ποιῆσαι εἰς Ἱεροσόλυμα·   [20] (Πάλιν) om. δὲ
[21] (θέλοντος,) om. καὶ

22 ἀνήχθη ἀπὸ τῆς Ἐφέσου.. καὶ κατελθὼν εἰς Και-
σάρειαν, ἀναβὰς καὶ ἀσπασάμενος τὴν ἐκκλησίαν,
23 κατέβη εἰς Ἀντιόχειαν. καὶ ποιήσας χρόνον τινὰ
ἐξῆλθε, διερχόμενος καθεξῆς τὴν Γαλατικὴν χώραν
καὶ Φρυγίαν, ἐπιστηρίζων²² πάντας τοὺς μαθητάς.
24 Ἰουδαῖος δέ τις Ἀπολλὼς ὀνόματι, Ἀλεξαν-
δρεὺς τῷ γένει, ἀνὴρ λόγιος, κατήντησεν εἰς Ἐφε-
25 σον, δυνατὸς ὢν ἐν ταῖς γραφαῖς. οὗτος ἦν κατη-
χημένος τὴν ὁδὸν τοῦ Κυρίου, καὶ ζέων τῷ πνεύματι
ἐλάλει καὶ ἐδίδασκεν ἀκριβῶς τὰ περὶ τοῦ Κυρίου²³,
26 ἐπιστάμενος μόνον τὸ βάπτισμα Ἰωάννου· οὗτός
τε ἤρξατο παρρησιάζεσθαι ἐν τῇ συναγωγῇ. ἀκού-
σαντες δὲ αὐτοῦ Ἀκύλας καὶ Πρίσκιλλα²⁴, προσελά-
βοντο αὐτόν, καὶ ἀκριβέστερον αὐτῷ ἐξέθεντο τὴν
27 τοῦ Θεοῦ ὁδόν. βουλομένου δὲ αὐτοῦ διελθεῖν εἰς
τὴν Ἀχαΐαν, προτρεψάμενοι οἱ ἀδελφοὶ ἔγραψαν
τοῖς μαθηταῖς ἀποδέξασθαι αὐτόν· ὃς παραγενόμε-
νος συνεβάλετο πολὺ τοῖς πεπιστευκόσι διὰ τῆς
28 χάριτος· εὐτόνως γὰρ τοῖς Ἰουδαίοις διακατηλέγχ-
ετο δημοσίᾳ, ἐπιδεικνὺς²⁵ διὰ τῶν γραφῶν εἶναι
τὸν Χριστὸν Ἰησοῦν.

XIX. Ἐγένετο δέ, ἐν τῷ τὸν Ἀπολλὼ εἶναι ἐν Κο-
ρίνθῳ, Παῦλον διελθόντα τὰ ἀνωτερικὰ μέρη ἐλθεῖν
2 εἰς Ἔφεσον· καὶ εὑρών¹ τινας μαθητὰς εἶπε² πρὸς
αὐτούς, Εἰ Πνεῦμα Ἅγιον ἐλάβετε πιστεύσαντες;
οἱ δὲ εἶπον³ πρὸς αὐτόν, Ἀλλ᾽ οὐδὲ εἰ Πνεῦμα
3 Ἅγιόν ἐστιν, ἠκούσαμεν. εἶπέ τε πρὸς αὐτούς⁴, Εἰς
τί οὖν ἐβαπτίσθητε; οἱ δὲ εἶπον, Εἰς τὸ Ἰωάννου
4 βάπτισμα. εἶπε δὲ Παῦλος, Ἰωάννης μὲν⁵ ἐβάπ-
τισε βάπτισμα μετανοίας, τῷ λαῷ λέγων εἰς τὸν ἐρ-

---

²² στηρίζων   ²³ Ἰησοῦ   ²⁴ Πρίσκιλλα καὶ Ἀκύλας
²⁵ (Marg., δημοσίᾳ ἐπιδεικνὺς)   ¹ (Ἔφεσον καὶ εὑρεῖν (τινὰς
μαθητάς·)   ² (εἶπέ) add τε   ³ om. εἶπον   ⁴ om.
πρὸς αὐτούς   ⁵ om. μὲν

χόμενον μετ' αὐτὸν ἵνα πιστεύσωσι, τοῦτ' ἔστιν, εἰς
τὸν Χριστὸν⁶ Ἰησοῦν. ἀκούσαντες δὲ ἐβαπτίσθησαν 5
εἰς τὸ ὄνομα τοῦ Κυρίου Ἰησοῦ. καὶ ἐπιθέντος 6
αὐτοῖς τοῦ Παύλου τὰς⁷ χεῖρας, ἦλθε τὸ Πνεῦμα τὸ
Ἅγιον ἐπ' αὐτούς, ἐλάλουν τε γλώσσαις καὶ προε-
φήτευον. ἦσαν δὲ οἱ πάντες ἄνδρες ὡσεὶ δεκαδύο. 7
Εἰσελθὼν δὲ εἰς τὴν συναγωγὴν ἐπαρρησιά- 8
ζετο, ἐπὶ μῆνας τρεῖς διαλεγόμενος καὶ πείθων τὰ
περὶ τῆς βασιλείας τοῦ Θεοῦ. ὡς δέ τινες ἐσκλη- 9
ρύνοντο καὶ ἠπείθουν, κακολογοῦντες τὴν ὁδὸν
ἐνώπιον τοῦ πλήθους, ἀποστὰς ἀπ' αὐτῶν ἀφώρισε
τοὺς μαθητάς, καθ' ἡμέραν διαλεγόμενος ἐν τῇ
σχολῇ Τυράννου τινός⁸. τοῦτο δὲ ἐγένετο ἐπὶ ἔτη 10
δύο, ὥστε πάντας τοὺς κατοικοῦντας τὴν Ἀσίαν
ἀκοῦσαι τὸν λόγον τοῦ Κυρίου Ἰησοῦ⁹, Ἰουδαίους τε
καὶ Ἕλληνας. δυνάμεις τε οὐ τὰς τυχούσας ἐποίει 11
ὁ Θεὸς διὰ τῶν χειρῶν Παύλου, ὥστε καὶ ἐπὶ τοὺς 12
ἀσθενοῦντας ἐπιφέρεσθαι¹⁰ ἀπὸ τοῦ χρωτὸς αὐτοῦ
σουδάρια ἢ σιμικίνθια, καὶ ἀπαλλάσσεσθαι ἀπ'
αὐτῶν τὰς νόσους, τά τε πνεύματα τὰ πονηρὰ ἐξέρ-
χεσθαι ἀπ' αὐτῶν¹¹. ἐπεχείρησαν δέ τινες ἀπὸ¹² τῶν 13
περιερχομένων Ἰουδαίων ἐξορκιστῶν ὀνομάζειν ἐπὶ
τοὺς ἔχοντας τὰ πνεύματα τὰ πονηρὰ τὸ ὄνομα
τοῦ Κυρίου Ἰησοῦ, λέγοντες, Ὁρκίζομεν¹³ ὑμᾶς τὸν
Ἰησοῦν ὃν ὁ Παῦλος κηρύσσει. ἦσαν δέ τινες¹⁴ 14
υἱοὶ¹⁵ Σκευᾶ Ἰουδαίου ἀρχιερέως ἑπτὰ οἱ¹⁶ τοῦτο
ποιοῦντες. ἀποκριθὲν δὲ τὸ πνεῦμα τὸ πονηρὸν 15
εἶπε¹⁷, Τὸν Ἰησοῦν γινώσκω, καὶ τὸν Παῦλον ἐπί-
σταμαι· ὑμεῖς δὲ τίνες ἐστέ; καὶ ἐφαλόμενος¹⁸ ἐπ' 16

⁶ om. Χριστὸν   ⁷ om. τὰς   ⁸ om. τινός   ⁹ om. Ἰησοῦ
¹⁰ ἀποφέρεσθαι   ¹¹ ἐκπορεύεσθαι   ¹² καὶ   ¹³ Ὁρκίζω
¹⁴ τινος   ¹⁵ om. υἱοὶ   ¹⁶ υἱοὶ   ¹⁷ add (ν) αὐτοῖς
¹⁸ ἐφαλόμενος

αὐτοὺς ὁ ἄνθρωπος ἐν ᾧ ἦν τὸ πνεῦμα τὸ πονηρόν,
καὶ[19] κατακυριεύσας αὐτῶν[20], ἴσχυσε κατ' αὐτῶν,
ὥστε γυμνοὺς καὶ τετραυματισμένους ἐκφυγεῖν ἐκ
17 τοῦ οἴκου ἐκείνου. τοῦτο δὲ ἐγένετο γνωστὸν πᾶ-
σιν Ἰουδαίοις τε καὶ Ἕλλησι τοῖς κατοικοῦσι τὴν
Ἔφεσον, καὶ ἐπέπεσε φόβος ἐπὶ πάντας αὐτούς,
18 καὶ ἐμεγαλύνετο τὸ ὄνομα τοῦ Κυρίου Ἰησοῦ. πολ-
λοί τε τῶν πεπιστευκότων ἤρχοντο, ἐξομολογούμε-
19 νοι, καὶ ἀναγγέλλοντες τὰς πράξεις αὐτῶν. ἱκανοὶ
δὲ τῶν τὰ περίεργα πραξάντων συνενέγκαντες τὰς
βίβλους κατέκαιον ἐνώπιον πάντων· καὶ συνεψή-
φισαν τὰς τιμὰς αὐτῶν, καὶ εὗρον ἀργυρίου μυριά-
20 δας πέντε. οὕτω κατὰ κράτος ὁ λόγος τοῦ Κυρίου[21]
ηὔξανε καὶ ἴσχυεν.

21 Ὡς δὲ ἐπληρώθη ταῦτα, ἔθετο ὁ Παῦλος ἐν τῷ
πνεύματι, διελθὼν τὴν Μακεδονίαν καὶ Ἀχαΐαν,
πορεύεσθαι εἰς Ἰερουσαλήμ, εἰπὼν ὅτι Μετὰ τὸ
22 γενέσθαι με ἐκεῖ, δεῖ με καὶ Ῥώμην ἰδεῖν. ἀπο-
στείλας δὲ εἰς τὴν Μακεδονίαν δύο τῶν διακονούν-
των αὐτῷ, Τιμόθεον καὶ Ἔραστον, αὐτὸς ἐπέσχε
χρόνον εἰς τὴν Ἀσίαν.

23 Ἐγένετο δὲ κατὰ τὸν καιρὸν ἐκεῖνον τάραχος
24 οὐκ ὀλίγος περὶ τῆς ὁδοῦ. Δημήτριος γάρ τις
ὀνόματι, ἀργυροκόπος, ποιῶν ναοὺς ἀργυροῦς Ἀρ-
τέμιδος, παρείχετο τοῖς τεχνίταις ἐργασίαν οὐκ
25 ὀλίγην· οὓς συναθροίσας, καὶ τοὺς περὶ τὰ τοιαῦτα
ἐργάτας, εἶπεν, Ἄνδρες, ἐπίστασθε ὅτι ἐκ ταύτης
26 τῆς ἐργασίας ἡ εὐπορία ἡμῶν[22] ἐστι. καὶ θεωρεῖτε
καὶ ἀκούετε ὅτι οὐ μόνον Ἐφέσου, ἀλλὰ σχεδὸν
πάσης τῆς Ἀσίας, ὁ Παῦλος οὗτος πείσας μετέστη-
σεν ἱκανὸν ὄχλον, λέγων ὅτι οὐκ εἰσὶ θεοὶ οἱ διὰ

---

[19] om. καὶ   [20] ἀμφοτέρων   [21] τοῦ Κυρίου ὁ λόγος
[22] ἡμῖν

χειρῶν γινόμενοι. οὐ μόνον δὲ τοῦτο κινδυνεύει 27
ἡμῖν τὸ μέρος εἰς ἀπελεγμὸν ἐλθεῖν, ἀλλὰ καὶ τὸ
τῆς μεγάλης θεᾶς Ἀρτέμιδος ἱερὸν εἰς οὐδὲν λογισ-
θῆναι, μέλλειν τε καὶ καθαιρεῖσθαι τὴν μεγαλειότητα²³
αὐτῆς, ἣν ὅλη ἡ Ἀσία καὶ ἡ οἰκουμένη σέβεται.
ἀκούσαντες δὲ καὶ γενόμενοι πλήρεις θυμοῦ, ἔκρα- 28
ζον λέγοντες, Μεγάλη ἡ Ἄρτεμις Ἐφεσίων. καὶ 29
ἐπλήσθη ἡ πόλις ὅλη²⁴ συγχύσεως· ὥρμησάν τε
ὁμοθυμαδὸν εἰς τὸ θέατρον, συναρπάσαντες Γάϊον
καὶ Ἀρίσταρχον Μακεδόνας, συνεκδήμους τοῦ
Παύλου. τοῦ δὲ Παύλου βουλομένου εἰσελθεῖν 30
εἰς τὸν δῆμον, οὐκ εἴων αὐτὸν οἱ μαθηταί. τινὲς 31
δὲ καὶ τῶν Ἀσιαρχῶν, ὄντες αὐτῷ φίλοι, πέμψαν-
τες πρὸς αὐτόν, παρεκάλουν μὴ δοῦναι ἑαυτὸν εἰς
τὸ θέατρον. ἄλλοι μὲν οὖν ἄλλο τι ἔκραζον· ἦν 32
γὰρ ἡ ἐκκλησία συγκεχυμένη, καὶ οἱ πλείους οὐκ
ᾔδεισαν τίνος ἕνεκεν συνεληλύθεισαν. ἐκ δὲ τοῦ 33
ὄχλου προεβίβασαν²⁵ Ἀλέξανδρον, προβαλόντων²⁶ αὐ-
τὸν τῶν Ἰουδαίων. ὁ δὲ Ἀλέξανδρος, κατασείσας
τὴν χεῖρα, ἤθελεν ἀπολογεῖσθαι τῷ δήμῳ. ἐπι- 34
γνόντων δὲ ὅτι Ἰουδαῖός ἐστι, φωνὴ ἐγένετο μία ἐκ
πάντων ὡς ἐπὶ ὥρας δύο κραζόντων, Μεγάλη ἡ
Ἄρτεμις Ἐφεσίων. καταστείλας δὲ ὁ γραμμα- 35
τεὺς τὸν ὄχλον φησίν, Ἄνδρες Ἐφέσιοι, τίς γάρ
ἐστιν ἄνθρωπος²⁷ ὃς οὐ γινώσκει τὴν Ἐφεσίων πόλιν
νεωκόρον οὖσαν τῆς μεγάλης θεᾶς²⁸ Ἀρτέμιδος καὶ
τοῦ Διοπετοῦς; ἀναντιρρήτων οὖν ὄντων τούτων, 36
δέον ἐστὶν ὑμᾶς κατεσταλμένους ὑπάρχειν, καὶ
μηδὲν προπετὲς πράττειν. ἠγάγετε γὰρ τοὺς 37
ἄνδρας τούτους, οὔτε ἱεροσύλους οὔτε βλασφη-
μοῦντας τὴν θεὰν ὑμῶν²⁹. εἰ μὲν οὖν Δημήτριος 38

²³ τῆς μεγαλειότητος   ²⁴ τῆς   ²⁵ συνεβίβασαν   ²⁶ προβαλόντων
²⁷ ἀνθρώπων   ²⁸ om. θεᾶς   ²⁹ θεὸν ἡμῶν

καὶ οἱ σὺν αὐτῷ τεχνῖται πρός τινα λόγον ἔχουσιν,
ἀγοραῖοι ἄγονται, καὶ ἀνθύπατοί εἰσιν· ἐγκαλείτω-
39 σαν ἀλλήλοις. εἰ δέ τι περὶ ἑτέρων ἐπιζητεῖτε,
40 ἐν τῇ ἐννόμῳ ἐκκλησίᾳ ἐπιλυθήσεται. καὶ γὰρ
κινδυνεύομεν ἐγκαλεῖσθαι στάσεως περὶ τῆς σήμε-
ρον, μηδενὸς αἰτίου ὑπάρχοντος[30] περὶ οὗ[31] δυνησό-
μεθα ἀποδοῦναι λόγον[32] τῆς συστροφῆς ταύτης.
41 καὶ ταῦτα εἰπών, ἀπέλυσε τὴν ἐκκλησίαν.

XX. Μετὰ δὲ τὸ παύσασθαι τὸν θόρυβον, προσκαλε-
σάμενος[1] ὁ Παῦλος τοὺς μαθητάς, καὶ[2] ἀσπασάμενος,
2 ἐξῆλθε πορευθῆναι[3] εἰς τὴν Μακεδονίαν. διελθὼν δὲ
τὰ μέρη ἐκεῖνα, καὶ παρακαλέσας αὐτοὺς λόγῳ
3 πολλῷ, ἦλθεν εἰς τὴν Ἑλλάδα. ποιήσας τε μῆνας
τρεῖς, γενομένης αὐτῷ ἐπιβουλῆς ὑπὸ τῶν Ἰου-
δαίων μέλλοντι ἀνάγεσθαι εἰς τὴν Συρίαν, ἐγένετο
4 γνώμη[4] τοῦ ὑποστρέφειν διὰ Μακεδονίας. συνεί-
πετο δὲ αὐτῷ ἄχρι τῆς Ἀσίας[5] Σώπατρος[6] Βεροιαῖος·
Θεσσαλονικέων δέ, Ἀρίσταρχος καὶ Σεκοῦνδος, καὶ
Γάϊος Δερβαῖος, καὶ Τιμόθεος· Ἀσιανοὶ δέ, Τυχι-
5 κὸς καὶ Τρόφιμος. οὗτοι[7] προελθόντες[8] ἔμενον ἡμᾶς
6 ἐν Τρωάδι. ἡμεῖς δὲ ἐξεπλεύσαμεν μετὰ τὰς ἡμέ-
ρας τῶν ἀζύμων ἀπὸ Φιλίππων, καὶ ἤλθομεν πρὸς
αὐτοὺς εἰς τὴν Τρωάδα ἄχρις ἡμερῶν πέντε, οὗ
διετρίψαμεν ἡμέρας ἑπτά.

7 Ἐν δὲ τῇ μιᾷ τῶν σαββάτων, συνηγμένων τῶν
μαθητῶν τοῦ[9] κλάσαι ἄρτον, ὁ Παῦλος διελέγετο
αὐτοῖς, μέλλων ἐξιέναι τῇ ἐπαύριον, παρέτεινέ τε
8 τὸν λόγον μέχρι μεσονυκτίου. ἦσαν δὲ λαμπάδες
9 ἱκαναὶ ἐν τῷ ὑπερῴῳ οὗ ἦσαν[10] συνηγμένοι. καθήμε-

---

[30] (add ·)   [31] add οὗ   [32] add περὶ   [1] μεταπεμψάμενος
[2] add παρακαλέσας, (ἀσπασάμενος ἐξῆλθε)   [3] πορεύεσθαι
[4] γνώμης   [5] Marg. om. ἄχρι τῆς Ἀσίας   [6] add Πύρρου
[7] add δὲ   [8] Marg. προσελθόντες   [9] ἡμῶν   [10] ἦμεν

νος[11] δέ τις νεανίας ὀνόματι Εὔτυχος ἐπὶ τῆς θυρί-
δος, καταφερόμενος ὕπνῳ βαθεῖ, διαλεγομένου τοῦ
Παύλου ἐπὶ πλεῖον, κατενεχθεὶς ἀπὸ τοῦ ὕπνου
ἔπεσεν ἀπὸ τοῦ τριστέγου κάτω, καὶ ἤρθη νεκρός.
καταβὰς δὲ ὁ Παῦλος ἐπέπεσεν αὐτῷ, καὶ συμπε- 10
ριλαβὼν εἶπε, Μὴ θορυβεῖσθε· ἡ γὰρ ψυχὴ αὐτοῦ
ἐν αὐτῷ ἐστιν. ἀναβὰς δὲ καὶ κλάσας[12] ἄρτον καὶ 11
γευσάμενος, ἐφ᾽ ἱκανόν τε ὁμιλήσας ἄχρις αὐγῆς,
οὕτως ἐξῆλθεν. ἤγαγον δὲ τὸν παῖδα ζῶντα, καὶ 12
παρεκλήθησαν οὐ μετρίως.

Ἡμεῖς δέ, προελθόντες ἐπὶ τὸ πλοῖον, ἀνήχθημεν 13
εἰς[13] τὴν Ἄσσον, ἐκεῖθεν μέλλοντες ἀναλαμβάνειν
τὸν Παῦλον· οὕτω γὰρ ἦν διατεταγμένος, μέλλων
αὐτὸς πεζεύειν. ὡς δὲ συνέβαλεν[14] ἡμῖν εἰς τὴν 14
Ἄσσον, ἀναλαβόντες αὐτὸν ἤλθομεν εἰς Μιτυλήνην.
κἀκεῖθεν ἀποπλεύσαντες, τῇ ἐπιούσῃ κατηντήσα- 15
μεν ἀντικρὺ Χίου· τῇ δὲ ἑτέρᾳ παρεβάλομεν εἰς
Σάμον καὶ μείναντες ἐν Τρωγυλλίῳ[15], τῇ[16] ἐχομένῃ
ἤλθομεν εἰς Μίλητον. ἔκρινε[17] γὰρ ὁ Παῦλος παρα- 16
πλεῦσαι τὴν Ἔφεσον, ὅπως μὴ γένηται αὐτῷ χρο-
νοτριβῆσαι ἐν τῇ Ἀσίᾳ· ἔσπευδε γάρ, εἰ δυνατὸν
ἦν[18] αὐτῷ, τὴν ἡμέραν τῆς Πεντηκοστῆς γενέσθαι
εἰς Ἱεροσόλυμα.

Ἀπὸ δὲ τῆς Μιλήτου πέμψας εἰς Ἔφεσον μετε- 17
καλέσατο τοὺς πρεσβυτέρους τῆς ἐκκλησίας. ὡς 18
δὲ παρεγένοντο πρὸς αὐτόν, εἶπεν αὐτοῖς,

Ὑμεῖς ἐπίστασθε, ἀπὸ πρώτης ἡμέρας ἀφ᾽ ἧς
ἐπέβην εἰς τὴν Ἀσίαν, πῶς μεθ᾽ ὑμῶν τὸν πάντα
χρόνον ἐγενόμην, δουλεύων τῷ Κυρίῳ μετὰ πάσης 19
ταπεινοφροσύνης καὶ πολλῶν[19] δακρύων καὶ πειρασ-

---

11 καθεζόμενος   12 add τὸν   13 ἐπὶ   14 συνέβαλλεν
15 om. καὶ μείναντες ἐν Τρωγυλλίῳ, text, not marg.   16 add δὲ
17 κεκρίκει   18 εἴη   19 om. πολλῶν

μῶν τῶν συμβάντων μοι ἐν ταῖς ἐπιβουλαῖς τῶν
20 Ἰουδαίων· ὡς οὐδὲν ὑπεστειλάμην τῶν συμφερόν-
των, τοῦ μὴ ἀναγγεῖλαι ὑμῖν καὶ διδάξαι ὑμᾶς
21 δημοσίᾳ καὶ κατ᾽ οἴκους, διαμαρτυρόμενος Ἰουδαίοις
τε καὶ Ἕλλησι τὴν εἰς τὸν Θεὸν μετάνοιαν, καὶ
πίστιν τὴν²⁰ εἰς τὸν Κύριον ἡμῶν Ἰησοῦν Χριστόν²¹
22 καὶ νῦν ἰδού, ἐγὼ δεδεμένος τῷ πνεύματι πορεύομαι
εἰς Ἱερουσαλήμ, τὰ ἐν αὐτῇ συναντήσοντά μοι μὴ
23 εἰδώς, πλὴν ὅτι τὸ Πνεῦμα τὸ Ἅγιον κατὰ πόλιν
διαμαρτύρεται²² λέγον ὅτι δεσμά με καὶ θλίψεις
24 μένουσιν. ἀλλ᾽ οὐδενὸς λόγον²³ ποιοῦμαι, οὐδὲ ἔχω²⁴
τὴν ψυχήν μου²⁵ τιμίαν ἐμαυτῷ, ὡς τελειῶσαι τὸν
δρόμον μου μετὰ χαρᾶς²⁶, καὶ τὴν διακονίαν ἣν ἔλαβον
παρὰ τοῦ Κυρίου Ἰησοῦ, διαμαρτύρασθαι τὸ εὐαγ-
25 γέλιον τῆς χάριτος τοῦ Θεοῦ. καὶ νῦν ἰδού, ἐγὼ
οἶδα ὅτι οὐκέτι ὄψεσθε τὸ πρόσωπόν μου ὑμεῖς
πάντες, ἐν οἷς διῆλθον κηρύσσων τὴν βασιλείαν
26 τοῦ Θεοῦ²⁷. διὸ²⁸ μαρτύρομαι ὑμῖν ἐν τῇ σήμερον
ἡμέρᾳ, ὅτι καθαρὸς ἐγὼ²⁹ ἀπὸ τοῦ αἵματος πάντων.
27 οὐ γὰρ ὑπεστειλάμην τοῦ μὴ ἀναγγεῖλαι ὑμῖν πᾶσαν
28 τὴν βουλὴν τοῦ Θεοῦ. προσέχετε οὖν³⁰ ἑαυτοῖς καὶ
παντὶ τῷ ποιμνίῳ, ἐν ᾧ ὑμᾶς τὸ Πνεῦμα τὸ Ἅγιον
ἔθετο ἐπισκόπους, ποιμαίνειν τὴν ἐκκλησίαν τοῦ
29 Θεοῦ³¹, ἣν περιεποιήσατο διὰ τοῦ ἰδίου αἵματος³². ἐγὼ
γὰρ³³ οἶδα τοῦτο³⁴, ὅτι εἰσελεύσονται μετὰ τὴν ἄφιξίν
μου λύκοι βαρεῖς εἰς ὑμᾶς, μὴ φειδόμενοι τοῦ ποιμ-
30 νίου· καὶ ἐξ ὑμῶν αὐτῶν ἀναστήσονται ἄνδρες
λαλοῦντες διεστραμμένα, τοῦ ἀποσπᾶν τοὺς μαθη-

---

²⁰ om. τὴν   ²¹ Marg. om. Χριστόν   ²² (-ται) add μοι
²³ λόγου   ²⁴ om. , οὐδὲ ἔχω   ²⁵ om. μου   ²⁶ om. μετὰ
χαρᾶς   ²⁷ om. τοῦ Θεοῦ   ²⁸ διότι   ²⁹ (-ρός) εἰμι
³⁰ om. οὖν   ³¹ Marg. Κυρίου   ³² αἵματος τοῦ ἰδίου
³³ om. γὰρ   ³⁴ om. τοῦτο

τὰς ὀπίσω αὐτῶν. διὸ γρηγορεῖτε, μνημονεύοντες 31
ὅτι τριετίαν νύκτα καὶ ἡμέραν οὐκ ἐπαυσάμην
μετὰ δακρύων νουθετῶν ἕνα ἕκαστον. καὶ τὰ νῦν 32
παρατίθεμαι ὑμᾶς, ἀδελφοί,³⁵ τῷ Θεῷ³⁶ καὶ τῷ λόγῳ
τῆς χάριτος αὐτοῦ, τῷ δυναμένῳ ἐποικοδομῆσαι³⁷, καὶ
δοῦναι ὑμῖν³⁸ ³⁹ κληρονομίαν ἐν τοῖς ἡγιασμένοις
πᾶσιν. ἀργυρίου ἢ χρυσίου ἢ ἱματισμοῦ οὐδενὸς 33
ἐπεθύμησα. αὐτοὶ δὲ⁴⁰ γινώσκετε ὅτι ταῖς χρείαις μου 34
καὶ τοῖς οὖσι μετ' ἐμοῦ ὑπηρέτησαν αἱ χεῖρες αὗται.
πάντα ὑπέδειξα ὑμῖν, ὅτι οὕτω κοπιῶντας δεῖ ἀντι- 35
λαμβάνεσθαι τῶν ἀσθενούντων, μνημονεύειν τε
τῶν λόγων τοῦ Κυρίου Ἰησοῦ, ὅτι αὐτὸς εἶπε, Μα-
κάριόν ἐστι διδόναι μᾶλλον⁴¹ ἢ λαμβάνειν.

Καὶ ταῦτα εἰπών, θεὶς τὰ γόνατα αὐτοῦ, σὺν 36
πᾶσιν αὐτοῖς προσηύξατο. ἱκανὸς δὲ ἐγένετο 37
κλαυθμὸς πάντων· καὶ ἐπιπεσόντες ἐπὶ τὸν τράχη-
λον τοῦ Παύλου κατεφίλουν αὐτόν, ὀδυνώμενοι 38
μάλιστα ἐπὶ τῷ λόγῳ ᾧ εἰρήκει, ὅτι οὐκέτι μέλ-
λουσι τὸ πρόσωπον αὐτοῦ θεωρεῖν. προέπεμπον
δὲ αὐτὸν εἰς τὸ πλοῖον.

Ὡς δὲ ἐγένετο ἀναχθῆναι ἡμᾶς ἀποσπασθέντας XXI.
ἀπ' αὐτῶν, εὐθυδρομήσαντες ἤλθομεν εἰς τὴν Κῶν¹,
τῇ δὲ ἑξῆς εἰς τὴν Ῥόδον, κἀκεῖθεν εἰς Πάταρα·
καὶ εὑρόντες πλοῖον διαπερῶν εἰς Φοινίκην, ἐπι- 2
βάντες ἀνήχθημεν. ἀναφάναντες* δὲ τὴν Κύπρον, 3
καὶ καταλιπόντες αὐτὴν εὐώνυμον, ἐπλέομεν εἰς
Συρίαν, καὶ κατήχθημεν² εἰς Τύρον· ἐκεῖσε γὰρ ἦν τὸ
πλοῖον ἀποφορτιζόμενον τὸν γόμον. καὶ ἀνευρόντες³ 4
*μαθητάς, ἐπεμείναμεν αὐτοῦ ἡμέρας ἑπτά· οἵ-
τινες τῷ Παύλῳ ἔλεγον διὰ τοῦ Πνεύματος, μὴ

---

³⁵ om. , ἀδελφοί,   ³⁶ Marg. Κυρίῳ   ³⁷ οἰκοδομῆσαι
³⁸ om. ὑμῖν   ³⁹ add τὴν   ⁴⁰ om. δὲ   ⁴¹ μᾶλλον διδόναι
¹ Κῶ   ² κατήλθομεν   ³ ἀνευρόντες δὲ

5 ἀναβαίνειν⁴ εἰς Ἰερουσαλήμ. ὅτε δὲ ἐγένετο ἡμᾶς ἐξαρτίσαι τὰς ἡμέρας, ἐξελθόντες ἐπορευόμεθα, προπεμπόντων ἡμᾶς πάντων σὺν γυναιξὶ καὶ τέκνοις ἕως ἔξω τῆς πόλεως· καὶ θέντες τὰ γόνατα ἐπὶ 6 τὸν αἰγιαλὸν προσηυξάμεθα. καὶ ἀσπασάμενοι⁵ ἀλλήλους, ⁶ἐπέβημεν⁷ εἰς τὸ πλοῖον, ἐκεῖνοι δὲ ὑπέστρεψαν εἰς τὰ ἴδια.

7 Ἡμεῖς δέ, τὸν πλοῦν διανύσαντες ἀπὸ Τύρου, κατηντήσαμεν εἰς Πτολεμαΐδα, καὶ ἀσπασάμενοι τοὺς ἀδελφοὺς ἐμείναμεν ἡμέραν μίαν παρ' αὐτοῖς. 8 τῇ δὲ ἐπαύριον ἐξελθόντες οἱ περὶ τὸν Παῦλον⁸ ἤλθομεν* εἰς Καισάρειαν· καὶ εἰσελθόντες εἰς τὸν οἶκον Φιλίππου τοῦ εὐαγγελιστοῦ, τοῦ⁹ ὄντος ἐκ τῶν ἑπτά, 9 ἐμείναμεν παρ' αὐτῷ. τούτῳ δὲ ἦσαν θυγατέρες 10 παρθένοι τέσσαρες¹⁰ προφητεύουσαι. ἐπιμενόντων δὲ ἡμῶν¹¹ ἡμέρας πλείους, κατῆλθέ τις ἀπὸ τῆς Ἰου- 11 δαίας προφήτης ὀνόματι Ἄγαβος. καὶ ἐλθὼν πρὸς ἡμᾶς, καὶ ἄρας τὴν ζώνην τοῦ Παύλου, δήσας τε*¹² αὑτοῦ* τὰς χεῖρας καὶ τοὺς πόδας¹³ εἶπε, Τάδε λέγει τὸ Πνεῦμα τὸ Ἅγιον, Τὸν ἄνδρα οὗ ἐστιν ἡ ζώνη αὕτη, οὕτω δήσουσιν ἐν Ἰερουσαλὴμ οἱ Ἰουδαῖοι, καὶ 12 παραδώσουσιν εἰς χεῖρας ἐθνῶν. ὡς δὲ ἠκούσαμεν ταῦτα, παρεκαλοῦμεν ἡμεῖς τε καὶ οἱ ἐντόπιοι, τοῦ 13 μὴ ἀναβαίνειν αὐτὸν εἰς Ἰερουσαλήμ. ¹⁴ἀπεκρίθη δὲ¹⁵ ὁ Παῦλος, Τί ποιεῖτε κλαίοντες καὶ συνθρύπτοντές μου τὴν καρδίαν; ἐγὼ γὰρ οὐ μόνον δεθῆναι, ἀλλὰ καὶ ἀποθανεῖν εἰς Ἰερουσαλὴμ ἑτοίμως ἔχω 14 ὑπὲρ τοῦ ὀνόματος τοῦ Κυρίου Ἰησοῦ. μὴ πειθο-

---

⁴ ἐπιβαίνειν   ⁵ , προσευξάμενοι ἀπησπασάμεθα   ⁶ add καὶ
⁷ ἐνέβημεν   ⁸ om. οἱ περὶ τὸν Παῦλον   ⁹ om. τοῦ
¹⁰ τέσσαρες παρθένοι   ¹¹ om. ἡμῶν   ¹² om. τε
¹³ ἑαυτοῦ τοὺς πόδας καὶ τὰς χεῖρας   ¹⁴ add τότε
¹⁵ om. δὲ

μένου δὲ αὐτοῦ, ἡσυχάσαμεν εἰπόντες, Τὸ θέλημα
τοῦ Κυρίου γενέσθω.

Μετὰ δὲ τὰς ἡμέρας ταύτας ἀποσκευασάμενοι[16] 15
ἀνεβαίνομεν εἰς Ἱερουσαλήμ. συνῆλθον δὲ καὶ τῶν 16
μαθητῶν ἀπὸ Καισαρείας σὺν ἡμῖν, ἄγοντες παρ' ᾧ
ξενισθῶμεν, Μνάσωνί τινι Κυπρίῳ, ἀρχαίῳ μαθητῇ.

Γενομένων δὲ ἡμῶν εἰς Ἱεροσόλυμα, ἀσμένως 17
ἐδέξαντο[17] ἡμᾶς οἱ ἀδελφοί. τῇ δὲ ἐπιούσῃ εἰσῄει ὁ 18
Παῦλος σὺν ἡμῖν πρὸς Ἰάκωβον, πάντες τε παρε-
γένοντο οἱ πρεσβύτεροι. καὶ ἀσπασάμενος αὐτούς, 19
ἐξηγεῖτο καθ' ἓν ἕκαστον ὧν ἐποίησεν ὁ Θεὸς ἐν
τοῖς ἔθνεσι διὰ τῆς διακονίας αὐτοῦ. οἱ δὲ ἀκού- 20
σαντες ἐδόξαζον τὸν Κύριον[18]· εἶπόν τε αὐτῷ, Θεωρεῖς,
ἀδελφέ, πόσαι μυριάδες εἰσὶν Ἰουδαίων[19] τῶν πεπισ-
τευκότων· καὶ πάντες ζηλωταὶ τοῦ νόμου ὑπάρ-
χουσι· κατηχήθησαν δὲ περὶ σοῦ, ὅτι ἀποστασίαν 21
διδάσκεις ἀπὸ Μωσέως τοὺς κατὰ τὰ ἔθνη πάντας
Ἰουδαίους, λέγων μὴ περιτέμνειν αὐτοὺς τὰ τέκνα,
μηδὲ τοῖς ἔθεσι περιπατεῖν. τί οὖν ἐστι; πάντως 22
δεῖ πλῆθος συνελθεῖν·[20] ἀκούσονται γὰρ[21] ὅτι ἐλήλυθας.
τοῦτο οὖν ποίησον ὅ σοι λέγομεν· εἰσὶν ἡμῖν ἄνδρες 23
τέσσαρες εὐχὴν ἔχοντες ἐφ' ἑαυτῶν· τούτους παρα- 24
λαβὼν ἁγνίσθητι σὺν αὐτοῖς, καὶ δαπάνησον ἐπ'
αὐτοῖς, ἵνα ξυρήσωνται[22] τὴν κεφαλήν, καὶ γνῶσι[23]
πάντες ὅτι ὧν κατήχηνται περὶ σοῦ οὐδέν ἐστιν,
ἀλλὰ στοιχεῖς καὶ αὐτὸς τὸν νόμον φυλάσσων. περὶ 25
δὲ τῶν πεπιστευκότων ἐθνῶν ἡμεῖς ἐπεστείλαμεν[24],
κρίναντες μηδὲν τοιοῦτον τηρεῖν αὐτούς, εἰ μὴ[25] φυλάσ-
σεσθαι αὐτοὺς τό τε εἰδωλόθυτον καὶ τὸ[26] αἷμα καὶ

---

[16] ἐπισκευασάμενοι   [17] ἀπεδέξαντο   [18] Θεό: [19] ἐν
τοῖς Ἰουδαίοις   [20] om. δεῖ πλῆθος συνελθεῖν·   [21] om. γὰρ
[22] ξυρήσονται   [23] γνώσονται   [24] Marg. ἀπεστείλαμεν
[25] om. μηδὲν τοιοῦτον τηρεῖν αὐτούς, εἰ μὴ   [26] om. τὸ

26 πνικτὸν καὶ πορνείαν. τότε ὁ Παῦλος παραλαβὼν
τοὺς ἄνδρας, τῇ ἐχομένῃ ἡμέρᾳ²⁷ σὺν αὐτοῖς ἁγνισ
θεὶς εἰσῄει εἰς τὸ ἱερόν, διαγγέλλων τὴν ἐκπλήρωσιν
τῶν ἡμερῶν τοῦ ἁγνισμοῦ, ἕως οὗ προσηνέχθη ὑπὲρ
ἑνὸς ἑκάστου αὐτῶν ἡ προσφορά.

27 Ὡς δὲ ἔμελλον αἱ ἑπτὰ ἡμέραι συντελεῖσθαι, οἱ
ἀπὸ τῆς Ἀσίας Ἰουδαῖοι, θεασάμενοι αὐτὸν ἐν τῷ
ἱερῷ, συνέχεον πάντα τὸν ὄχλον, καὶ ἐπέβαλον τὰς
28 χεῖρας ἐπ᾽ αὐτόν, κράζοντες, Ἄνδρες Ἰσραηλῖται,
βοηθεῖτε. οὗτός ἐστιν ὁ ἄνθρωπος ὁ κατὰ τοῦ
λαοῦ καὶ τοῦ νόμου καὶ τοῦ τόπου τούτου πάντας
πανταχοῦ διδάσκων· ἔτι τε καὶ Ἕλληνας εἰσήγαγεν
εἰς τὸ ἱερόν, καὶ κεκοίνωκε τὸν ἅγιον τόπον τοῦτον.
29 ἦσαν γὰρ προεωρακότες Τρόφιμον τὸν Ἐφέσιον ἐν
τῇ πόλει σὺν αὐτῷ, ὃν ἐνόμιζον ὅτι εἰς τὸ ἱερὸν
30 εἰσήγαγεν ὁ Παῦλος. ἐκινήθη τε ἡ πόλις ὅλη, καὶ
ἐγένετο συνδρομὴ τοῦ λαοῦ· καὶ ἐπιλαβόμενοι
τοῦ Παύλου εἷλκον αὐτὸν ἔξω τοῦ ἱεροῦ· καὶ εὐθέως
31 ἐκλείσθησαν αἱ θύραι. ζητούντων δὲ²⁸ αὐτὸν ἀπο-
κτεῖναι, ἀνέβη φάσις τῷ χιλιάρχῳ τῆς σπείρης,
32 ὅτι ὅλη συγκέχυνται²⁹ Ἱερουσαλήμ· ὃς ἐξαυτῆς παρα-
λαβὼν στρατιώτας καὶ ἑκατοντάρχους, κατέδραμεν
ἐπ᾽ αὐτούς· οἱ δέ, ἰδόντες τὸν χιλίαρχον καὶ τοὺς
33 στρατιώτας, ἐπαύσαντο τύπτοντες τὸν Παῦλον. τότε
ἐγγίσας ὁ χιλίαρχος ἐπελάβετο αὐτοῦ, καὶ ἐκέ-
λευσε δεθῆναι ἁλύσεσι δυσί· καὶ ἐπυνθάνετο τίς
34 ἂν³⁰ εἴη, καὶ τί ἐστι πεποιηκώς. ἄλλοι δὲ ἄλλο τι
ἐβόων³¹ ἐν τῷ ὄχλῳ· μὴ δυνάμενος δὲ γνῶναι τὸ
ἀσφαλὲς διὰ τὸν θόρυβον, ἐκέλευσεν ἄγεσθαι αὐτὸν
35 εἰς τὴν παρεμβολήν. ὅτε δὲ ἐγένετο ἐπὶ τοὺς ἀνα-
βαθμούς, συνέβη βαστάζεσθαι αὐτὸν ὑπὸ τῶν στρα-

²⁷ (Marg. τοὺς ἄνδρας τῇ ἐχομένῃ ἡμέρᾳ,)   ²⁸ τε
²⁹ συγχύνεται   ³⁰ om. ἂν   ³¹ ἐπεφώνουν

τιωτῶν διὰ τὴν βίαν τοῦ ὄχλου. ἠκολούθει γὰρ τὸ 36
πλῆθος τοῦ λαοῦ κρᾶζον, Αἶρε αὐτόν.

Μέλλων τε εἰσάγεσθαι εἰς τὴν παρεμβολὴν ὁ 37
Παῦλος λέγει τῷ χιλιάρχῳ, Εἰ ἔξεστί μοι εἰπεῖν
τι πρός σε; ὁ δὲ ἔφη, Ἑλληνιστὶ γινώσκεις; οὐκ 38
ἄρα σὺ εἶ ὁ Αἰγύπτιος ὁ πρὸ τούτων τῶν ἡμερῶν
ἀναστατώσας καὶ ἐξαγαγὼν εἰς τὴν ἔρημον τοὺς
τετρακισχιλίους ἄνδρας τῶν σικαρίων; εἶπε δὲ ὁ 39
Παῦλος, Ἐγὼ ἄνθρωπος μέν εἰμι Ἰουδαῖος, Ταρ-
σεὺς τῆς Κιλικίας, οὐκ ἀσήμου πόλεως πολίτης·
δέομαι δέ σου, ἐπίτρεψόν μοι λαλῆσαι πρὸς τὸν
λαόν. ἐπιτρέψαντος δὲ αὐτοῦ, ὁ Παῦλος ἑστὼς 40
ἐπὶ τῶν ἀναβαθμῶν κατέσεισε τῇ χειρὶ τῷ λαῷ·
πολλῆς δὲ σιγῆς γενομένης, προσεφώνησε τῇ
Ἑβραΐδι διαλέκτῳ λέγων,

Ἄνδρες ἀδελφοὶ καὶ πατέρες, ἀκούσατέ μου XXII.
τῆς πρὸς ὑμᾶς νῦν ἀπολογίας.

Ἀκούσαντες δὲ ὅτι τῇ Ἑβραΐδι διαλέκτῳ προσ- 2
εφώνει αὐτοῖς, μᾶλλον παρέσχον ἡσυχίαν. καί
φησιν,

Ἐγὼ μέν[1] εἰμι ἀνὴρ Ἰουδαῖος, γεγεννημένος ἐν 3
Ταρσῷ τῆς Κιλικίας, ἀνατεθραμμένος δὲ ἐν τῇ πόλει
ταύτῃ παρὰ τοὺς πόδας Γαμαλιήλ, πεπαιδευμένος
κατὰ ἀκρίβειαν τοῦ πατρῴου νόμου, ζηλωτὴς ὑπάρ-
χων τοῦ Θεοῦ, καθὼς πάντες ὑμεῖς ἐστε σήμερον·
ὃς ταύτην τὴν ὁδὸν ἐδίωξα ἄχρι θανάτου, δεσμεύων 4
καὶ παραδιδοὺς εἰς φυλακὰς ἄνδρας τε καὶ γυναῖκας.
ὡς καὶ ὁ ἀρχιερεὺς μαρτυρεῖ μοι, καὶ πᾶν τὸ πρεσ- 5
βυτέριον· παρ' ὧν καὶ ἐπιστολὰς δεξάμενος πρὸς
τοὺς ἀδελφούς, εἰς Δαμασκὸν ἐπορευόμην, ἄξων καὶ
τοὺς ἐκεῖσε ὄντας δεδεμένους εἰς Ἱερουσαλήμ, ἵνα

[1] (Ἐγὼ) om. μέν

6 τιμωρηθῶσιν. ἐγένετο δέ μοι πορευομένῳ καὶ ἐγγί-
ζοντι τῇ Δαμασκῷ, περὶ μεσημβρίαν, ἐξαίφνης ἐκ
τοῦ οὐρανοῦ περιαστράψαι φῶς ἱκανὸν περὶ ἐμέ.
7 ἔπεσόν τε εἰς τὸ ἔδαφος, καὶ ἤκουσα φωνῆς λεγού-
8 σης μοι, Σαούλ, Σαούλ, τί με διώκεις ; ἐγὼ δὲ
ἀπεκρίθην, Τίς εἶ, Κύριε ; εἶπέ τε πρός με, Ἐγώ
9 εἰμι Ἰησοῦς ὁ Ναζωραῖος ὃν σὺ διώκεις. οἱ δὲ σὺν
ἐμοὶ ὄντες τὸ μὲν φῶς ἐθεάσαντο, καὶ ἔμφοβοι ἐγέ-
νοντο²· τὴν δὲ φωνὴν οὐκ ἤκουσαν τοῦ λαλοῦντός
10 μοι. εἶπον δέ, Τί ποιήσω, Κύριε ; ὁ δὲ Κύριος
εἶπε πρός με, Ἀναστὰς πορεύου εἰς Δαμασκόν·
κἀκεῖ σοι λαληθήσεται περὶ πάντων ὧν τέτακταί
11 σοι ποιῆσαι. ὡς δὲ οὐκ ἐνέβλεπον ἀπὸ τῆς δόξης
τοῦ φωτὸς ἐκείνου, χειραγωγούμενος ὑπὸ τῶν συνόν-
12 των μοι, ἦλθον εἰς Δαμασκόν. Ἀνανίας δέ τις,
ἀνὴρ εὐσεβὴς³ κατὰ τὸν νόμον, μαρτυρούμενος ὑπὸ
13 πάντων τῶν κατοικούντων Ἰουδαίων, ἐλθὼν πρός
με καὶ ἐπιστὰς εἶπέ μοι, Σαοὺλ ἀδελφέ, ἀνάβλε-
14 ψον. κἀγὼ αὐτῇ τῇ ὥρᾳ ἀνέβλεψα εἰς αὐτόν. ὁ
δὲ εἶπεν, Ὁ Θεὸς τῶν πατέρων ἡμῶν προεχειρίσατό
σε γνῶναι τὸ θέλημα αὐτοῦ, καὶ ἰδεῖν τὸν δίκαιον,
15 καὶ ἀκοῦσαι φωνὴν ἐκ τοῦ στόματος αὐτοῦ. ὅτι ἔσῃ
μάρτυς αὐτῷ πρὸς πάντας ἀνθρώπους ὧν ἑώρακας
16 καὶ ἤκουσας. καὶ νῦν τί μέλλεις ; ἀναστὰς βάπ-
τισαι καὶ ἀπόλουσαι τὰς ἁμαρτίας σου, ἐπικαλεσά-
17 μενος τὸ ὄνομα τοῦ Κυρίου⁴. ἐγένετο δέ μοι ὑπο-
στρέψαντι εἰς Ἰερουσαλήμ, καὶ προσευχομένου μου
18 ἐν τῷ ἱερῷ, γενέσθαι με ἐν ἐκστάσει, καὶ ἰδεῖν
αὐτὸν λέγοντά μοι, Σπεῦσον καὶ ἔξελθε ἐν τάχει ἐξ
Ἰερουσαλήμ διότι οὐ παραδέξονταί σου τὴν⁵ μαρ-
19 τυρίαν περὶ ἐμοῦ. κἀγὼ εἶπον, Κύριε, αὐτοὶ ἐπί-

---

² om. καὶ ἔμφοβοι ἐγένοντο·   ³ εὐλαβὴς   ⁴ αὐτοῦ
⁵ om. τὴν

στανται ὅτι ἐγὼ ἤμην φυλακίζων καὶ δέρων κατὰ
τὰς συναγωγὰς τοὺς πιστεύοντας ἐπὶ σέ· καὶ ὅτε 20
ἐξεχεῖτο τὸ αἷμα Στεφάνου τοῦ μάρτυρός σου, καὶ
αὐτὸς ἤμην ἐφεστὼς καὶ συνευδοκῶν τῇ ἀναιρέσει
αὐτοῦ⁶, καὶ φυλάσσων τὰ ἱμάτια τῶν ἀναιρούντων
αὐτόν. καὶ εἶπε πρός με, Πορεύου, ὅτι ἐγὼ εἰς 21
ἔθνη μακρὰν ἐξαποστελῶ σε.

Ἤκουον δὲ αὐτοῦ ἄχρι τούτου τοῦ λόγου, καὶ 22
ἐπῆραν τὴν φωνὴν αὐτῶν λέγοντες, Αἶρε ἀπὸ τῆς
γῆς τὸν τοιοῦτον· οὐ γὰρ καθῆκον αὐτὸν ζῆν.
κραυγαζόντων δὲ αὐτῶν, καὶ ῥιπτούντων τὰ ἱμά- 23
τια, καὶ κονιορτὸν βαλλόντων εἰς τὸν ἀέρα, ἐκέλευ- 24
σεν αὐτὸν ὁ χιλίαρχος ἄγεσθαι εἰς τὴν παρεμβο-
λήν, εἰπὼν μάστιξιν ἀνετάζεσθαι αὐτόν, ἵνα ἐπιγνῷ
δι’ ἣν αἰτίαν οὕτως ἐπεφώνουν αὐτῷ. ὡς δὲ προέ- 25
τειναν αὐτὸν τοῖς ἱμᾶσιν, εἶπε πρὸς τὸν ἑστῶτα
ἑκατόνταρχον ὁ Παῦλος, Εἰ ἄνθρωπον Ῥωμαῖον
καὶ ἀκατάκριτον ἔξεστιν ὑμῖν μαστίζειν; ἀκούσας 26
δὲ ὁ ἑκατόνταρχος, προσελθὼν ἀπήγγειλε τῷ χιλιάρχῳ⁷
λέγων, Ὅρα⁸ τί μέλλεις ποιεῖν⁹· ὁ γὰρ ἄνθρωπος
οὗτος Ῥωμαῖός ἐστι. προσελθὼν δὲ ὁ χιλίαρχος 27
εἶπεν αὐτῷ, Λέγε μοι, εἰ¹⁰ σὺ Ῥωμαῖος εἶ; ὁ δὲ
ἔφη, Ναί. ἀπεκρίθη τε¹¹ ὁ χιλίαρχος, Ἐγὼ πολ- 28
λοῦ κεφαλαίου τὴν πολιτείαν ταύτην ἐκτησάμην.
ὁ δὲ Παῦλος ἔφη, Ἐγὼ δὲ καὶ γεγέννημαι. εὐθέως 29
οὖν ἀπέστησαν ἀπ’ αὐτοῦ οἱ μέλλοντες αὐτὸν ἀνε-
τάζειν. καὶ ὁ χιλίαρχος δὲ ἐφοβήθη, ἐπιγνοὺς
ὅτι Ῥωμαῖός ἐστι, καὶ ὅτι ἦν αὐτὸν δεδεκώς.

Τῇ δὲ ἐπαύριον βουλόμενος γνῶναι τὸ ἀσφαλές, 30
τὸ τί κατηγορεῖται παρὰ¹² τῶν Ἰουδαίων, ἔλυσεν

---

⁶ om. τῇ ἀναιρέσει αὐτοῦ   ⁷ τῷ χιλιάρχῳ ἀπήγγειλε
⁸ om. Ὅρα (Τί)   ⁹ (; for ·)   ¹⁰ om. εἰ   ¹¹ δὲ
¹² ὑπὸ

αὐτὸν ἀπὸ τῶν δεσμῶν[13], καὶ ἐκέλευσεν ἐλθεῖν[14] τοὺς
ἀρχιερεῖς καὶ ὅλον[15] τὸ συνέδριον αὐτῶν[16], καὶ κατα-
γαγὼν τὸν Παῦλον ἔστησεν εἰς αὐτούς.

XXIII. Ἀτενίσας δὲ ὁ Παῦλος τῷ συνεδρίῳ εἶπεν, Ἄν-
δρες ἀδελφοί, ἐγὼ πάσῃ συνειδήσει ἀγαθῇ πεπολί-
2 τευμαι τῷ Θεῷ ἄχρι ταύτης τῆς ἡμέρας. ὁ δὲ
ἀρχιερεὺς Ἀνανίας ἐπέταξε τοῖς παρεστῶσιν αὐ-
3 τῷ τύπτειν αὐτοῦ τὸ στόμα. τότε ὁ Παῦλος
πρὸς αὐτὸν εἶπε, Τύπτειν σε μέλλει ὁ Θεός, τοῖχε
κεκονιαμένε· καὶ σὺ κάθῃ κρίνων με κατὰ τὸν
4 νόμον, καὶ παρανομῶν κελεύεις με τύπτεσθαι; οἱ
δὲ παρεστῶτες εἶπον, Τὸν ἀρχιερέα τοῦ Θεοῦ λοι-
5 δορεῖς; ἔφη τε ὁ Παῦλος, Οὐκ ᾔδειν, ἀδελφοί,
ὅτι ἐστὶν ἀρχιερεύς· γέγραπται γάρ, Ἄρχοντα τοῦ
6 λαοῦ σου οὐκ ἐρεῖς κακῶς. γνοὺς δὲ ὁ Παῦλος
ὅτι τὸ ἓν μέρος ἐστὶ Σαδδουκαίων, τὸ δὲ ἕτερον
Φαρισαίων, ἔκραξεν[1] ἐν τῷ συνεδρίῳ, Ἄνδρες ἀδελφοί,
ἐγὼ Φαρισαῖός εἰμι, υἱὸς Φαρισαίου[2]· περὶ ἐλπίδος
7 καὶ ἀναστάσεως νεκρῶν ἐγὼ κρίνομαι. τοῦτο δὲ
αὐτοῦ λαλήσαντος[3], ἐγένετο στάσις τῶν Φαρισαίων
καὶ τῶν[4] Σαδδουκαίων, καὶ ἐσχίσθη τὸ πλῆθος.
8 Σαδδουκαῖοι μὲν γὰρ λέγουσι μὴ εἶναι ἀνάστασιν,
μηδὲ[5] ἄγγελον, μήτε πνεῦμα· Φαρισαῖοι δὲ ὁμολο-
9 γοῦσι τὰ ἀμφότερα. ἐγένετο δὲ κραυγὴ μεγάλη·
καὶ ἀναστάντες οἱ γραμματεῖς[6] τοῦ μέρους τῶν Φα-
ρισαίων διεμάχοντο λέγοντες, Οὐδὲν κακὸν εὑρί-
σκομεν ἐν τῷ ἀνθρώπῳ τούτῳ· εἰ δὲ πνεῦμα ἐλά-
10 λησεν αὐτῷ ἢ ἄγγελος,[7] μὴ θεομαχῶμεν[8]. πολλῆς
δὲ γενομένης[9] στάσεως, εὐλαβηθεὶς[10] ὁ χιλίαρχος μὴ

---

[13] (αὐτόν) om. ἀπὸ τῶν δεσμῶν   [14] (om. ν) συνελθεῖν   [15] πᾶν
[16] om. αὐτῶν   [1] ἔκραξεν   [2] Φαρισαίων   [3] εἰπόντος
[4] om. τῶν   [5] μήτε   [6] τινὲς τῶν γραμματέων   [7] (; for ,)
[8] om. μὴ θεομαχῶμεν   [9] γινομένης   [10] φοβηθεὶς

διασπασθῇ ὁ Παῦλος ὑπ᾽ αὐτῶν, ἐκέλευσε τὸ στρά-
τευμα καταβὰν ἁρπάσαι αὐτὸν ἐκ μέσου αὐτῶν,
ἄγειν τε εἰς τὴν παρεμβολήν.

Τῇ δὲ ἐπιούσῃ νυκτὶ ἐπιστὰς αὐτῷ ὁ Κύριος 11
εἶπε, Θάρσει Παῦλε¹¹· ὡς γὰρ διεμαρτύρω τὰ περὶ
ἐμοῦ εἰς Ἱερουσαλήμ, οὕτω σε δεῖ καὶ εἰς Ῥώμην
μαρτυρῆσαι.

Γενομένης δὲ ἡμέρας, ποιήσαντές τινες τῶν Ἰου- 12
δαίων συστροφήν¹², ἀνεθεμάτισαν ἑαυτούς, λέγοντες
μήτε φαγεῖν μήτε πιεῖν ἕως οὗ ἀποκτείνωσι τὸν
Παῦλον. ἦσαν δὲ πλείους τεσσαράκοντα οἱ ταύτην 13
τὴν συνωμοσίαν πεποιηκότες¹³· οἵτινες προσελθόντες 14
τοῖς ἀρχιερεῦσι καὶ τοῖς πρεσβυτέροις εἶπον, Ἀνα-
θέματι ἀνεθεματίσαμεν ἑαυτούς, μηδενὸς γεύσασ-
θαι ἕως οὗ ἀποκτείνωμεν τὸν Παῦλον. νῦν οὖν 15
ὑμεῖς ἐμφανίσατε τῷ χιλιάρχῳ σὺν τῷ συνεδρίῳ,
ὅπως αὔριον¹⁴ αὐτὸν καταγάγῃ πρὸς¹⁵ ὑμᾶς, ὡς μέλλον-
τας διαγινώσκειν ἀκριβέστερον τὰ περὶ αὐτοῦ·
ἡμεῖς δέ, πρὸ τοῦ ἐγγίσαι αὐτόν, ἕτοιμοί ἐσμεν τοῦ
ἀνελεῖν αὐτόν. ἀκούσας δὲ ὁ υἱὸς τῆς ἀδελφῆς 16
Παύλου τὴν ἐνέδραν, παραγενόμενος¹⁶ καὶ εἰσελθὼν
εἰς τὴν παρεμβολήν, ἀπήγγειλε τῷ Παύλῳ. προσ- 17
καλεσάμενος δὲ ὁ Παῦλος ἕνα τῶν ἑκατοντάρχων
ἔφη, Τὸν νεανίαν τοῦτον ἀπάγαγε πρὸς τὸν χιλίαρ-
χον· ἔχει γάρ τι ἀπαγγεῖλαι αὐτῷ. ὁ μὲν οὖν 18
παραλαβὼν αὐτὸν ἤγαγε πρὸς τὸν χιλίαρχον, καί
φησιν, Ὁ δέσμιος Παῦλος προσκαλεσάμενός με
ἠρώτησε τοῦτον τὸν νεανίαν ἀγαγεῖν πρός σε,
ἔχοντά τι λαλῆσαί σοι. ἐπιλαβόμενος δὲ τῆς 19
χειρὸς αὐτοῦ ὁ χιλίαρχος, καὶ ἀναχωρήσας κατ᾽

¹¹ om. Παῦλε   ¹² (-τες) συστροφὴν οἱ Ἰουδαῖοι   ¹³ ποιη-
σάμενοι   ¹⁴ om. αὔριον   ¹⁵ καταγάγῃ αὐτὸν εἰς
¹⁶ (Marg. παραγενόμενος,)

ἰδίαν ἐπυνθάνετο, Τί ἐστιν ὃ ἔχεις ἀπαγγεῖλαί μοι;
20 εἶπε δὲ ὅτι Οἱ Ἰουδαῖοι συνέθεντο τοῦ ἐρωτῆσαί
σε, ὅπως αὔριον εἰς τὸ συνέδριον καταγάγῃς τὸν
Παῦλον, ὡς μέλλοντές[17] τι ἀκριβέστερον πυνθάνεσθαι
21 περὶ αὐτοῦ. σὺ οὖν μὴ πεισθῇς αὐτοῖς· ἐνεδρεύ-
ουσι γὰρ αὐτὸν ἐξ αὐτῶν ἄνδρες πλείους τεσσαρά-
κοντα, οἵτινες ἀνεθεμάτισαν ἑαυτοὺς μήτε φαγεῖν
μήτε πιεῖν ἕως οὗ ἀνέλωσιν αὐτόν· καὶ νῦν ἕτοιμοί
22 εἰσι προσδεχόμενοι τὴν ἀπὸ σοῦ ἐπαγγελίαν. ὁ
μὲν οὖν χιλίαρχος ἀπέλυσε τὸν νεανίαν, παραγ-
γείλας μηδενὶ ἐκλαλῆσαι ὅτι ταῦτα ἐνεφάνισας
23 πρός με. καὶ προσκαλεσάμενος δύο τινὰς τῶν
ἑκατοντάρχων εἶπεν, Ἑτοιμάσατε στρατιώτας δια-
κοσίους ὅπως πορευθῶσιν ἕως Καισαρείας, καὶ
ἱππεῖς ἑβδομήκοντα, καὶ δεξιολάβους διακοσίους,
24 ἀπὸ τρίτης ὥρας τῆς νυκτός· κτήνη τε παραστῆ-
σαι, ἵνα ἐπιβιβάσαντες τὸν Παῦλον διασώσωσι
25 πρὸς Φήλικα τὸν ἡγεμόνα· γράψας ἐπιστολὴν πε-
ριέχουσαν[18] τὸν τύπον τοῦτον·
26 Κλαύδιος Λυσίας τῷ κρατίστῳ ἡγεμόνι Φήλικι
27 χαίρειν. τὸν ἄνδρα τοῦτον συλληφθέντα ὑπὸ τῶν
Ἰουδαίων, καὶ μέλλοντα ἀναιρεῖσθαι ὑπ᾽ αὐτῶν,
ἐπιστὰς σὺν τῷ στρατεύματι ἐξειλόμην αὐτόν[19],
28 μαθὼν ὅτι Ῥωμαῖός ἐστι. βουλόμενος δὲ γνῶναι[20]
τὴν αἰτίαν δι᾽ ἣν ἐνεκάλουν αὐτῷ, κατήγαγον αὐτὸν
29 εἰς τὸ συνέδριον αὐτῶν[21]· ὃν εὗρον ἐγκαλούμενον περὶ
ζητημάτων τοῦ νόμου αὐτῶν, μηδὲν δὲ ἄξιον θανά-
30 του ἢ δεσμῶν ἔγκλημα ἔχοντα. μηνυθείσης δέ
μοι ἐπιβουλῆς εἰς τὸν ἄνδρα μέλλειν[22] ἔσεσθαι ὑπὸ
τῶν Ἰουδαίων[23], ἐξαυτῆς ἔπεμψα πρός σε, παραγγεί-

---

[17] μέλλων   [18] ἔχουσαν   [19] om. αὐτόν   [20] (-όμενός)
τε ἐπιγνῶναι   [21] Marg. om. κατήγαγον αὐτὸν εἰς τὸ συνέδριον
αὐτῶν   [22] om. μέλλειν   [23] om. ὑπὸ τῶν Ἰουδαίων

λας καὶ τοῖς κατηγόροις λέγειν τὰ²⁴ πρὸς αὐτὸν ἐπὶ σοῦ. ἔρρωσο²⁵.

Οἱ μὲν οὖν στρατιῶται, κατὰ τὸ διατεταγμένον 31 αὐτοῖς, ἀναλαβόντες τὸν Παῦλον, ἤγαγον διὰ τῆς²⁶ νυκτὸς εἰς τὴν Ἀντιπατρίδα. τῇ δὲ ἐπαύριον 32 ἐάσαντες τοὺς ἱππεῖς πορεύεσθαι²⁷ σὺν αὐτῷ, ὑπέστρεψαν εἰς τὴν παρεμβολήν· οἵτινες εἰσελθόν- 33 τες εἰς τὴν Καισάρειαν, καὶ ἀναδόντες τὴν ἐπιστολὴν τῷ ἡγεμόνι, παρέστησαν καὶ τὸν Παῦλον αὐτῷ. ἀναγνοὺς δὲ ὁ ἡγεμών²⁸, καὶ ἐπερωτήσας ἐκ 34 ποίας ἐπαρχίας ἐστί, καὶ πυθόμενος ὅτι ἀπὸ Κιλικίας, Διακούσομαί σου, ἔφη, ὅταν καὶ οἱ κατήγοροί 35 σου παραγένωνται. ἐκέλευσέ τε αὐτὸν²⁹ ἐν τῷ πραιτωρίῳ τοῦ Ἡρώδου φυλάσσεσθαι³⁰.

Μετὰ δὲ πέντε ἡμέρας κατέβη ὁ ἀρχιερεὺς XXIV Ἀνανίας μετὰ τῶν πρεσβυτέρων¹ καὶ ῥήτορος Τερτύλλου τινός, οἵτινες ἐνεφάνισαν τῷ ἡγεμόνι κατὰ τοῦ Παύλου. κληθέντος δὲ αὐτοῦ, ἤρξατο κατηγορεῖν 2 ὁ Τέρτυλλος λέγων,

Πολλῆς εἰρήνης τυγχάνοντες διὰ σοῦ, καὶ κατορθωμάτων² γινομένων τῷ ἔθνει τούτῳ διὰ τῆς σῆς προνοίας, πάντῃ τε καὶ πανταχοῦ ἀποδεχόμεθα, 3 κράτιστε Φῆλιξ, μετὰ πάσης εὐχαριστίας. ἵνα δὲ 4 μὴ ἐπὶ πλεῖόν σε ἐγκόπτω, παρακαλῶ ἀκοῦσαί σε ἡμῶν συντόμως τῇ σῇ ἐπιεικείᾳ. εὑρόντες γὰρ 5 τὸν ἄνδρα τοῦτον λοιμόν, καὶ κινοῦντα στάσιν³ πᾶσι τοῖς Ἰουδαίοις τοῖς κατὰ τὴν οἰκουμένην, πρωτοστάτην τε τῆς τῶν Ναζωραίων αἱρέσεως· ὃς 6 καὶ τὸ ἱερὸν ἐπείρασε βεβηλῶσαι· ὃν καὶ ἐκρατή-

---

²⁴ om. τὰ   ²⁵ om. ἔρρωσο. text, not marg.   ²⁶ om. τῆς
²⁷ ἀπέρχεσθαι   ²⁸ (δέ) om. ὁ ἡγεμών   ²⁹ (· for .) κελεύσας
³⁰ add αὐτόν   ¹ πρεσβυτέρων τινῶν   ² διορθωμάτων
³ στάσεις

σαμεν καὶ κατὰ τὸν ἡμέτερον νόμον ἠθελήσαμεν κρίνειν.
7 παρελθὼν δὲ Λυσίας ὁ χιλίαρχος μετὰ πολλῆς βίας ἐκ τῶν
8 χειρῶν ἡμῶν ἀπήγαγε, κελεύσας τοὺς κατηγόρους αὐτοῦ
ἔρχεσθαι ἐπὶ σέ· παρ' οὗ δυνήσῃ, αὐτὸς ἀνακρίνας,
περὶ πάντων τούτων* ἐπιγνῶναι ὧν ἡμεῖς κατηγο-
9 ροῦμεν αὐτοῦ. συνέθεντο⁵ δὲ καὶ οἱ Ἰουδαῖοι, φά-
σκοντες ταῦτα οὕτως ἔχειν.

10 Ἀπεκρίθη δὲ⁶ ὁ Παῦλος, νεύσαντος αὐτῷ τοῦ
ἡγεμόνος λέγειν,

Ἐκ πολλῶν ἐτῶν ὄντα σε κριτὴν τῷ ἔθνει
τούτῳ ἐπιστάμενος, εὐθυμότερον⁷ τὰ περὶ ἐμαυτοῦ
11 ἀπολογοῦμαι, δυναμένου σου γνῶναι⁸ ὅτι οὐ πλείους
εἰσί μοι ἡμέραι ἢ⁹ δεκαδύο, ἀφ' ἧς ἀνέβην προσ-
12 κυνήσων ἐν¹⁰ Ἰερουσαλήμ· καὶ οὔτε ἐν τῷ ἱερῷ
εὗρόν με πρός τινα διαλεγόμενον ἢ ἐπισύστασιν¹¹
ποιοῦντα ὄχλου, οὔτε ἐν ταῖς συναγωγαῖς, οὔτε
13 κατὰ τὴν πόλιν. οὔτε¹² παραστῆσαι δύνανται¹³ περὶ
14 ὧν νῦν κατηγοροῦσί μου. ὁμολογῶ δὲ τοῦτό σοι,
ὅτι κατὰ τὴν ὁδὸν ἣν λέγουσιν αἵρεσιν, οὕτω λα-
τρεύω τῷ πατρῴῳ Θεῷ, πιστεύων πᾶσι τοῖς κατὰ
τὸν νόμον καὶ*¹⁴ τοῖς προφήταις γεγραμμένοις·
15 ἐλπίδα ἔχων εἰς τὸν Θεόν, ἣν καὶ αὐτοὶ οὗτοι
προσδέχονται, ἀνάστασιν μέλλειν ἔσεσθαι νεκρῶν¹⁵,
16 δικαίων τε καὶ ἀδίκων. ἐν τούτῳ δὲ¹⁶ αὐτὸς ἀσκῶ,
ἀπρόσκοπον συνείδησιν ἔχειν πρὸς τὸν Θεὸν καὶ
17 τοὺς ἀνθρώπους διὰ παντός. δι' ἐτῶν δὲ πλειόνων
παρεγενόμην¹⁷ ἐλεημοσύνας ποιήσων εἰς τὸ ἔθνος μου¹⁷
18 καὶ προσφοράς· ἐν οἷς¹⁸ εὗρόν με ἡγνισμένον ἐν τῷ

---

⁴ om. καὶ κατὰ τὸν ἡμέτερον νόμον to ver. 8 ἔρχεσθαι ἐπὶ σέ text,
not marg.　⁵ συνεπέθεντο　⁶ τε　⁷ εὐθύμως　⁸ ἐπιγνῶναι
⁹ om. ἢ　¹⁰ εἰς　¹¹ ἐπίστασιν　¹² οὐδὲ　¹³ (-ται)
add σοι　¹⁴ add τοῖς ἐν　¹⁵ om. νεκρῶν　¹⁶ καὶ
¹⁷ transpose παρεγενόμην, placing it after μου　¹⁸ αἷς

ἱερῷ, οὐ μετὰ ὄχλου οὐδὲ μετὰ θορύβου, τινὲς[19]
ἀπὸ τῆς Ἀσίας Ἰουδαῖοι· οὓς ἔδει ἐπὶ σοῦ παρεῖναι 19
καὶ κατηγορεῖν εἴ τι ἔχοιεν πρός με. ἢ αὐτοὶ 20
οὗτοι εἰπάτωσαν, εἴ[20] τι εὗρον ἐν ἐμοὶ[21] ἀδίκημα,
στάντος μου ἐπὶ τοῦ συνεδρίου, ἢ περὶ μιᾶς ταύ- 21
της φωνῆς, ἧς ἔκραξα ἑστὼς ἐν αὐτοῖς[22], ὅτι Περὶ
ἀναστάσεως νεκρῶν ἐγὼ κρίνομαι σήμερον ὑφ'[23]
ὑμῶν.

Ἀκούσας δὲ ταῦτα ὁ* Φῆλιξ ἀνεβάλετο αὐτοὺς[24], ἀκρι- 22
βέστερον εἰδὼς τὰ περὶ τῆς ὁδοῦ, εἰπών, "Οταν
Λυσίας ὁ χιλίαρχος καταβῇ, διαγνώσομαι τὰ καθ'
ὑμᾶς· διαταξάμενός τε[25] τῷ ἑκατοντάρχῃ τηρεῖσθαι 23
τὸν Παῦλον[26], ἔχειν τε ἄνεσιν, καὶ μηδένα κωλύειν
τῶν ἰδίων αὐτοῦ ὑπηρετεῖν ἢ προσέρχεσθαι[27] αὐτῷ.

Μετὰ δὲ ἡμέρας τινάς, παραγενόμενος ὁ Φῆλιξ 24
σὺν Δρουσίλλῃ τῇ[28] γυναικὶ αὐτοῦ[29] οὔσῃ Ἰουδαίᾳ,
μετεπέμψατο τὸν Παῦλον, καὶ ἤκουσεν αὐτοῦ περὶ
τῆς εἰς Χριστὸν[30] πίστεως. διαλεγομένου δὲ αὐτοῦ 25
περὶ δικαιοσύνης καὶ ἐγκρατείας καὶ τοῦ κρίματος
τοῦ μέλλοντος ἔσεσθαι[31], ἔμφοβος γενόμενος ὁ Φῆλιξ
ἀπεκρίθη, Τὸ νῦν ἔχον πορεύου· καιρὸν δὲ μεταλα-
βὼν μετακαλέσομαί σε· ἅμα δὲ[32] καὶ ἐλπίζων ὅτι 26
χρήματα δοθήσεται αὐτῷ ὑπὸ τοῦ Παύλου, ὅπως
λύσῃ αὐτόν[33]· διὸ καὶ πυκνότερον αὐτὸν μεταπεμπο-
μενος ὡμίλει αὐτῷ. διετίας δὲ πληρωθείσης, ἔλαβε 27
διάδοχον ὁ Φῆλιξ Πόρκιον Φῆστον· θέλων τε χά-
ριτας[34] καταθέσθαι τοῖς Ἰουδαίοις ὁ Φῆλιξ κατε-
λιπε τὸν Παῦλον δεδεμένον.

---

[19] add δὲ (ἀπὸ τῆς Ἀσίας Ἰουδαῖοι—)   [20] om. εἰ (τί)
[21] om. ἐν ἐμοὶ   [22] ἐν αὐτοῖς ἑστώς   [23] ἐφ'   [24] Ἀνεβάλετο δὲ
αὐτοὺς ὁ Φῆλιξ   [25] (-νος) om. τε   [26] αὐτόν   [27] om. ἢ
προσέρχεσθαι   [28] add ἰδίᾳ   [29] om. αὐτοῦ   [30] add Ἰησοῦν
[31] om. ἔσεσθαι   [32] om. δὲ   [33] om. , ὅπως λύσῃ αὐτόν   [34] χάριτα

XXV. Φῆστος οὖν ἐπιβὰς τῇ ἐπαρχίᾳ, μετὰ τρεῖς
ἡμέρας ἀνέβη εἰς Ἱεροσόλυμα ἀπὸ Καισαρείας.
2 ἐνεφάνισαν δὲ¹ αὐτῷ ὁ ἀρχιερεὺς² καὶ οἱ πρῶτοι τῶν
Ἰουδαίων κατὰ τοῦ Παύλου, καὶ παρεκάλουν αὐ-
3 τόν, αἰτούμενοι χάριν κατ' αὐτοῦ, ὅπως μεταπέμ-
ψηται αὐτὸν εἰς Ἱερουσαλήμ, ἐνέδραν ποιοῦντες
4 ἀνελεῖν αὐτὸν κατὰ τὴν ὁδόν. ὁ μὲν οὖν Φῆστος
ἀπεκρίθη, τηρεῖσθαι τὸν Παῦλον ἐν Καισαρείᾳ³, ἑαυ-
5 τὸν δὲ μέλλειν ἐν τάχει ἐκπορεύεσθαι. οἱ οὖν
δυνατοὶ ἐν ὑμῖν, φησί⁴, συγκαταβάντες, εἴ τι ἐστὶν
ἄτοπον⁵ ἐν τῷ ἀνδρὶ τούτῳ⁶, κατηγορείτωσαν αὐτοῦ.
6 Διατρίψας δὲ ἐν αὐτοῖς ἡμέρας*⁷ πλείους⁸ ἢ
δέκα, καταβὰς εἰς Καισάρειαν, τῇ ἐπαύριον καθί-
σας ἐπὶ τοῦ βήματος ἐκέλευσε τὸν Παῦλον ἀχθῆ-
7 ναι. παραγενομένου δὲ αὐτοῦ, περιέστησαν⁹ οἱ
ἀπὸ Ἱεροσολύμων καταβεβηκότες Ἰουδαῖοι, πολλὰ
καὶ βαρέα αἰτιάματα φέροντες κατὰ τοῦ Παύλου¹⁰, ἃ οὐκ
8 ἴσχυον ἀποδεῖξαι, ἀπολογουμένου αὐτοῦ¹¹ ὅτι Οὔτε εἰς
τὸν νόμον τῶν Ἰουδαίων, οὔτε εἰς τὸ ἱερόν, οὔτε εἰς
9 Καίσαρά τι ἥμαρτον. ὁ Φῆστος δὲ τοῖς Ἰουδαίοις
θέλων χάριν καταθέσθαι, ἀποκριθεὶς τῷ Παύλῳ
εἶπε, Θέλεις εἰς Ἱεροσόλυμα ἀναβάς, ἐκεῖ περὶ
10 τούτων κρίνεσθαι ἐπ' ἐμοῦ; εἶπε δὲ ὁ Παῦλος,
Ἐπὶ τοῦ βήματος Καίσαρος ἑστώς εἰμι, οὗ με δεῖ
κρίνεσθαι· Ἰουδαίους οὐδὲν ἠδίκησα, ὡς καὶ σὺ
11 κάλλιον ἐπιγινώσκεις. εἰ μὲν γὰρ¹² ἀδικῶ καὶ ἄξιον
θανάτου πέπραχά τι, οὐ παραιτοῦμαι τὸ ἀποθα-
νεῖν· εἰ δὲ οὐδέν ἐστιν ὧν οὗτοι κατηγοροῦσί μου,
οὐδείς με δύναται αὐτοῖς χαρίσασθαι. Καίσαρα

---

¹ (-σάν) τε   ² οἱ ἀρχιερεῖς   ³ εἰς Καισάρειαν   ⁴ ἐν
ὑμῖν, φησί, δυνατοί   ⁵ om. ἄτοπον   ⁶ ἄτοπον   ⁷ add οὐ
⁸ add ὀκτὼ   ⁹ add αὐτὸν   ¹⁰ αἰτιώματα καταφέροντες
¹¹ τοῦ Παύλου ἀπολογουμένου   ¹² οὖν

ἐπικαλοῦμαι. τότε ὁ Φῆστος συλλαλήσας μετὰ 12
τοῦ συμβουλίου ἀπεκρίθη, Καίσαρα ἐπικέκλησαι ;[18]
ἐπὶ Καίσαρα πορεύσῃ.

Ἡμερῶν δὲ διαγενομένων τινῶν, Ἀγρίππας ὁ 13
βασιλεὺς καὶ Βερνίκη κατήντησαν εἰς Καισάρειαν,
ἀσπασόμενοι[14] τὸν Φῆστον. ὡς δὲ πλείους ἡμέρας 14
διέτριβον ἐκεῖ, ὁ Φῆστος τῷ βασιλεῖ ἀνέθετο τὰ
κατὰ τὸν Παῦλον, λέγων, Ἀνήρ τίς ἐστι καταλε-
λειμμένος ὑπὸ Φήλικος δέσμιος, περὶ οὗ, γενομένου 15
μου εἰς Ἱεροσόλυμα, ἐνεφάνισαν οἱ ἀρχιερεῖς καὶ οἱ
πρεσβύτεροι τῶν Ἰουδαίων, αἰτούμενοι κατ' αὐτοῦ
δίκην[15]. πρὸς οὓς ἀπεκρίθην, ὅτι οὐκ ἔστιν ἔθος 16
Ῥωμαίοις χαρίζεσθαί τινα ἄνθρωπον εἰς ἀπώλειαν[16],
πρὶν ἢ ὁ κατηγορούμενος κατὰ πρόσωπον ἔχοι τοὺς
κατηγόρους, τόπον τε ἀπολογίας λάβοι περὶ τοῦ
ἐγκλήματος. συνελθόντων οὖν αὐτῶν ἐνθάδε, ἀνα- 17
βολὴν μηδεμίαν ποιησάμενος, τῇ ἑξῆς καθίσας ἐπὶ
τοῦ βήματος, ἐκέλευσα ἀχθῆναι τὸν ἄνδρα· περὶ 18
οὗ σταθέντες οἱ κατήγοροι οὐδεμίαν αἰτίαν ἐπέφερον[17]
ὧν ὑπενόουν ἐγώ[18], ζητήματα δέ τινα περὶ τῆς ἰδίας 19
δεισιδαιμονίας εἶχον πρὸς αὐτόν, καὶ περί τινος
Ἰησοῦ τεθνηκότος, ὃν ἔφασκεν ὁ Παῦλος ζῆν.
ἀπορούμενος δὲ ἐγὼ εἰς[19] τὴν περὶ τούτου[20] ζήτησιν, 20
ἔλεγον, εἰ βούλοιτο πορεύεσθαι εἰς Ἱερουσαλήμ,
κἀκεῖ κρίνεσθαι περὶ τούτων. τοῦ δὲ Παύλου ἐπι- 21
καλεσαμένου τηρηθῆναι αὐτὸν εἰς τὴν τοῦ Σεβαστοῦ
διάγνωσιν, ἐκέλευσα τηρεῖσθαι αὐτόν, ἕως οὗ πέμψω[21]
αὐτὸν πρὸς Καίσαρα. Ἀγρίππας δὲ πρὸς τὸν Φῆσ- 22
τον ἔφη[22], Ἐβουλόμην καὶ αὐτὸς τοῦ ἀνθρώπου
ἀκοῦσαι. ὁ δέ[23], Αὔριον, φησίν, ἀκούσῃ αὐτοῦ.

13 (· for ;) 14 ἀσπασάμενοι 15 καταδίκην 16 om. εἰς
ἀπώλειαν 17 ἔφερον 18 ἐγὼ ὑπενόουν πονηρῶν 19 om. εἰς
20 τούτων 21 ἀναπέμψω 22 om. ἔφη 23 om. ὁ δέ,

23   Τῇ οὖν ἐπαύριον, ἐλθόντος τοῦ Ἀγρίππα καὶ τῆς
Βερνίκης μετὰ πολλῆς φαντασίας, καὶ εἰσελθόντων
εἰς τὸ ἀκροατήριον, σύν τε τοῖς²⁴ χιλιάρχοις καὶ
ἀνδράσι τοῖς κατ᾽ ἐξοχὴν οὖσι²⁵ τῆς πόλεως, καὶ
24 κελεύσαντος τοῦ Φήστου, ἤχθη ὁ Παῦλος. καί
φησιν ὁ Φῆστος, Ἀγρίππα βασιλεῦ, καὶ πάντες
οἱ συμπαρόντες ἡμῖν ἄνδρες, θεωρεῖτε τοῦτον περὶ
οὗ πᾶν²⁶ τὸ πλῆθος τῶν Ἰουδαίων ἐνέτυχόν μοι ἔν
τε Ἱεροσολύμοις καὶ ἐνθάδε, ἐπιβοῶντες²⁷ μὴ δεῖν ζῆν
25 αὐτὸν μηκέτι. ἐγὼ δὲ καταλαβόμενος²⁸ μηδὲν ἄξιον
θανάτου αὐτὸν πεπραχέναι, καὶ²⁹ αὐτοῦ δὲ τούτου
ἐπικαλεσαμένου τὸν Σεβαστόν, ἔκρινα πέμπειν
26 αὐτόν³⁰. περὶ οὗ ἀσφαλές τι γράψαι τῷ κυρίῳ οὐκ
ἔχω. διὸ προήγαγον αὐτὸν ἐφ᾽ ὑμῶν, καὶ μάλιστα
ἐπὶ σοῦ, βασιλεῦ Ἀγρίππα, ὅπως τῆς ἀνακρίσεως
27 γενομένης σχῶ τι γράψαι³¹. ἄλογον γάρ μοι δοκεῖ,
πέμποντα δέσμιον, μὴ καὶ τὰς κατ᾽ αὐτοῦ αἰτίας
σημᾶναι.

XXVI.   Ἀγρίππας δὲ πρὸς τὸν Παῦλον ἔφη, Ἐπιτρέ-
πεταί σοι ὑπὲρ σεαυτοῦ λέγειν. τότε ὁ Παῦλος
ἀπελογεῖτο¹, ἐκτείνας τὴν χεῖρα²,

2   Περὶ πάντων ὧν ἐγκαλοῦμαι ὑπὸ Ἰουδαίων,
βασιλεῦ Ἀγρίππα, ἤγημαι ἐμαυτὸν μακάριον μέλλων
3 ἀπολογεῖσθαι ἐπὶ σοῦ σήμερον·³ μάλιστα γνώστην ὄντα
σὲ εἰδὼς⁴ πάντων τῶν κατὰ Ἰουδαίους ἐθῶν τε καὶ
ζητημάτων· διὸ δέομαί σου⁵, μακροθύμως ἀκοῦσαί
4 μου. τὴν μὲν οὖν βίωσίν μου τὴν ἐκ νεότητος, τὴν
ἀπ᾽ ἀρχῆς γενομένην ἐν τῷ ἔθνει μου ἐν⁶ Ἱεροσο-

---

²⁴ om. τοῖς   ²⁵ om. οὖσι   ²⁶ ἅπαν   ²⁷ βοῶντες
²⁸ κατελαβόμην   ²⁹ (· for ,) om. καὶ   ³⁰ om. αὐτόν   ³¹ τί
γράψω   ¹ om. ἀπελογεῖτο,   ² add ἀπελογεῖτο   ³ ἐπὶ
σοῦ μέλλων σήμερον ἀπολογεῖσθαι,   ⁴ om. εἰδὼς   ⁵ (δέομαι)
om. σου,   ⁶ (ἐν) add τε

λύμοις, ἴσασι πάντες οἱ[7] 'Ιουδαῖοι, προγινώσκοντές 5
με ἄνωθεν, ἐὰν θέλωσι μαρτυρεῖν, ὅτι κατὰ τὴν
ἀκριβεστάτην αἵρεσιν τῆς ἡμετέρας θρησκείας
ἔζησα Φαρισαῖος. καὶ νῦν ἐπ᾿ ἐλπίδι τῆς πρὸς[8] τοὺς 6
πατέρας[9] ἐπαγγελίας γενομένης ὑπὸ τοῦ Θεοῦ
ἔστηκα κρινόμενος, εἰς ἣν τὸ δωδεκάφυλον ἡμῶν ἐν 7
ἐκτενείᾳ νύκτα καὶ ἡμέραν λατρεῦον ἐλπίζει καταν-
τῆσαι· περὶ ἧς ἐλπίδος ἐγκαλοῦμαι, βασιλεῦ 'Αγρίππα[10],
ὑπὸ τῶν[11] 'Ιουδαίων[12]. τί* ἄπιστον κρίνεται παρ᾿ 8
ὑμῖν, εἰ ὁ Θεὸς νεκροὺς ἐγείρει; ἐγὼ μὲν οὖν ἔδοξα 9
ἐμαυτῷ πρὸς τὸ ὄνομα 'Ιησοῦ τοῦ Ναζωραίου δεῖν
πολλὰ ἐναντία πρᾶξαι· ὃ καὶ ἐποίησα ἐν 'Ιεροσο- 10
λύμοις, καὶ πολλοὺς[13] τῶν ἁγίων ἐγὼ[14] φυλακαῖς
κατέκλεισα, τὴν παρὰ τῶν ἀρχιερέων ἐξουσίαν
λαβών, ἀναιρουμένων τε αὐτῶν κατήνεγκα ψῆφον.
καὶ κατὰ πασας τὰς συναγωγὰς πολλάκις τιμωρῶν 11
αὐτούς, ἠνάγκαζον βλασφημεῖν· περισσῶς τε ἐμμαι-
νόμενος αὐτοῖς, ἐδίωκον ἕως καὶ εἰς τὰς ἔξω πόλεις.
ἐν οἷς καὶ[15] πορευόμενος εἰς τὴν Δαμασκὸν μετ᾿ 12
ἐξουσίας καὶ ἐπιτροπῆς τῆς παρὰ[16] τῶν ἀρχιερέων,
ἡμέρας μέσης, κατὰ τὴν ὁδὸν εἶδον, βασιλεῦ, οὐρανό- 13
θεν ὑπὲρ τὴν λαμπρότητα τοῦ ἡλίου, περιλάμψαν
με φῶς καὶ τοὺς σὺν ἐμοὶ πορευομένους. πάντων 14
δὲ[17] καταπεσόντων ἡμῶν εἰς τὴν γῆν, ἤκουσα φωνὴν
λαλοῦσαν[18] πρός με καὶ λέγουσαν[19] τῇ 'Εβραΐδι δια-
λέκτῳ, Σαούλ, Σαούλ, τί με διώκεις; σκληρόν σοι
πρὸς κέντρα λακτίζειν. ἐγὼ δὲ εἶπον, Τίς εἶ, 15
Κύριε; ὁ δὲ[20] εἶπεν, 'Εγώ εἰμι 'Ιησοῦς ὃν σὺ
διώκεις. ἀλλὰ ἀνάστηθι, καὶ στῆθι ἐπὶ τοὺς πόδας 16

---

[7] om. οἱ   [8] εἰς   [9] add ἡμῶν   [10] om. , βασιλεῦ
Αγρίππα,   [11] om. τῶν   [12] add , βασιλεῦ   [13] (-ούς)
add τε   [14] add ἐν   [15] om. καὶ   [16] om. παρὰ   [17] τε
[18] λέγουσαν   [19] om. καὶ λέγουσαν   [20] add Κύριος

σου εἰς τοῦτο γὰρ ὤφθην σοι, προχειρίσασθαί σε
ὑπηρέτην καὶ μάρτυρα ὧν τε εἶδες²¹ ὧν τε ὀφθή-
17 σομαί σοι, ἐξαιρούμενός σε ἐκ τοῦ λαοῦ καὶ²² τῶν
18 ἐθνῶν, εἰς οὓς νῦν σε ἀποστέλλω²³, ἀνοῖξαι ὀφθαλμοὺς
αὐτῶν, καὶ²⁴ ἐπιστρέψαι ἀπὸ σκότους εἰς φῶς καὶ
τῆς ἐξουσίας τοῦ Σατανᾶ ἐπὶ τὸν Θεόν, τοῦ λαβεῖν
αὐτοὺς ἄφεσιν ἁμαρτιῶν, καὶ κλῆρον ἐν τοῖς ἡγιασ-
19 μένοις πίστει τῇ εἰς ἐμέ. ὅθεν, βασιλεῦ Ἀγρίππα,
20 οὐκ ἐγενόμην ἀπειθὴς τῇ οὐρανίῳ ὀπτασίᾳ· ἀλλὰ
τοῖς ἐν Δαμασκῷ πρῶτον²⁵ καὶ Ἱεροσολύμοις, εἰς²⁶
πᾶσάν τε τὴν χώραν τῆς Ἰουδαίας, καὶ τοῖς ἔθνεσιν,
ἀπήγγελλον* μετανοεῖν, καὶ ἐπιστρέφειν ἐπὶ τὸν
21 Θεόν, ἄξια τῆς μετανοίας ἔργα πράσσοντας. ἔνεκα
τούτων με οἱ²⁷ Ἰουδαῖοι συλλαβόμενοι ἐν τῷ ἱερῷ
22 ἐπειρῶντο διαχειρίσασθαι. ἐπικουρίας οὖν τυχὼν
τῆς παρὰ²⁸ τοῦ Θεοῦ, ἄχρι τῆς ἡμέρας ταύτης ἕσ-
τηκα μαρτυρούμενος²⁹ μικρῷ τε καὶ μεγάλῳ, οὐδὲν
ἐκτὸς λέγων ὧν τε οἱ προφῆται ἐλάλησαν μελλόντων
23 γίνεσθαι καὶ Μωσῆς, εἰ παθητὸς ὁ Χριστός, εἰ
πρῶτος ἐξ ἀναστάσεως νεκρῶν φῶς μέλλει καταγ-
γέλλειν τῷ³⁰ λαῷ καὶ τοῖς ἔθνεσι.
24 Ταῦτα δὲ αὐτοῦ ἀπολογουμένου, ὁ Φῆστος με-
γάλῃ τῇ φωνῇ ἔφη³¹, Μαίνῃ, Παῦλε· τὰ πολλά σε
25 γράμματα εἰς μανίαν περιτρέπει. ὁ δέ³², Οὐ μαί-
νομαι, φησί, κράτιστε Φῆστε, ἀλλ' ἀληθείας καὶ
26 σωφροσύνης ῥήματα ἀποφθέγγομαι. ἐπίσταται γὰρ
περὶ τούτων ὁ βασιλεύς, πρὸς ὃν καὶ παρρησιαζό-
μενος λαλῶ· λανθάνειν γὰρ αὐτόν τι τούτων οὐ
πείθομαι οὐδέν· οὐ γάρ ἐστιν ἐν γωνίᾳ πεπραγμέ-

---

²¹ (εἶδές) add με text, not marg.   ²² add ἐκ   ²³ ἐγὼ
ἀποστέλλω σε   ²⁴ τοῦ   ²⁵ (-τόν) add τε   ²⁶ om. εἰς
²⁷ om. οἱ   ²⁸ ἀπὸ   ²⁹ μαρτυρόμενος   ³⁰ add τε
³¹ φησί   ³² (δὲ) add Παῦλος

νον τοῦτο. πιστεύεις, βασιλεῦ ᾿Αγρίππα, τοῖς προ- 27
φήταις ; οἶδα ὅτι πιστεύεις. ὁ δὲ ᾿Αγρίππας πρὸς 28
τὸν Παῦλον ἔφη³³, ᾿Εν ὀλίγῳ με πείθεις Χριστιανὸν
γενέσθαι³⁴. ὁ δὲ Παῦλος εἶπεν³⁵, Εὐξαίμην ἂν τῷ 29
Θεῷ, καὶ ἐν ὀλίγῳ καὶ ἐν πολλῷ³⁶ οὐ μόνον σε, ἀλλὰ
καὶ πάντας τοὺς ἀκούοντάς μου σήμερον, γενέσθαι
τοιούτους ὁποῖος κἀγώ εἰμι, παρεκτὸς τῶν δεσμῶν
τούτων.

Καὶ ταῦτα εἰπόντος αὐτοῦ³⁷, ἀνέστη³⁸ ὁ βασιλεὺς καὶ 30
ὁ ἡγεμών, ἥ τε Βερνίκη, καὶ οἱ συγκαθήμενοι αὐ-
τοῖς· καὶ ἀναχωρήσαντες ἐλάλουν πρὸς ἀλλήλους, 31
λέγοντες ὅτι Οὐδὲν θανάτου ἄξιον ἢ δεσμῶν
πράσσει ὁ ἄνθρωπος οὗτος. ᾿Αγρίππας δὲ τῷ Φήσ- 32
τῳ ἔφη, ᾿Απολελύσθαι ἐδύνατο ὁ ἄνθρωπος οὗτος,
εἰ μὴ ἐπεκέκλητο Καίσαρα.

῾Ως δὲ ἐκρίθη τοῦ ἀποπλεῖν ἡμᾶς εἰς τὴν ᾿Ιταλίαν, XXVII.
παρεδίδουν τόν τε Παῦλον καί τινας ἑτέρους δεσμώ-
τας ἑκατοντάρχῃ, ὀνόματι ᾿Ιουλίῳ, σπείρης Σεβασ-
τῆς. ἐπιβάντες δὲ πλοίῳ ᾿Αδραμυττηνῷ, μέλλοντες¹ 2
πλεῖν² τοὺς κατὰ τὴν ᾿Ασίαν τόπους, ἀνήχθημεν,
ὄντος σὺν ἡμῖν ᾿Αριστάρχου Μακεδόνος Θεσσαλο-
νικέως. τῇ τε ἑτέρᾳ κατήχθημεν εἰς Σιδῶνα· φιλαν- 3
θρώπως τε ὁ ᾿Ιούλιος τῷ Παύλῳ χρησάμενος ἐπέ-
τρεψε πρὸς τοὺς* φίλους πορευθέντα ἐπιμελείας
τυχεῖν. κἀκεῖθεν ἀναχθέντες ὑπεπλεύσαμεν τὴν 4
Κύπρον, διὰ τὸ τοὺς ἀνέμους εἶναι ἐναντίους. τό τε 5
πέλαγος τὸ κατὰ τὴν Κιλικίαν καὶ Παμφυλίαν δια-
πλεύσαντες, κατήλθομεν εἰς Μύρα τῆς Λυκίας. κἀ- 6
κεῖ εὑρὼν ὁ ἑκατοντάρχος πλοῖον ᾿Αλεξανδρῖνον
πλέον εἰς τὴν ᾿Ιταλίαν, ἐνεβίβασεν ἡμᾶς εἰς αὐτό.

---

³³ om. ἔφη　³⁴ ποιῆσαι　³⁵ om. εἶπεν　³⁶ μεγάλῳ
³⁷ om. Καὶ ταῦτα εἰπόντος αὐτοῦ,　³⁸ (᾿Ανέστη) add τε
¹ μέλλοντι　² add εἰς

7 ἐν ἱκαναῖς δὲ ἡμέραις βραδυπλοοῦντες, καὶ μόλις
γενόμενοι κατὰ τὴν Κνίδον, μὴ προσεῶντος ἡμᾶς
τοῦ ἀνέμου, ὑπεπλεύσαμεν τὴν Κρήτην κατὰ Σαλ-
8 μώνην· μόλις τε παραλεγόμενοι αὐτὴν ἤλθομεν
εἰς τόπον τινὰ καλούμενον Καλοὺς Λιμένας, ᾧ
ἐγγὺς ἦν πόλις Λασαία.

9 Ἱκανοῦ δὲ χρόνου διαγενομένου, καὶ ὄντος ἤδη
ἐπισφαλοῦς τοῦ πλοός, διὰ τὸ καὶ τὴν νηστείαν
10 ἤδη παρεληλυθέναι,παρῄνει ὁ Παῦλος λέγων αὐτοῖς,
Ἄνδρες, θεωρῶ ὅτι μετὰ ὕβρεως καὶ πολλῆς ζημίας,
οὐ μόνον τοῦ φόρτου³ καὶ τοῦ πλοίου ἀλλὰ καὶ τῶν
11 ψυχῶν ἡμῶν, μέλλειν ἔσεσθαι τὸν πλοῦν. ὁ δὲ
ἑκατόνταρχος τῷ κυβερνήτῃ καὶ τῷ ναυκλήρῳ ἐπεί-
θετο μᾶλλον⁴ ἢ τοῖς ὑπὸ τοῦ Παύλου λεγομένοις.
12 ἀνευθέτου δὲ τοῦ λιμένος ὑπάρχοντος πρὸς παρα-
χειμασίαν, οἱ πλείους ἔθεντο βουλὴν ἀναχθῆναι
κἀκεῖθεν⁵, εἴπως δύναιντο καταντήσαντες εἰς Φοίνικα
παραχειμάσαι, λιμένα τῆς Κρήτης βλέποντα κατὰ
13 λίβα-καὶ κατὰ* χῶρον. ὑποπνεύσαντος δὲ νότου,
δόξαντες τῆς προθέσεως κεκρατηκέναι, ἄραντες ἆσ-
14 σον* παρελέγοντο τὴν Κρήτην. μετ᾽ οὐ πολὺ δὲ
ἔβαλε κατ᾽ αὐτῆς ἄνεμος τυφωνικός, ὁ καλούμενος
15 Εὐροκλύδων⁶· συναρπασθέντος δὲ τοῦ πλοίου, καὶ
μὴ δυναμένου ἀντοφθαλμεῖν· τῷ ἀνέμῳ, ἐπιδόντες
16 ἐφερόμεθα. νησίον δέ τι ὑποδραμόντες καλούμενον
Κλαύδην⁷ μόλις ἰσχύσαμεν⁸ περικρατεῖς γενέσθαι τῆς
17 σκάφης· ἣν ἄραντες, βοηθείαις ἐχρῶντο, ὑποζων-
νύντες τὸ πλοῖον· φοβούμενοί τε μὴ εἰς τὴν σύρτιν*⁹
ἐκπέσωσι, χαλάσαντες τὸ σκεῦος, οὕτως ἐφέροντο.
18 σφοδρῶς δὲ χειμαζομένων ἡμῶν, τῇ ἐξῆς ἐκβολὴν

---

³ φορτίου   ⁴ μᾶλλον ἐπείθετο   ⁵ ἐκεῖθεν   ⁶ Εὐρα-
κύλων   ⁷ Καῦδα text, Κλαῦδα marg.   ⁸ ἰσχύσαμεν μόλις
⁹ Σύρτιν

ἐποιοῦντο· καὶ τῇ τρίτῃ αὐτόχειρες τὴν σκευὴν τοῦ 19
πλοίου ἐρρίψαμεν[10]. μήτε δὲ ἡλίου μήτε ἄστρων 20
ἐπιφαινόντων ἐπὶ πλείονας ἡμέρας, χειμῶνός τε
οὐκ ὀλίγου ἐπικειμένου, λοιπὸν περιῃρεῖτο πᾶσα
ἐλπὶς τοῦ σώζεσθαι ἡμᾶς. πολλῆς δὲ[11] ἀσιτίας 21
ὑπαρχούσης, τότε σταθεὶς ὁ Παῦλος ἐν μέσῳ αὐτῶν
εἶπεν, Ἔδει μέν, ὦ ἄνδρες, πειθαρχήσαντάς μοι μὴ
ἀνάγεσθαι ἀπὸ τῆς Κρήτης, κερδῆσαί τε τὴν ὕβριν
ταύτην καὶ τὴν ζημίαν. καὶ τὰ νῦν παραινῶ ὑμᾶς 22
εὐθυμεῖν· ἀποβολὴ γὰρ ψυχῆς οὐδεμία ἔσται ἐξ
ὑμῶν, πλὴν τοῦ πλοίου. παρέστη γάρ μοι τῇ νυκτὶ 23
ταύτῃ ἄγγελος[12] τοῦ Θεοῦ, οὗ εἰμι, ᾧ καὶ λατρεύω,[13]
λέγων, Μὴ φοβοῦ, Παῦλε· Καίσαρί σε δεῖ παρα- 24
στῆναι· καὶ ἰδού, κεχάρισταί σοι ὁ Θεὸς πάντας τοὺς
πλέοντας μετὰ σοῦ. διὸ εὐθυμεῖτε ἄνδρες· πιστεύω 25
γὰρ τῷ Θεῷ ὅτι οὕτως ἔσται καθ' ὃν τρόπον κελά-
ληταί μοι. εἰς νῆσον δέ τινα δεῖ ἡμᾶς ἐκπεσεῖν. 26
Ὡς δὲ τεσσαρεσκαιδεκάτη νὺξ ἐγένετο, διαφε- 27
ρομένων ἡμῶν ἐν τῷ Ἀδρίᾳ, κατὰ μέσον τῆς νυκτὸς
ὑπενόουν οἱ ναῦται προσάγειν τινὰ αὐτοῖς χώραν·
καὶ βολίσαντες εὗρον ὀργυιὰς εἴκοσι· βραχὺ δὲ 28
διαστήσαντες, καὶ πάλιν βολίσαντες, εὗρον ὀργυιὰς
δεκαπέντε· φοβούμενοί τε μήπως[14] εἰς[15] τραχεῖς τό- 29
πους ἐκπέσωμεν*, ἐκ πρύμνης ῥίψαντες ἀγκύρας
τέσσαρας, ηὔχοντο ἡμέραν γενέσθαι. τῶν δὲ ναυ- 30
τῶν ζητούντων φυγεῖν ἐκ τοῦ πλοίου, καὶ χαλα-
σάντων τὴν σκάφην εἰς τὴν θάλασσαν, προφάσει
ὡς ἐκ πρώρας μελλόντων ἀγκύρας ἐκτείνειν, εἶπεν 31
ὁ Παῦλος τῷ ἑκατοντάρχῃ καὶ τοῖς στρατιώταις,
Ἐὰν μὴ οὗτοι μείνωσιν ἐν τῷ πλοίῳ, ὑμεῖς σωθῆ-
ναι οὐ δύνασθε. τότε οἱ στρατιῶται ἀπέκοψαν τὰ 32

---

[10] ἐρρίψαν   [11] τε   [12] om. ἄγγελος   [13] add ἄγγελος
[14] μήπου   [15] κατά

σχοινία τῆς σκάφης, καὶ εἴασαν αὐτὴν ἐκπεσεῖν.
33 ἄχρι δὲ οὗ ἔμελλεν ἡμέρα γίνεσθαι, παρεκάλει ὁ
Παῦλος ἅπαντας μεταλαβεῖν τροφῆς, λέγων, Τεσ-
σαρεσκαιδεκάτην σήμερον ἡμέραν προσδοκῶντες
34 ἄσιτοι διατελεῖτε, μηδὲν προσλαβόμενοι. διὸ πα-
ρακαλῶ ὑμᾶς προσλαβεῖν[16] τροφῆς· τοῦτο γὰρ πρὸς
τῆς ὑμετέρας σωτηρίας ὑπάρχει· οὐδενὸς γὰρ
35 ὑμῶν θρὶξ ἐκ[17] τῆς κεφαλῆς πεσεῖται[18]. εἰπὼν δὲ
ταῦτα, καὶ λαβὼν ἄρτον, εὐχαρίστησε τῷ Θεῷ
36 ἐνώπιον πάντων· καὶ κλάσας ἤρξατο ἐσθίειν. εὔ-
θυμοι δὲ γενόμενοι πάντες καὶ αὐτοὶ προσελάβοντο
37 τροφῆς. ἦμεν δὲ ἐν τῷ πλοίῳ αἱ πᾶσαι ψυχαί,
38 διακόσιαι[19] ἑβδομηκονταέξ. κορεσθέντες δὲ τροφῆς
ἐκούφιζον τὸ πλοῖον, ἐκβαλλόμενοι τὸν σῖτον εἰς
39 τὴν θάλασσαν. ὅτε δὲ ἡμέρα ἐγένετο, τὴν γῆν οὐκ
ἐπεγίνωσκον· κόλπον δέ τινα κατενόουν ἔχοντα
αἰγιαλόν, εἰς ὃν ἐβουλεύσαντο[20], εἰ δύναιντο, ἐξῶσαι[21]
40 τὸ πλοῖον. καὶ τὰς ἀγκύρας περιελόντες εἴων εἰς
τὴν θάλασσαν, ἅμα ἀνέντες τὰς ζευκτηρίας τῶν
πηδαλίων· καὶ ἐπάραντες τὸν ἀρτέμονα τῇ πνεούσῃ
41 κατεῖχον εἰς τὸν αἰγιαλόν. περιπεσόντες δὲ εἰς
τόπον διθάλασσον ἐπώκειλαν[22] τὴν ναῦν· καὶ ἡ μὲν
πρώρα ἐρείσασα ἔμεινεν ἀσάλευτος, ἡ δὲ πρύμνα
42 ἐλύετο ὑπὸ τῆς βίας τῶν κυμάτων[23]. τῶν δὲ στρα-
τιωτῶν βουλὴ ἐγένετο ἵνα τοὺς δεσμώτας ἀποκτεί-
43 νωσι, μήτις ἐκκολυμβήσας διαφύγοι. ὁ δὲ ἑκα-
τόνταρχος, βουλόμενος διασῶσαι τὸν Παῦλον,
ἐκώλυσεν αὐτοὺς τοῦ βουλήματος, ἐκέλευσέ τε
τοὺς δυναμένους κολυμβᾶν ἀπορρίψαντας πρώ-
44 τους ἐπὶ τὴν γῆν ἐξιέναι· καὶ τοὺς λοιπούς, οὓς

[16] μεταλαβεῖν   [17] ἀπὸ   [18] ἀπολεῖται   [19] *Marg.* ὡς
[20] ἐβουλεύοντο   [21] *Marg.* ἐκσῶσαι   [22] ἐπέκειλαν
[23] *om.* τῶν κυμάτων

μὲν ἐπὶ σανίσιν, οὓς δὲ ἐπί τινων τῶν ἀπὸ τοῦ πλοίου.
καὶ οὕτως ἐγένετο πάντας διασωθῆναι ἐπὶ τὴν γῆν.
Καὶ διασωθέντες, τότε ἐπέγνωσαν[1] ὅτι Μελίτη[2] ἡ XXVII
νῆσος καλεῖται. οἱ δὲ[3] βάρβαροι παρεῖχον οὐ 2
τὴν τυχοῦσαν φιλανθρωπίαν ἡμῖν· ἀνάψαντες γὰρ
πυράν, προσελάβοντο πάντας ἡμᾶς, διὰ τὸν ὑετὸν
τὸν ἐφεστῶτα, καὶ διὰ τὸ ψῦχος. συστρέψαντος 3
δὲ τοῦ Παύλου φρυγάνων[4] πλῆθος, καὶ ἐπιθέντος
ἐπὶ τὴν πυράν, ἔχιδνα ἐκ[5] τῆς θέρμης ἐξελθοῦσα
καθῆψε τῆς χειρὸς αὐτοῦ. ὡς δὲ εἶδον οἱ βάρβα- 4
ροι κρεμάμενον τὸ θηρίον ἐκ τῆς χειρὸς αὐτοῦ,
ἔλεγον πρὸς ἀλλήλους, Πάντως φονεύς ἐστιν ὁ
ἄνθρωπος οὗτος, ὃν διασωθέντα ἐκ τῆς θαλάσσης
ἡ Δίκη ζῆν οὐκ εἴασεν. ὁ μὲν οὖν, ἀποτινάξας τὸ 5
θηρίον εἰς τὸ πῦρ, ἔπαθεν οὐδὲν κακόν. οἱ δὲ 6
προσεδόκων αὐτὸν μέλλειν πίμπρασθαι ἢ κατα-
πίπτειν ἄφνω νεκρόν· ἐπὶ πολὺ δὲ αὐτῶν προσδο-
κώντων, καὶ θεωρούντων μηδὲν ἄτοπον εἰς αὐτὸν
γινόμενον, μεταβαλλόμενοι[6] ἔλεγον θεὸν αὐτὸν εἶναι.
Ἐν δὲ τοῖς περὶ τὸν τόπον ἐκεῖνον ὑπῆρχε 7
χωρία τῷ πρώτῳ τῆς νήσου, ὀνόματι Ποπλίῳ, ὃς
ἀναδεξάμενος ἡμᾶς τρεῖς ἡμέρας φιλοφρόνως ἐξέ-
νισεν. ἐγένετο δὲ τὸν πατέρα τοῦ Ποπλίου πυρε- 8
τοῖς καὶ δυσεντερίᾳ συνεχόμενον κατακεῖσθαι·
πρὸς ὃν ὁ Παῦλος εἰσελθών, καὶ προσευξάμενος,
ἐπιθεὶς τὰς χεῖρας αὐτῷ, ἰάσατο αὐτόν. τούτου 9
οὖν· γενομένου, καὶ οἱ λοιποὶ οἱ ἔχοντες ἀσθενείας ἐν τῇ
νήσῳ[8] προσήρχοντο καὶ ἐθεραπεύοντο· οἳ καὶ πολ- 10
λαῖς τιμαῖς ἐτίμησαν ἡμᾶς, καὶ ἀναγομένοις ἐπέ-
θεντο τὰ πρὸς τὴν χρείαν[9].

---

[1] ἐπέγνωμεν   [2] *Marg.* Μελιτήνη   [3] (οἵ) τε   [4] add τι
[5] ἀπὸ   [6] μεταβαλόμενοι   [7] δὲ   [8] ἐν τῇ νήσῳ ἔχοντες
ἀσθενείας   [9] τὰς χρείας

11 Μετὰ δὲ τρεῖς μῆνας ἀνήχθημεν ἐν πλοίῳ παρα-
κεχειμακότι ἐν τῇ νήσῳ, Ἀλεξανδρίνῳ, παρασή-
12 μῳ Διοσκούροις. καὶ καταχθέντες εἰς Συρακούσας
13 ἐπεμείναμεν ἡμέρας τρεῖς· ὅθεν περιελθόντες[10] κατην-
τήσαμεν εἰς Ῥήγιον, καὶ μετὰ μίαν ἡμέραν ἐπιγε-
νομένου νότου, δευτεραῖοι ἤλθομεν εἰς Ποτιόλους·
14 οὗ εὑρόντες ἀδελφούς, παρεκλήθημεν ἐπ'[11] αὐτοῖς
ἐπιμεῖναι ἡμέρας ἑπτά· καὶ οὕτως εἰς τὴν Ῥώμην
15 ἤλθομεν. κἀκεῖθεν οἱ ἀδελφοὶ ἀκούσαντες τὰ
περὶ ἡμῶν, ἐξῆλθον[12] εἰς ἀπάντησιν ἡμῖν ἄχρις Ἀπ-
πίου Φόρου καὶ Τριῶν Ταβερνῶν· οὓς ἰδὼν ὁ
Παῦλος, εὐχαριστήσας τῷ Θεῷ, ἔλαβε θάρσος.
16 Ὅτε δὲ ἤλθομεν[13] εἰς Ῥώμην, ὁ ἑκατόνταρχος παρέ-
δωκε τοὺς δεσμίους τῷ στρατοπεδάρχῃ[14]· τῷ δὲ Παύλῳ
ἐπετράπη[15] μένειν καθ' ἑαυτόν, σὺν τῷ φυλάσσοντι
αὐτὸν στρατιώτῃ.
17 Ἐγένετο δὲ μετὰ ἡμέρας τρεῖς συγκαλέσασθαι
τὸν Παῦλον[16] τοὺς ὄντας τῶν Ἰουδαίων πρώτους·
συνελθόντων δὲ αὐτῶν, ἔλεγε πρὸς αὐτούς, Ἄνδρες
ἀδελφοί, ἐγὼ[17] οὐδὲν ἐναντίον ποιήσας τῷ λαῷ ἢ τοῖς
ἔθεσι τοῖς πατρῴοις, δέσμιος ἐξ Ἱεροσολύμων παρ-
18 εδόθην εἰς τὰς χεῖρας τῶν Ῥωμαίων· οἵτινες ἀνα-
κρίναντές με ἐβούλοντο ἀπολῦσαι, διὰ τὸ μηδεμίαν
19 αἰτίαν θανάτου ὑπάρχειν ἐν ἐμοί. ἀντιλεγόντων
δὲ τῶν Ἰουδαίων, ἠναγκάσθην ἐπικαλέσασθαι
Καίσαρα, οὐχ ὡς τοῦ ἔθνους μου ἔχων τι κατηγο-
20 ρῆσαι. διὰ ταύτην οὖν τὴν αἰτίαν παρεκάλεσα
ὑμᾶς ἰδεῖν[18] καὶ προσλαλῆσαι· ἕνεκεν γὰρ τῆς ἐλ-
πίδος τοῦ Ἰσραὴλ τὴν ἅλυσιν ταύτην περίκειμαι.

[10] *Marg.* περιελόντες [11] παρ' [12] ἦλθον [13] εἰσ-
ήλθομεν [14] *om.* ὁ ἑκατόνταρχος παρέδωκε τοὺς δεσμίους τῷ
στρατοπεδάρχῃ· *text, not marg.* [15] ἐπετράπη τῷ Παύλῳ
[16] αὐτὸν [17] Ἐγώ, ἄνδρες ἀδελφοί, [18] (*Marg.* ὑμᾶς, ἰδεῖν)

οἱ δὲ πρὸς αὐτὸν εἶπον, Ἡμεῖς οὔτε γράμματα 21
περὶ σοῦ ἐδεξάμεθα ἀπὸ τῆς Ἰουδαίας, οὔτε παρα-
γενόμενός τις τῶν ἀδελφῶν ἀπήγγειλεν ἢ ἐλάλησέ
τι περὶ σοῦ πονηρόν. ἀξιοῦμεν δὲ παρὰ σοῦ 22
ἀκοῦσαι ἃ φρονεῖς· περὶ μὲν γὰρ τῆς αἱρέσεως
ταύτης γνωστόν ἐστιν ἡμῖν[19] ὅτι πανταχοῦ ἀντιλέ-
γεται.

Ταξάμενοι δὲ αὐτῷ ἡμέραν, ἧκον πρὸς αὐτὸν εἰς 23
τὴν ξενίαν πλείονες· οἷς ἐξετίθετο διαμαρτυρόμενος
τὴν βασιλείαν τοῦ Θεοῦ, πείθων τε αὐτοὺς τὰ[20]
περὶ τοῦ Ἰησοῦ, ἀπό τε τοῦ νόμου Μωσέως καὶ
τῶν προφητῶν, ἀπὸ πρωῒ ἕως ἑσπέρας. καὶ οἱ 24
μὲν ἐπείθοντο τοῖς λεγομένοις, οἱ δὲ ἠπίστουν.
ἀσύμφωνοι δὲ ὄντες πρὸς ἀλλήλους ἀπελύοντο, 25
εἰπόντος τοῦ Παύλου ῥῆμα ἕν, ὅτι Καλῶς τὸ
Πνεῦμα τὸ Ἅγιον ἐλάλησε διὰ Ἡσαΐου τοῦ προ-
φήτου πρὸς τοὺς πατέρας ἡμῶν[21], λέγον, Πορεύθητι 26
πρὸς τὸν λαὸν τοῦτον καὶ εἰπέ, Ἀκοῇ ἀκούσετε,
καὶ οὐ μὴ συνῆτε· καὶ βλέποντες βλέψετε, καὶ οὐ
μὴ ἴδητε· ἐπαχύνθη γὰρ ἡ καρδία τοῦ λαοῦ τούτου, 27
καὶ τοῖς ὠσὶ βαρέως ἤκουσαν, καὶ τοὺς ὀφθαλμοὺς
αὐτῶν ἐκάμμυσαν· μήποτε ἴδωσι τοῖς ὀφθαλμοῖς,
καὶ τοῖς ὠσὶν ἀκούσωσι, καὶ τῇ καρδίᾳ συνῶσι, καὶ
ἐπιστρέψωσι, καὶ ἰάσωμαι[22] αὐτούς. γνωστὸν οὖν 28
ἔστω ὑμῖν, ὅτι τοῖς ἔθνεσιν ἀπεστάλη[23] τὸ σωτή-
ριον τοῦ Θεοῦ, αὐτοὶ καὶ ἀκούσονται. [24]καὶ ταῦτα 29
αὐτοῦ εἰπόντος, ἀπῆλθον οἱ Ἰουδαῖοι, πολλὴν ἔχοντες ἐν
ἑαυτοῖς συζήτησιν.

Ἔμεινε[25] δὲ ὁ Παῦλος[26] διετίαν ὅλην ἐν ἰδίῳ μισ- 30
θώματι, καὶ ἀπεδέχετο πάντας τοὺς εἰσπορευομέ-

---

[19] ἡμῖν ἐστιν   [20] om. τὰ   [21] ὑμῶν   [22] ἰάσομαι
[23] add τοῦτο   [24] om. ver. 29 text, not marg.   [25] Ἐνέ-
μεινε   [26] om. ὁ Παῦλος

31 νους πρὸς αὐτόν, κηρύσσων τὴν βασιλείαν τοῦ
Θεοῦ, καὶ διδάσκων τὰ περὶ τοῦ Κυρίου Ἰησοῦ
Χριστοῦ, μετὰ πάσης παρρησίας, ἀκωλύτως.

ΠΑΥΛΟΥ ΤΟΥ* ΑΠΟΣΤΟΛΟΥ

Η ΠΡΟΣ

ΡΩΜΑΙΟΥΣ ΕΠΙΣΤΟΛΗ.

1. Παῦλος, δοῦλος Ἰησοῦ Χριστοῦ, κλητὸς ἀπό-
2 στολος, ἀφωρισμένος εἰς εὐαγγέλιον Θεοῦ, ὃ προ-
επηγγείλατο διὰ τῶν προφητῶν αὐτοῦ ἐν γραφαῖς
3 ἁγίαις, περὶ τοῦ υἱοῦ αὐτοῦ, τοῦ γενομένου ἐκ
4 σπέρματος Δαβὶδ κατὰ σάρκα, τοῦ ὁρισθέντος
υἱοῦ Θεοῦ ἐν δυνάμει, κατὰ πνεῦμα ἁγιωσύνης, ἐξ
ἀναστάσεως νεκρῶν, Ἰησοῦ Χριστοῦ τοῦ Κυρίου
5 ἡμῶν, δι' οὗ ἐλάβομεν χάριν καὶ ἀποστολὴν εἰς
ὑπακοὴν πίστεως ἐν πᾶσι τοῖς ἔθνεσιν, ὑπὲρ τοῦ
6 ὀνόματος αὐτοῦ, ἐν οἷς ἐστὲ καὶ ὑμεῖς, κλητοὶ
7 Ἰησοῦ Χριστοῦ· πᾶσι τοῖς οὖσιν ἐν Ρώμῃ ἀγα-
πητοῖς Θεοῦ, κλητοῖς ἁγίοις· χάρις ὑμῖν καὶ
εἰρήνη ἀπὸ Θεοῦ πατρὸς ἡμῶν καὶ Κυρίου Ἰησοῦ
Χριστοῦ.

8 Πρῶτον μὲν εὐχαριστῶ τῷ Θεῷ μου διὰ Ἰησοῦ
Χριστοῦ ὑπὲρ[1] πάντων ὑμῶν, ὅτι ἡ πίστις ὑμῶν
9 καταγγέλλεται ἐν ὅλῳ τῷ κόσμῳ. μάρτυς γάρ μού
ἐστιν ὁ Θεός, ᾧ λατρεύω ἐν τῷ πνεύματί μου ἐν τῷ
εὐαγγελίῳ τοῦ υἱοῦ αὐτοῦ, ὡς ἀδιαλείπτως μνείαν
ὑμῶν ποιοῦμαι, πάντοτε ἐπὶ τῶν προσευχῶν μου
10 δεόμενος, εἴπως ἤδη ποτὲ εὐοδωθήσομαι ἐν τῷ

[1] περί

θελήματι τοῦ Θεοῦ ἐλθεῖν πρὸς ὑμᾶς. ἐπιποθῶ 11
γὰρ ἰδεῖν ὑμᾶς, ἵνα τι μεταδῶ χάρισμα ὑμῖν πνευ-
ματικόν, εἰς τὸ στηριχθῆναι ὑμᾶς, τοῦτο δέ ἐστι, 12
συμπαρακληθῆναι ἐν ὑμῖν διὰ τῆς ἐν ἀλλήλοις
πίστεως ὑμῶν τε καὶ ἐμοῦ. οὐ θέλω δὲ ὑμᾶς ἀγ- 13
νοεῖν, ἀδελφοί, ὅτι πολλάκις προεθέμην ἐλθεῖν
πρὸς ὑμᾶς (καὶ ἐκωλύθην ἄχρι τοῦ δεῦρο), ἵνα καρ-
πόν τινα² σχῶ καὶ ἐν ὑμῖν, καθὼς καὶ ἐν τοῖς λοιποῖς
ἔθνεσιν. Ἕλλησί τε καὶ βαρβάροις, σοφοῖς τε 14
καὶ ἀνοήτοις ὀφειλέτης εἰμί· οὕτω τὸ κατ᾽ ἐμὲ πρό- 15
θυμον καὶ ὑμῖν τοῖς ἐν Ῥώμῃ εὐαγγελίσασθαι.
οὐ γὰρ ἐπαισχύνομαι τὸ εὐαγγέλιον τοῦ Χριστοῦ³· 16
δύναμις γὰρ Θεοῦ ἐστιν εἰς σωτηρίαν παντὶ τῷ
πιστεύοντι, Ἰουδαίῳ τε πρῶτον καὶ Ἕλληνι. δι- 17
καιοσύνη γὰρ Θεοῦ ἐν αὐτῷ ἀποκαλύπτεται ἐκ
πίστεως εἰς πίστιν, καθὼς γέγραπται, Ὁ δὲ δίκαιος
ἐκ πίστεως ζήσεται.

Ἀποκαλύπτεται γὰρ ὀργὴ Θεοῦ ἀπ᾽ οὐρανοῦ 18
ἐπὶ πᾶσαν ἀσέβειαν καὶ ἀδικίαν ἀνθρώπων τῶν
τὴν ἀλήθειαν ἐν ἀδικίᾳ κατεχόντων· διότι τὸ 19
γνωστὸν τοῦ Θεοῦ φανερόν ἐστιν ἐν αὐτοῖς· ὁ γὰρ
Θεὸς⁴ αὐτοῖς ἐφανέρωσε. τὰ γὰρ ἀόρατα αὐτοῦ ἀπὸ 20
κτίσεως κόσμου τοῖς ποιήμασι νοούμενα καθορᾶται,
ἥ τε ἀΐδιος αὐτοῦ δύναμις καὶ θειότης, εἰς τὸ εἶναι
αὐτοὺς ἀναπολογήτους· διότι γνόντες τὸν Θεόν, 21
οὐχ ὡς Θεὸν ἐδόξασαν ἢ εὐχαρίστησαν, ἀλλ᾽ ἐμα-
ταιώθησαν ἐν τοῖς διαλογισμοῖς αὐτῶν, καὶ ἐσκοτί-
σθη ἡ ἀσύνετος αὐτῶν καρδία. φάσκοντες εἶναι 22
σοφοὶ ἐμωράνθησαν, καὶ ἤλλαξαν τὴν δόξαν τοῦ 23
ἀφθάρτου Θεοῦ ἐν ὁμοιώματι εἰκόνος φθαρτοῦ ἀν-
θρώπου καὶ πετεινῶν καὶ τετραπόδων καὶ ἑρπετῶν.

---

² τινὰ καρπὸν   ³ om. τοῦ Χριστοῦ   ⁴ Θεὸς γὰρ

24 Διὸ καὶ⁵ παρέδωκεν αὐτοὺς ὁ Θεὸς ἐν ταῖς ἐπι-
θυμίαις τῶν καρδιῶν αὐτῶν εἰς ἀκαθαρσίαν, τοῦ
25 ἀτιμάζεσθαι τὰ σώματα αὐτῶν ἐν ἑαυτοῖς⁶· οἵτινες
μετήλλαξαν τὴν ἀλήθειαν τοῦ Θεοῦ ἐν τῷ ψεύδει,
καὶ ἐσεβάσθησαν καὶ ἐλάτρευσαν τῇ κτίσει παρὰ
τὸν κτίσαντα, ὅς ἐστιν εὐλογητὸς εἰς τοὺς αἰῶνας.
ἀμήν.
26 Διὰ τοῦτο παρέδωκεν αὐτοὺς ὁ Θεὸς εἰς πάθη
ἀτιμίας· αἵ τε γὰρ θήλειαι αὐτῶν μετήλλαξαν τὴν
27 φυσικὴν χρῆσιν εἰς τὴν παρὰ φύσιν· ὁμοίως τε καὶ
οἱ ἄρσενες, ἀφέντες τὴν φυσικὴν χρῆσιν τῆς θηλείας,
ἐξεκαύθησαν ἐν τῇ ὀρέξει αὐτῶν εἰς ἀλλήλους,
ἄρσενες ἐν ἄρσεσι τὴν ἀσχημοσύνην κατεργαζό-
μενοι, καὶ τὴν ἀντιμισθίαν ἣν ἔδει τῆς πλάνης
αὐτῶν ἐν ἑαυτοῖς ἀπολαμβάνοντες.
28 Καὶ καθὼς οὐκ ἐδοκίμασαν τὸν Θεὸν ἔχειν ἐν
ἐπιγνώσει, παρέδωκεν αὐτοὺς ὁ Θεὸς εἰς ἀδόκιμον
29 νοῦν, ποιεῖν τὰ μὴ καθήκοντα, πεπληρωμένους πάσῃ
ἀδικίᾳ, πορνείᾳ,⁷ πονηρίᾳ, πλεονεξίᾳ, κακίᾳ*· μεστοὺς
φθόνου, φόνου, ἔριδος, δόλου, κακοηθείας· ψιθυρι-
30 στάς, καταλάλους, θεοστυγεῖς, ὑβριστάς, ὑπερηφά-
νους, ἀλαζόνας, ἐφευρετὰς κακῶν, γονεῦσιν ἀπειθεῖς,
31 ἀσυνέτους, ἀσυνθέτους, ἀστόργους, ἀσπόνδους,⁸ ἀνε-
32 λεήμονας· οἵτινες τὸ δικαίωμα τοῦ Θεοῦ ἐπιγνόντες,
ὅτι οἱ τὰ τοιαῦτα πράσσοντες ἄξιοι θανάτου εἰσίν,
οὐ μόνον αὐτὰ ποιοῦσιν, ἀλλὰ καὶ συνευδοκοῦσι
τοῖς πράσσουσι.
II. Διὸ ἀναπολόγητος εἶ, ὦ ἄνθρωπε πᾶς ὁ κρίνων·
ἐν ᾧ γὰρ κρίνεις τὸν ἕτερον, σεαυτὸν κατακρίνεις,
2 τὰ γὰρ αὐτὰ πράσσεις ὁ κρίνων. οἴδαμεν δὲ¹ ὅτι τὸ
κρίμα τοῦ Θεοῦ ἐστι κατὰ ἀλήθειαν ἐπὶ τοὺς τὰ

⁵ om. καὶ   ⁶ αὐτοῖς   ⁷ om. πορνείᾳ,   ⁸ om. ἀσπόνδους,
¹ Marg. γὰρ

τοιαῦτα πράσσοντας. λογίζῃ δὲ τοῦτο, ὦ ἄνθρωπε 3
ὁ κρίνων τοὺς τὰ τοιαῦτα πράσσοντας καὶ ποιῶν
αὐτά, ὅτι σὺ ἐκφεύξῃ τὸ κρίμα τοῦ Θεοῦ ; ἢ τοῦ 4
πλούτου τῆς χρηστότητος αὐτοῦ καὶ τῆς ἀνοχῆς καὶ
τῆς μακροθυμίας καταφρονεῖς, ἀγνοῶν ὅτι τὸ χρη-
στὸν τοῦ Θεοῦ εἰς μετάνοιάν σε ἄγει ; κατὰ δὲ τὴν 5
σκληρότητά σου καὶ ἀμετανόητον καρδίαν θησαυρί-
ζεις σεαυτῷ ὀργὴν ἐν ἡμέρᾳ ὀργῆς καὶ ἀποκαλύψεως
δικαιοκρισίας τοῦ Θεοῦ. ὃς ἀποδώσει ἑκάστῳ κατὰ 6
τὰ ἔργα αὐτοῦ· τοῖς μὲν καθ᾽ ὑπομονὴν ἔργου ἀγα- 7
θοῦ δόξαν καὶ τιμὴν καὶ ἀφθαρσίαν ζητοῦσι, ζωὴν
αἰώνιον· τοῖς δὲ ἐξ ἐριθείας, καὶ ἀπειθοῦσι μὲν[2] τῇ 8
ἀληθείᾳ, πειθομένοις δὲ τῇ ἀδικίᾳ, θυμὸς καὶ ὀργή[3],
θλίψις καὶ στενοχωρία, ἐπὶ πᾶσαν ψυχὴν ἀνθρώ- 9
που τοῦ κατεργαζομένου τὸ κακόν, Ἰουδαίου τε
πρῶτον καὶ Ἕλληνος· δόξα δὲ καὶ τιμὴ καὶ εἰρήνη 10
παντὶ τῷ ἐργαζομένῳ τὸ ἀγαθόν, Ἰουδαίῳ τε πρῶτον
καὶ Ἕλληνι· οὐ γάρ ἐστι προσωποληψία παρὰ τῷ 11
Θεῷ. ὅσοι γὰρ ἀνόμως ἥμαρτον, ἀνόμως καὶ ἀπο- 12
λοῦνται· καὶ ὅσοι ἐν νόμῳ ἥμαρτον, διὰ νόμου κρι-
θήσονται· οὐ γὰρ οἱ ἀκροαταὶ τοῦ[4] νόμου δίκαιοι 13
παρὰ τῷ Θεῷ, ἀλλ᾽ οἱ ποιηταὶ τοῦ[4] νόμου δικαιωθή-
σονται. ὅταν γὰρ ἔθνη τὰ μὴ νόμον ἔχοντα φύσει 14
τὰ τοῦ νόμου ποιῇ[5], οὗτοι, νόμον μὴ ἔχοντες, ἑαυτοῖς
εἰσι νόμος· οἵτινες ἐνδείκνυνται τὸ ἔργον τοῦ νόμου 15
γραπτὸν ἐν ταῖς καρδίαις αὐτῶν, συμμαρτυρούσης
αὐτῶν τῆς συνειδήσεως, καὶ μεταξὺ ἀλλήλων τῶν
λογισμῶν κατηγορούντων ἢ καὶ ἀπολογουμένων, ἐν 16
ἡμέρᾳ ὅτε κρινεῖ[6] ὁ Θεὸς τὰ κρυπτὰ τῶν ἀνθρώπων,
κατὰ τὸ εὐαγγέλιόν μου, διὰ Ἰησοῦ Χριστοῦ.

Ἴδε[7] σὺ Ἰουδαῖος ἐπονομάζῃ, καὶ ἐπαναπαύῃ τῷ[8] 17

---

[2] om. μὲν   [3] ὀργὴ καὶ θυμός   [4] om. τοῦ   [5] ποιῶσιν
[6] Marg. κρίνει   [7] Εἰ δὲ   [8] om. τῷ

18 νόμῳ, καὶ καυχᾶσαι ἐν Θεῷ, καὶ γινώσκεις τὸ θέ-
λημα, καὶ δοκιμάζεις τὰ διαφέροντα, κατηχούμενος
19 ἐκ τοῦ νόμου, πέποιθάς τε σεαυτὸν ὁδηγὸν εἶναι
20 τυφλῶν, φῶς τῶν ἐν σκότει, παιδευτὴν ἀφρόνων,
διδάσκαλον νηπίων, ἔχοντα τὴν μόρφωσιν τῆς γνώ-
21 σεως καὶ τῆς ἀληθείας ἐν τῷ νόμῳ· ὁ οὖν διδάσκων
ἕτερον, σεαυτὸν οὐ διδάσκεις; ὁ κηρύσσων μὴ κλέπ-
22 τειν, κλέπτεις; ὁ λέγων μὴ μοιχεύειν, μοιχεύεις;
23 ὁ βδελυσσόμενος τὰ εἴδωλα, ἱεροσυλεῖς; ὃς ἐν νόμῳ
καυχᾶσαι, διὰ τῆς παραβάσεως τοῦ νόμου τὸν Θεὸν
24 ἀτιμάζεις; τὸ γὰρ ὄνομα τοῦ Θεοῦ δι᾽ ὑμᾶς βλασ-
25 φημεῖται ἐν τοῖς ἔθνεσι, καθὼς γέγραπται. περι-
τομὴ μὲν γὰρ ὠφελεῖ, ἐὰν νόμον πράσσῃς· ἐὰν δὲ
παραβάτης νόμου ᾖς, ἡ περιτομή σου ἀκροβυστία
26 γέγονεν. ἐὰν οὖν ἡ ἀκροβυστία τὰ δικαιώματα τοῦ
νόμου φυλάσσῃ, οὐχὶ ἡ ἀκροβυστία αὐτοῦ εἰς
27 περιτομὴν λογισθήσεται; καὶ κρινεῖ ἡ ἐκ φύσεως
ἀκροβυστία, τὸν νόμον τελοῦσα, σὲ τὸν διὰ γράμμα-
28 τος καὶ περιτομῆς παραβάτην νόμου; οὐ γὰρ ὁ ἐν
τῷ φανερῷ Ἰουδαῖός ἐστιν, οὐδὲ ἡ ἐν τῷ φανερῷ ἐν
29 σαρκὶ περιτομή· ἀλλ᾽ ὁ ἐν τῷ κρυπτῷ Ἰουδαῖος,
καὶ περιτομὴ καρδίας ἐν πνεύματι, οὐ γράμματι·
οὗ ὁ ἔπαινος οὐκ ἐξ ἀνθρώπων, ἀλλ᾽ ἐκ τοῦ Θεοῦ.

III.　Τί οὖν τὸ περισσὸν τοῦ Ἰουδαίου, ἢ τίς ἡ ὠφέλεια
2 τῆς περιτομῆς; πολὺ κατὰ πάντα τρόπον· πρῶτον
3 μὲν γὰρ¹ ὅτι ἐπιστεύθησαν τὰ λόγια τοῦ Θεοῦ. τί
γὰρ εἰ ἠπίστησάν τινες; μὴ ἡ ἀπιστία αὐτῶν τὴν
4 πίστιν τοῦ Θεοῦ καταργήσει; μὴ γένοιτο· γινέσθω
δὲ ὁ Θεὸς ἀληθής, πᾶς δὲ ἄνθρωπος ψεύστης, καθὼς
γέγραπται, Ὅπως ἂν δικαιωθῇς ἐν τοῖς λόγοις σου,
5 καὶ νικήσῃς ἐν τῷ κρίνεσθαί σε. εἰ δὲ ἡ ἀδικία

---

¹ om. γάρ

ἡμῶν Θεοῦ δικαιοσύνην συνίστησι, τί ἐροῦμεν ; μὴ
ἄδικος ὁ Θεὸς ὁ ἐπιφέρων τὴν ὀργήν (κατὰ ἄνθρω-
πον λέγω); μὴ γένοιτο· ἐπεὶ πῶς κρινεῖ ὁ Θεὸς τὸν 6
κόσμον ; εἰ γὰρ² ἡ ἀλήθεια τοῦ Θεοῦ ἐν τῷ ἐμῷ 7
ψεύσματι ἐπερίσσευσεν εἰς τὴν δόξαν αὐτοῦ, τί ἔτι
κἀγὼ ὡς ἁμαρτωλὸς κρίνομαι; καὶ μὴ (καθὼς βλασ- 8
φημούμεθα, καὶ καθώς φασί τινες ἡμᾶς λέγειν ὅτι),
Ποιήσωμεν τὰ κακὰ ἵνα ἔλθῃ τὰ ἀγαθά ; ὧν τὸ
κρίμα ἔνδικόν ἐστι.

Τί οὖν ; προεχόμεθα; οὐ πάντως· προῃτιασά- 9
μεθα γὰρ Ἰουδαίους τε καὶ Ἕλληνας πάντας ὑφ'
ἁμαρτίαν εἶναι, καθὼς γέγραπται ὅτι Οὐκ ἔστι 10
δίκαιος οὐδὲ εἷς· οὐκ ἔστιν ὁ συνιῶν, οὐκ ἔστιν ὁ 11
ἐκζητῶν τὸν Θεόν· πάντες ἐξέκλιναν, ἅμα ἠχρειώ- 12
θησαν· οὐκ ἔστι ποιῶν χρηστότητα, οὐκ ἔστιν ἕως
ἑνός· τάφος ἀνεῳγμένος ὁ λάρυγξ αὐτῶν, ταῖς 13
γλώσσαις αὐτῶν ἐδολιοῦσαν· ἰὸς ἀσπίδων ὑπὸ τὰ
χείλη αὐτῶν· ὧν τὸ στόμα ἀρᾶς καὶ πικρίας γέμει· 14
ὀξεῖς οἱ πόδες αὐτῶν ἐκχέαι αἷμα· σύντριμμα καὶ 15, 16
ταλαιπωρία ἐν ταῖς ὁδοῖς αὐτῶν, καὶ ὁδὸν εἰρήνης 17
οὐκ ἔγνωσαν· οὐκ ἔστι φόβος Θεοῦ ἀπέναντι τῶν 18
ὀφθαλμῶν αὐτῶν.

Οἴδαμεν δὲ ὅτι ὅσα ὁ νόμος λέγει, τοῖς ἐν τῷ 19
νόμῳ λαλεῖ, ἵνα πᾶν στόμα φραγῇ, καὶ ὑπόδικος
γένηται πᾶς ὁ κόσμος τῷ Θεῷ· διότι ἐξ ἔργων 20
νόμου οὐ δικαιωθήσεται πᾶσα σὰρξ ἐνώπιον αὐτοῦ·
διὰ γὰρ νόμου ἐπίγνωσις ἁμαρτίας. νυνὶ δὲ χωρὶς 21
νόμου δικαιοσύνη Θεοῦ πεφανέρωται, μαρτυρου-
μένη ὑπὸ τοῦ νόμου καὶ τῶν προφητῶν· δικαιοσύνη 22
δὲ Θεοῦ διὰ πίστεως Ἰησοῦ Χριστοῦ εἰς πάντας
καὶ ἐπὶ πάντας³ τοὺς πιστεύοντας· οὐ γάρ ἐστι δια-

---

² δὲ text, not marg.　　³ om. καὶ ἐπὶ πάντας text, not marg.

23 στολή· πάντες γὰρ ἥμαρτον καὶ ὑστεροῦνται τῆς
24 δόξης τοῦ Θεοῦ, δικαιούμενοι δωρεὰν τῇ αὐτοῦ
χάριτι διὰ τῆς ἀπολυτρώσεως τῆς ἐν Χριστῷ
25 Ἰησοῦ· ὃν προέθετο ὁ Θεὸς ἱλαστήριον,[4] διὰ τῆς
πίστεως,[4] ἐν τῷ αὐτοῦ αἵματι, εἰς ἔνδειξιν τῆς δικαι-
οσύνης αὐτοῦ, διὰ τὴν πάρεσιν τῶν προγεγονότων
26 ἁμαρτημάτων, ἐν τῇ ἀνοχῇ τοῦ Θεοῦ· πρὸς[5] ἔνδειξιν
τῆς δικαιοσύνης αὐτοῦ ἐν τῷ νῦν καιρῷ, εἰς τὸ εἶναι
αὐτὸν δίκαιον καὶ δικαιοῦντα τὸν ἐκ πίστεως Ἰησοῦ.
27 ποῦ οὖν ἡ καύχησις; ἐξεκλείσθη. διὰ ποίου νόμου;
28 τῶν ἔργων; οὐχί, ἀλλὰ διὰ νόμου πίστεως. λογιζό-
μεθα οὖν[6] πίστει δικαιοῦσθαι[7] ἄνθρωπον, χωρὶς ἔργων
29 νόμου. ἢ Ἰουδαίων ὁ Θεὸς μόνον; οὐχὶ δὲ[8] καὶ
30 ἐθνῶν; ναὶ καὶ ἐθνῶν· ἐπείπερ[9] εἷς ὁ Θεός, ὃς δικαι-
ώσει περιτομὴν ἐκ πίστεως, καὶ ἀκροβυστίαν διὰ
31 τῆς πίστεως. νόμον οὖν καταργοῦμεν διὰ τῆς
πίστεως; μὴ γένοιτο· ἀλλὰ νόμον ἱστῶμεν.

IV. Τί οὖν ἐροῦμεν Ἀβραὰμ τὸν πατέρα ἡμῶν εὑρηκέναι[1]
2 κατὰ σάρκα; εἰ γὰρ Ἀβραὰμ ἐξ ἔργων ἐδικαιώθη,
3 ἔχει καύχημα, ἀλλ' οὐ πρὸς τὸν Θεόν. τί γὰρ ἡ
γραφὴ λέγει; Ἐπίστευσε δὲ Ἀβραὰμ τῷ Θεῷ, καὶ
4 ἐλογίσθη αὐτῷ εἰς δικαιοσύνην. τῷ δὲ ἐργαζομένῳ
ὁ μισθὸς οὐ λογίζεται κατὰ χάριν, ἀλλὰ κατὰ τὸ[2]
5 ὀφείλημα. τῷ δὲ μὴ ἐργαζομένῳ, πιστεύοντι δὲ ἐπὶ
τὸν δικαιοῦντα τὸν ἀσεβῆ, λογίζεται ἡ πίστις αὐτοῦ
6 εἰς δικαιοσύνην. καθάπερ καὶ Δαβὶδ λέγει τὸν
μακαρισμὸν τοῦ ἀνθρώπου, ᾧ ὁ Θεὸς λογίζεται δι-
7 καιοσύνην χωρὶς ἔργων, Μακάριοι ὧν ἀφέθησαν αἱ
8 ἀνομίαι, καὶ ὧν ἐπεκαλύφθησαν αἱ ἁμαρτίαι. μα-

---

[4] (Marg. omits these two commas)   [5] add τὴν   [6] Marg.
γὰρ   [7] δικαιοῦσθαι πίστει   [8] om. δὲ   [9] εἴπερ
[1] εὑρηκέναι Ἀβραὰμ τὸν προπάτορα ἡμῶν text, but marg. om.
εὑρηκέναι   [2] om. τὸ

κάριος ἀνὴρ ᾧ οὐ μὴ λογίσηται Κύριος ἁμαρτίαν.
ὁ μακαρισμὸς οὖν οὗτος ἐπὶ τὴν περιτομήν, ἢ καὶ 9
ἐπὶ τὴν ἀκροβυστίαν; λέγομεν γὰρ ὅτι³ Ἐλογίσθη
τῷ Ἀβραὰμ ἡ πίστις εἰς δικαιοσύνην. πῶς οὖν 10
ἐλογίσθη; ἐν περιτομῇ ὄντι, ἢ ἐν ἀκροβυστίᾳ;
οὐκ ἐν περιτομῇ, ἀλλ' ἐν ἀκροβυστίᾳ· καὶ σημεῖον 11
ἔλαβε περιτομῆς, σφραγῖδα τῆς δικαιοσύνης τῆς
πίστεως τῆς ἐν τῇ ἀκροβυστίᾳ· εἰς τὸ εἶναι αὐτὸν
πατέρα πάντων τῶν πιστευόντων δι' ἀκροβυστίας,
εἰς τὸ λογισθῆναι καὶ⁴ αὐτοῖς τὴν δικαιοσύνην·
καὶ πατέρα περιτομῆς τοῖς οὐκ ἐκ περιτομῆς μόνον, 12
ἀλλὰ καὶ τοῖς στοιχοῦσι τοῖς ἴχνεσι τῆς ἐν τῇ⁵
ἀκροβυστίᾳ πίστεως τοῦ πατρὸς ἡμῶν Ἀβραάμ.
οὐ γὰρ διὰ νόμου ἡ ἐπαγγελία τῷ Ἀβραὰμ ἢ τῷ 13
σπέρματι αὐτοῦ, τὸ κληρονόμον αὐτὸν εἶναι τοῦ⁶
κόσμου. ἀλλὰ διὰ δικαιοσύνης πίστεως. εἰ γὰρ οἱ 14
ἐκ νόμου κληρονόμοι, κεκένωται ἡ πίστις, καὶ κατήρ-
γηται ἡ ἐπαγγελία· ὁ γὰρ νόμος ὀργὴν κατεργά- 15
ζεται· οὗ γὰρ⁷ οὐκ ἔστι νόμος, οὐδὲ παράβασις.
διὰ τοῦτο ἐκ πίστεως, ἵνα κατὰ χάριν, εἰς τὸ εἶναι 16
βεβαίαν τὴν ἐπαγγελίαν παντὶ τῷ σπέρματι, οὐ
τῷ ἐκ τοῦ νόμου μόνον, ἀλλὰ καὶ τῷ ἐκ πίστεως
Ἀβραάμ, ὅς ἐστι πατὴρ πάντων ἡμῶν (καθὼς γέ- 17
γραπται ὅτι Πατέρα πολλῶν ἐθνῶν τέθεικά σε)
κατέναντι οὗ ἐπίστευσε Θεοῦ, τοῦ ζωοποιοῦντος τοὺς
νεκρούς, καὶ καλοῦντος τὰ μὴ ὄντα ὡς ὄντα. ὃς 18
παρ' ἐλπίδα ἐπ' ἐλπίδι ἐπίστευσεν, εἰς τὸ γενέσθαι
αὐτὸν πατέρα πολλῶν ἐθνῶν, κατὰ τὸ εἰρημένον,
Οὕτως ἔσται τὸ σπέρμα σου. καὶ μὴ ἀσθενήσας 19
τῇ πίστει, οὐ⁸ κατενόησε τὸ ἑαυτοῦ σῶμα ἤδη⁹
νενεκρωμένον (ἑκατονταέτης που ὑπάρχων), καὶ τὴν

³ _om._ ὅτι   ⁴ _om._ καὶ   ⁵ _om._ τῇ   ⁶ _om._ τοῦ
    ⁷ δὲ   ⁸ _om._ , οὐ   ⁹ _Marg. om._ ἤδη

20 νέκρωσιν τῆς μήτρας Σάρρας· εἰς δὲ τὴν ἐπαγγελίαν
τοῦ Θεοῦ οὐ διεκρίθη τῇ ἀπιστίᾳ, ἀλλ᾽ ἐνεδυναμώθη
21 τῇ πίστει, δοὺς δόξαν τῷ Θεῷ, καὶ πληροφορηθεὶς
22 ὅτι ὃ ἐπήγγελται, δυνατός ἐστι καὶ ποιῆσαι. διὸ
23 καὶ ἐλογίσθη αὐτῷ εἰς δικαιοσύνην. οὐκ ἐγράφη
24 δὲ δι᾽ αὐτὸν μόνον, ὅτι ἐλογίσθη αὐτῷ· ἀλλὰ καὶ δι᾽
ἡμᾶς, οἷς μέλλει λογίζεσθαι, τοῖς πιστεύουσιν ἐπὶ
τὸν ἐγείραντα Ἰησοῦν τὸν Κύριον ἡμῶν ἐκ νεκρῶν,
25 ὃς παρεδόθη διὰ τὰ παραπτώματα ἡμῶν, καὶ ἠγέρθη
διὰ τὴν δικαίωσιν ἡμῶν.

V. Δικαιωθέντες οὖν ἐκ πίστεως, εἰρήνην ἔχομεν¹
πρὸς τὸν Θεὸν διὰ τοῦ Κυρίου ἡμῶν Ἰησοῦ Χρι-
2 στοῦ, δι᾽ οὗ καὶ τὴν προσαγωγὴν ἐσχήκαμεν τῇ
πίστει² εἰς τὴν χάριν ταύτην ἐν ᾗ ἑστήκαμεν, καὶ
3 καυχώμεθα ἐπ᾽ ἐλπίδι τῆς δόξης τοῦ Θεοῦ. οὐ
μόνον δέ, ἀλλὰ καὶ καυχώμεθα ἐν ταῖς θλίψεσιν,
4 εἰδότες ὅτι ἡ θλίψις ὑπομονὴν κατεργάζεται, ἡ δὲ
5 ὑπομονὴ δοκιμήν, ἡ δὲ δοκιμὴ ἐλπίδα· ἡ δὲ ἐλπὶς
οὐ καταισχύνει, ὅτι ἡ ἀγάπη τοῦ Θεοῦ ἐκκέχυται
ἐν ταῖς καρδίαις ἡμῶν διὰ Πνεύματος Ἁγίου τοῦ
6 δοθέντος ἡμῖν. ἔτι γὰρ Χριστός, ὄντων ἡμῶν ἀσ-
7 θενῶν, ³κατὰ καιρὸν ὑπὲρ ἀσεβῶν ἀπέθανε. μόλις
γὰρ ὑπὲρ δικαίου τις ἀποθανεῖται· ὑπὲρ γὰρ τοῦ
8 ἀγαθοῦ τάχα τις καὶ τολμᾷ ἀποθανεῖν. συνίστησι
δὲ τὴν ἑαυτοῦ ἀγάπην εἰς ἡμᾶς ὁ Θεός, ὅτι ἔτι
ἁμαρτωλῶν ὄντων ἡμῶν Χριστὸς ὑπὲρ ἡμῶν ἀπέ-
9 θανε. πολλῷ οὖν μᾶλλον, δικαιωθέντες νῦν ἐν
τῷ αἵματι αὐτοῦ, σωθησόμεθα δι᾽ αὐτοῦ ἀπὸ τῆς
10 ὀργῆς. εἰ γὰρ ἐχθροὶ ὄντες κατηλλάγημεν τῷ
Θεῷ διὰ τοῦ θανάτου τοῦ υἱοῦ αὐτοῦ, πολλῷ μᾶλ-
λον καταλλαγέντες σωθησόμεθα ἐν τῇ ζωῇ αὐτοῦ·

---

¹ ἔχωμεν *text, not marg.*   ² *Marg. om.* τῇ πίστει
³ *add* ἔτι

οὐ μόνον δέ, ἀλλὰ καὶ καυχώμενοι ἐν τῷ Θεῷ διὰ 11 τοῦ Κυρίου ἡμῶν Ἰησοῦ Χριστοῦ, δι' οὗ νῦν τὴν καταλλαγὴν ἐλάβομεν.

Διὰ τοῦτο, ὥσπερ δι' ἑνὸς ἀνθρώπου ἡ ἁμαρτία 12 εἰς τὸν κόσμον εἰσῆλθε, καὶ διὰ τῆς ἁμαρτίας ὁ θάνατος, καὶ οὕτως εἰς πάντας ἀνθρώπους ὁ θάνατος διῆλθεν, ἐφ' ᾧ πάντες ἥμαρτον·—ἄχρι γὰρ 13 νόμου ἁμαρτία ἦν ἐν κόσμῳ· ἁμαρτία δὲ οὐκ ἐλλογεῖται, μὴ ὄντος νόμου. ἀλλ' ἐβασίλευσεν ὁ θάνα- 14 τος ἀπὸ Ἀδὰμ μέχρι Μωσέως καὶ ἐπὶ τοὺς μὴ ἁμαρτήσαντας ἐπὶ τῷ ὁμοιώματι τῆς παραβάσεως Ἀδάμ, ὅς ἐστι τύπος τοῦ μέλλοντος. ἀλλ' οὐχ ὡς 15 τὸ παράπτωμα, οὕτω καὶ τὸ χάρισμα. εἰ γὰρ τῷ τοῦ ἑνὸς παραπτώματι οἱ πολλοὶ ἀπέθανον, πολλῷ μᾶλλον ἡ χάρις τοῦ Θεοῦ καὶ ἡ δωρεὰ ἐν χάριτι τῇ τοῦ ἑνὸς ἀνθρώπου Ἰησοῦ Χριστοῦ εἰς τοὺς πολλοὺς ἐπερίσσευσε. καὶ οὐχ ὡς δι' ἑνὸς ἁμαρ- 16 τήσαντος, τὸ δώρημα· τὸ μὲν γὰρ κρίμα ἐξ ἑνὸς εἰς κατάκριμα, τὸ δὲ χάρισμα ἐκ πολλῶν παραπτωμάτων εἰς δικαίωμα. εἰ γὰρ τῷ τοῦ ἑνὸς *παραπτώ- 17 ματι ὁ θάνατος ἐβασίλευσε διὰ τοῦ ἑνός, πολλῷ μᾶλλον οἱ τὴν περισσείαν τῆς χάριτος καὶ τῆς δωρεᾶς⁴ τῆς δικαιοσύνης λαμβάνοντες ἐν ζωῇ βασιλεύσουσι διὰ τοῦ ἑνὸς Ἰησοῦ Χριστοῦ. ἄρα οὖν 18 ὡς δι' ἑνὸς παραπτώματος εἰς πάντας ἀνθρώπους εἰς κατάκριμα, οὕτω καὶ δι' ἑνὸς δικαιώματος εἰς πάντας ἀνθρώπους εἰς δικαίωσιν ζωῆς. ὥσπερ 19 γὰρ διὰ τῆς παρακοῆς τοῦ ἑνὸς ἀνθρώπου ἁμαρτωλοὶ κατεστάθησαν οἱ πολλοί, οὕτω καὶ διὰ τῆς ὑπακοῆς τοῦ ἑνὸς δίκαιοι κατασταθήσονται οἱ πολλοί. νόμος δὲ παρεισῆλθεν, ἵνα πλεονάσῃ τὸ 20

⁴ Marg. om. τῆς δωρεᾶς. text, not marg.

παράπτωμα οὗ δὲ ἐπλεόνασεν ἡ ἁμαρτία, ὑπερ-
21 επερίσσευσεν ἡ χάρις· ἵνα ὥσπερ ἐβασίλευσεν ἡ
ἁμαρτία ἐν τῷ θανάτῳ, οὕτω καὶ ἡ χάρις βασι-
λεύσῃ διὰ δικαιοσύνης εἰς ζωὴν αἰώνιον, διὰ Ἰησοῦ
Χριστοῦ τοῦ Κυρίου ἡμῶν.

VI. Τί οὖν ἐροῦμεν; ἐπιμενοῦμεν¹ τῇ ἁμαρτίᾳ, ἵνα ἡ
2 χάρις πλεονάσῃ; μὴ γένοιτο. οἵτινες ἀπεθάνομεν
3 τῇ ἁμαρτίᾳ, πῶς ἔτι ζήσομεν ἐν αὐτῇ; ἢ ἀγνοεῖτε
ὅτι ὅσοι ἐβαπτίσθημεν εἰς Χριστὸν Ἰησοῦν, εἰς τὸν
4 θάνατον αὐτοῦ ἐβαπτίσθημεν; συνετάφημεν οὖν
αὐτῷ διὰ τοῦ βαπτίσματος εἰς τὸν θάνατον· ἵνα
ὥσπερ ἠγέρθη Χριστὸς ἐκ νεκρῶν διὰ τῆς δόξης
τοῦ πατρός, οὕτω καὶ ἡμεῖς ἐν καινότητι ζωῆς περι-
5 πατήσωμεν. εἰ γὰρ σύμφυτοι γεγόναμεν τῷ
ὁμοιώματι τοῦ θανάτου αὐτοῦ, ἀλλὰ καὶ τῆς ἀνα-
6 στάσεως ἐσόμεθα· τοῦτο γινώσκοντες, ὅτι ὁ πα-
λαιὸς ἡμῶν ἄνθρωπος συνεσταυρώθη, ἵνα καταρ-
γηθῇ τὸ σῶμα τῆς ἁμαρτίας, τοῦ μηκέτι δουλεύειν
7 ἡμᾶς τῇ ἁμαρτίᾳ· ὁ γὰρ ἀποθανὼν δεδικαίωται
8 ἀπὸ τῆς ἁμαρτίας. εἰ δὲ ἀπεθάνομεν σὺν Χρι-
9 στῷ, πιστεύομεν ὅτι καὶ συζήσομεν αὐτῷ· εἰδότες
ὅτι Χριστὸς ἐγερθεὶς ἐκ νεκρῶν οὐκέτι ἀποθνήσκει·
10 θάνατος αὐτοῦ οὐκέτι κυριεύει. ὃ γὰρ ἀπέθανε,
τῇ ἁμαρτίᾳ ἀπέθανεν ἐφάπαξ· ὃ δὲ ζῇ, ζῇ τῷ
11 Θεῷ. οὕτω καὶ ὑμεῖς λογίζεσθε ἑαυτοὺς νεκροὺς
μὲν εἶναι τῇ ἁμαρτίᾳ, ζῶντας δὲ τῷ Θεῷ ἐν
Χριστῷ Ἰησοῦ τῷ Κυρίῳ ἡμῶν².

12 Μὴ οὖν βασιλευέτω ἡ ἁμαρτία ἐν τῷ θνητῷ
ὑμῶν σώματι, εἰς τὸ ὑπακούειν αὐτῇ ἐν³ ταῖς ἐπιθυ-
13 μίαις αὐτοῦ· μηδὲ παριστάνετε τὰ μέλη ὑμῶν
ὅπλα ἀδικίας τῇ ἁμαρτίᾳ· ἀλλὰ παραστήσατε

¹ ἐπιμένωμεν   ² om. τῷ Κυρίῳ ἡμῶν   ³ om. αὐτῇ ἐν

έαυτοὺς τῷ Θεῷ ὡς⁴ ἐκ νεκρῶν ζῶντας, καὶ τὰ μέλη
ὑμῶν ὅπλα δικαιοσύνης τῷ Θεῷ. ἁμαρτία γὰρ 14
ὑμῶν οὐ κυριεύσει· οὐ γάρ ἐστε ὑπὸ νόμον, ἀλλ'
ὑπὸ χάριν.

Τί οὖν; ἁμαρτήσομεν⁵, ὅτι οὐκ ἐσμὲν ὑπὸ νόμον, 15
ἀλλ' ὑπὸ χάριν; μὴ γένοιτο. οὐκ οἴδατε ὅτι ᾧ 16
παριστάνετε ἑαυτοὺς δούλους εἰς ὑπακοήν, δοῦλοί
ἐστε ᾧ ὑπακούετε, ἤτοι ἁμαρτίας εἰς θάνατον, ἢ
ὑπακοῆς εἰς δικαιοσύνην; χάρις δὲ τῷ Θεῷ, ὅτι 17
ἦτε δοῦλοι τῆς ἁμαρτίας, ὑπηκούσατε δὲ ἐκ καρδίας
εἰς ὃν παρεδόθητε τύπον διδαχῆς· ἐλευθερωθέντες 18
δὲ ἀπὸ τῆς ἁμαρτίας, ἐδουλώθητε τῇ δικαιοσύνῃ.
ἀνθρώπινον λέγω διὰ τὴν ἀσθένειαν τῆς σαρκὸς 19
ὑμῶν· ὥσπερ γὰρ παρεστήσατε τὰ μέλη ὑμῶν
δοῦλα τῇ ἀκαθαρσίᾳ καὶ τῇ ἀνομίᾳ εἰς τὴν ἀνομίαν,
οὕτω νῦν παραστήσατε τὰ μέλη ὑμῶν δοῦλα τῇ
δικαιοσύνῃ εἰς ἁγιασμόν. ὅτε γὰρ δοῦλοι ἦτε τῆς 20
ἁμαρτίας, ἐλεύθεροι ἦτε τῇ δικαιοσύνῃ. τίνα οὖν 21
καρπὸν εἴχετε τότε ἐφ' οἷς νῦν ἐπαισχύνεσθε; τὸ
γὰρ τέλος ἐκείνων θάνατος. νυνὶ δὲ ἐλευθερωθέν- 22
τες ἀπὸ τῆς ἁμαρτίας, δουλωθέντες δὲ τῷ Θεῷ,
ἔχετε τὸν καρπὸν ὑμῶν εἰς ἁγιασμόν, τὸ δὲ τέλος
ζωὴν αἰώνιον. τὰ γὰρ ὀψώνια τῆς ἁμαρτίας 23
θάνατος, τὸ δὲ χάρισμα τοῦ Θεοῦ ζωὴ αἰώνιος ἐν
Χριστῷ Ἰησοῦ τῷ Κυρίῳ ἡμῶν.

Ἢ ἀγνοεῖτε, ἀδελφοί (γινώσκουσι γὰρ νόμον VII.
λαλῶ), ὅτι ὁ νόμος κυριεύει τοῦ ἀνθρώπου ἐφ'
ὅσον χρόνον ζῇ; ἡ γὰρ ὕπανδρος γυνὴ τῷ ζῶντι 2
ἀνδρὶ δέδεται νόμῳ· ἐὰν δὲ ἀποθάνῃ ὁ ἀνήρ, κατήρ-
γηται ἀπὸ τοῦ νόμου τοῦ ἀνδρός. ἄρα οὖν ζῶντος 3
τοῦ ἀνδρὸς μοιχαλὶς χρηματίσει, ἐὰν γένηται ἀνδρὶ

⁴ ὡσεὶ   ⁵ ἁμαρτήσωμεν

ἑτέρῳ· ἐὰν δὲ ἀποθάνῃ ὁ ἀνήρ, ἐλευθέρα ἐστὶν ἀπὸ
τοῦ νόμου, τοῦ μὴ εἶναι αὐτὴν μοιχαλίδα, γενομέ-
4 νην ἀνδρὶ ἑτέρῳ. ὥστε, ἀδελφοί μου, καὶ ὑμεῖς
ἐθανατώθητε τῷ νόμῳ διὰ τοῦ σώματος τοῦ Χρι-
στοῦ, εἰς τὸ γενέσθαι ὑμᾶς ἑτέρῳ, τῷ ἐκ νεκρῶν
5 ἐγερθέντι, ἵνα καρποφορήσωμεν τῷ Θεῷ. ὅτε γὰρ
ἦμεν ἐν τῇ σαρκί, τὰ παθήματα τῶν ἁμαρτιῶν τὰ
διὰ τοῦ νόμου ἐνηργεῖτο ἐν τοῖς μέλεσιν ἡμῶν εἰς
6 τὸ καρποφορῆσαι τῷ θανάτῳ. νυνὶ δὲ κατηργήθη-
μεν ἀπὸ τοῦ νόμου, ἀποθανόντος[1] ἐν ᾧ κατειχόμεθα,
ὥστε δουλεύειν ἡμᾶς ἐν καινότητι πνεύματος, καὶ
οὐ παλαιότητι γράμματος.
7 Τί οὖν ἐροῦμεν; ὁ νόμος ἁμαρτία; μὴ γένοιτο·
ἀλλὰ τὴν ἁμαρτίαν οὐκ ἔγνων, εἰ μὴ διὰ νόμου· τήν
τε γὰρ ἐπιθυμίαν οὐκ ᾔδειν, εἰ μὴ ὁ νόμος ἔλεγεν,
8 Οὐκ ἐπιθυμήσεις· ἀφορμὴν δὲ λαβοῦσα ἡ ἁμαρτία
διὰ τῆς ἐντολῆς κατειργάσατο ἐν ἐμοὶ πᾶσαν ἐπι-
9 θυμίαν· χωρὶς γὰρ νόμου ἁμαρτία νεκρά. ἐγὼ δὲ
ἔζων χωρὶς νόμου ποτέ· ἐλθούσης δὲ τῆς ἐντολῆς,
10 ἡ ἁμαρτία ἀνέζησεν, ἐγὼ δὲ ἀπέθανον· καὶ εὑρέθη
11 μοι ἡ ἐντολὴ ἡ εἰς ζωήν, αὕτη εἰς θάνατον· ἡ γὰρ
ἁμαρτία ἀφορμὴν λαβοῦσα διὰ τῆς ἐντολῆς ἐξηπά-
12 τησέ με, καὶ δι᾽ αὐτῆς ἀπέκτεινεν. ὥστε ὁ μὲν
νόμος ἅγιος, καὶ ἡ ἐντολὴ ἁγία καὶ δικαία καὶ
13 ἀγαθή. τὸ οὖν ἀγαθὸν ἐμοὶ γέγονε[2] θάνατος; μὴ
γένοιτο. ἀλλὰ ἡ ἁμαρτία, ἵνα φανῇ ἁμαρτία, διὰ
τοῦ ἀγαθοῦ μοι κατεργαζομένη θάνατον,—ἵνα γένη-
ται καθ᾽ ὑπερβολὴν ἁμαρτωλὸς ἡ ἁμαρτία διὰ τῆς
14 ἐντολῆς. οἴδαμεν γὰρ ὅτι ὁ νόμος πνευματικός
ἐστιν· ἐγὼ δὲ σαρκικός[3] εἰμι, πεπραμένος ὑπὸ τὴν
15 ἁμαρτίαν. ὃ γὰρ κατεργάζομαι, οὐ γινώσκω· οὐ

---

[1] ἀποθανόντες   [2] ἐγένετο   [3] σάρκινος

γὰρ ὃ θέλω, τοῦτο πράσσω· ἀλλ' ὃ μισῶ, τοῦτο
ποιῶ. εἰ δὲ ὃ οὐ θέλω, τοῦτο ποιῶ, σύμφημι τῷ 16
νόμῳ ὅτι καλός. νυνὶ δὲ οὐκέτι ἐγὼ κατεργάζομαι 17
αὐτό, ἀλλ' ἡ οἰκοῦσα ἐν ἐμοὶ ἁμαρτία. οἶδα γὰρ 18
ὅτι οὐκ οἰκεῖ ἐν ἐμοί, τοῦτ' ἔστιν ἐν τῇ σαρκί μου,
ἀγαθόν· τὸ γὰρ θέλειν παράκειταί μοι, τὸ δὲ κατ-
εργάζεσθαι τὸ καλὸν οὐχ εὑρίσκω⁴. οὐ γὰρ ὃ θέλω, 19
ποιῶ ἀγαθόν· ἀλλ' ὃ οὐ θέλω κακόν, τοῦτο πράσσω.
εἰ δὲ ὃ οὐ θέλω ἐγώ⁵, τοῦτο ποιῶ, οὐκέτι ἐγὼ κατερ- 20
γάζομαι αὐτό, ἀλλ' ἡ οἰκοῦσα ἐν ἐμοὶ ἁμαρτία.
εὑρίσκω ἄρα τὸν νόμον τῷ θέλοντι ἐμοὶ ποιεῖν τὸ 21
καλόν, ὅτι ἐμοὶ τὸ κακὸν παράκειται. συνήδομαι 22
γὰρ τῷ νόμῳ τοῦ Θεοῦ κατὰ τὸν ἔσω ἄνθρωπον·
βλέπω δὲ ἕτερον νόμον ἐν τοῖς μέλεσί μου ἀντι- 23
στρατευόμενον τῷ νόμῳ τοῦ νοός μου, καὶ αἰχμα-
λωτίζοντά με⁶ τῷ νόμῳ τῆς ἁμαρτίας τῷ ὄντι ἐν
τοῖς μέλεσί μου. ταλαίπωρος ἐγὼ ἄνθρωπος· τίς 24
με ῥύσεται ἐκ τοῦ σώματος τοῦ θανάτου τούτου;
εὐχαριστῶ⁷ τῷ Θεῷ διὰ Ἰησοῦ Χριστοῦ τοῦ Κυρίου 25
ἡμῶν. ἄρα οὖν αὐτὸς ἐγὼ τῷ μὲν νοῒ δουλεύω
νόμῳ Θεοῦ, τῇ δὲ σαρκὶ νόμῳ ἁμαρτίας.

Οὐδὲν ἄρα νῦν κατάκριμα τοῖς ἐν Χριστῷ Ἰη- VIII.
σοῦ, μὴ κατὰ σάρκα περιπατοῦσιν, ἀλλὰ κατὰ πνεῦμα¹. ὁ 2
γὰρ νόμος τοῦ πνεύματος τῆς ζωῆς ἐν Χριστῷ
Ἰησοῦ ἠλευθέρωσέ με ἀπὸ τοῦ νόμου τῆς ἁμαρτίας
καὶ τοῦ θανάτου. τὸ γὰρ ἀδύνατον τοῦ νόμου, ἐν 3
ᾧ ἠσθένει διὰ τῆς σαρκός, ὁ Θεὸς τὸν ἑαυτοῦ υἱὸν
πέμψας ἐν ὁμοιώματι σαρκὸς ἁμαρτίας καὶ περὶ
ἁμαρτίας κατέκρινε τὴν ἁμαρτίαν ἐν τῇ σαρκί· ἵνα 4
τὸ δικαίωμα τοῦ νόμου πληρωθῇ ἐν ἡμῖν, τοῖς μὴ

---

⁴ οὗ   ⁵ om. ἐγώ   ⁶ add ἐν text, not marg.
⁷ Marg. χάρις δὲ   ¹ om. , μὴ κατὰ σάρκα περιπατοῦσιν, ἀλλὰ
κατὰ πνεῦμα

κατὰ σάρκα περιπατοῦσιν, ἀλλὰ κατὰ πνεῦμα.
5 οἱ γὰρ κατὰ σάρκα ὄντες τὰ τῆς σαρκὸς φρονοῦσιν·
6 οἱ δὲ κατὰ πνεῦμα τὰ τοῦ πνεύματος. τὸ γὰρ
φρόνημα τῆς σαρκὸς θάνατος· τὸ δὲ φρόνημα τοῦ
7 πνεύματος ζωὴ καὶ εἰρήνη· διότι τὸ φρόνημα τῆς
σαρκὸς ἔχθρα εἰς Θεόν, τῷ γὰρ νόμῳ τοῦ Θεοῦ
8 οὐχ ὑποτάσσεται, οὐδὲ γὰρ δύναται· οἱ δὲ ἐν σαρκὶ
9 ὄντες Θεῷ ἀρέσαι οὐ δύνανται. ὑμεῖς δὲ οὐκ
ἐστὲ ἐν σαρκί, ἀλλ᾽ ἐν πνεύματι, εἴπερ Πνεῦμα
Θεοῦ οἰκεῖ ἐν ὑμῖν. εἰ δέ τις Πνεῦμα Χριστοῦ οὐκ
10 ἔχει, οὗτος οὐκ ἔστιν αὐτοῦ. εἰ δὲ Χριστὸς ἐν
ὑμῖν, τὸ μὲν σῶμα νεκρὸν δι᾽ ἁμαρτίαν, τὸ δὲ
11 πνεῦμα ζωὴ διὰ δικαιοσύνην. εἰ δὲ τὸ Πνεῦμα τοῦ
ἐγείραντος Ἰησοῦν ἐκ νεκρῶν οἰκεῖ ἐν ὑμῖν, ὁ ἐγεί-
ρας τὸν² Χριστὸν³ ἐκ νεκρῶν ζωοποιήσει καὶ τὰ
θνητὰ σώματα ὑμῶν, διὰ τοῦ ἐνοικοῦντος αὐτοῦ Πνεύμα-
τος⁴ ἐν ὑμῖν.

12 Ἄρα οὖν, ἀδελφοί, ὀφειλέται ἐσμέν, οὐ τῇ σαρκί,
13 τοῦ κατὰ σάρκα ζῆν· εἰ γὰρ κατὰ σάρκα ζῆτε,
μέλλετε ἀποθνήσκειν· εἰ δὲ πνεύματι τὰς πράξεις
14 τοῦ σώματος θανατοῦτε, ζήσεσθε. ὅσοι γὰρ Πνεύ-
15 ματι Θεοῦ ἄγονται, οὗτοί εἰσιν υἱοὶ Θεοῦ. οὐ γὰρ
ἐλάβετε πνεῦμα δουλείας πάλιν εἰς φόβον, ἀλλ᾽
ἐλάβετε πνεῦμα υἱοθεσίας, ἐν ᾧ κράζομεν, Ἀββᾶ,
16 ὁ πατήρ. αὐτὸ τὸ Πνεῦμα συμμαρτυρεῖ τῷ πνεύ-
17 ματι ἡμῶν, ὅτι ἐσμὲν τέκνα Θεοῦ· εἰ δὲ τέκνα,
καὶ κληρονόμοι· κληρονομοι μὲν Θεοῦ, συγκληρο-
νόμοι δὲ Χριστοῦ· εἴπερ συμπάσχομεν, ἵνα καὶ
συνδοξασθῶμεν.

18 Λογίζομαι γὰρ ὅτι οὐκ ἄξια τὰ παθήματα τοῦ
νῦν καιροῦ πρὸς τὴν μέλλουσαν δόξαν ἀποκαλυφ-

---

² om. τὸν   ³ add Ἰησοῦν   ⁴ Marg. τὸ ἐνοικοῦν αὐτοῦ Πνεῦμα

θῆναι εἰς ἡμᾶς. ἡ γὰρ ἀποκαραδοκία τῆς κτίσεως 19
τὴν ἀποκάλυψιν τῶν υἱῶν τοῦ Θεοῦ ἀπεκδέχεται.
τῇ γὰρ ματαιότητι ἡ κτίσις ὑπετάγη, οὐχ ἑκοῦσα, 20
ἀλλὰ διὰ τὸν ὑποτάξαντα, ἐπ᾽ ἐλπίδι· ὅτι*⁵ καὶ 21
αὐτὴ ἡ κτίσις ἐλευθερωθήσεται ἀπὸ τῆς δουλείας
τῆς φθορᾶς εἰς τὴν ἐλευθερίαν τῆς δόξης τῶν τέκνων
τοῦ Θεοῦ. οἴδαμεν γὰρ ὅτι πᾶσα ἡ κτίσις συστε- 22
νάζει καὶ συνωδίνει ἄχρι τοῦ νῦν. οὐ μόνον δέ, 23
ἀλλὰ καὶ αὐτοὶ τὴν ἀπαρχὴν τοῦ Πνεύματος ἔχον-
τες⁶, καὶ ἡμεῖς⁷ αὐτοὶ ἐν ἑαυτοῖς στενάζομεν, υἱοθεσίαν
ἀπεκδεχόμενοι, τὴν ἀπολύτρωσιν τοῦ σώματος ἡμῶν.
τῇ γὰρ ἐλπίδι ἐσώθημεν· ἐλπὶς δὲ βλεπομένη 24
οὐκ ἔστιν ἐλπίς· ὃ γὰρ βλέπει τις, τί καὶ⁸ ἐλπίζει⁹; εἰ 25
δὲ ὃ οὐ βλέπομεν ἐλπίζομεν, δι᾽ ὑπομονῆς ἀπεκδε-
χόμεθα.

Ὡσαύτως δὲ καὶ τὸ Πνεῦμα συναντιλαμβάνεται 26
ταῖς ἀσθενείαις¹⁰ ἡμῶν· τὸ γὰρ τί προσευξώμεθα καθὸ
δεῖ, οὐκ οἴδαμεν, ἀλλ᾽ αὐτὸ τὸ πνεῦμα ὑπερεν-
τυγχάνει ὑπὲρ ἡμῶν¹¹ στεναγμοῖς ἀλαλήτοις· ὁ δὲ 27
ἐρευνῶν τὰς καρδίας οἶδε τί τὸ φρόνημα τοῦ Πνεύ-
ματος, ὅτι κατὰ Θεὸν ἐντυγχάνει ὑπὲρ ἁγίων.
οἴδαμεν δὲ ὅτι τοῖς ἀγαπῶσι τὸν Θεὸν πάντα 28
συνεργεῖ¹² εἰς ἀγαθόν, τοῖς κατὰ πρόθεσιν κλητοῖς
οὖσιν. ὅτι οὓς προέγνω, καὶ προώρισε συμμόρφους 29
τῆς εἰκόνος τοῦ υἱοῦ αὐτοῦ, εἰς τὸ εἶναι αὐτὸν πρω-
τότοκον ἐν πολλοῖς ἀδελφοῖς· οὓς δὲ προώρισε, 30
τούτους καὶ ἐκάλεσε· καὶ οὓς ἐκάλεσε, τούτους
καὶ ἐδικαίωσεν· οὓς δὲ ἐδικαίωσε, τούτους καὶ ἐδό-
ξασε.

---

⁵ (ἐπ᾽ ἐλπίδι ὅτι text, not marg.)　⁶ add ἡμεῖς　⁷ om.
ἡμεῖς　⁸ om. τί καὶ (βλέπει, τίς ἐλπίζει;) text, not marg.
⁹ Marg. ὑπομένει　¹⁰ τῇ ἀσθενείᾳ　¹¹ om. ὑπὲρ ἡμῶν
¹² Marg. adds ὁ Θεὸς

31 Τί οὖν ἐροῦμεν πρὸς ταῦτα; εἰ ὁ Θεὸς ὑπὲρ ἡμῶν,
32 τίς καθ' ἡμῶν; ὅς γε τοῦ ἰδίου υἱοῦ οὐκ ἐφείσατο,
ἀλλ' ὑπὲρ ἡμῶν πάντων παρέδωκεν αὐτόν, πῶς
33 οὐχὶ καὶ σὺν αὐτῷ τὰ πάντα ἡμῖν χαρίσεται; τίς
ἐγκαλέσει κατὰ ἐκλεκτῶν Θεοῦ; Θεὸς ὁ δικαιῶν·[13]
34 τίς ὁ κατακρίνων[14]; Χριστὸς[15] ὁ ἀποθανών, μᾶλλον
δὲ καὶ[16] ἐγερθείς[17], ὃς καὶ[18] ἔστιν ἐν δεξιᾷ τοῦ Θεοῦ,
35 ὃς καὶ ἐντυγχάνει ὑπὲρ ἡμῶν[19]. τίς ἡμᾶς χωρίσει
ἀπὸ τῆς ἀγάπης τοῦ Χριστοῦ[20]; θλίψις, ἢ στε-
νοχωρία, ἢ διωγμός, ἢ λιμός, ἢ γυμνότης, ἢ κίν-
36 δυνος, ἢ μάχαιρα; καθὼς γέγραπται ὅτι "Ἕνεκά
σου θανατούμεθα ὅλην τὴν ἡμέραν· ἐλογίσθημεν ὡς
37 πρόβατα σφαγῆς. ἀλλ' ἐν τούτοις πᾶσιν ὑπερ-
38 νικῶμεν διὰ τοῦ ἀγαπήσαντος ἡμᾶς. πέπεισμαι γὰρ
ὅτι οὔτε θάνατος οὔτε ζωὴ οὔτε ἄγγελοι οὔτε ἀρχαὶ
39 οὔτε δυνάμεις[21] οὔτε ἐνεστῶτα οὔτε μέλλοντα[22] οὔτε
ὕψωμα οὔτε βάθος οὔτε τις κτίσις ἑτέρα δυνήσεται
ἡμᾶς χωρίσαι ἀπὸ τῆς ἀγάπης τοῦ Θεοῦ τῆς ἐν
Χριστῷ Ἰησοῦ τῷ Κυρίῳ ἡμῶν.

IX. Ἀλήθειαν λέγω ἐν Χριστῷ, οὐ ψεύδομαι, συμ-
μαρτυρούσης μοι τῆς συνειδήσεώς μου ἐν Πνεύματι
2 Ἁγίῳ, ὅτι λύπη μοι ἐστὶ μεγάλη, καὶ ἀδιάλειπτος
3 ὀδύνη τῇ καρδίᾳ μου. ηὐχόμην γὰρ αὐτὸς ἐγὼ ἀνά-
θεμα εἶναι[1] ἀπὸ τοῦ Χριστοῦ ὑπὲρ τῶν ἀδελφῶν μου,
4 τῶν συγγενῶν μου κατὰ σάρκα· οἵτινές εἰσιν Ἰσρα-
ηλῖται, ὧν ἡ υἱοθεσία καὶ ἡ δόξα καὶ αἱ διαθῆκαι
καὶ ἡ νομοθεσία καὶ ἡ λατρεία καὶ αἱ ἐπαγγελίαι,
5 ὧν οἱ πατέρες, καὶ ἐξ ὧν ὁ Χριστὸς τὸ κατὰ σάρκα[2],

---

[13] (Marg. ; for ·)   [14] κατακρινῶν   [15] add Ἰησοῦς
[16] om. καὶ   [17] add ἐκ νεκρῶν   [18] om. καὶ   [19] (Marg.
; for .)   [20] Marg. Θεοῦ   [21] om. οὔτε δυνάμεις   [22] add
οὔτε δυνάμεις   [1] ἀνάθεμα εἶναι αὐτὸς ἐγὼ   [2] (Marg.
σάρκα. some modern interpreters)

ὁ ὢν ἐπὶ πάντων³, Θεὸς εὐλογητὸς εἰς τοὺς αἰῶνας.
ἀμήν. οὐχ οἷον δὲ ὅτι ἐκπέπτωκεν ὁ λόγος τοῦ 6
Θεοῦ. οὐ γὰρ πάντες οἱ ἐξ Ἰσραήλ, οὗτοι Ἰσραήλ·
οὐδ' ὅτι εἰσὶ σπέρμα Ἀβραάμ, πάντες τέκνα· ἀλλ' 7
Ἐν Ἰσαὰκ κληθήσεταί σοι σπέρμα. τοῦτ' ἔστιν, οὐ 8
τὰ τέκνα τῆς σαρκός, ταῦτα τέκνα τοῦ Θεοῦ· ἀλλὰ
τὰ τέκνα τῆς ἐπαγγελίας λογίζεται εἰς σπέρμα.
ἐπαγγελίας γὰρ ὁ λόγος οὗτος, Κατὰ τὸν καιρὸν 9
τοῦτον ἐλεύσομαι, καὶ ἔσται τῇ Σάρρᾳ υἱός. οὐ 10
μόνον δέ, ἀλλὰ καὶ Ῥεβέκκα ἐξ ἑνὸς κοίτην ἔχουσα,
Ἰσαὰκ τοῦ πατρὸς ἡμῶν—μήπω γὰρ γεννηθέντων, 11
μηδὲ πραξάντων τι ἀγαθὸν ἢ κακόν⁴, ἵνα ἡ κατ'
ἐκλογὴν τοῦ Θεοῦ πρόθεσις⁵ μένῃ, οὐκ ἐξ ἔργων, ἀλλ'
ἐκ τοῦ καλοῦντος, ἐρρήθη αὐτῇ ὅτι Ὁ μείζων δου- 12
λεύσει τῷ ἐλάσσονι. καθὼς γέγραπται, Τὸν Ἰακὼβ 13
ἠγάπησα, τὸν δὲ Ἠσαῦ ἐμίσησα.

Τί οὖν ἐροῦμεν; μὴ ἀδικία παρὰ τῷ Θεῷ; μὴ 14
γένοιτο. τῷ γὰρ Μωσῇ λέγει, Ἐλεήσω ὃν ἂν ἐλεῶ, 15
καὶ οἰκτειρήσω ὃν ἂν οἰκτείρω. ἄρα οὖν οὐ τοῦ 16
θέλοντος, οὐδὲ τοῦ τρέχοντος, ἀλλὰ τοῦ ἐλεοῦντος
Θεοῦ. λέγει γὰρ ἡ γραφὴ τῷ Φαραὼ ὅτι Εἰς αὐτὸ 17
τοῦτο ἐξήγειρά σε, ὅπως ἐνδείξωμαι ἐν σοὶ τὴν
δύναμίν μου, καὶ ὅπως διαγγελῇ τὸ ὄνομά μου ἐν
πάσῃ τῇ γῇ. ἄρα οὖν ὃν θέλει ἐλεεῖ· ὃν δὲ θέλει 18
σκληρύνει.

Ἐρεῖς οὖν μοι⁶, Τί ἔτι μέμφεται; τῷ γὰρ βουλή- 19
ματι αὐτοῦ τίς ἀνθέστηκε; μενοῦνγε, ὦ ἄνθρωπε⁷, σὺ τίς 20
εἰ ὁ ἀνταποκρινόμενος τῷ Θεῷ; μὴ ἐρεῖ τὸ πλάσμα
τῷ πλάσαντι, Τί με ἐποίησας οὕτως; ἢ οὐκ ἔχει 21
ἐξουσίαν ὁ κεραμεὺς τοῦ πηλοῦ, ἐκ τοῦ αὐτοῦ φυρά-
ματος ποιῆσαι ὃ μὲν εἰς τιμὴν σκεῦος, ὃ δὲ εἰς

³ (Marg. πάντων. other moderns)   ⁴ φαῦλον   ⁵ πρό-
θεσις τοῦ Θεοῦ   ⁶ μοι οὖν   ⁷ ὦ ἄνθρωπε, μενοῦνγε

22 ἀτιμίαν; εἰ δὲ θέλων ὁ Θεὸς ἐνδείξασθαι τὴν ὀργήν,
καὶ γνωρίσαι τὸ δυνατὸν αὐτοῦ, ἤνεγκεν ἐν πολλῇ
μακροθυμίᾳ σκεύη ὀργῆς κατηρτισμένα εἰς ἀπώλειαν·
23 καὶ⁸ ἵνα γνωρίσῃ τὸν πλοῦτον τῆς δόξης αὐτοῦ ἐπὶ
24 σκεύη ἐλέους, ἃ προητοίμασεν εἰς δόξαν, οὓς καὶ
ἐκάλεσεν ἡμᾶς οὐ μόνον ἐξ Ἰουδαίων, ἀλλὰ καὶ ἐξ
25 ἐθνῶν; ὡς καὶ ἐν τῷ Ὡσηὲ λέγει, Καλέσω τὸν οὐ
λαόν μου λαόν μου· καὶ τὴν οὐκ ἠγαπημένην
26 ἠγαπημένην. καὶ ἔσται, ἐν τῷ τόπῳ οὗ ἐρρήθη
αὐτοῖς, Οὐ λαός μου ὑμεῖς, ἐκεῖ κληθήσονται υἱοὶ
27 Θεοῦ ζῶντος. Ἡσαΐας δὲ κράζει ὑπὲρ τοῦ Ἰσραήλ,
Ἐὰν ᾖ ὁ ἀριθμὸς τῶν υἱῶν Ἰσραὴλ ὡς ἡ ἄμμος τῆς
28 θαλάσσης, τὸ κατάλειμμα⁹ σωθήσεται· λόγον γὰρ συν-
τελῶν καὶ συντέμνων ἐν δικαιοσύνῃ· ὅτι λόγον συντετμη-
29 μένον¹⁰ ποιήσει Κύριος ἐπὶ τῆς γῆς. καὶ καθὼς
προείρηκεν Ἡσαΐας, Εἰ μὴ Κύριος Σαβαὼθ ἐγκατ-
έλιπεν ἡμῖν σπέρμα, ὡς Σόδομα ἂν ἐγενήθημεν,
καὶ ὡς Γόμορρα ἂν ὡμοιώθημεν.

30 Τί οὖν ἐροῦμεν; ὅτι ἔθνη, τὰ μὴ διώκοντα δικαιο-
σύνην, κατέλαβε δικαιοσύνην, δικαιοσύνην δὲ τὴν
31 ἐκ πίστεως· Ἰσραὴλ δέ, διώκων νόμον δικαιοσύνης,
32 εἰς νόμον δικαιοσύνης¹¹ οὐκ ἔφθασε. διατί; ὅτι οὐκ
ἐκ πίστεως, ἀλλ' ὡς ἐξ ἔργων νόμου¹². ¹³ προσέκο-
33 ψαν γὰρ¹⁴ τῷ λίθῳ τοῦ προσκόμματος, καθὼς γέ-
γραπται, Ἰδοὺ τίθημι ἐν Σιὼν λίθον προσκόμματος
καὶ πέτραν σκανδάλου· καὶ πᾶς¹⁵ ὁ πιστεύων ἐπ'
αὐτῷ οὐ καταισχυνθήσεται.

X. Ἀδελφοί, ἡ μὲν εὐδοκία τῆς ἐμῆς καρδίας καὶ
ἡ δέησις ἡ¹ πρὸς τὸν Θεὸν ὑπὲρ τοῦ Ἰσραήλ ἐστιν²

---

⁸ *Marg. om.* καὶ   ⁹ ὑπόλειμμα   ¹⁰ *om.* ἐν δικαιοσύνῃ·
ὅτι λόγον συντετμημένον   ¹¹ *om.* δικαιοσύνης   ¹² *om.*
νόμου   ¹³ (*Marg.* , *for* ·)   ¹⁴ *om.* γὰρ   ¹⁵ *om.* πᾶς
¹ *om.* ἡ   ² αὐτῶν

εἰς σωτηρίαν. μαρτυρῶ γὰρ αὐτοῖς ὅτι ζῆλον Θεοῦ 2
ἔχουσιν, ἀλλ᾿ οὐ κατ᾿ ἐπίγνωσιν. ἀγνοοῦντες γὰρ 3
τὴν τοῦ Θεοῦ δικαιοσύνην, καὶ τὴν ἰδίαν δικαιοσύνην³
ζητοῦντες στῆσαι, τῇ δικαιοσύνῃ τοῦ Θεοῦ οὐχ ὑπε-
τάγησαν. τέλος γὰρ νόμου Χριστὸς εἰς δικαιοσύνην 4
παντὶ τῷ πιστεύοντι. Μωσῆς γὰρ γράφει⁴ τὴν δι- 5
καιοσύνην τὴν ἐκ τοῦ⁵ νόμου, ὅτι⁶ ὁ ποιήσας αὐτὰ⁷
ἄνθρωπος ζήσεται ἐν αὐτοῖς⁸. ἡ δὲ ἐκ πίστεως 6
δικαιοσύνη οὕτω λέγει, Μὴ εἴπῃς ἐν τῇ καρδίᾳ
σου, Τίς ἀναβήσεται εἰς τὸν οὐρανόν; (τοῦτ᾿ ἔστι
Χριστὸν καταγαγεῖν·) ἤ, Τίς καταβήσεται εἰς τὴν 7
ἄβυσσον; (τοῦτ᾿ ἔστι Χριστὸν ἐκ νεκρῶν ἀναγα-
γεῖν.) ἀλλὰ τί λέγει; Ἐγγύς σου τὸ ῥῆμά ἐστιν, 8
ἐν τῷ στόματί σου καὶ ἐν τῇ καρδίᾳ σου· τοῦτ᾿ ἔστι
τὸ ῥῆμα τῆς πίστεως ὃ κηρύσσομεν· ὅτι ἐὰν ὁμολο- 9
γήσῃς⁹ ἐν τῷ στόματί σου Κύριον Ἰησοῦν¹⁰, καὶ πισ-
τεύσῃς ἐν τῇ καρδίᾳ σου ὅτι ὁ Θεὸς αὐτὸν ἤγειρεν
ἐκ νεκρῶν, σωθήσῃ· καρδίᾳ γὰρ πιστεύεται εἰς δι- 10
καιοσύνην, στόματι δὲ ὁμολογεῖται εἰς σωτηρίαν.
λέγει γὰρ ἡ γραφή, Πᾶς ὁ πιστεύων ἐπ᾿ αὐτῷ οὐ κατ- 11
αισχυνθήσεται. οὐ γάρ ἐστι διαστολὴ Ἰουδαίου τε 12
καὶ Ἕλληνος· ὁ γὰρ αὐτὸς Κύριος πάντων, πλουτῶν
εἰς πάντας τοὺς ἐπικαλουμένους αὐτόν. πᾶς γὰρ ὃς 13
ἂν ἐπικαλέσηται τὸ ὄνομα Κυρίου σωθήσεται. πῶς
οὖν ἐπικαλέσονται¹¹ εἰς ὃν οὐκ ἐπίστευσαν; πῶς δὲ πι- 14
στεύσουσιν¹² οὗ οὐκ ἤκουσαν; πῶς δὲ ἀκούσουσι¹³ χωρὶς
κηρύσσοντος; πῶς δὲ κηρύξουσιν¹⁴ ἐὰν μὴ ἀποσταλῶ- 15
σι; καθὼς γέγραπται, Ὡς ὡραῖοι οἱ πόδες τῶν εὐαγ-
γελιζομένων εἰρήνην,¹⁵ τῶν εὐαγγελιζομένων τὰ¹⁶ ἀγαθά.

³ om. δικαιοσύνην ⁴ add ὅτι ⁵ om. τοῦ ⁶ om., ὅτι
⁷ om. αὐτὰ ⁸ αὐτῇ ⁹ Marg. adds τὸ ῥῆμα ¹⁰ Marg. ὅτι
Κύριος Ἰησοῦς ¹¹ ἐπικαλέσωνται ¹² πιστεύσωσιν ¹³ ἀκούσωσι
¹⁴ κηρύξωσιν ¹⁵ om. τῶν εὐαγγελιζομένων εἰρήνην, ¹⁶ om. τὰ

16 Ἀλλ' οὐ πάντες ὑπήκουσαν τῷ εὐαγγελίῳ.
Ἠσαΐας γὰρ λέγει, Κύριε, τίς ἐπίστευσε τῇ ἀκοῇ
17 ἡμῶν; ἄρα ἡ πίστις ἐξ ἀκοῆς, ἡ δὲ ἀκοὴ διὰ
18 ῥήματος Θεοῦ[17]. ἀλλὰ λέγω, Μὴ οὐκ ἤκουσαν;
μενοῦνγε· εἰς πᾶσαν τὴν γῆν ἐξῆλθεν ὁ φθόγγος
αὐτῶν, καὶ εἰς τὰ πέρατα τῆς οἰκουμένης τὰ ῥήματα
19 αὐτῶν. ἀλλὰ λέγω, Μὴ οὐκ ἔγνω Ἰσραήλ[18]; πρῶτος
Μωσῆς λέγει, Ἐγὼ παραζηλώσω ὑμᾶς ἐπ' οὐκ ἔθνει,
20 ἐπὶ ἔθνει ἀσυνέτῳ παροργιῶ ὑμᾶς. Ἠσαΐας δὲ
ἀποτολμᾷ καὶ λέγει, Εὑρέθην τοῖς ἐμὲ μὴ ζητοῦσιν,
21 ἐμφανὴς ἐγενόμην τοῖς ἐμὲ μὴ ἐπερωτῶσι. πρὸς
δὲ τὸν Ἰσραὴλ λέγει, Ὅλην τὴν ἡμέραν ἐξεπέτασα
τὰς χεῖράς μου πρὸς λαὸν ἀπειθοῦντα καὶ ἀντι-
λέγοντα.

XI. Λέγω οὖν, Μὴ ἀπώσατο ὁ Θεὸς τὸν λαὸν αὐτοῦ;
μὴ γένοιτο. καὶ γὰρ ἐγὼ Ἰσραηλίτης εἰμί, ἐκ σπέρ-
2 ματος Ἀβραάμ, φυλῆς Βενιαμίν. οὐκ ἀπώσατο ὁ
Θεὸς τὸν λαὸν αὐτοῦ ὃν προέγνω. ἢ οὐκ οἴδατε ἐν
Ἠλίᾳ τί λέγει ἡ γραφή; ὡς ἐντυγχάνει τῷ Θεῷ
3 κατὰ τοῦ Ἰσραήλ, λέγων,[1] Κύριε, τοὺς προφήτας σου
ἀπέκτειναν, καὶ[2] τὰ θυσιαστήριά σου κατέσκαψαν·
κἀγὼ ὑπελείφθην μόνος, καὶ ζητοῦσι τὴν ψυχήν μου.
4 ἀλλὰ τί λέγει αὐτῷ ὁ χρηματισμός; Κατέλιπον
ἐμαυτῷ ἑπτακισχιλίους ἄνδρας, οἵτινες οὐκ ἔκαμ-
5 ψαν γόνυ τῇ Βάαλ. οὕτως οὖν καὶ ἐν τῷ νῦν καιρῷ
6 λεῖμμα κατ' ἐκλογὴν χάριτος γέγονεν. εἰ δὲ χάριτι,
οὐκέτι ἐξ ἔργων· ἐπεὶ ἡ χάρις οὐκέτι γίνεται χάρις.
εἰ δὲ ἐξ ἔργων, οὐκέτι ἐστὶ χάρις· ἐπεὶ τὸ ἔργον οὐκέτι ἐστὶν
7 ἔργον[3]. τί οὖν; ὃ ἐπιζητεῖ Ἰσραήλ, τούτου[4] οὐκ
ἐπέτυχεν, ἡ δὲ ἐκλογὴ ἐπέτυχεν, οἱ δὲ λοιποὶ ἐπωρώ-
8 θησαν· καθὼς γέγραπται, Ἔδωκεν αὐτοῖς ὁ Θεὸς

---

[17] Χριστοῦ   [18] Ἰσραὴλ οὐκ ἔγνω   [1] om. λέγων,   [2] om. καὶ
[3] om. εἰ δὲ ἐξ ἔργων to end of ver. 6   [4] τούτο

πνεῦμα κατανύξεως, ὀφθαλμοὺς τοῦ μὴ βλέπειν, καὶ
ὦτα τοῦ μὴ ἀκούειν, ἕως τῆς σήμερον ἡμέρας. καὶ 9
Δαβὶδ λέγει, Γενηθήτω ἡ τράπεζα αὐτῶν εἰς παγίδα,
καὶ εἰς θήραν, καὶ εἰς σκάνδαλον, καὶ εἰς ἀνταπόδομα
αὐτοῖς· σκοτισθήτωσαν οἱ ὀφθαλμοὶ αὐτῶν τοῦ μὴ 10
βλέπειν, καὶ τὸν νῶτον αὐτῶν διὰ παντὸς σύγκαμ-
ψον. λέγω οὖν, μὴ ἔπταισαν ἵνα πέσωσι; μὴ γέ- 11
νοιτο· ἀλλὰ τῷ αὐτῶν παραπτώματι ἡ σωτηρία τοῖς
ἔθνεσιν, εἰς τὸ παραζηλῶσαι αὐτούς. εἰ δὲ τὸ παρά- 12
πτωμα αὐτῶν πλοῦτος κόσμου, καὶ τὸ ἥττημα αὐτῶν
πλοῦτος ἐθνῶν, πόσῳ μᾶλλον τὸ πλήρωμα αὐτῶν;
Ὑμῖν γὰρ⁵ λέγω τοῖς ἔθνεσιν. ἐφ' ὅσον μέν⁶ εἰμι 13
ἐγὼ ἐθνῶν ἀπόστολος, τὴν διακονίαν μου δοξάζω·
εἴ πως παραζηλώσω μου τὴν σάρκα, καὶ σώσω 14
τινὰς ἐξ αὐτῶν. εἰ γὰρ ἡ ἀποβολὴ αὐτῶν καταλ- 15
λαγὴ κόσμου, τίς ἡ πρόσληψις, εἰ μὴ ζωὴ ἐκ νεκρῶν;
εἰ δὲ ἡ ἀπαρχὴ ἁγία, καὶ τὸ φύραμα· καὶ εἰ ἡ ῥίζα 16
ἁγία, καὶ οἱ κλάδοι. εἰ δέ τινες τῶν κλάδων ἐξε- 17
κλάσθησαν, σὺ δὲ ἀγριέλαιος ὢν ἐνεκεντρίσθης ἐν
αὐτοῖς, καὶ συγκοινωνὸς τῆς ῥίζης καὶ⁷ τῆς πιότητος
τῆς ἐλαίας ἐγένου, μὴ κατακαυχῶ τῶν κλάδων· εἰ 18
δὲ κατακαυχᾶσαι, οὐ σὺ τὴν ῥίζαν βαστάζεις, ἀλλ'
ἡ ῥίζα σέ. ἐρεῖς οὖν, Ἐξεκλάσθησαν οἱ⁸ κλάδοι, 19
ἵνα ἐγὼ ἐγκεντρισθῶ. καλῶς· τῇ ἀπιστίᾳ ἐξεκλά- 20
σθησαν, σὺ δὲ τῇ πίστει ἕστηκας. μὴ ὑψηλοφρό-
νει, ἀλλὰ φοβοῦ· εἰ γὰρ ὁ Θεὸς τῶν κατὰ φύσιν 21
κλάδων οὐκ ἐφείσατο, μήπως⁹ οὐδέ σου φείσηται¹⁰.
ἴδε οὖν χρηστότητα καὶ ἀποτομίαν Θεοῦ· ἐπὶ μὲν 22
τοὺς πεσόντας, ἀποτομίαν¹¹· ἐπὶ δέ σε, χρηστότητα¹²,
ἐὰν ἐπιμείνῃς τῇ χρηστότητι· ἐπεὶ καὶ σὺ ἐκκοπήσῃ.

⁵ δὲ   ⁶ (μὲν) add οὖν   ⁷ om. καὶ text, not marg.
⁸ om. οἱ   ⁹ om. μήπως   ¹⁰ φείσεται   ¹¹ ἀποτομία
¹² χρηστότης Θεοῦ

23 καὶ ἐκεῖνοι δέ, ἐὰν μὴ ἐπιμείνωσι τῇ ἀπιστίᾳ, ἐγκεν-
τρισθήσονται· δυνατὸς γάρ ἐστιν ὁ Θεὸς πάλιν
24 ἐγκεντρίσαι αὐτούς. εἰ γὰρ σὺ ἐκ τῆς κατὰ φύσιν
ἐξεκόπης ἀγριελαίου, καὶ παρὰ φύσιν ἐνεκεντρίσθης
εἰς καλλιέλαιον, πόσῳ μᾶλλον οὗτοι, οἱ κατὰ φύσιν,
ἐγκεντρισθήσονται τῇ ἰδίᾳ ἐλαίᾳ ;
25   Οὐ γὰρ θέλω ὑμᾶς ἀγνοεῖν, ἀδελφοί, τὸ μυστή-
ριον τοῦτο, ἵνα μὴ ἦτε παρ᾽ ἑαυτοῖς φρόνιμοι, ὅτι
πώρωσις ἀπὸ μέρους τῷ Ἰσραὴλ γέγονεν, ἄχρις οὗ
26 τὸ πλήρωμα τῶν ἐθνῶν εἰσέλθῃ· καὶ οὕτω πᾶς Ἰσ-
ραὴλ σωθήσεται· καθὼς γέγραπται, Ἥξει ἐκ Σιὼν
ὁ ῥυόμενος, καὶ¹³ ἀποστρέψει ἀσεβείας ἀπὸ Ἰακώβ·
27 καὶ αὕτη αὐτοῖς ἡ παρ᾽ ἐμοῦ διαθήκη, ὅταν ἀφέλω-
28 μαι τὰς ἁμαρτίας αὐτῶν. κατὰ μὲν* τὸ εὐαγγέ-
λιον, ἐχθροὶ δι᾽ ὑμᾶς· κατὰ δὲ τὴν ἐκλογήν, ἀγα-
29 πητοὶ διὰ τοὺς πατέρας. ἀμεταμέλητα γὰρ τὰ
30 χαρίσματα καὶ ἡ κλῆσις τοῦ Θεοῦ. ὥσπερ γὰρ
καὶ¹⁴ ὑμεῖς ποτὲ ἠπειθήσατε τῷ Θεῷ, νῦν δὲ ἠλεή-
31 θητε τῇ τούτων ἀπειθείᾳ· οὕτω καὶ οὗτοι νῦν
ἠπείθησαν, τῷ ὑμετέρῳ ἐλέει ἵνα καὶ αὐτοὶ¹⁵ ἐλεη-
32 θῶσι. συνέκλεισε γὰρ ὁ Θεὸς τοὺς πάντας εἰς
ἀπείθειαν, ἵνα τοὺς πάντας ἐλεήσῃ.
33   Ὦ βάθος πλούτου καὶ σοφίας καὶ γνώσεως
Θεοῦ. ὡς ἀνεξερεύνητα τὰ κρίματα αὐτοῦ, καὶ
34 ἀνεξιχνίαστοι αἱ ὁδοὶ αὐτοῦ. τίς γὰρ ἔγνω νοῦν
35 Κυρίου ; ἢ τίς σύμβουλος αὐτοῦ ἐγένετο ; ἢ τίς
36 προέδωκεν αὐτῷ, καὶ ἀνταποδοθήσεται αὐτῷ ; ὅτι
ἐξ αὐτοῦ καὶ δι᾽ αὐτοῦ καὶ εἰς αὐτὸν τὰ πάντα·
αὐτῷ ἡ δόξα εἰς τοὺς αἰῶνας. ἀμήν.
XII.   Παρακαλῶ οὖν ὑμᾶς, ἀδελφοί, διὰ τῶν οἰκτιρ-
μῶν τοῦ Θεοῦ, παραστῆσαι τὰ σώματα ὑμῶν θυ-

¹³ om. καὶ   ¹⁴ om. καὶ   ¹⁵ add νῦν

σίαν ζῶσαν, ἁγίαν, εὐάρεστον τῷ Θεῷ, τὴν λογικὴν
λατρείαν ὑμῶν. καὶ μὴ συσχηματίζεσθε τῷ αἰῶνι 2
τούτῳ, ἀλλὰ μεταμορφοῦσθε τῇ ἀνακαινώσει τοῦ
νοὸς ὑμῶν¹, εἰς τὸ δοκιμάζειν ὑμᾶς τί τὸ θέλημα
τοῦ Θεοῦ² τὸ ἀγαθὸν καὶ εὐάρεστον καὶ τέλειον.

Λέγω γάρ, διὰ τῆς χάριτος τῆς δοθείσης μοι, 3
παντὶ τῷ ὄντι ἐν ὑμῖν, μὴ ὑπερφρονεῖν παρ' ὃ δεῖ
φρονεῖν, ἀλλὰ φρονεῖν εἰς τὸ σωφρονεῖν, ἑκάστῳ
ὡς ὁ Θεὸς ἐμέρισε μέτρον πίστεως. καθάπερ γὰρ 4
ἐν ἑνὶ σώματι μέλη πολλὰ³ ἔχομεν, τὰ δὲ μέλη πάντα
οὐ τὴν αὐτὴν ἔχει πρᾶξιν· οὕτως οἱ πολλοὶ ἐν 5
σῶμά ἐσμεν ἐν Χριστῷ, ὁ⁴ δὲ καθ' εἷς ἀλλήλων
μέλη. ἔχοντες δὲ χαρίσματα κατὰ τὴν χάριν τὴν 6
δοθεῖσαν ἡμῖν διάφορα, εἴτε προφητείαν, κατὰ τὴν
ἀναλογίαν τῆς πίστεως· εἴτε διακονίαν, ἐν τῇ 7
διακονίᾳ· εἴτε ὁ διδάσκων, ἐν τῇ διδασκαλίᾳ· εἴτε 8
ὁ παρακαλῶν, ἐν τῇ παρακλήσει· ὁ μεταδιδούς, ἐν
ἁπλότητι· ὁ προϊστάμενος, ἐν σπουδῇ· ὁ ἐλεῶν, ἐν
ἱλαρότητι. ἡ ἀγάπη ἀνυπόκριτος. ἀποστυγοῦν- 9
τες τὸ πονηρόν, κολλώμενοι τῷ ἀγαθῷ. τῇ φιλα- 10
δελφίᾳ εἰς ἀλλήλους φιλόστοργοι· τῇ τιμῇ ἀλλή-
λους προηγούμενοι· τῇ σπουδῇ μὴ ὀκνηροί· τῷ 11
πνεύματι ζέοντες· τῷ Κυρίῳ⁵ δουλεύοντες· τῇ ἐλπίδι 12
χαίροντες· τῇ θλίψει ὑπομένοντες· τῇ προσευχῇ
προσκαρτεροῦντες· ταῖς χρείαις τῶν ἁγίων κοινων- 13
οῦντες· τὴν φιλοξενίαν διώκοντες. εὐλογεῖτε τοὺς 14
διώκοντας ὑμᾶς· εὐλογεῖτε, καὶ μὴ καταρᾶσθε.
χαίρειν μετὰ χαιρόντων, καὶ⁶ κλαίειν μετὰ κλαιόν- 15
των. τὸ αὐτὸ εἰς ἀλλήλους φρονοῦντες. μὴ τὰ 16
ὑψηλὰ φρονοῦντες, ἀλλὰ τοῖς ταπεινοῖς συναπα-
γόμενοι. μὴ γίνεσθε φρόνιμοι παρ' ἑαυτοῖς. μη- 17

---

¹ (νοός) om. ὑμῶν   ² (Marg. Θεοῦ,)   ³ πολλὰ μέλη
⁴ τὸ   ⁵ Marg. καιρῷ   ⁶ om. καὶ

δενὶ κακὸν ἀντὶ κακοῦ ἀποδιδόντες. προνοούμενοι
18 καλὰ ἐνώπιον πάντων ἀνθρώπων. εἰ δυνατόν, τὸ
19 ἐξ ὑμῶν, μετὰ πάντων ἀνθρώπων εἰρηνεύοντες. μὴ
ἑαυτοὺς ἐκδικοῦντες, ἀγαπητοί, ἀλλὰ δότε τόπον
τῇ ὀργῇ· γέγραπται γάρ, Ἐμοὶ ἐκδίκησις, ἐγὼ ἀντ-
20 αποδώσω, λέγει Κύριος. ἐὰν οὖν⁷ πεινᾷ ὁ ἐχθρός
σου, ψώμιζε αὐτόν· ἐὰν διψᾷ, πότιζε αὐτόν· τοῦτο
γὰρ ποιῶν, ἄνθρακας πυρὸς σωρεύσεις ἐπὶ τὴν
21 κεφαλὴν αὐτοῦ. μὴ νικῶ ὑπὸ τοῦ κακοῦ, ἀλλὰ
νίκα ἐν τῷ ἀγαθῷ τὸ κακόν. |

XIII. Πᾶσα ψυχὴ ἐξουσίαις ὑπερεχούσαις ὑποτασ-
σέσθω· οὐ γάρ ἐστιν ἐξουσία εἰ μὴ ἀπὸ¹ Θεοῦ, αἱ
δὲ οὖσαι ἐξουσίαι² ὑπὸ τοῦ³ Θεοῦ τεταγμέναι εἰσίν.
2 ὥστε ὁ ἀντιτασσόμενος τῇ ἐξουσίᾳ, τῇ τοῦ Θεοῦ
διαταγῇ ἀνθέστηκεν· οἱ δὲ ἀνθεστηκότες ἑαυτοῖς
3 κρίμα λήψονται. οἱ γὰρ ἄρχοντες οὐκ εἰσὶ φόβος
τῶν ἀγαθῶν ἔργων⁴, ἀλλὰ τῶν κακῶν⁵. θέλεις δὲ μὴ
φοβεῖσθαι τὴν ἐξουσίαν ; τὸ ἀγαθὸν ποίει, καὶ
4 ἕξεις ἔπαινον ἐξ αὐτῆς· Θεοῦ γὰρ διάκονός ἐστί
σοι εἰς τὸ ἀγαθόν. ἐὰν δὲ τὸ κακὸν ποιῇς, φοβοῦ·
οὐ γὰρ εἰκῆ τὴν μάχαιραν φορεῖ· Θεοῦ γὰρ διάκο-
νός ἐστιν, ἔκδικος εἰς ὀργὴν τῷ τὸ κακὸν πράσ-
5 σοντι. διὸ ἀνάγκη ὑποτάσσεσθαι, οὐ μόνον διὰ
6 τὴν ὀργήν, ἀλλὰ καὶ διὰ τὴν συνείδησιν. διὰ
τοῦτο γὰρ καὶ φόρους τελεῖτε· λειτουργοὶ γὰρ
Θεοῦ εἰσιν, εἰς αὐτὸ τοῦτο προσκαρτεροῦντες.
7 ἀπόδοτε οὖν⁶ πᾶσι τὰς ὀφειλάς· τῷ τὸν φόρον τὸν
φόρον· τῷ τὸ τέλος τὸ τέλος· τῷ τὸν φόβον τὸν
φόβον· τῷ τὴν τιμὴν τὴν τιμήν.

8 Μηδενὶ μηδὲν ὀφείλετε, εἰ μὴ τὸ ἀγαπᾶν ἀλλή-
λους· ὁ γὰρ ἀγαπῶν τὸν ἕτερον, νόμον πεπλήρωκε.

---

⁷ ἀλλὰ ἐὰν   ¹ ὑπὸ   ² om. ἐξουσίαι   ³ om. τοῦ
⁴ τῷ ἀγαθῷ ἔργῳ   ⁵ τῷ κακῷ   ⁶ om. οὖν

τὸ γάρ, Οὐ μοιχεύσεις, οὐ φονεύσεις, οὐ κλέψεις, οὐ 9
ψευδομαρτυρήσεις,⁷ οὐκ ἐπιθυμήσεις, καὶ εἴ τις ἑτέρα
ἐντολή, ἐν τούτῳ τῷ λόγῳ ἀνακεφαλαιοῦται, ἐν τῷ,
Ἀγαπήσεις τὸν πλησίον σου ὡς ἑαυτόν. ἡ ἀγάπη 10
τῷ πλησίον κακὸν οὐκ ἐργάζεται· πλήρωμα οὖν
νόμου ἡ ἀγάπη.

Καὶ τοῦτο, εἰδότες τὸν καιρόν, ὅτι ὥρα ἡμᾶς 11
ἤδη⁸ ἐξ ὕπνου ἐγερθῆναι· νῦν γὰρ ἐγγύτερον ἡμῶν
ἡ σωτηρία ἢ ὅτε ἐπιστεύσαμεν. ἡ νὺξ προέκοψεν, 12
ἡ δὲ ἡμέρα ἤγγικεν· ἀποθώμεθα οὖν τὰ ἔργα τοῦ
σκότους, καὶ ἐνδυσώμεθα⁹ τὰ ὅπλα τοῦ φωτός. ὡς 13
ἐν ἡμέρᾳ, εὐσχημόνως περιπατήσωμεν, μὴ κώμοις
καὶ μέθαις, μὴ κοίταις καὶ ἀσελγείαις, μὴ ἔριδι
καὶ ζήλῳ. ἀλλ᾽ ἐνδύσασθε τὸν Κύριον Ἰησοῦν 14
Χριστόν, καὶ τῆς σαρκὸς πρόνοιαν μὴ ποιεῖσθε, εἰς
ἐπιθυμίας.

Τὸν δὲ ἀσθενοῦντα τῇ πίστει προσλαμβάνεσθε, XIV.
μὴ εἰς διακρίσεις διαλογισμῶν. ὃς μὲν πιστεύει 2
φαγεῖν πάντα, ὁ δὲ ἀσθενῶν λάχανα ἐσθίει. ὁ 3
ἐσθίων τὸν μὴ ἐσθίοντα μὴ ἐξουθενείτω, καὶ ὁ¹ μὴ
ἐσθίων τὸν ἐσθίοντα μὴ κρινέτω· ὁ Θεὸς γὰρ αὐτὸν
προσελάβετο. σὺ τίς εἶ ὁ κρίνων ἀλλότριον οἰκέ- 4
την; τῷ ἰδίῳ κυρίῳ στήκει ἢ πίπτει. σταθήσεται
δέ· δυνατὸς γάρ ἐστιν ὁ Θεὸς² στῆσαι αὐτόν. ὃς μὲν 5
κρίνει ἡμέραν παρ᾽ ἡμέραν, ὃς δὲ κρίνει πᾶσαν
ἡμέραν. ἕκαστος ἐν τῷ ἰδίῳ νοῒ πληροφορείσθω.
ὁ φρονῶν τὴν ἡμέραν, Κυρίῳ φρονεῖ· καὶ ὁ μὴ φρο- 6
νῶν τὴν ἡμέραν, Κυρίῳ οὐ φρονεῖ.³ ⁴ὁ ἐσθίων Κυρίῳ
ἐσθίει, εὐχαριστεῖ γὰρ τῷ Θεῷ· καὶ ὁ μὴ ἐσθίων
Κυρίῳ οὐκ ἐσθίει, καὶ εὐχαριστεῖ τῷ Θεῷ. οὐδεὶς 7

---

⁷ om. οὐ ψευδομαρτυρήσεις,   ⁸ ἤδη ὑμᾶς   ⁹ ἐνδυσώμεθα δὲ
¹ ὁ δὲ   ² δυνατεῖ γὰρ ὁ Κύριος   ³ om. καὶ ὁ μὴ φρονῶν
τὴν ἡμέραν, Κυρίῳ οὐ φρονεῖ.   ⁴ add καὶ

γὰρ ἡμῶν ἑαυτῷ ζῇ, καὶ οὐδεὶς ἑαυτῷ ἀποθνήσκει.
8 ἐάν τε γὰρ ζῶμεν, τῷ Κυρίῳ ζῶμεν· ἐάν τε ἀπο-
θνήσκωμεν, τῷ Κυρίῳ ἀποθνήσκομεν· ἐάν τε οὖν
ζῶμεν, ἐάν τε ἀποθνήσκωμεν, τοῦ Κυρίου ἐσμέν.
9 εἰς τοῦτο γὰρ Χριστὸς καὶ⁵ ἀπέθανε καὶ ἀνέστη καὶ
10 ἀνέζησεν⁶, ἵνα καὶ νεκρῶν καὶ ζώντων κυριεύσῃ. σὺ
δὲ τί κρίνεις τὸν ἀδελφόν σου ; ἢ καὶ σὺ τί ἐξου-
θενεῖς τὸν ἀδελφόν σου ; πάντες γὰρ παραστη-
11 σόμεθα τῷ βήματι τοῦ Χριστοῦ⁷. γέγραπται γάρ,
Ζῶ ἐγώ, λέγει Κύριος· ὅτι ἐμοὶ κάμψει πᾶν
γόνυ, καὶ πᾶσα γλῶσσα ἐξομολογήσεται τῷ Θεῷ.
12 ἄρα οὖν ἕκαστος ἡμῶν περὶ ἑαυτοῦ λόγον δώσει
τῷ Θεῷ.
13 Μηκέτι οὖν ἀλλήλους κρίνωμεν· ἀλλὰ τοῦτο
κρίνατε μᾶλλον, τὸ μὴ τιθέναι πρόσκομμα τῷ
14 ἀδελφῷ ἢ σκάνδαλον. οἶδα καὶ πέπεισμαι ἐν
Κυρίῳ Ἰησοῦ, ὅτι οὐδὲν κοινὸν δι᾽ ἑαυτοῦ· εἰ μὴ
15 τῷ λογιζομένῳ τι κοινὸν εἶναι, ἐκείνῳ κοινόν. εἰ
δὲ⁸ διὰ βρῶμα ὁ ἀδελφός σου λυπεῖται, οὐκέτι κατὰ
ἀγάπην περιπατεῖς. μὴ τῷ βρώματί σου ἐκεῖνον
16 ἀπόλλυε, ὑπὲρ οὗ Χριστὸς ἀπέθανε. μὴ βλασ-
17 φημείσθω οὖν ὑμῶν τὸ ἀγαθόν· οὐ γάρ ἐστιν ἡ
βασιλεία τοῦ Θεοῦ βρῶσις καὶ πόσις, ἀλλὰ δι-
καιοσύνη καὶ εἰρήνη καὶ χαρὰ ἐν Πνεύματι Ἁγίῳ.
18 ὁ γὰρ ἐν τούτοις⁹ δουλεύων τῷ Χριστῷ εὐάρεστος
19 τῷ Θεῷ, καὶ δόκιμος τοῖς ἀνθρώποις. ἄρα οὖν τὰ
τῆς εἰρήνης διώκωμεν¹⁰, καὶ τὰ τῆς οἰκοδομῆς τῆς εἰς
20 ἀλλήλους. μὴ ἕνεκεν βρώματος κατάλυε τὸ ἔργον
τοῦ Θεοῦ. πάντα μὲν καθαρά, ἀλλὰ κακὸν τῷ
21 ἀνθρώπῳ τῷ διὰ προσκόμματος ἐσθίοντι. καλὸν
τὸ μὴ φαγεῖν κρέα, μηδὲ πιεῖν οἶνον, μηδὲ ἐν · ᾧ

---

⁵ om. καὶ   ⁶ ἔζησεν   ⁷ Θεοῦ   ⁸ γὰρ   ⁹ τούτῳ
¹⁰ Marg. διώκομεν

ὁ ἀδελφός σου προσκόπτει ἢ σκανδαλίζεται ἢ ἀσθενεῖ[11]
σὺ πίστιν[12] ἔχεις; κατὰ σαυτὸν ἔχε ἐνώπιον τοῦ 22
Θεοῦ. μακάριος ὁ μὴ κρίνων ἑαυτὸν ἐν ᾧ δοκιμάζει.
ὁ δὲ διακρινόμενος, ἐὰν φάγῃ, κατακέκριται, ὅτι 23
οὐκ ἐκ πίστεως· πᾶν δὲ ὃ οὐκ ἐκ πίστεως, ἁμαρτία
ἐστίν.[13]
Ὀφείλομεν δὲ ἡμεῖς οἱ δυνατοὶ τὰ ἀσθενήματα XV.
τῶν ἀδυνάτων βαστάζειν, καὶ μὴ ἑαυτοῖς ἀρέσκειν.
ἕκαστος γὰρ[1] ἡμῶν τῷ πλησίον ἀρεσκέτω εἰς τὸ 2
ἀγαθὸν πρὸς οἰκοδομήν. καὶ γὰρ ὁ Χριστὸς οὐχ 3
ἑαυτῷ ἤρεσεν, ἀλλά, καθὼς γέγραπται, Οἱ ὀνειδισ-
μοὶ τῶν ὀνειδιζόντων σε ἐπέπεσον ἐπ' ἐμέ. ὅσα 4
γὰρ προεγράφη, εἰς τὴν ἡμετέραν διδασκαλίαν
προεγράφη[2], ἵνα διὰ τῆς ὑπομονῆς καὶ[3] τῆς παρα-
κλήσεως τῶν γραφῶν τὴν ἐλπίδα ἔχωμεν. ὁ δὲ 5
Θεὸς τῆς ὑπομονῆς καὶ τῆς παρακλήσεως δῴη ὑμῖν
τὸ αὐτὸ φρονεῖν ἐν ἀλλήλοις κατὰ Χριστὸν Ἰησοῦν·
ἵνα ὁμοθυμαδὸν ἐν ἑνὶ στόματι δοξάζητε τὸν Θεὸν 6
καὶ πατέρα τοῦ Κυρίου ἡμῶν Ἰησοῦ Χριστοῦ. διὸ
προσλαμβάνεσθε ἀλλήλους, καθὼς καὶ ὁ Χριστὸς 7
προσελάβετο ἡμᾶς[4], εἰς δόξαν Θεοῦ. λέγω δὲ[5], 8
Ἰησοῦν[6] Χριστὸν διάκονον γεγενῆσθαι περιτομῆς
ὑπὲρ ἀληθείας Θεοῦ, εἰς τὸ βεβαιῶσαι τὰς ἐπαγγε-
λίας τῶν πατέρων· τὰ δὲ ἔθνη ὑπὲρ ἐλέους δοξάσαι 9
τὸν Θεόν, καθὼς γέγραπται, Διὰ τοῦτο ἐξομολογή-
σομαί σοι ἐν ἔθνεσι, καὶ τῷ ὀνόματί σου ψαλῶ.
καὶ πάλιν λέγει, Εὐφράνθητε, ἔθνη, μετὰ τοῦ λαοῦ 10
αὐτοῦ. καὶ πάλιν, Αἰνεῖτε τὸν Κύριον πάντα τὰ 11
ἔθνη[7], καὶ ἐπαινέσατε[8] αὐτὸν πάντες οἱ λαοί. καὶ 12

---

[11] om. ἢ σκανδαλίζεται ἢ ἀσθενεῖ text, not marg. [12] add ἢν
(ἔχεις,) [13] Marg. here inserts ch. xvi. 25—27 [1] om. γὰρ
[2] ἐγράφη [3] add διὰ [4] ὑμᾶς text, not marg. [5] γὰρ
[6] om. Ἰησοῦν [7] πάντα τὰ ἔθνη τὸν Κύριον [8] ἐπαινεσάτωσαν

πάλιν Ἡσαΐας λέγει, Ἔσται ἡ ῥίζα τοῦ Ἰεσσαί,
καὶ ὁ ἀνιστάμενος ἄρχειν ἐθνῶν· ἐπ᾽ αὐτῷ ἔθνη
13 ἐλπιοῦσιν. ὁ δὲ Θεὸς τῆς ἐλπίδος πληρώσαι ὑμᾶς
πάσης χαρᾶς καὶ εἰρήνης ἐν τῷ πιστεύειν, εἰς τὸ
περισσεύειν ὑμᾶς ἐν τῇ ἐλπίδι, ἐν δυνάμει Πνεύμα-
τος Ἁγίου.

14 Πέπεισμαι δέ, ἀδελφοί μου, καὶ αὐτὸς ἐγὼ
περὶ ὑμῶν, ὅτι καὶ αὐτοὶ μεστοί ἐστε ἀγαθω-
σύνης, πεπληρωμένοι πάσης γνώσεως, δυνάμενοι
15 καὶ ἀλλήλους νουθετεῖν. τολμηρότερον δὲ ἔγραψα
ὑμῖν, ἀδελφοί,⁹ ἀπὸ μέρους, ὡς ἐπαναμιμνήσκων
ὑμᾶς, διὰ τὴν χάριν τὴν δοθεῖσάν μοι ὑπὸ¹⁰ τοῦ
16 Θεοῦ, εἰς τὸ εἶναί με λειτουργὸν Ἰησοῦ Χριστοῦ¹¹ εἰς
τὰ ἔθνη, ἱερουργοῦντα τὸ εὐαγγέλιον τοῦ Θεοῦ, ἵνα
γένηται ἡ προσφορὰ τῶν ἐθνῶν εὐπρόσδεκτος,
17 ἡγιασμένη ἐν Πνεύματι Ἁγίῳ. ἔχω οὖν¹² καύχη-
18 σιν ἐν Χριστῷ Ἰησοῦ τὰ πρὸς¹³ Θεόν. οὐ γὰρ
τολμήσω λαλεῖν τι¹⁴ ὧν οὐ κατειργάσατο Χριστὸς
19 δι᾽ ἐμοῦ, εἰς ὑπακοὴν ἐθνῶν, λόγῳ καὶ ἔργῳ, ἐν
δυνάμει σημείων καὶ τεράτων, ἐν δυνάμει Πνεύμα-
τος Θεοῦ¹⁵· ὥστε με ἀπὸ Ἱερουσαλὴμ καὶ κύκλῳ
μέχρι τοῦ Ἰλλυρικοῦ πεπληρωκέναι τὸ εὐαγγέλιον
20 τοῦ Χριστοῦ· οὕτω δὲ φιλοτιμούμενον εὐαγγελί-
ζεσθαι, οὐχ ὅπου ὠνομάσθη Χριστός, ἵνα μὴ ἐπ᾽
21 ἀλλότριον θεμέλιον οἰκοδομῶ· ἀλλά, καθὼς γέ-
γραπται, Οἷς οὐκ ἀνηγγέλη περὶ αὐτοῦ, ὄψονται¹⁶· καὶ οἳ
οὐκ ἀκηκόασι, συνήσουσι.

22 Διὸ καὶ ἐνεκοπτόμην τὰ πολλὰ τοῦ ἐλθεῖν
23 πρὸς ὑμᾶς· νυνὶ δὲ μηκέτι τόπον ἔχων ἐν τοῖς
κλίμασι τούτοις, ἐπιποθίαν δὲ ἔχων τοῦ ἐλθεῖν

⁹ om. , ἀδελφοί,   ¹⁰ ἀπὸ   ¹¹ Χριστοῦ Ἰησοῦ   ¹² add
τὴν   ¹³ add τὸν   ¹⁴ τι λαλεῖν   ¹⁵ Ἁγίου text. Marg. Θεοῦ
(or om. both words)   ¹⁶ Ὄψονται οἷς οὐκ ἀνηγγέλη περὶ αὐτοῦ

πρὸς ὑμᾶς ἀπὸ πολλῶν ἐτῶν, ὡς ἐὰν[17] πορεύωμαι 24
εἰς τὴν Σπανίαν, ἐλεύσομαι πρὸς ὑμᾶς[18]· ἐλπίζω γὰρ
διαπορευόμενος θεάσασθαι ὑμᾶς, καὶ ὑφ' ὑμῶν
προπεμφθῆναι ἐκεῖ, ἐὰν ὑμῶν πρῶτον ἀπὸ μέρους
ἐμπλησθῶ.[19] νυνὶ δὲ πορεύομαι εἰς Ἱερουσαλήμ, 25
διακονῶν τοῖς ἁγίοις. εὐδόκησαν γὰρ Μακεδονία 26
καὶ Ἀχαΐα κοινωνίαν τινὰ ποιήσασθαι εἰς τοὺς
πτωχοὺς τῶν ἁγίων τῶν ἐν Ἱερουσαλήμ. εὐδόκη- 27
σαν γάρ, καὶ ὀφειλέται αὐτῶν εἰσιν[20]. εἰ γὰρ τοῖς
πνευματικοῖς αὐτῶν ἐκοινώνησαν τὰ ἔθνη, ὀφεί-
λουσι καὶ ἐν τοῖς σαρκικοῖς λειτουργῆσαι αὐτοῖς.
τοῦτο οὖν ἐπιτελέσας, καὶ σφραγισάμενος αὐτοῖς 28
τὸν καρπὸν τοῦτον, ἀπελεύσομαι δι' ὑμῶν εἰς τὴν
Σπανίαν. οἶδα δὲ ὅτι ἐρχόμενος πρὸς ὑμᾶς ἐν 29
πληρώματι εὐλογίας τοῦ εὐαγγελίου τοῦ[21] Χριστοῦ
ἐλεύσομαι.

Παρακαλῶ δὲ ὑμᾶς, ἀδελφοί, διὰ τοῦ Κυρίου 30
ἡμῶν Ἰησοῦ Χριστοῦ, καὶ διὰ τῆς ἀγάπης τοῦ
Πνεύματος, συναγωνίσασθαί μοι ἐν ταῖς προσευ-
χαῖς ὑπὲρ ἐμοῦ πρὸς τὸν Θεόν· ἵνα ῥυσθῶ ἀπὸ 31
τῶν ἀπειθούντων ἐν τῇ Ἰουδαίᾳ, καὶ ἵνα[22] ἡ διακο-
νία μου ἡ εἰς Ἱερουσαλὴμ εὐπρόσδεκτος γένηται τοῖς
ἁγίοις[23]· ἵνα ἐν χαρᾷ ἔλθω[24] πρὸς ὑμᾶς διὰ θελήματος 32
Θεοῦ, καὶ[25] συναναπαύσωμαι ὑμῖν. ὁ δὲ Θεὸς τῆς 33
εἰρήνης μετὰ πάντων ὑμῶν. ἀμήν.

Συνίστημι δὲ ὑμῖν Φοίβην τὴν ἀδελφὴν ἡμῶν, XVI.
οὖσαν διάκονον τῆς ἐκκλησίας τῆς ἐν Κεγχρεαῖς·
ἵνα αὐτὴν προσδέξησθε ἐν Κυρίῳ ἀξίως τῶν ἁγίων, 2
καὶ παραστῆτε αὐτῇ ἐν ᾧ ἂν ὑμῶν χρῄζῃ πράγ-

---

[17] ἄν　[18] om. , ἐλεύσομαι πρὸς ὑμᾶς·　[19] (ἐλπίζω γὰρ...
ἐμπλησθῶ)—　[20] εἰσὶν αὐτῶν　[21] om. τοῦ εὐαγγελίου τοῦ
[22] om. ἵνα　[23] τοῖς ἁγίοις γένηται　[24] ἐλθὼν
[25] om. , καὶ

ματι· καὶ γὰρ αὕτη¹ προστάτις πολλῶν ἐγενήθη,
καὶ αὐτοῦ ἐμοῦ².

3 Ἀσπάσασθε Πρίσκιλλαν³ καὶ Ἀκύλαν τοὺς συν-
4 εργούς μου ἐν Χριστῷ Ἰησοῦ, οἵτινες ὑπὲρ τῆς
ψυχῆς μου τὸν ἑαυτῶν τράχηλον ὑπέθηκαν, οἷς
οὐκ ἐγὼ μόνος εὐχαριστῶ, ἀλλὰ καὶ πᾶσαι αἱ ἐκ-
5 κλησίαι τῶν ἐθνῶν· καὶ τὴν κατ᾽ οἶκον αὐτῶν ἐκ-
κλησίαν. ἀσπάσασθε Ἐπαίνετον τὸν ἀγαπητόν
μου, ὅς ἐστιν ἀπαρχὴ τῆς Ἀχαΐας⁴ εἰς Χριστόν.
6 ἀσπάσασθε Μαριάμ⁵, ἥτις πολλὰ ἐκοπίασεν εἰς
7 ἡμᾶς⁶. ἀσπάσασθε Ἀνδρόνικον καὶ Ἰουνίαν τοὺς
συγγενεῖς μου καὶ συναιχμαλώτους μου, οἵτινές
εἰσιν ἐπίσημοι ἐν τοῖς ἀποστόλοις, οἳ καὶ πρὸ ἐμοῦ
8 γεγόνασιν ἐν Χριστῷ. ἀσπάσασθε Ἀμπλίαν⁷ τὸν
9 ἀγαπητόν μου ἐν Κυρίῳ. ἀσπάσασθε Οὐρβανὸν
τὸν συνεργὸν ἡμῶν ἐν Χριστῷ, καὶ Στάχυν τὸν
10 ἀγαπητόν μου. ἀσπάσασθε Ἀπελλῆν τὸν δόκιμον
ἐν Χριστῷ. ἀσπάσασθε τοὺς ἐκ τῶν Ἀριστοβού-
11 λου. ἀσπάσασθε Ἡρωδίωνα τὸν συγγενῆ μου.
ἀσπάσασθε τοὺς ἐκ τῶν Ναρκίσσου, τοὺς ὄντας ἐν
12 Κυρίῳ. ἀσπάσασθε Τρύφαιναν καὶ Τρυφῶσαν
τὰς κοπιώσας ἐν Κυρίῳ. ἀσπάσασθε Περσίδα τὴν
13 ἀγαπητήν, ἥτις πολλὰ ἐκοπίασεν ἐν Κυρίῳ. ἀσ-
πάσασθε Ῥοῦφον τὸν ἐκλεκτὸν ἐν Κυρίῳ, καὶ τὴν
14 μητέρα αὐτοῦ καὶ ἐμοῦ. ἀσπάσασθε Ἀσύγκριτον,
Φλέγοντα, Ἑρμᾶν⁸, Πατρόβαν, Ἑρμῆν⁹, καὶ τοὺς
15 σὺν αὐτοῖς ἀδελφούς. ἀσπάσασθε Φιλόλογον καὶ
Ἰουλίαν, Νηρέα καὶ τὴν ἀδελφὴν αὐτοῦ, καὶ Ὀλυμ-
16 πᾶν, καὶ τοὺς σὺν αὐτοῖς πάντας ἁγίους. ἀσπά-
σασθε ἀλλήλους ἐν φιλήματι ἁγίῳ. ἀσπάζονται
ὑμᾶς αἱ ἐκκλησίαι¹⁰ τοῦ Χριστοῦ.

¹ αὐτὴ ² ἐμοῦ αὐτοῦ ³ Πρίσκαν ⁴ Ἀσίας ⁵ Μαρίαν
⁶ ὑμᾶς ⁷ Ἀμπλιᾶτον ⁸ Ἑρμῆν ⁹ Ἑρμᾶν ¹⁰ add πᾶσαι

Παρακαλῶ δὲ ὑμᾶς, ἀδελφοί, σκοπεῖν τοὺς τὰς 17
διχοστασίας καὶ τὰ σκάνδαλα, παρὰ τὴν διδαχὴν
ἣν ὑμεῖς ἐμάθετε, ποιοῦντας· καὶ ἐκκλίνατε ἀπ᾽
αὐτῶν. οἱ γὰρ τοιοῦτοι τῷ Κυρίῳ ἡμῶν ᾽Ιησοῦ¹¹ 18
Χριστῷ οὐ δουλεύουσιν, ἀλλὰ τῇ ἑαυτῶν κοιλίᾳ·
καὶ διὰ τῆς χρηστολογίας καὶ εὐλογίας ἐξαπατῶσι
τὰς καρδίας τῶν ἀκάκων. ἡ γὰρ ὑμῶν ὑπακοὴ εἰς 19
πάντας ἀφίκετο. χαίρω οὖν τὸ ἐφ᾽ ὑμῖν¹²· θέλω δὲ
ὑμᾶς σοφοὺς μὲν εἶναι εἰς τὸ ἀγαθόν, ἀκεραίους δὲ
εἰς τὸ κακόν. ὁ δὲ Θεὸς τῆς εἰρήνης συντρίψει 20
τὸν Σατανᾶν ὑπὸ τοὺς πόδας ὑμῶν ἐν τάχει.
Ἡ χάρις τοῦ Κυρίου ἡμῶν ᾽Ιησοῦ Χριστοῦ
μεθ᾽ ὑμῶν.¹⁷ ἀμήν¹³.

᾽Ασπάζονται¹⁴ ὑμᾶς Τιμόθεος ὁ συνεργός μου, καὶ 21
Λούκιος καὶ Ἰάσων καὶ Σωσίπατρος οἱ συγγενεῖς μου.
ἀσπάζομαι ὑμᾶς ἐγὼ Τέρτιος, ὁ γράψας τὴν ἐπιστο- 22
λήν,¹⁵ ἐν Κυρίῳ. ἀσπάζεται ὑμᾶς Γάϊος ὁ ξένος μου 23
καὶ τῆς ἐκκλησίας ὅλης¹⁶. ἀσπάζεται ὑμᾶς Ἔραστος
ὁ οἰκονόμος τῆς πόλεως, καὶ Κούαρτος ὁ ἀδελφός.
¹⁷Ἡ χάρις τοῦ Κυρίου ἡμῶν ᾽Ιησοῦ Χριστοῦ μετὰ 24
πάντων ὑμῶν. ἀμήν.

Τῷ δὲ δυναμένῳ ὑμᾶς στηρίξαι κατὰ τὸ εὐαγ- 25
γέλιόν μου καὶ τὸ κήρυγμα ᾽Ιησοῦ Χριστοῦ, κατὰ
ἀποκάλυψιν μυστηρίου χρόνοις αἰωνίοις σεσιγημέ-
νου, φανερωθέντος δὲ νῦν, διά τε γραφῶν προφητι- 26
κῶν, κατ᾽ ἐπιταγὴν τοῦ αἰωνίου Θεοῦ, εἰς ὑπακοὴν
πίστεως εἰς πάντα τὰ ἔθνη γνωρισθέντος, μόνῳ 27
σοφῷ Θεῷ, διὰ ᾽Ιησοῦ Χριστοῦ,¹⁸ ἡ δόξα εἰς τοὺς
αἰῶνας. ἀμήν¹⁹.

¹¹ om. ᾽Ιησοῦ   ¹² ἐφ᾽ ὑμῖν οὖν χαίρω   ¹³ om. ἀμήν.
¹⁴ ᾽Ασπάζεται   ¹⁵ (Marg. τὴν ἐπιστολὴν ἐν Κυρίῳ)   ¹⁶ ὅλης τῆς
ἐκκλησίας   ¹⁷ om. ver. 24 text, not marg., which omits the like
words in ver. 20   ¹⁸ add ᾧ text, not marg.   ¹⁹ Marg.
om. ver. 25—27, and refers to note at end of ch. xiv.

ΠΑΥΛΟΥ ΤΟΥ ΑΠΟΣΤΟΛΟΥ

Η ΠΡΟΣ

ΚΟΡΙΝΘΙΟΥΣ

ΕΠΙΣΤΟΛΗ ΠΡΩΤΗ.

I. Παῦλος κλητὸς ἀπόστολος Ἰησοῦ Χριστοῦ διὰ
2 θελήματος Θεοῦ, καὶ Σωσθένης ὁ ἀδελφός, τῇ ἐκ-
κλησίᾳ τοῦ Θεοῦ τῇ οὔσῃ ἐν Κορίνθῳ, ἡγιασμένοις
ἐν Χριστῷ Ἰησοῦ, κλητοῖς ἁγίοις, σὺν πᾶσι τοῖς
ἐπικαλουμένοις τὸ ὄνομα τοῦ Κυρίου ἡμῶν Ἰησοῦ
3 Χριστοῦ ἐν παντὶ τόπῳ, αὐτῶν τε¹ καὶ ἡμῶν· χά-
ρις ὑμῖν καὶ εἰρήνη ἀπὸ Θεοῦ πατρὸς ἡμῶν καὶ
Κυρίου Ἰησοῦ Χριστοῦ.

4 Εὐχαριστῶ τῷ Θεῷ μου² πάντοτε περὶ ὑμῶν,
ἐπὶ τῇ χάριτι τοῦ Θεοῦ τῇ δοθείσῃ ὑμῖν ἐν Χριστῷ
5 Ἰησοῦ· ὅτι ἐν παντὶ ἐπλουτίσθητε ἐν αὐτῷ, ἐν
6 παντὶ λόγῳ καὶ πάσῃ γνώσει, καθὼς τὸ μαρτύριον
7 τοῦ Χριστοῦ ἐβεβαιώθη ἐν ὑμῖν· ὥστε ὑμᾶς μὴ
ὑστερεῖσθαι ἐν μηδενὶ χαρίσματι, ἀπεκδεχομένους
τὴν ἀποκάλυψιν τοῦ Κυρίου ἡμῶν Ἰησοῦ Χριστοῦ,
8 ὃς καὶ βεβαιώσει ὑμᾶς ἕως τέλους, ἀνεγκλήτους ἐν
9 τῇ ἡμέρᾳ τοῦ Κυρίου ἡμῶν Ἰησοῦ Χριστοῦ. πισ-
τὸς ὁ Θεός, δι᾽ οὗ ἐκλήθητε εἰς κοινωνίαν τοῦ υἱοῦ
αὐτοῦ Ἰησοῦ Χριστοῦ τοῦ Κυρίου ἡμῶν.

---

¹ om. τε   ² Marg. om. μου

Παρακαλῶ δὲ ὑμᾶς, ἀδελφοί, διὰ τοῦ ὀνόματος 10
τοῦ Κυρίου ἡμῶν Ἰησοῦ Χριστοῦ, ἵνα τὸ αὐτὸ λέ-
γητε πάντες, καὶ μὴ ᾖ ἐν ὑμῖν σχίσματα, ἦτε δὲ
κατηρτισμένοι ἐν τῷ αὐτῷ νοΐ καὶ ἐν τῇ αὐτῇ
γνώμῃ. ἐδηλώθη γάρ μοι περὶ ὑμῶν, ἀδελφοί μου, 11
ὑπὸ τῶν Χλόης, ὅτι ἔριδες ἐν ὑμῖν εἰσι. λέγω δὲ 12
τοῦτο, ὅτι ἕκαστος ὑμῶν λέγει, Ἐγὼ μέν εἰμι
Παύλου, Ἐγὼ δὲ Ἀπολλώ, Ἐγὼ δὲ Κηφᾶ, Ἐγὼ
δὲ Χριστοῦ. μεμέρισται ὁ Χριστός[3]; μὴ Παῦλος 13
ἐσταυρώθη ὑπὲρ ὑμῶν, ἢ εἰς τὸ ὄνομα Παύλου
ἐβαπτίσθητε; εὐχαριστῶ τῷ Θεῷ[4] ὅτι οὐδένα ὑμῶν 14
ἐβάπτισα, εἰ μὴ Κρίσπον καὶ Γάϊον· ἵνα μή τις 15
εἴπῃ ὅτι εἰς τὸ ἐμὸν ὄνομα ἐβάπτισα[5]. ἐβάπτισα δὲ 16
καὶ τὸν Στεφανᾶ οἶκον· λοιπὸν οὐκ οἶδα εἴ τινα
ἄλλον ἐβάπτισα. οὐ γὰρ ἀπέστειλέ με Χριστὸς 17
βαπτίζειν, ἀλλ᾽ εὐαγγελίζεσθαι· οὐκ ἐν σοφίᾳ λό-
γου, ἵνα μὴ κενωθῇ ὁ σταυρὸς τοῦ Χριστοῦ.

Ὁ λόγος γὰρ ὁ τοῦ σταυροῦ τοῖς μὲν ἀπολλυ- 18
μένοις μωρία ἐστί, τοῖς δὲ σωζομένοις ἡμῖν δύναμις
Θεοῦ ἐστί. γέγραπται γάρ, Ἀπολῶ τὴν σοφίαν 19
τῶν σοφῶν, καὶ τὴν σύνεσιν τῶν συνετῶν ἀθετήσω.
ποῦ σοφός; ποῦ γραμματεύς; ποῦ συζητητὴς τοῦ 20
αἰῶνος τούτου; οὐχὶ ἐμώρανεν ὁ Θεὸς τὴν σοφίαν
τοῦ κόσμου τούτου[6]; ἐπειδὴ γὰρ ἐν τῇ σοφίᾳ τοῦ 21
Θεοῦ οὐκ ἔγνω ὁ κόσμος διὰ τῆς σοφίας τὸν Θεόν,
εὐδόκησεν ὁ Θεὸς διὰ τῆς μωρίας τοῦ κηρύγματος
σῶσαι τοὺς πιστεύοντας. ἐπειδὴ καὶ Ἰουδαῖοι ση- 22
μεῖον[7] αἰτοῦσι, καὶ Ἕλληνες σοφίαν ζητοῦσιν· ἡμεῖς 23
δὲ κηρύσσομεν Χριστὸν ἐσταυρωμένον, Ἰουδαίοις
μὲν σκάνδαλον, Ἕλλησι[8] δὲ μωρίαν· αὐτοῖς δὲ τοῖς 24
κλητοῖς, Ἰουδαίοις τε καὶ Ἕλλησι, Χριστὸν Θεοῦ

---

3 (Marg. . for ;)   4 Marg. om. τῷ Θεῷ   5 ἐβαπτίσθητε
6 om. τούτου   7 σημεῖα   8 ἔθνεσι

25 δύναμιν καὶ Θεοῦ σοφίαν. ὅτι τὸ μωρὸν τοῦ Θεοῦ
σοφώτερον τῶν ἀνθρώπων ἐστί, καὶ τὸ ἀσθενὲς
τοῦ Θεοῦ ἰσχυρότερον τῶν ἀνθρώπων ἐστί.

26 Βλέπετε γὰρ τὴν κλῆσιν ὑμῶν, ἀδελφοί, ὅτι οὐ
πολλοὶ σοφοὶ κατὰ σάρκα, οὐ πολλοὶ δυνατοί, οὐ
27 πολλοὶ εὐγενεῖς· ἀλλὰ τὰ μωρὰ τοῦ κόσμου ἐξελέ-
ξατο ὁ Θεός, ἵνα τοὺς σοφοὺς καταισχύνῃ⁹· καὶ τὰ
ἀσθενῆ τοῦ κόσμου ἐξελέξατο ὁ Θεός, ἵνα καταισ-
28 χύνῃ τὰ ἰσχυρά· καὶ τὰ ἀγενῆ τοῦ κόσμου καὶ τὰ
ἐξουθενημένα ἐξελέξατο ὁ Θεός, καὶ¹⁰ τὰ μὴ ὄντα,
29 ἵνα τὰ ὄντα καταργήσῃ· ὅπως μὴ καυχήσηται
30 πᾶσα σὰρξ ἐνώπιον αὐτοῦ¹¹. ἐξ αὐτοῦ δὲ ὑμεῖς
ἐστε ἐν Χριστῷ Ἰησοῦ, ὃς ἐγενήθη ἡμῖν σοφία¹² ἀπὸ
Θεοῦ, δικαιοσύνη τε καὶ ἁγιασμός,¹³ καὶ ἀπολύ-
31 τρωσις· ἵνα, καθὼς γέγραπται, Ὁ καυχώμενος, ἐν
Κυρίῳ καυχάσθω.

II. Κἀγὼ ἐλθὼν πρὸς ὑμᾶς, ἀδελφοί, ἦλθον οὐ καθ᾽
ὑπεροχὴν λόγου ἢ σοφίας καταγγέλλων ὑμῖν τὸ
2 μαρτύριον¹ τοῦ Θεοῦ. οὐ γὰρ ἔκρινα τοῦ² εἰδέναι τι
ἐν ὑμῖν, εἰ μὴ Ἰησοῦν Χριστόν, καὶ τοῦτον ἐσταυ-
3 ρωμένον. καὶ ἐγὼ ἐν ἀσθενείᾳ καὶ ἐν φόβῳ καὶ
4 ἐν τρόμῳ πολλῷ ἐγενόμην πρὸς ὑμᾶς. καὶ ὁ λόγος
μου καὶ τὸ κήρυγμά μου οὐκ ἐν πειθοῖς ἀνθρωπίνης³
σοφίας λόγοις, ἀλλ᾽ ἐν ἀποδείξει πνεύματος καὶ
5 δυνάμεως· ἵνα ἡ πίστις ὑμῶν μὴ ᾖ ἐν σοφίᾳ ἀν-
θρώπων, ἀλλ᾽ ἐν δυνάμει Θεοῦ.

6 Σοφίαν δὲ λαλοῦμεν ἐν τοῖς τελείοις· σοφίαν δὲ
οὐ τοῦ αἰῶνος τούτου, οὐδὲ τῶν ἀρχόντων τοῦ αἰῶνος
7 τούτου, τῶν καταργουμένων· ἀλλὰ λαλοῦμεν σοφίαν
Θεοῦ⁴ ἐν μυστηρίῳ, τὴν ἀποκεκρυμμένην, ἣν προώ-

⁹ καταισχύνῃ τοὺς σοφούς   ¹⁰ *Marg. om.* καὶ   ¹¹ τοῦ Θεοῦ
¹² σοφία ἡμῖν   ¹³ (*Marg. om.* ,)   ¹ μυστήριον *text, not*
marg.   ² *om.* τοῦ   ³ *om.* ἀνθρωπίνης   ⁴ Θεοῦ σοφίαν

ρισεν ὁ Θεὸς πρὸ τῶν αἰώνων εἰς δόξαν ἡμῶν· ἣν 8
οὐδεὶς τῶν ἀρχόντων τοῦ αἰῶνος τούτου ἔγνωκεν· εἰ
γὰρ ἔγνωσαν, οὐκ ἂν τὸν Κύριον τῆς δόξης ἐσταύ-
ρωσαν· ἀλλὰ καθὼς γέγραπται, ᾽Α ὀφθαλμὸς οὐκ 9
εἶδε, καὶ οὓς οὐκ ἤκουσε, καὶ ἐπὶ καρδίαν ἀνθρώπου
οὐκ ἀνέβη, ἃ⁵ ἡτοίμασεν ὁ Θεὸς τοῖς ἀγαπῶσιν
αὐτόν. ἡμῖν δὲ⁶ ὁ Θεὸς ἀπεκάλυψε⁷ διὰ τοῦ πνεύ- 10
ματος αὐτοῦ⁸· τὸ γὰρ πνεῦμα πάντα ἐρευνᾷ, καὶ τὰ
βάθη τοῦ Θεοῦ. τίς γὰρ οἶδεν* ἀνθρώπων τὰ τοῦ 11
ἀνθρώπου, εἰ μὴ τὸ πνεῦμα τοῦ ἀνθρώπου τὸ ἐν
αὐτῷ; οὕτω καὶ τὰ τοῦ Θεοῦ οὐδεὶς οἶδεν*⁹, εἰ μὴ
τὸ Πνεῦμα τοῦ Θεοῦ. ἡμεῖς δὲ οὐ τὸ πνεῦμα τοῦ 12
κόσμου ἐλάβομεν, ἀλλὰ τὸ πνεῦμα τὸ ἐκ τοῦ Θεοῦ,
ἵνα εἰδῶμεν τὰ ὑπὸ τοῦ Θεοῦ χαρισθέντα ἡμῖν. ἃ 13
καὶ λαλοῦμεν, οὐκ ἐν διδακτοῖς ἀνθρωπίνης σοφίας
λόγοις, ἀλλ᾽ ἐν διδακτοῖς Πνεύματος Ἁγίου¹⁰, πνευ-
ματικοῖς πνευματικὰ συγκρίνοντες. ψυχικὸς δὲ 14
ἄνθρωπος οὐ δέχεται τὰ τοῦ Πνεύματος τοῦ Θεοῦ·
μωρία γὰρ αὐτῷ ἐστι, καὶ οὐ δύναται γνῶναι, ὅτι
πνευματικῶς ἀνακρίνεται. ὁ δὲ πνευματικὸς ἀνακρί- 15
νει μὲν πάντα, αὐτὸς δὲ ὑπ᾽ οὐδενὸς ἀνακρίνεται.
τίς γὰρ ἔγνω νοῦν Κυρίου, ὃς συμβιβάσει αὐτόν; 16
ἡμεῖς δὲ νοῦν Χριστοῦ ἔχομεν.

Καὶ ἐγώ, ἀδελφοί, οὐκ ἠδυνήθην λαλῆσαι ὑμῖν III.
ὡς πνευματικοῖς, ἀλλ᾽ ὡς σαρκικοῖς¹, ὡς νηπίοις ἐν
Χριστῷ. γάλα ὑμᾶς ἐπότισα, καὶ² οὐ βρῶμα· οὔπω 2
γὰρ ἠδύνασθε, ἀλλ᾽ οὔτε³ ἔτι νῦν δύνασθε· ἔτι γὰρ 3
σαρκικοί ἐστε· ὅπου γὰρ ἐν ὑμῖν* ζῆλος καὶ ἔρις καὶ
διχοστασίαι⁴, οὐχὶ σαρκικοί ἐστε, καὶ κατὰ ἄνθρωπον
περιπατεῖτε; ὅταν γὰρ λέγῃ τις, Ἐγὼ μέν εἰμι 4

⁵ ὅσα   ⁶ Marg. γὰρ   ⁷ ἀπεκάλυψεν ὁ Θεὸς   ⁸ om.
αὐτοῦ   ⁹ ἔγνωκεν   ¹⁰ om. Ἁγίου   ¹ σαρκίνοις
² om. καὶ   ³ οὐδὲ   ⁴ om. καὶ διχοστασίαι

Παύλου, ἕτερος δέ, Ἐγὼ Ἀπολλώ, οὐχὶ σαρκικοί[5]
5 ἐστε; τίς[6] οὖν ἐστι Παῦλος,[7] τίς[6] δὲ[8] Ἀπολλώς,[9] ἀλλ' ἤ[10]
διάκονοι δι' ὧν ἐπιστεύσατε, καὶ ἑκάστῳ ὡς ὁ Κύ-
6 ριος ἔδωκεν;[10] ἐγὼ ἐφύτευσα, Ἀπολλὼς ἐπότισεν,
7 ἀλλ' ὁ Θεὸς ηὔξανεν. ὥστε οὔτε ὁ φυτεύων ἐστί τι,
8 οὔτε ὁ ποτίζων, ἀλλ' ὁ αὐξάνων Θεός. ὁ φυτεύων
δὲ καὶ ὁ ποτίζων ἕν εἰσιν· ἕκαστος δὲ τὸν ἴδιον
9 μισθὸν λήψεται κατὰ τὸν ἴδιον κόπον. Θεοῦ γὰρ
ἐσμεν συνεργοί· Θεοῦ γεώργιον, Θεοῦ οἰκοδομή ἐστε.
10 Κατὰ τὴν χάριν τοῦ Θεοῦ τὴν δοθεῖσάν μοι, ὡς
σοφὸς ἀρχιτέκτων θεμέλιον τέθεικα[11], ἄλλος δὲ ἐποι-
κοδομεῖ. ἕκαστος δὲ βλεπέτω πῶς ἐποικοδομεῖ.
11 θεμέλιον γὰρ ἄλλον οὐδεὶς δύναται θεῖναι παρὰ
12 τὸν κείμενον, ὅς ἐστιν Ἰησοῦς ὁ[12] Χριστός. εἰ δέ
τις ἐποικοδομεῖ ἐπὶ τὸν θεμέλιον τοῦτον[13] χρυσόν,
ἄργυρον[14], λίθους τιμίους, ξύλα, χόρτον, καλάμην,
13 ἑκάστου τὸ ἔργον φανερὸν γενήσεται· ἡ γὰρ ἡμέρα
δηλώσει, ὅτι ἐν πυρὶ ἀποκαλύπτεται· καὶ ἑκάστου
14 τὸ ἔργον ὁποῖόν ἐστι[15] τὸ πῦρ[16] δοκιμάσει. εἴ τινος
15 τὸ ἔργον μένει[17] ὃ ἐπῳκοδόμησε, μισθὸν λήψεται. εἴ
τινος τὸ ἔργον κατακαήσεται, ζημιωθήσεται· αὐτὸς
δὲ σωθήσεται, οὕτω δὲ ὡς διὰ πυρός.
16 Οὐκ οἴδατε ὅτι ναὸς Θεοῦ ἐστε, καὶ τὸ Πνεῦμα
17 τοῦ Θεοῦ οἰκεῖ ἐν ὑμῖν; εἴ τις τὸν ναὸν τοῦ Θεοῦ
φθείρει, φθερεῖ τοῦτον ὁ Θεός· ὁ γὰρ ναὸς τοῦ Θεοῦ
ἅγιός ἐστιν, οἵτινές ἐστε ὑμεῖς.
18 Μηδεὶς ἑαυτὸν ἐξαπατάτω· εἴ τις δοκεῖ σοφὸς
εἶναι ἐν ὑμῖν ἐν τῷ αἰῶνι τούτῳ, μωρὸς γενέσθω, ἵνα
19 γένηται σοφός. ἡ γὰρ σοφία τοῦ κόσμου τούτου

---

⁵ οὐκ ἄνθρωποί   ⁶ τί   ⁷ Ἀπολλώς;   ⁸ (δὲ) add ἐστι
⁹ Παῦλος;   ¹⁰ om. ἀλλ' ἤ (...ἔδωκεν.)   ¹¹ ἔθηκα   ¹² om. ὁ
¹³ om. τοῦτον   ¹⁴ χρυσίον, ἀργύριον   ¹⁵ (Marg. , ὁποῖόν
ἐστι,)   ¹⁶ add αὐτὸ   ¹⁷ μενεῖ

μωρία παρὰ τῷ Θεῷ ἐστι· γέγραπται γάρ, Ὁ
δρασσόμενος τοὺς σοφοὺς ἐν τῇ πανουργίᾳ αὐτῶν.
καὶ πάλιν, Κύριος γινώσκει τοὺς διαλογισμοὺς τῶν 20
σοφῶν, ὅτι εἰσὶ μάταιοι. ὥστε μηδεὶς καυχάσθω 21
ἐν ἀνθρώποις· πάντα γὰρ ὑμῶν ἐστιν, εἴτε Παῦλος, 22
εἴτε Ἀπολλώς, εἴτε Κηφᾶς, εἴτε κόσμος, εἴτε ζωή,
εἴτε θάνατος, εἴτε ἐνεστῶτα, εἴτε μέλλοντα· πάντα
ὑμῶν ἐστιν[18], ὑμεῖς δὲ Χριστοῦ, Χριστὸς δὲ Θεοῦ. 23
   Οὕτως ἡμᾶς λογιζέσθω ἄνθρωπος, ὡς ὑπηρέτας IV.
Χριστοῦ καὶ οἰκονόμους μυστηρίων Θεοῦ. ὃ δὲ[1] 2
λοιπόν, ζητεῖται ἐν τοῖς οἰκονόμοις, ἵνα πιστός τις
εὑρεθῇ. ἐμοὶ δὲ εἰς ἐλάχιστόν ἐστιν ἵνα ὑφ᾽ ὑμῶν 3
ἀνακριθῶ, ἢ ὑπὸ ἀνθρωπίνης ἡμέρας· ἀλλ᾽ οὐδὲ
ἐμαυτὸν ἀνακρίνω. οὐδὲν γὰρ ἐμαυτῷ σύνοιδα, 4
ἀλλ᾽ οὐκ ἐν τούτῳ δεδικαίωμαι· ὁ δὲ ἀνακρίνων με
Κύριός ἐστιν. ὥστε μὴ πρὸ καιροῦ τι κρίνετε, ἕως 5
ἂν ἔλθῃ ὁ Κύριος, ὃς καὶ φωτίσει τὰ κρυπτὰ τοῦ
σκότους, καὶ φανερώσει τὰς βουλὰς τῶν καρδιῶν·
καὶ τότε ὁ ἔπαινος γενήσεται ἑκάστῳ ἀπὸ τοῦ
Θεοῦ.
   Ταῦτα δέ, ἀδελφοί, μετεσχημάτισα εἰς ἐμαυτὸν 6
καὶ Ἀπολλὼ δι᾽ ὑμᾶς, ἵνα ἐν ἡμῖν μάθητε τὸ μὴ
ὑπὲρ ὃ[2] γέγραπται φρονεῖν[3], ἵνα μὴ εἷς ὑπὲρ τοῦ ἑνὸς
φυσιοῦσθε κατὰ τοῦ ἑτέρου. τίς γάρ σε διακρίνει; 7
τί δὲ ἔχεις ὃ οὐκ ἔλαβες; εἰ δὲ καὶ ἔλαβες, τί καυ-
χᾶσαι ὡς μὴ λαβών; ἤδη κεκορεσμένοι ἐστέ, ἤδη 8
ἐπλουτήσατε, χωρὶς ἡμῶν ἐβασιλεύσατε· καὶ ὄφε-
λόν γε ἐβασιλεύσατε, ἵνα καὶ ἡμεῖς ὑμῖν συμβασι-
λεύσωμεν. δοκῶ γὰρ ὅτι[4] ὁ Θεὸς ἡμᾶς τοὺς ἀπο- 9
στόλους ἐσχάτους ἀπέδειξεν ὡς ἐπιθανατίους· ὅτι
θέατρον ἐγενήθημεν τῷ κόσμῳ, καὶ ἀγγέλοις,[5] καὶ

---

[18] om. ἐστιν   [1] ὧδε,   [2] ἃ   [3] om. φρονεῖν
[4] (γάρ,) om. ὅτι   [5] Marg. om.,

10 ἀνθρώποις. ἡμεῖς μωροὶ διὰ Χριστόν, ὑμεῖς δὲ
φρόνιμοι ἐν Χριστῷ· ἡμεῖς ἀσθενεῖς, ὑμεῖς δὲ ἰσχυροί·
11 ὑμεῖς ἔνδοξοι, ἡμεῖς δὲ ἄτιμοι. ἄχρι τῆς ἄρτι ὥρας
καὶ πεινῶμεν, καὶ διψῶμεν, καὶ γυμνητεύομεν, καὶ
12 κολαφιζόμεθα, καὶ ἀστατοῦμεν, καὶ κοπιῶμεν ἐργα-
ζόμενοι ταῖς ἰδίαις χερσί· λοιδορούμενοι εὐλογοῦ-
13 μεν· διωκόμενοι ἀνεχόμεθα· **βλασφημούμενοι**⁶ πα-
ρακαλοῦμεν· ὡς περικαθάρματα τοῦ κόσμου ἐγενή-
θημεν, πάντων περίψημα ἕως ἄρτι.
14   Οὐκ ἐντρέπων ὑμᾶς γράφω ταῦτα, ἀλλ᾽ ὡς τέκνα
15 μου ἀγαπητὰ **νουθετῶ**⁷. ἐὰν γὰρ μυρίους παιδαγω-
γοὺς ἔχητε ἐν Χριστῷ, ἀλλ᾽ οὐ πολλοὺς πατέρας·
ἐν γὰρ Χριστῷ Ἰησοῦ διὰ τοῦ εὐαγγελίου ἐγὼ ὑμᾶς
16 ἐγέννησα. παρακαλῶ οὖν ὑμᾶς, μιμηταί μου γίνεσθε.
17 διὰ τοῦτο ἔπεμψα ὑμῖν Τιμόθεον, ὅς ἐστι **τέκνον μου**⁸
ἀγαπητὸν καὶ πιστὸν ἐν Κυρίῳ, ὃς ὑμᾶς ἀναμνήσει
τὰς ὁδούς μου τὰς ἐν Χριστῷ, καθὼς πανταχοῦ ἐν
18 πάσῃ ἐκκλησίᾳ διδάσκω. ὡς μὴ ἐρχομένου δέ μου
19 πρὸς ὑμᾶς ἐφυσιώθησάν τινες. ἐλεύσομαι δὲ ταχέως
πρὸς ὑμᾶς, ἐὰν ὁ Κύριος θελήσῃ, καὶ γνώσομαι οὐ
τὸν λόγον τῶν πεφυσιωμένων, ἀλλὰ τὴν δύναμιν.
20 οὐ γὰρ ἐν λόγῳ ἡ βασιλεία τοῦ Θεοῦ, ἀλλ᾽ ἐν
21 δυνάμει. τί θέλετε; ἐν ῥάβδῳ ἔλθω πρὸς ὑμᾶς,
ἢ ἐν ἀγάπῃ πνεύματί τε πρᾳότητος;
V.   Ὅλως ἀκούεται ἐν ὑμῖν πορνεία, καὶ τοιαύτη
πορνεία, ἥτις οὐδὲ ἐν τοῖς ἔθνεσιν **ὀνομάζεται**¹, ὥστε
2 γυναῖκά τινα τοῦ πατρὸς ἔχειν. καὶ ὑμεῖς πεφυ-
σιωμένοι ἐστέ², καὶ οὐχὶ μᾶλλον ἐπενθήσατε, ἵνα
ἐξαρθῇ³ ἐκ μέσου ὑμῶν ὁ τὸ ἔργον τοῦτο ποιήσας².
3 ἐγὼ μὲν γὰρ **ὡς**⁴ ἀπὼν τῷ σώματι παρὼν δὲ τῷ
πνεύματι, ἤδη κέκρικα ὡς παρών, τὸν οὕτω τοῦτο

---

⁶ δυσφημούμενοι   ⁷ νουθετῶν   ⁸ (ἐστί) μου τέκνον   ¹ om.
ὀνομάζεται   ² (Marg. ἐστέ;...ποιήσας;)   ³ ἀρθῇ   ⁴ om. ὡς

κατεργασάμενον, ἐν τῷ ὀνόματι τοῦ Κυρίου ἡμῶν 4
Ἰησοῦ Χριστοῦ⁵, συναχθέντων ὑμῶν καὶ τοῦ ἐμοῦ
πνεύματος, σὺν τῇ δυνάμει τοῦ Κυρίου ἡμῶν Ἰησοῦ
Χριστοῦ⁶, παραδοῦναι τὸν τοιοῦτον τῷ Σατανᾷ εἰς 5
ὄλεθρον τῆς σαρκός, ἵνα τὸ πνεῦμα σωθῇ ἐν τῇ
ἡμέρᾳ τοῦ Κυρίου Ἰησοῦ⁷. οὐ καλὸν τὸ καύχημα 6
ὑμῶν. οὐκ οἴδατε ὅτι μικρὰ ζύμη ὅλον τὸ φύραμα
ζυμοῖ; ἐκκαθάρατε οὖν⁸ τὴν παλαιὰν ζύμην, ἵνα ἦτε 7
νέον φύραμα, καθώς ἐστε ἄζυμοι. καὶ γὰρ τὸ πάσχα
ἡμῶν ὑπὲρ ἡμῶν⁹ ἐθύθη¹⁰ Χριστός· ὥστε ἑορτάζωμεν, 8
μὴ ἐν ζύμῃ παλαιᾷ, μηδὲ ἐν ζύμῃ κακίας καὶ πονη-
ρίας, ἀλλ᾽ ἐν ἀζύμοις εἰλικρινείας καὶ ἀληθείας.

Ἔγραψα ὑμῖν ἐν τῇ ἐπιστολῇ μὴ συναναμίγ- 9
νυσθαι πόρνοις· καὶ¹¹ οὐ πάντως τοῖς πόρνοις τοῦ 10
κόσμου τούτου, ἢ τοῖς πλεονέκταις, ἢ¹² ἅρπαξιν, ἢ
εἰδωλολάτραις· ἐπεὶ ὀφείλετε¹³ ἄρα ἐκ τοῦ κόσμου
ἐξελθεῖν. νυνὶ δὲ ἔγραψα ὑμῖν μὴ συναναμίγνυσ- 11
θαι, ἐάν τις ἀδελφὸς ὀνομαζόμενος ᾖ πόρνος, ἢ
πλεονέκτης, ἢ εἰδωλολάτρης, ἢ λοίδορος, ἢ μέθυσος,
ἢ ἅρπαξ· τῷ τοιούτῳ μηδὲ συνεσθίειν. τί γάρ μοι 12
καὶ¹⁴ τοὺς ἔξω κρίνειν; οὐχὶ τοὺς ἔσω ὑμεῖς κρί-
νετε;¹⁵ τοὺς δὲ ἔξω ὁ Θεὸς κρίνει.¹⁵ καὶ ἐξαρεῖτε¹⁶ τὸν 13
πονηρὸν ἐξ ὑμῶν αὐτῶν.

Τολμᾷ τις ὑμῶν, πρᾶγμα ἔχων πρὸς τὸν ἕτε- VI.
ρον, κρίνεσθαι ἐπὶ τῶν ἀδίκων, καὶ οὐχὶ ἐπὶ τῶν
ἁγίων; ¹οὐκ οἴδατε ὅτι οἱ ἅγιοι τὸν κόσμον κρινοῦσι; 2
καὶ εἰ ἐν ὑμῖν κρίνεται ὁ κόσμος, ἀνάξιοί ἐστε κρι-
τηρίων ἐλαχίστων; οὐκ οἴδατε ὅτι ἀγγέλους κρι- 3
νοῦμεν; μήτι γε βιωτικά; βιωτικὰ μὲν οὖν κριτήρια 4
ἐὰν ἔχητε, τοὺς ἐξουθενημένους ἐν τῇ ἐκκλησίᾳ,

⁵ om. Χριστοῦ   ⁶ om. Χριστοῦ   ⁷ Marg. om. Ἰησοῦ   ⁸ om. οὖν
⁹ om. ὑπὲρ ἡμῶν   ¹⁰ ἐτύθη   ¹¹ om. καὶ   ¹² (om. ,) καὶ
¹³ ὠφείλετε   ¹⁴ om. καὶ   ¹⁵ (κρίνετε,...κρίνει;)   ¹⁶ ἐξάρατε   ¹ add ἢ

5 τούτους καθίζετε². πρὸς ἐντροπὴν ὑμῖν λέγω. οὕτως
οὐκ ἔστιν³ ἐν ὑμῖν σοφὸς οὐδὲ εἷς⁴, ὃς δυνήσεται δια-
6 κρῖναι ἀνὰ μέσον τοῦ ἀδελφοῦ αὐτοῦ, ἀλλὰ ἀδελφὸς
μετὰ ἀδελφοῦ κρίνεται, καὶ τοῦτο ἐπὶ ἀπίστων;
7 ἤδη μὲν οὖν ὅλως ἥττημα ἐν⁵ ὑμῖν ἐστιν, ὅτι κρίματα
ἔχετε μεθ᾽ ἑαυτῶν. διατί οὐχὶ μᾶλλον ἀδικεῖσθε;
8 διατί οὐχὶ μᾶλλον ἀποστερεῖσθε; ἀλλὰ ὑμεῖς ἀδι-
9 κεῖτε καὶ ἀποστερεῖτε, καὶ ταῦτα⁶ ἀδελφούς. ἢ οὐκ
οἴδατε ὅτι ἄδικοι βασιλείαν Θεοῦ⁷ οὐ κληρονομήσουσι;
μὴ πλανᾶσθε· οὔτε πόρνοι, οὔτε εἰδωλολάτραι,
10 οὔτε μοιχοί, οὔτε μαλακοί, οὔτε ἀρσενοκοῖται, οὔτε
κλέπται, οὔτε πλεονέκται, οὔτε⁸ μέθυσοι, οὐ λοίδοροι,
οὐχ ἅρπαγες, βασιλείαν Θεοῦ οὐ⁹ κληρονομήσουσι.
11 καὶ ταῦτά τινες ἦτε· ἀλλὰ ἀπελούσασθε, ἀλλὰ
ἡγιάσθητε, ἀλλ᾽ ἐδικαιώθητε ἐν τῷ ὀνόματι τοῦ
Κυρίου Ἰησοῦ¹⁰, καὶ ἐν τῷ Πνεύματι τοῦ Θεοῦ ἡμῶν.
12 Πάντα μοι ἔξεστιν, ἀλλ᾽ οὐ πάντα συμφέρει·
πάντα μοι ἔξεστιν, ἀλλ᾽ οὐκ ἐγὼ ἐξουσιασθήσομαι
13 ὑπό τινος. τὰ βρώματα τῇ κοιλίᾳ, καὶ ἡ κοιλία
τοῖς βρώμασιν· ὁ δὲ Θεὸς καὶ ταύτην καὶ ταῦτα
καταργήσει. τὸ δὲ σῶμα οὐ τῇ πορνείᾳ, ἀλλὰ τῷ
14 Κυρίῳ, καὶ ὁ Κύριος τῷ σώματι· ὁ δὲ Θεὸς καὶ τὸν
Κύριον ἤγειρε, καὶ ἡμᾶς ἐξεγερεῖ διὰ τῆς δυνάμεως
15 αὐτοῦ. οὐκ οἴδατε ὅτι τὰ σώματα ὑμῶν μέλη
Χριστοῦ ἐστιν; ἄρας οὖν τὰ μέλη τοῦ Χριστοῦ
16 ποιήσω πόρνης μέλη; μὴ γένοιτο. ἢ οὐκ οἴδατε
ὅτι ὁ κολλώμενος τῇ πόρνῃ ἓν σῶμά ἐστιν; Ἔσον-
17 ται γάρ, φησίν, οἱ δύο εἰς σάρκα μίαν. ὁ δὲ κολ-
18 λώμενος τῷ Κυρίῳ ἓν πνεῦμά ἐστι. φεύγετε τὴν
πορνείαν. πᾶν ἁμάρτημα ὃ ἐὰν ποιήσῃ ἄνθρωπος

---

² (; jor. text, not marg.)　　³ ἔνι　　⁴ οὐδεὶς σοφός
⁵ om. ἐν　　⁶ τοῦτο　　⁷ Θεοῦ βασιλείαν　　⁸ οὐ
⁹ om. οὐ　　¹⁰ add Χριστοῦ

ἐκτὸς τοῦ σώματός ἐστιν· ὁ δὲ πορνεύων εἰς τὸ
ἴδιον σῶμα ἁμαρτάνει. ἢ οὐκ οἴδατε ὅτι τὸ σῶμα 19
ὑμῶν ναὸς τοῦ ἐν ὑμῖν Ἁγίου Πνεύματός ἐστιν, οὗ
ἔχετε ἀπὸ Θεοῦ; καὶ οὐκ ἐστὲ ἑαυτῶν, ἠγορά- 20
σθητε γὰρ τιμῆς· δοξάσατε δὴ τὸν Θεὸν ἐν τῷ
σώματι ὑμῶν, καὶ ἐν τῷ πνεύματι ὑμῶν, ἅτινά ἐστι
τοῦ Θεοῦ¹¹.

Περὶ δὲ ὧν ἐγράψατέ μοι¹, καλὸν ἀνθρώπῳ γυ- VII.
ναικὸς μὴ ἅπτεσθαι. διὰ δὲ τὰς πορνείας ἕκαστος 2
τὴν ἑαυτοῦ γυναῖκα ἐχέτω, καὶ ἑκάστη τὸν ἴδιον
ἄνδρα ἐχέτω. τῇ γυναικὶ ὁ ἀνὴρ τὴν ὀφειλομένην 3
εὔνοιαν² ἀποδιδότω· ὁμοίως δὲ καὶ ἡ γυνὴ τῷ ἀνδρί.
ἡ γυνὴ τοῦ ἰδίου σώματος οὐκ ἐξουσιάζει, ἀλλ᾽ ὁ 4
ἀνήρ· ὁμοίως δὲ καὶ ὁ ἀνὴρ τοῦ ἰδίου σώματος οὐκ
ἐξουσιάζει, ἀλλ᾽ ἡ γυνή. μὴ ἀποστερεῖτε ἀλλή- 5
λους, εἰ μή τι ἂν ἐκ συμφώνου πρὸς καιρόν, ἵνα
σχολάζητε³ τῇ νηστείᾳ καὶ⁴ τῇ προσευχῇ,* καὶ πάλιν
ἐπὶ τὸ αὐτὸ συνέρχησθε⁵, ἵνα μὴ πειράζῃ ὑμᾶς ὁ Σα-
τανᾶς διὰ τὴν ἀκρασίαν ὑμῶν. τοῦτο δὲ λέγω 6
κατὰ συγγνώμην, οὐ κατ᾽ ἐπιταγήν. θέλω γὰρ⁶ 7
πάντας ἀνθρώπους εἶναι ὡς καὶ ἐμαυτόν· ἀλλ᾽
ἕκαστος ἴδιον χάρισμα ἔχει⁷ ἐκ Θεοῦ, ὃς⁸ μὲν οὕτως,
ὃς⁸ δὲ οὕτως.

Λέγω δὲ τοῖς ἀγάμοις καὶ ταῖς χήραις, καλὸν 8
αὐτοῖς ἐστιν⁹ ἐὰν μείνωσιν ὡς κἀγώ. εἰ δὲ οὐκ 9
ἐγκρατεύονται, γαμησάτωσαν· κρεῖσσον γάρ ἐστι
γαμῆσαι ἢ πυροῦσθαι. τοῖς δὲ γεγαμηκόσι παρ- 10
αγγέλλω, οὐκ ἐγώ, ἀλλ᾽ ὁ Κύριος, γυναῖκα ἀπὸ
ἀνδρὸς μὴ χωρισθῆναι (ἐὰν δὲ καὶ χωρισθῇ, μενέτω 11

¹¹ om. , καὶ ἐν τῷ πνεύματι ὑμῶν, ἅτινά ἐστι τοῦ Θεοῦ   ¹ (-ψατε)
om. μοι   ² ὀφειλὴν   ³ σχολάσητε   ⁴ om. τῇ νηστείᾳ καὶ
⁵ ῆτε   ⁶ δὲ text, not marg.   ⁷ ἔχει χάρισμα   ⁸ ὁ
⁹ om. ἐστιν

ἄγαμος, ἢ τῷ ἀνδρὶ καταλλαγήτω)· καὶ ἄνδρα γυ-
12 ναῖκα μὴ ἀφιέναι. τοῖς δὲ λοιποῖς ἐγὼ λέγω¹⁰, οὐχ
ὁ Κύριος· εἴ τις ἀδελφὸς γυναῖκα ἔχει ἄπιστον, καὶ
αὐτὴ συνευδοκεῖ οἰκεῖν μετ' αὐτοῦ, μὴ ἀφιέτω αὐ-
13 τήν. καὶ γυνὴ ἥτις ἔχει ἄνδρα ἄπιστον, καὶ αὐτὸς¹¹
συνευδοκεῖ οἰκεῖν μετ' αὐτῆς, μὴ ἀφιέτω αὐτόν¹².
14 ἡγίασται γὰρ ὁ ἀνὴρ ὁ ἄπιστος ἐν τῇ γυναικί, καὶ
ἡγίασται ἡ γυνὴ ἡ ἄπιστος ἐν τῷ ἀνδρί¹³· ἐπεὶ ἄρα
τὰ τέκνα ὑμῶν ἀκάθαρτά ἐστι, νῦν δὲ ἅγιά ἐστιν.
15 εἰ δὲ ὁ ἄπιστος χωρίζεται, χωριζέσθω. οὐ δεδού-
λωται ὁ ἀδελφὸς ἢ ἡ ἀδελφὴ ἐν τοῖς τοιούτοις· ἐν
16 δὲ εἰρήνῃ κέκληκεν ἡμᾶς¹⁴ ὁ Θεός. τί γὰρ οἶδας,
γύναι, εἰ τὸν ἄνδρα σώσεις; ἢ τί οἶδας, ἄνερ, εἰ τὴν
17 γυναῖκα σώσεις; εἰ μὴ ἑκάστῳ ὡς ἐμέρισεν¹⁵ ὁ Θεός¹⁶,
ἕκαστον ὡς κέκληκεν ὁ Κύριος¹⁷, οὕτω περιπατείτω.
καὶ οὕτως ἐν ταῖς ἐκκλησίαις πάσαις διατάσσομαι.
18 περιτετμημένος τις ἐκλήθη; μὴ ἐπισπάσθω. ἐν
19 ἀκροβυστίᾳ τις ἐκλήθη¹⁸; μὴ περιτεμνέσθω. ἡ πε-
ριτομὴ οὐδέν ἐστι, καὶ ἡ ἀκροβυστία οὐδέν ἐστιν,
20 ἀλλὰ τήρησις ἐντολῶν Θεοῦ. ἕκαστος ἐν τῇ κλή-
21 σει ᾗ ἐκλήθη, ἐν ταύτῃ μενέτω. δοῦλος ἐκλήθης;
μή σοι μελέτω· ἀλλ' εἰ καὶ δύνασαι ἐλεύθερος γε-
22 νέσθαι, μᾶλλον χρῆσαι. ὁ γὰρ ἐν Κυρίῳ κληθεὶς
δοῦλος, ἀπελεύθερος Κυρίου ἐστίν· ὁμοίως καὶ¹⁹ ὁ
23 ἐλεύθερος κληθείς, δοῦλός ἐστι Χριστοῦ. τιμῆς
24 ἠγοράσθητε· μὴ γίνεσθε δοῦλοι ἀνθρώπων. ἕκασ-
τος ἐν ᾧ ἐκλήθη, ἀδελφοί, ἐν τούτῳ μενέτω παρὰ
τῷ²⁰ Θεῷ.

25   Περὶ δὲ τῶν παρθένων ἐπιταγὴν Κυρίου οὐκ
ἔχω· γνώμην δὲ δίδωμι ὡς ἠλεημένος ὑπὸ Κυρίου

---

¹⁰ λέγω ἐγώ	¹¹ οὗτος	¹² τὸν ἄνδρα	¹³ ἀδελφῷ
¹⁴ *Marg.* ὑμᾶς	¹⁵ μεμέρικεν	¹⁶ Κύριος	¹⁷ Θεός
¹⁸ κέκληταί τις	¹⁹ *om.* καί	²⁰ *om.* τῷ	

πιστὸς εἶναι. νομίζω οὖν τοῦτο καλὸν ὑπάρχειν 26
διὰ τὴν ἐνεστῶσαν ἀνάγκην, ὅτι καλὸν ἀνθρώπῳ
τὸ οὕτως εἶναι. δέδεσαι γυναικί; μὴ ζήτει λύσιν. 27
λέλυσαι ἀπὸ γυναικός; μὴ ζήτει γυναῖκα. ἐὰν δὲ 28
καὶ γήμῃς, οὐχ ἥμαρτες· καὶ ἐὰν γήμῃ ἡ παρθένος,
οὐχ ἥμαρτε. θλίψιν δὲ τῇ σαρκὶ ἕξουσιν οἱ
τοιοῦτοι· ἐγὼ δὲ ὑμῶν φείδομαι. τοῦτο δέ φημι, 29
ἀδελφοί, ὅτι ὁ καιρὸς συνεσταλμένος· τὸ λοιπόν
ἐστιν*²¹ ἵνα καὶ οἱ ἔχοντες γυναῖκας ὡς μὴ ἔχοντες
ὦσι· καὶ οἱ κλαίοντες, ὡς μὴ κλαίοντες· καὶ οἱ 30
χαίροντες, ὡς μὴ χαίροντες· καὶ οἱ ἀγοράζοντες, ὡς
μὴ κατέχοντες· καὶ οἱ χρώμενοι τῷ κόσμῳ τούτῳ²², ὡς 31
μὴ καταχρώμενοι· παράγει γὰρ τὸ σχῆμα τοῦ
κόσμου τούτου. θέλω δὲ ὑμᾶς ἀμερίμνους εἶναι. 32
ὁ ἄγαμος μεριμνᾷ τὰ τοῦ Κυρίου, πῶς ἀρέσει²³ τῷ
Κυρίῳ· ὁ δὲ γαμήσας μεριμνᾷ τὰ τοῦ κόσμου, πῶς 33
ἀρέσει²⁸ τῇ γυναικί. ²⁴μεμέρισται²⁵ ἡ γυνὴ²⁶ καὶ ἡ 34
παρθένος. ἡ ἄγαμος²⁷ μεριμνᾷ τὰ τοῦ Κυρίου, ἵνα ᾖ ἁγία
καὶ²⁸ σώματι καὶ²⁸ πνεύματι· ἡ δὲ γαμήσασα με-
ριμνᾷ τὰ τοῦ κόσμου, πῶς ἀρέσει²³ τῷ ἀνδρί. τοῦτο 35
δὲ πρὸς τὸ ὑμῶν αὐτῶν συμφέρον²⁹ λέγω· οὐχ ἵνα
βρόχον ὑμῖν ἐπιβάλω, ἀλλὰ πρὸς τὸ εὔσχημον καὶ
εὐπρόσεδρον³⁰ τῷ Κυρίῳ ἀπερισπάστως. εἰ δέ τις 36
ἀσχημονεῖν ἐπὶ τὴν παρθένον αὐτοῦ νομίζει, ἐὰν
ᾖ ὑπέρακμος, καὶ οὕτως ὀφείλει γίνεσθαι, ὃ θέλει
ποιείτω· οὐχ ἁμαρτάνει· γαμείτωσαν. ὃς δὲ ἕστη- 37
κεν ἑδραῖος ἐν τῇ καρδίᾳ³¹, μὴ ἔχων ἀνάγκην, ἐξουσίαν
δὲ ἔχει περὶ τοῦ ἰδίου θελήματος, καὶ τοῦτο κέκρι-

---

²¹ (συνεσταλμένος) ἐστί· τὸ λοιπὸν ἵνα text, (συνεσταλμένος) ἐστὶ
τὸ λοιπόν, ἵνα marg.   ²² τὸν κόσμον   ²³ ἀρέσῃ   ²⁴ add καὶ
²⁵ add καὶ   ²⁶ (Marg. τῇ γυναικί, καὶ μεμέρισται. καὶ ἡ γυνὴ)
²⁷ Marg. (καὶ ἡ παρθένος· ἡ ἄγαμος) or ἡ ἄγαμος καὶ ἡ παρθένος
²⁸ add τῷ   ²⁹ σύμφορον   ³⁰ εὐπάρεδρον   ³¹ ἐν τῇ καρδίᾳ
αὐτοῦ ἑδραῖος

κεν ἐν τῇ³² καρδίᾳ αὐτοῦ³³, τοῦ³⁴ τηρεῖν τὴν ἑαυτοῦ
38 παρθένον, καλῶς ποιεῖ³⁵. ὥστε καὶ ὁ ἐκγαμίζων³⁶ κα-
λῶς ποιεῖ· ὁ δὲ³⁷ μὴ ἐκγαμίζων³⁸ κρεῖσσον ποιεῖ³⁹.
39 γυνὴ δέδεται νόμῳ⁴⁰ ἐφ' ὅσον χρόνον ζῇ ὁ ἀνὴρ
αὐτῆς· ἐὰν δὲ κοιμηθῇ ὁ· ἀνὴρ αὐτῆς⁴¹, ἐλευθέρα
40 ἐστὶν ᾧ θέλει γαμηθῆναι, μόνον ἐν Κυρίῳ. μακα-
ριωτέρα δέ ἐστιν ἐὰν οὕτω μείνῃ, κατὰ τὴν ἐμὴν
γνώμην· δοκῶ δὲ κἀγὼ Πνεῦμα Θεοῦ ἔχειν.
VIII. Περὶ δὲ τῶν εἰδωλοθύτων, οἴδαμεν ὅτι πάντες
γνῶσιν ἔχομεν. ἡ γνῶσις φυσιοῖ, ἡ δὲ ἀγάπη
2 οἰκοδομεῖ. εἰ δέ¹ τις δοκεῖ εἰδέναι² τι, οὐδέπω οὐδὲν
3 ἔγνωκε³ καθὼς δεῖ γνῶναι· εἰ δέ τις ἀγαπᾷ τὸν Θεόν,
4 οὗτος ἔγνωσται ὑπ' αὐτοῦ. περὶ τῆς βρώσεως οὖν
τῶν εἰδωλοθύτων, οἴδαμεν ὅτι οὐδὲν εἴδωλον ἐν
5 κόσμῳ, καὶ ὅτι οὐδεὶς Θεὸς ἕτερος⁴ εἰ μὴ εἷς. καὶ γὰρ
εἴπερ εἰσὶ λεγόμενοι θεοί, εἴτε ἐν οὐρανῷ, εἴτε ἐπὶ
τῆς⁵ γῆς· ὥσπερ εἰσὶ θεοὶ πολλοί, καὶ κύριοι πολλοί·
6 ἀλλ' ἡμῖν εἷς Θεὸς ὁ πατήρ, ἐξ οὗ τὰ πάντα, καὶ
ἡμεῖς εἰς αὐτόν· καὶ εἷς Κύριος Ἰησοῦς Χριστός, δι'
7 οὗ τὰ πάντα, καὶ ἡμεῖς δι' αὐτοῦ. ἀλλ' οὐκ ἐν
πᾶσιν ἡ γνῶσις· τινὲς δὲ τῇ συνειδήσει⁶ τοῦ εἰδώλου
ἕως ἄρτι⁷ ὡς εἰδωλόθυτον ἐσθίουσι, καὶ ἡ συνείδησις
8 αὐτῶν ἀσθενὴς οὖσα μολύνεται. βρῶμα δὲ ἡμᾶς
οὐ παρίστησι⁸ τῷ Θεῷ· οὔτε γὰρ⁹ ἐὰν φάγωμεν περισ-
9 σεύομεν, οὔτε ἐὰν μὴ φάγωμεν ὑστερούμεθα¹⁰. βλέπετε δὲ
μήπως ἡ ἐξουσία ὑμῶν αὕτη πρόσκομμα γένηται
10 τοῖς ἀσθενοῦσιν¹¹. ἐὰν γάρ τις ἴδῃ σε τὸν ἔχοντα

---

³² add ἰδίᾳ   ³³ om. αὐτοῦ   ³⁴ om. τοῦ   ³⁵ ποιήσει
³⁶ γαμίζων τὴν παρθένον ἑαυτοῦ   ³⁷ καὶ ὁ   ³⁸ γαμίζων
³⁹ ποιήσει   ⁴⁰ om. νόμῳ   ⁴¹ om. αὐτῆς   ¹ om. (εἰ) δέ
² ἐγνωκέναι   ³ οὔπω ἔγνω   ⁴ om. ἕτερος   ⁵ om. τῆς
⁶ συνηθείᾳ   ⁷ ἕως ἄρτι τοῦ εἰδώλου   ⁸ παραστήσει
⁹ om. γὰρ   ¹⁰ μὴ φάγωμεν ὑστερούμεθα, οὔτε ἐὰν φάγωμεν
περισσεύομεθα   ¹¹ ἀσθενέσιν

γνῶσιν ἐν εἰδωλείῳ κατακείμενον, οὐχὶ ἡ συνείδη-
σις αὐτοῦ ἀσθενοῦς ὄντος οἰκοδομηθήσεται εἰς τὸ
τὰ εἰδωλόθυτα ἐσθίειν; καὶ ἀπολεῖται¹² ὁ ἀσθενῶν 11
ἀδελφὸς ἐπὶ τῇ σῇ γνώσει,¹³ δι' ὃν Χριστὸς ἀπέθανεν;¹⁴
οὕτω δὲ ἁμαρτάνοντες εἰς τοὺς ἀδελφούς, καὶ τύπ- 12
τοντες αὐτῶν τὴν συνείδησιν ἀσθενοῦσαν, εἰς
Χριστὸν ἁμαρτάνετε. διόπερ εἰ βρῶμα σκανδα- 13
λίζει τὸν ἀδελφόν μου, οὐ μὴ φάγω κρέα εἰς τὸν
αἰῶνα, ἵνα μὴ τὸν ἀδελφόν μου σκανδαλίσω.
Οὐκ εἰμὶ ἀπόστολος¹; οὐκ εἰμὶ ἐλεύθερος²; οὐχὶ IX.
Ἰησοῦν Χριστὸν³ τὸν Κύριον ἡμῶν ἑώρακα; οὐ τὸ
ἔργον μου ὑμεῖς ἐστε ἐν Κυρίῳ; εἰ ἄλλοις οὐκ εἰμὶ 2
ἀπόστολος, ἀλλά γε ὑμῖν εἰμι· ἡ γὰρ σφραγὶς τῆς
ἐμῆς ἀποστολῆς⁴ ὑμεῖς ἐστε ἐν Κυρίῳ. ἡ ἐμὴ ἀπο- 3
λογία τοῖς ἐμὲ ἀνακρίνουσιν αὕτη ἐστί⁵. μὴ οὐκ 4
ἔχομεν ἐξουσίαν φαγεῖν καὶ πιεῖν; μὴ οὐκ ἔχομεν 5
ἐξουσίαν ἀδελφὴν γυναῖκα περιάγειν, ὡς καὶ οἱ
λοιποὶ ἀπόστολοι, καὶ οἱ ἀδελφοὶ τοῦ Κυρίου, καὶ
Κηφᾶς; ἢ μόνος ἐγὼ καὶ Βαρνάβας οὐκ ἔχομεν 6
ἐξουσίαν τοῦ⁶ μὴ ἐργάζεσθαι; τίς στρατεύεται ἰδίοις 7
ὀψωνίοις ποτέ; τίς φυτεύει ἀμπελῶνα, καὶ ἐκ τοῦ
καρποῦ⁷ αὐτοῦ οὐκ ἐσθίει; ἢ τίς ποιμαίνει ποίμνην,
καὶ ἐκ τοῦ γάλακτος τῆς ποίμνης οὐκ ἐσθίει; μὴ 8
κατὰ ἄνθρωπον ταῦτα λαλῶ; ἢ οὐχὶ καὶ ὁ νόμος
ταῦτα⁸ λέγει; ἐν γὰρ τῷ Μωσέως νόμῳ γέγραπται, 9
Οὐ φιμώσεις βοῦν ἀλοῶντα. μὴ τῶν βοῶν μέλει
τῷ Θεῷ; ἢ δι' ἡμᾶς πάντως λέγει; δι' ἡμᾶς γὰρ 10
ἐγράφη, ὅτι ἐπ' ἐλπίδι ὀφείλει⁹ ὁ ἀροτριῶν ἀροτριᾶν,
καὶ ὁ ἀλοῶν τῆς ἐλπίδος αὐτοῦ μετέχειν ἐπ' ἐλπίδι¹⁰. εἰ 11

---

¹² ἀπόλλυται γὰρ   ¹³ ἐν τῇ σῇ γνώσει, ὁ ἀδελφὸς   ¹⁴ (.for;)
¹ ἐλεύθερος   ² ἀπόστολος   ³ om. Χριστὸν   ⁴ (σφραγίς) μου τῆς
ἀποστολῆς   ⁵ ἐστιν αὕτη   ⁶ om. τοῦ   ⁷ τὸν καρπὸν   ⁸ καὶ ὁ
νόμος ταῦτα οὐ   ⁹ ὀφείλει ἐπ' ἐλπίδι   ¹⁰ ἐπ' ἐλπίδι τοῦ μετέχειν

ἡμεῖς ὑμῖν τὰ πνευματικὰ ἐσπείραμεν, μέγα εἰ
12 ἡμεῖς ὑμῶν τὰ σαρκικὰ θερίσομεν; εἰ ἄλλοι τῆς
ἐξουσίας ὑμῶν¹¹ μετέχουσιν, οὐ μᾶλλον ἡμεῖς; ἀλλ'
οὐκ ἐχρησάμεθα τῇ ἐξουσίᾳ ταύτῃ· ἀλλὰ πάντα
στέγομεν, ἵνα μὴ ἐγκοπήν τινα¹² δῶμεν τῷ εὐαγγελίῳ
13 τοῦ Χριστοῦ. οὐκ οἴδατε ὅτι οἱ τὰ ἱερὰ ἐργαζό-
μενοι¹³ ἐκ τοῦ ἱεροῦ ἐσθίουσιν, οἱ τῷ θυσιαστηρίῳ
προσεδρεύοντες¹⁴ τῷ θυσιαστηρίῳ συμμερίζονται;
14 οὕτω καὶ ὁ Κύριος διέταξε τοῖς τὸ εὐαγγέλιον
15 καταγγέλλουσιν ἐκ τοῦ εὐαγγελίου ζῆν. ἐγὼ δὲ
οὐδενὶ ἐχρησάμην¹⁵ τούτων· οὐκ ἔγραψα δὲ ταῦτα
ἵνα οὕτω γένηται ἐν ἐμοί· καλὸν γάρ μοι μᾶλλον
16 ἀποθανεῖν, ἢ τὸ καύχημά μου ἵνα τις κενώσῃ¹⁶. ἐὰν
γὰρ εὐαγγελίζωμαι, οὐκ ἔστι μοι καύχημα· ἀνάγκη
γάρ μοι ἐπίκειται· οὐαὶ δέ¹⁷ μοι ἐστίν, ἐὰν μὴ εὐαγ-
17 γελίζωμαι. εἰ γὰρ ἑκὼν τοῦτο πράσσω, μισθὸν
18 ἔχω· εἰ δὲ ἄκων, οἰκονομίαν πεπίστευμαι. τίς οὖν
μοί ἐστιν ὁ μισθός; ἵνα εὐαγγελιζόμενος ἀδάπανον
θήσω τὸ εὐαγγέλιον τοῦ Χριστοῦ¹⁸, εἰς τὸ μὴ κα-
ταχρήσασθαι τῇ ἐξουσίᾳ μου ἐν τῷ εὐαγγελίῳ.
19 ἐλεύθερος γὰρ ὢν ἐκ πάντων, πᾶσιν ἐμαυτὸν ἐδού-
20 λωσα, ἵνα τοὺς πλείονας κερδήσω. καὶ ἐγενόμην
τοῖς Ἰουδαίοις ὡς Ἰουδαῖος, ἵνα Ἰουδαίους κερδήσω·
τοῖς ὑπὸ νόμον ὡς ὑπὸ νόμον,¹⁹ ἵνα τοὺς ὑπὸ νόμον
21 κερδήσω· τοῖς ἀνόμοις ὡς ἄνομος, μὴ ὢν ἄνομος
Θεῷ²⁰ ἀλλ' ἔννομος Χριστῷ²¹, ἵνα κερδήσω²² ἀνόμους.
22 ἐγενόμην τοῖς ἀσθενέσιν ὡς²³ ἀσθενής, ἵνα τοὺς ἀσ-
θενεῖς κερδήσω. τοῖς πᾶσι γέγονα τὰ²⁴ πάντα, ἵνα

---

¹¹ ὑμῶν ἐξουσίας   ¹² (μή) τινα ἐγκοπὴν   ¹³ add τὰ
¹⁴ παρεδρεύοντες   ¹⁵ οὐ κέχρημαι οὐδενὶ   ¹⁶ οὐδεὶς κενώσει
¹⁷ γάρ   ¹⁸ om. τοῦ Χριστοῦ   ¹⁹ add μὴ ὢν αὐτὸς ὑπὸ νόμον,
²⁰ Θεοῦ   ²¹ Χριστοῦ   ²² κερδάνω τοὺς   ²³ om. ὡς
²⁴ om. τὰ

πάντως τινὰς σώσω. τοῦτο²⁵ δὲ ποιῶ διὰ τὸ εὐαγ- 23
γέλιον, ἵνα συγκοινωνὸς αὐτοῦ γένωμαι. οὐκ οἴδατε 24
ὅτι οἱ ἐν σταδίῳ τρέχοντες πάντες μὲν τρέχουσιν,
εἷς δὲ λαμβάνει τὸ βραβεῖον; οὕτω τρέχετε, ἵνα
καταλάβητε. πᾶς δὲ ὁ ἀγωνιζόμενος πάντα ἐγ- 25
κρατεύεται· ἐκεῖνοι μὲν οὖν ἵνα φθαρτὸν στέφανον
λάβωσιν, ἡμεῖς δὲ ἄφθαρτον. ἐγὼ τοίνυν οὕτω 26
τρέχω, ὡς οὐκ ἀδήλως· οὕτω πυκτεύω, ὡς οὐκ ἀέρα
δέρων· ἀλλ' ὑπωπιάζω μου τὸ σῶμα καὶ δουλα- 27
γωγῶ, μήπως, ἄλλοις κηρύξας, αὐτὸς ἀδόκιμος
γένωμαι.

Οὐ θέλω δὲ¹ ὑμᾶς ἀγνοεῖν, ἀδελφοί, ὅτι οἱ πατέρες X.
ἡμῶν πάντες ὑπὸ τὴν νεφέλην ἦσαν, καὶ πάντες διὰ
τῆς θαλάσσης διῆλθον, καὶ πάντες εἰς τὸν Μωσῆν 2
ἐβαπτίσαντο ἐν τῇ νεφέλῃ καὶ ἐν τῇ θαλάσσῃ, καὶ 3
πάντες τὸ αὐτὸ βρῶμα πνευματικὸν ἔφαγον, καὶ 4
πάντες τὸ αὐτὸ πόμα πνευματικὸν ἔπιον· ἔπινον
γὰρ ἐκ πνευματικῆς ἀκολουθούσης πέτρας· ἡ δὲ
πέτρα ἦν ὁ Χριστός. ἀλλ' οὐκ ἐν τοῖς πλείοσιν 5
αὐτῶν εὐδόκησεν ὁ Θεός· κατεστρώθησαν γὰρ ἐν τῇ
ἐρήμῳ. ταῦτα δὲ τύποι ἡμῶν ἐγενήθησαν, εἰς τὸ 6
μὴ εἶναι ἡμᾶς ἐπιθυμητὰς κακῶν, καθὼς κἀκεῖνοι
ἐπεθύμησαν. μηδὲ εἰδωλολάτραι γίνεσθε, καθώς 7
τινες αὐτῶν· ὡς² γέγραπται, Ἐκάθισεν ὁ λαὸς
φαγεῖν καὶ πιεῖν, καὶ ἀνέστησαν παίζειν. μηδὲ 8
πορνεύωμεν, καθώς τινες αὐτῶν ἐπόρνευσαν, καὶ
ἔπεσον ἐν μιᾷ ἡμέρᾳ εἰκοσιτρεῖς χιλιάδες. μηδὲ 9
ἐκπειράζωμεν τὸν Χριστόν³, καθὼς καί⁴ τινες αὐτῶν
ἐπείρασαν, καὶ ὑπὸ τῶν ὄφεων ἀπώλοντο⁵. μηδὲ 10
γογγύζετε, καθὼς⁶ καί⁷ τινες αὐτῶν ἐγόγγυσαν, καὶ

²⁵ πάντα   ¹ γὰρ   ² ὥσπερ   ³ Κύριον text, not
marg.   ⁴ om. καί   ⁵ ἀπώλλυντο   ⁶ καθάπερ
⁷ om. καί

11 ἀπώλοντο ὑπὸ τοῦ ὀλοθρευτοῦ. ταῦτα δὲ πάντα⁸
τύποι⁹ συνέβαινον ἐκείνοις· ἐγράφη δὲ πρὸς νουθε-
σίαν ἡμῶν, εἰς οὓς τὰ τέλη τῶν αἰώνων κατήντησεν¹⁰.
12, 13 ὥστε ὁ δοκῶν ἑστάναι, βλεπέτω μὴ πέσῃ. πει-
ρασμὸς ὑμᾶς οὐκ εἴληφεν εἰ μὴ ἀνθρώπινος· πιστὸς
δὲ ὁ Θεός, ὃς οὐκ ἐάσει ὑμᾶς πειρασθῆναι ὑπὲρ ὃ
δύνασθε, ἀλλὰ ποιήσει σὺν τῷ πειρασμῷ καὶ τὴν
ἔκβασιν, τοῦ δύνασθαι ὑμᾶς¹¹ ὑπενεγκεῖν.
14 Διόπερ, ἀγαπητοί μου, φεύγετε ἀπὸ τῆς εἰδω-
15 λολατρείας. ὡς φρονίμοις λέγω, κρίνατε ὑμεῖς ὅ
16 φημι. τὸ ποτήριον τῆς εὐλογίας ὃ εὐλογοῦμεν,
οὐχὶ κοινωνία τοῦ αἵματος τοῦ Χριστοῦ ἐστί; τὸν
ἄρτον ὃν κλῶμεν, οὐχὶ κοινωνία τοῦ σώματος τοῦ
17 Χριστοῦ ἐστίν; ὅτι εἷς ἄρτος, ἓν σῶμα,¹² οἱ πολλοί
ἐσμεν· οἱ γὰρ πάντες ἐκ τοῦ ἑνὸς ἄρτου μετέχομεν.
18 βλέπετε τὸν Ἰσραὴλ κατὰ σάρκα· οὐχὶ οἱ ἐσθίοντες
19 τὰς θυσίας κοινωνοὶ τοῦ θυσιαστηρίου εἰσί; τί
οὖν φημι; ὅτι εἴδωλόν¹³ τί ἐστιν; ἢ ὅτι εἰδωλόθυτόν¹⁴ τί
20 ἐστιν; ἀλλ᾽ ὅτι ἃ θύει τὰ ἔθνη, δαιμονίοις θύει, καὶ
οὐ Θεῷ· οὐ θέλω δὲ ὑμᾶς κοινωνοὺς τῶν δαιμονίων
21 γίνεσθαι. οὐ δύνασθε ποτήριον Κυρίου πίνειν καὶ
ποτήριον δαιμονίων· οὐ δύνασθε τραπέζης Κυρίου
22 μετέχειν καὶ τραπέζης δαιμονίων. ἢ παραζηλοῦμεν
τὸν Κύριον; μὴ ἰσχυρότεροι αὐτοῦ ἐσμέν;
23 Πάντα μοι¹⁵ ἔξεστιν, ἀλλ᾽ οὐ πάντα συμφέρει.
24 πάντα μοι¹⁵ ἔξεστιν, ἀλλ᾽ οὐ πάντα οἰκοδομεῖ. μηδεὶς
τὸ ἑαυτοῦ ζητείτω, ἀλλὰ τὸ τοῦ ἑτέρου ἕκαστος¹⁶
25 πᾶν τὸ ἐν μακέλλῳ πωλούμενον ἐσθίετε, μηδὲν
26 ἀνακρίνοντες διὰ τὴν συνείδησιν· τοῦ γὰρ Κυρίου ἡ
27 γῆ καὶ τὸ πλήρωμα αὐτῆς. εἰ δέ¹⁷ τις καλεῖ ὑμᾶς

---

⁸ om. πάντα   ⁹ τυπικῶς   ¹⁰ κατήντηκεν   ¹¹ om. ὑμᾶς
¹² (Marg. om. ,)   ¹³ εἰδωλόθυτόν   ¹⁴ εἴδωλόν   ¹⁵ om. μοι
¹⁶ om. ἕκαστος   ¹⁷ (εἰ') om. δέ

τῶν ἀπίστων, καὶ θέλετε πορεύεσθαι, πᾶν τὸ παρα-
τιθέμενον ὑμῖν ἐσθίετε, μηδὲν ἀνακρίνοντες διὰ τὴν
συνείδησιν. ἐὰν δέ τις ὑμῖν εἴπῃ, Τοῦτο εἰδωλόθυτόν[18] 28
ἐστι, μὴ ἐσθίετε, δι᾽ ἐκεῖνον τὸν μηνύσαντα καὶ* τὴν
συνείδησιν· τοῦ γὰρ Κυρίου ἡ γῆ καὶ τὸ πλήρωμα αὐτῆς[19].
συνείδησιν δὲ λέγω, οὐχὶ τὴν ἑαυτοῦ, ἀλλὰ τὴν τοῦ 29
ἑτέρου· ἱνατί γὰρ ἡ ἐλευθερία μου κρίνεται ὑπὸ
ἄλλης συνειδήσεως; εἰ δὲ[20] ἐγὼ χάριτι μετέχω, τί 30
βλασφημοῦμαι ὑπὲρ οὗ ἐγὼ εὐχαριστῶ; εἴτε οὖν 31
ἐσθίετε, εἴτε πίνετε, εἴτε τι ποιεῖτε, πάντα εἰς δόξαν
Θεοῦ ποιεῖτε. ἀπρόσκοποι γίνεσθε καὶ Ἰουδαίοις[21] καὶ 32
Ἕλλησι καὶ τῇ ἐκκλησίᾳ τοῦ Θεοῦ· καθὼς κἀγὼ 33
πάντα πᾶσιν ἀρέσκω, μὴ ζητῶν τὸ ἐμαυτοῦ συμφέ-
ρον, ἀλλὰ τὸ τῶν πολλῶν, ἵνα σωθῶσι. μιμηταί XI.
μου γίνεσθε, καθὼς κἀγὼ Χριστοῦ.

Ἐπαινῶ δὲ ὑμᾶς, ἀδελφοί[1], ὅτι πάντα μου μέμ- 2
νησθε, καὶ καθὼς παρέδωκα ὑμῖν τὰς παραδόσεις
κατέχετε. θέλω δὲ ὑμᾶς εἰδέναι, ὅτι παντὸς ἀνδρὸς 3
ἡ κεφαλὴ ὁ Χριστός ἐστι· κεφαλὴ δὲ γυναικός, ὁ
ἀνήρ· κεφαλὴ δὲ[2] Χριστοῦ, ὁ Θεός. πᾶς ἀνὴρ προσ- 4
ευχόμενος ἢ προφητεύων, κατὰ κεφαλῆς ἔχων, κατ-
αισχύνει τὴν κεφαλὴν αὐτοῦ. πᾶσα δὲ γυνὴ προσ- 5
ευχομένη ἢ προφητεύουσα ἀκατακαλύπτῳ τῇ κε-
φαλῇ, καταισχύνει τὴν κεφαλὴν ἑαυτῆς[3]· ἓν γάρ
ἐστι καὶ τὸ αὐτὸ τῇ ἐξυρημένῃ. εἰ γὰρ οὐ κατακα- 6
λύπτεται γυνή, καὶ κειράσθω· εἰ δὲ αἰσχρὸν γυναικὶ
τὸ κείρασθαι ἢ ξυρᾶσθαι, κατακαλυπτέσθω. ἀνὴρ 7
μὲν γὰρ οὐκ ὀφείλει κατακαλύπτεσθαι τὴν κεφαλήν,
εἰκὼν καὶ δόξα Θεοῦ ὑπάρχων· [4]γυνὴ δὲ δόξα ἀνδρός
ἐστιν. οὐ γάρ ἐστιν ἀνὴρ ἐκ γυναικός, ἀλλὰ γυνὴ 8

[18] ἱερόθυτόν   [19] om. τοῦ γὰρ Κυρίου to end of ver. 28
[20] om. δὲ   [21] καὶ Ἰουδαίοις γίνεσθε   [1] om. , ἀδελφοί,
[2] add τοῦ   [3] αὐτῆς   [4] add ἡ

9 ἐξ ἀνδρός· καὶ γὰρ οὐκ ἐκτίσθη ἀνὴρ διὰ τὴν γυ-
10 ναῖκα, ἀλλὰ γυνὴ διὰ τὸν ἄνδρα· διὰ τοῦτο ὀφείλει
ἡ γυνὴ ἐξουσίαν ἔχειν ἐπὶ τῆς κεφαλῆς διὰ τοὺς
11 ἀγγέλους. πλὴν οὔτε ἀνὴρ χωρὶς γυναικός, οὔτε γυνὴ
12 χωρὶς ἀνδρός⁵, ἐν Κυρίῳ. ὥσπερ γὰρ ἡ γυνὴ ἐκ τοῦ
ἀνδρός, οὕτω καὶ ὁ ἀνὴρ διὰ τῆς γυναικός, τὰ δὲ
13 πάντα ἐκ τοῦ Θεοῦ. ἐν ὑμῖν αὐτοῖς κρίνατε· πρέπον
ἐστὶ γυναῖκα ἀκατακάλυπτον τῷ Θεῷ προσεύχεσ-
14 θαι; ἢ⁶ οὐδὲ αὐτὴ ἡ φύσις⁷ διδάσκει ὑμᾶς, ὅτι ἀνὴρ
15 μὲν ἐὰν κομᾷ, ἀτιμία αὐτῷ ἐστί; γυνὴ δὲ ἐὰν κομᾷ,
δόξα αὐτῇ ἐστίν. ὅτι ἡ κόμη ἀντὶ περιβολαίου
16 δέδοται αὐτῇ. εἰ δέ τις δοκεῖ φιλόνεικος εἶναι, ἡμεῖς
τοιαύτην συνήθειαν οὐκ ἔχομεν, οὐδὲ αἱ ἐκκλησίαι
τοῦ Θεοῦ.

17 Τοῦτο δὲ παραγγέλλων οὐκ ἐπαινῶ, ὅτι οὐκ εἰς
18 τὸ κρεῖττον ἀλλ' εἰς τὸ ἧττον συνέρχεσθε. πρῶτον
μὲν γὰρ συνερχομένων ὑμῶν ἐν τῇ⁸ ἐκκλησίᾳ, ἀκούω
σχίσματα ἐν ὑμῖν ὑπάρχειν, καὶ μέρος τι πιστεύω.
19 δεῖ γὰρ καὶ αἱρέσεις ἐν ὑμῖν εἶναι, ἵνα οἱ δόκιμοι
20 φανεροὶ γένωνται ἐν ὑμῖν. συνερχομένων οὖν ὑμῶν
ἐπὶ τὸ αὐτό, οὐκ ἔστι Κυριακὸν δεῖπνον φαγεῖν.
21 ἕκαστος γὰρ τὸ ἴδιον δεῖπνον προλαμβάνει ἐν τῷ
22 φαγεῖν, καὶ ὃς μὲν πεινᾷ, ὃς δὲ μεθύει. μὴ γὰρ
οἰκίας οὐκ ἔχετε εἰς τὸ ἐσθίειν καὶ πίνειν; ἢ τῆς
ἐκκλησίας τοῦ Θεοῦ καταφρονεῖτε, καὶ καταισχύνετε
τους μὴ ἔχοντας; τί ὑμῖν εἴπω⁹; ἐπαινέσω ὑμᾶς ἐν
23 τούτῳ; *¹⁰οὐκ ἐπαινῶ. ἐγὼ γὰρ παρέλαβον ἀπὸ
τοῦ Κυρίου, ὃ καὶ παρέδωκα ὑμῖν, ὅτι ὁ Κύριος Ἰη-
24 σοῦς ἐν τῇ νυκτὶ ᾗ παρεδίδοτο ἔλαβεν ἄρτον, καὶ
εὐχαριστήσας ἔκλασε, καὶ εἶπε, Λάβετε, φάγετε,¹¹

⁵ γυνὴ χωρὶς ἀνδρός, οὔτε ἀνὴρ χωρὶς γυναικός   ⁶ om. ἢ
⁷ ἡ φύσις αὐτὴ   ⁸ om. τῇ   ⁹ εἴπω ὑμῖν   ¹⁰ (Marg.
ὑμᾶς; ἐν τούτῳ)   ¹¹ om. Λάβετε, φάγετε, (Τοῦτό)

τοῦτό μού ἐστι τὸ σῶμα τὸ ὑπὲρ ὑμῶν κλώμενον¹².
τοῦτο ποιεῖτε εἰς τὴν ἐμὴν ἀνάμνησιν. ὡσαύτως 25
καὶ τὸ ποτήριον, μετὰ τὸ δειπνῆσαι, λέγων, Τοῦτο
τὸ ποτήριον ἡ καινὴ διαθήκη ἐστὶν ἐν τῷ ἐμῷ αἵ-
ματι· τοῦτο ποιεῖτε, ὁσάκις ἂν πίνητε, εἰς τὴν ἐμὴν
ἀνάμνησιν. ὁσάκις γὰρ ἂν ἐσθίητε τὸν ἄρτον 26
τοῦτον, καὶ τὸ ποτήριον τοῦτο¹³ πίνητε, τὸν θάνα-
τον τοῦ Κυρίου καταγγέλλετε ἄχρις οὗ ἂν ἔλθῃ.
ὥστε ὃς ἂν ἐσθίῃ τὸν ἄρτον τοῦτον¹⁴ ἢ πίνῃ τὸ 27
ποτήριον τοῦ Κυρίου ἀναξίως, ἔνοχος ἔσται τοῦ σώ-
ματος καὶ¹⁵ αἵματος τοῦ Κυρίου. δοκιμαζέτω δὲ 28
ἄνθρωπος ἑαυτόν, καὶ οὕτως ἐκ τοῦ ἄρτου ἐσθιέτω,
καὶ ἐκ τοῦ ποτηρίου πινέτω. ὁ γὰρ ἐσθίων καὶ 29
πίνων ἀναξίως¹⁶, κρίμα ἑαυτῷ ἐσθίει καὶ πίνει, μὴ
διακρίνων τὸ σῶμα τοῦ Κυρίου¹⁷. διὰ τοῦτο ἐν ὑμῖν 30
πολλοὶ ἀσθενεῖς καὶ ἄρρωστοι, καὶ κοιμῶνται ἱκανοί.
εἰ γὰρ¹⁸ ἑαυτοὺς διεκρίνομεν, οὐκ ἂν ἐκρινόμεθα. 31
κρινόμενοι δέ, ὑπὸ Κυρίου¹⁹ παιδευόμεθα, ἵνα μὴ 32
σὺν τῷ κόσμῳ κατακριθῶμεν. ὥστε, ἀδελφοί μου, 33
συνερχόμενοι εἰς τὸ φαγεῖν, ἀλλήλους ἐκδέχεσθε.
εἰ δέ²⁰ τις πεινᾷ, ἐν οἴκῳ ἐσθιέτω· ἵνα μὴ εἰς κρίμα 34
συνέρχησθε. τὰ δὲ λοιπά, ὡς ἂν ἔλθω, διατάξομαι.

Περὶ δὲ τῶν πνευματικῶν, ἀδελφοί, οὐ θέλω XII.
ὑμᾶς ἀγνοεῖν. οἴδατε ὅτι¹ ἔθνη ἦτε πρὸς τὰ εἴδωλα 2
τὰ ἄφωνα, ὡς ἂν ἤγεσθε, ἀπαγόμενοι. διὸ γνωρίζω 3
ὑμῖν, ὅτι οὐδεὶς ἐν Πνεύματι Θεοῦ λαλῶν λέγει ἀνά-
θεμα Ἰησοῦν²· καὶ οὐδεὶς δύναται εἰπεῖν Κύριον
Ἰησοῦν³, εἰ μὴ ἐν Πνεύματι Ἁγίῳ.

Διαιρέσεις δὲ χαρισμάτων εἰσί, τὸ δὲ αὐτὸ 4

---

¹² om. κλώμενον text, not marg.   ¹³ om. τοῦτο   ¹⁴ om.
τοῦτον   ¹⁵ add τοῦ   ¹⁶ om. ἀναξίως   ¹⁷ om. τοῦ Κυρίου
¹⁸ δὲ   ¹⁹ (Marg. κρινόμενοι δὲ ὑπὸ Κυρίου,)   ²⁰ (εἰ) om. δέ
¹ add ὅτε   ² (, Ἀνάθεμα) Ἰησοῦς   ³ , Κύριος Ἰησοῦς

5 Πνεῦμα. καὶ διαιρέσεις διακονιῶν εἰσί, καὶ ὁ αὐτὸς
6 Κύριος. καὶ διαιρέσεις ἐνεργημάτων εἰσίν, ὁ δὲ
αὐτός ἐστι⁴ Θεός, ὁ ἐνεργῶν τὰ πάντα ἐν πᾶσιν.
7 ἑκάστῳ δὲ δίδοται ἡ φανέρωσις τοῦ Πνεύματος
8 πρὸς τὸ συμφέρον. ᾧ μὲν γὰρ διὰ τοῦ Πνεύματος
δίδοται λόγος σοφίας, ἄλλῳ δὲ λόγος γνώσεως, κατὰ
9 τὸ αὐτὸ Πνεῦμα· ἑτέρῳ δὲ⁵ πίστις, ἐν τῷ αὐτῷ Πνεύ-
ματι· ἄλλῳ δὲ χαρίσματα ἰαμάτων, ἐν τῷ αὐτῷ⁶
10 Πνεύματι· ἄλλῳ δὲ ἐνεργήματα δυνάμεων, ἄλλῳ δὲ
προφητεία, ἄλλῳ δὲ διακρίσεις πνευμάτων, ἑτέρῳ
δὲ⁷ γένη γλωσσῶν, ἄλλῳ δὲ ἑρμηνεία γλωσσῶν·
11 πάντα δὲ ταῦτα ἐνεργεῖ τὸ ἓν καὶ τὸ αὐτὸ Πνεῦμα,
διαιροῦν ἰδίᾳ ἑκάστῳ καθὼς βούλεται.

12 Καθάπερ γὰρ τὸ σῶμα ἕν ἐστι, καὶ μέλη ἔχει
πολλά⁸, πάντα δὲ τὰ μέλη τοῦ σώματος τοῦ ἑνός⁹,
πολλὰ ὄντα, ἕν ἐστι σῶμα· οὕτω καὶ ὁ Χριστός.
13 καὶ γὰρ ἐν ἑνὶ Πνεύματι ἡμεῖς πάντες εἰς ἓν σῶμα
ἐβαπτίσθημεν, εἴτε Ἰουδαῖοι εἴτε Ἕλληνες, εἴτε
δοῦλοι εἴτε ἐλεύθεροι· καὶ πάντες εἰς¹⁰ ἓν Πνεῦμα
14 ἐποτίσθημεν. καὶ γὰρ τὸ σῶμα οὐκ ἔστιν ἓν μέλος,
15 ἀλλὰ πολλά. ἐὰν εἴπῃ ὁ πούς, Ὅτι οὐκ εἰμὶ χείρ,
οὐκ εἰμὶ ἐκ τοῦ σώματος· οὐ παρὰ τοῦτο οὐκ ἔστιν
16 ἐκ τοῦ σώματος ;¹¹ καὶ ἐὰν εἴπῃ τὸ οὖς, Ὅτι οὐκ
εἰμὶ ὀφθαλμός, οὐκ εἰμὶ ἐκ τοῦ σώματος· οὐ παρὰ
17 τοῦτο οὐκ ἔστιν ἐκ τοῦ σώματος;¹¹ εἰ ὅλον τὸ σῶμα
ὀφθαλμός, ποῦ ἡ ἀκοή; εἰ ὅλον ἀκοή, ποῦ ἡ ὄσ-
18 φρησις; νυνὶ¹² δὲ ὁ Θεὸς ἔθετο τὰ μέλη ἓν ἕκαστον
19 αὐτῶν ἐν τῷ σώματι, καθὼς ἠθέλησεν. εἰ δὲ ἦν τὰ
20 πάντα ἓν μέλος, ποῦ τὸ σῶμα; νῦν δὲ πολλὰ μὲν
21 μέλη, ἓν δὲ σῶμα. οὐ δύναται δὲ¹³ ὀφθαλμὸς εἰ-

---

⁴ (αὐτὸς) om. ἐστι   ⁵ om. δὲ   ⁶ ἑνὶ   ⁷ om. δὲ
⁸ πολλὰ ἔχει   ⁹ om. τοῦ ἑνός   ¹⁰ om. εἰς   ¹¹ (. for ;)
¹² νῦν   ¹³ add ὁ

πεῖν τῇ χειρί, Χρείαν σου οὐκ ἔχω· ἢ πάλιν ἡ
κεφαλὴ τοῖς ποσί, Χρείαν ὑμῶν οὐκ ἔχω. ἀλλὰ 22
πολλῷ μᾶλλον τὰ δοκοῦντα μέλη τοῦ σώματος ἀσθε-
νέστερα ὑπάρχειν, ἀναγκαῖά ἐστι· καὶ ἃ δοκοῦμεν 23
ἀτιμότερα * εἶναι τοῦ σώματος, τούτοις τιμὴν περισ-
σοτέραν περιτίθεμεν· καὶ τὰ ἀσχήμονα ἡμῶν εὐ-
σχημοσύνην περισσοτέραν ἔχει· τὰ δὲ εὐσχήμονα 24
ἡμῶν οὐ χρείαν ἔχει· ἀλλ᾽ ὁ Θεὸς συνεκέρασε τὸ
σῶμα, τῷ ὑστεροῦντι¹⁴ περισσοτέραν δοὺς τιμήν, ἵνα 25
μὴ ᾖ σχίσμα ἐν τῷ σώματι, ἀλλὰ τὸ αὐτὸ ὑπὲρ
ἀλλήλων μεριμνῶσι τὰ μέλη. καὶ εἴτε πάσχει ἐν 26
μέλος, συμπάσχει πάντα τὰ μέλη· εἴτε δοξάζεται
ἓν¹⁵ μέλος, συγχαίρει πάντα τὰ μέλη. ὑμεῖς δέ ἐστε 27
σῶμα Χριστοῦ, καὶ μέλη ἐκ μέρους. καὶ οὓς μὲν 28
ἔθετο ὁ Θεὸς ἐν τῇ ἐκκλησίᾳ πρῶτον ἀποστόλους,
δεύτερον προφήτας, τρίτον διδασκάλους, ἔπειτα
δυνάμεις, εἶτα¹⁶ χαρίσματα ἰαμάτων, ἀντιλήψεις,
κυβερνήσεις, γένη γλωσσῶν. μὴ πάντες ἀπόστολοι; 29
μὴ πάντες προφῆται; μὴ πάντες διδάσκαλοι; μὴ
πάντες δυνάμεις; μὴ πάντες χαρίσματα ἔχουσιν 30
ἰαμάτων; μὴ πάντες γλώσσαις λαλοῦσι; μὴ πάντες
διερμηνεύουσι; ζηλοῦτε δὲ τὰ χαρίσματα τὰ κρείτ- 31
τονα¹⁷. καὶ ἔτι καθ᾽ ὑπερβολὴν ὁδὸν ὑμῖν δείκνυμι.
    Ἐὰν ταῖς γλώσσαις τῶν ἀνθρώπων λαλῶ καὶ XIII.
τῶν ἀγγέλων, ἀγάπην δὲ μὴ ἔχω, γέγονα χαλκὸς
ἠχῶν ἢ κύμβαλον ἀλαλάζον. καὶ ἐὰν ἔχω προφη- 2
τείαν, καὶ εἰδῶ τὰ μυστήρια πάντα καὶ πᾶσαν τὴν
γνῶσιν, καὶ ἐὰν ἔχω πᾶσαν τὴν πίστιν, ὥστε ὄρη
μεθιστάνειν, ἀγάπην δὲ μὴ ἔχω, οὐδέν εἰμι. καὶ ἐὰν 3
ψωμίσω * πάντα τὰ ὑπάρχοντά μου, καὶ ἐὰν παραδῶ
τὸ σῶμά μου ἵνα καυθήσωμαι¹, ἀγάπην δὲ μὴ ἔχω,

¹⁴ ὑστερουμένῳ   ¹⁵ om. ἓν   ¹⁶ ἔπειτα   ¹⁷ μείζονα
¹ Marg. καυχήσωμαι

4 οὐδὲν ὠφελοῦμαι. ἡ ἀγάπη μακροθυμεῖ, χρησ-
τεύεται· ἡ ἀγάπη οὐ ζηλοῖ· ἡ ἀγάπη οὐ περπε-
5 ρεύεται, οὐ φυσιοῦται, οὐκ ἀσχημονεῖ, οὐ ζητεῖ τὰ
6 ἑαυτῆς, οὐ παροξύνεται, οὐ λογίζεται τὸ κακόν, οὐ
χαίρει ἐπὶ τῇ ἀδικίᾳ, συγχαίρει δὲ τῇ ἀληθείᾳ,
7 πάντα στέγει, πάντα πιστεύει, πάντα ἐλπίζει,
8 πάντα ὑπομένει. ἡ ἀγάπη οὐδέποτε ἐκπίπτει²· εἴτε
δὲ προφητεῖαι, καταργηθήσονται· εἴτε γλῶσσαι,
9 παύσονται· εἴτε γνῶσις, καταργηθήσεται. ἐκ μέ-
ρους γὰρ γινώσκομεν, καὶ ἐκ μέρους προφητεύομεν
10 ὅταν δὲ ἔλθῃ τὸ τέλειον, τότε³ τὸ ἐκ μέρους καταργη-
11 θήσεται. ὅτε ἤμην νήπιος, ὡς νήπιος ἐλάλουν, ὡς
νήπιος ἐφρόνουν, ὡς νήπιος ἐλογιζόμην⁴· ὅτε δὲ⁵ γέγονα
12 ἀνήρ, κατήργηκα τὰ τοῦ νηπίου. βλέπομεν γὰρ
ἄρτι δι' ἐσόπτρου ἐν αἰνίγματι, τότε δὲ πρόσωπον
πρὸς πρόσωπον· ἄρτι γινώσκω ἐκ μέρους, τότε δὲ
13 ἐπιγνώσομαι καθὼς καὶ ἐπεγνώσθην. νυνὶ δὲ μένει
πίστις, ἐλπίς, ἀγάπη, τὰ τρία ταῦτα· μείζων δὲ
τούτων ἡ ἀγάπη.

XIV. Διώκετε τὴν ἀγάπην· ζηλοῦτε δὲ τὰ πνευματικά,
2 μᾶλλον δὲ ἵνα προφητεύητε. ὁ γὰρ λαλῶν γλώσσῃ
οὐκ ἀνθρώποις λαλεῖ, ἀλλὰ τῷ¹ Θεῷ· οὐδεὶς γὰρ
3 ἀκούει, πνεύματι δὲ λαλεῖ μυστήρια. ὁ δὲ προφη-
τεύων ἀνθρώποις λαλεῖ οἰκοδομὴν καὶ παράκλησιν
4 καὶ παραμυθίαν. ὁ λαλῶν γλώσσῃ ἑαυτὸν οἰκο-
5 δομεῖ, ὁ δὲ προφητεύων ἐκκλησίαν οἰκοδομεῖ. θέλω
δὲ πάντας ὑμᾶς λαλεῖν γλώσσαις, μᾶλλον δὲ ἵνα
προφητεύητε· μείζων γὰρ² ὁ προφητεύων ἢ ὁ λαλῶν
γλώσσαις, ἐκτὸς εἰ μὴ διερμηνεύῃ, ἵνα ἡ ἐκκλησία
6 οἰκοδομὴν λάβῃ. νυνὶ³ δέ, ἀδελφοί, ἐὰν ἔλθω πρὸς

---

² πίπτει   ³ om. τότε   ⁴ ἐλάλουν ὡς νήπιος, ἐφρόνουν
ὡς νήπιος, ἐλογιζόμην ὡς νήπιος   ⁵ om. δὲ   ¹ om. τῷ
² δὲ   ³ νῦν

ὑμᾶς γλώσσαις λαλῶν, τί ὑμᾶς ὠφελήσω, ἐὰν μὴ
ὑμῖν λαλήσω ἢ ἐν ἀποκαλύψει, ἢ ἐν γνώσει, ἢ ἐν
προφητείᾳ, ἢ ἐν διδαχῇ; ὅμως τὰ ἄψυχα φωνὴν 7
διδόντα, εἴτε αὐλός, εἴτε κιθάρα, ἐὰν διαστολὴν τοῖς
φθόγγοις μὴ δῷ, πῶς γνωσθήσεται τὸ αὐλούμενον
ἢ τὸ κιθαριζόμενον; καὶ γὰρ ἐὰν ἄδηλον φωνὴν 8
σάλπιγξ δῷ, τίς παρασκευάσεται εἰς πόλεμον;
οὕτω καὶ ὑμεῖς διὰ τῆς γλώσσης ἐὰν μὴ εὔσημον 9
λόγον δῶτε, πῶς γνωσθήσεται τὸ λαλούμενον;
ἔσεσθε γὰρ εἰς ἀέρα λαλοῦντες. τοσαῦτα, εἰ τύχοι, 10
γένη φωνῶν ἐστὶν⁴ ἐν κόσμῳ καὶ οὐδὲν* ἄφωνον.
ἐὰν οὖν μὴ εἰδῶ τὴν δύναμιν τῆς φωνῆς, ἔσομαι τῷ 11
λαλοῦντι βάρβαρος, καὶ ὁ λαλῶν ἐν ἐμοὶ βάρ-
βαρος. οὕτω καὶ ὑμεῖς, ἐπεὶ ζηλωταί ἐστε πνευ- 12
μάτων, πρὸς τὴν οἰκοδομὴν τῆς ἐκκλησίας ζητεῖτε
ἵνα περισσεύητε. διόπερ⁵ ὁ λαλῶν γλώσσῃ προσευ- 13
χέσθω ἵνα διερμηνεύῃ. ἐὰν γὰρ προσεύχωμαι 14
γλώσσῃ, τὸ πνεῦμά μου προσεύχεται, ὁ δὲ νοῦς μου
ἄκαρπός ἐστι. τί οὖν ἐστί; προσεύξομαι τῷ πνεύ- 15
ματι, προσεύξομαι δὲ καὶ τῷ νοΐ· ψαλῶ τῷ πνεύ-
ματι, ψαλῶ δὲ καὶ τῷ νοΐ. ἐπεὶ ἐὰν εὐλογήσῃς⁶ 16
τῷ⁷ πνεύματι, ὁ ἀναπληρῶν τὸν τόπον τοῦ ἰδιώτου
πῶς ἐρεῖ τὸ ἀμὴν ἐπὶ τῇ σῇ εὐχαριστίᾳ, ἐπειδὴ τί
λέγεις οὐκ οἶδε; σὺ μὲν γὰρ καλῶς εὐχαριστεῖς, 17
ἀλλ᾽ ὁ ἕτερος οὐκ οἰκοδομεῖται. εὐχαριστῶ τῷ 18
Θεῷ μου⁸, πάντων ὑμῶν μᾶλλον γλώσσαις λαλῶν⁹·
ἀλλ᾽ ἐν ἐκκλησίᾳ θέλω πέντε λόγους διὰ τοῦ νοός¹⁰ 19
μου λαλῆσαι, ἵνα καὶ ἄλλους κατηχήσω, ἢ μυρίους
λόγους ἐν γλώσσῃ.

Ἀδελφοί, μὴ παιδία γίνεσθε ταῖς φρεσίν· ἀλλὰ 20
τῇ κακίᾳ νηπιάζετε, ταῖς δὲ φρεσὶ τέλειοι γίνεσθε.

---

⁴ εἰσίν   ⁵ διὸ   ⁶ εὐλογῆς   ⁷ om. τῷ
⁸ om. μου   ⁹ λαλῶ   ¹⁰ τῷ νοΐ

21 ἐν τῷ νόμῳ γέγραπται ὅτι Ἐν ἑτερογλώσσοις καὶ
ἐν χείλεσιν ἑτέροις[11] λαλήσω τῷ λαῷ τούτῳ, καὶ
22 οὐδ᾽ οὕτως εἰσακούσονταί μου, λέγει Κύριος. ὥστε
αἱ γλῶσσαι εἰς σημεῖόν εἰσιν, οὐ τοῖς πιστεύουσιν,
ἀλλὰ τοῖς ἀπίστοις· ἡ δὲ προφητεία, οὐ τοῖς ἀπί-
23 στοις, ἀλλὰ τοῖς πιστεύουσιν. ἐὰν οὖν συνέλθῃ ἡ
ἐκκλησία ὅλη ἐπὶ τὸ αὐτό, καὶ πάντες γλώσσαις
λαλῶσιν[12], εἰσέλθωσι δὲ ἰδιῶται ἢ ἄπιστοι, οὐκ
24 ἐροῦσιν ὅτι μαίνεσθε; ἐὰν δὲ πάντες προφητεύωσιν,
εἰσέλθῃ δέ τις ἄπιστος ἢ ἰδιώτης, ἐλέγχεται ὑπὸ
25 πάντων, ἀνακρίνεται ὑπὸ πάντων, καὶ οὕτω[13] τὰ
κρυπτὰ τῆς καρδίας αὐτοῦ φανερὰ γίνεται· καὶ
οὕτω πεσὼν ἐπὶ πρόσωπον προσκυνήσει τῷ Θεῷ,
ἀπαγγέλλων ὅτι ὁ Θεὸς ὄντως[14] ἐν ὑμῖν ἐστί.

26 Τί οὖν ἐστίν, ἀδελφοί; ὅταν συνέρχησθε, ἕκα-
στος ὑμῶν[15] ψαλμὸν ἔχει, διδαχὴν ἔχει, γλῶσσαν ἔχει,
ἀποκάλυψιν ἔχει,[16] ἑρμηνείαν ἔχει. πάντα πρὸς οἰκο-
27 δομὴν γενέσθω[17]. εἴτε γλώσσῃ τις λαλεῖ, κατὰ δύο
ἢ τὸ πλεῖστον τρεῖς, καὶ ἀνὰ μέρος, καὶ εἷς διερμη-
28 νευέτω· ἐὰν δὲ μὴ ᾖ διερμηνευτής, σιγάτω ἐν ἐκ-
29 κλησίᾳ· ἑαυτῷ δὲ λαλείτω καὶ τῷ Θεῷ. προφῆται
δὲ δύο ἢ τρεῖς λαλείτωσαν, καὶ οἱ ἄλλοι διακρινέ-
30 τωσαν. ἐὰν δὲ ἄλλῳ ἀποκαλυφθῇ καθημένῳ, ὁ
31 πρῶτος σιγάτω. δύνασθε γὰρ καθ᾽ ἕνα πάντες προ-
φητεύειν, ἵνα πάντες μανθάνωσι, καὶ πάντες παρα-
32 καλῶνται· καὶ πνεύματα προφητῶν προφήταις ὑπο-
33 τάσσεται. οὐ γάρ ἐστιν ἀκαταστασίας ὁ Θεός, ἀλλ᾽
εἰρήνης, ὡς ἐν πάσαις ταῖς ἐκκλησίαις τῶν ἁγίων.

34 Αἱ γυναῖκες ὑμῶν[18] ἐν ταῖς ἐκκλησίαις σιγάτω-
σαν· οὐ γὰρ ἐπιτέτραπται[19] αὐταῖς λαλεῖν, ἀλλ᾽ ὑποτάσ-

---

[11] ἑτέρων   [12] λαλῶσι γλώσσαις   [13] om. καὶ οὕτω
[14] ὄντως ὁ Θεὸς   [15] om. ὑμῶν   [16] ἀποκάλυψιν ἔχει,
γλῶσσαν ἔχει,   [17] γινέσθω   [18] om. ὑμῶν   [19] ἐπιτρέπεται

σεσθαι[20], καθὼς καὶ ὁ νόμος λέγει. εἰ δέ τι μαθεῖν 35
θέλουσιν, ἐν οἴκῳ τοὺς ἰδίους ἄνδρας ἐπερωτάτωσαν·
αἰσχρὸν γάρ ἐστι γυναιξὶν ἐν ἐκκλησίᾳ λαλεῖν[21]. ἢ 36
ἀφ᾽ ὑμῶν ὁ λόγος τοῦ Θεοῦ ἐξῆλθεν; ἢ εἰς ὑμᾶς
μόνους κατήντησεν;

Εἴ τις δοκεῖ προφήτης εἶναι ἢ πνευματικός, 37
ἐπιγινωσκέτω ἃ γράφω ὑμῖν, ὅτι τοῦ[22] Κυρίου εἰσὶν
ἐντολαί[23]. εἰ δέ τις ἀγνοεῖ, ἀγνοείτω[24].   38

Ὥστε, ἀδελφοί[25], ζηλοῦτε τὸ προφητεύειν, καὶ 39
τὸ λαλεῖν γλώσσαις μὴ κωλύετε[26]. πάντα[27] εὐσχη- 40
μόνως καὶ κατὰ τάξιν γινέσθω.

Γνωρίζω δὲ ὑμῖν, ἀδελφοί, τὸ εὐαγγέλιον ὃ εὐηγ- XV.
γελισάμην ὑμῖν, ὃ καὶ παρελάβετε, ἐν ᾧ καὶ ἑστή-
κατε, δι᾽ οὗ καὶ σώζεσθε· τίνι λόγῳ εὐηγγελισάμην 2
ὑμῖν, εἰ κατέχετε,[1] ἐκτὸς εἰ μὴ εἰκῆ ἐπιστεύσατε.
παρέδωκα γὰρ ὑμῖν ἐν πρώτοις, ὃ καὶ παρέλαβον, 3
ὅτι Χριστὸς ἀπέθανεν ὑπὲρ τῶν ἁμαρτιῶν ἡμῶν
κατὰ τὰς γραφάς· καὶ ὅτι ἐτάφη· καὶ ὅτι ἐγήγερται 4
τῇ τρίτῃ ἡμέρᾳ[2] κατὰ τὰς γραφάς· καὶ ὅτι ὤφθη 5
Κηφᾷ, εἶτα τοῖς δώδεκα· ἔπειτα ὤφθη ἐπάνω 6
πεντακοσίοις ἀδελφοῖς ἐφάπαξ, ἐξ ὧν οἱ πλείους
μένουσιν ἕως ἄρτι, τινὲς δὲ καὶ[3] ἐκοιμήθησαν· ἔπειτα 7
ὤφθη Ἰακώβῳ, εἶτα τοῖς ἀποστόλοις πᾶσιν· ἔσχα- 8
τον δὲ πάντων, ὡσπερεὶ τῷ ἐκτρώματι, ὤφθη
κἀμοί. ἐγὼ γάρ εἰμι ὁ ἐλάχιστος τῶν ἀποστόλων, 9
ὃς οὐκ εἰμὶ ἱκανὸς καλεῖσθαι ἀπόστολος, διότι ἐδί-
ωξα τὴν ἐκκλησίαν τοῦ Θεοῦ. χάριτι δὲ Θεοῦ 10
εἰμι ὅ εἰμι, καὶ ἡ χάρις αὐτοῦ ἡ εἰς ἐμὲ οὐ κενὴ

---

20 ὑποτασσέσθωσαν   21 γυναικὶ λαλεῖν ἐν ἐκκλησίᾳ   22 om.
τοῦ   23 ἐστὶν ἐντολή   24 Marg. ἀγνοεῖται   25 add μου
26 μὴ κωλύετε γλώσσαις   27 add δὲ   1 (Marg. σώζεσθε,
τίνι λόγῳ εὐηγγελισάμην ὑμῖν εἰ κατέχετε,)   2 ἡμέρᾳ τῇ τρίτῃ
3 om. καὶ

ἐγενήθη, ἀλλὰ περισσότερον αὐτῶν πάντων ἐκο-
πίασα· οὐκ ἐγὼ δέ, ἀλλ᾽ ἡ χάρις τοῦ Θεοῦ ἡ⁴ σὺν
11 ἐμοί. εἴτε οὖν ἐγώ, εἴτε ἐκεῖνοι, οὕτω κηρύσσομεν,
καὶ οὕτως ἐπιστεύσατε.

12 Εἰ δὲ Χριστὸς κηρύσσεται ὅτι ἐκ νεκρῶν ἐγή-
γερται, πῶς λέγουσί τινες ἐν ὑμῖν⁵ ὅτι ἀνάστασις
13 νεκρῶν οὐκ ἔστιν ; εἰ δὲ ἀνάστασις νεκρῶν οὐκ
14 ἔστιν, οὐδὲ Χριστὸς ἐγήγερται· εἰ δὲ Χριστὸς οὐκ
ἐγήγερται, κενὸν ἄρα τὸ κήρυγμα ἡμῶν, κενὴ δὲ⁶
15 καὶ ἡ πίστις ὑμῶν⁷. εὑρισκόμεθα δὲ καὶ ψευδο-
μάρτυρες τοῦ Θεοῦ, ὅτι ἐμαρτυρήσαμεν κατὰ τοῦ
Θεοῦ ὅτι ἤγειρε τὸν Χριστόν, ὃν οὐκ ἤγειρεν, εἴπερ
16 ἄρα νεκροὶ οὐκ ἐγείρονται. εἰ γὰρ νεκροὶ οὐκ
17 ἐγείρονται, οὐδὲ Χριστὸς ἐγήγερται· εἰ δὲ Χριστὸς
οὐκ ἐγήγερται, ματαία ἡ πίστις ὑμῶν· ἔτι ἐστὲ ἐν
18 ταῖς ἁμαρτίαις ὑμῶν. ἄρα καὶ οἱ κοιμηθέντες ἐν
19 Χριστῷ ἀπώλοντο. εἰ ἐν τῇ ζωῇ ταύτῃ ἠλπικότες
ἐσμὲν ἐν Χριστῷ⁸ μόνον, ἐλεεινότεροι πάντων ἀνθρώ-
πων ἐσμέν.

20 Νυνὶ δὲ Χριστὸς ἐγήγερται ἐκ νεκρῶν, ἀπαρχὴ
21 τῶν κεκοιμημένων ἐγένετο⁹. ἐπειδὴ γὰρ δι᾽ ἀνθρώπου
δ¹⁰ θάνατος, καὶ δι᾽ ἀνθρώπου ἀνάστασις νεκρῶν.
22 ὥσπερ γὰρ ἐν τῷ Ἀδὰμ πάντες ἀποθνήσκουσιν, οὕτω
23 καὶ ἐν τῷ Χριστῷ πάντες ζωοποιηθήσονται. ἕκαστος
δὲ ἐν τῷ ἰδίῳ τάγματι· ἀπαρχὴ Χριστός, ἔπειτα οἱ¹¹
24 Χριστοῦ ἐν τῇ παρουσίᾳ αὐτοῦ. εἶτα τὸ τέλος, ὅταν
παραδῷ¹² τὴν βασιλείαν τῷ Θεῷ καὶ πατρί, ὅταν
καταργήσῃ πᾶσαν ἀρχὴν καὶ πᾶσαν ἐξουσίαν καὶ
25 δύναμιν. δεῖ γὰρ αὐτὸν βασιλεύειν, ἄχρις οὗ ἂν¹³ θῇ
26 πάντας τοὺς ἐχθροὺς ὑπὸ τοὺς πόδας αὐτοῦ. ἔσχατος

---

⁴ om. ἡ   ⁵ (ν) ἐν ὑμῖν τινὲς   ⁶ om. δὲ   ⁷. Marg.
ἡμῶν   ⁸ ἐν Χριστῷ ἠλπικότες ἐσμὲν   ⁹ om. ἐγένετο
¹⁰ om. ὁ   ¹¹ add τοῦ   ¹² παραδιδοῖ   ¹³ om. ἂν

ἐχθρὸς καταργεῖται ὁ θάνατος. Πάντα γὰρ ὑπέ-27
ταξεν ὑπὸ τοὺς πόδας αὐτοῦ. ὅταν δὲ εἴπῃ ὅτι
Πάντα ὑποτέτακται, δῆλον ὅτι ἐκτὸς τοῦ ὑποτάξαν-
τος αὐτῷ τὰ πάντα. ὅταν¹⁴ δὲ ὑποταγῇ αὐτῷ τὰ 28
πάντα, τότε καὶ αὐτὸς ὁ υἱὸς ὑποταγήσεται τῷ
ὑποτάξαντι αὐτῷ τὰ πάντα, ἵνα ᾖ ὁ Θεὸς τὰ¹⁵ πάντα
ἐν πᾶσιν.

Ἐπεὶ τί ποιήσουσιν οἱ βαπτιζόμενοι ὑπὲρ τῶν 29
νεκρῶν; εἰ ὅλως νεκροὶ οὐκ ἐγείρονται, τί καὶ
βαπτίζονται ὑπὲρ τῶν νεκρῶν¹⁶; τί καὶ ἡμεῖς κινδυ- 30
νεύομεν πᾶσαν ὥραν; καθ᾽ ἡμέραν ἀποθνήσκω, νὴ 31
τὴν ὑμετέραν καύχησιν,¹⁷ ἣν ἔχω ἐν Χριστῷ Ἰησοῦ
τῷ Κυρίῳ ἡμῶν. εἰ κατὰ ἄνθρωπον ἐθηριομάχησα 32
ἐν Ἐφέσῳ, τί μοι τὸ ὄφελος, εἰ νεκροὶ οὐκ ἐγεί-
ρονται;¹⁸ φάγωμεν καὶ πίωμεν, αὔριον γὰρ ἀποθνή-
σκομεν. μὴ πλανᾶσθε· Φθείρουσιν ἤθη χρήσθ᾽ 33
ὁμιλίαι κακαί. ἐκνήψατε δικαίως, καὶ μὴ ἁμαρτά- 34
νετε· ἀγνωσίαν γὰρ Θεοῦ τινὲς ἔχουσι· πρὸς ἐντρο-
πὴν ὑμῖν λέγω¹⁹.

Ἀλλ᾽ ἐρεῖ τις, Πῶς ἐγείρονται οἱ νεκροί; ποίῳ 35
δὲ σώματι ἔρχονται; ἄφρον²⁰, σὺ ὃ σπείρεις, οὐ 36
ζωοποιεῖται, ἐὰν μὴ ἀποθάνῃ· καὶ ὃ σπείρεις, οὐ τὸ 37
σῶμα τὸ γενησόμενον σπείρεις, ἀλλὰ γυμνὸν κόκ-
κον, εἰ τύχοι, σίτου ἤ τινος τῶν λοιπῶν· ὁ δὲ Θεὸς 38
αὐτῷ δίδωσι²¹ σῶμα καθὼς ἠθέλησε, καὶ ἑκάστῳ τῶν
σπερμάτων τὸ²² ἴδιον σῶμα. οὐ πᾶσα σὰρξ ἡ αὐτὴ 39
σάρξ· ἀλλὰ ἄλλη μὲν σάρξ²³ ἀνθρώπων, ἄλλη δὲ
σὰρξ κτηνῶν, ἄλλη δὲ²⁴ ἰχθύων, ἄλλη δὲ πτηνῶν²⁵. καὶ 40

¹⁴ (*Marg.* ὑποτέτακται (δῆλον ὅτι ἐκ-ὸς τοῦ ὑποτάξαντος αὐτῷ
τὰ πάντα), ὅταν δὲ)   ¹⁵ *om.* τὰ   ¹⁶ αὐτῶν   ¹⁷ *add*
ἀδελφοί,   ¹⁸ τὸ ὄφελος; εἰ νεκροὶ οὐκ ἐγείρονται, (*text, not marg.*)
¹⁹ λαλῶ   ²⁰ ἄφρων   ²¹ δίδωσιν αὐτῷ   ²² *om.* τὸ
²³ *om.* σὰρξ   ²⁴ *add* σὰρξ   ²⁵ πτηνῶν, ἄλλη δὲ ἰχθύων

σώματα ἐπουράνια, καὶ σώματα ἐπίγεια· ἀλλ'
ἑτέρα μὲν ἡ τῶν ἐπουρανίων δόξα, ἑτέρα δὲ ἡ τῶν
41 ἐπιγείων. ἄλλη δόξα ἡλίου, καὶ ἄλλη δόξα σελήνης,
καὶ ἄλλη δόξα ἀστέρων· ἀστὴρ γὰρ ἀστέρος διαφέ-
42 ρει ἐν δόξῃ. οὕτω καὶ ἡ ἀνάστασις τῶν νεκρῶν.
43 σπείρεται ἐν φθορᾷ, ἐγείρεται ἐν ἀφθαρσίᾳ· σπεί-
ρεται ἐν ἀτιμίᾳ, ἐγείρεται ἐν δόξῃ· σπείρεται ἐν
44 ἀσθενείᾳ, ἐγείρεται ἐν δυνάμει· σπείρεται σῶμα
ψυχικόν, ἐγείρεται σῶμα πνευματικόν. ²⁶ἔστι σῶμα
45 ψυχικόν, καὶ ἔστι²⁷ σῶμα²⁸ πνευματικόν. οὕτω καὶ
γέγραπται, Ἐγένετο ὁ πρῶτος ἄνθρωπος Ἀδὰμ εἰς
ψυχὴν ζῶσαν. ὁ ἔσχατος Ἀδὰμ εἰς πνεῦμα ζωο-
46 ποιοῦν. ἀλλ' οὐ πρῶτον τὸ πνευματικόν, ἀλλὰ τὸ
47 ψυχικόν, ἔπειτα τὸ πνευματικόν. ὁ πρῶτος ἄνθρω-
πος ἐκ γῆς, χοϊκός· ὁ δεύτερος ἄνθρωπος, ὁ Κύριος²⁹
48 ἐξ οὐρανοῦ. οἷος ὁ χοϊκός, τοιοῦτοι καὶ οἱ χοϊκοί·
καὶ οἷος ὁ ἐπουράνιος, τοιοῦτοι καὶ οἱ ἐπουράνιοι·
49 καὶ καθὼς ἐφορέσαμεν τὴν εἰκόνα τοῦ χοϊκοῦ, φορέ-
σομεν³⁰ καὶ τὴν εἰκόνα τοῦ ἐπουρανίου.
50   Τοῦτο δέ φημι, ἀδελφοί, ὅτι σὰρξ καὶ αἷμα βασι-
λείαν Θεοῦ κληρονομῆσαι οὐ δύνανται, οὐδὲ ἡ φθορὰ
51 τὴν ἀφθαρσίαν κληρονομεῖ. ἰδού, μυστήριον ὑμῖν
λέγω· Πάντες μὲν³¹ οὐ κοιμηθησόμεθα, πάντες δὲ
52 ἀλλαγησόμεθα, ἐν ἀτόμῳ, ἐν ῥιπῇ ὀφθαλμοῦ, ἐν τῇ
ἐσχάτῃ σάλπιγγι· σαλπίσει γάρ, καὶ οἱ νεκροὶ ἐγερ-
53 θήσονται ἄφθαρτοι, καὶ ἡμεῖς ἀλλαγησόμεθα. δεῖ
γὰρ τὸ φθαρτὸν τοῦτο ἐνδύσασθαι ἀφθαρσίαν, καὶ
54 τὸ θνητὸν τοῦτο ἐνδύσασθαι ἀθανασίαν. ὅταν δὲ τὸ
φθαρτὸν τοῦτο ἐνδύσηται ἀφθαρσίαν, καὶ³² τὸ θνητὸν τοῦτο
ἐνδύσηται ἀθανασίαν, τότε γενήσεται ὁ λόγος ὁ

---

²⁶ add εἰ   ²⁷ ἔστι καὶ   ²⁸ om. σῶμα   ²⁹ om. , ὁ
Κύριος   ³⁰ Marg. φορέσωμεν   ³¹ om. μὲν   ³² Marg.
om. τὸ φθαρτὸν τοῦτο ἐνδύσηται ἀφθαρσίαν, καὶ

γεγραμμένος, Κατεπόθη ὁ θάνατος εἰς νῖκος. Ποῦ 55
σου, θάνατε, τὸ κέντρον *³³ ; ποῦ σου, ᾅδη³⁴ τὸ νῖκος *³⁵;
τὸ δὲ κέντρον τοῦ θανάτου ἡ ἁμαρτία· ἡ δὲ δύναμις 56
τῆς ἁμαρτίας ὁ νόμος· τῷ δὲ Θεῷ χάρις τῷ διδόντι 57
ἡμῖν τὸ νῖκος διὰ τοῦ Κυρίου ἡμῶν Ἰησοῦ Χριστοῦ.
ὥστε, ἀδελφοί μου ἀγαπητοί, ἑδραῖοι γίνεσθε, ἀμε- 58
τακίνητοι, περισσεύοντες ἐν τῷ ἔργῳ τοῦ Κυρίου
πάντοτε, εἰδότες ὅτι ὁ κόπος ὑμῶν οὐκ ἔστι κενὸς
ἐν Κυρίῳ.

Περὶ δὲ τῆς λογίας τῆς εἰς τοὺς ἁγίους, ὥσπερ XVI.
διέταξα ·ταῖς ἐκκλησίας τῆς Γαλατίας, οὕτω καὶ
ὑμεῖς ποιήσατε. κατὰ μίαν σαββάτων¹ ἕκαστος ὑμῶν 2
παρ' ἑαυτῷ τιθέτω, θησαυρίζων ὅ τι ἂν εὐοδῶται,
ἵνα μή, ὅταν ἔλθω, τότε λογίαι γίνωνται. ὅταν δὲ 3
παραγένωμαι, οὓς ἐὰν δοκιμάσητε δι' ἐπιστολῶν,²
τούτους πέμψω ἀπενεγκεῖν τὴν χάριν ὑμῶν εἰς
Ἰερουσαλήμ· ἐὰν δὲ ᾖ ἄξιον³ τοῦ κἀμὲ πορεύεσθαι, 4
σὺν ἐμοὶ πορεύσονται. ἐλεύσομαι δὲ πρὸς ὑμᾶς, 5
ὅταν Μακεδονίαν διέλθω· Μακεδονίαν γὰρ διέρ-
χομαι· πρὸς ὑμᾶς δὲ τυχὸν παραμενῶ, ἢ καὶ πα- 6
ραχειμάσω, ἵνα ὑμεῖς με προπέμψητε οὗ ἐὰν
πορεύωμαι. οὐ θέλω γὰρ ὑμᾶς ἄρτι ἐν παρόδῳ 7
ἰδεῖν· ἐλπίζω δὲ⁴ χρόνον τινὰ ἐπιμεῖναι πρὸς ὑμᾶς,
ἐὰν ὁ Κύριος ἐπιτρέπῃ⁵. ἐπιμενῶ δὲ ἐν Ἐφέσῳ ἕως 8
τῆς Πεντηκοστῆς· θύρα γάρ μοι ἀνέῳγε μεγάλη 9
καὶ ἐνεργής, καὶ ἀντικείμενοι πολλοί.

Ἐὰν δὲ ἔλθῃ Τιμόθεος, βλέπετε ἵνα ἀφόβως γέ- 10
νηται πρὸς ὑμᾶς· τὸ γὰρ ἔργον Κυρίου ἐργάζεται ὡς
καὶ ἐγώ. μή τις οὖν αὐτὸν ἐξουθενήσῃ· προπέμ- 11
ψατε δὲ αὐτὸν ἐν εἰρήνῃ, ἵνα ἔλθῃ πρός με· ἐκδέ-

---

³³ νῖκος   ³⁴ θάνατε   ³⁵ κέντρον   ¹ σαββάτου
² (Marg. δοκ.μάσητε, δι' ἐπιστολῶν)   ³ ἄξιον ᾖ   ⁴ γὰρ
⁵ ἐπιτρέψῃ

12 χομαι γὰρ αὐτὸν μετὰ τῶν ἀδελφῶν. περὶ δὲ
Ἀπολλὼ τοῦ ἀδελφοῦ, πολλὰ παρεκάλεσα αὐτὸν
ἵνα ἔλθῃ πρὸς ὑμᾶς μετὰ τῶν ἀδελφῶν· καὶ πάντως
οὐκ ἦν θέλημα ἵνα νῦν ἔλθῃ, ἐλεύσεται δὲ ὅταν
εὐκαιρήσῃ.
13 Γρηγορεῖτε, στήκετε ἐν τῇ πίστει, ἀνδρίζεσθε,
14 κραταιοῦσθε. πάντα ὑμῶν ἐν ἀγάπῃ γινέσθω.
15 Παρακαλῶ δὲ ὑμᾶς, ἀδελφοί (οἴδατε τὴν οἰκίαν
Στεφανᾶ, ὅτι ἐστὶν ἀπαρχὴ τῆς Ἀχαΐας, καὶ εἰς
16 διακονίαν τοῖς ἁγίοις ἔταξαν ἑαυτούς), ἵνα καὶ ὑμεῖς
ὑποτάσσησθε τοῖς τοιούτοις, καὶ παντὶ τῷ συνερ-
17 γοῦντι καὶ κοπιῶντι. χαίρω δὲ ἐπὶ τῇ παρουσίᾳ
Στεφανᾶ καὶ Φουρτουνάτου⁶ καὶ Ἀχαϊκοῦ, ὅτι τὸ
18 ὑμῶν ὑστέρημα οὗτοι ἀνεπλήρωσαν. ἀνέπαυσαν
γὰρ τὸ ἐμὸν πνεῦμα καὶ τὸ ὑμῶν· ἐπιγινώσκετε οὖν
τοὺς τοιούτους.
19 Ἀσπάζονται ὑμᾶς αἱ ἐκκλησίαι τῆς Ἀσίας·
ἀσπάζονται⁷ ὑμᾶς ἐν Κυρίῳ πολλὰ Ἀκύλας καὶ Πρί-
20 σκιλλα⁸, σὺν τῇ κατ᾽ οἶκον αὐτῶν ἐκκλησίᾳ. ἀσπά-
ζονται ὑμᾶς οἱ ἀδελφοὶ πάντες. ἀσπάσασθε ἀλλή-
λους ἐν φιλήματι ἁγίῳ.
21, 22 Ὁ ἀσπασμὸς τῇ ἐμῇ χειρὶ Παύλου. εἴ τις οὐ
φιλεῖ τὸν Κύριον Ἰησοῦν Χριστόν⁹, ἤτω ἀνάθεμα.
23 Μαρὰν ἀθά. ἡ χάρις τοῦ Κυρίου Ἰησοῦ Χριστοῦ
24 μεθ᾽ ὑμῶν. ἡ ἀγάπη μου μετὰ πάντων ὑμῶν ἐν
Χριστῷ Ἰησοῦ. ἀμήν.

⁶ Φορτουνάτου   ⁷ ἀσπάζεται   ⁸ Πρίσκα
⁹ om. Ἰησοῦν Χριστόν

ΠΑΥΛΟΥ ΤΟΥ ΑΠΟΣΤΟΛΟΥ

Η ΠΡΟΣ

ΚΟΡΙΝΘΙΟΥΣ

ΕΠΙΣΤΟΛΗ ΔΕΥΤΕΡΑ.

Παῦλος ἀπόστολος Ἰησοῦ Χριστοῦ[1] διὰ θελή- 1. ματος Θεοῦ, καὶ Τιμόθεος ὁ ἀδελφός, τῇ ἐκκλησίᾳ τοῦ Θεοῦ τῇ οὔσῃ ἐν Κορίνθῳ, σὺν τοῖς ἁγίοις πᾶσι τοῖς οὖσιν ἐν ὅλῃ τῇ Ἀχαΐᾳ· χάρις ὑμῖν καὶ εἰρήνη 2 ἀπὸ Θεοῦ πατρὸς ἡμῶν καὶ Κυρίου Ἰησοῦ Χριστοῦ.

Εὐλογητὸς ὁ Θεὸς καὶ πατὴρ τοῦ Κυρίου ἡμῶν 3 Ἰησοῦ Χριστοῦ, ὁ πατὴρ τῶν οἰκτιρμῶν καὶ Θεὸς πάσης παρακλήσεως, ὁ παρακαλῶν ἡμᾶς ἐπὶ πάσῃ 4 τῇ θλίψει ἡμῶν, εἰς τὸ δύνασθαι ἡμᾶς παρακαλεῖν τοὺς ἐν πάσῃ θλίψει, διὰ τῆς παρακλήσεως ἧς παρακαλούμεθα αὐτοὶ ὑπὸ τοῦ Θεοῦ. ὅτι καθὼς πε- 5 ρισσεύει τὰ παθήματα τοῦ Χριστοῦ εἰς ἡμᾶς, οὕτω διὰ[2] Χριστοῦ περισσεύει καὶ ἡ παράκλησις ἡμῶν. εἴτε δὲ θλιβόμεθα, ὑπὲρ τῆς ὑμῶν παρακλήσεως καὶ 6 σωτηρίας, τῆς ἐνεργουμένης ἐν ὑπομονῇ τῶν αὐτῶν παθη- μάτων ὧν καὶ ἡμεῖς πάσχομεν· εἴτε παρακαλούμεθα, ὑπὲρ τῆς ὑμῶν παρακλήσεως καὶ σωτηρίας[*3]· καὶ ἡ ἐλπὶς ἡμῶν 7 βεβαία ὑπὲρ ὑμῶν· εἰδότες ὅτι ὥσπερ[4] κοινωνοί ἐστε τῶν παθημάτων, οὕτω καὶ τῆς παρακλήσεως.

[1] Χριστοῦ Ἰησοῦ   [2] add τοῦ   [3] · εἴτε παρακαλούμεθα, ὑπὲρ τῆς ὑμῶν παρακλήσεως, τῆς ἐνεργουμένης ἐν ὑπομονῇ τῶν αὐτῶν παθημάτων ὧν καὶ ἡμεῖς πάσχομεν   [4] ὡς

8 οὐ γὰρ θέλομεν ὑμᾶς ἀγνοεῖν, ἀδελφοί, ὑπὲρ⁵ τῆς
θλίψεως ἡμῶν τῆς γενομένης ἡμῖν⁶ ἐν τῇ Ἀσίᾳ,
ὅτι καθ᾽ ὑπερβολὴν ἐβαρήθημεν ὑπὲρ δύναμιν⁷, ὥστε
9 ἐξαπορηθῆναι ἡμᾶς καὶ τοῦ ζῆν. ἀλλὰ αὐτοὶ ἐν
ἑαυτοῖς τὸ ἀπόκριμα τοῦ θανάτου ἐσχήκαμεν, ἵνα
μὴ πεποιθότες ὦμεν ἐφ᾽ ἑαυτοῖς, ἀλλ᾽ ἐπὶ τῷ Θεῷ
10 τῷ ἐγείροντι τοὺς νεκρούς· ὃς ἐκ τηλικούτου θανάτου
ἐρρύσατο ἡμᾶς καὶ ῥύεται⁸, εἰς ὃν ἠλπίκαμεν ὅτι⁹
11 καὶ ἔτι ῥύσεται· συνυπουργούντων καὶ ὑμῶν ὑπὲρ
ἡμῶν τῇ δεήσει, ἵνα ἐκ πολλῶν προσώπων τὸ εἰς
ἡμᾶς χάρισμα διὰ πολλῶν εὐχαριστηθῇ ὑπὲρ ἡμῶν.
12 Ἡ γὰρ καύχησις ἡμῶν αὕτη ἐστί, τὸ μαρτύριον
τῆς συνειδήσεως ἡμῶν, ὅτι ἐν ἁπλότητι¹⁰ καὶ εἰλι-
κρινείᾳ Θεοῦ, οὐκ ἐν σοφίᾳ σαρκικῇ, ἀλλ᾽ ἐν χάριτι
Θεοῦ, ἀνεστράφημεν ἐν τῷ κόσμῳ, περισσοτέρως δὲ
13 πρὸς ὑμᾶς. οὐ γὰρ ἄλλα γράφομεν ὑμῖν, ἀλλ᾽ ἢ
ἃ ἀναγινώσκετε ἢ καὶ ἐπιγινώσκετε, ἐλπίζω δὲ ὅτι
14 καὶ¹¹ ἕως τέλους ἐπιγνώσεσθε· καθὼς καὶ ἐπέγνωτε
ἡμᾶς ἀπὸ μέρους, ὅτι καύχημα ὑμῶν ἐσμέν, καθάπερ
καὶ ὑμεῖς ἡμῶν, ἐν τῇ ἡμέρᾳ τοῦ Κυρίου¹² Ἰησοῦ.
15 Καὶ ταύτῃ τῇ πεποιθήσει ἐβουλόμην πρὸς ὑμᾶς
16 ἐλθεῖν πρότερον¹³, ἵνα δευτέραν χάριν¹⁴ ἔχητε¹⁵· καὶ δι᾽
ὑμῶν διελθεῖν εἰς Μακεδονίαν, καὶ πάλιν ἀπὸ Μακε-
δονίας ἐλθεῖν πρὸς ὑμᾶς, καὶ ὑφ᾽ ὑμῶν προπεμ-
17 φθῆναι εἰς τὴν Ἰουδαίαν. τοῦτο οὖν βουλευόμενος¹⁶,
μή τι ἄρα τῇ ἐλαφρίᾳ ἐχρησάμην; ἢ ἃ βουλεύομαι,
κατὰ σάρκα βουλεύομαι, ἵνα ᾖ παρ᾽ ἐμοὶ τὸ ναὶ ναὶ
18 καὶ τὸ οὒ οὔ; πιστὸς δὲ ὁ Θεός, ὅτι ὁ λόγος ἡμῶν
19 ὁ πρὸς ὑμᾶς οὐκ ἐγένετο¹⁷ ναὶ καὶ οὔ. ὁ γὰρ τοῦ Θεοῦ¹⁸

---

⁵ περὶ   ⁶ om. ἡμῖν   ⁷ ὑπὲρ δύναμιν ἐβαρήθημεν   ⁸ ῥύσεται
⁹ Marg. om. ὅτι (· καὶ ἔτι)   ¹⁰ ἁγιότητι   ¹¹ om. καὶ
¹² add ἡμῶν   ¹³ πρότερον πρὸς ὑμᾶς ἐλθεῖν   ¹⁴ Marg. χαρὰν
¹⁵ σχῆτε   ¹⁶ βουλόμενος   ¹⁷ ἔστι   ¹⁸ τοῦ Θεοῦ γὰρ

υἱὸς Ἰησοῦς Χριστὸς ὁ ἐν ὑμῖν δι' ἡμῶν κηρυχθείς,
δι' ἐμοῦ καὶ Σιλουανοῦ καὶ Τιμοθέου, οὐκ ἐγένετο
ναὶ καὶ οὔ, ἀλλὰ ναὶ ἐν αὐτῷ γέγονεν. ὅσαι γὰρ 20
ἐπαγγελίαι Θεοῦ, ἐν αὐτῷ τὸ ναί, καὶ ἐν αὐτῷ[19] τὸ
ἀμήν, τῷ Θεῷ πρὸς δόξαν δι' ἡμῶν. ὁ δὲ βεβαιῶν 21
ἡμᾶς σὺν ὑμῖν εἰς Χριστόν, καὶ χρίσας ἡμᾶς, Θεός·
ὁ[20] καὶ σφραγισάμενος ἡμᾶς, καὶ δοὺς τὸν ἀρραβῶνα 22
τοῦ Πνεύματος ἐν ταῖς καρδίαις ἡμῶν.

Ἐγὼ δὲ μάρτυρα τὸν Θεὸν ἐπικαλοῦμαι ἐπὶ 23
τὴν ἐμὴν ψυχήν, ὅτι φειδόμενος ὑμῶν οὐκέτι ἦλθον
εἰς Κόρινθον. οὐχ ὅτι κυριεύομεν ὑμῶν τῆς πίστεως, 24
ἀλλὰ συνεργοί ἐσμεν τῆς χαρᾶς ὑμῶν· τῇ γὰρ
πίστει ἑστήκατε. ἔκρινα δὲ[1] ἐμαυτῷ τοῦτο, τὸ μὴ II.
πάλιν ἐλθεῖν ἐν λύπῃ πρὸς ὑμᾶς[2]. εἰ γὰρ ἐγὼ λυπῶ 2
ὑμᾶς, καὶ τίς ἐστιν[3] ὁ εὐφραίνων με, εἰ μὴ ὁ λυπού-
μενος ἐξ ἐμοῦ; καὶ ἔγραψα ὑμῖν[4] τοῦτο αὐτό, ἵνα μὴ 3
ἐλθὼν λύπην ἔχω[5] ἀφ' ὧν ἔδει με χαίρειν, πεποιθὼς
ἐπὶ πάντας ὑμᾶς, ὅτι ἡ ἐμὴ χαρὰ πάντων ὑμῶν
ἐστίν. ἐκ γὰρ πολλῆς θλίψεως καὶ συνοχῆς καρ- 4
δίας ἔγραψα ὑμῖν διὰ πολλῶν δακρύων, οὐχ ἵνα
λυπηθῆτε, ἀλλὰ τὴν ἀγάπην ἵνα γνῶτε ἣν ἔχω
περισσοτέρως εἰς ὑμᾶς.

Εἰ δέ τις λελύπηκεν, οὐκ ἐμὲ λελύπηκεν, ἀλλ' 5
ἀπὸ μέρους· ἵνα μὴ ἐπιβαρῶ πάντας[6] ὑμᾶς. ἱκανὸν 6
τῷ τοιούτῳ ἡ ἐπιτιμία αὕτη ἡ ὑπὸ τῶν πλειόνων·
ὥστε τοὐναντίον μᾶλλον[7] ὑμᾶς χαρίσασθαι καὶ πα- 7
ρακαλέσαι, μή πως τῇ περισσοτέρᾳ λύπῃ καταποθῇ
ὁ τοιοῦτος. διὸ παρακαλῶ ὑμᾶς κυρῶσαι εἰς αὐτὸν 8
ἀγάπην. εἰς τοῦτο γὰρ καὶ ἔγραψα, ἵνα γνῶ τὴν 9
δοκιμὴν ὑμῶν, εἰ[8] εἰς πάντα ὑπήκοοί ἐστε. ᾧ δέ τι 10

[19] · διὸ καὶ δι' αὐτοῦ   [20] (, for ·) om. ὁ   [1] Marg. γὰρ   [2] ἐν λύπῃ
πρὸς ὑμᾶς ἐλθεῖν   [3] om. ἐστιν   [4] om. ὑμῖν   [5] σχῶ   [6] (μέ-
ρους (ἵνα μὴ ἐπιβαρῶ) πάντας)   [7] Marg. om. μᾶλλον   [8] Marg. ᾖ

χαρίζεσθε, καὶ ἐγώ· καὶ γὰρ ἐγὼ εἴ τι κεχάρισμαι, ᾧ
11 κεχάρισμαι⁹, δι᾽ ὑμᾶς ἐν προσώπῳ Χριστοῦ, ἵνα μὴ
πλεονεκτηθῶμεν ὑπὸ τοῦ Σατανᾶ· οὐ γὰρ αὐτοῦ τὰ
νοήματα ἀγνοοῦμεν.

12 Ἐλθὼν δὲ εἰς τὴν Τρωάδα εἰς τὸ εὐαγγέλιον τοῦ
13 Χριστοῦ, καὶ θύρας μοι ἀνεῳγμένης ἐν Κυρίῳ, οὐκ
ἔσχηκα ἄνεσιν τῷ πνεύματί μου, τῷ μὴ εὑρεῖν με
Τίτον τὸν ἀδελφόν μου· ἀλλὰ ἀποταξάμενος αὐτοῖς
14 ἐξῆλθον εἰς Μακεδονίαν. τῷ δὲ Θεῷ χάρις τῷ πάν-
τοτε θριαμβεύοντι ἡμᾶς ἐν τῷ Χριστῷ, καὶ τὴν
ὀσμὴν τῆς γνώσεως αὐτοῦ φανεροῦντι δι᾽ ἡμῶν ἐν
15 παντὶ τόπῳ. ὅτι Χριστοῦ εὐωδία ἐσμὲν τῷ Θεῷ ἐν
16 τοῖς σωζομένοις καὶ ἐν τοῖς ἀπολλυμένοις· οἷς μὲν
ὀσμὴ¹⁰ θανάτου εἰς θάνατον, οἷς δὲ ὀσμὴ¹⁰ ζωῆς
17 εἰς ζωήν. καὶ πρὸς ταῦτα τίς ἱκανός; οὐ γάρ ἐσμεν
ὡς οἱ πολλοί, καπηλεύοντες τὸν λόγον τοῦ Θεοῦ·
ἀλλ᾽ ὡς ἐξ εἰλικρινείας, ἀλλ᾽ ὡς ἐκ Θεοῦ, κατενώπιον
τοῦ¹¹ Θεοῦ, ἐν Χριστῷ λαλοῦμεν.

III. Ἀρχόμεθα πάλιν ἑαυτοὺς συνιστάνειν; ἢ μὴ
χρῄζομεν, ὥς τινες, συστατικῶν ἐπιστολῶν πρὸς
2 ὑμᾶς, ἢ ἐξ ὑμῶν συστατικῶν¹; ἡ ἐπιστολὴ ἡμῶν
ὑμεῖς ἐστέ, ἐγγεγραμμένη ἐν ταῖς καρδίαις ἡμῶν,
γινωσκομένη καὶ ἀναγινωσκομένη ὑπὸ πάντων ἀν-
3 θρώπων· φανερούμενοι ὅτι ἐστὲ ἐπιστολὴ Χριστοῦ
διακονηθεῖσα ὑφ᾽ ἡμῶν, ἐγγεγραμμένη οὐ μέλανι,
ἀλλὰ Πνεύματι Θεοῦ ζῶντος, οὐκ ἐν πλαξὶ λιθίναις,
4 ἀλλ᾽ ἐν πλαξὶ καρδίας² σαρκίναις. πεποίθησιν δὲ
τοιαύτην ἔχομεν διὰ τοῦ Χριστοῦ πρὸς τὸν Θεόν·
5 οὐχ ὅτι ἱκανοί ἐσμεν ἀφ᾽ ἑαυτῶν³ λογίσασθαί τι ὡς ἐξ
6 ἑαυτῶν, ἀλλ᾽ ἡ ἱκανότης ἡμῶν ἐκ τοῦ Θεοῦ· ὃς καὶ

---

⁹ ὃ κεχάρισμαι, εἴ τι κεχάρισμαι ¹⁰ add ἐκ ¹¹ κατέναντι
¹ om. συστατικῶν ² καρδίαις ³ ἀφ᾽ ἑαυτῶν ἱκανοί
ἐσμεν,

ἱκάνωσεν ἡμᾶς διακόνους καινῆς διαθήκης, οὐ γράμ-
ματος, ἀλλὰ πνεύματος· τὸ γὰρ γράμμα ἀποκτείνει,
τὸ δὲ πνεῦμα ζωοποιεῖ. εἰ δὲ ἡ διακονία τοῦ 7
θανάτου ἐν γράμμασιν, ἐντετυπωμένη ἐν⁴ λίθοις,
ἐγενήθη ἐν δόξῃ, ὥστε μὴ δύνασθαι ἀτενίσαι τοὺς
υἱοὺς Ἰσραὴλ εἰς τὸ πρόσωπον Μωσέως διὰ τὴν
δόξαν τοῦ προσώπου αὐτοῦ, τὴν καταργουμένην·
πῶς οὐχὶ μᾶλλον ἡ διακονία τοῦ πνεύματος ἔσται 8
ἐν δόξῃ ; εἰ γὰρ ἡ διακονία⁵ τῆς κατακρίσεως δόξα, 9
πολλῷ μᾶλλον περισσεύει ἡ διακονία τῆς δικαιο-
σύνης ἐν⁶ δόξῃ. καὶ γὰρ οὐδὲ⁷ δεδόξασται τὸ δεδοξ- 10
ασμένον ἐν τούτῳ τῷ μέρει, ἕνεκεν τῆς ὑπερβαλ-
λούσης δόξης. εἰ γὰρ τὸ καταργούμενον, διὰ δόξης, 11
πολλῷ μᾶλλον τὸ μένον, ἐν δόξῃ.

Ἔχοντες οὖν τοιαύτην ἐλπίδα, πολλῇ παρ- 12
ρησίᾳ χρώμεθα· καὶ οὐ καθάπερ Μωσῆς ἐτίθει 13
κάλυμμα ἐπὶ τὸ πρόσωπον ἑαυτοῦ⁸, πρὸς τὸ μὴ
ἀτενίσαι τοὺς υἱοὺς Ἰσραὴλ εἰς τὸ τέλος τοῦ
καταργουμένου· ἀλλ' ἐπωρώθη τὰ νοήματα αὐτῶν· 14
ἄχρι γὰρ τῆς σήμερον⁹ τὸ αὐτὸ κάλυμμα ἐπὶ τῇ
ἀναγνώσει τῆς παλαιᾶς διαθήκης μένει μὴ ἀνα-
καλυπτόμενον, ὅ τι¹⁰ ἐν Χριστῷ καταργεῖται. ἀλλ' 15
ἕως σήμερον, ἡνίκα ἀναγινώσκεται¹¹ Μωσῆς, κάλυμμα
ἐπὶ τὴν καρδίαν αὐτῶν κεῖται. ἡνίκα δ' ἂν ἐπι- 16
στρέψῃ πρὸς Κύριον, περιαιρεῖται τὸ κάλυμμα.
ὁ δὲ Κύριος τὸ Πνεῦμά ἐστιν· οὗ δὲ τὸ Πνεῦμα 17
Κυρίου, ἐκεῖ¹² ἐλευθερία. ἡμεῖς δὲ πάντες, ἀνακεκα- 18
λυμμένῳ προσώπῳ τὴν δόξαν Κυρίου κατοπτριζό-
μενοι, τὴν αὐτὴν εἰκόνα μεταμορφούμεθα ἀπὸ δόξης
εἰς δόξαν, καθάπερ ἀπὸ Κυρίου Πνεύματος.

---

⁴ om. ἐν   ⁵ Marg. τῇ διακονίᾳ   ⁶ om. ἐν   ⁷ οὐ
⁸ αὐτοῦ   ⁹ add ἡμέρας   ¹⁰ Marg. (μένει, μὴ ἀνακα-
λυπτόμενον) ὅτι   ¹¹ ἂν ἀναγινώσκηται   ¹² om. ἐκεῖ

IV. Διὰ τοῦτο ἔχοντες τὴν διακονίαν ταύτην, καθὼς
2 ἠλεήθημεν, οὐκ ἐκκακοῦμεν¹· ἀλλ' ἀπειπάμεθα τὰ
κρυπτὰ τῆς αἰσχύνης, μὴ περιπατοῦντες ἐν παν-
ουργίᾳ μηδὲ δολοῦντες τὸν λόγον τοῦ Θεοῦ, ἀλλὰ
τῇ φανερώσει τῆς ἀληθείας συνιστῶντες ἑαυτοὺς
πρὸς πᾶσαν συνείδησιν ἀνθρώπων ἐνώπιον τοῦ
3 Θεοῦ. εἰ δὲ καὶ ἔστι κεκαλυμμένον τὸ εὐαγγέλιον
4 ἡμῶν, ἐν τοῖς ἀπολλυμένοις ἐστὶ κεκαλυμμένον· ἐν
οἷς ὁ Θεὸς τοῦ αἰῶνος τούτου ἐτύφλωσε τὰ νοή-
ματα τῶν ἀπίστων, εἰς τὸ μὴ αὐγάσαι αὐτοῖς² τὸν
φωτισμὸν τοῦ εὐαγγελίου τῆς δόξης τοῦ Χριστοῦ,
5 ὅς ἐστιν εἰκὼν τοῦ Θεοῦ. οὐ γὰρ ἑαυτοὺς κηρύσ-
σομεν, ἀλλὰ Χριστὸν Ἰησοῦν Κύριον· ἑαυτοὺς δὲ
6 δούλους ὑμῶν διὰ Ἰησοῦν³. ὅτι ὁ Θεὸς ὁ εἰπὼν ἐκ
σκότους⁴ φῶς λάμψαι⁵, ὃς ἔλαμψεν ἐν ταῖς καρδίαις
ἡμῶν, πρὸς φωτισμὸν τῆς γνώσεως τῆς δόξης τοῦ
Θεοῦ ἐν προσώπῳ Ἰησοῦ Χριστοῦ.

7 Ἔχομεν δὲ τὸν θησαυρὸν τοῦτον ἐν ὀστρακίνοις
σκεύεσιν, ἵνα ἡ ὑπερβολὴ τῆς δυνάμεως ᾖ τοῦ
8 Θεοῦ, καὶ μὴ ἐξ ἡμῶν· ἐν παντὶ θλιβόμενοι, ἀλλ'
οὐ στενοχωρούμενοι· ἀπορούμενοι, ἀλλ' οὐκ ἐξαπο-
9 ρούμενοι· διωκόμενοι, ἀλλ' οὐκ ἐγκαταλειπόμενοι·
10 καταβαλλόμενοι, ἀλλ' οὐκ ἀπολλύμενοι· πάντοτε
τὴν νέκρωσιν τοῦ Κυρίου⁶ Ἰησοῦ ἐν τῷ σώματι
περιφέροντες, ἵνα καὶ ἡ ζωὴ τοῦ Ἰησοῦ ἐν τῷ
11 σώματι ἡμῶν φανερωθῇ. ἀεὶ γὰρ ἡμεῖς οἱ ζῶντες
εἰς θάνατον παραδιδόμεθα διὰ Ἰησοῦν, ἵνα καὶ ἡ
ζωὴ τοῦ Ἰησοῦ φανερωθῇ ἐν τῇ θνητῇ σαρκὶ ἡμῶν.
12 ὥστε ὁ μὲν⁷ θάνατος ἐν ἡμῖν ἐνεργεῖται, ἡ δὲ ζωὴ
13 ἐν ὑμῖν. ἔχοντες δὲ τὸ αὐτὸ πνεῦμα τῆς πίστεως,
κατὰ τὸ γεγραμμένον, Ἐπίστευσα, διὸ ἐλάλησα·

¹ ἐγκακοῦμεν ² om. αὐτοῖς ³ Marg. Ἰησοῦ ⁴ (ὁ
εἰπών, Ἐκ σκότους) ⁵ λάμψει ⁶ om. Κυρίου ⁷ om. μὲν

καὶ ἡμεῖς πιστεύομεν, διὸ καὶ λαλοῦμεν· εἰδότες 14
ὅτι ὁ ἐγείρας τὸν Κύριον⁸ Ἰησοῦν καὶ ἡμᾶς διὰ⁹
Ἰησοῦ ἐγερεῖ, καὶ παραστήσει σὺν ὑμῖν. τὰ γὰρ 15
πάντα δι᾽ ὑμᾶς, ἵνα ἡ χάρις πλεονάσασα διὰ τῶν
πλειόνων¹⁰ τὴν εὐχαριστίαν περισσεύσῃ εἰς τὴν
δόξαν τοῦ Θεοῦ. Διὸ οὐκ ἐκκακοῦμεν¹¹· ἀλλ᾽ εἰ καὶ ὁ ἔξω ἡμῶν 16
ἄνθρωπος διαφθείρεται, ἀλλ᾽ ὁ ἔσωθεν¹² ἀνακαινοῦ-
ται ἡμέρᾳ καὶ ἡμέρᾳ. τὸ γὰρ παραυτίκα ἐλαφρὸν 17
τῆς θλίψεως ἡμῶν καθ᾽ ὑπερβολὴν εἰς ὑπερβολὴν
αἰώνιον βάρος δόξης κατεργάζεται ἡμῖν, μὴ σκο- 18
πούντων ἡμῶν τὰ βλεπόμενα, ἀλλὰ τὰ μὴ βλε-
πόμενα· τὰ γὰρ βλεπόμενα πρόσκαιρα· τὰ δὲ μὴ
βλεπόμενα αἰώνια. Οἴδαμεν γὰρ ὅτι ἐὰν ἡ ἐπίγειος ἡμῶν οἰκία τοῦ V.
σκήνους καταλυθῇ, οἰκοδομὴν ἐκ Θεοῦ ἔχομεν, οἰκίαν
ἀχειροποίητον, αἰώνιον ἐν τοῖς οὐρανοῖς. καὶ γὰρ ἐν 2
τούτῳ στενάζομεν, τὸ οἰκητήριον ἡμῶν τὸ ἐξ οὐρα-
νοῦ ἐπενδύσασθαι ἐπιποθοῦντες· εἴ γε καὶ ἐνδυσά- 3
μενοι οὐ γυμνοὶ εὑρεθησόμεθα. καὶ γὰρ οἱ ὄντες ἐν 4
τῷ σκήνει στενάζομεν βαρούμενοι·¹ ἐφ᾽ ᾧ οὐ θέλο-
μεν ἐκδύσασθαι, ἀλλ᾽ ἐπενδύσασθαι, ἵνα καταποθῇ
τὸ θνητὸν ὑπὸ τῆς ζωῆς. ὁ δὲ κατεργασάμενος ἡμᾶς 5
εἰς αὐτὸ τοῦτο Θεός, ὁ καὶ² δοὺς ἡμῖν τὸν ἀρραβῶνα
τοῦ Πνεύματος. θαρροῦντες οὖν πάντοτε, καὶ εἰδότες 6
ὅτι ἐνδημοῦντες ἐν τῷ σώματι ἐκδημοῦμεν ἀπὸ τοῦ
Κυρίου (διὰ πίστεως γὰρ περιπατοῦμεν, οὐ διὰ 7
εἴδους), θαρροῦμεν δέ, καὶ εὐδοκοῦμεν μᾶλλον ἐκδη- 8
μῆσαι ἐκ τοῦ σώματος, καὶ ἐνδημῆσαι πρὸς τὸν
Κύριον. διὸ καὶ φιλοτιμούμεθα, εἴτε ἐνδημοῦντες, 9
εἴτε ἐκδημοῦντες, εὐάρεστοι αὐτῷ εἶναι. τοὺς γὰρ 10

⁸ _Marg. om._ Κύριον   ⁹ σὺν   ¹⁰ (πλειόνων,)   ¹¹ ἐγκακοῦμεν
¹² ἔσω ἡμῶν   ¹ (_Marg._ βαρούμενοι,)   ² _om._ καὶ

πάντας ἡμᾶς φανερωθῆναι δεῖ ἔμπροσθεν τοῦ βή-
ματος τοῦ Χριστοῦ, ἵνα κομίσηται ἕκαστος τὰ διὰ
τοῦ σώματος, πρὸς ἃ ἔπραξεν, εἴτε ἀγαθόν, εἴτε
κακόν³.

11 Εἰδότες οὖν τὸν φόβον τοῦ Κυρίου ἀνθρώπους
πείθομεν, Θεῷ δὲ πεφανερώμεθα· ἐλπίζω δὲ καὶ ἐν
12 ταῖς συνειδήσεσιν ὑμῶν πεφανερῶσθαι. οὐ γὰρ⁴
πάλιν ἑαυτοὺς συνιστάνομεν ὑμῖν, ἀλλὰ ἀφορμὴν
διδόντες ὑμῖν καυχήματος ὑπὲρ ἡμῶν, ἵνα ἔχητε
πρὸς τοὺς ἐν προσώπῳ καυχωμένους, καὶ οὐ⁵ καρδίᾳ.
13 εἴτε γὰρ ἐξέστημεν, Θεῷ· εἴτε σωφρονοῦμεν, ὑμῖν.
14 ἡ γὰρ ἀγάπη τοῦ Χριστοῦ συνέχει ἡμᾶς, κρίναντας
τοῦτο, ὅτι εἱ⁶ εἷς ὑπὲρ πάντων ἀπέθανεν, ἄρα οἱ
15 πάντες ἀπέθανον· καὶ ὑπὲρ πάντων ἀπέθανεν, ἵνα
οἱ ζῶντες μηκέτι ἑαυτοῖς ζῶσιν, ἀλλὰ τῷ ὑπὲρ
16 αὐτῶν ἀποθανόντι καὶ ἐγερθέντι. ὥστε ἡμεῖς ἀπὸ
τοῦ νῦν οὐδένα οἴδαμεν κατὰ σάρκα· εἰ δὲ⁷ καὶ
ἐγνώκαμεν κατὰ σάρκα Χριστόν, ἀλλὰ νῦν· οὐκέτι
17 γινώσκομεν. ὥστε εἴ τις ἐν Χριστῷ, καινὴ κτίσις·
τὰ ἀρχαῖα παρῆλθεν, ἰδοὺ γέγονε καινὰ τὰ πάντα⁸.
18 τὰ δὲ πάντα ἐκ τοῦ Θεοῦ, τοῦ καταλλάξαντος ἡμᾶς
ἑαυτῷ διὰ Ἰησοῦ⁹ Χριστοῦ, καὶ δόντος ἡμῖν τὴν
19 διακονίαν τῆς καταλλαγῆς· ὡς ὅτι Θεὸς ἦν ἐν
Χριστῷ κόσμον καταλλάσσων ἑαυτῷ, μὴ λογιζό-
μενος αὐτοῖς τὰ παραπτώματα αὐτῶν, καὶ θέμενος
ἐν ἡμῖν τὸν λόγον τῆς καταλλαγῆς.
20 Ὑπὲρ Χριστοῦ οὖν πρεσβεύομεν, ὡς τοῦ Θεοῦ
παρακαλοῦντος δι’ ἡμῶν· δεόμεθα ὑπὲρ Χριστοῦ,
21 καταλλάγητε τῷ Θεῷ. τὸν γὰρ¹⁰ μὴ γνόντα ἁμαρ-
τίαν, ὑπὲρ ἡμῶν ἁμαρτίαν ἐποίησεν, ἵνα ἡμεῖς
VI. γινώμεθα¹¹ δικαιοσύνη Θεοῦ ἐν αὐτῷ. συνεργοῦντες

³ φαῦλον ⁴ om. γὰρ ⁵ μὴ ἐν ⁶ om. εἰ ⁷ om. δὲ
⁸ om. τὰ πάντα ⁹ om. Ἰησοῦ ¹⁰ om. γὰρ ¹¹ γενώμεθα

δὲ καὶ παρακαλοῦμεν μὴ εἰς κενὸν τὴν χάριν τοῦ
Θεοῦ δέξασθαι ὑμᾶς (λέγει γάρ, Καιρῷ δεκτῷ 2
ἐπήκουσά σου, καὶ ἐν ἡμέρᾳ σωτηρίας ἐβοήθησά
σοι· ἰδού, νῦν καιρὸς εὐπρόσδεκτος, ἰδού, νῦν ἡμέρα
σωτηρίας)· μηδεμίαν ἐν μηδενὶ διδόντες προσκοπήν, 3
ἵνα μὴ μωμηθῇ ἡ διακονία· ἀλλ᾽ ἐν παντὶ συνισ- 4
τῶντες ἑαυτοὺς ὡς Θεοῦ διάκονοι, ἐν ὑπομονῇ πολλῇ,
ἐν θλίψεσιν, ἐν ἀνάγκαις, ἐν στενοχωρίαις, ἐν πλη- 5
γαῖς, ἐν φυλακαῖς, ἐν ἀκαταστασίαις, ἐν κόποις, ἐν
ἀγρυπνίαις, ἐν νηστείαις, ἐν ἁγνότητι, ἐν γνώσει, ἐν 6
μακροθυμίᾳ, ἐν χρηστότητι, ἐν Πνεύματι Ἁγίῳ, ἐν
ἀγάπῃ ἀνυποκρίτῳ, ἐν λόγῳ ἀληθείας, ἐν δυνάμει 7
Θεοῦ, διὰ τῶν ὅπλων τῆς δικαιοσύνης τῶν δεξιῶν
καὶ ἀριστερῶν, διὰ δόξης καὶ ἀτιμίας, διὰ δυσφη- 8
μίας καὶ εὐφημίας· ὡς πλάνοι, καὶ ἀληθεῖς· ὡς 9
ἀγνοούμενοι, καὶ ἐπιγινωσκόμενοι· ὡς ἀποθνήσκον-
τες, καὶ ἰδού, ζῶμεν· ὡς παιδευόμενοι, καὶ μὴ θα-
νατούμενοι· ὡς λυπούμενοι, ἀεὶ δὲ χαίροντες· ὡς 10
πτωχοί, πολλοὺς δὲ πλουτίζοντες· ὡς μηδὲν ἔχοντες,
καὶ πάντα κατέχοντες.

Τὸ στόμα ἡμῶν ἀνέῳγε πρὸς ὑμᾶς, Κορίνθιοι, 11
ἡ καρδία ἡμῶν πεπλάτυνται. οὐ στενοχωρεῖσθε ἐν 12
ἡμῖν, στενοχωρεῖσθε δὲ ἐν τοῖς σπλάγχνοις ὑμῶν.
τὴν δὲ αὐτὴν ἀντιμισθίαν (ὡς τέκνοις λέγω), πλα- 13
τύνθητε καὶ ὑμεῖς.

Μὴ γίνεσθε ἑτεροζυγοῦντες ἀπίστοις· τίς γὰρ 14
μετοχὴ δικαιοσύνῃ καὶ ἀνομίᾳ; τίς δὲ¹ κοινωνία
φωτὶ πρὸς σκότος; τίς δὲ συμφώνησις Χριστῷ² 15
πρὸς Βελίαλ³; ἢ τίς μερὶς πιστῷ μετὰ ἀπίστου;
τίς δὲ συγκατάθεσις ναῷ Θεοῦ μετὰ εἰδώλων; ὑμεῖς⁴ 16
γὰρ ναὸς Θεοῦ ἐστε⁵ ζῶντος, καθὼς εἶπεν ὁ Θεός

¹ ἢ τίς   ² Χριστοῦ   ³ Marg. Βελίαρ   ⁴ ἡμεῖς
⁵ ἐσμεν

ὅτι Ἐνοικήσω ἐν αὐτοῖς, καὶ ἐμπεριπατήσω· καὶ
ἔσομαι αὐτῶν Θεός, καὶ αὐτοὶ ἔσονταί μοι⁶ λαός.
17 διὸ Ἐξέλθετε ἐκ μέσου αὐτῶν καὶ ἀφορίσθητε, λέγει
Κύριος, καὶ ἀκαθάρτου μὴ ἅπτεσθε· κἀγὼ εἰσδέξ-
18 ομαι ὑμᾶς, καὶ ἔσομαι ὑμῖν εἰς πατέρα, καὶ ὑμεῖς
ἔσεσθέ μοι εἰς υἱοὺς καὶ θυγατέρας, λέγει Κύριος
VII. παντοκράτωρ. ταύτας οὖν ἔχοντες τὰς ἐπαγγελίας,
ἀγαπητοί, καθαρίσωμεν ἑαυτοὺς ἀπὸ παντὸς μολυσ-
μοῦ σαρκὸς καὶ πνεύματος, ἐπιτελοῦντες ἁγιωσύνην
ἐν φόβῳ Θεοῦ.
2 Χωρήσατε ἡμᾶς· οὐδένα ἠδικήσαμεν, οὐδένα ἐφ-
3 θείραμεν, οὐδένα ἐπλεονεκτήσαμεν. οὐ πρὸς κατά-
κρισιν¹ λέγω· προείρηκα γάρ, ὅτι ἐν ταῖς καρδίαις
4 ἡμῶν ἐστὲ εἰς τὸ συναποθανεῖν καὶ συζῆν. πολλή
μοι παρρησία πρὸς ὑμᾶς, πολλή μοι καύχησις ὑπὲρ
ὑμῶν· πεπλήρωμαι τῇ παρακλήσει, ὑπερπερισσεύο-
μαι τῇ χαρᾷ ἐπὶ πάσῃ τῇ θλίψει ἡμῶν.
5 Καὶ γὰρ ἐλθόντων ἡμῶν εἰς Μακεδονίαν οὐδε-
μίαν ἔσχηκεν ἄνεσιν ἡ σὰρξ ἡμῶν, ἀλλ᾽ ἐν παντὶ
6 θλιβόμενοι· ἔξωθεν μάχαι, ἔσωθεν φόβοι. ἀλλ᾽
ὁ παρακαλῶν τοὺς ταπεινοὺς παρεκάλεσεν ἡμᾶς,
7 ὁ Θεός, ἐν τῇ παρουσίᾳ Τίτου· οὐ μόνον δὲ ἐν τῇ
παρουσίᾳ αὐτοῦ, ἀλλὰ καὶ ἐν τῇ παρακλήσει ᾗ
παρεκλήθη ἐφ᾽ ὑμῖν, ἀναγγέλλων ἡμῖν τὴν ὑμῶν
ἐπιπόθησιν, τὸν ὑμῶν ὀδυρμόν, τὸν ὑμῶν ζῆλον
8 ὑπὲρ ἐμοῦ, ὥστε με μᾶλλον χαρῆναι. ὅτι εἰ καὶ
ἐλύπησα ὑμᾶς ἐν τῇ ἐπιστολῇ, οὐ μεταμέλομαι, εἰ
καὶ μετεμελόμην· βλέπω γὰρ² ὅτι ἡ ἐπιστολὴ ἐκείνη,
9 εἰ καὶ πρὸς ὥραν, ἐλύπησεν ὑμᾶς. νῦν χαίρω, οὐχ
ὅτι ἐλυπήθητε, ἀλλ᾽ ὅτι ἐλυπήθητε εἰς μετάνοιαν·
ἐλυπήθητε γὰρ κατὰ Θεόν, ἵνα ἐν μηδενὶ ζημιωθῆτε

---

⁶ μου   ¹ πρὸς κατάκρισιν οὐ   ² Marg. om. γὰρ

ἐξ ἡμῶν. ἡ γὰρ κατὰ Θεὸν λύπη μετάνοιαν εἰς 10
σωτηρίαν ἀμεταμέλητον κατεργάζεται³· ἡ δὲ τοῦ
κόσμου λύπη θάνατον κατεργάζεται. ἰδοὺ γάρ, 11
αὐτὸ τοῦτο, τὸ κατὰ Θεὸν λυπηθῆναι ὑμᾶς⁴, πόσην
κατειργάσατο ὑμῖν σπουδήν, ἀλλὰ ἀπολογίαν, ἀλλὰ
ἀγανάκτησιν, ἀλλὰ φόβον, ἀλλὰ ἐπιπόθησιν, ἀλλὰ
ζῆλον, ἀλλ᾽ ἐκδίκησιν. ἐν παντὶ συνεστήσατε ἑαυ-
τοὺς ἁγνοὺς εἶναι ἐν⁵ τῷ πράγματι. ἄρα εἰ καὶ 12
ἔγραψα ὑμῖν, οὐχ εἵνεκεν τοῦ ἀδικήσαντος, οὐδὲ
εἵνεκεν τοῦ ἀδικηθέντος, ἀλλ᾽ εἵνεκεν τοῦ φανερω-
θῆναι τὴν σπουδὴν ἡμῶν⁶ τὴν ὑπὲρ ὑμῶν⁷ πρὸς ὑμᾶς
ἐνώπιον τοῦ Θεοῦ. διὰ τοῦτο παρακεκλήμεθα ἐπὶ⁸ 13
τῇ παρακλήσει ὑμῶν⁹· περισσοτέρως¹⁰ δὲ¹¹ μᾶλλον
ἐχάρημεν ἐπὶ τῇ χαρᾷ Τίτου, ὅτι ἀναπέπαυται τὸ
πνεῦμα αὐτοῦ ἀπὸ πάντων ὑμῶν. ὅτι εἴ τι αὐτῷ 14
ὑπὲρ ὑμῶν κεκαύχημαι, οὐ κατῃσχύνθην· ἀλλ᾽ ὡς
πάντα ἐν ἀληθείᾳ ἐλαλήσαμεν ὑμῖν, οὕτω καὶ ἡ
καύχησις ἡμῶν, ἡ ἐπὶ Τίτου, ἀλήθεια ἐγενήθη. καὶ 15
τὰ σπλάγχνα αὐτοῦ περισσοτέρως εἰς ὑμᾶς ἐστίν,
ἀναμιμνησκομένου τὴν πάντων ὑμῶν ὑπακοήν, ὡς
μετὰ φόβου καὶ τρόμου ἐδέξασθε αὐτόν. χαίρω 16
οὖν¹² ὅτι ἐν παντὶ θαρρῶ ἐν ὑμῖν.

Γνωρίζομεν δὲ ὑμῖν, ἀδελφοί, τὴν χάριν τοῦ VIII.
Θεοῦ τὴν δεδομένην ἐν ταῖς ἐκκλησίαις τῆς Μακε-
δονίας· ὅτι ἐν πολλῇ δοκιμῇ θλίψεως ἡ περισσεία 2
τῆς χαρᾶς αὐτῶν καὶ ἡ κατὰ βάθους πτωχεία αὐτῶν
ἐπερίσσευσεν εἰς τὸν πλοῦτον¹ τῆς ἁπλότητος αὐτῶν.
ὅτι κατὰ δύναμιν, μαρτυρῶ, καὶ ὑπὲρ² δύναμιν αὐθαί- 3
ρετοι, μετὰ πολλῆς παρακλήσεως δεόμενοι ἡμῶν, 4
τὴν χάριν καὶ τὴν κοινωνίαν τῆς διακονίας τῆς εἰς

---

³ ἐργάζεται   ⁴ om. ὑμᾶς   ⁵ om. ἐν   ⁶ ὑμῶν
⁷ ἡμῶν   ⁸ (· ἐπὶ) add δὲ   ⁹ ἡμῶν   ¹⁰ (ἡμῶν περισσοτέρως)
¹¹ om. δὲ   ¹² om. οὖν   ¹ τὸ πλοῦτος   ² παρὰ

5 τοὺς ἁγίους δέξασθαι ἡμᾶς³· καὶ οὐ καθὼς ἠλπίσαμεν,
ἀλλ᾽ ἑαυτοὺς ἔδωκαν πρῶτον τῷ Κυρίῳ, καὶ ἡμῖν
6 διὰ θελήματος Θεοῦ. εἰς τὸ παρακαλέσαι ἡμᾶς
Τίτον, ἵνα καθὼς προενήρξατο, οὕτω καὶ ἐπιτελέσῃ
7 εἰς ὑμᾶς καὶ τὴν χάριν ταύτην. ἀλλ᾽ ὥσπερ ἐν
παντὶ περισσεύετε, πίστει, καὶ λόγῳ, καὶ γνώσει,
καὶ πάσῃ σπουδῇ, καὶ τῇ ἐξ ὑμῶν ἐν ἡμῖν⁴ ἀγάπῃ,
8 ἵνα καὶ ἐν ταύτῃ τῇ χάριτι περισσεύητε. οὐ κατ᾽
ἐπιταγὴν λέγω, ἀλλὰ διὰ τῆς ἑτέρων σπουδῆς καὶ
9 τὸ τῆς ὑμετέρας ἀγάπης γνήσιον δοκιμάζων. γι-
νώσκετε γὰρ τὴν χάριν τοῦ Κυρίου ἡμῶν Ἰησοῦ
Χριστοῦ, ὅτι δι᾽ ὑμᾶς ἐπτώχευσε, πλούσιος ὤν, ἵνα
10 ὑμεῖς τῇ ἐκείνου πτωχείᾳ πλουτήσητε. καὶ γνώμην
ἐν τούτῳ δίδωμι· τοῦτο γὰρ ὑμῖν συμφέρει, οἵτινες
οὐ μόνον τὸ ποιῆσαι ἀλλὰ καὶ τὸ θέλειν προενήρ-
11 ξασθε ἀπὸ πέρυσι. νυνὶ δὲ καὶ τὸ ποιῆσαι ἐπιτε-
λέσατε, ὅπως, καθάπερ ἡ προθυμία τοῦ θέλειν, οὕτω
12 καὶ τὸ ἐπιτελέσαι ἐκ τοῦ ἔχειν. εἰ γὰρ ἡ προθυμία
πρόκειται, καθὸ ἐὰν ἔχῃ τις⁵, εὐπρόσδεκτος, οὐ καθὸ
13 οὐκ ἔχει. οὐ γὰρ ἵνα ἄλλοις ἄνεσις, ὑμῖν δὲ⁶ θλί-
14 ψις· ἀλλ᾽ ἐξ ἰσότητος, ἐν τῷ νῦν καιρῷ τὸ ὑμῶν
περίσσευμα εἰς τὸ ἐκείνων ὑστέρημα, ἵνα καὶ τὸ
ἐκείνων περίσσευμα γένηται εἰς τὸ ὑμῶν ὑστέρημα·
15 ὅπως γένηται ἰσότης, καθὼς γέγραπται, Ὁ τὸ πολύ,
οὐκ ἐπλεόνασε· καὶ ὁ τὸ ὀλίγον, οὐκ ἠλαττόνησε.
16 Χάρις δὲ τῷ Θεῷ τῷ διδόντι τὴν αὐτὴν σπουδὴν
17 ὑπὲρ ὑμῶν ἐν τῇ καρδίᾳ Τίτου. ὅτι τὴν μὲν παρά-
κλησιν ἐδέξατο, σπουδαιότερος δὲ ὑπάρχων, αὐθαί-
18 ρετος ἐξῆλθε πρὸς ὑμᾶς. συνεπέμψαμεν δὲ μετ᾽
αὐτοῦ τὸν ἀδελφόν⁷, οὗ ὁ ἔπαινος ἐν τῷ εὐαγγελίῳ
19 διὰ πασῶν τῶν ἐκκλησιῶν· οὐ μόνον δέ, ἀλλὰ καὶ

---

³ om. δέξασθαι ἡμᾶς   ⁴ Marg. ἐξ ἡμῶν ἐν ὑμῖν   ⁵ om. τις
⁶ om. δὲ   ⁷ τὸν ἀδελφόν μετ᾽ αὐτοῦ

χειροτονηθεὶς ὑπὸ τῶν ἐκκλησιῶν συνέκδημος ἡμῶν
σὺν⁸ τῇ χάριτι ταύτῃ τῇ διακονουμένῃ ὑφ᾽ ἡμῶν
πρὸς τὴν αὐτοῦ⁹ τοῦ Κυρίου δόξαν, καὶ προθυμίαν
ὑμῶν¹⁰· στελλόμενοι τοῦτο, μή τις ἡμᾶς μωμήσηται 20
ἐν τῇ ἁδρότητι ταύτῃ τῇ διακονουμένῃ ὑφ᾽ ἡμῶν·
προνοούμενοι¹¹ καλὰ οὐ μόνον ἐνώπιον Κυρίου ἀλλὰ 21
καὶ ἐνώπιον ἀνθρώπων. συνεπέμψαμεν δὲ αὐτοῖς 22
τὸν ἀδελφὸν ἡμῶν, ὃν ἐδοκιμάσαμεν ἐν πολλοῖς
πολλάκις σπουδαῖον ὄντα, νυνὶ δὲ πολὺ σπουδαιό-
τερον, πεποιθήσει πολλῇ τῇ εἰς ὑμᾶς. εἴτε ὑπὲρ 23
Τίτου, κοινωνὸς ἐμὸς καὶ εἰς ὑμᾶς συνεργός· εἴτε
ἀδελφοὶ ἡμῶν, ἀπόστολοι ἐκκλησιῶν, δόξα Χριστοῦ.
τὴν οὖν ἔνδειξιν τῆς ἀγάπης ὑμῶν, καὶ ἡμῶν καυ- 24
χήσεως ὑπὲρ ὑμῶν, εἰς αὐτοὺς¹² ἐνδείξασθε καὶ*¹³
εἰς πρόσωπον τῶν ἐκκλησιῶν.

Περὶ μὲν γὰρ τῆς διακονίας τῆς εἰς τοὺς ἁγίους IX.
περισσόν μοί ἐστι τὸ γράφειν ὑμῖν· οἶδα γὰρ τὴν 1
προθυμίαν ὑμῶν, ἣν ὑπὲρ ὑμῶν καυχῶμαι Μακε-
δόσιν, ὅτι Ἀχαία παρεσκεύασται ἀπὸ πέρυσι· καὶ
ὁ ἐξ¹ ὑμῶν ζῆλος ἠρέθισε τοὺς πλείονας. ἔπεμψα 3
δὲ τοὺς ἀδελφούς, ἵνα μὴ τὸ καύχημα ἡμῶν τὸ ὑπὲρ
ὑμῶν κενωθῇ ἐν τῷ μέρει τούτῳ· ἵνα, καθὼς ἔλεγον,
παρεσκευασμένοι ἦτε· μή πως, ἐὰν ἔλθωσι σὺν ἐμοὶ 4
Μακεδόνες καὶ εὕρωσιν ὑμᾶς ἀπαρασκευάστους,
καταισχυνθῶμεν ἡμεῖς (ἵνα μὴ λέγωμεν ὑμεῖς) ἐν
τῇ ὑποστάσει ταύτῃ τῆς καυχήσεως². ἀναγκαῖον οὖν 5
ἡγησάμην παρακαλέσαι τοὺς ἀδελφούς, ἵνα προέλ-
θωσιν εἰς ὑμᾶς, καὶ προκαταρτίσωσι τὴν προκατηγ-
γελμένην³ εὐλογίαν ὑμῶν, ταύτην ἑτοίμην εἶναι, οὕτως
ὡς εὐλογίαν, καὶ μὴ ὥσπερ⁴ πλεονεξίαν.

---

⁸ ἐν   ⁹ om. αὐτοῦ   ¹⁰ ἡμῶν   ¹¹ προνοοῦμεν γὰρ
¹² Marg. (ὑπὲρ ὑμῶν εἰς αὐτούς,)   ¹³ om. καὶ   ¹ om. ἐξ
² om. τῆς καυχήσεως   ³ προεπηγγελμένην   ⁴ ὡς

6 Τοῦτο δέ, ὁ σπείρων φειδομένως, φειδομένως
καὶ θερίσει· καὶ ὁ σπείρων ἐπ' εὐλογίαις, ἐπ' εὐλο-
7 γίαις καὶ θερίσει. ἕκαστος καθὼς προαιρεῖται⁵ τῇ
καρδίᾳ· μὴ ἐκ λύπης ἢ ἐξ ἀνάγκης· ἱλαρὸν γὰρ
8 δότην ἀγαπᾷ ὁ Θεός. δυνατὸς⁶ δὲ ὁ Θεὸς πᾶσαν
χάριν περισσεῦσαι εἰς ὑμᾶς, ἵνα ἐν παντὶ πάντοτε
πᾶσαν αὐτάρκειαν ἔχοντες περισσεύητε εἰς πᾶν
9 ἔργον ἀγαθόν· καθὼς γέγραπται, Ἐσκόρπισεν,
ἔδωκε τοῖς πένησιν· ἡ δικαιοσύνη αὐτοῦ μένει εἰς
10 τὸν αἰῶνα. ὁ δὲ ἐπιχορηγῶν σπέρμα τῷ σπείροντι,
καὶ ἄρτον εἰς βρῶσιν χορηγήσαι⁷, καὶ πληθύναι⁸ τὸν
σπόρον ὑμῶν, καὶ αὐξήσαι⁹ τὰ γεννήματα τῆς δικαιο-
11 σύνης ὑμῶν· ἐν παντὶ πλουτιζόμενοι εἰς πᾶσαν
ἁπλότητα, ἥτις κατεργάζεται δι' ἡμῶν εὐχαριστίαν
12 τῷ Θεῷ. ὅτι ἡ διακονία τῆς λειτουργίας ταύτης
οὐ μόνον ἐστὶ προσαναπληροῦσα τὰ ὑστερήματα
τῶν ἁγίων, ἀλλὰ καὶ περισσεύουσα διὰ πολλῶν
13 εὐχαριστιῶν τῷ Θεῷ· διὰ τῆς δοκιμῆς τῆς δια-
κονίας ταύτης δοξάζοντες τὸν Θεὸν ἐπὶ τῇ ὑποταγῇ
τῆς ὁμολογίας ὑμῶν εἰς τὸ εὐαγγέλιον τοῦ Χριστοῦ,
καὶ ἁπλότητι τῆς κοινωνίας εἰς αὐτοὺς καὶ εἰς
14 πάντας· καὶ αὐτῶν δεήσει ὑπὲρ ὑμῶν¹⁰ ἐπιποθούν-
των ὑμᾶς διὰ τὴν ὑπερβάλλουσαν χάριν τοῦ Θεοῦ
15 ἐφ' ὑμῖν. χάρις δὲ¹¹ τῷ Θεῷ ἐπὶ τῇ ἀνεκδιηγήτῳ
αὐτοῦ δωρεᾷ.

X. Αὐτὸς δὲ ἐγὼ Παῦλος παρακαλῶ ὑμᾶς διὰ τῆς
πραότητος καὶ ἐπιεικείας τοῦ Χριστοῦ, ὃς κατὰ
πρόσωπον μὲν ταπεινὸς ἐν ὑμῖν, ἀπὼν δὲ θαρρῶ
2 εἰς ὑμᾶς· δέομαι δέ, τὸ μὴ παρὼν θαρρῆσαι τῇ
πεποιθήσει ἢ λογίζομαι τολμῆσαι ἐπί τινας τοὺς
λογιζομένους ἡμᾶς ὡς κατὰ σάρκα περιπατοῦντας.

---

⁵ προῄρηται   ⁶ δυνατεῖ   ⁷ (βρῶσιν,) χορηγήσει (καὶ)
⁸ πληθυνεῖ   ⁹ αὐξήσει   ¹⁰ (, δεήσει ὑπὲρ ὑμῶν,)   ¹¹ om. δὲ

ἐν σαρκὶ γὰρ περιπατοῦντες. οὐ κατὰ σάρκα στρα- 3
τευόμεθα (τὰ γὰρ ὅπλα τῆς στρατείας ἡμῶν οὐ 4
σαρκικά, ἀλλὰ δυνατὰ τῷ Θεῷ πρὸς καθαίρεσιν
ὀχυρωμάτων), λογισμοὺς καθαιροῦντες καὶ πᾶν 5
ὕψωμα ἐπαιρόμενον κατὰ τῆς γνώσεως τοῦ Θεοῦ,
καὶ αἰχμαλωτίζοντες πᾶν νόημα εἰς τὴν ὑπακοὴν
τοῦ Χριστοῦ, καὶ ἐν ἑτοίμῳ ἔχοντες ἐκδικῆσαι 6
πᾶσαν παρακοήν, ὅταν πληρωθῇ ὑμῶν ἡ* ὑπακοή.
τὰ κατὰ πρόσωπον βλέπετε; [1] εἴ τις πέποιθεν 7
ἑαυτῷ Χριστοῦ εἶναι, τοῦτο λογιζέσθω πάλιν ἀφ'[2]
ἑαυτοῦ, ὅτι καθὼς αὐτὸς Χριστοῦ, οὕτω καὶ ἡμεῖς
Χριστοῦ[3]. ἐάν τε γὰρ καὶ[4] περισσότερόν τι καυχή- 8
σωμαι περὶ τῆς ἐξουσίας ἡμῶν (ἧς ἔδωκεν ὁ Κύριος
ἡμῖν[5] εἰς οἰκοδομήν, καὶ οὐκ εἰς καθαίρεσιν ὑμῶν),
οὐκ αἰσχυνθήσομαι· ἵνα μὴ δόξω ὡς ἂν ἐκφοβεῖν 9
ὑμᾶς διὰ τῶν ἐπιστολῶν. ὅτι Αἱ μὲν ἐπιστολαί, 10
φησί, βαρεῖαι καὶ ἰσχυραί· ἡ δὲ παρουσία τοῦ σώ-
ματος ἀσθενής, καὶ ὁ λόγος ἐξουθενημένος. τοῦτο 11
λογιζέσθω ὁ τοιοῦτος, ὅτι οἷοί ἐσμεν τῷ λόγῳ δι'
ἐπιστολῶν ἀπόντες, τοιοῦτοι καὶ παρόντες τῷ ἔργῳ.
οὐ γὰρ τολμῶμεν ἐγκρῖναι ἢ συγκρῖναι ἑαυτούς 12
τισι τῶν ἑαυτοὺς συνιστανόντων· ἀλλὰ αὐτοὶ ἐν
ἑαυτοῖς ἑαυτοὺς μετροῦντες, καὶ συγκρίνοντες ἑαυ-
τοὺς ἑαυτοῖς, οὐ συνιοῦσιν. ἡμεῖς δὲ οὐχὶ εἰς τὰ 13
ἄμετρα καυχησόμεθα, ἀλλὰ κατὰ τὸ μέτρον τοῦ
κανόνος οὗ ἐμέρισεν ἡμῖν ὁ Θεός, μέτρου[6] ἐφικέσθαι
ἄχρι. καὶ ὑμῶν. οὐ γὰρ ὡς μὴ ἐφικνούμενοι εἰς 14
ὑμᾶς ὑπερεκτείνομεν ἑαυτούς· ἄχρι γὰρ καὶ ὑμῶν
ἐφθάσαμεν ἐν τῷ εὐαγγελίῳ τοῦ Χριστοῦ· οὐκ εἰς 15
τὰ ἄμετρα καυχώμενοι, ἐν ἀλλοτρίοις κόποις, ἐλ-
πίδα δὲ ἔχοντες, αὐξανομένης τῆς πίστεως ὑμῶν,

---

[1] (. for ; text, not marg.)   [2] ἐφ'   [3] om. Χριστοῦ
[4] om. καὶ   [5] om. ἡμῖν   [6] (Θεὸς μέτρου,)

ἐν ὑμῖν μεγαλυνθῆναι κατὰ τὸν κανόνα ἡμῶν εἰς
16 περισσείαν, εἰς τὰ ὑπερέκεινα ὑμῶν εὐαγγελίσασ-
θαι, οὐκ ἐν ἀλλοτρίῳ κανόνι εἰς τὰ ἔτοιμα καυχή-
17 σασθαι. ὁ δὲ καυχώμενος, ἐν Κυρίῳ καυχάσθω.
18 οὐ γὰρ ὁ ἑαυτὸν συνιστῶν, ἐκεῖνός ἐστι δόκιμος,
ἀλλ᾽ ὃν ὁ Κύριος συνίστησιν.
XI. Ὄφελον ἀνείχεσθέ μου μικρὸν¹ τῇ ἀφροσύνῃ*².
2 ἀλλὰ καὶ ἀνέχεσθέ μου. ζηλῶ γὰρ ὑμᾶς Θεοῦ ζήλῳ·
ἡρμοσάμην γὰρ ὑμᾶς ἑνὶ ἀνδρὶ παρθένον ἁγνὴν πα-
3 ραστῆσαι τῷ Χριστῷ. φοβοῦμαι δὲ μή πως ὡς ὁ
ὄφις Εὔαν ἐξηπάτησεν³ ἐν τῇ πανουργίᾳ αὐτοῦ, οὕτω⁴
φθαρῇ τὰ νοήματα ὑμῶν ἀπὸ τῆς ἁπλότητος⁵ τῆς
4 εἰς τὸν Χριστόν. εἰ μὲν γὰρ ὁ ἐρχόμενος ἄλλον
Ἰησοῦν κηρύσσει ὃν οὐκ ἐκηρύξαμεν, ἢ πνεῦμα ἕτε-
ρον λαμβάνετε ὃ οὐκ ἐλάβετε, ἢ εὐαγγέλιον ἕτερον
5 ὃ οὐκ ἐδέξασθε, καλῶς ἠνείχεσθε⁶. λογίζομαι γὰρ
6 μηδὲν ὑστερηκέναι τῶν ὑπὲρ λίαν ἀποστόλων. εἰ
δὲ καὶ ἰδιώτης τῷ λόγῳ, ἀλλ᾽ οὐ τῇ γνώσει· ἀλλ᾽ ἐν
7 παντὶ φανερωθέντες⁷ ἐν πᾶσιν εἰς ὑμᾶς. ἢ ἁμαρτίαν
ἐποίησα ἐμαυτὸν ταπεινῶν ἵνα ὑμεῖς ὑψωθῆτε, ὅτι
δωρεὰν τὸ τοῦ Θεοῦ εὐαγγέλιον εὐηγγελισάμην
8 ὑμῖν; ἄλλας ἐκκλησίας ἐσύλησα, λαβὼν ὀψώνιον
9 πρὸς τὴν ὑμῶν διακονίαν· καὶ παρὼν πρὸς ὑμᾶς καὶ
ὑστερηθείς, οὐ κατενάρκησα οὐδενός· τὸ γὰρ ὑστέ-
ρημά μου προσανεπλήρωσαν οἱ ἀδελφοί, ἐλθόντες
ἀπὸ Μακεδονίας· καὶ ἐν παντὶ ἀβαρῆ ὑμῖν ἐμαυτὸν⁸
10 ἐτήρησα καὶ τηρήσω. ἔστιν ἀλήθεια Χριστοῦ ἐν
ἐμοί, ὅτι ἡ καύχησις αὕτη οὐ φραγήσεται εἰς ἐμὲ ἐν
11 τοῖς κλίμασι τῆς Ἀχαΐας. διατί; ὅτι οὐκ ἀγαπῶ
12 ὑμᾶς; ὁ Θεὸς οἶδεν. ὃ δὲ ποιῶ, καὶ ποιήσω, ἵνα

¹ (μικρόν) add τι   ² ἀφροσύνης   ³ ἐξηπάτησεν Εὔαν
⁴ om.οὕτω   ⁵ add καὶ τῆς ἁγνότητος   ⁶ ἀνέχεσθε   ⁷ φανε-
ρώσαντες   ⁸ ἐμαυτὸν ὑμῖν

ἐκκόψω τὴν ἀφορμὴν τῶν θελόντων ἀφορμήν, ἵνα
ἐν ᾧ καυχῶνται, εὑρεθῶσι καθὼς καὶ ἡμεῖς. οἱ γὰρ 13
τοιοῦτοι ψευδαπόστολοι, ἐργάται δόλιοι, μετασχη-
ματιζόμενοι εἰς ἀποστόλους Χριστοῦ. καὶ οὐ θαυ- 14
μαστόν⁹· αὐτὸς γὰρ ὁ Σατανᾶς μετασχηματίζεται
εἰς ἄγγελον φωτός. οὐ μέγα οὖν εἰ καὶ οἱ διάκονοι 15
αὐτοῦ μετασχηματίζονται ὡς διάκονοι δικαιοσύνης,
ὧν τὸ τέλος ἔσται κατὰ τὰ ἔργα αὐτῶν.

Πάλιν λέγω, μή τίς με δόξῃ ἄφρονα εἶναι· εἰ δὲ 16
μή γε, κἂν ὡς ἄφρονα δέξασθέ με, ἵνα μικρόν τι κἀγὼ¹⁰
καυχήσωμαι. ὃ λαλῶ, οὐ λαλῶ κατὰ Κύριον¹¹, ἀλλ' 17
ὡς ἐν ἀφροσύνῃ, ἐν ταύτῃ τῇ ὑποστάσει τῆς καυχή-
σεως. ἐπεὶ πολλοὶ καυχῶνται κατὰ τὴν σάρκα, 18
κἀγὼ καυχήσομαι. ἡδέως γὰρ ἀνέχεσθε τῶν ἀφρό- 19
νων, φρόνιμοι ὄντες. ἀνέχεσθε γάρ, εἴ τις ὑμᾶς 20
καταδουλοῖ, εἴ τις κατεσθίει, εἴ τις λαμβάνει, εἴ
τις ἐπαίρεται, εἴ τις ὑμᾶς εἰς πρόσωπον¹² δέρει. κατὰ 21
ἀτιμίαν λέγω, ὡς ὅτι ἡμεῖς ἠσθενήσαμεν¹³· ἐν ᾧ δ'
ἄν τις τολμᾷ (ἐν ἀφροσύνῃ λέγω), τολμῶ κἀγώ.
Ἑβραῖοί εἰσι; κἀγώ· Ἰσραηλῖταί εἰσι; κἀγώ· 22
σπέρμα Ἀβραάμ εἰσι; κἀγώ· διάκονοι Χριστοῦ 23
εἰσι; (παραφρονῶν λαλῶ) ὑπὲρ ἐγώ· ἐν κόποις
περισσοτέρως, ἐν πληγαῖς ὑπερβαλλόντως,¹⁴ ἐν φυλακαῖς
περισσοτέρως,¹⁵ ἐν θανάτοις πολλάκις. ὑπὸ Ἰου- 24
δαίων πεντάκις τεσσαράκοντα παρὰ μίαν ἔλαβον.
τρὶς ἐρραβδίσθην, ἅπαξ ἐλιθάσθην, τρὶς ἐναυάγησα, 25
νυχθήμερον ἐν τῷ βυθῷ πεποίηκα· ὁδοιπορίαις 26
πολλάκις, κινδύνοις ποταμῶν, κινδύνοις λῃστῶν,
κινδύνοις ἐκ γένους, κινδύνοις ἐξ ἐθνῶν, κινδύνοις ἐν
πόλει, κινδύνοις ἐν ἐρημίᾳ, κινδύνοις ἐν θαλάσσῃ,

---

⁹ θαῦμα ¹⁰ κἀγὼ μικρόν τι ¹¹ κατὰ Κύριον λαλῶ
¹² εἰς πρόσωπον ὑμᾶς ¹³ ἠσθενήκαμεν ¹⁴ om. ἐν πληγαῖς
ὑπερβαλλόντως, ¹⁵ add ἐν πληγαῖς ὑπερβαλλόντως,

27 κινδύνοις ἐν ψευδαδέλφοις· ἐν¹⁶ κόπῳ καὶ μόχθῳ, ἐν
ἀγρυπνίαις πολλάκις, ἐν λιμῷ καὶ δίψει, ἐν νηστεί-
28 αις πολλάκις, ἐν ψύχει καὶ γυμνότητι. χωρὶς τῶν
παρεκτός, ἡ ἐπισύστασίς μου¹⁷ ἡ καθ᾽ ἡμέραν, ἡ μέ-
29 ριμνα πασῶν τῶν ἐκκλησιῶν. τίς ἀσθενεῖ, καὶ οὐκ
ἀσθενῶ; τίς σκανδαλίζεται, καὶ οὐκ ἐγὼ πυροῦμαι;
30 εἰ καυχᾶσθαι δεῖ, τὰ τῆς ἀσθενείας μου καυχήσο-
31 μαι. ὁ Θεὸς καὶ πατὴρ τοῦ Κυρίου ἡμῶν¹⁸ Ἰησοῦ
Χριστοῦ¹⁹ οἶδεν, ὁ ὢν εὐλογητὸς εἰς τοὺς αἰῶνας, ὅτι
32 οὐ ψεύδομαι. ἐν Δαμασκῷ ὁ ἐθνάρχης Ἀρέτα τοῦ
βασιλέως ἐφρούρει τὴν Δαμασκηνῶν πόλιν, πιάσαι
33 με θέλων²⁰· καὶ διὰ θυρίδος ἐν σαργάνῃ ἐχαλάσθην
διὰ τοῦ τείχους, καὶ ἐξέφυγον τὰς χεῖρας αὐτοῦ.

XII. Καυχᾶσθαι δὴ οὐ συμφέρει μοι· ἐλεύσομαι γὰρ¹ εἰς
2 ὀπτασίας καὶ ἀποκαλύψεις Κυρίου. οἶδα ἄνθρω-
πον ἐν Χριστῷ πρὸ ἐτῶν δεκατεσσάρων (εἴτε ἐν
σώματι, οὐκ οἶδα· εἴτε ἐκτὸς τοῦ σώματος, οὐκ
οἶδα· ὁ Θεὸς οἶδεν), ἁρπαγέντα τὸν τοιοῦτον ἕως
3 τρίτου οὐρανοῦ. καὶ οἶδα τὸν τοιοῦτον ἄνθρωπον
(εἴτε ἐν σώματι, εἴτε ἐκτὸς² τοῦ σώματος, οὐκ οἶδα·
4 ὁ Θεὸς οἶδεν), ὅτι ἡρπάγη εἰς τὸν παράδεισον, καὶ
ἤκουσεν ἄρρητα ῥήματα, ἃ οὐκ ἐξὸν ἀνθρώπῳ λα-
5 λῆσαι. ὑπὲρ τοῦ τοιούτου καυχήσομαι· ὑπὲρ δὲ
ἐμαυτοῦ οὐ καυχήσομαι, εἰ μὴ ἐν ταῖς ἀσθενείαις
6 μου³. ἐὰν γὰρ θελήσω καυχήσασθαι, οὐκ ἔσομαι
ἄφρων· ἀλήθειαν γὰρ ἐρῶ· φείδομαι δέ, μή τις εἰς
ἐμὲ λογίσηται ὑπὲρ ὃ βλέπει με, ἢ ἀκούει τι⁴ ἐξ
7 ἐμοῦ. καὶ τῇ ὑπερβολῇ τῶν ἀποκαλύψεων⁵ ἵνα
μὴ ὑπεραίρωμαι, ἐδόθη μοι σκόλοψ τῇ σαρκί,

---

¹⁶ om. ἐν   ¹⁷ ἐπίστασίς μοι   ¹⁸ om. ἡμῶν   ¹⁹ om.
Χριστοῦ   ²⁰ om. θέλων   ¹ δεῖ, οὐ συμφέρον μέν, ἐλεύσομαι
δὲ text, δὲ οὐ συμφέρον μέν, ἐλεύσομαι δὲ marg.   ² χωρὶς
³ om. μου   ⁴ om. τι   ⁵ add —διό,

ἄγγελος Σατᾶν ἵνα με κολαφίζῃ, ἵνα μὴ ὑπεραι-
ρωμαι. ὑπὲρ τούτου τρὶς τὸν Κύριον παρεκάλεσα, 8
ἵνα ἀποστῇ ἀπ᾽ ἐμοῦ. καὶ εἴρηκέ μοι, ᾽Αρκεῖ σοι ἡ 9
χάρις μου· ἡ γὰρ δύναμίς μου⁶ ἐν ἀσθενείᾳ τελειοῦται⁷.
ἥδιστα οὖν μᾶλλον καυχήσομαι ἐν ταῖς ἀσθενείαις
μου, ἵνα ἐπισκηνώσῃ ἐπ᾽ ἐμὲ ἡ δύναμις τοῦ Χριστοῦ.
διὸ εὐδοκῶ ἐν ἀσθενείαις, ἐν ὕβρεσιν, ἐν ἀνάγκαις, ἐν 10
διωγμοῖς, ἐν στενοχωρίαις, ὑπὲρ Χριστοῦ· ὅταν γὰρ
ἀσθενῶ, τότε δυνατός εἰμι.

Γέγονα ἄφρων καυχώμενος⁸· ὑμεῖς με ἠναγκάσατε· 11
ἐγὼ γὰρ ὤφειλον ὑφ᾽ ὑμῶν συνίστασθαι· οὐδὲν γὰρ
ὑστέρησα τῶν ὑπὲρ λίαν ἀποστόλων, εἰ καὶ οὐδέν
εἰμι. τὰ μὲν σημεῖα τοῦ ἀποστόλου κατειργάσθη 12
ἐν ὑμῖν ἐν πάσῃ ὑπομονῇ, ἐν⁹ σημείοις¹⁰ καὶ τέρασι
καὶ δυνάμεσι. τί γάρ ἐστιν ὃ ἡττήθητε ὑπὲρ τὰς 13
λοιπὰς ἐκκλησίας, εἰ μὴ ὅτι αὐτὸς ἐγὼ οὐ κατε-
νάρκησα ὑμῶν; χαρίσασθέ μοι τὴν ἀδικίαν ταύτην.

᾽Ιδού, τρίτον¹¹ ἑτοίμως ἔχω ἐλθεῖν πρὸς ὑμᾶς, 14
καὶ οὐ καταναρκήσω ὑμῶν¹²· οὐ γὰρ ζητῶ τὰ ὑμῶν,
ἀλλ᾽ ὑμᾶς· οὐ γὰρ ὀφείλει τὰ τέκνα τοῖς γονεῦσι
θησαυρίζειν, ἀλλ᾽ οἱ γονεῖς τοῖς τέκνοις. ἐγὼ δὲ 15
ἥδιστα δαπανήσω καὶ ἐκδαπανηθήσομαι ὑπὲρ τῶν
ψυχῶν ὑμῶν, εἰ καὶ¹³ περισσοτέρως ὑμᾶς ἀγαπῶν¹⁴,
ἧττον ἀγαπῶμαι.¹⁵ ἔστω δέ, ἐγὼ οὐ κατεβάρησα 16
ὑμᾶς· ἀλλ᾽ ὑπάρχων πανοῦργος, δόλῳ ὑμᾶς ἔλαβον·
μή τινα ὧν ἀπέσταλκα πρὸς ὑμᾶς, δι᾽ αὐτοῦ ἐπλεον- 17
έκτησα ὑμᾶς; παρεκάλεσα Τίτον, καὶ συναπέστειλα 18
τὸν ἀδελφόν· μή τι ἐπλεονέκτησεν ὑμᾶς Τίτος; οὐ
τῷ αὐτῷ Πνεύματι περιεπατήσαμεν; οὐ τοῖς αὐτοῖς
ἴχνεσι;

⁶ (-αμις) om. μου   ⁷ τελεῖται   ⁸ om. καυχώμενος   ⁹ om.
ἐν   ¹⁰ add τε   ¹¹ add τοῦτο   ¹² om. ὑμῶν   ¹³ (ὑμῶν.
εἰ) om. καὶ   ¹⁴ ἀγαπῶ   ¹⁵ ; for .

19   Πάλιν[16] δοκεῖτε ὅτι ὑμῖν ἀπολογούμεθα;[17] κατενώ-
πιον[18] τοῦ Θεοῦ ἐν Χριστῷ λαλοῦμεν· τὰ δὲ πάντα,
20 ἀγαπητοί, ὑπὲρ τῆς ὑμῶν οἰκοδομῆς. φοβοῦμαι γάρ,
μή πως ἐλθὼν οὐχ οἵους θέλω εὕρω ὑμᾶς, κἀγὼ
εὑρεθῶ ὑμῖν οἷον οὐ θέλετε· μή πως ἔρεις[19], ζῆλοι[20],
θυμοί, ἐριθεῖαι, καταλαλιαί, ψιθυρισμοί, φυσιώσεις,
21 ἀκαταστασίαι· μὴ πάλιν ἐλθόντα με[21] ταπεινώσῃ[22]
ὁ Θεός μου πρὸς ὑμᾶς, καὶ πενθήσω πολλοὺς τῶν
προημαρτηκότων, καὶ μὴ μετανοησάντων ἐπὶ τῇ
ἀκαθαρσίᾳ καὶ πορνείᾳ καὶ ἀσελγείᾳ ᾗ ἔπραξαν.

XIII.   Τρίτον τοῦτο ἔρχομαι πρὸς ὑμᾶς. ἐπὶ στόμα-
τος δύο μαρτύρων καὶ τριῶν σταθήσεται πᾶν ῥῆμα.
2 προείρηκα καὶ προλέγω, ὡς παρὼν τὸ δεύτερον, καὶ
ἀπὼν νῦν γράφω[1] τοῖς προημαρτηκόσι καὶ τοῖς λοι-
ποῖς πᾶσιν, ὅτι ἐὰν ἔλθω εἰς τὸ πάλιν, οὐ φείσομαι·
3 ἐπεὶ δοκιμὴν ζητεῖτε τοῦ ἐν ἐμοὶ λαλοῦντος Χρισ-
τοῦ, ὃς εἰς ὑμᾶς οὐκ ἀσθενεῖ, ἀλλὰ δυνατεῖ ἐν ὑμῖν·
4 καὶ γὰρ εἰ[2] ἐσταυρώθη ἐξ ἀσθενείας, ἀλλὰ ζῇ ἐκ
δυνάμεως Θεοῦ. καὶ γὰρ καὶ[3] ἡμεῖς ἀσθενοῦμεν
ἐν[4] αὐτῷ, ἀλλὰ ζησόμεθα[5] σὺν αὐτῷ ἐκ δυνάμεως
5 Θεοῦ εἰς ὑμᾶς. ἑαυτοὺς πειράζετε εἰ ἐστὲ ἐν τῇ
πίστει, ἑαυτοὺς δοκιμάζετε. ἢ οὐκ ἐπιγινώσκετε
ἑαυτούς, ὅτι Ἰησοῦς Χριστὸς ἐν ὑμῖν ἐστίν; εἰ μή
6 τι ἀδόκιμοί ἐστε. ἐλπίζω δὲ ὅτι γνώσεσθε ὅτι
7 ἡμεῖς οὐκ ἐσμὲν ἀδόκιμοι. εὔχομαι[6] δὲ πρὸς τὸν
Θεόν, μὴ ποιῆσαι ὑμᾶς κακὸν μηδέν, οὐχ ἵνα ἡμεῖς
δόκιμοι φανῶμεν, ἀλλ' ἵνα ὑμεῖς τὸ καλὸν ποιῆτε,
8 ἡμεῖς δὲ ὡς ἀδόκιμοι ὦμεν. οὐ γὰρ δυνάμεθά τι
9 κατὰ τῆς ἀληθείας, ἀλλ' ὑπὲρ τῆς ἀληθείας.   χαί-

---

16 Πάλαι   17 (. for ; text, not marg.)   18 κατέναντι   19 ἔρις
20 ζῆλος   21 ἐλθόντος μου   22 add με   1 (νῦν,) om.
γράφω   2 om. εἰ   3 om. καὶ   4 Marg. σὺν   5 ζή-
σομεν   6 εὐχόμεθα

ρομεν γὰρ ὅταν ἡμεῖς ἀσθενῶμεν, ὑμεῖς δὲ δυνατοὶ
ἦτε· τοῦτο δὲ[7] καὶ εὐχόμεθα, τὴν ὑμῶν κατάρτισιν.
διὰ τοῦτο ταῦτα ἀπὼν γράφω, ἵνα παρὼν μὴ ἀπο- 10
τόμως χρήσωμαι, κατὰ τὴν ἐξουσίαν ἣν ἔδωκέ μοι ὁ
Κύριος[8] εἰς οἰκοδομήν, καὶ οὐκ εἰς καθαίρεσιν.

Λοιπόν, ἀδελφοί, χαίρετε· καταρτίζεσθε, παρα- 11
καλεῖσθε, τὸ αὐτὸ φρονεῖτε, εἰρηνεύετε· καὶ ὁ Θεὸς
τῆς ἀγάπης καὶ εἰρήνης ἔσται μεθ᾽ ὑμῶν. ἀσπά- 12
σασθε ἀλλήλους ἐν ἁγίῳ φιλήματι.

Ἀσπάζονται ὑμᾶς οἱ ἅγιοι πάντες.   13

Ἡ χάρις τοῦ Κυρίου Ἰησοῦ Χριστοῦ, καὶ ἡ 14
ἀγάπη τοῦ Θεοῦ, καὶ ἡ κοινωνία τοῦ Ἁγίου Πνεύ-
ματος μετὰ πάντων ὑμῶν. ἀμήν.[9]

ΠΑΥΛΟΥ*

Η ΠΡΟΣ

ΓΑΛΑΤΑΣ ΕΠΙΣΤΟΛΗ.

Παῦλος ἀπόστολος (οὐκ ἀπ᾽ ἀνθρώπων, οὐδὲ I.
δι᾽ ἀνθρώπου, ἀλλὰ διὰ Ἰησοῦ Χριστοῦ, καὶ Θεοῦ
πατρὸς τοῦ ἐγείραντος αὐτὸν ἐκ νεκρῶν), καὶ οἱ σὺν 2
ἐμοὶ πάντες ἀδελφοί, ταῖς ἐκκλησίαις τῆς Γαλατίας·
χάρις ὑμῖν καὶ εἰρήνη ἀπὸ Θεοῦ πατρός[1], καὶ Κυρίου 3
ἡμῶν[2] Ἰησοῦ Χριστοῦ, τοῦ δόντος ἑαυτὸν ὑπὲρ τῶν 4
ἁμαρτιῶν ἡμῶν, ὅπως ἐξέληται ἡμᾶς ἐκ τοῦ ἐνεστῶ-
τος αἰῶνος[3] πονηροῦ, κατὰ τὸ θέλημα τοῦ Θεοῦ καὶ
πατρὸς ἡμῶν· ᾧ ἡ δόξα εἰς τοὺς αἰῶνας τῶν αἰώνων. 5
ἀμήν.

---

[7] om. δὲ   [8] ὁ Κύριος ἔδωκέ μοι   [9] om. ἀμήν.
[1] Marg. adds ἡμῶν   [2] Marg. om. ἡμῶν   [3] αἰῶνος τοῦ
ἐνεστῶτος

6 Θαυμάζω ὅτι οὕτω ταχέως μετατίθεσθε ἀπὸ τοῦ
καλέσαντος ὑμᾶς ἐν χάριτι Χριστοῦ εἰς ἕτερον εὐ-
7 αγγέλιον· ὃ οὐκ ἔστιν ἄλλο, εἰ μή τινές εἰσιν οἱ
ταράσσοντες ὑμᾶς καὶ θέλοντες μεταστρέψαι τὸ
8 εὐαγγέλιον τοῦ Χριστοῦ. ἀλλὰ καὶ ἐὰν ἡμεῖς ἢ
ἄγγελος ἐξ οὐρανοῦ εὐαγγελίζηται⁴ ὑμῖν⁵ παρ' ὃ εὐηγ-
9 γελισάμεθα ὑμῖν, ἀνάθεμα ἔστω. ὡς προειρήκαμεν,
καὶ ἄρτι πάλιν λέγω, εἴ τις ὑμᾶς εὐαγγελίζεται παρ'
10 ὃ παρελάβετε, ἀνάθεμα ἔστω. ἄρτι γὰρ ἀνθρώπους
πείθω ἢ τὸν Θεόν; ἢ ζητῶ ἀνθρώποις ἀρέσκειν; εἰ
γὰρ⁶ ἔτι ἀνθρώποις ἤρεσκον, Χριστοῦ δοῦλος οὐκ ἂν
ἤμην.
11 Γνωρίζω δὲ⁷ ὑμῖν, ἀδελφοί, τὸ εὐαγγέλιον τὸ
εὐαγγελισθὲν ὑπ' ἐμοῦ, ὅτι οὐκ ἔστι κατὰ ἄνθρωπον.
12 οὐδὲ γὰρ ἐγὼ παρὰ ἀνθρώπου παρέλαβον αὐτό,
οὔτε ἐδιδάχθην, ἀλλὰ δι' ἀποκαλύψεως Ἰησοῦ Χρι-
13 στοῦ. ἠκούσατε γὰρ τὴν ἐμὴν ἀναστροφήν ποτε ἐν
τῷ Ἰουδαϊσμῷ, ὅτι καθ' ὑπερβολὴν ἐδίωκον τὴν
14 ἐκκλησίαν τοῦ Θεοῦ, καὶ ἐπόρθουν αὐτήν· καὶ προ-
έκοπτον ἐν τῷ Ἰουδαϊσμῷ ὑπὲρ πολλοὺς συνηλι-
κιώτας ἐν τῷ γένει μου, περισσοτέρως ζηλωτὴς
15 ὑπάρχων τῶν πατρικῶν μου παραδόσεων. ὅτε δὲ
εὐδόκησεν ὁ Θεός, ὁ ἀφορίσας με ἐκ κοιλίας μητρός
16 μου καὶ καλέσας διὰ τῆς χάριτος αὐτοῦ, ἀποκαλύ-
ψαι τὸν υἱὸν αὐτοῦ ἐν ἐμοί, ἵνα εὐαγγελίζωμαι αὐτὸν
ἐν τοῖς ἔθνεσιν, εὐθέως οὐ προσανεθέμην σαρκὶ καὶ
17 αἵματι· οὐδὲ ἀνῆλθον εἰς Ἱεροσόλυμα πρὸς τοὺς
πρὸ ἐμοῦ ἀποστόλους, ἀλλ' ἀπῆλθον εἰς Ἀραβίαν,
καὶ πάλιν ὑπέστρεψα εἰς Δαμασκόν.
18 Ἔπειτα μετὰ ἔτη τρία ἀνῆλθον εἰς Ἱεροσόλυμα
ἱστορῆσαι Πέτρον⁸, καὶ ἐπέμεινα πρὸς αὐτὸν ἡμέρας

⁴ εὐαγγελίσηται   ⁵ Marg. om. ὑμῖν   ⁶ om. γὰρ
⁷ γὰρ   ⁸ Κηφᾶν

δεκαπέντε. ἕτερον δὲ τῶν ἀποστόλων οὐκ εἶδον, εἰ 19
μὴ Ἰάκωβον τὸν ἀδελφὸν τοῦ Κυρίου. ἃ δὲ γράφω 20
ὑμῖν, ἰδοὺ ἐνώπιον τοῦ Θεοῦ, ὅτι οὐ ψεύδομαι. ἔπειτα 21
ἦλθον εἰς τὰ κλίματα τῆς Συρίας καὶ τῆς Κιλικίας.
ἤμην δὲ ἀγνοούμενος τῷ προσώπῳ ταῖς ἐκκλησίαις 22
τῆς Ἰουδαίας ταῖς ἐν Χριστῷ· μόνον δὲ ἀκούοντες 23
ἦσαν ὅτι Ὁ διώκων ἡμᾶς ποτέ, νῦν εὐαγγελίζεται
τὴν πίστιν ἥν ποτε ἐπόρθει. καὶ ἐδόξαζον ἐν ἐμοὶ 24
τὸν Θεόν.

Ἔπειτα διὰ δεκατεσσάρων ἐτῶν πάλιν ἀνέβην II.
εἰς Ἱεροσόλυμα μετὰ Βαρνάβα, συμπαραλαβὼν καὶ
Τίτον. ἀνέβην δὲ κατὰ ἀποκάλυψιν, καὶ ἀνεθέμην 2
αὐτοῖς τὸ εὐαγγέλιον ὃ κηρύσσω ἐν τοῖς ἔθνεσι, κατ'
ἰδίαν δὲ τοῖς δοκοῦσι, μή πως εἰς κενὸν τρέχω ἢ
ἔδραμον. ἀλλ' οὐδὲ Τίτος ὁ σὺν ἐμοί, Ἕλλην ὤν, 3
ἠναγκάσθη περιτμηθῆναι· διὰ δὲ τοὺς παρεισάκτους 4
ψευδαδέλφους, οἵτινες παρεισῆλθον κατασκοπῆσαι
τὴν ἐλευθερίαν ἡμῶν ἣν ἔχομεν ἐν Χριστῷ Ἰησοῦ,
ἵνα ἡμᾶς καταδουλώσωνται¹· οἷς οὐδὲ πρὸς ὥραν εἴξα- 5
μεν τῇ ὑποταγῇ, ἵνα ἡ ἀλήθεια τοῦ εὐαγγελίου
διαμείνῃ πρὸς ὑμᾶς. ἀπὸ δὲ τῶν δοκούντων εἶναί 6
τι (ὁποῖοί ποτε ἦσαν οὐδέν μοι διαφέρει· πρόσωπον
Θεὸς ἀνθρώπου οὐ λαμβάνει)—ἐμοὶ γὰρ οἱ δοκοῦντες
οὐδὲν προσανέθεντο· ἀλλὰ τοὐναντίον, ἰδόντες ὅτι 7
πεπίστευμαι τὸ εὐαγγέλιον τῆς ἀκροβυστίας, καθὼς
Πέτρος τῆς περιτομῆς (ὁ γὰρ ἐνεργήσας Πέτρῳ εἰς 8
ἀποστολὴν τῆς περιτομῆς, ἐνήργησε καὶ ἐμοὶ εἰς τὰ
ἔθνη), καὶ γνόντες τὴν χάριν τὴν δοθεῖσάν μοι, Ἰά- 9
κωβος καὶ Κηφᾶς καὶ Ἰωάννης, οἱ δοκοῦντες στύλοι
εἶναι, δεξιὰς ἔδωκαν ἐμοὶ καὶ Βαρνάβᾳ κοινωνίας,
ἵνα ἡμεῖς εἰς τὰ ἔθνη, αὐτοὶ δὲ εἰς τὴν περιτομήν·

¹ καταδουλώσουσιν

10 μόνον τῶν πτωχῶν ἵνα μνημονεύωμεν, ὃ καὶ ἐσπού-
δασα αὐτὸ τοῦτο ποιῆσαι.

11 Ὅτε δὲ ἦλθε Πέτρος² εἰς Ἀντιόχειαν, κατὰ
πρόσωπον αὐτῷ ἀντέστην, ὅτι κατεγνωσμένος ἦν.

12 πρὸ τοῦ γὰρ ἐλθεῖν τινὰς ἀπὸ Ἰακώβου, μετὰ τῶν
ἐθνῶν συνήσθιεν· ὅτε δὲ ἦλθον, ὑπέστελλε καὶ
ἀφώριζεν ἑαυτόν, φοβούμενος τοὺς ἐκ περιτομῆς.

13 καὶ συνυπεκρίθησαν αὐτῷ καὶ οἱ λοιποὶ Ἰουδαῖοι,
ὥστε καὶ Βαρνάβας συναπήχθη αὐτῶν τῇ ὑποκρίσει.

14 ἀλλ' ὅτε εἶδον ὅτι οὐκ ὀρθοποδοῦσι πρὸς τὴν ἀλή-
θειαν τοῦ εὐαγγελίου, εἶπον τῷ Πέτρῳ³ ἔμπροσθεν
πάντων, Εἰ σύ, Ἰουδαῖος ὑπάρχων, ἐθνικῶς ζῇς καὶ
οὐκ Ἰουδαϊκῶς, τι⁴ τὰ ἔθνη ἀναγκάζεις Ἰουδαΐζειν ;

15 ἡμεῖς φύσει⁵ Ἰουδαῖοι, καὶ οὐκ ἐξ ἐθνῶν ἁμαρτωλοί,

16 εἰδότες⁵ ὅτι οὐ δικαιοῦται ἄνθρωπος ἐξ ἔργων νόμου,
ἐὰν μὴ διὰ πίστεως Ἰησοῦ Χριστοῦ, καὶ ἡμεῖς εἰς
Χριστὸν Ἰησοῦν ἐπιστεύσαμεν, ἵνα δικαιωθῶμεν ἐκ
πίστεως Χριστοῦ, καὶ οὐκ ἐξ ἔργων νόμου· διότι οὐ

17 δικαιωθήσεται ἐξ ἔργων νόμου πᾶσα σάρξ. εἰ δέ,
ζητοῦντες δικαιωθῆναι ἐν Χριστῷ, εὑρέθημεν καὶ
αὐτοὶ ἁμαρτωλοί, ἆρα Χριστὸς ἁμαρτίας διάκονος ;

18 μὴ γένοιτο. εἰ γὰρ ἃ κατέλυσα, ταῦτα πάλιν

19 οἰκοδομῶ, παραβάτην ἐμαυτὸν συνίστημι. ἐγὼ γὰρ

20 διὰ νόμου νόμῳ ἀπέθανον, ἵνα Θεῷ ζήσω. Χριστῷ
συνεσταύρωμαι· ζῶ δέ, οὐκέτι⁶ ἐγώ, ζῇ δὲ ἐν ἐμοὶ
Χριστός· ὃ δὲ νῦν ζῶ ἐν σαρκί, ἐν πίστει ζῶ τῇ τοῦ
υἱοῦ τοῦ Θεοῦ, τοῦ ἀγαπήσαντός με καὶ παρα-

21 δόντος ἑαυτὸν ὑπὲρ ἐμοῦ. οὐκ ἀθετῶ τὴν χάριν τοῦ
Θεοῦ· εἰ γὰρ διὰ νόμου δικαιοσύνη, ἆρα Χριστὸς
δωρεὰν ἀπέθανεν.

III. Ὦ ἀνόητοι Γαλάται, τίς ὑμᾶς ἐβάσκανε τῇ

² Κηφᾶς   ³ Κηφᾷ   ⁴ πῶς   ⁵ add δὲ
⁶ (Marg. δὲ οὐκέτι)

ἀληθείᾳ μὴ πείθεσθαι¹, οἷς κατ᾽ ὀφθαλμοὺς Ἰησοῦς
Χριστὸς προεγράφη ἐν ὑμῖν² ἐσταυρωμένος ; τοῦτο 2
μόνον θέλω μαθεῖν ἀφ᾽ ὑμῶν, ἐξ ἔργων νόμου τὸ
Πνεῦμα ἐλάβετε, ἢ ἐξ ἀκοῆς πίστεως ; οὕτως ἀνόη- 3
τοί ἐστε· ἐναρξάμενοι Πνεύματι, νῦν σαρκὶ ἐπι-
τελεῖσθε ; τοσαῦτα ἐπάθετε εἰκῆ ; εἴ γε καὶ εἰκῆ. 4
ὁ οὖν ἐπιχορηγῶν ὑμῖν τὸ Πνεῦμα καὶ ἐνεργῶν δυ- 5
νάμεις ἐν ὑμῖν, ἐξ ἔργων νόμου, ἢ ἐξ ἀκοῆς πίστεως ;
καθὼς Ἀβραὰμ ἐπίστευσε τῷ Θεῷ, καὶ ἐλογίσθη 6
αὐτῷ εἰς δικαιοσύνην. γινώσκετε ἄρα ὅτι οἱ ἐκ 7
πίστεως, οὗτοί εἰσιν υἱοὶ Ἀβραάμ. προϊδοῦσα δὲ 8
ἡ γραφὴ ὅτι ἐκ πίστεως δικαιοῖ τὰ ἔθνη ὁ Θεός,
προευηγγελίσατο τῷ Ἀβραὰμ ὅτι Εὐλογηθήσονται³
ἐν σοὶ πάντα τὰ ἔθνη. ὥστε οἱ ἐκ πίστεως εὐλο- 9
γοῦνται σὺν τῷ πιστῷ Ἀβραάμ. ὅσοι γὰρ ἐξ 10
ἔργων νόμου εἰσίν, ὑπὸ κατάραν εἰσί· γέγραπται
γάρ,⁴ Ἐπικατάρατος πᾶς ὃς οὐκ ἐμμένει ἐν πᾶσι
τοῖς γεγραμμένοις ἐν τῷ βιβλίῳ τοῦ νόμου, τοῦ
ποιῆσαι αὐτά. ὅτι δὲ ἐν νόμῳ οὐδεὶς δικαιοῦται 11
παρὰ τῷ Θεῷ, δῆλον· ὅτι Ὁ δίκαιος ἐκ πίστεως
ζήσεται· ὁ δὲ νόμος οὐκ ἔστιν ἐκ πίστεως, ἀλλ᾽ 12
Ὁ ποιήσας αὐτὰ ἄνθρωπος⁵ ζήσεται ἐν αὐτοῖς. Χρι- 13
στὸς ἡμᾶς ἐξηγόρασεν ἐκ τῆς κατάρας τοῦ νόμου,
γενόμενος ὑπὲρ ἡμῶν κατάρα· γέγραπται γάρ⁶, Ἐπι-
κατάρατος πᾶς ὁ κρεμάμενος ἐπὶ ξύλου· ἵνα εἰς 14
τὰ ἔθνη ἡ εὐλογία τοῦ Ἀβραὰμ γένηται ἐν Χριστῷ
Ἰησοῦ, ἵνα τὴν ἐπαγγελίαν τοῦ Πνεύματος λάβω-
μεν διὰ τῆς πίστεως.

Ἀδελφοί, κατὰ ἄνθρωπον λέγω· ὅμως ἀνθρώπου 15
κεκυρωμένην διαθήκην οὐδεὶς ἀθετεῖ ἢ ἐπιδιατάσ-

---

¹ om. τῇ ἀληθείᾳ μὴ πείθεσθαι ² om. ἐν ὑμῖν ³ Ἐν-
ευλογηθήσονται ⁴ (γὰρ) add ὅτι ⁵ om. ἄνθρωπος ⁶ ὅτι
γέγραπται

16 σεται. τῷ δὲ 'Αβραὰμ ἐρρήθησαν αἱ ἐπαγγελίαι,
καὶ τῷ σπέρματι αὐτοῦ. οὐ λέγει, Καὶ τοῖς σπέρ-
μασιν, ὡς ἐπὶ πολλῶν, ἀλλ' ὡς ἐφ' ἑνός, Καὶ τῷ
17 σπέρματί σου, ὅς ἐστι Χριστός. τοῦτο δὲ λέγω,
διαθήκην προκεκυρωμένην ὑπὸ τοῦ Θεοῦ **εἰς Χριστὸν**[7]
ὁ μετὰ **ἔτη τετρακόσια καὶ τριάκοντα**[8] γεγονὼς νόμος
18 οὐκ ἀκυροῖ, εἰς τὸ καταργῆσαι τὴν ἐπαγγελίαν. εἰ
γὰρ ἐκ νόμου ἡ κληρονομία, οὐκέτι ἐξ ἐπαγγελίας·
τῷ δὲ 'Αβραὰμ δι' ἐπαγγελίας κεχάρισται ὁ Θεός.
19 τί οὖν ὁ νόμος; τῶν παραβάσεων χάριν προσετέθη,
ἄχρις οὗ ἔλθῃ τὸ σπέρμα ᾧ ἐπήγγελται, διαταγεὶς
20 δι' ἀγγέλων ἐν χειρὶ μεσίτου. ὁ δὲ μεσίτης ἑνὸς
21 οὐκ ἔστιν, ὁ δὲ Θεὸς εἷς ἐστίν. ὁ οὖν νόμος κατὰ
τῶν ἐπαγγελιῶν τοῦ Θεοῦ; μὴ γένοιτο. εἰ γὰρ
ἐδόθη νόμος ὁ δυνάμενος ζωοποιῆσαι, ὄντως ἂν ἐκ
22 νόμου ἦν ἡ δικαιοσύνη. ἀλλὰ συνέκλεισεν ἡ γραφὴ
τὰ πάντα ὑπὸ ἁμαρτίαν, ἵνα ἡ ἐπαγγελία ἐκ πίστεως
Ἰησοῦ Χριστοῦ δοθῇ τοῖς πιστεύουσι.

23   Πρὸ τοῦ δὲ ἐλθεῖν τὴν πίστιν, ὑπὸ νόμον ἐφρου-
ρούμεθα, **συγκεκλεισμένοι**[9] εἰς τὴν μέλλουσαν πίστιν
24 ἀποκαλυφθῆναι. ὥστε ὁ νόμος παιδαγωγὸς ἡμῶν
γέγονεν εἰς Χριστόν, ἵνα ἐκ πίστεως δικαιωθῶμεν.
25 ἐλθούσης δὲ τῆς πίστεως, οὐκέτι ὑπὸ παιδαγωγόν
26 ἐσμεν. πάντες γὰρ υἱοὶ Θεοῦ ἐστὲ διὰ τῆς πίστεως
27 ἐν Χριστῷ Ἰησοῦ. ὅσοι γὰρ εἰς Χριστὸν ἐβαπτίσ-
28 θητε, Χριστὸν ἐνεδύσασθε. οὐκ ἔνι Ἰουδαῖος οὐδὲ
Ἕλλην, οὐκ ἔνι δοῦλος οὐδὲ ἐλεύθερος, οὐκ ἔνι
ἄρσεν καὶ θῆλυ· πάντες γὰρ ὑμεῖς εἷς ἐστὲ ἐν
29 Χριστῷ Ἰησοῦ. εἰ δὲ ὑμεῖς Χριστοῦ, ἄρα τοῦ
'Αβραὰμ σπέρμα ἐστέ, **καὶ**[10] κατ' ἐπαγγελίαν κλη-
ρονόμοι.

---

[7] om. εἰς Χριστὸν   [8] τετρακόσια καὶ τριάκοντα ἔτη
[9] συγκλειόμενοι   [10] om. καὶ

Λέγω δέ, ἐφ' ὅσον χρόνον ὁ κληρονόμος νήπιός IV.
ἐστιν, οὐδὲν διαφέρει δούλου, κύριος πάντων ὤν·
ἀλλὰ ὑπὸ ἐπιτρόπους ἐστὶ καὶ οἰκονόμους, ἄχρι 2
τῆς προθεσμίας τοῦ πατρός. οὕτω καὶ ἡμεῖς, ὅτε 3
ἦμεν νήπιοι, ὑπὸ τὰ στοιχεῖα τοῦ κόσμου ἦμεν
δεδουλωμένοι· ὅτε δὲ ἦλθε τὸ πλήρωμα τοῦ χρόνου, 4
ἐξαπέστειλεν ὁ Θεὸς τὸν υἱὸν αὐτοῦ, γενόμενον ἐκ
γυναικός, γενόμενον ὑπὸ νόμον, ἵνα τοὺς ὑπὸ νόμον 5
ἐξαγοράσῃ, ἵνα τὴν υἱοθεσίαν ἀπολάβωμεν. ὅτι δέ 6
ἐστε υἱοί, ἐξαπέστειλεν ὁ Θεὸς τὸ Πνεῦμα τοῦ υἱοῦ
αὐτοῦ εἰς τὰς καρδίας ὑμῶν[1], κρᾶζον, Ἀββᾶ, ὁ πατήρ.
ὥστε οὐκέτι εἶ δοῦλος, ἀλλ' υἱός· εἰ δὲ υἱός, καὶ 7
κληρονόμος Θεοῦ διὰ Χριστοῦ[2].

Ἀλλὰ τότε μέν, οὐκ εἰδότες Θεόν, ἐδουλεύσατε 8
τοῖς μὴ φύσει[3] οὖσι θεοῖς· νῦν δέ, γνόντες Θεόν, μᾶλ- 9
λον δὲ γνωσθέντες ὑπὸ Θεοῦ, πῶς ἐπιστρέφετε πάλιν
ἐπὶ τὰ ἀσθενῆ καὶ πτωχὰ στοιχεῖα, οἷς πάλιν ἄνω-
θεν δουλεύειν θέλετε; ἡμέρας παρατηρεῖσθε, καὶ 10
μῆνας, καὶ καιρούς, καὶ ἐνιαυτούς. φοβοῦμαι ὑμᾶς, 11
μή πως εἰκῇ κεκοπίακα εἰς ὑμᾶς.

Γίνεσθε ὡς ἐγώ, ὅτι κἀγὼ ὡς ὑμεῖς, ἀδελφοί, 12
δέομαι ὑμῶν. οὐδέν με ἠδικήσατε· οἴδατε δὲ ὅτι δι' 13
ἀσθένειαν τῆς σαρκὸς εὐηγγελισάμην ὑμῖν τὸ πρό-
τερον. καὶ τὸν πειρασμόν μου τὸν[4] ἐν τῇ σαρκί μου 14
οὐκ ἐξουθενήσατε οὐδὲ ἐξεπτύσατε, ἀλλ' ὡς ἄγγε-
λον Θεοῦ ἐδέξασθέ με, ὡς Χριστὸν Ἰησοῦν. τίς[5] 15
οὖν ἦν[6] ὁ μακαρισμὸς ὑμῶν; μαρτυρῶ γὰρ ὑμῖν
ὅτι, εἰ δυνατόν, τοὺς ὀφθαλμοὺς ὑμῶν ἐξορύξαντες
ἂν[7] ἐδώκατέ μοι. ὥστε ἐχθρὸς ὑμῶν γέγονα ἀλη- 16
θεύων ὑμῖν; ζηλοῦσιν ὑμᾶς οὐ καλῶς, ἀλλὰ ἐκ- 17
κλεῖσαι ὑμᾶς* θέλουσιν, ἵνα αὐτοὺς ζηλοῦτε. καλὸν 18

---

[1] ἡμῶν [2] διὰ Θεοῦ [3] φύσει μὴ [4] (-σμὸν) ὑμῶν
[5] ποῦ [6] om. ἦν [7] om. ἂν

δὲ τὸ⁸ ζηλοῦσθαι ἐν καλῷ πάντοτε, καὶ μὴ μόνον ἐν
19 τῷ παρεῖναί με πρὸς ὑμᾶς. τεκνία μου, οὓς πάλιν
20 ὠδίνω, ἄχρις οὗ μορφωθῇ Χριστὸς ἐν ὑμῖν, ἤθελον
δὲ παρεῖναι πρὸς ὑμᾶς ἄρτι, καὶ ἀλλάξαι τὴν φωνήν
μου, ὅτι ἀποροῦμαι ἐν ὑμῖν.
21 Λέγετέ μοι, οἱ ὑπὸ νόμον θέλοντες εἶναι, τὸν
22 νόμον οὐκ ἀκούετε; γέγραπται γάρ, ὅτι Ἀβραὰμ
δύο υἱοὺς ἔσχεν· ἕνα ἐκ τῆς παιδίσκης, καὶ ἕνα ἐκ
23 τῆς ἐλευθέρας. ἀλλ' ὁ μὲν ἐκ τῆς παιδίσκης κατὰ
σάρκα γεγέννηται, ὁ δὲ ἐκ τῆς ἐλευθέρας διὰ τῆς⁹
24 ἐπαγγελίας. ἅτινά ἐστιν ἀλληγορούμενα· αὗται γάρ
εἰσιν αἱ¹⁰ δύο διαθῆκαι· μία μὲν ἀπὸ ὄρους Σινᾶ,
25 εἰς δουλείαν γεννῶσα, ἥτις ἐστὶν Ἄγαρ. τὸ γὰρ¹¹
Ἄγαρ¹² Σινᾶ ὄρος ἐστὶν ἐν τῇ Ἀραβίᾳ, συστοιχεῖ
δὲ τῇ νῦν Ἱερουσαλήμ, δουλεύει δὲ¹³ μετὰ τῶν τέκ-
26 νων αὐτῆς. ἡ δὲ ἄνω Ἱερουσαλὴμ ἐλευθέρα ἐστίν,
27 ἥτις ἐστὶ μήτηρ πάντων¹⁴ ἡμῶν. γέγραπται γάρ,
Εὐφράνθητι στεῖρα ἡ οὐ τίκτουσα· ῥῆξον καὶ βόη-
σον ἡ οὐκ ὠδίνουσα· ὅτι πολλὰ τὰ τέκνα τῆς ἐρή-
28 μου μᾶλλον ἢ τῆς ἐχούσης τὸν ἄνδρα. ἡμεῖς¹⁵
δέ, ἀδελφοί, κατὰ Ἰσαάκ, ἐπαγγελίας τέκνα ἐσμέν¹⁶.
29 ἀλλ' ὥσπερ τότε ὁ κατὰ σάρκα γεννηθεὶς ἐδίωκε
30 τὸν κατὰ Πνεῦμα, οὕτω καὶ νῦν. ἀλλὰ τί λέγει ἡ
γραφή; Ἔκβαλε τὴν παιδίσκην καὶ τὸν υἱὸν αὐτῆς,
οὐ γὰρ μὴ κληρονομήσῃ ὁ υἱὸς τῆς παιδίσκης μετὰ
31 τοῦ υἱοῦ τῆς ἐλευθέρας. ἄρα¹⁷, ἀδελφοί, οὐκ ἐσμὲν
V. παιδίσκης τέκνα, ἀλλὰ τῆς ἐλευθέρας. τῇ ἐλευ-
θερίᾳ οὖν¹ ᾗ² Χριστὸς ἡμᾶς³ ἠλευθέρωσε, στήκετε⁴, καὶ
μὴ πάλιν ζυγῷ δουλείας ἐνέχεσθε.

---

⁸ om. τὸ ⁹ δι' ¹⁰ om. (ν) αἱ ¹¹ δὲ text, not
marg. ¹² Marg. om. Ἄγαρ ¹³ (· δουλεύει) γὰρ ¹⁴ om.
πάντων ¹⁵ Marg. ὑμεῖς ¹⁶ Marg. ἐστέ ¹⁷ διό
¹ om. οὖν ² om. ᾗ ³ ἡμᾶς Χριστὸς ⁴ (· στήκετε) add οὖν

Ἴδε, ἐγὼ Παῦλος λέγω ὑμῖν, ὅτι ἐὰν περιτέμ- 2
νησθε, Χριστὸς ὑμᾶς οὐδὲν ὠφελήσει. μαρτύρομαι 3
δὲ πάλιν παντὶ ἀνθρώπῳ περιτεμνομένῳ, ὅτι ὀφει-
λέτης ἐστὶν ὅλον τὸν νόμον ποιῆσαι. κατηργήθητε 4
ἀπὸ τοῦ Χριστοῦ, οἵτινες ἐν νόμῳ δικαιοῦσθε· τῆς
χάριτος ἐξεπέσατε. ἡμεῖς γὰρ Πνεύματι ἐκ πίστεως 5
ἐλπίδα δικαιοσύνης ἀπεκδεχόμεθα. ἐν γὰρ Χριστῷ 6
Ἰησοῦ οὔτε περιτομή τι ἰσχύει, οὔτε ἀκροβυστία,
ἀλλὰ πίστις δι᾽ ἀγάπης ἐνεργουμένη. ἐτρέχετε κα- 7
λῶς· τίς ὑμᾶς ἀνέκοψε[5] τῇ ἀληθείᾳ μὴ πείθεσθαι ; ἡ 8
πεισμονὴ οὐκ ἐκ τοῦ καλοῦντος ὑμᾶς. μικρὰ ζύμη 9
ὅλον τὸ φύραμα ζυμοῖ. ἐγὼ πέποιθα εἰς ὑμᾶς 10
ἐν Κυρίῳ, ὅτι οὐδὲν ἄλλο φρονήσετε· ὁ δὲ ταράσ-
σων ὑμᾶς βαστάσει τὸ κρίμα, ὅστις ἂν ᾖ. ἐγὼ δέ, 11
ἀδελφοί, εἰ περιτομὴν ἔτι κηρύσσω, τί ἔτι διώκομαι ;
ἄρα κατήργηται τὸ σκάνδαλον τοῦ σταυροῦ. ὄφελον 12
καὶ ἀποκόψονται οἱ ἀναστατοῦντες ὑμᾶς.

Ὑμεῖς γὰρ ἐπ᾽ ἐλευθερίᾳ ἐκλήθητε, ἀδελφοί· 13
μόνον μὴ τὴν ἐλευθερίαν εἰς ἀφορμὴν τῇ σαρκί,
ἀλλὰ διὰ τῆς ἀγάπης δουλεύετε ἀλλήλοις. ὁ γὰρ 14
πᾶς νόμος ἐν ἑνὶ λόγῳ πληροῦται[6], ἐν τῷ, Ἀγαπή-
σεις τὸν πλησίον σου ὡς ἑαυτόν[7]. εἰ δὲ ἀλλήλους 15
δάκνετε καὶ κατεσθίετε, βλέπετε μὴ ὑπὸ ἀλλήλων
ἀναλωθῆτε.

Λέγω δέ, Πνεύματι περιπατεῖτε, καὶ ἐπιθυμίαν 16
σαρκὸς οὐ μὴ τελέσητε. ἡ γὰρ σὰρξ ἐπιθυμεῖ κατὰ 17
τοῦ Πνεύματος, τὸ δὲ Πνεῦμα κατὰ τῆς σαρκός·
ταῦτα δὲ[8] ἀντίκειται ἀλλήλοις[9], ἵνα μὴ ἃ ἂν θέλητε,
ταῦτα ποιῆτε. εἰ δὲ Πνεύματι ἄγεσθε, οὐκ ἐστὲ ὑπὸ 18
νόμον. φανερὰ δέ ἐστι τὰ ἔργα τῆς σαρκός, ἅτινά 19
ἐστι μοιχεία,[10] πορνεία, ἀκαθαρσία, ἀσέλγεια, εἰδω- 20

---

5 ἐνέκοψε   6 πεπλήρωται   7 σεαυτόν   8 γὰρ
9 ἀλλήλοις ἀντίκειται   10 om. μοιχεία,

λολατρεία, φαρμακεία, ἔχθραι, ἔρεις[11], ζῆλοι, θυμοί,
21 ἐριθεῖαι, διχοστασίαι, αἱρέσεις, φθόνοι, φόνοι,[12] μέ-
θαι, κῶμοι, καὶ τὰ ὅμοια τούτοις· ἃ προλέγω ὑμῖν,
καθὼς καὶ[13] προεῖπον, ὅτι οἱ τὰ τοιαῦτα πράσσοντες
22 βασιλείαν Θεοῦ οὐ κληρονομήσουσιν. ὁ δὲ καρπὸς
τοῦ Πνεύματός ἐστιν ἀγάπη, χαρά, εἰρήνη, μακρο-
23 θυμία, χρηστότης, ἀγαθωσύνη, πίστις, πρᾳότης,
24 ἐγκράτεια· κατὰ τῶν τοιούτων οὐκ ἔστι νόμος. οἱ
δὲ τοῦ Χριστοῦ[14], τὴν σάρκα ἐσταύρωσαν σὺν τοῖς
παθήμασι καὶ ταῖς ἐπιθυμίαις.
25 Εἰ ζῶμεν Πνεύματι, Πνεύματι καὶ στοιχῶμεν.
26 μὴ γινώμεθα κενόδοξοι, ἀλλήλους προκαλούμενοι,
ἀλλήλοις φθονοῦντες.
VI. Ἀδελφοί, ἐὰν καὶ προληφθῇ ἄνθρωπος ἔν τινι
παραπτώματι, ὑμεῖς οἱ πνευματικοὶ καταρτίζετε τὸν
τοιοῦτον ἐν πνεύματι πρᾳότητος, σκοπῶν σεαυτὸν μὴ
2 καὶ σὺ πειρασθῇς. ἀλλήλων τὰ βάρη βαστάζετε,
καὶ οὕτως ἀναπληρώσατε τὸν νόμον τοῦ Χριστοῦ.
3 εἰ γὰρ δοκεῖ τις εἶναί τι, μηδὲν ὤν, ἑαυτὸν φρενα-
4 πατᾷ[1]. τὸ δὲ ἔργον ἑαυτοῦ δοκιμαζέτω ἕκαστος,
καὶ τότε εἰς ἑαυτὸν μόνον τὸ καύχημα ἕξει, καὶ
5 οὐκ εἰς τὸν ἕτερον. ἕκαστος γὰρ τὸ ἴδιον φορτίον
βαστάσει.
6 Κοινωνείτω δὲ ὁ κατηχούμενος τὸν λόγον τῷ
7 κατηχοῦντι ἐν πᾶσιν ἀγαθοῖς. μὴ πλανᾶσθε, Θεὸς
οὐ μυκτηρίζεται· ὃ γὰρ ἐὰν σπείρῃ ἄνθρωπος,
8 τοῦτο καὶ θερίσει. ὅτι ὁ σπείρων εἰς τὴν σάρκα
ἑαυτοῦ, ἐκ τῆς σαρκὸς θερίσει φθοράν· ὁ δὲ σπεί-
ρων εἰς τὸ Πνεῦμα, ἐκ τοῦ Πνεύματος θερίσει ζωὴν
9 αἰώνιον. τὸ δὲ καλὸν ποιοῦντες μὴ ἐκκακῶμεν[2]· καιρῷ
10 γὰρ ἰδίῳ θερίσομεν, μὴ ἐκλυόμενοι. ἄρα οὖν ὡς

[11] ἔρις   [12] om. φόνοι,   [13] om. καὶ   [14] add Ἰησοῦ
[1] φρεναπατᾷ ἑαυτόν   [2] ἐγκακῶμεν

καιρὸν ἔχομεν, ἐργαζώμεθα τὸ ἀγαθὸν πρὸς πάντας, μάλιστα δὲ πρὸς τοὺς οἰκείους τῆς πίστεως. Ἴδετε πηλίκοις ὑμῖν γράμμασιν ἔγραψα τῇ ἐμῇ 11 χειρί. ὅσοι θέλουσιν εὐπροσωπῆσαι ἐν σαρκί, οὗτοι 12 ἀναγκάζουσιν ὑμᾶς περιτέμνεσθαι, μόνον ἵνα μὴ³ τῷ σταυρῷ τοῦ Χριστοῦ⁴ διώκωνται. οὐδὲ γὰρ οἱ περι- 13 τεμνόμενοι⁵ αὐτοὶ νόμον φυλάσσουσιν· ἀλλὰ θέλουσιν ὑμᾶς περιτέμνεσθαι, ἵνα ἐν τῇ ὑμετέρᾳ σαρκὶ καυχήσωνται. ἐμοὶ δὲ μὴ γένοιτο καυχᾶσθαι εἰ μὴ 14 ἐν τῷ σταυρῷ τοῦ Κυρίου ἡμῶν Ἰησοῦ Χριστοῦ· δι᾽ οὗ ἐμοὶ κόσμος ἐσταύρωται, κἀγὼ τῷ⁶ κόσμῳ. ἐν γὰρ Χριστῷ Ἰησοῦ οὔτε⁷ περιτομή τι ἰσχύει⁸, οὔτε 15 ἀκροβυστία, ἀλλὰ καινὴ κτίσις. καὶ ὅσοι τῷ κανόνι 16 τούτῳ στοιχήσουσιν, εἰρήνη ἐπ᾽ αὐτούς, καὶ ἔλεος, καὶ ἐπὶ τὸν Ἰσραὴλ τοῦ Θεοῦ.

Τοῦ λοιποῦ, κόπους μοι μηδεὶς παρεχέτω· ἐγὼ 17 γὰρ τὰ στίγματα τοῦ Κυρίου⁹ Ἰησοῦ ἐν τῷ σώματί μου βαστάζω.

Ἡ χάρις τοῦ Κυρίου ἡμῶν Ἰησοῦ Χριστοῦ 18 μετὰ τοῦ πνεύματος ὑμῶν, ἀδελφοί. ἀμήν.

ΠΑΥΛΟΥ ΤΟΥ ΑΠΟΣΤΟΛΟΥ
Η ΠΡΟΣ
ΕΦΕΣΙΟΥΣ ΕΠΙΣΤΟΛΗ.

Παῦλος, ἀπόστολος Ἰησοῦ Χριστοῦ¹ διὰ θελή- I. ματος Θεοῦ, τοῖς ἁγίοις τοῖς οὖσιν ἐν Ἐφέσῳ² καὶ πιστοῖς ἐν Χριστῷ Ἰησοῦ· χάρις ὑμῖν καὶ εἰρήνη 2 ἀπὸ Θεοῦ πατρὸς ἡμῶν καὶ Κυρίου Ἰησοῦ Χριστοῦ.

³ om. μὴ   ⁴ add μὴ   ⁵ Marg. περιτετμημένοι
⁶ om. τῷ   ⁷ οὔτε γὰρ   ⁸ ἔστιν   ⁹ om. Κυρίου
¹ Χριστοῦ Ἰησοῦ   ² Marg. om. ἐν Ἐφέσῳ

3 Εὐλογητὸς ὁ Θεὸς καὶ πατὴρ τοῦ Κυρίου ἡμῶν
Ἰησοῦ Χριστοῦ, ὁ εὐλογήσας ἡμᾶς ἐν πάσῃ εὐλογίᾳ
4 πνευματικῇ ἐν τοῖς ἐπουρανίοις ἐν Χριστῷ· καθὼς
ἐξελέξατο ἡμᾶς ἐν αὐτῷ πρὸ καταβολῆς κόσμου,
εἶναι ἡμᾶς ἁγίους καὶ ἀμώμους κατενώπιον αὐτοῦ
5 ἐν ἀγάπῃ, προορίσας⁸ ἡμᾶς εἰς υἱοθεσίαν διὰ Ἰησοῦ
Χριστοῦ εἰς αὐτόν, κατὰ τὴν εὐδοκίαν τοῦ θελήμα-
6 τος αὐτοῦ, εἰς ἔπαινον δόξης τῆς χάριτος αὐτοῦ, ἐν
7 ᾗ⁴ ἐχαρίτωσεν ἡμᾶς ἐν τῷ ἠγαπημένῳ· ἐν ᾧ ἔχομεν
τὴν ἀπολύτρωσιν διὰ τοῦ αἵματος αὐτοῦ, τὴν ἄφε-
σιν τῶν παραπτωμάτων, κατὰ τὸν πλοῦτον⁵ τῆς
8 χάριτος αὐτοῦ, ἧς ἐπερίσσευσεν εἰς ἡμᾶς ἐν πάσῃ
9 σοφίᾳ καὶ φρονήσει, γνωρίσας ἡμῖν τὸ μυστήριον
τοῦ θελήματος αὐτοῦ, κατὰ τὴν εὐδοκίαν αὐτοῦ, ἣν
10 προέθετο ἐν αὐτῷ εἰς οἰκονομίαν τοῦ πληρώματος
τῶν καιρῶν, ἀνακεφαλαιώσασθαι τὰ πάντα ἐν τῷ
Χριστῷ, τά τε⁶ ἐν⁷ τοῖς οὐρανοῖς καὶ τὰ ἐπὶ τῆς γῆς·
11 ἐν αὐτῷ, ἐν ᾧ καὶ ἐκληρώθημεν, προορισθέντες κατὰ
πρόθεσιν τοῦ τὰ πάντα ἐνεργοῦντος κατὰ τὴν βου-
12 λὴν τοῦ θελήματος αὐτοῦ, εἰς τὸ εἶναι ἡμᾶς εἰς
ἔπαινον τῆς⁸ δόξης αὐτοῦ, τοὺς προηλπικότας ἐν τῷ
13 Χριστῷ· ἐν ᾧ καὶ ὑμεῖς, ἀκούσαντες τὸν λόγον τῆς
ἀληθείας, τὸ εὐαγγέλιον τῆς σωτηρίας ὑμῶν,—ἐν ᾧ
καὶ πιστεύσαντες ἐσφραγίσθητε τῷ Πνεύματι τῆς
14 ἐπαγγελίας τῷ Ἁγίῳ, ὅς⁹ ἐστιν ἀρραβὼν τῆς κλη-
ρονομίας ἡμῶν, εἰς ἀπολύτρωσιν τῆς περιποιήσεως,
εἰς ἔπαινον τῆς δόξης αὐτοῦ.
15 Διὰ τοῦτο κἀγώ, ἀκούσας τὴν καθ' ὑμᾶς πίστιν
ἐν τῷ Κυρίῳ Ἰησοῦ καὶ τὴν ἀγάπην¹⁰ τὴν εἰς πάντας
16 τοὺς ἁγίους, οὐ παύομαι εὐχαριστῶν ὑπὲρ ὑμῶν,

---

³ (Marg. αὐτοῦ· ἐν ἀγάπῃ προορίσας)   ⁴ ἧς   ⁵ τὸ
πλοῦτος   ⁶ (τὰ) om. τε   ⁷ ἐπὶ   ⁸ om. τῆς   ⁹ ὅ
¹⁰ om. τὴν ἀγάπην text, not marg.

μνείαν ὑμῶν[11] ποιούμενος ἐπὶ τῶν προσευχῶν μου·
ἵνα ὁ Θεὸς τοῦ Κυρίου ἡμῶν Ἰησοῦ Χριστοῦ, ὁ 17
πατὴρ τῆς δόξης, δῴη ὑμῖν πνεῦμα σοφίας καὶ
ἀποκαλύψεως, ἐν ἐπιγνώσει αὐτοῦ· πεφωτισμένους 18
τοὺς ὀφθαλμοὺς τῆς διανοίας[12] ὑμῶν, εἰς τὸ εἰδέναι
ὑμᾶς τίς ἐστιν ἡ ἐλπὶς τῆς κλήσεως αὐτοῦ, καὶ[13] τίς
ὁ πλοῦτος τῆς δόξης τῆς κληρονομίας αὐτοῦ ἐν τοῖς
ἁγίοις, καὶ τί τὸ ὑπερβάλλον μέγεθος τῆς δυνάμεως 19
αὐτοῦ εἰς ἡμᾶς τοὺς πιστεύοντας, κατὰ τὴν ἐνέρ-
γειαν τοῦ κράτους τῆς ἰσχύος αὐτοῦ ἣν ἐνήργησεν 20
ἐν τῷ Χριστῷ, ἐγείρας αὐτὸν ἐκ νεκρῶν, καὶ ἐκάθισεν[14]
ἐν δεξιᾷ αὐτοῦ ἐν τοῖς ἐπουρανίοις, ὑπεράνω πάσης 21
ἀρχῆς καὶ ἐξουσίας καὶ δυνάμεως καὶ κυριότητος,
καὶ παντὸς ὀνόματος ὀνομαζομένου οὐ μόνον ἐν τῷ
αἰῶνι τούτῳ, ἀλλὰ καὶ ἐν τῷ μέλλοντι· καὶ πάντα 22
ὑπέταξεν ὑπὸ τοὺς πόδας αὐτοῦ, καὶ αὐτὸν ἔδωκε
κεφαλὴν ὑπὲρ πάντα τῇ ἐκκλησίᾳ, ἥτις ἐστὶ τὸ 23
σῶμα αὐτοῦ, τὸ πλήρωμα τοῦ[15] πάντα ἐν πᾶσι
πληρουμένου.

Καὶ ὑμᾶς ὄντας νεκροὺς τοῖς παραπτώμασι καὶ II.
ταῖς ἁμαρτίαις[1], ἐν αἷς ποτὲ περιεπατήσατε κατὰ 2
τὸν αἰῶνα τοῦ κόσμου τούτου, κατὰ τὸν ἄρχοντα
τῆς ἐξουσίας τοῦ ἀέρος, τοῦ πνεύματος τοῦ νῦν
ἐνεργοῦντος ἐν τοῖς υἱοῖς τῆς ἀπειθείας· ἐν οἷς καὶ 3
ἡμεῖς πάντες ἀνεστράφημέν ποτε ἐν ταῖς ἐπιθυμίαις
τῆς σαρκὸς ἡμῶν, ποιοῦντες τὰ θελήματα τῆς σαρ-
κὸς καὶ τῶν διανοιῶν, καὶ ἦμεν[2] τέκνα φύσει ὀργῆς,
ὡς καὶ οἱ λοιποί·—ὁ δὲ Θεός, πλούσιος ὢν ἐν ἐλέει, 4
διὰ τὴν πολλὴν ἀγάπην αὐτοῦ ἣν ἠγάπησεν ἡμᾶς,
καὶ ὄντας ἡμᾶς νεκροὺς τοῖς παραπτώμασι συνε- 5
ζωοποίησε[3] τῷ Χριστῷ (χάριτί ἐστε σεσωσμένοι),

11 om. ὑμῶν   12 καρδίας   13 om. καὶ   14 καθίσας
15 add τὰ   1 add ὑμῶν   2 ἤμεθα   3 Marg. adds (ν) ἐν

6 καὶ συνήγειρε, καὶ συνεκάθισεν ἐν τοῖς ἐπουρανίοις
7 ἐν Χριστῷ Ἰησοῦ· ἵνα ἐνδείξηται ἐν τοῖς αἰῶσι τοῖς
ἐπερχομένοις τὸν ὑπερβάλλοντα πλοῦτον⁴ τῆς χάριτος
αὐτοῦ ἐν χρηστότητι ἐφ᾽ ἡμᾶς ἐν Χριστῷ Ἰησοῦ·
8 τῇ γὰρ χάριτί ἐστε σεσωσμένοι διὰ τῆς⁵ πίστεως,
9 καὶ τοῦτο οὐκ ἐξ ὑμῶν· Θεοῦ τὸ δῶρον· οὐκ ἐξ
10 ἔργων, ἵνα μή τις καυχήσηται. αὐτοῦ γάρ ἐσμεν
ποίημα, κτισθέντες ἐν Χριστῷ Ἰησοῦ ἐπὶ ἔργοις
ἀγαθοῖς, οἷς προητοίμασεν ὁ Θεός, ἵνα ἐν αὐτοῖς
περιπατήσωμεν.

11 Διὸ μνημονεύετε, ὅτι ὑμεῖς ποτὲ⁶ τὰ ἔθνη ἐν σαρκί,
οἱ λεγόμενοι ἀκροβυστία ὑπὸ τῆς λεγομένης περι-
12 τομῆς ἐν σαρκὶ χειροποιήτου, ὅτι ἦτε ἐν⁷ τῷ καιρῷ
ἐκείνῳ χωρὶς Χριστοῦ, ἀπηλλοτριωμένοι τῆς πολι-
τείας τοῦ Ἰσραήλ, καὶ ξένοι τῶν διαθηκῶν τῆς ἐπαγ-
γελίας, ἐλπίδα μὴ ἔχοντες, καὶ ἄθεοι ἐν τῷ κόσμῳ.
13 νυνὶ δὲ ἐν Χριστῷ Ἰησοῦ ὑμεῖς οἱ ποτὲ ὄντες
μακρὰν ἐγγὺς ἐγενήθητε⁸ ἐν τῷ αἵματι τοῦ Χριστοῦ.
14 αὐτὸς γάρ ἐστιν ἡ εἰρήνη ἡμῶν, ὁ ποιήσας τὰ ἀμ-
φότερα ἕν, καὶ τὸ μεσότοιχον τοῦ φραγμοῦ λύσας,
15 τὴν ἔχθραν ἐν τῇ σαρκὶ αὐτοῦ, τὸν νόμον τῶν ἐντο
λῶν ἐν δόγμασι, καταργήσας· ἵνα τοὺς δύο κτίσῃ
ἐν ἑαυτῷ⁹ εἰς ἕνα καινὸν ἄνθρωπον, ποιῶν εἰρήνην,
16 καὶ ἀποκαταλλάξῃ τοὺς ἀμφοτέρους ἐν ἑνὶ σώματι
τῷ Θεῷ διὰ τοῦ σταυροῦ, ἀποκτείνας τὴν ἔχθραν
17 ἐν αὐτῷ· καὶ ἐλθὼν εὐηγγελίσατο εἰρήνην ὑμῖν τοῖς
18 μακρὰν καὶ¹⁰ τοῖς ἐγγύς· ὅτι δι᾽ αὐτοῦ ἔχομεν τὴν
προσαγωγὴν οἱ ἀμφότεροι ἐν ἑνὶ Πνεύματι πρὸς
19 τὸν πατέρα. ἄρα οὖν οὐκέτι ἐστὲ ξένοι καὶ πάρ-
οικοι, ἀλλὰ¹¹ συμπολῖται τῶν ἁγίων καὶ οἰκεῖοι

⁴ τὸ ὑπερβάλλον πλοῦτος   ⁵ om. τῆς   ⁶ ποτὲ ὑμεῖς
⁷ om. ἐν   ⁸ ἐγενήθητε ἐγγὺς   ⁹ αὐτῷ   ¹⁰ add εἰρήνην
¹¹ add ἐστὲ

τοῦ Θεοῦ, ἐποικοδομηθέντες ἐπὶ τῷ θεμελίῳ τῶν 20
ἀποστόλων καὶ προφητῶν, ὄντος ἀκρογωνιαίου αὐ-
τοῦ Ἰησοῦ Χριστοῦ[12], ἐν ᾧ πᾶσα ἡ[13] οἰκοδομὴ συναρ- 21
μολογουμένη αὔξει εἰς ναὸν ἅγιον ἐν Κυρίῳ, ἐν ᾧ 22
καὶ ὑμεῖς συνοικοδομεῖσθε εἰς κατοικητήριον τοῦ
Θεοῦ ἐν Πνεύματι.

Τούτου χάριν ἐγὼ Παῦλος ὁ δέσμιος τοῦ Χρι- III.
στοῦ Ἰησοῦ ὑπὲρ ὑμῶν τῶν ἐθνῶν,—εἴγε ἠκούσατε 2
τὴν οἰκονομίαν τῆς χάριτος τοῦ Θεοῦ τῆς δοθείσης
μοι εἰς ὑμᾶς, ὅτι κατὰ ἀποκάλυψιν ἐγνώρισέ[1] μοι τὸ 3
μυστήριον, καθὼς προέγραψα ἐν ὀλίγῳ, πρὸς ὃ 4
δύνασθε ἀναγινώσκοντες νοῆσαι τὴν σύνεσίν μου
ἐν τῷ μυστηρίῳ τοῦ Χριστοῦ· ὃ ἐν[2] ἑτέραις γενεαῖς 5
οὐκ ἐγνωρίσθη τοῖς υἱοῖς τῶν ἀνθρώπων, ὡς νῦν
ἀπεκαλύφθη τοῖς ἁγίοις ἀποστόλοις αὐτοῦ καὶ
προφήταις ἐν Πνεύματι· εἶναι τὰ ἔθνη συγκληρο- 6
νόμα καὶ σύσσωμα καὶ συμμέτοχα τῆς ἐπαγγελίας
αὐτοῦ[3] ἐν τῷ[4] Χριστῷ[5], διὰ τοῦ εὐαγγελίου, οὗ ἐγενόμην[6] 7
διάκονος κατὰ τὴν δωρεὰν τῆς χάριτος τοῦ Θεοῦ, τὴν
δοθεῖσάν[7] μοι κατὰ τὴν ἐνέργειαν τῆς δυνάμεως αὐτοῦ.
ἐμοὶ τῷ ἐλαχιστοτέρῳ πάντων τῶν[8] ἁγίων ἐδόθη ἡ 8
χάρις αὕτη, ἐν[9] τοῖς ἔθνεσιν εὐαγγελίσασθαι τὸν[10]
ἀνεξιχνίαστον πλοῦτον[11] τοῦ Χριστοῦ, καὶ φωτίσαι 9
πάντας[12] τίς ἡ κοινωνία[13] τοῦ μυστηρίου τοῦ ἀποκε-
κρυμμένου ἀπὸ τῶν αἰώνων ἐν τῷ Θεῷ τῷ τὰ πάντα
κτίσαντι διὰ Ἰησοῦ Χριστοῦ[14], ἵνα γνωρισθῇ νῦν ταῖς 10
ἀρχαῖς καὶ ταῖς ἐξουσίαις ἐν τοῖς ἐπουρανίοις διὰ
τῆς ἐκκλησίας ἡ πολυποίκιλος σοφία τοῦ Θεοῦ,

---

[12] Χριστοῦ Ἰησοῦ   [13] om. ἡ   [1] ἐγνωρίσθη   [2] om. ἐν
[3] om. αὐτοῦ   [4] om. τῷ   [5] add. Ἰησοῦ   [6] ἐγενήθην
[7] τῆς δοθείσης   [8] om. τῶν   [9] om. ἐν   [10] τὸ
[11] πλοῦτος   [12] Marg. om. πάντας   [13] οἰκονομία
[14] om. διὰ Ἰησοῦ Χριστοῦ

11 κατὰ πρόθεσιν τῶν αἰώνων ἣν ἐποίησεν ἐν¹⁵ Χριστῷ
12 Ἰησοῦ τῷ Κυρίῳ ἡμῶν· ἐν ᾧ ἔχομεν τὴν παρρησίαν
καὶ τὴν¹⁶ προσαγωγὴν ἐν πεποιθήσει διὰ τῆς πίστεως
13 αὐτοῦ. διὸ αἰτοῦμαι μὴ ἐκκακεῖν¹⁷ ἐν ταῖς θλίψεσί
μου ὑπὲρ ὑμῶν, ἥτις ἐστὶ δόξα ὑμῶν.

14 Τούτου χάριν κάμπτω τὰ γόνατά μου πρὸς τὸν
15 πατέρα τοῦ Κυρίου ἡμῶν Ἰησοῦ Χριστοῦ¹⁸, ἐξ οὗ πᾶσα
16 πατριὰ ἐν οὐρανοῖς καὶ ἐπὶ γῆς ὀνομάζεται, ἵνα δῴη¹⁹
ὑμῖν, κατὰ τὸν πλοῦτον²⁰ τῆς δόξης αὐτοῦ, δυνάμει
κραταιωθῆναι διὰ τοῦ Πνεύματος αὐτοῦ εἰς τὸν ἔσω
17 ἄνθρωπον, κατοικῆσαι τὸν Χριστὸν διὰ τῆς πίστεως
ἐν ταῖς καρδίαις ὑμῶν· ἐν ἀγάπῃ ἐρριζωμένοι καὶ
18 τεθεμελιωμένοι ἵνα ἐξισχύσητε καταλαβέσθαι σὺν
πᾶσι τοῖς ἁγίοις, τί τὸ πλάτος καὶ μῆκος καὶ βάθος
19 καὶ ὕψος²¹, γνῶναί τε τὴν ὑπερβάλλουσαν τῆς γνώ-
σεως ἀγάπην τοῦ Χριστοῦ, ἵνα πληρωθῆτε εἰς πᾶν
τὸ πλήρωμα τοῦ Θεοῦ.

20 Τῷ δὲ δυναμένῳ ὑπὲρ πάντα ποιῆσαι ὑπὲρ ἐκ
περισσοῦ ὧν αἰτούμεθα ἢ νοοῦμεν, κατὰ τὴν δύνα-
21 μιν τὴν ἐνεργουμένην ἐν ἡμῖν, αὐτῷ ἡ δόξα ἐν τῇ
ἐκκλησίᾳ²² ἐν Χριστῷ Ἰησοῦ εἰς πάσας τὰς γενεὰς
τοῦ αἰῶνος τῶν αἰώνων. ἀμήν.

IV. Παρακαλῶ οὖν ὑμᾶς ἐγώ, ὁ δέσμιος ἐν Κυρίῳ,
2 ἀξίως περιπατῆσαι τῆς κλήσεως ἧς ἐκλήθητε, μετὰ
πάσης ταπεινοφροσύνης καὶ πραότητος, μετὰ μα-
3 κροθυμίας, ἀνεχόμενοι ἀλλήλων ἐν ἀγάπῃ, σπουδά-
ζοντες τηρεῖν τὴν ἑνότητα τοῦ Πνεύματος ἐν τῷ
4 συνδέσμῳ τῆς· εἰρήνης. ἓν σῶμα καὶ ἓν Πνεῦμα,
καθὼς καὶ ἐκλήθητε ἐν μιᾷ ἐλπίδι τῆς κλήσεως
5, 6 ὑμῶν· εἷς Κύριος, μία πίστις, ἓν βάπτισμα, εἷς

¹⁵ add τῷ   ¹⁶ om. τὴν   ¹⁷ ἐγκακεῖν   ¹⁸ om. τοῦ
Κυρίου ἡμῶν Ἰησοῦ Χριστοῦ   ¹⁹ δῷ   ²⁰ τὸ πλοῦτος
²¹ ὕψος καὶ βάθος   ²² add καὶ

Θεὸς καὶ πατὴρ πάντων, ὁ ἐπὶ πάντων, καὶ διὰ πάντων, καὶ ἐν πᾶσιν ὑμῖν[1]. ἑνὶ δὲ ἑκάστῳ ἡμῶν 7 ἐδόθη ἡ χάρις κατὰ τὸ μέτρον τῆς δωρεᾶς τοῦ Χριστοῦ. διὸ λέγει, Ἀναβὰς εἰς ὕψος ᾐχμαλώ- 8 τευσεν αἰχμαλωσίαν, καὶ ἔδωκε δόματα τοῖς ἀνθρώποις. (τὸ δέ, Ἀνέβη, τί ἐστιν εἰ μὴ ὅτι καὶ 9 κατέβη πρῶτον[2] εἰς τὰ κατώτερα μέρη τῆς γῆς; ὁ 10 καταβάς, αὐτός ἐστι καὶ ὁ ἀναβὰς ὑπεράνω πάντων τῶν οὐρανῶν, ἵνα πληρώσῃ τὰ πάντα.) καὶ αὐτὸς 11 ἔδωκε τοὺς μὲν ἀποστόλους, τοὺς δὲ προφήτας, τοὺς δὲ εὐαγγελιστάς, τοὺς δὲ ποιμένας καὶ διδασκάλους, πρὸς τὸν καταρτισμὸν τῶν ἁγίων, εἰς 12 ἔργον διακονίας, εἰς οἰκοδομὴν τοῦ σώματος τοῦ Χριστοῦ· μέχρι καταντήσωμεν οἱ πάντες εἰς τὴν 13 ἑνότητα τῆς πίστεως καὶ τῆς ἐπιγνώσεως τοῦ υἱοῦ τοῦ Θεοῦ, εἰς ἄνδρα τέλειον, εἰς μέτρον ἡλικίας τοῦ πληρώματος τοῦ Χριστοῦ· ἵνα μηκέτι ὦμεν 14 νήπιοι, κλυδωνιζόμενοι καὶ περιφερόμενοι παντὶ ἀνέμῳ τῆς διδασκαλίας, ἐν τῇ κυβείᾳ τῶν ἀνθρώπων, ἐν πανουργίᾳ, πρὸς τὴν μεθοδείαν τῆς πλάνης· ἀληθεύοντες δὲ ἐν ἀγάπῃ αὐξήσωμεν εἰς αὐτὸν τὰ 15 πάντα, ὅς ἐστιν ἡ κεφαλή, ὁ[3] Χριστός, ἐξ οὗ πᾶν 16 τὸ σῶμα συναρμολογούμενον καὶ συμβιβαζόμενον διὰ πάσης ἁφῆς τῆς ἐπιχορηγίας, κατ' ἐνέργειαν ἐν μέτρῳ ἑνὸς ἑκάστου μέρους, τὴν αὔξησιν τοῦ σώματος ποιεῖται εἰς οἰκοδομὴν ἑαυτοῦ ἐν ἀγάπῃ.

Τοῦτο οὖν λέγω καὶ μαρτύρομαι ἐν Κυρίῳ, μη- 17 κέτι ὑμᾶς περιπατεῖν, καθὼς καὶ τὰ λοιπὰ[4] ἔθνη περιπατεῖ ἐν ματαιότητι τοῦ νοὸς αὐτῶν, ἐσκοτισ- 18 μένοι τῇ διανοίᾳ, ὄντες[5] ἀπηλλοτριωμένοι τῆς ζωῆς τοῦ Θεοῦ διὰ τὴν ἄγνοιαν τὴν οὖσαν ἐν αὐτοῖς, διὰ

---

[1] om. ὑμῖν   [2] om. πρῶτον text, not marg.   [3] om. ὁ
[4] om. λοιπὰ   [5] (διανοίᾳ ὄντες,)

19 τὴν πώρωσιν τῆς καρδίας αὐτῶν· οἵτινες ἀπηλγη-
κότες ἑαυτοὺς παρέδωκαν τῇ ἀσελγείᾳ, εἰς ἐργασίαν
20 ἀκαθαρσίας πάσης ἐν πλεονεξίᾳ. ὑμεῖς δὲ οὐχ
21 οὕτως ἐμάθετε τὸν Χριστόν, εἴγε αὐτὸν ἠκούσατε
καὶ ἐν αὐτῷ ἐδιδάχθητε, καθώς ἐστιν ἀλήθεια ἐν τῷ
22 Ἰησοῦ· ἀποθέσθαι ὑμᾶς, κατὰ τὴν προτέραν ἀνα-
στροφήν, τὸν παλαιὸν ἄνθρωπον, τὸν φθειρόμενον
23 κατὰ τὰς ἐπιθυμίας τῆς ἀπάτης· ἀνανεοῦσθαι δὲ
24 τῷ πνεύματι τοῦ νοὸς ὑμῶν, καὶ ἐνδύσασθαι τὸν
καινὸν ἄνθρωπον, τὸν κατὰ Θεὸν⁶ κτισθέντα ἐν
δικαιοσύνῃ καὶ ὁσιότητι τῆς ἀληθείας.
25 Διὸ ἀποθέμενοι τὸ ψεῦδος λαλεῖτε ἀλήθειαν
ἕκαστος μετὰ τοῦ πλησίον αὐτοῦ· ὅτι ἐσμὲν ἀλ-
26 λήλων μέλη. ὀργίζεσθε καὶ μὴ ἁμαρτάνετε· ὁ
27 ἥλιος μὴ ἐπιδυέτω ἐπὶ τῷ⁷ παροργισμῷ ὑμῶν· μήτε⁸
28 δίδοτε τόπον τῷ διαβόλῳ. ὁ κλέπτων μηκέτι κλεπ-
τέτω· μᾶλλον δὲ κοπιάτω, ἐργαζόμενος τὸ ἀγαθὸν
ταῖς χερσίν, ἵνα ἔχῃ μεταδιδόναι τῷ χρείαν ἔχοντι.
29 πᾶς λόγος σαπρὸς ἐκ τοῦ στόματος ὑμῶν μὴ ἐκ-
πορευέσθω, ἀλλ' εἴ τις ἀγαθὸς πρὸς οἰκοδομὴν τῆς
30 χρείας, ἵνα δῷ χάριν τοῖς ἀκούουσι. καὶ μὴ λυπεῖτε
τὸ Πνεῦμα τὸ Ἅγιον τοῦ Θεοῦ, ἐν ᾧ ἐσφραγίσθητε
31 εἰς ἡμέραν ἀπολυτρώσεως. πᾶσα πικρία καὶ θυμὸς
καὶ ὀργὴ καὶ κραυγὴ καὶ βλασφημία ἀρθήτω ἀφ'
32 ὑμῶν, σὺν πάσῃ κακίᾳ· γίνεσθε δὲ εἰς ἀλλήλους
χρηστοί, εὔσπλαγχνοι, χαριζόμενοι ἑαυτοῖς, καθὼς
καὶ ὁ Θεὸς ἐν Χριστῷ ἐχαρίσατο ὑμῖν⁹.
V. Γίνεσθε οὖν μιμηταὶ τοῦ Θεοῦ, ὡς τέκνα ἀγα-
2 πητά· καὶ περιπατεῖτε ἐν ἀγάπῃ, καθὼς καὶ ὁ
Χριστὸς ἠγάπησεν ἡμᾶς¹, καὶ παρέδωκεν ἑαυτὸν
ὑπὲρ ἡμῶν² προσφορὰν καὶ θυσίαν τῷ Θεῷ εἰς

---

⁶ (Marg. ἄνθρωπον τὸν κατὰ Θεόν,)   ⁷ om. τῷ   ⁸ μηδὲ
⁹ Marg. ἡμῖν   ¹ ὑμᾶς   ² Marg. ὑμῶν

ὀσμὴν εὐωδίας. πορνεία δὲ καὶ πᾶσα ἀκαθαρσία³ ἢ 3
πλεονεξία μηδὲ ὀνομαζέσθω ἐν ὑμῖν, καθὼς πρέπει
ἁγίοις· καὶ αἰσχρότης, καὶ μωρολογία ἢ εὐτρα- 4
πελία, τὰ οὐκ ἀνήκοντα· ἀλλὰ μᾶλλον εὐχαριστία.
τοῦτο γάρ ἐστε⁴ γινώσκοντες, ὅτι πᾶς πόρνος, ἢ 5
ἀκάθαρτος, ἢ πλεονέκτης, ὅς⁵ ἐστιν εἰδωλολάτρης,
οὐκ ἔχει κληρονομίαν ἐν τῇ βασιλείᾳ τοῦ Χριστοῦ
καὶ Θεοῦ. μηδεὶς ὑμᾶς ἀπατάτω κενοῖς λόγοις· διὰ 6
ταῦτα γὰρ ἔρχεται ἡ ὀργὴ τοῦ Θεοῦ ἐπὶ τοὺς υἱοὺς
τῆς ἀπειθείας. μὴ οὖν γίνεσθε συμμέτοχοι αὐτῶν· 7
ἦτε γάρ ποτε σκότος, νῦν δὲ φῶς ἐν Κυρίῳ· ὡς 8
τέκνα φωτὸς περιπατεῖτε (ὁ γὰρ καρπὸς τοῦ Πνεύ- 9
ματος⁶ ἐν πάσῃ ἀγαθωσύνῃ καὶ δικαιοσύνῃ καὶ ἀλη
θείᾳ), δοκιμάζοντες τί ἐστιν εὐάρεστον τῷ Κυρίῳ· 10
καὶ μὴ συγκοινωνεῖτε τοῖς ἔργοις τοῖς ἀκάρποις τοῦ 11
σκότους, μᾶλλον δὲ καὶ ἐλέγχετε· τὰ γὰρ κρυφῇ 12
γινόμενα ὑπ᾽ αὐτῶν αἰσχρόν ἐστι καὶ λέγειν. τὰ 13
δὲ πάντα ἐλεγχόμενα ὑπὸ τοῦ φωτὸς φανεροῦται·
πᾶν γὰρ τὸ φανερούμενον φῶς ἐστί. διὸ λέγει, 14
Ἔγειραι ὁ καθεύδων καὶ ἀνάστα ἐκ τῶν νεκρῶν,
καὶ ἐπιφαύσει σοι ὁ Χριστός.

Βλέπετε οὖν πῶς ἀκριβῶς⁷ περιπατεῖτε, μὴ ὡς 15
ἄσοφοι, ἀλλ᾽ ὡς σοφοί, ἐξαγοραζόμενοι τὸν καιρόν, 16
ὅτι αἱ ἡμέραι πονηραί εἰσι. διὰ τοῦτο μὴ γίνεσθε 17
ἄφρονες, ἀλλὰ συνιέντες⁸ τί τὸ θέλημα τοῦ Κυρίου.
καὶ μὴ μεθύσκεσθε οἴνῳ, ἐν ᾧ ἐστιν ἀσωτία, 18
ἀλλὰ πληροῦσθε ἐν Πνεύματι, λαλοῦντες ἑαυτοῖς 19
ψαλμοῖς καὶ ὕμνοις καὶ ᾠδαῖς πνευματικαῖς,
ᾄδοντες καὶ ψάλλοντες ἐν⁹ τῇ καρδίᾳ ὑμῶν τῷ
Κυρίῳ, εὐχαριστοῦντες πάντοτε ὑπὲρ πάντων 20
ἐν ὀνόματι τοῦ Κυρίου ἡμῶν Ἰησοῦ Χριστοῦ τῷ

---

³ ἀκαθαρσία πᾶσα   ⁴ (γὰρ) ἴστε   ⁵ ὅ
⁶ φωτὸς   ⁷ ἀκριβῶς πῶς   ⁸ συνίετε   ⁹ om. ἐν

Θεῷ καὶ πατρί, ὑποτασσόμενοι ἀλλήλοις ἐν **φόβῳ**
21 **Θεοῦ**[10].

22 Αἱ γυναῖκες, τοῖς ἰδίοις ἀνδράσιν **ὑποτάσσεσθε**[11],
23 ὡς τῷ Κυρίῳ. ὅτι ὁ[12] ἀνήρ ἐστι κεφαλὴ τῆς γυναι-
κός, ὡς καὶ ὁ Χριστὸς κεφαλὴ τῆς ἐκκλησίας, καὶ[13]
24 αὐτός ἐστι[14] σωτὴρ τοῦ σώματος. ἀλλ' ὥσπερ[15] ἡ
ἐκκλησία ὑποτάσσεται τῷ Χριστῷ, οὕτω καὶ αἱ
25 γυναῖκες τοῖς ἰδίοις[16] ἀνδράσιν ἐν παντί. οἱ ἄνδρες,
ἀγαπᾶτε τὰς γυναῖκας **ἑαυτῶν**[17], καθὼς καὶ ὁ Χριστὸς
ἠγάπησε τὴν ἐκκλησίαν, καὶ ἑαυτὸν παρέδωκεν ὑπὲρ
26 αὐτῆς· ἵνα αὐτὴν ἁγιάσῃ, καθαρίσας τῷ λουτρῷ
27 τοῦ ὕδατος ἐν ῥήματι, ἵνα παραστήσῃ **αὐτὴν**[18] ἑαυτῷ
ἔνδοξον τὴν ἐκκλησίαν, μὴ ἔχουσαν σπῖλον ἢ ῥυτίδα
ἤ τι τῶν τοιούτων, ἀλλ' ἵνα ᾖ ἀγία καὶ ἄμωμος.
28 οὕτως ὀφείλουσιν[19] οἱ ἄνδρες ἀγαπᾶν τὰς ἑαυτῶν
γυναῖκας ὡς τὰ ἑαυτῶν σώματα. ὁ ἀγαπῶν τὴν
29 ἑαυτοῦ γυναῖκα ἑαυτὸν ἀγαπᾷ· οὐδεὶς γάρ ποτε
τὴν ἑαυτοῦ σάρκα ἐμίσησεν, ἀλλ' ἐκτρέφει καὶ
θάλπει αὐτήν, καθὼς καὶ ὁ **Κύριος**[20] τὴν ἐκκλησίαν·
30 ὅτι μέλη ἐσμὲν τοῦ σώματος αὐτοῦ, **ἐκ τῆς σαρκὸς**
31 **αὐτοῦ καὶ ἐκ τῶν ὀστέων αὐτοῦ**[21]. Ἀντὶ τούτου κατα-
λείψει ἄνθρωπος τὸν * πατέρα **αὐτοῦ**[22] καὶ τὴν
μητέρα, καὶ προσκολληθήσεται πρὸς τὴν γυναῖκα
32 αὐτοῦ, καὶ ἔσονται οἱ δύο εἰς σάρκα μίαν. τὸ μυσ-
τήριον τοῦτο μέγα ἐστίν· ἐγὼ δὲ λέγω εἰς Χριστόν,
33 καὶ εἰς τὴν ἐκκλησίαν. πλὴν καὶ ὑμεῖς οἱ καθ' ἕνα,
ἕκαστος τὴν ἑαυτοῦ γυναῖκα οὕτως ἀγαπάτω ὡς
ἑαυτόν· ἡ δὲ γυνὴ ἵνα φοβῆται τὸν ἄνδρα.

VI. Τὰ τέκνα, ὑπακούετε τοῖς γονεῦσιν ὑμῶν ἐν

---

[10] Χριστοῦ   [11] om. ὑποτάσσεσθε   [12] om. ὁ   [13] om. καὶ
[14] (αὐτὸς) om. ἐστι   [15] ὡς   [16] om. ἰδίοις   [17] om. ἑαυτῶν
[18] αὐτὸς   [19] (om. ν) add καὶ   [20] Χριστὸς   [21] om.
ἐκ τῆς σαρκὸς to end of ver. 30   [22] om. αὐτοῦ

Κυρίῳ· τοῦτο γάρ ἐστι δίκαιον. Τίμα τὸν πατέρα 2
σου καὶ τὴν μητέρα (ἥτις ἐστὶν ἐντολὴ πρώτη ἐν
ἐπαγγελίᾳ), ἵνα εὖ σοι γένηται, καὶ ἔσῃ μακροχρό- 3
νιος ἐπὶ τῆς γῆς. καὶ οἱ πατέρες, μὴ παροργίζετε 4
τὰ τέκνα ὑμῶν, ἀλλ᾽ ἐκτρέφετε αὐτὰ ἐν παιδείᾳ καὶ
νουθεσίᾳ Κυρίου.

Οἱ δοῦλοι, ὑπακούετε τοῖς κυρίοις κατὰ σάρκα[1] 5
μετὰ φόβου καὶ τρόμου, ἐν ἁπλότητι τῆς καρδίας
ὑμῶν, ὡς τῷ Χριστῷ· μὴ κατ᾽ ὀφθαλμοδουλείαν 6
ὡς ἀνθρωπάρεσκοι, ἀλλ᾽ ὡς δοῦλοι τοῦ Χριστοῦ,
ποιοῦντες τὸ θέλημα τοῦ Θεοῦ ἐκ ψυχῆς, μετ᾽ εὐ- 7
νοίας δουλεύοντες ὡς τῷ Κυρίῳ καὶ οὐκ ἀνθρώποις·
εἰδότες ὅτι ὃ ἐάν τι ἕκαστος[2] ποιήσῃ ἀγαθόν, τοῦτο 8
κομιεῖται παρὰ τοῦ[3] Κυρίου, εἴτε δοῦλος, εἴτε ἐλεύ-
θερος. καὶ οἱ κύριοι, τὰ αὐτὰ ποιεῖτε πρὸς αὐτούς, 9
ἀνιέντες τὴν ἀπειλήν· εἰδότες ὅτι καὶ ὑμῶν αὐτῶν[4]
ὁ Κύριός ἐστιν ἐν οὐρανοῖς, καὶ προσωποληψία οὐκ
ἔστι παρ᾽ αὐτῷ.

Τὸ λοιπόν[5], ἀδελφοί μου[6], ἐνδυναμοῦσθε ἐν Κυρίῳ, 10
καὶ ἐν τῷ κράτει τῆς ἰσχύος αὐτοῦ. ἐνδύσασθε 11
τὴν πανοπλίαν τοῦ Θεοῦ, πρὸς τὸ δύνασθαι ὑμᾶς
στῆναι πρὸς τὰς μεθοδείας τοῦ διαβόλου. ὅτι οὐκ 12
ἔστιν ἡμῖν ἡ πάλη πρὸς αἷμα καὶ σάρκα, ἀλλὰ
πρὸς τὰς ἀρχάς, πρὸς τὰς ἐξουσίας, πρὸς τοὺς κοσ-
μοκράτορας τοῦ σκότους τοῦ αἰῶνος[7] τούτου, πρὸς
τὰ πνευματικὰ τῆς πονηρίας ἐν τοῖς ἐπουρανίοις.
διὰ τοῦτο ἀναλάβετε τὴν πανοπλίαν τοῦ Θεοῦ, ἵνα 13
δυνηθῆτε ἀντιστῆναι ἐν τῇ ἡμέρᾳ τῇ πονηρᾷ, καὶ
ἅπαντα κατεργασάμενοι στῆναι. στῆτε οὖν περι- 14
ζωσάμενοι τὴν ὀσφὺν ὑμῶν ἐν ἀληθείᾳ, καὶ ἐνδυ-

---

[1] κατὰ σάρκα κυρίοις   [2] ἕκαστος ὃ ἐὰν   [3] om. τοῦ
[4] αὐτῶν καὶ ὑμῶν   [5] Τοῦ λοιποῦ   [6] om. ἀδελφοί μου,
[7] om. τοῦ αἰῶνος

15 σάμενοι τὸν θώρακα τῆς δικαιοσύνης, καὶ ὑποδησά-
μενοι τοὺς πόδας ἐν ἑτοιμασία τοῦ εὐαγγελίου τῆς
16 εἰρήνης· ἐπὶ⁸ πᾶσιν ἀναλαβόντες τὸν θυρεὸν τῆς
πίστεως, ἐν ᾧ δυνήσεσθε πάντα τὰ βέλη τοῦ πονη-
17 ροῦ τὰ πεπυρωμένα σβέσαι. καὶ τὴν περικεφα-
λαίαν τοῦ σωτηρίου δέξασθε, καὶ τὴν μάχαιραν τοῦ
18 Πνεύματος, ὅ ἐστι ῥῆμα Θεοῦ· διὰ πάσης προσευχῆς
καὶ δεήσεως προσευχόμενοι ἐν παντὶ καιρῷ ἐν
Πνεύματι, καὶ εἰς αὐτὸ τοῦτο⁹ ἀγρυπνοῦντες ἐν
πάσῃ προσκαρτερήσει καὶ δεήσει περὶ πάντων
19 τῶν ἁγίων, καὶ ὑπὲρ ἐμοῦ, ἵνα μοι δοθείη¹⁰ λόγος ἐν
ἀνοίξει τοῦ στόματός μου ἐν παρρησίᾳ,¹¹ γνωρίσαι
20 τὸ μυστήριον τοῦ εὐαγγελίου, ὑπὲρ οὗ πρεσβεύω
ἐν ἁλύσει, ἵνα ἐν αὐτῷ παρρησιάσωμαι, ὡς δεῖ με
λαλῆσαι.
21 Ἵνα δὲ εἰδῆτε καὶ ὑμεῖς τὰ κατ᾽ ἐμέ, τί πράσσω,
πάντα ὑμῖν γνωρίσει¹² Τυχικὸς ὁ ἀγαπητὸς ἀδελφὸς
22 καὶ πιστὸς διάκονος ἐν Κυρίῳ· ὃν ἔπεμψα πρὸς
ὑμᾶς εἰς αὐτὸ τοῦτο, ἵνα γνῶτε τὰ περὶ ἡμῶν, καὶ
παρακαλέσῃ τὰς καρδίας ὑμῶν.
23 Εἰρήνη τοῖς ἀδελφοῖς καὶ ἀγάπη μετὰ πίστεως
24 ἀπὸ Θεοῦ πατρὸς καὶ Κυρίου Ἰησοῦ Χριστοῦ. ἡ
χάρις μετὰ πάντων τῶν ἀγαπώντων τὸν Κύριον
ἡμῶν Ἰησοῦν Χριστὸν ἐν ἀφθαρσίᾳ.

⁸ ἐν   ⁹ om. τοῦτο   ¹⁰ δοθῇ   ¹¹ (τοῦ στόματός μου,
ἐν παρρησίᾳ text, not marg.)   ¹² γνωρίσει ὑμῖν

ΠΑΥΛΟΥ ΤΟΥ ΑΠΟΣΤΟΛΟΥ

Η ΠΡΟΣ

ΦΙΛΙΠΠΗΣΙΟΥΣ ΕΠΙΣΤΟΛΗ.

Παῦλος καὶ Τιμόθεος, δοῦλοι Ἰησοῦ Χριστοῦ[1], I.
πᾶσι τοῖς ἁγίοις ἐν Χριστῷ Ἰησοῦ τοῖς οὖσιν ἐν
Φιλίπποις, σὺν ἐπισκόποις καὶ διακόνοις· χάρις 2
ὑμῖν καὶ εἰρήνη ἀπὸ Θεοῦ πατρὸς ἡμῶν καὶ Κυρίου
Ἰησοῦ Χριστοῦ.

Εὐχαριστῶ τῷ Θεῷ μου ἐπὶ πάσῃ τῇ μνείᾳ 3
ὑμῶν, πάντοτε ἐν πάσῃ δεήσει μου ὑπὲρ πάντων 4
ὑμῶν μετὰ χαρᾶς τὴν δέησιν ποιούμενος, ἐπὶ τῇ 5
κοινωνίᾳ ὑμῶν εἰς τὸ εὐαγγέλιον, ἀπὸ[2] πρώτης
ἡμέρας ἄχρι τοῦ νῦν· πεποιθὼς αὐτὸ τοῦτο, ὅτι ὁ 6
ἐναρξάμενος ἐν ὑμῖν ἔργον ἀγαθὸν ἐπιτελέσει ἄχρις
ἡμέρας Ἰησοῦ Χριστοῦ· καθώς ἐστι δίκαιον ἐμοὶ 7
τοῦτο φρονεῖν ὑπὲρ πάντων ὑμῶν, διὰ τὸ ἔχειν
με ἐν τῇ καρδίᾳ ὑμᾶς, ἔν τε τοῖς δεσμοῖς μου
καὶ[3] τῇ ἀπολογίᾳ καὶ βεβαιώσει τοῦ εὐαγγελίου,
συγκοινωνούς μου τῆς χάριτος πάντας ὑμᾶς ὄντας.
μάρτυς γάρ μού ἐστιν[4] ὁ Θεός, ὡς ἐπιποθῶ πάντας 8
ὑμᾶς ἐν σπλάγχνοις Ἰησοῦ Χριστοῦ[5]. καὶ τοῦτο 9
προσεύχομαι, ἵνα ἡ ἀγάπη ὑμῶν ἔτι μᾶλλον καὶ
μᾶλλον περισσεύῃ ἐν ἐπιγνώσει καὶ πάσῃ αἰσ-
θήσει, εἰς τὸ δοκιμάζειν ὑμᾶς τὰ διαφέροντα, ἵνα 10

---

[1] Χριστοῦ Ἰησοῦ   [2] add τῆς   [3] add ἐν
[4] (μου) om. ἐστιν   [5] Χριστοῦ Ἰησοῦ

ἦτε εἰλικρινεῖς καὶ ἀπρόσκοποι εἰς ἡμέραν Χρι-
11 στοῦ, πεπληρωμένοι καρπῶν⁶ δικαιοσύνης τῶν⁷ διὰ
Ἰησοῦ Χριστοῦ, εἰς δόξαν καὶ ἔπαινον Θεοῦ.

12 Γινώσκειν δὲ ὑμᾶς βούλομαι, ἀδελφοί, ὅτι τὰ
κατ᾽ ἐμὲ μᾶλλον εἰς προκοπὴν τοῦ εὐαγγελίου ἐλή-
13 λυθεν· ὥστε τοὺς δεσμούς μου φανεροὺς ἐν Χριστῷ
γενέσθαι ἐν ὅλῳ τῷ πραιτωρίῳ καὶ τοῖς λοιποῖς
14 πᾶσι, καὶ τοὺς πλείονας τῶν ἀδελφῶν ἐν Κυρίῳ,
πεποιθότας τοῖς δεσμοῖς μου, περισσοτέρως τολμᾷν
15 ἀφόβως τὸν λόγον⁸ λαλεῖν. τινὲς μὲν καὶ διὰ φθό-
νον καὶ ἔριν, τινὲς δὲ καὶ δι᾽ εὐδοκίαν τὸν Χριστὸν
16 κηρύσσουσιν· οἱ μὲν ⁹ἐξ ἐριθείας τὸν Χριστὸν καταγγέλ-
λουσιν, οὐχ ἁγνῶς, οἰόμενοι θλίψιν ἐπιφέρειν¹⁰ τοῖς δεσμοῖς
17 μου· οἱ δὲ ⁹ἐξ ἀγάπης, εἰδότες ὅτι εἰς ἀπολογίαν τοῦ εὐαγ-
18 γελίου κεῖμαι. τί γάρ; πλὴν¹¹ παντὶ τρόπῳ, εἴτε
προφάσει εἴτε ἀληθείᾳ, Χριστὸς καταγγέλλεται·
19 καὶ ἐν τούτῳ χαίρω, ἀλλὰ καὶ χαρήσομαι. οἶδα
γὰρ ὅτι τοῦτό μοι ἀποβήσεται εἰς σωτηρίαν διὰ
τῆς ὑμῶν δεήσεως, καὶ ἐπιχορηγίας τοῦ Πνεύματος
20 Ἰησοῦ Χριστοῦ, κατὰ τὴν ἀποκαραδοκίαν καὶ ἐλ-
πίδα μου, ὅτι ἐν οὐδενὶ αἰσχυνθήσομαι, ἀλλ᾽ ἐν
πάσῃ παρρησίᾳ, ὡς πάντοτε, καὶ νῦν μεγαλυν-
θήσεται Χριστὸς ἐν τῷ σώματί μου, εἴτε διὰ ζωῆς
21 εἴτε διὰ θανάτου. ἐμοὶ γὰρ τὸ ζῆν, Χριστός· καὶ
22 τὸ ἀποθανεῖν, κέρδος. εἰ δὲ τὸ ζῆν ἐν σαρκί,
τοῦτό μοι καρπὸς ἔργου¹²· καὶ τί αἱρήσομαι¹³ οὐ
23 γνωρίζω. συνέχομαι γὰρ¹⁴ ἐκ τῶν δύο, τὴν ἐπι-
θυμίαν ἔχων εἰς τὸ ἀναλῦσαι καὶ σὺν Χριστῷ
24 εἶναι, πολλῷ*¹⁵ μᾶλλον κρεῖσσον· τὸ δὲ ἐπιμένειν

---

⁶ καρπὸν ⁷ τὸν ⁸ add τοῦ Θεοῦ ⁹ ἐξ ἀγάπης…
to end of ver. 17 and ἐξ ἐριθείας…to end of ver. 16 change places
¹⁰ ἐγείρειν ¹¹ add ὅτι ¹² (σαρκί,—), for · text, not marg.
¹³ (Marg. αἱρήσομαι;) ¹⁴ δὲ ¹⁵ add γὰρ

ἐν[16] τῇ σαρκὶ ἀναγκαιότερον δι᾽ ὑμᾶς. καὶ τοῦτο 25
πεποιθὼς οἶδα ὅτι μενῶ, καὶ συμπαραμενῶ[17] πᾶσιν
ὑμῖν εἰς τὴν ὑμῶν προκοπὴν καὶ χαρὰν τῆς πίσ-
τεως, ἵνα τὸ καύχημα ὑμῶν περισσεύῃ ἐν Χριστῷ 26
Ἰησοῦ ἐν ἐμοί, διὰ τῆς ἐμῆς παρουσίας πάλιν πρὸς
ὑμᾶς. μόνον ἀξίως τοῦ εὐαγγελίου τοῦ Χριστοῦ 27
πολιτεύεσθε, ἵνα εἴτε ἐλθὼν καὶ ἰδὼν ὑμᾶς, εἴτε
ἀπών, ἀκούσω τὰ περὶ ὑμῶν, ὅτι στήκετε ἐν ἑνὶ
πνεύματι, μιᾷ ψυχῇ συναθλοῦντες τῇ πίστει τοῦ
εὐαγγελίου, καὶ μὴ πτυρόμενοι ἐν μηδενὶ ὑπὸ τῶν 28
ἀντικειμένων· ἥτις αὐτοῖς μέν ἐστιν[18] ἔνδειξις ἀπω-
λείας, ὑμῖν[19] δὲ σωτηρίας, καὶ τοῦτο ἀπὸ Θεοῦ· ὅτι 29
ὑμῖν ἐχαρίσθη τὸ ὑπὲρ Χριστοῦ, οὐ μόνον τὸ εἰς
αὐτὸν πιστεύειν, ἀλλὰ καὶ τὸ ὑπὲρ αὐτοῦ πάσχειν·
τὸν αὐτὸν ἀγῶνα ἔχοντες οἷον εἴδετε* ἐν ἐμοί, καὶ 30
νῦν ἀκούετε ἐν ἐμοί.

Εἴ τις οὖν παράκλησις ἐν Χριστῷ, εἴ τι παρα- II.
μύθιον ἀγάπης, εἴ τις κοινωνία Πνεύματος, εἴ τινα[1]
σπλάγχνα καὶ οἰκτιρμοί, πληρώσατέ μου τὴν 2
χαράν, ἵνα τὸ αὐτὸ φρονῆτε, τὴν αὐτὴν ἀγάπην
ἔχοντες, σύμψυχοι, τὸ ἓν[2] φρονοῦντες· μηδὲν κατὰ 3
ἐρίθειαν ἢ[3] κενοδοξίαν, ἀλλὰ τῇ ταπεινοφροσύνῃ
ἀλλήλους ἡγούμενοι ὑπερέχοντας ἑαυτῶν· μὴ τὰ 4
ἑαυτῶν ἕκαστος σκοπεῖτε[4], ἀλλὰ καὶ τὰ ἑτέρων ἕκαστος[5].
τοῦτο γὰρ φρονείσθω[6] ἐν ὑμῖν ὃ καὶ ἐν Χριστῷ Ἰησοῦ· 5
ὃς ἐν μορφῇ Θεοῦ ὑπάρχων, οὐχ ἁρπαγμὸν ἡγήσατο 6
τὸ εἶναι ἶσ̣α Θεῷ, ἀλλ᾽ ἑαυτὸν ἐκένωσε, μορφὴν δού- 7
λου λαβών, ἐν ὁμοιώματι ἀνθρώπων γενόμενος· καὶ 8
σχήματι εὑρεθεὶς ὡς ἄνθρωπος, ἐταπείνωσεν ἑαυτόν,
γενόμενος ὑπήκοος μέχρι θανάτου, θανάτου δὲ σταυ-

16 om. ἐν   17 παραμενῶ   18 ἐστὶν αὐτοῖς   19 ὑμῶν
1 τις   2 Marg. αὐτὸ   3 μηδὲ κατὰ   4 ἕκαστοι
σκοποῦντες   5 ἕκαστοι   6 φρονεῖτε

9 ροῦ. διὸ καὶ ὁ Θεὸς αὐτὸν ὑπερύψωσε, καὶ ἐχαρί-
10 σατο αὐτῷ⁷ ὄνομα τὸ ὑπὲρ πᾶν ὄνομα· ἵνα ἐν τῷ
ὀνόματι Ἰησοῦ πᾶν γόνυ κάμψῃ ἐπουρανίων καὶ
11 ἐπιγείων καὶ καταχθονίων, καὶ πᾶσα γλῶσσα ἐξο-
μολογήσηται ὅτι Κύριος Ἰησοῦς Χριστός, εἰς δόξαν
Θεοῦ πατρός.

12 Ὥστε, ἀγαπητοί μου, καθὼς πάντοτε ὑπηκού-
σατε, μὴ ὡς⁸ ἐν τῇ παρουσίᾳ μου μόνον, ἀλλὰ νῦν
πολλῷ μᾶλλον ἐν τῇ ἀπουσίᾳ μου, μετὰ φόβου
13 καὶ τρόμου τὴν ἑαυτῶν σωτηρίαν κατεργάζεσθε· ὁ⁹
Θεὸς γάρ ἐστιν ὁ ἐνεργῶν ἐν ὑμῖν καὶ τὸ θέλειν
14 καὶ τὸ ἐνεργεῖν ὑπὲρ τῆς εὐδοκίας. πάντα ποιεῖτε
15 χωρὶς γογγυσμῶν καὶ διαλογισμῶν, ἵνα γένησθε
ἄμεμπτοι καὶ ἀκέραιοι, τέκνα Θεοῦ ἀμώμητα¹⁰ ἐν
μέσῳ¹¹ γενεᾶς σκολιᾶς καὶ διεστραμμένης, ἐν οἷς
16 φαίνεσθε ὡς φωστῆρες ἐν κόσμῳ, λόγον ζωῆς ἐπέ-
χοντες, εἰς καύχημα ἐμοὶ εἰς ἡμέραν Χριστοῦ, ὅτι
οὐκ εἰς κενὸν ἔδραμον, οὐδὲ εἰς κενὸν ἐκοπίασα.
17 ἀλλ᾽ εἰ καὶ σπένδομαι ἐπὶ τῇ θυσίᾳ καὶ λειτουργίᾳ
τῆς πίστεως ὑμῶν, χαίρω καὶ συγχαίρω πᾶσιν
18 ὑμῖν· τὸ δ᾽ αὐτὸ καὶ ὑμεῖς χαίρετε καὶ συγχαίρετέ
μοι.

19 Ἐλπίζω δὲ ἐν Κυρίῳ Ἰησοῦ, Τιμόθεον ταχέως
πέμψαι ὑμῖν, ἵνα κἀγὼ εὐψυχῶ, γνοὺς τὰ περὶ
20 ὑμῶν. οὐδένα γὰρ ἔχω ἰσόψυχον, ὅστις γνησίως
21 τὰ περὶ ὑμῶν μεριμνήσει. οἱ πάντες γὰρ τὰ ἑαυ-
22 τῶν ζητοῦσιν, οὐ τὰ τοῦ Χριστοῦ Ἰησοῦ¹². τὴν δὲ
δοκιμὴν αὐτοῦ γινώσκετε, ὅτι ὡς πατρὶ τέκνον,
23 σὺν ἐμοὶ ἐδούλευσεν εἰς τὸ εὐαγγέλιον. τοῦτον
μὲν οὖν ἐλπίζω πέμψαι, ὡς ἂν ἀπίδω τὰ περὶ
24 ἐμέ, ἐξαυτῆς· πέποιθα δὲ ἐν Κυρίῳ, ὅτι καὶ αὐτὸς

---

⁷ add τὸ   ⁸ Marg. om. ὡς   ⁹ om. ὁ   ¹⁰ ἄμωμα
¹¹ μέσον   ¹² Ἰησοῦ Χριστοῦ

ταχέως ἐλεύσομαι *. ἀναγκαῖον δὲ ἡγησάμην Ἐπα- 25
φρόδιτον τὸν ἀδελφὸν καὶ συνεργὸν καὶ συστρα-
τιώτην μου, ὑμῶν δὲ ἀπόστολον, καὶ λειτουργὸν τῆς
χρείας μου, πέμψαι πρὸς ὑμᾶς· ἐπειδὴ ἐπιποθῶν 26
ἦν πάντας ὑμᾶς¹³, καὶ ἀδημονῶν, διότι ἠκούσατε ὅτι
ἠσθένησε· καὶ γὰρ ἠσθένησε παραπλήσιον θανάτῳ· 27
ἀλλ' ὁ Θεὸς αὐτὸν ἠλέησεν, οὐκ αὐτὸν δὲ μόνον,
ἀλλὰ καὶ ἐμέ, ἵνα μὴ λύπην ἐπὶ λύπῃ¹⁴ σχῶ. σπου- 28
δαιοτέρως οὖν ἔπεμψα αὐτόν, ἵνα, ἰδόντες αὐτὸν
πάλιν, χαρῆτε, κἀγὼ ἀλυπότερος ὦ. προσδέχεσθε 29
οὖν αὐτὸν ἐν Κυρίῳ μετὰ πάσης χαρᾶς, καὶ τοὺς
τοιούτους ἐντίμους ἔχετε· ὅτι διὰ τὸ ἔργον τοῦ¹⁵ 30
Χριστοῦ¹⁶ μέχρι θανάτου ἤγγισε, παραβουλευσάμενος¹⁷
τῇ ψυχῇ, ἵνα ἀναπληρώσῃ τὸ ὑμῶν ὑστέρημα τῆς
πρός με λειτουργίας.

Τὸ λοιπόν, ἀδελφοί μου, χαίρετε ἐν Κυρίῳ. τὰ III.
αὐτὰ γράφειν ὑμῖν, ἐμοὶ μὲν οὐκ ὀκνηρόν, ὑμῖν δὲ
ἀσφαλές. βλέπετε τοὺς κύνας, βλέπετε τοὺς κακοὺς 2
ἐργάτας, βλέπετε τὴν κατατομήν· ἡμεῖς γάρ ἐσμεν 3
ἡ περιτομή, οἱ πνεύματι Θεῷ¹ λατρεύοντες, καὶ καυ-
χώμενοι ἐν Χριστῷ Ἰησοῦ, καὶ οὐκ ἐν σαρκὶ πεποι-
θότες· καίπερ ἐγὼ ἔχων πεποίθησιν καὶ ἐν σαρκί· 4
εἴ τις δοκεῖ ἄλλος πεποιθέναι ἐν σαρκί, ἐγὼ μᾶλ-
λον· περιτομὴ² ὀκταήμερος, ἐκ γένους Ἰσραήλ, φυλῆς 5
Βενιαμίν, Ἑβραῖος ἐξ Ἑβραίων, κατὰ νόμον Φαρι-
σαῖος, κατὰ ζῆλον³ διώκων τὴν ἐκκλησίαν, κατὰ δι- 6
καιοσύνην τὴν ἐν νόμῳ γενόμενος ἄμεμπτος. ἀλλ' 7
ἅτινα ἦν μοι κέρδη, ταῦτα ἥγημαι διὰ τὸν Χριστὸν
ζημίαν. ἀλλὰ μενοῦνγε καὶ ἡγοῦμαι πάντα ζημίαν 8
εἶναι διὰ τὸ ὑπερέχον τῆς γνώσεως Χριστοῦ Ἰησοῦ

¹³ *Marg. adds* ἰδεῖν   ¹⁴ λύπην   ¹⁵ *om.* τοῦ   ¹⁶ *Marg.*
Κυρίου   ¹⁷ παραβ.λευσάμενος   ¹ (Πνεύματι) Θεοῦ
² περιτομῇ   ³ ζῆλος

τοῦ Κυρίου μου· δι' ὃν τὰ πάντα ἐζημιώθην, καὶ
9 ἡγοῦμαι σκύβαλα εἶναι⁴, ἵνα Χριστὸν κερδήσω, καὶ
εὑρεθῶ ἐν αὐτῷ, μὴ ἔχων ἐμὴν δικαιοσύνην τὴν ἐκ
νόμου, ἀλλὰ τὴν διὰ πίστεως Χριστοῦ, τὴν ἐκ Θεοῦ
10 δικαιοσύνην ἐπὶ τῇ πίστει· τοῦ γνῶναι αὐτόν, καὶ
τὴν δύναμιν τῆς ἀναστάσεως αὐτοῦ, καὶ τὴν⁵ κοι-
νωνίαν τῶν παθημάτων αὐτοῦ, συμμορφούμενος⁶ τῷ
11 θανάτῳ αὐτοῦ, εἴ πως καταντήσω εἰς τὴν ἐξανά-
12 στασιν τῶν⁷ νεκρῶν. οὐχ ὅτι ἤδη ἔλαβον, ἢ ἤδη
τετελείωμαι· διώκω δέ, εἰ καὶ καταλάβω ἐφ' ᾧ⁸
13 καὶ κατελήφθην ὑπὸ τοῦ⁹ Χριστοῦ Ἰησοῦ. ἀδελ-
φοί, ἐγὼ ἐμαυτὸν οὐ¹⁰ λογίζομαι κατειληφέναι· ἓν δέ,
τὰ μὲν ὀπίσω ἐπιλανθανόμενος, τοῖς δὲ ἔμπροσθεν
14 ἐπεκτεινόμενος, κατὰ σκοπὸν διώκω ἐπὶ¹¹ τὸ βρα-
βεῖον τῆς ἄνω κλήσεως τοῦ Θεοῦ ἐν Χριστῷ Ἰησοῦ.
15 ὅσοι οὖν τέλειοι, τοῦτο φρονῶμεν· καὶ εἴ τι ἑτέρως
16 φρονεῖτε, καὶ τοῦτο ὁ Θεὸς ὑμῖν ἀποκαλύψει· πλὴν
εἰς ὃ ἐφθάσαμεν, τῷ αὐτῷ στοιχεῖν κανόνι, τὸ αὐτὸ
φρονεῖν¹².

17 Συμμιμηταί μου γίνεσθε, ἀδελφοί, καὶ σκοπεῖτε
τοὺς οὕτω περιπατοῦντας, καθὼς ἔχετε τύπον ἡμᾶς.
18 πολλοὶ γὰρ περιπατοῦσιν, οὓς πολλάκις ἔλεγον
ὑμῖν, νῦν δὲ καὶ κλαίων λέγω, τοὺς ἐχθροὺς τοῦ
19 σταυροῦ τοῦ Χριστοῦ· ὧν τὸ τέλος ἀπώλεια, ὧν ὁ
θεὸς ἡ κοιλία, καὶ ἡ δόξα ἐν τῇ αἰσχύνῃ αὐτῶν, οἱ
20 τὰ ἐπίγεια φρονοῦντες. ἡμῶν γὰρ* τὸ πολίτευμα
ἐν οὐρανοῖς ὑπάρχει, ἐξ οὗ καὶ Σωτῆρα ἀπεκδεχό-
21 μεθα, Κύριον Ἰησοῦν Χριστόν· ὃς μετασχηματίσει
τὸ σῶμα τῆς ταπεινώσεως ἡμῶν, εἰς τὸ γενέσθαι αὐτὸ¹³

---

⁴ om. εἶναι   ⁵ om. τὴν   ⁶ συμμορφιζόμενος   ⁷ τὴν ἐκ
⁸ (Marg. , ἐφ' ᾧ)   ⁹ om. τοῦ   ¹⁰ οὔπω text, not marg.
¹¹ εἰς   ¹² om. κανόνι, τὸ αὐτὸ φρονεῖν   ¹³ om. εἰς τὸ
γενέσθαι αὐτὸ

σύμμορφον τῷ σώματι τῆς δόξης αὐτοῦ, κατὰ τὴν
ἐνέργειαν τοῦ δύνασθαι αὐτὸν καὶ ὑποτάξαι ἑαυτῷ[14]
τὰ πάντα.

῎Ωστε, ἀδελφοί μου ἀγαπητοὶ καὶ ἐπιπόθητοι, IV.
χαρὰ καὶ στέφανός μου, οὕτω στήκετε ἐν Κυρίῳ,
ἀγαπητοί. Εὐοδίαν παρακαλῶ, καὶ Συντύχην παρακαλῶ, 2
τὸ αὐτὸ φρονεῖν ἐν Κυρίῳ. καὶ[1] ἐρωτῶ καί σε, 3
σύζυγε γνήσιε[2], συλλαμβάνου αὐταῖς, αἵτινες ἐν τῷ
εὐαγγελίῳ συνήθλησάν μοι, μετὰ καὶ Κλήμεντος,
καὶ τῶν λοιπῶν συνεργῶν μου, ὧν τὰ ὀνόματα ἐν
βίβλῳ ζωῆς.

Χαίρετε ἐν Κυρίῳ πάντοτε· πάλιν ἐρῶ, χαίρετε. 4
τὸ ἐπιεικὲς ὑμῶν γνωσθήτω πᾶσιν ἀνθρώποις. ὁ 5
Κύριος ἐγγύς. μηδὲν μεριμνᾶτε, ἀλλ᾽ ἐν παντὶ 6
τῇ προσευχῇ καὶ τῇ δεήσει μετὰ εὐχαριστίας τὰ
αἰτήματα ὑμῶν γνωριζέσθω πρὸς τὸν Θεόν. καὶ ἡ 7
εἰρήνη τοῦ Θεοῦ, ἡ ὑπερέχουσα πάντα νοῦν, φρου-
ρήσει τὰς καρδίας ὑμῶν καὶ τὰ νοήματα ὑμῶν ἐν
Χριστῷ Ἰησοῦ.

Τὸ λοιπόν, ἀδελφοί, ὅσα ἐστὶν ἀληθῆ, ὅσα 8
σεμνά, ὅσα δίκαια, ὅσα ἁγνά, ὅσα προσφιλῆ, ὅσα
εὔφημα, εἴ τις ἀρετὴ καὶ εἴ τις ἔπαινος, ταῦτα
λογίζεσθε. ἃ καὶ ἐμάθετε καὶ παρελάβετε καὶ 9
ἠκούσατε καὶ εἴδετε ἐν ἐμοί, ταῦτα πράσσετε· καὶ
ὁ Θεὸς τῆς εἰρήνης ἔσται μεθ᾽ ὑμῶν.

Ἐχάρην δὲ ἐν Κυρίῳ μεγάλως, ὅτι ἤδη ποτὲ 10
ἀνεθάλετε τὸ ὑπὲρ ἐμοῦ φρονεῖν· ἐφ᾽ ᾧ καὶ ἐφρο-
νεῖτε, ἠκαιρεῖσθε δέ. οὐχ ὅτι καθ᾽ ὑστέρησιν λέγω· 11
ἐγὼ γὰρ ἔμαθον, ἐν οἷς εἰμί, αὐτάρκης εἶναι. οἶδα 12
καὶ* ταπεινοῦσθαι, οἶδα καὶ περισσεύειν· ἐν παντὶ

---

[14] αὐτῷ   [1] ναί,   [2] γνήσιε σύζυγε

καὶ ἐν πᾶσι μεμύημαι καὶ χορτάζεσθαι καὶ πεινᾶν,
13 καὶ περισσεύειν καὶ ὑστερεῖσθαι. πάντα ἰσχύω ἐν
14 τῷ ἐνδυναμοῦντί με Χριστῷ³. πλὴν καλῶς ἐποι-
15 ήσατε συγκοινωνήσαντές μου τῇ θλίψει. οἴδατε
δὲ καὶ ὑμεῖς, Φιλιππήσιοι, ὅτι ἐν ἀρχῇ τοῦ εὐαγ-
γελίου, ὅτε ἐξῆλθον ἀπὸ Μακεδονίας, οὐδεμία μοι
ἐκκλησία ἐκοινώνησεν εἰς λόγον δόσεως καὶ λή-
16 ψεως, εἰ μὴ ὑμεῖς μόνοι· ὅτι καὶ ἐν Θεσσαλονίκῃ
καὶ ἅπαξ καὶ δὶς εἰς τὴν χρείαν μοι ἐπέμψατε.
17 οὐχ ὅτι ἐπιζητῶ τὸ δόμα, ἀλλ᾽ ἐπιζητῶ τὸν καρ-
18 πὸν τὸν πλεονάζοντα εἰς λόγον ὑμῶν. ἀπέχω δὲ
πάντα καὶ περισσεύω· πεπλήρωμαι, δεξάμενος
παρὰ Ἐπαφροδίτου τὰ παρ᾽ ὑμῶν, ὀσμὴν εὐωδίας,
19 θυσίαν δεκτήν, εὐάρεστον τῷ Θεῷ. ὁ δὲ Θεός μου
πληρωσει πᾶσαν χρείαν ὑμῶν κατὰ τὸν πλοῦτον⁴
20 αὐτοῦ ἐν δόξῃ, ἐν Χριστῷ Ἰησοῦ. τῷ δὲ Θεῷ καὶ
πατρὶ ἡμῶν ἡ δόξα εἰς τοὺς αἰῶνας τῶν αἰώνων.
ἀμήν.
21 Ἀσπάσασθε πάντα ἅγιον ἐν Χριστῷ Ἰησοῦ.
22 ἀσπάζονται ὑμᾶς οἱ σὺν ἐμοὶ ἀδελφοί. ἀσπάζονται
ὑμᾶς πάντες οἱ ἅγιοι, μάλιστα δὲ οἱ ἐκ τῆς Καί-
σαρος οἰκίας.
23 Ἡ χάρις τοῦ Κυρίου ἡμῶν⁵ Ἰησοῦ Χριστοῦ μετὰ
πάντων⁶ ὑμῶν. ἀμήν.⁷

³ om. Χριστῷ   ⁴ τὸ πλοῦτος   ⁵ om. ἡμῶν
⁶ τοῦ πνεύματος   ⁷ om. ἀμήν.

ΠΑΥΛΟΥ ΤΟΥ ΑΠΟΣΤΟΛΟΥ

II ΠΡΟΣ

ΚΟΛΟΣΣΑΕΙΣ ΕΠΙΣΤΟΛΗ.

Παῦλος ἀπόστολος Ἰησοῦ Χριστοῦ[1] διὰ θελή- I.
ματος Θεοῦ, καὶ Τιμόθεος ὁ ἀδελφός, τοῖς ἐν Κο- 2
λοσσαῖς[2] ἁγίοις καὶ πιστοῖς ἀδελφοῖς ἐν Χριστῷ* ·
χάρις ὑμῖν καὶ εἰρήνη ἀπὸ Θεοῦ πατρὸς ἡμῶν καὶ
Κυρίου Ἰησοῦ Χριστοῦ[3].

Εὐχαριστοῦμεν τῷ Θεῷ καὶ[4] πατρὶ τοῦ Κυρίου 3
ἡμῶν Ἰησοῦ Χριστοῦ, πάντοτε περὶ ὑμῶν προσευ-
χόμενοι, ἀκούσαντες τὴν πίστιν ὑμῶν ἐν Χριστῷ 4
Ἰησοῦ, καὶ τὴν ἀγάπην τὴν[5] εἰς πάντας τοὺς ἁγίους,
διὰ τὴν ἐλπίδα τὴν ἀποκειμένην ὑμῖν ἐν τοῖς οὐρα- 5
νοῖς, ἣν προηκούσατε ἐν τῷ λόγῳ τῆς ἀληθείας τοῦ
εὐαγγελίου, τοῦ παρόντος εἰς ὑμᾶς, καθὼς καὶ ἐν 6
παντὶ τῷ κόσμῳ, καὶ[6] ἔστι καρποφορούμενον[7], καθὼς
καὶ ἐν ὑμῖν, ἀφ᾽ ἧς ἡμέρας ἠκούσατε καὶ ἐπέγνωτε
τὴν χάριν τοῦ Θεοῦ ἐν ἀληθείᾳ· καθὼς καὶ[8] ἐμάθετε 7
ἀπὸ Ἐπαφρᾶ τοῦ ἀγαπητοῦ συνδούλου ἡμῶν, ὅς
ἐστι πιστὸς ὑπὲρ ὑμῶν[9] διάκονος τοῦ Χριστοῦ, ὁ καὶ 8
δηλώσας ἡμῖν τὴν ὑμῶν ἀγάπην ἐν Πνεύματι.

Διὰ τοῦτο καὶ ἡμεῖς, ἀφ᾽ ἧς ἡμέρας ἠκούσαμεν, 9
οὐ παυόμεθα ὑπὲρ ὑμῶν προσευχόμενοι, καὶ αἰτού-
μενοι ἵνα πληρωθῆτε τὴν ἐπίγνωσιν τοῦ θελήματος

---

[1] Χριστοῦ Ἰησοῦ   [2] (*Marg.* Κολοσσαῖς,)   [3] *om.* καὶ
Κυρίου Ἰησοῦ Χριστοῦ   [4] *om.* καὶ   [5] ἣν ἔχετε   [6] *om.*
, καὶ (ἐστὶ)   [7] *add* καὶ αὐξανόμενον   [8] *om.* καὶ   [9] ἡμῶν
text, not marg.

αὐτοῦ ἐν πάσῃ σοφίᾳ καὶ συνέσει πνευματικῇ,
10 περιπατῆσαι ὑμᾶς[10] ἀξίως τοῦ Κυρίου εἰς πᾶσαν
ἀρέσκειαν, ἐν παντὶ ἔργῳ ἀγαθῷ[11] καρποφοροῦντες
11 καὶ αὐξανόμενοι εἰς τὴν ἐπίγνωσιν[12] τοῦ Θεοῦ· ἐν
πάσῃ δυνάμει δυναμούμενοι, κατὰ τὸ κράτος τῆς
δόξης αὐτοῦ, εἰς πᾶσαν ὑπομονὴν καὶ μακροθυμίαν
12 μετὰ χαρᾶς· εὐχαριστοῦντες τῷ πατρὶ τῷ ἱκανώ-
σαντι ἡμᾶς[13] εἰς τὴν μερίδα τοῦ κλήρου τῶν ἁγίων
13 ἐν τῷ φωτί, ὃς ἐρρύσατο ἡμᾶς ἐκ τῆς ἐξουσίας τοῦ
σκότους, καὶ μετέστησεν εἰς τὴν βασιλείαν τοῦ υἱοῦ
14 τῆς ἀγάπης αὐτοῦ, ἐν ᾧ ἔχομεν τὴν ἀπολύτρωσιν
διὰ τοῦ αἵματος αὐτοῦ[14], τὴν ἄφεσιν τῶν ἁμαρτιῶν·
15 ὅς ἐστιν εἰκὼν τοῦ Θεοῦ τοῦ ἀοράτου, πρωτότοκος
16 πάσης κτίσεως· ὅτι ἐν αὐτῷ ἐκτίσθη τὰ πάντα, τὰ[15]
ἐν τοῖς οὐρανοῖς καὶ τὰ[15] ἐπὶ τῆς γῆς, τὰ ὁρατὰ καὶ
τὰ ἀόρατα, εἴτε θρόνοι, εἴτε κυριότητες, εἴτε ἀρχαί,
εἴτε ἐξουσίαι· τὰ πάντα δι᾽ αὐτοῦ καὶ εἰς αὐτὸν
17 ἔκτισται· καὶ αὐτός ἐστι πρὸ πάντων, καὶ τὰ πάντα
18 ἐν αὐτῷ συνέστηκε. καὶ αὐτός ἐστιν ἡ κεφαλὴ τοῦ
σώματος, τῆς ἐκκλησίας· ὅς ἐστιν ἀρχή, πρωτό-
τοκος ἐκ τῶν νεκρῶν, ἵνα γένηται ἐν πᾶσιν αὐτὸς
19 πρωτεύων· ὅτι ἐν αὐτῷ εὐδόκησε πᾶν τὸ πλήρωμα
20 κατοικῆσαι, καὶ δι᾽ αὐτοῦ ἀποκαταλλάξαι τὰ πάντα
εἰς αὐτόν, εἰρηνοποιήσας διὰ τοῦ αἵματος τοῦ σταυ-
ροῦ αὐτοῦ, δι᾽ αὐτοῦ, εἴτε τὰ ἐπὶ τῆς γῆς, εἴτε τὰ
21 ἐν τοῖς οὐρανοῖς. καὶ ὑμᾶς ποτὲ ὄντας ἀπηλλο-
τριωμένους καὶ ἐχθροὺς τῇ διανοίᾳ ἐν τοῖς ἔργοις
22 τοῖς πονηροῖς, νυνὶ δὲ ἀποκατήλλαξεν[16] ἐν τῷ σώματι
τῆς σαρκὸς αὐτοῦ διὰ τοῦ θανάτου, παραστῆσαι
ὑμᾶς ἁγίους καὶ ἀμώμους καὶ ἀνεγκλήτους κατε-

[10] om. ὑμᾶς   [11] (Marg. ἀγαθῷ.)   [12] τῇ ἐπιγνώσει
[13] Marg. ὑμᾶς   [14] om. διὰ τοῦ αἵματος αὐτοῦ   [15] om. τὰ
[16] Marg. ἀποκατηλλάγητε

νώπιον αὐτοῦ· εἴγε ἐπιμένετε τῇ πίστει τεθεμελιω- 23
μένοι καὶ ἑδραῖοι, καὶ μὴ μετακινούμενοι ἀπὸ τῆς
ἐλπίδος τοῦ εὐαγγελίου οὗ ἠκούσατε, τοῦ κηρυχ-
θέντος ἐν πάσῃ τῇ¹⁷ κτίσει τῇ ὑπὸ τὸν οὐρανόν, οὗ
ἐγενόμην ἐγὼ Παῦλος διάκονος.

Ὅς¹⁸ νῦν χαίρω ἐν τοῖς παθήμασί μου¹⁹ ὑπὲρ 24
ὑμῶν, καὶ ἀνταναπληρῶ τὰ ὑστερήματα τῶν θλί-
ψεων τοῦ Χριστοῦ ἐν τῇ σαρκί μου ὑπὲρ τοῦ
σώματος αὐτοῦ, ὅ ἐστιν ἡ ἐκκλησία· ἧς ἐγενόμην 25
ἐγὼ διάκονος, κατὰ τὴν οἰκονομίαν τοῦ Θεοῦ τὴν
δοθεῖσάν μοι εἰς ὑμᾶς, πληρῶσαι τὸν λόγον τοῦ
Θεοῦ, τὸ μυστήριον τὸ ἀποκεκρυμμένον ἀπὸ τῶν 26
αἰώνων καὶ ἀπὸ τῶν γενεῶν· νυνὶ²⁰ δὲ ἐφανερώθη
τοῖς ἁγίοις αὐτοῦ, οἷς ἠθέλησεν ὁ Θεὸς γνωρίσαι τίς 27
ὁ²¹ πλοῦτος τῆς δόξης τοῦ μυστηρίου τούτου ἐν τοῖς
ἔθνεσιν, ὅς²² ἐστι Χριστὸς ἐν ὑμῖν, ἡ ἐλπὶς τῆς δόξης·
ὃν ἡμεῖς καταγγέλλομεν, νουθετοῦντες πάντα ἄνθρω- 28
πον, καὶ διδάσκοντες πάντα ἄνθρωπον ἐν πάσῃ σοφίᾳ,
ἵνα παραστήσωμεν πάντα ἄνθρωπον τέλειον ἐν Χρι-
στῷ Ἰησοῦ²³· εἰς ὃ καὶ κοπιῶ, ἀγωνιζόμενος κατὰ τὴν 29
ἐνέργειαν αὐτοῦ, τὴν ἐνεργουμένην ἐν ἐμοὶ ἐν δυνάμει.

Θέλω γὰρ ὑμᾶς εἰδέναι ἡλίκον ἀγῶνα ἔχω περὶ¹ II.
ὑμῶν καὶ τῶν ἐν Λαοδικείᾳ, καὶ ὅσοι οὐχ ἑωράκασι
τὸ πρόσωπόν μου ἐν σαρκί, ἵνα παρακληθῶσιν αἱ 2
καρδίαι αὐτῶν, συμβιβασθέντων² ἐν ἀγάπῃ, καὶ εἰς
πάντα πλοῦτον³ τῆς πληροφορίας τῆς συνέσεως, εἰς
ἐπίγνωσιν τοῦ μυστηρίου τοῦ Θεοῦ⁴ καὶ πατρὸς
καὶ τοῦ⁵ Χριστοῦ, ἐν ᾧ εἰσὶ πάντες οἱ θησαυροὶ 3
τῆς σοφίας καὶ τῆς⁶ γνώσεως ἀπόκρυφοι. τοῦτο 4

¹⁷ om. τῇ   ¹⁸ om. Ὅς (Νῦν)   ¹⁹ (-μασι) om. μου   ²⁰ νῦν
²¹ τί τὸ   ²² ὅ   ²³ om. Ἰησοῦ   ¹ ὑπὲρ   ² συμβιβασθέντες
³ πᾶν πλοῦτος   ⁴ (Θεοῦ,)   ⁵ om. καὶ πατρὸς καὶ τοῦ   Marg.
states that ancient authorities vary much   ⁶ om. τῆς

δὲ⁷ λέγω, ἵνα μή τις⁸ ὑμᾶς παραλογίζηται ἐν πιθανο-
5 λογίᾳ. εἰ γὰρ καὶ τῇ σαρκὶ ἄπειμι, ἀλλὰ τῷ πνεύ-
ματι σὺν ὑμῖν εἰμί, χαίρων καὶ βλέπων ὑμῶν τὴν τά-
ξιν, καὶ τὸ στερέωμα τῆς εἰς Χριστὸν πίστεως ὑμῶν.
6 Ὡς οὖν παρελάβετε τὸν Χριστὸν Ἰησοῦν τὸν
7 Κύριον, ἐν αὐτῷ περιπατεῖτε, ἐρριζωμένοι καὶ
ἐποικοδομούμενοι ἐν αὐτῷ, καὶ βεβαιούμενοι ἐν⁹
τῇ πίστει, καθὼς ἐδιδάχθητε, περισσεύοντες ἐν
αὐτῇ¹⁰ ἐν εὐχαριστίᾳ.
8 Βλέπετε μή τις ὑμᾶς ἔσται ὁ συλαγωγῶν διὰ
τῆς φιλοσοφίας καὶ κενῆς ἀπάτης, κατὰ τὴν παρά-
δοσιν τῶν ἀνθρώπων, κατὰ τὰ στοιχεῖα τοῦ κόσμου,
9 καὶ οὐ κατὰ Χριστόν· ὅτι ἐν αὐτῷ κατοικεῖ πᾶν τὸ
10 πλήρωμα τῆς θεότητος σωματικῶς, καί ἐστε ἐν
αὐτῷ πεπληρωμένοι, ὅς ἐστιν ἡ κεφαλὴ πασης
11 ἀρχῆς καὶ ἐξουσίας· ἐν ᾧ καὶ περιετμήθητε περι-
τομῇ ἀχειροποιήτῳ, ἐν τῇ ἀπεκδύσει τοῦ σώματος
τῶν ἁμαρτιῶν¹¹ τῆς σαρκός, ἐν τῇ περιτομῇ τοῦ Χρι-
12 στοῦ, συνταφέντες αὐτῷ ἐν τῷ βαπτίσματι, ἐν ᾧ
καὶ συνηγέρθητε διὰ τῆς πίστεως τῆς ἐνεργείας
τοῦ Θεοῦ, τοῦ ἐγείραντος αὐτὸν ἐκ τῶν νεκρῶν.
13 καὶ ὑμᾶς, νεκροὺς ὄντας ἐν¹² τοῖς παραπτώμασι καὶ
τῇ ἀκροβυστίᾳ τῆς σαρκὸς ὑμῶν, συνεζωοποίησε¹³
σὺν αὐτῷ, χαρισάμενος ὑμῖν¹⁴ πάντα τὰ παραπτώ-
14 ματα, ἐξαλείψας τὸ καθ᾽ ἡμῶν χειρόγραφον τοῖς
δόγμασιν, ὃ ἦν ὑπεναντίον ἡμῖν· καὶ αὐτὸ ἦρκεν ἐκ
15 τοῦ μέσου, προσηλώσας αὐτὸ τῷ σταυρῷ· ἀπεκδυ-
σάμενος τὰς ἀρχὰς καὶ τὰς ἐξουσίας, ἐδειγμάτι-
σεν¹⁵ ἐν παρρησίᾳ, θριαμβεύσας αὐτοὺς ἐν αὐτῷ.

---

⁷ om. δὲ   ⁸ μηδεὶς   ⁹ om. ἐν   ¹⁰ om. ἐν αὐτῇ text,
not marg.   ¹¹ om. τῶν ἁμαρτιῶν   ¹² om. ἐν   ¹³ add
(ν) ὑμᾶς   ¹⁴ ἡμῖν   ¹⁵ (Marg. ἀπεκδυσάμενος, τὰς ἀρχὰς
καὶ τὰς ἐξουσίας ἐδειγμάτισεν)

Μὴ οὖν τις ὑμᾶς κρινέτω ἐν βρώσει ἢ ἐν πόσει, 16
ἢ ἐν μέρει ἑορτῆς ἢ νουμηνίας ἢ σαββάτων· ἅ ἐστι 17
σκιὰ τῶν μελλόντων, τὸ δὲ σῶμα τοῦ Χριστοῦ.
μηδεὶς ὑμᾶς καταβραβευέτω θέλων[16] ἐν ταπεινοφρο- 18
σύνῃ καὶ θρησκείᾳ τῶν ἀγγέλων, ἃ μὴ[17] ἑώρακεν
ἐμβατεύων, εἰκῆ φυσιούμενος ὑπὸ τοῦ νοὸς τῆς
σαρκὸς αὐτοῦ, καὶ οὐ κρατῶν τὴν κεφαλήν, ἐξ οὗ 19
πᾶν τὸ σῶμα, διὰ τῶν ἁφῶν καὶ συνδέσμων ἐπιχο-
ρηγούμενον καὶ συμβιβαζόμενον, αὔξει τὴν αὔξησιν
τοῦ Θεοῦ.

Εἰ οὖν[18] ἀπεθάνετε σὺν τῷ[19] Χριστῷ ἀπὸ τῶν 20
στοιχείων τοῦ κόσμου, τί, ὡς ζῶντες ἐν κόσμῳ,
δογματίζεσθε, Μὴ ἅψῃ, μηδὲ γεύσῃ, μηδὲ θίγῃς 21
(ἅ ἐστι πάντα εἰς φθορὰν τῇ ἀποχρήσει), κατὰ τὰ 22
ἐντάλματα καὶ διδασκαλίας τῶν ἀνθρώπων; ἅτινά 23
ἐστι λόγον μὲν ἔχοντα σοφίας ἐν ἐθελοθρησκείᾳ
καὶ ταπεινοφροσύνῃ καὶ ἀφειδίᾳ σώματος, οὐκ ἐν
τιμῇ τινὶ πρὸς πλησμονὴν τῆς σαρκός.

Εἰ οὖν συνηγέρθητε τῷ Χριστῷ, τὰ ἄνω ζητεῖτε, III.
οὗ ὁ Χριστός ἐστιν ἐν δεξιᾷ τοῦ Θεοῦ καθήμενος.
τὰ ἄνω φρονεῖτε, μὴ τὰ ἐπὶ τῆς γῆς. ἀπεθάνετε 2, 3
γάρ, καὶ ἡ ζωὴ ὑμῶν κέκρυπται σὺν τῷ Χριστῷ
ἐν τῷ Θεῷ. ὅταν ὁ Χριστὸς φανερωθῇ, ἡ ζωὴ 4
ἡμῶν[1], τότε καὶ ὑμεῖς σὺν αὐτῷ φανερωθήσεσθε ἐν
δόξῃ.

Νεκρώσατε οὖν τὰ μέλη ὑμῶν[2] τὰ ἐπὶ τῆς γῆς, 5
πορνείαν, ἀκαθαρσίαν, πάθος, ἐπιθυμίαν κακήν,
καὶ τὴν πλεονεξίαν, ἥτις ἐστὶν εἰδωλολατρεία, δι' ἃ 6
ἔρχεται ἡ ὀργὴ τοῦ Θεοῦ ἐπὶ τοὺς υἱοὺς τῆς ἀπειθείας[3]·
ἐν οἷς καὶ ὑμεῖς περιεπατήσατέ ποτε, ὅτε ἐζῆτε 7

---

[16] (*Marg.* θέλων,)   [17] *om.* μὴ   [18] *om.* ουν   [19] *om.* τῷ
[1] *Marg.* ὑμῶν   [2] *om.* ὑμῶν   [3] *Marg. om.* ἐπὶ τοὺς υἱοὺς
τῆς ἀπειθείας

8 ἐν αὐτοῖς⁴. νυνὶ δὲ ἀπόθεσθε καὶ ὑμεῖς τὰ πάντα,
ὀργήν, θυμόν, κακίαν, βλασφημίαν, αἰσχρολογίαν
9 ἐκ τοῦ στόματος ὑμῶν· μὴ ψεύδεσθε εἰς ἀλλήλους,
ἀπεκδυσάμενοι τὸν παλαιὸν ἄνθρωπον σὺν ταῖς
10 πράξεσιν αὐτοῦ, καὶ ἐνδυσάμενοι τὸν νέον, τὸν
ἀνακαινούμενον εἰς ἐπίγνωσιν κατ᾽ εἰκόνα τοῦ
11 κτίσαντος αὐτόν· ὅπου οὐκ ἔνι Ἕλλην καὶ Ἰου-
δαῖος, περιτομὴ καὶ ἀκροβυστία, βάρβαρος, Σκύ-
θης, δοῦλος, ἐλεύθερος· ἀλλὰ τὰ πάντα καὶ ἐν
πᾶσι Χριστός.
12 Ἐνδύσασθε οὖν, ὡς ἐκλεκτοὶ τοῦ Θεοῦ, ἅγιοι
καὶ ἠγαπημένοι, σπλάγχνα οἰκτιρμῶν⁵, χρηστότητα,
13 ταπεινοφροσύνην, πρᾳότητα, μακροθυμίαν· ἀνεχό-
μενοι ἀλλήλων, καὶ χαριζόμενοι ἑαυτοῖς, ἐάν τις
πρός τινα ἔχῃ μομφήν· καθὼς καὶ ὁ Χριστὸς⁶ ἐχαρί-
14 σατο ὑμῖν, οὕτω καὶ ὑμεῖς· ἐπὶ πᾶσι δὲ τούτοις
τὴν ἀγάπην, ἥτις⁷ ἐστὶ σύνδεσμος τῆς τελειότητος.
15 καὶ ἡ εἰρήνη τοῦ Θεοῦ⁸ βραβευέτω ἐν ταῖς καρδίαις
ὑμῶν, εἰς ἣν καὶ ἐκλήθητε ἐν ἑνὶ σώματι· καὶ εὐ-
16 χάριστοι γίνεσθε. ὁ λόγος τοῦ Χριστοῦ⁹ ἐνοικείτω
ἐν ὑμῖν πλουσίως ἐν πάσῃ σοφίᾳ· διδάσκοντες
καὶ νουθετοῦντες ἑαυτούς, ψαλμοῖς, καὶ¹⁰ ὕμνοις,
καὶ¹⁰ ᾠδαῖς πνευματικαῖς, ἐν χάριτι ᾄδοντες ἐν τῇ
17 καρδίᾳ¹¹ ὑμῶν τῷ Κυρίῳ¹². καὶ πᾶν ὅ τι ἂν ποιῆτε,
ἐν λόγῳ ἢ ἐν ἔργῳ, πάντα ἐν ὀνόματι Κυρίου
Ἰησοῦ, εὐχαριστοῦντες τῷ Θεῷ καὶ¹³ πατρὶ δι᾽
αὐτοῦ.
18 Αἱ γυναῖκες, ὑποτάσσεσθε τοῖς ἰδίοις¹⁴ ἀνδράσιν,
19 ὡς ἀνῆκεν ἐν Κυρίῳ. οἱ ἄνδρες, ἀγαπᾶτε τὰς γυ-
20 ναῖκας, καὶ μὴ πικραίνεσθε πρὸς αὐτάς. τὰ τέκνα,

---

⁴ τούτοις   ⁵ οἰκτιρμοῦ   ⁶ Κύριος *text, not marg.*
⁷ ὃ (ἐστι)   ⁸ Χριστοῦ   ⁹ *Marg.* Κυρίου *or* Θεοῦ   ¹⁰ *om.* καὶ
¹¹ ταῖς καρδίαις   ¹² Θεῷ   ¹³ *om.* καὶ   ¹⁴ *om.* ἰδίοις

ὑπακούετε τοῖς γονεῦσι κατὰ πάντα· τοῦτο γὰρ
ἐστιν εὐάρεστον[15] τῷ[16] Κυρίῳ. οἱ πατέρες, μὴ ἐρεθί- 21
ζετε τὰ τέκνα ὑμῶν, ἵνα μὴ ἀθυμῶσιν. οἱ δοῦλοι, 22
ὑπακούετε κατὰ πάντα τοῖς κατὰ σάρκα κυρίοις,
μὴ ἐν ὀφθαλμοδουλείαις ὡς ἀνθρωπάρεσκοι, ἀλλ'
ἐν ἁπλότητι καρδίας, φοβούμενοι τὸν Θεόν[17]· καὶ 23
πᾶν ὅ τι[18] ἐὰν ποιῆτε, ἐκ ψυχῆς ἐργάζεσθε, ὡς τῷ
Κυρίῳ καὶ οὐκ ἀνθρώποις· εἰδότες ὅτι ἀπὸ Κυρίου 24
ἀπολήψεσθε τὴν ἀνταπόδοσιν τῆς κληρονομίας·
τῷ γὰρ[19] Κυρίῳ Χριστῷ δουλεύετε. ὁ δὲ[20] ἀδικῶν 25
κομιεῖται ὃ ἠδίκησε· καὶ οὐκ ἔστι προσωποληψία.
οἱ κύριοι, τὸ δίκαιον καὶ τὴν ἰσότητα τοῖς δούλοις IV.
παρέχεσθε, εἰδότες ὅτι καὶ ὑμεῖς ἔχετε Κύριον ἐν
οὐρανοῖς[1].

Τῇ προσευχῇ προσκαρτερεῖτε, γρηγοροῦντες ἐν 2
αὐτῇ ἐν εὐχαριστίᾳ· προσευχόμενοι ἅμα καὶ περὶ 3
ἡμῶν, ἵνα ὁ Θεὸς ἀνοίξῃ ἡμῖν θύραν τοῦ λόγου,
λαλῆσαι τὸ μυστήριον τοῦ Χριστοῦ, δι' ὃ καὶ δέ-
δεμαι· ἵνα φανερώσω αὐτό, ὡς δεῖ με λαλῆσαι. 4
ἐν σοφίᾳ περιπατεῖτε πρὸς τοὺς ἔξω, τὸν καιρὸν 5
ἐξαγοραζόμενοι. ὁ λόγος ὑμῶν πάντοτε ἐν χάριτι, 6
ἅλατι ἠρτυμένος, εἰδέναι πῶς δεῖ ὑμᾶς ἑνὶ ἑκάστῳ
ἀποκρίνεσθαι.

Τὰ κατ' ἐμὲ πάντα γνωρίσει ὑμῖν Τυχικός, ὁ 7
ἀγαπητὸς ἀδελφὸς καὶ πιστὸς διάκονος καὶ σύν-
δουλος ἐν Κυρίῳ· ὃν ἔπεμψα πρὸς ὑμᾶς εἰς αὐτὸ 8
τοῦτο, ἵνα γνῷ[2] τὰ περὶ ὑμῶν[3] καὶ παρακαλέσῃ τὰς
καρδίας ὑμῶν· σὺν Ὀνησίμῳ τῷ πιστῷ καὶ ἀγα- 9
πητῷ ἀδελφῷ, ὅς ἐστιν ἐξ ὑμῶν. πάντα ὑμῖν γνω-
ριοῦσι τὰ ὧδε.

Ἀσπάζεται ὑμᾶς Ἀρίσταρχος ὁ συναιχμά- 10

[15] (γὰρ) εὐάρεστόν ἐστιν   [16] ἐν   [17] Κύριον   [18] ὁ
[19] om. γὰρ   [20] γὰρ   [1] οὐρανῷ   [2] γνῶτε   [3] ἡμῶν

λωτός μου, καὶ Μάρκος ὁ ἀνεψιὸς Βαρνάβᾳ[4] (περὶ
οὗ ἐλάβετε ἐντολάς· ἐὰν ἔλθῃ πρὸς ὑμᾶς, δέξασθε
11 αὐτόν), καὶ Ἰησοῦς ὁ λεγόμενος Ἰοῦστος, οἱ ὄντες
ἐκ περιτομῆς· οὗτοι μόνοι συνεργοὶ εἰς τὴν βασι-
λείαν τοῦ Θεοῦ, οἵτινες ἐγενήθησάν μοι παρηγορία.
12 ἀσπάζεται ὑμᾶς Ἐπαφρᾶς ὁ ἐξ ὑμῶν, δοῦλος
Χριστοῦ[5], πάντοτε ἀγωνιζόμενος ὑπὲρ ὑμῶν ἐν
ταῖς προσευχαῖς, ἵνα στῆτε τέλειοι καὶ πεπληρω-
13 μένοι[6] ἐν παντὶ θελήματι τοῦ Θεοῦ. μαρτυρῶ γὰρ
αὐτῷ ὅτι ἔχει ζῆλον πολὺν[7] ὑπὲρ ὑμῶν καὶ τῶν ἐν
14 Λαοδικείᾳ καὶ τῶν ἐν Ἱεραπόλει. ἀσπάζεται ὑμᾶς
15 Λουκᾶς ὁ ἰατρὸς ὁ ἀγαπητός, καὶ Δημᾶς. ἀσπά-
σασθε τοὺς ἐν Λαοδικείᾳ ἀδελφούς, καὶ Νυμφᾶν[8],
16 καὶ τὴν κατ᾽ οἶκον αὐτοῦ[9] ἐκκλησίαν. καὶ ὅταν
ἀναγνωσθῇ παρ᾽ ὑμῖν ἡ ἐπιστολή, ποιήσατε ἵνα
καὶ ἐν τῇ Λαοδικέων ἐκκλησίᾳ ἀναγνωσθῇ, καὶ τὴν
17 ἐκ Λαοδικείας ἵνα καὶ ὑμεῖς ἀναγνῶτε. καὶ εἴπατε
Ἀρχίππῳ, Βλέπε τὴν διακονίαν ἣν παρέλαβες ἐν
Κυρίῳ, ἵνα αὐτὴν πληροῖς.
18 Ὁ ἀσπασμὸς τῇ ἐμῇ χειρὶ Παύλου. μνημο-
νεύετέ μου τῶν δεσμῶν. ἡ χάρις μεθ᾽ ὑμῶν.
ἀμήν.[10]

---

[4] Βαρνάβα   [5] add Ἰησοῦ   [6] πεπληροφορημένοι
[7] πολὺν πόνον   [8] Marg. Νύμφαν   [9] αὐτῶν text, αὐτῆς marg.
[10] om. ἀμήν.

ΠΑΥΛΟΥ ΤΟΥ ΑΠΟΣΤΟΛΟΥ

Η ΠΡΟΣ

ΘΕΣΣΑΛΟΝΙΚΕΙΣ

ΕΠΙΣΤΟΛΗ ΠΡΩΤΗ.

Παῦλος καὶ Σιλουανὸς καὶ Τιμcθεος, τῇ ἐκ- I.
κλησίᾳ Θεσσαλονικέων ἐν Θεῷ πατρί, καὶ Κυρίῳ
Ἰησοῦ Χριστῷ· χάρις ὑμῖν καὶ εἰρήνη ἀπὸ Θεοῦ
πατρὸς ἡμῶν καὶ Κυρίου Ἰησοῦ Χριστοῦ[1].

Εὐχαριστοῦμεν τῷ Θεῷ πάντοτε περὶ πάντων 2
ὑμῶν, μνείαν ὑμῶν[2] ποιούμενοι ἐπὶ τῶν προσευχῶν
ἡμῶν, ἀδιαλείπτως μνημονεύοντες ὑμῶν τοῦ ἔργου 3
τῆς πίστεως, καὶ τοῦ κόπου τῆς ἀγάπης, καὶ τῆς
ὑπομονῆς τῆς ἐλπίδος τοῦ Κυρίου ἡμῶν Ἰησοῦ
Χριστοῦ, ἔμπροσθεν τοῦ Θεοῦ καὶ πατρὸς ἡμῶν·
εἰδότες, ἀδελφοὶ ἠγαπημένοι, ὑπὸ Θεοῦ*[3] τὴν ἐκ- 4
λογὴν ὑμῶν· ὅτι τὸ εὐαγγέλιον ἡμῶν οὐκ ἐγενήθη 5
εἰς ὑμᾶς ἐν λόγῳ μόνον, ἀλλὰ καὶ ἐν δυνάμει, καὶ ἐν
Πνεύματι Ἁγίῳ, καὶ ἐν[4] πληροφορίᾳ πολλῇ, καθὼς
οἴδατε οἷοι ἐγενήθημεν ἐν[4] ὑμῖν δι' ὑμᾶς. καὶ ὑμεῖς 6
μιμηταὶ ἡμῶν ἐγενήθητε καὶ τοῦ Κυρίου, δεξάμενοι
τὸν λόγον ἐν θλίψει πολλῇ μετὰ χαρᾶς Πνεύματος
Ἁγίου, ὥστε γενέσθαι ὑμᾶς τύπους[5] πᾶσι τοῖς πι- 7
στεύουσιν ἐν τῇ Μακεδονίᾳ καὶ[6] τῇ Ἀχαίᾳ. ἀφ' 8

---

[1] om. ἀπὸ Θεοῦ πατρὸς ἡμῶν καὶ Κυρίου Ἰησοῦ Χριστοῦ   [2] om.
ὑμῶν   [3] (ἠγαπημένοι ὑπὸ Θεοῦ,)   [4] om. ἐν   [5] τύπον
[6] add ἐν

ὑμῶν γὰρ ἐξήχηται ὁ λόγος τοῦ Κυρίου οὐ μόνον ἐν
τῇ Μακεδονίᾳ καὶ Ἀχαΐᾳ, ἀλλὰ καὶ⁷ ἐν παντὶ τόπῳ
ἡ πίστις ὑμῶν ἡ πρὸς τὸν Θεὸν ἐξελήλυθεν, ὥστε
9 μὴ χρείαν ἡμᾶς ἔχειν⁸ λαλεῖν τι. αὐτοὶ γὰρ περὶ
ἡμῶν ἀπαγγέλλουσιν ὁποίαν εἴσοδον ἔσχομεν* πρὸς
ὑμᾶς, καὶ πῶς ἐπεστρέψατε πρὸς τὸν Θεὸν ἀπὸ
τῶν εἰδώλων, δουλεύειν Θεῷ ζῶντι καὶ ἀληθινῷ,
10 καὶ ἀναμένειν τὸν υἱὸν αὐτοῦ ἐκ τῶν οὐρανῶν, ὃν
ἤγειρεν ἐκ⁹ νεκρῶν, Ἰησοῦν, τὸν ῥυόμενον ἡμᾶς
ἀπὸ¹⁰ τῆς ὀργῆς τῆς ἐρχομένης.

II. Αὐτοὶ γὰρ οἴδατε, ἀδελφοί, τὴν εἴσοδον ἡμῶν
2 τὴν πρὸς ὑμᾶς, ὅτι οὐ κενὴ γέγονεν· ἀλλὰ καὶ¹
προπαθόντες καὶ ὑβρισθέντες, καθὼς οἴδατε, ἐν
Φιλίπποις, ἐπαρρησιασάμεθα ἐν τῷ Θεῷ ἡμῶν
λαλῆσαι πρὸς ὑμᾶς τὸ εὐαγγέλιον τοῦ Θεοῦ ἐν
3 πολλῷ ἀγῶνι. ἡ γὰρ παράκλησις ἡμῶν οὐκ ἐκ
4 πλάνης, οὐδὲ ἐξ ἀκαθαρσίας, οὔτε² ἐν δόλῳ· ἀλλὰ
καθὼς δεδοκιμάσμεθα ὑπὸ τοῦ Θεοῦ πιστευθῆναι
τὸ εὐαγγέλιον, οὕτω λαλοῦμεν, οὐχ ὡς ἀνθρώποις
ἀρέσκοντες, ἀλλὰ τῷ³ Θεῷ τῷ δοκιμάζοντι τὰς
5 καρδίας ἡμῶν. οὔτε γάρ ποτε ἐν λόγῳ κολακείας
ἐγενήθημεν, καθὼς οἴδατε, οὔτε ἐν προφάσει πλεον-
6 εξίας· Θεὸς μάρτυς· οὔτε ζητοῦντες ἐξ ἀνθρώπων
δόξαν, οὔτε ἀφ᾽ ὑμῶν οὔτε ἀπ᾽ ἄλλων, δυνάμενοι
7 ἐν βάρει εἶναι, ὡς Χριστοῦ ἀπόστολοι. ἀλλ᾽
ἐγενήθημεν ἤπιοι⁴ ἐν μέσῳ ὑμῶν, ὡς ἂν τροφὸς
8 θάλπῃ τὰ ἑαυτῆς τέκνα· οὕτως, ἱμειρόμενοι⁵ ὑμῶν,
εὐδοκοῦμεν μεταδοῦναι ὑμῖν οὐ μόνον τὸ εὐαγ-
γέλιον τοῦ Θεοῦ, ἀλλὰ καὶ τὰς ἑαυτῶν ψυχάς,
9 διότι ἀγαπητοὶ ἡμῖν γεγένησθε⁶. μνημονεύετε γάρ,

---

⁷ ἀλλ᾽   ⁸ ἔχειν ἡμᾶς   ⁹ add τῶν   ¹⁰ ἐκ   ¹ om. καὶ
² οὐδὲ   ³ om. τῷ   ⁴ Marg. νήπιοι   ⁵ ὁμειρόμενοι
⁶ ἐγενήθητε

ἀδελφοί, τὸν κόπον ἡμῶν καὶ τὸν μόχθον· νυκτὸς
γὰρ⁷ καὶ ἡμέρας ἐργαζόμενοι, πρὸς τὸ μὴ ἐπιβαρῆ-
σαί τινα ὑμῶν, ἐκηρύξαμεν εἰς ὑμᾶς τὸ εὐαγγέλιον
τοῦ Θεοῦ. ὑμεῖς μάρτυρες καὶ ὁ Θεός, ὡς ὁσίως 10
καὶ δικαίως καὶ ἀμέμπτως ὑμῖν τοῖς πιστεύουσιν
ἐγενήθημεν· καθάπερ οἴδατε ὡς ἕνα ἕκαστον ὑμῶν, 11
ὡς πατὴρ τέκνα ἑαυτοῦ, παρακαλοῦντες ὑμᾶς καὶ
παραμυθούμενοι καὶ μαρτυρούμενοι⁸, εἰς τὸ περιπατῆσαι⁹ 12
ὑμᾶς ἀξίως τοῦ Θεοῦ τοῦ καλοῦντος¹⁰ ὑμᾶς εἰς τὴν
ἑαυτοῦ βασιλείαν καὶ δόξαν.

¹¹Διὰ τοῦτο καὶ ἡμεῖς εὐχαριστοῦμεν τῷ Θεῷ 13
ἀδιαλείπτως, ὅτι παραλαβόντες λόγον ἀκοῆς παρ᾽
ἡμῶν τοῦ Θεοῦ, ἐδέξασθε οὐ λόγον ἀνθρώπων, ἀλλὰ
καθώς ἐστιν ἀληθῶς, λόγον Θεοῦ, ὃς καὶ ἐνεργεῖται
ἐν ὑμῖν τοῖς πιστεύουσιν. ὑμεῖς γὰρ μιμηταὶ ἐγε- 14
νήθητε, ἀδελφοί, τῶν ἐκκλησιῶν τοῦ Θεοῦ τῶν
οὐσῶν ἐν τῇ Ἰουδαίᾳ ἐν Χριστῷ Ἰησοῦ· ὅτι ταυτὰ¹²
ἐπάθετε καὶ ὑμεῖς ὑπὸ τῶν ἰδίων συμφυλετῶν,
καθὼς καὶ αὐτοὶ ὑπὸ τῶν Ἰουδαίων, τῶν καὶ τὸν 15
Κύριον ἀποκτεινάντων Ἰησοῦν καὶ τοὺς ἰδίους¹³
προφήτας, καὶ ἡμᾶς ἐκδιωξάντων, καὶ Θεῷ μὴ
ἀρεσκόντων, καὶ πᾶσιν ἀνθρώποις ἐναντίων, κω- 16
λυόντων ἡμᾶς τοῖς ἔθνεσι λαλῆσαι ἵνα σωθῶσιν,
εἰς τὸ ἀναπληρῶσαι αὐτῶν τὰς ἁμαρτίας πάντοτε·
ἔφθασε δὲ ἐπ᾽ αὐτοὺς ἡ ὀργὴ εἰς τέλος.

Ἡμεῖς δέ, ἀδελφοί, ἀπορφανισθέντες ἀφ᾽ ὑμῶν 17
πρὸς καιρὸν ὥρας, προσώπῳ οὐ καρδίᾳ, περισ-
σοτέρως ἐσπουδάσαμεν τὸ πρόσωπον ὑμῶν ἰδεῖν
ἐν πολλῇ ἐπιθυμίᾳ· διὸ¹⁴ ἠθελήσαμεν ἐλθεῖν πρὸς 18
ὑμᾶς, ἐγὼ μὲν Παῦλος καὶ ἅπαξ καὶ δίς, καὶ

---

⁷ om. γὰρ   ⁸ μαρτυρόμενοι   ⁹ περιπατεῖν   ¹⁰ Marg.
καλέσαντος   ¹¹ add Καὶ (διὰ)   ¹² τὰ αὐτὰ   ¹³ om. ἰδίους
¹⁴ διότι

19 ἐνέκοψεν ἡμᾶς ὁ Σατανᾶς. τίς γὰρ ἡμῶν ἐλπὶς
ἢ χαρὰ ἢ στέφανος καυχήσεως ; ἢ οὐχὶ καὶ ὑμεῖς,
ἔμπροσθεν τοῦ Κυρίου ἡμῶν Ἰησοῦ Χριστοῦ¹⁵ ἐν
20 τῇ αὐτοῦ παρουσίᾳ; ὑμεῖς γάρ ἐστε ἡ δόξα ἡμῶν
καὶ ἡ χαρά.

III. Διὸ μηκέτι στέγοντες, εὐδοκήσαμεν καταλειφ-
2 θῆναι ἐν Ἀθήναις μόνοι, καὶ ἐπέμψαμεν Τιμόθεον
τὸν ἀδελφὸν ἡμῶν καὶ διάκονον¹ τοῦ Θεοῦ καὶ συνερ-
γὸν ἡμῶν² ἐν τῷ εὐαγγελίῳ τοῦ Χριστοῦ, εἰς τὸ
στηρίξαι ὑμᾶς καὶ παρακαλέσαι ὑμᾶς³ περὶ⁴ τῆς
3 πίστεως ὑμῶν, τῷ⁵ μηδένα σαίνεσθαι ἐν ταῖς θλί-
ψεσι ταύταις· αὐτοὶ γὰρ οἴδατε ὅτι εἰς τοῦτο κεί-
4 μεθα. καὶ γὰρ ὅτε πρὸς ὑμᾶς ἦμεν, προελέγομεν
ὑμῖν ὅτι μέλλομεν θλίβεσθαι, καθὼς καὶ ἐγένετο
5 καὶ οἴδατε. διὰ τοῦτο κἀγώ, μηκέτι στέγων, ἔπεμ-
ψα εἰς τὸ γνῶναι τὴν πίστιν ὑμῶν, μή πως ἐπεί-
ρασεν ὑμᾶς ὁ πειράζων, καὶ εἰς κενὸν γένηται ὁ
6 κόπος ἡμῶν. ἄρτι δὲ ἐλθόντος Τιμοθέου πρὸς
ἡμᾶς ἀφ' ὑμῶν, καὶ εὐαγγελισαμένου ἡμῖν τὴν
πίστιν καὶ τὴν ἀγάπην ὑμῶν, καὶ ὅτι ἔχετε μνείαν
ἡμῶν ἀγαθὴν πάντοτε, ἐπιποθοῦντες ἡμᾶς ἰδεῖν,
7 καθάπερ καὶ ἡμεῖς ὑμᾶς· διὰ τοῦτο παρεκλήθημεν,
ἀδελφοί, ἐφ' ὑμῖν ἐπὶ πάσῃ τῇ θλίψει καὶ ἀνάγκῃ⁶
8 ἡμῶν διὰ τῆς ὑμῶν πίστεως· ὅτι νῦν ζῶμεν, ἐὰν
9 ὑμεῖς στήκητε ἐν Κυρίῳ. τίνα γὰρ εὐχαριστίαν
δυνάμεθα τῷ Θεῷ ἀνταποδοῦναι περὶ ὑμῶν, ἐπὶ
πάσῃ τῇ χαρᾷ ᾗ χαίρομεν δι' ὑμᾶς ἔμπροσθεν τοῦ
10 Θεοῦ ἡμῶν, νυκτὸς καὶ ἡμέρας ὑπὲρ ἐκ περισσοῦ
δεόμενοι εἰς τὸ ἰδεῖν ὑμῶν τὸ πρόσωπον, καὶ κα-
ταρτίσαι τὰ ὑστερήματα τῆς πίστεως ὑμῶν ;

---

¹⁵ om. Χριστοῦ   ¹ Marg. συνεργὸν   ² om. καὶ
συνεργὸν ἡμῶν   ³ om. ὑμᾶς   ⁴ ὑπὲρ   ⁵ τὸ
⁶ ἀνάγκῃ καὶ θλίψει

Αὐτὸς δὲ ὁ Θεὸς καὶ πατὴρ ἡμῶν, καὶ ὁ Κύριος 11
ἡμῶν Ἰησοῦς Χριστός⁷, κατευθύναι τὴν ὁδὸν ἡμῶν
πρὸς ὑμᾶς· ὑμᾶς δὲ ὁ Κύριος πλεονάσαι καὶ περισ- 12
σεύσαι τῇ ἀγάπῃ εἰς ἀλλήλους καὶ εἰς πάντας,
καθάπερ καὶ ἡμεῖς εἰς ὑμᾶς, εἰς τὸ στηρίξαι ὑμῶν 13
τὰς καρδίας ἀμέμπτους ἐν ἁγιωσύνῃ, ἔμπροσθεν
τοῦ Θεοῦ καὶ πατρὸς ἡμῶν, ἐν τῇ παρουσίᾳ τοῦ
Κυρίου ἡμῶν Ἰησοῦ Χριστοῦ⁸ μετὰ πάντων τῶν
ἁγίων αὐτοῦ.⁹

Τὸ¹ λοιπὸν οὖν, ἀδελφοί, ἐρωτῶμεν ὑμᾶς καὶ πα- IV.
ρακαλοῦμεν ἐν Κυρίῳ Ἰησοῦ² καθὼς παρελάβετε
παρ' ἡμῶν τὸ πῶς δεῖ ὑμᾶς περιπατεῖν καὶ ἀρέσ-
κειν Θεῷ³, ἵνα περισσεύητε μᾶλλον. οἴδατε γὰρ 2
τίνας παραγγελίας ἐδώκαμεν ὑμῖν διὰ τοῦ Κυρίου
Ἰησοῦ. τοῦτο γάρ ἐστι θέλημα τοῦ Θεοῦ, ὁ ἁγι- 3
ασμὸς ὑμῶν, ἀπέχεσθαι ὑμᾶς ἀπὸ τῆς πορνείας·
εἰδέναι ἕκαστον ὑμῶν τὸ ἑαυτοῦ σκεῦος κτᾶσθαι 4
ἐν ἁγιασμῷ καὶ τιμῇ, μὴ ἐν πάθει ἐπιθυμίας, 5
καθάπερ καὶ τὰ ἔθνη τὰ μὴ εἰδότα τὸν Θεόν· τὸ 6
μὴ ὑπερβαίνειν καὶ πλεονεκτεῖν ἐν τῷ πράγματι
τὸν ἀδελφὸν αὐτοῦ· διότι ἔκδικος ὁ⁴ Κύριος περὶ
πάντων τούτων, καθὼς καὶ προείπαμεν ὑμῖν καὶ
διεμαρτυράμεθα. οὐ γὰρ ἐκάλεσεν ἡμᾶς ὁ Θεὸς 7
ἐπὶ ἀκαθαρσίᾳ, ἀλλ' ἐν ἁγιασμῷ. τοιγαροῦν ὁ 8
ἀθετῶν οὐκ ἄνθρωπον ἀθετεῖ, ἀλλὰ τὸν Θεὸν τὸν
καὶ⁵ δόντα⁶ τὸ Πνεῦμα αὐτοῦ τὸ Ἅγιον εἰς ἡμᾶς⁷.

Περὶ δὲ τῆς φιλαδελφίας οὐ χρείαν ἔχετε γρά- 9
φειν ὑμῖν· αὐτοὶ γὰρ ὑμεῖς θεοδίδακτοί ἐστε εἰς τὸ
ἀγαπᾶν ἀλλήλους· καὶ γὰρ ποιεῖτε αὐτὸ εἰς πάν- 10
τας τοὺς ἀδελφοὺς τοὺς ἐν ὅλῃ τῇ Μακεδονίᾳ.

---

⁷ om. Χριστός   ⁸ om. Χριστοῦ   ⁹ Marg. adds ἀμήν.
¹ om. Τὸ (λοιπὸν)   ² add, ἵνα,   ³ add, καθὼς καὶ περιπατεῖτε,—
⁴ om. ὁ   ⁵ om. καὶ   ⁶ διδόντα   ⁷ ὑμᾶς

παρακαλοῦμεν δὲ ὑμᾶς, ἀδελφοί, περισσεύειν μᾶλ-
11 λον, καὶ φιλοτιμεῖσθαι ἡσυχάζειν, καὶ πράσσειν
τὰ ἴδια, καὶ ἐργάζεσθαι ταῖς ἰδίαις⁸ χερσὶν ὑμῶν,
12 καθὼς ὑμῖν παρηγγείλαμεν· ἵνα περιπατῆτε εὐσχη-
μόνως πρὸς τοὺς ἔξω, καὶ μηδενὸς χρείαν ἔχητε.
13 Οὐ θέλω⁹ δὲ ὑμᾶς ἀγνοεῖν, ἀδελφοί, περὶ τῶν
κεκοιμημένων¹⁰, ἵνα μὴ λυπῆσθε, καθὼς καὶ οἱ λοιποὶ
14 οἱ μὴ ἔχοντες ἐλπίδα· εἰ γὰρ πιστεύομεν ὅτι Ἰη-
σοῦς ἀπέθανε καὶ ἀνέστη, οὕτω καὶ ὁ Θεὸς τοὺς
15 κοιμηθέντας διὰ¹¹ τοῦ Ἰησοῦ ἄξει σὺν αὐτῷ. τοῦτο
γὰρ ὑμῖν λέγομεν ἐν λόγῳ Κυρίου, ὅτι ἡμεῖς οἱ
ζῶντες οἱ περιλειπόμενοι εἰς τὴν παρουσίαν τοῦ
16 Κυρίου, οὐ μὴ φθάσωμεν τοὺς κοιμηθέντας. ὅτι
αὐτὸς ὁ Κύριος ἐν κελεύσματι, ἐν φωνῇ ἀρχαγ-
γέλου, καὶ ἐν σάλπιγγι Θεοῦ καταβήσεται ἀπ᾽
οὐρανοῦ, καὶ οἱ νεκροὶ ἐν Χριστῷ ἀναστήσονται
17 πρῶτον· ἔπειτα ἡμεῖς οἱ ζῶντες, οἱ περιλειπόμενοι,
ἅμα σὺν αὐτοῖς ἁρπαγησόμεθα ἐν νεφέλαις εἰς
ἀπάντησιν τοῦ Κυρίου εἰς ἀέρα· καὶ οὕτω πάντοτε
18 σὺν Κυρίῳ ἐσόμεθα. ὥστε παρακαλεῖτε ἀλλήλους
ἐν τοῖς λόγοις τούτοις.

V. Περὶ δὲ τῶν χρόνων καὶ τῶν καιρῶν, ἀδελφοί,
2 οὐ χρείαν ἔχετε ὑμῖν γράφεσθαι. αὐτοὶ γὰρ ἀκρι-
βῶς οἴδατε ὅτι ἡ¹ ἡμέρα Κυρίου ὡς κλέπτης ἐν
3 νυκτὶ οὕτως ἔρχεται· ὅταν γὰρ² λέγωσιν, Εἰρήνη
καὶ ἀσφάλεια, τότε αἰφνίδιος αὐτοῖς ἐφίσταται
ὄλεθρος, ὥσπερ ἡ ὠδὶν τῇ ἐν γαστρὶ ἐχούσῃ, καὶ
4 οὐ μὴ ἐκφύγωσιν. ὑμεῖς δέ, ἀδελφοί, οὐκ ἐστὲ ἐν
σκότει, ἵνα ἡ ἡμέρα ὑμᾶς ὡς κλέπτης³ καταλάβῃ·
5 πάντες⁴ ὑμεῖς υἱοὶ φωτός ἐστε καὶ υἱοὶ ἡμέρας·

---

⁸ om. ἰδίαις   ⁹ θέλομεν   ¹⁰ κοιμωμένων   ¹¹ (Marg.
κοιμηθέντας, διὰ)   ¹ om. ἡ   ² om. γὰρ   ³ Marg.
κλέπτας   ⁴ add γὰρ

οὐκ ἐσμὲν νυκτὸς οὐδὲ σκότους· ἄρα οὖν μὴ καθεύ- 6
δωμεν ὡς καὶ⁵ οἱ λοιποί, ἀλλὰ γρηγορῶμεν καὶ
νήφωμεν. οἱ γὰρ καθεύδοντες νυκτὸς καθεύδουσι· 7
καὶ οἱ μεθυσκόμενοι νυκτὸς μεθύουσιν. ἡμεῖς δέ, 8
ἡμέρας ὄντες, νήφωμεν, ἐνδυσάμενοι θώρακα πί-
στεως καὶ ἀγάπης, καὶ περικεφαλαίαν, ἐλπίδα σω-
τηρίας. ὅτι οὐκ ἔθετο ἡμᾶς ὁ Θεὸς εἰς ὀργήν, ἀλλ' 9
εἰς περιποίησιν σωτηρίας διὰ τοῦ Κυρίου ἡμῶν
Ἰησοῦ Χριστοῦ, τοῦ ἀποθανόντος ὑπὲρ ἡμῶν, ἵνα, 10
εἴτε γρηγορῶμεν εἴτε καθεύδωμεν, ἅμα σὺν αὐτῷ
ζήσωμεν. διὸ παρακαλεῖτε ἀλλήλους, καὶ οἰκοδο- 11
μεῖτε εἰς τὸν ἕνα, καθὼς καὶ ποιεῖτε.

Ἐρωτῶμεν δὲ ὑμᾶς, ἀδελφοί, εἰδέναι τοὺς κο- 12
πιῶντας ἐν ὑμῖν, καὶ προϊσταμένους ὑμῶν ἐν
Κυρίῳ, καὶ νουθετοῦντας ὑμᾶς, καὶ ἡγεῖσθαι αὐ- 13
τοὺς ὑπὲρ ἐκ περισσοῦ ἐν ἀγάπῃ διὰ τὸ ἔργον
αὐτῶν. εἰρηνεύετε ἐν ἑαυτοῖς. παρακαλοῦμεν 14
δὲ ὑμᾶς, ἀδελφοί, νουθετεῖτε τοὺς ἀτάκτους, πα-
ραμυθεῖσθε τοὺς ὀλιγοψύχους, ἀντέχεσθε τῶν
ἀσθενῶν, μακροθυμεῖτε πρὸς πάντας. ὁρᾶτε μή 15
τις κακὸν ἀντὶ κακοῦ τινὶ ἀποδῷ· ἀλλὰ πάντοτε τὸ
ἀγαθὸν διώκετε καὶ⁶ εἰς ἀλλήλους καὶ εἰς πάντας.
πάντοτε χαίρετε· ἀδιαλείπτως προσεύχεσθε· ἐν 16, 17,
παντὶ εὐχαριστεῖτε· τοῦτο γὰρ θέλημα Θεοῦ ἐν
Χριστῷ Ἰησοῦ εἰς ὑμᾶς. τὸ Πνεῦμα μὴ σβέννυτε· 19
προφητείας μὴ ἐξουθενεῖτε· πάντα⁷ δοκιμάζετε· 20, 21
τὸ καλὸν κατέχετε· ἀπὸ παντὸς εἴδους πονηροῦ 22
ἀπέχεσθε.

Αὐτὸς δὲ ὁ Θεὸς τῆς εἰρήνης ἁγιάσαι ὑμᾶς 23
ὁλοτελεῖς· καὶ ὁλόκληρον ὑμῶν τὸ πνεῦμα καὶ ἡ
ψυχὴ καὶ τὸ σῶμα ἀμέμπτως ἐν τῇ παρουσίᾳ τοῦ

---

⁵ om. καὶ   ⁶ om. καὶ   ⁷ Marg. adds δὲ

33—2

24 Κυρίου ἡμῶν Ἰησοῦ Χριστοῦ τηρηθείη. πιστὸς ὁ
καλῶν ὑμᾶς, ὃς καὶ ποιήσει.
25 Ἀδελφοί, προσεύχεσθε⁸ περὶ ἡμῶν.
26 Ἀσπάσασθε τοὺς ἀδελφοὺς πάντας ἐν φιλήματι
27 ἁγίῳ. ὁρκίζω⁹ ὑμᾶς τὸν Κύριον, ἀναγνωσθῆναι τὴν
ἐπιστολὴν πᾶσι τοῖς ἁγίοις¹⁰ ἀδελφοῖς.
28 Ἡ χάρις τοῦ Κυρίου ἡμῶν Ἰησοῦ Χριστοῦ μεθ'
ὑμῶν. ἀμήν.¹¹

ΠΑΥΛΟΥ ΤΟΥ ΑΠΟΣΤΟΛΟΥ

Η ΠΡΟΣ

ΘΕΣΣΑΛΟΝΙΚΕΙΣ

ΕΠΙΣΤΟΛΗ ΔΕΥΤΕΡΑ.

I. Παῦλος καὶ Σιλουανὸς καὶ Τιμόθεος τῇ ἐκ-
κλησίᾳ Θεσσαλονικέων ἐν Θεῷ πατρὶ ἡμῶν καὶ
2 Κυρίῳ Ἰησοῦ Χριστῷ· χάρις ὑμῖν καὶ εἰρήνη ἀπὸ
Θεοῦ πατρὸς ἡμῶν¹ καὶ Κυρίου Ἰησοῦ Χριστοῦ.
3 Εὐχαριστεῖν ὀφείλομεν τῷ Θεῷ πάντοτε περὶ
ὑμῶν, ἀδελφοί, καθὼς ἄξιόν ἐστιν, ὅτι ὑπεραυξάνει
ἡ πίστις ὑμῶν, καὶ πλεονάζει ἡ ἀγάπη ἑνὸς ἑκάσ-
4 του πάντων ὑμῶν εἰς ἀλλήλους· ὥστε ἡμᾶς αὐτοὺς
ἐν ὑμῖν καυχᾶσθαι² ἐν ταῖς ἐκκλησίαις τοῦ Θεοῦ ὑπὲρ
τῆς ὑπομονῆς ὑμῶν καὶ πίστεως ἐν πᾶσι τοῖς
διωγμοῖς ὑμῶν καὶ ταῖς θλίψεσιν αἷς ἀνέχεσθε·
5 ἔνδειγμα τῆς δικαίας κρίσεως τοῦ Θεοῦ, εἰς τὸ
καταξιωθῆναι ὑμᾶς τῆς βασιλείας τοῦ Θεοῦ, ὑπὲρ
6 ἧς καὶ πάσχετε· εἴπερ δίκαιον παρὰ Θεῷ ἀντ-

⁸ Marg. adds καὶ   ⁹ ἐνορκίζω   ¹⁰ om. ἁγίοις text, not
marg.   ¹¹ om. ἀμήν.   ¹ om. ἡμῶν   ² ἐγκαυχᾶσθαι

ἀποδοῦναι τοῖς θλίβουσιν ὑμᾶς θλίψιν, καὶ ὑμῖν 7
τοῖς θλιβομένοις ἄνεσιν μεθ' ἡμῶν, ἐν τῇ ἀποκα-
λύψει τοῦ Κυρίου Ἰησοῦ ἀπ' οὐρανοῦ μετ' ἀγγέ-
λων δυνάμεως αὐτοῦ, ἐν πυρὶ φλογός, διδόντος 8
ἐκδίκησιν τοῖς μὴ εἰδόσι Θεόν, καὶ τοῖς μὴ ὑπα-
κούουσι τῷ εὐαγγελίῳ τοῦ Κυρίου ἡμῶν Ἰησοῦ
Χριστοῦ³· οἵτινες δίκην τίσουσιν, ὄλεθρον αἰώνιον 9
ἀπὸ προσώπου τοῦ Κυρίου καὶ ἀπὸ τῆς δόξης τῆς
ἰσχύος αὐτοῦ, ὅταν ἔλθῃ ἐνδοξασθῆναι ἐν τοῖς 10
ἁγίοις αὐτοῦ, καὶ θαυμασθῆναι ἐν πᾶσι τοῖς πι-
στεύουσιν⁴ (ὅτι ἐπιστεύθη τὸ μαρτύριον ἡμῶν ἐφ'
ὑμᾶς) ἐν τῇ ἡμέρᾳ ἐκείνῃ. εἰς ὃ καὶ προσευχό- 11
μεθα πάντοτε περὶ ὑμῶν, ἵνα ὑμᾶς ἀξιώσῃ τῆς
κλήσεως ὁ Θεὸς ἡμῶν, καὶ πληρώσῃ πᾶσαν εὐ-
δοκίαν ἀγαθωσύνης καὶ ἔργον πίστεως ἐν δυνά-
μει· ὅπως ἐνδοξασθῇ τὸ ὄνομα τοῦ Κυρίου ἡμῶν 12
Ἰησοῦ Χριστοῦ⁵ ἐν ὑμῖν, καὶ ὑμεῖς ἐν αὐτῷ, κατὰ
τὴν χάριν τοῦ Θεοῦ ἡμῶν καὶ Κυρίου Ἰησοῦ
Χριστοῦ.

Ἐρωτῶμεν δὲ ὑμᾶς, ἀδελφοί, ὑπὲρ τῆς παρου- II.
σίας τοῦ Κυρίου ἡμῶν Ἰησοῦ Χριστοῦ, καὶ ἡμῶν
ἐπισυναγωγῆς ἐπ' αὐτόν, εἰς τὸ μὴ ταχέως σαλευ- 2
θῆναι ὑμᾶς ἀπὸ τοῦ νοός, μήτε¹ θροεῖσθαι, μήτε
διὰ πνεύματος, μήτε διὰ λόγου, μήτε δι' ἐπιστολῆς
ὡς δι' ἡμῶν, ὡς ὅτι ἐνέστηκεν ἡ ἡμέρα τοῦ Χρι-
στοῦ²· μή τις ὑμᾶς ἐξαπατήσῃ κατὰ μηδένα τρό- 3
πον· ὅτι ἐὰν μὴ ἔλθῃ ἡ ἀποστασία πρῶτον, καὶ
ἀποκαλυφθῇ ὁ ἄνθρωπος τῆς ἁμαρτίας³, ὁ υἱὸς τῆς
ἀπωλείας, ὁ ἀντικείμενος καὶ ὑπεραιρόμενος ἐπὶ 4
πᾶν τὸ⁴ λεγόμενον Θεὸν ἢ σέβασμα, ὥστε αὐτὸν
εἰς τὸν ναὸν τοῦ Θεοῦ ὡς Θεὸν⁵ καθίσαι, ἀποδεικ-

---

³ om. Χριστοῦ   ⁴ πιστεύσασιν   ⁵ om. Χριστοῦ   ¹ μηδὲ
² Κυρίου   ³ Marg. ἀνομίας   ⁴ πάντα   ⁵ om. ὡς Θεὸν

5 νύντα ἑαυτὸν ὅτι ἐστὶ Θεός. οὐ μνημονεύετε ὅτι
6 ἔτι ὢν πρὸς ὑμᾶς ταῦτα ἔλεγον ὑμῖν; καὶ νῦν τὸ
κατέχον οἴδατε, εἰς τὸ ἀποκαλυφθῆναι αὐτὸν ἐν τῷ
7 ἑαυτοῦ⁶ καιρῷ. τὸ γὰρ μυστήριον ἤδη ἐνεργεῖται
τῆς ἀνομίας· μόνον ὁ κατέχων ἄρτι, ἕως ἐκ μέσου
8 γένηται. καὶ τότε ἀποκαλυφθήσεται ὁ ἄνομος,
ὃν ὁ Κύριος⁷ ἀναλώσει⁸ τῷ πνεύματι τοῦ στόματος
αὐτοῦ, καὶ καταργήσει τῇ ἐπιφανείᾳ τῆς παρουσίας
9 αὐτοῦ· οὗ ἐστὶν ἡ παρουσία κατ᾽ ἐνέργειαν τοῦ
Σατανᾶ ἐν πάσῃ δυνάμει καὶ σημείοις καὶ τέρασι
10 ψεύδους, καὶ ἐν πάσῃ ἀπάτῃ τῆς⁹ ἀδικίας ἐν¹⁰ τοῖς
ἀπολλυμένοις, ἀνθ᾽ ὧν τὴν ἀγάπην τῆς ἀληθείας
11 οὐκ ἐδέξαντο εἰς τὸ σωθῆναι αὐτούς. καὶ διὰ τοῦτο
πέμψει¹¹ αὐτοῖς ὁ Θεὸς ἐνέργειαν πλάνης, εἰς τὸ
12 πιστεῦσαι αὐτοὺς τῷ ψεύδει· ἵνα κριθῶσι πάντες
οἱ μὴ πιστεύσαντες τῇ ἀληθείᾳ, ἀλλ᾽ εὐδοκήσαντες
ἐν¹² τῇ ἀδικίᾳ.

13 Ἡμεῖς δὲ ὀφείλομεν εὐχαριστεῖν τῷ Θεῷ πάν-
τοτε περὶ ὑμῶν, ἀδελφοὶ ἠγαπημένοι ὑπὸ Κυρίου,
ὅτι εἵλετο ὑμᾶς ὁ Θεὸς ἀπ᾽ ἀρχῆς¹³ εἰς σωτηρίαν ἐν
14 ἁγιασμῷ Πνεύματος καὶ πίστει ἀληθείας· εἰς ὃ ἐκά-
λεσεν ὑμᾶς διὰ τοῦ εὐαγγελίου ἡμῶν, εἰς περιποίησιν
15 δόξης τοῦ Κυρίου ἡμῶν Ἰησοῦ Χριστοῦ. ἄρα οὖν,
ἀδελφοί, στήκετε, καὶ κρατεῖτε τὰς παραδόσεις ἃς
ἐδιδάχθητε, εἴτε διὰ λόγου εἴτε δι᾽ ἐπιστολῆς ἡμῶν.
16 Αὐτὸς δὲ ὁ Κύριος ἡμῶν Ἰησοῦς Χριστός, καὶ
ὁ Θεὸς καὶ¹⁴ πατὴρ ἡμῶν ὁ ἀγαπήσας ἡμᾶς καὶ
δοὺς παράκλησιν αἰωνίαν καὶ ἐλπίδα ἀγαθὴν ἐν
17 χάριτι, παρακαλέσαι ὑμῶν τὰς καρδίας καὶ στη-
ρίξαι ὑμᾶς¹⁵ ἐν παντὶ λόγῳ καὶ ἔργῳ¹⁶ ἀγαθῷ.

---

⁶ αὐτοῦ   ⁷ add Ἰησοῦς text, not marg.   ⁸ ἀνελεῖ text,
not marg.   ⁹ om. τῆς   ¹⁰ om. ἐν   ¹¹ πέμπει   ¹² om. ἐν
¹³ Marg. ἀπαρχὴν   ¹⁴ ὁ   ¹⁵ om. ὑμᾶς   ¹⁶ ἔργῳ καὶ λόγῳ

Τὸ λοιπόν, προσεύχεσθε, ἀδελφοί, περὶ ἡμῶν, III.
ἵνα ὁ λόγος τοῦ Κυρίου τρέχῃ καὶ δοξάζηται,
καθὼς καὶ πρὸς ὑμᾶς, καὶ ἵνα ῥυσθῶμεν ἀπὸ τῶν 2
ἀτόπων καὶ πονηρῶν ἀνθρώπων· οὐ γὰρ πάντων ἡ
πίστις. πιστὸς δέ ἐστιν ὁ Κύριος, ὃς στηρίξει 3
ὑμᾶς καὶ φυλάξει ἀπὸ τοῦ πονηροῦ. πεποίθαμεν 4
δὲ ἐν Κυρίῳ ἐφ᾿ ὑμᾶς, ὅτι ἃ παραγγέλλομεν ὑμῖν[1]
καὶ ποιεῖτε καὶ ποιήσετε. ὁ δὲ Κύριος κατευθύναι 5
ὑμῶν τὰς καρδίας εἰς τὴν ἀγάπην τοῦ Θεοῦ, καὶ εἰς
τὴν* ὑπομονὴν τοῦ Χριστοῦ.

Παραγγέλλομεν δὲ ὑμῖν, ἀδελφοί, ἐν ὀνόματι 6
τοῦ Κυρίου ἡμῶν Ἰησοῦ Χριστοῦ, στέλλεσθαι
ὑμᾶς ἀπὸ παντὸς ἀδελφοῦ ἀτάκτως περιπατοῦν-
τος, καὶ μὴ κατὰ τὴν παράδοσιν ἣν παρέλαβε[2] παρ᾿
ἡμῶν. αὐτοὶ γὰρ οἴδατε πῶς δεῖ μιμεῖσθαι ἡμᾶς· 7
ὅτι οὐκ ἠτακτήσαμεν ἐν ὑμῖν, οὐδὲ δωρεὰν ἄρτον 8
ἐφάγομεν παρά τινος, ἀλλ᾿ ἐν κόπῳ καὶ μόχθῳ,
νύκτα καὶ ἡμέραν[3] ἐργαζόμενοι, πρὸς τὸ μὴ ἐπιβα-
ρῆσαί τινα ὑμῶν· οὐχ ὅτι οὐκ ἔχομεν ἐξουσίαν, 9
ἀλλ᾿ ἵνα ἑαυτοὺς τύπον δῶμεν ὑμῖν εἰς τὸ μιμεῖ-
σθαι ἡμᾶς. καὶ γὰρ ὅτε ἦμεν πρὸς ὑμᾶς, τοῦτο 10
παρηγγέλλομεν ὑμῖν ὅτι Εἴ τις οὐ θέλει ἐργά-
ζεσθαι, μηδὲ ἐσθιέτω. ἀκούομεν γάρ τινας περι- 11
πατοῦντας ἐν ὑμῖν ἀτάκτως, μηδὲν ἐργαζομένους,
ἀλλὰ περιεργαζομένους. τοῖς δὲ τοιούτοις παραγ- 12
γέλλομεν, καὶ παρακαλοῦμεν διὰ τοῦ Κυρίου ἡμῶν
Ἰησοῦ Χριστοῦ[4], ἵνα μετὰ ἡσυχίας ἐργαζομενοι τὸν
ἑαυτῶν ἄρτον ἐσθίωσιν. ὑμεῖς δέ, ἀδελφοί, μὴ 13
ἐκκακήσητε[5] καλοποιοῦντες. εἰ δέ τις οὐχ ὑπακούει 14
τῷ λόγῳ ἡμῶν διὰ τῆς ἐπιστολῆς, τοῦτον σημει-

---

[1] om. ὑμῖν   [2] παρελάβοσαν text, παρελαβετε marg.
[3] νυκτὸς καὶ ἡμέρας   [4] ἐν Κυρίῳ Ἰησοῦ Χριστῷ   [5] ἐγ-
κακήσητε

οῦσθε, καὶ[6] μὴ συναναμίγνυσθε[7] αὐτῷ, ἵνα ἐντραπῇ·
15 καὶ μὴ ὡς ἐχθρὸν ἡγεῖσθε, ἀλλὰ νουθετεῖτε ὡς
ἀδελφόν.
16 Αὐτὸς δὲ ὁ Κύριος τῆς εἰρήνης δῴη ὑμῖν τὴν
εἰρήνην διὰ παντὸς ἐν παντὶ τρόπῳ. ὁ Κύριος μετὰ
πάντων ὑμῶν.
17 Ὁ ἀσπασμὸς τῇ ἐμῇ χειρὶ Παύλου, ὅ ἐστι
18 σημεῖον ἐν πάσῃ ἐπιστολῇ· οὕτω γράφω. ἡ χάρις
τοῦ Κυρίου ἡμῶν Ἰησοῦ Χριστοῦ μετὰ πάντων
ὑμῶν. ἀμήν.[8]

ΠΑΥΛΟΥ ΤΟΥ ΑΠΟΣΤΟΛΟΥ

Η ΠΡΟΣ

ΤΙΜΟΘΕΟΝ

ΕΠΙΣΤΟΛΗ ΠΡΩΤΗ.

I.   Παῦλος ἀπόστολος Ἰησοῦ Χριστοῦ[1] κατ᾽ ἐπι-
ταγὴν Θεοῦ σωτῆρος ἡμῶν, καὶ Κυρίου[2] Ἰησοῦ
2 Χριστοῦ[3] τῆς ἐλπίδος ἡμῶν, Τιμοθέῳ γνησίῳ τέκνῳ
ἐν πίστει· χάρις, ἔλεος, εἰρήνη ἀπὸ Θεοῦ πατρὸς
ἡμῶν[4] καὶ Ἰησοῦ Χριστοῦ* τοῦ Κυρίου ἡμῶν.
3 Καθὼς παρεκάλεσά σε προσμεῖναι ἐν Ἐφέσῳ,
πορευόμενος εἰς Μακεδονίαν, ἵνα παραγγείλῃς τισὶ
4 μὴ ἑτεροδιδασκαλεῖν, μηδὲ προσέχειν μύθοις καὶ
γενεαλογίαις ἀπεράντοις, αἵτινες ζητήσεις[5] παρέ-
χουσι μᾶλλον ἢ οἰκοδομίαν[6] Θεοῦ τὴν ἐν πίστει—.
5 τὸ δὲ τέλος τῆς παραγγελίας ἐστὶν ἀγάπη ἐκ
καθαρᾶς καρδίας καὶ συνειδήσεως ἀγαθῆς καὶ

---

[6] om. καὶ   [7] συναναμίγνυσθαι   [8] om. ἀμήν.   [1] Χριστοῦ
Ἰησοῦ   [2] om. Κυρίου   [3] Χριστοῦ Ἰησοῦ   [4] om. ἡμῶν
[5] ἐκζητήσεις   [6] οἰκονομίαν

πίστεως ἀνυποκρίτου· ὧν τινὲς ἀστοχήσαντες 6
ἐξετράπησαν εἰς ματαιολογίαν, θέλοντες εἶναι νο- 7
μοδιδάσκαλοι, μὴ νοοῦντες μήτε ἃ λέγουσι, μήτε
περὶ τίνων διαβεβαιοῦνται. οἴδαμεν δὲ ὅτι καλὸς 8
ὁ νόμος, ἐάν τις αὐτῷ νομίμως χρῆται, εἰδὼς τοῦτο, 9
ὅτι δικαίῳ νόμος οὐ κεῖται, ἀνόμοις δὲ καὶ ἀνυπο-
τάκτοις, ἀσεβέσι καὶ ἁμαρτωλοῖς, ἀνοσίοις καὶ
βεβήλοις, πατραλῴαις καὶ μητραλῴαις, ἀνδρο-
φόνοις, πόρνοις, ἀρσενοκοίταις, ἀνδραποδισταῖς, 10
ψεύσταις, ἐπιόρκοις, καὶ εἴ τι ἕτερον τῇ ὑγιαι-
νούσῃ διδασκαλίᾳ ἀντίκειται, κατὰ τὸ εὐαγγέλιον 11
τῆς δόξης τοῦ μακαρίου Θεοῦ, ὃ ἐπιστεύθην ἐγώ.

Καὶ[7] χάριν ἔχω τῷ ἐνδυναμώσαντί[8] με Χριστῷ 12
Ἰησοῦ τῷ Κυρίῳ ἡμῶν, ὅτι πιστόν με ἡγήσατο,
θέμενος εἰς διακονίαν, τὸν[9] πρότερον ὄντα βλάσφη- 13
μον καὶ διώκτην καὶ ὑβριστήν· ἀλλ᾽ ἠλεήθην, ὅτι
ἀγνοῶν ἐποίησα ἐν ἀπιστίᾳ· ὑπερεπλεόνασε δὲ ἡ 14
χάρις τοῦ Κυρίου ἡμῶν μετὰ πίστεως καὶ ἀγάπης
τῆς ἐν Χριστῷ Ἰησοῦ. πιστὸς ὁ λόγος καὶ πάσης 15
ἀποδοχῆς ἄξιος, ὅτι Χριστὸς Ἰησοῦς ἦλθεν εἰς τὸν
κόσμον ἁμαρτωλοὺς σῶσαι, ὧν πρῶτός εἰμι ἐγώ·
ἀλλὰ διὰ τοῦτο ἠλεήθην, ἵνα ἐν ἐμοὶ πρώτῳ ἐνδεί- 16
ξηται Ἰησοῦς Χριστὸς τὴν πᾶσαν[10] μακροθυμίαν,
πρὸς ὑποτύπωσιν τῶν μελλόντων πιστεύειν ἐπ᾽
αὐτῷ εἰς ζωὴν αἰώνιον. τῷ δὲ βασιλεῖ τῶν αἰώ- 17
νων, ἀφθάρτῳ, ἀοράτῳ, μόνῳ σοφῷ[11] Θεῷ, τιμὴ καὶ
δόξα εἰς τοὺς αἰῶνας τῶν αἰώνων. ἀμήν.

Ταύτην τὴν παραγγελίαν παρατίθεμαί σοι, 18
τέκνον Τιμόθεε, κατὰ τὰς προαγούσας ἐπί σε προ-
φητείας, ἵνα στρατεύῃ ἐν αὐταῖς τὴν καλὴν στρα-
τείαν, ἔχων πίστιν καὶ ἀγαθὴν συνείδησιν, ἥν 19

7 om. Καὶ (Χάριν)   8 Marg. ἐνδυναμοῦντί   9 τὸ   10 ἅπασαν
11 om. σοφῷ

τινες ἀπωσάμενοι περὶ τὴν πίστιν ἐναυάγησαν·
20 ὧν ἐστιν Ὑμέναιος καὶ Ἀλέξανδρος, οὓς παρέδωκα
τῷ Σατανᾷ, ἵνα παιδευθῶσι μὴ βλασφημεῖν.

II. Παρακαλῶ οὖν πρῶτον πάντων ποιεῖσθαι δεή-
σεις, προσευχάς, ἐντεύξεις, εὐχαριστίας, ὑπὲρ πάν-
2 των ἀνθρώπων· ὑπὲρ βασιλέων καὶ πάντων τῶν
ἐν ὑπεροχῇ ὄντων, ἵνα ἤρεμον καὶ ἡσύχιον βίον
3 διάγωμεν ἐν πάσῃ εὐσεβείᾳ καὶ σεμνότητι. τοῦτο
γὰρ¹ καλὸν καὶ ἀπόδεκτον ἐνώπιον τοῦ σωτῆρος
4 ἡμῶν Θεοῦ, ὃς πάντας ἀνθρώπους θέλει σωθῆναι
5 καὶ εἰς ἐπίγνωσιν ἀληθείας ἐλθεῖν. εἷς γὰρ Θεός,
εἷς καὶ μεσίτης Θεοῦ καὶ ἀνθρώπων, ἄνθρωπος
6 Χριστὸς Ἰησοῦς, ὁ δοὺς ἑαυτὸν ἀντίλυτρον ὑπὲρ
7 πάντων, τὸ μαρτύριον καιροῖς ἰδίοις, εἰς ὃ ἐτέθην
ἐγὼ κήρυξ καὶ ἀπόστολος (ἀλήθειαν λέγω ἐν Χρι-
στῷ², οὐ ψεύδομαι), διδάσκαλος ἐθνῶν ἐν πίστει
καὶ ἀληθείᾳ.

8 Βούλομαι οὖν προσεύχεσθαι τοὺς ἄνδρας ἐν
παντὶ τόπῳ, ἐπαίροντας ὁσίους χεῖρας, χωρὶς ὀργῆς
9 καὶ διαλογισμοῦ. ὡσαύτως καὶ τὰς³ γυναῖκας ἐν
καταστολῇ κοσμίῳ, μετὰ αἰδοῦς καὶ σωφροσύνης,
κοσμεῖν ἑαυτάς, μὴ ἐν πλέγμασιν, ἢ⁴ χρυσῷ⁵, ἢ
10 μαργαρίταις, ἢ ἱματισμῷ πολυτελεῖ, ἀλλ' (ὃ πρέ-
πει γυναιξὶν ἐπαγγελλομέναις θεοσέβειαν) δι' ἔρ-
11 γων ἀγαθῶν. γυνὴ ἐν ἡσυχίᾳ μανθανέτω ἐν πάσῃ
12 ὑποταγῇ. γυναικὶ δὲ διδάσκειν⁶ οὐκ ἐπιτρέπω, οὐδὲ
13 αὐθεντεῖν ἀνδρός, ἀλλ' εἶναι ἐν ἡσυχίᾳ. Ἀδὰμ γὰρ
14 πρῶτος ἐπλάσθη, εἶτα Εὔα· καὶ Ἀδὰμ οὐκ ἠπα-
τήθη, ἡ δὲ γυνὴ ἀπατηθεῖσα⁷ ἐν παραβάσει γέγονε·
15 σωθήσεται δὲ διὰ τῆς τεκνογονίας, ἐὰν μείνωσιν ἐν
πίστει καὶ ἀγάπῃ καὶ ἁγιασμῷ μετὰ σωφροσύνης.

---

¹ om. γὰρ   ² om. ἐν Χριστῷ   ³ om. καὶ τὰς   ⁴ καὶ
⁵ χρυσίῳ   ⁶ διδάσκειν δὲ γυναικὶ   ⁷ ἐξαπατηθεῖσα

Πιστὸς ὁ λόγος·[8] Εἴ τις ἐπισκοπῆς ὀρέγεται, III.
καλοῦ ἔργου ἐπιθυμεῖ. δεῖ οὖν τὸν ἐπίσκοπον 2
ἀνεπίληπτον εἶναι, μιᾶς γυναικὸς ἄνδρα, νηφάλιον,
σώφρονα, κόσμιον, φιλόξενον, διδακτικόν· μὴ πάρ- 3
οινον, μὴ πλήκτην, μὴ αἰσχροκερδῆ,[1] ἀλλ᾽ ἐπιεικῆ,
ἄμαχον, ἀφιλάργυρον· τοῦ ἰδίου οἴκου καλῶς προϊ- 4
στάμενον, τέκνα ἔχοντα ἐν ὑποταγῇ μετὰ πάσης
σεμνότητος (εἰ δέ τις τοῦ ἰδίου οἴκου προστῆναι 5
οὐκ οἶδε, πῶς ἐκκλησίας Θεοῦ ἐπιμελήσεται;)· μὴ 6
νεόφυτον, ἵνα μὴ τυφωθεὶς εἰς κρίμα ἐμπέσῃ τοῦ
διαβόλου. δεῖ δὲ αὐτὸν[2] καὶ μαρτυρίαν καλὴν ἔχειν 7
ἀπὸ τῶν ἔξωθεν, ἵνα μὴ εἰς ὀνειδισμὸν ἐμπέσῃ καὶ
παγίδα τοῦ διαβόλου. διακόνους ὡσαύτως σεμ- 8
νούς, μὴ διλόγους, μὴ οἴνῳ πολλῷ προσέχοντας, μὴ
αἰσχροκερδεῖς, ἔχοντας τὸ μυστήριον τῆς πίστεως 9
ἐν καθαρᾷ συνειδήσει. καὶ οὗτοι δὲ δοκιμαζέσθω- 10
σαν πρῶτον, εἶτα διακονείτωσαν, ἀνέγκλητοι ὄντες.
γυναῖκας ὡσαύτως σεμνάς, μὴ διαβόλους, νηφα- 11
λίους, πιστὰς ἐν πᾶσι. διάκονοι ἔστωσαν μιᾶς 12
γυναικὸς ἄνδρες, τέκνων καλῶς προϊστάμενοι καὶ
τῶν ἰδίων οἴκων. οἱ γὰρ καλῶς διακονήσαντες 13
βαθμὸν ἑαυτοῖς καλὸν περιποιοῦνται, καὶ πολλὴν
παρρησίαν ἐν πίστει τῇ ἐν Χριστῷ Ἰησοῦ.
Ταῦτά σοι γράφω, ἐλπίζων ἐλθεῖν πρός σε 14
τάχιον·[3] ἐὰν δὲ βραδύνω, ἵνα εἰδῇς πῶς δεῖ ἐν οἴκῳ 15
Θεοῦ ἀναστρέφεσθαι, ἥτις ἐστὶν ἐκκλησία Θεοῦ
ζῶντος, στύλος καὶ ἑδραίωμα τῆς ἀληθείας. καὶ 16
ὁμολογουμένως μέγα ἐστὶ τὸ τῆς εὐσεβείας μυστή-
ριον· Θεὸς[4] ἐφανερώθη ἐν σαρκί, ἐδικαιώθη ἐν πνεύ-
ματι, ὤφθη ἀγγέλοις, ἐκηρύχθη ἐν ἔθνεσιν, ἐπι-
στεύθη ἐν κόσμῳ, ἀνελήφθη ἐν δόξῃ.

---

[8] (*Marg.* σωφροσύνης· πιστὸς ὁ λόγος.)   [1] *om.* μὴ αἰσχροκερδῆ,
[2] *om.* αὐτὸν   [3] ἐν τάχει   [4] ὃς *text*, ὃ *marg.*, *with note that* Θεὸς
rests on no sufficient ancient evidence.

IV Τὸ δὲ Πνεῦμα ῥητῶς λέγει, ὅτι ἐν ὑστέροις
καιροῖς ἀποστήσονταί τινες τῆς πίστεως, προσέ-
χοντες πνεύμασι πλάνοις καὶ διδασκαλίαις δαιμο-
2 νίων, ἐν ὑποκρίσει ψευδολόγων, κεκαυτηριασμένων
3 τὴν ἰδίαν συνείδησιν, κωλυόντων γαμεῖν, ἀπέχεσ-
θαι βρωμάτων, ἃ ὁ Θεὸς ἔκτισεν εἰς μετάληψιν
μετὰ εὐχαριστίας τοῖς πιστοῖς καὶ ἐπεγνωκόσι τὴν
4 ἀλήθειαν. ὅτι πᾶν κτίσμα Θεοῦ καλόν, καὶ οὐδὲν
5 ἀπόβλητον, μετὰ εὐχαριστίας λαμβανόμενον· ἁγιά-
ζεται γὰρ διὰ λόγου Θεοῦ καὶ ἐντεύξεως.
6 Ταῦτα ὑποτιθέμενος τοῖς ἀδελφοῖς καλὸς ἔσῃ
διάκονος Ἰησοῦ Χριστοῦ[1], ἐντρεφόμενος τοῖς λόγοις
τῆς πίστεως, καὶ τῆς καλῆς διδασκαλίας ᾗ παρη-
7 κολούθηκας. τοὺς δὲ βεβήλους καὶ γραώδεις μύ-
θους παραιτοῦ. γύμναζε δὲ σεαυτὸν πρὸς εὐσέ-
8 βειαν· ἡ γὰρ σωματικὴ γυμνασία πρὸς ὀλίγον
ἐστὶν ὠφέλιμος· ἡ δὲ εὐσέβεια πρὸς πάντα ὠφέλι-
μός ἐστιν, ἐπαγγελίαν ἔχουσα ζωῆς τῆς νῦν καὶ
9 τῆς μελλούσης. πιστὸς ὁ λόγος καὶ πάσης ἀπο-
10 δοχῆς ἄξιος. εἰς τοῦτο γὰρ καὶ[2] κοπιῶμεν καὶ
ὀνειδιζόμεθα[3], ὅτι ἠλπίκαμεν ἐπὶ Θεῷ ζῶντι, ὅς ἐστι
11 σωτὴρ πάντων ἀνθρώπων, μάλιστα πιστῶν. πα-
12 ράγγελλε ταῦτα καὶ δίδασκε. μηδείς σου τῆς
νεότητος καταφρονείτω, ἀλλὰ τύπος γίνου τῶν
πιστῶν ἐν λόγῳ, ἐν ἀναστροφῇ, ἐν ἀγάπῃ, ἐν πνεύ-
13 ματι,[4] ἐν πίστει, ἐν ἁγνείᾳ. ἕως ἔρχομαι, πρόσεχε
14 τῇ ἀναγνώσει, τῇ παρακλήσει, τῇ διδασκαλίᾳ. μὴ
ἀμέλει τοῦ ἐν σοὶ χαρίσματος, ὃ ἐδόθη σοι διὰ
προφητείας μετὰ ἐπιθέσεως τῶν χειρῶν τοῦ πρες-
15 βυτερίου. ταῦτα μελέτα, ἐν τούτοις ἴσθι, ἵνα σου
16 ἡ προκοπὴ φανερὰ ᾖ ἐν[5] πᾶσιν. ἔπεχε σεαυτῷ

---

[1] Χριστοῦ Ἰησοῦ   [2] om. καὶ   [3] ἀγωνιζόμεθα
[4] om. ἐν πνεύματι,   [5] om. ἐν

καὶ τῇ διδασκαλίᾳ. ἐπίμενε αὐτοῖς· τοῦτο γὰρ
ποιῶν καὶ σεαυτὸν σώσεις καὶ τοὺς ἀκούοντάς
σου. Πρεσβυτέρῳ μὴ ἐπιπλήξῃς, ἀλλὰ παρακάλει V.
ὡς πατέρα· νεωτέρους, ὡς ἀδελφούς· πρεσβυτέρας, 2
ὡς μητέρας· νεωτέρας, ὡς ἀδελφάς, ἐν πάσῃ ἁγνείᾳ.
χήρας τίμα τὰς ὄντως χήρας. εἰ δέ τις χήρα 3, 4
τέκνα ἢ ἔκγονα ἔχει, μανθανέτωσαν πρῶτον τὸν
ἴδιον οἶκον εὐσεβεῖν, καὶ ἀμοιβὰς ἀποδιδόναι τοῖς
προγόνοις· τοῦτο γάρ ἐστι καλὸν καὶ[1] ἀπόδεκτον
ἐνώπιον τοῦ Θεοῦ. ἡ δὲ ὄντως χήρα καὶ μεμονω- 5
μένη ἤλπικεν ἐπὶ τὸν[2] Θεόν, καὶ προσμένει ταῖς
δεήσεσι καὶ ταῖς προσευχαῖς νυκτὸς καὶ ἡμέρας. ἡ 6
δὲ σπαταλῶσα, ζῶσα τέθνηκε. καὶ ταῦτα πα- 7
ράγγελλε, ἵνα ἀνεπίληπτοι ὦσιν. εἰ δέ τις τῶν 8
ἰδίων καὶ μάλιστα τῶν[3] οἰκείων οὐ προνοεῖ, τὴν
πίστιν ἤρνηται, καὶ ἔστιν ἀπίστου χείρων. χήρα 9
καταλεγέσθω μὴ ἔλαττον ἐτῶν ἑξήκοντα, γεγονυῖα
ἑνὸς[4] ἀνδρὸς γυνή, ἐν ἔργοις καλοῖς μαρτυρουμένη, 10
εἰ ἐτεκνοτρόφησεν, εἰ ἐξενοδόχησεν, εἰ ἁγίων πόδας
ἔνιψεν, εἰ θλιβομένοις ἐπήρκεσεν, εἰ παντὶ ἔργῳ
ἀγαθῷ ἐπηκολούθησε. νεωτέρας δὲ χήρας παραι- 11
τοῦ· ὅταν γὰρ καταστρηνιάσωσι τοῦ Χριστοῦ,
γαμεῖν θέλουσιν, ἔχουσαι κρίμα, ὅτι τὴν πρώτην 12
πίστιν ἠθέτησαν. ἅμα δὲ καὶ ἀργαὶ μανθάνουσι, 13
περιερχόμεναι τὰς οἰκίας, οὐ μόνον δὲ ἀργαί, ἀλλὰ
καὶ φλύαροι καὶ περίεργοι, λαλοῦσαι τὰ μὴ δέοντα.
βούλομαι οὖν νεωτέρας γαμεῖν, τεκνογονεῖν, οἰκο- 14
δεσποτεῖν, μηδεμίαν ἀφορμὴν διδόναι τῷ ἀντικει-
μένῳ λοιδορίας χάριν. ἤδη γάρ τινες ἐξετράπησαν 15
ὀπίσω τοῦ Σατανᾶ. εἴ τις πιστὸς ἢ[5] πιστὴ ἔχει 16

---

[1] (ν) om. καλὸν καὶ   [2] om. τὸν   [3] om. τῶν
[4] (ἑξήκοντα γεγονυῖα, ἑνὸς)   [5] om. πιστὸς ἢ

χήρας, ἐπαρκείτω αὐταῖς, καὶ μὴ βαρείσθω ἡ ἐκ-
κλησία, ἵνα ταῖς ὄντως χήραις ἐπαρκέσῃ.

17 Οἱ καλῶς προεστῶτες πρεσβύτεροι διπλῆς τι-
μῆς ἀξιούσθωσαν, μάλιστα οἱ κοπιῶιτες ἐν λόγῳ
18 καὶ διδασκαλίᾳ. λέγει γὰρ ἡ γραφή, Βοῦν ἀλοῶν-
τα οὐ φιμώσεις. καί, Ἄξιος ὁ ἐργάτης τοῦ μισθοῦ
19 αὐτοῦ. κατὰ πρεσβυτέρου κατηγορίαν μὴ παρα-
δέχου, ἐκτὸς εἰ μὴ ἐπὶ δύο ἢ τριῶν μαρτύρων.
20 τοὺς ἁμαρτάνοντας ἐνώπιον πάντων ἔλεγχε, ἵνα
21 καὶ οἱ λοιποὶ φόβον ἔχωσι. διαμαρτύρομαι ἐνώ-
πιον τοῦ Θεοῦ καὶ Κυρίου Ἰησοῦ Χριστοῦ[6] καὶ τῶν
ἐκλεκτῶν ἀγγέλων, ἵνα ταῦτα φυλάξῃς χωρὶς προ-
22 κρίματος, μηδὲν ποιῶν κατὰ πρόσκλισιν. χεῖρας
ταχέως μηδενὶ ἐπιτίθει, μηδὲ κοινώνει ἁμαρτίαις
23 ἀλλοτρίαις· σεαυτὸν ἁγνὸν τήρει. μηκέτι ὑδροπό-
τει, ἀλλ' οἴνῳ ὀλίγῳ χρῶ, διὰ τὸν στόμαχόν σου[7]
24 καὶ τὰς πυκνάς σου ἀσθενείας. τινῶν ἀνθρώπων
αἱ ἁμαρτίαι πρόδηλοί εἰσι, προάγουσαι εἰς κρίσιν·
25 τισὶ δὲ καὶ ἐπακολουθοῦσιν. ὡσαύτως καὶ τὰ
καλὰ ἔργα[8] πρόδηλά ἐστι[9]· καὶ τὰ ἄλλως ἔχοντα
κρυβῆναι οὐ δύναται.

VI.   Ὅσοι εἰσὶν ὑπὸ ζυγὸν δοῦλοι, τοὺς ἰδίους δε-
σπότας πάσης τιμῆς ἀξίους ἡγείσθωσαν, ἵνα μὴ τὸ
ὄνομα τοῦ Θεοῦ καὶ ἡ διδασκαλία βλασφημῆται.
2 οἱ δὲ πιστοὺς ἔχοντες δεσπότας μὴ καταφρονεί-
τωσαν, ὅτι ἀδελφοί εἰσιν· ἀλλὰ μᾶλλον δουλευέ-
τωσαν, ὅτι πιστοί εἰσι καὶ ἀγαπητοὶ οἱ τῆς
εὐεργεσίας ἀντιλαμβανόμενοι. ταῦτα δίδασκε καὶ
παρακάλει.

3   Εἴ τις ἑτεροδιδασκαλεῖ, καὶ μὴ προσέρχεται
ὑγιαίνουσι λόγοις, τοῖς τοῦ Κυρίου ἡμῶν Ἰησοῦ

---

[6] Χριστοῦ Ἰησοῦ   [7] (-χον) om. σου   [8] ἔργα τὰ καλὰ
[9] (-λα) om. ἐστι

Χριστοῦ, καὶ τῇ κατ᾽ εὐσέβειαν διδασκαλίᾳ, τετύ- 4
φωται, μηδὲν ἐπιστάμενος, ἀλλὰ νοσῶν περὶ ζητή-
σεις καὶ λογομαχίας, ἐξ ὧν γίνεται φθόνος, ἔρις,
βλασφημίαι, ὑπόνοιαι πονηραί, παραδιατριβαὶ¹ διεφ- 5
θαρμένων ἀνθρώπων τὸν νοῦν, καὶ ἀπεστερημένων
τῆς ἀληθείας, νομιζόντων πορισμὸν εἶναι τὴν εὐσέ-
βειαν. ἀφίστασο ἀπὸ τῶν τοιούτων.² ἔστι δὲ πορισ- 6
μὸς μέγας ἡ εὐσέβεια μετὰ αὐταρκείας· οὐδὲν γὰρ 7
εἰσηνέγκαμεν εἰς τὸν κόσμον, δῆλον³ ὅτι οὐδὲ ἐξ-
ενεγκεῖν τι δυνάμεθα· ἔχοντες δὲ διατροφὰς καὶ 8
σκεπάσματα τούτοις ἀρκεσθησόμεθα. οἱ δὲ βου- 9
λόμενοι πλουτεῖν ἐμπίπτουσιν εἰς πειρασμὸν καὶ
παγίδα καὶ ἐπιθυμίας πολλὰς ἀνοήτους καὶ βλα-
βεράς, αἵτινες βυθίζουσι τοὺς ἀνθρώπους εἰς ὄλε-
θρον καὶ ἀπώλειαν. ῥίζα γὰρ πάντων τῶν κακῶν 10
ἐστὶν ἡ φιλαργυρία· ἧς τινες ὀρεγόμενοι ἀπεπλα-
νήθησαν ἀπὸ τῆς πίστεως, καὶ ἑαυτοὺς περιέπει-
ραν ὀδύναις πολλαῖς.

Σὺ δέ, ὦ ἄνθρωπε τοῦ⁴ Θεοῦ, ταῦτα φεῦγε· δίωκε 11
δὲ δικαιοσύνην, εὐσέβειαν, πίστιν, ἀγάπην, ὑπομο-
νήν, πρᾳότητα⁵. ἀγωνίζου τὸν καλὸν ἀγῶνα τῆς 12
πίστεως, ἐπιλαβοῦ τῆς αἰωνίου ζωῆς, εἰς ἣν καὶ⁶
ἐκλήθης, καὶ ὡμολόγησας τὴν καλὴν ὁμολογίαν
ἐνώπιον πολλῶν μαρτύρων. παραγγέλλω σοι 13
ἐνώπιον τοῦ Θεοῦ τοῦ ζωοποιοῦντος⁷ τὰ πάντα, καὶ
Χριστοῦ Ἰησοῦ τοῦ μαρτυρήσαντος ἐπὶ Ποντίου
Πιλάτου τὴν καλὴν ὁμολογίαν, τηρῆσαί σε τὴν 14
ἐντολὴν ἄσπιλον, ἀνεπίληπτον, μέχρι τῆς ἐπιφα-
νείας τοῦ Κυρίου ἡμῶν Ἰησοῦ Χριστοῦ, ἣν* καιροῖς 15
ἰδίοις δείξει ὁ μακάριος καὶ μόνος δυνάστης, ὁ

¹ διαπαρατριβαὶ   ² om. ἀφίστασο ἀπὸ τῶν τοιούτων.
³· om. δῆλον   ⁴ om. τοῦ   ⁵ πραυπάθειαν   ⁶ om. καὶ
⁷ ζωογονοῦντος

Βασιλεὺς τῶν βασιλευόντων, καὶ Κύριος τῶν
16 κυριευόντων, ὁ μόνος ἔχων ἀθανασίαν, φῶς οἰκῶν
ἀπρόσιτον, ὃν εἶδεν οὐδεὶς ἀνθρώπων, οὐδὲ ἰδεῖν
δύναται· ᾧ τιμὴ καὶ κράτος αἰώνιον. ἀμήν.

17 Τοῖς πλουσίοις ἐν τῷ νῦν αἰῶνι παράγγελλε,
μὴ ὑψηλοφρονεῖν, μηδὲ ἠλπικέναι ἐπὶ πλούτου
ἀδηλότητι, ἀλλ' ἐν⁸ τῷ⁹ Θεῷ τῷ ζῶντι¹⁰, τῷ παρέ-
18 χοντι ἡμῖν πλουσίως πάντα¹¹ εἰς ἀπόλαυσιν· ἀγαθοερ-
γεῖν, πλουτεῖν ἐν ἔργοις καλοῖς, εὐμεταδότους εἶναι,
19 κοινωνικούς, ἀποθησαυρίζοντας ἑαυτοῖς θεμέλιον
καλὸν εἰς τὸ μέλλον, ἵνα ἐπιλάβωνται τῆς αἰωνίου¹²
ζωῆς.

20 Ὦ Τιμόθεε, τὴν παρακαταθήκην¹³ φύλαξον, ἐκτρε-
πόμενος τὰς βεβήλους κενοφωνίας καὶ ἀντιθέσεις
21 τῆς ψευδωνύμου γνώσεως· ἥν τινες ἐπαγγελλόμε-
νοι περὶ τὴν πίστιν ἠστόχησαν.
Ἡ χάρις μετὰ σοῦ¹⁴ ἀμήν.¹⁵

ΠΑΥΛΟΥ ΤΟΥ ΑΠΟΣΤΟΛΟΥ

Η ΠΡΟΣ

ΤΙΜΟΘΕΟΝ

ΕΠΙΣΤΟΛΗ ΔΕΥΤΕΡΑ.

I. Παῦλος, ἀπόστολος Ἰησοῦ Χριστοῦ¹ διὰ θελήμα-
τος Θεοῦ, κατ' ἐπαγγελίαν ζωῆς τῆς ἐν Χριστῷ
2 Ἰησοῦ, Τιμοθέῳ ἀγαπητῷ τέκνῳ· χάρις, ἔλεος,
εἰρήνη ἀπὸ Θεοῦ πατρὸς καὶ Χριστοῦ Ἰησοῦ τοῦ
Κυρίου ἡμῶν.

---

⁸ ἐπὶ   ⁹ om. τῷ   ¹⁰ om. τῷ ζῶντι   ¹¹ πάντα
πλουσίως   ¹² ὄντως   ¹³ παραθήκην   ¹⁴ μεθ' ὑμῶν
¹⁵ om. ἀμήν.   ¹ Χριστοῦ Ἰησοῦ

Χάριν ἔχω τῷ Θεῷ, ᾧ λατρεύω ἀπὸ προγόνων 3
ἐν καθαρᾷ συνειδήσει, ὡς ἀδιάλειπτον ἔχω τὴν
περὶ σοῦ μνείαν ἐν ταῖς δεήσεσί μου νυκτὸς καὶ
ἡμέρας, ἐπιποθῶν[2] σε ἰδεῖν, μεμνημένος σου τῶν 4
δακρύων, ἵνα χαρᾶς πληρωθῶ, ὑπόμνησιν λαμβάνων[3] 5
τῆς ἐν σοὶ ἀνυποκρίτου πίστεως, ἥτις ἐνῴκησε
πρῶτον ἐν τῇ μάμμῃ σου Λωΐδι καὶ τῇ μητρί σου
Εὐνίκῃ*, πέπεισμαι δὲ ὅτι καὶ ἐν σοί. δι᾽ ἣν 6
αἰτίαν ἀναμιμνήσκω σε ἀναζωπυρεῖν τὸ χάρισμα
τοῦ Θεοῦ, ὅ ἐστιν ἐν σοὶ διὰ τῆς ἐπιθέσεως τῶν
χειρῶν μου. οὐ γὰρ ἔδωκεν ἡμῖν ὁ Θεὸς πνεῦμα 7
δειλίας, ἀλλὰ δυνάμεως καὶ ἀγάπης καὶ σωφρονισ-
μοῦ. μὴ οὖν ἐπαισχυνθῇς τὸ μαρτύριον τοῦ Κυ- 8
ρίου ἡμῶν, μηδὲ ἐμὲ τὸν δέσμιον αὐτοῦ· ἀλλὰ
συγκακοπάθησον τῷ εὐαγγελίῳ κατὰ δύναμιν Θεοῦ,
τοῦ σώσαντος ἡμᾶς καὶ καλέσαντος κλήσει ἁγίᾳ, 9
οὐ κατὰ τὰ ἔργα ἡμῶν, ἀλλὰ κατ᾽ ἰδίαν πρόθεσιν
καὶ χάριν τὴν δοθεῖσαν ἡμῖν ἐν Χριστῷ Ἰησοῦ
πρὸ χρόνων αἰωνίων, φανερωθεῖσαν δὲ νῦν διὰ τῆς 10
ἐπιφανείας τοῦ σωτῆρος ἡμῶν Ἰησοῦ Χριστοῦ[4], κατ-
αργήσαντος μὲν τὸν θάνατον, φωτίσαντος δὲ ζωὴν
καὶ ἀφθαρσίαν διὰ τοῦ εὐαγγελίου, εἰς ὃ ἐτέθην 11
ἐγὼ κήρυξ καὶ ἀπόστολος καὶ διδάσκαλος ἐθνῶν[5].
δι᾽ ἣν αἰτίαν καὶ ταῦτα πάσχω, ἀλλ᾽ οὐκ ἐπαισχύ- 12
νομαι· οἶδα γὰρ ᾧ πεπίστευκα, καὶ πέπεισμαι ὅτι
δυνατός ἐστι τὴν παραθήκην μου φυλάξαι εἰς ἐκεί-
νην τὴν ἡμέραν. ὑποτύπωσιν ἔχε ὑγιαινόντων 13
λόγων ὧν παρ᾽ ἐμοῦ ἤκουσας, ἐν πίστει καὶ ἀγάπῃ
τῇ ἐν Χριστῷ Ἰησοῦ. τὴν καλὴν παρακαταθήκην[6] 14
φύλαξον διὰ Πνεύματος Ἁγίου τοῦ ἐνοικοῦντος ἐν
ἡμῖν.

---

[2] (, νυκτὸς καὶ ἡμέρας ἐπιποθῶν)   [3] λαβὼν   [4] Χριστοῦ Ἰησοῦ
[5] om. ἐθνῶν   [6] παραθήκην

15 Οἶδας τοῦτο, ὅτι ἀπεστράφησάν με πάντες
οἱ ἐν τῇ Ἀσίᾳ, ὧν ἐστὶ Φύγελλος[7] καὶ Ἑρμογένης.
16 δῴη ἔλεος ὁ Κύριος τῷ Ὀνησιφόρου οἴκῳ· ὅτι
πολλάκις με ἀνέψυξε, καὶ τὴν ἅλυσίν μου οὐκ
17 ἐπῃσχύνθη, ἀλλὰ γενόμενος ἐν Ῥώμῃ, σπουδαιότερον[8]
18 ἐζήτησέ με καὶ εὗρε (δῴη αὐτῷ ὁ Κύριος εὑρεῖν
ἔλεος παρὰ Κυρίου ἐν ἐκείνῃ τῇ ἡμέρᾳ)· καὶ ὅσα ἐν
Ἐφέσῳ διηκόνησε, βέλτιον σὺ γινώσκεις.
II. Σὺ οὖν, τέκνον μου, ἐνδυναμοῦ ἐν τῇ χάριτι τῇ
2 ἐν Χριστῷ Ἰησοῦ. καὶ ἃ ἤκουσας παρ' ἐμοῦ διὰ
πολλῶν μαρτύρων, ταῦτα παράθου πιστοῖς ἀνθρώ-
ποις, οἵτινες ἱκανοὶ ἔσονται καὶ ἑτέρους διδάξαι.
3 σὺ οὖν κακοπάθησον[1] ὡς καλὸς στρατιώτης Ἰησοῦ
4 Χριστοῦ[2]. οὐδεὶς στρατευόμενος ἐμπλέκεται ταῖς
τοῦ βίου πραγματείαις, ἵνα τῷ στρατολογήσαντι
5 ἀρέσῃ. ἐὰν δὲ καὶ ἀθλῇ τις, οὐ στεφανοῦται ἐὰν
6 μὴ νομίμως ἀθλήσῃ. τὸν κοπιῶντα γεωργὸν δεῖ
7 πρῶτον τῶν καρπῶν μεταλαμβάνειν. νόει ἃ[3] λέγω·
8 δῴη[4] γάρ σοι ὁ Κύριος σύνεσιν ἐν πᾶσι. μνημό-
νευε Ἰησοῦν Χριστὸν ἐγηγερμένον ἐκ νεκρῶν, ἐκ
9 σπέρματος Δαβίδ, κατὰ τὸ εὐαγγέλιόν μου· ἐν ᾧ
κακοπαθῶ μέχρι δεσμῶν, ὡς κακοῦργος· ἀλλ' ὁ
10 λόγος τοῦ Θεοῦ οὐ δέδεται. διὰ τοῦτο πάντα ὑπο-
μένω διὰ τοὺς ἐκλεκτούς, ἵνα καὶ αὐτοὶ σωτηρίας
τύχωσι τῆς ἐν Χριστῷ Ἰησοῦ, μετὰ δόξης αἰωνίου.
11 πιστὸς ὁ λόγος· Εἰ[5] γὰρ συναπεθάνομεν, καὶ συζή-
12 σομεν· εἰ ὑπομένομεν, καὶ συμβασιλεύσομεν· εἰ
13 ἀρνούμεθα[6], κἀκεῖνος ἀρνήσεται ἡμᾶς· εἰ ἀπιστοῦ-
μεν, ἐκεῖνος πιστὸς μένει· ἀρνήσασθαι[7] ἑαυτὸν οὐ
δύναται.

---

[7] Φύγελος   [8] σπουδαίως   [1] συγκακοπάθησον   [2] Χριστοῦ
Ἰησοῦ   [3] δ   [4] δώσει   [5] Marg. εἰ   [6] ἀρνησόμεθα
[7] add γὰρ

Ταῦτα ὑπομίμνησκε, διαμαρτυρόμενος ἐνώπιον 14
τοῦ Κυρίου[8] μὴ λογομαχεῖν εἰς[9] οὐδὲν χρήσιμον, ἐπὶ
καταστροφῇ τῶν ἀκουόντων. σπούδασον σεαυτὸν 15
δόκιμον παραστῆσαι τῷ Θεῷ, ἐργάτην ἀνεπαίσχυν-
τον, ὀρθοτομοῦντα τὸν λόγον τῆς ἀληθείας. τὰς 16
δὲ βεβήλους κενοφωνίας περιΐστασο· ἐπὶ πλεῖον
γὰρ προκόψουσιν ἀσεβείας, καὶ ὁ λόγος αὐτῶν ὡς 17
γάγγραινα νομὴν ἕξει· ὧν ἐστιν Ὑμέναιος καὶ
Φιλητός· οἵτινες περὶ τὴν ἀλήθειαν ἠστόχησαν, 18
λέγοντες τὴν[10] ἀνάστασιν ἤδη γεγονέναι, καὶ ἀνα-
τρέπουσι τήν τινων πίστιν. ὁ μέντοι στερεὸς 19
θεμέλιος τοῦ Θεοῦ ἕστηκεν, ἔχων τὴν σφραγῖδα
ταύτην, Ἔγνω Κύριος τοὺς ὄντας αὐτοῦ, καί, Ἀπο-
στήτω ἀπὸ ἀδικίας πᾶς ὁ ὀνομάζων τὸ ὄνομα
Χριστοῦ[11]. ἐν μεγάλῃ δὲ οἰκίᾳ οὐκ ἔστι μόνον 20
σκεύη χρυσᾶ καὶ ἀργυρᾶ, ἀλλὰ καὶ ξύλινα καὶ
ὀστράκινα, καὶ ἃ μὲν εἰς τιμήν, ἃ δὲ εἰς ἀτιμίαν.
ἐὰν οὖν τις ἐκκαθάρῃ ἑαυτὸν ἀπὸ τούτων, ἔσται 21
σκεῦος εἰς τιμήν, ἡγιασμένον, καὶ[12] εὔχρηστον τῷ
δεσπότῃ, εἰς πᾶν ἔργον ἀγαθὸν ἡτοιμασμένον. τὰς 22
δὲ νεωτερικὰς ἐπιθυμίας φεῦγε· δίωκε δὲ δικαιοσύ-
νην, πίστιν, ἀγάπην, εἰρήνην, μετὰ τῶν ἐπικαλου-
μένων τὸν Κύριον* ἐκ καθαρᾶς καρδίας. τὰς δὲ 23
μωρὰς καὶ ἀπαιδεύτους ζητήσεις παραιτοῦ, εἰδὼς
ὅτι γεννῶσι μάχας. δοῦλον δὲ Κυρίου οὐ δεῖ 24
μάχεσθαι, ἀλλ' ἤπιον εἶναι πρὸς πάντας, διδακτι-
κόν, ἀνεξίκακον, ἐν πραότητι παιδεύοντα τοὺς ἀντι- 25
διατιθεμένους· μήποτε δῷ[13] αὐτοῖς ὁ Θεὸς μετά-
νοιαν εἰς ἐπίγνωσιν ἀληθείας, καὶ ἀνανήψωσιν ἐκ 26
τῆς τοῦ διαβόλου παγίδος, ἐζωγρημένοι ὑπ' αὐτοῦ[14]
εἰς τὸ ἐκείνου θέλημα.

---

8 *Marg.* Θεοῦ   9 ἐπ'   10 *Marg. om.* τὴν   11 Κυρίου
12 *om.* καὶ   13 δῴη   14 (*Marg.* ὑπ' αὐτοῦ, εἰς)

III.   Τοῦτο δὲ γίνωσκε, ὅτι ἐν ἐσχάταις ἡμέραις
2 ἐνστήσονται καιροὶ χαλεποί. ἔσονται γὰρ οἱ ἄν-
θρωποι φίλαυτοι, φιλάργυροι, ἀλαζόνες, ὑπερήφα-
νοι, βλάσφημοι, γονεῦσιν ἀπειθεῖς, ἀχάριστοι,
3 ἀνόσιοι, ἄστοργοι, ἄσπονδοι, διάβολοι, ἀκρατεῖς,
4 ἀνήμεροι, ἀφιλάγαθοι, προδόται, προπετεῖς, τετυ-
5 φωμένοι, φιλήδονοι μᾶλλον ἢ φιλόθεοι, ἔχοντες
μόρφωσιν εὐσεβείας, τὴν δὲ δύναμιν αὐτῆς ἠρνημέ-
6 νοι· καὶ τούτους ἀποτρέπου. ἐκ τούτων γάρ εἰσιν
οἱ ἐνδύνοντες εἰς τὰς οἰκίας, καὶ αἰχμαλωτεύοντες τὰ[1]
γυναικάρια σεσωρευμένα ἁμαρτίαις, ἀγόμενα ἐπι-
7 θυμίαις ποικίλαις, πάντοτε μανθάνοντα, καὶ μηδέ·
8 ποτε εἰς ἐπίγνωσιν ἀληθείας ἐλθεῖν δυνάμενα. ὃν
τρόπον δὲ Ἰαννῆς καὶ Ἰαμβρῆς ἀντέστησαν Μωϋ-
σεῖ, οὕτω καὶ οὗτοι ἀνθίστανται τῇ ἀληθείᾳ, ἄν-
θρωποι κατεφθαρμένοι τὸν νοῦν, ἀδόκιμοι περὶ τὴν
9 πίστιν. ἀλλ᾽ οὐ προκόψουσιν ἐπὶ πλεῖον· ἡ γὰρ
ἄνοια αὐτῶν ἔκδηλος ἔσται πᾶσιν, ὡς καὶ ἡ ἐκείνων
10 ἐγένετο. σὺ δὲ παρηκολούθηκάς[2] μου τῇ διδασκαλίᾳ,
τῇ ἀγωγῇ, τῇ προθέσει, τῇ πίστει, τῇ μακροθυμίᾳ,
11 τῇ ἀγάπῃ, τῇ ὑπομονῇ, τοῖς διωγμοῖς, τοῖς παθή-
μασιν, οἷά μοι ἐγένετο ἐν Ἀντιοχείᾳ, ἐν Ἰκονίῳ,
ἐν Λύστροις, οἵους διωγμοὺς ὑπήνεγκα· καὶ ἐκ
12 πάντων με ἐρρύσατο ὁ Κύριος. καὶ πάντες δὲ οἱ
θέλοντες εὐσεβῶς ζῆν ἐν Χριστῷ Ἰησοῦ διωχθή-
13 σονται. πονηροὶ δὲ ἄνθρωποι καὶ γόητες προκό-
ψουσιν ἐπὶ τὸ χεῖρον, πλανῶντες καὶ πλανώμενοι.
14 σὺ δὲ μένε ἐν οἷς ἔμαθες καὶ ἐπιστώθης, εἰδὼς
15 παρὰ τίνος[3] ἔμαθες, καὶ ὅτι ἀπὸ βρέφους τὰ[4] ἱερὰ
γράμματα οἶδας, τὰ δυνάμενά σε σοφίσαι εἰς σω-
16 τηρίαν διὰ πίστεως τῆς ἐν Χριστῷ Ἰησοῦ. πᾶσα

---

[1] αἰχμαλωτίζοντες   [2] παρηκολούθησάς   [3] τίνων
[4] om. τὰ

γραφὴ θεόπνευστος[5] καὶ ὠφέλιμος πρὸς διδασκα-
λίαν, πρὸς ἔλεγχον[6], πρὸς ἐπανόρθωσιν, πρὸς παι-
δείαν τὴν ἐν δικαιοσύνῃ· ἵνα ἄρτιος ᾖ ὁ τοῦ Θεοῦ 17
ἄνθρωπος, πρὸς πᾶν ἔργον ἀγαθὸν ἐξηρτισμένος.
Διαμαρτύρομαι[1] οὖν ἐγὼ[2] ἐνώπιον τοῦ Θεοῦ, καὶ IV.
τοῦ Κυρίου Ἰησοῦ Χριστοῦ[3], τοῦ μέλλοντος κρίνειν
ζῶντας καὶ νεκροὺς κατὰ[4] τὴν ἐπιφάνειαν αὐτοῦ καὶ
τὴν βασιλείαν αὐτοῦ,[5] κήρυξον τὸν λόγον, ἐπίστηθι 2
εὐκαίρως, ἀκαίρως, ἔλεγξον, ἐπιτίμησον, παρακά-
λεσον, ἐν πάσῃ μακροθυμίᾳ καὶ διδαχῇ. ἔσται 3
γὰρ καιρὸς ὅτε τῆς ὑγιαινούσης διδασκαλίας οὐκ
ἀνέξονται, ἀλλὰ κατὰ τὰς ἐπιθυμίας τὰς ἰδίας ἑαυ-
τοῖς ἐπισωρεύσουσι διδασκάλους, κνηθόμενοι τὴν
ἀκοήν· καὶ ἀπὸ μὲν τῆς ἀληθείας τὴν ἀκοὴν ἀπο- 4
στρέψουσιν, ἐπὶ δὲ τοὺς μύθους ἐκτραπήσονται.
σὺ δὲ νῆφε ἐν πᾶσι, κακοπάθησον, ἔργον ποίησον 5
εὐαγγελιστοῦ, τὴν διακονίαν σου πληροφόρησον.
ἐγὼ γὰρ ἤδη σπένδομαι, καὶ ὁ καιρὸς τῆς ἐμῆς 6
ἀναλύσεως ἐφέστηκε. τὸν ἀγῶνα τὸν καλὸν ἠγώ- 7
νισμαι, τὸν δρόμον τετέλεκα, τὴν πίστιν τετήρηκα·
λοιπόν, ἀπόκειταί μοι ὁ τῆς δικαιοσύνης στέφανος, 8
ὃν ἀποδώσει μοι ὁ Κύριος ἐν ἐκείνῃ τῇ ἡμέρᾳ, ὁ
δίκαιος κριτής· οὐ μόνον δὲ ἐμοί, ἀλλὰ καὶ πᾶσι
τοῖς ἠγαπηκόσι τὴν ἐπιφάνειαν αὐτοῦ.
Σπούδασον ἐλθεῖν πρός με ταχέως· Δημᾶς γάρ 9, 10
με ἐγκατέλιπεν, ἀγαπήσας τὸν νῦν αἰῶνα, καὶ ἐπο-
ρεύθη εἰς Θεσσαλονίκην· Κρήσκης εἰς Γαλατίαν,
Τίτος εἰς Δαλματίαν. Λουκᾶς ἐστὶ μόνος μετ᾽ 11
ἐμοῦ. Μάρκον ἀναλαβὼν ἄγε μετὰ σεαυτοῦ· ἔστι
γαρ μοι εὔχρηστος εἰς διακονίαν. Τυχικὸν δὲ 12

---

5 (*Marg.* θεόπνευστος,)   6 ἐλεγμόν   1 (*Marg.* Δια-
μαρτύρομαι,)   2 *om.* οὖν ἐγὼ   3 Χριστοῦ Ἰησοῦ   4 , καὶ
5 (*Marg.* αὐτοῦ·)

13 ἀπέστειλα εἰς Ἔφεσον. τὸν φελόνην ὃν ἀπέλιπον
ἐν Τρωάδι παρὰ Κάρπῳ, ἐρχόμενος φέρε, καὶ τὰ
14 βιβλία, μάλιστα τὰς μεμβράνας. Ἀλέξανδρος ὁ
χαλκεὺς πολλά μοι κακὰ ἐνεδείξατο· ἀποδῴη⁶ αὐτῷ
15 ὁ Κύριος κατὰ τὰ ἔργα αὐτοῦ· ὃν καὶ σὺ φυλάσ-
16 σου, λίαν γὰρ ἀνθέστηκε⁷ τοῖς ἡμετέροις λόγοις. ἐν
τῇ πρώτῃ μου ἀπολογίᾳ οὐδείς μοι συμπαρεγένετο⁸,
ἀλλὰ πάντες με ἐγκατέλιπον· μὴ αὐτοῖς λογισθείη.
17 ὁ δὲ Κύριός μοι παρέστη, καὶ ἐνεδυνάμωσέ με, ἵνα
δι᾽ ἐμοῦ τὸ κήρυγμα πληροφορηθῇ, καὶ ἀκούσῃ
πάντα τὰ ἔθνη· καὶ ἐρρύσθην ἐκ στόματος λέον-
18 τος. καὶ⁹ ῥύσεταί με ὁ Κύριος ἀπὸ παντὸς ἔργου
πονηροῦ, καὶ σώσει εἰς τὴν βασιλείαν αὐτοῦ τὴν
ἐπουράνιον· ᾧ ἡ δόξα εἰς τοὺς αἰῶνας τῶν αἰώνων.
ἀμήν.

19 Ἄσπασαι Πρίσκαν καὶ Ἀκύλαν, καὶ τὸν Ὀνη-
20 σιφόρου οἶκον. Ἔραστος ἔμεινεν ἐν Κορίνθῳ·
Τρόφιμον δὲ ἀπέλιπον ἐν Μιλήτῳ ἀσθενοῦντα.
21 σπούδασον πρὸ χειμῶνος ἐλθεῖν. ἀσπάζεταί σε
Εὔβουλος, καὶ Πούδης, καὶ Λῖνος, καὶ Κλαυδία,
καὶ οἱ ἀδελφοὶ πάντες.

22 Ὁ Κύριος Ἰησοῦς Χριστὸς¹⁰ μετὰ τοῦ πνεύματός
σου. ἡ χάρις μεθ᾽ ὑμῶν. ἀμήν.¹¹

⁶ ἀποδώσει   ⁷ ἀντέστη   ⁸ παρεγένετο   ⁹ om. καὶ
¹⁰ om. Ἰησοῦς Χριστὸς   ¹¹ om. ἀμήν.

ΠΑΥΛΟΥ*

Η ΠΡΟΣ

ΤΙΤΟΝ ΕΠΙΣΤΟΛΗ.

Παῦλος, δοῦλος Θεοῦ, ἀπόστολος δὲ Ἰησοῦ 1. Χριστοῦ, κατὰ πίστιν ἐκλεκτῶν Θεοῦ καὶ ἐπίγνωσιν ἀληθείας τῆς κατ᾽ εὐσέβειαν, ἐπ᾽ ἐλπίδι 2 ζωῆς αἰωνίου, ἣν ἐπηγγείλατο ὁ ἀψευδὴς Θεὸς πρὸ χρόνων αἰωνίων, ἐφανέρωσε δὲ καιροῖς ἰδίοις 3 τὸν λόγον αὐτοῦ ἐν κηρύγματι ὃ ἐπιστεύθην ἐγὼ κατ᾽ ἐπιταγὴν τοῦ σωτῆρος ἡμῶν Θεοῦ, Τίτῳ 4 γνησίῳ τέκνῳ κατὰ κοινὴν πίστιν· χάρις, ἔλεος,[1] εἰρήνη ἀπὸ Θεοῦ πατρός, καὶ Κυρίου Ἰησοῦ Χριστοῦ[2] τοῦ σωτῆρος ἡμῶν.

Τούτου χάριν κατέλιπόν[3] σε ἐν Κρήτῃ, ἵνα τὰ 5 λείποντα ἐπιδιορθώσῃ, καὶ καταστήσῃς κατὰ πόλιν πρεσβυτέρους, ὡς ἐγώ σοι διεταξάμην· εἴ τίς ἐστιν 6 ἀνέγκλητος, μιᾶς γυναικὸς ἀνήρ, τέκνα ἔχων πιστά, μὴ ἐν κατηγορίᾳ ἀσωτίας ἢ ἀνυπότακτα. δεῖ γὰρ 7 τὸν ἐπίσκοπον ἀνέγκλητον εἶναι, ὡς Θεοῦ οἰκονόμον· μὴ αὐθάδη, μὴ ὀργίλον, μὴ πάροινον, μὴ πλήκτην, μὴ αἰσχροκερδῆ, ἀλλὰ φιλόξενον, φιλά- 8 γαθον, σώφρονα, δίκαιον, ὅσιον, ἐγκρατῆ, ἀντεχό- 9 μενον τοῦ κατὰ τὴν διδαχὴν πιστοῦ λόγου, ἵνα δυνατὸς ᾖ καὶ παρακαλεῖν ἐν τῇ διδασκαλίᾳ τῇ ὑγιαινούσῃ, καὶ τοὺς ἀντιλέγοντας ἐλέγχειν.

---

[1] (χάρις) καὶ (εἰρήνη)   [2] Χριστοῦ Ἰησοῦ   [3] ἀπέλιπόν

10 Εἰσὶ γὰρ πολλοὶ καὶ⁴ ἀνυπότακτοι, ματαιολόγοι
11 καὶ φρεναπάται, μάλιστα οἱ ἐκ περιτομῆς, οὓς δεῖ
ἐπιστομίζειν· οἵτινες ὅλους οἴκους ἀνατρέπουσι, δι-
12 δάσκοντες ἃ μὴ δεῖ, αἰσχροῦ κέρδους χάριν. εἶπέ
τις ἐξ αὐτῶν, ἴδιος αὐτῶν προφήτης, Κρῆτες ἀεὶ
13 ψεῦσται, κακὰ θηρία, γαστέρες ἀργαί. ἡ μαρτυρία
αὕτη ἐστὶν ἀληθής. δι᾽ ἣν αἰτίαν ἔλεγχε αὐτοὺς
14 ἀποτόμως, ἵνα ὑγιαίνωσιν ἐν τῇ πίστει, μὴ προσέ-
χοντες Ἰουδαϊκοῖς μύθοις καὶ ἐντολαῖς ἀνθρώπων
15 ἀποστρεφομένων τὴν ἀλήθειαν. πάντα μὲν⁵ καθαρὰ
τοῖς καθαροῖς· τοῖς δὲ μεμιασμένοις καὶ ἀπίστοις
οὐδὲν καθαρόν· ἀλλὰ μεμίανται αὐτῶν καὶ ὁ νοῦς
16 καὶ ἡ συνείδησις. Θεὸν ὁμολογοῦσιν εἰδέναι, τοῖς
δὲ ἔργοις ἀρνοῦνται, βδελυκτοὶ ὄντες καὶ ἀπειθεῖς
καὶ πρὸς πᾶν ἔργον ἀγαθὸν ἀδόκιμοι.

II. Σὺ δὲ λάλει ἃ πρέπει τῇ ὑγιαινούσῃ διδασκαλίᾳ·
2 πρεσβύτας νηφαλίους εἶναι, σεμνούς, σώφρονας,
ὑγιαίνοντας τῇ πίστει, τῇ ἀγάπῃ, τῇ ὑπομονῇ·
3 πρεσβύτιδας ὡσαύτως ἐν καταστήματι ἱεροπρε-
πεῖς, μὴ διαβόλους, μὴ¹ οἴνῳ πολλῷ δεδουλωμένας,
4 καλοδιδασκάλους, ἵνα σωφρονίζωσι τὰς νέας φιλ-
5 άνδρους εἶναι, φιλοτέκνους, σώφρονας, ἁγνάς, οἰκου-
ρούς², ἀγαθάς, ὑποτασσομένας τοῖς ἰδίοις ἀνδράσιν,
6 ἵνα μὴ ὁ λόγος τοῦ Θεοῦ βλασφημῆται· τοὺς νεω-
7 τέρους ὡσαύτως παρακάλει σωφρονεῖν· περὶ πάντα
σεαυτὸν παρεχόμενος τύπον καλῶν ἔργων, ἐν τῇ
διδασκαλίᾳ ἀδιαφθορίαν³, σεμνότητα, ἀφθαρσίαν*,⁴
8 λόγον ὑγιῆ, ἀκατάγνωστον, ἵνα ὁ ἐξ ἐναντίας ἐν-
9 τραπῇ, μηδὲν ἔχων περὶ ὑμῶν λέγειν⁵ φαῦλον. δού-
λους ἰδίοις δεσπόταις ὑποτάσσεσθαι, ἐν πᾶσιν
10 εὐαρέστους εἶναι, μὴ ἀντιλέγοντας, μὴ νοσφιζομέ-

---

⁴ *om.* καὶ   ⁵ *om.* μὲν   ¹ (*om.* ,) μηδὲ   ² οἰκουργούς
³ ἀφθορίαν   ⁴ *om.* ἀφθαρσίαν,   ⁵ λέγειν περὶ ἡμῶν

νους, ἀλλὰ πίστιν πᾶσαν⁶ ἐνδεικνυμένους ἀγαθήν,
ἵνα τὴν διδασκαλίαν⁷ τοῦ σωτῆρος ἡμῶν Θεοῦ
κοσμῶσιν ἐν πᾶσιν. ἐπεφάνη γὰρ ἡ χάρις τοῦ 11
Θεοῦ ἡ⁸ σωτήριος⁹ πᾶσιν ἀνθρώποις, παιδεύουσα 12
ἡμᾶς ἵνα, ἀρνησάμενοι τὴν ἀσέβειαν καὶ τὰς κοσ-
μικὰς ἐπιθυμίας, σωφρόνως καὶ δικαίως καὶ εὐσε-
βῶς ζήσωμεν ἐν τῷ νῦν αἰῶνι, προσδεχόμενοι τὴν 13
μακαρίαν ἐλπίδα καὶ ἐπιφάνειαν τῆς δόξης τοῦ
μεγάλου Θεοῦ καὶ σωτῆρος ἡμῶν Ἰησοῦ Χριστοῦ,
ὃς ἔδωκεν ἑαυτὸν ὑπὲρ ἡμῶν, ἵνα λυτρώσηται ἡμᾶς 14
ἀπὸ πάσης ἀνομίας, καὶ καθαρίσῃ ἑαυτῷ λαὸν περι-
ούσιον, ζηλωτὴν καλῶν ἔργων.

Ταῦτα λάλει, καὶ παρακάλει, καὶ ἔλεγχε μετὰ 15
πάσης ἐπιταγῆς. μηδείς σου περιφρονείτω.

Ὑπομίμνησκε αὐτοὺς ἀρχαῖς καὶ¹ ἐξουσίαις III.
ὑποτάσσεσθαι, πειθαρχεῖν, πρὸς πᾶν ἔργον ἀγα-
θὸν ἑτοίμους εἶναι, μηδένα βλασφημεῖν, ἀμάχους 2
εἶναι, ἐπιεικεῖς, πᾶσαν ἐνδεικνυμένους πραότητα
πρὸς πάντας ἀνθρώπους. ἦμεν γάρ ποτε καὶ 3
ἡμεῖς ἀνόητοι, ἀπειθεῖς, πλανώμενοι, δουλεύοντες
ἐπιθυμίαις καὶ ἡδοναῖς ποικίλαις, ἐν κακίᾳ καὶ
φθόνῳ διάγοντες, στυγητοί, μισοῦντες ἀλλήλους.
ὅτε δὲ ἡ χρηστότης καὶ ἡ φιλανθρωπία ἐπεφάνη 4
τοῦ σωτῆρος ἡμῶν Θεοῦ, οὐκ ἐξ ἔργων τῶν ἐν 5
δικαιοσύνῃ ὧν² ἐποιήσαμεν ἡμεῖς, ἀλλὰ κατὰ τὸν³
αὐτοῦ ἔλεον⁴ ἔσωσεν ἡμᾶς, διὰ λουτροῦ παλιγγε-
νεσίας καὶ ἀνακαινώσεως Πνεύματος Ἁγίου, οὗ 6
ἐξέχεεν ἐφ᾽ ἡμᾶς πλουσίως, διὰ Ἰησοῦ Χριστοῦ
τοῦ σωτῆρος ἡμῶν, ἵνα δικαιωθέντες τῇ ἐκείνου 7
χάριτι, κληρονόμοι γενώμεθα⁵ κατ᾽ ἐλπίδα⁶ ζωῆς

---

⁶ πᾶσαν πίστιν   ⁷ add τὴν   ⁸ om. ἡ   ⁹ (Marg.
, σωτήριος)   ¹ (ἀρχαῖς,) om. καὶ   ² ᾇ   ³ τὸ   ⁴ ἔλεος
⁵ γενηθῶμεν   ⁶ (Marg. , κατ᾽ ἐλπίδα,)

8 αἰωνίου. πιστὸς ὁ λόγος, καὶ περὶ τούτων βού-
λομαί σε διαβεβαιοῦσθαι, ἵνα φροντίζωσι καλῶν
ἔργων προΐστασθαι οἱ πεπιστευκότες τῷ⁷ Θεῷ.
ταῦτά ἐστι τὰ⁸ καλὰ καὶ ὠφέλιμα τοῖς ἀνθρώποις·
9 μωρὰς δὲ ζητήσεις καὶ γενεαλογίας καὶ ἔρεις καὶ
μάχας νομικὰς περιΐστασο· εἰσὶ γὰρ ἀνωφελεῖς καὶ
10 μάταιοι. αἱρετικὸν ἄνθρωπον μετὰ μίαν καὶ δευτέ-
11 ραν νουθεσίαν παραιτοῦ, εἰδὼς ὅτι ἐξέστραπται ὁ
τοιοῦτος, καὶ ἁμαρτάνει, ὢν αὐτοκατάκριτος.
12 Ὅταν πέμψω Ἀρτεμᾶν πρός σε ἢ Τυχικόν,
σπούδασον ἐλθεῖν πρός με εἰς Νικόπολιν· ἐκεῖ γὰρ
13 κέκρικα παραχειμάσαι. Ζηνᾶν τὸν νομικὸν καὶ
Ἀπολλὼ σπουδαίως πρόπεμψον, ἵνα μηδὲν αὐτοῖς
14 λείπῃ. μανθανέτωσαν δὲ καὶ οἱ ἡμέτεροι καλῶν
ἔργων προΐστασθαι εἰς τὰς ἀναγκαίας χρείας, ἵνα
μὴ ὦσιν ἄκαρποι.
15 Ἀσπάζονταί σε οἱ μετ' ἐμοῦ πάντες. ἄσπασαι
τοὺς φιλοῦντας ἡμᾶς ἐν πίστει.
Ἡ χάρις μετὰ πάντων ὑμῶν. ἀμήν.⁹

ΠΑΥΛΟΥ*

Η ΠΡΟΣ

ΦΙΛΗΜΟΝΑ ΕΠΙΣΤΟΛΗ.

1 Παῦλος δέσμιος Χριστοῦ Ἰησοῦ, καὶ Τιμόθεος
ὁ ἀδελφός, Φιλήμονι τῷ ἀγαπητῷ καὶ συνεργῷ
2 ἡμῶν, καὶ Ἀπφίᾳ τῇ ἀγαπητῇ¹, καὶ Ἀρχίππῳ τῷ
συστρατιώτῃ ἡμῶν, καὶ τῇ κατ' οἶκόν σου ἐκκλη-

---

⁷ om. τῷ   ⁸ om. τὰ   ⁹ om. ἀμήν.   ¹ ἀδελφῇ

σία· χάρις ὑμῖν καὶ εἰρήνη ἀπὸ Θεοῦ πατρὸς ἡμῶν 3
καὶ Κυρίου Ἰησοῦ Χριστοῦ.

Εὐχαριστῶ τῷ Θεῷ μου, πάντοτε μνείαν[2] σου 4
ποιούμενος ἐπὶ τῶν προσευχῶν μου, ἀκούων σου 5
τὴν ἀγάπην,[3] καὶ τὴν πίστιν ἣν ἔχεις πρὸς τὸν
Κύριον Ἰησοῦν καὶ εἰς πάντας τοὺς ἁγίους, ὅπως 6
ἡ κοινωνία τῆς πίστεώς σου ἐνεργὴς γένηται ἐν
ἐπιγνώσει παντὸς ἀγαθοῦ τοῦ ἐν ὑμῖν[4] εἰς Χριστὸν
Ἰησοῦν.[5] χαρὰν* γὰρ ἔχομεν πολλὴν[6] καὶ παράκλη- 7
σιν ἐπὶ τῇ ἀγάπῃ σου, ὅτι τὰ σπλάγχνα τῶν ἁγίων
ἀναπέπαυται διὰ σοῦ, ἀδελφέ.

Διὸ πολλὴν ἐν Χριστῷ παρρησίαν ἔχων ἐπι- 8
τάσσειν σοι τὸ ἀνῆκον, διὰ τὴν ἀγάπην μᾶλλον 9
παρακαλῶ, τοιοῦτος ὢν ὡς Παῦλος πρεσβύτης,
νυνὶ δὲ καὶ δέσμιος Ἰησοῦ Χριστοῦ[7]. παρακαλῶ σε 10
περὶ τοῦ ἐμοῦ τέκνου, ὃν ἐγέννησα ἐν τοῖς δεσμοῖς
μου[8], Ὀνήσιμον, τόν ποτέ σοι ἄχρηστον, νυνὶ δὲ 11
σοὶ καὶ ἐμοὶ εὔχρηστον, ὃν ἀνέπεμψα· σὺ δὲ[9] αὐτόν, 12
τοῦτ᾽ ἔστι τὰ ἐμὰ σπλάγχνα, προσλαβοῦ[10]· ὃν ἐγὼ 13
ἐβουλόμην πρὸς ἐμαυτὸν κατέχειν, ἵνα ὑπὲρ σοῦ
διακονῇ μοι[11] ἐν τοῖς δεσμοῖς τοῦ εὐαγγελίου· χωρὶς 14
δὲ τῆς σῆς γνώμης οὐδὲν ἠθέλησα ποιῆσαι, ἵνα μὴ
ὡς κατὰ ἀνάγκην τὸ ἀγαθόν σου ᾖ, ἀλλὰ κατὰ
ἑκούσιον. τάχα γὰρ διὰ τοῦτο ἐχωρίσθη πρὸς 15
ὥραν, ἵνα αἰώνιον αὐτὸν ἀπέχῃς· οὐκέτι ὡς δοῦλον, 16
ἀλλ᾽ ὑπὲρ δοῦλον, ἀδελφὸν ἀγαπητόν, μάλιστα
ἐμοί, πόσῳ δὲ μᾶλλον σοὶ καὶ ἐν σαρκὶ καὶ ἐν
Κυρίῳ. εἰ οὖν ἐμὲ[12] ἔχεις κοινωνόν, προσλαβοῦ 17
αὐτὸν ὡς ἐμέ. εἰ δέ τι ἠδίκησέ σε ἢ ὀφείλει, τοῦτο 18

---

[2] (μου πάντοτε, μνείαν)   [3] (Marg. om. ,)   [4] Marg. ἡμῖν
[5] om. Ἰησοῦν   [6] πολλὴν ἔσχον   [7] Χριστοῦ Ἰησοῦ
[8] om. μου   [9] σοι (ἀνέπεμψά σοι αὐτόν,)   [10] om. , προσλαβοῦ
[11] μοι διακονῇ   [12] με

19 ἐμοὶ ἐλλόγει¹³·· ἐγὼ Παῦλος ἔγραψα τῇ ἐμῇ χειρί,
ἐγὼ ἀποτίσω· ἵνα μὴ λέγω σοι ὅτι καὶ σεαυτόν μοι
20 προσοφείλεις. ναί, ἀδελφέ, ἐγώ σου ὀναίμην ἐν
Κυρίῳ· ἀνάπαυσόν μου τὰ σπλάγχνα ἐν Κυρίῳ¹⁴.
21 πεποιθὼς τῇ ὑπακοῇ σου ἔγραψά σοι, εἰδὼς ὅτι
22 καὶ ὑπὲρ δ¹⁵ λέγω ποιήσεις. ἅμα δὲ καὶ ἑτοίμαζέ
μοι ξενίαν· ἐλπίζω γὰρ ὅτι διὰ τῶν προσευχῶν
ὑμῶν χαρισθήσομαι ὑμῖν.
23 Ἀσπάζονταί¹⁶ σε Ἐπαφρᾶς ὁ συναιχμάλωτός
24 μου ἐν Χριστῷ Ἰησοῦ, Μάρκος, Ἀρίσταρχος,
Δημᾶς, Λουκᾶς, οἱ συνεργοί μου.
25 Ἡ χάρις τοῦ Κυρίου ἡμῶν¹⁷ Ἰησοῦ Χριστοῦ
μετὰ τοῦ πνεύματος ὑμῶν. ἀμήν.¹⁸

ΠΑΥΛΟΥ ΤΟΥ ΑΠΟΣΤΟΛΟΥ

Η ΠΡΟΣ

ΕΒΡΑΙΟΥΣ ΕΠΙΣΤΟΛΗ.

I. Πολυμερῶς καὶ πολυτρόπως πάλαι ὁ Θεὸς λα-
2 λήσας τοῖς πατράσιν ἐν τοῖς προφήταις, ἐπ' ἐσχά-
των¹ τῶν ἡμερῶν τούτων ἐλάλησεν ἡμῖν ἐν υἱῷ, ὃν
ἔθηκε κληρονόμον πάντων, δι' οὗ καὶ τοὺς αἰῶνας
3 ἐποίησεν², ὃς ὢν ἀπαύγασμα τῆς δόξης καὶ χαρακτὴρ
τῆς ὑποστάσεως αὐτοῦ, φέρων τε τὰ πάντα τῷ
ῥήματι τῆς δυνάμεως αὐτοῦ, δι' ἑαυτοῦ³ καθαρισμὸν
ποιησάμενος τῶν ἁμαρτιῶν⁴ ἡμῶν⁵, ἐκάθισεν ἐν δεξιᾷ
4 τῆς μεγαλωσύνης ἐν ὑψηλοῖς, τοσούτῳ κρείττων

---

¹³ ἐλλόγα ¹⁴ Χριστῷ ¹⁵ ἅ ¹⁶ Ἀσπάζεταί
¹⁷ Marg. om. ἡμῶν ¹⁸ Marg. om. ἀμήν. ¹ ἐσχάτου
² ἐποίησε τοὺς αἰῶνας ³ om. δι' ἑαυτοῦ ⁴ τῶν ἁμαρτιῶν
ποιησάμενος ⁵ om. ἡμῶν

γενόμενος τῶν ἀγγέλων, ὅσῳ διαφορώτερον παρ'
αὐτοὺς κεκληρονόμηκεν ὄνομα. τίνι γὰρ εἶπέ ποτε 5
τῶν ἀγγέλων, Υἱός μου εἶ σύ, ἐγὼ σήμερον γεγέν-
νηκά σε; καὶ πάλιν, Ἐγὼ ἔσομαι αὐτῷ εἰς πατέρα,
καὶ αὐτὸς ἔσται μοι εἰς υἱόν; ὅταν δὲ πάλιν⁶ εἰσα- 6
γάγῃ τὸν πρωτότοκον εἰς τὴν οἰκουμένην λέγει,
Καὶ προσκυνησάτωσαν αὐτῷ πάντες ἄγγελοι Θεοῦ.
καὶ πρὸς μὲν τοὺς ἀγγέλους λέγει, Ὁ ποιῶν τοὺς 7
ἀγγέλους αὐτοῦ πνεύματα, καὶ τοὺς λειτουργοὺς
αὐτοῦ πυρὸς φλόγα· πρὸς δὲ τὸν υἱόν, Ὁ θρόνος 8
σου, ὁ Θεός, εἰς τὸν αἰῶνα τοῦ αἰῶνος· ⁷ῥάβδος⁸
εὐθύτητος ἡ⁹ ῥάβδος τῆς βασιλείας σου¹⁰. ἠγάπη- 9
σας δικαιοσύνην, καὶ ἐμίσησας ἀνομίαν· διὰ τοῦτο
ἔχρισέ σε ὁ Θεός, ὁ Θεός σου, ἔλαιον ἀγαλλιάσεως
παρὰ τοὺς μετόχους σου. καί, Σὺ κατ' ἀρχάς, 10
Κύριε, τὴν γῆν ἐθεμελίωσας, καὶ ἔργα τῶν χειρῶν
σού εἰσιν οἱ οὐρανοί· αὐτοὶ ἀπολοῦνται, σὺ δὲ δια- 11
μένεις· καὶ πάντες ὡς ἱμάτιον παλαιωθήσονται, καὶ 12
ὡσεὶ περιβόλαιον ἑλίξεις αὐτούς¹¹ καὶ ἀλλαγήσον-
ται· σὺ δὲ ὁ αὐτὸς εἶ, καὶ τὰ ἔτη σου οὐκ ἐκλεί-
ψουσι. πρὸς τίνα δὲ τῶν ἀγγέλων εἴρηκέ ποτε, 13
Κάθου ἐκ δεξιῶν μου, ἕως ἂν θῶ τοὺς ἐχθρούς σου
ὑποπόδιον τῶν ποδῶν σου; οὐχὶ πάντες εἰσὶ λει- 14
τουργικὰ πνεύματα, εἰς διακονίαν ἀποστελλόμενα
διὰ τοὺς μέλλοντας κληρονομεῖν σωτηρίαν;

Διὰ τοῦτο δεῖ περισσοτέρως ἡμᾶς προσέχειν¹ τοῖς II.
ἀκουσθεῖσι, μή ποτε παραρρυῶμεν. εἰ γὰρ ὁ δι' 2
ἀγγέλων λαληθεὶς λόγος ἐγένετο βέβαιος, καὶ πᾶσα
παράβασις καὶ παρακοὴ ἔλαβεν ἔνδικον μισθαπο-
δοσίαν, πῶς ἡμεῖς ἐκφευξόμεθα τηλικαύτης ἀμελή- 3
σαντες σωτηρίας; ἥτις, ἀρχὴν λαβοῦσα λαλεῖσθαι

---

⁶ (Marg., πάλιν,)   ⁷ add καὶ ἡ   ⁸ add τῆς   ⁹ om. ἡ
¹⁰ Marg. αὐτοῦ   ¹¹ (αὐτούς,) add ὡς ἱμάτιον,   ¹ προσέχειν ἡμᾶς

διὰ τοῦ Κυρίου, ὑπὸ τῶν ἀκουσάντων εἰς ἡμᾶς ἐβε-
4 βαιώθη, συνεπιμαρτυροῦντος τοῦ Θεοῦ σημείοις τε
καὶ τέρασι, καὶ ποικίλαις δυνάμεσι, καὶ Πνεύματος
Ἁγίου μερισμοῖς, κατὰ τὴν αὐτοῦ θέλησιν.
5 Οὐ γὰρ ἀγγέλοις ὑπέταξε τὴν οἰκουμένην τὴν
6 μέλλουσαν, περὶ ἧς λαλοῦμεν. διεμαρτύρατο δέ
πού τις λέγων, Τί ἐστιν ἄνθρωπος, ὅτι μιμνήσκῃ
αὐτοῦ; ἢ υἱὸς ἀνθρώπου, ὅτι ἐπισκέπτῃ αὐτόν;
7 ἠλάττωσας αὐτὸν βραχύ τι παρ' ἀγγέλους· δόξῃ
καὶ τιμῇ ἐστεφάνωσας αὐτόν, καὶ κατέστησας αὐτὸν
8 ἐπὶ τὰ ἔργα τῶν χειρῶν σου². πάντα ὑπέταξας ὑποκάτω
τῶν ποδῶν αὐτοῦ. ἐν γὰρ τῷ³ ὑποτάξαι αὐτῷ τὰ
πάντα, οὐδὲν ἀφῆκεν αὐτῷ ἀνυπότακτον. νῦν δὲ
9 οὔπω ὁρῶμεν αὐτῷ τὰ πάντα ὑποτεταγμένα. τὸν
δὲ βραχύ τι παρ' ἀγγέλους ἠλαττωμένον βλέπομεν
Ἰησοῦν, διὰ τὸ πάθημα τοῦ θανάτου δόξῃ καὶ τιμῇ
ἐστεφανωμένον, ὅπως χάριτι Θεοῦ ὑπὲρ παντὸς
10 γεύσηται θανάτου. ἔπρεπε γὰρ αὐτῷ, δι' ὃν τὰ
πάντα, καὶ δι' οὗ τὰ πάντα, πολλοὺς υἱοὺς εἰς
δόξαν ἀγαγόντα, τὸν ἀρχηγὸν τῆς σωτηρίας αὐτῶν
11 διὰ παθημάτων τελειῶσαι. ὅ τε γὰρ ἁγιάζων καὶ
οἱ ἁγιαζόμενοι, ἐξ ἑνὸς πάντες· δι' ἣν αἰτίαν οὐκ
12 ἐπαισχύνεται ἀδελφοὺς αὐτοὺς καλεῖν, λέγων,
Ἀπαγγελῶ τὸ ὄνομά σου τοῖς ἀδελφοῖς μου, ἐν
13 μέσῳ ἐκκλησίας ὑμνήσω σε. καὶ πάλιν, Ἐγὼ
ἔσομαι πεποιθὼς ἐπ' αὐτῷ. καὶ πάλιν, Ἰδοὺ ἐγὼ
14 καὶ τὰ παιδία ἅ μοι ἔδωκεν ὁ Θεός. ἐπεὶ οὖν τὰ
παιδία κεκοινώνηκε σαρκὸς καὶ αἵματος⁴, καὶ αὐτὸς
παραπλησίως μετέσχε τῶν αὐτῶν, ἵνα διὰ τοῦ θανά-
του καταργήσῃ τὸν τὸ κράτος ἔχοντα τοῦ θανάτου,
15 τοῦτ' ἔστι τὸν διάβολον, καὶ ἀπαλλάξῃ τούτους,

---

² _Marg. om._ , καὶ κατέστησας αὐτὸν ἐπὶ τὰ ἔργα τῶν χειρῶν σου
³ τῷ γὰρ   ⁴ αἵματος καὶ σαρκός

ὅσοι φόβῳ θανάτου διὰ παντὸς τοῦ ζῆν ἔνοχοι
ἦσαν δουλείας. οὐ γὰρ δήπου ἀγγέλων ἐπιλαμβά- 16
νεται, ἀλλὰ σπέρματος Ἀβραὰμ ἐπιλαμβάνεται.
ὅθεν ὤφειλε κατὰ πάντα τοῖς ἀδελφοῖς ὁμοιωθῆναι, 17
ἵνα ἐλεήμων γένηται καὶ πιστὸς ἀρχιερεὺς τὰ πρὸς
τὸν Θεόν, εἰς τὸ ἱλάσκεσθαι τὰς ἁμαρτίας τοῦ
λαοῦ. ἐν ᾧ γὰρ πέπονθεν αὐτὸς πειρασθείς, δύνα- 18
ται τοῖς πειραζομένοις βοηθῆσαι.
Ὅθεν, ἀδελφοὶ ἅγιοι, κλήσεως ἐπουρανίου μέτ- III.
οχοι, κατανοήσατε τὸν ἀπόστολον καὶ ἀρχιερέα
τῆς ὁμολογίας ἡμῶν Χριστὸν¹ Ἰησοῦν, πιστὸν ὄντα 2
τῷ ποιήσαντι αὐτόν, ὡς καὶ Μωσῆς ἐν ὅλῳ τῷ
οἴκῳ αὐτοῦ. πλείονος γὰρ δόξης οὗτος² παρὰ Μω- 3
σῆν ἠξίωται, καθ᾽ ὅσον πλείονα τιμὴν ἔχει τοῦ
οἴκου ὁ κατασκευάσας αὐτόν. πᾶς γὰρ οἶκος κατα- 4
σκευάζεται ὑπό τινος· ὁ δὲ τὰ³ πάντα κατασκευά-
σας, Θεός. καὶ Μωσῆς μὲν πιστὸς ἐν ὅλῳ τῷ οἴκῳ 5
αὐτοῦ ὡς θεράπων, εἰς μαρτύριον τῶν λαληθησο-
μένων· Χριστὸς δὲ ὡς υἱὸς ἐπὶ τὸν οἶκον αὐτοῦ· οὗ 6
οἶκός ἐσμεν ἡμεῖς, ἐάνπερ⁴ τὴν παρρησίαν καὶ τὸ
καύχημα τῆς ἐλπίδος μέχρι τέλους βεβαίαν κατά-
σχωμεν. διό, καθὼς λέγει τὸ Πνεῦμα τὸ Ἅγιον, 7
Σήμερον ἐὰν τῆς φωνῆς αὐτοῦ ἀκούσητε, μὴ σκλη- 8
ρύνητε τὰς καρδίας ὑμῶν, ὡς ἐν τῷ παραπικρασμῷ,
κατὰ τὴν ἡμέραν τοῦ πειρασμοῦ ἐν τῇ ἐρήμῳ, οὗ 9
ἐπείρασάν με⁵ οἱ πατέρες ὑμῶν, ἐδοκίμασάν με⁶, καὶ
εἶδον τὰ ἔργα μου τεσσαράκοντα ἔτη. διὸ προσώ- 10
χθισα τῇ γενεᾷ ἐκείνῃ⁷, καὶ εἶπον, Ἀεὶ πλανῶνται
τῇ καρδίᾳ· αὐτοὶ δὲ οὐκ ἔγνωσαν τὰς ὁδούς μου·
ὡς ὤμοσα ἐν τῇ ὀργῇ μου, Εἰ εἰσελεύσονται εἰς 11
τὴν κατάπαυσίν μου. βλέπετε, ἀδελφοί, μή ποτε 12

¹ om. Χριστὸν   ² οὗτος δόξης   ³ om. τὰ   ⁴ ἐὰν
⁵ (-σαν) om. με   ⁶ (om. ,) ἐν δοκιμασίᾳ   ⁷ ταύτῃ

ἔσται ἔν τινι ὑμῶν καρδία πονηρὰ ἀπιστίας, ἐν τῷ
13 ἀποστῆναι ἀπὸ Θεοῦ ζῶντος· ἀλλὰ παρακαλεῖτε
ἑαυτοὺς καθ᾽ ἑκάστην ἡμέραν, ἄχρις οὗ τὸ σήμερον
καλεῖται, ἵνα μὴ σκληρυνθῇ τις ἐξ ὑμῶν ἀπάτῃ
14 τῆς ἁμαρτίας· μέτοχοι γὰρ γεγόναμεν τοῦ Χριστοῦ⁸,
ἐάνπερ τὴν ἀρχὴν τῆς ὑποστάσεως μέχρι τέλους
15 βεβαίαν κατάσχωμεν· ἐν τῷ λέγεσθαι, Σήμερον
ἐὰν τῆς φωνῆς αὐτοῦ ἀκούσητε, μὴ σκληρύνητε τὰς
16 καρδίας ὑμῶν, ὡς ἐν τῷ παραπικρασμῷ. τινὲς
γὰρ ἀκούσαντες παρεπίκραναν,⁹ ἀλλ᾽ οὐ πάντες οἱ
17 ἐξελθόντες ἐξ Αἰγύπτου διὰ Μωσέως.¹⁰ τίσι δὲ
προσώχθισε τεσσαράκοντα ἔτη; οὐχὶ τοῖς ἁμαρ-
18 τήσασιν, ὧν τὰ κῶλα ἔπεσεν ἐν τῇ ἐρήμῳ; τίσι δὲ
ὤμοσε μὴ εἰσελεύσεσθαι εἰς τὴν κατάπαυσιν αὐ-
19 τοῦ, εἰ μὴ τοῖς ἀπειθήσασι; καὶ βλέπομεν ὅτι οὐκ
ἠδυνήθησαν εἰσελθεῖν δι᾽ ἀπιστίαν.
IV. Φοβηθῶμεν οὖν μή ποτε καταλειπομένης ἐπαγ·
γελίας εἰσελθεῖν εἰς τὴν κατάπαυσιν αὐτοῦ, δοκῇ
2 τις ἐξ ὑμῶν ὑστερηκέναι. καὶ γάρ ἐσμεν εὐηγγελ-
ισμένοι, καθάπερ κἀκεῖνοι· ἀλλ᾽ οὐκ ὠφέλησεν
ὁ λόγος τῆς ἀκοῆς ἐκείνους, μὴ συγκεκραμένος¹ τῇ
3 πίστει τοῖς ἀκούσασιν. εἰσερχόμεθα γὰρ² εἰς τὴν
κατάπαυσιν οἱ πιστεύσαντες, καθὼς εἴρηκεν, Ὡς
ὤμοσα ἐν τῇ ὀργῇ μου, Εἰ εἰσελεύσονται εἰς τὴν
κατάπαυσίν μου· καίτοι τῶν ἔργων ἀπὸ καταβολῆς
4 κόσμου γενηθέντων. εἴρηκε γάρ που περὶ τῆς
ἑβδόμης οὕτω, Καὶ κατέπαυσεν ὁ Θεὸς ἐν τῇ ἡμέρα̣
5 τῇ ἑβδόμῃ ἀπὸ πάντων τῶν ἔργων αὐτοῦ· καὶ ἐν
τούτῳ πάλιν, Εἰ εἰσελεύσονται εἰς τὴν κατάπαυσίν
6 μου. ἐπεὶ οὖν ἀπολείπεται τινὰς εἰσελθεῖν εἰς
αὐτήν, καὶ οἱ πρότερον εὐαγγελισθέντες οὐκ εἰσῆλ-

---

⁸ τοῦ Χριστοῦ γεγόναμεν   ⁹ (τίνες...παρεπίκραναν;)   ¹⁰ (Μω-
σέως;)   ¹ συγκεκερασμένους text, not marg.   ² Marg οὖν

θον δι' ἀπείθειαν, πάλιν τινὰ ὁρίζει ἡμέραν, Σήμε- 7
ρον, ἐν Δαβὶδ λέγων, μετὰ τοσοῦτον χρόνον, καθὼς
εἴρηται³, Σήμερον ἐὰν· τῆς φωνῆς αὐτοῦ ἀκούσητε,
μὴ σκληρύνητε τὰς καρδίας ὑμῶν. εἰ γὰρ αὐτοὺς 8
Ἰησοῦς κατέπαυσεν, οὐκ ἂν περὶ ἄλλης ἐλάλει
μετὰ ταῦτα ἡμέρας. ἄρα ἀπολείπεται σαββατισ- 9
μὸς τῷ λαῷ τοῦ Θεοῦ. ὁ γὰρ εἰσελθὼν εἰς τὴν 10
κατάπαυσιν αὐτοῦ καὶ αὐτὸς κατέπαυσεν ἀπὸ τῶν
ἔργων αὐτοῦ, ὥσπερ ἀπὸ τῶν ἰδίων ὁ Θεός. σπου- 11
δάσωμεν οὖν εἰσελθεῖν εἰς ἐκείνην τὴν κατάπαυσιν,
ἵνα μὴ ἐν τῷ αὐτῷ τις ὑποδείγματι πέσῃ τῆς
ἀπειθείας. ζῶν γὰρ ὁ λόγος τοῦ Θεοῦ, καὶ ἐνερ- 12
γής, καὶ τομώτερος ὑπὲρ πᾶσαν μάχαιραν δίστο-
μον, καὶ διϊκνούμενος ἄχρι μερισμοῦ ψυχῆς τε⁴ καὶ
πνεύματος, ἁρμῶν τε καὶ μυελῶν, καὶ κριτικὸς ἐν-
θυμήσεων καὶ ἐννοιῶν καρδίας. καὶ οὐκ ἔστι 13
κτίσις ἀφανὴς ἐνώπιον αὐτοῦ· πάντα δὲ γυμνὰ καὶ
τετραχηλισμένα τοῖς ὀφθαλμοῖς αὐτοῦ πρὸς ὃν
ἡμῖν ὁ λόγος.

Ἔχοντες οὖν ἀρχιερέα μέγαν, διεληλυθότα τοὺς 14
οὐρανούς, Ἰησοῦν τὸν υἱὸν τοῦ Θεοῦ, κρατῶμεν τῆς
ὁμολογίας. οὐ γὰρ ἔχομεν ἀρχιερέα μὴ δυνάμενον 15
συμπαθῆσαι ταῖς ἀσθενείαις ἡμῶν, πεπειρασμένον
δὲ κατὰ πάντα καθ' ὁμοιότητα, χωρὶς ἁμαρτίας.
προσερχώμεθα οὖν μετὰ παρρησίας τῷ θρόνῳ τῆς 16
χάριτος, ἵνα λάβωμεν ἔλεον⁵, καὶ χάριν εὕρωμεν εἰς
εὔκαιρον βοήθειαν.

Πᾶς γὰρ ἀρχιερεύς, ἐξ ἀνθρώπων λαμβανόμε- V.
νος, ὑπὲρ ἀνθρώπων καθίσταται τὰ πρὸς τὸν Θεόν,
ἵνα προσφέρῃ δῶρά τε καὶ θυσίας ὑπὲρ ἁμαρτιῶν·
μετριοπαθεῖν δυνάμενος τοῖς ἀγνοοῦσι καὶ πλανω- 2

³ προείρηται ⁴ om. τε ⁵ ἔλεος

3 μένοις, ἐπεὶ καὶ αὐτὸς περίκειται ἀσθένειαν· καὶ
διὰ ταύτην¹ ὀφείλει, καθὼς περὶ τοῦ λαοῦ, οὕτω καὶ
4 περὶ ἑαυτοῦ, προσφέρειν ὑπὲρ² ἁμαρτιῶν. καὶ οὐχ
ἑαυτῷ τις λαμβάνει τὴν τιμήν, ἀλλὰ ὁ³ καλούμενος
5 ὑπὸ τοῦ Θεοῦ, καθάπερ⁴ καὶ ὁ³ Ἀαρών. οὕτω καὶ ὁ
Χριστὸς οὐχ ἑαυτὸν ἐδόξασε γενηθῆναι ἀρχιερέα,
ἀλλ᾿ ὁ λαλήσας πρὸς αὐτόν, Υἱός μου εἶ σύ, ἐγὼ
6 σήμερον γεγέννηκά σε. καθὼς καὶ ἐν ἑτέρῳ λέγει,
Σὺ ἱερεὺς εἰς τὸν αἰῶνα κατὰ τὴν τάξιν Μελ-
7 χισεδέκ. ὃς ἐν ταῖς ἡμέραις τῆς σαρκὸς αὐτοῦ,
δεήσεις τε καὶ ἱκετηρίας πρὸς τὸν δυνάμενον σώ-
ζειν αὐτὸν ἐκ θανάτου μετὰ κραυγῆς ἰσχυρᾶς καὶ
δακρύων προσενέγκας, καὶ εἰσακουσθεὶς ἀπὸ τῆς
8 εὐλαβείας, καίπερ ὢν υἱός, ἔμαθεν ἀφ᾿ ὧν ἔπαθε
9 τὴν ὑπακοήν, καὶ τελειωθεὶς ἐγένετο τοῖς ὑπακούουσιν
10 αὐτῷ πᾶσιν⁵ αἴτιος σωτηρίας αἰωνίου· προσαγορευ-
θεὶς ὑπὸ τοῦ Θεοῦ ἀρχιερεὺς κατὰ τὴν τάξιν
Μελχισεδέκ.
11 Περὶ οὗ πολὺς ἡμῖν ὁ λόγος καὶ δυσερμήνευτος
12 λέγειν, ἐπεὶ νωθροὶ γεγόνατε ταῖς ἀκοαῖς. καὶ γὰρ
ὀφείλοντες εἶναι διδάσκαλοι διὰ τὸν χρόνον, πάλιν
χρείαν ἔχετε τοῦ διδάσκειν ὑμᾶς, τίνα τὰ στοιχεῖα⁶
τῆς ἀρχῆς τῶν λογίων τοῦ Θεοῦ· καὶ γεγόνατε
χρείαν ἔχοντες γάλακτος, καὶ οὐ στερεᾶς τροφῆς.
13 πᾶς γὰρ ὁ μετέχων γάλακτος ἄπειρος λόγου δι-
14 καιοσύνης· νήπιος γάρ ἐστι. τελείων δέ ἐστιν ἡ
στερεὰ τροφή, τῶν διὰ τὴν ἕξιν τὰ αἰσθητήρια
γεγυμνασμένα ἐχόντων πρὸς διάκρισιν καλοῦ τε
καὶ κακοῦ.
VI. Διό, ἀφέντες τὸν τῆς ἀρχῆς τοῦ Χριστοῦ λόγον,
ἐπὶ τὴν τελειότητα φερώμεθα, μὴ πάλιν θεμέλιον

---

¹ δι᾿ αὐτὴν   ² περὶ   ³ om. ὁ   ⁴ καθώσπερ   ⁵ πᾶσι
τοῖς ὑπακούουσιν αὐτῷ   ⁶ (ὑμᾶς τίνα τὰ στοιχεῖα text, not marg.)

καταβαλλόμενοι μετανοίας ἀπὸ νεκρῶν ἔργων, καὶ
πίστεως ἐπὶ Θεόν, βαπτισμῶν διδαχῆς¹, ἐπιθέσεώς 2
τε χειρῶν, ἀναστάσεώς τε νεκρῶν, καὶ κρίματος
αἰωνίου. καὶ τοῦτο ποιήσομεν, ἐάνπερ ἐπιτρέπῃ ὁ 3
Θεός. ἀδύνατον γὰρ τοὺς ἅπαξ φωτισθέντας, 4
γευσαμένους τε² τῆς δωρεᾶς τῆς ἐπουρανίου, καὶ
μετόχους γενηθέντας Πνεύματος Ἁγίου, καὶ καλὸν 5
γευσαμένους Θεοῦ ῥῆμα, δυνάμεις τε μέλλοντος
αἰῶνος, καὶ παραπεσόντας, πάλιν ἀνακαινίζειν εἰς 6
μετάνοιαν, ἀνασταυροῦντας ἑαυτοῖς τὸν υἱὸν τοῦ
Θεοῦ καὶ παραδειγματίζοντας. γῇ γὰρ ἡ πιοῦσα 7
τὸν ἐπ᾽ αὐτῆς πολλάκις ἐρχόμενον³ ὑετόν, καὶ τίκτουσα
βοτάνην εὔθετον ἐκείνοις δι᾽ οὓς καὶ γεωργεῖται,
μεταλαμβάνει εὐλογίας ἀπὸ τοῦ Θεοῦ· ἐκφέρουσα 8
δὲ ἀκάνθας καὶ τριβόλους, ἀδόκιμος καὶ κατάρας
ἐγγύς, ἧς τὸ τέλος εἰς καῦσιν.

Πεπείσμεθα δὲ περὶ ὑμῶν, ἀγαπητοί, τὰ κρείτ- 9
τονα καὶ ἐχόμενα σωτηρίας, εἰ καὶ οὕτω λαλοῦμεν·
οὐ γὰρ ἄδικος ὁ Θεὸς ἐπιλαθέσθαι τοῦ ἔργου ὑμῶν, 10
καὶ τοῦ κόπου⁴ τῆς ἀγάπης ἧς ἐνεδείξασθε εἰς τὸ
ὄνομα αὐτοῦ, διακονήσαντες τοῖς ἁγίοις καὶ διακο-
νοῦντες. ἐπιθυμοῦμεν δὲ ἕκαστον ὑμῶν τὴν αὐτὴν 11
ἐνδείκνυσθαι σπουδὴν πρὸς τὴν πληροφορίαν τῆς
ἐλπίδος ἄχρι τέλους· ἵνα μὴ νωθροὶ γένησθε, μιμη- 12
ταὶ δὲ τῶν διὰ πίστεως καὶ μακροθυμίας κληρονο-
μούντων τὰς ἐπαγγελίας.

Τῷ γὰρ Ἀβραὰμ ἐπαγγειλάμενος ὁ Θεός, ἐπεὶ 13
κατ᾽ οὐδενὸς εἶχε μείζονος ὀμόσαι, ὤμοσε καθ᾽ ἑαυ-
τοῦ, λέγων, Ἦ⁵ μὴν εὐλογῶν εὐλογήσω σε, καὶ 14
πληθύνων πληθυνῶ σε. καὶ οὕτω μακροθυμήσας 15
ἐπέτυχε τῆς ἐπαγγελίας. ἄνθρωποι μὲν⁶ γὰρ κατὰ 16

¹ Marg. διδαχήν   ² (φωτισθέντας γευσαμένους τε text, not
marg.)   ³ ἐρχόμενον πολλάκις   ⁴ om. τοῦ κόπου   ⁵ Εἰ   ⁶ om. μὲν

τοῦ μείζονος ὀμνύουσι, καὶ πάσης αὐτοῖς ἀντιλογίας
17 πέρας εἰς βεβαίωσιν ὁ ὅρκος. ἐν ᾧ περισσότερον
βουλόμενος ὁ Θεὸς ἐπιδεῖξαι τοῖς κληρονόμοις τῆς
ἐπαγγελίας τὸ ἀμετάθετον τῆς βουλῆς αὐτοῦ, ἐμε-
18 σίτευσεν ὅρκῳ, ἵνα διὰ δύο πραγμάτων ἀμεταθέ-
των, ἐν οἷς ἀδύνατον ψεύσασθαι Θεόν, ἰσχυρὰν
παράκλησιν ἔχωμεν οἱ καταφυγόντες κρατῆσαι τῆς
19 προκειμένης ἐλπίδος· ἣν ὡς ἄγκυραν ἔχομεν τῆς
ψυχῆς ἀσφαλῆ τε καὶ βεβαίαν, καὶ εἰσερχομένην
20 εἰς τὸ ἐσώτερον τοῦ καταπετάσματος· ὅπου πρό-
δρομος ὑπὲρ ἡμῶν εἰσῆλθεν Ἰησοῦς, κατὰ τὴν τάξιν
Μελχισεδὲκ ἀρχιερεὺς γενόμενος εἰς τὸν αἰῶνα.

VII. Οὗτος γὰρ ὁ Μελχισεδέκ, βασιλεὺς Σαλήμ,
ἱερεὺς τοῦ Θεοῦ τοῦ * ὑψίστου, ὁ συναντήσας
Ἀβραὰμ ὑποστρέφοντι ἀπὸ τῆς κοπῆς τῶν βασι-
2 λέων καὶ εὐλογήσας αὐτόν, ᾧ καὶ δεκάτην ἀπὸ πάν-
των ἐμέρισεν Ἀβραάμ (πρῶτον μὲν ἑρμηνευόμενος
βασιλεὺς δικαιοσύνης, ἔπειτα δὲ καὶ βασιλεὺς
3 Σαλήμ, ὅ ἐστι βασιλεὺς εἰρήνης· ἀπάτωρ, ἀμήτωρ,
ἀγενεαλόγητος, μήτε ἀρχὴν ἡμερῶν μήτε ζωῆς
τέλος ἔχων, ἀφωμοιωμένος δὲ τῷ υἱῷ τοῦ Θεοῦ),
μένει ἱερεὺς εἰς τὸ διηνεκές.

4 Θεωρεῖτε δὲ πηλίκος οὗτος, ᾧ καὶ¹ δεκάτην
Ἀβραὰμ ἔδωκεν ἐκ τῶν ἀκροθινίων ὁ πατριάρχης·
5 καὶ οἱ μὲν ἐκ τῶν υἱῶν Λευῒ τὴν ἱερατείαν λαμ-
βάνοντες ἐντολὴν ἔχουσιν ἀποδεκατοῦν τὸν λαὸν
κατὰ τὸν νόμον, τοῦτ' ἔστι τοὺς ἀδελφοὺς αὐτῶν,
6 καίπερ ἐξεληλυθότας ἐκ τῆς ὀσφύος Ἀβραάμ· ὁ
δὲ μὴ γενεαλογούμενος ἐξ αὐτῶν δεδεκάτωκε τὸν²
Ἀβραάμ, καὶ τὸν ἔχοντα τὰς ἐπαγγελίας εὐλόγηκε.
7 χωρὶς δὲ πάσης ἀντιλογίας, τὸ ἔλαττον ὑπὸ τοῦ

---

¹ om. καί   ² (ν) om. τόν

κρείττονος εὐλογεῖται. καὶ ὧδε μὲν δεκάτας ἀπο- 8
θνήσκοντες ἄνθρωποι λαμβάνουσιν· ἐκεῖ δέ, μαρτυ-
ρούμενος ὅτι ζῆ. καί, ὡς ἔπος εἰπεῖν, διὰ Ἀβραὰμ 9
καὶ Λευὶ ὁ δεκάτας λαμβάνων δεδεκάτωται· ἔτι 10
γὰρ ἐν τῇ ὀσφύϊ τοῦ πατρὸς ἦν, ὅτε συνήντησεν
αὐτῷ ὁ[3] Μελχισεδέκ.

Εἰ μὲν οὖν τελείωσις διὰ τῆς Λευϊτικῆς ἱερω- 11
σύνης ἦν (ὁ λαὸς γὰρ ἐπ᾽ αὐτῇ[4] νενομοθέτητο[5]), τίς
ἔτι χρεία, κατὰ τὴν τάξιν Μελχισεδὲκ ἕτερον
ἀνίστασθαι ἱερέα, καὶ οὐ κατὰ τὴν τάξιν Ἀαρὼν
λέγεσθαι; μετατιθεμένης γὰρ τῆς ἱερωσύνης, ἐξ 12
ἀνάγκης καὶ νόμου μετάθεσις γίνεται. ἐφ᾽ ὃν γὰρ 13
λέγεται ταῦτα, φυλῆς ἑτέρας μετέσχηκεν, ἀφ᾽ ἧς
οὐδεὶς προσέσχηκε τῷ θυσιαστηρίῳ. πρόδηλον 14
γὰρ ὅτι ἐξ Ἰούδα ἀνατέταλκεν ὁ Κύριος ἡμῶν,
εἰς ἣν φυλὴν οὐδὲν περὶ ἱερωσύνης[6] Μωσῆς ἐλάλησε.
καὶ περισσότερον ἔτι κατάδηλόν ἐστιν, εἰ κατὰ 15
τὴν ὁμοιότητα Μελχισεδὲκ ἀνίσταται ἱερεὺς ἕτε-
ρος, ὃς οὐ κατὰ νόμον ἐντολῆς σαρκικῆς[7] γέγονεν, 16
ἀλλὰ κατὰ δύναμιν ζωῆς ἀκαταλύτου· μαρτυρεῖ[8] 17
γὰρ ὅτι Σὺ ἱερεὺς εἰς τὸν αἰῶνα κατὰ τὴν τάξιν
Μελχισεδέκ. ἀθέτησις μὲν γὰρ γίνεται προα- 18
γούσης ἐντολῆς, διὰ τὸ αὐτῆς ἀσθενὲς καὶ ἀνω-
φελές· οὐδὲν γὰρ ἐτελείωσεν ὁ νόμος, ἐπεισαγωγὴ 19
δὲ[9] κρείττονος ἐλπίδος, δι᾽ ἧς ἐγγίζομεν τῷ Θεῷ.
καὶ καθ᾽ ὅσον οὐ χωρὶς ὁρκωμοσίας (οἱ μὲν γὰρ 20, 21
χωρὶς ὁρκωμοσίας εἰσὶν ἱερεῖς γεγονότες, ὁ δὲ μετὰ
ὁρκωμοσίας, διὰ τοῦ λέγοντος πρὸς αὐτόν, Ὤμοσε
Κύριος καὶ οὐ μεταμεληθήσεται, Σὺ ἱερεὺς εἰς τὸν
αἰῶνα κατὰ τὴν τάξιν Μελχισεδέκ[10])· κατὰ τοσοῦτον 22

---

[3] om. ὁ   [4] αὐτῆς   [5] νενομοθέτηται   [6] περὶ ἱερέων οὐδὲν
[7] σαρκίνης   [8] μαρτυρεῖται   [9] (ἀνωφελές (οὐδὲν γὰρ ἐτελείωσεν
ὁ νόμος), ἐπεισαγωγὴ δὲ)   [10] om. κατὰ τὴν τάξιν Μελχισεδέκ

23 ¹¹κρείττονος διαθήκης γέγονεν ἔγγυος Ἰησοῦς. καὶ
οἱ μὲν πλείονές εἰσι γεγονότες ἱερεῖς, διὰ τὸ θανάτῳ
24 κωλύεσθαι παραμένειν· ὁ δέ, διὰ τὸ μένειν αὐτὸν εἰς
25 τὸν αἰῶνα, ἀπαράβατον ἔχει τὴν ἱερωσύνην. ὅθεν
καὶ σώζειν εἰς τὸ παντελὲς δύναται τοὺς προσερ-
χομένους δι᾽ αὐτοῦ τῷ Θεῷ, πάντοτε ζῶν εἰς τὸ
ἐντυγχάνειν ὑπὲρ αὐτῶν.
26   Τοιοῦτος γὰρ ἡμῖν ἔπρεπεν ἀρχιερεύς, ὅσιος,
ἄκακος, ἀμίαντος, κεχωρισμένος ἀπὸ τῶν ἁμαρ-
27 τωλῶν, καὶ ὑψηλότερος τῶν οὐρανῶν γενόμενος· ὃς
οὐκ ἔχει καθ᾽ ἡμέραν ἀνάγκην, ὥσπερ οἱ ἀρχιερεῖς,
πρότερον ὑπὲρ τῶν ἰδίων ἁμαρτιῶν θυσίας ἀναφέ-
ρειν, ἔπειτα τῶν τοῦ λαοῦ· τοῦτο γὰρ ἐποίησεν
28 ἐφάπαξ, ἑαυτὸν ἀνενέγκας. ὁ νόμος γὰρ ἀνθρώ-
πους καθίστησιν ἀρχιερεῖς, ἔχοντας ἀσθένειαν· ὁ
λόγος δὲ τῆς ὁρκωμοσίας τῆς μετὰ τὸν νόμον, υἱὸν
εἰς τὸν αἰῶνα τετελειωμένον.

VIII.   Κεφάλαιον δὲ ἐπὶ τοῖς λεγομένοις· τοιοῦτον
ἔχομεν ἀρχιερέα, ὃς ἐκάθισεν ἐν δεξιᾶ τοῦ θρόνου
2 τῆς μεγαλωσύνης ἐν τοῖς οὐρανοῖς, τῶν ἁγίων λει-
τουργός, καὶ τῆς σκηνῆς τῆς ἀληθινῆς, ἣν ἔπηξεν ὁ
3 Κύριος, καὶ¹ οὐκ ἄνθρωπος. πᾶς γὰρ ἀρχιερεὺς εἰς
τὸ προσφέρειν δῶρά τε καὶ θυσίας καθίσταται·
ὅθεν ἀναγκαῖον ἔχειν τι καὶ τοῦτον ὃ προσενέγκῃ.
4 εἰ μὲν γὰρ² ἦν ἐπὶ γῆς, οὐδ᾽ ἂν ἦν ἱερεύς, ὄντων
τῶν ἱερέων³ τῶν προσφερόντων κατὰ τὸν⁴ νόμον τὰ
5 δῶρα, οἵτινες ὑποδείγματι καὶ σκιᾷ λατρεύουσι
τῶν ἐπουρανίων, καθὼς κεχρημάτισται Μωσῆς
μέλλων ἐπιτελεῖν τὴν σκηνήν, Ὅρα, γάρ φησι,
ποιήσῃς⁵ πάντα κατὰ τὸν τύπον τὸν δειχθέντα σοι
6 ἐν τῷ ὄρει. νυνὶ δὲ διαφορωτέρας τέτευχε⁶ λειτουρ-

---

¹¹ add καὶ   ¹ om. καὶ   ² οὖν   ³ om. των ἱερέων
⁴ om. τὸν   ⁵ ποιήσεις   ⁶ τέτυχε

γίας, ὅσῳ καὶ κρείττονός ἐστι διαθήκης μεσίτης,
ἥτις ἐπὶ κρείττοσιν ἐπαγγελίαις νενομοθέτηται. εἰ 7
γὰρ ἡ πρώτη ἐκείνη ἦν ἄμεμπτος, οὐκ ἂν δευτέρας
ἐζητεῖτο τόπος. μεμφόμενος γὰρ αὐτοῖς λέγει, 8
Ἰδού, ἡμέραι ἔρχονται, λέγει Κύριος, καὶ συντε-
λέσω ἐπὶ τὸν οἶκον Ἰσραὴλ καὶ ἐπὶ τὸν οἶκον
Ἰούδα διαθήκην καινήν· οὐ κατὰ τὴν διαθήκην ἣν 9
ἐποίησα τοῖς πατράσιν αὐτῶν ἐν ἡμέρᾳ ἐπιλα-
βομένου μου τῆς χειρὸς αὐτῶν ἐξαγαγεῖν αὐτοὺς
ἐκ γῆς Αἰγύπτου· ὅτι αὐτοὶ οὐκ ἐνέμειναν ἐν τῇ
διαθήκῃ μου, κἀγὼ ἠμέλησα αὐτῶν, λέγει Κύριος.
ὅτι αὕτη ἡ διαθήκη ἣν διαθήσομαι τῷ οἴκῳ Ἰσραὴλ 10
μετὰ τὰς ἡμέρας ἐκείνας, λέγει Κύριος, διδοὺς νό-
μους μου εἰς τὴν διάνοιαν αὐτῶν, καὶ ἐπὶ καρδίας
αὐτῶν ἐπιγράψω αὐτούς· καὶ ἔσομαι αὐτοῖς εἰς
Θεόν, καὶ αὐτοὶ ἔσονταί μοι εἰς λαόν. καὶ οὐ μὴ 11
διδάξωσιν ἕκαστος τὸν πλησίον⁷ αὐτοῦ, καὶ ἕκαστος
τὸν ἀδελφὸν αὐτοῦ, λέγων, Γνῶθι τὸν Κύριον· ὅτι
πάντες εἰδήσουσί με, ἀπὸ μικροῦ αὐτῶν⁸ ἕως μεγά-
λου αὐτῶν. ὅτι ἵλεως ἔσομαι ταῖς ἀδικίαις αὐτῶν, 12
καὶ τῶν ἁμαρτιῶν αὐτῶν καὶ τῶν ἀνομιῶν αὐτῶν⁹ οὐ
μὴ μνησθῶ ἔτι. ἐν τῷ λέγειν, Καινήν, πεπαλαίωκε 13
τὴν πρώτην. τὸ δὲ παλαιούμενον καὶ γηράσκον,
ἐγγὺς ἀφανισμοῦ.

Εἶχε μὲν οὖν καὶ ἡ πρώτη δικαιώματα λατρείας, IX.
τό τε ἅγιον κοσμικόν. σκηνὴ γὰρ κατεσκευάσθη 2
ἡ πρώτη, ἐν ᾗ ἥ τε λυχνία καὶ ἡ τράπεζα καὶ ἡ
πρόθεσις τῶν ἄρτων, ἥτις λέγεται ἅγια. μετὰ δὲ 3
τὸ δεύτερον καταπέτασμα σκηνὴ ἡ λεγομένη ἅγια
ἁγίων, χρυσοῦν ἔχουσα θυμιατήριον, καὶ τὴν κι- 4
βωτὸν τῆς διαθήκης περικεκαλυμμένην πάντοθεν

---

⁷ πολίτην   ⁸ om. αὐτῶν   ⁹ om. καὶ τῶν ἀνομιῶν αὐτῶν

χρυσίῳ, ἐν ᾗ στάμνος χρυσῆ ἔχουσα τὸ μάννα,
καὶ ἡ ῥάβδος Ἀαρὼν ἡ βλαστήσασα, καὶ αἱ
5 πλάκες τῆς διαθήκης· ὑπεράνω δὲ αὐτῆς Χερουβὶμ
δόξης κατασκιάζοντα τὸ ἱλαστήριον· περὶ ὧν οὐκ
6 ἔστι νῦν λέγειν κατὰ μέρος. τούτων δὲ οὕτω κατε-
σκευασμένων, εἰς μὲν τὴν πρώτην σκηνὴν διὰ παν-
τὸς εἰσίασιν οἱ ἱερεῖς, τὰς λατρείας ἐπιτελοῦντες·
7 εἰς δὲ τὴν δευτέραν ἅπαξ τοῦ ἐνιαυτοῦ μόνος ὁ
ἀρχιερεύς, οὐ χωρὶς αἵματος, ὃ προσφέρει ὑπὲρ
8 ἑαυτοῦ καὶ τῶν τοῦ λαοῦ ἀγνοημάτων· τοῦτο δη-
λοῦντος τοῦ Πνεύματος τοῦ Ἁγίου, μήπω πεφα-
νερῶσθαι τὴν τῶν ἁγίων ὁδόν, ἔτι τῆς πρώτης
9 σκηνῆς ἐχούσης στάσιν· ἥτις παραβολὴ εἰς τὸν
καιρὸν τὸν ἐνεστηκότα, καθ᾽ ὃν¹ δῶρά τε καὶ
θυσίαι προσφέρονται, μὴ δυνάμεναι κατὰ συνεί-
10 δησιν τελειῶσαι τὸν λατρεύοντα, μόνον ἐπὶ βρώ-
μασι καὶ πόμασι καὶ διαφόροις βαπτισμοῖς καὶ
δικαιώμασι² σαρκός, μέχρι καιροῦ διορθώσεως ἐπι-
κείμενα.

11 Χριστὸς δὲ παραγενόμενος ἀρχιερεὺς τῶν μελ-
λόντων³ ἀγαθῶν, διὰ τῆς μείζονος καὶ τελειοτέρας
σκηνῆς, οὐ χειροποιήτου, τοῦτ᾽ ἔστιν, οὐ ταύτης
12 τῆς κτίσεως, οὐδὲ δι᾽ αἵματος τράγων καὶ μόσχων,
διὰ δὲ τοῦ ἰδίου αἵματος εἰσῆλθεν ἐφάπαξ εἰς τὰ
13 ἅγια, αἰωνίαν λύτρωσιν εὑράμενος. εἰ γὰρ τὸ
αἷμα ταύρων καὶ τράγων⁴, καὶ σποδὸς δαμάλεως ραν-
τίζουσα τοὺς κεκοινωμένους, ἁγιάζει πρὸς τὴν τῆς
14 σαρκὸς καθαρότητα, πόσῳ μᾶλλον τὸ αἷμα τοῦ
Χριστοῦ, ὃς διὰ Πνεύματος αἰωνίου ἑαυτὸν προσή-
νεγκεν ἄμωμον τῷ Θεῷ, καθαριεῖ τὴν συνείδησιν
ὑμῶν⁵ ἀπὸ νεκρῶν ἔργων, εἰς τὸ λατρεύειν Θεῷ

---

¹ ἦν   ² μόνον (ἐπὶ βρώμασι......βαπτισμοῖς) δικαιώματα
³ *Marg.* γενομένων   ⁴ τράγων καὶ ταύρων   ⁵ *Marg.* ἡμῶν

ζῶντι; καὶ διὰ τοῦτο διαθήκης καινῆς μεσίτης 15
ἐστίν, ὅπως, θανάτου γενομένου εἰς ἀπολύτρωσιν
τῶν ἐπὶ τῇ πρώτῃ διαθήκῃ παραβάσεων, τὴν
ἐπαγγελίαν λάβωσιν οἱ κεκλημένοι τῆς αἰωνίου
κληρονομίας. ὅπου γὰρ διαθήκη, θάνατον ἀνάγκη 16
φέρεσθαι τοῦ διαθεμένου. διαθήκη γὰρ ἐπὶ νεκροῖς 17
βεβαία, ἐπεὶ μή ποτε ἰσχύει ὅτε ζῇ ὁ διαθέμενος.⁶
ὅθεν οὐδ' ἡ πρώτη χωρὶς αἵματος ἐγκεκαίνισται. 18
λαληθείσης γὰρ πάσης ἐντολῆς κατὰ⁷ νόμον ὑπὸ 19
Μωϋσέως παντὶ τῷ λαῷ, λαβὼν τὸ αἷμα τῶν
μόσχων καὶ⁸ τράγων, μετὰ ὕδατος καὶ ἐρίου κοκ-
κίνου καὶ ὑσσώπου, αὐτό τε τὸ βιβλίον καὶ πάντα
τὸν λαὸν ἐρράντισε, λέγων, Τοῦτο τὸ αἷμα τῆς 20
διαθήκης ἧς ἐνετείλατο πρὸς ὑμᾶς ὁ Θεος. καὶ 21
τὴν σκηνὴν δὲ καὶ πάντα τὰ σκεύη τῆς λειτουρ-
γίας τῷ αἵματι ὁμοίως ἐρράντισε. καὶ σχεδὸν ἐν 22
αἵματι πάντα καθαρίζεται κατὰ τὸν νόμον, καὶ
χωρὶς αἱματεκχυσίας οὐ γίνεται ἄφεσις.

Ἀνάγκη οὖν τὰ μὲν ὑποδείγματα τῶν ἐν τοῖς 23
οὐρανοῖς, τούτοις καθαρίζεσθαι, αὐτὰ δὲ τὰ ἐπου-
ράνια κρείττοσι θυσίαις παρὰ ταύτας. οὐ γὰρ εἰς 24
χειροποίητα ἅγια εἰσῆλθεν ὁ⁹ Χριστός, ἀντίτυπα
τῶν ἀληθινῶν, ἀλλ' εἰς αὐτὸν τὸν οὐρανόν, νῦν
ἐμφανισθῆναι τῷ προσώπῳ τοῦ Θεοῦ ὑπὲρ ἡμῶν·
οὐδ' ἵνα πολλάκις προσφέρῃ ἑαυτόν, ὥσπερ ὁ 25
ἀρχιερεὺς εἰσέρχεται εἰς τὰ ἅγια κατ' ἐνιαυτὸν ἐν
αἵματι ἀλλοτρίῳ· ἐπεὶ ἔδει αὐτὸν πολλάκις παθεῖν 26
ἀπὸ καταβολῆς κόσμου· νῦν¹⁰ δὲ ἅπαξ ἐπὶ συντε-
λείᾳ τῶν αἰώνων εἰς ἀθέτησιν ἁμαρτίας διὰ τῆς
θυσίας αὐτοῦ πεφανέρωται. καὶ καθ' ὅσον ἀπό- 27
κειται τοῖς ἀνθρώποις ἅπαξ ἀποθανεῖν, μετὰ δὲ

---

⁶ (διαθέμενος ; text, not marg.)   ⁷ add τὸν   ⁸ add τῶν
⁹ om. (ν) ὁ   ¹⁰ νυνὶ

28 τοῦτο κρίσις· οὕτως*[11] ὁ Χριστός, ἅπαξ προσ-
ενεχθεὶς εἰς τὸ πολλῶν ἀνενεγκεῖν ἁμαρτίας, ἐκ
δευτέρου χωρὶς ἁμαρτίας ὀφθήσεται τοῖς αὐτὸν
ἀπεκδεχομένοις, εἰς σωτηρίαν.

X. Σκιὰν γὰρ ἔχων ὁ νόμος τῶν μελλόντων ἀγα-
θῶν, οὐκ αὐτὴν τὴν εἰκόνα τῶν πραγμάτων, κατ᾽
ἐνιαυτὸν ταῖς αὐταῖς θυσίαις ἃς προσφέρουσιν εἰς
τὸ διηνεκές, οὐδέποτε δύναται[1] τοὺς προσερχομένους
2 τελειῶσαι. ἐπεὶ οὐκ ἂν ἐπαύσαντο προσφερόμε-
ναι,* διὰ τὸ μηδεμίαν ἔχειν ἔτι συνείδησιν ἁμαρ-
3 τιῶν τοὺς λατρεύοντας, ἅπαξ κεκαθαρμένους[2];* ἀλλ᾽
4 ἐν αὐταῖς ἀνάμνησις ἁμαρτιῶν κατ᾽ ἐνιαυτόν· ἀδύ-
νατον γὰρ αἷμα ταύρων καὶ τράγων ἀφαιρεῖν ἁμαρ-
5 τίας. διὸ εἰσερχόμενος εἰς τὸν κόσμον λέγει,
Θυσίαν καὶ προσφορὰν οὐκ ἠθέλησας, σῶμα δὲ
6 κατηρτίσω μοι· ὁλοκαυτώματα καὶ περὶ ἁμαρτίας
7 οὐκ εὐδόκησας· τότε εἶπον, Ἰδού, ἥκω (ἐν κεφαλίδι
βιβλίου γέγραπται περὶ ἐμοῦ) τοῦ ποιῆσαι, ὁ Θεός,
8 τὸ θέλημά σου. ἀνώτερον λέγων ὅτι Θυσίαν[3] καὶ
προσφορὰν[4] καὶ ὁλοκαυτώματα καὶ περὶ ἁμαρτίας
οὐκ ἠθέλησας, οὐδὲ εὐδόκησας (αἵτινες κατὰ τὸν[5]
9 νόμον προσφέρονται), τότε εἴρηκεν, Ἰδού, ἥκω τοῦ
ποιῆσαι, ὁ Θεός,[6] τὸ θέλημά σου. ἀναιρεῖ τὸ πρῶ-
10 τον, ἵνα τὸ δεύτερον στήσῃ. ἐν ᾧ θελήματι ἡγιασ-
μένοι ἐσμὲν διὰ τῆς προσφορᾶς τοῦ σώματος τοῦ[7]
11 Ἰησοῦ Χριστοῦ ἐφάπαξ. καὶ πᾶς μὲν ἱερεὺς[8]
ἔστηκε καθ᾽ ἡμέραν λειτουργῶν, καὶ τὰς αὐτὰς
πολλάκις προσφέρων θυσίας, αἵτινες οὐδέποτε
12 δύνανται περιελεῖν ἁμαρτίας· αὐτὸς[9] δὲ μίαν ὑπὲρ

---

[11] (οὕτω) add καὶ   [1] δύνανται text, not marg.   [2] κεκαθ-
αρισμένους   [3] Θυσίας   [4] προσφορὰς   [5] om.
τὸν   [6] om., ὁ Θεός,   [7] om. τοῦ   [8] Marg. ἀρχιερεὺς
[9] οὗτος

ἁμαρτιῶν προσενέγκας θυσίαν εἰς τὸ διηνεκές[10],
ἐκάθισεν ἐν δεξιᾷ τοῦ Θεοῦ, τὸ λοιπὸν ἐκδεχόμενος 13
ἕως τεθῶσιν οἱ ἐχθροὶ αὐτοῦ ὑποπόδιον τῶν ποδῶν
αὐτοῦ. μιᾷ γὰρ προσφορᾷ τετελείωκεν εἰς τὸ 14
διηνεκὲς τοὺς ἁγιαζομένους. μαρτυρεῖ δὲ ἡμῖν καὶ 15
τὸ Πνεῦμα τὸ Ἅγιον· μετὰ γὰρ τὸ προειρηκέναι[11],
Αὕτη ἡ διαθήκη ἣν διαθήσομαι πρὸς αὐτοὺς μετὰ 16
τὰς ἡμέρας ἐκείνας, λέγει Κύριος, διδοὺς νόμους
μου ἐπὶ καρδίας αὐτῶν, καὶ ἐπὶ τῶν διανοιῶν[12] αὐτῶν
ἐπιγράψω αὐτούς· καὶ τῶν ἁμαρτιῶν αὐτῶν καὶ 17
τῶν ἀνομιῶν αὐτῶν οὐ μὴ μνησθῶ[13] ἔτι. ὅπου δὲ 18
ἄφεσις τούτων, οὐκέτι προσφορὰ περὶ ἁμαρτίας.

Ἔχοντες οὖν, ἀδελφοί, παρρησίαν εἰς τὴν εἴσο- 19
δον τῶν ἁγίων ἐν τῷ αἵματι Ἰησοῦ, ἣν ἐνεκαίνισεν 20
ἡμῖν ὁδὸν πρόσφατον καὶ ζῶσαν, διὰ τοῦ καταπε-
τάσματος, τοῦτ᾿ ἔστι, τῆς σαρκὸς αὐτοῦ, καὶ ἱερέα 21
μέγαν ἐπὶ τὸν οἶκον τοῦ Θεοῦ, προσερχώμεθα μετὰ 22
ἀληθινῆς καρδίας ἐν πληροφορίᾳ πίστεως, ἐρραν-
τισμένοι τὰς καρδίας ἀπὸ συνειδήσεως πονηρᾶς,*[14]
καὶ λελουμένοι τὸ σῶμα ὕδατι καθαρῷ·* κατέχω- 23
μεν[14] τὴν ὁμολογίαν τῆς ἐλπίδος ἀκλινῆ, πιστὸς
γὰρ ὁ ἐπαγγειλάμενος· καὶ κατανοῶμεν ἀλλήλους 24
εἰς παροξυσμὸν ἀγάπης καὶ καλῶν ἔργων, μὴ 25
ἐγκαταλείποντες τὴν ἐπισυναγωγὴν ἑαυτῶν, καθὼς
ἔθος τισίν, ἀλλὰ παρακαλοῦντες, καὶ τοσούτῳ
μᾶλλον, ὅσῳ βλέπετε ἐγγίζουσαν τὴν ἡμέραν.

Ἑκουσίως γὰρ ἁμαρτανόντων ἡμῶν μετὰ τὸ 26
λαβεῖν τὴν ἐπίγνωσιν τῆς ἀληθείας, οὐκέτι περὶ
ἁμαρτιῶν ἀπολείπεται θυσία, φοβερὰ δέ τις ἐκδοχὴ 27
κρίσεως, καὶ πυρὸς ζῆλος ἐσθίειν μέλλοντος τοὺς

---

[10] (Marg. , εἰς τὸ διηνεκὲς ἐκάθισεν)   [11] εἰρηκέναι   [12] τὴν
διάνοιαν [13] μνησθήσομαι   [14] (Marg. πονηρᾶς·......καθαρῷ,
κατέχωμεν)

28 ὑπεναντίους. ἀθετήσας τις νόμον Μωσέως χωρὶς
οἰκτιρμῶν ἐπὶ δυσὶν ἢ τρισὶ μάρτυσιν ἀποθνήσκει·
29 πόσῳ, δοκεῖτε, χείρονος ἀξιωθήσεται τιμωρίας ὁ τὸν
υἱὸν τοῦ Θεοῦ καταπατήσας, καὶ τὸ αἷμα τῆς δια-
θήκης κοινὸν ἡγησάμενος ἐν ᾧ ἡγιάσθη, καὶ τὸ
30 Πνεῦμα τῆς χάριτος ἐνυβρίσας; οἴδαμεν γὰρ τὸν
εἰπόντα, Ἐμοὶ ἐκδίκησις, ἐγὼ ἀνταποδώσω, λέγει
Κύριος¹⁵· καὶ πάλιν, Κύριος κρινεῖ¹⁶ τὸν λαὸν αὐτοῦ.
31 φοβερὸν τὸ ἐμπεσεῖν εἰς χεῖρας Θεοῦ ζῶντος.
32 Ἀναμιμνήσκεσθε δὲ τὰς πρότερον ἡμέρας, ἐν
αἷς φωτισθέντες πολλὴν ἄθλησιν ὑπεμείνατε πα-
33 θημάτων· τοῦτο μέν, ὀνειδισμοῖς τε καὶ θλίψεσι
θεατριζόμενοι· τοῦτο δέ, κοινωνοὶ τῶν οὕτως ἀνα-
34 στρεφομένων γενηθέντες. καὶ γὰρ τοῖς δεσμοῖς μου¹⁷
συνεπαθήσατε, καὶ τὴν ἁρπαγὴν τῶν ὑπαρχόντων
ὑμῶν μετὰ χαρᾶς προσεδέξασθε, γινώσκοντες ἔχειν
ἐν¹⁸ ἑαυτοῖς¹⁹ κρείττονα ὕπαρξιν ἐν οὐρανοῖς²⁰ καὶ μέ-
35 νουσαν. μὴ ἀποβάλητε οὖν τὴν παρρησίαν ὑμῶν,
36 ἥτις ἔχει μισθαποδοσίαν μεγάλην²¹. ὑπομονῆς γὰρ
ἔχετε χρείαν, ἵνα τὸ θέλημα τοῦ Θεοῦ ποιήσαντες
37 κομίσησθε τὴν ἐπαγγελίαν. ἔτι γὰρ μικρὸν ὅσον
38 ὅσον, Ὁ ἐρχόμενος ἥξει, καὶ οὐ χρονιεῖ. ὁ δὲ δί-
καιος²² ἐκ πίστεως ζήσεται· καὶ ἐὰν ὑποστείληται,
39 οὐκ εὐδοκεῖ ἡ ψυχή μου ἐν αὐτῷ. ἡμεῖς δὲ οὐκ
ἐσμὲν ὑποστολῆς εἰς ἀπώλειαν, ἀλλὰ πίστεως εἰς
περιποίησιν ψυχῆς.

XI. Ἔστι δὲ πίστις ἐλπιζομένων ὑπόστασις, πραγ-
2 μάτων ἔλεγχος οὐ βλεπομένων. ἐν ταύτῃ γὰρ
3 ἐμαρτυρήθησαν οἱ πρεσβύτεροι. πίστει νοοῦμεν
κατηρτίσθαι τοὺς αἰῶνας ῥήματι Θεοῦ, εἰς τὸ μὴ

---

¹⁵ om. λέγει Κύριος ¹⁶ Κρινεῖ Κύριος ¹⁷ δεσμίοις
¹⁸ om. ἐν ¹⁹ ἑαυτοὺς text, not marg. ²⁰ om. ἐν οὐρανοῖς
²¹ μεγάλην μισθαποδοσίαν ²² (δίκαιός) add μου text, not marg.

ἐκ φαινομένων τὰ βλεπόμενα[1] γεγονέναι. πίστει 4
πλείονα θυσίαν Ἄβελ παρὰ Κάϊν προσήνεγκε τῷ
Θεῷ, δι' ἧς ἐμαρτυρήθη εἶναι δίκαιος, μαρτυροῦντος
ἐπὶ τοῖς δώροις αὐτοῦ τοῦ Θεοῦ[2]· καὶ δι' αὐτῆς
ἀποθανὼν ἔτι λαλεῖ *. πίστει Ἐνὼχ μετετέθη τοῦ 5
μὴ ἰδεῖν θάνατον, καὶ οὐχ εὑρίσκετο, διότι μετέ-
θηκεν αὐτὸν ὁ Θεός· πρὸ γὰρ τῆς μεταθέσεως
αὐτοῦ[4] μεμαρτύρηται εὐηρεστηκέναι τῷ Θεῷ· χωρὶς 6
δὲ πίστεως ἀδύνατον εὐαρεστῆσαι· πιστεῦσαι γὰρ
δεῖ τὸν προσερχόμενον τῷ Θεῷ, ὅτι ἔστι, καὶ τοῖς
ἐκζητοῦσιν αὐτὸν μισθαποδότης γίνεται. πίστει 7
χρηματισθεὶς Νῶε περὶ τῶν μηδέπω βλεπομένων,
εὐλαβηθεὶς κατεσκεύασε κιβωτὸν εἰς σωτηρίαν
τοῦ οἴκου αὐτοῦ· δι' ἧς κατέκρινε τὸν κόσμον, καὶ
τῆς κατὰ πίστιν δικαιοσύνης ἐγένετο κληρονόμος.
πίστει καλούμενος Ἀβραὰμ ὑπήκουσεν ἐξελθεῖν 8
εἰς τὸν[5] τόπον ὃν ἤμελλε λαμβάνειν εἰς κληρονο-
μίαν, καὶ ἐξῆλθε μὴ ἐπιστάμενος ποῦ ἔρχεται.
πίστει παρῴκησεν εἰς τὴν[6] γῆν τῆς ἐπαγγελίας, ὡς 9
ἀλλοτρίαν, ἐν σκηναῖς κατοικήσας μετὰ Ἰσαὰκ καὶ
Ἰακώβ, τῶν συγκληρονόμων τῆς ἐπαγγελίας τῆς
αὐτῆς· ἐξεδέχετο γὰρ τὴν τοὺς θεμελίους ἔχουσαν 10
πόλιν, ἧς τεχνίτης καὶ δημιουργὸς ὁ Θεός. πίστει 11
καὶ αὐτὴ Σάρρα δύναμιν εἰς καταβολὴν σπέρματος
ἔλαβε, καὶ παρὰ καιρὸν ἡλικίας ἔτεκεν[7], ἐπεὶ πιστὸν
ἡγήσατο τὸν ἐπαγγειλάμενον. διὸ καὶ ἀφ' ἑνὸς 12
ἐγεννήθησαν, καὶ ταῦτα νενεκρωμένου, καθὼς τὰ
ἄστρα τοῦ οὐρανοῦ τῷ πλήθει, καὶ ὡσεὶ[8] ἄμμος ἡ
παρὰ τὸ χεῖλος τῆς θαλάσσης ἡ ἀναρίθμητος.

Κατὰ πίστιν ἀπέθανον οὗτοι πάντες, μὴ λαβόν- 13

---

[1] τὸ βλεπόμενον   [2] *Marg. notes the uncertainty of the
reading*   [4] *om.* αὐτοῦ   [5] *om.* τὸν   [6] *om.* τὴν
[7] *om.* ἔτεκεν   [8] ὡς ἡ

τες⁹ τὰς ἐπαγγελίας, ἀλλὰ πόρρωθεν αὐτὰς ἰδόντες,
καὶ πεισθέντες,¹⁰ καὶ ἀσπασάμενοι, καὶ ὁμολογήσαντες
14 ὅτι ξένοι καὶ παρεπίδημοί εἰσιν ἐπὶ τῆς γῆς. οἱ
γὰρ τοιαῦτα λέγοντες ἐμφανίζουσιν ὅτι πατρίδα
15 ἐπιζητοῦσι. καὶ εἰ μὲν ἐκείνης ἐμνημόνευον ἀφ'
16 ἧς ἐξῆλθον¹¹, εἶχον ἂν καιρὸν ἀνακάμψαι. νυνὶ¹² δὲ
κρείττονος ὀρέγονται, τοῦτ' ἔστιν, ἐπουρανίου· διὸ
οὐκ ἐπαισχύνεται αὐτοὺς ὁ Θεός, Θεὸς ἐπικαλεῖσ-
θαι αὐτῶν· ἡτοίμασε γὰρ αὐτοῖς πόλιν.

17 Πίστει προσενήνοχεν Ἀβραὰμ τὸν Ἰσαὰκ πει-
ραζόμενος, καὶ τὸν μονογενῆ προσέφερεν ὁ τὰς
18 ἐπαγγελίας ἀναδεξάμενος, πρὸς ὃν ἐλαλήθη ὅτι
19 Ἐν Ἰσαὰκ κληθήσεταί σοι σπέρμα· λογισάμενος
ὅτι καὶ ἐκ νεκρῶν ἐγείρειν δυνατὸς ὁ Θεός· ὅθεν
20 αὐτὸν καὶ ἐν παραβολῇ ἐκομίσατο. πίστει¹³ περὶ
μελλόντων εὐλόγησεν Ἰσαὰκ τὸν Ἰακὼβ καὶ τὸν
21 Ἠσαῦ. πίστει Ἰακὼβ ἀποθνήσκων ἕκαστον τῶν
υἱῶν Ἰωσὴφ εὐλόγησε, καὶ προσεκύνησεν ἐπὶ τὸ
22 ἄκρον τῆς ῥάβδου αὐτοῦ. πίστει Ἰωσὴφ τελευτῶν
περὶ τῆς ἐξόδου τῶν υἱῶν Ἰσραὴλ ἐμνημόνευσε,
23 καὶ περὶ τῶν ὀστέων αὐτοῦ ἐνετείλατο. πίστει
Μωσῆς γεννηθεὶς ἐκρύβη τρίμηνον ὑπὸ τῶν πατέ-
ρων αὐτοῦ, διότι εἶδον ἀστεῖον τὸ παιδίον· καὶ οὐκ
24 ἐφοβήθησαν τὸ διάταγμα τοῦ βασιλέως. πίστει
Μωσῆς μέγας γενόμενος ἠρνήσατο λέγεσθαι υἱὸς
25 θυγατρὸς Φαραώ, μᾶλλον ἑλόμενος συγκακουχεῖσ-
θαι τῷ λαῷ τοῦ Θεοῦ ἢ πρόσκαιρον ἔχειν ἁμαρ-
26 τίας ἀπόλαυσιν· μείζονα πλοῦτον ἡγησάμενος τῶν
ἐν Αἰγύπτῳ¹⁴ θησαυρῶν τὸν ὀνειδισμὸν τοῦ Χριστοῦ·
27 ἀπέβλεπε γὰρ εἰς τὴν μισθαποδοσίαν. πίστει
κατέλιπεν Αἴγυπτον, μὴ φοβηθεὶς τὸν θυμὸν τοῦ

---

⁹ κομισάμενοι   ¹⁰ om. καὶ πεισθέντες,   ¹¹ ἐξέβησαν
¹² νῦν   ¹³ add καὶ   ¹⁴ Αἰγύπτου

βασιλέως· τὸν γὰρ ἀόρατον ὡς ὁρῶν ἐκαρτέρησε.
πίστει πεποίηκε τὸ πάσχα καὶ τὴν πρόσχυσιν τοῦ 28
αἵματος, ἵνα μὴ ὁ ὀλοθρεύων τὰ πρωτότοκα θίγῃ
αὐτῶν. πίστει διέβησαν τὴν ἐρυθρὰν θάλασσαν 29
ὡς διὰ ξηρᾶς[15]· ἧς πεῖραν λαβόντες οἱ Αἰγύπτιοι
κατεπόθησαν. πίστει τὰ τείχη Ἰεριχὼ ἔπεσε[16], 30
κυκλωθέντα ἐπὶ ἑπτὰ ἡμέρας. πίστει Ῥαὰβ ἡ 31
πόρνη οὐ συναπώλετο τοῖς ἀπειθήσασι, δεξαμένη
τοὺς κατασκόπους μετ᾽ εἰρήνης. καὶ τί ἔτι λέγω ; 32
ἐπιλείψει γάρ με[17] διηγούμενον ὁ χρόνος περὶ Γε-
δεών, Βαράκ τε[18] καὶ[19] Σαμψὼν καὶ[19] Ἰεφθάε, Δαβὶδ
τε καὶ Σαμουὴλ καὶ τῶν προφητῶν· οἳ διὰ 33
πίστεως κατηγωνίσαντο βασιλείας, εἰργάσαντο
δικαιοσύνην, ἐπέτυχον ἐπαγγελιῶν, ἔφραξαν στό-
ματα λεόντων, ἔσβεσαν δύναμιν πυρός, ἔφυγον 34
στόματα μαχαίρας, ἐνεδυναμώθησαν[20] ἀπὸ ἀσθενείας,
ἐγενήθησαν ἰσχυροὶ ἐν πολέμῳ, παρεμβολὰς ἔκλι-
ναν ἀλλοτρίων. ἔλαβον γυναῖκες ἐξ ἀναστάσεως 35
τοὺς νεκροὺς αὐτῶν· ἄλλοι δὲ ἐτυμπανίσθησαν, οὐ
προσδεξάμενοι τὴν ἀπολύτρωσιν, ἵνα κρείττονος
ἀναστάσεως τύχωσιν· ἕτεροι δὲ ἐμπαιγμῶν καὶ 36
μαστίγων πεῖραν ἔλαβον, ἔτι δὲ δεσμῶν καὶ φυλα-
κῆς· ἐλιθάσθησαν, ἐπρίσθησαν, ἐπειράσθησαν, ἐν 37
φόνῳ μαχαίρας ἀπέθανον· περιῆλθον ἐν μηλωταῖς,
ἐν αἰγείοις δέρμασιν, ὑστερούμενοι, θλιβόμενοι,
κακουχούμενοι (ὧν οὐκ ἦν ἄξιος ὁ κόσμος), ἐν[21] 38
ἐρημίαις πλανώμενοι καὶ ὄρεσι καὶ σπηλαίοις καὶ
ταῖς ὀπαῖς τῆς γῆς. καὶ οὗτοι πάντες, μαρτυρη- 39
θέντες διὰ τῆς πίστεως, οὐκ ἐκομίσαντο τὴν ἐπαγ-
γελίαν, τοῦ Θεοῦ περὶ ἡμῶν κρεῖττόν τι προβλε- 40
ψαμένου, ἵνα μὴ χωρὶς ἡμῶν τελειωθῶσι.

---

[15] add γῆς   [16] ἔπεσαν   [17] με γάρ   [18] om. τε
[19] (add ,) om. καὶ   [20] ἐδυναμώθησαν   [21] ἐπὶ

XII. Τοιγαροῦν καὶ ἡμεῖς, τοσοῦτον ἔχοντες περικεί-
μενον ἡμῖν νέφος μαρτύρων, ὄγκον ἀποθέμενοι
πάντα καὶ τὴν εὐπερίστατον ἁμαρτίαν. δι᾿ ὑπομο-
2 νῆς τρέχωμεν τὸν προκείμενον ἡμῖν ἀγῶνα, ἀφο-
ρῶντες εἰς τὸν τῆς πίστεως ἀρχηγὸν καὶ τελειωτὴν
Ἰησοῦν, ὃς, ἀντὶ τῆς προκειμένης αὐτῷ χαρᾶς,
ὑπέμεινε σταυρόν, αἰσχύνης καταφρονήσας, ἐν δεξιᾷ
3 τε τοῦ θρόνου τοῦ Θεοῦ ἐκάθισεν¹. ἀναλογίσασθε
γὰρ τὸν τοιαύτην ὑπομεμενηκότα ὑπὸ τῶν ἁμαρ-
τωλῶν εἰς αὐτὸν² ἀντιλογίαν, ἵνα μὴ κάμητε ταῖς
4 ψυχαῖς ὑμῶν ἐκλυόμενοι. οὔπω μέχρις αἵματος
ἀντικατέστητε πρὸς τὴν ἁμαρτίαν ἀνταγωνιζόμε-
5 νοι· καὶ ἐκλέλησθε τῆς παρακλήσεως, ἥτις ὑμῖν ὡς
υἱοῖς διαλέγεται, Υἱέ μου, μὴ ὀλιγώρει παιδείας
6 Κυρίου, μηδὲ ἐκλύου ὑπ᾿ αὐτοῦ ἐλεγχόμενος· ὃν
γὰρ ἀγαπᾷ Κύριος παιδεύει· μαστιγοῖ δὲ πάντα
7 υἱὸν ὃν παραδέχεται. εἰ³ παιδείαν ὑπομένετε,⁴ ὡς
υἱοῖς ὑμῖν προσφέρεται ὁ Θεός· τίς γάρ ἐστιν⁵ υἱὸς
8 ὃν οὐ παιδεύει πατήρ; εἰ δὲ χωρίς ἐστε παιδείας,
ἧς μέτοχοι γεγόνασι πάντες, ἄρα νόθοι ἐστὲ καὶ οὐχ
9 υἱοί⁶. εἶτα τοὺς μὲν τῆς σαρκὸς ἡμῶν πατέρας
εἴχομεν παιδευτάς, καὶ ἐνετρεπόμεθα· οὐ πολλῷ⁷
μᾶλλον ὑποταγησόμεθα τῷ πατρὶ τῶν πνευμάτων,
10 καὶ ζήσομεν; οἱ μὲν γὰρ πρὸς ὀλίγας ἡμέρας κατὰ
τὸ δοκοῦν αὐτοῖς ἐπαίδευον· ὁ δὲ ἐπὶ τὸ συμφέρον,
11 εἰς τὸ μεταλαβεῖν τῆς ἁγιότητος αὐτοῦ. πᾶσα δὲ⁸
παιδεία πρὸς μὲν τὸ παρὸν οὐ δοκεῖ χαρᾶς εἶναι,
ἀλλὰ λύπης· ὕστερον δὲ καρπὸν εἰρηνικὸν τοῖς δι᾿
12 αὐτῆς γεγυμνασμένοις ἀποδίδωσι δικαιοσύνης. διὸ
τὰς παρειμένας χεῖρας καὶ τὰ παραλελυμένα γό-

¹ κεκάθικεν   ² ἑαυτοὺς text, ἑαυτὸν marg.   ³ εἰς
⁴ (· for,)   ⁵ (γὰρ) om. ἐστιν   ⁶ καὶ οὐχ υἱοί ἐστε
⁷ πολὺ   ⁸ μὲν

νατα ἀνορθώσατε· καὶ τροχιὰς ὀρθὰς ποιήσατε 13
τοῖς ποσὶν ὑμῶν, ἵνα μὴ τὸ χωλὸν ἐκτραπῇ, ἰαθῇ
δὲ μᾶλλον.

Εἰρήνην διώκετε μετὰ πάντων, καὶ τὸν ἁγιασ- 14
μόν, οὗ χωρὶς οὐδεὶς ὄψεται τὸν Κύριον· ἐπισκο- 15
ποῦντες μή τις ὑστερῶν ἀπὸ τῆς χάριτος τοῦ Θεοῦ·
μή τις ῥίζα πικρίας ἄνω φύουσα ἐνοχλῇ, καὶ διὰ
ταύτης μιανθῶσι⁹ πολλοί· μή τις πόρνος, ἢ βέβη- 16
λος, ὡς Ἠσαῦ, ὃς ἀντὶ βρώσεως μιᾶς ἀπέδοτο τὰ
πρωτοτόκια αὐτοῦ¹⁰. ἴστε γὰρ ὅτι καὶ μετέπειτα, 17
θέλων κληρονομῆσαι τὴν εὐλογίαν, ἀπεδοκιμάσθη·
μετανοίας γὰρ τόπον οὐχ εὗρε, καίπερ¹¹ μετὰ
δακρύων ἐκζητήσας αὐτήν.

Οὐ γὰρ προσεληλύθατε ψηλαφωμένῳ ὄρει¹², καὶ 18
κεκαυμένῳ πυρί, καὶ γνόφῳ, καὶ σκότῳ¹³, καὶ θυέλ-
λῃ, καὶ σάλπιγγος ἤχῳ, καὶ φωνῇ ῥημάτων, ἧς οἱ 19
ἀκούσαντες παρῃτήσαντο μὴ προστεθῆναι αὐτοῖς
λόγον· οὐκ ἔφερον γὰρ τὸ διαστελλόμενον, Κἂν 20
θηρίον θίγῃ τοῦ ὄρους, λιθοβοληθήσεται ἢ βολίδι
κατατοξευθήσεται¹⁴· καί, οὕτω φοβερὸν ἦν τὸ φανταζό- 21
μενον, Μωσῆς εἶπεν, Ἔκφοβός εἰμι καὶ ἔντρομος.
ἀλλὰ προσεληλύθατε Σιὼν ὄρει, καὶ πόλει Θεοῦ 22
ζῶντος, Ἱερουσαλὴμ ἐπουρανίῳ, καὶ μυριάσιν ἀγ-
γέλων, πανηγύρει¹⁵ καὶ ἐκκλησίᾳ πρωτοτόκων ἐν 23
οὐρανοῖς ἀπογεγραμμένων¹⁶, καὶ κριτῇ Θεῷ πάντων, καὶ
πνεύμασι δικαίων τετελειωμένων, καὶ διαθήκης νέας 24
μεσίτῃ Ἰησοῦ, καὶ αἵματι ῥαντισμοῦ κρείττονα¹⁷ λα-
λοῦντι παρὰ τὸ*¹⁸ Ἄβελ. βλέπετε μὴ παραιτήση- 25
σθε τὸν λαλοῦντα. εἰ γὰρ ἐκεῖνοι οὐκ ἔφυγον¹⁹, τὸν²⁰

⁹ add (ν) οἱ   ¹⁰ ἑαυτοῦ   ¹¹ (ἀπεδοκιμάσθη (μετανοίας γὰρ
τόπον οὐχ εὗρε), καίπερ)   ¹² om. ὄρει   ¹³ ζόφῳ   ¹⁴ om.
ἢ βολίδι κατατοξευθήσεται   ¹⁵ (Marg. ἀγγέλων πανηγύρει,)
¹⁶ ἀπογεγραμμένων ἐν οὐρανοῖς   ¹⁷ κρεῖττον   ¹⁸ τὸν   ¹⁹ ἐξέ-
φυγον   ²⁰ om. τὸν

ἐπὶ τῆς²¹ γῆς παραιτησάμενοι²² χρηματίζοντα,
πολλῷ²³ μᾶλλον ἡμεῖς οἱ τὸν ἀπ᾽ οὐρανῶν ἀποστρε-
26 φόμενοι· οὗ ἡ φωνὴ τὴν γῆν ἐσάλευσε τότε, νῦν δὲ
ἐπήγγελται, λέγων, Ἔτι ἅπαξ ἐγὼ σείω²⁴ οὐ μόνον
27 τὴν γῆν, ἀλλὰ καὶ τὸν οὐρανόν. τὸ δέ, Ἔτι ἅπαξ,
δηλοῖ τῶν σαλευομένων τὴν²⁵ μετάθεσιν, ὡς πεποιημέ-
28 νων, ἵνα μείνῃ τὰ μὴ σαλευόμενα. διὸ βασιλείαν
ἀσάλευτον παραλαμβάνοντες, ἔχωμεν χάριν, δι᾽ ἧς
λατρεύωμεν εὐαρέστως τῷ Θεῷ μετὰ αἰδοῦς καὶ εὐλα-
29 βείας²⁶· καὶ γὰρ ὁ Θεὸς ἡμῶν πῦρ καταναλίσκον.
XIII. 2 Ἡ φιλαδελφία μενέτω. τῆς φιλοξενίας μὴ
ἐπιλανθάνεσθε· διὰ ταύτης γὰρ ἔλαθόν τινες ξενί-
3 σαντες ἀγγέλους. μιμνήσκεσθε τῶν δεσμίων, ὡς
συνδεδεμένοι· τῶν κακουχουμένων, ὡς καὶ αὐτοὶ
4 ὄντες ἐν σώματι. τίμιος ὁ γάμος ἐν πᾶσι, καὶ ἡ
κοίτη ἀμίαντος· πόρνους δὲ¹ καὶ μοιχοὺς κρινεῖ ὁ
5 Θεός. ἀφιλάργυρος ὁ τρόπος, ἀρκούμενοι τοῖς παρ-
οῦσιν· αὐτὸς γὰρ εἴρηκεν, Οὐ μή σε ἀνῶ, οὐδ᾽ οὐ
6 μή σε ἐγκαταλίπω. ὥστε θαρροῦντας ἡμᾶς λέγειν,
Κύριος ἐμοὶ βοηθός, καὶ² οὐ φοβηθήσομαι³ τί
ποιήσει μοι ἄνθρωπος.⁴
7 Μνημονεύετε τῶν ἡγουμένων ὑμῶν, οἵτινες
ἐλάλησαν ὑμῖν τὸν λόγον τοῦ Θεοῦ· ὧν ἀναθεω-
ροῦντες τὴν ἔκβασιν τῆς ἀναστροφῆς, μιμεῖσθε
8 τὴν πίστιν. Ἰησοῦς Χριστὸς χθὲς⁵ καὶ σήμερον
9 ὁ αὐτός, καὶ εἰς τοὺς αἰῶνας. διδαχαῖς ποικί-
λαις καὶ ξέναις μὴ περιφέρεσθε⁶· καλὸν γὰρ χάριτι
βεβαιοῦσθαι τὴν καρδίαν, οὐ βρώμασιν, ἐν οἷς
10 οὐκ ὠφελήθησαν οἱ περιπατήσαντες. ἔχομεν θυ-
σιαστήριον, ἐξ οὗ φαγεῖν οὐκ ἔχουσιν ἐξουσίαν

---

²¹ om. τῆς   ²² add τὸν   ²³ πολὺ   ²⁴ σείσω   ²⁵ τὴν
τῶν σαλευομένων   ²⁶ εὐλαβείας καὶ δέους   ¹ γὰρ   ² om. καὶ
³ (φοβηθήσομαι·)   ⁴ (ἄνθρωπος;)   ⁵ ἐχθὲς   ⁶ παραφέρεσθε

οἱ τῇ σκηνῇ λατρεύοντες. ὧν γὰρ εἰσφέρεται 11
ζῴων τὸ αἷμα περὶ ἁμαρτίας εἰς τὰ ἅγια διὰ τοῦ
ἀρχιερέως, τούτων τὰ σώματα κατακαίεται ἔξω
τῆς παρεμβολῆς. διὸ καὶ Ἰησοῦς, ἵνα ἁγιάσῃ διὰ 12
τοῦ ἰδίου αἵματος τὸν λαόν, ἔξω τῆς πύλης ἔπαθε.
τοίνυν ἐξερχώμεθα πρὸς αὐτὸν ἔξω τῆς παρεμβο- 13
λῆς, τὸν ὀνειδισμὸν αὐτοῦ φέροντες. οὐ γὰρ ἔχο- 14
μεν ὧδε μένουσαν πόλιν, ἀλλὰ τὴν μέλλουσαν
ἐπιζητοῦμεν. δι' αὐτοῦ οὖν⁷ ἀναφέρωμεν θυσίαν 15
αἰνέσεως διὰ παντός. τῷ Θεῷ, τοῦτ' ἔστι, καρπὸν
χειλέων ὁμολογούντων τῷ ὀνόματι αὐτοῦ. τῆς δὲ 16
εὐποιΐας καὶ κοινωνίας μὴ ἐπιλανθάνεσθε· τοιαύ-
ταις γὰρ θυσίαις εὐαρεστεῖται ὁ Θεός. πείθεσθε 17
τοῖς ἡγουμένοις ὑμῶν, καὶ ὑπείκετε· αὐτοὶ γὰρ
ἀγρυπνοῦσιν ὑπὲρ τῶν ψυχῶν ὑμῶν, ὡς λόγον
ἀποδώσοντες· ἵνα μετὰ χαρᾶς τοῦτο ποιῶσι, καὶ
μὴ στενάζοντες· ἀλυσιτελὲς γὰρ ὑμῖν τοῦτο.

Προσεύχεσθε περὶ ἡμῶν· πεποίθαμεν⁸ γὰρ ὅτι 18
καλὴν συνείδησιν ἔχομεν, ἐν πᾶσι καλῶς θέλοντες
ἀναστρέφεσθαι. περισσοτέρως δὲ παρακαλῶ τοῦτο 19
ποιῆσαι, ἵνα τάχιον ἀποκατασταθῶ ὑμῖν.

Ὁ δὲ Θεὸς τῆς εἰρήνης, ὁ ἀναγαγὼν ἐκ νεκρῶν 20
τὸν ποιμένα τῶν προβάτων τὸν μέγαν ἐν αἵματι
διαθήκης αἰωνίου, τὸν Κύριον ἡμῶν Ἰησοῦν, καταρ- 21
τίσαι ὑμᾶς ἐν παντὶ ἔργῳ⁹ ἀγαθῷ εἰς τὸ ποιῆσαι τὸ
θέλημα αὐτοῦ, ποιῶν ἐν ὑμῖν¹⁰ τὸ εὐάρεστον ἐνώ-
πιον αὐτοῦ, διὰ Ἰησοῦ Χριστοῦ· ᾧ ἡ δόξα εἰς τοὺς
αἰῶνας τῶν αἰώνων. ἀμήν.

Παρακαλῶ δὲ ὑμᾶς, ἀδελφοί, ἀνέχεσθε τοῦ λό- 22
γου τῆς παρακλήσεως· καὶ γὰρ διὰ βραχέων ἐπέ-
στειλα ὑμῖν. γινώσκετε τὸν ἀδελφὸν¹¹ Τιμόθεον 23

---

⁷ Marg. om. οὖν   ⁸ πειθόμεθα   ⁹ om. ἔργῳ text, not
marg.   ¹⁰ ἡμῖν text, not marg.   ¹¹ add' ἡμῶν

ἀπολελυμένον, μεθ᾽ οὗ, ἐὰν τάχιον ἔρχηται, ὄψομαι
ὑμᾶς.

24 Ἀσπάσασθε πάντας τοὺς ἡγουμένους ὑμῶν,
καὶ πάντας τοὺς ἁγίους. ἀσπάζονται ὑμᾶς οἱ ἀπὸ
τῆς Ἰταλίας.

25 Ἡ χάρις μετὰ πάντων ὑμῶν. ἀμήν.

ΙΑΚΩΒΟΥ*

ΕΠΙΣΤΟΛΗ ΚΑΘΟΛΙΚΗ.

I. Ἰάκωβος, Θεοῦ καὶ Κυρίου Ἰησοῦ Χριστοῦ
δοῦλος, ταῖς δώδεκα φυλαῖς ταῖς ἐν τῇ διασπορᾷ,
χαίρειν.

2 Πᾶσαν χαρὰν ἡγήσασθε, ἀδελφοί μου, ὅταν
3 πειρασμοῖς περιπέσητε ποικίλοις, γινώσκοντες ὅτι
τὸ δοκίμιον ὑμῶν τῆς πίστεως κατεργάζεται ὑπο-
4 μονήν· ἡ δὲ ὑπομονὴ ἔργον τέλειον ἐχέτω, ἵνα ἦτε
τέλειοι καὶ ὁλόκληροι, ἐν μηδενὶ λειπόμενοι.

5 Εἰ δέ τις ὑμῶν λείπεται σοφίας, αἰτείτω παρὰ
τοῦ διδόντος Θεοῦ πᾶσιν ἁπλῶς, καὶ μὴ ὀνειδίζον-
6 τος, καὶ δοθήσεται αὐτῷ. αἰτείτω δὲ ἐν πίστει,
μηδὲν διακρινόμενος· ὁ γὰρ διακρινόμενος ἔοικε
κλύδωνι θαλάσσης ἀνεμιζομένῳ καὶ ῥιπιζομένῳ.
7 μὴ γὰρ οἰέσθω ὁ ἄνθρωπος ἐκεῖνος ὅτι λήψεταί τι
8 παρὰ τοῦ Κυρίου. ἀνὴρ δίψυχος ἀκατάστατος¹ ἐν
πάσαις ταῖς ὁδοῖς αὐτοῦ.

9 Καυχάσθω δὲ ὁ ἀδελφὸς ὁ ταπεινὸς ἐν τῷ ὕψει
10 αὐτοῦ· ὁ δὲ πλούσιος ἐν τῇ ταπεινώσει αὐτοῦ· ὅτι
11 ὡς ἄνθος χόρτου παρελεύσεται. ἀνέτειλε γὰρ ὁ

¹ (Κυρίου· ἀνὴρ δίψυχος, ἀκατάστατος text, Κυρίου ἀνὴρ δίψυχος,
ἀκατάστατος marg.)

ἥλιος σὺν τῷ καύσωνι, καὶ ἐξήρανε τὸν χόρτον, καὶ
τὸ ἄνθος αὐτοῦ ἐξέπεσε, καὶ ἡ εὐπρέπεια τοῦ προσ-
ώπου αὐτοῦ ἀπώλετο· οὕτω καὶ ὁ πλούσιος ἐν
ταῖς πορείαις αὐτοῦ μαρανθήσεται.

Μακάριος ἀνὴρ ὃς ὑπομένει πειρασμόν· ὅτι 12
δόκιμος γενόμενος λήψεται τὸν στέφανον τῆς ζωῆς,
ὃν ἐπηγγείλατο ὁ Κύριος² τοῖς ἀγαπῶσιν αὐτόν.
μηδεὶς πειραζόμενος λεγέτω ὅτι Ἀπὸ τοῦ Θεοῦ 13
πειράζομαι· ὁ γὰρ Θεὸς ἀπείραστός ἐστι κακῶν,
πειράζει δὲ αὐτὸς οὐδένα· ἕκαστος δὲ πειράζεται, 14
ὑπὸ τῆς ἰδίας ἐπιθυμίας³ ἐξελκόμενος καὶ δελεαζό-
μενος. εἶτα ἡ ἐπιθυμία συλλαβοῦσα τίκτει ἁμαρ- 15
τίαν· ἡ δὲ ἁμαρτία ἀποτελεσθεῖσα ἀποκύει θάνατον.
μὴ πλανᾶσθε, ἀδελφοί μου ἀγαπητοί. πᾶσα δόσις 16, 17
ἀγαθὴ καὶ πᾶν δώρημα τέλειον ἄνωθέν ἐστι, κατα-
βαῖνον ἀπὸ τοῦ πατρὸς τῶν φώτων, παρ᾽ ᾧ οὐκ
ἔνι παραλλαγή, ἢ τροπῆς ἀποσκίασμα. βουληθεὶς 18
ἀπεκύησεν ἡμᾶς λόγῳ ἀληθείας, εἰς τὸ εἶναι ἡμᾶς
ἀπαρχήν τινα τῶν αὐτοῦ κτισμάτων.

Ὥστε⁴, ἀδελφοί μου ἀγαπητοί, ἔστω⁵ πᾶς ἄν- 19
θρωπος ταχὺς εἰς τὸ ἀκοῦσαι, βραδὺς εἰς τὸ
λαλῆσαι, βραδὺς εἰς ὀργήν· ὀργὴ γὰρ ἀνδρὸς 20
δικαιοσύνην Θεοῦ οὐ κατεργάζεται⁶. διὸ ἀποθέμενοι 21
πᾶσαν ῥυπαρίαν καὶ περισσείαν κακίας, ἐν πραΰ-
τητι δέξασθε τὸν ἔμφυτον λόγον, τὸν δυνάμενον
σῶσαι τὰς ψυχὰς ὑμῶν. γίνεσθε δὲ ποιηταὶ 22
λόγου, καὶ μὴ μόνον ἀκροαταί, παραλογιζόμενοι
ἑαυτούς. ὅτι εἴ τις ἀκροατὴς λόγου ἐστὶ καὶ οὐ 23
ποιητής, οὗτος ἔοικεν ἀνδρὶ κατανοοῦντι τὸ πρόσ-
ωπον τῆς γενέσεως αὐτοῦ ἐν ἐσόπτρῳ· κατενόησε 24
γὰρ ἑαυτὸν καὶ ἀπελήλυθε, καὶ εὐθέως ἐπελάθετο

---

² om. ὁ Κύριος   ³ (Marg. πειράζεται ὑπὸ τῆς ἰδίας ἐπιθυμίας,)
⁴ Ἴστε   ⁵ (ἀγαπητοί. ἔστω) add δὲ   ⁶ οὐκ ἐργάζεται

25 ὁποῖος ἦν. ὁ δὲ παρακύψας εἰς νόμον τέλειον τὸν τῆς ἐλευθερίας καὶ παραμείνας, οὗτος⁷ οὐκ ἀκροατὴς ἐπιλησμονῆς γενόμενος ἀλλὰ ποιητὴς ἔργου, 26 οὗτος μακάριος ἐν τῇ ποιήσει αὐτοῦ ἔσται. εἴ τις δοκεῖ θρῆσκος εἶναι ἐν ὑμῖν⁸, μὴ χαλιναγωγῶν γλῶσσαν αὐτοῦ, ἀλλ' ἀπατῶν καρδίαν αὐτοῦ, τού- 27 του μάταιος ἡ θρησκεία. θρησκεία καθαρὰ καὶ ἀμίαντος παρὰ τῷ Θεῷ καὶ πατρὶ αὕτη ἐστίν, ἐπισκέπτεσθαι ὀρφανοὺς καὶ χήρας ἐν τῇ θλίψει αὐτῶν, ἄσπιλον ἑαυτὸν τηρεῖν ἀπὸ τοῦ κόσμου.

II. Ἀδελφοί μου, μὴ ἐν προσωποληψίαις ἔχετε τὴν πίστιν τοῦ Κυρίου ἡμῶν Ἰησοῦ Χριστοῦ τῆς 2 δόξης.¹ ἐὰν γὰρ εἰσέλθῃ εἰς τὴν² συναγωγὴν ὑμῶν ἀνὴρ χρυσοδακτύλιος ἐν ἐσθῆτι λαμπρᾷ, εἰσέλθῃ 3 δὲ καὶ πτωχὸς ἐν ῥυπαρᾷ ἐσθῆτι, καὶ ἐπιβλέψητε ἐπὶ τὸν φοροῦντα τὴν ἐσθῆτα τὴν λαμπράν, καὶ εἴπητε αὐτῷ³, Σὺ κάθου ὧδε καλῶς, καὶ τῷ πτωχῷ εἴπητε, Σὺ στῆθι ἐκεῖ, ἢ κάθου ὧδε⁴ ὑπὸ τὸ ὑπο- 4 πόδιόν μου· καὶ⁵ οὐ διεκρίθητε ἐν ἑαυτοῖς, καὶ 5 ἐγένεσθε κριταὶ διαλογισμῶν πονηρῶν; ἀκούσατε, ἀδελφοί μου ἀγαπητοί. οὐχ ὁ Θεὸς ἐξελέξατο τοὺς πτωχοὺς τοῦ κόσμου⁶ τούτου⁷, πλουσίους ἐν πίστει, καὶ κληρονόμους τῆς βασιλείας ἧς ἐπηγγείλατο 6 τοῖς ἀγαπῶσιν αὐτόν; ὑμεῖς δὲ ἠτιμάσατε τὸν πτωχόν. οὐχ οἱ πλούσιοι καταδυναστεύουσιν 7 ὑμῶν, καὶ αὐτοὶ ἕλκουσιν ὑμᾶς εἰς κριτήρια; οὐκ αὐτοὶ βλασφημοῦσι τὸ καλὸν ὄνομα τὸ ἐπικληθὲν 8 ἐφ' ὑμᾶς; εἰ μέντοι νόμον τελεῖτε βασιλικόν, κατὰ τὴν γραφήν, Ἀγαπήσεις τὸν πλησίον σου ὡς σεαυ- 9 τόν, καλῶς ποιεῖτε· εἰ δὲ προσωποληπτεῖτε, ἁμαρ-

---

⁷ om. οὗτος ⁸ om. ἐν ὑμῖν ¹ (Marg. ;) ² om. τὴν
³ om. αὐτῷ ⁴ om. ὧδε ⁵ om. καὶ ⁶ τῷ κόσμῳ
⁷ om. τούτου

τίαν ἐργάζεσθε, ἐλεγχόμενοι ὑπὸ τοῦ νόμου ὡς
παραβάται. ὅστις γὰρ ὅλον τὸν νόμον τηρήσει, 10
πταίσει⁸ δὲ ἐν ἑνί, γέγονε πάντων ἔνοχος. ὁ γὰρ 11
εἰπών, Μὴ μοιχεύσῃς, εἶπε καί, Μὴ φονεύσῃς· εἰ
δὲ οὐ μοιχεύσεις, φονεύσεις⁹ δέ, γέγονας παραβάτης
νόμου. οὕτω λαλεῖτε καὶ οὕτω ποιεῖτε, ὡς διὰ νό- 12
μου ἐλευθερίας μέλλοντες κρίνεσθαι. ἡ γὰρ κρίσις 13
ἀνίλεως τῷ μὴ ποιήσαντι ἔλεος· καὶ¹⁰ κατακαυχᾶται
ἔλεος κρίσεως.

Τί τὸ ὄφελος, ἀδελφοί μου, ἐὰν πίστιν λέγῃ 14
τις ἔχειν, ἔργα δὲ μὴ ἔχῃ; μη δύναται ἡ πίστις
σῶσαι αὐτόν; ἐὰν δὲ¹¹ ἀδελφὸς ἢ ἀδελφὴ γυμνοὶ 15
ὑπάρχωσι καὶ λειπόμενοι ὦσι¹² τῆς ἐφημέρου τρο-
φῆς, εἴπῃ δέ τις αὐτοῖς ἐξ ὑμῶν, Ὑπάγετε ἐν εἰρήνῃ, 16
θερμαίνεσθε καὶ χορτάζεσθε, μὴ δῶτε δὲ αὐτοῖς τὰ
ἐπιτήδεια τοῦ σώματος, τί τὸ ὄφελος; οὕτω καὶ ἡ 17
πίστις, ἐὰν μὴ ἔργα ἔχῃ¹³, νεκρά ἐστι καθ᾽ ἑαυτήν.
ἀλλ᾽ ἐρεῖ τις, Σὺ πίστιν ἔχεις, κἀγὼ ἔργα ἔχω· 18
δεῖξόν μοι τὴν πίστιν σου χωρὶς τῶν ἔργων σου¹⁴,
κἀγὼ δείξω σοι ἐκ τῶν ἔργων μου τὴν πίστιν μου¹⁵.
σὺ πιστεύεις ὅτι ὁ Θεὸς εἷς ἐστί·¹⁶ καλῶς ποιεῖς· καὶ 19
τὰ δαιμόνια πιστεύουσι, καὶ φρίσσουσι. θέλεις δὲ 20
γνῶναι, ὦ ἄνθρωπε κενέ, ὅτι ἡ πίστις χωρὶς τῶν
ἔργων νεκρά¹⁷ ἐστιν; Ἀβραὰμ ὁ πατὴρ ἡμῶν οὐκ 21
ἐξ ἔργων ἐδικαιώθη, ἀνενέγκας Ἰσαὰκ τὸν υἱὸν
αὐτοῦ ἐπὶ τὸ θυσιαστήριον; βλέπεις ὅτι ἡ πίστις 22
συνήργει τοῖς ἔργοις αὐτοῦ, καὶ ἐκ τῶν ἔργων ἡ
πίστις ἐτελειώθη;¹⁸ καὶ ἐπληρώθη ἡ γραφὴ ἡ 23
λέγουσα, Ἐπίστευσε δὲ Ἀβραὰμ τῷ Θεῷ, καὶ

⁸ τηρήσῃ, πταίσῃ   ⁹ μοιχεύεις, φονεύεις   ¹⁰ om. καὶ
¹¹ om. δὲ   ¹² om. ὦσι   ¹³ ἔχῃ ἔργα   ¹⁴ om. σου
¹⁵ om. μου   ¹⁶ εἷς ἐστὶν ὁ Θεός text, εἷς Θεὸς ἔστι marg.
¹⁷ ἀργή   ¹⁸ (· for ; text, not marg.)

ἐλογίσθη αὐτῷ εἰς δικαιοσύνην, καὶ φίλος Θεοῦ
24 ἐκλήθη. ὁρᾶτε τοίνυν [19] ὅτι ἐξ ἔργων δικαιοῦται
25 ἄνθρωπος, καὶ οὐκ ἐκ πίστεως μόνον *. ὁμοίως
δὲ καὶ Ῥαὰβ ἡ πόρνη οὐκ ἐξ ἔργων ἐδικαιώθη,
ὑποδεξαμένη τοὺς ἀγγέλους, καὶ ἑτέρᾳ ὁδῷ ἐκβα-
26 λοῦσα; ὥσπερ γὰρ τὸ σῶμα χωρὶς πνεύματος
νεκρόν ἐστιν, οὕτω καὶ ἡ πίστις χωρὶς τῶν [20] ἔργων
νεκρά ἐστι.

III. Μὴ πολλοὶ διδάσκαλοι γίνεσθε, ἀδελφοί μου,
2 εἰδότες ὅτι μεῖζον κρίμα ληψόμεθα. πολλὰ γὰρ
πταίομεν ἅπαντες. εἴ τις ἐν λόγῳ οὐ πταίει, οὗτος
τέλειος ἀνήρ, δυνατὸς χαλιναγωγῆσαι καὶ ὅλον τὸ
3 σῶμα. ἰδού,[1] τῶν ἵππων τοὺς χαλινοὺς εἰς τὰ στό-
ματα βάλλομεν πρὸς[2] τὸ πείθεσθαι αὐτοὺς ἡμῖν,
4 καὶ ὅλον τὸ σῶμα αὐτῶν μετάγομεν. ἰδού, καὶ τὰ
πλοῖα, τηλικαῦτα ὄντα, καὶ ὑπὸ σκληρῶν ἀνέμων
ἐλαυνόμενα, μετάγεται ὑπὸ ἐλαχίστου πηδαλίου,
5 ὅπου ἂν[3] ἡ ὁρμὴ τοῦ εὐθύνοντος βούληται[4]. οὕτω
καὶ ἡ γλῶσσα μικρὸν μέλος ἐστί, καὶ μεγαλαυχεῖ[5].
6 ἰδού, ὀλίγον[6] πῦρ ἡλίκην ὕλην ἀνάπτει. καὶ ἡ
γλῶσσα πῦρ, ὁ κόσμος τῆς ἀδικίας· οὕτως[7] ἡ
γλῶσσα καθίσταται ἐν τοῖς μέλεσιν ἡμῶν, ἡ
σπιλοῦσα[7] ὅλον τὸ σῶμα, καὶ φλογίζουσα τὸν
τροχὸν τῆς γενέσεως *, καὶ φλογιζομένη ὑπὸ τῆς
7 γεέννης. πᾶσα γὰρ φύσις θηρίων τε καὶ πετει-
νῶν, ἑρπετῶν τε καὶ ἐναλίων, δαμάζεται καὶ δεδά-
8 μασται τῇ φύσει τῇ ἀνθρωπίνῃ· τὴν δὲ γλῶσσαν
οὐδεὶς δύναται ἀνθρώπων δαμάσαι· ἀκατάσχετον[8]

[19] om. τοίνυν   [20] om. τῶν   [1] εἰ δὲ (om.,)   [2] εἰς
[3] om. ἂν   [4] βούλεται   [5] μεγάλα αὐχεῖ   [6] ἡλίκον
[7] om. οὕτως (πῦρ· ὁ κόσμος τῆς ἀδικίας ἡ γλῶσσα καθίσταται ἐν
τοῖς μέλεσιν ἡμῶν, ἡ σπιλοῦσα text, not marg.: another marg.
reads πῦρ· ὁ κόσμος τῆς ἀδικίας, ἡ γλῶσσα, καθίσταται ἐν τοῖς
μέλεσιν ἡμῶν ἡ σπιλοῦσα)   [8] ἀκατάστατον

κακόν, μεστὴ ἰοῦ θανατηφόρου. ἐν αὐτῇ εὐλογοῦ- 9
μεν τὸν Θεὸν[9] καὶ πατέρα, καὶ ἐν αὐτῇ καταρώμεθα
τοὺς ἀνθρώπους τοὺς καθ' ὁμοίωσιν Θεοῦ γεγο-
νότας· ἐκ τοῦ αὐτοῦ στόματος ἐξέρχεται εὐλογία 10
καὶ κατάρα. οὐ χρή, ἀδελφοί μου, ταῦτα οὕτω
γίνεσθαι. μήτι ἡ πηγὴ ἐκ τῆς αὐτῆς ὀπῆς βρύει 11
τὸ γλυκὺ καὶ τὸ πικρόν; μὴ δύναται, ἀδελφοί μου, 12
συκῆ ἐλαίας ποιῆσαι, ἢ ἄμπελος σῦκα; οὕτως οὐδεμία
πηγὴ ἁλυκὸν καὶ[10] γλυκὺ ποιῆσαι ὕδωρ.

Τίς σοφὸς καὶ ἐπιστήμων ἐν ὑμῖν; δειξάτω ἐκ 13
τῆς καλῆς ἀναστροφῆς τὰ ἔργα αὐτοῦ ἐν πραΰτητι
σοφίας. εἰ δὲ ζῆλον πικρὸν ἔχετε καὶ ἐρίθειαν ἐν 14
τῇ καρδίᾳ ὑμῶν, μὴ κατακαυχᾶσθε καὶ ψεύδεσθε
κατὰ τῆς ἀληθείας. οὐκ ἔστιν αὕτη ἡ σοφία 15
ἄνωθεν κατερχομένη, ἀλλ' ἐπίγειος, ψυχική, δαι-
μονιώδης. ὅπου γὰρ ζῆλος καὶ ἐρίθεια, ἐκεῖ ἀκατα- 16
στασία καὶ πᾶν φαῦλον πρᾶγμα. ἡ δὲ ἄνωθεν 17
σοφία πρῶτον μὲν ἁγνή ἐστιν, ἔπειτα εἰρηνική,
ἐπιεικής, εὐπειθής, μεστὴ ἐλέους καὶ καρπῶν ἀγα-
θῶν, ἀδιάκριτος καὶ[11] ἀνυπόκριτος. καρπὸς δὲ τῆς 18
δικαιοσύνης ἐν εἰρήνῃ σπείρεται τοῖς ποιοῦσιν
εἰρήνην.

Πόθεν πόλεμοι καὶ[1] μάχαι ἐν ὑμῖν; οὐκ ἐντεῦ- IV.
θεν, ἐκ τῶν ἡδονῶν ὑμῶν τῶν στρατευομένων ἐν
τοῖς μέλεσιν ὑμῶν; ἐπιθυμεῖτε, καὶ οὐκ ἔχετε· 2
φονεύετε καὶ ζηλοῦτε, καὶ οὐ δύνασθε ἐπιτυχεῖν·
μάχεσθε καὶ πολεμεῖτε, οὐκ ἔχετε δέ[2], διὰ τὸ μὴ
αἰτεῖσθαι ὑμᾶς· αἰτεῖτε, καὶ οὐ λαμβάνετε, διότι 3
κακῶς αἰτεῖσθε, ἵνα ἐν ταῖς ἡδοναῖς ὑμῶν δαπα-
νήσητε. μοιχοὶ καὶ[3] μοιχαλίδες, οὐκ οἴδατε ὅτι ἡ 4
φιλία τοῦ κόσμου ἔχθρα τοῦ Θεοῦ ἐστίν; ὃς ἂν

---

[9] Κύριον   [10] οὔτε ἀλυκὸν   [11] (add ,) om. καὶ   [1] add πόθεν
[2] om. δέ   [3] om. μοιχοὶ καὶ

οὖν βουληθῇ φίλος εἶναι τοῦ κόσμου, ἐχθρὸς τοῦ
5 Θεοῦ καθίσταται. ἢ δοκεῖτε ὅτι κενῶς ἡ γραφὴ
λέγει, Πρὸς φθόνον[4] ἐπιποθεῖ τὸ πνεῦμα ὃ κατώ-
6 κησεν[5] ἐν ἡμῖν;[4] μείζονα δὲ δίδωσι χάριν· διὸ λέγει,
Ὁ Θεὸς ὑπερηφάνοις ἀντιτάσσεται, ταπεινοῖς δὲ
7 δίδωσι χάριν. ὑποτάγητε οὖν τῷ Θεῷ· ἀντίστητε[6]
8 τῷ διαβόλῳ, καὶ φεύξεται ἀφ᾽ ὑμῶν. ἐγγίσατε τῷ
Θεῷ, καὶ ἐγγιεῖ ὑμῖν· καθαρίσατε χεῖρας, ἁμαρ-
9 τωλοί, καὶ ἁγνίσατε καρδίας, δίψυχοι. ταλαιπω-
ρήσατε καὶ πενθήσατε καὶ κλαύσατε· ὁ γέλως
ὑμῶν εἰς πένθος μεταστραφήτω, καὶ ἡ χαρὰ εἰς
10 κατήφειαν. ταπεινώθητε ἐνώπιον τοῦ Κυρίου, καὶ
ὑψώσει ὑμᾶς.

11   Μὴ καταλαλεῖτε ἀλλήλων, ἀδελφοί. ὁ κατα-
λαλῶν ἀδελφοῦ, καὶ[7] κρίνων τὸν ἀδελφὸν αὐτοῦ,
καταλαλεῖ νόμου, καὶ κρίνει νόμον· εἰ δὲ νόμον
12 κρίνεις, οὐκ εἶ ποιητὴς νόμου, ἀλλὰ κριτής. εἷς
ἐστιν ὁ νομοθέτης[8], ὁ δυνάμενος σῶσαι καὶ ἀπο-
λέσαι· σὺ[9] τίς εἶ ὃς κρίνεις[10] τὸν ἕτερον[11];
13   Ἄγε νῦν οἱ λέγοντες, Σήμερον ἢ αὔριον πορευ-
σόμεθα εἰς τήνδε τὴν πόλιν, καὶ ποιήσομεν ἐκεῖ
ἐνιαυτὸν ἕνα[12], καὶ ἐμπορευσόμεθα, καὶ κερδήσομεν·
14 οἵτινες οὐκ ἐπίστασθε τὸ τῆς αὔριον. ποία γὰρ[13]
ἡ ζωὴ ὑμῶν; ἀτμὶς γάρ ἐστιν[14] ἡ πρὸς ὀλίγον φαι-
15 νομένη, ἔπειτα δὲ[15] ἀφανιζομένη. ἀντὶ τοῦ λέγειν
ὑμᾶς, Ἐὰν ὁ Κύριος θελήσῃ, καὶ ζήσομεν*, καὶ·
16 ποιήσομεν τοῦτο ἢ ἐκεῖνο. νῦν δὲ καυχᾶσθε ἐν
ταῖς ἀλαζονείαις ὑμῶν· πᾶσα καύχησις τοιαύτη
17 πονηρά ἐστιν. εἰδότι οὖν καλὸν ποιεῖν καὶ μὴ
ποιοῦντι, ἁμαρτία αὐτῷ ἐστίν.

---

[4] (λέγει ; πρὸς φθόνον text, marg. also reads ἡμῖν. for ἡμῖν ;)
[5] κατῴκισεν text, not marg.   [6] add δὲ   [7] ἢ   [8] add καὶ κριτής
[9] add δὲ   [10] ὁ κρίνων   [11] πλησίον   [12] om. ἕνα   [13] om. γὰρ
[14] ἐστε   [15] καὶ

Ἄγε νῦν οἱ πλούσιοι, κλαύσατε ὀλολύζοντες V. ἐπὶ ταῖς ταλαιπωρίαις ὑμῶν ταῖς ἐπερχομέναις. ὁ πλοῦτος ὑμῶν σέσηπε, καὶ τὰ ἱμάτια ὑμῶν 2 σητόβρωτα γέγονεν· ὁ χρυσὸς ὑμῶν καὶ ὁ ἄργυ- 3 ρος κατίωται, καὶ ὁ ἰὸς αὐτῶν εἰς μαρτύριον ὑμῖν ἔσται, καὶ φάγεται τὰς σάρκας ὑμῶν ὡς πῦρ. ἐθησαυρίσατε ἐν ἐσχάταις ἡμέραις. ἰδού, ὁ μισθὸς 4 τῶν ἐργατῶν τῶν ἀμησάντων τὰς χώρας ὑμῶν, ὁ ἀπεστερημένος ἀφ᾽ ὑμῶν, κράζει· καὶ αἱ βοαὶ τῶν θερισάντων εἰς τὰ ὦτα Κυρίου Σαβαὼθ εἰσελη- λύθασιν. ἐτρυφήσατε ἐπὶ τῆς γῆς καὶ ἐσπατα- 5 λήσατε· ἐθρέψατε τὰς καρδίας ὑμῶν ὡς¹ ἐν ἡμέρᾳ σφαγῆς. κατεδικάσατε, ἐφονεύσατε τὸν δίκαιον· 6 οὐκ ἀντιτάσσεται ὑμῖν.

Μακροθυμήσατε οὖν, ἀδελφοί, ἕως τῆς παρου- 7 σίας τοῦ Κυρίου. ἰδού, ὁ γεωργὸς ἐκδέχεται τὸν τίμιον καρπὸν τῆς γῆς, μακροθυμῶν ἐπ᾽ αὐτῷ, ἕως ἂν² λάβῃ ὑετὸν πρώϊμον καὶ ὄψιμον. μακρο- 8 θυμήσατε καὶ ὑμεῖς, στηρίξατε τὰς καρδίας ὑμῶν, ὅτι ἡ παρουσία τοῦ Κυρίου ἤγγικε. μὴ στενάζετε 9 κατ᾽ ἀλλήλων, ἀδελφοί³, ἵνα μὴ κατακριθῆτε⁴· ἰδού, ὁ * κριτὴς πρὸ τῶν θυρῶν ἕστηκεν. ὑπόδειγμα λάβετε 10 τῆς κακοπαθείας, ἀδελφοί μου⁵, καὶ τῆς μακροθυμίας, τοὺς προφήτας οἳ ἐλάλησαν⁶ τῷ ὀνόματι Κυρίου. ἰδού, μακαρίζομεν τοὺς ὑπομένοντας⁷· τὴν ὑπομονὴν 11 Ἰὼβ ἠκούσατε, καὶ τὸ τέλος Κυρίου εἴδετε, ὅτι πολύσπλαγχνός ἐστιν ὁ Κύριος καὶ οἰκτίρμων.

Πρὸ πάντων δέ, ἀδελφοί μου, μὴ ὀμνύετε, μήτε 12 τὸν οὐρανόν, μήτε τὴν γῆν, μήτε ἄλλον τινὰ ὅρκον· ἤτω δὲ ὑμῶν τὸ ναί, ναί, καὶ τὸ οὔ, οὔ· ἵνα μὴ ὑπὸ κρίσιν πέσητε.

---

¹ om. ὡς   ² om. ἂν   ³ , ἀδελφοί, κατ᾽ ἀλλήλων   ⁴ κριθῆτε
⁵ , ἀδελφοί, τῆς κακοπαθείας   ⁶ add ἐν   ⁷ ὑπομείναντας

13 Κακοπαθεῖ τις ἐν ὑμῖν; προσευχέσθω. εὐθυμεῖ
14 τις; ψαλλέτω. ἀσθενεῖ τις ἐν ὑμῖν; προσκαλε-
σάσθω τοὺς πρεσβυτέρους τῆς ἐκκλησίας, καὶ προσ-
ευξάσθωσαν ἐπ᾽ αὐτόν, ἀλείψαντες αὐτὸν ἐλαίῳ
15 ἐν τῷ ὀνόματι τοῦ Κυρίου· καὶ ἡ εὐχὴ τῆς πί-
στεως σώσει τὸν κάμνοντα, καὶ ἐγερεῖ αὐτὸν ὁ
Κυριος· κἂν ἁμαρτίας ᾖ πεποιηκώς, ἀφεθήσεται
16 αὐτῷ. ἐξομολογεῖσθε⁸ ἀλλήλοις τὰ **παραπτώματα**⁹,
καὶ εὔχεσθε ὑπὲρ ἀλλήλων, ὅπως ἰαθῆτε. πολὺ
17 ἰσχύει δέησις δικαίου ἐνεργουμένη. Ἡλίας ἄνθρω-
πος ἦν ὁμοιοπαθὴς ἡμῖν, καὶ προσευχῇ προσηύ-
ξατο τοῦ μὴ βρέξαι· καὶ οὐκ ἔβρεξεν ἐπὶ τῆς γῆς
18 ἐνιαυτοὺς τρεῖς καὶ μῆνας ἕξ. καὶ πάλιν προσηύ-
ξατο, καὶ ὁ οὐρανὸς ὑετὸν ἔδωκε, καὶ ἡ γῆ ἐβλά-
στησε τὸν καρπὸν αὐτῆς.
19 Ἀδελφοί¹⁰, ἐάν τις ἐν ὑμῖν πλανηθῇ ἀπὸ τῆς
20 ἀληθείας, καὶ ἐπιστρέψῃ τις αὐτόν, γινωσκέτω¹¹ ὅτι
ὁ ἐπιστρέψας ἁμαρτωλὸν ἐκ πλάνης ὁδοῦ αὐτοῦ
σώσει ψυχὴν ἐκ θανάτου, καὶ καλύψει πλῆθος
ἁμαρτιῶν.

ΠΕΤΡΟΥ *

ΕΠΙΣΤΟΛΗ ΚΑΘΟΛΙΚΗ ΠΡΩΤΗ.

I. Πέτρος, ἀπόστολος Ἰησοῦ Χριστοῦ, ἐκλεκτοῖς
παρεπιδήμοις διασπορᾶς Πόντου, Γαλατίας, Καπ-
2 παδοκίας, Ἀσίας, καὶ Βιθυνίας, κατὰ πρόγνωσιν
Θεοῦ πατρός, ἐν ἁγιασμῷ Πνεύματος, εἰς ὑπακοὴν
καὶ ῥαντισμὸν αἵματος Ἰησοῦ Χριστοῦ· χάρις ὑμῖν
καὶ εἰρήνη πληθυνθείη.

⁸ add οὖν   ⁹ τὰς ἁμαρτίας   ¹⁰ add μου
¹¹ Marg. γινώσκετε

Εὐλογητὸς ὁ Θεὸς καὶ πατὴρ τοῦ Κυρίου ἡμῶν 3
Ἰησοῦ Χριστοῦ, ὁ κατὰ τὸ πολὺ αὐτοῦ ἔλεος ἀνα-
γεννήσας ἡμᾶς εἰς ἐλπίδα ζῶσαν δι' ἀναστάσεως
Ἰησοῦ Χριστοῦ ἐκ νεκρῶν, εἰς κληρονομίαν ἄφθαρ- 4
τον καὶ ἀμίαντον καὶ ἀμάραντον, τετηρημένην ἐν
οὐρανοῖς εἰς ὑμᾶς, τοὺς ἐν δυνάμει Θεοῦ φρουρουμέ- 5
νους διὰ πίστεως εἰς σωτηρίαν ἑτοίμην ἀποκαλυφ-
θῆναι ἐν καιρῷ ἐσχάτῳ. ἐν ᾧ ἀγαλλιᾶσθε, ὀλίγον 6
ἄρτι, εἰ δέον ἐστί, λυπηθέντες ἐν ποικίλοις πειρα-
σμοῖς, ἵνα τὸ δοκίμιον ὑμῶν τῆς πίστεως πολὺ τι- 7
μιώτερον¹ χρυσίου τοῦ ἀπολλυμένου, διὰ πυρὸς δὲ
δοκιμαζομένου, εὑρεθῇ εἰς ἔπαινον καὶ τιμὴν καὶ
δόξαν² ἐν ἀποκαλύψει Ἰησοῦ Χριστοῦ· ὃν οὐκ ἰδόν- 8
τες ἀγαπᾶτε, εἰς ὃν ἄρτι μὴ ὁρῶντες, πιστεύοντες
δέ, ἀγαλλιᾶσθε χαρᾷ ἀνεκλαλήτῳ καὶ δεδοξασμένῃ,
κομιζόμενοι τὸ τέλος τῆς πίστεως ὑμῶν, σωτηρίαν 9
ψυχῶν. περὶ ἧς σωτηρίας ἐξεζήτησαν καὶ ἐξη- 10
ρεύνησαν προφῆται οἱ περὶ τῆς εἰς ὑμᾶς χάριτος
προφητεύσαντες· ἐρευνῶντες εἰς τίνα ἢ ποῖον και- 11
ρὸν ἐδήλου τὸ ἐν αὐτοῖς Πνεῦμα Χριστοῦ, προμαρ-
τυρόμενον τὰ εἰς Χριστὸν παθήματα, καὶ τὰς μετὰ
ταῦτα δόξας. οἷς ἀπεκαλύφθη ὅτι οὐχ ἑαυτοῖς, 12
ἡμῖν³ δὲ διηκόνουν αὐτά, ἃ νῦν ἀνηγγέλη ὑμῖν διὰ
τῶν εὐαγγελισαμένων ὑμᾶς ἐν Πνεύματι Ἁγίῳ
ἀποσταλέντι ἀπ' οὐρανοῦ, εἰς ἃ ἐπιθυμοῦσιν ἄγ-
γελοι παρακύψαι.

Διὸ ἀναζωσάμενοι τὰς ὀσφύας τῆς διανοίας 13
ὑμῶν, νήφοντες, τελείως ἐλπίσατε ἐπὶ τὴν φερο-
μένην ὑμῖν χάριν ἐν ἀποκαλύψει Ἰησοῦ Χριστοῦ·
ὡς τέκνα ὑπακοῆς, μὴ συσχηματιζόμενοι ταῖς προ- 14
τερον ἐν τῇ ἀγνοίᾳ ὑμῶν ἐπιθυμίαις, ἀλλὰ κατὰ 15

---

¹ πολυτιμότερον   ² δόξαν καὶ τιμὴν   ³ ὑμῖν

τὸν καλέσαντα ὑμᾶς ἅγιον καὶ αὐτοὶ ἅγιοι ἐν πάσῃ
16 ἀναστροφῇ γενήθητε· διότι γέγραπται, Ἅγιοι γίνε-
17 σθε⁴, ὅτι ἐγὼ ἅγιός εἰμι⁵. καὶ εἰ πατέρα ἐπικαλεῖσθε
τὸν ἀπροσωπολήπτως κρίνοντα κατὰ τὸ ἑκάστου
ἔργον, ἐν φόβῳ τὸν τῆς παροικίας ὑμῶν χρόνον
18 ἀναστράφητε εἰδότες ὅτι οὐ φθαρτοῖς, ἀργυρίῳ ἢ
χρυσίῳ, ἐλυτρώθητε ἐκ τῆς ματαιας ὑμῶν ἀνα-
19 στροφῆς πατροπαραδότου, ἀλλὰ τιμίῳ αἵματι ὡς
20 ἀμνοῦ ἀμώμου καὶ ἀσπίλου Χριστοῦ, προεγνωσ-
μένου μὲν πρὸ καταβολῆς κόσμου, φανερωθέντος
21 δὲ ἐπ᾿ ἐσχάτων⁶ τῶν χρόνων δι᾿ ὑμᾶς, τοὺς δι᾿ αὐτοῦ
πιστεύοντας⁷ εἰς Θεόν, τὸν ἐγείραντα αὐτὸν ἐκ νε-
κρῶν, καὶ δόξαν αὐτῷ δόντα, ὥστε τὴν πίστιν
22 ὑμῶν καὶ ἐλπίδα εἶναι εἰς Θεόν. τὰς ψυχὰς ὑμῶν
ἡγνικότες ἐν τῇ ὑπακοῇ τῆς ἀληθείας διὰ Πνεύματος⁸
εἰς φιλαδελφίαν ἀνυπόκριτον, ἐκ καθαρᾶς⁹ καρδίας
23 ἀλλήλους ἀγαπησατε ἐκτενῶς· ἀναγεγεννημένοι
οὐκ ἐκ σπορᾶς φθαρτῆς, ἀλλὰ ἀφθάρτου, διὰ λόγου
24 ζῶντος Θεοῦ καὶ μένοντος εἰς τὸν αἰῶνα¹⁰. διότι
πᾶσα σὰρξ ὡς χόρτος, καὶ πᾶσα δόξα ἀνθρώπου¹¹ ὡς
ἄνθος χόρτου. ἐξηράνθη ὁ χορτος, καὶ τὸ ἄνθος
25 αὐτοῦ¹² ἐξέπεσε· τὸ δὲ ῥῆμα Κυρίου μένει εἰς τὸν
αἰῶνα. τοῦτο δέ ἐστι τὸ ῥῆμα τὸ εὐαγγελισθὲν
εἰς ὑμᾶς.

II. Ἀποθέμενοι οὖν πᾶσαν κακίαν καὶ πάντα δό-
λον καὶ ὑποκρίσεις καὶ φθόνους καὶ πάσας κατα-
2 λαλιάς, ὡς ἀρτιγέννητα βρέφη, τὸ λογικὸν ἄδολον
3 γάλα ἐπιποθήσατε, ἵνα ἐν αὐτῷ αὐξηθῆτε¹, εἴπερ²
4 ἐγεύσασθε ὅτι χρηστὸς ὁ Κύριος· πρὸς ὃν προσερ-

---

⁴ ἔσεσθε　　⁵ (ἅγιος) om. εἰμι　　⁶ ἐσχάτου　　⁷ πιστοὺς
⁸ om. διὰ Πνεύματος　　⁹ om. καθαρᾶς text, not marg.　　¹⁰ om.
εἰς τὸν αἰῶνα　　¹¹ αὐτῆς　　¹² om. αὐτοῦ　　¹ add εἰς
σωτηρίαν　　² εἰ

χόμενοι, λίθον ζῶντα, ὑπὸ ἀνθρώπων μὲν ἀποδεδοκι-
μασμένον, παρὰ δὲ Θεῷ ἐκλεκτόν, ἔντιμον, καὶ 5
αὐτοὶ ὡς λίθοι ζῶντες οἰκοδομεῖσθε οἶκος πνευμα-
τικός,[3] ἱεράτευμα ἅγιον, ἀνενέγκαι πνευματικὰς
θυσίας εὐπροσδέκτους τῷ[4] Θεῷ διὰ Ἰησοῦ Χριστοῦ.
διὸ καὶ[5] περιέχει ἐν τῇ[6] γραφῇ, Ἰδού, τίθημι ἐν Σιὼν 6
λίθον ἀκρογωνιαῖον, ἐκλεκτόν, ἔντιμον· καὶ ὁ πι-
στεύων ἐπ᾽ αὐτῷ οὐ μὴ καταισχυνθῇ. ὑμῖν οὖν ἡ 7
τιμὴ τοῖς πιστεύουσιν· ἀπειθοῦσι[7] δέ, Λίθον[8] ὃν ἀπεδοκί-
μασαν οἱ οἰκοδομοῦντες, οὗτος ἐγενήθη εἰς κεφα-
λὴν γωνίας, καί, Λίθος προσκόμματος καὶ πέτρα 8
σκανδάλου· οἳ προσκόπτουσι[9] τῷ λόγῳ ἀπειθοῦν-
τες· εἰς ὃ καὶ ἐτέθησαν. ὑμεῖς δὲ γένος ἐκλεκτόν, 9
βασίλειον ἱεράτευμα, ἔθνος ἅγιον, λαὸς εἰς περι-
ποίησιν, ὅπως τὰς ἀρετὰς ἐξαγγείλητε τοῦ ἐκ σκό-
τους ὑμᾶς καλέσαντος εἰς τὸ θαυμαστὸν αὐτοῦ
φῶς· οἱ ποτὲ οὐ λαός, νῦν δὲ λαὸς Θεοῦ· οἱ οὐκ 10
ἠλεημένοι, νῦν δὲ ἐλεηθέντες.

Ἀγαπητοί, παρακαλῶ ὡς παροίκους καὶ παρ- 11
επιδήμους, ἀπέχεσθαι τῶν σαρκικῶν ἐπιθυμιῶν,
αἵτινες στρατεύονται κατὰ τῆς ψυχῆς· τὴν ἀνα- 12
στροφὴν ὑμῶν ἐν τοῖς ἔθνεσιν ἔχοντες καλήν, ἵνα,
ἐν ᾧ καταλαλοῦσιν ὑμῶν ὡς κακοποιῶν, ἐκ τῶν
καλῶν ἔργων, ἐποπτεύσαντες[10], δοξάσωσι τὸν Θεὸν ἐν
ἡμέρᾳ ἐπισκοπῆς.

Ὑποτάγητε οὖν[11] πάσῃ ἀνθρωπίνῃ κτίσει διὰ 13
τὸν Κύριον· εἴτε βασιλεῖ, ὡς ὑπερέχοντι· εἴτε 14
ἡγεμόσιν, ὡς δι᾽ αὐτοῦ πεμπομένοις εἰς ἐκδίκησιν
μὲν[12] κακοποιῶν, ἔπαινον δὲ ἀγαθοποιῶν. ὅτι οὕτως 15
ἐστὶ τὸ θέλημα τοῦ Θεοῦ, ἀγαθοποιοῦντας φιμοῦν

---

[3] (Marg. om. ,) add εἰς   [4] om. τῷ   [5] διότι   [6] om. τῇ
[7] ἀπιστοῦσι   [8] Λίθος   [9] (Marg. προσκόπτουσι,)
[10] ἐποπτεύοντες   [11] om. ουν   [12] om. μὲν

16 τὴν τῶν ἀφρόνων ἀνθρώπων ἀγνωσίαν· ὡς ἐλεύθε-
ροι, καὶ μὴ ὡς ἐπικάλυμμα ἔχοντες τῆς κακίας τὴν
17 ἐλευθερίαν, ἀλλ᾽ ὡς δοῦλοι Θεοῦ. πάντας τιμή-
σατε. τὴν ἀδελφότητα ἀγαπᾶτε. τὸν Θεὸν φο-
βεῖσθε. τὸν βασιλέα τιμᾶτε.
18 Οἱ οἰκέται, ὑποτασσόμενοι ἐν παντὶ φόβῳ τοῖς
δεσπόταις, οὐ μόνον τοῖς ἀγαθοῖς καὶ ἐπιεικέσιν,
19 ἀλλὰ καὶ τοῖς σκολιοῖς. τοῦτο γὰρ χάρις, εἰ διὰ
συνείδησιν Θεοῦ ὑποφέρει τις λύπας, πάσχων ἀδί-
20 κως. ποῖον γὰρ κλέος, εἰ ἁμαρτάνοντες καὶ κολα-
φιζόμενοι ὑπομενεῖτε; ἀλλ᾽ εἰ ἀγαθοποιοῦντες καὶ
21 πάσχοντες ὑπομενεῖτε, τοῦτο χάρις παρὰ Θεῷ.
εἰς τοῦτο γὰρ ἐκλήθητε, ὅτι καὶ Χριστὸς ἔπαθεν ὑπὲρ
ἡμῶν, ἡμῖν[13] ὑπολιμπάνων ὑπογραμμόν, ἵνα ἐπακο-
22 λουθήσητε τοῖς ἴχνεσιν αὐτοῦ· ὃς ἁμαρτίαν οὐκ
ἐποίησεν, οὐδὲ εὑρέθη δόλος ἐν τῷ στόματι αὐτοῦ·
23 ὃς λοιδορούμενος οὐκ ἀντελοιδόρει, πάσχων οὐκ
24 ἠπείλει, παρεδίδου δὲ τῷ κρίνοντι δικαίως· ὃς τὰς
ἁμαρτίας ἡμῶν αὐτὸς ἀνήνεγκεν ἐν τῷ σώματι αὐ-
τοῦ ἐπὶ τὸ ξύλον, ἵνα, ταῖς ἁμαρτίαις ἀπογενόμενοι,
τῇ δικαιοσύνῃ ζήσωμεν· οὗ τῷ μώλωπι αὐτοῦ[14]
25 ἰάθητε. ἦτε γὰρ ὡς πρόβατα πλανώμενα[15]· ἀλλ᾽
ἐπεστράφητε νῦν ἐπὶ τὸν ποιμένα καὶ ἐπίσκοπον
τῶν ψυχῶν ὑμῶν.
III.   Ὁμοίως, αἱ[1] γυναῖκες, ὑποτασσόμεναι τοῖς ἰδίοις
ἀνδράσιν, ἵνα, καὶ εἴ τινες ἀπειθοῦσι τῷ λόγῳ, διὰ
τῆς τῶν γυναικῶν ἀναστροφῆς ἄνευ λόγου κερδηθή-
2 σωνται[2], ἐποπτεύσαντες τὴν ἐν φόβῳ ἁγνὴν ἀνα-
3 στροφὴν ὑμῶν. ὧν ἔστω οὐχ ὁ ἔξωθεν ἐμπλοκῆς
τριχῶν, καὶ περιθέσεως χρυσίων, ἢ ἐνδύσεως ἱμα-
4 τίων κόσμος· ἀλλ᾽ ὁ κρυπτὸς τῆς καρδίας ἄνθρω-

---

13 ὑμῶν, ὑμῖν   14 om. αὐτοῦ   15 πλανώμενοι
1 om. αἱ   2 κερδηθήσονται

πος, ἐν τῷ ἀφθάρτῳ τοῦ πρᾳέος καὶ ἡσυχίου πνεύ-
ματος, ὅ ἐστιν ἐνώπιον τοῦ Θεοῦ πολυτελές. οὕτω 5
γάρ ποτε καὶ αἱ ἅγιαι γυναῖκες αἱ ἐλπίζουσαι ἐπὶ
τὸν³ Θεὸν ἐκόσμουν ἑαυτάς, ὑποτασσόμεναι τοῖς
ἰδίοις ἀνδράσιν· ὡς Σάρρα ὑπήκουσε τῷ Ἀβραάμ, 6
κύριον αὐτὸν καλοῦσα, ἧς ἐγενήθητε τέκνα, ἀγαθο-
ποιοῦσαι⁴ καὶ μὴ φοβούμεναι μηδεμίαν πτόησιν.

Οἱ ἄνδρες ὁμοίως, συνοικοῦντες κατὰ γνῶσιν, 7
ὡς ἀσθενεστέρῳ σκεύει τῷ γυναικείῳ ἀπονέμοντες
τιμήν, ὡς καὶ συγκληρονόμοι χάριτος ζωῆς, εἰς τὸ
μὴ ἐκκόπτεσθαι⁵ τὰς προσευχὰς ὑμῶν.

Τὸ δὲ τέλος, πάντες ὁμόφρονες, συμπαθεῖς, φιλ- 8
άδελφοι, εὔσπλαγχνοι, φιλόφρονες⁶· μὴ ἀποδιδόντες 9
κακὸν ἀντὶ κακοῦ, ἢ λοιδορίαν ἀντὶ λοιδορίας· τοὐν-
αντίον δὲ εὐλογοῦντες, εἰδότες⁷ ὅτι εἰς τοῦτο ἐκλή-
θητε, ἵνα εὐλογίαν κληρονομήσητε. Ὁ γὰρ θέλων 10
ζωὴν ἀγαπᾶν, καὶ ἰδεῖν ἡμέρας ἀγαθάς, παυσάτω
τὴν γλῶσσαν αὐτοῦ⁸ ἀπὸ κακοῦ, καὶ χείλη αὐτοῦ⁸
τοῦ μὴ λαλῆσαι δόλον· ἐκκλινάτω⁹ ἀπὸ κακοῦ, καὶ 11
ποιησάτω ἀγαθόν· ζητησάτω εἰρήνην, καὶ διωξάτω
αὐτήν. ὅτι οἱ¹⁰ ὀφθαλμοὶ Κυρίου ἐπὶ δικαίους, καὶ 12
ὦτα αὐτοῦ εἰς δέησιν αὐτῶν· πρόσωπον δὲ Κυρίου
ἐπὶ ποιοῦντας κακά.

Καὶ τίς ὁ κακώσων ὑμᾶς, ἐὰν τοῦ ἀγαθοῦ μιμη- 13
ταὶ¹¹ γένησθε; ἀλλ᾽ εἰ καὶ πάσχοιτε διὰ δικαιοσύ- 14
νην, μακάριοι· Τὸν δὲ φόβον αὐτῶν μὴ φοβηθῆτε,
μηδὲ ταραχθῆτε· Κύριον δὲ τὸν Θεὸν¹² ἁγιάσατε ἐν 15
ταῖς καρδίαις ὑμῶν· ἕτοιμοι δὲ¹³ ἀεὶ πρὸς ἀπολογίαν
παντὶ τῷ αἰτοῦντι ὑμᾶς λόγον περὶ τῆς ἐν ὑμῖν

---

³ εἰς   ⁴ (Marg. ἀνδράσιν (ὡς Σάρρα......ἐγενήθητε τέκνα),
ἀγαθοποιοῦσαι)   ⁵ ἐγκόπτεσθαι   ⁶ ταπεινόφρονες
⁷ om. εἰδότες   ⁸ om. αὐτοῦ   ⁹ add δὲ   ¹⁰ om. οἱ
¹¹ ζηλωταὶ   ¹² Χριστὸν   ¹³ om. δὲ

16 ἐλπίδος,[14] μετὰ πραΰτητος καὶ φόβου· συνείδησιν
ἔχοντες ἀγαθήν, ἵνα, ἐν ᾧ καταλαλῶσιν[15] ὑμῶν ὡς κακο-
ποιῶν[16], καταισχυνθῶσιν οἱ ἐπηρεάζοντες ὑμῶν τὴν
17 ἀγαθὴν ἐν Χριστῷ ἀναστροφήν. κρεῖττον γὰρ
ἀγαθοποιοῦντας, εἰ θέλει[17] τὸ θέλημα τοῦ Θεοῦ,
18 πάσχειν, ἢ κακοποιοῦντας. ὅτι καὶ Χριστὸς ἅπαξ
περὶ ἁμαρτιῶν ἔπαθε[18], δίκαιος ὑπὲρ ἀδίκων, ἵνα ἡμᾶς
προσαγάγῃ τῷ Θεῷ, θανατωθεὶς μὲν σαρκί, ζωο-
19 ποιηθεὶς δὲ τῷ[19] πνεύματι, ἐν ᾧ καὶ τοῖς ἐν φυλακῇ
20 πνεύμασι πορευθεὶς ἐκήρυξεν, ἀπειθήσασί ποτε,
ὅτε ἅπαξ ἐξεδέχετο[20] ἡ τοῦ Θεοῦ μακροθυμία ἐν ἡμέ-
ραις Νῶε, κατασκευαζομένης κιβωτοῦ, εἰς ἣν ὀλί-
γαι,[21] τοῦτ᾽ ἔστιν ὀκτὼ ψυχαί,* διεσώθησαν δι᾽ ὕδα-
21 τος· ᾧ[22] καὶ ἡμᾶς[23] ἀντίτυπον νῦν σῴζει βάπτισμα,
οὐ σαρκὸς ἀπόθεσις ῥύπου, ἀλλὰ συνειδήσεως ἀγα-
θῆς ἐπερώτημα εἰς Θεόν, δι᾽ ἀναστάσεως Ἰησοῦ
22 Χριστοῦ, ὅς ἐστιν ἐν δεξιᾷ τοῦ Θεοῦ, πορευθεὶς εἰς
οὐρανόν, ὑποταγέντων αὐτῷ ἀγγέλων καὶ ἐξουσιῶν
καὶ δυνάμεων.

IV.　Χριστοῦ οὖν παθόντος ὑπὲρ ἡμῶν[1] σαρκί, καὶ
ὑμεῖς τὴν αὐτὴν ἔννοιαν ὁπλίσασθε· ὅτι ὁ παθὼν
2 ἐν[2] σαρκί, πέπαυται ἁμαρτίας[3]· εἰς τὸ μηκέτι ἀνθρώ-
πων ἐπιθυμίαις, ἀλλὰ θελήματι Θεοῦ τὸν ἐπίλοι-
3 πον ἐν σαρκὶ βιῶσαι χρόνον. ἀρκετὸς γὰρ ἡμῖν[4] ὁ
παρεληλυθὼς χρόνος τοῦ βίου[5] τὸ θέλημα[6] τῶν ἐθνῶν
κατεργάσασθαι[7], πεπορευμένους ἐν ἀσελγείαις, ἐπιθυ-
μίαις, οἰνοφλυγίαις, κώμοις, πότοις, καὶ ἀθεμίτοις
4 εἰδωλολατρείαις· ἐν ᾧ ξενίζονται, μὴ συντρεχόντων

---

[14] add ἀλλὰ　　[15] καταλαλεῖσθε　　[16] om. ὑμῶν ὡς
κακοποιῶν　　[17] θέλοι　　[18] Marg. ἀπέθανε　　[19] om. τῷ
[20] ἀπεξεδέχετο　　[21] ὀλίγοι　　[22] ᾧ　　[23] ὑμᾶς　　[1] om.
ὑπὲρ ἡμῶν　　[2] om. ἐν　　[3] Marg. ἁμαρτίαις　　[4] om. ἡμῖν
[5] om. τοῦ βίου　　[6] βούλημα　　[7] κατειργάσθαι

ὑμῶν εἰς τὴν αὐτὴν τῆς ἀσωτίας ἀνάχυσιν, βλασ-
φημοῦντες· οἳ ἀποδώσουσι λόγον τῷ ἑτοίμως ἔχον- 5
τι κρῖναι ζῶντας καὶ νεκρούς. εἰς τοῦτο γὰρ καὶ 6
νεκροῖς εὐηγγελίσθη, ἵνα κριθῶσι μὲν κατὰ ἀνθρώ-
πους σαρκί, ζῶσι δὲ κατὰ Θεὸν πνεύματι.

Πάντων δὲ τὸ τέλος ἤγγικε· σωφρονήσατε οὖν 7
καὶ νήψατε εἰς τὰς⁸ προσευχάς· πρὸ πάντων δὲ⁹ τὴν 8
εἰς ἑαυτοὺς ἀγάπην ἐκτενῆ ἔχοντες, ὅτι ἡ ἀγάπη
καλύψει¹⁰ πλῆθος ἁμαρτιῶν· φιλόξενοι εἰς ἀλλή- 9
λους ἄνευ γογγυσμῶν¹¹· ἕκαστος καθὼς ἔλαβε χάρισ- 10
μα, εἰς ἑαυτοὺς αὐτὸ διακονοῦντες, ὡς καλοὶ οἰκονό-
μοι ποικίλης χάριτος Θεοῦ· εἴ τις λαλεῖ, ὡς λόγια 11
Θεοῦ· εἴ τις διακονεῖ, ὡς ἐξ ἰσχύος ἧς χορηγεῖ ὁ
Θεός· ἵνα ἐν πᾶσι δοξάζηται ὁ Θεὸς διὰ Ἰησοῦ
Χριστοῦ, ᾧ ἐστὶν ἡ δόξα καὶ τὸ κράτος εἰς τοὺς
αἰῶνας τῶν αἰώνων. ἀμήν.

Ἀγαπητοί, μὴ ξενίζεσθε τῇ ἐν ὑμῖν πυρώσει 12
πρὸς πειρασμὸν ὑμῖν γινομένῃ, ὡς ξένου ὑμῖν συμ-
βαίνοντος· ἀλλὰ καθὸ κοινωνεῖτε τοῖς τοῦ Χριστοῦ 13
παθήμασι, χαίρετε, ἵνα καὶ ἐν τῇ ἀποκαλύψει τῆς
δόξης αὐτοῦ χαρῆτε ἀγαλλιώμενοι. εἰ ὀνειδίζεσθε 14
ἐν ὀνόματι Χριστοῦ, μακάριοι· ὅτι τὸ τῆς δόξης
καὶ τὸ τοῦ Θεοῦ Πνεῦμα ἐφ᾽ ὑμᾶς ἀναπαύεται·
κατὰ μὲν αὐτοὺς βλασφημεῖται, κατὰ δὲ ὑμᾶς δοξάζεται¹².
μὴ γάρ τις ὑμῶν πασχέτω ὡς φονεύς, ἢ κλέπτης, 15
ἢ κακοποιός, ἢ ὡς ἀλλοτριοεπίσκοπος· εἰ δὲ ὡς 16
Χριστιανός, μὴ αἰσχυνέσθω, δοξαζέτω δὲ τὸν Θεὸν
ἐν τῷ μέρει¹³ τούτῳ. ὅτι ὁ καιρὸς τοῦ ἄρξασθαι τὸ 17
κρίμα ἀπὸ τοῦ οἴκου τοῦ Θεοῦ· εἰ δὲ πρῶτον ἀφ᾽
ἡμῶν, τί τὸ τέλος τῶν ἀπειθούντων τῷ τοῦ Θεοῦ

---

⁸ *om.* τὰς   ⁹ *om.* δὲ   ¹⁰ καλύπτει   ¹¹ γογγυσμοῦ
¹² *om.* · κατὰ μὲν αὐτοὺς βλασφημεῖται, κατὰ δὲ ὑμᾶς δοξάζεται
¹³ ὀνόματι

18 εὐαγγελίῳ; καὶ Εἰ ὁ δίκαιος μόλις σώζεται, ὁ ἀσε-
19 βὴς καὶ ἁμαρτωλὸς ποῦ φανεῖται; ὥστε καὶ οἱ
πάσχοντες κατὰ τὸ θέλημα τοῦ Θεοῦ, ὡς¹⁴ πιστῷ
κτίστῃ παρατιθέσθωσαν τὰς ψυχὰς ἑαυτῶν¹⁵ ἐν
ἀγαθοποιΐᾳ.

V. Πρεσβυτέρους τοὺς¹ ἐν ὑμῖν παρακαλῶ ὁ συμ-
πρεσβύτερος καὶ μάρτυς τῶν τοῦ Χριστοῦ παθη-
μάτων, ὁ καὶ τῆς μελλούσης ἀποκαλύπτεσθαι
2 δόξης κοινωνός· ποιμάνατε τὸ ἐν ὑμῖν ποίμνιον τοῦ
Θεοῦ, ἐπισκοποῦντες² μὴ ἀναγκαστῶς, ἀλλ᾽ ἑκουσίως³·
3 μηδὲ αἰσχροκερδῶς, ἀλλὰ προθύμως· μηδ᾽ ὡς κατα-
κυριεύοντες τῶν κλήρων, ἀλλὰ τύποι γινόμενοι τοῦ
4 ποιμνίου. καὶ φανερωθέντος τοῦ ἀρχιποίμενος,
κομιεῖσθε τὸν ἀμαράντινον τῆς δόξης στέφανον.
5 ὁμοίως, νεώτεροι, ὑποτάγητε πρεσβυτέροις· πάν-
τες δὲ ἀλλήλοις ὑποτασσόμενοι⁴, τὴν ταπεινοφροσύ-
νην ἐγκομβώσασθε· ὅτι ὁ Θεὸς ὑπερηφάνοις ἀντι-
6 τάσσεται, ταπεινοῖς δὲ δίδωσι χάριν. ταπεινώθητε
οὖν ὑπὸ τὴν κραταιὰν χεῖρα τοῦ Θεοῦ, ἵνα ὑμᾶς
7 ὑψώσῃ ἐν καιρῷ, πᾶσαν τὴν μέριμναν ὑμῶν ἐπιρ-
ρίψαντες ἐπ᾽ αὐτόν, ὅτι αὐτῷ μέλει περὶ ὑμῶν.
8 νήψατε, γρηγορήσατε, ὅτι⁵ ὁ ἀντίδικος ὑμῶν διάβο-
λος, ὡς λέων ὠρυόμενος, περιπατεῖ ζητῶν τίνα
9 καταπίῃ⁶· ᾧ ἀντίστητε στερεοὶ τῇ πίστει, εἰδότες
τὰ αὐτὰ τῶν παθημάτων τῇ ἐν κόσμῳ ὑμῖν ἀδελ-
10 φότητι ἐπιτελεῖσθαι. ὁ δὲ Θεὸς πάσης χάριτος,
ὁ καλέσας ἡμᾶς*⁷ εἰς τὴν αἰώνιον αὐτοῦ δόξαν ἐν
Χριστῷ Ἰησοῦ⁸, ὀλίγον παθόντας αὐτὸς καταρτίσαι

¹⁴ om. ὡς   ¹⁵ αὐτῶν   ¹ οὖν   ² Marg. om.
ἐπισκοποῦντες   ³ add , κατὰ Θεόν text, not marg.
⁴ om. ὑποτασσόμενοι, (Marg. ἀλλήλοις. τὴν ταπεινοφροσύνην)
⁵ om. ὅτι (γρηγορήσατε·)   ⁶ (τινὰ) καταπιεῖν   ⁷ ὑμᾶς
⁸ om. Ἰησοῦ

ὑμᾶς⁹, στηρίξαι¹⁰, σθενῶσαι¹¹, θεμελιῶσαι¹². αὐτῷ ἡ δόξα 11
καὶ¹³ τὸ κράτος εἰς τοὺς αἰῶνας τῶν αἰώνων.
ἀμήν.

Διὰ Σιλουανοῦ ὑμῖν τοῦ πιστοῦ ἀδελφοῦ, ὡς 12
λογίζομαι, δι᾽ ὀλίγων ἔγραψα, παρακαλῶν καὶ
ἐπιμαρτυρῶν ταύτην εἶναι ἀληθῆ χάριν τοῦ Θεοῦ
εἰς ἣν ἑστήκατε¹⁴. ἀσπάζεται ὑμᾶς ἡ ἐν Βαβυλῶνι 13
συνεκλεκτή, καὶ Μάρκος ὁ υἱός μου. ἀσπάσασθε 14
ἀλλήλους ἐν φιλήματι ἀγάπης.
Εἰρήνη ὑμῖν πᾶσι τοῖς ἐν Χριστῷ Ἰησοῦ. ἀμήν.¹⁵

ΠΕΤΡΟΥ*

ΕΠΙΣΤΟΛΗ ΚΑΘΟΛΙΚΗ ΔΕΥΤΕΡΑ.

Σίμων*¹ Πέτρος, δοῦλος καὶ ἀπόστολος Ἰησοῦ I.
Χριστοῦ, τοῖς ἰσότιμον ἡμῖν λαχοῦσι πίστιν ἐν
δικαιοσύνῃ τοῦ Θεοῦ ἡμῶν καὶ σωτῆρος ἡμῶν² Ἰη-
σοῦ Χριστοῦ· χάρις ὑμῖν καὶ εἰρήνη πληθυνθείη 2
ἐν ἐπιγνώσει τοῦ Θεοῦ, καὶ Ἰησοῦ τοῦ Κυρίου
ἡμῶν· ὡς πάντα ἡμῖν τῆς θείας δυνάμεως αὐτοῦ τὰ 3
πρὸς ζωὴν καὶ εὐσέβειαν δεδωρημένης, διὰ τῆς ἐπι-
γνώσεως τοῦ καλέσαντος ἡμᾶς διὰ δόξης καὶ ἀρετῆς³·
δι᾽ ὧν τὰ μέγιστα ἡμῖν καὶ τίμια⁴ ἐπαγγέλματα δεδώ- 4
ρηται, ἵνα διὰ τούτων γένησθε θείας κοινωνοὶ φύ-
σεως, ἀποφυγόντες τῆς ἐν⁵ κόσμῳ ἐν ἐπιθυμίᾳ
φθορᾶς. καὶ αὐτὸ τοῦτο δέ, σπουδὴν πᾶσαν παρ- 5
εισενέγκαντες, ἐπιχορηγήσατε ἐν τῇ πίστει ὑμῶν

---

⁹ καταρτίσει   ¹⁰ στηρίξει   ¹¹ σθενώσει   ¹² om.
θεμελιῶσαι text : marg. has θεμελιώσει   ¹³ om. ἡ δόξα καὶ
¹⁴ (· εἰς ἣν) στῆτε   ¹⁵ om. Ἰησοῦ. ἀμήν.   ¹ Marg. Συμεὼν
² Marg. om. ἡμῶν   ³ ἰδίᾳ δόξῃ καὶ ἀρετῇ text, not marg.
⁴ τίμια ἡμῖν καὶ μέγιστα   ⁵ add τῷ

6 τὴν ἀρετήν, ἐν δὲ τῇ ἀρετῇ τὴν γνῶσιν, ἐν δὲ τῇ
γνώσει τὴν ἐγκράτειαν, ἐν δὲ τῇ ἐγκρατείᾳ τὴν
7 ὑπομονήν, ἐν δὲ τῇ ὑπομονῇ τὴν εὐσέβειαν, ἐν δὲ
τῇ εὐσεβείᾳ τὴν φιλαδελφίαν, ἐν δὲ τῇ φιλαδελφίᾳ
8 τὴν ἀγάπην. ταῦτα γὰρ ὑμῖν ὑπάρχοντα καὶ
πλεονάζοντα, οὐκ ἀργοὺς οὐδὲ ἀκάρπους καθίστη-
σιν εἰς τὴν τοῦ Κυρίου ἡμῶν Ἰησοῦ Χριστοῦ ἐπί-
9 γνωσιν. ᾧ γὰρ μὴ πάρεστι ταῦτα, τυφλός ἐστι,
μυωπάζων, λήθην λαβὼν τοῦ καθαρισμοῦ τῶν
10 πάλαι αὐτοῦ ἁμαρτιῶν. διὸ μᾶλλον, ἀδελφοί,
σπουδάσατε βεβαίαν ὑμῶν τὴν κλῆσιν καὶ ἐκλογὴν
ποιεῖσθαι· ταῦτα γὰρ ποιοῦντες οὐ μὴ πταίσητέ
11 ποτε· οὕτω γὰρ πλουσίως ἐπιχορηγηθήσεται ὑμῖν
ἡ εἴσοδος εἰς τὴν αἰώνιον βασιλείαν τοῦ Κυρίου
ἡμῶν καὶ σωτῆρος Ἰησοῦ Χριστοῦ.

12 Διὸ οὐκ ἀμελήσω⁶ ὑμᾶς ἀεὶ⁷ ὑπομιμνήσκειν περὶ
τούτων, καίπερ εἰδότας, καὶ ἐστηριγμένους ἐν τῇ
13 παρούσῃ ἀληθείᾳ. δίκαιον δὲ ἡγοῦμαι, ἐφ᾽ ὅσον
εἰμὶ ἐν τούτῳ τῷ σκηνώματι, διεγείρειν ὑμᾶς ἐν
14 ὑπομνήσει· εἰδὼς ὅτι ταχινή ἐστιν ἡ ἀπόθεσις τοῦ
σκηνώματός μου, καθὼς καὶ ὁ Κύριος ἡμῶν Ἰησοῦς
15 Χριστὸς ἐδήλωσέ μοι. σπουδάσω δὲ καὶ ἑκάστοτε
ἔχειν ὑμᾶς μετὰ τὴν ἐμὴν ἔξοδον τὴν τούτων μνή-
16 μην ποιεῖσθαι. οὐ γὰρ σεσοφισμένοις μύθοις ἐξα-
κολουθήσαντες ἐγνωρίσαμεν ὑμῖν τὴν τοῦ Κυρίου
ἡμῶν Ἰησοῦ Χριστοῦ δύναμιν καὶ παρουσίαν, ἀλλ᾽
ἐπόπται γενηθέντες τῆς ἐκείνου μεγαλειότητος.
17 λαβὼν γὰρ παρὰ Θεοῦ πατρὸς τιμὴν καὶ δόξαν,
φωνῆς ἐνεχθείσης αὐτῷ τοιᾶσδε ὑπὸ τῆς μεγαλο-
πρεποῦς δόξης, Οὗτός ἐστιν ὁ υἱός μου ὁ ἀγαπη-
18 τός, εἰς ὃν ἐγὼ εὐδόκησα· καὶ ταύτην τὴν φωνὴν

---

⁶ μελλήσω   ⁷ ἀεὶ ὑμᾶς

ἡμεῖς ἠκούσαμεν ἐξ οὐρανοῦ ἐνεχθεῖσαν, σὺν
αὐτῷ ὄντες ἐν τῷ ὄρει τῷ ἁγίῳ. καὶ ἔχομεν 19
βεβαιότερον τὸν προφητικὸν λόγον, ᾧ καλῶς ποι-
εῖτε προσέχοντες, ὡς λύχνῳ φαίνοντι ἐν αὐχμηρῷ
τόπῳ, ἕως οὗ ἡμέρα διαυγάσῃ, καὶ φωσφόρος ἀνα-
τείλῃ ἐν ταῖς καρδίαις ὑμῶν· τοῦτο πρῶτον γινώ- 20
σκοντες, ὅτι πᾶσα προφητεία γραφῆς ἰδίας ἐπι-
λύσεως οὐ γίνεται. οὐ γὰρ θελήματι ἀνθρώπου 21
ἠνέχθη ποτὲ **προφητεία**[8], ἀλλ᾽ ὑπὸ Πνεύματος Ἁγίου
φερόμενοι ἐλάλησαν * **ἅγιοι**[9] Θεοῦ ἄνθρωποι.

Ἐγένοντο δὲ καὶ ψευδοπροφῆται ἐν τῷ λαῷ, II.
ὡς καὶ ἐν ὑμῖν ἔσονται ψευδοδιδάσκαλοι, οἵτινες
παρεισάξουσιν αἱρέσεις ἀπωλείας, καὶ τὸν ἀγορά-
σαντα αὐτοὺς δεσπότην ἀρνούμενοι, ἐπάγοντες
ἑαυτοῖς ταχινὴν ἀπώλειαν. καὶ πολλοὶ ἐξακολου- 2
θήσουσιν αὐτῶν ταῖς **ἀπωλείαις**[1], δι᾽ οὓς ἡ ὁδὸς τῆς
ἀληθείας βλασφημηθήσεται. καὶ ἐν πλεονεξίᾳ 3
πλαστοῖς λόγοις ὑμᾶς ἐμπορεύσονται· οἷς τὸ κρίμα
ἔκπαλαι οὐκ ἀργεῖ, καὶ ἡ ἀπώλεια αὐτῶν οὐ νυσ-
τάζει. εἰ γὰρ ὁ Θεὸς ἀγγέλων ἁμαρτησάντων 4
οὐκ ἐφείσατο, ἀλλὰ **σειραῖς**[2] ζόφου ταρταρώσας παρ-
έδωκεν εἰς κρίσιν **τετηρημένους**[3]· καὶ ἀρχαίου κόσμου 5
οὐκ ἐφείσατο, ἀλλ᾽ ὄγδοον Νῶε δικαιοσύνης κήρυ-
κα ἐφύλαξε, κατακλυσμὸν κόσμῳ ἀσεβῶν ἐπάξας·
καὶ πόλεις Σοδόμων καὶ Γομόρρας τεφρώσας κατα- 6
στροφῇ κατέκρινεν, ὑπόδειγμα μελλόντων ἀσε-
βεῖν τεθεικώς· καὶ δίκαιον Λώτ, καταπονούμενον 7
ὑπὸ τῆς τῶν ἀθέσμων ἐν ἀσελγείᾳ ἀναστροφῆς,
ἐρρύσατο (βλέμματι γὰρ καὶ ἀκοῇ ὁ δίκαιος, ἐγκατ- 8
οικῶν ἐν αὐτοῖς, ἡμέραν ἐξ ἡμέρας ψυχὴν δικαίαν
ἀνόμοις ἔργοις ἐβασάνιζεν)· οἶδε Κύριος εὐσεβεῖς 9

---

[8] προφητεία ποτέ   [9] ἀπὸ   [1] ἀσελγείαις

[2] σειροῖς *text, not marg.*   [3] τηρουμένους

ἐκ πειρασμῶν*⁴ ῥύεσθαι, ἀδίκους δὲ εἰς ἡμέραν κρι-
10 σεως κολαζομένους τηρεῖν· μάλιστα δὲ τοὺς ὀπίσω
σαρκὸς ἐν ἐπιθυμίᾳ μιασμοῦ πορευομένους, καὶ
κυριότητος καταφρονοῦντας. τολμηταί, αὐθάδεις,
11 δόξας οὐ τρέμουσι βλασφημοῦντες· ὅπου ἄγγελοι,
ἰσχύϊ καὶ δυνάμει μείζονες ὄντες, οὐ φέρουσι κατ᾽
12 αὐτῶν παρὰ Κυρίῳ βλάσφημον κρίσιν. οὗτοι δέ,
ὡς ἄλογα ζῶα φυσικὰ γεγενημένα⁵ εἰς ἅλωσιν καὶ
φθοράν, ἐν οἷς ἀγνοοῦσι βλασφημοῦντες, ἐν τῇ
13 φθορᾷ αὐτῶν καταφθαρήσονται⁶, κομιούμενοι⁷ μισθὸν
ἀδικίας, ἡδονὴν ἡγούμενοι τὴν ἐν ἡμέρᾳ τρυφήν,
σπίλοι καὶ μῶμοι, ἐντρυφῶντες ἐν ταῖς ἀπάταις⁸
14 αὐτῶν συνευωχούμενοι ὑμῖν, ὀφθαλμοὺς ἔχοντες
μεστοὺς μοιχαλίδος καὶ ἀκαταπαύστους ἁμαρτίας,
δελεάζοντες ψυχὰς ἀστηρίκτους, καρδίαν γεγυμ-
15 νασμένην πλεονεξίαις⁹ ἔχοντες, κατάρας τέκνα· κατα-
λιπόντες¹⁰ τὴν¹¹ εὐθεῖαν ὁδὸν ἐπλανήθησαν, ἐξακο-
λουθήσαντες τῇ ὁδῷ τοῦ Βαλαὰμ τοῦ Βοσόρ¹², ὃς
16 μισθὸν ἀδικίας ἠγάπησεν, ἔλεγξιν δὲ ἔσχεν ἰδίας
παρανομίας· ὑποζύγιον ἄφωνον, ἐν ἀνθρώπου φωνῇ
φθεγξάμενον, ἐκώλυσε τὴν τοῦ προφήτου παρα-
17 φρονίαν. οὗτοί εἰσι πηγαὶ ἄνυδροι, νεφέλαι¹³ ὑπὸ
λαίλαπος ἐλαυνόμεναι, οἷς ὁ ζόφος τοῦ σκότους εἰς
18 αἰῶνα¹⁴ τετήρηται. ὑπέρογκα γὰρ ματαιότητος
φθεγγόμενοι, δελεάζουσιν ἐν ἐπιθυμίαις σαρκός,
ἐν¹⁵ ἀσελγείαις, τοὺς ὄντως ἀποφυγόντας¹⁶ τοὺς ἐν
19 πλάνῃ ἀναστρεφομένους, ἐλευθερίαν αὐτοῖς ἐπαγ-
γελλόμενοι, αὐτοὶ δοῦλοι ὑπάρχοντες τῆς φθορᾶς·

πειρασμοῦ   ⁵ γεγεννημένα φυσικὰ   ⁶ καὶ φθαρήσονται
⁷ ἀδικούμενοι   ⁸ ἀγάπαις text, not marg.   ⁹ πλεονεξίας
¹⁰ καταλείποντες   ¹¹ om. τὴν   ¹² Βεώρ text, not marg.
¹³ καὶ ὁμίχλαι   ¹⁴ om. εἰς αἰῶνα   ¹⁵ om. ἐν   ¹⁶ ὀλίγως
ἀποφεύγοντας

ᾧ γάρ τις ἥττηται, τούτῳ καὶ δεδούλωται. εἰ γὰρ 20
ἀποφυγόντες τὰ μιάσματα τοῦ κόσμου ἐν ἐπιγνώ-
σει τοῦ Κυρίου[17] καὶ σωτῆρος Ἰησοῦ Χριστοῦ,
τούτοις δὲ πάλιν ἐμπλακέντες ἡττῶνται, γέγονεν
αὐτοῖς τὰ ἔσχατα χείρονα τῶν πρώτων. κρεῖττον 21
γὰρ ἦν αὐτοῖς μὴ ἐπεγνωκέναι τὴν ὁδὸν τῆς δικαιο-
σύνης, ἢ ἐπιγνοῦσιν ἐπιστρέψαι[18] ἐκ τῆς παραδοθεί-
σης αὐτοῖς ἁγίας ἐντολῆς. συμβέβηκε δὲ[19] αὐτοῖς 22
τὸ τῆς ἀληθοῦς παροιμίας, Κύων ἐπιστρέψας ἐπὶ
τὸ ἴδιον ἐξέραμα, καὶ ὗς λουσαμένη εἰς κύλισμα
βορβόρου.

Ταύτην ἤδη, ἀγαπητοί, δευτέραν ὑμῖν γράφω III.
ἐπιστολήν, ἐν αἷς διεγείρω ὑμῶν ἐν ὑπομνήσει τὴν
εἰλικρινῆ διάνοιαν, μνησθῆναι τῶν προειρημένων 2
ῥημάτων ὑπὸ τῶν ἁγίων προφητῶν, καὶ τῆς τῶν
ἀποστόλων ἡμῶν[1] ἐντολῆς τοῦ Κυρίου καὶ σωτῆρος·
τοῦτο πρῶτον γινώσκοντες, ὅτι ἐλεύσονται ἐπ' 3
ἐσχάτου[2] τῶν ἡμερῶν[3] ἐμπαῖκται, κατὰ τὰς ἰδίας
αὐτῶν ἐπιθυμίας[4] πορευόμενοι, καὶ λέγοντες, Ποῦ 4
ἐστὶν ἡ ἐπαγγελία τῆς παρουσίας αὐτοῦ; ἀφ' ἧς
γὰρ οἱ πατέρες ἐκοιμήθησαν, πάντα οὕτω διαμένει
ἀπ' ἀρχῆς κτίσεως. λανθάνει γὰρ αὐτοὺς τοῦτο 5
θέλοντας, ὅτι οὐρανοὶ ἦσαν ἔκπαλαι, καὶ γῆ ἐξ
ὕδατος καὶ δι' ὕδατος συνεστῶσα, τῷ τοῦ Θεοῦ
λόγῳ, δι' ὧν ὁ τότε κόσμος ὕδατι κατακλυσθεὶς 6
ἀπώλετο· οἱ δὲ νῦν οὐρανοὶ καὶ ἡ γῆ τῷ αὐτῷ 7
λόγῳ τεθησαυρισμένοι εἰσί, πυρὶ[5] τηρούμενοι εἰς
ἡμέραν κρίσεως καὶ ἀπωλείας τῶν ἀσεβῶν ἀν-
θρώπων.

Ἐν δὲ τοῦτο μὴ λανθανέτω ὑμᾶς, ἀγαπητοί, ὅτι 8

[17] Marg. adds ἡμῶν   [18] ὑποστρέψαι   [19] (ν) om. δὲ
[1] ὑμῶν   [2] ἐσχάτων   [3] add ἐν ἐμπαιγμονῇ   [4] ἐπιθυμίας
αὐτῶν   [5] (εἰσὶ πυρί,)

μία ἡμέρα παρὰ Κυρίῳ ὡς χίλια ἔτη, καὶ χίλια
9 ἔτη ὡς ἡμέρα μία.   οὐ βραδύνει ὁ Κύριος τῆς
ἐπαγγελίας, ὥς τινες βραδυτῆτα ἡγοῦνται· ἀλλὰ
μακροθυμεῖ εἰς ἡμᾶς⁶, μὴ βουλόμενός τινας ἀπο-
λέσθαι, ἀλλὰ πάντας εἰς μετάνοιαν χωρῆσαι.
10 ἥξει δε ἡ⁷ ἡμέρα Κυρίου ὡς κλέπτης ἐν νυκτί⁸, ἐν
ᾗ οἱ οὐρανοὶ ῥοιζηδὸν παρελεύσονται, στοιχεῖα δὲ
καυσούμενα λυθήσονται⁹, καὶ γῆ καὶ τὰ ἐν αὐτῇ ἔργα
11 κατακαήσεται¹⁰.   τούτων οὖν¹¹ πάντων λυομένων, πο-
ταποὺς δεῖ ὑπάρχειν ὑμᾶς ἐν ἁγίαις ἀναστροφαῖς
12 καὶ εὐσεβείαις, προσδοκῶντας καὶ σπεύδοντας τὴν
παρουσίαν τῆς τοῦ Θεοῦ ἡμέρας, δι' ἢν οὐρανοὶ
πυρούμενοι λυθήσονται, καὶ στοιχεῖα καυσούμενα
13 τήκεται;   καινοὺς δὲ οὐρανοὺς καὶ γῆν καινὴν
κατὰ τὸ ἐπάγγελμα αὐτοῦ προσδοκῶμεν, ἐν οἷς
δικαιοσύνη κατοικεῖ.
14   Διό, ἀγαπητοί, ταῦτα προσδοκῶντες, σπουδά-
σατε ἄσπιλοι καὶ ἀμώμητοι αὐτῷ εὑρεθῆναι ἐν
15 εἰρήνῃ.   καὶ τὴν τοῦ Κυρίου ἡμῶν μακροθυμίαν
σωτηρίαν ἡγεῖσθε, καθὼς καὶ ὁ ἀγαπητὸς ἡμῶν
ἀδελφὸς Παῦλος κατὰ τὴν αὐτῷ δοθεῖσαν σοφίαν
16 ἔγραψεν ὑμῖν· ὡς καὶ ἐν πάσαις ταῖς¹² ἐπιστολαῖς,
λαλῶν ἐν αὐταῖς περὶ τούτων· ἐν οἷς¹³ ἔστι δυσνόη-
τά τινα, ἃ οἱ ἀμαθεῖς καὶ ἀστήρικτοι στρεβλοῦσιν,
ὡς καὶ τὰς λοιπὰς γραφάς, πρὸς τὴν ἰδίαν αὐτῶν
17 ἀπώλειαν.   ὑμεῖς οὖν, ἀγαπητοί, προγινώσκοντες
φυλάσσεσθε, ἵνα μή, τῇ τῶν ἀθέσμων πλάνῃ συναπ-
18 αχθέντες, ἐκπέσητε τοῦ ἰδίου στηριγμοῦ.   αὐξά-
νετε δὲ ἐν χάριτι καὶ γνώσει τοῦ Κυρίου ἡμῶν καὶ
σωτῆρος Ἰησοῦ Χριστοῦ.   αὐτῷ ἡ δόξα καὶ νῦν
καὶ εἰς ἡμέραν αἰῶνος.   ἀμήν.

---

⁶ ὑμᾶς   ⁷ om. ἡ   ⁸ om. ἐν νυκτί   ⁹ λυθήσεται
¹⁰ Marg. εὑρεθήσεται   ¹¹ οὕτως   ¹² om. ταῖς   ¹³ αἷς

ΙΩΑΝΝΟΥ*

ΕΠΙΣΤΟΛΗ ΚΑΘΟΛΙΚΗ ΠΡΩΤΗ.

Ὃ ἦν ἀπ᾽ ἀρχῆς, ὃ ἀκηκόαμεν, ὃ ἑωράκαμεν I. τοῖς ὀφθαλμοῖς ἡμῶν, ὃ ἐθεασάμεθα, καὶ αἱ χεῖρες ἡμῶν ἐψηλάφησαν περὶ τοῦ λόγου τῆς ζωῆς (καὶ 2 ἡ ζωὴ ἐφανερώθη, καὶ ἑωράκαμεν, καὶ μαρτυροῦ-μεν, καὶ ἀπαγγέλλομεν ὑμῖν τὴν ζωὴν τὴν αἰώνιον, ἥτις ἦν πρὸς τὸν πατέρα, καὶ ἐφανερώθη ἡμῖν)· ὃ ἑωράκαμεν καὶ ἀκηκόαμεν, ἀπαγγέλλομεν¹ ὑμῖν, 3 ἵνα καὶ ὑμεῖς κοινωνίαν ἔχητε μεθ᾽ ἡμῶν· καὶ ἡ κοινωνία δὲ ἡ ἡμετέρα μετὰ τοῦ πατρὸς καὶ μετὰ τοῦ υἱοῦ αὐτοῦ Ἰησοῦ Χριστοῦ· καὶ ταῦτα γράφο- 4 μεν ὑμῖν², ἵνα ἡ χαρὰ ὑμῶν³ ᾖ πεπληρωμένη.

Καὶ αὕτη ἐστὶν ἡ ἀγγελία* ἣν ἀκηκόαμεν ἀπ᾽ 5 αὐτοῦ καὶ ἀναγγέλλομεν ὑμῖν, ὅτι ὁ Θεὸς φῶς ἐστί καὶ σκοτία ἐν αὐτῷ οὐκ ἔστιν οὐδεμία. ἐὰν 6 εἴπωμεν ὅτι κοινωνίαν ἔχομεν μετ᾽ αὐτοῦ, καὶ ἐν τῷ σκότει περιπατῶμεν, ψευδόμεθα, καὶ οὐ ποι-οῦμεν τὴν ἀλήθειαν· ἐὰν δὲ ἐν τῷ φωτὶ περιπα- 7 τῶμεν, ὡς αὐτός ἐστιν ἐν τῷ φωτί, κοινωνίαν ἔχομεν μετ᾽ ἀλλήλων, καὶ τὸ αἷμα Ἰησοῦ Χριστοῦ⁴ τοῦ υἱοῦ αὐτοῦ καθαρίζει ἡμᾶς ἀπὸ πάσης ἁμαρ-τίας. ἐὰν εἴπωμεν ὅτι ἁμαρτίαν οὐκ ἔχομεν, ἑαυ- 8 τοὺς πλανῶμεν, καὶ ἡ ἀλήθεια οὐκ ἔστιν ἐν ἡμῖν. ἐὰν ὁμολογῶμεν τὰς ἁμαρτίας ἡμῶν, πιστός ἐστι 9

---

¹ add καὶ   ² ἡμεῖς   ³ ἡμῶν text, not marg.
⁴ om. Χριστοῦ

καὶ δίκαιος ἵνα ἀφῇ ἡμῖν τὰς ἁμαρτίας, καὶ καθα-
10 ρίσῃ ἡμᾶς ἀπὸ πάσης ἀδικίας. ἐὰν εἴπωμεν ὅτι
οὐχ ἡμαρτήκαμεν, ψεύστην ποιοῦμεν αὐτόν, καὶ ὁ
λόγος αὐτοῦ οὐκ ἔστιν ἐν ἡμῖν.
II. Τεκνία μου, ταῦτα γράφω ὑμῖν, ἵνα μὴ ἁμάρ-
τητε. καὶ ἐάν τις ἁμάρτῃ, παράκλητον ἔχομεν
2 πρὸς τὸν πατέρα, Ἰησοῦν Χριστὸν δίκαιον· καὶ
αὐτὸς ἱλασμός ἐστι περὶ τῶν ἁμαρτιῶν ἡμῶν· οὐ
περὶ τῶν ἡμετέρων δὲ μόνον, ἀλλὰ καὶ περὶ ὅλου
3 τοῦ κόσμου. καὶ ἐν τούτῳ γινώσκομεν ὅτι ἐγνώ-
4 καμεν αὐτόν, ἐὰν τὰς ἐντολὰς αὐτοῦ τηρῶμεν. ὁ
λέγων[1], Ἔγνωκα αὐτόν, καὶ τὰς ἐντολὰς αὐτοῦ μὴ
τηρῶν, ψεύστης ἐστί, καὶ ἐν τούτῳ ἡ ἀλήθεια οὐκ
5 ἔστιν· ὃς δ' ἂν τηρῇ αὐτοῦ τὸν λόγον, ἀληθῶς ἐν
τούτῳ ἡ ἀγάπη τοῦ Θεοῦ τετελείωται. ἐν τούτῳ
6 γινώσκομεν ὅτι ἐν αὐτῷ ἐσμέν· ὁ λέγων ἐν αὐτῷ
μένειν ὀφείλει, καθὼς ἐκεῖνος περιεπάτησε, καὶ
αὐτὸς οὕτω[2] περιπατεῖν.
7 Ἀδελφοί[3], οὐκ ἐντολὴν καινὴν γράφω ὑμῖν, ἀλλ'
ἐντολὴν παλαιάν, ἣν εἴχετε ἀπ' ἀρχῆς· ἡ ἐντολὴ
ἡ παλαιά ἐστιν ὁ λόγος ὃν ἠκούσατε ἀπ' ἀρχῆς[4].
8 πάλιν ἐντολὴν καινὴν γράφω ὑμῖν, ὅ ἐστιν ἀληθὲς
ἐν αὐτῷ καὶ ἐν ὑμῖν· ὅτι ἡ σκοτία παράγεται, καὶ
9 τὸ φῶς τὸ ἀληθινὸν ἤδη φαίνει. ὁ λέγων ἐν τῷ
φωτὶ εἶναι καὶ τὸν ἀδελφὸν αὐτοῦ μισῶν, ἐν τῇ
10 σκοτίᾳ ἐστὶν ἕως ἄρτι. ὁ ἀγαπῶν τὸν ἀδελφὸν
αὐτοῦ ἐν τῷ φωτὶ μένει, καὶ σκάνδαλον ἐν αὐτῷ
11 οὐκ ἔστιν. ὁ δὲ μισῶν τὸν ἀδελφὸν αὐτοῦ ἐν τῇ
σκοτίᾳ ἐστί, καὶ ἐν τῇ σκοτίᾳ περιπατεῖ, καὶ οὐκ
οἶδε ποῦ ὑπάγει, ὅτι ἡ σκοτία ἐτύφλωσε τοὺς
ὀφθαλμοὺς αὐτοῦ.

[1] add ὅτι (om. ,)   [2] om. οὕτω   [3] Ἀγαπητοί
[4] om. ἀπ' ἀρχῆς

Γράφω ὑμῖν, τεκνία, ὅτι ἀφέωνται ὑμῖν αἱ ἁμαρ- 12
τίαι διὰ τὸ ὄνομα αὐτοῦ. γράφω ὑμῖν, πατέρες, ὅτι 13
ἐγνώκατε τὸν ἀπ᾽ ἀρχῆς. γράφω ὑμῖν, νεανίσκοι,
ὅτι νενικήκατε τὸν πονηρόν. γράφω⁵ ὑμῖν, παιδία,
ὅτι ἐγνώκατε τὸν πατέρα. ἔγραψα ὑμῖν, πατέρες, 14
ὅτι ἐγνώκατε τὸν ἀπ᾽ ἀρχῆς. ἔγραψα ὑμῖν, νεανί-
σκοι, ὅτι ἰσχυροί ἐστε, καὶ ὁ λόγος τοῦ Θεοῦ ἐν
ὑμῖν μένει, καὶ νενικήκατε τὸν πονηρόν. μὴ ἀγα- 15
πᾶτε τὸν κόσμον, μηδὲ τὰ ἐν τῷ κόσμῳ. ἐάν τις
ἀγαπᾷ τὸν κόσμον, οὐκ ἔστιν ἡ ἀγάπη τοῦ πατρὸς
ἐν αὐτῷ. ὅτι πᾶν τὸ ἐν τῷ κόσμῳ, ἡ ἐπιθυμία 16
τῆς σαρκός, καὶ ἡ ἐπιθυμία τῶν ὀφθαλμῶν, καὶ ἡ
ἀλαζονεία τοῦ βίου, οὐκ ἔστιν ἐκ τοῦ πατρός, ἀλλ᾽
ἐκ τοῦ κοσμου ἐστί. καὶ ὁ κόσμος παράγεται, καὶ 17
ἡ ἐπιθυμία αὐτοῦ· ὁ δὲ ποιῶν τὸ θέλημα τοῦ Θεοῦ
μένει εἰς τὸν αἰῶνα.

Παιδία, ἐσχάτη ὥρα ἐστί· καὶ καθὼς ἠκούσατε 18
ὅτι ὁ⁶ ἀντίχριστος ἔρχεται, καὶ νῦν ἀντίχριστοι
πολλοὶ γεγόνασιν· ὅθεν γινώσκομεν ὅτι ἐσχάτη
ὥρα ἐστίν. ἐξ ἡμῶν ἐξῆλθον, ἀλλ᾽ οὐκ ἦσαν ἐξ 19
ἡμῶν· εἰ γὰρ ἦσαν ἐξ ἡμῶν, μεμενήκεισαν ἂν μεθ᾽
ἡμῶν· ἀλλ᾽ ἵνα φανερωθῶσιν ὅτι οὐκ εἰσὶ πάντες
ἐξ ἡμῶν. καὶ ὑμεῖς χρισμα ἔχετε ἀπὸ τοῦ ἁγίου, 20
καὶ οἴδατε πάντα⁷. οὐκ ἔγραψα ὑμῖν, ὅτι οὐκ οἴδατε 21
τὴν ἀλήθειαν, ἀλλ᾽ ὅτι οἴδατε αὐτήν, καὶ ὅτι πᾶν
ψεῦδος ἐκ τῆς ἀληθείας οὐκ ἔστι. τίς ἐστίν ὁ 22
ψεύστης, εἰ μὴ ὁ ἀρνούμενος ὅτι Ἰησοῦς οὐκ ἔστιν
ὁ Χριστός; οὗτός ἐστιν ὁ ἀντίχριστος, ὁ ἀρνού-
μενος τὸν πατέρα καὶ τὸν υἱόν. πᾶς ὁ ἀρνούμενος· 23
τὸν υἱὸν οὐδὲ τὸν πατέρα ἔχει· ὁ ὁμολογῶν τὸν
υἱὸν καὶ τὸν πατέρα ἔχει *. ὑμεῖς οὖν⁸ ὃ ἠκούσατε 24

⁵ ἔγραψα   ⁶ om. ὁ   ⁷ Marg: πάντες   ⁸ om. οὖν

ἀπ' ἀρχῆς, ἐν ὑμῖν μενέτω. ἐὰν ἐν ὑμῖν μείνῃ ὃ
ἀπ' ἀρχῆς ἠκούσατε, καὶ ὑμεῖς ἐν τῷ υἱῷ καὶ ἐν
25 τῷ πατρὶ μενεῖτε. καὶ αὕτη ἐστὶν ἡ ἐπαγγελία
ἣν αὐτὸς ἐπηγγείλατο ἡμῖν⁹, τὴν ζωὴν τὴν αἰώ-
26 νιον. ταῦτα ἔγραψα ὑμῖν περὶ τῶν πλανώντων
27 ὑμᾶς. καὶ ὑμεῖς, τὸ χρίσμα ὃ ἐλάβετε ἀπ' αὐτοῦ
ἐν ὑμῖν μένει¹⁰, καὶ οὐ χρείαν ἔχετε ἵνα τις διδάσκῃ
ὑμᾶς· ἀλλ' ὡς τὸ αὐτὸ¹¹ χρίσμα διδάσκει ὑμᾶς
περὶ πάντων, καὶ ἀληθές ἐστι, καὶ οὐκ ἔστι ψεῦ-
28 δος,¹² καὶ καθὼς ἐδίδαξεν ὑμᾶς, μενεῖτε¹³ ἐν αὐτῷ. καὶ
νῦν, τεκνία, μένετε ἐν αὐτῷ· ἵνα ὅταν¹⁴ φανερωθῇ,
ἔχωμεν¹⁵ παρρησίαν, καὶ μὴ αἰσχυνθῶμεν ἀπ' αὐτοῦ
29 ἐν τῇ παρουσίᾳ αὐτοῦ. ἐὰν εἰδῆτε ὅτι δίκαιός ἐστι,
γινώσκετε ὅτι¹⁶ πᾶς ὁ ποιῶν τὴν δικαιοσύνην ἐξ
αὐτοῦ γεγέννηται.

III.   Ἴδετε ποταπὴν ἀγάπην δέδωκεν ἡμῖν ὁ πατήρ,
ἵνα τέκνα Θεοῦ κληθῶμεν¹. διὰ τοῦτο ὁ κόσμος οὐ
2 γινώσκει ἡμᾶς, ὅτι οὐκ ἔγνω αὐτόν. ἀγαπητοί,
νῦν τέκνα Θεοῦ ἐσμέν, καὶ οὔπω ἐφανερώθη τί
ἐσόμεθα· οἴδαμεν δὲ² ὅτι ἐὰν φανερωθῇ, ὅμοιοι
αὐτῷ ἐσόμεθα, ὅτι ὀψόμεθα αὐτὸν καθώς ἐστι.
3 καὶ πᾶς ὁ ἔχων τὴν ἐλπίδα ταύτην ἐπ' αὐτῷ
4 ἁγνίζει ἑαυτόν, καθὼς ἐκεῖνος ἁγνός ἐστι. πᾶς ὁ
ποιῶν τὴν ἁμαρτίαν, καὶ τὴν ἀνομίαν ποιεῖ· καὶ ἡ
5 ἁμαρτία ἐστὶν ἡ ἀνομία. καὶ οἴδατε ὅτι ἐκεῖνος
ἐφανερώθη, ἵνα τὰς ἁμαρτίας ἡμῶν³ ἄρῃ καὶ ἁμαρ-
6 τία ἐν αὐτῷ οὐκ ἔστι. πᾶς ὁ ἐν αὐτῷ μένων οὐχ
ἁμαρτάνει· πᾶς ὁ ἁμαρτάνων οὐχ ἑώρακεν αὐτόν,
7 οὐδὲ ἔγνωκεν αὐτόν. τεκνία, μηδεὶς πλανάτω

---

⁹ *Marg.* ὑμῖν   ¹⁰ μένει ἐν ὑμῖν   ¹¹ αὐτοῦ
¹² (*Marg.* ψεῦδος·)   ¹³ μένετε   ¹⁴ ἐὰν   ¹⁵ σχῶμεν
¹⁶ *add* καὶ   ¹ *add ·* καὶ ἐσμέν   ² (ἐσόμεθα. οἴδαμεν) *om.*
δὲ   ³ *om.* ἡμῶν

ὑμᾶς· ὁ ποιῶν τὴν δικαιοσύνην δίκαιός ἐστι, 8
καθὼς ἐκεῖνος δίκαιός ἐστιν· ὁ ποιῶν τὴν ἁμαρ-
τίαν ἐκ τοῦ διαβόλου ἐστίν, ὅτι ἀπ' ἀρχῆς ὁ διά-
βολος ἁμαρτάνει. εἰς τοῦτο ἐφανερώθη ὁ υἱὸς
τοῦ Θεοῦ, ἵνα λύσῃ τὰ ἔργα τοῦ διαβόλου. πᾶς 9
ὁ γεγεννημένος ἐκ τοῦ Θεοῦ ἁμαρτίαν οὐ ποιεῖ,
ὅτι σπέρμα αὐτοῦ ἐν αὐτῷ μένει· καὶ οὐ δύναται
ἁμαρτάνειν, ὅτι ἐκ τοῦ Θεοῦ γεγέννηται. ἐν τούτῳ 10
φανερά ἐστι τὰ τέκνα τοῦ Θεοῦ καὶ τὰ τέκνα τοῦ
διαβόλου· πᾶς ὁ μὴ ποιῶν δικαιοσύνην οὐκ ἔστιν
ἐκ τοῦ Θεοῦ, καὶ ὁ μὴ ἀγαπῶν τὸν ἀδελφὸν αὐ-
τοῦ. ὅτι αὕτη ἐστὶν ἡ ἀγγελία ἣν ἠκούσατε ἀπ' 11
ἀρχῆς, ἵνα ἀγαπῶμεν ἀλλήλους· οὐ καθὼς Κάϊν 12
ἐκ τοῦ πονηροῦ ἦν, καὶ ἔσφαξε τὸν ἀδελφὸν αὐ-
τοῦ. καὶ χάριν τίνος ἔσφαξεν αὐτόν; ὅτι τὰ
ἔργα αὐτοῦ πονηρὰ ἦν, τὰ δὲ τοῦ ἀδελφοῦ αὐτοῦ
δίκαια.
Μὴ θαυμάζετε, ἀδελφοί μου⁴, εἰ μισεῖ ὑμᾶς ὁ 13
κόσμος. ἡμεῖς οἴδαμεν ὅτι μεταβεβήκαμεν ἐκ τοῦ 14
θανάτου εἰς τὴν ζωήν, ὅτι ἀγαπῶμεν τοὺς ἀδελφούς.
ὁ μὴ ἀγαπῶν τὸν ἀδελφόν,⁵ μένει ἐν τῷ θανάτῳ. πᾶς 15
ὁ μισῶν τὸν ἀδελφὸν αὐτοῦ ἀνθρωποκτόνος ἐστί·
καὶ οἴδατε ὅτι πᾶς ἀνθρωποκτόνος οὐκ ἔχει ζωὴν
αἰώνιον ἐν αὐτῷ μένουσαν. ἐν τούτῳ ἐγνώκαμεν 16
τὴν ἀγάπην τοῦ Θεοῦ⁶, ὅτι ἐκεῖνος ὑπὲρ ἡμῶν τὴν
ψυχὴν αὐτοῦ ἔθηκε· καὶ ἡμεῖς ὀφείλομεν ὑπὲρ τῶν
ἀδελφῶν τὰς ψυχὰς τιθέναι⁷. ὃς δ' ἂν ἔχῃ τὸν βίον 17
τοῦ κόσμου, καὶ θεωρῇ τὸν ἀδελφὸν αὐτοῦ χρείαν
ἔχοντα, καὶ κλείσῃ τὰ σπλάγχνα αὐτοῦ ἀπ' αὐτοῦ,
πῶς ἡ ἀγάπη τοῦ Θεοῦ μένει ἐν αὐτῷ ; τεκνία μου⁸, 18
μὴ ἀγαπῶμεν λόγῳ μηδὲ⁹ γλώσσῃ, ἀλλ' ¹⁰ἔργῳ καὶ

---

⁴ om. μου   ⁵ om. τὸν ἀδελφόν,   ⁶ om. τοῦ Θεοῦ
⁷ θεῖναι   ⁸ om. μου   ⁹ add τῇ   ¹⁰ add ἐν

19 ἀληθεία. **καὶ**[11] ἐν τούτῳ **γινώσκομεν**[12] ὅτι ἐκ τῆς ἀλη-
θείας ἐσμέν, καὶ ἔμπροσθεν αὐτοῦ πείσομεν τὰς
20 **καρδίας**[13] ἡμῶν, **ὅτι**[14] ἐὰν καταγινώσκῃ ἡμῶν ἡ καρ-
δία, ὅτι μείζων ἐστὶν ὁ Θεὸς τῆς καρδίας ἡμῶν, καὶ
21 γινώσκει πάντα. ἀγαπητοί, ἐὰν ἡ καρδία **ἡμῶν**[15] μὴ
καταγινώσκῃ ἡμῶν, παρρησίαν ἔχομεν πρὸς τὸν
22 Θεόν, καὶ ὃ ἐὰν αἰτῶμεν, λαμβάνομεν **παρ**[16] αὐτοῦ,
ὅτι τὰς ἐντολὰς αὐτοῦ τηροῦμεν, καὶ τὰ ἀρεστὰ
23 ἐνώπιον αὐτοῦ ποιοῦμεν. καὶ αὕτη ἐστὶν ἡ ἐντολὴ
αὐτοῦ, ἵνα πιστεύσωμεν τῷ ὀνόματι τοῦ υἱοῦ αὐτοῦ
Ἰησοῦ Χριστοῦ, καὶ ἀγαπῶμεν ἀλλήλους, καθὼς
24 ἔδωκεν ἐντολὴν ἡμῖν. καὶ ὁ τηρῶν τὰς ἐντολὰς
αὐτοῦ ἐν αὐτῷ μένει, καὶ αὐτὸς ἐν αὐτῷ. καὶ ἐν
τούτῳ γινώσκομεν ὅτι μένει ἐν ἡμῖν, ἐκ τοῦ Πνεύ-
ματος οὗ ἡμῖν ἔδωκεν.

IV. Ἀγαπητοί, μὴ παντὶ πνεύματι πιστεύετε,
ἀλλὰ δοκιμάζετε τὰ πνεύματα, εἰ ἐκ τοῦ Θεοῦ
ἐστίν· ὅτι πολλοὶ ψευδοπροφῆται ἐξεληλύθασιν
2 εἰς τὸν κόσμον. ἐν τούτῳ γινώσκετε τὸ Πνεῦμα
τοῦ Θεοῦ· πᾶν πνεῦμα ὃ ὁμολογεῖ Ἰησοῦν Χρι-
3 στὸν ἐν σαρκὶ ἐληλυθότα ἐκ τοῦ Θεοῦ ἐστί· καὶ
πᾶν πνεῦμα ὃ μὴ **ὁμολογεῖ**[1] τὸν Ἰησοῦν Χριστὸν ἐν
σαρκὶ ἐληλυθότα,[2] ἐκ τοῦ Θεοῦ οὐκ ἔστι· καὶ τοῦτό
ἐστι τὸ τοῦ ἀντιχρίστου, ὃ ἀκηκόατε ὅτι ἔρχεται,
4 καὶ νῦν ἐν τῷ κόσμῳ ἐστὶν ἤδη. ὑμεῖς ἐκ τοῦ
Θεοῦ ἐστέ, τεκνία, καὶ νενικήκατε αὐτούς· ὅτι
5 μείζων ἐστὶν ὁ ἐν ὑμῖν ἢ ὁ ἐν τῷ κόσμῳ. αὐτοὶ
ἐκ τοῦ κόσμου εἰσί· διὰ τοῦτο ἐκ τοῦ κοσμου
6 λαλοῦσι, καὶ ὁ κόσμος αὐτῶν ἀκούει. ἡμεῖς ἐκ τοῦ
Θεοῦ ἐσμέν· ὁ γινώσκων τὸν Θεόν, ἀκούει ἡμῶν· ὃς

---

[11] om. καὶ   [12] γνωσόμεθα   [13] τὴν καρδίαν   [14] ὅ τι
[15] om. ἡμῶν   [16] ἀπ'   [1] Marg. λύει   [2] om. Χριστὸν
ἐν σαρκὶ ἐληλυθότα,

οὐκ ἔστιν ἐκ τοῦ Θεοῦ, οὐκ ἀκούει ἡμῶν. ἐκ τούτου
γινώσκομεν τὸ πνεῦμα τῆς ἀληθείας καὶ τὸ πνεῦμα
τῆς πλάνης.

Ἀγαπητοί, ἀγαπῶμεν ἀλλήλους· ὅτι ἡ ἀγάπη 7
ἐκ τοῦ Θεοῦ ἐστί, καὶ πᾶς ὁ ἀγαπῶν ἐκ τοῦ Θεοῦ
γεγέννηται, καὶ γινωσκει τὸν Θεόν. ὁ μὴ ἀγαπῶν 8·
οὐκ ἔγνω τὸν Θεόν· ὅτι ὁ Θεὸς ἀγάπη ἐστίν. ἐν 9
τούτῳ ἐφανερώθη ἡ ἀγάπη τοῦ Θεοῦ ἐν ἡμῖν, ὅτι
τὸν υἱὸν αὐτοῦ τὸν μονογενῆ ἀπέσταλκεν ὁ Θεὸς
εἰς τὸν κόσμον, ἵνα ζήσωμεν δι᾿ αὐτοῦ. ἐν τούτῳ 10
ἐστὶν ἡ ἀγάπη, οὐχ ὅτι ἡμεῖς ἠγαπήσαμεν τὸν
Θεόν, ἀλλ᾿ ὅτι αὐτὸς ἠγάπησεν ἡμᾶς, καὶ ἀπέ-
στειλε τὸν υἱὸν αὐτοῦ ἱλασμὸν περὶ τῶν ἁμαρτιῶν
ἡμῶν. ἀγαπητοί, εἰ οὕτως ὁ Θεὸς ἠγάπησεν ἡμᾶς, 11
καὶ ἡμεῖς ὀφείλομεν ἀλλήλους ἀγαπᾶν. Θεὸν οὐ- 12
δεὶς πώποτε τεθέαται· ἐὰν ἀγαπῶμεν ἀλλήλους,
ὁ Θεὸς ἐν ἡμῖν μένει, καὶ ἡ ἀγάπη αὐτοῦ τετε-
λειωμένη ἐστὶν ἐν ἡμῖν. ἐν τούτῳ γινώσκομεν ὅτι 13
ἐν αὐτῷ μένομεν καὶ αὐτὸς ἐν ἡμῖν, ὅτι ἐκ τοῦ
Πνεύματος αὐτοῦ δέδωκεν ἡμῖν. καὶ ἡμεῖς τεθεά- 14
μεθα καὶ μαρτυροῦμεν ὅτι ὁ πατὴρ ἀπέσταλκε
τὸν υἱὸν σωτῆρα τοῦ κόσμου. ὃς ἂν ὁμολογήσῃ 15
ὅτι Ἰησοῦς ἐστιν ὁ υἱὸς τοῦ Θεοῦ, ὁ Θεὸς ἐν αὐτῷ
μένει, καὶ αὐτὸς ἐν τῷ Θεῷ. καὶ ἡμεῖς ἐγνώκαμεν 16
καὶ πεπιστεύκαμεν τὴν ἀγάπην ἣν ἔχει ὁ Θεὸς
ἐν ἡμῖν. ὁ Θεὸς ἀγάπη ἐστί, καὶ ὁ μένων ἐν τῇ
ἀγάπῃ, ἐν τῷ Θεῷ μένει, καὶ ὁ Θεὸς ἐν αὐτῷ³. ἐν 17
τούτῳ τετελείωται ἡ ἀγάπη μεθ᾿ ἡμῶν, ἵνα παρ-
ρησίαν ἔχωμεν ἐν τῇ ἡμέρᾳ τῆς κρίσεως, ὅτι καθὼς
ἐκεῖνός ἐστι, καὶ ἡμεῖς ἐσμὲν ἐν τῷ κόσμῳ τούτῳ.
φόβος οὐκ ἔστιν ἐν τῇ ἀγάπῃ, ἀλλ᾿ ἡ τελεία 18

³ add μένει

ἀγάπη ἔξω βάλλει τὸν φόβον, ὅτι ὁ φόβος κό-
λασιν ἔχει· ὁ δὲ φοβούμενος οὐ τετελείωται ἐν τῇ
19 ἀγάπῃ. ἡμεῖς ἀγαπῶμεν αὐτόν⁴, ὅτι αὐτὸς πρῶτος
20 ἠγάπησεν ἡμᾶς. ἐάν τις εἴπῃ ὅτι Ἀγαπῶ τὸν
Θεόν, καὶ τὸν ἀδελφὸν αὐτοῦ μισῇ, ψεύστης ἐστίν·
ὁ γὰρ μὴ ἀγαπῶν τὸν ἀδελφὸν αὐτοῦ ὃν ἑώρακε,
21 τὸν Θεὸν ὃν οὐχ ἑώρακε πῶς⁵ δύναται ἀγαπᾶν; καὶ
ταύτην τὴν ἐντολὴν ἔχομεν ἀπ᾽ αὐτοῦ, ἵνα ὁ ἀγαπῶν
τὸν Θεόν, ἀγαπᾷ καὶ τὸν ἀδελφὸν αὐτοῦ.
V.   Πᾶς ὁ πιστεύων ὅτι Ἰησοῦς ἐστὶν ὁ Χριστός,
ἐκ τοῦ Θεοῦ γεγέννηται· καὶ πᾶς ὁ ἀγαπῶν τὸν
γεννήσαντα ἀγαπᾷ καὶ τὸν γεγεννημένον ἐξ αὐτοῦ.
2 ἐν τούτῳ γινώσκομεν ὅτι ἀγαπῶμεν τὰ τέκνα τοῦ
Θεοῦ, ὅταν τὸν Θεὸν ἀγαπῶμεν, καὶ τὰς ἐντολὰς
3 αὐτοῦ τηρῶμεν¹. αὕτη γάρ ἐστιν ἡ ἀγάπη τοῦ Θεοῦ,
ἵνα τὰς ἐντολὰς αὐτοῦ τηρῶμεν· καὶ αἱ ἐντολαὶ
4 αὐτοῦ βαρεῖαι οὐκ εἰσίν. ὅτι πᾶν τὸ γεγεννημένον
ἐκ τοῦ Θεοῦ νικᾷ τὸν κόσμον· καὶ αὕτη ἐστὶν ἡ
5 νίκη ἡ νικήσασα τὸν κόσμον, ἡ πίστις ἡμῶν. τίς²
ἐστιν ὁ νικῶν τὸν κόσμον, εἰ μὴ ὁ πιστεύων ὅτι
6 Ἰησοῦς ἐστὶν ὁ υἱὸς τοῦ Θεοῦ; οὗτός ἐστιν ὁ
ἐλθὼν δι᾽ ὕδατος καὶ αἵματος, Ἰησοῦς ὁ³ Χριστός·
οὐκ ἐν τῷ ὕδατι μόνον, ἀλλ᾽ ἐν τῷ ὕδατι καὶ⁴ τῷ
αἵματι. καὶ τὸ Πνεῦμά ἐστι τὸ μαρτυροῦν, ὅτι
7 τὸ Πνεῦμά ἐστιν ἡ ἀλήθεια. ὅτι τρεῖς εἰσιν οἱ
μαρτυροῦντες ⁵ἐν τῷ οὐρανῷ, ὁ πατήρ, ὁ λόγος, καὶ τὸ
8 Ἅγιον Πνεῦμα καὶ οὗτοι οἱ τρεῖς ἕν εἰσι. καὶ τρεῖς εἰσὶν
οἱ μαρτυροῦντες ἐν τῇ γῇ, τὸ Πνεῦμα, καὶ τὸ ὕδωρ, καὶ
9 τὸ αἷμα· καὶ οἱ τρεῖς εἰς τὸ ἕν εἰσιν. εἰ τὴν μαρ-
τυρίαν τῶν ἀνθρώπων λαμβάνομεν, ἡ μαρτυρία

---

⁴ om. αὐτόν   ⁵ οὐ (δύναται ἀγαπᾶν.) text, not marg.
¹ ποιῶμεν   ² add δέ   ³ om. ὁ   ⁴ add ἐν   ⁵ om.
ἐν τῷ οὐρανῷ to ἐν τῇ γῇ ver. 8

τοῦ Θεοῦ μείζων ἐστίν· ὅτι αὕτη ἐστὶν ἡ μαρτυρία
τοῦ Θεοῦ, ἣν⁶ μεμαρτύρηκε περὶ τοῦ υἱοῦ αὐτοῦ.
ὁ πιστεύων εἰς τὸν υἱὸν τοῦ Θεοῦ ἔχει τὴν μαρτυ- 10
ρίαν ἐν ἑαυτῷ⁷· ὁ μὴ πιστεύων τῷ Θεῷ ψεύστην
πεποίηκεν αὐτόν, ὅτι οὐ πεπίστευκεν εἰς τὴν μαρ-
τυρίαν, ἣν μεμαρτύρηκεν ὁ Θεὸς περὶ τοῦ υἱοῦ
αὐτοῦ. καὶ αὕτη ἐστὶν ἡ μαρτυρία, ὅτι ζωὴν αἰώ- 11
νιον ἔδωκεν ἡμῖν ὁ Θεός, καὶ αὕτη ἡ ζωὴ ἐν τῷ υἱῷ
αὐτοῦ ἐστίν. ὁ ἔχων τὸν υἱὸν ἔχει τὴν ζωήν· ὁ μὴ 12
ἔχων τὸν υἱὸν τοῦ Θεοῦ τὴν ζωὴν οὐκ ἔχει.

Ταῦτα ἔγραψα ὑμῖν τοῖς πιστεύουσιν εἰς τὸ ὄνομα 13
τοῦ υἱοῦ τοῦ Θεοῦ⁸, ἵνα εἰδῆτε ὅτι ζωὴν ἔχετε αἰώνιον,
καὶ ἵνα πιστεύητε⁹ εἰς τὸ ὄνομα τοῦ υἱοῦ τοῦ Θεοῦ.
καὶ αὕτη ἐστὶν ἡ παρρησία ἣν ἔχομεν πρὸς αὐτόν, 14
ὅτι ἐάν τι αἰτώμεθα κατὰ τὸ θέλημα αὐτοῦ, ἀκούει
ἡμῶν· καὶ ἐὰν οἴδαμεν ὅτι ἀκούει ἡμῶν, ὃ ἂν¹⁰ 15
αἰτώμεθα, οἴδαμεν ὅτι ἔχομεν τὰ αἰτήματα ἃ ᾐτή-
καμεν παρ᾽ αὐτοῦ. ἐάν τις ἴδῃ τὸν ἀδελφὸν αὐτοῦ 16
ἁμαρτάνοντα ἁμαρτίαν μὴ πρὸς θάνατον, αἰτήσει,
καὶ δώσει αὐτῷ ζωὴν¹¹ τοῖς ἁμαρτάνουσι μὴ πρὸς
θάνατον. ἔστιν ἁμαρτία πρὸς θάνατον· οὐ περὶ
ἐκείνης λέγω ἵνα ἐρωτήσῃ. πᾶσα ἀδικία ἁμαρτία 17
ἐστί· καὶ ἔστιν ἁμαρτία οὐ πρὸς θάνατον.

Οἴδαμεν ὅτι πᾶς ὁ γεγεννημένος ἐκ τοῦ Θεοῦ 18
οὐχ ἁμαρτάνει· ἀλλ᾽ ὁ γεννηθεὶς ἐκ τοῦ Θεοῦ
τηρεῖ ἑαυτόν¹², καὶ ὁ πονηρὸς οὐχ ἅπτεται αὐτοῦ.
οἴδαμεν ὅτι ἐκ τοῦ Θεοῦ ἐσμέν, καὶ ὁ κόσμος ὅλος 19
ἐν τῷ πονηρῷ κεῖται. οἴδαμεν δὲ ὅτι ὁ υἱὸς τοῦ 20
Θεοῦ ἥκει, καὶ δέδωκεν ἡμῖν διάνοιαν ἵνα γινώσκωμεν¹³

---

⁶ ὅτι   ⁷ αὐτῷ   ⁸ om. τοῖς πιστεύουσιν εἰς τὸ ὄνομα τοῦ
υἱοῦ τοῦ Θεοῦ   ⁹ τοῖς πιστεύουσιν   ¹⁰ (ἡμῶν ὃ ἂν)
¹¹ (Marg. αἰτήσει καὶ δώσει αὐτῷ ζωήν,)   ¹² αὐτόν
¹³ γινώσκομεν

τὸν ἀληθινόν· καὶ ἐσμὲν ἐν τῷ ἀληθινῷ, ἐν τῷ
υἱῷ αὐτοῦ Ἰησοῦ Χριστῷ. οὗτός ἐστιν ὁ ἀληθινὸς
21 Θεός, καὶ ἡ¹⁴ ζωὴ αἰώνιος. Τεκνία, φυλάξατε ἑαυ-
τοὺς¹⁵ ἀπὸ τῶν εἰδώλων. ἀμήν.¹⁶

ΙΩΑΝΝΟΥ*

ΕΠΙΣΤΟΛΗ ΔΕΥΤΕΡΑ.

1 Ὁ πρεσβύτερος ἐκλεκτῇ κυρίᾳ καὶ τοῖς τέκνοις
αὐτῆς, οὓς ἐγὼ ἀγαπῶ ἐν ἀληθείᾳ, καὶ οὐκ ἐγὼ
μόνος, ἀλλὰ καὶ πάντες οἱ ἐγνωκότες τὴν ἀλή-
2 θειαν, διὰ τὴν ἀλήθειαν τὴν μένουσαν ἐν ἡμῖν, καὶ
3 μεθ' ἡμῶν ἔσται εἰς τὸν αἰῶνα· ἔσται μεθ' ὑμῶν¹
χάρις, ἔλεος, εἰρήνη παρὰ Θεοῦ πατρός, καὶ παρὰ
Κυρίου² Ἰησοῦ Χριστοῦ τοῦ υἱοῦ τοῦ πατρός, ἐν
ἀληθείᾳ καὶ ἀγάπῃ.
4 Ἐχάρην λίαν ὅτι εὕρηκα ἐκ τῶν τέκνων σου
περιπατοῦντας ἐν ἀληθείᾳ, καθὼς ἐντολὴν ἐλάβο-
5 μεν παρὰ τοῦ πατρός. καὶ νῦν ἐρωτῶ σε, κυρία,
οὐχ ὡς ἐντολὴν γράφων σοι καινήν, ἀλλὰ ἣν εἴχο-
6 μεν ἀπ' ἀρχῆς, ἵνα ἀγαπῶμεν ἀλλήλους. καὶ αὕτη
ἐστὶν ἡ ἀγάπη, ἵνα περιπατῶμεν κατὰ τὰς ἐντολὰς
αὐτοῦ. αὕτη ἐστὶν ἡ ἐντολή³, καθὼς ἠκούσατε ἀπ'
7 ἀρχῆς, ἵνα ἐν αὐτῇ περιπατῆτε. ὅτι πολλοὶ πλά-
νοι εἰσῆλθον⁴ εἰς τὸν κόσμον, οἱ μὴ ὁμολογοῦντες
Ἰησοῦν Χριστὸν ἐρχόμενον ἐν σαρκί. οὗτός ἐστιν
8 ὁ πλάνος καὶ ὁ ἀντίχριστος. βλέπετε ἑαυτούς,
ἵνα μὴ ἀπολέσωμεν⁵ ἃ εἰργασάμεθα⁶, ἀλλὰ μισθὸν πλήρη
9 ἀπολάβωμεν⁷. πᾶς ὁ παραβαίνων⁸ καὶ μὴ μένων ἐν

---

¹⁴ om. ἡ   ¹⁵ ἑαυτὰ   ¹⁶ om. ἀμήν   ¹ ἡμῶν
² om. Κυρίου   ³ ἡ ἐντολή ἐστι   ⁴ ἐξῆλθον   ⁵ ἀπολέσητε
⁶ Marg. εἰργάσασθε   ⁷ ἀπολάβητε   ⁸ προάγων

τῇ* διδαχῇ τοῦ Χριστοῦ, Θεὸν οὐκ ἔχει· ὁ μένων ἐν τῇ διδαχῇ τοῦ Χριστοῦ[9], οὗτος καὶ τὸν πατέρα καὶ τὸν υἱὸν ἔχει. εἴ τις ἔρχεται πρὸς ὑμᾶς, καὶ 10 ταύτην τὴν διδαχὴν οὐ φέρει, μὴ λαμβάνετε αὐτὸν εἰς οἰκίαν, καὶ χαίρειν αὐτῷ μὴ λέγετε· ὁ γὰρ λέ- 11 γων αὐτῷ χαίρειν κοινωνεῖ τοῖς ἔργοις αὐτοῦ τοῖς πονηροῖς.

Πολλὰ ἔχων ὑμῖν γράφειν οὐκ ἠβουλήθην διὰ 12 χάρτου καὶ μέλανος· ἀλλὰ ἐλπίζω ἐλθεῖν[10] πρὸς ὑμᾶς, καὶ στόμα πρὸς στόμα λαλῆσαι, ἵνα ἡ χαρὰ ἡμῶν[11] ᾖ πεπληρωμένη. ἀσπάζεταί σε τὰ τέκνα 13 τῆς ἀδελφῆς σου τῆς ἐκλεκτῆς. ἀμήν.[12]

ΙΩΑΝΝΟΥ*

ΕΠΙΣΤΟΛΗ ΤΡΙΤΗ.

Ὁ πρεσβύτερος Γαΐῳ τῷ ἀγαπητῷ, ὃν ἐγὼ 1 ἀγαπῶ ἐν ἀληθείᾳ.

Ἀγαπητέ, περὶ πάντων εὔχομαί σε εὐοδοῦσθαι 2 καὶ ὑγιαίνειν, καθὼς εὐοδοῦταί σου ἡ ψυχή. ἐχά- 3 ρην γὰρ λίαν, ἐρχομένων ἀδελφῶν καὶ μαρτυρούν- των σου τῇ ἀληθείᾳ, καθὼς σὺ ἐν ἀληθείᾳ περι- πατεῖς. μειζοτέραν τούτων οὐκ ἔχω χαράν[1], ἵνα 4 ἀκούω τὰ ἐμὰ τέκνα ἐν[2] ἀληθείᾳ περιπατοῦντα.

Ἀγαπητέ, πιστὸν ποιεῖς ὃ ἐὰν ἐργάσῃ εἰς τοὺς 5 ἀδελφοὺς καὶ εἰς τοὺς[3] ξένους, οἳ ἐμαρτύρησάν σου 6 τῇ ἀγάπῃ ἐνώπιον ἐκκλησίας· οὓς καλῶς ποιήσεις προπέμψας ἀξίως τοῦ Θεοῦ. ὑπὲρ γὰρ τοῦ ὀνό- 7 ματος αὐτοῦ[4] ἐξῆλθον μηδὲν λαμβάνοντες ἀπὸ τῶν

---

[9] om. τοῦ Χριστοῦ   [10] γενέσθαι   [11] ὑμῶν   [12] om. ἀμήν.   [1] Marg. χάριν   [2] add τῇ   [3] τοῦτο   [4] om. αὐτοῦ

8 ἐθνῶν[5]. ἡμεῖς οὖν ὀφείλομεν ἀπολαμβάνειν[6] τοὺς τοιούτους, ἵνα συνεργοὶ γινώμεθα τῇ ἀληθείᾳ.

9 Ἔγραψα[7] τῇ ἐκκλησίᾳ· ἀλλ᾽ ὁ φιλοπρωτεύων 10 αὐτῶν Διοτρεφὴς οὐκ ἐπιδέχεται ἡμᾶς. διὰ τοῦτο, ἐὰν ἔλθω, ὑπομνήσω αὐτοῦ τὰ ἔργα ἃ ποιεῖ, λόγοις πονηροῖς φλυαρῶν ἡμᾶς· καὶ μὴ ἀρκούμενος ἐπὶ τούτοις, οὔτε αὐτὸς ἐπιδέχεται τοὺς ἀδελφούς, καὶ τοὺς βουλομένους κωλύει, καὶ ἐκ τῆς ἐκκλησίας 11 ἐκβάλλει. ἀγαπητέ, μὴ μιμοῦ τὸ κακόν, ἀλλὰ τὸ ἀγαθόν. ὁ ἀγαθοποιῶν ἐκ τοῦ Θεοῦ ἐστίν· ὁ δὲ[8] 12 κακοποιῶν οὐχ ἑώρακε τὸν Θεόν. Δημητρίῳ μεμαρτύρηται ὑπὸ πάντων, καὶ ὑπ᾽ αὐτῆς τῆς ἀληθείας· καὶ ἡμεῖς δὲ μαρτυροῦμεν, καὶ οἴδατε[9] ὅτι ἡ μαρτυρία ἡμῶν ἀληθής ἐστι.

13 Πολλὰ εἶχον γράφειν[10], ἀλλ᾽ οὐ θέλω διὰ μέλα-14 νος καὶ καλάμου σοι γράψαι[11]· ἐλπίζω δὲ εὐθέως ἰδεῖν σε, καὶ στόμα πρὸς στόμα λαλήσομεν· εἰρήνη σοι. ἀσπάζονταί σε οἱ φίλοι. ἀσπάζου τοὺς φίλους κατ᾽ ὄνομα.

Ι Ο Υ Δ Α *

ΕΠΙΣΤΟΛΗ ΚΑΘΟΛΙΚΗ.

Ἰούδας Ἰησοῦ Χριστοῦ δοῦλος, ἀδελφὸς δὲ Ἰακώβου, τοῖς ἐν Θεῷ πατρὶ ἡγιασμένοις[1], καὶ Ἰησοῦ Χριστῷ τετηρημένοις, κλητοῖς· ἔλεος ὑμῖν καὶ εἰρήνη καὶ ἀγάπη πληθυνθείη.

3 Ἀγαπητοί, πᾶσαν σπουδὴν ποιούμενος γράφειν ὑμῖν περὶ τῆς κοινῆς[2] σωτηρίας, ἀνάγκην ἔσχον

---

5 ἐθνικῶν   6 ὑπολαμβάνειν   7 (-ψά) add τι   8 om. δὲ
9 οἶδας   10 γράψαι σοι   11 γράφειν   1 ἠγαπημένοις
2 add ἡμῶν

γράψαι ὑμῖν, παρακαλῶν ἐπαγωνίζεσθαι τῇ ἅπαξ
παραδοθείσῃ τοῖς ἁγίοις πίστει. παρεισέδυσαν 4
γάρ τινες ἄνθρωποι, οἱ πάλαι προγεγραμμένοι εἰς
τοῦτο τὸ κρίμα, ἀσεβεῖς, τὴν τοῦ Θεοῦ ἡμῶν χάριν
μετατιθέντες εἰς ἀσέλγειαν, καὶ τὸν μόνον δεσπότην
Θεόν,[3] καὶ Κύριον ἡμῶν Ἰησοῦν Χριστὸν ἀρνούμενοι.

Ὑπομνῆσαι δὲ ὑμᾶς βούλομαι, εἰδότας ὑμᾶς[4] 5
ἅπαξ τοῦτο[5], ὅτι ὁ Κύριος[6], λαὸν ἐκ γῆς Αἰγύπτου
σώσας, τὸ δεύτερον τοὺς μὴ πιστεύσαντας ἀπώλε-
σεν. ἀγγέλους τε τοὺς μὴ τηρήσαντας τὴν ἑαυτῶν 6
ἀρχήν, ἀλλὰ ἀπολιπόντας τὸ ἴδιον οἰκητήριον, εἰς
κρίσιν μεγάλης ἡμέρας δεσμοῖς ἀϊδίοις ὑπὸ ζόφον
τετήρηκεν. ὡς Σόδομα καὶ Γόμορρα, καὶ αἱ περὶ 7
αὐτὰς πόλεις, τὸν ὅμοιον τούτοις τρόπον[7] ἐκπορνεύσα-
σαι, καὶ ἀπελθοῦσαι ὀπίσω σαρκὸς ἑτέρας, πρό-
κεινται δεῖγμα, πυρὸς αἰωνίου[8] δίκην ὑπέχουσαι.
ὁμοίως μέντοι καὶ οὗτοι ἐνυπνιαζόμενοι σάρκα μὲν 8
μιαίνουσι, κυριότητα δὲ ἀθετοῦσι, δόξας δὲ βλασ-
φημοῦσιν. ὁ δὲ Μιχαὴλ ὁ ἀρχάγγελος, ὅτε τῷ 9
διαβόλῳ διακρινόμενος διελέγετο περὶ τοῦ Μωσέως
σώματος, οὐκ ἐτόλμησε κρίσιν ἐπενεγκεῖν βλασφη-
μίας, ἀλλ᾽ εἶπεν, Ἐπιτιμήσαι σοι Κύριος. οὗτοι 10
δὲ ὅσα μὲν οὐκ οἴδασι βλασφημοῦσιν· ὅσα δὲ φυ-
σικῶς, ὡς τὰ ἄλογα ζῶα, ἐπίστανται, ἐν τούτοις
φθείρονται. οὐαὶ αὐτοῖς· ὅτι τῇ ὁδῷ τοῦ Κάϊν 11
ἐπορεύθησαν, καὶ τῇ πλάνῃ τοῦ Βαλαὰμ μισθοῦ
ἐξεχύθησαν, καὶ τῇ ἀντιλογίᾳ τοῦ Κορὲ ἀπώλοντο.
οὗτοί εἰσιν[9] ἐν ταῖς ἀγάπαις ὑμῶν σπιλάδες, 12
συνευωχούμενοι ὑμῖν*[10], ἀφόβως ἑαυτοὺς ποιμαί-
νοντες· νεφέλαι ἄνυδροι, ὑπὸ ἀνέμων περιφερόμε-

---

[3] om. Θεόν, (Marg. δεσπότην, καὶ)   [4] om. ὑμᾶς   [5] πάντα
[6] Marg. Ἰησοῦς   [7] τρόπον τούτοις   [8] (Marg. δεῖγμα
πυρὸς αἰωνίου,)   [9] add οἱ   [10] om. ὑμῖν

ναι· δένδρα φθινοπωρινά, ἄκαρπα,[11] δὶς ἀποθανόντα,
13 ἐκριζωθέντα· κύματα ἄγρια θαλάσσης, ἐπαφρίζον-
τα τὰς ἑαυτῶν αἰσχύνας· ἀστέρες πλανῆται, οἷς
ὁ ζόφος τοῦ σκότους εἰς τὸν[12] αἰῶνα τετήρηται.
14 προεφήτευσε δὲ καὶ τούτοις ἕβδομος ἀπὸ ᾿Αδὰμ
᾿Ενώχ, λέγων, ᾿Ιδού, ἦλθε Κύριος ἐν μυριάσιν ἁγίαις[13]
15 αὐτοῦ, ποιῆσαι κρίσιν κατὰ πάντων, καὶ ἐξελέγξαι[14]
πάντας τοὺς ἀσεβεῖς αὐτῶν[15] περὶ πάντων τῶν
ἔργων ἀσεβείας αὐτῶν ὧν ἠσέβησαν, καὶ περὶ
πάντων τῶν σκληρῶν ὧν ἐλάλησαν κατ᾿ αὐτοῦ
16 ἁμαρτωλοὶ ἀσεβεῖς. οὗτοί εἰσι γογγυσταί, μεμ-
ψίμοιροι, κατὰ τὰς ἐπιθυμίας αὐτῶν πορευόμενοι,
καὶ τὸ στόμα αὐτῶν λαλεῖ ὑπέρογκα, θαυμάζον-
τες[16] πρόσωπα ὠφελείας χάριν.
17 ῾Υμεῖς δέ, ἀγαπητοί, μνήσθητε τῶν ῥημάτων
τῶν προειρημένων ὑπὸ τῶν ἀποστόλων τοῦ Κυρίου
18 ἡμῶν ᾿Ιησοῦ Χριστοῦ· ὅτι ἔλεγον ὑμῖν, ὅτι[17] ἐν ἐσ-
χάτῳ χρόνῳ[18] ἔσονται ἐμπαῖκται, κατὰ τὰς ἑαυτῶν
19 ἐπιθυμίας πορευόμενοι τῶν ἀσεβειῶν. οὗτοί εἰσιν
οἱ ἀποδιορίζοντες ἑαυτούς[19], ψυχικοί, Πνεῦμα μὴ
20 ἔχοντες. ὑμεῖς δέ, ἀγαπητοί, τῇ ἁγιωτάτῃ ὑμῶν πίστει
ἐποικοδομοῦντες ἑαυτούς[20], ἐν Πνεύματι ῾Αγίῳ προσευχό-
21 μενοι, ἑαυτοὺς ἐν ἀγάπῃ Θεοῦ τηρήσατε, προσδεχό-
μενοι τὸ ἔλεος τοῦ Κυρίου ἡμῶν ᾿Ιησοῦ Χριστοῦ
22 εἰς ζωὴν αἰώνιον. καὶ οὓς μὲν [21] ἐλεεῖτε διακρινόμενοι·
23 οὓς δὲ ἐν φόβῳ σώζετε, ἐκ τοῦ πυρὸς ἁρπάζοντες, μισοῦντες
καὶ τὸν ἀπὸ τῆς σαρκὸς ἐσπιλωμένον χιτῶνα.

---

[11] παραφερόμεναι (· δένδρα φθινοπωρινὰ ἄκαρπα,)   [12] om. τὸν
[13] ἁγίαις μυριάσιν   [14] ἐλέγξαι   [15] om. αὐτῶν   [16] (πορευό-
μενοι (καὶ τὸ στόμα αὐτῶν λαλεῖ ὑπέρογκα), θαυμάζοντες)   [17] om.
ὅτι   [18] ᾿Επ᾿ ἐσχάτου χρόνου   [19] om. ἑαυτούς   [20] ἐποικοδο-
μοῦντες ἑαυτοὺς τῇ ἁγιωτάτῃ ὑμῶν πίστει   [21] ἐλεᾶτε διακρινο-
μένους, οὓς δὲ σώζετε ἐκ πυρὸς ἁρπάζοντες, οὓς δὲ ἐλεᾶτε ἐν φόβῳ,
text. Marg. notes the uncertainty of the reading

Τῷ δὲ δυναμένῳ φυλάξαι ὑμᾶς ἀπταίστους, καὶ 24 στῆσαι κατενώπιον τῆς δόξης αὐτοῦ ἀμώμους ἐν ἀγαλλιάσει, μόνῳ **σοφῷ**[22] Θεῷ σωτῆρι ἡμῶν[23], δόξα 25 καὶ[24] μεγαλωσύνη, κράτος καὶ ἐξουσία,[25] καὶ νῦν καὶ εἰς πάντας τοὺς αἰῶνας. ἀμήν.

ΑΠΟΚΑΛΥΨΙΣ

ΤΟΥ ΑΓΙΟΥ*

ΙΩΑΝΝΟΥ ΤΟΥ ΘΕΟΛΟΓΟΥ.

Ἀποκάλυψις Ἰησοῦ Χριστοῦ, ἣν ἔδωκεν αὐτῷ I. ὁ Θεὸς δεῖξαι τοῖς δούλοις αὐτοῦ, ἃ δεῖ[1] γενέσθαι ἐν τάχει, καὶ ἐσήμανεν ἀποστείλας διὰ τοῦ ἀγγέλου αὐτοῦ τῷ δούλῳ αὐτοῦ Ἰωάννῃ, ὃς ἐμαρτύρησε τὸν 2 λόγον τοῦ Θεοῦ καὶ τὴν μαρτυρίαν Ἰησοῦ Χριστοῦ, ὅσα τε[2] εἶδε. μακάριος ὁ ἀναγινώσκων, καὶ 3 οἱ ἀκούοντες τοὺς λόγους τῆς προφητείας καὶ τηροῦντες τὰ ἐν αὐτῇ γεγραμμένα· ὁ γὰρ καιρὸς ἐγγύς.

Ἰωάννης ταῖς ἑπτὰ ἐκκλησίαις ταῖς ἐν τῇ 4 Ἀσίᾳ· χάρις ὑμῖν καὶ εἰρήνη ἀπὸ **τοῦ**[3] ὁ ὢν καὶ ὁ ἦν καὶ ὁ ἐρχόμενος· καὶ ἀπὸ τῶν ἑπτὰ πνευμάτων ἅ **ἐστιν**[4] ἐνώπιον τοῦ θρόνου αὐτοῦ· καὶ ἀπὸ Ἰησοῦ 5 Χριστοῦ, ὁ μάρτυς ὁ πιστός, ὁ πρωτότοκος **ἐκ**[5] τῶν νεκρῶν, καὶ ὁ ἄρχων τῶν βασιλέων τῆς γῆς. τῷ **ἀγαπήσαντι**[6] ἡμᾶς, καὶ λούσαντι[7] ἡμᾶς **ἀπὸ**[8] τῶν

---

[22] om. σοφῷ   [23] add , διὰ Ἰησοῦ Χριστοῦ τοῦ Κυρίου ἡμῶν [24] (add ,) om. καὶ   [25] add πρὸ παντὸς τοῦ αἰῶνος,   [1] (Marg. ὁ Θεός, δεῖξαι τοῖς δούλοις αὐτοῦ ἃ δεῖ)   [2] om. τε   [3] om. τοῦ [4] (ἃ) om. ἐστιν   [5] om. ἐκ   [6] ἀγαπῶντι   [7] λύσαντι text, not marg.   [8] ἐκ

6 ἁμαρτιῶν ἡμῶν ἐν τῷ αἵματι αὐτοῦ· καὶ ἐποίησεν
ἡμᾶς βασιλεῖς καὶ⁹ ἱερεῖς τῷ Θεῷ καὶ πατρὶ αὐτοῦ·
αὐτῷ ἡ δόξα καὶ τὸ κράτος εἰς τοὺς αἰῶνας τῶν
7 αἰώνων¹⁰. ἀμήν. ἰδού, ἔρχεται μετὰ τῶν νεφελῶν,
καὶ ὄψεται αὐτὸν πᾶς ὀφθαλμός, καὶ οἵτινες αὐτὸν
ἐξεκέντησαν· καὶ κόψονται ἐπ᾿ αὐτὸν πᾶσαι αἱ
φυλαὶ τῆς γῆς. ναί, ἀμήν.

8 Ἐγώ εἰμι τὸ Α καὶ τὸ Ω, ἀρχὴ καὶ τέλος,¹¹ λέγει
ὁ¹² Κύριος¹³, ὁ ὢν καὶ ὁ ἦν καὶ ὁ ἐρχόμενος, ὁ
παντοκράτωρ.

9 Ἐγὼ Ἰωάννης, ὁ καὶ¹⁴ ἀδελφὸς ὑμῶν καὶ συγ-
κοινωνὸς ἐν τῇ θλίψει καὶ ἐν τῇ¹⁵ βασιλείᾳ καὶ
ὑπομονῇ¹⁶ Ἰησοῦ Χριστοῦ¹⁷, ἐγενόμην ἐν τῇ νήσῳ
τῇ καλουμένῃ Πάτμῳ, διὰ τὸν λόγον τοῦ Θεοῦ καὶ
10 διὰ¹⁸ τὴν μαρτυρίαν Ἰησοῦ Χριστοῦ¹⁹. ἐγενόμην ἐν
Πνεύματι ἐν τῇ Κυριακῇ ἡμέρᾳ· καὶ ἤκουσα ὀπίσω
11 μου φωνὴν μεγάλην ὡς σάλπιγγος, λεγούσης, Ἐγώ
εἰμι τὸ Α καὶ τὸ Ω, ὁ πρῶτος καὶ ὁ ἔσχατος· καί,²⁰ Ὁ
βλέπεις γράψον εἰς βιβλίον, καὶ πέμψον ταῖς
ἑπτὰ * ἐκκλησίαις ταῖς ἐν Ἀσίᾳ²¹, εἰς Ἔφεσον, καὶ
εἰς Σμύρναν, καὶ εἰς Πέργαμον, καὶ εἰς Θυάτειρα,
καὶ εἰς Σάρδεις, καὶ εἰς Φιλαδέλφειαν, καὶ εἰς
12 Λαοδίκειαν. καὶ ἐπέστρεψα βλέπειν τὴν φωνὴν
ἥτις ἐλάλησε²² μετ᾿ ἐμοῦ. καὶ ἐπιστρέψας εἶδον
13 ἑπτὰ λυχνίας χρυσᾶς, καὶ ἐν μέσῳ τῶν ἑπτὰ²³
λυχνιῶν ὅμοιον υἱῷ ἀνθρώπου, ἐνδεδυμένον πο-
δήρη, καὶ περιεζωσμένον πρὸς τοῖς μαστοῖς ζώνην
14 χρυσῆν. ἡ δὲ κεφαλὴ αὐτοῦ καὶ αἱ τρίχες λευκαὶ

---

⁹ βασιλείαν,   ¹⁰ Marg. om. τῶν αἰώνων   ¹¹ om. ἀρχὴ
καὶ τέλος,   ¹² om. ὁ   ¹³ add ὁ Θεός (Marg. Κύριος, ὁ Θεός)
¹⁴ om. καὶ   ¹⁵ om. ἐν τῇ   ¹⁶ add ἐν   ¹⁷ om. Χριστοῦ
¹⁸ om. διὰ   ¹⁹ om. Χριστοῦ   ²⁰ om. Ἐγώ εἰμι τὸ Α καὶ
τὸ Ω, ὁ πρῶτος καὶ ὁ ἔσχατος· καί,   ²¹ om. ταῖς ἐν Ἀσίᾳ
²² ἐλάλει   ²³ om. ἑπτὰ

ὡσεὶ[24] ἔριον λευκόν, ὡς χιών· καὶ οἱ ὀφθαλμοὶ αὐ-
τοῦ ὡς φλὸξ πυρός· καὶ οἱ πόδες αὐτοῦ ὅμοιοι 15
χαλκολιβάνῳ, ὡς ἐν καμίνῳ πεπυρωμένοι[25]· καὶ ἡ
φωνὴ αὐτοῦ ὡς φωνὴ ὑδάτων πολλῶν. καὶ ἔχων 16
ἐν τῇ δεξιᾷ αὐτοῦ χειρὶ[26] ἀστέρας ἑπτά· καὶ ἐκ τοῦ
στόματος αὐτοῦ ῥομφαία δίστομος ὀξεῖα ἐκπο-
ρευομένη· καὶ ἡ ὄψις αὐτοῦ, ὡς ὁ ἥλιος φαίνει ἐν
τῇ δυνάμει αὐτοῦ. καὶ ὅτε εἶδον αὐτόν, ἔπεσα 17
πρὸς τοὺς πόδας αὐτοῦ ὡς νεκρός· καὶ ἐπέθηκε[27]
τὴν δεξιὰν αὐτοῦ χεῖρα[28] ἐπ' ἐμέ, λέγων μοι[29], Μὴ
φοβοῦ· ἐγώ εἰμι ὁ πρῶτος καὶ ὁ ἔσχατος, καὶ ὁ 18
ζῶν, καὶ ἐγενόμην νεκρός, καὶ ἰδού, ζῶν εἰμὶ εἰς
τοὺς αἰῶνας τῶν αἰώνων, ἀμήν·[30] καὶ ἔχω τὰς κλεῖς
τοῦ ᾅδου καὶ τοῦ θανάτου[31]. γράψον[32] ἃ εἶδες, καὶ 19
ἅ εἰσι, καὶ ἃ μέλλει γίνεσθαι μετὰ ταῦτα· τὸ 20
μυστήριον τῶν ἑπτὰ ἀστέρων ὧν[33] εἶδες ἐπὶ τῆς
δεξιᾶς μου, καὶ τὰς ἑπτὰ λυχνίας τὰς χρυσᾶς. οἱ
ἑπτὰ ἀστέρες ἄγγελοι τῶν ἑπτὰ ἐκκλησιῶν εἰσί·
καὶ αἱ ἑπτὰ λυχνίαι[34] ἃς εἶδες[35] ἑπτὰ ἐκκλησίαι εἰσί.

Τῷ ἀγγέλῳ τῆς Ἐφεσίνης[1] ἐκκλησίας γράψον,   II.
Τάδε λέγει ὁ κρατῶν τοὺς ἑπτὰ ἀστέρας ἐν τῇ
δεξιᾷ αὐτοῦ, ὁ περιπατῶν ἐν μέσῳ τῶν ἑπτὰ
λυχνιῶν τῶν χρυσῶν· Οἶδα τὰ ἔργα σου, καὶ τὸν 2
κόπον σου,[2] καὶ τὴν ὑπομονήν σου, καὶ ὅτι οὐ δύνῃ
βαστάσαι κακούς, καὶ ἐπείρασω[3] τοὺς φάσκοντας εἶναι[4]
ἀποστόλους καὶ οὐκ εἰσί, καὶ εὗρες αὐτοὺς ψευδεῖς,
καὶ ἐβάστασας καὶ ὑπομονὴν ἔχεις[5], καὶ[6] διὰ τὸ ὄνομά 3
μου κεκοπίακας καὶ οὐ κέκμηκας[7]. ἀλλ' ἔχω κατὰ σοῦ, 4

---

[24] ὡς   [25] πεπυρωμένης   [26] χειρὶ αὐτοῦ   [27] ἔθηκε
[28] om. χεῖρα   [29] om. μοι   [30] om. ἀμήν·   [31] θανάτου
καὶ τοῦ ᾅδου   [32] add οὖν   [33] οὓς   [34] λυχνίαι αἱ ἑπτὰ
[35] om. ἃς εἶδες   [1] τῷ ἐν Ἐφέσῳ   [2] om. σου,   [3] ἐπείρασας
[4] λέγοντας ἑαυτοὺς   [5] ὑπομονὴν ἔχεις καὶ ἐβάστασας   [6] om.
, καὶ   [7] , καὶ οὐ κεκοπίακας

5 ὅτι τὴν ἀγάπην σου τὴν πρώτην ἀφῆκας. μνημό-
νευε οὖν πόθεν ἐκπέπτωκας[8], καὶ μετανόησον, καὶ τὰ
πρῶτα ἔργα ποίησον· εἰ δὲ μή, ἔρχομαί σοι ταχύ[9],
καὶ κινήσω τὴν λυχνίαν σου ἐκ τοῦ τόπου αὐτῆς,
6 ἐὰν μὴ μετανοήσῃς. ἀλλὰ τοῦτο ἔχεις, ὅτι μισεῖς
7 τὰ ἔργα τῶν Νικολαϊτῶν, ἃ κἀγὼ μισῶ. ὁ ἔχων
οὖς ἀκουσάτω τί τὸ Πνεῦμα λέγει ταῖς ἐκκλησίαις·
τῷ νικῶντι δώσω αὐτῷ φαγεῖν ἐκ τοῦ ξύλου τῆς
ζωῆς, ὅ ἐστιν ἐν μέσῳ τοῦ παραδείσου[10] τοῦ Θεοῦ.

8 Καὶ τῷ ἀγγέλῳ τῆς ἐκκλησίας Σμυρναίων[11] γρά-
ψον,
Τάδε λέγει ὁ πρῶτος καὶ ὁ ἔσχατος, ὃς ἐγένετο
9 νεκρὸς καὶ ἔζησεν· Οἶδά σου τὰ ἔργα καὶ[12] τὴν
θλίψιν καὶ τὴν πτωχείαν (πλούσιος δὲ[13] εἶ), καὶ τὴν
βλασφημίαν[14] τῶν λεγόντων Ἰουδαίους εἶναι ἑαυ-
τούς, καὶ οὐκ εἰσίν, ἀλλὰ συναγωγὴ τοῦ Σατανᾶ.
10 μηδὲν[15] φοβοῦ ἃ μέλλεις πάσχειν· ἰδού, μέλλει
βαλεῖν[16] ἐξ ὑμῶν ὁ διάβολος[17] εἰς φυλακήν, ἵνα πει-
ρασθῆτε· καὶ ἕξετε[18] θλίψιν ἡμερῶν δέκα. γίνου
πιστὸς ἄχρι θανάτου, καὶ δώσω σοι τὸν στέφανον
11 τῆς ζωῆς. ὁ ἔχων οὖς ἀκουσάτω τί τὸ Πνεῦμα
λέγει ταῖς ἐκκλησίαις. ὁ νικῶν οὐ μὴ ἀδικηθῇ ἐκ
τοῦ θανάτου τοῦ δευτέρου.

12 Καὶ τῷ ἀγγέλῳ τῆς ἐν Περγάμῳ ἐκκλησίας
γράψον,
Τάδε λέγει ὁ ἔχων τὴν ῥομφαίαν τὴν δίστομον
13 τὴν ὀξεῖαν· Οἶδα τὰ ἔργα σου καὶ[19] ποῦ κατοικεῖς,
ὅπου ὁ θρόνος τοῦ Σατανᾶ· καὶ κρατεῖς τὸ ὄνομά
μου, καὶ οὐκ ἠρνήσω τὴν πίστιν μου καὶ ἐν ταῖς

---

[8] πέπτωκας   [9] om. ταχύ   [10] τῷ παραδείσῳ   [11] τῷ
ἐν Σμύρνῃ ἐκκλησίας   [12] om. τὰ ἔργα καὶ   [13] ἀλλὰ πλούσιος
[14] add ἐκ   [15] μὴ   [16] βάλλειν   [17] ὁ διάβολος ἐξ ὑμῶν
[18] Marg. (πειρασθῆτε καὶ) ἔχητε   [19] om. τὰ ἔργα σου καὶ

ἡμέραις ἐν αἷς²⁰ Ἀντίπας ὁ μάρτυς μου, ὁ πιστός²¹,
ὃς ἀπεκτάνθη παρ᾽ ὑμῖν, ὅπου κατοικεῖ ὁ Σατανᾶς²².
ἀλλ᾽ ἔχω κατὰ σοῦ ὀλίγα, ὅτι ἔχεις ἐκεῖ κρατοῦν- 14
τας τὴν διδαχὴν Βαλαάμ, ὃς ἐδίδασκε τὸν²³ Βαλὰκ
βαλεῖν σκάνδαλον ἐνώπιον τῶν υἱῶν Ἰσραήλ, φα-
γεῖν εἰδωλόθυτα καὶ πορνεῦσαι. οὕτως ἔχεις καὶ 15
σὺ κρατοῦντας τὴν διδαχὴν τῶν²⁴ Νικολαϊτῶν· ὃ
μισῶ²⁵. μετανόησον²⁶· εἰ δὲ μή, ἔρχομαί σοι ταχύ, 16
καὶ πολεμήσω μετ᾽ αὐτῶν ἐν τῇ ῥομφαίᾳ τοῦ στό-
ματός μου. ὁ ἔχων οὖς ἀκουσάτω τί τὸ Πνεῦμα 17
λέγει ταῖς ἐκκλησίαις. τῷ νικῶντι δώσω αὐτῷ
φαγεῖν ἀπὸ²⁷ τοῦ μάννα τοῦ κεκρυμμένου, καὶ δώσω
αὐτῷ ψῆφον λευκήν, καὶ ἐπὶ τὴν ψῆφον ὄνομα
καινὸν γεγραμμένον, ὃ οὐδεὶς ἔγνω²⁸ εἰ μὴ ὁ λαμ-
βάνων.

Καὶ τῷ ἀγγέλῳ τῆς ἐν Θυατείροις ἐκκλησίας 18
γράψον,
Τάδε λέγει ὁ υἱὸς τοῦ Θεοῦ, ὁ ἔχων τοὺς ὀφ-
θαλμοὺς αὐτοῦ ὡς φλόγα πυρός, καὶ οἱ πόδες
αὐτοῦ ὅμοιοι χαλκολιβάνῳ· Οἶδά σου τὰ ἔργα, 19
καὶ τὴν ἀγάπην καὶ τὴν διακονίαν, καὶ τὴν πίστιν²⁹
καὶ τὴν ὑπομονήν σου, καὶ τὰ ἔργα σου, καὶ³⁰
τὰ ἔσχατα πλείονα τῶν πρώτων. ἀλλ᾽ ἔχω 20
κατὰ σοῦ ὀλίγα³¹ ὅτι ἐᾷς³² τὴν γυναῖκα³³ Ἰεζα-
βήλ³⁴, τὴν λέγουσαν³⁵ ἑαυτὴν προφῆτιν, διδάσκειν
καὶ πλανᾶσθαι³⁶ ³⁷ἐμοὺς δούλους πορνεῦσαι καὶ
εἰδωλόθυτα φαγεῖν³⁸. καὶ ἔδωκα αὐτῇ χρόνον ἵνα 21

²⁰ om. ἐν αἷς (Marg. notes the uncertainty of the reading)
²¹ add μου　　²² ὁ Σατανᾶς κατοικεῖ　　²³ τῷ　　²⁴ om. τῶν
²⁵ (Νικολαϊτῶν) ὁμοίως ·　　²⁶ add οὖν　　²⁷ om. φαγεῖν ἀπὸ
²⁸ οἶδεν　　²⁹ πίστιν καὶ τὴν διακονίαν　　³⁰ om. , καὶ
³¹ om. ὀλίγα　　³² ἀφεῖς　　³³ (-κά) Marg. adds σου　　³⁴ Ἰεζάβελ
³⁵ ἡ λέγουσα　　³⁶ · καὶ διδάσκει καὶ πλανᾷ　　³⁷ add τοὺς
³⁸ φαγεῖν εἰδωλόθυτα

μετανοήσῃ ἐκ τῆς πορνείας αὐτῆς, καὶ οὐ μετενόησεν[39].
22 ἰδού, ἐγὼ[40] βάλλω αὐτὴν εἰς κλίνην, καὶ τοὺς μοι-
χεύοντας μετ᾽ αὐτῆς εἰς θλίψιν μεγάλην, ἐὰν μὴ
23 μετανοήσωσιν ἐκ τῶν ἔργων αὐτῶν[41]. καὶ τὰ τέκνα
αὐτῆς ἀποκτενῶ ἐν θανάτῳ· καὶ γνώσονται πᾶσαι
αἱ ἐκκλησίαι ὅτι ἐγώ εἰμι ὁ * ἐρευνῶν νεφροὺς
καὶ καρδίας· καὶ δώσω ὑμῖν ἑκάστῳ κατὰ τὰ ἔργα
24 ὑμῶν. ὑμῖν δὲ λέγω καὶ[42] τοῖς λοιποῖς τοῖς ἐν
Θυατείροις, ὅσοι οὐκ ἔχουσι τὴν διδαχὴν ταύτην,
καὶ[42] οἵτινες οὐκ ἔγνωσαν τὰ βάθη[43] τοῦ Σατανᾶ,
ὡς λέγουσιν, Οὐ βαλῶ[44] ἐφ᾽ ὑμᾶς ἄλλο βάρος.
25, 26 πλὴν ὃ ἔχετε κρατήσατε, ἄχρις οὗ ἂν ἥξω. καὶ
ὁ νικῶν καὶ ὁ τηρῶν ἄχρι τέλους τὰ ἔργα μου,
27 δώσω αὐτῷ ἐξουσίαν ἐπὶ τῶν ἐθνῶν· καὶ ποιμανεῖ
αὐτοὺς ἐν ῥάβδῳ σιδηρᾷ· ὡς τὰ σκεύη τὰ κεραμικά,
συντρίβεται[45]· ὡς κἀγὼ εἴληφα παρὰ τοῦ πατρός
28 μου· καὶ δώσω αὐτῷ τὸν ἀστέρα τὸν πρωϊνόν.
29 ὁ ἔχων οὖς ἀκουσάτω τί τὸ Πνεῦμα λέγει ταῖς
ἐκκλησίαις.

III. Καὶ τῷ ἀγγέλῳ τῆς ἐν Σάρδεσιν ἐκκλησίας
γράψον,

Τάδε λέγει ὁ ἔχων τὰ ἑπτὰ πνεύματα τοῦ Θεοῦ
καὶ τοὺς ἑπτὰ ἀστέρας· Οἶδά σου τὰ ἔργα, ὅτι
2 τὸ[1] ὄνομα ἔχεις ὅτι ζῇς, καὶ νεκρὸς εἶ. γίνου γρη-
γορῶν, καὶ στήριξον τὰ λοιπὰ ἃ μέλλει[2] ἀποθανεῖν·
οὐ γὰρ εὕρηκά σου τὰ[3] ἔργα πεπληρωμένα ἐνώπιον
3 τοῦ Θεοῦ[4]. μνημόνευε οὖν πῶς εἴληφας καὶ ἤκου-
σας, καὶ τήρει, καὶ μετανόησον. ἐὰν οὖν μὴ γρη-

---

[39] · καὶ οὐ θέλει μετανοῆσαι ἐκ τῆς πορνείας αὐτῆς   [40] om.
ἐγώ   [41] αὐτῆς text, not marg.   [42] om. καὶ   [43] βαθέα
[44] βάλλω   [45] (σιδηρᾷ, ὡς τὰ σκεύη τὰ κεραμικὰ συντρίβεται
text, not marg.)   [1] om. τὸ   [2] ἔμελλον   [3] om. τὰ
text, not marg.   [4] add μου

γορήσῃς, ἥξω ἐπί σε⁵ ὡς κλέπτης, καὶ οὐ μὴ γνῷς
ποίαν ὥραν ἥξω ἐπί σε. ⁶ἔχεις ὀλίγα ὀνόματα 4
καὶ⁷ ἐν Σάρδεσιν, ἃ οὐκ ἐμόλυναν τὰ ἱμάτια αὐτῶν·
καὶ περιπατήσουσι μετ᾽ ἐμοῦ ἐν λευκοῖς, ὅτι ἄξιοί
εἰσιν. ὁ νικῶν, οὗτος⁸ περιβαλεῖται ἐν ἱματίοις 5
λευκοῖς· καὶ οὐ μὴ ἐξαλείψω τὸ ὄνομα αὐτοῦ ἐκ
τῆς βίβλου τῆς ζωῆς, καὶ ἐξομολογήσομαι⁹ τὸ ὄνομα
αὐτοῦ ἐνώπιον τοῦ πατρός μου, καὶ ἐνώπιον τῶν
ἀγγέλων αὐτοῦ. ὁ ἔχων οὖς ἀκουσάτω τί τὸ Πνεῦ- 6
μα λέγει ταῖς ἐκκλησίαις.

Καὶ τῷ ἀγγέλῳ τῆς ἐν Φιλαδελφείᾳ ἐκκλησίας 7
γράψον,

Τάδε λέγει ὁ ἅγιος, ὁ ἀληθινός, ὁ ἔχων τὴν
κλεῖδα¹⁰ τοῦ¹¹ Δαβίδ, ὁ ἀνοίγων καὶ οὐδεὶς κλείει¹²,
καὶ κλείει¹³ καὶ οὐδεὶς ἀνοίγει· Οἶδά σου τὰ ἔργα 8
(ἰδού, δέδωκα ἐνώπιόν σου θύραν ἀνεῳγμένην, καὶ¹⁴
οὐδεὶς δύναται κλεῖσαι αὐτήν), ὅτι μικρὰν ἔχεις
δύναμιν, καὶ ἐτήρησάς μου τὸν λόγον, καὶ οὐκ
ἠρνήσω τὸ ὄνομά μου. ἰδού, δίδωμι¹⁵ ἐκ τῆς συνα- 9
γωγῆς τοῦ Σατανᾶ, τῶν λεγόντων ἑαυτοὺς Ἰου-
δαίους εἶναι, καὶ οὐκ εἰσίν, ἀλλὰ ψεύδονται· ἰδού,
ποιήσω αὐτοὺς ἵνα ἥξωσι¹⁶ καὶ προσκυνήσωσιν¹⁷ ἐνώ-
πιον τῶν ποδῶν σου, καὶ γνῶσιν ὅτι ἐγὼ ἠγάπησά
σε. ὅτι ἐτήρησας τὸν λόγον τῆς ὑπομονῆς μου, 10
κἀγώ σε τηρήσω ἐκ τῆς ὥρας τοῦ πειρασμοῦ, τῆς
μελλούσης ἔρχεσθαι ἐπὶ τῆς οἰκουμένης ὅλης, πει-
ράσαι τοὺς κατοικοῦντας ἐπὶ τῆς γῆς. ἰδού,¹⁸ ἔρ- 11
χομαι ταχύ· κράτει ὃ ἔχεις, ἵνα μηδεὶς λάβῃ τὸν
στέφανόν σου. ὁ νικῶν, ποιήσω αὐτὸν στύλον ἐν 12

---

⁵ om. ἐπί σε   ⁶ add ἀλλὰ   ⁷ om. καὶ   ⁸ οὕτως
⁹ ὁμολογήσω   ¹⁰ κλεῖν   ¹¹ om. τοῦ   ¹² κλείσει
¹³ κλείων   ¹⁴ ἦν   ¹⁵ διδῶ   ¹⁶ ἥξουσι   ¹⁷ προσκυ-
νήσουσιν   ¹⁸ om. ἰδού,

τῷ ναῷ τοῦ Θεοῦ μου, καὶ ἔξω οὐ μὴ ἐξέλθῃ ἔτι,
καὶ γράψω ἐπ' αὐτὸν τὸ ὄνομα τοῦ Θεοῦ μου, καὶ
τὸ ὄνομα τῆς πόλεως τοῦ Θεοῦ μου, τῆς καινῆς
Ἱερουσαλήμ, ἣ καταβαίνει[19] ἐκ τοῦ οὐρανοῦ ἀπὸ τοῦ
13 Θεοῦ μου, καὶ τὸ ὄνομά μου τὸ καινόν. ὁ ἔχων οὖς
ἀκουσάτω τί τὸ Πνεῦμα λέγει ταῖς ἐκκλησίαις.

14 Καὶ τῷ ἀγγέλῳ τῆς ἐκκλησίας Λαοδικέων[20] γράψον,
Τάδε λέγει ὁ Ἀμήν, ὁ μάρτυς ὁ πιστὸς καὶ
15 ἀληθινός, ἡ ἀρχὴ τῆς κτίσεως τοῦ Θεοῦ· Οἶδά σου
τὰ ἔργα, ὅτι οὔτε ψυχρὸς εἶ οὔτε ζεστός· ὄφελον
16 ψυχρὸς εἴης[21] ἢ ζεστός. οὕτως ὅτι χλιαρὸς εἶ, καὶ
οὔτε ψυχρὸς οὔτε ζεστός[22], μέλλω σε ἐμέσαι ἐκ τοῦ
17 στόματός μου. ὅτι λέγεις ὅτι Πλούσιός εἰμι, καὶ
πεπλούτηκα, καὶ οὐδενὸς[23] χρείαν ἔχω, καὶ οὐκ οἶδας
ὅτι σὺ εἶ ὁ ταλαίπωρος καὶ ἐλεεινὸς καὶ πτωχὸς
18 καὶ τυφλὸς καὶ γυμνός· συμβουλεύω σοι ἀγοράσαι
παρ' ἐμοῦ χρυσίον πεπυρωμένον ἐκ πυρός, ἵνα
πλουτήσῃς, καὶ ἱμάτια λευκά, ἵνα περιβάλῃ, καὶ
μὴ φανερωθῇ ἡ αἰσχύνη τῆς γυμνότητός σου· καὶ
κολλούριον ἔγχρισον[24] τοὺς ὀφθαλμούς σου, ἵνα βλέ-
19 πῃς. ἐγὼ ὅσους ἐὰν φιλῶ, ἐλέγχω καὶ παιδεύω·
20 ζήλωσον[25] οὖν καὶ μετανόησον. ἰδού, ἔστηκα ἐπὶ
τὴν θύραν καὶ κρούω· ἐάν τις ἀκούσῃ τῆς φωνῆς
μου, καὶ ἀνοίξῃ τὴν θύραν, εἰσελεύσομαι πρὸς αὐ-
τόν, καὶ δειπνήσω μετ' αὐτοῦ, καὶ αὐτὸς μετ' ἐμοῦ.
21 ὁ νικῶν, δώσω αὐτῷ καθίσαι μετ' ἐμοῦ ἐν τῷ θρόνῳ
μου, ὡς κἀγὼ ἐνίκησα, καὶ ἐκάθισα μετὰ τοῦ πα-
22 τρός μου ἐν τῷ θρόνῳ αὐτοῦ. ὁ ἔχων οὖς ἀκουσάτω
τί τὸ Πνεῦμα λέγει ταῖς ἐκκλησίαις.

IV. Μετὰ ταῦτα εἶδον, καὶ ἰδού, θύρα ἠνεῳγμένη ἐν
τῷ οὐρανῷ, καὶ ἡ φωνὴ ἡ πρώτη ἣν ἤκουσα ὡς

---

[19] ἡ καταβαίνουσα   [20] ἐν Λαοδικείᾳ ἐκκλησίας   [21] ἧς
[22] ζεστὸς οὔτε ψυχρός   [23] οὐδὲν   [24] ἐγχρῖσαι   [25] ζήλευε

σάλπιγγος λαλούσης μετ᾽ ἐμοῦ, λέγουσα[1], Ἀνάβα
ὧδε, καὶ δείξω σοι ἃ δεῖ γενέσθαι μετὰ ταῦτα[2].
καὶ[3] εὐθέως ἐγενόμην ἐν πνεύματι· καὶ ἰδού, θρόνος 2
ἔκειτο ἐν τῷ οὐρανῷ, καὶ ἐπὶ τοῦ θρόνου[4] καθήμενος·
καὶ ὁ καθήμενος ἦν[5] ὅμοιος ὁράσει λίθῳ ἰάσπιδι 3
καὶ σαρδίνῳ[6]· καὶ ἶρις κυκλόθεν τοῦ θρόνου ὁμοία
ὁράσει σμαραγδίνῳ. καὶ κυκλόθεν τοῦ θρόνου 4
θρόνοι εἴκοσι καὶ[7] τέσσαρες· καὶ ἐπὶ τοὺς θρόνους
εἶδον τοὺς[8] εἴκοσι καὶ[9] τέσσαρας πρεσβυτέρους καθ-
ημένους, περιβεβλημένους ἐν ἱματίοις λευκοῖς, καὶ
ἔσχον[10] ἐπὶ τὰς κεφαλὰς αὐτῶν στεφάνους χρυσοῦς.
καὶ ἐκ τοῦ θρόνου ἐκπορεύονται ἀστραπαὶ καὶ 5
βρονταὶ καὶ φωναί[11]. καὶ ἑπτὰ λαμπάδες πυρὸς καιό-
μεναι ἐνώπιον τοῦ θρόνου, αἵ εἰσι τὰ ἑπτὰ πνεύ-
ματα τοῦ Θεοῦ· καὶ ἐνώπιον τοῦ θρόνου[12] θάλασσα 6
ὑαλίνη, ὁμοία κρυστάλλῳ. καὶ ἐν μέσῳ τοῦ θρό-
νου καὶ κύκλῳ τοῦ θρόνου τέσσαρα ζῶα γέμοντα
ὀφθαλμῶν ἔμπροσθεν καὶ ὄπισθεν. καὶ τὸ ζῶον 7
τὸ πρῶτον ὅμοιον λέοντι, καὶ τὸ δεύτερον ζῶον·
ὅμοιον μόσχῳ, καὶ τὸ τρίτον ζῶον ἔχον[13] τὸ πρόσω-
πον ὡς ἄνθρωπος[14], καὶ τὸ τέταρτον ζῶον ὅμοιον ἀετῷ
πετομένῳ[15]. καὶ[16] τέσσαρα ζῶα, ἓν καθ᾽ ἑαυτὸ[17] εἶχον[18] 8
ἀνὰ πτέρυγας ἓξ κυκλόθεν, καὶ[19] ἔσωθεν γέμοντα[20]
ὀφθαλμῶν, καὶ ἀνάπαυσιν οὐκ ἔχουσιν ἡμέρας καὶ
νυκτός, λέγοντα[21], Ἅγιος, ἅγιος, ἅγιος Κύριος ὁ Θεὸς
ὁ παντοκράτωρ, ὁ ἦν καὶ ὁ ὢν καὶ ὁ ἐρχόμενος.
καὶ ὅταν δώσουσι τὰ ζῶα δόξαν καὶ τιμὴν καὶ 9
εὐχαριστίαν τῷ καθημένῳ ἐπὶ τοῦ θρόνου, τῷ

---

[1] λέγων [2] (Marg. γενέσθαι. μετὰ ταῦτα) [3] om. καὶ
[4] τὸν θρόνον [5] om. ἦν [6] σαρδίῳ [7] om. καὶ (εἰκοσιτέσ-
σαρες) [8] om. εἶδον τοὺς [9] om. καὶ (εἰκοσιτέσσαρας) [10] om.
ἔσχον [11] φωναὶ καὶ βρονταὶ [12] add ὡς [13] ἔχων
[14] ἀνθρώπου [15] πετομένῳ [16] add τὰ [17] καθ᾽ ἓν αὐτῶν
[18] ἔχων [19] (ἓξ, κυκλόθεν καὶ) [20] γέμουσιν [21] λέγοντες

39

10 ζῶντι εἰς τοὺς αἰῶνας τῶν αἰώνων, πεσοῦνται οἱ
εἴκοσι καὶ²² τέσσαρες πρεσβύτεροι ἐνώπιον τοῦ
καθημένου ἐπὶ τοῦ θρόνου, καὶ προσκυνοῦσι*²³ τῷ
ζῶντι εἰς τοὺς αἰῶνας τῶν αἰώνων, καὶ βάλλουσι*²⁴
τοὺς στεφάνους αὐτῶν ἐνώπιον τοῦ θρόνου, λέγον-
11 τες, Ἄξιος εἶ, Κύριε²⁵, λαβεῖν τὴν δόξαν καὶ τὴν
τιμὴν καὶ τὴν δύναμιν· ὅτι σὺ ἔκτισας τὰ πάντα,
καὶ διὰ τὸ θέλημά σου εἰσὶ²⁶ καὶ ἐκτίσθησαν.
V. Καὶ εἶδον ἐπὶ τὴν δεξιὰν τοῦ καθημένου ἐπὶ
τοῦ θρόνου βιβλίον γεγραμμένον ἔσωθεν καὶ ὄπι-
2 σθεν, κατεσφραγισμένον σφραγῖσιν ἑπτά. καὶ
εἶδον ἄγγελον ἰσχυρὸν κηρύσσοντα¹ φωνῇ μεγάλη,
Τίς ἐστιν² ἄξιος ἀνοῖξαι τὸ βιβλίον, καὶ λῦσαι τὰς
3 σφραγῖδας αὐτοῦ; καὶ οὐδεὶς ἠδύνατο ἐν τῷ οὐ-
ρανῷ, οὐδὲ ἐπὶ τῆς γῆς, οὐδὲ ὑποκάτω τῆς γῆς,
4 ἀνοῖξαι τὸ βιβλίον, οὐδὲ³ βλέπειν αὐτό. καὶ ἐγὼ
ἔκλαιον πολλά⁴, ὅτι οὐδεὶς ἄξιος εὑρέθη ἀνοῖξαι καὶ
5 ἀναγνῶναι⁵ τὸ βιβλίον, οὔτε βλέπειν αὐτό. καὶ εἷς
ἐκ τῶν πρεσβυτέρων λέγει μοι, Μὴ κλαῖε· ἰδού,
ἐνίκησεν ὁ λέων ὁ ὢν⁶ ἐκ τῆς φυλῆς Ἰούδα, ἡ ῥίζα
Δαβίδ, ἀνοῖξαι τὸ βιβλίον καὶ λῦσαι⁷ τὰς ἑπτὰ
6 σφραγῖδας αὐτοῦ. καὶ εἶδον, καὶ ἰδού,⁸ ἐν μέσῳ τοῦ
θρόνου καὶ τῶν τεσσάρων ζώων, καὶ ἐν μέσῳ τῶν
πρεσβυτέρων, ἀρνίον ἑστηκὸς ὡς ἐσφαγμένον, ἔχον⁹
κέρατα ἑπτὰ καὶ ὀφθαλμοὺς ἑπτά, οἵ εἰσι τὰ ἑπτὰ¹⁰
τοῦ Θεοῦ πνεύματα¹¹ τὰ ἀπεσταλμένα¹² εἰς πᾶσαν τὴν
7 γῆν. καὶ ἦλθε, καὶ εἴληφε τὸ βιβλίον¹³ ἐκ τῆς δεξιᾶς
8 τοῦ καθημένου ἐπὶ τοῦ θρόνου. καὶ ὅτε ἔλαβε

---

²² om. καὶ (εἰκοσιτέσσαρες)   ²³ προσκυνήσουσι   ²⁴ βαλοῦσι
²⁵ ὁ Κύριος καὶ ὁ Θεὸς ἡμῶν   ²⁶ ἦσαν   ¹ add ἐν
² om. ἐστιν   ³ οὔτε   ⁴ πολύ   ⁵ om. καὶ ἀναγνῶναι
⁶ om. ὤν   ⁷ om. λῦσαι   ⁸ om. καὶ ἰδού,   ⁹ ἔχων
¹⁰ Marg. om. ἑπτὰ   ¹¹ πνεύματα τοῦ Θεοῦ   ¹² , ἀπεσταλ-
μένοι   ¹³ (ν) om. τὸ βιβλίον

τὸ βιβλίον, τὰ τέσσαρα ζῶα καὶ οἱ εἰκοσιτέσσαρες
πρεσβύτεροι ἔπεσον ἐνώπιον τοῦ ἀρνίου, ἔχοντες
ἕκαστος κιθάρας[14], καὶ φιάλας χρυσᾶς γεμούσας
θυμιαμάτων, αἵ εἰσιν αἱ προσευχαὶ τῶν ἁγίων.
καὶ ᾄδουσιν ᾠδὴν καινήν, λέγοντες, Ἄξιος εἶ λαβεῖν 9
τὸ βιβλίον, καὶ ἀνοῖξαι τὰς σφραγῖδας αὐτοῦ· ὅτι
ἐσφάγης, καὶ ἠγόρασας τῷ Θεῷ ἡμᾶς[15] ἐν τῷ αἵματί
σου ἐκ πάσης φυλῆς καὶ γλώσσης καὶ λαοῦ καὶ
ἔθνους, καὶ ἐποίησας ἡμᾶς[16] τῷ Θεῷ ἡμῶν βασιλεῖς[17] 10
καὶ ἱερεῖς, καὶ βασιλεύσομεν[18] ἐπὶ τῆς γῆς. καὶ εἶδον, 11
καὶ ἤκουσα φωνὴν ἀγγέλων πολλῶν κυκλόθεν τοῦ
θρόνου καὶ τῶν ζώων καὶ τῶν πρεσβυτέρων· καὶ
ἦν ὁ ἀριθμὸς αὐτῶν μυριάδες μυριάδων, καὶ χιλιά-
δες χιλιάδων, λέγοντες φωνῇ μεγάλῃ, Ἄξιόν ἐστι 12
τὸ ἀρνίον τὸ ἐσφαγμένον λαβεῖν τὴν δύναμιν καὶ
πλοῦτον καὶ σοφίαν καὶ ἰσχὺν καὶ τιμὴν καὶ δόξαν
καὶ εὐλογίαν. καὶ πᾶν κτίσμα ὅ ἐστιν[19] ἐν τῷ 13
οὐρανῷ, καὶ ἐν τῇ γῇ[20], καὶ ὑποκάτω τῆς γῆς, καὶ
ἐπὶ τῆς θαλάσσης ἅ[21] ἐστι, καὶ τὰ ἐν αὐτοῖς πάντα,
ἤκουσα λέγοντας, Τῷ καθημένῳ ἐπὶ τοῦ θρόνου
καὶ τῷ ἀρνίῳ ἡ εὐλογία καὶ ἡ τιμὴ καὶ ἡ δόξα καὶ
τὸ κράτος εἰς τοὺς αἰῶνας τῶν αἰώνων. καὶ τὰ 14
τέσσαρα ζῶα ἔλεγον, Ἀμήν. καὶ οἱ εἰκοσιτέσσαρες[22]
πρεσβύτεροι ἔπεσαν καὶ προσεκύνησαν ζῶντι εἰς
τοὺς αἰῶνας τῶν αἰώνων[23].

Καὶ εἶδον ὅτε ἤνοιξε τὸ ἀρνίον μίαν ἐκ τῶν[1] VI.
σφραγίδων, καὶ ἤκουσα ἑνὸς ἐκ τῶν τεσσάρων ζώων
λέγοντος, ὡς φωνῆς[2] βροντῆς, Ἔρχου καὶ βλέπε[3]

---

[14] κιθάραν [15] om. ἡμᾶς [16] αὐτοὺς [17] βασιλείαν
[18] βασιλεύουσιν [19] (ὁ) om. ἐστιν [20] ἐπὶ τῆς γῆς [21] om.
ἅ (ἐστί) [22] om. εἰκοσιτέσσαρες [23] om. ζῶντι εἰς τοὺς
αἰῶνας τῶν αἰώνων [1] add ἑπτά [2] φωνὴ [3] om.
καὶ βλέπε text, not marg.

2 καὶ εἶδον, καὶ ἰδού, ἵππος λευκός, καὶ ὁ καθήμενος
ἐπ᾽ αὐτῷ⁴ ἔχων τόξον· καὶ ἐδόθη αὐτῷ στέφανος,
καὶ ἐξῆλθε νικῶν, καὶ ἵνα νικήσῃ.

3 Καὶ ὅτε ἤνοιξε τὴν δευτέραν σφραγῖδα⁵, ἤκουσα
4 τοῦ δευτέρου ζώου λέγοντος, Ἔρχου καὶ βλέπε⁶. καὶ
ἐξῆλθεν ἄλλος ἵππος πυρρός· καὶ τῷ καθημένῳ
ἐπ᾽ αὐτῷ⁴ ἐδόθη αὐτῷ λαβεῖν τὴν εἰρήνην ἀπὸ⁷ τῆς
γῆς, καὶ ἵνα ἀλλήλους σφάξωσι⁸· καὶ ἐδόθη αὐτῷ
μάχαιρα μεγάλη.

5 Καὶ ὅτε ἤνοιξε τὴν τρίτην σφραγῖδα⁹, ἤκουσα τοῦ
τρίτου ζώου λέγοντος, Ἔρχου καὶ βλέπε⁶. καὶ εἶδον,
καὶ ἰδού, ἵππος μέλας, καὶ ὁ καθήμενος ἐπ᾽ αὐτῷ⁴
6 ἔχων ζυγὸν ἐν τῇ χειρὶ αὐτοῦ. καὶ ἤκουσα ¹⁰φωνὴν
ἐν μέσῳ τῶν τεσσάρων ζώων λέγουσαν, Χοῖνιξ
σίτου δηναρίου, καὶ τρεῖς χοίνικες κριθῆς¹¹ δηναρίου·
καὶ τὸ ἔλαιον καὶ τὸν οἶνον μὴ ἀδικήσῃς.

7 Καὶ ὅτε ἤνοιξε τὴν σφραγῖδα τὴν τετάρτην,
ἤκουσα φωνὴν τοῦ τετάρτου ζώου λέγουσαν¹², Ἔρχου
8 καὶ βλέπε⁶. καὶ εἶδον, καὶ ἰδού, ἵππος χλωρός, καὶ
ὁ καθήμενος ἐπάνω αὐτοῦ, ὄνομα αὐτῷ ὁ θάνατος,
καὶ ὁ ᾅδης ἀκολουθεῖ¹³ μετ᾽ αὐτοῦ. καὶ ἐδόθη αὐ-
τοῖς ἐξουσία ἀποκτεῖναι ἐπὶ τὸ τέταρτον τῆς γῆς¹⁴ ἐν
ρομφαίᾳ καὶ ἐν λιμῷ καὶ ἐν θανάτῳ, καὶ ὑπὸ τῶν
θηρίων τῆς γῆς.

9 Καὶ ὅτε ἤνοιξε τὴν πέμπτην σφραγῖδα, εἶδον
ὑποκάτω τοῦ θυσιαστηρίου τὰς ψυχὰς τῶν ἐσφαγ-
μένων διὰ τὸν λόγον τοῦ Θεοῦ, καὶ διὰ τὴν μαρτυ-
10 ρίαν ἣν εἶχον, καὶ ἔκραζον¹⁵ φωνῇ μεγάλῃ, λέγοντες,
Ἕως πότε, ὁ δεσπότης, ὁ ἅγιος καὶ ὁ¹⁶ ἀληθινός, οὐ

---

⁴ αὐτὸν   ⁵ σφραγῖδα τὴν δευτέραν   ⁶ om. καὶ βλέπε text, not
marg.   ⁷ ἐκ text: om. marg.   ⁸ σφάξουσι   ⁹ σφραγῖδα τὴν
τρίτην   ¹⁰ add ὡς   ¹¹ κριθῶν   ¹² λέγοντος   ¹³ ἠκολούθει
¹⁴ ἐπὶ τὸ τέταρτον τῆς γῆς, ἀποκτεῖναι   ¹⁵ ἔκραξαν   ¹⁶ om. ὁ

κρίνεις καὶ ἐκδικεῖς τὸ αἷμα ἡμῶν ἀπὸ[17] τῶν κατοι-
κούντων ἐπὶ τῆς γῆς ; καὶ ἐδόθησαν ἑκάστοις[18] στολαὶ 11
λευκαί[19], καὶ ἐρρέθη αὐτοῖς ἵνα ἀναπαύσωνται ἔτι
χρόνον μικρόν, ἕως οὗ[20] πληρώσονται[21] καὶ οἱ σύνδου-
λοι αὐτῶν καὶ οἱ ἀδελφοὶ αὐτῶν, οἱ μέλλοντες
ἀποκτείνεσθαι ὡς καὶ αὐτοί.

Καὶ εἶδον ὅτε ἤνοιξε τὴν σφραγῖδα τὴν ἕκτην, 12
καὶ ἰδού,[22] σεισμὸς μέγας ἐγένετο, καὶ ὁ ἥλιος ἐγένετο
μέλας ὡς σάκκος τρίχινος, καὶ ἡ σελήνη *[23] ἐγένετο
ὡς αἷμα, καὶ οἱ ἀστέρες τοῦ οὐρανοῦ ἔπεσαν εἰς 13
τὴν γῆν, ὡς συκῆ βάλλει τοὺς ὀλύνθους αὐτῆς, ὑπὸ
μεγάλου ἀνέμου σειομένη. καὶ *[24] οὐρανὸς ἀπεχω- 14
ρίσθη ὡς βιβλίον εἱλισσόμενον, καὶ πᾶν ὄρος καὶ
νῆσος ἐκ τῶν τόπων αὐτῶν ἐκινήθησαν. καὶ οἱ 15
βασιλεῖς τῆς γῆς, καὶ οἱ μεγιστᾶνες, καὶ οἱ πλούσιοι,
καὶ οἱ χιλίαρχοι[25], καὶ οἱ δυνατοί[26], καὶ πᾶς δοῦλος καὶ
πᾶς[27] ἐλεύθερος, ἔκρυψαν ἑαυτοὺς εἰς τὰ σπήλαια
καὶ εἰς τὰς πέτρας τῶν ὀρέων, καὶ λέγουσι τοῖς 16
ὄρεσι καὶ ταῖς πέτραις, Πέσετε ἐφ' ἡμᾶς, καὶ κρύ-
ψατε ἡμᾶς ἀπὸ προσώπου τοῦ καθημένου ἐπὶ τοῦ
θρόνου, καὶ ἀπὸ τῆς ὀργῆς τοῦ ἀρνίου· ὅτι ἦλθεν ἡ 17
ἡμέρα ἡ μεγάλη τῆς ὀργῆς αὐτοῦ[28], καὶ τίς δύναται
σταθῆναι;

Καὶ[1] μετὰ ταῦτα[2] εἶδον τέσσαρας ἀγγέλους VII.
ἑστῶτας ἐπὶ τὰς τέσσαρας γωνίας τῆς γῆς, κρα-
τοῦντας τοὺς τέσσαρας ἀνέμους τῆς γῆς, ἵνα μὴ
πνέῃ ἄνεμος ἐπὶ τῆς γῆς, μήτε ἐπὶ τῆς θαλάσσης,
μήτε ἐπὶ πᾶν[3] δένδρον. καὶ εἶδον ἄλλον ἄγγελον 2

---

[17] ἐκ   [18] ἐδόθη αὐτοῖς ἑκάστῳ   [19] στολὴ λευκή   [20] om. οὗ
[21] πληρωθῶσι text, πληρώσωσι marg.   [22] om. ἰδού,   [23] add
ὅλη   [24] add ὁ   [25] χιλίαρχοι, καὶ οἱ πλούσιοι   [26] ἰσχυροί
[27] om. πᾶς   [28] αὐτῶν   [1] om. Καὶ (Μετὰ)   [2] τοῦτο
[3] (ἐπί) τι

ἀναβαίνοντα * ἀπὸ ἀνατολῆς ἡλίου, ἔχοντα σφρα-
γῖδα Θεοῦ ζῶντος· καὶ ἔκραξε φωνῇ μεγάλῃ τοῖς
τέσσαρσιν ἀγγέλοις, οἷς ἐδόθη αὐτοῖς ἀδικῆσαι τὴν
3 γῆν καὶ τὴν θάλασσαν, λέγων, Μὴ ἀδικήσητε τὴν
γῆν, μήτε τὴν θάλασσαν, μήτε τὰ δένδρα, ἄχρις οὖ⁴
σφραγίσωμεν τοὺς δούλους τοῦ Θεοῦ ἡμῶν ἐπὶ τῶν
4 μετώπων αὐτῶν. καὶ ἤκουσα τὸν ἀριθμὸν τῶν
ἐσφραγισμένων, ρμδ΄ χιλιάδες, ἐσφραγισμένοι ἐκ
πάσης φυλῆς υἱῶν Ἰσραήλ.
5 Ἐκ φυλῆς Ἰούδα, ιβ΄ χιλιάδες ἐσφραγισμένοι·
Ἐκ φυλῆς Ῥουβήν, ιβ΄ χιλιάδες ἐσφραγισμένοι⁵·
Ἐκ φυλῆς Γάδ, ιβ΄ χιλιάδες ἐσφραγισμένοι⁵·
6 Ἐκ φυλῆς Ἀσήρ, ιβ΄ χιλιάδες ἐσφραγισμένοι⁵·
Ἐκ φυλῆς Νεφθαλείμ, ιβ΄ χιλιάδες ἐσφραγισ-
μένοι⁵·
Ἐκ φυλῆς Μανασσῆ, ιβ΄ χιλιάδες ἐσφραγισμένοι⁵·
7 Ἐκ φυλῆς Συμεών, ιβ΄ χιλιάδες ἐσφραγισμένοι⁵·
Ἐκ φυλῆς Λευΐ, ιβ΄ χιλιάδες ἐσφραγισμένοι⁵·
Ἐκ φυλῆς Ἰσαχάρ⁶, ιβ΄ χιλιάδες ἐσφραγισμένοι⁵·
8 Ἐκ φυλῆς Ζαβουλών, ιβ΄ χιλιάδες ἐσφραγισ-
μένοι⁵· ·
Ἐκ φυλῆς Ἰωσήφ, ιβ΄ χιλιάδες ἐσφραγισμένοι⁵·
Ἐκ φυλῆς Βενιαμίν, ιβ΄ χιλιάδες ἐσφραγισ-
μένοι.
9 Μετὰ ταῦτα εἶδον, καὶ ἰδού, ὄχλος πολύς, ὃν
ἀριθμῆσαι αὐτὸν οὐδεὶς ἠδύνατο, ἐκ παντὸς ἔθνους
καὶ φυλῶν καὶ λαῶν καὶ γλωσσῶν, ἑστῶτες ἐνώ-
πιον τοῦ θρόνου καὶ ἐνώπιον τοῦ ἀρνίου, περιβεβλη-
μένοι⁷ στολὰς λευκάς, καὶ φοίνικες ἐν ταῖς χερσὶν
10 αὐτῶν· καὶ κράζοντες⁸ φωνῇ μεγάλῃ, λέγοντες, Ἡ
σωτηρία τῷ Θεῷ ἡμῶν τῷ καθημένῳ ἐπὶ τοῦ

---

¹ ἄχρι ⁵ om. ἐσφραγισμένοι ⁶ Ἰσσαχάρ
⁷ περιβεβλημένους ⁸ κράζουσι

θρόνου, καὶ τῷ ἀρνίῳ. καὶ πάντες οἱ ἄγγελοι 11
ἑστήκεσαν κύκλῳ τοῦ θρόνου καὶ τῶν πρεσβυτέ-
ρων καὶ τῶν τεσσάρων ζώων, καὶ ἔπεσον ἐνώπιον
τοῦ θρόνου ἐπὶ πρόσωπον⁹ αὐτῶν, καὶ προσεκύνησαν
τῷ Θεῷ, λέγοντες, Ἀμήν· ἡ εὐλογία καὶ ἡ δόξα 12
καὶ ἡ σοφία καὶ ἡ εὐχαριστία καὶ ἡ τιμὴ καὶ ἡ
δύναμις καὶ ἡ ἰσχὺς τῷ Θεῷ ἡμῶν εἰς τοὺς αἰῶνας
τῶν αἰώνων. ἀμήν. καὶ ἀπεκρίθη εἷς ἐκ τῶν 13
πρεσβυτέρων, λέγων μοι, Οὗτοι οἱ περιβεβλη-
μένοι τὰς στολὰς τὰς λευκάς, τίνες εἰσί, καὶ πόθεν
ἦλθον; καὶ εἴρηκα αὐτῷ, Κύριε¹⁰, σὺ οἶδας. καὶ 14
εἰπέ μοι, Οὗτοί εἰσιν οἱ ἐρχόμενοι ἐκ τῆς θλίψεως
τῆς μεγάλης, καὶ ἔπλυναν τὰς στολὰς αὐτῶν, καὶ
ἐλεύκαναν αὐτὰς * ἐν τῷ αἵματι τοῦ ἀρνίου. διὰ 15
τοῦτό εἰσιν ἐνώπιον τοῦ θρόνου τοῦ Θεοῦ, καὶ
λατρεύουσιν αὐτῷ ἡμέρας καὶ νυκτὸς ἐν τῷ ναῷ
αὐτοῦ· καὶ ὁ καθήμενος ἐπὶ τοῦ θρόνου σκηνώσει
ἐπ' αὐτούς. οὐ πεινάσουσιν ἔτι, οὐδὲ διψήσουσιν 16
ἔτι, οὐδὲ μὴ πέσῃ ἐπ' αὐτοὺς ὁ ἥλιος, οὐδὲ πᾶν
καῦμα· ὅτι τὸ ἀρνίον τὸ ἀνὰ μέσον τοῦ θρόνου 17
ποιμανεῖ αὐτούς, καὶ ὁδηγήσει αὐτοὺς ἐπὶ ζώσας¹¹
πηγὰς ὑδάτων, καὶ ἐξαλείψει ὁ Θεὸς πᾶν δάκρυον
ἀπὸ¹² τῶν ὀφθαλμῶν αὐτῶν.

Καὶ ὅτε¹ ἤνοιξε τὴν σφραγῖδα τὴν ἑβδόμην, VIII.
ἐγένετο σιγὴ ἐν τῷ οὐρανῷ ὡς ἡμιώριον. καὶ εἶδον 2
τοὺς ἑπτὰ ἀγγέλους οἳ ἐνώπιον τοῦ Θεοῦ ἑστή-
κασι, καὶ ἐδόθησαν αὐτοῖς ἑπτὰ σάλπιγγες.

Καὶ ἄλλος ἄγγελος ἦλθε, καὶ ἐστάθη ἐπὶ τὸ 3
θυσιαστήριον², ἔχων λιβανωτὸν χρυσοῦν· καὶ ἐδόθη
αὐτῷ θυμιάματα πολλά, ἵνα δώσῃ³ ταῖς προσευ-
χαῖς τῶν ἁγίων πάντων ἐπὶ τὸ θυσιαστήριον τὸ

⁹ τὰ πρόσωπα   ¹⁰ (Κύριε) add μου   ¹¹ ζωῆς   ¹² ἐκ
¹ ὅταν   ² τοῦ θυσιαστηρίου   ³ δώσει

4 χρυσοῦν τὸ ἐνώπιον τοῦ θρόνου. καὶ ἀνέβη ὁ
καπνὸς τῶν θυμιαμάτων ταῖς προσευχαῖς τῶν
ἁγίων ἐκ χειρὸς τοῦ ἀγγέλου ἐνώπιον τοῦ Θεοῦ.
5 καὶ εἴληφεν ὁ ἄγγελος τὸ λιβανωτόν, καὶ ἐγέμισεν
αὐτὸ ἐκ τοῦ πυρὸς τοῦ θυσιαστηρίου, καὶ ἔβαλεν
εἰς τὴν γῆν· καὶ ἐγένοντο φωναὶ καὶ βρονταὶ⁴ καὶ
ἀστραπαὶ καὶ σεισμός.
6 Καὶ οἱ ἑπτὰ ἄγγελοι οἱ* ἔχοντες τὰς ἑπτὰ
σάλπιγγας ἡτοίμασαν ἑαυτοὺς⁵ ἵνα σαλπίσωσι.
7 Καὶ ὁ πρῶτος ἄγγελος⁶ ἐσάλπισε, καὶ ἐγένετο
χάλαζα καὶ πῦρ μεμιγμένα⁷ αἵματι, καὶ ἐβλήθη εἰς
τὴν γῆν·⁸ καὶ τὸ τρίτον τῶν δένδρων κατεκάη, καὶ
πᾶς χόρτος χλωρὸς κατεκάη.
8 Καὶ ὁ δεύτερος ἄγγελος ἐσάλπισε, καὶ ὡς ὄρος
μέγα πυρὶ καιόμενον ἐβλήθη εἰς τὴν θάλασσαν·
9 καὶ ἐγένετο τὸ τρίτον τῆς θαλάσσης αἷμα· καὶ
ἀπέθανε τὸ τρίτον τῶν κτισμάτων τῶν ἐν τῇ θα-
λάσσῃ, τὰ ἔχοντα ψυχάς, καὶ τὸ τρίτον τῶν
πλοίων διεφθάρη⁹.
10 Καὶ ὁ τρίτος ἄγγελος ἐσάλπισε, καὶ ἔπεσεν ἐκ
τοῦ οὐρανοῦ ἀστὴρ μέγας καιόμενος ὡς λαμπάς,
καὶ ἔπεσεν ἐπὶ τὸ τρίτον τῶν ποταμῶν, καὶ ἐπὶ
11 τὰς πηγὰς¹⁰ ὑδάτων. καὶ τὸ ὄνομα τοῦ ἀστέρος
λέγεται¹¹ Ἄψινθος· καὶ γίνεται¹² τὸ τρίτον τῶν
ὑδάτων εἰς ἄψινθον, καὶ πολλοὶ¹³ ἀνθρώπων ἀπέ-
θανον ἐκ τῶν ὑδάτων, ὅτι ἐπικράνθησαν.
12 Καὶ ὁ τέταρτος ἄγγελος ἐσάλπισε, καὶ ἐπλήγη
τὸ τρίτον τοῦ ἡλίου καὶ τὸ τρίτον τῆς σελήνης
καὶ τὸ τρίτον τῶν ἀστέρων, ἵνα σκοτισθῇ τὸ τρίτον

---

⁴ βρονταὶ καὶ φωναὶ   ⁵ αὐτοὺς   ⁶ om. ἄγγελος
⁷ add ἐν   ⁸ add καὶ τὸ τρίτον τῆς γῆς κατεκάη,   ⁹ διε-
φθάρησαν   ¹⁰ add τῶν   ¹¹ add ὁ   ¹² ἐγένετο
¹³ add τῶν

αὐτῶν, καὶ ἡ ἡμέρα μὴ **φαίνῃ**[14] τὸ τρίτον αὐτῆς, καὶ
ἡ νὺξ ὁμοίως.

Καὶ εἶδον, καὶ ἤκουσα ἑνὸς **ἀγγέλου πετωμένου**[15] ἐν 13
μεσουρανήματι, λέγοντος φωνῇ μεγάλῃ, Οὐαί, οὐαί,
οὐαὶ **τοῖς κατοικοῦσιν**[16] ἐπὶ τῆς γῆς, ἐκ τῶν λοιπῶν
φωνῶν τῆς σάλπιγγος τῶν τριῶν ἀγγέλων τῶν
μελλόντων σαλπίζειν.

Καὶ ὁ πέμπτος ἄγγελος ἐσάλπισε, καὶ εἶδον ΙΧ.
ἀστέρα ἐκ τοῦ οὐρανοῦ πεπτωκότα εἰς τὴν γῆν, καὶ
ἐδόθη αὐτῷ ἡ κλεὶς τοῦ φρέατος τῆς ἀβύσσου. καὶ 2
ἤνοιξε τὸ φρέαρ τῆς ἀβύσσου, καὶ ἀνέβη καπνὸς
ἐκ τοῦ φρέατος ὡς καπνὸς καμίνου μεγάλης, καὶ
ἐσκοτίσθη ὁ ἥλιος καὶ ὁ ἀὴρ ἐκ τοῦ καπνοῦ τοῦ
φρέατος. καὶ ἐκ τοῦ καπνοῦ ἐξῆλθον ἀκρίδες εἰς 3
τὴν γῆν, καὶ ἐδόθη αὐταῖς ἐξουσία, ὡς ἔχουσιν
ἐξουσίαν οἱ σκορπίοι τῆς γῆς. καὶ ἐρρέθη αὐταῖς 4
ἵνα μὴ ἀδικήσωσι τὸν χόρτον τῆς γῆς, οὐδὲ πᾶν
χλωρόν, οὐδὲ πᾶν δένδρον, εἰ μὴ τοὺς ἀνθρώπους
μόνους[1] οἵτινες οὐκ ἔχουσι τὴν σφραγῖδα τοῦ Θεοῦ
ἐπὶ τῶν μετώπων **αὐτῶν**[2]. καὶ ἐδόθη αὐταῖς ἵνα μὴ 5
ἀποκτείνωσιν αὐτούς, ἀλλ' ἵνα **βασανισθῶσι**[3] μῆνας
πέντε· καὶ ὁ βασανισμὸς αὐτῶν ὡς βασανισμὸς
σκορπίου, ὅταν παίσῃ ἄνθρωπον. καὶ ἐν ταῖς ἡμέ- 6
ραις ἐκείναις ζητήσουσιν οἱ ἄνθρωποι τὸν θάνατον,
καὶ **οὐχ εὑρήσουσιν**[4] αὐτόν· καὶ ἐπιθυμήσουσιν ἀπο-
θανεῖν, καὶ **φεύξεται**[5] ὁ θάνατος ἀπ' αὐτῶν. καὶ 7
τὰ ὁμοιώματα τῶν ἀκρίδων ὅμοια ἵπποις ἡτοι-
μασμένοις εἰς πόλεμον, καὶ ἐπὶ τὰς κεφαλὰς αὐ-
τῶν ὡς στέφανοι ὅμοιοι χρυσῷ, καὶ τὰ πρόσωπα
αὐτῶν ὡς πρόσωπα ἀνθρώπων. καὶ εἶχον τρίχας 8

[14] φάνη   [15] ἀετοῦ πετομένου   [16] τοὺς κατοικοῦντας
[1] om. μόνους   [2] om. αὐτῶν   [3] βασανισθήσονται   [4] οὐ
μὴ εὕρωσιν   [5] φεύγει

ὡς τρίχας γυναικῶν, καὶ οἱ ὀδόντες αὐτῶν ὡς
9 λεόντων ἦσαν. καὶ εἶχον θώρακας ὡς θώρακας
σιδηροῦς, καὶ ἡ φωνὴ τῶν πτερύγων αὐτῶν ὡς
φωνὴ ἁρμάτων ἵππων πολλῶν τρεχόντων εἰς πό-
10 λεμον. καὶ ἔχουσιν οὐρὰς ὁμοίας σκορπίοις, καὶ
κέντρα ἦν⁶ ἐν ταῖς οὐραῖς αὐτῶν· καὶ⁷ ἡ ἐξουσία
11 αὐτῶν ἀδικῆσαι τοὺς ἀνθρώπους μῆνας πέντε. καὶ⁸
ἔχουσιν ἐπ᾽ αὐτῶν* βασιλέα τὸν ἄγγελον τῆς
ἀβύσσου· ὄνομα αὐτῷ Ἑβραϊστὶ Ἀβαδδών, καὶ ἐν
τῇ Ἑλληνικῇ ὄνομα ἔχει Ἀπολλύων.
12 Ἡ οὐαὶ ἡ μία ἀπῆλθεν· ἰδού, ἔρχονται⁹ ἔτι δύο
οὐαὶ μετὰ ταῦτα.
13 Καὶ ὁ ἕκτος ἄγγελος ἐσάλπισε, καὶ ἤκουσα
φωνὴν μίαν ἐκ τῶν τεσσάρων¹⁰ κεράτων τοῦ θυσια-
14 στηρίου τοῦ χρυσοῦ τοῦ ἐνώπιον τοῦ Θεοῦ, λέγου-
σαν¹¹ τῷ ἕκτῳ ἀγγέλῳ ὃς εἶχε¹² τὴν σάλπιγγα, Λῦσον
τοὺς τέσσαρας ἀγγέλους τοὺς δεδεμένους ἐπὶ τῷ
15 ποταμῷ τῷ μεγάλῳ Εὐφράτῃ. καὶ ἐλύθησαν οἱ
τέσσαρες ἄγγελοι οἱ ἡτοιμασμένοι εἰς τὴν ὥραν
καὶ ἡμέραν καὶ μῆνα καὶ ἐνιαυτόν, ἵνα ἀποκτεί-
16 νωσι τὸ τρίτον τῶν ἀνθρώπων. καὶ ὁ ἀριθμὸς*¹³
στρατευμάτων τοῦ ἱππικοῦ δύο μυριάδες μυριάδων·
17 καὶ¹⁴ ἤκουσα τὸν ἀριθμὸν αὐτῶν. καὶ οὕτως εἶδον
τοὺς ἵππους ἐν τῇ ὁράσει, καὶ τοὺς καθημένους ἐπ᾽
αὐτῶν, ἔχοντας θώρακας πυρίνους καὶ ὑακινθίνους
καὶ θειώδεις· καὶ αἱ κεφαλαὶ τῶν ἵππων ὡς κεφαλαὶ
λεόντων, καὶ ἐκ τῶν στομάτων αὐτῶν ἐκπορεύεται
18 πῦρ καὶ καπνὸς καὶ θεῖον. ὑπὸ¹⁵ τῶν τριῶν¹⁶ τού-
των ἀπεκτάνθησαν τὸ τρίτον τῶν ἀνθρώπων, ἐκ
τοῦ πυρὸς καὶ ἐκ¹⁷ τοῦ καπνοῦ καὶ ἐκ¹⁷ τοῦ θείου

---

⁶ · καὶ   ⁷ om. · καὶ   ⁸ om. καὶ   ⁹ ἔρχεται   ¹⁰ om.
τεσσάρων   ¹¹ λέγοντα   ¹² ὁ ἔχων   ¹³ add τῶν
¹⁴ om. καὶ   ¹⁵ ἀπὸ   ¹⁶ add πληγῶν   ¹⁷ om. ἐκ

τοῦ ἐκπορευομένου ἐκ τῶν στομάτων αὐτῶν. ἡ 19
γὰρ ἐξουσία αὐτῶν[18] ἐν τῷ στόματι αὐτῶν ἐστί,
καὶ ἐν ταῖς οὐραῖς αὐτῶν*· αἱ γὰρ οὐραὶ αὐτῶν
ὅμοιαι ὄφεσιν, ἔχουσαι κεφαλάς, καὶ ἐν αὐταῖς
ἀδικοῦσι. καὶ οἱ λοιποὶ τῶν ἀνθρώπων, οἳ οὐκ 20
ἀπεκτάνθησαν ἐν ταῖς πληγαῖς ταύταις, οὐ *
μετενόησαν ἐκ τῶν ἔργων τῶν χειρῶν αὐτῶν, ἵνα
μὴ προσκυνήσωσι[19] τὰ δαιμόνια, καὶ[20] εἴδωλα τὰ
χρυσᾶ καὶ τὰ ἀργυρᾶ καὶ τὰ χαλκᾶ καὶ τὰ λί-
θινα καὶ τὰ ξύλινα, ἃ οὔτε βλέπειν δύναται[21], οὔτε
ἀκούειν, οὔτε περιπατεῖν· καὶ οὐ μετενόησαν ἐκ 21
τῶν φόνων αὐτῶν, οὔτε ἐκ τῶν φαρμακειῶν[22] αὐτῶν,
οὔτε ἐκ τῆς πορνείας αὐτῶν, οὔτε ἐκ τῶν κλεμμά-
των αὐτῶν.

Καὶ εἶδον ἄλλον ἄγγελον ἰσχυρὸν καταβαί- Χ.
νοντα ἐκ τοῦ οὐρανοῦ, περιβεβλημένον νεφέλην,
καὶ[1] ἶρις ἐπὶ τῆς κεφαλῆς[2], καὶ τὸ πρόσωπον αὐτοῦ
ὡς ὁ ἥλιος, καὶ οἱ πόδες αὐτοῦ ὡς στύλοι πυρός·
καὶ εἶχεν[3] ἐν τῇ χειρὶ αὐτοῦ βιβλαρίδιον ἀνεῳγ- 2
μένον· καὶ ἔθηκε τὸν πόδα αὐτοῦ τὸν δεξιὸν ἐπὶ
τὴν θάλασσαν[4], τὸν δὲ εὐώνυμον ἐπὶ τὴν γῆν[5], καὶ 3
ἔκραξε φωνῇ μεγάλῃ ὥσπερ λέων μυκᾶται· καὶ
ὅτε ἔκραξεν, ἐλάλησαν αἱ ἑπτὰ βρονταὶ τὰς ἑαυ-
τῶν φωνάς. καὶ ὅτε ἐλάλησαν αἱ ἑπτὰ βρονταὶ 4
τὰς φωνὰς ἑαυτῶν[6], ἔμελλον γράφειν· καὶ ἤκουσα
φωνὴν ἐκ τοῦ οὐρανοῦ, λέγουσάν μοι[7], Σφράγισον ἃ
ἐλάλησαν αἱ ἑπτὰ βρονταί, καὶ μὴ ταῦτα[8] γράψῃς.
καὶ ὁ ἄγγελος ὃν εἶδον ἑστῶτα ἐπὶ τῆς θαλάσσης 5
καὶ ἐπὶ τῆς γῆς ἦρε τὴν χεῖρα αὐτοῦ[9] εἰς τὸν

---

[18] τῶν ἵππων   [19] προσκυνήσουσι   [20] add τὰ   [21] δύ-
νανται   [22] φαρμάκων   [1] add ἡ   [2] τὴν κεφαλὴν αὐτοῦ
[3] ἔχων   [4] τῆς θαλάσσης   [5] τῆς γῆς   [6] om. τὰς φωνὰς
ἑαυτῶν   [7] (-σαν) om. μοι   [8] αὐτὰ   [9] add τὴν δεξιὰν

6 οὐρανόν, καὶ ὤμοσεν ἐν τῷ ζῶντι εἰς τοὺς αἰῶνας
τῶν αἰώνων, ὃς ἔκτισε τὸν οὐρανὸν καὶ τὰ ἐν αὐτῷ,
καὶ τὴν γῆν καὶ τὰ ἐν αὐτῇ, καὶ τὴν θάλασσαν καὶ τὰ
7 ἐν αὐτῇ,[10] ὅτι χρόνος οὐκ ἔσται ἔτι[11]· ἀλλὰ ἐν ταῖς
ἡμέραις τῆς φωνῆς τοῦ ἑβδόμου ἀγγέλου, ὅταν
μέλλῃ σαλπίζειν, καὶ τελεσθῇ *[12] τὸ μυστήριον τοῦ
Θεοῦ, ὡς εὐηγγέλισε τοῖς ἑαυτοῦ δούλοις τοῖς προφή-
8 ταις[13]. καὶ ἡ φωνὴ ἣν ἤκουσα ἐκ τοῦ οὐρανοῦ,
πάλιν λαλοῦσα[14] μετ᾽ ἐμοῦ, καὶ λέγουσα[15], Ὕπαγε,
λάβε τὸ βιβλαρίδιον[16] τὸ ἠνεῳγμένον ἐν τῇ χειρὶ *[17]
ἀγγέλου τοῦ ἑστῶτος ἐπὶ τῆς θαλάσσης καὶ ἐπὶ
9 τῆς γῆς. καὶ ἀπῆλθον πρὸς τὸν ἄγγελον, λέγων
αὐτῷ, Δός[18] μοι τὸ βιβλαρίδιον. καὶ λέγει μοι,
Λάβε καὶ κατάφαγε αὐτό· καὶ πικρανεῖ σου τὴν
κοιλίαν, ἀλλ᾽ ἐν τῷ στόματί σου ἔσται γλυκὺ ὡς
10 μέλι. καὶ ἔλαβον τὸ βιβλαρίδιον ἐκ τῆς χειρὸς
τοῦ ἀγγέλου, καὶ κατέφαγον αὐτό, καὶ ἦν ἐν τῷ
στόματί μου ὡς μέλι, γλυκύ· καὶ ὅτε ἔφαγον αὐτό,
11 ἐπικράνθη ἡ κοιλία μου. καὶ λέγει[19] μοι, Δεῖ σε
πάλιν προφητεῦσαι ἐπὶ λαοῖς καὶ ἔθνεσι καὶ γλώσ-
σαις καὶ βασιλεῦσι πολλοῖς.

XI. Καὶ ἐδόθη μοι κάλαμος ὅμοιος ῥάβδῳ, καὶ ὁ
ἄγγελος εἱστήκει,[1] λέγων, Ἔγειραι, καὶ μέτρησον τὸν
ναὸν τοῦ Θεοῦ, καὶ τὸ θυσιαστήριον, καὶ τοὺς
2 προσκυνοῦντας ἐν αὐτῷ. καὶ τὴν αὐλὴν τὴν ἔξω-
θεν τοῦ ναοῦ ἔκβαλε ἔξω[2], καὶ μὴ αὐτὴν μετρήσῃς,
ὅτι ἐδόθη τοῖς ἔθνεσι· καὶ τὴν πόλιν τὴν ἁγίαν
3 πατήσουσι μῆνας τεσσαράκοντα δύο. καὶ δώσω

---

[10] Marg. om. καὶ τὴν θάλασσαν καὶ τὰ ἐν αὐτῇ,   [11] οὐκέτι
ἔσται   [12] ἐτελέσθη   [13] τοὺς ἑαυτοῦ δούλους τοὺς προφήτας
[14] λαλοῦσαν   [15] λέγουσαν   [16] βιβλίον   [17] add τοῦ
[18] (om. ,) δοῦναί   [19] λέγουσί   [1] om. καὶ ὁ ἄγγελος εἱστήκει,
[2] ἔξωθεν

ιυἱς δυσὶ μάρτυσί μου, καὶ προφητεύσουσιν ἡμέ-
ρας χιλίας διακοσίας ἑξήκοντα περιβεβλημένοι
σάκκους. οὗτοί εἰσιν αἱ δύο ἐλαῖαι, καὶ αἱ* δύο 4
λυχνίαι αἱ ἐνώπιον τοῦ Θεοῦ³ τῆς γῆς ἑστῶσαι⁴. καὶ 5
εἴ τις αὐτοὺς θέλῃ⁵ ἀδικῆσαι, πῦρ ἐκπορεύεται ἐκ
τοῦ στόματος αὐτῶν, καὶ κατεσθίει τοὺς ἐχθροὺς
αὐτῶν· καὶ εἴ τις αὐτοὺς θέλῃ⁶ ἀδικῆσαι, οὕτω δεῖ
αὐτὸν ἀποκτανθῆναι. οὗτοι ἔχουσιν⁷ ἐξουσίαν 6
κλεῖσαι τὸν οὐρανόν, ἵνα μὴ βρέχῃ ὑετὸς ἐν ἡμέραις
αὐτῶν τῆς προφητείας⁸· καὶ ἐξουσίαν ἔχουσιν ἐπὶ τῶν
ὑδάτων, στρέφειν αὐτὰ εἰς αἷμα, καὶ πατάξαι τὴν
γῆν⁹ πάσῃ πληγῇ, ὁσάκις ἐὰν θελήσωσι. καὶ 7
ὅταν τελέσωσι τὴν μαρτυρίαν αὐτῶν, τὸ θηρίον
τὸ ἀναβαῖνον ἐκ τῆς ἀβύσσου ποιήσει πόλεμον μετ'
αὐτῶν¹⁰, καὶ νικήσει αὐτούς, καὶ ἀποκτενεῖ αὐτούς.
καὶ τὰ πτώματα¹¹ αὐτῶν ἐπὶ τῆς πλατείας*¹² πόλεως 8
τῆς μεγάλης, ἥτις καλεῖται πνευματικῶς Σόδομα
καὶ Αἴγυπτος, ὅπου καὶ ὁ Κύριος ἡμῶν¹³ ἐσταυ-
ρώθη. καὶ βλέψουσιν¹⁴ ἐκ τῶν λαῶν καὶ φυλῶν καὶ 9
γλωσσῶν καὶ ἐθνῶν τὰ πτώματα¹⁵ αὐτῶν ἡμέρας
τρεῖς καὶ ἥμισυ, καὶ τὰ πτώματα αὐτῶν οὐκ ἀφή-
σουσι¹⁶ τεθῆναι εἰς μνήματα¹⁷. καὶ οἱ κατοικοῦντες 10
ἐπὶ τῆς γῆς χαροῦσιν¹⁸ ἐπ' αὐτοῖς, καὶ εὐφρανθήσονται¹⁹,
καὶ δῶρα πέμψουσιν ἀλλήλοις, ὅτι οὗτοι οἱ δύο
προφῆται ἐβασάνισαν τοὺς κατοικοῦντας ἐπὶ τῆς
γῆς. καὶ μετὰ τὰς τρεῖς ἡμέρας καὶ ἥμισυ, πνεῦμα 11
ζωῆς ἐκ τοῦ Θεοῦ εἰσῆλθεν ἐπ' αὐτούς²⁰, καὶ ἔστησαν
ἐπὶ τοὺς πόδας αὐτῶν, καὶ φόβος μέγας ἔπεσεν²¹ ἐπὶ

---

³ Κυρίου   ⁴ ἑστῶτες   ⁵ θέλει   ⁶ θελήσῃ αὐτοὺς
⁷ (om. v) add τὴν   ⁸ ὑετὸς βρέχῃ τὰς ἡμέρας τῆς προφητείας αὐτῶν
⁹ add ἐν   ¹⁰ μετ' αὐτῶν πόλεμον   ¹¹ τὸ πτῶμα   ¹² add
τῆς   ¹³ αὐτῶν   ¹⁴ βλέπουσιν   ¹⁵ τὸ πτῶμα   ¹⁶ ἀφίουσι
¹⁷ μνῆμα   ¹⁸ χαίρουσιν   ¹⁹ εὐφραίνονται   ²⁰ ἐν αὐτοῖς
²¹ ἐπέπεσεν

12 τοὺς θεωροῦντας αὐτούς. καὶ ἤκουσαν **φωνὴν μεγά-λην**²² ἐκ τοῦ οὐρανοῦ, **λέγουσαν**²³ αὐτοῖς, Ἀνάβητε²⁴ ὧδε. καὶ ἀνέβησαν εἰς τὸν οὐρανὸν ἐν τῇ νεφέλῃ, καὶ 13 ἐθεώρησαν αὐτοὺς οἱ ἐχθροὶ αὐτῶν. καὶ ἐν ἐκείνῃ τῇ ὥρᾳ ἐγένετο σεισμὸς μέγας, καὶ τὸ δέκατον τῆς πόλεως ἔπεσε, καὶ ἀπεκτάνθησαν ἐν τῷ σεισμῷ ὀνόματα ἀνθρώπων, χιλιάδες ἑπτά· καὶ οἱ λοιποὶ ἔμφοβοι ἐγένοντο, καὶ ἔδωκαν δόξαν τῷ Θεῷ τοῦ οὐρανοῦ.

14 Ἡ οὐαὶ ἡ δευτέρα ἀπῆλθεν· **καὶ**²⁵ ἰδού, ἡ οὐαὶ ἡ τρίτη ἔρχεται ταχύ.

15 Καὶ ὁ ἕβδομος ἄγγελος ἐσάλπισε, καὶ ἐγένοντο φωναὶ μεγάλαι ἐν τῷ οὐρανῷ, **λέγουσαι**, Ἐγένοντο αἱ **βασιλεῖαι**²⁶ τοῦ κόσμου, τοῦ Κυρίου ἡμῶν, καὶ τοῦ Χριστοῦ αὐτοῦ, καὶ βασιλεύσει εἰς τοὺς αἰῶνας 16 τῶν αἰώνων. καὶ οἱ εἴκοσι **καὶ**²⁷ τέσσαρες πρεσ-βύτεροι **οἱ**²⁸ ἐνώπιον τοῦ Θεοῦ **καθήμενοι**²⁹ ἐπὶ τοὺς θρόνους αὐτῶν, ἔπεσαν ἐπὶ τὰ πρόσωπα αὐτῶν, καὶ 17 προσεκύνησαν τῷ Θεῷ, λέγοντες, Εὐχαριστοῦμέν σοι, Κύριε ὁ Θεὸς ὁ παντοκράτωρ, ὁ ὢν καὶ ὁ ἦν **καὶ ὁ ἐρχόμενος**³⁰, ὅτι εἴληφας τὴν δύναμίν σου τὴν 18 μεγάλην, καὶ ἐβασίλευσας. καὶ τὰ ἔθνη ὠργί-σθησαν, καὶ ἦλθεν ἡ ὀργή σου, καὶ ὁ καιρὸς τῶν νεκρῶν κριθῆναι, καὶ δοῦναι τὸν μισθὸν τοῖς δού-λοις σου τοῖς προφήταις καὶ τοῖς ἁγίοις καὶ τοῖς φοβουμένοις τὸ ὄνομά σου, **τοῖς μικροῖς καὶ τοῖς μεγά-λοις**³¹, καὶ διαφθεῖραι τοὺς διαφθείροντας τὴν γῆν.

19 Καὶ ἠνοίγη ὁ ναὸς τοῦ Θεοῦ³² ἐν τῷ οὐρανῷ, καὶ ὤφθη ἡ κιβωτὸς τῆς διαθήκης αὐτοῦ ἐν τῷ ναῷ αὐ-

²² φωνῆς μεγάλης   ²³ λεγούσης   ²⁴ Ἀνάβατε   ²⁵ om. καὶ
²⁶ λέγοντες, Ἐγένετο ἡ βασιλεία   ²⁷ om. καὶ (εἰκοσιτέσσαρες)
²⁸ οἱ   ²⁹ κάθηνται   ³⁰ om. καὶ ὁ ἐρχόμενος   ³¹ τοὺς
μικροὺς καὶ τοὺς μεγάλους   ³² add ὁ

τοῦ· καὶ ἐγένοντο ἀστραπαὶ καὶ φωναὶ καὶ βρονταὶ καὶ σεισμὸς καὶ χάλαζα μεγάλη.

Καὶ σημεῖον μέγα ὤφθη ἐν τῷ οὐρανῷ, γυνὴ XII περιβεβλημένη τὸν ἥλιον, καὶ ἡ σελήνη ὑποκάτω τῶν ποδῶν αὐτῆς, καὶ ἐπὶ τῆς κεφαλῆς αὐτῆς στέφανος ἀστέρων δώδεκα καὶ ἐν γαστρὶ ἔχουσα,[1] 2 κράζει ὠδίνουσα, καὶ βασανιζομένη τεκεῖν. καὶ 3 ὤφθη ἄλλο σημεῖον ἐν τῷ οὐρανῷ, καὶ ἰδού, δρά-κων μέγας πυρρός[2], ἔχων κεφαλὰς ἑπτὰ καὶ κέρατα δέκα, καὶ ἐπὶ τὰς κεφαλὰς αὐτοῦ διαδήματα ἑπτά[3]. καὶ ἡ οὐρὰ αὐτοῦ σύρει τὸ τρίτον τῶν ἀστέρων 4 τοῦ οὐρανοῦ, καὶ ἔβαλεν αὐτοὺς εἰς τὴν γῆν· καὶ ὁ δράκων ἕστηκεν[4] ἐνώπιον τῆς γυναικὸς τῆς μελ-λούσης τεκεῖν, ἵνα, ὅταν τέκῃ, τὸ τέκνον αὐτῆς καταφάγῃ. καὶ ἔτεκεν υἱὸν ἄρρενα[5], ὃς μέλλει ποι- 5 μαίνειν πάντα τὰ ἔθνη ἐν ῥάβδῳ σιδηρᾷ· καὶ ἡρπάσθη τὸ τέκνον αὐτῆς πρὸς τὸν Θεὸν καὶ[6] τὸν θρόνον αὐτοῦ. καὶ ἡ γυνὴ ἔφυγεν εἰς τὴν ἔρημον, 6 ὅπου ἔχει[7] τόπον ἡτοιμασμένον ἀπὸ τοῦ Θεοῦ, ἵνα ἐκεῖ τρέφωσιν αὐτὴν ἡμέρας χιλίας διακοσίας ἑξήκοντα.

Καὶ ἐγένετο πόλεμος ἐν τῷ οὐρανῷ· ὁ Μιχαὴλ 7 καὶ οἱ ἄγγελοι αὐτοῦ ἐπολέμησαν κατὰ[8] τοῦ δράκον-τος· καὶ ὁ δράκων ἐπολέμησε, καὶ οἱ ἄγγελοι αὐτοῦ, καὶ οὐκ ἴσχυσαν, οὔτε[9] τόπος εὑρέθη αὐτῶν ἔτι ἐν 8 τῷ οὐρανῷ. καὶ ἐβλήθη ὁ δράκων ὁ μέγας, ὁ ὄφις 9 ὁ ἀρχαῖος, ὁ καλούμενος διάβολος καὶ ὁ Σατανᾶς, ὁ πλανῶν τὴν οἰκουμένην ὅλην· ἐβλήθη εἰς τὴν γῆν, καὶ οἱ ἄγγελοι αὐτοῦ μετ' αὐτοῦ ἐβλήθησαν. καὶ ἤκουσα φωνὴν μεγάλην λέγουσαν ἐν τῷ οὐρανῷ[10], 10

---

[1] (· for ,) add καὶ   [2] πυρρὸς μέγας   [3] ἑπτὰ διαδήματα
[4] ἕστηκεν   [5] ἄρσεν   [6] add πρὸς   [7] add ἐκεῖ   [8] τοῦ
πολεμῆσαι μετὰ   [9] οὐδὲ   [10] ἐν τῷ οὐρανῷ λέγουσαν

Ἄρτι ἐγένετο ἡ σωτηρία καὶ ἡ δύναμις καὶ ἡ βα-
σιλεία τοῦ Θεοῦ ἡμῶν, καὶ ἡ ἐξουσία τοῦ Χριστοῦ
αὐτοῦ· ὅτι κατεβλήθη[11] ὁ κατήγορος τῶν ἀδελφῶν
ἡμῶν, ὁ κατηγορῶν αὐτῶν ἐνώπιον τοῦ Θεοῦ ἡμῶν
11 ἡμέρας καὶ νυκτός. καὶ αὐτοὶ ἐνίκησαν αὐτὸν διὰ
τὸ αἷμα τοῦ ἀρνίου, καὶ διὰ τὸν λόγον τῆς μαρ-
τυρίας αὐτῶν, καὶ οὐκ ἠγάπησαν τὴν ψυχὴν αὐτῶν
12 ἄχρι θανάτου. διὰ τοῦτο εὐφραίνεσθε, οἱ[12] οὐρανοὶ
καὶ οἱ ἐν αὐτοῖς σκηνοῦντες· οὐαὶ τοῖς κατοικοῦσι[13]
τὴν γῆν καὶ τὴν θάλασσαν, ὅτι κατέβη ὁ διάβολος
πρὸς ὑμᾶς ἔχων θυμὸν μέγαν, εἰδὼς ὅτι ὀλίγον
καιρὸν ἔχει.
13 Καὶ ὅτε εἶδεν ὁ δράκων ὅτι ἐβλήθη εἰς τὴν
γῆν, ἐδίωξε τὴν γυναῖκα ἥτις ἔτεκε τὸν ἄρρενα.
14 καὶ ἐδόθησαν τῇ γυναικὶ[14] δύο πτέρυγες τοῦ ἀετοῦ
τοῦ μεγάλου, ἵνα πέτηται εἰς τὴν ἔρημον εἰς τὸν
τόπον αὐτῆς, ὅπου τρέφεται ἐκεῖ καιρόν, καὶ και-
ροὺς, καὶ ἥμισυ καιροῦ, ἀπὸ προσώπου τοῦ ὄφεως.
15 καὶ ἔβαλεν ὁ ὄφις ὀπίσω τῆς γυναικὸς ἐκ τοῦ στόματος
αὐτοῦ[15] ὕδωρ ὡς ποταμόν, ἵνα ταύτην[16] ποταμοφόρη-
16 τον ποιήσῃ. καὶ ἐβοήθησεν ἡ γῆ τῇ γυναικί, καὶ
ἤνοιξεν ἡ γῆ τὸ στόμα αὐτῆς, καὶ κατέπιε τὸν
ποταμὸν ὃν ἔβαλεν ὁ δράκων ἐκ τοῦ στόματος
17 αὐτοῦ. καὶ ὠργίσθη ὁ δράκων ἐπὶ τῇ γυναικί, καὶ
ἀπῆλθε ποιῆσαι πόλεμον μετὰ τῶν λοιπῶν τοῦ
σπέρματος αὐτῆς, τῶν τηρούντων τὰς ἐντολὰς τοῦ
Θεοῦ καὶ ἐχόντων τὴν μαρτυρίαν τοῦ[17] Ἰησοῦ
XIII. Χριστοῦ[18]· καὶ ἐστάθην[19] ἐπὶ τὴν ἄμμον τῆς θα-
λάσσης.

Καὶ εἶδον ἐκ τῆς θαλάσσης θηρίον ἀναβαῖνον,

---

[11] ἐβλήθη   [12] om. οἱ   [13] om. τοῖς κατοικοῦσι
[14] add αἱ   [15] ἐκ τοῦ στόματος αὐτοῦ ὀπίσω τῆς γυναικὸς
[16] αὐτὴν   [17] om. τοῦ   [18] om. Χριστοῦ   [19] ἐστάθη

ἔχων κεφαλὰς ἑπτὰ καὶ κέρατα δέκα¹, καὶ ἐπὶ τῶν κερά-
των αὐτοῦ δέκα διαδήματα, καὶ ἐπὶ τὰς κεφαλὰς
αὐτοῦ ὄνομα² βλασφημίας. καὶ τὸ θηρίον, ὃ εἶδον, 2
ἦν ὅμοιον παρδάλει, καὶ οἱ πόδες αὐτοῦ ὡς ἄρκτου³,
καὶ τὸ στόμα αὐτοῦ ὡς στόμα λέοντος· καὶ ἔδωκεν
αὐτῷ ὁ δράκων τὴν δύναμιν αὐτοῦ, καὶ τὸν θρόνον
αὐτοῦ, καὶ ἐξουσίαν μεγάλην. καὶ εἶδον⁴ μίαν⁵ τῶν 3
κεφαλῶν αὐτοῦ ὡς ἐσφαγμένην εἰς θάνατον· καὶ
ἡ πληγὴ τοῦ θανάτου αὐτοῦ ἐθεραπεύθη· καὶ ἐθαύ-
μασεν ὅλη ἡ γῆ ὀπίσω τοῦ θηρίου· καὶ προσεκύνη- 4
σαν τὸν δράκοντα⁶ ὃς⁷ ἔδωκεν⁸ ἐξουσίαν τῷ θηρίῳ, καὶ
προσεκύνησαν τὸ θηρίον⁹, λέγοντες, Τίς ὅμοιος τῷ
θηρίῳ; ¹⁰τίς δύναται πολεμῆσαι μετ᾽ αὐτοῦ; καὶ 5
ἐδόθη αὐτῷ στόμα λαλοῦν μεγάλα καὶ βλασφη-
μίας· καὶ ἐδόθη αὐτῷ ἐξουσία ποιῆσαι μῆνας τεσ-
σαράκοντα δύο. καὶ ἤνοιξε τὸ στόμα αὐτοῦ εἰς 6
βλασφημίαν¹¹ πρὸς τὸν Θεόν, βλασφημῆσαι τὸ ὄνομα
αὐτοῦ, καὶ τὴν σκηνὴν αὐτοῦ, καὶ¹² τοὺς ἐν τῷ
οὐρανῷ σκηνοῦντας. ¹³καὶ ἐδόθη αὐτῷ πόλεμον ποιῆ- 7
σαι¹⁴ μετὰ τῶν ἁγίων, καὶ νικῆσαι αὐτούς· καὶ ἐδόθη αὐτῷ
ἐξουσία ἐπὶ πᾶσαν φυλὴν¹⁵ καὶ γλῶσσαν καὶ ἔθνος.
καὶ προσκυνήσουσιν αὐτῷ¹⁶ πάντες οἱ κατοικοῦντες 8
ἐπὶ τῆς γῆς, ὧν¹⁷ οὐ γέγραπται τὰ ὀνόματα¹⁸ ἐν τῇ
βίβλῳ¹⁹ τῆς ζωῆς τοῦ ἀρνίου*²⁰ ἐσφαγμένου ἀπὸ²¹
καταβολῆς κοσμου. εἴ τις ἔχει οὖς, ἀκουσάτω. 9
εἴ τις²² αἰχμαλωσίαν συνάγει²³, εἰς αἰχμαλωσίαν 10

---

¹ κέρατα δέκα καὶ κεφαλὰς ἑπτά   ² ὀνόματα⸝   ³ ἄρκου
⁴ om. εἶδον   ⁵ add ἐκ   ⁶ τῷ δράκοντι   ⁷, ὅτι   ⁸ (ἔδωκε)
add τὴν   ⁹ τῷ θηρίῳ   ¹⁰ add καὶ   ¹¹ βλασφημίας
¹² om. καὶ   ¹³ Marg. om. καὶ ἐδόθη αὐτῷ to νικῆσαι αὐτούς·
¹⁴ ποιῆσαι πόλεμον   ¹⁵ add καὶ λαὸν   ¹⁶ αὐτὸν   ¹⁷ οὗ
¹⁸ τὸ ὄνομα αὐτοῦ   ¹⁹ τῷ βιβλίῳ   ²⁰ add τοῦ   ²¹ (Marg.
ἐσφαγμένου, ἀπὸ)   ²² add εἰς   ²³ om. συνάγει (Marg.
notes the uncertainty of the reading)

ὑπάγει· εἴ τις ἐν μαχαίρᾳ ἀποκτενεῖ, δεῖ αὐτὸν ἐν
μαχαίρᾳ ἀποκτανθῆναι. ὧδέ ἐστιν ἡ ὑπομονὴ καὶ
ἡ πίστις τῶν ἁγίων.

11 Καὶ εἶδον ἄλλο θηρίον ἀναβαῖνον ἐκ τῆς γῆς,
καὶ εἶχε κέρατα δύο ὅμοια ἀρνίῳ, καὶ ἐλάλει ὡς
12 δράκων. καὶ τὴν ἐξουσίαν τοῦ πρώτου θηρίου
πᾶσαν ποιεῖ ἐνώπιον αὐτοῦ. καὶ ποιεῖ τὴν γῆν καὶ
τοὺς κατοικοῦντας ἐν αὐτῇ²⁴ ἵνα προσκυνήσωσι²⁵ τὸ θη-
ρίον τὸ πρῶτον, οὗ ἐθεραπεύθη ἡ πληγὴ τοῦ θανά-
13 του αὐτοῦ. καὶ ποιεῖ σημεῖα μεγάλα, ἵνα καὶ πῦρ
ποιῇ καταβαίνειν ἐκ τοῦ οὐρανοῦ²⁶ εἰς τὴν γῆν ἐνώπιον
14 τῶν ἀνθρώπων. καὶ πλανᾷ τοὺς κατοικοῦντας
ἐπὶ τῆς γῆς διὰ τὰ σημεῖα ἃ ἐδόθη αὐτῷ ποιῆσαι
ἐνώπιον τοῦ θηρίου, λέγων τοῖς κατοικοῦσιν ἐπὶ
τῆς γῆς ποιῆσαι εἰκόνα τῷ θηρίῳ δ²⁷ ἔχει τὴν
15 πληγὴν τῆς μαχαίρας καὶ ἔζησε. καὶ ἐδόθη αὐτῷ²⁸
δοῦναι πνεῦμα²⁹ τῇ εἰκόνι τοῦ θηρίου, ἵνα καὶ λα-
λήσῃ ἡ εἰκὼν τοῦ θηρίου, καὶ ποιήσῃ³⁰, ³¹ὅσοι ἂν³²
μὴ προσκυνήσωσι τὴν εἰκόνα³³ τοῦ θηρίου, ἵνα³⁴
16 ἀποκτανθῶσι. καὶ ποιεῖ πάντας, τοὺς μικροὺς καὶ
τοὺς μεγάλους, καὶ τοὺς πλουσίους καὶ τοὺς πτω-
χούς, καὶ τοὺς ἐλευθέρους καὶ τοὺς δούλους, ἵνα
δώσῃ³⁵ αὐτοῖς χάραγμα ἐπὶ τῆς χειρὸς αὐτῶν τῆς
17 δεξιᾶς, ἢ ἐπὶ τῶν μετώπων³⁶ αὐτῶν, καὶ ἵνα μή τις
δύνηται ἀγοράσαι ἢ πωλῆσαι, εἰ μὴ ὁ ἔχων τὸ χά-
ραγμα ἢ³⁷ τὸ ὄνομα τοῦ θηρίου ἢ τὸν ἀριθμὸν τοῦ
18 ὀνόματος αὐτοῦ. ὧδε ἡ σοφία ἐστίν. ὁ ἔχων τὸν³⁸
νοῦν ψηφισάτω τὸν ἀριθμὸν τοῦ θηρίου· ἀριθμὸς
γὰρ ἀνθρώπου ἐστί, καὶ ὁ ἀριθμὸς αὐτοῦ χξϛ′³⁹.

²⁴ ἐν αὐτῇ κατοικοῦντας   ²⁵ προσκυνήσουσι   ²⁶ ἐκ τοῦ
οὐρανοῦ καταβαίνειν   ²⁷ , ὃς   ²⁸ αὐτῇ   ²⁹ (πνεῦμα,)
³⁰ Marg. ποιήσει   ³¹ add ἵνα,   ³² ἐὰν   ³³ τῇ εἰκόνι
³⁴ om. ἵνα   ³⁵ δῶσιν   ³⁶ τὸ μέτωπον   ³⁷ (χάραγμα,)
om. ἢ   ³⁸ om. τὸν   ³⁹ Marg. χιϛ′

Καὶ εἶδον, καὶ ἰδού,¹ ἀρνίον ἑστηκὸς ἐπὶ τὸ ὄρος XIV.
Σιών, καὶ μετ' αὐτοῦ ἑκατὸν τεσσαρακοντατέσσα-
ρες χιλιάδες, ἔχουσαι τὸ ὄνομα² τοῦ πατρὸς αὐτοῦ
γεγραμμένον ἐπὶ τῶν μετώπων αὐτῶν. καὶ ἤκουσα 2
φωνὴν ἐκ τοῦ οὐρανοῦ, ὡς φωνὴν ὑδάτων πολλῶν,
καὶ ὡς φωνὴν βροντῆς μεγάλης· καὶ φωνὴν ἤκουσα³
⁴κιθαρῳδῶν κιθαριζόντων ἐν ταῖς κιθάραις αὐτῶν.
καὶ ᾄδουσιν ὡς ᾠδὴν καινὴν ἐνώπιον τοῦ θρόνου, 3
καὶ ἐνώπιον τῶν τεσσάρων ζώων καὶ τῶν πρεσβυ-
τέρων· καὶ οὐδεὶς ἠδύνατο μαθεῖν τὴν ᾠδήν, εἰ μὴ
αἱ ἑκατὸν τεσσαρακοντατέσσαρες χιλιάδες, οἱ
ἠγορασμένοι ἀπὸ τῆς γῆς. οὗτοί εἰσιν οἱ μετὰ 4
γυναικῶν οὐκ ἐμολύνθησαν· παρθένοι γάρ εἰσιν.
οὗτοί εἰσιν⁵ οἱ ἀκολουθοῦντες τῷ ἀρνίῳ ὅπου ἂν
ὑπάγῃ. οὗτοι ἠγοράσθησαν ἀπὸ τῶν ἀνθρώπων,
ἀπαρχὴ τῷ Θεῷ καὶ τῷ ἀρνίῳ. καὶ ἐν τῷ στόματι 5
αὐτῶν οὐχ εὑρέθη δόλος⁶· ἄμωμοι γάρ⁷ εἰσιν ἐνώπιον
τοῦ θρόνου τοῦ Θεοῦ⁸.

Καὶ εἶδον ἄλλον ἄγγελον πετώμενον⁹ ἐν μεσου- 6
ρανηματι, ἔχοντα εὐαγγέλιον αἰώνιον, εὐαγγελίσαι¹⁰
τοὺς κατοικοῦντας¹¹ ἐπὶ τῆς γῆς, καὶ¹⁰ πᾶν ἔθνος καὶ
φυλὴν καὶ γλῶσσαν καὶ λαόν, λέγοντα¹² ἐν φωνῇ 7
μεγάλῃ, Φοβήθητε τὸν Θεόν, καὶ δότε αὐτῷ δόξαν,
ὅτι ἦλθεν ἡ ὥρα τῆς κρίσεως αὐτοῦ, καὶ προσκυ-
νήσατε τῷ ποιήσαντι τὸν οὐρανὸν καὶ τὴν γῆν καὶ
τὴν* θάλασσαν καὶ πηγὰς ὑδάτων.

Καὶ ἄλλος¹³ ἄγγελος ἠκολούθησε, λέγων, Ἔπε- 8
σεν ἔπεσε Βαβυλὼν ἡ πόλις¹⁴ ἡ μεγάλη, ὅτι¹⁵ ἐκ τοῦ

---

¹ add τὸ   ² add αὐτοῦ, καὶ τὸ ὄνομα   ³ ἡ φωνὴ ἣν ἤκουσα
⁴ add ὡς   ⁵ (οὗτοι) om. εἰσιν   ⁶ ψεῦδος   ⁷ (ἄμωμοι)
om. γάρ   ⁸ om. ἐνώπιον τοῦ θρόνου τοῦ Θεοῦ   ⁹ πετόμενον
¹⁰ add ἐπὶ   ¹¹ καθημένους   ¹² λέγων   ¹³ add ,
δεύτερος   ¹⁴ om. ἡ πόλις   ¹⁵ ἡ

οἴνου τοῦ θυμοῦ τῆς πορνείας αὐτῆς πεπότικε
πάντα[16] ἔθνη.

9 Καὶ τρίτος ἄγγελος[17] ἠκολούθησεν αὐτοῖς, λέγων
ἐν φωνῇ μεγάλῃ, Εἴ τις τὸ θηρίον προσκυνεῖ[18] καὶ τὴν
εἰκόνα αὐτοῦ, καὶ λαμβάνει χάραγμα ἐπὶ τοῦ μετώ-
10 που αὐτοῦ, ἢ ἐπὶ τὴν χεῖρα αὐτοῦ, καὶ αὐτὸς πίεται
ἐκ τοῦ οἴνου τοῦ θυμοῦ τοῦ Θεοῦ, τοῦ κεκερασμένου
ἀκράτου ἐν τῷ ποτηρίῳ τῆς ὀργῆς αὐτοῦ, καὶ βα-
σανισθήσεται ἐν πυρὶ καὶ θείῳ ἐνώπιον τῶν[19] ἁγίων
11 ἀγγέλων[20], καὶ ἐνώπιον τοῦ ἀρνίου· καὶ ὁ καπνὸς τοῦ
βασανισμοῦ αὐτῶν ἀναβαίνει εἰς αἰῶνας αἰώνων[21]· καὶ
οὐκ ἔχουσιν ἀνάπαυσιν ἡμέρας καὶ νυκτὸς οἱ προσ-
κυνοῦντες τὸ θηρίον καὶ τὴν εἰκόνα αὐτοῦ, καὶ εἴ
τις λαμβάνει τὸ χάραγμα τοῦ ὀνόματος αὐτοῦ.
12 ὧδε[22] ὑπομονὴ τῶν ἁγίων ἐστίν· ὧδε[23] οἱ τηροῦντες
τὰς ἐντολὰς τοῦ Θεοῦ καὶ τὴν πίστιν Ἰησοῦ.

13 Καὶ ἤκουσα φωνῆς ἐκ τοῦ οὐρανοῦ λεγούσης
μοι[24], Γράψον, Μακάριοι οἱ νεκροὶ οἱ ἐν Κυρίῳ
ἀποθνήσκοντες ἀπ᾽ ἄρτι· ναί[25], λέγει τὸ Πνεῦμα,
ἵνα ἀναπαύσωνται[26] ἐκ τῶν κόπων αὐτῶν· τὰ δὲ[27] ἔργα
αὐτῶν ἀκολουθεῖ μετ᾽ αὐτῶν.

14 Καὶ εἶδον, καὶ ἰδού, νεφέλη λευκή, καὶ ἐπὶ τὴν
νεφέλην καθήμενος ὅμοιος[28] υἱῷ[29] ἀνθρώπου, ἔχων ἐπὶ
τῆς κεφαλῆς αὐτοῦ στέφανον χρυσοῦν, καὶ ἐν τῇ
15 χειρὶ αὐτοῦ δρέπανον ὀξύ. καὶ ἄλλος ἄγγελος
ἐξῆλθεν ἐκ τοῦ ναοῦ, κράζων ἐν μεγάλῃ φωνῇ τῷ
καθημένῳ ἐπὶ τῆς νεφέλης, Πέμψον τὸ δρέπανόν
σου καὶ θέρισον· ὅτι ἦλθέ σοι[30] ἡ ὥρα τοῦ[31] θερίσαι,

---

[16] add τὰ   [17] ἄλλος ἄγγελος, τρίτος,   [18] προσκυνεῖ τὸ
θηρίον   [19] om. τῶν   [20] ἀγγέλων ἁγίων   [21] εἰς αἰῶνας
αἰώνων ἀναβαίνει   [22] add ἡ   [23] (ἐστίν,) om. ὧδε   [24] om.
μοι   [25] (Marg. ἀποθνήσκοντες. Ἀπ᾽ ἄρτι ναί)   [26] ἀνα-
παήσονται   [27] γὰρ   [28] καθήμενον ὅμοιον   [29] υἱὸν
[30] (ἦλθεν) om. σοι   [31] om. τοῦ

ὅτι ἐξηράνθη ὁ θερισμὸς τῆς γῆς. καὶ ἔβαλεν ὁ 16
καθήμενος ἐπὶ τὴν νεφέλην³² τὸ δρέπανον αὐτοῦ ἐπὶ
τὴν γῆν, καὶ ἐθερίσθη ἡ γῆ.

Καὶ ἄλλος ἄγγελος ἐξῆλθεν ἐκ τοῦ ναοῦ τοῦ ἐν 17
τῷ οὐρανῷ, ἔχων καὶ αὐτὸς δρέπανον ὀξύ. καὶ ἄλ- 18
λος ἄγγελος ἐξῆλθεν ἐκ τοῦ θυσιαστηρίου, ³³ἔχων
ἐξουσίαν ἐπὶ τοῦ πυρός, καὶ ἐφώνησε κραυγῇ³⁴
μεγάλῃ τῷ ἔχοντι τὸ δρέπανον τὸ ὀξύ, λέγων,
Πέμψον σου τὸ δρέπανον τὸ ὀξὺ καὶ τρύγησον
τοὺς βότρυας τῆς ἀμπέλου τῆς γῆς, ὅτι ἤκμασαν
αἱ σταφυλαὶ αὐτῆς. καὶ ἔβαλεν ὁ ἄγγελος τὸ 19
δρέπανον αὐτοῦ εἰς τὴν γῆν, καὶ ἐτρύγησε τὴν
ἄμπελον τῆς γῆς, καὶ ἔβαλεν εἰς τὴν ληνὸν τοῦ
θυμοῦ τοῦ Θεοῦ τὴν μεγάλην. καὶ ἐπατήθη ἡ 20
ληνὸς ἔξω³⁵ τῆς πόλεως, καὶ ἐξῆλθεν αἷμα ἐκ τῆς
ληνοῦ ἄχρι τῶν χαλινῶν τῶν ἵππων, ἀπὸ σταδίων
χιλίων ἑξακοσίων.

Καὶ εἶδον ἄλλο σημεῖον ἐν τῷ οὐρανῷ μέγα καὶ XV.
θαυμαστόν, ἀγγέλους ἑπτὰ ἔχοντας πληγὰς ἑπτὰ
τὰς ἐσχάτας, ὅτι ἐν αὐταῖς ἐτελέσθη ὁ θυμὸς τοῦ
Θεοῦ.

Καὶ εἶδον ὡς θάλασσαν ὑαλίνην μεμιγμένην 2
πυρί, καὶ τοὺς νικῶντας ἐκ τοῦ θηρίου καὶ ἐκ τῆς
εἰκόνος αὐτοῦ καὶ ἐκ τοῦ χαράγματος αὐτοῦ,·¹ ἐκ τοῦ
ἀριθμοῦ τοῦ ὀνόματος αὐτοῦ, ἑστῶτας ἐπὶ τὴν
θάλασσαν τὴν ὑαλίνην, ἔχοντας κιθάρας τοῦ Θεοῦ.
καὶ ᾄδουσι τὴν ᾠδὴν Μωσέως τοῦ* δούλου τοῦ 3
Θεοῦ, καὶ τὴν ᾠδὴν τοῦ ἀρνίου, λέγοντες, Μεγάλα
καὶ θαυμαστὰ τὰ ἔργα σου, Κύριε ὁ Θεὸς ὁ παν-
τοκράτωρ· δίκαιαι καὶ ἀληθιναὶ αἱ ὁδοί σου, ὁ
βασιλεὺς τῶν ἁγίων². τίς οὐ μὴ φοβηθῇ σε³, Κύριε, 4

---

³² τῆς νεφέλης   ³³ add ὁ   ³⁴ φωνῇ   ³⁵ ἔξωθεν   ¹ om. ἐκ τοῦ
χαράγματος αὐτοῦ,   ² αἰώνων text, ἐθνῶν marg.   ³ om. σε

καὶ **δοξάσῃ**[4] τὸ ὄνομά σου; ὅτι μόνος ὅσιος· ὅτι
πάντα τὰ ἔθνη ἥξουσι καὶ προσκυνήσουσιν ἐνώ-
πιόν σου, ὅτι τὰ δικαιώματά σου ἐφανερώθησαν.

5 Καὶ μετὰ ταῦτα εἶδον, καὶ ἰδού,[5] ἠνοίγη ὁ ναὸς
6 τῆς σκηνῆς τοῦ μαρτυρίου ἐν τῷ οὐρανῷ· καὶ ἐξῆλ-
θον οἱ ἑπτὰ ἄγγελοι[6] ἔχοντες τὰς ἑπτὰ πληγὰς
ἐκ τοῦ ναοῦ, ἐνδεδυμένοι λίνον[7] καθαρὸν καὶ[8] λαμ-
πρόν, καὶ περιεζωσμένοι περὶ τὰ στήθη ζώνας
7 χρυσᾶς. καὶ ἓν ἐκ τῶν τεσσάρων ζώων ἔδωκε
τοῖς ἑπτὰ ἀγγέλοις ἑπτὰ φιάλας χρυσᾶς γεμούσας
τοῦ θυμοῦ τοῦ Θεοῦ τοῦ ζῶντος εἰς τοὺς αἰῶνας
8 τῶν αἰώνων. καὶ ἐγεμίσθη ὁ ναὸς καπνοῦ ἐκ τῆς
δόξης τοῦ Θεοῦ, καὶ ἐκ τῆς δυνάμεως αὐτοῦ· καὶ
οὐδεὶς ἠδύνατο εἰσελθεῖν εἰς τὸν ναόν, ἄχρι τελε-
σθῶσιν αἱ ἑπτὰ πληγαὶ τῶν ἑπτὰ ἀγγέλων.

XVI. Καὶ ἤκουσα φωνῆς μεγάλης ἐκ τοῦ ναοῦ, λε-
γούσης τοῖς ἑπτὰ ἀγγέλοις, Ὑπάγετε, καὶ ἐκχέατε
τὰς[1] φιάλας τοῦ θυμοῦ τοῦ Θεοῦ εἰς τὴν γῆν.

2 Καὶ ἀπῆλθεν ὁ πρῶτος, καὶ ἐξέχεε τὴν φιάλην
αὐτοῦ **ἐπὶ**[2] τὴν γῆν· καὶ ἐγένετο ἕλκος κακὸν καὶ
πονηρὸν **εἰς**[3] τοὺς ἀνθρώπους τοὺς ἔχοντας τὸ χά-
ραγμα τοῦ θηρίου, καὶ τοὺς **τῇ εἰκόνι αὐτοῦ προσκυ-
νοῦντας**[4].

3 Καὶ ὁ δεύτερος **ἄγγελος**[5] ἐξέχεε τὴν φιάλην αὐ-
τοῦ εἰς τὴν θάλασσαν· καὶ ἐγένετο αἷμα ὡς νεκροῦ,
καὶ πᾶσα ψυχὴ **ζῶσα**[6] ἀπέθανεν[7] ἐν τῇ θαλάσσῃ.

4 Καὶ ὁ τρίτος **ἄγγελος**[5] ἐξέχεε τὴν φιάλην αὐτοῦ
εἰς τοὺς ποταμοὺς καὶ **εἰς**[8] τὰς πηγὰς τῶν ὑδάτων·
5 καὶ **ἐγένετο**[9] αἷμα. καὶ ἤκουσα τοῦ ἀγγέλου τῶν

---

[4] δοξάσει   [5] om. ἰδού,   [6] add οἱ   [7] λίθον text, not
marg.   [8] om. καὶ   [1] add ἑπτὰ   [2] εἰς   [3] ἐπὶ
[4] προσκυνοῦντας τῇ εἰκόνι αὐτοῦ   [5] om. ἄγγελος   [6] ζωῆς
[7] (-νε) add, τὰ   [8] om. εἰς   [9] Marg. ἐγένοντο

ὑδάτων λέγοντος, Δίκαιος, Κύριε[10], εἰ, ὁ ὢν καὶ ὁ ἦν καὶ[11] ὁ ἐσόμενος[12], ὅτι ταῦτα ἔκρινας·[13] ὅτι αἷμα 6 ἁγίων καὶ προφητῶν ἐξέχεαν, καὶ αἷμα αὐτοῖς ἔδωκας[14] πιεῖν· ἄξιοι γάρ[15] εἰσι. καὶ ἤκουσα ἄλλου 7 ἐκ[16] τοῦ θυσιαστηρίου λέγοντος, Ναί, Κύριε ὁ Θεὸς ὁ παντοκράτωρ, ἀληθιναὶ καὶ δίκαιαι αἱ κρίσεις σου.

Καὶ ὁ τέταρτος ἄγγελος[5] ἐξέχεε τὴν φιάλην αὐ- 8 τοῦ ἐπὶ τὸν ἥλιον· καὶ ἐδόθη αὐτῷ καυματίσαι τοὺς ἀνθρώπους ἐν πυρί. καὶ ἐκαυματίσθησαν οἱ 9 ἄνθρωποι καῦμα μέγα, καὶ ἐβλασφήμησαν τὸ ὄνομα τοῦ Θεοῦ τοῦ ἔχοντος[17] ἐξουσίαν ἐπὶ τὰς πληγὰς ταύτας, καὶ οὐ μετενόησαν δοῦναι αὐτῷ δόξαν.

Καὶ ὁ πέμπτος ἄγγελος[5] ἐξέχεε τὴν φιάλην αὐ- 10 τοῦ ἐπὶ τὸν θρόνον τοῦ θηρίου· καὶ ἐγένετο ἡ βασι- λεία αὐτοῦ ἐσκοτωμένη· καὶ ἐμασσῶντο τὰς γλώσ- σας αὐτῶν ἐκ τοῦ πόνου, καὶ ἐβλασφήμησαν τὸν 11 Θεὸν τοῦ οὐρανοῦ ἐκ τῶν πόνων αὐτῶν καὶ ἐκ τῶν ἑλκῶν αὐτῶν, καὶ οὐ μετενόησαν ἐκ τῶν ἔργων αὐτῶν.

Καὶ ὁ ἕκτος ἄγγελος[5] ἐξέχεε τὴν φιάλην αὐτοῦ 12 ἐπὶ τὸν ποταμὸν τὸν μέγαν τὸν Εὐφράτην· καὶ ἐξηράνθη τὸ ὕδωρ αὐτοῦ, ἵνα ἑτοιμασθῇ ἡ ὁδὸς τῶν βασιλέων τῶν ἀπὸ ἀνατολῶν ἡλίου. καὶ εἶδον ἐκ 13 τοῦ στόματος τοῦ δράκοντος, καὶ ἐκ τοῦ στόματος τοῦ θηρίου, καὶ ἐκ τοῦ στόματος τοῦ ψευδοπροφή- του, πνεύματα τρία ἀκάθαρτα ὅμοια βατράχοις[18]· εἰσὶ 14 γὰρ πνεύματα δαιμόνων[19] ποιοῦντα σημεῖα, ἃ ἐκπο- ρεύεται ἐπὶ τοὺς βασιλεῖς τῆς γῆς καὶ[20] τῆς οἰκουμέ-

---

[10] om. , Κύριε,   [11] om. καὶ   [12] ὅσιος   [13] (Marg. ἔκρινας.)   [14] δέδωκας   [15] (ἄξιοί) om. γάρ   [16] om. ἄλλου ἐκ   [17] add τὴν   [18] ὡς βάτραχοι   [19] δαιμονίων [20] om. τῆς γῆς καὶ

νης ὅλης, συναγαγεῖν αὐτοὺς εἰς τὸν * πόλεμον τῆς
ἡμέρας ἐκείνης²¹ τῆς μεγάλης τοῦ Θεοῦ τοῦ παντο-
15 κράτορος. (Ἰδού, ἔρχομαι ὡς κλέπτης. μακάριος
ὁ γρηγορῶν καὶ τηρῶν τὰ ἱμάτια αὐτοῦ, ἵνα μὴ
γυμνὸς περιπατῇ, καὶ βλέπωσι τὴν ἀσχημοσύνην
16 αὐτοῦ.) καὶ συνήγαγεν αὐτοὺς εἰς τὸν τόπον τὸν
καλούμενον Ἑβραϊστὶ Ἀρμαγεδδών²².

17 Καὶ ὁ ἕβδομος ἄγγελος⁵ ἐξέχεε τὴν φιάλην αὐτοῦ
εἰς²³ τὸν ἀέρα· καὶ ἐξῆλθε φωνὴ μεγάλη ἀπὸ²⁴ τοῦ
ναοῦ τοῦ οὐρανοῦ²⁵, ἀπὸ τοῦ θρόνου, λέγουσα, Γέγονε.
18 καὶ ἐγένοντο φωναὶ καὶ βρονταὶ καὶ ἀστραπαί²⁶, καὶ
σεισμὸς ἐγένετο μέγας, οἷος οὐκ ἐγένετο ἀφ᾽ οὗ οἱ
ἄνθρωποι ἐγένοντο²⁷ ἐπὶ τῆς γῆς, τηλικοῦτος σεισμός,
19 οὕτω μέγας. καὶ ἐγένετο ἡ πόλις ἡ μεγάλη εἰς
τρία μέρη, καὶ αἱ πόλεις τῶν ἐθνῶν ἔπεσον· καὶ
Βαβυλὼν ἡ μεγάλη ἐμνήσθη ἐνώπιον τοῦ Θεοῦ,
δοῦναι αὐτῇ τὸ ποτήριον τοῦ οἴνου τοῦ θυμοῦ τῆς
20 ὀργῆς αὐτοῦ. καὶ πᾶσα νῆσος ἔφυγε, καὶ ὄρη οὐχ
21 εὑρέθησαν. καὶ χάλαζα μεγάλη, ὡς ταλαντιαία,
καταβαίνει ἐκ τοῦ οὐρανοῦ ἐπὶ τοὺς ἀνθρώπους·
καὶ ἐβλασφήμησαν οἱ ἄνθρωποι τὸν Θεὸν ἐκ τῆς
πληγῆς τῆς χαλάζης· ὅτι μεγάλη ἐστὶν ἡ πληγὴ
αὐτῆς σφόδρα.

XVII. Καὶ ἦλθεν εἷς ἐκ τῶν ἑπτὰ ἀγγέλων τῶν ἐχόν-
των τὰς ἑπτὰ φιάλας, καὶ ἐλάλησε μετ᾽ ἐμοῦ,
λέγων μοι¹, Δεῦρο, δείξω σοι τὸ κρίμα τῆς πόρνης
τῆς μεγάλης, τῆς καθημένης ἐπὶ τῶν² ὑδάτων τῶν²
2 πολλῶν· μεθ᾽ ἧς ἐπόρνευσαν οἱ βασιλεῖς τῆς γῆς,
καὶ ἐμεθύσθησαν ἐκ τοῦ οἴνου τῆς πορνείας αὐτῆς οἱ

²¹ om. ἐκείνης   ²² Ἀρμαγεδών   ²³ ἐπὶ   ²⁴ ἐκ   ²⁵ om.
τοῦ οὐρανοῦ   ²⁶ ἀστραπαὶ καὶ φωναὶ καὶ βρονταί   ²⁷ ἄν-
θρωποι ἐγένοντο text, ἄνθρωπος ἐγένετο marg.   ¹ om. μοι
² om. τῶν

κατοικοῦντες τὴν γῆν³. καὶ ἀπήνεγκέ με εἰς ἔρημον 3
ἐν Πνεύματι· καὶ εἶδον γυναῖκα καθημένην ἐπὶ
θηρίον κόκκινον, γέμον ὀνομάτων⁴ βλασφημίας, ἔχον⁵
κεφαλὰς ἑπτὰ καὶ κέρατα δέκα. καὶ ἡ γυνὴ ἦν* πε- 4
ριβεβλημένη πορφύρᾳ⁶ καὶ κοκκίνῳ⁷, καὶ κεχρυσωμένη
χρυσῷ⁸ καὶ λίθῳ τιμίῳ καὶ μαργαρίταις, ἔχουσα
χρυσοῦν ποτήριον⁹ ἐν τῇ χειρὶ αὐτῆς, γέμον βδελυγμά-
των καὶ¹⁰ ἀκαθάρτητος¹¹ πορνείας αὐτῆς, καὶ ἐπὶ τὸ 5
μέτωπον αὐτῆς ὄνομα γεγραμμένον, Μυστήριον,
Βαβυλὼν¹² ἡ μεγάλη, ἡ μήτηρ τῶν πορνῶν καὶ
τῶν βδελυγμάτων τῆς γῆς. καὶ εἶδον τὴν γυναῖκα 6
μεθύουσαν ἐκ τοῦ αἵματος τῶν ἁγίων, καὶ ἐκ τοῦ
αἵματος τῶν μαρτύρων Ἰησοῦ. καὶ ἐθαύμασα,
ἰδὼν αὐτήν, θαῦμα μέγα. καὶ εἶπέ μοι ὁ ἄγγελος, 7
Διατί ἐθαύμασας ; ἐγώ σοι ἐρῶ¹³ τὸ μυστήριον τῆς
γυναικός, καὶ τοῦ θηρίου τοῦ βαστάζοντος αὐτήν,
τοῦ ἔχοντος τὰς ἑπτὰ κεφαλὰς καὶ τὰ δέκα κέρατα.
τὸ* θηρίον, ὃ εἶδες, ἦν, καὶ οὐκ ἔστι, καὶ μέλλει 8
ἀναβαίνειν ἐκ τῆς ἀβύσσου, καὶ εἰς ἀπώλειαν ὑπά-
γειν¹⁴. καὶ θαυμάσονται οἱ κατοικοῦντες ἐπὶ τῆς
γῆς, ὧν οὐ γέγραπται τὰ ὀνόματα¹⁵ ἐπὶ τὸ βιβλίον
τῆς ζωῆς ἀπὸ καταβολῆς κόσμου, βλέποντες¹⁶ τὸ
θηρίον ὅ, τι¹⁷ ἦν, καὶ οὐκ ἔστι, καίπερ ἔστιν¹⁸. ὧδε 9
ὁ νοῦς ὁ ἔχων σοφίαν. αἱ ἑπτὰ κεφαλαὶ ὄρη εἰσὶν
ἑπτά¹⁹, ὅπου ἡ γυνὴ κάθηται ἐπ' αὐτῶν. καὶ βασι- 10
λεῖς ἑπτά εἰσιν· οἱ πέντε ἔπεσαν, καὶ²⁰ ὁ εἷς ἔστιν,
ὁ ἄλλος οὔπω ἦλθε· καί, ὅταν ἔλθῃ, ὀλίγον αὐτὸν

³ οἱ κατοικοῦντες τὴν γῆν ἐκ τοῦ οἴνου τῆς πορνείας αὐτῆς ⁴ γέ-
μοντα ὀνόματα ⁵ (Marg. κόκκινον (γέμοντα ὀνόματα βλασφημίας)
ἔχον) ⁶ πορφυροῦν ⁷ κόκκινον ⁸ χρυσίῳ ⁹ ποτήριον
χρυσοῦν ¹⁰ (βδελυγμάτων, καὶ text, not marg.) ¹¹ τὰ ἀκάθαρ-
τα τῆς ¹² (Marg. γεγραμμένον μυστήριον, Βαβυλὼν) ¹³ (ἐγὼ)
ἐρῶ σοι ¹⁴ Marg. ὑπάγει ¹⁵ τὸ ὄνομα ¹⁶ βλεπόντων
¹⁷ ὅτι ¹⁸ καὶ παρέσται ¹⁹ ἑπτὰ ὄρη εἰσίν ²⁰ om. καὶ

11 δεῖ μεῖναι. καὶ τὸ θηρίον ὃ ἦν, καὶ οὐκ ἔστι, καὶ
αὐτὸς ὄγδοός ἐστι, καὶ ἐκ τῶν ἑπτά ἐστι, καὶ εἰς
12 ἀπώλειαν ὑπάγει. καὶ τὰ δέκα κέρατα, ἃ εἶδες,
δέκα βασιλεῖς εἰσίν, οἵτινες βασιλείαν οὔπω ἔλα-
βον, ἀλλ᾽ ἐξουσίαν ὡς βασιλεῖς μίαν ὥραν λαμβά-
13 νουσι μετὰ τοῦ θηρίου. οὗτοι μίαν γνώμην ἔχουσι,
καὶ τὴν δύναμιν καὶ τὴν²¹ ἐξουσίαν ἑαυτῶν²² τῷ
14 θηρίῳ διαδιδώσουσιν²³. οὗτοι μετὰ τοῦ ἀρνίου πολε-
μήσουσι, καὶ τὸ ἀρνίον νικήσει αὐτούς, ὅτι Κύριος
κυρίων ἐστὶ καὶ Βασιλεὺς βασιλέων, καὶ οἱ μετ᾽
15 αὐτοῦ, κλητοὶ καὶ ἐκλεκτοὶ καὶ πιστοί. καὶ λέγει
μοι, Τὰ ὕδατα, ἃ εἶδες, οὗ ἡ πόρνη κάθηται, λαοὶ
16 καὶ ὄχλοι εἰσί, καὶ ἔθνη καὶ γλῶσσαι. καὶ τὰ
δέκα κέρατα, ἃ εἶδες, ἐπὶ²⁴ τὸ θηρίον, οὗτοι μισήσουσι
τὴν πόρνην, καὶ ἠρημωμένην ποιήσουσιν αὐτὴν καὶ
γυμνήν, καὶ τὰς σάρκας αὐτῆς φάγονται, καὶ αὐτὴν
17 κατακαύσουσιν ἐν πυρί. ὁ γὰρ Θεὸς ἔδωκεν εἰς
τὰς καρδίας αὐτῶν ποιῆσαι τὴν γνώμην αὐτοῦ, καὶ
ποιῆσαι μίαν γνώμην, καὶ δοῦναι τὴν βασιλείαν
αὐτῶν τῷ θηρίῳ, ἄχρι τελεσθῇ τὰ ῥήματα²⁵ τοῦ Θεοῦ.
18 καὶ ἡ γυνή, ἣν εἶδες, ἐστὶν ἡ πόλις ἡ μεγάλη, ἡ
ἔχουσα βασιλείαν ἐπὶ τῶν βασιλέων τῆς γῆς.

XVIII. Καὶ¹ μετὰ ταῦτα εἶδον ἄλλον* ἄγγελον κατα-
βαίνοντα ἐκ τοῦ οὐρανοῦ, ἔχοντα ἐξουσίαν μεγάλην·
2 καὶ ἡ γῆ ἐφωτίσθη ἐκ τῆς δόξης αὐτοῦ. καὶ ἔκρα-
ξεν ἐν ἰσχύϊ, φωνῇ μεγάλῃ², λέγων, Ἔπεσεν ἔπεσε
Βαβυλὼν ἡ μεγάλη, καὶ ἐγένετο κατοικητήριον
δαιμόνων³, καὶ φυλακὴ παντὸς πνεύματος ἀκαθάρ-
του, καὶ φυλακὴ παντὸς ὀρνέου ἀκαθάρτου καὶ
3 μεμισημένου. ὅτι ἐκ τοῦ οἴνου⁴ τοῦ θυμοῦ τῆς πορ-

---

²¹ om. τὴν   ²² αὐτῶν   ²³ διδόασιν   ²⁴ καὶ
²⁵ τελεσθήσονται οἱ λόγοι   ¹ om. Καὶ (Μετὰ)   ² ἰσχυρᾷ
φωνῇ   ³ δαιμονίων   ⁴ Marg. om. τοῦ οἴνου

νείας αὐτῆς πέπωκε⁵ πάντα τὰ ἔθνη, καὶ οἱ βασιλεῖς
τῆς γῆς μετ᾽ αὐτῆς ἐπόρνευσαν, καὶ οἱ ἔμποροι τῆς
γῆς ἐκ τῆς δυνάμεως τοῦ στρήνους αὐτῆς ἐπλού-
τησαν.

Καὶ ἤκουσα ἄλλην φωνὴν ἐκ τοῦ οὐρανοῦ, λέ- 4
γουσαν, Ἐξέλθετε ἐξ αὐτῆς ὁ λαός μου⁶, ἵνα μὴ συγ-
κοινωνήσητε ταῖς ἁμαρτίαις αὐτῆς, καὶ ἵνα μὴ λάβητε
ἐκ τῶν πληγῶν αὐτῆς⁷· ὅτι ἐκολλήθησαν * αὐτῆς αἱ 5
ἁμαρτίαι ἄχρι τοῦ οὐρανοῦ, καὶ ἐμνημόνευσεν ὁ
Θεὸς τὰ ἀδικήματα αὐτῆς. ἀπόδοτε αὐτῇ ὡς καὶ 6
αὐτὴ ἀπέδωκεν ὑμῖν⁸, καὶ διπλώσατε αὐτῇ⁹ ¹⁰διπλᾶ
κατὰ τὰ ἔργα αὐτῆς· ἐν τῷ ποτηρίῳ ᾧ ἐκέρασε
κεράσατε αὐτῇ διπλοῦν. ὅσα ἐδόξασεν ἑαυτὴν¹¹ καὶ 7
ἐστρηνίασε, τοσοῦτον δότε αὐτῇ βασανισμὸν καὶ
πένθος· ὅτι ἐν τῇ καρδίᾳ αὐτῆς λέγει¹², Κάθημαι
βασίλισσα, καὶ χήρα οὐκ εἰμί, καὶ πένθος οὐ μὴ
ἴδω. διὰ τοῦτο ἐν μιᾷ ἡμέρᾳ ἥξουσιν αἱ πληγαὶ 8
αὐτῆς, θάνατος καὶ πένθος καὶ λιμός, καὶ ἐν πυρὶ
κατακαυθήσεται, ὅτι ἰσχυρὸς Κύριος¹³ ὁ Θεὸς ὁ
κρίνων¹⁴ αὐτήν. καὶ κλαύσονται αὐτήν,¹⁵ καὶ κόψον- 9
ται ἐπ᾽ αὐτῇ¹⁶ οἱ βασιλεῖς τῆς γῆς οἱ μετ᾽ αὐτῆς
πορνεύσαντες καὶ στρηνιάσαντες, ὅταν βλέπωσι
τὸν καπνὸν τῆς πυρώσεως αὐτῆς, ἀπὸ μακρόθεν 10
ἑστηκότες διὰ τὸν φόβον τοῦ βασανισμοῦ αὐτῆς,
λέγοντες, Οὐαί, οὐαί, ἡ πόλις ἡ μεγάλη Βαβυλών,
ἡ πόλις ἡ ἰσχυρά, ὅτι ἐν¹⁷ μιᾷ ὥρᾳ ἦλθεν ἡ κρίσις
σου. καὶ οἱ ἔμποροι τῆς γῆς κλαίουσι καὶ πενθοῦ- 11
σιν ἐπ᾽ αὐτῇ¹⁸, ὅτι τὸν γόμον αὐτῶν οὐδεὶς ἀγοράζει

---

⁵ πέπτωκαν text, not marg. ⁶ , ὁ λαός μου, ἐξ αὐτῆς ⁷ ἐκ
τῶν πληγῶν αὐτῆς ἵνα μὴ λάβητε ⁸ om. (ν) ὑμῖν ⁹ om.
αὐτῇ ¹⁰ add τὰ ¹¹ αὐτὴν ¹² add ὅτι (om. ,)
¹³ Marg. om. Κύριος ¹⁴ κρίνας ¹⁵ om. αὐτήν,
¹⁶ αὐτὴν ¹⁷ om. ἐν ¹⁸ αὐτήν

12 οὐκέτι· γόμον χρυσοῦ, καὶ ἀργύρου, καὶ λίθου τι-
μίου, καὶ μαργαρίτου¹⁹, καὶ βύσσου²⁰, καὶ πορφύρας,
καὶ σηρικοῦ²¹, καὶ κοκκίνου· καὶ πᾶν ξύλον θύϊνον,
καὶ πᾶν σκεῦος ἐλεφάντινον, καὶ πᾶν σκεῦος ἐκ
ξύλου τιμιωτάτου, καὶ χαλκοῦ, καὶ σιδήρου, καὶ
13 μαρμάρου· καὶ κινάμωμον²², ²³καὶ θυμιάματα, καὶ
μύρον, καὶ λίβανον, καὶ οἶνον, καὶ ἔλαιον, καὶ σε-
μίδαλιν, καὶ σῖτον, καὶ κτήνη, καὶ πρόβατα· καὶ
ἵππων, καὶ ῥεδῶν, καὶ σωμάτων· καὶ ψυχὰς ἀν-
14 θρώπων. καὶ ἡ ὀπώρα τῆς ἐπιθυμίας τῆς ψυχῆς σου²⁴
ἀπῆλθεν ἀπὸ σοῦ, καὶ πάντα τὰ λιπαρὰ καὶ τὰ
λαμπρὰ ἀπῆλθεν²⁵ ἀπὸ σοῦ, καὶ οὐκέτι οὐ μὴ εὑρήσῃς
15 αὐτά²⁶. οἱ ἔμποροι τούτων, οἱ πλουτήσαντες ἀπ'
αὐτῆς, ἀπὸ μακρόθεν στήσονται διὰ τὸν φόβον
τοῦ βασανισμοῦ αὐτῆς, κλαίοντες καὶ πενθοῦντες,
16 καὶ²⁷ λέγοντες, Οὐαί, οὐαί, ἡ πόλις ἡ μεγάλη, ἡ
περιβεβλημένη βύσσινον καὶ πορφυροῦν καὶ κόκ-
κινον, καὶ κεχρυσωμένη ἐν²⁸ χρυσῷ²⁹ καὶ λίθῳ τιμίῳ
17 καὶ μαργαρίταις³⁰· ὅτι μιᾷ ὥρᾳ ἠρημώθη ὁ τοσοῦτος
πλοῦτος. καὶ πᾶς κυβερνήτης, καὶ πᾶς ἐπὶ τῶν
πλοίων ὁ ὅμιλος³¹, καὶ ναῦται, καὶ ὅσοι τὴν θάλασσαν
18 ἐργάζονται, ἀπὸ μακρόθεν ἔστησαν, καὶ ἔκραζον³²,
ὁρῶντες³³ τὸν καπνὸν τῆς πυρώσεως αὐτῆς, λέγοντες,
19 Τίς ὁμοία τῇ πόλει τῇ μεγάλῃ; καὶ ἔβαλον χοῦν
ἐπὶ τὰς κεφαλὰς αὐτῶν, καὶ ἔκραζον³⁴ κλαίοντες καὶ
πενθοῦντες, λέγοντες, Οὐαί, οὐαί, ἡ πόλις ἡ μεγάλη,
ἐν ᾗ ἐπλούτησαν πάντες οἱ ἔχοντες³⁵ πλοῖα ἐν τῇ
θαλάσσῃ ἐκ τῆς τιμιότητος αὐτῆς, ὅτι μιᾷ ὥρᾳ

¹⁹ μαργαριτῶν   ²⁰ βυσσίνου   ²¹ σιρικοῦ   ²² κιννά-
μωμον   ²³ add καὶ ἄμωμον,   ²⁴ σου τῆς ἐπιθυμίας τῆς ψυχῆς
²⁵ ἀπώλετο   ²⁶ αὐτὰ οὐ μὴ εὑρήσουσιν   ²⁷ om. καὶ
²⁸ om. ἐν   ²⁹ χρυσίῳ   ³⁰ μαργαρίτῃ   ³¹ ὁ ἐπὶ τόπον
πλέων   ³² ἔκραξαν   ³³ βλέποντες   ³⁴ ἔκραξαν
³⁵ add τὰ

ἠρημώθη. εὐφραίνου ἐπ᾿ αὐτήν³⁶, οὐρανέ, καὶ οἱ 20
ἅγιοι³⁷ ἀπόστολοι, καὶ οἱ προφῆται, ὅτι ἔκρινεν ὁ
Θεὸς τὸ κρίμα ὑμῶν ἐξ αὐτῆς.

Καὶ ἦρεν εἷς ἄγγελος ἰσχυρὸς λίθον ὡς μύλον³⁸ 21
μέγαν, καὶ ἔβαλεν εἰς τὴν θάλασσαν, λέγων, Οὕτως
ὁρμήματι βληθήσεται Βαβυλὼν ἡ μεγάλη πόλις,
καὶ οὐ μὴ εὑρεθῇ ἔτι. καὶ φωνὴ κιθαρῳδῶν καὶ 22
μουσικῶν καὶ αὐλητῶν καὶ σαλπιστῶν οὐ μὴ
ἀκουσθῇ ἐν σοὶ ἔτι, καὶ πᾶς τεχνίτης πάσης τέχνης³⁹
οὐ μὴ εὑρεθῇ ἐν σοὶ ἔτι, καὶ φωνὴ μύλου οὐ μὴ
ἀκουσθῇ ἐν σοὶ ἔτι, καὶ φῶς λύχνου οὐ μὴ φανῇ⁴⁰ 23
ἐν σοὶ ἔτι, καὶ φωνὴ νυμφίου καὶ νύμφης οὐ μὴ
ἀκουσθῇ ἐν σοὶ ἔτι· ὅτι οἱ ἔμποροί σου ἦσαν οἱ
μεγιστᾶνες τῆς γῆς· ὅτι ἐν τῇ φαρμακείᾳ σου
ἐπλανήθησαν πάντα τὰ ἔθνη. καὶ ἐν αὐτῇ αἷμα⁴¹ 24
προφητῶν καὶ ἁγίων εὑρέθη, καὶ πάντων τῶν
ἐσφαγμένων ἐπὶ τῆς γῆς.

Καὶ¹ μετὰ ταῦτα ἤκουσα² φωνὴν ὄχλου πολλοῦ XIX.
μεγάλην³ ἐν τῷ οὐρανῷ, λέγοντος⁴, Ἀλληλούϊα· ἡ
σωτηρία καὶ ἡ δόξα καὶ ἡ τιμὴ⁵ καὶ ἡ δύναμις Κυρίῳ
τῷ Θεῷ⁶ ἡμῶν· ὅτι ἀληθιναὶ καὶ δίκαιαι αἱ κρίσεις 2
αὐτοῦ· ὅτι ἔκρινε τὴν πόρνην τὴν μεγάλην, ἥτις
ἔφθειρε τὴν γῆν ἐν τῇ πορνείᾳ αὐτῆς, καὶ ἐξεδί-
κησε τὸ αἷμα τῶν δούλων αὐτοῦ ἐκ τῆς⁷ χειρὸς
αὐτῆς. καὶ δεύτερον εἴρηκαν, Ἀλληλούϊα· καὶ ὁ 3
καπνὸς αὐτῆς ἀναβαίνει εἰς τοὺς αἰῶνας τῶν αἰώ-
νων. καὶ ἔπεσαν οἱ πρεσβύτεροι οἱ. εἴκοσι καὶ⁸ 4
τέσσαρες, καὶ τὰ τέσσαρα ζῶα, καὶ προσεκύνησαν
τῷ Θεῷ τῷ καθημένῳ ἐπὶ τοῦ θρόνου⁹, λέγοντες,

---

³⁶ αὐτῇ   ³⁷ add , καὶ οἱ   ³⁸ μύλινον   ³⁹ Marg. om. πάσης
τέχνης   ⁴⁰ φάνῃ   ⁴¹ αἵματα   ¹ om. Καὶ (Μετὰ)   ² add
ὡς   ³ μεγάλην ὄχλου πολλοῦ   ⁴ λεγόντων   ⁵ om. καὶ ἡ τιμὴ
⁶ τοῦ Θεοῦ   ⁷ om. τῆς   ⁸ om. καὶ (εἰκοσιτέσσαρες)   ⁹ τῷ θρόνῳ

5 Ἀμήν· Ἀλληλούϊα. καὶ φωνὴ ἐκ[10] τοῦ θρόνου
ἐξῆλθε, λέγουσα, Αἰνεῖτε τὸν Θεὸν[11] ἡμῶν πάντες
οἱ δοῦλοι αὐτοῦ, καὶ[12] οἱ φοβούμενοι αὐτόν, καὶ[12]
6 οἱ μικροὶ καὶ οἱ μεγάλοι. καὶ ἤκουσα ὡς φωνὴν
ὄχλου πολλοῦ, καὶ ὡς φωνὴν ὑδάτων πολλῶν, καὶ
ὡς φωνὴν βροντῶν ἰσχυρῶν, λεγόντων[13], Ἀλληλούϊα·
ὅτι ἐβασίλευσε Κύριος ὁ Θεὸς[14] ὁ παντοκράτωρ.
7 χαίρωμεν καὶ ἀγαλλιώμεθα[15], καὶ δῶμεν τὴν δόξαν
αὐτῷ· ὅτι ἦλθεν ὁ γάμος τοῦ ἀρνίου, καὶ ἡ γυνὴ
8 αὐτοῦ ἡτοίμασεν ἑαυτήν. καὶ ἐδόθη αὐτῇ ἵνα περι-
βάληται βύσσινον καθαρὸν καὶ λαμπρόν[16]· τὸ γὰρ
9 βύσσινον τὰ δικαιώματά ἐστι τῶν ἁγίων[17]. καὶ
λέγει μοι, Γράψον, Μακάριοι οἱ εἰς τὸ δεῖπνον
τοῦ γάμου τοῦ ἀρνίου κεκλημένοι. καὶ λέγει μοι,
10 Οὗτοι οἱ λόγοι ἀληθινοί εἰσι τοῦ Θεοῦ[18]. καὶ ἔπεσον
ἔμπροσθεν τῶν ποδῶν αὐτοῦ προσκυνῆσαι αὐτῷ·
καὶ λέγει μοι, Ὅρα μή· σύνδουλός σου εἰμὶ καὶ
τῶν ἀδελφῶν σου τῶν ἐχόντων τὴν μαρτυρίαν τοῦ[19]
Ἰησοῦ· τῷ Θεῷ προσκύνησον· ἡ γὰρ μαρτυρία
τοῦ[19] Ἰησοῦ ἐστὶ τὸ πνεῦμα τῆς προφητείας.

11 Καὶ εἶδον τὸν οὐρανὸν ἀνεῳγμένον, καὶ ἰδού,
ἵππος λευκός, καὶ ὁ καθήμενος ἐπ᾽ αὐτόν, καλού-
μενος[20] πιστὸς καὶ ἀληθινός, καὶ ἐν δικαιοσύνῃ
12 κρίνει καὶ πολεμεῖ. οἱ δὲ ὀφθαλμοὶ αὐτοῦ ὡς[21]
φλὸξ πυρός, καὶ ἐπὶ τὴν κεφαλὴν αὐτοῦ διαδή-
ματα πολλά· ἔχων ὄνομα γεγραμμένον ὃ οὐδεὶς
13 οἶδεν * εἰ μὴ αὐτός, καὶ περιβεβλημένος ἱμάτιον
βεβαμμένον[22] αἵματι· καὶ καλεῖται[23] τὸ ὄνομα αὐτοῦ,

---

[10] ἀπὸ   [11] τῷ Θεῷ   [12] om. καὶ   [13] λεγόντων   [14] add
ἡμῶν   [15] ἀγαλλιῶμεν   [16] λαμπρὸν καθαρόν   [17] (-ματα) τῶν
ἁγίων ἐστί   [18] (-νοὶ) τοῦ Θεοῦ εἰσί   [19] om. τοῦ   [20] Marg.
om. καλούμενος   [21] om. ὡς   [22] ῥεραντισμένον text, not
marg.   [23] κέκληται

Ὁ λόγος τοῦ Θεοῦ, καὶ τὰ στρατεύματα τὰ* 14
ἐν τῷ οὐρανῷ ἠκολούθει αὐτῷ ἐφ᾽ ἵπποις λευκοῖς,
ἐνδεδυμένοι βύσσινον λευκὸν καὶ²⁴ καθαρόν. καὶ 15
ἐκ τοῦ στόματος αὐτοῦ ἐκπορεύεται ῥομφαία ὀξεῖα,
ἵνα ἐν αὐτῇ πατάσσῃ²⁵ τὰ ἔθνη· καὶ αὐτὸς ποιμα-
νεῖ αὐτοὺς ἐν ῥάβδῳ σιδηρᾷ· καὶ αὐτὸς πατεῖ
τὴν ληνὸν τοῦ οἴνου τοῦ θυμοῦ καὶ²⁶ τῆς ὀργῆς
τοῦ Θεοῦ τοῦ παντοκράτορος. καὶ ἔχει ἐπὶ 16
τὸ ἱμάτιον καὶ ἐπὶ τὸν μηρὸν αὐτοῦ* ὄνομα
γεγραμμένον, Βασιλεὺς βασιλέων καὶ Κύριος κυ-
ρίων.

Καὶ εἶδον ἕνα ἄγγελον ἑστῶτα ἐν τῷ ἡλίῳ· 17
καὶ ἔκραξε φωνῇ μεγάλῃ, λέγων πᾶσι τοῖς ὀρ-
νέοις τοῖς πετωμένοις²⁷ ἐν μεσουρανήματι, Δεῦτε
καὶ συνάγεσθε²⁸ εἰς τὸ δεῖπνον τοῦ μεγάλου²⁹ ³⁰ Θεοῦ,
ἵνα φάγητε σάρκας βασιλέων, καὶ σάρκας χιλι- 18
άρχων, καὶ σάρκας ἰσχυρῶν, καὶ σάρκας ἵππων
καὶ τῶν καθημένων ἐπ᾽ αὐτῶν³¹, καὶ σάρκας πάν-
των, ἐλευθέρων τε* καὶ δούλων, καὶ μικρῶν καὶ
μεγάλων.

Καὶ εἶδον τὸ θηρίον, καὶ τοὺς βασιλεῖς τῆς 19
γῆς, καὶ τὰ στρατεύματα αὐτῶν συνηγμένα ποι-
ῆσαι³² πόλεμον μετὰ τοῦ καθημένου ἐπὶ τοῦ ἵππου,
καὶ μετὰ τοῦ στρατεύματος αὐτοῦ. καὶ ἐπιάσθη 20
τὸ θηρίον, καὶ μετὰ τούτου³³ ὁ ψευδοπροφήτης ὁ
ποιήσας τὰ σημεῖα ἐνώπιον αὐτοῦ, ἐν οἷς ἐπλά-
νησε τοὺς λαβόντας τὸ χάραγμα τοῦ θηρίου, καὶ
τοὺς προσκυνοῦντας τῇ εἰκόνι αὐτοῦ· ζῶντες ἐβλή-
θησαν οἱ δύο εἰς τὴν λίμνην τοῦ πυρὸς τὴν καιο-
μένην³⁴ ἐν τῷ³⁵ θείῳ· καὶ οἱ λοιποὶ ἀπεκτάνθησαν 21

²⁴ om. καὶ   ²⁵ πατάξῃ   ²⁶ om. καὶ   ²⁷ πετομένοις
²⁸ , συνάχθητε   ²⁹ , τὸ μέγα   ³⁰ add τοῦ   ³¹ αὐτούς
³² add τὸν   ³³ μετ᾽ αὐτοῦ   ³⁴ τῆς καιομένης   ³⁵ om. τῷ

ἐν τῇ ῥομφαίᾳ τοῦ καθημένου ἐπὶ τοῦ ἵππου, τῇ ἐκπορευομένῃ [36] ἐκ τοῦ στόματος αὐτοῦ· καὶ πάντα τὰ ὄρνεα ἐχορτάσθησαν ἐκ τῶν σαρκῶν αὐτῶν.

XX. Καὶ εἶδον ἄγγελον καταβαίνοντα ἐκ τοῦ οὐρανοῦ, ἔχοντα τὴν κλεῖδα [1] τῆς ἀβύσσου, καὶ ἅλυσιν 2 μεγάλην ἐπὶ τὴν χεῖρα αὐτοῦ. καὶ ἐκράτησε τὸν δράκοντα, τὸν ὄφιν τὸν ἀρχαῖον, ὅς ἐστι διάβολος 3 καὶ [2] Σατανᾶς, καὶ ἔδησεν αὐτὸν χίλια ἔτη, καὶ ἔβαλεν αὐτὸν εἰς τὴν ἄβυσσον, καὶ ἔκλεισεν αὐτόν [3], καὶ ἐσφράγισεν ἐπάνω αὐτοῦ, ἵνα μὴ πλανήσῃ τὰ ἔθνη ἔτι [4], ἄχρι τελεσθῇ τὰ χίλια ἔτη· καὶ [5] μετὰ ταῦτα δεῖ αὐτὸν λυθῆναι [6] μικρὸν χρόνον.

4 Καὶ εἶδον θρόνους, καὶ ἐκάθισαν ἐπ᾽ αὐτούς, καὶ κρίμα ἐδόθη αὐτοῖς· καὶ τὰς ψυχὰς τῶν πεπελεκισμένων διὰ τὴν μαρτυρίαν Ἰησοῦ, καὶ διὰ τὸν λόγον τοῦ Θεοῦ, καὶ οἵτινες οὐ προσεκύνησαν τῷ θηρίῳ [7], οὔτε [8] τὴν εἰκόνα αὐτοῦ, καὶ οὐκ ἔλαβον τὸ χάραγμα ἐπὶ τὸ μέτωπον αὐτῶν [9], καὶ ἐπὶ τὴν χεῖρα αὐτῶν· καὶ ἔζησαν, καὶ ἐβασίλευσαν 5 μετὰ [10] Χριστοῦ * χίλια ἔτη. οἱ δὲ [11] λοιποὶ τῶν νεκρῶν οὐκ ἀνέζησαν ἕως [12] τελεσθῇ τὰ χίλια ἔτη. 6 αὕτη ἡ ἀνάστασις ἡ πρώτη. μακάριος καὶ ἅγιος ὁ ἔχων μέρος ἐν τῇ ἀναστάσει τῇ πρώτῃ· ἐπὶ τούτων ὁ θάνατος ὁ δεύτερος [13] οὐκ ἔχει ἐξουσίαν, ἀλλ᾽ ἔσονται ἱερεῖς τοῦ Θεοῦ καὶ τοῦ Χριστοῦ, καὶ βασιλεύσουσι μετ᾽ αὐτοῦ [14] χίλια ἔτη.

7 Καὶ ὅταν τελεσθῇ τὰ χίλια ἔτη, λυθήσεται ὁ 8 Σατανᾶς ἐκ τῆς φυλακῆς αὐτοῦ, καὶ ἐξελεύσεται πλανῆσαι τὰ ἔθνη τὰ ἐν ταῖς τέσσαρσι γωνίαις

---

[36] ἐξελθούσῃ   [1] κλεῖν   [2] add ὁ   [3] om. (ν) αὐτόν
[4] ἔτι τὰ ἔθνη   [5] om. καὶ   [6] λυθῆναι αὐτὸν   [7] τὸ θηρίον
[8] οὐδὲ   [9] om. αὐτῶν   [10] add τοῦ   [11] om. δὲ
[12] ἔζησαν ἄχρι   [13] δεύτερος θάνατος   [14] Marg. adds τὰ

τῆς γῆς, τὸν Γὼγ καὶ τὴν[15] Μαγώγ, συναγαγεῖν
αὐτοὺς εἰς[16] πόλεμον· ὧν ὁ ἀριθμὸς[17] ὡς ἡ ἄμμος
τῆς θαλάσσης. καὶ ἀνέβησαν ἐπὶ τὸ πλάτος τῆς 9
γῆς, καὶ ἐκύκλωσαν[18] τὴν παρεμβολὴν τῶν ἁγίων καὶ
τὴν πόλιν τὴν ἠγαπημένην· καὶ κατέβη πῦρ ἀπὸ
τοῦ Θεοῦ[19] ἐκ τοῦ οὐρανοῦ, καὶ κατέφαγεν αὐτούς.
καὶ ὁ διάβολος ὁ πλανῶν αὐτοὺς ἐβλήθη εἰς τὴν 10
λίμνην τοῦ πυρὸς καὶ θείου, ὅπου[20] τὸ θηρίον καὶ ὁ
ψευδοπροφήτης· καὶ βασανισθήσονται ἡμέρας καὶ
νυκτὸς εἰς τοὺς αἰῶνας τῶν αἰώνων.
Καὶ εἶδον θρόνον λευκὸν μέγαν[21], καὶ τὸν καθή- 11
μενον ἐπ᾽ αὐτοῦ, οὗ ἀπὸ[22] προσώπου ἔφυγεν ἡ γῆ
καὶ ὁ οὐρανός, καὶ τόπος οὐχ εὑρέθη αὐτοῖς. καὶ 12
εἶδον τοὺς νεκρούς, μικροὺς καὶ μεγάλους[23], ἑστῶτας
ἐνώπιον τοῦ Θεοῦ[24], καὶ βιβλία ἠνεῴχθησαν[25]· καὶ
βιβλίον ἄλλο ἠνεῴχθη[26], ὅ ἐστι τῆς ζωῆς· καὶ ἐκρί-
θησαν οἱ νεκροὶ ἐκ τῶν γεγραμμένων ἐν τοῖς
βιβλίοις, κατὰ τὰ ἔργα αὐτῶν. καὶ ἔδωκεν ἡ 13
θάλασσα τοὺς ἐν αὐτῇ νεκρούς[27], καὶ ὁ θάνατος καὶ
ὁ ἅδης ἔδωκαν τοὺς ἐν αὐτοῖς νεκρούς[28]· καὶ ἐκρίθησαν
ἕκαστος κατὰ τὰ ἔργα αὐτῶν. καὶ ὁ θάνατος καὶ 14
ὁ ἅδης ἐβλήθησαν εἰς τὴν λίμνην τοῦ πυρός· οὗτός
ἐστιν ὁ δεύτερος θάνατος[29] [30]. καὶ εἴ τις οὐχ εὑρέθη ἐν 15
τῇ βίβλῳ τῆς ζωῆς γεγραμμένος, ἐβλήθη εἰς τὴν
λίμνην τοῦ πυρός.
Καὶ εἶδον οὐρανὸν καινὸν καὶ γῆν καινήν· ὁ γὰρ XXI.
πρῶτος οὐρανὸς καὶ ἡ πρώτη γῆ παρῆλθε[1], καὶ ἡ

---

[15] om. τὸν   [16] add τὸν   [17] add αὐτῶν   [18] ἐκύκλευσαν
[19] om. ἀπὸ τοῦ Θεοῦ text, not marg.   [20] add καὶ   [21] μέγαν
λευκόν   [22] add τοῦ   [23] τοὺς μεγάλους καὶ τοὺς μικρούς
[24] θρόνου   [25] ἠνοίχθησαν   [26] ἄλλο βιβλίον ἠνοίχθη
[27] νεκροὺς τοὺς ἐν αὐτῇ   [28] νεκροὺς τοὺς ἐκ αὐτοῖς   [29] (οὗτος)
ὁ θάνατος ὁ δεύτερός ἐστι   [30] add , ἡ λίμνη τοῦ πυρός
[1] ἀπῆλθον

2 θάλασσα οὐκ ἔστιν ἔτι. καὶ ἐγὼ Ἰωάννης² εἶδον³ τὴν πόλιν τὴν ἁγίαν, Ἰερουσαλὴμ καινήν,⁴ καταβαίνουσαν⁵ ἀπὸ τοῦ Θεοῦ ἐκ τοῦ οὐρανοῦ⁶, ἡτοιμασμένην ὡς 3 νύμφην κεκοσμημένην τῷ ἀνδρὶ αὐτῆς. καὶ ἤκουσα φωνῆς μεγάλης ἐκ τοῦ οὐρανοῦ⁷, λεγούσης, Ἰδού, ἡ σκηνὴ τοῦ Θεοῦ μετὰ τῶν ἀνθρώπων, καὶ σκηνώσει μετ᾽ αὐτῶν, καὶ αὐτοὶ λαοὶ αὐτοῦ ἔσονται, καὶ αὐ-4 τὸς ὁ Θεὸς ἔσται μετ᾽ αὐτῶν⁸, Θεὸς αὐτῶν⁹· καὶ ἐξα-λείψει ὁ Θεὸς¹⁰ πᾶν δάκρυον ἀπὸ¹¹ τῶν ὀφθαλμῶν αὐτῶν, καὶ ὁ θάνατος οὐκ ἔσται ἔτι· οὔτε πένθος, οὔτε κραυγή, οὔτε πόνος οὐκ ἔσται ἔτι· ὅτι¹² τὰ 5 πρῶτα ἀπῆλθον. καὶ εἶπεν ὁ καθήμενος ἐπὶ τοῦ θρόνου¹³, Ἰδού, καινὰ πάντα ποιῶ¹⁴. καὶ λέγει μοι¹⁵, Γράψον· ὅτι οὗτοι¹⁶ οἱ λόγοι ἀληθινοὶ καὶ πιστοί¹⁷ 6 εἰσι. καὶ εἶπέ μοι, Γέγονε¹⁸. ἐγώ εἰμι¹⁹ τὸ Α καὶ τὸ Ω, ἡ ἀρχὴ καὶ τὸ τέλος. ἐγὼ τῷ διψῶντι δώσω ἐκ τῆς πηγῆς τοῦ ὕδατος τῆς ζωῆς δωρεάν. 7 ὁ νικῶν κληρονομήσει πάντα²⁰, καὶ ἔσομαι αὐτῷ 8 Θεός, καὶ αὐτὸς ἔσται μοι ὁ²¹ υἱός. δειλοῖς δὲ²² καὶ ἀπίστοις καὶ ἐβδελυγμένοις καὶ φονεῦσι καὶ πόρ-νοις καὶ φαρμακεῦσι²³ καὶ εἰδωλολάτραις, καὶ πᾶσι τοῖς ψευδέσι, τὸ μέρος αὐτῶν ἐν τῇ λίμνῃ τῇ καιο-μένῃ πυρὶ καὶ θείῳ, ὅ ἐστι δεύτερος θάνατος²⁴. 9 Καὶ ἦλθε πρός με²⁵ εἷς²⁶ τῶν ἑπτὰ ἀγγέλων τῶν ἐχόντων τὰς ἑπτὰ φιάλας τὰς γεμούσας²⁷ τῶν ἑπτὰ

---

² om. ἐγὼ Ἰωάννης   ³ om. εἶδον   ⁴ add εἶδον   ⁵ (Marg. τὴν ἁγίαν Ἰερουσαλήμ, καινὴν εἶδον καταβαίνουσαν)   ⁶ ἐκ τοῦ οὐρανοῦ ἀπὸ τοῦ Θεοῦ   ⁷ θρόνου   ⁸ μετ᾽ αὐτῶν ἔσται ⁹ Marg. om. Θεὸς αὐτῶν   ¹⁰ om. ὁ Θεὸς   ¹¹ ἐκ   ¹² om. ὅτι ¹³ τῷ θρόνῳ   ¹⁴ ποιῶ πάντα   ¹⁵ om. μοι   ¹⁶ (Marg. Γράψον ὅτι Οὗτοι)   ¹⁷ πιστοὶ καὶ ἀληθινοί   ¹⁸ Γέγοναν ¹⁹ (ἐγὼ) om. εἰμι   ²⁰ ταῦτα   ²¹ om. ὁ   ²² τοῖς δὲ δειλοῖς ²³ φαρμακοῖς   ²⁴ (ν) ὁ θάνατος ὁ δεύτερος   ²⁵ (ν) om. πρός με ²⁶ add ἐκ   ²⁷ , τῶν γεμόντων

πληγῶν τῶν ἐσχάτων, καὶ ἐλάλησε μετ' ἐμοῦ,
λέγων, Δεῦρο, δείξω σοι τὴν νύμφην τοῦ ἀρνίου τὴν
γυναῖκα²⁸. καὶ ἀπήνεγκέ με ἐν Πνεύματι ἐπ' ὄρος 10
μέγα καὶ ὑψηλόν, καὶ ἔδειξέ μοι τὴν πόλιν τὴν
μεγάλην,²⁹ τὴν ἁγίαν Ἱερουσαλήμ, καταβαίνουσαν
ἐκ τοῦ οὐρανοῦ ἀπὸ τοῦ Θεοῦ, ἔχουσαν τὴν δόξαν 11
τοῦ Θεοῦ· καὶ³⁰ ὁ φωστὴρ αὐτῆς ὅμοιος λίθῳ τιμιω-
τάτῳ, ὡς λίθῳ ἰάσπιδι κρυσταλλίζοντι· ἔχουσάν τε³¹ 12
τεῖχος μέγα καὶ ὑψηλόν, ἔχουσαν³² πυλῶνας δώδεκα,
καὶ ἐπὶ τοῖς πυλῶσιν ἀγγέλους δώδεκα, καὶ ὀνό-
ματα ἐπιγεγραμμένα, ἅ ἐστι τῶν δώδεκα φυλῶν
τῶν³³ υἱῶν Ἰσραήλ. ἀπ' ἀνατολῆς, πυλῶνες τρεῖς· 13
³⁴ἀπὸ βορρᾶ, πυλῶνες τρεῖς· ³⁴ἀπὸ νότου, πυλῶνες
τρεῖς· καὶ* ἀπὸ δυσμῶν, πυλῶνες τρεῖς. καὶ τὸ 14
τεῖχος τῆς πόλεως ἔχον³⁵ θεμελίους δώδεκα, καὶ ἐν
αὐτοῖς³⁶ ³⁷ὀνόματα τῶν δώδεκα ἀποστόλων τοῦ ἀρ-
νίου. καὶ ὁ λαλῶν μετ' ἐμοῦ εἶχε³⁸ κάλαμον 15
χρυσοῦν, ἵνα μετρήσῃ τὴν πόλιν, καὶ τοὺς πυλῶ-
νας αὐτῆς, καὶ τὸ τεῖχος αὐτῆς. καὶ ἡ πόλις 16
τετράγωνος κεῖται, καὶ τὸ μῆκος αὐτῆς τοσοῦτόν
ἐστιν³⁹ ὅσον καὶ⁴⁰ τὸ πλάτος. καὶ ἐμέτρησε τὴν
πόλιν τῷ καλάμῳ ἐπὶ σταδίων δώδεκα χιλιάδων·
τὸ μῆκος καὶ τὸ πλάτος καὶ τὸ ὕψος αὐτῆς ἴσα
ἐστί. καὶ ἐμέτρησε τὸ τεῖχος αὐτῆς ἑκατὸν τεσ- 17
σαρακοντατεσσάρων πηχῶν, μέτρον ἀνθρώπου, ὅ
ἐστιν ἀγγέλου. καὶ ἦν⁴¹ ἡ ἐνδόμησις⁴² τοῦ τείχους 18
αὐτῆς, ἴασπις· καὶ ἡ πόλις χρυσίον καθαρόν, ὁμοία⁴³
ὑάλῳ καθαρῷ. καὶ⁴⁴ οἱ θεμέλιοι τοῦ τείχους τῆς 19

---

²⁸ τὴν γυναῖκα τοῦ ἀρνίου   ²⁹ om. τὴν μεγάλην,   ³⁰ om.
καὶ   ³¹ ἔχοισα   ³² ἔχουσα   ³³ om. τῶν   ³⁴ add καὶ
³⁵ ἔχων   ³⁶ ἐπ' αὐτῶν   ³⁷ add δώδεκα   ³⁸ add μέτρον,
³⁹ om. τοσοῦτόν ἐστιν   ⁴⁰ om. καὶ   ⁴¹ om. ἦν   ⁴² ἐνδώμησις
⁴³ ὅμοιον   ⁴⁴ om. καὶ

πόλεως παντὶ λίθῳ τιμίῳ κεκοσμημένοι. ὁ θεμέ-
λιος ὁ πρῶτος, ἴασπις· ὁ δεύτερος, σάπφειρος· ὁ
20 τρίτος, χαλκηδών· ὁ τέταρτος, σμάραγδος· ὁ πέμ-
πτος, σαρδόνυξ· ὁ ἕκτος, σάρδιος⁴⁵· ὁ ἕβδομος, χρυ-
σόλιθος· ὁ ὄγδοος, βήρυλλος· ὁ ἔννατος, τοπάζιον·
ὁ δέκατος, χρυσόπρασος· ὁ ἑνδέκατος, ὑάκινθος·
21 ὁ δωδέκατος, ἀμέθυστος. καὶ οἱ δώδεκα πυλῶνες,
δώδεκα μαργαρῖται· ἀνὰ εἷς ἕκαστος τῶν πυλώνων
ἦν ἐξ ἑνὸς μαργαρίτου· καὶ ἡ πλατεῖα τῆς πόλεως
22 χρυσίον καθαρόν, ὡς ὕαλος διαφανής⁴⁶. καὶ ναὸν
οὐκ εἶδον ἐν αὐτῇ· ὁ γὰρ Κύριος ὁ Θεὸς ὁ παντο-
23 κράτωρ ναὸς αὐτῆς ἐστί, καὶ τὸ ἀρνίον. καὶ ἡ πόλις
οὐ χρείαν ἔχει τοῦ ἡλίου, οὐδὲ τῆς σελήνης, ἵνα
φαίνωσιν ἐν⁴⁷ αὐτῇ· ἡ γὰρ δόξα τοῦ Θεοῦ ἐφώτισεν
24 αὐτήν, καὶ ὁ λύχνος αὐτῆς⁴⁸ τὸ ἀρνίον. καὶ τὰ
ἔθνη τῶν σωζομένων ἐν τῷ φωτὶ αὐτῆς περιπατήσουσι⁴⁹. καὶ
οἱ βασιλεῖς τῆς γῆς φέρουσι τὴν δόξαν καὶ τὴν
25 τιμὴν⁵⁰ αὐτῶν εἰς αὐτήν. καὶ οἱ πυλῶνες αὐτῆς οὐ
μὴ κλεισθῶσιν ἡμέρας (νὺξ γὰρ οὐκ ἔσται ἐκεῖ)·
26 καὶ οἴσουσι τὴν δόξαν καὶ τὴν τιμὴν τῶν ἐθνῶν εἰς
27 αὐτήν· καὶ οὐ μὴ εἰσέλθῃ εἰς αὐτὴν πᾶν κοινοῦν⁵¹,
καὶ ποιοῦν⁵² βδέλυγμα καὶ ψεῦδος· εἰ μὴ οἱ γεγραμ-
XXII. μένοι ἐν τῷ βιβλίῳ τῆς ζωῆς τοῦ ἀρνίου. καὶ
ἔδειξέ μοι καθαρὸν¹ ποταμὸν ὕδατος ζωῆς, λαμπρὸν
ὡς κρύσταλλον, ἐκπορευόμενον ἐκ τοῦ θρόνου τοῦ
2 Θεοῦ καὶ τοῦ ἀρνίου. ἐν μέσῳ τῆς πλατείας αὐ-
τῆς,² καὶ τοῦ ποταμοῦ ἐντεῦθεν καὶ ἐντεῦθεν³, ξύλον
ζωῆς, ποιοῦν καρποὺς δώδεκα, κατὰ μῆνα ἕνα⁴ ἕκα-

---

⁴⁵ σάρδιον   ⁴⁶ διαυγής   ⁴⁷ om. ἐν   ⁴⁸ (Marg. καί, ὁ
λύχνος αὐτῆς,)   ⁴⁹ περιπατήσουσι τὰ ἔθνη διὰ τοῦ φωτὸς αὐτῆς
⁵⁰ om. καὶ τὴν τιμὴν   ⁵¹ κοινόν   ⁵² ὁ ποιῶν   ¹ om. καθαρὸν
² (καὶ τοῦ ἀρνίου, ἐν μέσῳ τῆς πλατείας αὐτῆς. text, not marg.)
³ ἐκεῖθεν   ⁴ om. ἕνα

στον ἀποδιδοῦν τὸν καρπὸν αὐτοῦ· καὶ τὰ φύλλα
ιοῦ ξύλου εἰς θεραπείαν τῶν ἐθνῶν. καὶ πᾶν 3
κατανάθεμα⁵ οὐκ ἔσται ἔτι· καὶ ὁ θρόνος τοῦ Θεοῦ
καὶ τοῦ ἀρνίου ἐν αὐτῇ ἔσται· καὶ οἱ δοῦλοι αὐτοῦ
λατρεύσουσιν αὐτῷ, καὶ ὄψονται τὸ πρόσωπον 4
αὐτοῦ· καὶ τὸ ὄνομα αὐτοῦ ἐπὶ τῶν μετώπων αὐ-
τῶν. καὶ νὺξ οὐκ ἔσται ἐκεῖ⁶, καὶ χρείαν οὐκ ἔχου- 5
σι⁷ λύχνου καὶ φωτὸς ἡλίου, ὅτι Κύριος ὁ Θεὸς
φωτίζει⁸ ⁹ αὐτούς· καὶ βασιλεύσουσιν εἰς τοὺς αἰῶνας
τῶν αἰώνων.

Καὶ εἶπέ μοι, Οὗτοι οἱ λόγοι πιστοὶ καὶ ἀληθι- 6
νοί· καὶ¹⁰ Κύριος¹¹ ὁ Θεὸς τῶν ἁγίων¹² προφητῶν¹¹
ἀπέστειλε τὸν ἄγγελον αὐτοῦ δεῖξαι τοῖς δούλοις
αὐτοῦ ἃ δεῖ γενέσθαι ἐν τάχει. ¹³ἰδού, ἔρχομαι 7
ταχύ. μακάριος ὁ τηρῶν τοὺς λόγους τῆς προφη-
τείας τοῦ βιβλίου τούτου.

Καὶ ἐγὼ Ἰωάννης ὁ βλέπων ταῦτα καὶ ἀκούων¹⁴. 8
καὶ ὅτε ἤκουσα καὶ ἔβλεψα, ἔπεσα προσκυνῆσαι
ἔμπροσθεν τῶν ποδῶν τοῦ ἀγγέλου τοῦ δεικνύοντός
μοι ταῦτα. καὶ λέγει μοι, Ὅρα μή· σύνδουλός 9
σου γάρ¹⁵ εἰμι, καὶ τῶν ἀδελφῶν σου τῶν προφητῶν,
καὶ τῶν τηρούντων τοὺς λόγους τοῦ βιβλίου τού-
του· τῷ Θεῷ προσκύνησον.

Καὶ λέγει μοι, Μὴ σφραγίσῃς τοὺς λόγους τῆς 10
προφητείας τοῦ βιβλίου τούτου· ὅτι¹⁶ ὁ καιρὸς¹⁷
ἐγγύς ἐστιν. ὁ ἀδικῶν ἀδικησάτω ἔτι· καὶ ὁ ῥυπῶν 11
ῥυπωσάτω¹⁸ ἔτι· καὶ ὁ δίκαιος δικαιωθήτω¹⁹ ἔτι· καὶ ὁ
ἅγιος ἁγιασθήτω ἔτι. καὶ²⁰ ἰδού, ἔρχομαι ταχύ, 12

---

⁵ κατάθεμα   ⁶ ἔτι   ⁷ add φωτὸς   ⁸ φωτίσει   ⁹ add
ἐπ'   ¹⁰ add ὁ   ¹¹ (Κύριος,......προφητῶν,)   ¹² πνευμάτων
τῶν   ¹³ add καὶ   ¹⁴ ἀκούων καὶ βλέπων ταῦτα   ¹⁵ om. γάρ
(εἰμί)   ¹⁶ om. ὅτι   ¹⁷ add γὰρ   ¹⁸ ῥυπαρὸς ῥυπανθήτω
¹⁹ δικαιοσύνην ποιησάτω   ²⁰ om. καὶ

καὶ ὁ μισθός μου μετ' ἐμοῦ, ἀποδοῦναι ἑκάστῳ
13 ὡς τὸ ἔργον αὐτοῦ ἔσται²¹. ἐγώ εἰμι²² τὸ Α καὶ τὸ
14 Ω, ἀρχὴ καὶ τέλος, ὁ πρῶτος καὶ ὁ ἔσχατος²³. μα-
κάριοι οἱ ποιοῦντες τὰς ἐντολὰς αὐτοῦ²⁴, ἵνα ἔσται ἡ
ἐξουσία αὐτῶν ἐπὶ τὸ ξύλον τῆς ζωῆς, καὶ τοῖς
15 πυλῶσιν εἰσέλθωσιν εἰς τὴν πόλιν. ἔξω δὲ²⁵ οἱ
κύνες καὶ οἱ φαρμακοὶ καὶ οἱ πόρνοι καὶ οἱ φονεῖς
καὶ οἱ εἰδωλολάτραι, καὶ πᾶς ὁ φιλῶν καὶ ποιῶν
ψεῦδος.
16 Ἐγὼ Ἰησοῦς ἔπεμψα τὸν ἄγγελόν μου μαρτυ-
ρῆσαι ὑμῖν ταῦτα ἐπὶ ταῖς ἐκκλησίαις. ἐγώ εἰμι ἡ
ῥίζα καὶ τὸ γένος τοῦ²⁶ Δαβίδ, ὁ ἀστὴρ ὁ λαμπρὸς
καὶ²⁷ ὀρθρινός²⁸.
17 Καὶ τὸ Πνεῦμα καὶ ἡ νύμφη λέγουσιν, Ἐλθέ²⁹.
καὶ ὁ ἀκούων εἰπάτω, Ἐλθέ²⁹. καὶ ὁ διψῶν
ἐλθέτω³⁰· καὶ³¹ ὁ θέλων λαμβανέτω τὸ³² ὕδωρ ζωῆς
δωρεάν.
18 Συμμαρτυροῦμαι γὰρ³³ παντὶ³⁴ ἀκούοντι τοὺς λό-
γους τῆς προφητείας τοῦ βιβλίου τούτου, Ἐάν τις
ἐπιτιθῇ πρὸς ταῦτα³⁵, ἐπιθήσει ὁ Θεὸς ἐπ' αὐτὸν
τὰς πληγὰς τὰς γεγραμμένας ἐν³⁶ βιβλίῳ τούτῳ·
19 καὶ ἐάν τις ἀφαιρῇ³⁷ ἀπὸ τῶν λόγων βίβλου³⁸ τῆς
προφητείας ταύτης, ἀφαιρήσει³⁹ ὁ Θεὸς τὸ μέρος
αὐτοῦ ἀπὸ βίβλου⁴⁰ τῆς ζωῆς, καὶ ἐκ τῆς πόλεως
τῆς ἁγίας, καὶ⁴¹ τῶν γεγραμμένων ἐν⁴² βιβλίῳ
τούτῳ.

²¹ ἐστὶν αὐτοῦ   ²² (ἐγώ) om. εἰμι   ²³ ὁ πρῶτος
καὶ ὁ ἔσχατος, ἡ ἀρχὴ καὶ τὸ τέλος   ²⁴ πλύνοντες τὰς
στολὰς αὐτῶν   ²⁵ om. δὲ   ²⁶ om. τοῦ   ²⁷ om.
καὶ   ²⁸ , ὁ πρωϊνός   ²⁹ Ἔρχου   ³⁰ ἐρχέσθω
³¹ om. καὶ   ³² λαβέτω   ³³ Μαρτυρῶ ἐγὼ   ³⁴ add
τῷ   ³⁵ ἐπιθῇ ἐπ' αὐτά   ³⁶ add τῷ   ³⁷ ἀφέλῃ
³⁸ τοῦ βιβλίου   ³⁹ ἀφελεῖ   ⁴⁰ τοῦ ξύλου   ⁴¹ om. καὶ
⁴² add τῷ

Λέγει ὁ μαρτυρῶν ταῦτα, Ναί, ἔρχομαι ταχύ. 20
ἀμήν. Ναί [10], ἔρχου, Κύριε Ἰησοῦ.

Ἡ χάρις τοῦ Κυρίου ἡμῶν [44] Ἰησοῦ Χριστοῦ [45] 21
μετὰ πάντων ὑμῶν [46]. ἀμήν.

[43] om. Ναί, ('Αμήν· ἔρχου)   [44] om. ἡμῶν   [45] om.
Χριστοῦ text, not marg.   [46] τῶν ἁγίων text, πάντων marg.

TEΛΟΣ.

APPENDIX

(*See* Preface, pp. viii, ix)

Containing a list of the passages (marked *) in the Greek text of this volume, wherein the readings of Beza's N. T. 1598 are departed from, to agree with those adopted by the Authorised Version on the authority of certain earlier Greek editions.

ABRIDGEMENTS.

Compl.	Complutensian N. T. 1514.	Plant.	Plantin (Antwerp Poly-glott) 1572.
Er.	Erasmus' (1516, 1519, 1522, 1527, 1535).	Bez.	Beza's (1560, 1565, 1582, 1589, 1598).
Ald.	Aldus' 1518.	Vulg.	Vulgate Latin.
Col.	Colinæus' 1534.	Tynd.	Tyndale's English 1526.
St.	Stephanus' (1546, 1549, 1550, 1551).	A. V.	Authorised Vers. 1611.

N.B. The readings of the Greek Text of this volume are placed first, followed by the authorities on which they rest : next come the readings of Beza 1598, and the authorities (if any) which support them. If no numerals follow Er. St. Bez., the reading given is the same in all the editions of their respective works.

Matth. i. 8, 9 'Οζίαν· 'Οζίας] *ceteri omnes:* 'Οζίαν. 'Οζίας Er. Ald. Bez. 2. 3. 4. 5.

23 καλέσουσι] *ceteri omnes:* καλέσεις Bez. 2. 3. 4. 5.

ii. 11 εἶδον] Compl. Col. εὗρον Bez. *ceteri omnes.*

17 'Ιερεμίου] *sic* Bez. xvi. 14; xxvii. 9. 'Ιερεμίου *hic : sic* Bez. 1. *in* xvi. 14.

iii. 3 'Ησαΐου] *sic* Bez. *feré:* 'Ησαΐ. iii. 3; iv. 14; xii. 17 *tantum in* Bez. 2. 3. 4. 5.

ix. 18 ἄρχων εἷς] Compl. Vulg. ἄρχων Bez. *ceteri omnes.*

x. 10 ῥάβδους] Compl. ῥάβδον Bez. *ceteri omnes.*

25 Βεελζεβούβ] Compl. *hic tantum,* Vulg. *passim,* Tynd, Βεελζεβούλ Plant. Bez. *ceteri omnes.*

Matth. xi. 21 Βηθσαϊδά] Compl. Vulg. Βηθσαϊδάν Bez. ceteri omnes.
    xiii. 24 σπείραντι] Compl. Col. Vulg. σπείροντι Bez. ceteri omnes.
    xx. 15 εἰ] Compl. Er. Col. St. Bez. 1. Vulg. ἤ Ald. Bez. 2. 3. 4. 5.

Mark i. 21 τὴν συναγωγὴν] om. τὴν Bez. 2. 3. 4. 5.
    iv. 18 οἱ τὸν λόγον] Compl. οὗτοί εἰσιν οἱ τὸν λόγον Plant. Bez. ceteri omnes.
    v. 38 καὶ κλαίοντας] Er. Ald. Col. Vulg. om. καὶ Bez. ceteri omnes.
    vi. 45 Βηθσαϊδά] Er. Vulg. Βηθσαϊδάν Bez. ceteri omnes.
    53 Γεννησαρέτ] Compl. Γενησαρέθ Er. Vulg. Clementine (A.V. 1611). Γενησαρέτ St. Bez.
    viii. 22 Βηθσαϊδά] Compl. Vulg. Βηθσαϊδάν Er. St. Plant. Bez.
    ix. 38 ἐν τῷ ὀνόματί] Er. Ald. Col. Vulg. Tynd. om. ἐν Compl. St. Bez. (per nomen tuum Bez.).
    42 μικρῶν τούτων] Compl. Vulg. (A.V. 1611). μικρῶν Plant. Bez. ceteri omnes.
    x. 46 Ἱεριχώ bis] Bez. hic tantum Ἱεριχώ.
    xiii. 9 ἀχθήσεσθε] Er. (ducemini) Ald. Col. Tynd. σταθήσεσθε Bez. ceteri omnes.
    xiv. 21 τῷ ἀνθρώπῳ] om. τῷ St. 4. Bez. 2. 3. 4. 5.
    xv. 3 αὐτὸς δὲ οὐδὲν ἀπεκρίνατο] Compl. St. 1. 2. om. Bez. ceteri omnes.
    xvi. 14 ὕστερον] Bez. 2. 3. 4. 5 add. δὲ.
    20 Ἀμήν] Compl. Col. St. 1. 2. 3. Bez. 1. Vulg. MSS. om. Er. St. 4. Bez. 2. 3. 4. 5. Vulg. Clementine. Tynd.

Luke i. 26 Ναζαρέθ] Ναζαρὲτ Bez. Sic etiam ii. 4, 39, 51; iv. 16; Acts x. 38. Alias -έθ.
    50 τὸ ἔλεος] om. τὸ St. 4. Bez. 2. 3. 4. 5[1].
    iii. 30 Σιμεών] Er. Συμεών St. Bez. Vulg.
    31 Μενάμ] Er. Ald. Col. Tynd. (A.V. 1611). Menna Vulg. μαϊνάν Compl. Bez. ceteri omnes.
    vi. 37 μή] Er. Ald. Col. Vulg. Tynd. καὶ μὴ Compl. St. Bez.
    vii. 12 αὕτη ἦν χήρα] Er. Ald. Col. St. Bez. 1. Vulg. Tynd. αὐτῇ χήρᾳ Bez. 2. 3. 4. 5. αὐτή χήρα Compl. αὕτη χήρα Plant.
    45 εἰσῆλθον] ceteri omnes. εἰσῆλθεν Bez. 4. 5. Vulg.

[1] Too uncertain to be accepted is the reading of Er. 1. 2. 3. Ald. Vulg Clementine, ἀνθρώποις in Luke ii. 14, which Tynd. Coverdale and the Great Bible render "unto men." The Genevan N. T. of 1557, by changing "unto" into "towards," which A.V. retains, may have adopted ἐν ἀνθρώποις from Compl. Er. 4. 5. Col. St. Beza's Latin (1556): and so reads Beza's Greek.

Luke viii. 5 ὃ μὲν] *ceteri omnes :* ὁ μὲν Bez. 2. 3. 4. 5.

31 παρεκάλουν] *ceteri omnes :* παρεκάλει St. 4. Bez.

ix. 15 ἅπαντας] *ceteri omnes :* ἅπαντες Bez. 4. 5.

xii. 1 πρῶτον, Προσέχετε] Compl. Er. Ald. Col. St. 1. 2. 3 : , Πρῶτον προσέχετε St. 4. Bez. Tynd.

56 τοῦ οὐρανοῦ καὶ τῆς γῆς] Compl. Vulg. *Clementine.* τῆς γῆς καὶ τοῦ οὐρανοῦ Er. Ald. Col. St. Bez. Vulg. MSS. Tynd.

xiii. 19 ὄν] *ceteri omnes:* ὃ Bez. 2. 3. 4. 5.

xvii. 35 ἡ μία] Er. Ald. Col. Tynd. μία Compl. St. Bez.

xx. 31 καὶ οὐ κατέλιπον] Er. Ald. Col. Vulg. Tynd. *om.* καὶ Compl. St. Bez.

32 ὕστερον] Er. Ald. Col. Vulg. Tynd. ὕστερον δὲ Compl. St. Bez.

xxii. 42 παρένεγκε] Ald. Vulg. Tynd. παρενεγκεῖν *ceteri omnes.*

45 μαθητὰς αὐτοῦ] Er. Ald. Col. Vulg. *om.* αὐτοῦ Compl. St. Bez.

John iv. 5 Συχάρ] *ceteri omnes :* Σιχάρ Bez. 3. 4. 5. Vulg. *Clementine.* Tynd.

v. 5 τριάκοντα καὶ ὀκτώ] Er. Ald. Vulg. *om.* καὶ Bez. *ceteri.*

viii. 6 μὴ προσποιούμενος] Compl. St. 1. 2 (A.V. 1611). *omittunt ceteri (italicised* A.V. 1769).

42 εἶπεν] Er. Ald. Col. St. 1. 2. Plant. Tynd. εἶπεν οὖν Compl. St. 3. 4. Bez. Vulg.

ix. 10 σου] Compl. Er. Col. St. Bez. 1. σοι Bez. 2. 3. 4. 5. Vulg.

xii. 17 ὅτε] Compl. Er. Ald. Col. St. Bez. 1. Vulg. Tynd. ὅτι Bez. 2. 3. 4. 5.

xvi. 25 ἔρχεται] Er. Ald. Col. Bez. 1. Vulg. Tynd. (A.V. 1611). ἀλλ' ἔρχεται Compl. St. Bez. 2. 3. 4. 5.

xviii. 15 ἄλλος] Er. Ald. Col. Bez. 1. Tynd. ὁ ἄλλος Compl. St. Bez. 2. 3. 4. 5.

20 (ὅπου) πάντοτε] Compl. St. πάντες Er. Ald. Col. Bez. 1. Vulg. Tynd. πάντοθεν Bez. 2. 3. 4. 5.

xix. 31 ἐπεὶ παρασκευὴ ἦν (*post* Ἰουδαῖοι)] Er. Ald. Col. Bez. 1. Vulg. Tynd. : (*post* σαββάτῳ) Compl. St. Bez. 2. 3. 4. 5.

xxi. 12 Κύριός] *ceteri omnes:* Χριστός Bez. 2. 3. 4. 5.

Acts. Title. Bez. *add.* ΑΓΙΩΝ *ante* ΑΠΟΣΤΟΛΩΝ.

ii. 36 καὶ κύριον] Compl. Er. 1. Ald. St. Vulg. *om.* καὶ Er. 2. 3. 4. 5. Col. Bez.

iii. 3 ἐλεημοσύνην] Compl. Er. 1. Ald. St. 1. 2. *add.* λαβεῖν Er. 2. 3. 4. 5. Col. St. 3. 4. Bez. Vulg. Tynd.

iv. 25 ὁ] *ceteri: add.* Πνεύματι ἁγίῳ Bez. 3. 4. 5. Vulg.

Acts iv. 27 ἐπ' ἀληθείας] Compl. Er. Col. St, ?, 4. *add. Jn ιᾗ πόλει*
ταύτῃ St, ι. ? Βεε. 3. 4. 5. Vulg.
36 Ἰωσῆς ceteri: Ἰωσὴφ Bez. 3. 4. 5. Vulg.

vii. 2 ἡμῶν] ceteri omnes: ὑμῶν Bez. 2 (folio, non 8°). 3. 4. 5.
Gr. non Lat.
16 Ἐμὸρ] Er. Ald. Tynd. (A.V. 1611). Ἐμμὸρ Compl. St.
Bez. Vulg. MSS. (A.V. 1629). Ἐμὼρ Col.
44 τοῖς πατράσιν] Er. Ald. Col. Bez. 1. Vulg. Tynd. ἐν
τοῖς πατράσιν Compl. St. Bez. 2. 3. 4. 5.

viii. 13 δυνάμεις καὶ σημεῖα γινόμενα] Er. Ald. Col. Tynd. δ.
καὶ σ. μεγάλα γ. Compl. σημεῖα καὶ δυνάμεις μεγάλας
γινομένας St. Bez. Vulg. (A.V. marg. 1762).
28 ἀνεγίνωσκε] Compl. St. 1. 2. καὶ ἀνεγίνωσκε St. 3. 4.
Bez. ceteri omnes.

xvi. 7 Πνεῦμα] ceteri omnes: add. Ἰησοῦ Bez. 3. 4. 5. Vulg.
17 ἡμῖν] ceteri omnes: ὑμῖν Bez. 3. 4. 5. Vulg.

xxi. 3 ἀναφάναντες] Er. St. 3. 4. Bez. 1. ἀναφανέντες Compl.
Ald. St. 1. 2. Bez. 2. 3. 4. 5. ἀναφανέντος Col.
4 μαθητάς] Compl. Er. Ald. Col. St. 1. 2. Tynd. τοὺς
μαθητάς St. 3. 4. Plant. Bez.
8 ἤλθομεν] Compl. Vulg. Bez. (Lat.). ἤλθον Er. Ald. Col.
St. Bez. (Gr.).
11 τε αὐτοῦ] om. Bez. 2. 3. 4. 5.

xxiv. 8 τούτων] om. Bez. 2. 3. 4. 5.
14 τοῖς προφήταις] ceteri omnes: ἐν τοῖς πρ. Bez. 2. 3. 4. 5.
(A.V. 1762).
22 ὁ Φῆλιξ] om. ὁ Bez. 2. 3. 4. 5.

xxv. 6 πλείους] ceteri omnes: οὐ πλείους Bez. 3. 4. 5. Vulg.
(A.V. marg.).

xxvi. 8 τί] ceteri omnes: τί; Bez. 2. 3. 4. 5.
20 ἀπήγγελλον] Compl. Vulg. ἀπήγγελον Col. ἀπαγ-
γέλλων Er. Ald. St. Bez.

xxvii. 3 τοὺς φίλους] Compl. Er. Ald. Col. Bez. 1. om. τοὺς
St. Bez. 2. 3. 4. 5.
12 κατὰ χῶρον] om. κατὰ Bez. 3. 4. 5.
13 ἆσσον] Er. (Gr.) Ald. Col. St. 1. Bez. 1. Ἄσσον Er.
(Lat.) St. 3. 4. Vulg. Tynd. ἆσσον St. 2. Bez. 2. 3.
4. 5. (propius).
17 σύρτιν] St. 2. 3. Bez. 1. Plant. σύρτην Compl. Er.
Ald. Col. St. 1. Σύρτιν St. 4. Bez. 2. 3. 4. 5. Tynd.
29 ἐκπέσωμεν] Compl. St. 1. 2. Vulg. ἐκπέσωσιν Er.
Ald. Col. St. 3. 4. Bez.

Rom. Title. ΤΟΥ ΑΠΟΣΤΟΛΟΥ] om. ΤΟΥ Bez.

i. 29 πορνείᾳ, πονηρίᾳ, πλεονεξίᾳ, κακίᾳ] ceteri omnes: κακίᾳ,
πορνείᾳ, πονηρίᾳ, πλεονεξίᾳ Bez. 3. 4. 5. (πλεον. πον.
Vulg. Tynd.).

652 APPENDIX.

Rom. v. 17 τῷ τοῦ ἑνὸς] *ceteri omnes:* τῷ ἑνὶ Bez. 3. 4. 5. (A.V. marg.).

viii. 20, 21 ἐπ' ἐλπίδι· ὅτι] Compl. Er. 3. 4. 5. Ald. Col. St. Bez. 1. Tynd. · ἐπ' ἐλπίδι ὅτι Er. 1. 2. Bez. 2. 3. 4. 5.

xi. 28 μὲν] *add.* σὺν Col. Bez. 3. 4. 5. Vulg.

1 Cor. ii. 11 οἶδεν *bis*] εἶδεν Bez. 2 (*Gr.*). (*non ita* 1. 3. 4.) 5 (*Gr.*). *Confer* Rev. xix. 12.

iii. 3 ὑμῖν] ἡμῖν Bez. 4. 5 (*Gr.*).

vii. 5 προσευχῇ,] προσευχῇ· Bez. 2. 3. 4. 5. *Vult etiam* συνέρχεσθε. *Confer notam.*

29 · τὸ λοιπόν ἐστιν] Compl. Er. Ald. St. Bez. 1. 2. Vulg. Tynd. τὸ λοιπόν ἐστιν· Col. Plant. Bez. 3. 4. 5.

x. 28 καὶ τὴν συνείδησιν] *ceteri omnes: om.* καὶ Bez. 4. 5 (*Gr.*).

xi. 22 ἐν τούτῳ;] Compl. Col. St. ; ἐν τούτῳ Er. Ald. Bez. Tynd.

xii. 23 ἀτιμότερα] ἀτιμώτερα Bez. 3. 4. 5. Elzevir 1624 (ἀτιμώτηρα Bez. 4. 5).

xiii. 3 ψωμίσω] ψωμίζω Bez. 2. 3. 4. 5. Elz. 1624.

xiv. 10 οὐδὲν] Col. Vulg. (A.V. 1611). *add.* αὐτῶν *ceteri omnes. Confer Bez. notam.*

xv. 55 τὸ κέντρον ;...τὸ νῖκος ;] *ceteri omnes:* τὸ νῖκος ;...τὸ κέντρον ; Bez. 3. 4. 5. Vulg. *Confer Bez. notam.*

2 Cor. i. 6 τῆς ἐνεργουμένης... πάσχομεν· εἴτε παρακαλούμεθα] *ceteri*[1]: εἴτε παρακαλούμεθα, ὑπὲρ τῆς ὑμῶν παρακλήσεως (*om.* καὶ σωτηρίας), τῆς ἐνεργουμένης ἐν ὑπομονῇ... πάσχομεν Bez. 3. 4. 5. Vulg. MSS.

viii. 24 καὶ εἰς] Er. Ald. Col. St. Bez. 1. 2. *om.* καὶ Compl. Bez. 3. 4. 5. Vulg.

x. 6 ἡ ὑπακοή] *om.* ἡ St. 4. Bez. 2. 3. 4. 5.

xi. 1 τῇ ἀφροσύνῃ] Compl. Er. Ald. St. Bez. 1. τι τῆς ἀφροσύνης Bez. 2. 3. 4. 5. Vulg. τι ἀφροσύνης Col.

Gal. Title. ΠΑΤΛΟΤ] Er. St. ΤΟΥ (*om.* ΤΟΥ Bez. 1) ΑΠΟΣΤΟΛΟΥ *add.* Bez. τοῦ ἁγίου Παύλου Compl.

iv. 17 ὑμᾶς *secund.*] *ceteri omnes:* ἡμᾶς Bez. 1. 2 (*Lat.*). 3 (*Lat.*). 4. 5. (A.V. marg.). *Confer Bez. not.*

Eph. v. 31 τὸν πατέρα] *om.* τὸν Bez. 2. 3. 4. 5.

Phil. i. 23 πολλῷ] Col. Bez. (*non* Bez. 1 *Gr.*) *add.* γὰρ. *Confer Bez. not.*

30 εἴδετε] Compl. Er. 1. Ald. ἴδετε Er. 2. 3. 4. 5. Col. St. Plant. Bez.

ii. 24 ἐλεύσομαι] *ceteri omnes:* Bez. 3. 4. 5. Vulg. *add.* πρὸς ὑμᾶς.

¹ καὶ ἡ ἐλπὶς ἡμῶν βεβαία ὑπὲρ ὑμῶν· are placed by Compl. Er. 1. Ald. Col. after πάσχομει·

Phil. iii. 20 γὰρ] *ceteri omnes :* δὲ Bez. 4. 5. Vulg. Tynd

iv. 12 οἶδα καί] Compl. Er. Ald. Col. St. 1. 2. Vulg. Tynd.
δὲ St. 3. 4. Bez.

Col. i. 2 ἐν Χριστῷ] *ceteri omnes :* Bez. 3. 4. 5. Vulg. add. 'Ιησοῦ.

1 Thess. i. 4 ἠγαπημένοι, ὑπὸ Θεοῦ] Er. 4. 5. (*Lat.*) St. Bez. 1. 2. 3.
ἠγαπημένοι ὑπὸ Θεοῦ, Compl. Bez. 4. 5. Tynd.
9 ἔσχομεν] Compl. Er. Ald. Col. St. 1. 2. Vulg. Tynd.
ἔχομεν St. 3. Bez.

2 Thess. iii. 5 τὴν ὑπομονὴν] Compl. Er. Ald. Col. St. 1. 2. *om.*
τὴν St. 3. Bez. Tynd.

1 Tim. i. 2 'Ιησοῦ Χριστοῦ] Er. Ald. Tynd. Χριστοῦ 'Ιησοῦ Compl.
Col. St. Bez.[1]
vi. 15 ἦν] ὅν Bez. 3. 4. 5.

2 Tim. i. 5 Εὐνίκη] Εὐνείκη St. Plant. Bez.
ii. 22 Κύριον] *ceteri omnes :* Χριστὸν Bez. 2. 3. 4. 5.

Titus. Title. ΠΑΤΛΟΤ] Er. St. ΤΟΤ (*om.* ΤΟΤ Bez. 1) ΑΠΟ-
ΣΤΟΛΟΤ *add.* Bez. τοῦ ἁγίου Παύλου Compl.
ii. 7 ἀφθαρσίαν] Compl. St. Bez. 1. *om.* Er. Ald. Col. Bez.
2. 3. 4. 5. Vulg. Tynd.

Philemon. Title. ΠΑΤΛΟΤ] Er. St. Tynd. ΤΟΤ (*om.* ΤΟΤ Bez. 1)
ΑΠΟCΤΟΛΟΤ *add.* Bez.
7 χαρὰν] Compl. Vulg. Tynd. χάριν Er. (*Gr.*) Ald. Col. St.
Bez.

Hebr. vii. 1 τοῦ ὑψίστου] Er. Ald. Col. St. 1. 2. 3. Plant. *om.* τοῦ
Compl. St. 4. Bez.
ix. 28 οὕτως] St. 3. Bez. 2. οὕτω καὶ Compl. Er. Ald. Col.
St. 1. 2. Bez. 3. 4. 5. Vulg. Tynd.
x. 2 ἐπεὶ οὐκ ἂν ἐπαύσαντο προσφερόμεναι,...κεκαθαρμένους ;]
Er. Ald. Col. St. Bez. 2. Vulg. MSS. Tynd. ἐπεὶ ἂν
ἐπαύσαντο προσφερόμεναι, ... κεκαθαρμένους. Compl.
Bez. 3. 4. 5. Vulg. *Clementine* (A.V. marg. 1762).
22 πονηρᾶς, καθαρῷ·] πονηρᾶς· καθαρῷ, Bez. 2. 3. 4. 5.
xi. 4 λαλεῖ] Er. Ald. Vulg. Bez. *Lat.* (*loquitur*). λαλεῖται
Compl. Col. St. Bez. (*Gr.*) (A.V. marg.).
xii. 24 τὸ Ἄβελ] Er. Ald. Col. Tynd. (A.V. 1611). τὸν
Ἄβελ Compl. St. Bez. Vulg. (?) (*italicised* A.V. 1638).

Titles of James, 1 and 2 Peter, 1, 2, 3 John, Jude: *addit post nomen
proprium* ΤΟΤ ΑΠΟCΤΟΛΟΤ Bez. 2. 3. 4. 5. (ΑΠΟ-
ΣΤΟΛΟΤ Bez. 1 *in* 1, 2 Pet. 1, 3 John).

---

[1] The same transfer is made by Tynd. A.V., apparently through inadvertence,
in Rom. vi. 11 ; Gal. ii. 16 (second); iii. 14 ; and with the Vulg. in Phil. ii. 21.
In Rom. vi. 3 Tynd. 1526 has "Christ Jesu" rightly, but Tynd. 1534 "Jesu
Christ" with A. V.

654   APPENDIX.

James ii. 24 μόνον.] Ald. Col. Tynd. μόνον; Er. St. Bez.

iii. 6 τῆς γενέσεως] add ἡμῶν Bez. 4. 5. Vulg.

iv. 15 ζήσομεν] St. 2. ζήσωμεν Compl. Er. Ald. Col. St. 1.
        3. 4. Bez. Vulg. Tynd.

v. 9 ὁ κριτής] Compl. Ald. Er. Col. St. 1. 2. om. ὁ St. 3. 4.
        Plant. Bez.

1 Pet. iii. 20 τοῦτ᾽ ἔστιν ὀκτὼ ψυχαί,] ceteri: (τουτέστιν ὀκτὼ) ψυχαὶ
        Plant. Bez. 2. 3. 4. 5.

v. 10 ἡμᾶς] Er. Ald. Col. St. Bez. 2. 3. Vulg. ὑμᾶς Compl.
        Bez. 1. 4. 5.

2 Pet. i. 1 Σίμων] Compl. Vulg.   Συμεὼν Er. (Σύμων Ald. Col.)
        St. Bez.

21 ἅγιοι] Compl. οἱ ἅγιοι Er. Ald. Col. St. Bez.

ii. 9 πειρασμῶν] Compl. πειρασμοῦ ceteri omnes.

1 John i. 5 ἀγγελία] Col. Vulg. (tydynges Tynd.). ἐπαγγελία ceteri
        omnes. Confer ii. 25 cum iii. 11.

ii. 23 ὁ ὁμολογῶν τὸν υἱὸν καὶ τὸν πατέρα ἔχει] om. Compl. Er.
        Ald. St. Bez. 1.2. Tynd. (A.V. mutato typi charactere).
        Habent Col. Bez. 4. 5. Vulg. ὁ ὁμολογῶν τὸν πατέρα
        καὶ τὸν υἱὸν ἔχει Bez. 3.

2 John 9 τῇ διδαχῇ] om. τῇ Bez. 2. 3. 4. 5.

Jude 12 συνευωχούμενοι ὑμῖν] Compl. Bez. (Lat.). om. ὑμῖν ceteri
        omnes.

Rev. Title. ΤΟΥ ΑΓΙΟΥ] Compl. Er. Tynd. om. St. Bez.
        (add ἀποστόλου καὶ εὐαγγελιστοῦ Compl.).

i. 11 ταῖς ἑπτὰ] Compl. Col. Vulg. Bez.(Lat.). om. Er. Ald.
        St. Bez. (Gr.) Tynd.

ii. 23 ὁ ἐρευνῶν] om. ὁ Bez. 2. 3. 4. 5.

iv. 10 προσκυνοῦσι] Er. Ald. Col. St. Bez. 1. προσκυνήσουσι
        Compl. Bez. 2. 3. 4. 5. (adorabant Vulg. Tynd.).
        βάλλουσι] Compl. Er. Ald. Col. St. Bez. 1. (mittebant
        Vulg. Clem. Tynd.). βαλοῦσι Bez. 2. 3. 4. 5. Vulg.
        MSS.

vi. 12 ἡ σελήνη] ceteri omnes: add. ὅλη Bez. 1 (Lat.). 2 (Lat.).
        3 (Lat.). 4. 5. Vulg.

vii. 2 ἀναβαίνοντα] Compl.Vulg. ἀναβάντα Er. Ald. Col. St. Bez.
        14 αὐτὰς] Compl. Vulg. Tynd. στολὰς αὐτῶν Er. Col. St. Bez.
        (om. Bez. Lat.). στολὰς αὐτὰς αὐτῶν Er. 1 (errore).Ald.

viii. 6 οἱ ἔχοντες] Compl. Vulg. Tynd. om. οἱ Er. St. Bez.
        om. οἱ bis Ald. Col.

ix. 11 ἐπ᾽ αὐτῶν] Compl. Er. Ald. Col. Bez. 1. ἐφ᾽ αὐτῶν
        St. Plant. Bez. 2. 3. 4. 5.

Rev. ix. 19 ἡ γὰρ ἐξουσία αὐτῶν (τῶν ἵππων Compl. Vulg.) ἐν τῷ
στόματι αὐτῶν ἐστί, καὶ ἐν ταῖς οὐραῖς αὐτῶν·] Compl.
Vulg. Tynd. αἱ γὰρ ἐξουσίαι αὐτῶν ἐν τῷ στόματι
αὐτῶν εἰσίν· Er. Ald. Col. St. Bez. *Confer Bez. notam.*

20 οὐ μετενόησαν] Compl. Tynd. οὔτε μετενόησαν Er.
Ald. Col. St. Bez.

x. 7 καὶ τελεσθῇ] Er. Ald. Col. St. Bez. 2. τελεσθῇ Compl.
Plant. τελεσθήσεται Bez. 3. 4. 5. *et consummabitur*
Vulg. Tynd.

xi. 4 αἱ δύο λυχνίαι] Compl. Plant. *only.* So perhaps vi. 14
ὁ οὐρανὸς: ix. 16 τῶν στρατευμάτων : x. 8 τοῦ ἀγγέλου :
xi. 8 τῆς πόλεως : xiii. 8 τοῦ ἐσφαγμένου where Compl.
(with Plant.) alone has the article. A.V. expresses
the absence of the article in xi. 19; xii. 14. In xxi.
8 idiom rather than reading (τοῖς δὲ δειλοῖς Compl.)
prevails.

xv. 3 τοῦ δούλου: xvi. 14 τὸν πόλεμον: xvii. 8 τὸ θηρίον] Here
again Compl. and Plant. alone have the article.

xvii. 4 ἦν περιβεβλημένη] Compl. Vulg. Tynd. ἡ περιβεβλη-
μένη Er. Ald. Col. St. Bez.

xviii. 1 ἄλλον ἄγγελον] Compl. Er. 1. 2. 3. 4. Ald. Col.
Vulg. Tynd. *om.* ἄλλον Er. 5 (*Gr.*). St. Bez.

5 ἐκολλήθησαν] Compl. Vulg. (*pervenerunt*). Tynd.
ἠκολούθησαν Er. Ald. Col. St. Bez.

xix. 12 οἶδεν] εἶδεν Bez. 2. 3. 4. 5 (*Gr.*). *Confer* 1 Cor. ii. 11.

14 τὰ ἐν τῷ οὐρανῷ] Compl.Vulg. Tynd. *om.* τὰ Er. Ald.
Col. St. Bez.

16 ὄνομα] Compl. τὸ ὄνομα Er. Ald. Col. St. Bez.

18 ἐλευθέρων τε] Compl. (A.V. 1611). *om.* τε Er. Ald.
Col. St. Bez. Vulg. (*italicised* A.V. 1769).

xx. 4 χίλια] Compl. Er. Ald. Col. St. 1. 2. τὰ χίλια St. 3. 4.
Bez.

xxi. 13 καὶ ἀπὸ δυσμῶν] Compl. Vulg. Tynd. *om.* καὶ Er.
Ald. Col. St. Bez.

N.B. μαμωνᾶ is read for μαμμωνᾶ by Compl. Plant. only in Matth.
vi. 24, though all editions have that form in Luke xvi. 9, 11, 13.
The Antwerp Polyglott of 1572 and Plantin's smaller editions which
followed it closely resemble the Complutensian, and in all the pas-
sages examined for this *Appendix* agree with its readings, except in
the 13 or 14 places expressly noticed as differing in the two Poly-
glotts.

The text of Beza 1598 has been left unchanged when the varia-
tion from it made in the Authorised Version is not countenanced by
any earlier edition of the Greek. In the following places the Latin
Vulgate appears to have been the authority adopted in preference to

Beza. The present list is probably quite incomplete, and a few cases seem precarious. It is possible that some of the readings for which Compl. Vulg. have been cited above, were derived from Vulg. rather than from Compl. The same may be said of Col. Vulg. in 1 Cor. xiv. 10; 1 John i. 5. Matth. xii. 24, 27; Mark iii. 22; Luke xi. 15, 18, 19, *Beelzebub.* So Tynd. (So also Compl. in Matth. x. 25.) Mark xiii. 37 ὁ *quod.* xiv. 43 *om.* ὦν. So Tynd. Luke i. 35 *nascetur.* So Tynd. *ib.* 49 μεγάλα *magna.* So Tynd. xx. 35 *habebuntur.* So Tynd. xxiii. 34 *sortes:* but *sortem* Matth. xxvii. 35; Mark xv. 24; John xix. 24, the English versions having *lots* in all the four places, save that Wicklif alone keeps up the distinction of Vulg. *ib.* 46 παρατίθεμαι *commendo.* So Tynd. John vii. 9 *om.* δὲ. So Tynd. x. 16 *unum ovile* Vulg. So Great Bible and Geneva 1557. xii. 26 *om.* καὶ after ἔσται. So Rhemish Version 1582. xviii. 1 τοῦ Κεδρών, *Cedron.* So Tynd. Acts ii. 22 *approbatum.* So Tynd. iv. 32 *cor unum* Vulg. *Clementine.* So Tynd. vi. 3. καταστήσωμεν *constituamus.* So Tynd. vii. 26 συνήλλασσεν *reconciliabat.* So Tynd. 44 *om.* ὁ *loquens.* So Tynd. x. 20 *itaque* (ἀλλὰ). So Tynd. xiii. 1 *Simeon* (Σίμων Er.: *Simon* Vulg. xv. 14). *ib.* 15 εἴ τις *si quis.* So Tynd. xvii. 30 *hujus ignorantiæ.* So Tynd. xix. 20 Θεοῦ *Dei* Vulg. *Clementine.* So Tynd. xxiii. 15 *aliquid certius* (*om.* τὰ). So Tynd. xxiv. 25 *tremefactus* Vulg. *Clementine.* So Tynd. xxvi. 6 πατέρας ἡμῶν *patres nostros.* So Tynd. Rom. xiv. 2 *alius enim.* So Rhemish 1582. xvi. 4 *suas cervices.* So Tynd. 1 Cor. xiii. 1 *velut æs sonans.* So Tynd. xvi. 23 *domini nostri.* So Geneva 1557. Gal. iv. 15 text: *ubi.* So Rhemish 1582. Eph. vi. 24 *om.* Ἀμήν. Vulg. MSS. (A. V. 1611): not Vulg. *Clementine* (A.V. 1616). Phil. ii. 21 Ἰησοῦ Χριστοῦ *Jesu Christi.* So Tynd. Col. i. 4 *quam habetis.* So Tynd. nearly. *ib.* 24 *qui nunc.* So Rhemish 1582. 1 Thess. ii. 12 *qui vocavit.* So Tynd. *ib.* 13 οὐχ ὡς λόγον *non ut verbum.* So Tynd. *ib.* 16 *enim.* So Tynd. iv. 1 *ut quemadmodum.* So Rhemish 1582. 1 Tim. i. 17 *immortali.* So Tynd. iii. 15 *oporteat te.* So Tynd. iv. 15 *om.* ἐν: *manifestus sit omnibus* (A.V. *marg.* in all things). 2 Tim. i. 18 διηκόνησέ μοι *ministravit mihi* Vulg. *Clementine.* So Tynd. James iii. 14 *cordibus vestris.* So Tynd. 1 Pet. ii. 13 *om.* οὖν. So Tynd. 1 John iii. 20 *om.* ὅτι *secund.* So Tynd. v. 8 *hi tres* Vulg. *Clementine.* So Tynd. 2 John 3 ἔστω *sit.* So Tynd. Rev. xiii. 10 *qui in captivitatem duxerit, in captivitatem vadet.* Vulg. *Clementine.* So Tynd. xvi. 11 *om.* ἐκ *secund.* So Tynd. xvii. 9 *et hic.* So Tynd. xviii. 23 φάνῃ *lucebit.* So Geneva 1557.

ΤῼΙ ΘῼΙ ΔΟΞΑ.

Made in the USA
Lexington, KY
30 July 2016